XI'AN YEARBOOK

西安年鉴

2022

西唐年鉴

西安市人民政府　主办
西安市地方志办公室　编

世界图书出版公司
西安　北京　广州　上海

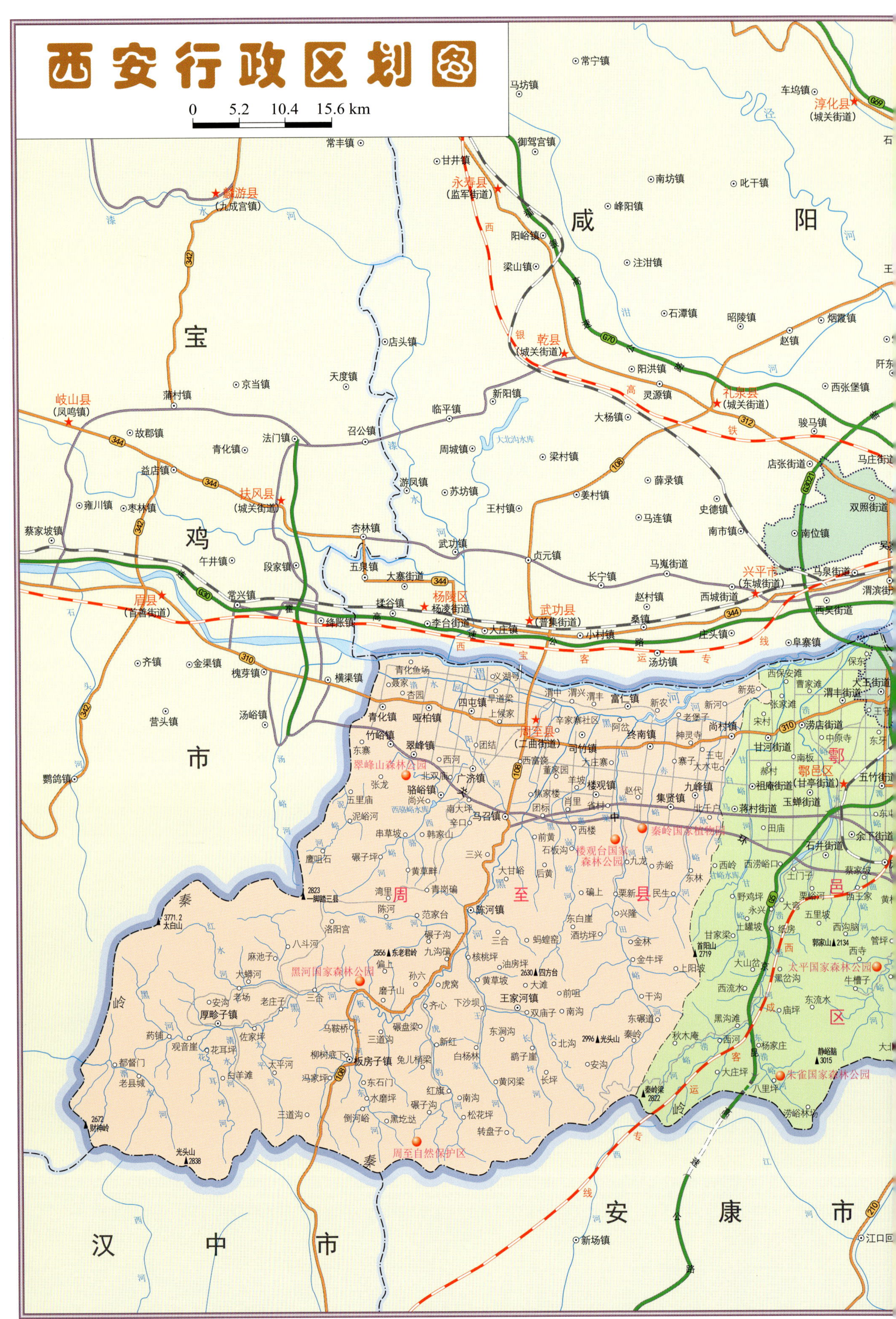

西安行政区划图
0 5.2 10.4 15.6 km
咸
阳
宝
鸡
市
汉
中
市
安
康
市
周
至
县
鄠
邑
区
麟游县
(九成宫镇)
岐山县
(凤鸣镇)
扶风县
(城关街道)
眉县
(首善街道)
永寿县
(监军街道)
乾县
(城关街道)
礼泉县
(城关街道)
淳化县
(城关街道)
杨陵区
杨陵街道
李台街道
武功县
(普集街道)
兴平市
(东城街道)
周至县
(二曲街道)
鄠邑区
(甘亭街道)
常宁镇
马坊镇
车坞镇
御驾宫镇
甘井镇
常丰镇
南坊镇
吒干镇
峰阳镇
阳峪镇
梁山镇
注泔镇
石潭镇
昭陵镇
烟霞镇
赵镇
店头镇
天度镇
京当镇
蒲村镇
新阳镇
临平镇
阳洪镇
灵源镇
西张堡镇
大杨镇
骏马镇
故郡镇
法门镇
召公镇
青化镇
周城镇
梁村镇
店张街道
马庄街道
益店镇
游凤镇
苏坊镇
薛录镇
雍川镇
枣林镇
王村镇
姜村镇
史德镇
双照街道
蔡家坡镇
杏林镇
马连镇
南市镇
南位镇
午井镇
武功镇
贞元镇
段家镇
五泉镇
大寨街道
长宁镇
马嵬街道
马泉街道
常兴镇
揉谷镇
赵村镇
西城街道
渭滨街道
绛帐镇
大庄镇
桑镇
西吴街道
小村镇
庄头镇
阜寨镇
齐镇
金渠镇
槐芽镇
汤坊镇
横渠镇
营头镇
汤峪镇
鹦鸽镇
青化鱼场
义湖号
聂家
杏园
渭中
渭兴
渭丰
富仁镇
新农
新河
新苑
西保安滩
曹家滩
渭丰街道
四屯镇
阜道梁
上候家
辛家寨社区
阿岔
老堡子
尚村镇
青化镇
哑柏镇
竹峪镇
翠峰镇
团结
司竹镇
终南镇
神灵寺
涝店街道
中原寺
东寨
翠峰山森林公园
西河
西富源
大庄寨
寨子
王屯
大水屯
甘河街道
南板
北双庙
广济镇
董家园
羊坡
楼观镇
赵代
九峰镇
郝村
祖庵街道
张龙
骆峪镇
尚兴
焦家楼
肖里
省村
集贤镇
五里庙
南大坪
团标
北干户
蒋村街道
玉蝉街道
五竹街道
泥峪河
西骆峪水库
马召镇
辛口
前黄
西楼
秦岭国家植物园
田庙
余下街道
串草坡
韩家山
石板沟
石井街道
鹰咀石
碾子坪
三兴
楼观台国家森林公园
九龙
赤峪
西岭
西涝峪口
蔡家坡
黄草畔
大甘峪
后黄
东林
王门子
2823
一脚踏三县
湾里
青岗砭
碥上
栗新
民生
野鸡坪
陈河
陈河镇
东白崖
兴隆
永兴
大寨
王家
3771.2
太白山
范家台
洛阳宫
碾子沟
酒坊坪
土罐坡
纸房
五里坡
八斗河
三合
蚂蝗窑
金林
甘家梁
西沟脑
麻池子
2556
东老君岭
九沟口
核桃坪
首阳山
2719
郭家山
2134
西寺
管坪
偏上
油房坪
金牛坪
大山岔
太平国家森林公园
大蟒河
黑河国家森林公园
孙六
2630
四方台
上阳坡
黑岔沟
牛槽子
老场
虎窝
黄草坡
大滩
西流水
安沟
老庄子
三合
磨子山
王家河镇
前咀
干沟
庙坪
东流水
厚畛子镇
齐心
下沙坝
双庙子
南沟
东碾道
黑沟滩
药铺
佐家坪
马鞍桥
碾盘梁
东涧沟
秦岭
秦岭
秋木庵
观音崖
花耳坪
三道沟
新红
北沟
2996
光头山
西河
杨家庄
静峪脑
3015
都督门
柳树底下
兔儿梢梁
白杨林
鹞子崖
太平河
板房子镇
老县城
冯家坪
东石门
红旗
黄冈梁
安沟
大庄坪
朱雀国家森林公园
白羊滩
长坪
秦岭梁
2822
八里坪
水磨坪
南沟
碾子沟
2672
财神岭
倒河峪
黑圪岔
松花坪
三道沟
涝峪林场
转盘子
光头山
2838
周至自然保护区
新场镇
江口回
344
342
310
312
108
G30
G70
G69
G3021
210
65
大北沟水库
西
宝
高
速
公
路
铁
路
银
西
成
客
运
专
线
漆
水
河
泾
泔
渭
河
黑
河
秦
岭

铜川市
渭南市
商洛市
阎良区
临潼区
高陵区
灞桥区
长安区
蓝田县
泾阳县
三原县
富平县
柞水县
华州区
临渭区
未央区
莲湖区
新城区
碑林区
雁塔区
省政府
市政府
西咸国际机场
秦始皇兵马俑博物馆
骊山国家森林公园
王顺山国家森林公园
终南山国家森林公园
秦岭野生动物园
属西安市长安区
秦岭
图例
省政府驻地
市政府驻地
区(县)政府驻地
乡镇及街道
村庄
机场
景点
山峰、高程
地级界
县级界
西咸新区
河流
铁路 火车站
高速铁路
高速公路及编号
国道及编号
省道
县乡道
街道
城墙
西S(2022)007号

西安城区图
地铁十四号线
秦汉新城
秦汉新城管委会
摆旗寨
坡刘村
长陵
渭河城市运动公园
机场专用高速公路
渭河南
北客站（北广场）
西安北站
北客站
元朔路
朱宏路立交
南党村
凤城十二路
地铁四号线
沣渭生态景观区
西咸新区管委会
六村堡立交
周家村
沙河滩村
泥河村
郑家村
建章路街道
唐家村
席王村
惠西村
周家堡村
六村堡街道
西查村
南玉丰村
凤城九路
市政府
汉城街道
文景路
凤城五路
文景公园
汉长安城遗址
西唐新村
西贺村
孙围墙村
北槐
上林路
地铁一号线
沣东自贸园
后卫寨
三桥站
帽耳刘立交
后围寨立交
三桥街道
三桥
三桥立交
皂河
三民村
枣园
城西客运站
汉城路
汉城湖景区
未央宫街道
未央宫
大兴立交
未央区
红庙坡街道
城北客运站
安远门
大苏村
沣东新城管委会
纪阳寨村
阿房宫遗址
土门街道
桃园路街道
开远门
劳动路
劳动公园
玉祥门
洒金桥
青年路街道
莲湖公园
莲湖区
北院门街道
环城西路街道
安定门
碑林区
西关街道
南院门街道
王寺街道
阿房宫立交
阿房宫南
石桥立交
汉城南路
金光门
昆明路立交
连霍高速公路
富里村
西窑头
丰庆公园
复兴大道南
斗门
王寺
310国道
漳浒寨街道
地铁三号线
西北工业大学
边家村
张家村街道
省人民医院
小雁塔
鱼化寨
延平门
科技路
太白立交
长安立交
太白南路
吉祥路
吉祥村
太白小区
西曹村
鱼化寨街道
丈八街道
木塔寺
木塔寺遗址公园
昆明池·七夕公园
昆明池
薛家巷
红庙村
丈八立交
省体育馆
烈士陵园
电子城街道
高新区管委会
丈八四路
丈八六路
丈八一路
西高新立交
河池寨立交
李宅村
花水立交
绕城高速公路
造字台
长里村
紫薇田园都市
普贤寺村
西部大道（西太路口）
运动公园
地铁六号线
地铁二号线
210国道
郭杜街道
郭杜东街
郭杜西
杨柳村
姜仁村
樱花一路
长安区
韦曲街道
城南客运站

郑西客运专线
地铁三号线
地铁十四号线
地铁九号线
地铁一号线
地铁五号线
四号线
保税区
新筑
西安奥体中心
奥体中心
西安工大·武德路
北辰
双寨
新寺
港务大道
贺韶
西安国际港务区管委会
国际港务区
港务区立交
北辰立交
杏园立交
谢王立交
务庄
香湖湾
浐灞中心
浐灞生态区管委会
西安世博园
灞桥街道
方家村立交
洪庆
田王
田王立交
西安灞河新区管委会
桃花潭
安邸立交
广泰门
辛家庙
太华路立交
常青路
百花村
余家寨
大明宫北
大明宫
含元殿
石家街
西安东站
米高架快速干道
官厅立交
十里铺街道
席王街道
西安城东交通枢纽
半坡立交
浐河
半坡
长乐坡
纺织城
灞桥区
灞柳二路
香王立交
香王
万寿路
康复路
通化门
胡家庙
长乐中路街道
长乐西路街道
纺织城街道
长乐公园
长乐坊街道
东关正街
柿园路
互助路
兴庆宫公园
韩森寨街道
穆蒋王立交
纺织城立交
咸宁路
延兴门
兴庆立交
太乙路
太乙立交
雁翔路北口
红旗街道
空工立交
青龙寺
等驾坡街道
雁塔立交
北池头
大雁塔
马腾空
月登阁
雁鸣湖
纺织城站
西安东站
理工大曲江校区
黄渠头
曲江街道
大唐芙蓉园
曲江池遗址公园
曲江池西
曲江新区管委会
曲江立交
汉杜陵
金滹沱
航天大道
天飞路
绕城高速公路
包茂高速
西康铁路
沪陕高速公路
福银高速公路
连霍高速公路
京昆高速
210国道
312国道
西韩公路
西渭路
东三环路
北辰立交
灞河
浐河
鲸鱼沟
米家堡
师家村
唐家村
柳树村
李家村
温家寨
董家村
香杨村
吕家堡村
凤凰池
紫霞三路
鹦鹉寺公园
油王村
刘家底村
洪庆沟村
岳家沟村
王柯寨村
新兴村
东梁村
唐家寨村
肖家寨村
毛西王路
高家沟村
毛东村
神峪寺沟村
江村
张李村
杜陵村
西张坡村
庞家村
江家沟
狄寨村
牛角尖村
南大康村
姚沟村
西车村
南江村
高桥村
赵家庄村
常家湾村
秦沟村
常兴村
甘寨堡村
倪家滩村
伍府井
三益村
南伍村
大府井村
三兆村
裴家村
图例
省、市、区政府驻地
管委会驻地
街道办事处
汽车站
高铁
铁路 火车站
地铁 地铁站
未开通
高速公路
环城路
主干道路
一般道路
次要道路
规划道路
审图号：西S(2022)006号

01 XI'AN'S TITLES 荣耀西安

全国副省级城市	1994 年								
国家卫生城市	2008 年								
综合性国家高新技术产业基地	2008 年								
国家园林城市	2009 年								
中国最具文化底蕴城市	2009 年								
中国最具幸福感城市	2009 年	2012 年	2013 年	2014 年	2015 年	2017 年	2018 年	2019 年	2020 年
全国社会治安综合治理优秀城市	1997 年	2001 年	2005 年	2009 年					
中国国际形象最佳城市	2010 年								
十大中国最关爱民生城市	2010 年								
中国十大创新型城市	2011 年	2012 年							
国家知识产权示范城市	2012 年								
全国双拥模范城市	1988 年	1992 年	1996 年	2000 年	2004 年	2008 年	2012 年	2016 年	2020 年
中国形象最佳城市	2013 年								
中国最具投资吸引力城市	2013 年								
国家下一代互联网示范城市	2013 年								
中国最具文化软实力城市	2014 年								
全球最具发展潜力新兴城市	2014 年								
中国十大区域性金融中心城市	2014 年								
最佳国内旅游城市	2014 年								
中国十大影响力会展城市	2014 年								
国家电子商务示范城市	2014 年								
国家跨境贸易电子商务服务试点城市	2014 年								

国家现代服务业综合试点城市	2014 年		
国家食品安全示范城市	2014 年		
国家质量强市示范城市	2014 年	2016 年	
中国最佳营商环境十大城市	2014 年		
全国文明城市	2015 年	2017 年	
国家系统推进全面创新改革试验区	2015 年		
国家自主创新示范区（西安高新区）	2015 年		
国家森林城市	2016 年	2017 年	2020 年
中国旅游城市数字资产榜 Top10	2016 年		
全国科普示范区（西安新城区）	2016 年		
国家全域旅游示范区（西安临潼区）	2016 年		
中国最具投资潜力城市	2017 年		
国家食品安全示范城市	2017 年		
国家中心城市	2018 年		
东亚文化之都	2018 年	2019 年	
中国全面小康特别贡献城市	2018 年		
中国书店之都	2018 年		
全球最具发展潜力新兴城市	2018 年		
全国十大正能量城市	2018 年		
中国营商环境建设标杆城市	2019 年	2020 年	2021 年
外籍人才眼中最具吸引力的中国城市	2019 年		
2019 国际物流大通道建设突出贡献城市	2019 年		
国家公交都市建设示范城市	2019 年		
国家文化和科技融合示范基地十强城市	2019 年		
夜间经济十强城市	2019 年		
中国快递示范城市	2020 年		
2020 年度中国最具影响力会展名城	2020 年		
全国粮食生产先进集体	2021 年		

02 RAW DATE OF XI'AN
数字西安

土地面积	10096.81 平方千米
年末常住人口	1316.30 万人
生产总值	10688.28 亿元
第一产业增加值	308.82 亿元
第二产业增加值	3585.20 亿元
第三产业增加值	6794.26 亿元
人均 GDP	83689 元
进出口总值	3473.84 亿元
社会消费品零售总额	4963.42 亿元
进出口总值	4399.96 亿元
实际利用外商直接投资	87.14 亿美元
地方财政一般预算收入	855.96 亿元
地方财政一般预算支出	1474.94 亿元
全社会总用电量	489.37 亿千瓦时
全社会货物运输总量	27047.65 万吨
全社会旅客运输总量	10632.47 万人次
房屋施工面积	17119.5 万平方米
房屋竣工面积	443.4 万平方米
商品房销售面积	1856.73 万平方米
金融机构人民币存款余额	28059.03 亿元
金融机构人民币贷款余额	29124.00 亿元
普通高等学校	63 所
普通中学	501 所
全年申请专利量	64131 件
医院床位数	7.39 万张
卫生技术人员数	12.33 万人
养老机构	143 个
博物馆	136 座
全体居民人均可支配收入	38701 元
城镇常住居民人均可支配收入	46931 元
农村常住居民人均可支配收入	17389 元
全体居民人均消费支出	24829 元
城镇居民人均消费支出	28810 元
农村居民人均消费支出	14521 元

党史学习教育：2021年3月1日，西安市召开党史学习教育动员大会，西安市党史学习教育全面展开。图为4月16日，全市党史学习教育宣讲报告会在中共西安市委党校召开（市委党校　提供）

十四运：2021年9月15—27日，中华人民共和国第十四届运动会在陕西省举办。图为“十四运”主场馆夜景（市城管局　提供）

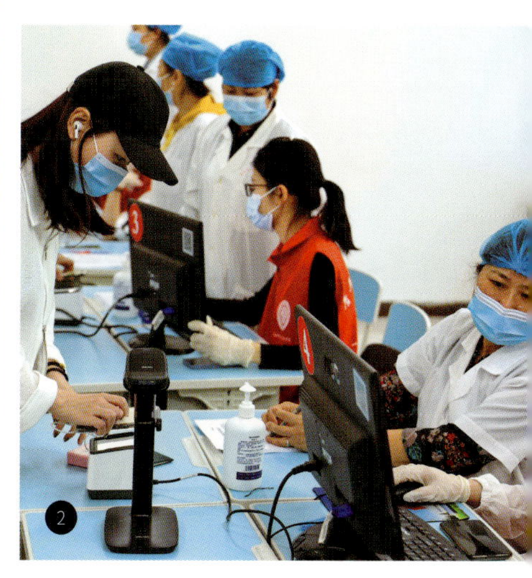

1. **封控**：2021年12月底，西安市暴发自武汉疫情之后国内较大的新冠疫情，毒株为德尔塔病毒。12月23日零时起，西安全市小区（村）、单位实行封闭式管理。图为封控后的西安钟楼

2. **疫苗接种**：2021年5月21日起，西安市新冠病毒疫苗在线预约系统对企事业单位用户和个人用户全面开放。图为5月9—11日，西安科技大学高新学院统一组织新冠疫苗第一针接种

3. **乡村振兴**：2021年7月17日，中共西安市委、西安市人民政府发布《关于全面推进乡村振兴城乡融合发展加快农业农村现代化的实施意见》，多措并举保障农业生产，促进乡村振兴。图为周至县骆峪镇黄家湾村社区工厂（市乡村振兴局　提供）

4. **双减**：2021年11月15日，中共西安市委办公厅、西安市人民政府办公厅印发《〈关于进一步减轻义务教育阶段学生作业负担和校外培训负担的措施〉的通知》，促进学生全面发展、健康成长。图为8月27日，市级督查组赴阎良区检查“双减”工作落实情况（市教育局　提供）

绿色发展：2021年，西安市扎实推进绿色发展，建设生态西安。全年优良天数265天，PM2.5比上年改善19.6%，空气质量创近年来最好水平。图为鄠邑区保护秦岭总平台“一站三中心”（市秦保局　提供）

限购升级：2021年，西安市人民政府办公厅分别于3月30日发布《关于建立房地联动机制促进房地产市场平稳健康发展的通知》，8月30日发布《关于进一步促进房地产市场平稳健康发展的通知》，进一步强化住房限购措施。图为保障性租赁住房建设——国际港务区临港产业园一期（市住建局　提供）

交房即交证：2021年4月30日，西安市自然资源和规划局发布关于印发《新建商品房“交房即交证”工作方案（试行）》的通知。图为雁塔融创宸院“交房即交证”现场（市自规局　提供）

秦创原：2021年9月26日，《西安市推进秦创原创新驱动平台建设实施方案（2021—2023）》印发实施。图为6月5日，秦创原创新驱动平台重点项目集中开工活动现场（西咸新区　提供）

CELEBRATE THE 100th ANNIVERSARY OF THE FOUNDING OF THE PARTY
庆祝建党100周年

西安奥体中心举行庆祝建党 100 周年主题光影秀（西安日报社 提供）

2021年6月25日，“建党百年 · 筑梦西安——百名党员心里话”网络传播活动直播分享会在西安举办（市委网信办 提供）

2021年6月29日，西安地铁14号线庆祝建党100周年主题专列上线运行（市轨道交通集团 提供）

“十四运”闭幕式建党100周年主题表演

1．西安市各界举行丰富多彩的活动，庆祝建党100周年（西安日报社 提供）

2．2021年6月25日，西安市妇女联合会、西安市妇女手工艺联盟在民乐园万达广场共同举办庆祝建党100周年手工艺展演（市妇联 提供）

3．2021年4月22日，西安高新第二小学“名校+”教育联合体举办庆祝建党100周年主题展演活动

4．蓝田县小寨镇董岭村党支部通过“小板凳”会重温党的光辉历程，庆祝建党100周年（西安日报社 提供）

狠抓支柱产业壮大和产业链水平提升。图为比亚迪西安制造基地汽车总装生产线（高新区　提供）

狠抓秦创原平台建设和创新能力提升。图为秦创原综合服务中心（西咸新区　提供）

狠抓城市综合能级提升。图为夜间经济示范街区——易俗社街区（市商务局　提供）

狠抓开发区运行机制优化提升。图为2021年6月29日，西安市召开全市规范开发区管理机构工作动员会议（市委编办　提供）

狠抓城市建设管理服务水平提升。图为老旧小区——交运大厦改造后（市住建局　提供）

狠抓公共卫生体系完善和应急响应能力提升。图为中西部地区规模最大的核酸检测实验室——西咸新区区域医学检验中心“风东实验室”（西安日报社　提供）

狠抓对外贸易提质增量和对外开放水平提升。图为中国（陕西）自由贸易试验区（市商务局　提供）

狠抓生态环境质量提升。图为整治后的群贤别业（市秦保局　提供）

狠抓乡村振兴促城乡融合发展水平提升。图为周至县周一村猕猴桃喜获丰收（市农业农村局　提供）

06 "THE FOURTEENTH NATIONAL GAMES" HELD
“十四运”召开

2021年8月31—9月2日，“十四运”花样游泳比赛在西安奥体中心游泳跳水馆举办（西安日报社提供）

2021年9月21日，“十四运”田径项目男子100米决赛在西安奥体中心体育场举办

2021年9月21—24日，“十四运”高尔夫球项目比赛在西安秦岭国际高尔夫球场举办

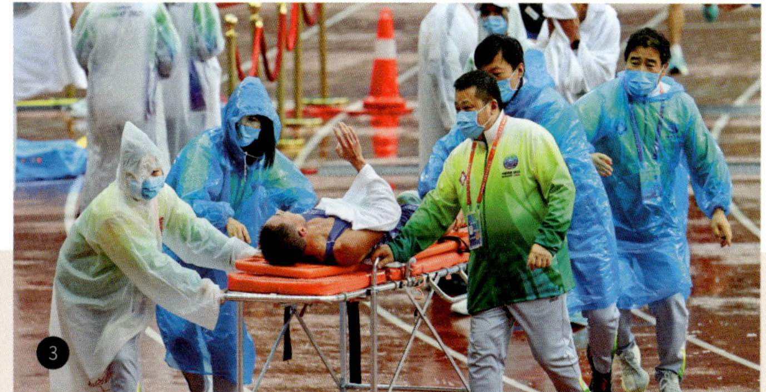

1. 2021年9月21日，陕西选手姚捷在“十四运”男子撑杆跳高决赛中夺冠（西安日报社　提供）

2. 2021年9月26日，“十四运”田径马拉松比赛在西安永宁门鸣枪开跑（曲江新区　提供）

3. “十四运”期间，西安市医疗卫生服务队为参会运动员、教练员提供保健急救服务（市卫健委　提供）

4. 2021年3月8日，西安市市场监管局执法人员深入“十四运”食品保障点进行食源性兴奋剂检测（市市场监督管理局　提供）

07 COVID-19 EPIDEMIC PREVENTION AND CONTROL 新冠疫情防控

2021年12月23日零时起，西安全市小区(村)、单位实行封闭式管理。图为当日新城区一小区，住户排队接受核酸检测

工作人员24小时轮班，昼夜不停进行核酸检测（西安日报社 提供）

新冠疫情期间，交警长安大队民警在西部大道冒雪执勤（西安日报社 提供）

1. 2021年12月25日，在2022年全国硕士研究生招生考试西安外国语大学考点隔离考区，监考人员在单人隔离考场监考

2. 工作人员对地铁车站内安检设备进行消杀（市轨道交通集团　提供）

3. 新冠疫情期间，西安市广大党员干部下沉社区一线参与疫情防控。图为党员志愿者帮助封控小区住户运送生活日用品、快递等（市地方志办　提供）

4. 新冠疫情期间，西安市部分区（县）为居民发放免费蔬菜、肉类等生活必需品。图为雁塔区一小区发放免费蔬菜（市地方志办　提供）

2021年6月10日，2021全球创投峰会在西安开幕（高新区　提供）

2021年10月18—20日，2021欧亚经济论坛在西安举办。图为工商领袖会议暨经贸合作洽谈会现场，关中平原城市群14市（区）签订《关中平原城市群政务服务“跨省通办”合作协议》（市博览事务中心　提供）

2021年6月8—10日，2021全球硬科技创新大会在高新区举办（高新区　提供）

1．2021年9月30日，陕西省第三条第五航权全货运航线开航仪式举办（西咸新区　提供）
2．2021年5月18日，西安关中综合保税区顺利通过国家验收（经开区　提供）

3．2021年5月31日，22国驻华使节团访问西安，参观陕汽控股集团公司（市委外事办　提供）

4．陕西跨境电商国际快件产业园（市商务局　提供）

5．2021年4月13日，陕西开行的第1000列中欧班列（西安）从西安国际港站出发开往哈萨克斯坦（李一博　摄）

2021年5月10日，第五届丝绸之路博览会西安经开区招商引资推介会暨重点项目签约仪式举办（经开区　提供）

2021年5月10日，西安航空基地投资环境推介暨重点项目签约仪式举行（航空基地　提供）

2021年6月30日，西安高新区举行重点项目集中竣工暨基础设施投用仪式（高新区　提供）

1. 2021年12月9日，“未来之城 航天之约”西安航天基地产城融合招商大会召开（航天基地 提供）

2. 西安电子谷（秦创原集成电路加速器）（高新区 提供）

3. 中国西部科技创新港——智慧学镇（西咸新区 提供）

4. 隆基西安总部（经开区 提供）

5. 三星电子闪存芯片二期项目（高新区 提供）

2021年3月20日，2021《长恨歌》首演仪式暨文旅惠民直播盛典举行。图为演出现场

2021年4月23日，"学党史 庆百年 迎全运"西安读书月公共图书馆全民阅读活动在老城根Gpark欢乐广场举行

2021年5月12日，"丝路起点·世界绽放"2021全球驻华使节西安经贸文化之旅系列活动——"梦回汉唐·盛世长安"全球驻华使节西安文化之夜活动举行（市委外事办 提供）

1. 2021年9月29日，西安莲湖廉洁文化主题公园揭牌（莲湖区　提供）
2. 2021年5月15—29日，中国秦腔优秀剧目会演在西安举行。图为秦腔《梨园芳华》的演出现场
3. 2021年，太平遗址入选“国内十大考古新闻”。图为太平遗址出土的陶铃（市文物局　提供）
4. 2021年，江村大墓入选“国内十大考古新闻”。图为江村大墓（市文物局　提供）
5. 长安书院（浐灞区　提供）

2021年5月28日，全省村史馆现场会在长安区召开。图为长安区杜角镇村村史馆（市地方志办 提供）

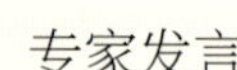

专家发言

2021 年 12 月 10 日，《西安市志（1991—2010）》出版座谈会召开

2021年底，《西安年鉴（2020）》获第八届全国地方志优秀成果（年鉴类）市级综合年鉴评比特等奖，《高陵年鉴（2020）》获县级综合年鉴一等奖

2021年6月23日，《西安市秦岭生态环境保护条例》修订施行一周年宣传活动启动仪式在蓝田县葛牌镇举办（市秦保局　提供）

2021年4月16日，雁塔区在青龙寺开展环保宣传活动（雁塔区　提供）

2021年4月23日，西安航空基地清河拦河坝工程正式建成启用（航空基地　提供）

1. “双减”新政实施后，孩子们有更多时间参加丰富多彩的校园社团实践活动（西安日报社 提供）

2. 2021年8月25日，航天城第二中学正式启用（航天基地 提供）

3. 2021年10月13日，莲湖区第三届就业创业服务节在莲湖区市民中心开幕。图为市民和求职者被各类职业和技能展示吸引（西安日报社 提供）

4. 2021年11月13日，西安市人民医院（西安市第四医院）新院区正式开诊

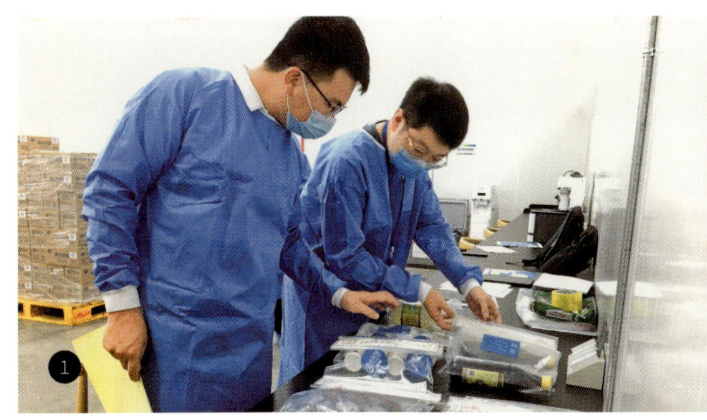

1. 2021年9月12日，西安市市场监督管理局开展食品安全检查。图为工作人员对抽样食材进行封包（市市场监督管理局 提供）

2. 2021年9月30日，陕西省首家大型养老服务综合体——雁塔区养老服务发展指导中心暨雁塔区第一养老院正式揭牌运行。图为老师正在为老年大学学员们讲解传统国画技法（西安日报社 提供）

3. 2021年10月，西安住房公积金管理中心八项高频事项实现“跨省通办”（市公积金中心 提供）

4. 西安市首个多能互补型供热站——幸福林带供热站（城投集体 提供）

1. 2021年5月7—8日，西安市人大常委会法工委组织部分常委会委员、市人大代表和市人大监察司法委有关同志就机动车停车立法工作进行实地调研

2. 2021年5月8日，西安市中级人民法院与相关单位举行证券期货诉调对接签约仪式，进一步促进证券期货诉讼与调解工作有效衔接（市中院 提供）

3. 2021年5月28日，西安市妇女联合会在鼓楼广场举行"民法典宣讲进万家"活动启动仪式（市妇联 提供）

4. 2021年6月3日，西安市司法局组织召开西安市法治政府示范创建工作会议（市司法局 提供）

5. "十四运"安保维稳（市委政法委 提供）

西安市地方志编纂委员会

《西安年鉴》编辑部

编辑说明

一、《西安年鉴》是西安市人民政府主办、西安市地方志办公室承编的地方信息资料性文献。1993年创刊，每年编辑一卷。《西安年鉴（2022）》为第三十卷。

二、《西安年鉴（2022）》以坚持辩证唯物主义的立场、观点和方法，以马克思列宁主义、毛泽东思想、邓小平理论、“三个代表”重要思想、科学发展观和习近平新时代中国特色社会主义思想为指导，旨在准确、科学、权威、系统地记载2021年西安地域内政治、经济、文化和社会发展的基本情况，为社会各界读者了解和研究西安提供基本的信息资料。

三、本卷年鉴采用分类编辑法，大部分栏目设“类目—分目—条目”3个层次，部分类目设有二级分目。全卷共有类目35个、分目181个、二级分目2个、条目1556个。不同层次的标题，字体、字号和版式设计有明显区别；有些内容较多的条目，文内用楷体标出相应的层次。

四、本卷年鉴记述的地域范围一般以2021年西安市行政区划为界，一些发生在外地，但与西安关系密切的信息亦予以收录。区域名称“西安市”“全市”指西安市和所辖各区（县），“城三区”指新城、碑林、莲湖三区，“城六区”指新城、碑林、莲湖、灞桥、未央、雁塔六区。

五、本卷年鉴所载录的内容和数据一般限于2021年，分别由西安地域内各有关部门、区（县）、开发区和行业提供，并经撰稿单位负责人审定。其中，主要数据采用西安市统计局提供的快报数据，引用时请注意。

六、本卷年鉴正文涉及的单位名称和文件名称，在条目中首次出现一般采用全称，再次出现的则采用习惯简称；需要解释的名词，除“特载”类目在正文后集中注释外，一般采取括注形式。

七、本卷年鉴有目录、索引2种检索途径，目录在卷前，索引在卷尾。

八、本卷同时出有电子版，可登陆西安地方志网（网址：http://xadfz.xa.gov.cn）免费浏览下载。

目　录

特　载

大事记

专　文

西安概貌

中国共产党西安市委员会

西安市人民代表大会

西安市人民政府

中国人民政治协商会议西安市委员会

纪检监察

民主党派·工商联

群众团体

法　治

军　事

农业和农村经济

开发区建设

工业·建筑业

交通运输·邮政快递

信息产业

综　述

电　信

移　动

联　通

无线电管理

经济管理与监督

宏观经济管理

经济体制改革

国有资产监督管理

财　政

税　务

金融业

综述

货币金融服务

资本期货市场

城乡建设与管理

综述

自然资源和规划

城市管理

科学研究和技术服务

文化·旅游

公共文化

文物博物

新闻出版

广播·电视·电影

地 方 志

档 案

文旅市场培育

体 育

医疗卫生

社会民生

区（县）概况

人　物

附　录

统计资料

索　引

Contents

Features

Chronicles of Events

Special articles

Profile of Xi'an

Communist Party of China Xi'an Municipal Committee

Xi'an Municipal People's Congress

Xi'an Municipal People's Government

Xi'an Municipal Committee of CPPCC

Xi'an Municipal Committee for Discipline Inspection of the CPC

Non-CPC Parties · Federation of Industry & Commerce

Mass Organizations

Rule of Law

Military Affairs

Agriculture & Rural Economy

Construction of Development Zones

Industry & Construction Sector

Commerce & trade Service Industry · Convention & Exhibition Industry

Transport,Postal Services & Express

Information Industry

Economic Management & Supervision

Market Supervision & Administration

Financial Industry

Urban-Rural Construction & Management

Eco-environment

Education

Scientific Research & Technical Services

Culture&Travel

Sports

Health Care

People's Livelihood

Districts(Counties) Profiles

Famous People

Appendix

Statistics

Index

高举伟大旗帜　勇担时代使命
全面加快国家中心城市建设步伐
奋力谱写西安高质量发展新篇章

——在中国共产党西安市第十四次代表大会上的报告

中共陕西省委常委、西安市委书记　方红卫

（2022年3月13日）

同志们：

现在，我代表中国共产党西安市第十三届委员会向大会作报告。

大会的主题是：高举习近平新时代中国特色社会主义思想伟大旗帜，深入贯彻习近平总书记来陕考察重要讲话重要指示精神，动员全市广大党员和干部群众，从党的百年奋斗重大成就和历史经验中汲取智慧和力量，大力弘扬伟大建党精神，解放思想、改革创新、再接再厉，全面加快国家中心城市建设步伐，奋力谱写西安高质量发展新篇章！

一、五年砥砺奋进，夯实高质量发展坚实基础

市第十三次党代会以来，我们坚定不移沿着习近平总书记指引的方向感恩奋进、砥砺前行，在党中央和省委的坚强领导下，全面建成小康社会目标如期完成，国家中心城市建设迈出坚实步伐。

——综合实力显著增强。地区生产总值年均增长6.4%，迈上万亿元大台阶。“6+5+6+1”现代产业体系逐步壮大成势，形成电子信息、汽车、航空航天、高端装备、新材料新能源5个千亿级产业集群。全社会研发投入强度保持在5%以上，国家高新技术企业突破7000家。

——改革开放不断深化。全面创新改革试验12条改革经验向全国复制推广。连续2年荣获中国营商环境评价标杆城市。获批国家第二批国资国企改革综合试验城市。中欧班列（西安）集结中心建设取得重要进展，“长安号”累计开行突破1万列。获批国家临空经济示范区，第五航权航线通航，国际航线达到97条，初步形成“丝路贯通、欧美直达、五洲相连”格局。

——生态环境持续改善。深刻汲取秦岭违建事件教训，始终牢记“国之大者”，把习近平总书记的重要指示批示作为党内政治要件和最大政治要求，进一步完善部署、落实、督查相衔接的闭环贯彻机制，确保件件有着落、事事见成效。完成违建别墅专项整治，修定出台秦岭保护《条例》《规划》，秦岭生态修复取得重要进展。新增生态水面1.54万亩，主要河流全部消灭劣V类水，完成护城河改造提升，实现“一池碧水绕古城”。2021年空气优良天数达到265天，较2016年增加73天。“三河一山”环线绿道、幸福林带等重大生态工程建成开放，绿色西安图景逐步呈现。

——城市功能日益完善。成功获批建设西安国家中心城市。全面代管西咸新区，西安—咸阳一体化进程取得重要进展。机场三期开工建设，西安火车站改扩建等重大基础设施建成投用，“米”字形高铁网基本形成，地铁通车里程达到259公里，建成6条快速路、11座大型互通立交和跨浐灞河5桥2隧。按照习近平总书记“办一届精彩圆满的体育盛会”的重大要求，高标准建成奥体中心“一场两馆”等设施，高质量完成筹办任务，展现了全运西安经典时刻，交出了一份精彩答卷。

——文化建设扎实推进。社会主义核心价值观深入人心，群众性精神文明创建活动深入开展。建成各类博物馆42座、累计达到159座，国家考古遗址公园4处、居全国之首。《红星耀陕甘》被列入全国庆祝建党100周年重大革命历史题材纪录片。话剧《柳青》荣获文华大奖，易俗社文化旅游片区建成开放，大唐不夜城入选首批全国示范步行街，5A级景区达到5家。

——民生保障更加有力。每年新增财力80%用于改善民生。城乡居民人均可支配收入分别达到46931元、17389元。如期高质量打赢脱贫攻坚战。新建、改扩建中小学幼儿园665所、新增学位52.63万个，13个三级医院项目加快建设。居民养老、医保、低保等基本社会保险和救助体系更加健全。

——民主法治巩固发展。人大立法、监督等工作取得新成效，人民政协工作取得新进展，各民主党派、人民团体作用充分发挥，大统战工作格局不断完善。司法体制改革顺利推进，全面依法治市稳步推进。扫黑除恶专项斗争和政法队伍教育整顿取得积极成效。全国双拥模范城实现“九连冠”。

——党的建设全面加强。深入开展“两学一做”学习教育、“不忘初心、牢记使命”主题教育、党史学习教育等，教育引导党员干部深刻认识“两个确立”的决定性意义，坚决做到“两个维护”。打造“民有所呼、我有所行”基层党建品牌。持之以恒纠治“四风”。扎实推进中央和省委巡视反馈问题整改，坚决肃清赵正永、魏民洲等流毒和恶劣影响，风清气正的政治生态不断巩固。

同志们，艰难方显勇毅，磨砺始得玉成。去年年底，西安遭遇了严峻复杂的重大疫情，经历了一场疫情防控的大战大考。在习近平总书记的关心关怀下，在党中央、国务院坚强领导下，在省委、省政府的有力指挥下，全市上下团结一心、顽强拼搏，汇聚起守望相助、共克时艰的磅礴力量，打赢了一场疫情防控的阻击战、歼灭战。在这场没有硝烟的战斗中，医护战士白衣执甲、逆行出征，兄弟城市火线驰援、雪中送炭，爱心人士慷慨而行、无私奉献，党员干部闻令而动、冲锋在前，广大社区工作者、物业工作者、志愿者、快递小哥、环卫工人、保供人员等夜以继日、连续奋战，1300万西安市民以及考研学子、务工人员等滞留群众，积极配合、大力支持核酸检测、流调溯源、封控管理等各项疫情防控工作，给予了极大包容，承受了巨大压力，克服了种种困难，为阻断疫情蔓延、取得抗疫胜利作出了重要贡献，彰显了我们这座城市万众一心、众志成城的精神力量。向英雄的西安人民致敬！

同志们，五年奋斗令人难忘、成绩来之不易。所有成绩的取得，根本在于以习近平同志为核心的党中央领航定向，是在省委、省政府坚强领导下，在历届市委打下的坚实基础上，全市人民共同奋斗、撸起袖子干出来的。在此，我谨代表中共西安市第十三届委员会，向敬业奉献的全市广大党员和干部群众，向心系西安的老领导、老同志，向同心同行的各民主党派、各人民团体、社会各界人士，向忠诚履职的驻地解放军指战员、武警官兵、公安干警和消防救援人员，向关心支持西安发展的海内外朋友们，致以诚挚的感谢和崇高的敬意！

我们也清醒认识到，发展不足仍是西安的基本市情，主要表现在：经济总量偏小，工业不大不强，创新潜能释放不够，对外开放不足，生态环境保护任重道远，城市规划建设管理水平有待提高，民生保障水平与人民群众期盼还有差距，反腐败斗争形势依然严峻复杂。尤其是疫情防控中暴露出基础工作不扎实、基层工作不落实，城市应急管理、公共卫生体系、社区治理等方面存在诸多薄弱环节，少数干部担当不够、作风不实、能力不足。我们一定要勇于直面问题，采取有力举措，认真加以解决。

二、牢记领袖嘱托，锚定高质量发展奋斗目标

习近平总书记对陕西、对西安高度重视、深情牵挂、亲切关怀。党的十八大以来，3次来陕考察并发表重要讲话、作出重要指示，为陕西和西安的发展掌舵领航、把脉定向，从科学精辟作出“追赶超越”的重要论断，到提出“五个扎实”“五项要求”“谱写高质量发展新篇章”的重大要求，无不蕴含着对三秦大地和西安人民的殷切期望和巨大鼓舞。这些重要指示既一脉相承、一以贯之，又相互联系、与时俱进，为我们擘画了宏伟蓝图、赋予了时代使命、注入了强大动力、提供了根本遵循。特别是去年9月，习近平总书记亲临西安出席第十四届全国运动会开幕式，在西安的发展历程中具有里程碑意义，极大地激发了全市广大党员和干部群众牢记领袖嘱托、扛起时代使命、全力追赶超越、推动高质量发展的昂扬斗志和豪迈情怀。我们要始终感恩习近平总书记对西安父老乡亲、青山绿水的深情厚爱，解放思想、改革创新、再接再厉，全面加快国家中心城市建设步伐，奋力谱写高质量发展新篇章，让西安这片厚重神奇的土地焕发出蓬勃朝气、迸发出无限活力。

察势者智，驭势者赢。当前，西安正处于高质量发展的加速阶段，呈现以下基本特征：

一是多重国家战略叠加。面临共建“一带一路”、新时代推进西部大开发形成新格局、黄河流域生态保护和高质量发展等重大机遇，承担着国家全面创新改革试验区、国家自主创新示范区等20多项国家级创新改革试点任务，国家中心城市“三中心二高地一枢纽”加快推进，引领西北地区发展的重要增长极正在加速形成，但作为省会城市和关中平原城市群的核心城市，城市首位度长期在2.0左右，辐射带动能力还不强，全力抓城市综合能级提升、加快建设国家中心城市是我们的重大使命。

二是现代产业体系逐步壮大成势。战略性新兴产业比重快速提升、势头强劲，隆基、陕汽、比亚迪等一批优秀企业正在向全球产业链价值链高端攀升，但支撑经济高质量发展的支柱产业总体上不大不强，产业链亟待完善，现代产业集群规模较小，产业核心竞争力较弱，全力抓支柱产业壮大和产业链水平提升是我们的主攻方向。

三是创新驱动发展步伐不断加快。嫦娥奔月、北斗组网、天问探火、载人深潜等无不闪耀着西安科技的光芒，在科技强国建设中的地位作用更加突出，但创新链、产业链深度融合不够，科技创新成果就地转化率偏低，创新发展潜能尚未有效释放，全力抓秦创原平台建设和创新能力提升是我们的重中之重。

四是开放深度广度不断拓展。自贸试验区和空港、陆港等平台载体功能不断完善，中欧班列“长安号”成为我国对外贸易的黄金通道，在国家向西开放战略中的作用日益突出，但开放合作层次不高，对外贸易规模不大、结构不优，企业参与全球竞争能力不强，开放型经济水平不高，全力抓对外贸易提质增量和对外开放水平提升是我们的紧迫任务。

五是自然生态持续向好。单位GDP能耗不断下降，生产生活环境日益改善，但生态系统十分脆弱，环境资源约束加剧，环境容量接近上限，绿色转型发展迫在眉睫，全力抓绿色发展和生态环境质量提升是我们的永恒课题。

六是历史文化资源具有人无我有、人有我优的强大竞争力。“千年古都·常来长安”品牌影响力不断扩大，但资源优势没有充分转化为发展优势，文化旅游产业规模不大、效益不高，文化旅游深度融合不够，文化软实力不强，全力抓历史文脉守护和中华文明传承是我们的城市担当。

七是城市功能不断增强。城乡面貌焕然一新，城市形象持续提升，但城市治理体系和治理能力现代化水平不高，城市管理精细化智慧化不够，基础设施建设仍有短板，产城人融合不够，全力抓城市建设管理服务水平提升是我们的当务之急。

八是保障和改善民生取得新进展。民生温度不断提升，

民生福祉不断增强，但教育、医疗、环境、交通、住房、养老等民生领域短板突出，用心、用情、用力解决好群众“急难愁盼”问题是我们的重要责任。

*九是发展和安全得到进一步统筹。*安全形势总体稳定，平安西安建设取得明显成效，社会大局和谐稳定，但城市安全稳定运行面临的挑战增多，城市抗御重大灾害和快速恢复能力亟待提升，全力防范化解重大风险是我们必须守住的底线。

总体来看，西安面临千载难逢的历史机遇，拥有得天独厚的巨大优势，这是我们加快建设国家中心城市，奋力谱写高质量发展新篇章的底气所在、潜力所在、希望所在。同时必须看到，西安在高质量发展的赛道上与先进城市还有较大差距，不进则退，慢进也是退。机遇之窗不允许我们放慢脚步，竞争态势不允许我们“躺平”懈怠。我们必须深刻把握西安发展的阶段性特征，坚持以解放思想为先导，改革创新而不因循守旧，抢抓机遇而不错失良机，开拓进取而不固步自封，以思想之新、改革之勇、创新之力，充分释放发展潜力和强大动能，推动西安发展实现从量变、质变到裂变的跨越，在千帆竞发的区域竞争中勇立潮头、争当时代弄潮儿，在谱写高质量发展新篇章的新征程上发轫远航！

今后五年全市工作的指导思想是：坚持以习近平新时代中国特色社会主义思想为指导，全面贯彻党的十九大和十九届历次全会精神，深入贯彻习近平总书记来陕考察重要讲话重要指示精神，坚决落实党中央重大决策部署，大力弘扬伟大建党精神，完整准确全面贯彻新发展理念，坚持以人民为中心的发展思想，传承发展中华优秀传统文化，统筹疫情防控和经济社会发展，统筹发展和安全，更好服务和融入新发展格局，解放思想、改革创新、再接再厉，奋力谱写西安高质量发展新篇章。

今后五年全市的奋斗目标是：牢记习近平总书记殷殷嘱托，踔厉奋发、笃行不怠，倾力打造高水平现代产业体系，加快提升产业核心竞争力，建设产业强市；借力开放赋能，加快培育国际合作和竞争新优势，焕发千年古都的“精气神”；致力贯通融合，加快把资源优势转化为发展优势，建设更高能级的国家中心城市，努力把习近平总书记为我们擘画的宏伟蓝图变成美好现实。具体为“六个打造”：

*——打造高质量发展的西部经济强市。*经济强是国家中心城市的鲜明特征。建设西部经济强市始终是我们的不懈追求。我们要深入贯彻习近平总书记“推动经济高质量发展迈出更大步伐”的要求，把重点放在推动产业转型升级上，加强高质量项目谋划、招引、储备和实施，建设具有国际影响力的产业强市，规模以上工业企业战略性新兴产业总产值占工业总产值比重达到54%，地区生产总值突破1.5万亿元，发展质量和效益显著提高，成为国家高质量发展的重要增长极。

*——打造新动能强劲的国家创新名城。*创新是引领高质量发展的第一动力。西安是一座具有创新基因、创新资源、创新优势、创新潜力的城市。我们要深入贯彻习近平总书记“把创新抓得紧而又紧，让创新成为驱动发展新引擎”的要求，始终把创新放在发展全局的核心位置，以秦创原创新驱动平台为引领，加快新旧动能转换，全社会研发投入占GDP比重保持在5%以上，国家高新技术企业达到1.2万家，突破一批关键核心技术，全面创新改革试验区、国家硬科技示范区、国家新一代人工智能创新发展试验区等建设成效显著，在推动国家高水平科技自立自强中作出西安贡献。

*——打造活力迸发的内陆改革开放高地。*开放是城市繁荣发展的必由之路。西安自古以来就具有开放包容的特质，进入新时代，共建“一带一路”将西安推到了对外开放的前沿位置。我们要深入贯彻习近平总书记“深度融入共建‘一带一路’大格局”的要求，持续向改革要动力、向开放要活力，推动有效市场和有为政府更好结合，营商环境达到国际一流水平，中欧班列（西安）集结中心建设成效显著，构筑起内陆地区效率高成本低服务优的国际贸易通道，进出口总值突破6500亿元，开放型经济水平全面提升，“一带一路”重要节点和门户枢纽作用更加凸显，成为国家向西开放的战略支点。

*——打造人与自然和谐共生的美丽家园。*绿色是高质量发展最鲜明的底色。西安自古就是生态环境优美之地，唐代诗人张籍在《沙堤行》中写到“长安大道沙为堤，早风无尘雨无泥”，描绘的就是当年长安的美好景色。我们要深入贯彻习近平总书记“推动生态环境质量持续好转”的要求，始终牢记“人不负青山，青山定不负人”的嘱托，牢固树立绿水青山就是金山银山的理念，坚持生态优先、绿色发展，全市域、全过程、全方位加强生态文明建设，推动生态文明制度体系更加完备，秦岭生态环境得到全面有效保护，主要污染物排放总量持续减少，大气、水、土壤等环境质量持续提升，碳达峰、碳中和积极推进，单位GDP能耗下降13%，让我们的家园山更绿、水更清、天更蓝。

*——打造彰显中华文明的世界人文之都。*文化是民族的精神命脉。西安是中华民族和华夏文明重要发祥地之一，历史文化资源具有世界性、唯一性。“伸手一摸汉唐文化，两脚一踩秦砖汉瓦”，是古都西安的生动写照。我们要深入贯彻习近平总书记“发掘和用好丰富文化资源，大力推进文化建设”的要求，守护好历史文化遗存，更好传承延续中华文明和历史文脉，社会文明程度达到新高度，公共文化服务水平明显提高，文化旅游深度融合发展，文化旅游产业增加值占GDP比重达到18%，城市文化传播力、影响力显著增强，让西安成为中华文化和中华文明的展示窗口。

*——打造共享美好生活的宜居幸福西安。*人民对美好生活的向往就是我们的奋斗目标。我们要深入贯彻习近平总书记“加强民生保障和社会建设”的要求，忠诚践行以人民为中心的发展思想，动真情、用真心、下真功解决好人民群众牵肠挂肚的民生大事和天天有感的关键小事，保持居民收入与经济发展同步增长，教育、医疗、交通、住房等基本公共服务更加优质均衡，多层次社会保障体系更加完善，城市治理体系和治理能力现代化水平显著提升，乡村振兴、城乡融合发展取得更大实效，共同富裕取得明显进展，老百姓的日子更殷实、更美好、更幸福。

同志们，追风赶月莫停留，平芜尽处是春山。建设国家中心城市，谱写高质量发展新篇章，是国家使命、时代责任，我们一定要坚定不移沿着习近平总书记指引的道路，咬定目标不放松，风雨无阻不懈怠，在新时代新征程上展现新气象新作为，创造无愧于历史、无愧于时代、无愧于人民的新业绩、新辉煌！

三、勇担时代使命，加快形成国家高质量发展的重要增长极

今后五年，是加快国家中心城市建设、谱写高质量发展新篇章的关键期、攻坚期、突破期。全市上下要紧紧围绕“六个打造”，着力抓好以下重点任务。

（一）以秦创原创新驱动平台为引领，全面塑造高质量发展新优势

1.构建秦创原“一总两带”总格局。依托西咸新区和西部科技创新港，打造秦创原创新驱动平台总窗口。以高新区、长安大学城、航天基地为载体，打造秦创原科技创新示范带。以经开区、渭北新城、阎良区（航空基地）为载体，打造秦创原先进制造业示范带。统筹全市创新资源开放共享、高效协同，打造立体联动“孵化器”、成果转化“加速器”和两链融合

"促进器"。

2.当好国家战略科技力量第一梯队。争取更多重大科技基础设施布局西安，创建综合性国家科学中心。吸引国内外知名企业、大学、院所在西安设立区域性研发中心，建设100个新型研发机构。用好"揭榜挂帅"等机制，在"卡脖子"技术上勇闯创新"无人区"，努力突破一批关键核心技术。

3.凸显企业创新主体作用。鼓励引导企业加大研发投入，发挥大企业引领作用，推动大中小企业融通创新，企业研发经费占全社会研发经费比重达到50%。实施创新型企业倍增计划，实现国家高新技术企业、科技型中小企业数量"双翻番"。创建国家科创金融改革创新试验区，科技型企业上市数量达到100家以上。促进各类创新要素向企业集聚，把企业打造成为真正强大的创新主体。

4.畅通科技成果就地转化通道。持续推动"政产学研用"深度融合，实施重大科技成果转化工程，打通科技成果转化应用"最后一公里"。建设西安技术要素交易市场，高标准建成国家技术转移西北中心。推进国家知识产权运营服务体系重点城市建设，提升知识产权保护和运用水平。

5.打造人才集聚强大磁场。科学培养人才，发挥高校、院所、企业主力军作用，不断壮大高水平复合型人才、青年科技人才、卓越工程师和高技能人才队伍。精准引进人才，积极搭建人才集聚平台，清单式引进"高精尖缺"人才和高水平创新团队。用好用活人才，为各类人才搭建干事创业的平台，形成天下英才聚西安、万类霜天竞自由的生动局面。

（二）建设具有西安特色的现代产业体系，全面提升产业核心竞争力

1.支柱产业在"强"上求突破。加快全产业链优化升级，推动19条重点产业链集群发展，培育引进龙头企业、专精特新"小巨人"企业、制造业单项冠军企业，产值过百亿元企业达到15家，电子信息、汽车、航空航天、高端装备、新材料新能源、食品和生物医药六大支柱产业均实现产值翻番，成长为具有国际竞争力的先进制造业集群。

2.新兴产业在"大"上下功夫。围绕国家增材制造创新中心、国家先进稀有金属材料技术创新中心等创新平台布局产业链，培育壮大人工智能、增材制造、机器人、大数据、卫星应用等五大新兴产业，主营业务收入突破3000亿元。前瞻布局量子科技、类脑智能、深海深空、前沿新材料等一批未来产业。

3.生产性服务业在"优"上做文章。推动现代金融、现代物流、研发设计、检验检测认证、软件和信息服务、会议会展等六大生产性服务业向专业化和价值链高端延伸，营业总收入超过6000亿元。推广陕鼓"服务型制造"、陕汽"全生命周期管理"等模式，推动先进制造业和现代服务业深度融合试点示范建设，争创国家服务型制造示范城市。

4.文化旅游产业在"深度融合"上提质效。立足西安、走出西安，以点带线、以线织面，呈现完整文化脉络，构建全链条文旅产业生态，打造传承中华文化的世界级旅游目的地。加快形成"一核两廊八板块"发展格局，打造大雁塔、曲江、临潼等一批世界级文化旅游景区和度假区，建设国家文化产业和旅游产业融合发展示范区。推动文旅产业多元融合，积极发展工业游、红色游、乡村游、研学游、康养游等业态，大力发展文化制造业，壮大创意、动漫、影视等文创产业。加快建设国家全域旅游示范城市，持续放大西安文化旅游价值效应。

5.数字经济在"全面赋能"上见实效。加快数字产业化，发展壮大云计算、区块链、地理信息等数字产业，加快西安数字经济产业园、国家地理信息产业出口服务基地、西咸新区国家级大数据和云计算产业基地建设。加快产业数字化，运用数字技术对重点产业进行全方位、全链条改造，支持企业建设智能生产线、数字化车间、智能工厂和工业互联网平台，塑造数字经济新优势。

（三）深度融入国内国际双循环，打造内陆改革开放高地

1.市场主体活力充分涌流。推进土地、劳动力、资本、技术、数据等要素市场化配置改革，促进生产要素从低端低效领域向优质高效领域流动。提高政府监管效能，实现事前、事中、事后全链条、全领域监管。深化国资国企综合改革，发挥国有企业支撑作用。破除制约民营企业发展的壁垒障碍，加快壮大民营经济。深化"放管服"改革，营造市场化、法治化、国际化营商环境。

2.国际性综合交通枢纽建设取得新突破。加快机场三期建设，织密覆盖全球的航空网，建设空港型国家物流枢纽。加快"米"字形高铁网、高速公路网建设，提高新亚欧大陆桥陆路通道的通达性。推动空港、陆港提质扩能，促进港产、港贸、港城联动发展，构筑内陆地区效率高成本低服务优的国际贸易通道。

3.开放型经济水平达到新高度。做优对外开放平台，提升航空、铁路口岸功能，扩大欧亚经济论坛、丝博会等国际影响力，深化国际产能合作，打造"一带一路"重要产业基地。高质量建设中欧班列（西安）集结中心。吸引更多跨国公司投资，推动更多重大外资项目落地。加快对外贸易提质增量，实现结构优化、发展提速、比重提高、层次提升。

4.内需增长潜力充分释放。全力抓项目扩投资促消费，实现投资和消费协同提升。突出"两新一重"，实施一批强基础、增功能、利长远的重大项目。瞄准世界500强、中国500强，聚焦高端产业和产业高端，把好企业、大项目招到西安、落在西安。顺应消费升级趋势，提升传统消费，培育新型消费，创建国际消费中心城市。

（四）大力增强综合承载功能，全面提高城市能级品质

1.构建国土空间开发保护新格局。坚持生产、生活、生态融合发展，高标准编制实施国土空间总体规划。建设丝路科学城、丝路软件城等若干高能级产业片区和高品质城市片区，提升土地资源节约集约利用水平。实施"南控、北跨、西融、东拓、中优"空间发展战略，向南控好生态红线，向北跨出工业强市的一大步，向西融出西安—咸阳一体化发展的新模式，向东拓出国家中心城市发展的新空间，中心城区彰显千年古都的新优势。

2.引领关中平原城市群一体化发展。加快推动西安—咸阳一体化进程，大力支持西咸新区建设国家创新城市发展方式试验区。建设现代化西安都市圈，加强与铜川、渭南、杨凌等融合发展。健全关中平原城市群常态化沟通联络机制，重点围绕设施联通、产业协同、生态保护等方面协同协作。推动建设西（安）洛（阳）郑（州）高质量发展合作带，在黄河流域生态保护和高质量发展战略中发挥更大作用。

3.实施城市更新行动。注重保护城市特有的地域风貌、文化特色、建筑风格，加快城中村、老旧小区、背街小巷等改造，提升水电气暖、道路等基础设施水平，不断完善城市功能。加强应急管理、防灾避难、卫生防疫等设施和海绵城市建设，提升城市抗御重大灾害和快速恢复能力。规划建设一批城市客厅、绿廊绿道等高品质公共空间，让市民群众推窗见绿、出门入园、诗意栖居。

4.推进城市数字化转型。加快5G、物联网、数据中心等数字化基础设施建设，打造强大智慧的"城市大脑"，推动城市运行"一网管全城、一屏观全域"。建立新一代政务数据共享交换体系，大力提升数据归集整合、综合利用水平，建设一体化政务服务平台，完善"i西安"服务功能，打造数字政府。

探索城市全场景智慧应用，让市民群众畅享智慧新生活。

（五）厚植绿色发展优势，绘就美丽中国的西安画卷

1.坚决当好秦岭生态卫士。深刻汲取秦岭违建事件教训，严格执行秦岭保护《条例》《规划》，让保护秦岭成为全社会共识，筑牢国家生态安全屏障。持续推进秦岭生态环境整治到位、修复到位、保护到位。推进“数字秦岭”建设，提升秦岭生态环境保护智慧化水平，让秦岭美景永驻、青山常在、绿水长流。

2.深入打好污染防治攻坚战。持续打好蓝天保卫战，空气质量优良天数比率达到78%，基本消除重污染天气。持续打好碧水保卫战，深入推进渭河流域生态保护治理，巩固黑臭水体整治成效，地表水国考断面水质全部达到III类以上。持续打好净土保卫战，强化土壤污染源头防控和综合治理，有效管控农用地和建设用地土壤污染风险，严格落实垃圾分类制度，创建国家“无废城市”。

3.加快经济社会绿色低碳转型。有序推进碳达峰碳中和，确保实现降碳减排目标。加快生产方式绿色转型，建设一批循环经济产业园，大力推广建筑节能和绿色建筑，积极发展绿色金融，加强绿色低碳技术攻关和示范推广，推进资源全面节约、集约、循环利用。大力倡导绿色生活方式，加快形成简约适度、绿色低碳的生活风尚。

4.推动生态治理体系不断完善。健全生态环境领域立法、执法、司法立体保障机制。完善“三线一单”生态环境分区管控体系。健全生态监督体系和生态考核体系，推动生态环保责任落实到位。推进排污权、用能权、用水权、碳排放权市场化交易，优化生态补偿转移支付制度，让绿水青山更好实现“金山银山”的价值。

（六）大力发展西安风格的城市文化，彰显千年古都独特魅力

1.刷新城市文明高度。推动习近平新时代中国特色社会主义思想入脑入心，传承延安精神、西迁精神等红色基因，长效开展“四史”宣传教育，筑牢全社会理想信念之基。坚持正确舆论导向，巩固壮大主流思想舆论。积极培育和践行社会主义核心价值观，持续推进公民道德建设，深化群众性精神文明创建，拓展新时代文明实践中心功能，擦亮全国文明城市“金字招牌”。

2.守护城市文化瑰宝。坚持文物保护优先，实施中华文明探源工程，加强秦始皇陵和兵马俑、唐长安城大明宫遗址等世界文化遗产保护。加强历史文化资源的活化展示，加快汉长安城国家大遗址保护利用示范区建设，推进革命文物保护利用工程，建设“博物馆之城”，盘活用好文物资源，让收藏在博物馆里的文物、陈列在广阔大地上的遗产、书写在古籍里的文字都活起来。

3.丰富城市文化供给。加强公共文化基础设施建设，打造“长安云”“长安乐”“长安书院”、西安大剧院等文化新地标，完善城乡四级公共文化服务网络。加强文艺精品创作，做大做强秦腔、西安影视、西安演艺、长安画派等特色文化品牌。加强非遗保护和传承，让非物质文化遗产散发出更加迷人的光彩。

4.绽放城市文化价值。深化和扩大教育科技、文化旅游等领域对外合作交流，打造“一带一路”重要人文交流基地。持续放大“三会三节”品牌效应，策划承办更多高规格国际会议会展、体育赛事、文化活动，不断提升国际传播能力，让西安成为世界读懂中华文化的窗口，让文化成为西安走向世界的桥梁。

（七）倾力创造更高品质生活，打造共同富裕的西安示范

1.稳步提高城乡居民收入。强化就业优先政策，支持多渠道灵活就业，抓好高校毕业生、退役军人、农民工、城镇困难人员等重点群体就业，持续扩大就业规模、改善就业结构、提高就业质量。实施居民收入倍增计划，多渠道增加居民工资性、财产性和经营性收入，积极发展公益慈善事业，缩小城乡收入差距。

2.加大公共服务高品质供给。落实义务教育“双减”，推动学前教育优质普惠发展、义务教育优质均衡发展、高中教育优质多样发展、职业教育优质创新发展，扩量提质高等教育，支持西安文理学院建设特色鲜明的城市大学。高水平建设“健康西安”，加快优质医疗资源扩容和区域均衡布局，建成13所三级医院，提升基层医疗卫生服务水平，提高重大突发公共卫生事件应对处置能力。广泛开展全民健身运动，深入开展爱国卫生运动。推进基本便民服务全覆盖，不断提升城市发展的民生温度。

3.健全多层次社会保障体系。完善基本养老、医疗、失业、工伤、生育保险制度，健全分层分类社会救助体系，兜牢民生底线。保障妇女、未成年人、残疾人等合法权益。优化退役军人服务保障。坚持“房住不炒”，完善多主体供应、多渠道保障、租购并举的住房供应和保障体系，促进房地产业良性循环和健康发展。

4.建设儿童、老年友好型城市。提高优生优育服务水平，构建多元化、全覆盖的婴幼儿照护托育服务体系，鼓励生育三胎，降低生育、养育、教育成本。积极应对人口老龄化，构建居家社区机构相协调、医养康养相结合的养老服务体系，积极发展银发经济、健康产业，扩大适老产品和服务设施供给。解决好“一老一小”问题，让儿童快乐成长、老人颐养天年。

5.深入实施乡村振兴战略。全面推进乡村产业、人才、文化、生态、组织振兴，促进公共服务资源城乡均衡配置。实行最严格的耕地保护制度，守牢粮食和重要农副产品稳产保供底线。巩固拓展脱贫攻坚成果同乡村振兴有效衔接，健全防止返贫监测和常态化帮扶机制，坚决守住不发生规模性返贫的底线。提升都市型现代农业质量效益，做强特色农业品牌，大力发展设施农业、智慧农业，实施“数商兴农”工程。培育新型农业经营主体，加快农业产业化、农民职业化。稳妥推进农村综合改革，深化农村集体产权制度改革，完善农村产权流转交易体系，发展新型农村集体经济。立足城乡融合，实施乡村建设行动，科学统筹县域城镇和村庄规划建设，提高农村基础设施建设水平，深入推进农村人居环境整治，让乡愁不远去、村庄更宜居。

（八）深入推进高效能治理，打造市域社会治理“西安样板”

1.完善城乡基层治理体系。全面推动党建引领基层治理创新，完善党组织领导的自治、法治、德治相结合的基层治理体系。加强基层政权建设，做优智慧治理全科网格，引导和推动各方力量下基层、入网格，构建网格化管理、精细化服务、信息化支撑、开放共享的基层治理平台，打通基层治理“神经末梢”。

2.创新市域社会治理方式。健全完善社会治理体系，构建共建共治共享的社会治理新格局。加快市、区（县）、街镇三级综合治理和网格化服务管理中心建设，完善全市社会治理要素统一地址库，拓展社会治理综合指挥信息平台应用，实现社会治理“一网联动”。

3.提升风险防范化解能力。全面落实总体国家安全观，建立健全风险研判、防控协同、防范化解等机制。加强政治安全、意识形态安全、社会安全、粮食安全、能源安全、生态安全、网络安全等监管，统筹抓好金融风险、企业债务风险、政府债务风险防范化解。坚持和发展新时代“枫桥经验”，畅通

和规范群众诉求表达渠道，健全社会矛盾纠纷多元化解机制。

4.建设更高水平的平安西安。完善立体化社会治安综合防控体系，深入推进反恐防暴，严厉打击电信网络诈骗等各类违法犯罪。常态化开展扫黑除恶斗争，巩固深化政法队伍教育整顿成果。加强应急管理和响应能力建设。建立公共安全隐患排查和预防控制体系，强化安全生产和食品药品安全监管，创建国家安全发展示范城市。

（九）加强民主法治建设，巩固团结奋斗的良好局面

1.发展全过程人民民主。坚持和完善人民代表大会制度，支持和保证各级人大及其常委会依法履行职能，加强立法、监督和代表工作。坚持和完善中国共产党领导的多党合作和政治协商制度，支持人民政协履行政治协商、民主监督、参政议政职能。

2.深化法治西安建设。加强法治政府建设，提高依法行政水平。深化司法体制综合配套改革。完善公共法律服务体系，加强市、区（县）、街镇三级公共法律服务中心建设。全面实施“八五”普法。推进“一带一路”国际商事法律服务示范区建设，打造国际仲裁中心。加快完善社会信用体系，建设“诚信西安”。

3.广泛凝聚社会各界力量。加强同各民主党派、工商联和无党派人士合作共事，与时俱进做好民族、宗教、港澳台侨等各领域工作，进一步巩固和壮大爱国统一战线。建设新时代双拥模范城市。充分发挥工会、共青团、妇联等群团组织的桥梁纽带作用，组织动员人民群众感党恩、听党话、跟党走。

同志们！宏图新启，时不我待。完成好未来五年的任务，把美好蓝图变为现实，关键在于各级党组织和广大党员干部求真务实、真抓实干。我们要不驰于空想、不骛于虚声，一步一个脚印往前走，一年接着一年干，靠实干、靠拼搏赢得美好未来。

开局看头年，今年是我们喜迎党的二十大召开之年，是“十四五”规划实施的关键之年，也是加快国家中心城市建设、谱写高质量发展新篇章的重要之年。我们要全力以赴抓好2022年九个方面重点工作，为实现五年奋斗目标奠定坚实基础。

第一，狠抓支柱产业壮大和产业链水平提升。一是深入实施“链长制”。开展延链补链强链行动，加快完善19条重点产业链，实施产业基础再造工程，促进产业基础高级化和产业链现代化，构建富有竞争力的产业生态。二是做大做强六大支柱产业。以特色产业培育优质企业，以企业发展带动产业提升，壮大5个千亿级产业集群，以不低于两位数的增长速度，迈出倍增计划第一步。三是以高质量项目建设推进高质量发展。全面实施高质量项目建设推进年行动，高效率推进897个市级重点项目，年度投资额5000亿元以上。围绕新技术成果、重点产业链和政府专项债券等，谋划包装一批高质量项目。四是大力开展招商引资。实施精准招商、产业链招商、投行思维招商、重点区域招商，引进一批含金量足、含绿量多、含新量高的大企业好项目，增强产业发展后劲。实际利用内资达到3500亿元以上，实际利用外资达到100亿美元以上。五是推动军工资源优势向产业优势转化。以创建西安国家高技术产业创新示范基地为抓手，助力国防科技工业发展。

第二，狠抓秦创原平台建设和创新能力提升。一是强化创新平台支撑。建成运行国家超算西安中心和人工智能计算中心，推进先进阿秒激光等科技基础设施建设，积极参与空天动力陕西实验室建设，高标准建设国家硬科技创新示范区、国家新一代人工智能创新发展试验区，推进秦创原“一中心一平台一公司”建设。二是加速科技成果就地转化。推广“一院一所”模式和西工大成果转化3项改革，加大新技术新产品应用示范支持力度，年内推进500项科技成果项目就地转化，秦创原总窗口完成科技成果转化并注册公司超过200个。三是提升企业创新能力。支持领军企业牵头组建创新联合体，建成市级以上创新联合体、共性技术研发平台和新型研发机构等研发平台40个。培育壮大创新型企业，国家高新技术企业达到8700家。促进科技与金融深度融合，设立100亿元创新投资基金，新增12家上市公司。四是加大创新人才引育力度。升级“西安英才计划”，扩大人才发展基金规模，建设一批院士专家工作站、博士后创新基地。支持科研人员带成果、带技术、带团队创办领办企业，促进“人才链+资金链+产业链”深度融合。累计引进培育国内外顶尖人才、国家级领军人才及地方级领军人才1400名。

第三，狠抓城市综合能级提升。一是优化城市空间格局。编制完成国土空间总体规划，建设资源规划“一张图”平台。强化国土空间用途管制，建立“留白留绿”机制，划定落实永久基本农田保护红线、生态保护红线、城镇开发边界和历史文化保护控制线。制定“南控、北跨、西融、东拓、中优”空间发展战略实施规划，明确阶段性工作重点和任务。二是建设现代化西安都市圈。加快推进西安—咸阳一体化进程，健全完善联席会议机制，在城乡规划、创新驱动、产业发展、基础设施、生态治理、公共服务、社会保障等领域促进一体化发展，加快地铁十六号线、一号线三期和16条主干道路等互联互通基础设施建设。推进主城区与渭北工业区道路连通，加快地铁十号线建设，推动渭河两岸产业互补、交通互联、深度融合。推进西安与富阎板块互联互通工程，启动西安至富阎及渭南轨道交通建设，实质性推进西渭融合。三是全面增强吸引力。完善提升城市公共服务体系，加快优质教育、医疗、养老、文化等资源扩容和区域均衡布局，建设“一刻钟便民生活圈”。打造国际消费中心城市，加大“国际美食之都”建设力度，提升钟楼—南门、小寨—大雁塔等商圈和大唐不夜城、易俗社等特色商业街区品质，推进国家文化和旅游消费试点城市建设，发展首店经济、夜间经济、免税经济。开展新一轮优化营商环境三年行动，更好服务市场主体，增强对人才、产业、技术、资金、资源的吸引力。四是推动房地产业健康发展和良性循环。坚持“房住不炒”，加快发展长租房市场，推进保障性住房建设，支持商品房市场更好满足购房者的合理需求。

第四，狠抓开发区运行机制优化提升。一是明晰功能定位。高标准编制开发区重点产业投资促进规划，加强市级统筹，形成错位发展格局。以去行政化为导向，深化体制改革，优化开发区职能配置，逐步精简剥离社会事务管理职能，明晰开发区和行政区责权利清单，让开发区发展回归本源、轻装上阵。二是理顺管理机制。进一步创新管理运行机制，调整优化管委会工作机构，推行园区“公司制”管理模式，实现企业化经营、市场化运作。三是突出效能结果导向。坚持“以绩效论英雄”，建立差异化考核激励机制，打造懂经济懂市场、会招商会服务的“野战部队”。

第五，狠抓城市建设管理服务水平提升。一是高标准推进城市基础设施建设。加快推进机场三期、西安东站、地铁三期、鄠周眉高速、蓝田通用机场等重大工程，加快构建立体高效的综合交通路网体系。加密优化公交出行线路，实施智慧交通工程，推进地铁、公交、快速路和城市慢行系统协同衔接，优化提高交通出行效率。持续完善城市管网电网等配套。二是有序推进城市更新。针对疫情暴露出来的城市建设短板，加快推进城中村改造，着力解决基础配套、公共服务、人员管理等突出问题。尊重城市历史风貌，有序推进城墙内棚户区（老旧小区）改造及城墙外围建筑风格规范提升，加快三学街等历史文化街区改造，加强古迹遗址、名镇名村等城市文脉保护，让

文化融入城市肌理。三是创新城市治理方式。积极推进市域社会治理现代化，强化党建引领，整合优化网格资源，加强专兼职网格员队伍建设，健全奖励保障机制，推动社会治理重心向基层社区、单元楼栋下移，提升平急结合基层治理能力。提高城市精细化智慧化管理水平，加快建设新型智慧城市运行管理综合指挥中心，推动智慧社区、智慧学校、智慧医院、智慧交通等建设，让城市运行更智慧、更高效、更安全。

第六，狠抓公共卫生体系完善和应急响应能力提升。一是健全常态化防控和应急处置转换机制。完善重大疫情监测预警、预防控制、流调溯源、检测检验、医疗救治、隔离场所、物资保障体系，推进"三公（工）"深度融合，真正做到急时要求落在平时、平时备战急时需求。二是完善疾病预防控制体系。健全公共卫生重大风险研判、评估、决策、防控协同机制，提高早期发现和预警监测能力，加强农村、社区等基层防控能力建设，织密织牢第一道防线。三是健全重大疫情应急响应机制。建立健全集中统一高效的应急指挥体系，做到指令清晰、系统有序、条块畅达、执行有力。加强重要物资储备和产能保障，确保关键时刻调得出、用得上。四是优化重大疫情救治体系。推进市级重点医院、救治基地和平急结合传染病院建设，构建分级、分层、分流的传染病救治网络。加大公共卫生人才培养，建立疾病控制和卫生应急培训基地，打造一支高素质专业队伍。五是加强城市应急能力建设。建立上下贯通、协调联动的应急管理体制，完善风险评估、监测预警和应急响应机制，加强应急预案管理，健全应急指挥体系，超前布局城市应急救援和物资储备系统，全面提升城市应急响应能力。

第七，狠抓对外贸易提质增量和对外开放水平提升。一是推动陆港空港协同发展。加快中欧班列（西安）集结中心建设，深入实施西安港扩能优化行动，积极拓展多式联运，完善数字金融服务平台功能，深化通关便利化改革。培育壮大航空枢纽保障业、临空先进制造业、临空高端服务业，打造临空产业集群，建好国家级临空经济示范区。二是推动加工贸易转型升级。加快建设国家加工贸易产业园、产业转移承接中心和综保区"五大中心"，支持加工贸易企业拓展国内市场，促进内外贸一体化发展。三是推动服务贸易创新发展。全面深化西安、西咸新区服务贸易创新发展试点，加强服务外包示范城市建设，推进金融、教育、文化、医疗等服务业领域开放。四是提升对外贸易规模水平。建好自贸区、综保区、跨境电商综合试验区等平台。发挥三星、美光等龙头企业引领作用，支持陕汽、隆基、法士特等本土优势企业走出去，大力发展高质量、高技术、高附加值产品贸易，建设一批境外经贸合作区。积极培育壮大中小外贸企业，帮扶企业开拓国际市场。发展海外仓、外综服、保税维修、离岸贸易等外贸新业态。进出口总额达到4800亿元、增速10%以上。

第八，狠抓生态环境质量提升。一是加强秦岭生态环境保护。加大生态环境修复治理力度，积极参与秦岭国家公园、大熊猫国家公园建设，完善综合监管平台功能，健全常态化长效化保护机制。二是系统推进河湖水系综合治理。推进引汉济渭、引蓝济李等重点供水工程，加快调蓄水库建设进度，完善流域防洪减灾体系，加快城区雨污分流全覆盖，确保水生态环境安全。三是强力推进大气污染防治。优化调整产业结构、能源结构、运输结构和用地结构，加快重点污染企业搬迁，建设绿色物流体系，推动多污染物协同控制。推进资源循环利用"三基地一中心"项目建设，提升污泥、污水、生活垃圾、固体废弃物、医疗废弃物等处置能力。四是实施"双碳"西安行动。科学制定路线图、时间表、任务书，严控"两高"项目，大力发展清洁生产，倡导推广绿色出行、绿色消费等低碳生活方式。

第九，狠抓乡村振兴促城乡融合发展水平提升。一是巩固拓展脱贫攻坚成果同乡村振兴有效衔接。强化动态监测帮扶，加大乡村振兴重点县帮扶力度，加强易地搬迁后续扶持，深化太仓—周至协作，确保不发生规模性返贫。二是全面提升农业现代化水平。加快发展都市型现代农业，推动农业全产业链建设，做大做强重要农产品保供基地、沿渭设施蔬菜产业带和周至猕猴桃、鄠邑葡萄、临潼石榴等国家地理标志农产品特色产业，发展休闲农业、创意农业、生态农业等新业态。加强农业科技示范引领，推动杨凌农业科技资源在西安活化利用。三是全面增强农业农村发展活力。推进高陵、阎良、西咸国家城乡融合发展试验区接合片区建设，深化"三变"改革，发展农村普惠金融，壮大农村集体经济。四是扎实推进乡村建设。深入推进厕所革命、生活垃圾和污水处理等农村人居环境整治，持续改善农村基础设施，建设一批美丽乡村示范村、数字乡村。

特别要强调的是，要把防范化解重大风险摆在更加重要的位置，坚决贯彻落实习近平总书记关于防范化解重大风险的重要讲话重要指示精神，坚持统筹发展和安全，树牢底线思维，增强忧患意识，坚持稳字当头、稳中求进，抓早抓小、落细落实，切实守牢安全底线。要始终把政治安全放在首要位置，确保不出问题。要严密防范化解经济领域重大风险，严防结构性、区域性金融风险，守住不发生系统性风险的底线。要妥善处置社会领域重大风险，常态化开展扫黑除恶斗争，抓好城市防洪排涝能力提升、电力扩能、安全生产、食品药品安全、森林防火和自然灾害防控。要长期从紧抓好常态化疫情防控，夯实"四方责任"，落实"四早"要求，严格抓好"外防输入、内防反弹"各项措施，持续夯实基层基础，守护好市民群众生命安全和身体健康。

四、全面从严治党，筑牢高质量发展坚强政治保证

谱写高质量发展新篇章，关键在党要管党、全面从严治党。全市各级党组织必须深入贯彻新时代党的建设总要求，严格落实全面从严治党主体责任，推动全面从严治党向纵深发展，以高质量党建引领高质量发展。

（一）大力加强政治建设，坚决做到"两个维护"。深刻领会"两个确立"的决定性意义，旗帜鲜明讲政治，全面贯彻习近平新时代中国特色社会主义思想，不断提高政治判断力、政治领悟力、政治执行力，自觉增强"四个意识"、坚定"四个自信"、做到"两个维护"。深入贯彻落实习近平总书记来陕考察重要讲话重要指示精神和党中央重大决策部署，不断健全清单式、闭环式工作机制，坚决做到"总书记有号令、党中央有部署、西安见行动"。严明党的政治纪律和政治规矩，认真贯彻执行民主集中制，严格执行新形势下党内政治生活若干准则。落实意识形态工作责任制。推动党史学习教育常态化长效化，自觉将伟大建党精神融入血脉、铸入灵魂。

（二）大力加强能力建设，切实增强发展本领。深入学习贯彻习近平经济思想，加强经济学知识、科技知识学习，努力成为推动经济高质量发展的"行家里手"。在解决重大矛盾、破解发展难题中练就硬脊梁、铁肩膀、真本事，敢于闯关夺隘、善于攻城拔寨，努力成为攻坚克难的"实干家"。强化风险意识，树牢底线思维，对可能发生的各种风险挑战做到心中有数、分类施策、精准拆弹，努力成为防范化解重大风险的"拆弹专家"。

（三）大力加强作风建设，全面强化担当作为。在履职尽责中担当作为，敢字为先、干字当头，在推动西安高质量发展的实践中冲锋在前、建功立业。锲而不舍落实中央八项规定及其实施细则，坚决纠治"四风"特别是形式主义、官僚主义，

持续为基层减负。以“作风建设年”活动为契机，聚焦企业、群众反映强烈的突出问题，开展作风问题大排查、大检修、大扫除，不断磨砺“勤快严实精细廉”作风。树牢“服务体现价值”的意识，切实把民生实事办好办到位，以为民办事、为民谋利、为民尽责的实际成效取信于民，以抓铁有痕、踏石留印的过硬作风展现新风貌新形象。

（四）大力加强干部队伍建设，充分激发干事活力。坚持新时代好干部标准，着力培养选拔德才兼备、忠诚干净担当的高素质专业化干部队伍。坚持为党的事业选人育人用人的主基调，兼顾能力、学历、贡献、年龄，加大区（县）之间干部交流培养，促进共同成长。切实加强思想淬炼、政治历练、实践锻炼、专业训练，让广大党员干部在经风雨、见世面中长才干壮筋骨。实施“育苗墩苗”工程，加强年轻干部日常教育、管理和监督，推动优秀年轻干部茁壮成长。统筹做好女干部、少数民族干部、党外干部工作。用好、用活“三项机制”，充分激发广大干部干事创业激情。

（五）大力加强基层组织建设，坚实筑牢战斗堡垒。以增强政治功能和组织力为关键，加强基层组织标准化规范化建设，推行党支部标准体系建设，推动基层党组织建设全面规范、全面过硬。强化党建引领基层治理，持续提升“民有所呼、我有所行”品牌影响力，形成人人有责、人人尽责、人人享有的基层治理共同体。深入推进抓党建促乡村振兴“六大筑基行动”，推动人力财力物力向乡村振兴一线聚集。提高机关、企事业单位基层党建质效，强化非公有制经济和社会组织党的建设。做好党员发展和教育管理、监督服务工作，推动党员更好发挥先锋模范作用。

（六）大力加强政治生态建设，持续激扬清风正气。强化政治监督，抓住“关键少数”，加强对“一把手”和领导班子的监督，以党内监督为主导，加大履职过程的监督检查力度，促进各类监督贯通融合。保持反腐高压态势，聚焦重点领域、关键环节和群众身边的腐败问题，深化标本兼治，一体推进不敢腐、不能腐、不想腐。持续深化以案促改，全面彻底肃清赵正永、魏民洲等流毒和恶劣影响，引导党员干部知敬畏、存戒惧、守底线。

同志们！十四运会开幕式有一秦腔唱段，“九州用的秦小篆，长城铺的老秦砖；秦车秦马秦直道，一通秦鼓出秦关；秦尺秦秤亮秦胆，量了黄河量泰山”，这是老秦人的写照，更是我们西安人的写照。只要我们铆足赳赳老秦的“拧劲儿”，拿出“秦人自古耐苦战”的精神意志，发扬秦人“血不流干战不休”的昂扬斗志，就没有过不去的“娄山关”、攻不下的“腊子口”，就一定能够战胜各种艰难险阻，创造西安发展新的奇迹！

各位代表、同志们，征途漫漫、唯有奋斗！站在千年古都这块古老厚重的沃土上，因为有着壮美的山河、灿烂的文化、红色的基因，我们无比自豪、无比自信；站在现代西安这块活力四射的热土上，因为有着领袖的嘱托、人民的期盼、时代的召唤，我们永远自励、永远自强。让我们更加紧密地团结在以习近平同志为核心的党中央周围，大力弘扬伟大建党精神，以史为鉴、开创未来，埋头苦干、勇毅前行，全面加快国家中心城市建设步伐，奋力谱写西安高质量发展新篇章，以优异成绩迎接党的二十大胜利召开！

名词解释

1.“五个扎实”：是指习近平总书记2015年2月15日来陕考察时提出的“扎实推动经济持续健康发展、扎实推进特色现代农业建设、扎实加强文化建设、扎实做好保障和改善民生工作、扎实落实全面从严治党”要求。

2.“五项要求”：是指习近平总书记2020年4月23日来陕考察时提出的“推动经济高质量发展迈出更大步伐、打造内陆改革开放高地、推动生态环境质量持续好转、加强民生保障和社会建设、推动全面从严治党向纵深发展”五项要求。

3.“三河一山”环线绿道：是指以浐灞河、渭河、沣河已建成的堤顶路和S107环山旅游路为基础，规划建设的集骑行、步行、观光、休闲等功能为一体的生态慢行系统，沿途串联103个生态节点和42个人文历史遗址，规划建设109个休憩驿站，建成主游径320公里，其中74公里核心段实现无障碍通行。

4.“一场两馆”：是指第十四届全运会主场馆，即西安奥体中心主体育场、体育馆、游泳跳水馆。

5.“三中心二高地一枢纽”：是指《关中平原城市群发展规划》中明确的西安国家中心城市“六维支撑体系”，即西部地区重要的经济中心、对外交往中心、丝路科创中心、丝路文化高地、内陆开放高地、国家综合交通枢纽。

6. 19条重点产业链：是指2021年我市《关于进一步提升产业链发展水平的实施意见》中明确要重点打造的19条重点产业链，即光子、重卡、半导体及集成电路、轨道交通、航空、生物医药、钛及钛合金、乘用车（新能源）、乳制品、航天、输变电装备、太阳能光伏、无人机、氢能、增材制造、智能终端、物联网、传感器、陶瓷基复合材料。

7.“一核两廊八板块”：是指我市“十四五”文化和旅游发展规划明确的发展布局。一核是指西安中心城区；两廊是指绿色秦岭文化旅游体验廊道和蓝色渭河文化旅游体验廊道；八板块是指古城慢享文化体验板块、曲江文化旅游度假休闲体验板块、临潼文化体验与休闲度假板块、高新现代科技与商务休闲体验板块、国际港务区—浐灞—灞桥生态文化与文体旅休闲度假板块、西咸新区文化旅游体验板块、山水生态休闲体验板块、高陵—阎良乡村休闲与航空体验板块。

8.“两新一重”：是指新型基础设施建设、新型城镇化建设和交通、水利等重大工程建设。

9.“三线一单”：是指生态保护红线、环境质量底线、资源利用上线和生态环境准入清单。

10.“三会三节”：是指欧亚经济论坛、丝绸之路国际旅游博览会、西部文化产业博览会和国际电影节、国际艺术节、国际音乐节。

11.“数商兴农”：是指发展数字经济、电子商务，促进农业发展，实现乡村振兴。

12. 秦创原“一中心一平台一公司”：是指秦创原创新促进中心、秦创原网络平台、秦创原运营公司。

13. 综保区“五大中心”：是指2019年1月，国务院《关于促进综合保税区高水平开放高质量发展的若干意见》提出的发展目标，即推动综合保税区发展成为具有全球影响力和竞争力的加工制造中心、研发设计中心、物流分拨中心、检测维修中心、销售服务中心。

14.“引蓝济李”：是指将蓝桥河水引至李家河水库。

15. 资源循环利用“三基地一中心”建设项目：是指建设国家大宗固废综合利用基地、综合发展型静脉产业基地、工农复合型循环经济产业基地，打造西北再生资源交易流通中心。

16.“三变”改革：是指资源变资产、资金变股金、农民变股东。

17.“三项机制”：是指鼓励激励、容错纠错、能上能下三项机制。

18.“六大筑基行动”：是指能力素质、骨干队伍、基层堡垒、集体经济、农村人才、乡村治理等“六大筑基行动”。

政府工作报告

——在西安市第十七届人民代表大会第一次会议上

西安市人民政府市长 李明远

（2022年3月29日）

各位代表：

现在，我代表西安市人民政府向大会报告工作，请予审议，并请市政协委员提出意见。

一、2021年工作回顾及过去五年主要成就

2021年是西安发展进程中极为重要的一年。这一年，我们隆重庆祝党的百年华诞，弘扬伟大建党精神，学习运用党的百年奋斗历史经验，勠力同心、砥砺前行，汇聚起全面加快建设国家中心城市的磅礴力量。这一年，我们聚力打造全运西安经典时刻，习近平总书记亲临西安宣布第十四届全国运动会开幕，给予我们最大的鼓舞、最大的关怀、最大的动力！精彩圆满的体育盛会，向全国乃至世界展现了新时代西安的奋进姿态。这一年，我们经历了严峻复杂的疫情考验，在习近平总书记的关心关怀下，在党中央、国务院的坚强领导下，在省委、省政府的统筹调度、扁平指挥下，全市广大党员干部群众万众一心、众志成城，打赢了疫情防控阻击战、歼灭战。

一年来，面对大事、要事、难事叠加的繁重任务，面对新情况、新挑战交织的复杂局面，在市委的坚强领导下，我们认真贯彻党的十九大和十九届历次全会精神，深入学习贯彻习近平总书记来陕考察重要讲话重要指示精神，坚持稳中求进工作总基调，完整、准确、全面贯彻新发展理念，统筹疫情防控和经济社会发展，统筹发展和安全，贯通落实“五项要求”“五个扎实”，全力做好“六稳”“六保”工作，地区生产总值达到10688.28亿元、增长4.1%，两年平均增长4.6%，居民人均可支配收入增长8.2%，实现了“十四五”良好开局。

（一）坚决扛起主会场城市责任，服务保障十四运会和残特奥会精彩圆满。我们牢记习近平总书记“办一届精彩圆满的体育盛会”和“简约、安全、精彩”的重要指示，全市动员、全力以赴，精心筹备、精益求精。新建和改造25个赛事场馆，精细打造功能完备、服务一流的全运村，开闭幕式、火炬传递等重大活动安全顺利，体育竞技和群众展演亮点纷呈。十四运会被国家体育总局誉为“成绩最好、影响最大、社会关注度最高的一届全运会”，中国残联评价本届残特奥会“对残疾人格外关心、格外关注，选手创造佳绩、团结协作、硕果累累”。西安奥体中心成为城市新地标，一批现代一流的场馆设施向公众开放。

我们坚持“办一次会，兴一座城”，着力补短板、强功能、提品质。朱宏路—凤城五路立交、奥体大道跨绕城高速立交、元朔大桥、兴运大桥和浐灞隧道、奥体隧道等一批重大节点工程建成通车，快速路网体系初具规模。火车站改扩建、北客站枢纽提升等重点工程竣工投用，地铁14号线建成运营，阎良、临潼火车站完成更新改造并开通“绿巨人”动车组。小雁塔遗址公园、易俗社文化街区完成改造，汉长安城未央宫国家考古遗址公园对外开放，明德门遗址保护展示工程顺利完工，大唐不夜城步行街、城墙景区成功创建首批国家级夜间文化和旅游消费聚集区。西安入选全国第一批城市更新试点，全年改造老旧小区753个、880余万平方米，落地架空线267公里，新建和改造提升绿地广场、口袋公园169个，新建绿道511公里，新增城市绿地1618万平方米。

（二）着力优化提升产业链，先进制造业强市建设扎实推进。聚焦19条重点产业链，大力实施育链、补链、延链、强链工程，全市规模以上工业增加值增长5.7%，高技术制造业产值增长26.6%，规模以上战略性新兴产业产值增长27.6%，航空集群成为国家首批先进制造业集群竞赛优胜者。高新区和陕鼓集团、诺瓦星云入选国家先进制造业和现代服务业融合发展试点。新增减税降费148.96亿元，新登记市场主体50.1万个。510个市级重点在建项目完成投资5070亿元、达到年计划的121.8%，三星闪存芯片二期、吉利汽车、奕斯伟硅产业基地、荣耀科技园等支柱产业项目竣工投产，比亚迪动力电池、隆基29吉瓦高效单晶电池、“一带一路”临港产业园等重大项目进展顺利。实际引进内资3158.1亿元、增长32.9%，实际利用外资87.1亿美元、增长13.5%。

（三）建设秦创原“一总两带”，科创活力加快释放。出台秦创原创新驱动平台建设三年实施方案，协同推进西咸新区总窗口和科技创新示范带、先进制造业示范带建设。开展产学研用金协同创新活动131场，推进成果就地转化项目403个，技术合同成交额超过2200亿元、增长34%。国家中小企业发展基金、科技成果转化引导基金落地西安，建成陶瓷基复合材料、集成电路、交叉信息技术等20个创新平台，稀有金属材料创新中心被评为国家级创新中心。超算（西安）中心纳入国家超算体系，碑林环大学创新产业带获批国家硬科技创新街区试点。国家高新技术企业净增1900余家、增长25%，科技型中小企业入库超过8500家、增长30%，新增上市企业9家。西安在国家创新型城市创新能力评价中位居全国第七、西部第一。

（四）纵深推进改革开放，发展动能不断增强。持续深化“放管服”改革，“一件事一次办”“告知承诺制”“交房即交证”等改革富有成效，政府投资类和社会投资类项目全流程审批时间分别压缩至60个和35个工作日以内，在全国率先设立市级行政争议预防调处中心，获评中国营商环境评价标杆城市。推进开发区改革，在阎良区和航空基地探索实行“区政合一”管理体制。启动实施区域性国资国企综合改革试验，首批50亿元综改基金签约落户。

全市进出口总值4399.96亿元、增长26.5%，入选国家推动外贸稳定和创新发展成效明显激励支持名单。自贸试验区7项创新成果在全国推广，进口贸易促进创新示范区、跨境电商综合试验区、深化服务贸易创新发展试点等成效明显，曲江新区获批国家文化出口基地。中欧班列（西安）集结中心示范工程建设全面提速，长安号开行3841列，核心指标稳居全国前列。国际航空枢纽建设加快，入选“十四五”首批国家物流枢纽建设名单。“一带一路”国际商事法律服务示范区“两法庭三中心一基地”建成投运。成功举办丝博会、全球硬科技创新大会、全球创投峰会等，欧亚经济论坛获评“2021年度中国最具影响力品牌展会”。圆满完成“中国+中亚五国”外长第二

次会晤服务保障任务，世界城地组织亚太区旅游委员会落户西安，新缔结5个国际友好（交流）城市。

（五）打好污染防治攻坚战，生态环境质量持续改善。编制发布秦岭生态环境保护规划，完成高冠峪、柳泉峪等15条峪道峪口综合治理，建立秦岭全要素生态补偿机制，建成秦岭保护信息化监管平台。大力实施重点区域环境综合治理、监控能力提升、移动源污染整治等5个专项行动，全年优良天数265天，PM2.5同比改善19.6%，空气质量创近年来最好水平。引汉济渭支线工程启动实施，斗门水库北池完成蓄水，沣河高新段生态修复工程等一批治水项目完工。积极推进城乡生活垃圾分类，规划布局的4个厨余垃圾处理厂全部建成投用。高新区、经开区和灞桥区获批国家整县（区）屋顶分布式光伏开发试点。

（六）巩固脱贫攻坚成果，全面推进乡村振兴。严格落实“四个不摘”要求，优化调整项目资金、民政兜底、医疗保障等31项衔接政策，加强防返贫动态监测，突出脱贫不稳定户、边缘易致贫户、突发严重困难户等重点群体落实帮扶措施，“两不愁三保障”和饮水安全水平稳固提升，守住了不发生规模性返贫的底线。多措并举保障农业生产，完成15.87万亩高标准农田建设，粮食安全保障能力有效提升，获评全国粮食生产先进集体。“菜篮子”市长负责制考核排名全国36个大中城市第六。全面消除集体经济“空壳村”。蓝田县获评全国电子商务进农村示范县。高陵区成为新一轮全国农村宅基地制度改革试点。西安荣获“四好农村路”全国首批市域示范创建突出单位。

（七）聚焦群众急难愁盼，用情用力办好民生实事。城镇新增就业15.98万人，城镇调查失业率5.5%。新建、改扩建学校143所，新增学位13.04万个，义务教育“双减”工作扎实有效，职业教育进一步加强。13个重点医院、24个区（县）级医疗卫生机构和20个区（县）级疾控机构等项目建设顺利推进。落实“房住不炒”要求，大力发展保障性租赁住房，多渠道筹集房源2.2万套（间），超过60万户家庭使用公积金改善了住房条件，房地产市场总体健康平稳。文化事业繁荣发展，6处遗址入选国家“百年百大考古发现”，《红星耀陕甘》被列入全国庆祝建党100周年重大革命历史题材纪录片，电影《柳青》、话剧《共产党宣言》广受好评。西安交响乐团“大国重器·飞向太空交响音乐会”首发破亿，西安广播电视台全部频道实现高清化。“平安西安”建设持续深入，生产安全事故起数、死亡人数实现“双下降”。

去年8月，蓝田、周至等地遭遇严重汛情，我们迅速采取“撤、封、管、停、疏”措施，紧急转移群众13万人次，及时下拨救助资金和救灾物资，全力保障受灾群众基本生活，灾后恢复重建工作全面展开。

（八）履行全面从严治党责任，政府自身建设不断加强。深入开展党史学习教育，扎实推进“我为群众办实事”实践活动。认真整改中央巡视、审计、环保督察、国家统计督察和省委巡视等反馈问题。全面加强法治政府建设，自觉接受市人大及其常委会监督和政协民主监督，提请市人大常委会审议地方性法规6件、报备规范性文件6件，办理人大代表建议361件、政协提案711件。纵深推进党风廉政建设和反腐败工作。严格落实中央八项规定及其实施细则精神，深入纠治“庸懒散慢虚粗”问题。节约型机关建设有力有效。积极支持国防和军队改革发展，保障退役军人合法权益。国家安全、民族宗教、防震减灾、妇女儿童、审计、统计、档案、侨务、气象、残疾人、地方志、供销社等工作取得新进步。

各位代表！去年年底，面对疫情出现社区隐匿性传播的严峻态势，我们认真贯彻习近平总书记重要指示精神，坚决执行国务院联防联控机制工作组和省委、省政府各项指令，大力弘扬伟大抗疫精神，强化担当、果断决策、扁平指挥，迅速阻断疫情外溢通道，12月27日实施从严提级管理措施，实行分区分级管控，开展多轮核酸筛查，不断优化流调、转运、隔离流程，调用最好的医疗资源救治患者，集中力量打好高校、城中村、隔离点等防控攻坚战，今年1月10日实现社会面清零，1月24日全域降为低风险区，打赢了一场疫情防控的硬仗。胜利来之不易，需要倍加珍惜！

各位代表！市十六届人大一次会议以来的五年，是全市人民砥砺奋进的五年，是我市发展改革取得重大成就的五年，全面建成小康社会目标如期实现，国家中心城市建设迈出坚实步伐。

——这五年，综合实力实现历史性跨越。地区生产总值迈上万亿元大台阶，年均增长6.4%。财政总收入超过1800亿元，较2016年增长63%。在册各类市场主体达到269万户，是2016年的3.6倍。培育形成10户产值过百亿元工业企业，建成电子信息、汽车、航空航天、高端装备、新材料新能源五大千亿级产业集群。技术合同成交额累计达到6700亿元，位居副省级城市第一。新增上市企业27家、总数达到89家。国家高新技术企业超过7000家，是2016年的4.6倍。

——这五年，城市能级实现标志性跃升。获批建设国家中心城市。常住人口1300万，城镇化率达到79.5%。“米”字形高铁网基本成型，“四主一辅”铁路客运站布局加速形成。地铁开通里程达到259公里、在建里程163公里，分别是2016年的2.8倍和1.4倍。全面代管西咸新区，西安—咸阳一体化进程取得重要突破。推动关中平原城市群协调机构实体化、工作机制长效化，成立文化旅游合作联盟，首批29项政务服务事项实现“跨省通办”，区域协同发展迈出实质性步伐。

——这五年，改革开放实现关键性突破。政府职能深刻转变，法治政府建设取得重大进展。全面创新改革试验、国家自主创新示范区建设成果丰硕，自贸试验区发展势头良好，“一带一路”综合试验区建设全面启动。获批建设陆港型、空港型国家物流枢纽，长安号开行超过11000列，国际航线通达全球37个国家和地区，获批第五航权。进出口总值是2016年的2.4倍。当选世界城地组织联合主席城市，国际友好城市达到37个。入选改革开放40年经济发展最成功40个城市。

——这五年，生态环境实现根本性好转。深刻汲取秦岭违建事件教训，秦岭保护长效机制基本建立，生态修复取得重要进展。大气环境质量持续改善，2021年空气优良天数较2016年增加73天。护城河改造、幸福林带等重大生态工程建成开放。主要河流全部消除劣Ⅴ类，治理恢复生态水面1.54万亩，荣获“国家节水型城市”称号。建成投运各类垃圾处理厂9座，彻底关闭江村沟垃圾填埋场，主城区生活垃圾实现“零填埋”。

——这五年，人民生活水平实现整体性提高。如期打赢脱贫攻坚战，开启乡村振兴新篇章。城乡居民人均可支配收入年均分别增长7.3%和9.2%。新建、改扩建学校665所、新增学位52.6万个，医疗卫生机构新增床位2.3万张。完成2008个老旧小区和599条背街小巷改造，打通断头路144条，建设美丽村庄581个，城乡人居环境大幅改善。建成博物馆42座、总数达159座，新增5A级景区2家、总数达5家，国家考古遗址公园达到4家、居全国之首。

各位代表，过去五年取得的成绩，是习近平新时代中国特色社会主义思想伟大指引的结果，是党中央、国务院，省委、省政府和市委坚强领导的结果，是全市上下团结一心、共同奋斗的结果。在此，我代表市政府，向全市人民，向人大代表、政协委员，向各民主党派、各人民团体和各界人士，向驻西安人民解放军、武警部队官兵和消防救援队伍，向中央驻西安单位和机构，向所有关心支持西安发展的港澳台同胞、海外侨胞和国际友人，表示衷心感谢！特别要向参与抗疫的白衣战士、公安干警、社区工作者、志愿者和物流保供人员，表示衷心感谢并致以崇高敬意！

同时，我们也清醒地认识到，西安发展还面临不少困难和挑战。对标国家中心城市定位，经济总量还不够大，区域辐射力、带动力还不强。对外开放不足，民营经济发展还不够充分，中小微企业面临许多困难。教育、医疗、养老、住房等社会民生领域还有不少短板。尤其是疫情防控暴露出基层基础不扎实，城市应急管理、公共卫生体系、社区治理等方面存在诸多薄弱环节，少数干部担当不够、作风不实、能力不足。我们一定采取有力措施，切实加以解决，决不辜负全市人民期望！

二、今后五年的发展目标和重点任务

今后五年，是我市加快建设国家中心城市、谱写高质量发展新篇章的关键期、攻坚期、突破期。根据市第十四次党代会的安排部署，今后五年，政府工作要坚持以习近平新时代中国特色社会主义思想为指导，全面贯彻党的十九大和十九届历次全会精神，深入学习贯彻习近平总书记来陕考察重要讲话重要指示精神，弘扬伟大建党精神，坚持稳中求进工作总基调，完整、准确、全面贯彻新发展理念，融入和服务新发展格局，统筹疫情防控和经济社会发展，统筹发展和安全，贯通落实“五项要求”“五个扎实”，紧紧围绕“六个打造”、全力落实“九方面重点任务”，解放思想、改革创新、再接再厉，奋力谱写西安高质量发展新篇章。

实现市党代会明确的各项目标任务，政府工作要聚焦八个方面攻坚突破：

——聚焦国家定位，提升城市发展新能级。抢抓共建“一带一路”、新时代推进西部大开发形成新格局、黄河流域生态保护和高质量发展等重大战略机遇，在构建新发展格局中找准定位、明确方向、发挥比较优势，高质量打造国家中心城市“六维支撑体系”。建设现代化西安都市圈，大力推动西安—咸阳一体化进程，引领关中平原城市群协同创新发展，不断提升对陕西、对西北发展的带动能力。地区生产总值突破1.5万亿元。

——聚焦转型升级，产业体系实现新提升。加快建设先进制造业强市，构建具有西安特色的现代产业体系，全面提升产业核心竞争力。电子信息、汽车、航空航天、高端装备、新材料新能源、食品和生物医药六大支柱产业均实现产值翻番，产值过百亿元企业达到15家，高新技术产业增加值、战略性新兴产业增加值占地区生产总值比重分别达到18%和20%以上。

——聚焦创新驱动，铸强高质量发展新引擎。加快推进秦创原“一总两带”协同创新发展，强化企业创新主体地位，加大关键核心技术攻关，畅通科技成果就地转化通道，科技型上市公司达到100家以上，全社会研发投入占地区生产总值比重保持在5%以上，国家高新技术企业达到1.2万家。

——聚焦改革开放，激发提质增效新活力。深入推进“放管服”改革，打造市场化法治化国际化营商环境。大力弘扬企业家精神，激发民营经济发展活力。高标准建设中欧班列（西安）集结中心，构筑内陆地区效率高成本低服务优的国际贸易通道，“一带一路”重要节点和国际门户枢纽作用更加凸显，进出口总值突破6500亿元。

——聚焦绿色发展，塑造生态西安新形象。当好秦岭生态卫士，全面有效保护秦岭生态环境，铁腕推进大气污染防治攻坚，深入实施渭河流域生态保护治理。有序推进碳达峰碳中和，大力发展循环经济，倡导绿色生产生活方式，单位GDP能耗下降13%。

——聚焦以文兴城，彰显城市文化新魅力。扎实做好文物保护和文化遗产保护传承工作，创新历史文化资源活化展示，焕发千年古都时代风采。推动文化旅游深度融合，不断丰富文化供给，促进交流互鉴，打造传承中华文化的世界级旅游目的地，文旅产业增加值占地区生产总值比重达到18%。

——聚焦共同富裕，增创幸福生活新福祉。坚持经济发展就业导向，稳步提高城乡居民收入。加大教育、医疗、交通、住房等公共服务高品质供给，健全多层次社会保障体系，解决好“一老一小”问题。加强粮食安全和重要农产品稳产保供，全面推进乡村振兴，促进城乡融合发展，加快农业农村现代化。

——聚焦良治善治，构建市域治理新样板。加快城市治理体系和治理能力现代化，深入推进法治政府、法治社会建设。强化党建引领，夯实基层基础，实现共建共治共享。强化公共安全、生产安全、食品药品安全等重点领域风险防控，提高重大突发公共卫生事件应对处置能力，打造韧性城市，建设更高水平的平安西安。

各位代表！全面加快西安国家中心城市建设的新征程已经开启，奋力谱写高质量发展新篇章的号角已经吹响，只要我们咬定目标不放松，坚定信心、真抓实干，西安高质量发展的宏伟蓝图和人民幸福生活的美好愿景就一定能够实现！

三、2022年预期目标和重点工作

2022年是党的二十大召开之年，是“十四五”规划实施的关键之年，也是开创西安国家中心城市建设新局面、谱写高质量发展新篇章的重要之年，做好今年工作意义十分重大。

综合研判，今年我市发展面临的环境更加复杂严峻，疫情仍然是最大不确定性因素，宏观经济发展面临需求收缩、供给冲击、预期转弱三重压力，可以预料和难以预料的风险挑战更多更大。但也要看到，我市资源禀赋优越、区位优势突出、产业基础雄厚、科创实力强大，经济发展韧性强、潜力大、前景好，特别是国家一系列重大战略、一整套调控政策、一揽子工作举措正在发力见效，蕴涵着重大机遇。我们必须坚定必胜信心、增强发展定力，坚持用习近平总书记来陕考察重要讲话重要指示统领西安工作全局，深入学习贯彻党的十九届六中全会、中央经济工作会议精神，坚持稳字当头、稳中求进，继续做好“六稳”“六保”工作，全力以赴抓好市委确定的2022年九个方面重点工作，以更加饱满的工作热情、更加务实的工作举措、更加过硬的工作作风，高质量完成各项目标任务，以优异的成绩迎接党的二十大胜利召开。

今年全市经济社会发展主要预期目标是：地区生产总值增长7%左右，规模以上工业增加值增长8%左右，全社会固定资产投资增长8%左右，社会消费品零售总额增长8%左右，一般公共预算收入增长6%以上，城镇居民人均可支配收入增长7%左右，农村居民人均可支配收入增速高于城镇1.2个百分点，城镇调查失业率控制在5.5%以内，居民消费价格指数涨幅控制在3%左右，主要污染物排放总量削减完成省上下达任务。确定7%左右的经济增长目标和各项支撑指标，既贯彻了中央和省上的总体要求、又切合我市发展实际，既考虑了质量和速度、又兼顾了需要和可能，既反映了高质量发展的要求、又体现了支撑全省发展的省会担当。这些都是需要“跳起来摘桃子”的目标，都不是轻轻松松就能完成的，需要我们主动调高标尺、自我加压奋进，只争朝夕、扎扎实实地做好各项工作，用最大的努力争取最好的结果。

今年重点抓好以下工作：

（一）着力提升城市综合能级，增强区域发展带动能力

科学优化城市空间布局。健全“三级三类”国土空间规划体系，编制完成国土空间总体规划，大力实施“南控、北跨、西融、东拓、中优”战略，推动形成城市空间疏密有度、生产空间集约高效、生活空间宜居舒适、生态空间山清水秀的国土空间布局，为城市可持续发展拓空间、增韧性。强化国土空间用途管制，建立“留白留绿”机制，划定落实永久基本农田保护红线、生态保护红线、城镇开发边界和历史文化保护控制线。实施主体功能区战略，强化城市化地区高效集聚发展，支持农产品主产区增强农业生产能力，保障生态功能区人口逐步有序转移，推动历史文化遗产与城市空间有机融合。

持续提升城市综合承载力。加快建设国际性综合交通枢纽城市，全面启动西安东站建设，加快推进西延、西康、西十高铁、机场三期、京昆高速改扩建和国道210西安段等重大工程，开展城市环线高速公路前期工作，年内建成蓝田通用机场

和外环高速南段。着力提升供水能力，推进引汉济渭二期、引蓝济李等重点供水工程，启动子午水厂、灞河水厂一期建设，建成西南郊水厂一期二阶段，新增日供水能力20万吨。加强水源地保护和水质检测，确保饮用水安全。以创建国际消费中心城市为抓手，提升钟楼—南门、小寨—大雁塔等核心商圈和大唐不夜城步行街、易俗社文化街区等特色商业街区品质，推进宜家购物中心、丝路国贸中心等重点商贸项目，加快建设城市一刻钟便民生活圈，促进西安老字号创新发展，提升“国际美食之都”新内涵和美誉度。发展首店经济、夜间经济、免税经济，积极培育消费新业态、新模式、新热点，促进消费升级。

引领推动区域协同发展。加快西安都市圈建设，深入推进西安—咸阳一体化，健全完善联席会议制度，在城乡规划、创新驱动、产业发展、基础设施、生态治理、公共服务、社会保障等领域促进一体化发展，加快地铁16号线、1号线三期、西余铁路客运化改造和16条主干道路等互联互通基础设施建设。大力推进跨渭河发展，促进主城区与渭北工业区道路连通，加快地铁10号线建设，开展西阎城市快速公路前期工作，推动渭河两岸产业互补、交通互联、深度融合。推动主城区—阎良—富平轨道交通建设，实质性推进西渭融合。充分发挥关中平原城市群区域合作办公室作用，加强关中平原城市群城市间常态化交流合作。

（二）着力提升产业链水平，加快建设先进制造业强市

深入实施“链长制”。加快建立链式发展、链式创新、链式招商、链式服务新机制。围绕19条重点产业链，培育壮大一批千亿级、百亿级“链主”企业和隐形冠军企业，深入实施产业基础再造工程，促进产业基础高级化和产业链现代化。精准实施配套企业梯度培育，引导重点产业链各类企业开展智能化、绿色化、数字化改造提升，构建富有竞争力的产业生态。

做大做强支柱产业。以特色产业培育优质企业，以企业发展带动产业提升，壮大5个千亿级产业集群，以不低于两位数的增长速度，迈出倍增计划第一步。全面实施高质量项目建设推进年行动，突出抓好897个市级重点项目建设，加快推进比亚迪新能源汽车产业基地、隆基高效单晶电池、西电集团智慧产业园、航天动力产业园、创维智能电子生产基地等重点产业项目建设，全年重点项目投资5000亿元以上。新增规模以上制造业企业130户以上，规模以上先进制造业总产值增长15%。

促进产业融合发展。持续加大对5G网络、新一代互联网、充电桩等新基建投资，着力培育引进数字经济龙头企业、工业互联网平台企业，促进数字经济与实体经济融合发展。推动重点产业数字化转型，大力推广“陕鼓模式”，促进现代服务业和先进制造业深度融合。依托中航第一飞机设计研究院、中铁第一勘察设计院、中国重型机械研究院、中国建筑西北设计院等优势资源，大力发展设计产业，打造全球“设计之都”。

积极开展产业招商。强化投行思维，做深做实项目前期，严格把牢项目“入口关”，培育引进一批产业链龙头企业和“小巨人”“专精特新”企业，签约一批含金量足、含绿量多、含新量高的大项目好项目，增强产业发展后劲。精心组织“遇见新西安”系列招商活动，持续在欧亚经济论坛框架下举办配套博览会。坚持审慎承诺和刚性兑现，把全周期服务融入项目落地、建设各环节，推动在谈项目快签约、签约项目快开工、开工项目快见效。全年引进内资3500亿元以上，实际利用外资增长15%以上。

（三）着力释放秦创原平台效应，推动创新发展见效成势

做实做优创新平台。推动秦创原“一总两带”协同发展，抓好国家自主创新示范区、新一代人工智能创新发展试验区和硬科技创新示范区等试点示范，加快建设高新丝路软件城、西部云谷硬科技小镇、航天基地荣耀科技园等平台园区。支持建设立体联动“孵化器”、成果转化“加速器”、两链融合“促进器”等特色示范平台60个，认定市级以上创新联合体、共性技术研发平台和新型研发机构等创新平台40个。实施关键核心技术攻关“揭榜挂帅”，支持高校院所、龙头企业围绕全市重点产业链共性技术和“卡脖子”技术开展协同攻关，推进科技成果就地转化项目500个以上。加快推进国家重大科技基础设施项目，积极推动空天动力陕西实验室争创国家实验室，支持国家超算（西安）中心、稀有金属材料创新中心、碑林环大学硬科技创新街区等创新平台建设运行。利用西安离岸创新基地，积极开展国际科技合作。

大力培育科创主体。按照“微成长、小升规、规上市”梯度路径，实施创新型企业倍增计划，推广“一院一所”模式，支持引导科研人员、团队领办创办企业。围绕主导产业、战略性新兴产业、未来产业规划布局，健全“众创空间+孵化器+加速器+产业园”的全链条孵化体系，建设一批区域承载型、高校孵化型、院所支撑型、企业主导型双创载体，加快孵化培育科创型企业。年内净增国家高新技术企业1700家，评价入库科技型中小企业突破10000家，培育瞪羚企业100家，秦创原总窗口完成科技成果转化并注册公司超过200个。

打造一流创新创业生态。设立100亿元西安市创新投资基金，发挥国家中小企业基金西安子基金、秦创原种子基金、大西安产业基金等政府性引导基金作用，鼓励龙头企业、高校院所、社会资本发起设立种子、天使和成长基金。推广技术交易信用贷、无形资产质押贷等信贷产品，支持担保机构为科创企业增信。培育壮大科技经纪人（技术经理人）、“科学家+工程师”、创新型企业家三支队伍，累计培育市级以上技术转移机构150家，全市技术合同成交额超过2200亿元。加快秦创原全球路演中心建设，办好硬科技创新大会、创投峰会和“科创西安”系列活动。推进国家知识产权运营服务体系重点城市建设，提升知识产权创造、保护、运用、管理和服务水平。

（四）着力优化营商环境，聚力打造内陆改革开放高地

持续深化“放管服”改革。深化相对集中行政许可权改革和“一件事一次办”集成服务，做到“清单之外无审批”。强化政府监管，严格落实行业主管部门监管责任，防止监管缺位。加快数字政务建设，全市政务服务事项80%以上实现全程网办。持续深化工程建设领域审批制度改革，深入推进“亩均论英雄”综合改革，加快推进“用地清单制”“交地即交证”改革。全面落实减税降费各项措施，惠企利民政策“免申即享”。

深入推进重点领域改革。理顺开发区管理机制，调整优化工作机构，逐步精简剥离社会事务管理职能，实现园区企业化经营、市场化运作。突出效能结果导向，建立开发区差异化考核激励机制。决战决胜国企改革三年行动，深入开展区域性国资国企综合改革试验，推动市属国企专业化重组整合，完善国资监管体制。支持民营经济加快发展，进一步清理、精简涉及民间投资管理的行政审批事项和涉企收费，加大力度清理拖欠民营企业账款。

构建良好金融生态环境。加强金融对实体经济的有效支持，用足用好货币政策工具，扩大新增贷款规模。深入实施企业上市“龙门行动”计划，全年新增上市公司12家，大力推进股权投资行业发展，提高直接融资比例，打造具有竞争力的投资高地。扩大普惠金融覆盖面，让市场主体切身感受到融资便利度的提升和融资成本的下降。加快金融要素聚集，积极创建国家科创金融改革创新试验区，做好数字人民币试点工作。引导设立总规模不低于50亿元的抗疫恢复发展基金，强化20亿元小微企业融资担保增信基金规模效应，支持受疫情影响较大企业恢复发展。加强地方金融组织监管，有效防范化解风险隐患，坚决守住不发生区域性金融风险底线。

提升制度型开放水平。对标区域全面经济伙伴关系协定（RCEP）等国际经贸规则，发挥产业、科创、会展、人文、区位综合优势，探索形成更多制度创新成果，推动自贸试验区高

水平开放、高质量发展。用好国家加工贸易产业园、进口贸易促进创新示范区、跨境电商综合试验区等开放平台，发挥三星、美光等龙头企业引领作用，支持陕汽、隆基、法士特、爱菊等本土优势企业走出去，积极探索发展海外仓、保税维修、离岸贸易等外贸新业态新模式。全面深化服务贸易创新发展，提升服务贸易开放水平和国际竞争力。持续推进“一带一路”国际商事法律服务示范区建设，打造国际仲裁中心。全年进出口总额达到4800亿元、增长10%以上。

加快建设中欧班列（西安）集结中心。按照港产港贸港城一体化的思路，深入实施西安港扩能优化行动。完善智慧口岸功能，落实陆路启运港退税试点政策，加快数字金融综合服务平台二期建设，深化通关便利化改革。积极拓展多式联运，持续提升长安号运行质效，深化“长安号+境内外城市港口”模式，加密“+西欧”线路，以日韩为重点培育东向通道，深度融入全球港航体系和物流网络。推动陆港空港协同发展，建好国家级临空经济示范区，打造“一带一路”重要枢纽集散中心。

（五）着力提升城市精细化管理水平，建设更有韧性更加宜居的品质之城

深入开展城市基础设施补短板行动。适度超前开展基础设施投资，加快补齐城市路网、管网、电网等短板。抓好地铁7条在建线路建设，年底前6号线二期试运营。实施二环三环路扩能提升工程，启动北辰大道北延伸、西户路、东临路等快速路工程，推进地铁、公交、快速路和城市慢行系统协同衔接。加快海绵城市建设，推动地下综合管廊断点打通、连网成片。按照“同城同网”原则，统筹推进政府和城燃企业应急调峰设施建设，加快推进液化天然气（LNG）应急储备调峰项目。集中攻坚65座变电站及配套电力沟道建设，确保按期建成投用。全年城建投资完成1100亿元以上。

有序推进城市有机更新。按照“政府主导、科学规划、突出重点、量力而行、防范风险”原则，稳妥有序推进老旧小区、老旧厂区、老旧街区和城中村等存量片区改造，着力解决基础配套、公共服务、消防和公共卫生等隐患问题。深入开展城市“双修”，统筹生态环境保护和历史文化传承，让文化融入城市肌理，启动实施幸福林带周边区域、洒金桥等重点片区改造。深入开展违建拆除整治攻坚行动，不断提升城市之美。

全面提升基层治理能力和水平。推广新时代“枫桥经验”，加强城乡社区（村）阵地建设，夯实基层治理力量，强化城中村和城乡结合部社会治理。开展物业行业突出问题专项治理，提升物业服务管理水平。加强停车综合治理和交通秩序管理，持续开展医院、学校、景区周边交通秩序整治。加快建设新型智慧城市运行管理综合指挥中心，启动建设交通运输应急保障与协同调度平台，让城市运行更智慧、更高效、更安全。加强市、区（县）、镇街三级公共法律服务中心建设，支持社会组织、志愿服务等健康发展。

（六）着力加强文化建设，增强城市软实力和归属感

坚持文物保护优先。加强考古调查研究，实施太平遗址等中华文明探源工程，加快文物保护考古研究基地和文物库房建设。加强世界遗产保护管理，持续提升秦始皇陵、汉长安城未央宫、大明宫等大遗址保护展示水平，打造世界文化遗产保护典范。优化博物馆体系布局，推进智慧博物馆建设，加强革命文物保护传承，实施革命文物主题保护展示工程，让文物“活”起来。落实“四严”要求，确保文物安全。

深化文旅融合发展。加快建设国家文化和旅游消费试点城市，推动文旅产业集聚发展，市级以上文化产业示范园区（基地）达到150个。持续提升《长恨歌》《梦长安》《驼铃传奇》《西安千古情》等品牌演艺影响力，打造演艺之都。推进碑林历史文化街区、小雁塔历史文化片区、兵马俑文旅度假区等重大文旅项目建设，开通慢享西安·城市观光车，打造北院门、嘉会坊、永宁门等特色夜游板块，提升大唐西市、西影艺术中心等文创聚集区品质，构建“一核两廊八板块”文旅融合发展格局。

加强文化交流互鉴。策划承办高规格、高层次会议会展，办好西部文博会、丝路国际电影节、国际音乐节、国际戏剧节、国际舞蹈节等品牌活动。充分利用“东亚文化之都”等对外交流平台，发挥世界城地组织亚太区旅游委员会纽带作用，深化与“一带一路”沿线城市在文化旅游、文物考古、历史研究等领域的交流合作。

持续增加群众文化获得感。加强公共文化产品和服务供给，办好第九届中国秦腔艺术节，组织开展西安交响乐团大雁塔户外公演、“红五月音乐会”等群众性文化活动，组织实施文化惠民演出。推出《寻找刘文西》《山河无恙》等文艺新品，更好满足人民群众精神文化需求。加快推进国家体育消费试点城市建设，加强十四运场馆赛后运营管理，举办西安市第十七届运动会，创建国家综合体育训练基地。加快建设西安国际足球中心，积极做好2023年亚足联中国亚洲杯西安赛区各项筹备工作。

（七）着力全面推进乡村振兴，加快农业农村现代化

全力保障粮食安全和重要农产品生产供给。坚决扛起粮食安全政治责任，严格粮食安全责任制考核。实施粮食绿色高质高效创建行动，加快高标准农田建设，坚决遏制耕地“非农化”、防止“非粮化”，确保粮食播种面积和总产量稳定。进一步丰富百姓“菜篮子”，积极实施设施蔬菜建设与提升工程，稳定生猪产能，加快推进渭北农产品物流城规划建设，确保蔬菜及肉蛋奶等重要农产品稳产保供。强化粮食安全教育，深入开展粮食节约行动和反食品浪费行动。

大力发展都市型现代农业。深化农业供给侧结构性改革，推动农村一、二、三产业融合发展。支持农业产业化龙头企业做大做强，持续抓好特色产业集群和现代农业产业园建设。推进临潼石榴、周至猕猴桃等全国名特优新农产品质量全程控制试点，加强动植物重大病虫害防控防治。培育壮大农民专业合作社、家庭农场和高素质农民队伍，发展农业适度规模经营。加快发展智慧农业。

全面巩固拓展脱贫攻坚成果。认真对标国家巩固脱贫成果后评估评价指标查漏补缺，严格落实“四个不摘”要求，保持主要帮扶政策总体稳定。健全防返贫动态监测和帮扶机制，加强易地搬迁后续扶持，持续巩固“两不愁三保障”和饮水安全成果，确保不发生规模性返贫和新的致贫。实施“万企兴万村”行动，深化太仓—周至协作，支持脱贫地区因地制宜发展特色富民产业和社区工厂，不断增强造血功能和自我发展能力。

深入开展乡村建设行动。统筹提升镇村基础设施和公共服务水平。接续实施农村人居环境整治提升五年行动，从农民实际需求出发推进农村改厕，深入开展农村黑臭水体整治，加强传统村落保护利用，充分挖掘村庄历史人文典故和自然资源优势，打造11个市级美丽村庄示范片区。

激发县域经济发展活力。把县域作为城乡融合发展的切入点，支持乡村振兴重点帮扶县（周至、蓝田）因地制宜发展壮大县域经济，不断提高发展整体性、协调性。推进以县城为主要载体的新型城镇化建设，支持做好县城空间规划和市政设施配套，大力提升县城教育、医疗等公共服务能力，推动高中教育向县城集中，加强县域商业体系建设。落实省“一县一策”事项清单和“一县一业”行动计划，打造县域首位产业集群。加快西咸新区、高陵、阎良国家城乡融合试验区接合片区建设。深化“三变”改革，不断壮大农村集体经济，拓宽农民增收渠道，让农村群众生活“芝麻开花节节高”。

（八）着力推动绿色发展，持续改善生态环境质量

加强秦岭生态保护。严格落实秦岭生态环境保护条例和规划，巩固峪道峪口整治成果，强化生态功能区保护和用途管

制，推进“山水林田湖草沙”综合治理，完善生态补偿机制。积极参与秦岭国家公园、大熊猫国家公园建设，建立健全以国家公园为主体、自然保护区为基础、各类自然公园为补充的自然保护地体系。

深入打好污染防治攻坚战。抓好第二轮中央及省级生态环境保护督察反馈问题整改。开展大气污染治理专项行动，积极参与汾渭平原及关中地区大气污染治理联防联控，提升重污染天气应急响应能力。推进资源循环利用“三基地一中心”建设，提升生活垃圾、建筑垃圾、医疗废弃物等固体废弃物处置能力。深入推进节水型城市建设，完善流域防洪减灾体系，新建改造9座污水、污泥处理厂，污泥处置能力达到2800吨/日，实现“日产日清”。开展土壤污染防治行动，前移关口管控污染风险。

推动绿色低碳循环发展。实施“双碳”西安行动，坚决遏制“两高”项目和“两高”产能。大力推广新能源汽车，加快充电设施配套建设，新建公共（专用）充电场站30个。推进建筑节能与绿色建筑发展，城镇新建建筑全面执行绿色建筑标准，装配式建筑占比不低于30%。积极推进西咸新区国家气候投融资试点。

（九）着力办好民生实事，让百姓生活更美好

坚持就业优先促进增收。精准做好就业援助、创业扶持、技能培训等服务，促进高校毕业生、退役军人、农民工、城镇困难人员等重点群体高质量就业，城镇新增就业14.5万人。支持发展新就业形态，维护新就业形态劳动者劳动保障权益。拓展城乡居民增收渠道，积极发展公益慈善事业，逐步缩小收入差距，朝着共同富裕方向稳步前进。

努力办好人民满意教育。继续做好“双减”工作，全面实施普通高中新课程改革和高考综合改革。新建、改扩建学校116所、新增学位10.5万个。深入推进“名校+”工程，持续加大薄弱学校改造提升工作力度，促进基础教育均衡发展。加快学前教育普及普惠发展，推进中等职业学校“双达标”工作。搭建智慧教育大平台，创建市级智慧校园40所。支持西安文理学院提质升级发展。

建设高水平“健康西安”。优化医疗服务体系，推动三级医院帮扶支援或托管区（县）医院、社区卫生服务中心，建立紧密型医联体，让群众就近享受优质医疗服务。常态化制度化开展药品和医用耗材集中采购，进一步减轻群众就医负担。促进中医药传承创新发展。落实三孩生育政策，创建全国婴幼儿照护服务示范城市。

落实“房住不炒”要求。坚持租购并举，加快发展长租房市场，推进保障性住房建设，支持商品房市场更好满足购房者的合理住房需求，着力稳地价、稳房价、稳预期，促进房地产业健康发展和良性循环。继续抓好住房租赁试点，有效增加租赁住房市场供给，年内筹集建设保障性租赁住房8.8万套（间）。

加强社会保障和服务。持续推进全民参保计划，延续实施阶段性降低失业和工伤保险费率政策，稳步提高社会保险待遇水平。切实做好军人军属、退役军人和其他优抚对象优待抚恤工作。大力发展养老服务，推进三级养老服务设施建设，优化城乡养老服务供给，支持社会力量参与城乡养老事业，着力构建居家社区机构相协调、医养康养相结合的养老服务体系。保障妇女、未成年人、残疾人等合法权益。加强民生兜底保障和困难群众救助，努力做到应保尽保、应助尽助。扎实做好灾后恢复重建工作。

（十）着力统筹发展和安全，积极创建国家安全发展示范城市

健全完善公共卫生体系。坚持“外防输入、内防反弹”总策略和“动态清零”总方针，压紧压实“四方责任”、落细落实“四早”措施，科学精准从速处置局部突发疫情，不断提升常态化疫情防控效能。建立常态化防控和应急处置转换机制，完善重大疫情监测预警、预防控制、流调溯源、检测检验、医疗救治、隔离场所、物资保障体系，推进“三公（工）”深度融合。完善疾病预防控制体系，健全公共卫生重大风险研判、评估、决策、防控协同机制，提高早期发现和预警监测能力，加强农村、社区等基层防控能力建设，织密织牢第一道防线。健全重大疫情应急响应机制，建立健全集中统一高效的应急指挥体系，加强重要物资储备和产能保障，确保关键时刻调得出、送得到、用得上。优化重大疫情救治体系，推进市级重点医院、救治基地、平急结合传染病院和区（县）疾控中心建设，构建分级、分层、分流的传染病救治网络，年内建成市疾控中心新院区，全市核酸日检测能力达到200万管。加大公共卫生人才培养，建立疾病控制和卫生应急培训基地，打造一支高素质专业队伍。

毫不松懈抓好公共安全管理。推进国家城市安全风险综合监测预警平台建设试点。扎实做好城镇燃气安全隐患排查整治工作，持之以恒强化危化品、道路交通、建设施工等重点领域安全监管，坚决遏制重特大事故。巩固食品安全示范城市创建成果，完善食品药品信息化追溯体系和安全应急体系。加强城市应急能力建设，建立上下贯通、协调联动的应急管理体制，完善风险评估、监测预警和应急响应机制，加强应急预案管理，健全应急指挥体系，超前布局城市应急救援和物资储备系统。健全立体化信息化社会治安防控体系，常态化推进扫黑除恶斗争。

四、切实加强政府自身建设

坚持以政治建设为统领。推动党史学习教育常态化长效化，深刻领悟“两个确立”的决定性意义，切实增强“四个意识”、坚定“四个自信”、做到“两个维护”。不折不扣贯彻落实习近平总书记重要讲话重要指示精神和党中央重大决策部署，持续推进中央巡视、审计、生态环境保护督察等反馈问题整改，始终做到旗帜鲜明讲政治。

坚持依法行政。深入落实法治政府建设实施方案，严格执行重大行政决策程序规定。依法接受市人大及其常委会监督，自觉接受市政协民主监督，认真办理人大代表建议和政协委员提案。深入开展“八五”普法。规范行政执法，深化政务公开，打造阳光政府。

坚持勤政为民。秉持民之所忧、我必念之，民之所盼、我必行之的信条，始终把群众急难愁盼放在心上、抓在手上，用心用情用力办好每一件民生实事。持续做好“12345”市民服务热线，不断提高惠企便民服务效率和水平，努力做到让人民满意。坚持政府过紧日子，规范政府投资行为，坚决遏制新增政府隐性债务，持续推进节约型机关建设，严格控制政府机关运行成本。

坚持实干担当。把抓落实作为政府工作的一条铁律，全体政府工作人员都要牢固树立抓落实的自觉意识，勤学善思、增强本领、真抓实干，不断提高政府执行力。发扬钉钉子精神，咬定目标、担当作为，突出实绩导向，让优秀者优先、吃苦者吃香。

坚持廉洁从政。坚决扛起全面从严治党主体责任，严格落实中央八项规定及其实施细则精神，强化“勤快严实精细廉”作风。扎实推进政府系统党风廉政建设和反腐败斗争，紧盯公共资源交易、行政执法、国有企业经营管理、财政资金管理使用等重点领域，加强审计监督、统计监督，做好源头防范和治理，坚决查处侵害群众利益的腐败问题，做到干部清正、政府清廉、政风清朗。

各位代表！蓝图绘就启征程，中流奋楫再扬帆。让我们更加紧密地团结在以习近平同志为核心的党中央周围，高举习近平新时代中国特色社会主义思想伟大旗帜，在省委、省政府和市委的坚强领导下，解放思想、改革创新，踔厉奋发、笃行不怠，奋力谱写西安高质量发展新篇章，以优异成绩迎接党的二十大胜利召开！

1月

1日 西安市门诊慢性病资格可以在定点医疗机构直接认定，慢性病就医购药费用也可以在定点医疗机构和定点零售药店直接结算。

4日 西安仲裁委员会对一起建设工程施工合同纠纷作出裁决。这是《中华人民共和国民法典》实施之后，西安市首例适用《民法典》作出裁决的仲裁案件。

6日 中国共产党西安市第十三届委员会第十二次全体会议举行，审议通过《西安市国民经济和社会发展第十四个五年规划和2035年远景目标纲要（建议稿）》。

△《西安市断头路打通工作实施方案》涉及雁塔区的沈家桥四路（原沣泾四路）、牟家村北侧规划路、204所西侧规划路和阿房路（雁塔段）4条道路全部通车。

△西安市出租汽车管理处和西安出租汽车协会召开首届“西安好的哥/的姐”表彰会，授予西安伊兰汽车有限公司驾驶员董玲“西安好的姐”荣誉称号，颁发20210001号“荣誉证书”，并奖励1000元；西安伊兰汽车有限公司奖励董玲2000元。董玲成为首位“西安好的姐”称号获得者。

△国家发展和改革委员会办公厅确定31家“绿色产业示范基地”，西安经济技术开发区榜上有名。

8日 西安—浦东全货运航线首航仪式在西安咸阳国际机场举行。该航线由西北国际货运航空有限公司执飞，是改公司组建成立后的首航。

11日 西安地铁二号线二期草滩北站封顶，系该线路首座主体结构封顶车站。

△“一带一路”国际商事法律服务示范区国际商事争议解决发展第一期发展论坛在西安举办。

△第十四届全运会和第十一届残运会西安市承办项目竞赛委员会第一次工作会议在西安召开。

13—14日 十余家中央和省、市主流媒体记者赴政法基层单位进行采访报道，讲述“西安政法好故事”。

16日 中华人民共和国第十四届运动会开（闭）幕式工作第三次联席会议在西安举行。十四运会组委会与北京北奥艺通文化艺术发展有限公司签署合作协议，确定十四运会开（闭）幕式导演团队。

△中国红十字会总会印发《关于表彰全国红十字模范单位的决定》，授予西安市新城区自强路街道栖枫社区、西安市雁塔区昆明路小学“全国红十字模范单位”称号。

18日 西安市人民代表大会常务委员会召开新闻发布会，对《西安市机动车和非道路移动机械排气污染防治条例》主要内容进行发布，该条例于4月1日起施行。

△隆基绿能科技股份有限公司（简称“隆基股份”）投资180亿元、装机容量15吉瓦的高效单晶电池及高效光伏组件、年产值预估达到400亿元的项目落地西咸新区泾河新城。

19日 西安市教育局发出通知：按照省、市疫情防控指挥部安排部署及有关要求，为全面加强校外培训机构疫情防控和管理工作，全市校外培训机构从2021年1月25日起，停止任何形式的线下教育教学及培训活动。

20日 零时起，全国铁路实施2021年第一季度调整列车运行图。调图后，西安铁路局集团公司开行客运列车总数较2020年底增幅10.9%，达406.5对。其中，开行长途旅客列车353对，开行省内旅客列车53.5对。

21日 西安市调整50路公交线路。调整后，50路公交线路长度18.9千米，首班6:00，末班20:30，实行无人售票，投币2元，可刷卡。

△全市征兵工作电视电话会议在西安警备区召开。

△碑林区退役军人事务局举行“首批退役军人健康服务示范单位”授牌仪式，全区首批15家单位被授予“退役军人健康服务示范单位”荣誉称号。

22日 机场巴士临时关闭曲江西影厂线、曲江天宇菲尔德酒店线、建国饭店线、希尔顿花园酒店线4条线路，优化调整西安宾馆线、三桥华润置地万象域线2条线路。

23日 西安市市场监督管理局印发《关于进一步加强食用农产品市场销售质量安全监督管理工作的通知》，加强对食用农产品销售市场的监督检查，严禁销售非法染色的食用农产品，严厉打击食用农产品销售过程中添加使用非食用物质或滥用食品添加剂、农药残留超标或使用高毒禁用农药、超范围超限量使用抗生素等违法、违规经营行为。

25日 西安市人民政府新闻办公室召开“迎十四运西安重大项目推进情况新闻发布会”。2020年，西安市安排市级重点项目740个，聚焦城建、文化、民生等6大领域。

△碑林区永华里棚户区改造项目安置楼开工建设。

26日 西安国家民用航天产业基地管理委员会与杨凌美畅新材料股份有限公司签约，西安美畅产业园项目落户航天基地。

27日 西安携手全国6座古城开展的“2021辛丑新春中国城墙全球征春联活动”评选结果揭晓，63副春联获奖。西安永宁门东侧春联获“特等奖”。

△西安地铁八号线进入盾构施工阶段。

30日 2021“视听中国”活动在西安永宁门启动。国家广播电视总局国际合作司、中共陕西省委宣传部、陕西省广播电视局、陕西广电融媒体集团等有关机构负责人和马来西亚、泰国等国家驻华使节出席启动仪式。哈萨克斯坦国家电视台、匈牙利ATV电视台、德国SalveTV网络电视台、泰国PPTV36台等多家海外主流媒体机构发来祝贺视频。

△西安奥体中心总部经济片区首栋超高层项目——高科奥体广场酒店项目完成主体钢结构合龙。

30日至2月5日 西安市政道桥建设

集团有限公司对东二环（互助桥）全段进行桥面路面铣刨加层封闭施工。

2月

1—3日　中国人民政治协商会议西安市委员会第十四届委员会第五次会议在西安召开。

2—4日　西安市第十六届人民代表大会第六次会议在西安召开。会议表决通过《关于西安市国民经济和社会发展第十四个五年规划和2035年远景目标纲要的决议》《西安市人民代表大会关于修改〈西安市制定地方性法规条例〉》等。

6日　西安市小微企业融资担保增信基金合作签约仪式举行。

8日　中国共产党西安市第十三届纪律检查委员会第六次全体会议在西安召开。

11日　西安西电变压器有限责任公司为陕北—武汉特高压直流输电工程陕北站生产制造的首台±600千伏换流变压器通过全部出厂试验，各项指标满足技术要求。

13日　新华社客户端推送新闻《过年啦！西安向海内外游子发出“城市家书”，向全球传递来自古都的温暖与问候》。家书以视频形式在美国纽约及北京、上海、南京、杭州等14个海内外城市核心区域大屏循环播放，还登录脸书、推特等各大海内外社交媒体。

17日　中国铁路西安局集团有限公司首趟节后务工专列K4136从陕西汉中火车站驶出，200余名陕南地区务工人员乘坐该列车前往广东深圳务工。

18日　西安市举行高质量发展大会，对2020年度推进全市高质量发展作出贡献的企业兑现有关奖励和扶持政策。

△西安“政策通”服务平台上线，分类汇集市级有效政策和权威解读，让企业及时全面了解政策信息，提升市场主体获得感，实现政策精准赋能。

19日　西安市出租汽车管理处联合长安大学共同发布《2020年西安市出租汽车运行发展报告》，进一步研究城市交通拥堵、打车难、服务水平、运营效率等方面遇到的问题和解决对策。

25日　全国脱贫攻坚总结表彰大会在北京举行。大会表彰1981名“全国脱贫攻坚先进个人”，以及1501个“全国脱贫攻坚先进集体”。西安市有4名先进个人、3个先进集体获得表彰。

△西安地铁十四号线进入为期3个月的空载试运行阶段。

27日　第十四届全国运动会和残疾人特殊奥林匹克运动会城市志愿者线上报名工作启动。

△“2021年大明宫10K迎新跑”活动在大明宫国家遗址公园开跑。

3月

1日　西安地铁一号线3期工程进入盾构施工阶段。

2日　陕西省消费者权益保护委员会成立大会暨第一届全委会第一次会议在西安召开。

4日　第十四届全国运动会和残疾人特殊奥林匹克运动会组委会召开广电传输专网建设工程启动视频会议，标志着十四运会和残特奥会信号传输工程启动建设。

6日　全国人大代表、西安市人民政府市长李明远在北京参加第十三届全国人民代表大会第四次会议陕西代表团全体会议，审议《“十四五”规划和2035年远景目标纲要（草案）》时建议，国家在实施“十四五”规划过程中，支持西安建设综合性国家科学中心。

8日　在第111个“三八”国际妇女节来临之际，西安市妇女联合会公布一批先进名单。其中，2021年度“西安市‘三八’红旗手”72名、“‘三八’红旗集体”29个、“巾帼建功标兵”94名、“巾帼文明岗”29个、“城乡妇女岗位建功先进集体”29个。

15日　中共西安市委召开常委会会议，讨论审议《西安市推进国家城乡融合发展试验区建设实施方案》和《西安市建立健全城乡融合发展体制机制和政策体系的实施方案》。

△雁塔区举办西等驾坡片区（西等村）城市更新综合改造项目安置楼建设启动仪式。

18—21日　由西安市工业和信息化局、中国机械工业联合会、中国通信工业协会联合主办的第29届中国西部国际装备制造业暨中国欧亚国际工业博览会在西安国际会展中心（浐灞）举行。

19日　全市政法队伍教育整顿现场观摩推进会在鄠邑区召开。

20日　2021《长恨歌》首演仪式暨文旅惠民直播盛典启幕。新《长恨歌》在舞美、服装道具、灯光特效、多媒体技术等方面进行大幅度的提升，并首次以“5G直播＋6地同屏＋线上互动”的形式呈现。

22日　X8153次中欧班列（西安）从新筑车站驶出开往霍尔果斯口岸，标志着2021年中欧班列（西安）运输数量突破3万车。

△在全国新冠病毒疫苗接种工作电视电话会议和全省相关会议之后，西安市召开新冠病毒疫苗接种工作电视电话会议，贯彻落实国家和省上会议精神，安排部署西安市相关工作。

△西安市授予日本通运株式会社常务执行董事杉山龙雄、西北大学外国语学院副教授罗宾·史蒂芬·吉尔班克“西安市荣誉市民”称号。

24日　2021年西安市产业项目集中签约大会举行。本次签约合同项目215个，总投资3037.3亿元，涵盖新能源、新材料、航空零部件、智能制造、生物医药、电子信息、数字经济、文旅康养等多个领域，

26日　由西安市文化和旅游局主办，西安桃李旅游烹饪学院承办的西安市乡村旅游厨艺技能比赛举行。此次乡村旅游厨艺技能比赛分为中餐热菜、凉菜、面点和地方特色小吃4个项目，西安市各区（县）10支代表队的70余名选手参赛。

28日　由阿里巴巴天天正能量主办的2021媒体公益与社会责任研讨会暨2020年度正能量人物颁奖典礼在杭州举行。会上，阿里巴巴天天正能量发布《2020年度公益报告》，陕西成为“全国十大正能量省份”，西安获评“全国十大正能量城市”。

29日　中华人民共和国第十四届运动会村村委会在西安国际港务区揭牌。

30日　莲湖区桃园路社区卫生服务中心建立西安市首张“家庭病床”。

30日至4月1日　由西安市总工会主办、西安市边家村工人文化宫承办、西安市乒乓球运动协会协办的“全民全运·同心同行”西安市第九届职工乒乓球比赛暨陕西省职工乒乓球大赛选拔赛在西安市边家村工人文化宫举行。27支代表队、230余名职工乒乓球爱好者参赛。

31日　西安经济技术开发区、临潼区合作共建渭北新城暨重点项目签约仪式举行。此次首批签约入驻16个项目，总投资738亿元。

△中央宣传部、中央精神文明建设指导委员会办公室在北京召开推进学雷锋志愿服务工作电视电话会议。会上，公布2020年度“学雷锋志愿服务最美志愿者”“最佳志愿服务组织”“最佳志愿服务项目”“最美志愿服务社区”“4个100”先进典型名单，西安市4个先进典型榜上有名。

△位于西安高新技术产业开发区集贤园的高科建材新材料产业园型材基地开始试生产。

4月

1日　西安市行业管理部门启动小微型客车租赁行业备案工作。“华夏出行”旗下的“摩范出行”分时租赁服务平台成为西安市首家备案成功的小微型客车租赁企业。

6日　雁塔区未来产业城重大项目集中开工暨二府庄片区城市更新安置楼奠基仪式举行。

8日　西安曲江新区第二届文化艺术行业技能大赛在西演LIVE·创意谷展演中心车库剧场举行。

9—11日　2021年西咸新区空港新城首届油菜花节举行。

10日　零时起，全国铁路调整实施第二季度列车运行图，管内开行客车总数达到401对。

△由中国机械工业企业管理协会联合陕西鼓风机（集团）有限公司开设的“大国工匠师带徒西北陕鼓焊工班”在

陕鼓临潼工业园区开班，20名焊接领域的优秀工人，接受为期3年的焊接技能培训。

16日 《西安市国民经济和社会发展第十四个五年规划和2035年远景目标纲要》公布。

17日 西安原创唐诗主题音乐项目“长·安——唐诗交响吟诵音乐会”在北京国家大剧院公演。

20日 在平安陕西建设工作暨扫黑除恶专项斗争总结表彰会召开。会上，西安市被授予陕西省首批“平安铜鼎”，获此荣誉的还有莲湖区、阎良区和高陵区。

23日 西安市关心下一代工作委员会联合西安市教育局、共青团西安市委员会、西安市妇女联合会等单位主办的2020年西安市少年儿童“为爱阅读”朗读大赛颁奖典礼在曲江南湖小学举行，68名选手分获一、二、三等奖，27家小学、幼儿园获“书香校园奖”。第三届“为爱阅读”活动也于同日启动。

24日 中国美好生活大调查颁奖典礼在中央电视台财经频道播出。西安市入选全国十大“向往之城”。

26日 西安火车站北侧站房高架候车室和北车场投入使用。随后，西安火车站1、2、3、4、5站台同步实施封闭改造。

5月

5日 临潼区农业农村局园艺站在代王街道发现石榴古树群落1处，有百年以上石榴古树52株。

7日 2时11分，“长征二号丙”运载火箭在西昌卫星发射中心点火升空，将“遥感30号”08组卫星送入太空，进入预定轨道。位于西安的中国航天科技集团公司第六研究院为承担此次发射任务的“长征二号丙”火箭提供一、二级主动力发动机，为“遥感30号”卫星提供空间推进分系统。

△西安市交通运输局在西安世园旅游汽车有限公司举行“服务全运·畅行西安”主题活动启动暨出租彩车发布仪式，首批50辆“迎十四运”主题彩车亮相。

8日 莲湖区枣园街道办事处首批社区志愿者救援队成立大会在枣园街道办事处举行。枣园街道办事处辖区的唐都花园社区、利君西社区等8支社区志愿者救援队，成为西安市首批成立的规模大、影响面广、参与人数多的社区志愿者救援队。

△由西安市文化和旅游局、西安曲江新区管委会、西安演艺集团主办，西安儿童艺术剧院承办的第六届西安国际儿童戏剧展演在人民剧院开幕。

9日 西安市举办深化农村“三变”改革、促进新型农村集体经济发展集中招商签约活动，签约项目24个，签约金额8.48亿元，涉及25个村集体经济合作组织，将带动14457名农民群众增收。

△西安市2021年“全国城市节约用水宣传周”启动仪式在汉城湖举行。

11日 中国采购网发布《新建西安至安康高速铁路站前工程、临电工程施工总价承包招标资格预审公告》。

11—15日 第五届丝绸之路国际博览会暨中国东西部合作与投资贸易洽谈会在西安举行。来自98个国家和地区的1938名驻华使节和驻华机构、组织、外国留学生代表出席；35个国家和地区商协会、驻华使领馆及企业在国际馆参展，参展企业300余家；国内23个省（区、市）和香港特别行政区政府驻陕西联络处、香港贸易发展局参展，参展企业2381家。参展参会人数累计达到16万人次，吸引5.5万名专业观众参观洽谈。本届丝博会举办3场集中签约仪式，签订重点合作项目72个，总投资1583.98亿元。在省际合作方面，有56个重点项目集中签约，合同金额642.11亿元。签订利用外资项目合同总投资76.75亿美元。

12日 由国家市场监督管理总局、陕西省人民政府主办，陕西省市场监督管理局、西安市市场监督管理局、中国标准化研究院、西安交通大学承办的标准化与现代产业体系高峰论坛在西安举办。

△由全国工商业联合会、陕西省人民政府和清华大学主办、陕西省发展和改革委员会等部门联合承办的“聚焦高质量发展，共建西安都市圈”论坛在西安举行。

13日 中欧班列“长安号”首列中亚回程公共班列抵达西安国际港站。

△陕西省光子产业创新联合体成立大会在西安举行。

14日 西安—新西伯利亚全货运航线开通，也标志着空港跨境电商“9610”出口业务的常态化运营。

20日 西安市召开全市政府、法院联动处置城中村、棚户区改造遗留问题现场推进会。

△沣东自贸功能区公用型保税仓揭牌暨关中海关与沣东新城“合作备忘录”签署仪式在沣东自贸功能区公用型保税仓举行。该项目是西咸新区首个公用型保税仓，全方位服务于进出口企业，将成为打造外向型经济发展新高地的重要支撑。

△西安市公安局召开新闻发布会，向社会公布16项便民利民举措，涉及居民办证、出入境服务、交通违法、行政审批等方面。

20日至9月19日 首届西安IN科技艺术节在西安高新·嘉会国际交流中心举行。被誉为“全球十大必看展览之一”的teamLab Future Park未来游乐园首次登陆西安。

22日 10时40分，由中国航天科技集团有限公司研制的“祝融号”火星车安全驶离着陆平台，到达火星表面，开始巡视探测。位于西安的中国航天科技集团第四研究院401所提供的4类永磁直流电机，分布在“祝融号”火星车移动系统的各个部位，为火星车在火星表面3个月左右的灵敏行动提供移动、转向、越障动力，是火星车巡火的关键动力。

25日 西安市人民代表大会常务委员会公布《关于修改〈西安市制定地方性法规条例〉的决定》，修改后的《条例》即日起施行。条例重点修改常委会会议审议法规案制度等方面内容，落实国家对地方立法工作的新要求。

27日 陕西省企业家协会在西安人民大厦召开法律服务委员会暨调解中心成立大会。

△位于西安市的隆基绿能智慧能源展览馆启用。

△陕西省第十三届人民代表大会常务委员会第二十六次会议表决通过《陕西省物业服务管理条例》，该条例于2021年10月1日起施行。

31日 西安—鄂尔多斯“复兴号”动车组开行。这是中国铁路西安局集团有限公司首次开行跨省时速160千米的“复兴号”动车组。

△由西安市大数据资源管理局、西安高新技术产业开发区管委会主办的西安市首届大数据产业生态建设峰会举行。

31日至6月1日 “招商蛇口杯”十四运会游泳项目测试赛暨东京奥运会补位赛在西安奥体中心游泳跳水馆举行。

6月

1—2日 西安话剧院创作的话剧《路遥》作为由中共中央宣传部、文化和旅游部、中国文学艺术界联合会主办的“庆祝中国共产党成立100周年优秀舞台艺术作品展演”作品，在北京中国国家话剧院上演。

2日 西安国际港—宁波舟山港陆海联运大通道班列从西安国际港发车。

3日 西安友好交流城市芬兰科沃拉市的一尊木熊艺术品在西安地铁4号线北客站（北广场）站“安家落户”，成为两市友好交流的见证。

5日 秦创原创新驱动平台项目集中开工活动在西咸新区沣西新城举行。本次集中开工项目32个，总投资448.2亿元。

8—10日 2021全球硬科技创新大会在西安举行。本届硬科技大会以“硬科技·自立自强”为主题，邀请国家有关部委、硬科技领域知名专家、知名经济学家、创业投资机构代表等2000人次参加。本届硬科技创新大会安排近30场会议活动集中展示硬科技成果。大会期间，发布《硬科技——中国科技自立自强的战略支撑》《2021中国硬科技创新发展白皮书》；举行全球创投峰会、知识产权论坛、科博会、数博会等科技展会；设置光子产业、人工智能、卫星技术和增材制造等系列分论坛；举办关中平原城市群协同创新发展圆桌论坛；开展一系列“双招双引”政策推介，组织硬科技领域合作项目签约，举办科技、金融、人才专业招商对接活动；发布打造秦创原的高能级科技成果转化大平台，建设秦创原使命践行区、核心引擎区、示范样板区行动计划。

16日 2021世界交通运输工程技术论坛在西安举行。

18日 西安地铁二号线二期南延段常宁站封顶。

27日 中华人民共和国第十四届运动会曲棍球项目测试赛在西安体育学院鄠邑校区曲棍球比赛场地开赛。来自北京、陕西、广东、内蒙古的4支男子代表队和来自陕西、四川的2支女子代表队分别展开角逐。

28日 西安音乐厅举办“唱支山歌给党听”——庆祝中国共产党成立100周年交响音乐演唱会，庆祝建党百年华诞。

29日 西安地铁十四号线开通运营。西安地铁十四号线东起贺韶站，西至西安咸阳国际机场西站，连接了西安咸阳国际机场、铁路西安北站、西安奥林匹克体育中心等地。全长42.96千米，设18座车站（其中1座暂未开通）。列车采用6节编组B型列车。

30日 西安市各相关区（县、开发区）组织完成民办义务教育学校补录电脑随机录取。

7月

1日 零时起，全国铁路将实施新的列车运行图。中国铁路西安局集团有限公司开行列车430.5对，预计发送旅客2473.9万人次，日均发送39.9万人次，客流最高峰日发送旅客将达到47万人次。

△西安市机关事业单位退休“一件事一次办”并联审批事项上线办理。

△西安市“三河一山”绿道委托管理运营集体签约仪式在西安市人民政府举行。

2—4日 陕西省第八届研究生电子设计竞赛暨“兆易创新杯”第十六届中国研究生电子设计竞赛西北分赛区选拔赛在西北工业大学长安校区举行。来自31所高校的755支队伍参赛，参赛的学生人数达到2200多人。

5日 西安市召开学习贯彻习近平总书记“七一”重要讲话动员大会暨“两优一先”表彰大会，表彰全市优秀共产党员、优秀党务工作者、先进基层党组织。

6日 西安市交通运输局举行“西安市出租汽车行业形象焕新升级发布仪式”。全市3万余名出租车驾驶员全部更换新式工服，1.5万辆出租车全部更换新式彩屏顶灯，装饰彩车3690辆。

8日 2021年陕西开行的第2000列中欧班列——X75069次中欧班列（西安）从中国铁路西安局集团有限公司西安国际港站开出，驶向捷克首都布拉格。

9—11日 2021第15届中国西安国际科学技术产业博览会暨硬科技产业博览会在西安国际会展中心举行。现场有350余家企业集中展示最新科技成果。

11日 由西安市投资合作局、西安市科学技术局和西安交通大学联合举办的西安市日资企业及日本专家沙龙活动在西安交通大学（西部创新港）召开。

16—18日 2021西安丝绸之路国际旅游博览会在西安国际会展中心举行。来自15个国家和地区的驻华使节、展商，国内31个省（区、市）和新疆生产建设兵团的800余家文旅企业、机构以及300余名特邀买家参展。

17日 中华人民共和国第十四届运动会、中华人民共和国第十一届残疾人运动会暨第八届特殊奥林匹克运动会圣火采集仪式在延安市宝塔山星火广场举行。

△由陕西省创新驱动共同体、西咸新区沣东新城管理委员会共同主办的秦创原先导区（沣东）科技成果转化项目签约和投资意向签约大会暨2021年陕西省创新驱动共同体年会在沣东新城举行。

19日 《西安市生活垃圾终端处理设施区域生态补偿办法》施行，有效期5年。

21日 《奔向零碳：西安国际化大都市发展蓝皮书（2021）》发布会暨碳达峰碳中和高峰论坛在西安市举行。2021国际化大都市TOP20城市榜单发布，西安市首次进入国际化大都市综合评价前十名。

△西安市政府举办“2021年西安市重大项目建设情况”新闻发布会。上半年，473个市级重点在建项目完成投资2859亿元，达到年计划的72.38%。159个新开工项目中，已开工132个，开工率达83%。235个省市区重点项目竣工投运，释放产能943亿元，创造就业岗位超6.6万个。

23日 《西安市人民政府关于修改和废止部分市政府规章的决定》印发，即日起施行。

27—30日 “千年古都 常来长安”全国主流媒体西安看全运活动在西安举行。全国20余家省级党报以及40余家城市官方政务号的60多名全媒体记者，对西安发展成就进行集中宣传报道。

28日 中国共产党西安市第十三届委员会第十三次全体会议在西安国际会议中心举行。

△西安市文旅行业“塑美创佳争优”颁奖典礼暨风采展演大会在大唐不夜城开元广场举行。

△由西安市文化和旅游局、西安经济技术开发区管理委员会主办，西安经开区文化卫生局承办的西安市市民文化艺术季启动仪式暨西安经开区社区音乐节活动在西安城市运动公园举行。期间，全市范围内举行113场全民参与的系列主题活动。

31日 秦岭大熊猫研究中心（陕西省珍稀野生动物救护基地）大熊猫“丫丫”诞下龙凤胎幼仔，雌性、雄性幼仔初生体重分别为137克、110克。

8月

1日 西安市召开疫情防控工作调度会议，听取全市疫情防控工作推进情况，分析研判形势，研究部署全市疫情防控工作。

2日 西安市教育局发出《关于公布2021年西安市具有招生资质的中等职业学校名录的通知》，加强中等职业学校招生管理，规范招生行为。

△西安市政府常务会议审议并原则通过《西安市政务服务标准化管理办法》，明确政务服务事项目录清单和实施清单的基本要素，统一办事指南内容标准。

9日 西咸新区首个综合性大型体育场馆——西咸新区泾河新城体育中心项目（一期）主体结构封顶。

12日 世界城地组织地方行动港高级别青年对话论坛在西安交通大学举行。

14日 由中共西安市委精神文明建设指导委员会办公室、西安市民政局主办，西安市雁塔区民政局承办的2021年西安市“我们的节日·七夕——鹊梦千年 雁塔结缘”主题示范活动在线上启动。

17日 西安市民政局与西安市财政局印发《西安市惠民殡葬补助和节地生态安葬奖补政策》《西安市惠民殡葬补助和节地生态安葬奖补政策实施细则》，从9月1日起，将执行西安市惠民殡葬补助和节地生态安葬奖补政策。

18日 2021欧亚经济论坛组委会工作会议在北京召开。

19日 秦创原秦汉协同创新区推介会暨平台项目签约仪式在西咸新区秦汉新城举行。会上集中签约20个项目，涉及生物医药、装备制造、数字经济、人工智能、信息技术、新能源和新材料等多个领域。

22日 中华人民共和国第十四届运动会群众赛事活动展演项目在曲江国际会议中心启动。展演项目分为广场舞、广播体操、健身气功、太极拳4个大项，全部比赛均采取上传视频线上参赛。

26日 《西安市反餐饮浪费条例（草案）》《西安市灞河重点区域风貌管控条例（草案）》《西安市建筑装饰装修条例（修订草案修改稿）》提交西安市第十六届人民代表大会常务委员会第四十五次会议审议。

30日 历时近2个月的西安国际港站扩能改造工程竣工。

△西安市人民政府办公厅发布《关于进一步促进房地产市场平稳健康发展

的通知》，对房地产市场的调控进一步收紧，在扩大限购限售范围的同时，要求居民家庭在西安市落户满3年的，方可在限购区域购买第2套商品住房。

31日 西北大学、西安报业传媒集团（西安日报社）传媒产业版权保护与运营平台签约仪式举办。“传媒产业版权保护与运营平台”“‘一带一路’知识产权大讲堂”“西北大学卓越知识产权人才实践教学基地”揭牌。

9月

1日 西安火车站南站房、南侧高架候车室投用，标志着南北站房全面贯通。

2日 在东京残疾人奥林匹克运动会乒乓球TT8级男子团体决赛中，来自西安的19岁小将彭伟楠与搭档赵帅2∶0战胜法国选手，获得冠军。

△西安市国家食品安全示范城市省级复审工作首次会议在西安市召开。

3日 西咸新区泾河新城隆基绿能年产15吉瓦高效单晶电池项目一号厂房交付使用。此次交付的高效单晶电池项目一号厂房总占地7.2万平方米，是隆基绿能项目目前在建的单体最大电池生产车间。

10日 西安—商洛首次开行“复兴号”动集动车组，结束了商洛、丹凤、商南3个市、县不通动车的历史。

△西安市新华书店图书有限公司旗下大唐不夜城读书阁、钟楼书店、航天书城3家书店同时开业。

12日 中华人民共和国第十四届运动会、中华人民共和国第十一届残疾人运动会暨第八届特殊奥林匹克运动会火炬在西安传递。

13日 西安市政府常务会议审议通过《西安市加强审管联动提升事中事后监管效能工作方案》《西安市加快建设国家中心城市坚强电网攻坚方案（送审稿）》。

15—27日 中华人民共和国第十四届运动会在西安奥体中心体育场举行。中共中央总书记、国家主席、中央军委主席习近平出席开幕式并宣布运动会开幕；中共中央政治局常委、国务院总理李克强出席闭幕式并宣布运动会闭幕。

17日 西安—延安高速铁路铜川—延安段最长隧道、重难点工程宜君隧道全面进入洞内施工阶段。

22日 由西安市人民政府主办，中共西安市委宣传部、西安市文化和旅游局、西安曲江新区管理委员会承办，西安曲江演出集团执行的首届西安国际舞台艺术节启动。

23日 西安市下发《西安市全面推行涉企经营许可事项告知承诺制工作方案》，明确涉企经营许可告知承诺的规则和程序，构建“宽进、快办、严管、便民、公开”的政务服务环境。

△西安知识产权运营服务平台上线运营。

24日 西咸新区投资环境说明会暨入区项目签约仪式举行。集中签约49个项目，总投资883.58亿元。其中，42个项目落户秦创原创新驱动平台总窗口，总投资额675.58亿元；7个项目落户西咸新区其他领域，总投资额208亿元。

26日 由高新金控集团全资子公司西安高新丝路通信创新谷有限公司投资开发，西安建工第一建筑集团有限公司承建的秦创原集成电路加速器（西安电子谷核心区）J区，高147.4米的43号超高层总部大楼主体封顶。

28日 新建成的秦陵铜车马博物馆对外开放。

29日 西安市政府常务会议审议通过《西安市关于优化创新创业生态着力提升技术成果转化能力的工作措施》。

30日 2021新城金秋文旅消费季在民乐园万达广场启动。

10月

8日 西咸新区召开新闻发布会，推出西咸新区支持秦创原总窗口建设15条优惠措施，加快秦创原立体联动“孵化器”、成果转化“加速器”和两链融合“促进器”建设。

11—17日 2021年国家网络安全宣传周在西安举行。其间，举行国家网络安全宣传周网络安全技术高峰论坛、数据安全与数字经济发展论坛等活动。

13日 由中共西安市委精神文明建设指导委员会办公室、中共西安市纪律检查委员会、西安市妇女联合会主办的西安市“我们的节日·重阳主题示范活动暨‘礼赞新时代 传承好家风’文明家庭创建分享会”在莲湖区枣园街道办举行。

△由中共西安市委精神文明建设指导委员会办公室，中共鄠邑区委宣传部、中共鄠邑区委精神文明建设指导委员会办公室、鄠邑区甘亭街道党工委承办的西安市“我们的节日·重阳”主题示范活动在鄠邑区甘亭街道人民路社区东城花园小区举行。

15日 空军军医大学举行建校80周年系列活动。

16—17日 全国青少年网络安全竞赛暨第四届全国中学生网络安全竞赛在西安举行。来自全国的40名青少年进入决赛。

17日 第二届“敦煌杯”中国民族室内乐暨重奏比赛落下帷幕。西演·西安歌舞剧院2部作品：《赤·党》获职业青年C组金奖；《茶马》获得同组别银奖。

18日 第三届中国考古学大会发布“百年百大考古发现”发布。半坡遗址、姜寨遗址、丰镐遗址、汉长安城遗址、秦始皇陵、唐大明宫遗址6项西安考古发现入选。

18—20日 2021欧亚经济论坛经贸合作博览会在西安举行。来自46个国家和地区的嘉宾参会。本届论坛采用“会议+展览”模式，有论坛开幕式暨全体大会、工商领袖会议暨经贸合作洽谈会等会议及相关配套活动，同时举办欧亚经济论坛经贸合作博览会暨中国（陕西）进出口商品展等活动。会上，科学技术部发布2020年“魅力中国——外籍人才眼中最具吸引力的中国城市”十强城市，西安入选，位列第五位。在2021欧亚经济论坛工商领袖会议暨经贸合作洽谈会上，西安市与13座城市签订《关中平原城市群政务服务“跨省通办”合作协议》。

19日 西安市首个残疾人消费维权工作站运行。

21日 中共西安市委办公厅、西安市人民政府办公厅印发《深化全市应急管理综合行政执法改革的实施方案》。

△以“数字生态·科创兴城”为主题的2021中国（西安）数字科创城市峰会在浐灞生态区举行。本次峰会是2021年全国大众创业万众创新活动周浐灞分会场重要活动之一。峰会全程采取线上直播形式举办，在线31.4万人次关注。

23日 西安市召开疫情防控指挥部视频调度会。

△当日起所有旅客进入西安咸阳国际机场航站楼均需提供48小时内核酸检测阴性证明（纸质版、电子版均可），3岁以下的婴幼儿可适当放宽。

△农高会上，西安展团在农产品种植销售加工、现代农业、乡村旅游等领域签约项目37个，总金额107亿元。

26日 中共西安市委常委班子召开中共陕西省委巡视整改暨“以案为鉴，落实全面从严治党”专题民主生活会。

28日 由教育部、陕西省政府指导，教育部学校规划建设发展中心主办，陕西省教育厅和西安交通大学承办的“创新合作 共谋发展”2021丝绸之路国际产学研用合作会议在西安举行。来自中国、俄罗斯、美国、日本、英国、巴基斯坦、塞尔维亚、意大利等国家的院士、专家、企业家1000余人通过线上、线下方式参加会议。

29日 科技部、教育部公布国家大学科技园绩效评价结果。西北工业大学科技园被评为“优秀国家大学科技园”。

△西安市政府常务会议审议并原则通过《西安市解决“停车难”问题三年行动方案（2021—2023年）》。

31日 西安电子科技大学举行建校90周年暨一流大学建设发展大会。

11月

5日 第四届中国国际进口博览会陕西省交易团采购项目发布暨签约仪式在上海举行。全省有明确采购意向的企业和单位89家，采购总需求超过170亿元。其中，西安有4个签约项目，签约金额48.83亿元，排名省内首位。

△西安市人民政府市长李明远在深圳市开展投资促进活动，先后到大疆创

新科技有限公司、汇川技术股份有限公司和比亚迪股份有限公司考察。

6日 在第四届中国国际进口博览会召开期间，西安交易分团前往上海中心城区规模最大的城市综合体——上海环球港调研考察，就“首店经济”等新零售经验做法进行交流学习。

△由西安交通大学和中央民族大学主办的第六届中国数据新闻大赛决赛暨“数据驱动下的新闻传播学创新论坛”在线上举行。本届中国数据新闻大赛吸引了国内外知名高校和媒体机构900多支队伍参赛，报名人数达4500余人。

7日 西安市召开领导干部会议，宣布方红卫任中共西安市委书记。

△西安国际港中林产业园项目在西安国际港务区开工。该项目总投资10.3亿元，总建筑面积8.2万平方米，打造集木材经营、农副产品交易、自动化立体仓储物流等综合服务于一体的国际木材加工交易中心。

16日 《西安体育发展史》首发式暨座谈会在西安举行。作为国内省会城市和副省级城市首部体育专项史书，该书填补了西安体育文化研究的空白。

19日 2021'ONE有引力万夫观影短片大赛在西安电影制片厂举办颁奖典礼。北京电影学院、中国传媒大学、西北大学、陕西师范大学、长安大学、西安美术学院等30余所高校的209部短片参赛。

22日 西安市人民政府、宝鸡市人民政府签署推进高质量发展战略合作协议。

24日 西安市首个防范金融风险宣传教育基地在中泰证券陕西分公司新丝路投教基地挂牌。

24—25日 中国共产党陕西秦农农村商业银行股份有限公司第一次代表大会在西安召开，118名党员代表参加会议。

25日 陕西省科技创新大会暨科学技术奖励在西安召开。会议表彰了获得2020年度“陕西省科学技术奖”的科技工作者。侯洵、郑南宁、范代娣3位专家获2020年度“陕西省最高科学技术奖”，260项科技成果获“陕西省科学技术奖”。

△2021科创西安·秦创原数字健康创新主题对话暨西咸新区人工智能产业协同创新中心启动仪式在空港新城举行。

△由西北大学和西安浐灞生态区合作共建的陕西省首个课后服务实践共同体在西北大学附属中学浐灞中学揭牌成立。

26日 以“智汇秦创原 共建新生态”为主题的秦创原创新生态城发布会暨项目启动仪式在西咸新区秦创原资本超市举行。

27日 由西安市政府主办，西安市投资合作局、西安市工业和信息化局承办西安生物医药产业链合作交流会在广州举办。

29日 中国电影家协会公布第34届中国电影“金鸡奖”提名名单，由中共陕西省委宣传部、中共西安市委宣传部、西安市文化艺术界联合会等推动打造，上海电影（集团）有限公司拍摄的首部秦腔3D电影《三滴血》，获“最佳戏曲片”提名。

12月

1日 陕西教师发展研究院在陕西师范大学成立。

1—6日 2021西安国际创业大赛总决赛在西安举行。分领域晋级赛与决赛2大赛程，115个参赛项目在领域晋级赛中对决，最终初创组与成长组各有24个项目进入决赛，其中19个项目分获各组一、二、三等奖，“中科西光小卫星星座商业计划书”项目与“网络智能安全防护体系”项目分获初创组和成长组的“特等奖”。在线观看大赛总决赛直播的观众有100万人次。

2—6日 第七届丝绸之路国际艺术节在西安举办。举行开闭幕式、文艺演出、美术展览、艺术论坛在内的四大板块40余场展演活动。根据疫情防控形势，参演的22台剧目（其中境外13台）通过线上与线下相结合的形式亮相，涵盖歌剧、杂技、话剧、音乐会等多个艺术门类。

3日 大型人文美食纪录片《千年陕菜》第二季项目启动仪式在西安西影大厦举行。

4日 由西安美术学院、西安市文化和旅游局、中共鄠邑区委、鄠邑区人民政府共同主办的“西安市鄠邑区艺术村长聘任新闻发布会”在中国•户县农民画博物馆举行。来自全国多所知名高校的5名艺术专家分别被聘为5个村的艺术村主任。

△西安市人民医院（西安市第四医院）“双中心一平台”启动，这意味着该院成为我国第三家、西北第一家拥有国产机器人研发技术培训、临床操作技能培训、线上参与机器人手术于一体的闭环式创新管理能力的医院。

△秦岭国家公园标志设计公开征集活动在西安启动。

5日 比亚迪新能源汽车零部件项目签约及产业园开工仪式在西安高新技术产业开发区举行。

7日 “星”动Offer第五届西安大学生求职大赛决赛暨颁奖典礼在陕西师范大学长安校区新勇学生活动中心举行。

8日 西安市退役军人服务协会成立大会暨“崇军荟”企业授牌仪式举办。首批加入“崇军荟”的100家企业被集中授牌。

△国际医学旗下西安国际医学中心医院和西安高新医院与全球著名医疗机构美国妙佑医疗国际（Mayo Clinic）签约，成为中国第二家和第三家妙佑医疗联盟成员医院。

10日 西安市2021年政务服务技能竞赛总决赛举行。最终莲湖区行政审批服务局获得一等奖。

△西安经济技术开发区举办“建设秦创原先进制造业示范区 谱写经开区高质量发展新篇章”——重点项目签约暨首批秦创原创新中心授牌仪式。“中国科协海智计划工作基地”揭牌，首批6家科技企业作为秦创原创新中心授牌。

14日 西安警备区党委第一书记任职大会召开。中共陕西省委常委、中共西安市委书记方红卫任西安警备区党委委员、常委、第一书记。

△中国建筑业协会决定特别授予西安奥体中心2020—2021年度“中国建设工程鲁班奖”（国家优质工程）。

15日 G-Global 21世纪世界大会举办，西安市受邀参加“丝绸之路城市市长在线对话论坛”。

△第六届中国储能西部论坛召开。论坛设北京、西安两个分会场，同时采用线上参会、平台直播模式进行，当天在线观看人数突破10万人次。

△西安市召开“西安市百名优秀青年文艺人才”表彰培训会，25人入选2021年“西安市百名优秀青年文艺人才”。

17日 西安市国资国企综改试验项目签约暨综改试验基金成立签约大会召开。

18日 第十九届百花文学奖揭晓。西安作家穆涛的散文《中国时令的内部结构》获奖。

19日 中共陕西省委、陕西省人民政府在西安市疫情防控指挥部连夜召开视频会议部署疫情防控工作。

19—21日 中共中央政治局委员、国务院副总理孙春兰在西安市调研指导疫情防控工作，听取陕西省、西安市和国务院联防联控机制综合组陕西工作组的汇报，与有关部门和一线专家座谈，研究部署疫情防控重点工作。并深入西安市第八医院及家属院、红专南路社区核酸采样点、新城区隔离酒店等实地考察核酸检测、隔离管控、流调溯源、医疗救治等措施落实情况。

22日 在西安国际会议中心3号馆，新设立的4套气膜实验室投用，开始进行核酸检测。

23日 零时起，西安全市小区和单位实行封闭式管理，每户家庭每2天由1人外出采购生活物资，其他家庭成员除在疫情防控、城市运转保障、居民生活密切相关行业工作外，一般不得外出，外出需持单位、社区开具的证明。

24日 西安市总工会紧急拨付首批专项资金500万元慰问疫情防控一线工作人员。

24—26日 第二届中国西部国际采购展览会举行线上举行。国内外620余家供应商、1000余家采购商等在线参加，逾51万人在线观看。

31日 5点55分，西安火车站改扩建工程南车场设备联锁换装施工完成，西安火车站改扩建工程全面竣工投用。

（蒋书平）

以史为鉴砺初心　笃行不怠创未来

——西安扎实开展党史学习教育纪实

历史，总是在一些特殊年份给人们以汲取智慧、继续前行的力量。

2021年，中国共产党百年华诞，矢志复兴的中华民族，再一次行进到关键一程的关键节点。以习近平同志为核心的党中央立足百年党史新起点、着眼开创事业发展新局面，作出重大战略决策。一次特殊而重要的党内集中教育——党史学习教育在全党如火如荼开展，掀起了学史明理、学史增信、学史崇德、学史力行的热潮。

回望历史来路、汲取历史智慧，坚定历史自信、掌握历史主动——

西安市坚持把理论武装、立根固魂贯穿始终，坚持把守正创新、丰富载体贯穿始终，坚持把教育党员、惠及群众贯穿始终，坚持把知行合一、成果转化贯穿始终，广大党员干部从百年党史中筑牢信仰信念、践行初心使命、强化责任担当，受到了全面深刻的政治教育、思想淬炼、精神洗礼，各级党组织的创造力、凝聚力、战斗力有效提升，达到了学党史、悟思想、办实事、开新局的目的。

压实政治责任　有力有序组织推动

心有所信，方能行远；学有所悟，而后笃行。

习近平总书记在党史学习教育动员大会上的重要讲话，犹如出征的号令，拉开了党史学习教育的大幕。西安市委紧扣“学党史、悟思想、办实事、开新局”主题主线，聚焦“学史明理、学史增信、学史崇德、学史力行”目标要求，把开展党史学习教育作为重要政治任务，坚持高起点谋划、高标准推进，切实抓紧抓实抓细，确保党史学习教育各项工作有序推进。

——周密部署谋划。迅速召开全市党史学习教育动员大会，全面部署启动党史学习教育工作。党的十九届六中全会召开后，对全市党史学习教育再部署、再深化，把学习宣传贯彻党的十九届六中全会精神作为各级各部门党史学习教育的重中之重，深入理解和准确把握全会精神的重大意义和丰富内涵，增强“四个意识”、坚定“四个自信”、做到“两个维护”，坚决捍卫“两个确立”，切实把思想和行动统一到中央作出的各项决策部署上来。

——以上率下推进。照金、马栏、高陵……瞻仰革命旧址、汲取奋进力量。追寻着先辈的足迹，市委常委班子发挥示范引领作用，带头参加学习教育、开展交流研讨，带头讲授专题党课、深入基层开展调研，为全市各级党组织树立了榜样。市四大班子主要领导带头以普通党员的身份参加所在党支部组织生活会。各级党组织依托“主题党日”“三会一课”、专题组织生活会等党内政治生活，通过集体学习研讨、专题辅导培训、开展专题调研等多种方式，结合不同行业不同群体党员特点，分类施策组织学习，形成自上而下、全员学习、全部覆盖的良好局面。

——强化督导指导。结合党史学习教育阶段要求、步骤安排和必学内容，组建10个巡回指导小组，对全市13个区（县）、8个开发区和103个市级部门进行两轮集中巡回指导，督促各项工作落实到位，并挖掘推出一批典型案例和经验进行学习推广。

感悟思想伟力　持续筑牢精神之魂

历史是最好的教科书，也是最好的营养剂。

“孩子们，你们知道吗？我国约有2000万名烈士为民族独立、人民解放和国家富强、人民幸福而英勇牺牲，但由于战争年代条件有限，许多先烈没有留下姓名，目前全国有名可考并且收入各级《烈士英名录》的仅有193万余人……”

在莲湖公园小萝卜头雕像前，莲湖区“学党史颂党恩 传承红色基因 争做时代新人”百场党史主题宣讲进校园活动正式启动，宣讲人全国道德模范陈若星的开场白令孩子们对革命烈士肃然起敬。

这是西安市感悟思想伟力、创新形式载体，推动党史学习教育走深、走实的生动写照。

全市聚焦“深学深悟”抓好专题学习，认真学习贯彻习近平总书记系列重要讲话精神，进一步学懂弄通做实习近平新时代中国特色社会主义思想，增强“四个意识”、坚定“四个自信”、做到“两个维护”。

全市积极开展宣传宣讲。发挥各类报刊、网站、电视台等阵地作用，组织开展习近平新时代中国特色社会主义思想重大主题宣传，转载刊发权威评论、理论文章，让新思想始终占据首页、首条、首屏。

在全市集中开展“学党史 悟思想”“铸忠诚、话廉洁、勇担当”等系列知识竞赛、主题演讲、电视大赛活动，引导全市党员群众学习打卡突破800万人次。组建市委党史学习教育宣讲团、“时代新人”宣讲团，以基层干部群众为重点，深入企业、机关、村镇、社区，深入开展“永远跟党走”“四级书记讲党史”宣讲活动。采取网络宣讲、大喇叭宣讲等形式，推动党的创新理论走进基层、深入人心。全市累计开展各类宣讲15300余场，听众超过132万人次。西安市“时代新人”宣讲团被中宣部命名表彰为基层理论宣讲先进集体。

全市健全理论学习自主化、集中化、常态化制度，通过党委（党组）中心组学习、读书班、“三会一课”等形式，举办各类专题辅导、培训52期，引导党员干部持续学原文、读原著、悟原理。积极打造“党员政治生活馆”“红色会客厅”“党史学习教育长廊”等平台，推出党史学习教育主题地铁专列、主题车站等，策划开办“理论面对面”“专家访谈”等新媒体理论栏目，邀请陕西省委党校、陕西师范大学等知名专家做客直播间，以理论阐释、金句导读、互动问答、案例详解等形式将“学”与“悟”相结合，引导广大党员群众深刻理解中国共产党为什么能、中国特色社会主义为什么好，归根到底是因为马克思主义行，不断增强学习运用党的创新理论自觉性、主动性和坚定性。

坚持守正创新　学习教育出新出彩

习近平总书记指出，“红色资源是我们党艰辛而辉煌奋斗历程的见证，是最宝贵的精神财富。红色血脉是中国共产党政治本色的集中体现，是新时代中国共产党人的精神力量源泉”。

群山逶迤，巍巍大秦岭；玉带蜿蜒，悠悠渭河水。

西安，是一片浸润着崇高革命精神的红色热土，西安事变纪念馆、八路军西安办事处纪念馆、大华纱厂旧址……这些红色资源，闪耀着革命的光辉印记，在中国革命史上写下了浓墨重彩的一笔。

红色，是革命鲜血铺就的城市底色；红色，是这座千年古都的城市精神。

西安市紧扣党史学习教育主线，深入挖掘用好红色资源，不断创新形式、丰富载体、突出亮点，增强党史学习教育的鲜活性、感染力，确保学出成效。

全市18325个党支部、9934名县处级副职以上党员领导干部召开组织生活会。在突出抓好县处级以上领导干部学习教育的同时，把党史教育和“四史”教育同步安排、同步推进，在青少年中开展“开学第一课”“童心向党”等红色教育实践活动，对“两新组织”和流动党员等群体运用新媒体推送、基层组织定期询问关怀等形式，对农村党员采用领读、听读、故事会等方式，实现学习教育全覆盖。

发挥西安红色资源优势，全市用好、用活八路军西安办事处纪念馆、葛牌镇区苏维埃政府纪念馆、西安交大西迁纪念馆、西北民大旧址博物馆等红色革命旧址和爱国主义教育基地，开设人物事迹专题专栏，讲述西安红色故事，开辟红色教育经典线路，举办重大革命历史主题展览，通过开展主题党日、举行集体宣誓等活动，先后接待党员群众100多万人次，大力传承红色血脉、革命文化。主题活动丰富多彩，以“学史践悟促发展 只争朝夕谱新篇”为主题，组织开展“学党史、颂党恩、跟党走”主题朗诵、“传承红色文化 点赞红色信仰”主题演讲、“服务十四运 奉献我的城”主题实践等九项活动，推动党员群众参与热情持续高涨。

在西安城墙、大唐不夜城、西安奥体中心等地标建筑，举办的庆祝中国共产党成立100周年灯光秀活动，在央视新闻联播播出，极大激发了广大市民群众爱党、爱国热情。

发挥西安文化优势，组织优秀话剧《共产党宣言》、秦腔《党的女儿》等展演200余场，话剧《路遥》入选中央宣传部主办的“庆祝中国共产党成立100周年优秀舞台艺术作品展演”参演作品，话剧《共产党宣言》在全国各地巡演170场，成为各地党史学习教育的鲜活教材。

坚持惠民为民　以实绩检验教育成效

利民之事，丝发必兴。

百年党史，就是一部为人民谋幸福的奋斗史。着力解决好基层困难事、群众烦心事，才能让党史学习教育成果更好服务发展所需、基层所盼、民心所向。

在开展“我为群众办实事”活动中，西安市紧紧聚焦“五个着力”，以办好群众“急难愁盼”的民生实事为抓手，打出民生保障组合拳，让广大党员干部群众切实增强获得感。

全市新建、改扩建143所学校顺利投用，新增学位13.04万个；全面打造高标准区域卫生健康中心，实施13个医院建设项目；当好服务群众的贴心人，出台支持多渠道灵活就业14条意见，提供岗位116.2万个；坚持用“最好的地段、最好的设计、最好的质量、最好的配套”安置征迁群众，开工建设安置房2.92万套，提供保障性住房房源7235套……一件又一件人民群众“急难愁盼”的问题得到有力解决。

持续深化简政放权，累计取消、下放行政事权118项，进一步激发市场活力，推进“一件事一次办”集成改革；深入实施“民呼我行”，建立健全“四级联动”组织体系、“线上线下”呼叫体系、“立应立行”工作体系、“民呼我行”保障体系；全市培育“15分钟政务服务圈”示范点154个，提升改造基层便民服务中心1336个……一项又一项社会治理能力得到持续提升，市民群众获得感、幸福感得到极大提升。

特别是去年年底以来，西安接连经历了两场突如其来的疫情大考验，在习近平总书记的关心关怀下，在党中央、国务院坚强领导下，在省委、省政府有力指挥下，自觉将党史学习教育成效转化为抗击疫情、服务社会的具体实践，全市2万多个基层党组织、60万名党员闻令而动，与广大志愿者一起，挺进封控小区、隔离酒店、检测站点，投身医疗救护、人员转送、物资配送等工作，争当群众的“主心骨”“贴心人”，在打赢疫情防控的人民战争、总体战、阻击战中发挥了中坚力量的作用。

强化使命担当　谱写高质量发展新篇章

鉴古而知今，彰往而察来。

习近平总书记在党史学习教育动员大会上指出，我们党之所以历经百年而风华正茂、饱经磨难而生生不息，就是凭着那么一股革命加拼命的强大精神。

党史学习教育中，全市广大党员干部牢记习近平总书记嘱托，始终把习近平总书记来陕考察重要讲话重要指示作为西安工作的根本遵循，加快推进国家中心城市建设，迈出了谱写高质量发展新篇章的坚实步伐。

经济发展迈上新台阶。经济运行稳中有进，全市生产总值达到1.07万亿元，现代产业体系逐步壮大成势，先进制造业强市建设全面加速，6大支柱产业总产值突破4000亿元、增长23.7%。以项目看发展论英雄，一批重大项目竣工投产，形成了一批助推全市高质量发展的新增长点。

生态环境质量实现新提升。坚决贯彻“推动生态环境质量持续好转”的重大要求，修订实施《西安市秦岭生态环境保护条例》，秦岭北麓西安段采矿权全部退出。强力推进铁腕治霾，全线贯通“三河一山”环线绿道核心段293公里，建成城市公园14座、新增城市绿地1095.52万平方米，生态环境质量持续改善。

城市影响力展现新高度。坚决贯彻落实“办一届精彩圆满的体育盛会”的重大要求，坚持世界眼光、国际标准、西安特色，交出了十四运会和残特奥会精彩圆满答卷。城市规划建设管理工作取得重大突破，西安奥体中心“一场两馆”、长安云、长安乐、长安书院等一批城市新地标落地建成，建设国家中心城市的信心更加坚定。

政治生态建设取得新成效。突出加强政治建设、能力建设、作风建设，深化赵正永、魏民洲、强小安严重违纪违法案以案促改工作，广泛开展警示教育。将党史学习教育与开展政法队伍教育整顿结合起来，着力解决政治不忠诚、执法不公正、司法不廉洁、遇事不担当、作风不过硬等问题。深入推进正风肃纪，着力整治“庸懒散慢虚粗”作风问题，查处形式主义、官僚主义问题675件，党纪政务处分739人。党员干部工作作风得到持续转变，树立起了新时代新征程的新风正气。

这是用好红色财富、传承红色基因的精神淬火；这是叩问初心信仰、感悟思想伟力的党性锤炼；这是笃行务实、执政为民的生动实践。

百年辉煌，只是序章；千秋伟业，未来可期。

西安市将认真总结运用党史学习教育的成功经验，常态化、长效化持续巩固拓展党史学习教育成果，高举习近平新时代中国特色社会主义思想伟大旗帜，坚决捍卫“两个确立”、做到“两个维护”，以史为鉴、开创未来，铆足赳赳老秦的“拧劲儿”，确保党中央重大决策部署在西安落地生根，在奋力谱写西安高质量发展新篇章的新征程上发轫远航，努力把习近平总书记擘画的宏伟蓝图变为美好现实，以优异成绩迎接党的二十大胜利召开！

述往思来，向史而新。

历史照亮未来，奋斗成就伟业。一次次触动心灵的学习研讨，一场场生动深刻的党史宣讲，一件件为民解忧的民生实事，把红色种子深深埋进古城人民心中，升华为感党恩、听党话、跟党走的坚定信念，激励着大家在新的赶考路上埋头苦干、勇毅前行，不懈奋斗、开创未来。

（摘自2022年4月2日《西安日报》，作者：张瑞）

全国第十四届运动会西安市筹办情况综述

在中共陕西省委、陕西省政府的坚强领导和第十四届全国运动会西安组委会的统一指挥调度下，西安市认真学习贯彻习近平总书记来陕考察重要讲话精神，围绕“办一届精彩圆满的体育盛会”和“简约、安全、精彩”目标要求，认真落实中共陕西省委书记刘国中“系统谋划、精细管理、倒排工期、挂图作战”和陕西省人民政府省长赵一德“最高标准、最快速度、最实作风、最佳效果”的工作要求，坚决扛起主会场城市的政治责任，以高度的政治责任感和历史使命感，举全市之力、倾全市之情、集全民之智，只争朝夕，真抓实干，实现十四运会精彩开幕、圆满闭幕，赢得党中央、国务院和中共陕西省委、陕西省政府以及全国人民、社会各界的高度赞誉，树立新时代全运会史上新标杆。

一、提高政治站位，切实扛起主会场城市的责任担当

西安市把“十四运”筹办工作作为最重大的政治责任、最重要的政治任务，举非常之力，下非常之功，尽非常之责，凝心聚力做好各项承办工作，努力做到“只留经典、不留遗憾”。

一是牢记嘱托勇担使命。把办好全运会作为深入贯彻落实习近平总书记来陕考察重要讲话精神的生动实践和具体行动，组织人员传达学习习近平总书记视察北京冬奥会的重要讲话精神，认真学习十九届五中全会关于建设体育强国的有关要求，深刻认识做好筹办工作的重大意义，深刻认识做好筹办十四运会是党中央、国务院对陕西、对西安的信任和支持，是西安市重大政治责任和重大历史机遇，进一步凝心聚力，切实增强使命感、责任感和紧迫感。对标中共陕西省委、陕西省政府安排部署，制定出台《西安市深入学习贯彻习近平总书记来陕考察重要讲话办一届精彩圆满体育盛会的具体措施》，细化提出21项工作措施。把办好十四运会作为2021年全市主要任务，市委全会进行安排部署，全市上下合力攻坚、齐心协力抓筹办的局面不断巩固。

二是加强领导高位推动。为进一步加强组织领导，强化工作统筹，2020年9月7日，中共西安市委对原执委会进行调整，由中共陕西省委常委、西安市委书记王浩和西安市市长李明远担任市执委会主任，中共西安市委常委、常务副市长玉苏甫江担任执委会常务副主任，下设“一办五组”开展工作，各工作组均由市级领导担任组长，从全市抽调200余人在西安奥体中心集中办公。王浩、李明远不定期召开主任办公会研究部署工作，玉苏甫江召开常务副主任办公会研究确定事项，执委会办公室（综合组）常务副主任（副组长）郝生旺主持奥体中心日常工作，研究推进落实，各工作组及时召开组务会抓好细化落实。市执委会办公室牵头制定“四会一联席”等决策运行管理制度27项，建立“周调度、月讲评、季考核、年总结”工作机制，制定《西安市执委会重点工作及责任分解一览表》，细化分解任务216项，做到任务到人到岗、到点到位，并接入组委会“挂图作战系统”一体督办落实，确保各项任务落地落实。

三是简约、廉洁、务实、高效。坚决将简约办会贯穿筹办工作全过程。认真贯彻组委会关于财务管理工作的有关要求，制定十四运会和残特奥会西安市执委会《经费保障实施意见》《财务管理制度》及其配套实施办法等，科学编制2021年经费预算，严格控制预算“总盘子”，将总体预算压减至4.41亿元。市场开发总收入1.31亿元，其中现金8973万元，实物赞助折合4134.9万元，向组委会上交现金1522万元。将赛事场馆和群众性体育设施协同布局，实现比赛训练场地融入城市公园，完成社会面无障碍设施改造提升。场馆建设秉持“能改不调、能调不建”原则，充分利用原有建成场馆，除西安奥体中心“一场两馆”和新增户外攀岩、滑板场地外，其他3个比赛场馆均属于改造提升。严格纪检监察和审计监督，制定下发《关于加强廉洁全运建设的实施意见》《跟踪审计实施办法》等，确保工作合法合规、节约高效。

四是党建引领示范带动。2020年12月市执委会成立临时党委、临时纪委，组建临时党支部，设立党小组，定期召开临时党委、临时支部会议，因地制宜开展党建工作，深入开展党史学习教育，采取“三会一课”和主题党日等形式，紧密结合筹办工作实际开展主题突出、特色鲜明、形式多样的学习实践活动，发挥党支部的战斗堡垒和党员的先锋模范作用，不断提高党组织的创造力、凝聚力、战斗力。注重发挥先进典型示范带动作用，18人被评为西安市“巾帼建功标兵”，5人获得西安市“五一劳动奖章”，时刻让党旗在筹办工作“阵地”上高高飘扬。

五是严守底线确保安全。坚持一手抓筹办工作推进，一手抓风险防控工作。围绕安全、交通、要素保障等重要环节和关键节点，扎实细致做好各项工作。结合疫情防控特殊要求，制定疫情防控工作方案和预案。细化梳理筹办工作风险点70项，逐项分解任务，夯实工作责任，制定工作预案，开展应急演练，做到绝对安全。把安全评估和风险防范贯穿工作始终，对市属8个场馆及设施进行安全风险评估整改，在组委会对奥体中心主场馆重要设施设备进行安全评估的基础上，主动聘请第三方专业公司再次进行安全检查评估，形成“双保险”。加强舆情监测、管控和处置，营造良好的舆论环境。

二、狠抓任务落实，切实做到“只留经典、不留遗憾”

聚焦场馆建设、赛事组织、重大活动组织等重点任务，全力以赴，争分夺秒，攻坚克难，高质量高效率完成各项筹备工作，打造全运会的“西安经典时刻”。

一是如期完成建设一流场馆及配套任务。坚持高起点设计、高标准建设、高水平管理，在全市新建和改造西安奥体中心“一场两馆”等8个比赛场馆，全部做到提前竣工，成为十四运会开闭幕式和赛事圆满精彩的重要基石。全球知名专业体育场数据网站发起的“2020年度全球最佳体育场”评选结果，西安奥体中心体育场位列榜单第10位，也是中国唯一上榜的体育场，获得国际田径协会的一级认证。规划设计的十四运会马拉松线路，经中国田径协会认可，获得世界田径协会认证。全运村占地45.33公顷，建筑面积91万平方米，共56栋住宅、2975套房间、12176张床位，引进绿城、保利、天佑等具有大型体育赛事运行管理经验的专业团队参与全运村运行和服务保障，截至9月26日，全运村累计入村12200人。

二是科学有序做好赛事活动组织保障。坚持以竞赛为中心，以运动员为主体，加强竞委会建设和竞赛组织实施。完成10个全运会项目和4个残运会竞委会组建，顺利举办跳水、篮球等10场十四运会测试赛，协调保障组委会18场测试赛，赛后组织各方全面总结整改。梳理出市属项目竞赛器材200种17596件、辅助器材147种37839件、通用器材457种39943件，各项专用器材和辅助器材做到赛后及时清点入库封存。指导各项目竞委会全力做好正赛组织，20余次组织桌面推演和全流程演练。

坚守“红线意识”，常态化做好反兴奋剂工作，确保运动员干净参赛。西安赛区举办20个大项、33个分项比赛，产生212枚金牌。西安市成功举办田径、马拉松、跳水U14组等12项比赛，产生128枚金牌。西安市承办群众体育1个竞技项目和4个展演项目，获得2个一等奖。完成8月16日、9月12日火炬传递首站和末站传递活动，9月16日来自全国的500余个群众体育先进单位、先进个人代表和全国体育系统先进集体、先进个人代表，在大明宫国家遗址公园全民健身园区观摩，受到社会各界充分肯定。

三是圆满完成开闭幕式组织保障工作。坚持把开闭幕式作为筹办工作的重中之重，圆满完成观众组织、要素保障、疫情防控等开幕式任务。按照“全员实名、远端集结、团进团出、错时抵离、定点上下、有序退场”原则，开幕式规划建设远端集结点39个，提前14天实行封闭管理和集中培训，投入运输车辆971辆，顺利组织2.2万余名观众有序进场和安全退场，现场成立36个保障团队，投入4133名保障人员，水、电、气、讯均运转正常，火炬塔点火圆满成功，提供观众补给包2.5万个，制作文创口罩10万个，投入医疗保障人员232名，救护车20辆；选定闭幕式观众4200余人，从9月21日起，启动闭幕式观众集中封闭工作，集中封闭人员4500余名（含工作及服务保障人员），实现“全链条、全闭环”集中封闭管理，出动运输车217辆，起用14个远端集结点，按照既定方案流程，做到“按车分组、整队进出、专人引导、有序进场、安全退场”，摆放观众补给包1万个，投入保障人员3818人、车辆224台，部署133名防疫人员、210名医护人员、10个救护车组，现场未发生意外情况，实现十四运会精彩开幕、圆满闭幕。

四是大力营造全民全运的浓厚氛围。紧扣陕西文化和西安特色，精心组织策划系列宣传推介活动，大力营造“全民全运同心同行”的浓厚氛围。开展“相约西安筑梦全运”主题系列活动，打造“千年古都常来长安”城市品牌。利用倒计时1周年、200天、120天、100天、50天、30天、开闭幕式等多个重要节点，开展迎十四运系列主题实践活动，动员各行业各领域各战线逐步升温、全面冲刺筹办工作。完成奥体中心周边水秀及灯光联控工程，受到习近平总书记“非常精彩，有品位”的充分肯定。开展迎十四运会线上、线下文化活动900余项，设计制作100余幅十四运主题平面公益广告，在全市公交、地铁和电子大屏等6万余处户外媒体高频次刊载刊播，制作180余组景观小品、1300余处景观。举办十四运主题发布会11次场次，协调中央、省、市媒体发布推送稿件30000余篇（条），点击量超过60亿次，中央电视台《新闻联播》栏目21次进行报道，中央电视台其他栏目报道60余次。创新策划海报、H5、短视频等1200余项新媒体产品，多次以爆款掀起线上转载热潮，实现刷屏传播。

五是扎实做好疫情防控和医疗保障。牢牢把握安全办会总要求，压实疫情防控责任，落实人员集中封闭管理，切实筑牢疫情防控安全防线。按照国家疫情防控政策要求，制定《医疗保障和疫情防控方案预案》，3次开展实战化模拟演练，全流程复盘查找整改问题，分活动、分对象、分阶段制定方案，切实织密扎牢疫情防线。与省、市疫情防控指挥部开展联防联控，提前发布省外涉十四运人员疫情防控须知，坚持“一赛事一方案、一场馆一方案、一群体一方案”原则，严格落实“疫苗接种+21天隔离或14天健康监测+核酸检测+闭环管理”的全方位防控措施。针对开闭幕式重大活动，分阶段对3.7万余人实行封闭管理。指定23家省、市三级医院分别负责西安赛区30场赛事现场医疗救治，组建23个常备和119个后备急救车组，随时做好应急准备。确定47家省、市三级医院作为后方定点收治医院，开通十四运会专用“绿色”通道，确保万无一失。

六是全面统筹协调做好综合保障。坚持多管齐下、系统发力，全面夯实水电气热、通信、气象、交通、志愿服务、食品安全、接待服务等场馆要素保障工作。市属8个场馆及全运村均水电气及信息系统全部运转正常，新建水气管道282.12公里；建成宏站27个、微站331个，改造合杆32处，加装新型室分系统12套、室内天线3800余副，无线通信保障良好，西安奥体中心实现国内首个5G应用全覆盖智慧型场馆；成立运行十四运气象台，组建气象监测服务和预报预警技术团队，30余部气象观测设备投运，发布各类气象服务专报1900余期，适时发布高影响天气预警信号，保障开闭幕式及各赛事活动顺利开展；开展“17+25”重点线路、铁路沿线和机场周边环境整治提升，开通全运公交一至十号线，建成地铁十四号全运线，设置全运专用道127.4千米，使用自适应系统、红绿波配合等硬科技，有效提高全市路网通行效率，确保“零差错、零延误、零事故”；选拔赛会志愿者4728人、礼仪类赛会志愿者133人、开幕式志愿者527人、闭幕式志愿者374人；遴选签约28家指定接待酒店，成立酒店综合保障组，投入保障人员650人；抽调104名干部在“一场两站”成立综合协调组，开辟专用“绿色”通道、专用通道，为来宾提供抵离便利，截至9月26日，累计完成4457批次26137人次；建立十四运食品药品及饮用水质量安全保障系，食品总仓、各比赛场馆、接待酒店、全运村食品安全监管保障运行良好，全运村投入保障人员1250余人，累计保障用餐119万人次，实现食品安全事故、食源性兴奋剂事件“零”发生。空气质量全优良、开幕式时段大气6项指标浓度均值全优、涉赛水环境及水源地水质全达标，生态环境安全“零”事故。

七是全方位扎实做好安全保卫工作。始终树牢底线思维，扎实做好安全保卫、社会面管控、风险防控及舆情处置等工作。实行部、省、市三级与公安+市级各部门联合高效指挥调度，启用实战应用平台和350M指挥系统建设，进行“可视化、动态化、扁平化”的点对点指挥调度。在全市开展“护航十四运”涉稳风险“大排查、大起底、大化解”百日攻坚行动，组建38万名“红袖标”平安志愿者，加强城市重点部位和社会面整体防控。圆满完成十四运会开闭幕式、2个站点火炬传递、西安赛区20个大项512场次竞赛项目和测试赛、群众展演等赛事活动的交通安保任务，累计出动警力4.7万人次，完成6882辆涉赛车辆5438批次的交通保障，实现赛事活动绝对安全工作目标，得到了中、省、市领导的高度评价，在全国范围内打造了疫情防控常态化形势下大型体育赛事安保工作的“西安标准”。加强舆情监测、管控和处置，舆论环境良好。

三、放大全运效应，切实推动城市发展取得新成就

在新冠肺炎疫情进入常态化后，作为中西部地区举办的规格最高、规模最大的全国性体育竞赛活动，十四运会成功举办对西安的影响和促进是全方位的、开创性的，对推动体育事业发展、加快国家中心城市建设步伐、提高城市文明程度等发挥重要作用。

一是体育事业取得新成效。西安借举办全运会的东风，体育事业全面换挡提速。新建和改造8个十四运比赛场馆，其中，西安奥体中心“一场两馆”是国内继奥运、亚运场馆群之后最大的综合体育中心，成为西安城市新地标。把“办赛”与“营城”充分融合，发动更多社会资源和社会力量广泛参与，吹响建设世界赛事名城号角。2020年以来，面对疫情影响，逆势出击，成功举办西安马拉松、西安城墙马拉松、全国斯诺克团体锦标赛、中国跆拳道公开赛、全国青年体操冠军赛、全国男子水球冠军赛等几十场大型赛事，在社会各界引起强烈反响。加强省、市联动，积极训练备战，力争参赛运动员在家门口取得好成绩，西安籍运动员为陕西代表团夺得9块金牌、9块银牌、9块铜牌的好成绩，创造历届最佳纪录，骆知鹭、林珊、高群翔等年轻运动员在本届比赛中崭露头角，为西安市竞技体育未来取得更大成绩奠定坚实基础。

二是城市建设呈现新面貌。借助全运“东风”，下力补齐城市设施短板弱项，城市规划建设管理取得新进展。两年来，17条快速路、11座大型互通立交、跨浐灞河5桥2隧建成通车。

西安火车站改造工程工期由36个月压缩至18个月提前竣工，发送旅客能力由2000万人次提升至4800万人次。北客站枢纽工程（一期）仅用13个月完成，实现高速路、快速路互联互通。地铁五号、六号、九号、十四号线相继通车，实现“7线共建、8线运营”，通车总里程达到259千米。实施“三改一通一落地”，累计改造老旧小区1861个，提升改造背街小巷599条，打通断头路59条，拆除违建1911万平方米；完成绿化建设提升项目163个，新增城市绿地2700公顷，“三河一山”环线绿道全线贯通开放。“长安云”“长安乐”和长安书院等项目建设进展顺利，建成奥体中心片区灯光联控及光影秀项目，构建起西安体育文化新地标。点亮87条主干道两侧1883栋楼宇、35座人行天桥、19座立交桥夜景亮化，营造靓丽的城市景观环境，市民获得感和幸福感不断提升。

三是经济社会取得新发展。在全运会筹办工作强力拉动下，西安市经济保持“稳中向好、稳中加快”的良好态势。2021年上半年，实现生产总值5099.62亿元，增长7.8%，2020年、2021年平均增长5.3%；固定资产投资增长10.7%，规模以上工业增加值增长5.1%，社会消费品零售总额增长20.9%；进出口总值达2058.11亿元，增长23.8%；实际利用外资达45.26亿美元，增长3.53%。1—8月，固定资产投资增长3.6%，规模以上工业增加值增长6.5%，限额以上消费品零售额增长10.4%，进出口总值增长26.4%，进出口总值增长26.4%；实际利用外资增长13%，经济社会发展保持稳中向好良好态势。新冠疫苗接种取得新突破，截至9月底，西安市18岁以上人群累计完成第二剂次接种1008.52万人，覆盖率96.33%，12—17岁人群累计完成第二剂次接种59.50万人，覆盖率93.51%。

四是全运惠民取得新成就。西安市大力实施全运惠民工程，完成农民体育健身工程4280个、社区全民健身路径2200个、多功能运动场63个、室内健身房20个，建设全民健身园区28个，实现全市行政村、社区全民健身基础设施“全覆盖”，人均体育场地面积达到2平方米。组织绿色骑行、线上全民健身、抖音大赛等13项全民健身活动，直接吸引25.1万名群众参与，辐射带动人群超过300万。精心组织“我要上全运”百场马拉松赛，西安市举办马拉松赛14场，吸引7.39万人参加，线上参与者36万人次。据《2021年西安市民健身状况调查报告》显示，近八成受访市民受全运精神感召参与健身活动，养成健身习惯。

五是城市文明取得新提升。以十四运会筹办为契机，助力国家文明城市创建。以十四运会凝聚人心、鼓舞斗志，广泛调动各行各业的积极性主动性，广泛开展“塑美创佳争优”活动，以最美形象、最佳团队、最优服务展示古都魅力、绽放古都精彩，当好东道主、服务十四运、奉献我的城。推动文明行为、文明礼仪、文明旅游、文明餐桌等实践活动，组织开展便民志愿服务，实行“车让人、人守规”活动，开展喜迎全运、美化环境、文明引导等志愿服务实践活动，广大市民群众关注、关心、支持、参与全运会，充分展示西安文明、时尚、开放的城市形象。

四、全面深入总结，切实做好全运会后的各项工作

十四运会的成功举办，得益于中共陕西省委、陕西省政府的坚强领导，得益于组委会统筹调度，得益于各方的共同努力和社会各界的大力支持。十四运会的成功举办，证明西安举办大型赛事的实力和能力，也为在疫情防控常态化条件下举办大型综合赛事活动贡献了“西安智慧”和“西安经验”。

一是中共陕西省委、省政府和组委会的坚强领导，是全运会成功举办的首要前提。国家体育总局和国家残联等领导，多次赴西安视察调研和指导工作，中共陕西省委书记刘国中、陕西省人民政府省长赵一德专题研究全运会筹办工作，加强全省筹办工作统筹，中共陕西省委常委、宣传部部长王晓，陕西省副省长方光华、陕西省人民政府副秘书长王山稳先后多次带队调研西安市筹办工作，帮助解决工作中遇到的困难和问题，为西安市做好各项筹办工作指明方向，提供遵循。中共西安市委、西安市政府把承办全运会作为重点工作之一，多次专题研究推进场馆建设、城市建设和筹备重点工作，由市领导组织召开100多次相关会议，研究推进落实工作。

二是上下协调联动、攻坚克难，是全运会成功举办的重要保证。中共西安市委对执委会机构进行调整，中共西安市委、西安市政府主要领导亲自担任执委会主任，确定“6个一流”的工作目标，提出“只留经典，不留遗憾”要求，把筹办工作列为全市头等大事，成立专门机构和工作班子，充分发挥总指挥、总协调、总枢纽的重要作用，指挥协调各项筹办工作落实到位。广大工程建设者倒排工期、加班加点，确保了各项工程如期竣工使用。各区（县、开发区）、市级有关部门大力支持、积极配合，提供人力、物力、财力支持。各级领导以身作则，靠前指挥，亲自监督落实，全身心扑在筹办工作上。全市83个成员单位筹办人员顽强拼搏、攻坚破难，日夜奋战在筹办工作第一线，形成通力合作的良好机制。

三是积极学习借鉴、大胆创新实践，是全运会成功举办的重要途径。注重借鉴先进经验，学习借鉴天津、武汉、北京等地举办赛事活动经验，从筹办工作的运行机制和管理机构进行探索，并结合西安市实际进行创新。特别是在疫情防控特殊背景下，紧扣大型体育赛事活动的特点和要求，探索实践了“全员实名、远端集结、团进团出、错时抵离、定点上下、有序退场”观众组织模式，为国内大型赛事活动提供了样板。聘请大型赛事组织专家教授为市执委会首席专家，问诊把脉、专题辅导，有力解决筹办工作中的技术难题。

四是全民参与、各界支持，是全运会成功举办的力量源泉。组织开展了“相约西安筑梦全运”主题系列活动、“服务十四运奉献我的城”主题实践活动、“塑美创佳争优”评选活动，动员全市上下、各行各业参与全运、支持全运、奉献全运，营造出“喜迎十四运、当好东道主”的浓厚氛围，“全运因你更精彩，西安因我更美丽”的理念深入人心。全市人民积极参与形式多样的迎全运主题活动和文化体育活动，踊跃投身志愿服务活动。省直各部门、各驻陕单位和驻陕部队、武警及社会各界都对全运会给予了有力支持。

进入后全运会时期，按照“办好一次会，搞活一座城”的要求，进一步利用好全运会遗产，使全运会效益最大化，统筹谋划好筹办全运会和做好各类会展活动，扩大招商引资等工作，做好运动场馆和服务设施等十四运会遗产的后续利用工作，努力把广大市民群众通过全运会激发出的巨大热情和积极性，引导到全力推进经济社会高质量发展、奋力谱写西安新时代追赶超越新篇章上来。

一是高标准办好残运会。按照“两个赛会同样精彩”和“同一标准、统筹推进”原则，进一步发扬西安市在筹办全运会过程中形成的低调务实、埋头苦干，只争朝夕、不负韶华，攻坚克难、决战决胜的精神，高标准做好赛事转换期各项工作，积极推进残运会各项筹备工作，确保精彩圆满。

二是加强场馆运营管理。以西安奥体中心“一场两馆”运营为依托，以发展奥体及周边体育产业为理念，充分发挥已建体育场馆设施设备，采取场馆租赁、体育培训、健身服务、商业销售、体育购物、观光旅游、广告经营、品牌输出等多种经营方式，提高公共体育服务水平，发挥场馆综合效应，加快发展体育产业，培育经济发展新动能。

三是推动竞技体育与全民健身相结合。大力发展全民健身运动，不断做大全民健身人口、规模、质量的基数，做实竞技体育发展的基础。继续升温全运会掀起的健身热潮，广泛开展徒步、马拉松等群众喜闻乐见的全民健身运动，把增强人民体质变成实实在在的行动。四是促进文体旅产业融合发展。高度重视体育产业对经济的拉动作用，大力发展赛事经济，融合文化、旅游产业共同协调发展，形成“体育+文化”“体育+旅游”的新型体育产业发展方式，形成新的经济增长点。

（十四运西安市执委会办公室）

全国第十一届残运会暨第八届特奥会西安市筹办情况综述

全国第十一届残运会暨第八届特奥会是首次在新冠疫情状态下与全运会同年同地举办的全国性体育盛会。西安市坚决扛起主会场城市的政治责任，在中共陕西省委、陕西省政府的坚强领导和组委会的指挥调度下，认真学习贯彻习近平总书记来陕考察重要讲话重要指示精神，紧扣“简约、安全、精彩”办会要求和“点亮梦想、为爱起航”的办会主题，按照力量不减、标准不降、服务更优的原则，以高度的政治责任感和历史使命感，慎终如始、决战决胜，实现残特奥会精彩开幕和圆满闭幕，受到国务院领导同志和国家体育总局、中国残联和中共陕西省委、陕西省政府主要领导的充分肯定，以及全国人民、社会各界、残疾人朋友的高度赞誉，谱写了新时代中国体育事业和残疾人事业发展的新篇章。

一、坚持以政治建设为统领，全面加强组织领导，确保高位推动、高效落实

西安市把主会场城市的光荣与责任化为不竭动力，把办好残特奥会作为贯彻落实习近平总书记来陕考察重要讲话重要批示精神的生动实践和具体行动，以讲政治、讲大局的高度和对人民、对历史负责的态度，全力以赴做好各项承办工作，实现了“两个赛会同样精彩”的既定目标。

*一是持续深化坚强的组织保障。*全运会结束后，市执委会主任李明远主持召开主任办公会对残特奥会筹办工作进行安排部署，及时对市执委会领导分工进行调整，杨晓东、张琳、和文全、徐明非、肖西亮等市级领导分工不变，副市长仵江全面接替玉苏甫江主持市执委会日常工作，并明确提出“机构不变、人员不变、职责不变”和“工作标准更高、服务水平更优、防疫措施更严”的工作要求。各市级领导在残特奥会筹办及正赛期间精心部署、靠前指挥，仵江每天驻会现场办公，深入赛事活动一线检查指导，及时研究解决重点、难点问题，加快推动各项任务落地落实，确保残特奥会西安市各项筹办工作圆满收官。

*二是切实筑牢严密的安全防线。*没有疫情防控的绝对安全，就无法实现赛会的精彩圆满。10月17日，正值残特奥会筹办工作进入最为关键的冲刺阶段，西安市出现外省游客新冠肺炎确诊病例，给赛事活动筹办带来极为严峻的挑战。面对疫情环伺、赛会在即的大战、大考，西安市坚决把保安全、保赛事作为首要政治责任，组织重点区域全员核酸检测，及时启动封闭管理应急机制，以高压态势压实责任，以战时举措严防死守，以非常之举严密防范，坚决做到守土有责、守土负责、守土尽责，全面织密筑牢疫情防控网，确保残特奥会安全举办，使本届残特奥会真正成为新冠疫情状态下成功举办的典范。

*三是时刻秉持贴心的人文关怀。*坚决落实习近平总书记“全面建成小康社会，残疾人一个也不能少”的重要指示精神，充分认识办好残特奥会对于彰显社会文明、城市温度、关爱理念的重要意义。紧扣残疾人运动员各种需求，把提升服务水平作为重中之重，按照“注重人文关怀，做到精细周到，充分体现城市温暖”要求，全面完成全市无障碍设施改造提升，全程提供人性化个性化的“一对一”服务，做到主动询问、无需不扰、有需必应、首问负责、热情周到，为残疾人运动员提供舒适、温馨、安全、周密的服务保障，受到中国残联、社会各界特别是残疾人群体的高度评价。

*四是充分发扬过硬的顽强作风。*从十四运会闭幕到残特奥会开幕仅有24天转换期，残特奥会各项筹办工作时间紧、任务重、难度大，市执委会全体领导和工作人员在刚刚经历十四运会高强度、超负荷工作的情况下，始终保持对工作的专注、对事业的激情，领导干部带头示范、以上率下，工作人员坚守岗位、尽职尽责，全体人员放弃休整、连续作战、乘势而上、决战决胜，很多同志在一个多月时间里熬通宵、连轴转，特别能吃苦，特别能奉献，为残特奥会圆满成功做出突出贡献，真正体现了西安干部队伍敢打硬仗、能打胜仗的顽强作风。

二、坚持以赛事活动为核心，切实加强统筹协调，确保设施完备、比赛成功

按照“两个赛会同样精彩”的要求，在筹办十四运会的同时，对残特奥会竞赛组织各项工作提前部署、统筹推进，高标准做好社会面和涉赛场馆无障碍设施改造提升，顺利完成市属4个项目赛事组织和西安赛区16个项目的保障任务。

*一是推进无障碍设施改造提升。*将无障碍提升改造工作纳入全市迎十四运环境整治考核体系，对20个区（县、开发区）无障碍改造提升工作进行督导考核。全市新建无障碍设施2609处，新铺设及修复盲道652.9千米，解决无障碍问题7183处，改造问题点位16279个，设置更换无障碍标识6507块，对全市无障碍标识进行规范化、艺术化设计，彰显西安人文特色，体现西安“城市温度”。同步推进市属比赛场馆和接待酒店无障碍改造提升并组织验收，保障残运会顺利举办。

*二是加快竞委会组建运行。*西安市成立田径、游泳、轮椅篮球和马拉松4个项目竞委会，抽调60余人下沉竞委会直接参与指导工作。制定竞赛组织工作“五图两表”，任务到人、时限到天，正排工序、倒排工期、挂图作战、销号管理，确保工作顺利推进。从9月中旬开始，密集开展竞赛组织工作业务培训，邀请中残联专家，对场馆无障碍设施和器材进行检查验收，确保符合比赛需求。受极端天气影响，将马拉松赛道调整为渭河南岸河堤路，并经中田协、中残联认证。

*三是做好转换期各项工作。*下发《加快十四运会和残特奥会转换期工作方案》，按节点如期完成了712项转换期各项筹备任务，确保衔接有序、推进顺利。向省残联选送西安籍优秀残疾人运动员38人参加残运会竞技项目比赛。推荐9名残疾人火炬手参加火炬传递活动。配合竞委会完成运动员分级工作，

得到中残联领导及专家高度赞许。完成5000余件残运会器材补充接收工作，配合技术主管完成器材检测和配发工作。组建“一对一”志愿服务团队，制作配发“一对一”宣传服务袋，为残疾人运动员提供温馨服务。

四是做好竞赛组织保障工作。指导各竞委会以技术官员报到为时间节点，提前7天进行全流程演练，提前3天组织以运动员流线为主的模拟演练，提前1天组织全流程模拟演练，确保竞赛组织平稳有序。指导竞委会进行颁奖联排演练，规范颁奖站姿、走姿、托盘手整齐划一等细节，完成361轮次颁奖仪式，颁发1765枚奖牌和1765个吉祥物。会同竞委会从严进行兴奋剂检测，确保运动员干净参赛。残特奥会期间，西安籍运动员获得残运会竞技项目21金10银5铜，打破2项世界纪录、2项全国纪录，获得群体项目1金、1银、1铜，特奥会项目获得17金14银3铜，残特奥会共计获得73枚奖牌，成绩再次刷新历史记录。

三、坚持以开、闭幕式为重点，全力做好服务保障，确保精彩开幕、圆满闭幕

在组委会统一调度下，参照十四运开闭幕式经验做法，按照“全员实名、远端集结、团进团出、错时抵离、定点上下、有序退场”原则，制定开、闭幕式工作方案和开、闭幕式当日活动安排表，以时间轴为流线，精准测算工作任务，全力做好观众组织、现场保障、安保交通等工作，确保残特奥会开闭幕式顺利圆满。

一是实施远端集结。根据残特奥会各类人员构成，设置开幕式远端集结点18个、闭幕式远端集结点16个，落实“属人、属地、属事”责任，11个区（县、开发区）组建集结点工作专班，统筹公安、卫健、交通等部门力量，严格集结点设置标准，在远端建立坚固防线，组织人员安检、疫检。投入运输车辆228辆，确定随车“一长三员三组长”，按照各群体集结及进退场流程流线，精准组织实施，确保观众准时落座、安全退场。

二是严格观众组织。按照“效果优先、便于组织”的选定原则，从西安铁路职业技术学院选定4000名学生、在全市选定400名残疾人代表参加残特奥会开、闭幕式。以“市级、区级、封闭点”三级联动协同推进，对互动观众实行“全闭环、全链条”集中封闭式管理，多次组织流线踏勘和桌面推演。实行“按区分块、按人定位”，做到“人、票、座”三统一。实施专人管理，出色完成合唱、鼓掌、喝彩、挥旗等现场互动任务。制作观众服务礼包1.5万个，内装食品、饮用水、药品、文创口罩等物资，满足观众现场需求。

三是落实封闭管理。为确保开闭幕式绝对安全，将原计划开、闭幕式前各封闭3天，调整为所有人员均全程封闭。10月15日至23日，对开幕式演职人员2638人、观众服务志愿者147人进行封闭管理；23日至30日，对闭幕式演职人员2202人实行封闭；24日至30日，对观众服务志愿者140人实行封闭；15日至30日，对1400余名保障人员实行封闭，20日至30日，对市执委会工作人员220人实行封闭，并按照“进点即进场、管理全封闭”的要求实行闭环管理。

四是做好演出服务。协助导演团队完成主舞台、音响、灯光、威亚等搭建，为开、闭幕式演员、运动员代表、志愿者等候场、备场、休息提供功能区域，满足饮水、更衣、如厕需求，布设饮水点11处，配备饮水机19台，发放瓶装水4.8万瓶，提供热情周到的服务。精细做好场馆日常运维，做到场馆保洁、垃圾清运及时，旗杆升旗、降旗，火炬塔点火、熄火顺利。

四、坚持以疫情防控为前提，扎实落实制度措施，确保从严从紧、万无一失

坚持“外防输入、内防反弹”，借鉴十四运会疫情防控基本做法，严格落实省、市疫情防控各项政策，扎实做好赛事活动的人员管控和场所防控，形成“以面保点、以点促面、点面齐抓”基本思路，聚焦人员、场馆（物品）、流程3个防控关键点，毫不放松做好疫情防控各项工作。

一是落实人员分类管控。根据涉赛人员是否参加东京奥运会、是否来自国内中高风险地区、所在省是否存在与疫情风险人群接触等不同情况，分类落实远端封闭训练和管理。人员抵达西安后，通过“一场两站”专用通道，点对点送至全运村或接待酒店，落实集中封闭管理。对于涉活动人员，活动前严格落实封闭管理，建立封闭人员健康监测台账。赛事活动期间，严格执行远端集结、团进团出、定点转运、错峰离场等措施，合理设定人员流线，确保不与外界交叉，将疫情风险降到最低。截至10月29日，累计管控重点地区来人457人。

二是落实人员分类检测。运动员、裁判员、技术官员等核心涉赛人员报到时需携带48小时内核酸检测阴性证明，报到后立即进行一次核酸检测，入驻全运村或接待酒店后，每48小时进行一次核酸检测，对来自国内中高风险地区所在省这一情况，报到时核酸检测实行双采、双检；志愿者、安保、运维等非核心涉赛人员，比赛期间每48小时进行一次核酸检测；观赛观众需持72小时内核酸检测阴性证明，入场前严格扫码、测温和疫情防控信息核验无误后方可现场观赛；在开、闭幕式筹备期间，涉活动人员每48小时进行一次核酸检测，累计开展涉赛涉活动人员核酸检测10.85万人次。

三是加强接种和消杀工作。在全市范围启动新冠病毒疫苗加强免疫接种工作，对18岁以上已完成全程接种6个月以上的重点人群和有意愿接种的群众开展加强针接种，同时将港务区及残运会接待酒店、场馆周边区域作为接种重点，全力筑牢残运会免疫屏障。对涉赛场馆座椅、地面、电梯、卫生间等进行擦拭或喷洒消毒，消杀总面积563.4万平方米，做好通风换气、空气监测工作，将疫情风险降到最低。

四是做好医疗服务保障。坚持以残疾人运动员特殊医疗需求为导向，在延续十四运会医疗保障措施不变的基础上，强化个性化需求服务保障，确保全运村、各项赛事和各类大型活动平稳安全。截至10月29日，比赛和开、闭幕式累计投入防疫1900人次、医疗3479人次、急救车508车次、卫生监督1086人次，提供现场医疗服务2080人次、转后方医院103人次。

五、坚持以丰富活动为载体，持续做好宣传报道，确保氛围浓厚、全民关注

围绕“点亮梦想为爱起航”“千年古都常来长安”主题，创新策划新闻宣传活动，丰富拓展宣传活动载体平台，持续营造浓厚热烈氛围，形成残特奥会宣传热点。

一是加大主流媒体宣传。积极对接《人民日报》，10月22

日推出专版报道《西安市全力推进残疾人事业发展》，人民日报客户端陕西频道置顶推送。陕西电视台二套推出《为残障人士打开便捷之门》等无障碍设施宣传视频，西部网推出倒计时海报等新媒体产品。推出《循梦而行向光而生》等10部残特奥会短视频宣传片，点击量达6000万次，系统展示西安市无障碍设施建设、残疾人事业取得的成就。

二是加强节点赛事报道。残特奥会开、闭幕式当天，新华社、《光明日报》、中央广播电视等海内外180余家主流媒体进行报道，新华社稿件《聚力筑梦，让爱飞扬》被中国政府网、人民网等160家媒体采用。中央电视台《新闻联播》以《突破自我，残特奥会多项纪录被刷新》为题报道赛事情况。市属媒体全平台运用海报、音视频、动漫等方式对每日赛程、赛事盘点、赛事集锦等进行宣传报道，稿件共计1800余条次，点击量达1700万次。

三是开展线上线下活动。组织媒体先后走进西安市第二聋哑学校、西安市启智学校等地开展集中采访活动，中新社、人民网、中国网等20余家中、省、市级主流媒体作了报道，《点亮梦想一起为他们加油》等重点稿件点击量约15万次。组织“好运兴城国际友人观西安”采访活动，国际在线各平台发布内容22条，覆盖海内外人群千万人次。召开10月份新闻发布会，介绍西安市残疾人事业发展情况。

四是加大公益宣传力度。充分利用城市各类公共LED屏、绿植景观等载体和区（县）融媒体资源，开展公益宣传，加大宣传力度。地铁8条线共计16688块地铁电视高频次滚动播放残特奥会宣传画面和宣传片、短视频，利用出租汽车和街店商铺LED屏滚动播放残特奥会和西安城市宣传口号。精心设计制作《相约西安筑梦全运》宣传折页，在全运村、主新闻中心、运动员接待酒店以及残运会补给包中投放，营造全社会关心残疾人、支持残疾人事业的良好氛围。

六、坚持以要素保障为基础，不断提升保障水平，确保有序推进、严丝合缝，把要素保障作为基础条件，对标最高标准，下足绣花功夫，全力做好开、闭幕式现场保障工作，确保提供全方位、全流程、全要素的一流服务保障

一是优化基础设施运行。组织对西安赛区16个竞赛场馆、13个接待酒店及相关水、电、气、讯设施开展全面排查保养，增强保障能力，确保状态良好；顺利完成开、闭幕式微电网建设调试，火炬塔顺利点火熄火，各类设备运行正常，累计用水8169立方米、用气9.3万立方米，通信用户保障峰值2万人。在奥体中心布设气象应急保障车，发布气象服务专报19期，保障活动顺利开展。

二是提供人性化接待服务。在接待酒店设置16个综合保障组，投入服务人员3216人，组织志愿者向运动队提供“一对一”服务，累计入住运动员4105人；全运村入驻技术官员1171人、媒体记者250人；组织2559名赛会志愿者，为运动员、官员、记者及观众提供服务，“三场一站”完成1156批、6580人次嘉宾抵离迎送服务，收到运动队锦旗11面、感谢信30余封，体现了“西安温度”。

三是紧密衔接保障食品安全。派出384名监管人员，对全运村、20家酒店、1个食品总仓、2个食品生产企业等实行24小时驻点监管，配送残运会5类食材共计77.16吨，完成食源性兴奋剂检测、抽检、快检3001批次，风险监测395批次，保障开、幕式及赛事用餐925餐次48.9万人次，实现食品安全事故、食源性兴奋剂事件“零”发生。

四是营造良好的赛事活动环境。做好开、闭幕式演出协调服务，体育馆设施运行正常，协助导演团队完成舞台搭建，强化人员引导，发放瓶装水4.8万瓶，保障演职人员3万人次。聚焦奥体中心周边主要区域，开展大气、水、噪声等污染源实时监控，持续提升绿化、亮化、洁化水平，展示西安良好城市形象。

五是精准做好交通保障。赛事期间，西安赛区投入保障车辆778辆、低底盘无障碍车辆124辆，累计出车2573辆次，运行6085趟次，运行总里程17.2万千米，保障人数47976人次，其中保障轮椅人员5130人次，保障志愿者7132人次，实现“零差错、零延误、零事故、零投诉、零纠纷”目标。

七、坚持以安全稳定为底线，扎实落实安保措施，确保绝对安全、绝对可靠，把安全稳定作为保底工程，采取有效措施妥善应对各种风险挑战借鉴十四运会安保工作成功经验，按照“五个不变”原则，即“组织架构不变、勤务模式不变、职责任务不变、防控体系不变、专班队伍职责不变”，全面落实各项安保措施。

一是加强实时指挥调度。残特奥会开、闭幕式期间，涉赛各级安保指挥部、2个警种安保指挥部、2个专业安保指挥部、11个赛事场馆指挥部及18个区（县、开发区）安保指挥部、市级9家行业部门指挥部，200余人进驻共同值守，启用实战应用平台和350M指挥系统建设，进行“点对点”指挥调度。

二是坚持“三圈三区”联防机制。沿用十四运会“三圈三区”防护和警力部署安排，部署警力8573人，其中“三圈”部署警力6937人，“三区”部署警力1636人，严格落实场馆安检、住地安保和核心区净空等警卫措施，科学精准规划流线，确保核心区安保万无一失。

三是做好赛事现场安保。截至2021年10月28日18时，西安市全部完成残运会比赛项目17个大项1631场比赛。出动执勤公安民警31605人次、交警6970人次。赛事期间，场馆周边治安秩序良好，未发生任何案（事）件和交通事故。

四是扎实开展社会面管控。9月30日至11月29日启动一级紧急型巡逻和一级查控工作模式，组织63个警务站、72个反恐点、25个高速路公安检查站，扎实开展人、车、物盘查、检查，切实筑牢安全“护城河”。10月23日以来，启动二级加强型巡逻防控等级，日出动各类巡逻车辆747辆、警力5429人。在全市范围内组织发动“红袖章”参与社会面防控工作，残特奥会期间全市治安环境保持良好。

十四运会和残特奥会精彩圆满落下帷幕，圣火熄灭，激情持续，追逐梦想永不止步，这是属于西安的荣耀，也是属于陕西的辉煌，更是属于中国的精彩。万千华章，皆是序曲，站在“全运残运效应”的新风口上，西安将乘势而上、奋力拼搏，把全运会和残特奥会激发出的澎湃活力转化为干事创业的强劲动能，将奥林匹克精神和中华体育精神转化为全市人民团结奋进的强大精神力量，在新征程上奋力谱写高质量发展新篇章。

（十四运西安市执委会办公室）

西安概貌

基本情况

◆历史沿革 西安古称长安，位于中国内陆黄河流域中部的关中平原，是中华民族和古老东方文明的发源地之一。早在100万年前，蓝田猿人就在这里繁衍生息；7000年前的仰韶文化时期，先民在这里生活并出现了城垣的雏形。西安有3100多年的建城史和1100多年的国都史，先后有西周、秦、西汉、东汉、新、西晋、前赵、前秦、后秦、西魏、北周、隋、唐13个封建王朝在此建都，又为赤眉、绿林、大齐（黄巢）、大顺（李自成）等农民起义政权都城。自西汉起，西安就成为中国与世界各国进行经济、文化交流和友好往来的重要城市。古老的“丝绸之路”就是以长安为起点，西至古罗马。西安是闻名世界的历史名城，与世界著名的罗马、雅典、开罗等古城齐名，也是中国六大古都中建都历史最长的一个，长安文化是中华文化的重要组成部分。“西安”之名称始于明代。元至元九年（1272），元世祖封三子忙哥剌（la，音“腊”）为安西王，镇守此地，改京兆府为安西路。元皇庆元年（1312），改安西路为奉元路。明洪武二年（1369），改奉元路为西安府，府城简称西安，名称一直沿用至今。

历史上，西安一直是地方行政机关——州、郡、府、路、省和长安、咸宁两县的治所。1911年辛亥革命爆发后，西安是全国最早响应革命的省会城市之一。20世纪20年代，随着西安现代工商业的发展和城市人口的增加，诞生并逐步形成了不同于历史上任何行政建制的新型地方行政建制，即市级建制。1927年11月25日，陕西省政府议决设立西安市。1930年11月8日，陕西省政府撤销西安市建制，辖区复归长安县。1932年3月5日，国民党确定长安为陪都，定名西京，并成立西京筹备委员会，但因多种原因西京市政府始终未成立，后西京筹备委员会撤销。1944年9月1日，西安市政府正式成立，为陕西省辖市。1947年8月1日，西安市升格为国民政府行政院直辖市，为全国12个院辖市之一。

1936年12月12日，这里发生了震惊中外的“西安事变”。事变之后，设在西安的国民革命军第八路军驻陕办事处，为延安革命根据地输送了大批青年知识分子和军需物资。党和国家领导人周恩来、邓小平、叶剑英等都曾在此领导过革命斗争。1949年5月20日西安解放。之后，西安是中央西北局和西北行政委员会所在地，中央人民政府的直辖市；1954年6月改为省辖市；1984年10月被国务院列为计划单列市；1992年被批准为内陆开放城市；1994年被批准为全国综合配套改革试点城市和副省级城市；2018年被确定为国家中心城市。西安以厚重的历史底蕴、强大的科技实力、门类齐全的工业体系和日益成熟的城市服务体系成为中国重要的科研、高等教育、国防科技工业

西安建都朝代

朝代	首都名称	首都地点	起止年份	前后历时
西周	丰镐	西安市 长安区境	武王元年（前1046） 至幽王十一年（前771）	276年
秦	栎阳	西安市 阎良区武屯镇	秦献公二年（前383） 至孝公十二年（前350）	178年
	咸阳	西安市 未央区境	秦孝公十二年（前350） 至子婴元年（前206）	
西汉	长安	西安市 未央区境	汉高祖元年（前206） 至孺子初始元年（8）	214年
新	长安	西安市 未央区境	王莽始建国元年（9） 至地皇四年（23）	15年
东汉 （献帝）	长安	西安市 长安区境	东汉初平元年（190） 至兴平二年（195）	6年
西晋 （愍帝）	长安	西安市 未央区境	西晋建兴元年（313） 至建兴四年（316）	4年
前赵	长安	西安市 未央区境	前赵光初二年（319） 至光初十二年（329）	11年
前秦	长安	西安市 未央区境	前秦皇始元年（351） 至太安元年（385）	35年
后秦	长安	西安市 未央区境	后秦建初元年（386） 至永和二年（417）	32年
西魏	长安	西安市 未央区境	西魏大统元年（535） 至西魏恭帝三年（557）	23年
北周	长安	西安市 未央区境	北周闵帝元年（557） 至静帝大定元年（581）	25年
隋	大兴	西安市区	隋开皇元年（581） 至大业十四年（618）	38年
唐	长安	西安市区	唐武德元年（618） 至天授元年（690）	272年
	长安	西安市区	唐神龙元年（705） 至天祐元年（904）	
合　计				1129年

注：根据2000年11月9日夏商周断代工程正式公布的《夏商周年表》和最近历史研究成果对西安十三朝建都起止年份和前后历时进行了修订。

和高新技术产业基地及辐射北方中西部地区的金融、科技、教育、旅游、商贸中心。

◆地理位置、面积 西安市位于黄河流域中部关中平原，东经107°40′—109°49′和北纬33°42′—34°45′之间。东以零河和灞源山地为界，与渭南市、商州市、洛南县相接；西以太白山地及青化黄土台塬为界，与眉县、太白县接壤；南至北秦岭主脊，与佛坪县、宁陕县、柞水县分界；北至渭河，东北跨渭河，与咸阳市区、杨凌区和三原、泾阳、兴平、武功、扶风、富平等县（市）相邻。辖境东西长204千米，南北宽116千米。总面积10108平方千米，其中市区面积3582平方千米。

地质 西安市的地质构造兼跨秦岭地槽褶皱带和华北地台两大单元。距今1.3亿年前燕山运动时期产生横跨境内的秦岭北麓大断裂，自距今约300万年前第三纪晚期以来，大断裂以南秦岭地槽褶皱带新构造运动极为活跃，山体北仰南俯剧烈降升，造就秦岭山脉。与此同时，大断裂以北属于华北地台的渭河断陷继续沉降，在风积黄土覆盖和渭河冲积的共同作用下形成渭河平原。

地貌 西安市境内海拔高度差异悬殊位居全国各城市之冠。巍峨峻峭、群峰竞秀的秦岭山地与坦荡舒展、平畴沃野的渭河平原界线分明，构成西安市的地貌主体。秦岭山脉主脊海拔2000—2800米，其中西南端太白山峰巅海拔3867米，是大陆中部最高山峰。渭河平原海拔400—700米，其中东北端渭河河床最低处海拔345米。西安城区便建立在渭河平原的二级阶地上。

◆自然资源

河流、水资源 西安地区自古有“八水绕长安”之美称。市区东有灞河、浐河，南有潏河、滈河，西有皂河、沣河，北有渭河、泾河，此外还有黑河、石川河、涝河、零河等河流。其中绝大多数属黄河流域的渭河水系。渭河横贯西安市境内约150千米，年径流量25亿立方米。西安地下水储量估算，总计19.91亿立方米。还另辟有较理想的水源基地。2001年12月，黑河水利枢纽主体工程建成，每年向西安供水4亿立方米，形成日供水能力120万吨，加上地下水资源，市区日供水能力172万吨，基本满足城市生产生活用水。

土壤 西安市土壤分布形成南北两个差异明显的区域，北部的渭河平原以黄褐土、褐土为代表，南部的秦岭山地以黄棕壤、棕壤为代表。据1980—1986年土壤普查，全市有12个土类24个土壤亚类50个土属，计181个土种。土壤类型的复杂多样，为区内农作物的多品种组合提供了有利条件。

动植物 西安的自然植被未遭受第四纪大陆冰川直接侵袭，尚保留若干第三纪古老的孑遗植物，如银杏、水青树、连香、马甲子等。秦岭山地从高海拔向低海拔垂直分布有高山灌丛草甸、针叶林、针阔叶混交林和落叶阔叶林等自然植被类型。自然植被中野生植物资源丰富，计有野生植物138科681属2224种，为中国种子植物的重要基因库之一。渭河平原主要为大田农作物、蔬菜、果园和城市绿化等栽培植物类型。野生动物资源主要分布在秦岭山地，有兽类55种、鸟类177种，包括有大熊猫、金丝猴、扭角羚秦岭亚种、鬣羚、大鲵、黑鹳、白冠长尾雉、血雉、金鸡等珍稀动物。为保护自然生态系统和珍稀动植物资源，境内已建立3个国家级自然保护区。

矿产资源 西安境内地层发育复杂，构造类型多样，为各种矿产资源的形成提供了有利条件。已发现的矿产资源共47种，其中金属矿产21种、非金属矿产22种、能源矿产2种、其他矿产2种。大部分金属和非金属矿产分布在南部秦岭山区。秦岭以北平原地区具有良好的储存地热水的地质条件，仅城区可以开发的地热面积约780平方千米，地下热水可采储量5.39亿立方米。 （鲁　夫）

◆气候 西安市属暖温带半湿润大陆性季风气候，冷暖干湿四季分明。冬季寒冷、风小、多雾霾、少雨雪；春季温暖、干燥、多风、气候多变；夏季炎热多雨，伏旱突出，多雷雨大风；秋季凉爽，气温速降，秋淋明显。根据近30年（1991—2020年）气候资料统计分析，年平均气温13.5—14.9℃，最冷1月平均气温-1.2—0.7℃，最热7月平均气温26.9—27.8℃，年极端最低气温-21.2℃（蓝田1991年12月28日），年极端最高气温43.3℃（长安2006年6月17日）。年降水量506.1—690.3毫米，年最大降水量为954.9毫米（2003年，临潼），年最小降水量为277.6毫米（2013年，西安）。日最大降水量138.9毫米（2007年，高陵），7月、9月为两个明显降水高峰。年日照时数1679.9—2062.6小时。年内主要气象灾害有干旱、高温、大风、沙尘、雷电、冰雹、暴雨、低温冻害、连阴雨、大雾和霾。

·气候特点及评价·

2021年，西安市年平均气温14.5℃,较历年（1991—2020年）均值偏高0.3℃，冬季、春季偏高，夏季、秋季偏低。降水量1066.7毫米，较历年均值偏多近八成，为1961年以来历史同期第一偏多年，四季均偏多。全年灾害性天气多发，主要有大雾和霾、低温冷空气、高温、暴雨、连阴雨、大风、浮尘、冰雹等。2021年气温跌宕起伏，极端冷事件和暖事件频发，春季首场透雨出现时间较历年偏晚12天，浮尘天气多、强度大、范围广，夏季高温日数和暴雨日数均较2020年偏多，华西秋雨出现日期较历年偏早、偏长、偏强，雨量为历史之最。

气温 2021年平均气温13.4—15.6℃，蓝田最低，西安市区最高。与历年同期（1991—2020年）相比，蓝田偏低0.1℃，周至、鄠邑持平，其余区县偏高0.2—1.6℃（图1），西安市区偏高0.4℃。全市年平均气温14.5℃，较历年均值偏高0.3℃，属正常略偏高年份（图2）。最冷1月平均气温1.3℃，最热7月平均气温26.7℃（图3）。年极端最高气温40.0℃(8月1日，周至)，西安市区39.7℃(7月31日)；年极端最低气温-17.0℃（1月8日，蓝田），西安市区-9.9℃（1月7日）。

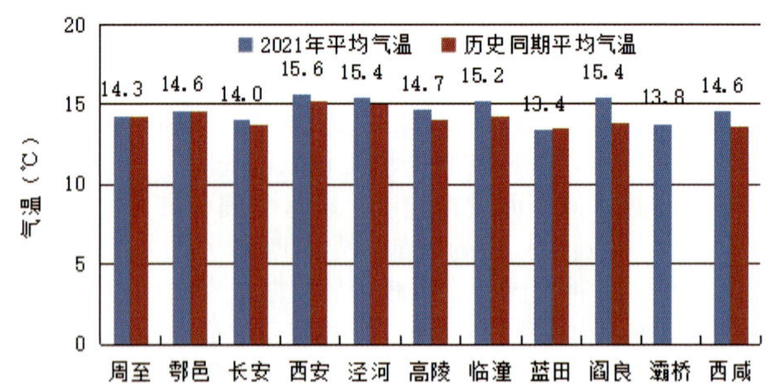

图1　2021年西安市年平均气温与历年同期对比图

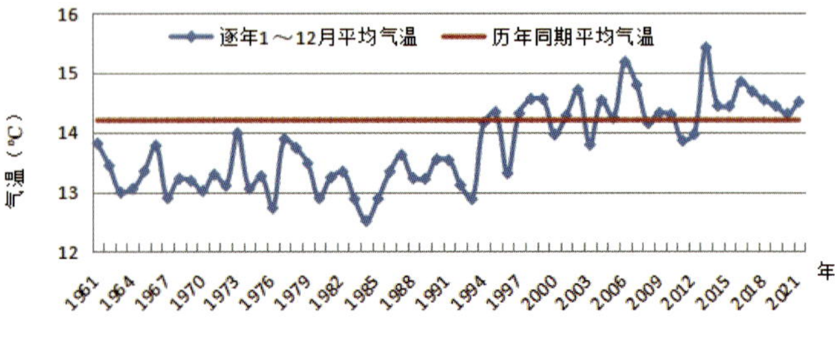

图2　1961年来西安市逐年平均气温变化曲线

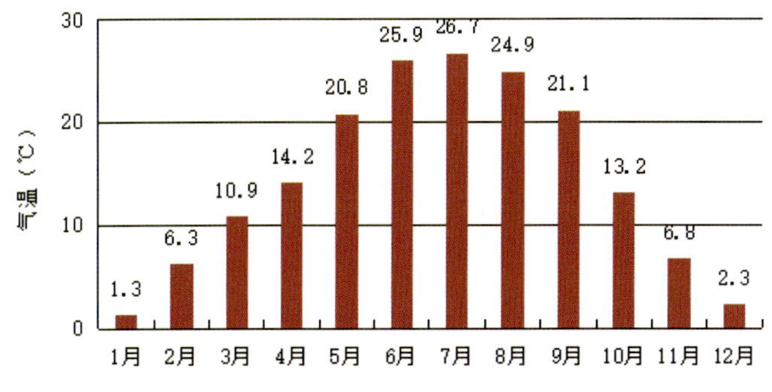

图3　2021年西安市逐月平均气温柱状图

冬季（2020年12月—2021年2月）平均气温2.2—4.2℃，较历年同期偏高0.6—1.9℃；全市平均气温2.6℃，较历年同期偏高0.9℃,属于正常略偏高年份。春季（3—5月）平均气温12.6—14.7℃，与历年同期相比，周至偏低0.1℃，鄠邑持平，其余区（县）偏高0.1—1.4℃；全市平均气温13.7℃，较历年同期偏高0.2℃，属正常略偏高年份。夏季（6—8月）平均气温24.1—26.9℃，与历年同期相比，西安市区、临潼、高陵、阎良偏高0.2—1.0℃，泾河持平，其余区（县）偏低0.3—0.9℃；全市平均气温25.8℃，较历年同期偏低0.2℃，属正常略偏高年份。秋季（9—11月）平均气温12.8—14.8℃，与历年同期相比，市区、西咸、临潼、阎良偏高0.3—0.6℃，高陵持平，其余区（县）偏低0.1—0.6℃；全市平均气温13.7℃，较历年同期偏低0.2℃，属正常略偏低年份。

降水　2021年，西安市降水总量875.3—1320.6毫米（图4），高陵最少，蓝田最多。与历年同期相比偏多六至九成（图5）。日最大降水量105.3毫米（7月18日，泾河），西安市区日最大降水量98.0毫米（8月22日）。全市平均年降水量1066.7毫米，与历年同期相比偏多近八成（图6），为1961年以来历史最多年。9月平均降水量最多，为347.1毫米；其次为8月，为192.4毫米；1月平均降水量最少，为1.7毫米（图6）。

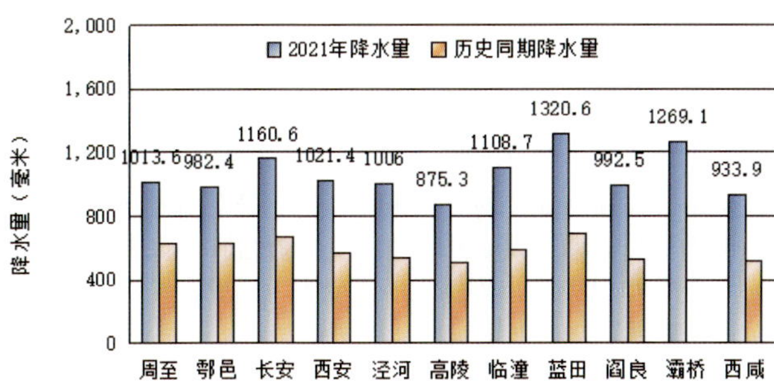

图4　2021年西安市年降水量与历年同期对比图

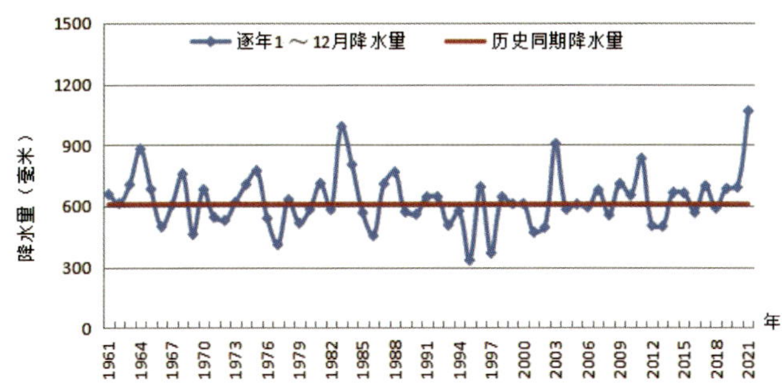

图5　1961年来西安市逐年降水量变化曲线

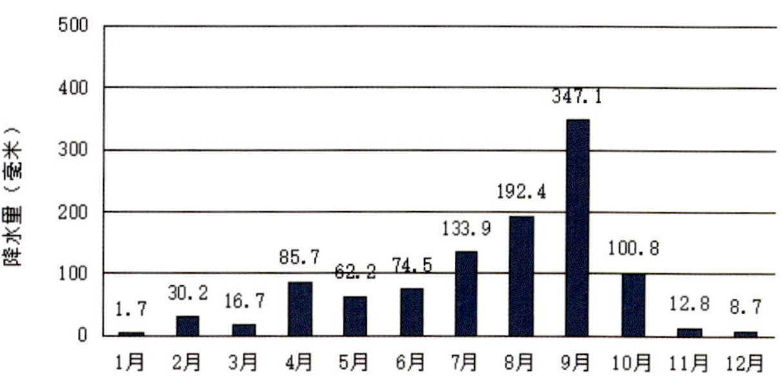

图6　2021年西安市逐月平均降水量柱状图

冬季（2020年12月—2021年2月）降水量24.2—59.3毫米，较历年同期偏多一成；全市平均降水量37.2毫米，较历年同期偏多六成，属异常偏多年份。春季（3—5月）降水量129.3—235.0毫米，较历年同期偏多一至五成；全市平均降水量164.6毫米，较历年同期偏多三成，属偏多年份。夏季（6—8月）降水量310.1—557.6毫米，较历年同期偏多二至八成；全市平均降水量400.8毫米，较历年同期偏多五成多，属偏多年份。秋季（9—11月）降水量390.4—532.9毫米，是历年同期的1.2—1.9倍，全市平均降水量461.4毫米，是历年同期的1.4倍，属异常偏多年份。

日照　2021年，西安市总日照时数1714.1—2936.5小时，鄠邑最少，蓝田最多。与历年同期相比，鄠邑、长安和高陵偏少一成，周至、泾河、临潼基本持平，蓝田偏多四成（图7）。全市平均日照时数1995.3小时，与历年同期相比基本持平，属正常年份。

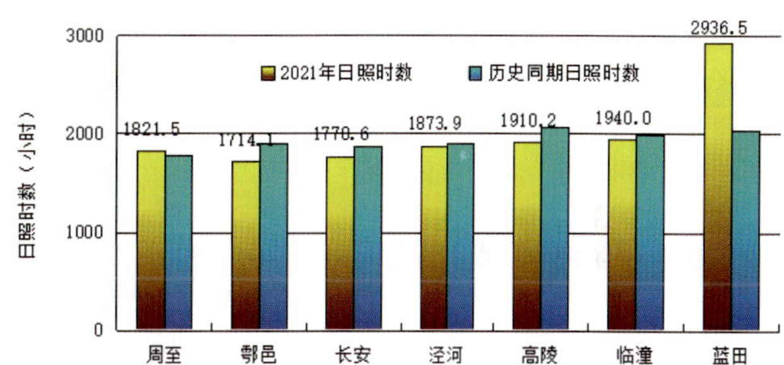

图7　2021年西安市年日照时数与历年同期对比图

·重要天气气候事件·

雾、霾　2021年，西安市共出现大雾40天80站次，较2020年（45天85站次）偏少5天5站次。从空间分布来看，长安最多，为30天；周至12天，高陵11天，临潼10天，鄠邑7天，蓝田6天，泾河4天。

2021年，西安市共出现霾64天163站次，较2020年（79天183站次）偏少15天20站次。从空间分布来看，周至最多，为45天；泾河32天，临潼26天，长安24天，高陵21天，蓝田14天，鄠邑1天。

主要冷空气过程　2021年1月6—8日，西安市出现2021年首场冷空气过程，全市4站为寒潮，5站为强冷空气，1站为中等强度冷空气。2月28日—3月2日、3月17—22日西安市出现两次冷空气过程，其中3月17—22日全市8站达到中等强度冷空气。11月6—7日、20—22日西安市出现两次寒潮过程，两次降温过程均有4站达到寒潮标准。12月9日、13—14日、23—27日西安市出现三次冷空气过程，其中9日4站达到强冷空气，23—27日是持续时间最长强冷空气过程，极端最低气温-10.9℃，出现在蓝田。

首场透雨、华西秋雨　2021年，西安市春季首场透雨出现时间为4月23日，较历年（4月11日）偏晚12天，为偏晚年份。

2021年，西安市秋雨开始时间为8月30日，结束时间为10月16日。8月30日—9月6日为第一个多雨期，9月15—20日为第二个多雨期，9月23—28日为第三个多雨期，10月3—16日为第四个多雨期。秋雨期平均降水量474.5毫米，是历年秋雨量的2.1倍，为1961年以来历史同期降水量最多年。秋雨长度为48天，较历年秋雨长度（24天）偏长24天，较历年偏早15天，秋雨综合强度指数2.44，属显著偏强等级。

入冬　2021年11月6—7日，在全国型寒潮袭击下，西安市气温出现了断崖式下跌，各区（县）于11月6日入冬，除蓝田偏晚3天外，其余区（县）入冬时间较历年偏早1—4天。

高温　2021年，西安市国家气象站监测到≥35℃的高温日28天139站次，较2020年（20天106站次）偏多8天32站次。其中，5月1天7站次、6月11天54站次、7月11天62站次、8月4天15站次，9月1天1站次。从空间分布来看，泾河24天，高陵、临潼各22天，长安、鄠邑各19天，蓝田18天，周至15天。

浮尘　2021年3月16-20日、3月29—30日、4月15—16日，西安市出现3次大范围浮尘天气，强度大、范围广，为近10年同期罕见。

大风　2021年5月15日，鄠邑国家气象站出现大风，极大风速达17.6米/秒。7月，西安市国家气象站监测到大风天气4天5站次，其中6日1站（泾河18.0米/秒）、9日1站（长安17.3米/秒）、12日2站（泾河17.0米/秒、高陵17.5米/秒）、17日1站（泾河17.7米/秒）。8月23日高陵、周至出现大风天气，极大风速为24.8米/秒（周至）。9月20泾河国家气象站出现大风，极大风速达19.2米/秒。

冰雹　2021年8月4日，西安市蓝田县出现冰雹天气，并未造成灾害。

暴雨　2021年，西安市国家自动站共出现暴雨日9天21站次，较2020年（3天3站次）偏多6天18站次。7月，国家气象站监测到暴雨日3天5站次，日最大降水量105.3毫米（18日泾河）。8月，国家气象站监测到暴雨3天8站次，日最大降水量101.9毫米（22日泾河），突破历史月极值。9月，国家气象站监测到暴雨日3天8站次，日最大降水量74.6毫米（26日周至）。

（全丽娜）

·气候影响及评价·

气候对农果业的影响　1月高温、少雨、日照充沛、土壤湿润，综合气象条件利于小麦安全越冬；受6—8日寒潮影响，设施蔬菜达到轻—中度冻害指标；中旬热量条件整体较好，对加快设施作物生育进程、提高产量品质作用明显；下旬光、温条件优势明显，利于设施蔬果生长及蔬果光合产物的形成和果实着色。2月上中旬高温、少雨、日照充沛、土壤蒸发量大，局地出现轻度气象干旱，升温较快致使大部地区农作物生育期较历年提前，局地秋播作物出现旺长现象；24—28日雨雪过程有效缓解前期旱情，对秋播作物有利；上中旬光温条件较好，对加快设施作物生育进程、提高产量品质作用明显，24—28日的雨雪天气缓解了前期旱情，对处在萌芽的经济林果有利。

3月整体气象条件适宜冬小麦正常生长；上中旬光温条件较好，利于设施蔬果光合产物的形成、果实着色及果树芽膨大；21—22日的大范围降温致使蓝田部分花椒受冻。4月下旬降水增加了土壤水分，利于小麦抽穗，但低温阴雨寡照不利于冬小麦扬花授粉和油菜开花授粉；上中旬总体气象条件利于经济林果的生长，下旬低温阴雨不利于开花授粉，增加了病害发生概率。5月上中旬，高温、少雨、日照充足、墒情良好，整体气象条件适宜冬小麦生长；23日局地大风、31日阎良短时强对流天气，造成部分小麦倒伏，对收割影响较大，对产量影响不大；上旬、下旬光热资源充沛，适宜果树生长发育；14—15日的小到中雨，局地大到暴雨，不利于果树开花授粉。

6月高温少雨，整体利于三夏工作的开展，14—18日阴雨天气导致三夏进度偏缓；上旬出现连续3—4天35℃以上高温，不利于果实膨大，同时阶段性高温干旱环境适宜蚜虫发生发展。7月降水偏多，易诱发玉米病虫害；18日强降雨致使临潼区7个街办遭受洪涝灾害；下旬玉米处于拔节期，降水分布不均，周至、鄠邑出现轻旱；29—31日出现持续高温，导致猕猴桃发生果实日灼、叶片焦枯等气象灾害。8月上中旬光温水匹配良好，利于夏玉米抽雄生长，经济林果长势较好；中旬后期进入多雨时段，不利于夏玉米灌浆成熟和经济林果产量和品质形成，高湿环境易导致病虫害发生蔓延。

9月持续阴雨寡照导致秋粮作物灌浆速度下降，造成秋粮贪青晚熟，生育期推迟，并因降水导致部分农田受灾；受24—28日的降水影响，经济林果受灾面积较大，以积水为主。10月连阴雨导致土壤过湿影响，秋收进度明显滞后；前期低温阴雨寡照，果实脱落、裂果现象相比严重，后期多晴好天气，利于经济林果果实采收。11月日照充足，利于小麦出苗生长和分蘖及弱苗转化升级，两次寒潮天气持续时间短，利于冬小麦出苗和冬前越冬锻炼，对设施蔬果生长和成熟着色未造成明显危害；光温水资源适宜，利于设施蔬果苗形成和品质提升，也利于晚熟果树成熟收获。

12月高温少雨，日照充足，土壤墒情适宜，总体气象条件适宜小麦分蘖、苗情转化和安全越冬，并有利于猕猴桃、葡萄、石榴等经济林果安全越冬和设施农业产量和品质的提升。

气候对交通及居民生活的影响　7月18日，受到强降水影响，西安莲湖、未央、长安、经开及高速出现严重积水，造成车辆滞留，出现拥堵，辖区警力分别赴现场进行了疏导处置。18日临潼区遭遇强降雨过程，强降雨致使临潼区栎阳街道、秦陵街道、何寨街道、骊山街道、铁炉街道、代王街道等部分地区遭受洪涝灾害。20日蓝田县厚镇边庄村一间山墙倒塌，两间房屋严重受损。

8月19—23日出现短时强降雨和持续降雨天气，导致临潼、长安、蓝田三地不同程度遭受洪涝灾害。其中8月19、20日，蓝田县九间房铜鹅村、王顺山景区、葛牌等地大暴雨，九间房铜鹅村日降水量203.9毫米，小时雨强57.7毫米（20—21时）。造成九间房镇、蓝桥镇严重受灾，道路、桥梁、房屋毁坏，通信中断。

9月，全市降水异常偏多，阴雨天气持续，局地出现暴雨，造成全市各区（县）出现不同程度的灾情。10月前期全市仍维持阴雨天气，造成长安、临潼、周至、鄠邑、高新区43个乡镇出现不同程度的灾情。

◆行政区划　中华人民共和国成立后，西安市的行政隶属关系和行政区划设置有过几次较大的变动和调整。1949年5月20日西安解放，属陕甘宁边区辖市；1950年改由西北军政委员会领导，1953年1月27日，西北军政委员会改由西北行政委员会管辖，西安市属西北行政委员会；1953年3月12日，改为中央直辖市，为全国12个中央直辖市之一；1954年6月19日改为省辖市。

中华人民共和国成立初期，西安市设12个区，其中城区8个、郊区4个，城区未设立街道行政建制，郊区下设有19个乡。1954年调整行政区划，将12个区和部分新划入的乡镇合并调整为9个区，定名为新城区、碑林区、莲湖区、长乐区、雁塔区、阿房区、未央区、草滩区、灞桥区。1957年4月撤销长乐、未央两区建制，市辖区减为7个。1958年11月将长安、蓝田、临潼、鄠县划归西安市。1960年撤销莲湖、碑林、新城区建制。1961年8月将蓝田、临潼、鄠县划出。1962年恢复新城、碑林、莲湖区建制。1965年撤销灞桥、雁塔、阿房、未央区建制，辖地合并为一个郊区，市辖区减为4个。1966年6月，将临潼县所属阎良镇划归西安市组建为阎良区，将咸阳市（县级市）划归西安市。1966年11月，新城、碑林、莲湖、阎良区更名为东风、向阳、红卫、东红区，1972年恢复原名。1971年11月，经国务院批准，又将咸阳市划出。1980年3月，撤销西安市郊区，恢复灞桥、未央、雁塔区建制。1983年10月，经国务院批准，将渭南地区所属蓝田、临潼县和咸阳地区所属户县、周至县（1964年9月10日，陕西省人民委员会报国务院批准，将鄠县改为户县，盩厔改为周至）、高陵县划归西安市，西安市共辖新城、碑林、莲湖、灞桥、未央、雁塔、阎良7区，长安、蓝田、临潼、周至、户县、高陵6县。1997年8月5日，经国务院批准，撤销临潼县，设立临潼区。2002年6月2日，经国务院批准撤销长安县，设立长安区后，西安市共辖9区4县。2014年12月13日，《国务院关于同意陕西省调整西安市部分行政区划的批复》公布；2015年8月4日，高陵“撤县设区”，并正式挂牌，从此结束了2365年的县制历史。2016年12月23日，根据《国务院关于同意陕西省调整西安市部分行政区划的批复》（国函〔2016〕188号），陕西省人民政府发布《关于同意西安市调整部分行政区划的批复》，同意撤销户县，设立西安市鄠邑区，西安市行政区划由10区3县变为11区2县。截至2021年年底，西安市有135个街道、37个镇、1325个社区和1926个行政村（以上数字均含西咸新区），有7个国家级开发区（西安高新技术产业开发区、西安经济技术开发区、西安曲江新区、西安浐灞生态区、西安阎良国家航空高技术产业基地、西安国家民用航天产业基地、西安国际港务区），并代管一个国家级新区，即西咸新区，总面积10752平方千米。

（齐　铭）

◆人口　2021年，西安市常住人口（含西咸共管区）1316.3万人。其中男性人口672.13万人，占51.06%；女性人口644.17万人，占48.94%。性别比为104.34（以女性为100，男性对女性的比例）。人口城镇化率79.49%。人口出生率8.44‰，死亡率7.51‰。

（市统计局）

◆民族　2021年，西安市有55个民族成分（没有独龙族），其中以回族、满族、土家族、蒙古族、苗族人数较多。民族总人口13.22万人，占1.02%。其中回族7.79万人，满族1.89万人，蒙古族6951人，藏族5123人，土家族4903人，维吾尔族3816人，苗族3443人，壮族3173人，彝族2276人，朝鲜族2088人，侗族1179人，布依族1119人(根据第七次人口普查)。民族流动人口8.8万余人。全市民族人口分布较广，主要聚居在莲湖、新城、碑林、雁塔四区，形成了大分散小聚集的格局。全市有12所民族教育学校，其中幼儿园3所，小学4所，中学2所，职业学校1所，内地藏族班、维吾尔族班各1所。全国“十三五”少数民族特需商品定点生产企业2家。少数民族市人大代表19名，市政协委员25名。

◆宗教　西安市五大宗教俱全，文化底蕴深厚。2021年，西安市（包含西咸新区）经政府登记设立的宗教活动场所共456所（佛教138所、道教35所、伊斯兰教27所、天主教99所、基督教157所）；备案的宗教教职人员2009人（佛教829人、道教207人、伊斯兰教120人、天主教534人、基督教319人）；宗教团体25个〔省级团体7个，市级团体6个，区（县）级团体12个〕，另有带有宗教性质的社会团体2个；宗教活动场所文物保护单位27处（国家级重点文物保护单位9处，省级重点文物保护单位11处，市级重点文物保护单位5处，县级2处）。

（延　续）

国民经济和社会发展

◆经济概况　2021年，西安市实现地区生产总值（GDP）10688.28亿元，比2020年增长4.1%。其中，第一产业增加值308.82亿元，增长6.1%；第二产业增加值3585.20亿元，增长0.9%；第三产业增加值6794.26亿元，增长5.7%。全社会固定资产投资（不含农户）比上年下降11.6%。社会消费品零售总额4963.42亿元，比上年增长0.8%，其中限额以上企业（单位））消费品零售额下降3.8%。全市财政总收入1851.57亿元，增长20.1%。地方财政一般公共预算收入855.96亿元，增长18.2%，其中，税收收入682.44亿元，增长19.4%。一般公共预算支出1474.62亿元，增长9.4%。全体居民人均可支配收入38701元，比上年增长8.2%。其中，城镇居民人均可支配收入46931元，增长7.4%；农村居民人均可支配收入17389元，增长10.4%。新增城镇就业15.98万人，城镇失业人员再就业4.07万人。年末城镇登记失业率为3.6%。新登记市场主体50.09万户，比上年增长11.5%。年末累计在册各类市场主体269.02万户，增长10.7%。截至年底，金融机构人民币存款余额28059.03亿元，增长9.0%；人民币贷款余额29124.00亿元，增长13.9%。

◆固定资产投资　2021年，西安市全社会固定资产投资（不含农户）比上年下降11.6%。第一产业投资比上年下降55.2%；第二产业投资下降16.0%，其中，工业投资下降15.8%；第三产业投资下降10.6%。民间投资下降4.7%，基础设施投资下降18.1%，文化产业投资增长26.3%。全年房地产开发投资比上年下降7.0%。商品房销售面积1856.73万平方米，下降27.0%。年末商品房待售面积144.50万平方米，比上年末下降3.4%。

◆农业生产　2021年，西安市全年粮食总产量141.92万吨，比上年增长1.3%。肉类产量4.93万吨，增长11.0%；蔬菜产量362.80万吨，下降0.2%；园林水果产量101.01万吨，增长4.3%。粮食种植面积25.76万公顷，比上年下降2.0%；蔬菜种植面积7.1万公顷，增长1.9%；瓜果种植面积9600公顷，增长1.4%；油料种植面积3647公顷，增长7.5%；棉花种植面积46.67公顷，下降11.2%。

◆工业和建筑业　2021年，西安市规模以上工业增加值比上年增长5.7%。西安市完成建筑业增加值1552.18亿元，占地区生产总值比重为14.5%。全市具有资质等级的总承包和专业承包建筑业企业完成建筑业总产值5404.47亿元，比上年增长5.6%。

◆服务业　2021年，西安市批发和零售业增加值837.62亿元，比上年下降1.4%；交通运输、仓储和邮政业增加值382.92亿元，增长6.7%；住宿和餐饮业增加值153.50亿元，增长4.8%；金融业增加值1174.47亿元，增长6.0%；房地产业增加值849.55亿元，下降1.0%；其他服务业增加值3294.69亿元，增

长9.3%。全年规模以上服务业企业营业收入3075.96亿元，比上年增长10.1%。

◆交通运输和邮政电信 2021年，西安市货物运输总量27047.65万吨，比2020年增长5.2%；货物运输周转量505.48亿吨公里，增长0.6%。旅客运输总量10632.47万人次，下降25.8%；旅客运输周转量220.44亿人公里，下降4.8%。截至2021年年底，全市机动车保有量445.38万辆，比2020年末增加47.37万辆。其中，私人汽车保有量369.06万辆，增加32.25万辆。邮政行业总业务收入101.51亿元，比上年增长11.2%。快递服务企业业务量7.87亿件，增长17.2%。全年电信业务总收入168.19亿元，比上年增长8.7%。年末，移动电话用户1759.00万户，固定互联网宽带接入用户615.87万户。

◆会展业 2021年，西安市举办各类会展活动307场，其中，举办国际性会展活动10场，全国性会展活动52场；参展参会148万人次。西安临空会展中心建成投运，西安国际会展中心二期加快推进。第十四届全运会、第五届丝博会、2021西安跨境电子商务大会、世界交通运输工程技术论坛圆满举办。西安市继续获评“2021年度中国最具影响力会展名城”。欧亚经济论坛获评“2021年度中国最具影响力品牌展会”。

◆金融 截至2021年年末，西安市金融机构本外币存款余额28510.03亿元，比上年末增长9.5%；人民币存款余额28059.03亿元，增长9.0%。金融机构本外币贷款余额29411.25亿元，增长14.0%；人民币贷款余额29124.00亿元，增长13.9%。年末，全市拥有上市公司89家，其中，境内上市公司54家，境外上市公司35家，总股本856.84亿股，总市值13697.47亿元。有保险机构70家，比上年末增加3家。全年保费收入583.27亿元，比上年增长5.9%。全年赔款给付支出176.54亿元，增长11.2%。

◆科技 截至2021年年末，西安市共有国家级高新技术企业7140家，比上年末增加1906家。全年技术市场合同交易额2209.49亿元，增长34.0%。全年专利授权量64131件，比上年增长41.2%，其中发明专利授权量14055件。全市成交技术合同65684项、交易额2209.49亿元。成立西安市秦创原创新驱动平台建设工作领导小组，印发《西安市推进秦创原创新驱动平台建设实施方案（2021—2023年）》。开展秦创原项目路演等产学研金协同对接活动131场，推进科技成果就地转化项目403个。新增市级工程技术中心81家，国家超算（西安）中心累计完成投资16亿元以上。全年入库科技型中小企业8595家。引入40亿元规模的国家中小企业发展基金。全年新增斯瑞新材、炬光科技、莱特光电等7家科技型上市企业。小米公司在高新区设立研发中心，西安永电——西安交大智能制造与电气系统研究中心落户经开区。成功举办全球硬科技创新大会、全球程序员节、全球创投峰会。（朱晓航）

◆体育 2021年，西安市先后组织开展群众性体育活动和比赛累计超过600项（次），参与人数累计超过400万人次。成功举办、承办“一带一路”陕西西安·2021城墙国际马拉松赛、陕西西安·2021年世界女子国际象棋大师巅峰赛等品牌赛事，“西安马拉松赛”荣膺“世界田径精英标牌”赛事称号。策划开展“中国年·看西安”新春体育大拜年、“舞动长安”2021西安市全民健身技能大赛等全市联动活动。全年市、区两级开展科学健身指导“五进”示范活动超过50次。实施全民健身路径90个、农民体育工程23个，新建多功能运动场10个、室内健身房5个，打造全民健身园区5个。打造莲湖区北火巷社区、雁塔区红专南路社区、未央区全家社区3个西安市全民健身示范社区。西安市在陕西省第三届全民健身运动会上荣获“全民健身活力市”称号。市体育局被授予“2017—2020年全国群众体育先进单位”称号。

◆文化旅游 2021年，西安市共接待游客2.4亿人次，旅游收入2460亿元。成立世界城地组织亚太区旅游委员会，承办第二十届西安国际音乐节，开展5期“东亚文化之都”春节线上展演宣传推广活动，参加东亚文化之都机制成立仪式暨文都市长论坛、2021东亚文化之都绍兴活动年开、闭幕式和敦煌活动年开幕式。发起成立关中平原城市群文化旅游合作联盟，持续开展“中国年·看西安”“长安夜·我的夜”等10余个品牌活动，紧抓十四运机遇，开展“相约西安·筑梦全运”“精彩十四运·文旅有力量”“塑美创佳争优”系列活动。建成省级文化产业“十百千”工程示范园区5家、重点园区11家、示范基地30家。建成秦岭四宝科学公园、华侨城玛雅水世界等主题公园，建成农村文化礼堂341个、社区书屋871家，基层综合性文化服务中心211个，全市公共图书馆、文化馆覆盖率达到100%，“三馆一站”免费开放达到100%。鄠邑区农民画、高新区集贤镇西安鼓乐、秦汉新城正阳街道秦汉战鼓被命名为2021—2023年度“陕西省民间文化艺术之乡”。大明宫国家遗址公园成功创建5A级景区。西安市在2021中国特色旅游商品大赛中荣获4金4银4铜，位列全国副省级城市第一名。曲江新区荣膺第二批国家文化出口基地。西安市当选全国夜游名城第二名，大唐不夜城、西安城墙入选国家夜间文化和旅游消费聚集区，四海唐人街入选省级旅游休闲街区。临潼区入选国家级全域旅游示范区，碑林区、雁塔区、长安区、蓝田县当选省级全域旅游示范区。西安市被确定为首批创建国家文化和旅游消费试点城市。西安市文旅热度持续保持全国前十，位居中国文旅城市品牌传播力第五。

◆卫生 2021年，西安市精益求精全力保障十四运会，组建“1+2+1+1”全运村医疗服务网，组织23家省、市三级医院1000余名医务人员全程负责十四运会开闭幕式和西安赛区29个赛事项目的疫情防控和医疗服务保障工作。累计投入医疗、防疫、监督等人员4.8万人次，提供医疗服务1.6万人次，实现十四运会服务“零失误”。成功发行医院专项债券36.14亿元，完成生产总值112亿元。启动建设空港新城、秦汉新城、高陵区、国际港务区4个健康驿站，均已进入基础施工阶段。出台《推进健康西安行动实施方案》，深入推进健康西安建设17项行动。市人民医院案例入选国家战略管理典型案例和2021年度中国现代医院管理典型案例。9个专业区域医疗中心通过省级评审。建立二级、三级公立医院绩效考核，新增5个临床质控中心，全市建成质控中心26个。开展“优质服务基层行”活动，建立居民电子健康档案950.9万份、家庭医生签约210.1万人次、老年人健康体检65.7万人次。在城郊6区和高新区优先开展普惠制婴幼儿托育服务，建成7所普惠机构；开展3岁以下托育服务星级示范创建活动，建成53所星级机构。在莲湖区启动家庭病床试点工作，创建成首批省级医养结合服务中心31个、医养结合品牌企业4家。获国家自然科学基金9项、经费370万元；获省、市科技项目286项、经费1664万元，市中医医院杨震被评为国医大师，市红会医院郝定均荣获中组部等4部委授予的“全国杰出专业技术人才”称号。

◆**城市建设**　2021年，西安市城建维护项目计划投资规模1108亿元，截至12月底，完成投资约1133.33亿元，占年度目标任务的102.29%，超额完成全年投资目标任务，投资完成额比上年增长83.33亿元。完成轨道建设投资229亿元，全年在建里程163公里，形成“7线共建，8线运营”的高强度建设格局，地铁14号线圆满建成并投入运营。完成17条重点线路道路提升，完成小寨区域海绵城市建设，“小雨不积水、大雨不内涝”的效果已初步显现；完成老旧小区改造共753个小区，888万平方米，惠及群众10万余户；新增分配公租房5224套，完成年度任务的104%；共筹集新改建租赁住房25011套（间），盘活各类租赁住房50904套（间）。完成2条断头路打通任务，累计打通断头路59条，实现全市断头路打通阶段性清零目标。开工建设公共停车位20621个。全市资质内建筑业企业总产值5404.47亿元，同比增长5.6%，实现增加值1552亿元。创建“零直排小区（单位）”269个，督促整治建筑垃圾存量堆放点120处。累计新增城市绿地面积1618万平方米，建成开放城市公园10座，新建和改造提升绿地广场、口袋公园169座，新建绿道511公里，均提前超额完成年度任务。（李　明）

◆**教育**　2021年，西安市有普通高等学校（本专科）63所，在校学生81.44万人，毕业生18.89万人。研究生培养单位43所，在校学生16.44万人，毕业生3.61万人。普通中学501所，在校学生48.21万人，毕业生14.00万人。小学1170所，在校学生89.09万人，毕业生10.96万人。如期投用新建、改扩建中小学及幼儿园143所，新增学位13.04万个。全年共争取中央和省级资金26.48亿元，一般公共预算教育经费占一般公共预算支出的比例达到18%以上。全市开展课后服务学校1282所，覆盖率100%，服务时间达标率100%，参与课后服务学生数占比89.77%。全市有普惠性幼儿园1886所，覆盖率达90%。6所学校创建为省级示范高中，8所新建普通高中创建为省级标准化高中。投入6.83亿元共资助义务教育阶段脱贫家庭学生295.3万人次。新建融合幼儿园7所，3所特殊教育学校建成投用。全市残疾儿童少年义务教育阶段入学率达97.87%。西安文理学院思想政治教育、环境生态工程专业获批省级一流本科专业建设点。申报创建全国青少年校园足球特色学校53所、试点县（区）和“满天星”训练营各1个。

◆**对外经济**　2021年，西安市进出口总值4399.96亿元，比上年增长26.5%。其中，出口2361.92亿元，增长33.0%；进口2038.04亿元，增长19.8%。对“一带一路”沿线国家进出口总值704.76亿元，增长29.0%。在进出口总值中，加工贸易进出口2522.08亿元，增长20.4%，占进出口总值的57.3%；一般贸易进出口1055.32亿元，增长41.0%，占进出口总值的24.0%。主要进口商品中，机电产品进口1510.31亿元，增长13.8%。主要出口商品中，机电产品出口2319.36亿元，增长32.6%；农产品出口21.15亿元，下降2.7%；基本有机化学品出口15.65亿元，增长12.3%。全年实际使用外资87.14亿美元，比上年增长13.5%。全市对外直接投资4.47亿美元，新设、增资境外投资企业16家，对外承包工程完成营业额23.83亿美元。打造中欧班列跨境电商集结中心和全国首发跨境电商专列，全年实现跨境电商交易额98.53亿元，同比增长46.32%。组织参加欧亚经济论坛工商领袖会议暨经贸合作洽谈会，与白俄罗斯莫吉廖夫市经济局等签署5项国际合作协议。（朱晓航）

◆**乡村振兴**　2021年，西安市编制《“十四五”农业农村现代化规划（2021—2025年）》，确立以城乡融合发展为根本的乡村振兴西安方案，探索形成“一深化四体系”的实践路径。全市一产增加值308.82亿元，同比增长6.1%；全市农村居民人均可支配收入17389元，同比增长10.4%，增速高出城镇居民收入3个百分点。全年粮食生产再获丰收，粮食平均单产24.47千克/公顷，同比增长3.4%，高出全省平均单产85.1千克，用占全省8.6%的粮食播种面积，生产了占全省11.2%的粮食总产量，全年粮食总产量增长1.34%，实现粮食生产“十八连丰”。全年共争取中省财政衔接补助资金19642.97万元，市级财政落实衔接资金38686万元，安排成果巩固与有效衔接项目508个。实施设施农业建设、果业提质增效、现代畜牧业发展“三大行动”，累计带动7.1万户贫困群众致富增收。全年扶贫产品总销售额达5837.32万元，市级以上龙头企业完成经营收入710亿元，增长1.4%。全年培育省市级示范家庭农场299家，规范提升农民专业合作社220家，注册农业商标（品牌）28个。成功创建4个国家乡村治理示范村。西安市获批开展全国名特优新农产品质量全程控试点，市农检中心被认定为国家唯一一家同时获评全国名特优新农产品全程质量控制技术西安中心等5个平台的市级农产品质量安全管理机构。“菜篮子”市长负责制考核在全国36个大中城市排第6名。高陵区、灞桥区分别被评为全国农村人居环境整治激励县、全国村庄清洁行动先进县。蓝田县被授予第一批全国美好环境与幸福生活共同缔造活动培训基地。周至秦岭猕猴桃、西咸新区茯茶获国家级产业集群建设项目。高陵区何村、西咸新区刘家沟村被认定为全国“一村一品”示范村。阎良区、高陵区被认定为第一批省级现代农业产业园，长安区获批2021年省级现代农业产业园。（李　明）

◆**审批制度改革**　2021年，西安市组织完成市本级38个部门及各区（县）、开发区事项标准化工作。全市35462项政务服务事项纳入省级事项库，实现“清单之外无审批”。印发《关于推进全市相对集中行政许可权改革工作方案》，35个市级部门和21个公共服务机构集中进驻市政务大厅，973项政务服务事项可一站式办理。区（县）、开发区累计承接审批事项3586项。对下放的36项行政事权进行跟踪问效，市级层面累计取消下放行政事权118项，事权移交和承接落实平稳有序。推行“市政通”集成改革，将建设项目市政配套“水电气暖报装”和“挖掘占道”审批流程整合，方便手续办理。梳理公布涉企经营许可“证照分离”事项154项。推进“证明事项”告知承诺、“一业一证”和工建项目审批制度改革落实落地。

◆**营商环境优化**　2021年，西安市聚焦打造“市场化、法治化、国际化”一流营商环境目标，一体化推进“放管服”改革优化营商环境工作，构建“1+18+N”制度体系，出台《西安市“十四五”营商环境发展规划》，开展“优化营商环境百日攻坚行动”，西安再次获评“中国营商环境评价标杆城市”，10项指标获评全国标杆，14项改革案例在全国复制推广，被认定为全国营商环境改善幅度最大的城市之一；17项改革经验被省领导批示肯定，7项改革经验在全省复制推广，110余篇改革经验在省级以上工作简报刊发。“一件事一次办”“证照分离”“告知承诺制”“交房即交证”等重点改革深入推进，累计办理“一件事一次办”事项12.3万件、“证照分离”涉企经营许可事项4.7万件，181项证明事项、35项涉企经营事项实行告知承诺制，“交房即交证”改革直接惠及5900余户业主。市级政务服务事项100%实现“一窗受理、集成服务”。企业开办全面实现“一窗通办、一日办结”，全市新登记各类市场主体50.1万户，比上年增长10.7%。工程建设项目审批时间由2018

年的388天减少至平均48天，政府投资类和社会投资类项目全流程审批时间分别压缩至60个和35个工作日内。与12个省30个地市建立“跨省通办”协作机制，“15分钟政务服务圈”建设经验在全国推广，90%以上公民个人事项实现“就近办”。在全省率先开展“坐窗口、走流程、跟执法”活动，各级各部门主要负责同志现场协调解决问题1702项。推动惠企政策“直达快享”，建成“西安政策通”平台，全市新增减税降费148.96亿元。持续完善市场监管机制，“双随机、一公开”监管实现部门覆盖率、平台入驻率、事项覆盖率、结果公示率4个100%目标。建成市区一体化“互联网+监管”系统，与国家、全省“互联网+监管”系统实现数据互通、监管联动。探索开展信用分类监管和风险分级管理，对市场主体的现场检查次数减少70%左右。成立西安市优化营商环境法治保障共同体，在全国率先设立市级行政争议预防调处中心，在全省率先成立破产管理人协会，“一带一路”国际商事法律服务示范区建设取得明显进展。实现政务服务“好差评”制度全覆盖，常态化开展满意度调查，九成以上企业群众认为西安市营商环境改善幅度明显。（彭　磊）

◆就业与社会保障　2021年，西安市出台《支持多渠道灵活就业14条意见》，全市城镇新增就业15.98万人，完成省考指标13万人的122.92%，完成市考指标14万人的114.14%；城镇登记失业率3.6%，低于4.5%的控制目标。进一步健全企业用工常态化服务机制，及时为比亚迪、中兴、陕汽、吉利等重点企业招工3.2万人。大力开展职业技能提升行动，累计培训各类劳动者42.56万人次。新增就业见习基地425家，发布见习岗位2.06万个，组织就业见习8833人。创建孵化基地10家、信用乡村4个，发放创业担保贷款7.42亿元，以创业带动就业超过6.5万人。打造高端人才西安行、海归人才招聘节等人才服务品牌，首次发布西安人力资源蓝皮书《西安市人力资源（人才与就业）发展报告》。全市人力资源服务机构总量突破2500家，营业额突破400亿元，新设10家博士后创新基地。全市基本养老、失业、工伤三项社会保险参保人数分别达到814.12万人、259.76万人、299.27万人，较2020年底分别增长45.14万人、19.01万人、19.08万人。企业城镇职工基本养老金、城乡居民基础养老金标准、失业保险金标准及1－4级工伤职工伤残津贴待遇水平分别达到3211元、183元、1755元、3678.5元，分别较上年提高3.92%、4.27%、8.33%、2.57%。劳动力市场建设改革成果被评为全省人社系统改革创新成果一等奖。蓝田厨师等劳务品牌被列入全国典型劳务品牌宣传推广。劳动力市场监管指标作为全国营商环境评价进步最快指标之一，代表西安市在2021年全国营商环境现场会上作交流发言。

◆安全生产　2021年，西安市共发生生产安全事故195起，同比下降14.1%；死亡174人，同比下降1.69%。先后开展复工复产期安全隐患排查整治、安全隐患大排查大整治、重点行业领域安全隐患排查专项整治等行动。行动开展以来，全市共成立2635个检查组，累计开展督导检查22830次，检查47254家企业单位，责令停产整顿832家，联合惩戒25家。省、市安委办挂牌的10家企业重大安全隐患全部督办整改到位。印发《西安市安全生产委员会工作规则》《西安市企业安全生产承诺制度（试行）》《西安市安全生产领域信用修复流程》《关于深化全市应急管理综合行政执法改革的实施方案》《西安市防灾减灾救灾工作委员会工作规则》《西安市防灾减灾救灾工作委员会办公室工作规则》《西安市防灾减灾救灾工作委员会成员单位职责》等规章制度。高标准完成全国十四运西安赛区突发事件总体应急预案和36个专项（部门）预案编制以及演练工作。命名第一批29支市级应急救援队伍共1730人，救援范围涵盖危险化学品、车辆道路等10多项重点领域灾害事故。开展城市生命线监测预警平台建设，实现全市供排水、供电、供气、供暖、城市内涝5个专项管网运行数据实时监测，覆盖7500余公里运行管线和21698个监测点位。在“一码通”系统基础上增加监测预警功能，将全市91家危险化学品企业全部纳入西安市危险化学品企业监测预警系统监管。

◆疫情防控　2021年，西安市受到新冠肺炎疫情多轮冲击，特别是12月，西安市遭遇疫情防控的世纪大考，全市上下一心、众志成城，6.3万名白衣战士逆行出征，1个月实现社会面清零，40天实现整体清零，2个月实现确诊病例全部治愈，打赢了自武汉疫情以来最为严峻、最为艰难的防控阻击战歼灭战。在经受住重大疫情考验的同时，坚持“外防输入、内防反弹、人物环境同防”，扎实做好常态化疫情防控工作。截至2022年2月初，累计承接入境航班947架次、集中隔离14.3万人，确诊境外输入性病例857例；检测进口冷链食品、外包装、环境及从业人员样本134.1万份；设置发热门诊77个，建立6家城市核酸检测基地，130家机构可开展新冠病毒核酸检测，日最大核酸检测能力达到67万人份；累计接种新冠病毒疫苗2698.8万剂次，18岁以上人群接种第二剂次完成率98%以上。

（李　明）

◆国内贸易　2021年，西安市全社会消费品零售总额4963.42亿元，比上年增长0.8%，其中，限额以上企业（单位）消费品零售额2419.82亿元，下降3.8%。全年电子商务交易总额5610亿元。国际港务区在全国电子商务工作大会上介绍经验，蓝田县再次获评全国电子商务进农村示范县。出台《西安市推进商贸业高质量发展若干措施》，净增限额以上商贸企业487家，引进各类品牌首店212家。自贸试验区新增市场主体33151家，新增外商投资企业180家。开展“盛世全运 嗨购西安”2021消费促进年活动和促进重点消费百日行动，全年举办各类促消费活动560场次。获批全国首批一刻钟便民生活圈试点城市。推进大唐西市特色商业步行街等省级试点步行街建设，新增省、市夜间经济示范商圈、街区9个。（朱晓航）

◆国企改革三年行动　截至2021年底，西安市国企改革三年行动总体进度达到97%，提前超额完成国家规定的70%年度任务目标，受到省国企改革领导小组办公室通报表彰。西安市获批第二批区域性国资国企综合改革试验城市，为西部地区唯一。50亿元综改基金签约落户，是西安市第二支国家主导基金，完成首批5000亿元综改试验项目签约，有力助推区域内中、省、市国有企业“一盘棋”协同发展。完成59户市属企业混改工作，混改企业进一步提质增效。持续加大扭亏增盈工作力度，31户重点关注企业实现增盈。安居集团成为本市第六家信用评级AAA级市属国有企业。充分发挥“国企之家”平台服务、合作、交流作用，促成西安市央企进陕项目60个，总投资1801亿元，已完成投资546亿元，占全省总投资额的50%；积极协调相关部门，帮助驻地央企解决相关问题29个。制定《关于深入实施创新驱动战略提升监管企业创新发展能力的意见》，加快推动科研成果转化，监管企业研发投入共计6.02亿元，较上年增长34%。有效盘活企业闲置资产，增加收入6.37

亿元；有序推进“压减”工作，市属企业法人户数减少116户；解决市属国有企业“总部机关化”问题，压缩企业集团部室9个，压缩6.8%。（彭　磊）

◆成功筹办保障十四运会和残特奥会　2021年，西安市全力筹办中华人民共和国第十四届运动会，全市运动员在十四运会上为陕西代表团夺得9金8银12铜的成绩，群体展演项目获得2个一等奖、2个二等奖、2个三等奖，竞赛项目获得5枚金牌、1枚银牌、3枚铜牌，均创历史最佳成绩。高标准推进西安市承担的全运会10个竞赛项目、5个群体项目竞赛组织、测试赛及赛事运行、市属比赛场馆体育工艺监督检查、竞赛器材保障、反兴奋剂检测、马拉松赛道环境整治提升、体育颁奖等保障工作。精心策划和组织以“迎全运 惠民生 我要上全运”全民健身系列活动、“我要上全运”百场马拉松赛以及十四运群体赛事比赛项目。扎实细致做好火炬传递路线规划、火炬手选拔培训管理、火炬传递演练和疫情防控等工作。国家体育总局在感谢信中称：十四运会承办工作切实做到和体现了场馆设施一流、竞赛组织一流、重大活动一流、接待服务一流、新闻宣传一流、安全保卫一流、综合保障一流，使本届全运会成为成绩最好、影响最大、社会关注度最高的一届全运会，赢得国家体育总局、各代表团和社会各界的广泛赞誉。（李　明）

◆融入共建“一带一路”　2021年，西安市以建设“一带一路”综合试验区为突破，不断做大开放载体、做优开放通道、做好开放平台、做强开放产业。制定印发《推进新时代对外开放2021年工作方案》《西安市加快推进新时代对外开放补充政策》《西安市推进新时代对外开放工作考核办法》等文件，加强政策支持。国际合作园区建设不断推进，中欧合作产业园累计完成固定资产投资2.38亿元，完成全年任务的118%，中俄丝路创新园累计引进中俄企业56家。制定《关于支持西安临空经济示范区发展的措施意见》，加快推进西安临空经济示范区建设。截至2021年12月底，西安咸阳国际机场全货运航线达到38条，临空经济规模达到126.6亿元。西安市被列为第三轮中欧区域政策合作中方案例地区，是西北地区唯一入选城市。编制《西安市“十四五”现代物流业发展规划》《西安空港型国家物流枢纽建设方案》。西安空港型国家物流枢纽成功入选“十四五”首批国家物流枢纽建设名单。20个西安陆港型国家物流枢纽、10个绿色物流转运中心建成投运。全市新增4A级以上物流企业10家，总数达到57家。积极开展国家骨干冷链物流基地建设项目申报工作。推进中欧班列西安集结中心建设，争取中央预算内资金5300万元，支持保税区A8仓库项目建设。中欧班列长安号开行面向中亚、南亚、西亚及欧洲的16条干线通道，覆盖欧亚大陆全境。全年中欧班列长安号开行3841列，核心指标稳居全国前列。

◆“秦创原”建设　2021年，西安市积极推进秦创原建设工作。成立以市委、市政府主要领导任组长的西安市秦创原创新驱动平台建设工作领导小组；印发《西安市推进秦创原创新驱动平台建设实施方案（2021—2023年）》，发布政策包及任务分工。建立相关市级部门和区（县）、开发区分管领导参加的市秦创办组织机构，并在此基础上专门组建秦创原建设与产业链推进工作专班，专项推进全市秦创原建设相关工作。研究制定《西安市关于优化创新创业生态着力提升技术成果转化能力的工作措施》。成功举办2021年全国双创周陕西省暨西安市西安会场活动。持续推进全面创新改革试验，积极承接稳步推进国家授权西安市的高校和科研院所职务科技成员单列管理试点、科研机构技术转移人才评价和职称评定制度、横向科研项目结余经费出资科技成果转化3项改革任务先行先试。

◆国家中心城市建设　2021年，西安市制定《新时代推进西部大开发形成新格局的贯彻落实方案》，从推动高质量发展、构筑内陆改革开放高地、加大生态环境保护力度、深化重点领域改革、不断提升公共服务水平等五个方面明确23项重点任务。制定印发《西安市新时代推进西部大开发形成新格局2021年工作要点》。组织召开关中平原城市群协同创新发展圆桌论坛，“关中平原城市群区域合作办公室”揭牌启动运行。印发《西安市推进陕甘经济社会发展合作框架协议任务分工方案》，进一步促进科技资源共享、协同创新发展等方面深度合作。与宝鸡市签署《推进高质量发展战略合作协议》，与渭南市签署《加快推进西渭融合发展规划建设西渭东区的合作协议》。14市在2021年欧亚经济论坛签署关中平原城市群政务服务“跨省通办”合作协议。制定《关于支持西咸新区创新体制机制推动高质量发展建设创新城市发展方式试验区的若干意见》，从深化体制机制改革、推动科技创新和产业发展、提升城市品质全面融合发展、加大土地财政支持力度、强化组织保障5个方面提出22项支持政策和保障措施。推动高陵区、阎良区和西咸新区纳入国家城乡融合试验区西咸接合片区试验范围。研究制定《西安市建立健全城乡融合发展体制机制和政策体系的实施方案》《西安市推进国家城乡融合发展试验区建设实施方案》，印发《西安市推进国家城乡融合发展试验区建设2021—2022年工作要点》《西安市城镇化工作暨城乡融合发展试验工作联席会议制度》，试验区建设取得阶段性成效。（彭　磊）

政治文明建设

◆法治建设　2021年，西安市人民政府常务会集体学法6次，出台《法治西安建设规划（2021—2025）》《法治社会建设实施方案（2021—2025）》《法治政府建设实施方案（2021—2025）》《关于在公民中开展法治宣传教育的第八个五年规划（2021—2025年）》《关于加快推进公共法律服务体系建设的实施方案》及《党委（党组）书记点评法治工作实施意见》等规划方案意见6部，完成《西安市控制吸烟条例》《西安市机动车停车条例》《西安市灞河重点区域风貌管控条例》《西安市工业节能条例》《西安市建筑装饰装修条例》《西安市土地储备条例》《西安市城市更新办法》《西安市重大行政决策程序规定》及《西安市城市地下管线管理办法》等9部法规规章草案审改任务。在全国率先成立市级行政争议预防调处中心，积极构建行政复议“1+3”等工作机制，办理行政复议应诉案件1643件，全市行政复议案件综合纠错率25.7%，行政机关负责人出庭应诉率78.1%、高于全国41.5%的平均水平，加强行政复议应诉的做法被省委依法治省办在全省推广。在全国率先成立体育商事仲裁院、军工仲裁院，全年受理案件3342件，标的62亿元。依法设立西安市社区矫正委员会，在册刑满释放、社区矫正人员年度违法犯罪率远低于全国平均水平。全市首批命名和第二批申报达标的“六好司法所”达到133个，占全市总数的71.9%。圆满举办2021欧亚经济论坛法律服务分论坛、西安“一带一路”国际商事服务高端圆桌会议暨后疫情时代国际商事法律服务保障研讨会、“三个中心”运行一周年系列活动等重大活动。“‘一带一路’国际商事法律服务示范区构筑涉外法治保障新高地”获评全省“十大法治事件”。

◆**政府信息公开** 2021年，西安市各级行政机关通过西安市人民政府门户网站主动公开规划、财政、人事任免、监管执法等信息5075条、疫情防控信息21827条。主动公开西安市人民政府、西安市人民政府办公厅各类政策文件1490件。对大学生就业创业、医保电子凭证、冬季供热等涉及面广、社会关注度高的政策、法规进行全方位解读，全年发布政策解读2108条，开展各类征集调查394次，开展“在线访谈”7期。各级行政机关依法依规做好政府信息依申请公开工作，全年收到政府信息公开申请9695件，2020年结转312件，共办结9816件，结转至2022年191件，到期件总体办结率100%，办理政府信息公开行政复议案件316件、行政诉讼288件。

◆**“12345”市民热线** 2021年，西安“12345”市民热线呼入呼出总数5864682个，呼入接通数2627644个，振铃接通率达到98.67%；产生“工单”3081443件，回复3013960件，办结率97.81%，整体满意率88.55%。累计整合非应急类热线50条，完成热线中心新址搬迁、系统升级调试，扩充话务员360人。与“110”“119”“120”“122”等紧急热线、水电气暖等公共服务热线、市社会治理综合指挥信息平台建立业务联动。同时，在西安市政府网、西安政务服务网等网站，“西安发布”“西安交警”等微信公众平台以及“i西安”App等增设“民呼我行”服务模块。（李　明）

精神文明建设

◆**公民思想道德建设** 2021年，西安市发挥榜样力量，持续推进公民思想道德建设。指导推动区（县）、开发区深入贯彻落实《西安市新时代公民道德建设实施纲要的实施方案》，积极探索拓展道德模范、身边好人群体示范引领的新形式、新渠道，带动群众文明践行，厚培社会道德土壤，让“尚德西安”道德实践工程落细落实。开展“寻找评议身边好人活动”，入选中国好人10人、陕西好人20人，评选发布西安好人榜四期160人（组）。王世绍、徐立平同志荣获“第八届全国道德模范提名奖”。完善关爱道德模范身边好人工作常态机制，从政治上礼遇、工作上关心、生活上照顾，春节走访慰问185名道德典范，发放慰问金39.4万元。邀请50余名市级以上道德模范、身边好人观看《向北·向北》长征故事豫剧现代戏。邀请15名道德模范参观庆祝中国共产党成立100周年陕西省道德模范先进事迹影像展开展仪式，20多位道德模范身边好人成为第十四届全国城市运动会火炬手。探索组建“市区两级道德模范身边好人志愿服务队”，成立“西安市道德模范身边好人宣讲团”，开展各类宣讲“六进”活动71场；在《人民视频》刊播30位道德模范、身边好人专题宣传海报；制作发布21期《西安市道德讲堂》微课堂；举办12场传承中华优秀传统文化系列宣讲活动；邀请道德典型录制《声闻百年·精神永存》节目20期，做客“崇廉尚德·好家风润西安”专栏节目33期。

◆**未成年人道德建设** 2021年，西安市围绕中国共产党成立100周年，组织中小学校开展以“学史增信崇德争做时代新人”为主题的思政教育活动，遴选10名2021年西安市“新时代好少年”作为音乐党史小小讲解员，参加“听党话，跟党走”——全国第二届青少年美育云端课堂音乐党史活动。持续深化“扣好人生第一粒扣子”主题教育实践系列活动，开设丰富多彩、形式多样的“寒假送关爱 暖心共防疫”主题网络公开课，组织各级文明校园广泛开展“清明祭英烈”“童心向党”“劳动美”“向国旗敬礼”等道德实践活动。围绕十四运广泛开展“小小讲解员”“小小引导员”“小交警”等主题实践活动，联合市关工委等部门开展“童心向党 筑梦全运”中小学校艺术展演活动，评选发布“百名文明小公民”。在全市中小学校广泛开展“童心向党”教育实践活动，引导未成年人树立正确理想信念和价值取向。大力开展学习宣传新时代好少年活动，在西安经开第一学校举办“2021年西安市新时代好少年”发布活动，联合市教育局等部门表彰208名西安市“新时代好少年”，推荐入选4名陕西省“新时代好少年”、2名获提名奖。

◆**农村精神文明建设** 2021年，西安市全力推进“美丽人家”建设工程。印发《加强农村精神文明建设 助力乡村振兴的实施方案》及“美丽人家”建设工程月度任务清单，定期督导检查。截至年底，已全面完成年度目标任务（95%的村庄开展“十星级文明户”评选和订立悬挂家风家训活动，80%的村庄建成乡风文明一条街并设有善行义举榜）。深化文明村镇创建，全面完成县级以上文明村和文明乡镇占比分别达到55%、60%的年度目标任务，现有各级文明村镇954个。强化移风易俗行动。印发《关于做好春节期间移风易俗工作的通知》，抓住重要节点，持续开展以“科学防控疫情·文明祥和过节”为主题的移风易俗活动。

◆**网络精神文明建设** 2021年，西安市围绕重要节点，策划“扮靓家园迎全运”“书中的红色情怀”等全市活动30余场。联合广州、武汉等五城共同开展重温百年党史《共享最美家风》《云游红色地标》活动。开展“声闻百年·精神永存”“我文明 我行动 我为全运添光彩”等专题活动，参与人数均达200余万人次。开设“新时代文明实践在西安”专题，18篇稿件被中国文明网订阅号“文明实践行动”采用。推出西安市十四运会和残特奥会社会志愿者线上培训课程5次，10万余人参与学习。截至年底，西安文明网在中国文明网上稿量达212篇，其中21篇登上中国文明网头条。“文明西安”微信公众号粉丝量突破26万人次，22条原创文章被中国文明网微信公众号转发。“文明西安”微博账号长期位居新浪微博全国政务榜前10位。

◆**志愿服务** 2021年，西安市志愿服务工作围绕“迎十四运·创文明城”工作总体部署，组织发动各区（县）、开发区及行业部门，积极开展十四运会社会志愿者招募、培训等工作。先后招募社会志愿者11.6万人，开展项目2045个，组建文明交通劝导员队伍2000人。开展基层志愿者线上、线下培训100余期，培训人员10万余名，围绕文明礼仪、文明交通、十四运及残特奥会宣传、文明餐桌等主题开展各类志愿服务宣传活动20000余次。组建“西安志愿服务”微信小程序平台，为广大志愿组织和志愿者搭建集志愿者及志愿服务团体注册、志愿服务项目发布、业务培训、志愿服务风采展示为一体的网络互动平台，提升工作效率。围绕“服务十四运 奉献我的城”主题，开展十四运会暨残特奥会社会志愿服务巡回宣讲、迎全运盛会文明风尚宣传引导集中行动、“周末哪里去•一起做公益——服务十四运、奉献我的城”社会志愿服务全城联动活动、城市志愿服务项目评选及展示活动、“群防群治 护航十四运”红袖章平安志愿活动、“学党史、办实事、送敬意”——慰问十四运会和残特奥会西安赛区城市和社会志愿者活动等6000余场次。组织开展“塑美创佳争优”评选活动、全国新时代文明实践志愿服务展示交流活动、2021年度全国及陕西省学雷锋志愿服务“四个最美（佳）”宣传推选活动等系列先进典型推选活动，广泛挖掘典型、树立典型、宣传典型，进一步发挥身边榜样的示范引领作用，推动新时代公民道德建设。

高新区在全域治水方面取得的初步成效

◆创建文明城市 2021年，西安市紧密围绕文明城市创建这条主线，全力做好中华人民共和国第十四届运动会服务工作，推动城市文明程度迈向更高水平。建立全市公益广告数字化平台，设计发布十四运+文明城市平面公益广告、景观宣传设施作品120幅，指导全市设置1155处景观宣传设施，对全市残缺破损公益广告进行集中清理，运用各类灯箱广告、电子屏、游飞字幕屏、出租车顶灯、宣传栏、H5、小视屏等各类载体集中宣传，形成城市宣传立体风景线。组织参与2021全国公益广告大赛，荣获“文明城市推荐奖”。联合交警、公交等部门，开展“文明交通 绿色出行”“9·22世界无车日”“122交通安全日”等宣传教育活动，定制“十四运绿色出行号”和“交通穿越号”2条地铁专列上线运行。持续擦亮“车让人”活动品牌，打造20处文明示范路口、20处文明提升路口、60处文明创建路口。打造“数字化创文”，整合市数字化城管信息平台和“12345”市民热线大数据，对市民投诉较多的创文难点热点问题、重点街办区域以及办理情况排名通报20期。在西安发布等市级媒体每月发布2次重点公共场所文明创建自查排名。策划组织“服务十四运 奉献我的城”“行业当标兵 文明迎全运”“塑美创佳争优”等群众性精神文明创建活动，组织22类“最美”“最佳”“最优”系列候选对象网络投票活动，总投票数1266万人。组建市级创文实地督导工作专班，全域全时实地检查，逐一建档，销号整改。全年共开展创文督导840次，出动2520余人次，印发黄牌督办单36份、整改通知书305份，发现并整改问题5512个。联合国家统计局西安调查队开展3轮模拟实地测评和3轮入户满意度测评，并将调查结果在全市范围内进行通报排名。先后向19个市级部门及各区（县）、开发区一把手发函42份，着力推动重难点问题解决。（史 帆）

生态文明建设

◆环境保护 2021年，西安市优良天数265天，比上年增加15天，超额完成省考指标任务，其中，优级天数62天，突破2020年创下的56天历史记录。全面完成省考要求的优良天数不少于250天、PM2.5浓度低于51微克/立方米、重度及以上污染天数少于11天的三项指标任务。统筹做好中华人民共和国第十四届运动会生态环境保障工作，赛会期间全市空气质量优良率100%。在全市范围内开展VOCs专项整治行动和臭氧污染天气应急管控，完成5家企业源头替代试点工作。完成111家化工石化和涉重金属类重点行业企业污染源及6家工业园区地下水现状信息调查工作。全市6个国考断面（新丰镇大桥、沙王渡、灞河口、三郎村、黑河入渭、沣河入渭）水质优良率100%。完成《秦岭生态环境保护突出问题总台账》中6个牵头整改问题、7个配合整改问题、5个审核区（县）整改问题的销号备案工作。截至年底，“绿盾”2017－2020自然保护区150个问题，已销号143个，销号率95.33%。督导全市重点医疗机构累计收运处置医疗废物2.4万余吨。建成高陵、蓝田、沣西厨余垃圾无害化处理项目3座、“两中心一暂存点”共25座，全年累计处理生活垃圾约359万吨，无害化处理率100%。

◆全域治水 2021年，编制完成《西安市“十四五”水务发展规划》《西安市水利基础设施空间规划》《西安市城市供水“十四五”规划》《引汉济渭输配水西安支线工程规划》《引汉济渭鲸鱼沟调蓄水库规划》等一批事关全局的规划编制工作。引汉济渭支线步入实施阶段，引蓝济李引水工程全面启动，鲸鱼沟调蓄水库一期前期工作全面展开，红旗水库溢洪道及下游河道综合治理工程开工建设，全口径水利建设投资78.24亿元。18项涉水项目全面完成，灞河全运湖4个断面20项水质监测指标，14项达到地表水Ⅰ类水质标准，水体水质为历年来最好。新增城市原水供应40万立方米/天，主城区日供水能力达到220万立方米/天。全年新增污水处理能力21万立方米/天。城市供水水质合格率保持在99.9%以上。创建省级节水型企业6家，节水型企业覆盖率达到11%，工业用水重复利用率提高到87%。西安市荣获“国家节水型城市”荣誉称号，在全国城市水质排名中，同比上升18位。全市166家单位成功创建省级节水示范单元。全市二次供水基本公共服务选定为全国首个二次供水领域国家级标准化试点项目。“获得用水”指标获评中国营商环境评价全国标杆。汉城湖入围2021年国家水利风景区高质量发展典型案例。长安区、临潼区获评全国县域节水型社会，蓝田县被省政府表彰为水利建设投资先进单位。临潼区、高新区水质检测中心率先通过CAM标准化认证。市水务局农村水利与水土保持处、周至县水务局分别被水利部和省水利厅评为“农村饮水安全脱贫攻坚集体”。阎良区被评为全国全面推行河湖长制工作先进集体。（李 明）

中国共产党西安市委员会

责任编辑　郭剑荐

综　述

◆概况　2021年，是西安发展进程中极不平凡的一年。全市上下深入贯彻习近平总书记来陕考察重要讲话重要指示精神，全面落实省委、省政府部署要求，坚持稳中求进工作总基调，解放思想、改革创新、再接再厉，奋力谱写西安高质量发展新篇章，推动国家中心城市建设迈出坚实步伐。

◆确保正确的政治方向　2021年，中共西安市委常委会坚持以习近平新时代中国特色社会主义思想为指引，召开市委常委扩大会议、市委理论中心组学习会议，传达学习总书记来陕考察重要讲话重要指示精神、十九届六中全会精神，研究部署贯彻落实的总体思路、主要目标、重点举措，在学懂弄通做实上下功夫，不断增强忠诚核心、维护核心、看齐核心的思想自觉政治自觉行动自觉，坚定捍卫“两个确立”，坚决做到“两个维护”。坚持把习近平总书记重要指示批示作为党内政治要件，形成台账管理、专人盯办、传达学习、研究部署、调研督查、现场核查的工作闭环，确保不折不扣落到实处。

◆推动高质量发展　2021年，中共西安市委常委会坚持以新发展理念引领高质量发展，推动经济量的合理增长和质的稳步提升。实现生产总值10688.28亿元，增长4.1%。规上工业增加值增长5.7%，社会消费品零售总额增长0.8%，进出口总值增长26.5%，经济运行总体平稳。以创新驱动引领高质量发展，加快秦创原创新驱动平台建设，深入推动国家新一代人工智能创新发展试验区和硬科技创新示范区建设，全市国家高新技术企业超过7000家，培育入库科技型中小企业8500多家，技术合同成交额达1873亿元，全社会研发经费投入强度保持在5%以上，新增上市企业9家。聚焦19条重点产业链，实施“链长制”，进一步育链补链延链强链，50个重点新增产能项目相继投产，“6+5+6+1”（6大支柱产业、5大新兴产业、6大生产性服务业、1大文旅产业）现代产业体系壮大成势。以高质量项目带动高质量发展。三星二期、吉利新能源汽车、博世力士乐、三一产业园、奕斯伟一期等一批重大产业项目竣工投产，510个市级重点在建项目完成投资5070亿元、达到年计划121.8%。

◆改革开放　2021年，中共西安市委常委会坚持深化改革扩大开放，内陆改革开放高地建设加速推进。扎实推进深化西咸新区体制机制改革，召开加快西咸新区发展建设动员大会，出台支持西咸新区创新体制机制推动高质量发展的《若干意见》和推进秦创原创新驱动平台建设《实施方案》，举全市之力支持西咸新区加快发展。中欧班列（西安）集结中心加快建设，实施西安港扩能优化行动，做强陆港型国家物流枢纽，初步构建起内陆地区效率高、成本低、服务优的国际贸易通道。长安号开行3841列，核心指标稳居全国前列。临空经济规模不断壮大。西安咸阳机场三期扩建工程全面开工建设，第五航权客货运航线通航，全货运航线达到37条，国际客运航线达到78条，临空经济规模达到126亿元。自贸试验区发展势头良好，西安承担的127项试点任务基本完成，累计形成491项创新案例，其中26项得到国务院和相关部委肯定，66项在全省复制推广。营商环境持续优化，全面深化“放管服”改革，荣获全国营商环境评价标杆城市；全市在册各类市场主体243.3万户，是2016年3.3倍。

◆生态环境持续好转　2021年，中共西安市委常委会坚持绿水青山就是金山银山的理念，生态环境质量持续好转。颁布实施《秦岭生态环境保护规划》，建成运行数字秦岭综合监管平台，全面完成秦岭区域52座小水电站整治任务，累计完成60座矿山治理修复，完成15条峪口峪道综合治理年度任务。大力实施全域治水碧水兴城，系统推进“85316”水系综合治理工程，累计开工治水项目267个、完工218个，建成污水处理厂4座、污泥处置厂2座，城市日供水能力277万立方米，主要河流全部消灭劣V类水。强力推进大气污染防治攻坚，实现优良天数265天，比上年增加15天，其中优级天数达到62天，突破近年来最佳纪录。持续开展城市增绿，新建和改造提升绿地广场、口袋公园169个，新建绿道511公里，新增城市绿地面积1618万平方米，幸福林带等一批重大生态工程建成开放。

◆城市规划建设管理　2021年，西安市城市规划建设管理水平全面提升，高标准建成西安奥体中心“一场两馆”等8个比赛场馆及全运村、主新闻中心等配套设施，圆满完成开闭幕式观众组织和西安赛区25个比赛场馆、20个大项224个小项的赛事活动服务保障。以高水平规划引领国家中心城市建设，高标准编制《西安市国土空间总体规划（2021—2035年）》，同步编制城市发展控制性详规，抓好重点区域和节点的城市设计，进一步健全“三级三类”国土空间规划体系。强力推进重大基础设施建设，地铁建设实现7线共建、8线运营，通车总里程达到259公里，居全国前列。建成17条快速路和11座大型互通立交，跨浐灞河5桥2隧建成通车。完成西安火车站改扩建，北客站枢纽（一期）建成投用，综合交通枢纽功能进一步增强。全面提升城市精细化智慧化管理水平，以绣花功夫抓好城市管理，累计拆除和整治违建33648处、9369.4万平方米；推动城市运行“一网统管”、生活服务“一码通城”、风险防控“一体联动”，让城市更智慧、治理更高效、生活更便捷。

◆文化旅游融合发展 2021年，西安市扎实加强文化建设，文化旅游深度融合发展成效显著。全面加强文物保护，牢固树立“保护文物也是政绩”理念，实施《西安历史文化名城保护规划》，加大对周秦汉唐大遗址保护力度，秦文化博物院、隋唐长安城博物院等加快建设，碑林博物馆、秦始皇陵博物院等改扩建稳步推进，6项考古发现入选“百年百大考古发现”。大力发展文化事业，坚持以社会主义核心价值观引领文化建设，城乡公共文化服务体系持续完善，话剧《路遥》、影视剧《功勋》等一批精品力作广受好评，“一带一路”城市展示中心（长安云）、丝路文化交流中心（长安乐）、长安书院等公共文化设施基本建成，小雁塔遗址公园、杜陵邑遗址公园、兴庆宫公园、易俗文化街区等建成开放。推动文化旅游深度融合发展，深入实施加强文化建设促进文化旅游产业融合发展《三年行动方案》，加快推进小雁塔和三学街历史文化片区、西安文化商务区建设，建成曲江电竞产业园、华侨城欢乐谷、恒大童世界等文旅融合项目。全市5A级景区达到5家，规上文化企业达到714家，大唐不夜城入选首批全国示范步行街。

◆疫情防控 2021年底以来，西安遭遇严峻复杂的重大疫情。在习近平总书记亲切关怀和党中央坚强领导下，在孙春兰副总理坐镇指挥下，在国务院联防联控机制陕西工作组科学指导下，省委、省政府主要领导扁平指挥、一线调度，各省市和全省兄弟地市大力支持，市委、市政府和全市干部群众众志成城、共克时艰，广大医务人员白衣为甲、逆行出征，经过艰苦卓绝努力，2022年1月24日全域降为低风险地区，生产生活秩序逐步恢复，用一个半月左右的时间，打赢了这场疫情防控的人民战争、总体战、阻击战。

◆以人民为中心的发展思想 2021年，西安市坚持以人民为中心的发展思想，民生福祉持续改善提升。高质量如期打赢脱贫攻坚战，全市73721户250414人建档立卡户全部脱贫，291个贫困村全部出列，周至县顺利摘帽，持续巩固拓展脱贫攻坚成果同乡村振兴有效衔接。加快建设教育强市，深入实施基础教育提升三年行动，两年累计新建、改扩建学校338所、新增学位32.44万个，招聘教师15433名，较2016年底新增学校444所，群众家门口的学校特别是好学校越来越多。着力打造高标准区域卫生健康中心，实施卫生健康事业重点项目建设三年行动，启动建设13所三级医院，15所区（县）医疗机构，新增床位1.6万张以上。累计新增各级医院39家，新增床位13473张。大力改善城市人居环境，扎实推进“三改一通一落地”，改造老旧小区1861个，面积2359万平方米，改造提升城中村（棚户区）64个、背街小巷599条，打通经九路等断头路59条，落地架空线缆1053.7公里。

◆加强党的领导 2021年，中共西安市委坚持和加强党的全面领导，推动全面从严治党向纵深发展。持续强化理论武装，扎实开展党史学习教育，深入开展“我为群众办实事”，在学史明理、学史增信、学史崇德、学史力行中坚决做到“两个维护”。打造忠诚干净担当的高素质干部队伍，坚持好干部标准，强化重担当重实干重实绩重基层的选人、用人导向，大力弘扬“勤快严实精细廉”作风，推动形成干事创业的良好局面。大力加强党的基层组织建设，统筹抓好城市、国企、高校、机关等领域党建工作，打造“民有所呼、我有所行”基层党建品牌。大力保障基层社区工作待遇和工作场所，全市社区工作者平均每月涨薪1200元，社区办公场所新增面积9.5万平方米。持续营造风清气正的政治生态，扎实推进中央和省委巡视反馈问题整改，深化常态长效推进赵正永严重违纪违法案以案促改，扎实做好强小安严重违纪违法案以案促改，深入开展政法队伍教育整顿，严肃换届工作纪律，严肃查处一批重点领域和群众身边的腐败案件，一体推进不敢腐、不能腐、不想腐，风清气正的政治生态进一步巩固。

◆中国共产党西安市第十三届委员会第十二次全体会议 2021年1月6日，中国共产党西安市第十三届委员会第十二次全体会议举行。全会总结2020年工作，安排部署2021年和“十四五”时期经济社会发展工作，审议通过《西安市国民经济和社会发展第十四个五年规划和二〇三五年远景目标纲要（建议稿）》。省委常委、市委书记王浩代表市委常委会报告2020年工作，安排部署2021年任务。市委副书记、市长李明远作《纲要（建议稿）》说明。市委常委在主席台就座。全会认为，2020年是西安发展进程中极不平凡的一年。面对异常严峻的挑战和前所未有的压力，全市上下深入学习贯彻习近平总书记来陕考察重要讲话精神，坚定不移贯彻新发展理念，贯通落实“五项要求”“五个扎实”，统筹推进疫情防控和经济社会发展，扎实做好“六稳”工作、全面落实“六保”任务，突出抓好十项重点工作，先进制造业强市建设迈出坚实步伐，重点项目拉动投资高位增长，重大基础设施建设取得突破进展，生态环境质量持续好转，改革开放迈上新台阶，文化旅游融合发展步伐加快，民生福祉得到明显改善，全面从严治党呈现新气象，较好地完成收官年、攻坚年、突破年主要目标任务，各项事业取得新进展新成效、党的建设迈上新台阶。现职市级领导同志，西安警备区司令员、政委，西安文理学院院长；市级部门及市属单位主要负责同志；党的关系在市上的省属部门、部分驻市单位主要负责同志；不是市委委员、市委候补委员的区县、开发区、西咸新区各新城负责同志，各镇（街）党（工）委书记；市级各民主党派主委、市工商联主席；西安市党的十九大代表；市第十三次党代会基层一线代表等列席会议。

◆中国共产党西安市第十三届委员会第十三次全体会议 2021年7月28日，中国共产党西安市第十三届委员会第十三次全体会议举行。全会总结2020年上半年工作，观摩部分市级重点项目，研究部署下半年任务，动员全市上下弘扬伟大建党精神，坚定不移走高质量发展之路，凝心聚力新时代追赶超越，达到了统一思想、坚定信心、明确任务、凝聚力量的目的。全会由市委常委会主持。省委常委、市委书记王浩讲话。市委副书记、市长李明远部署经济工作。市委副书记韩松出席。市委常委在主席台就座。市委委员、市委候补委员出席会议。全会认为，2021年以来，全市上下深入学习贯彻习近平总书记“七一”重要讲话和来陕考察重要讲话精神，坚持稳中求进工作总基调，立足新发展阶段、贯彻新发展理念、融入新发展格局，以十项重点工作实现新突破贯通落实“五项要求”“五个扎实”，以实际行动庆祝建党100周年，推动党史学习教育走深走实，全运会各项筹备工作基本就绪，推动高质量发展迈出坚实步伐，城市基础设施建设取得重大突破，生态环境质量持续好转，文化旅游融合发展步伐加快，民生改善成效明显，常态化疫情防控有力有效，干部队伍呈现新形象新面貌，各项工作取得新气象新作为。现职市级领导同志；市级部门及市属单位主要负责同志；党的关系在市上的省属部门、部分驻市单位主要负责同志；不是市委委员、市委候补委员的区（县）、开发区、西咸新区各新城负责同志，各镇（街）党（工）委书记；市级各民主党派主委、市工商联主席；西安市党的十九大代表；市第十三次党代会基层一线代表等列席会议。　（石康桥）

中共西安市委常务委员会委员
（以2021年年底在职为准）

书　记　方红卫
副书记　李明远　韩　松
常　委　卢力群　康　军　杨晓东
　　　　张　琳　杨广亭　王晓林
　　　　刘海成　马鲜萍

市委工作机构

中共西安市委办公厅
市委秘书长　杨晓东
市委副秘书长　张友社　孙怀国
　　　　陈晓军　蒋　炜
　　　　李智平
办公厅主任　蒋　炜
办公厅副主任　濮斌锋
市委督查专员　吕哲民　周晓飞
　　　　李培荣（女）

中共西安市委组织部（市委非公有制经济组织和社会组织工作委员会、市公务员局、市人才工作局）
部　　长　王晓林
常务副部长　连　智（正局长级）
副　部　长　梁晚晴（女，兼）
　　　　李继红（女，兼）
　　　　张　勇　张海舟
部务委员　宋勇军　张　凯
纪检监察组组长　许　浩

中共西安市委宣传部〔市政府新闻办公室、市新闻出版局（市版权局）〕
部　　长　张　琳
常务副部长　廉宏伟（正局长级）
纪检监察组组长　马小莉（女）
副部长、市新闻出版局（市版权局）局长
　　　　刘新锋

中共西安市委统一战线工作部（市政府侨务办公室、市委台湾工作办公室、市政府台湾事务办公室）
部　　长　贠笑冬
常务副部长　张少纯（正局长级）
副　部　长　李永奇（兼）
　　　　孙杏娟（女）
纪检监察组组长　刘凯军
副部长、市委台办（市政府台办）主任
　　　　杨社会

中共西安市委政法委员会
书　　记　韩　松
常务副书记　常　青（正局长级）
副　书　记　陈　哲（兼）
　　　　何　林（女）

中共西安市委政策研究室（市委深化改革领导小组办公室）
主　任　孙怀国
副主任　严　磊　畅新征
市法学会专职副会长　黄必方

中共西安市委网络安全和信息化委员会办公室（市互联网信息办公室）
主　任　边雅妮（女）
副主任　张晓宁　袁永君　郑　炜

中共西安市委军民融合发展委员会办公室
主　任　张　驰
副主任　施　萍（女）　彭新宁
　　　　岳智宏

中共西安市委外事工作委员会办公室（市政府外事办公室、市政府港澳事务办公室）
主　任　强　盛
副主任　李晓燕（女）　杨　桢

中共西安市委机构编制委员会办公室
主　任　梁晚晴（女）
机构编制督查专员　张忠芳（正局长级）
副主任　苏立群（满）　顾　蕾（女）

中共西安市直属机关工作委员会
书　　记　杨晓东（兼）
常务副书记　苏俊良
副　书　记　张军利　刘培宏
纪检监察工委书记　白望绪（女）

中共西安市档案馆
副馆长　黄海绒（女）　吴立民

中共西安市委巡察工作领导小组办公室
主　任　杨　帆
副主任　周教育

中共西安市委社会治理和平安建设工作办公室
主　任　陈　哲
副主任　蒙　斌　梁　慧（女）

中共西安市委老干部工作局
局　长　李继红（女）
副局长　汪虎乾　田利民

中共西安市委机要和保密局（市国家保密局、市国家密码管理局）
局　长　王晓军
副局长　张世教　刘元成

中共西安市委党校（市行政学院、西安社会主义学院、西安中华文化学院）
校（院）长　韩　松
常务副校（院）长　张鹏飞（正局长级）
副　校（院）长　史晓英　范建军
　　　　徐　来
校（院）务委员　孙新朝　刘崇刚

中共西安市委党史研究室
主　任　刘伯雅
副主任　张　瑞

西安报业传媒集团(西安日报社)
董事长兼社长、党委书记　张　哲
总编辑兼副社长、党委副书记　张更武
党委副书记　缑发世
副总编辑、党委委员　程建设　杨志宏
　　　　周　立（女）
副总经理、党委委员　李　明（女）

组　织

◆概况　2021年，中共西安市委组织部以开展“组织工作质量提升年”活动为抓手，围绕中心，服务大局，强化思想理论武装，狠抓干部队伍建设，增强基层党建效能，构筑人才集聚高地，推动考核提质增效，倾力打造模范部门，为谱写西安新时代追赶超越新篇章提供坚强组织保证。

◆强化思想理论武装　2021年，中共西安市委组织部深化习近平新时代中国特色社会主义思想教育培训，举办习近平新时代中国特色社会主义思想、“十四五”规划等各类主体班次30期，培训1730余人。围绕党的十九届五中、六中全会精神，培训市级领导33人，市管正职领导干部173人，督促指导区（县）部门做好处级以上领导干部全员轮训，开设学习专栏，上线12门精品网络课程，供全市干部在线学习。扎实开展党史学习教育培训，依托“网上党校”，开通“学E西安”移动端平台，举办“学党史、砺决心”等专题培训4期，培训200余人，举办党史学习教育网络培训，培训处级干部9200余人。落实党性教育“3+1”要求，组织90余名新提拔处级以上领导干部开展延安精神专题培训。组织“讲好党史故事　助力追赶超越”主题演讲竞赛活动，指导录制参赛作品70余部。举办新时代绿色发展和生态文明建设等专题培训班28期，培训1600余人。紧扣脱贫攻坚、乡村振兴、应急处置等内容，将37期基层干部培训班纳入全市计划，实现对全市416名镇街党政正职全员培训。

◆干部队伍建设　2021年，中共西安市委组织部积极稳妥做好干部管理各项工作，用好“三到、三看、三破”选用干部办法和“四个一线”工作机制，注重调动各年龄段干部积极性，市委常委会研究干部任免9次270人，市管干部晋升一级、二级巡视员52名，全市各级运用“三项机制”调整干部1261人。研究提出128个市管班子和1098名市管干部考核等次建议，推荐表彰全省“担当作为好干部”16名，“干事创业好班子”4个。

深化管理体制改革　中共西安市委组织部统筹做好西咸新区等开发区管理体制改革，平稳推进“共管区”移交，全面理顺“直管区”关系。会同市委编办，规范开发区管理机构、领导班子职数、内设机构设置等。稳妥推进阎良区和航空基地“区政合一”，组织召开加快发展座谈会，进一步凝聚合力。

公务员管理　中共西安市委组织部坚持“三三制”原则，审核完成126名同志晋升一级调研员职级工作，规范办理公务员调转任352名，登记备案1931名，梳理汇总和重新认定341家参照公务员法管理单位。做好公务员和参公人员公开招录，全年公开招录公务员和参照公务员法管理单位工作人员961名，开展初任培训、任职培训1403名，公开遴选公务员，补充77名优秀干部到市级机关工作。探索建立全市公务员平时考核制度，全年完成27206人次工资变动审核、审核兑现18806名公务员各类奖金，考核记功890名，督促各单位落实年休假制度，兑现应休未休假工资报酬，调整乡镇工作补贴标准、年限补助标准。

年轻干部培养　中共西安市委组织部组织实施“1361”计划，建立市管副职、中层正职、中层副职和正科级优秀年轻干部信息库，共计1712人，初步实现年轻干部梯次化储备。举办2期西安市中青年干部培训班，先后抽调36名优秀年轻干部参加十四运会、巡视巡察等重点工作。加强选调生个性化、差异化、精准化培养，建立选调生专业人才储备库，为各单位开展专业性工作和调整补充干部队伍时提供人才支持。制定印发《全市年轻干部配备提醒预警制度》，分类施策，区（县）、开发区、市级部门年轻干部的配备目标提出明确要求，督促各单位加强年轻干部管理培养使用。认真做好干部挂职工作，先后选派12名年轻干部赴省级机关、发达地区挂职学习，组织20名干部到乡村振兴任务较重的镇街挂职，帮助年轻干部在吃劲岗位上历练成长。

干部监督管理　中共西安市委组织部组织严格贯彻执行领导干部报告个人有关事项“两项法规”，落实“凡提必查”要求，对市管干部考察对象，区（县）部门处级或相当于处级考察对象，区（县）换届拟提名人选和区（县）本级“两代表一委员”推荐人选的个人有关事项报告进行重点抽查。加大选人用人案件查办，认真做好干部选拔任用“一报告两评议”，配合省委第一巡视组及省委选人用人专项检查。推进组工业务信息化建设，扎实开展干部人事档案专项审核全覆盖工作，抽审77个单位干部档案900余卷。修订《市管干部人事档案材料收集归档工作办法》，完善领导干部信息系统，圆满完成年度党内统计工作和党统专报工作，持续提升干部人事档案管理规范化、信息化水平。

市县领导班子换届　中共西安市委组织部组织抽调精干力量配合中组部、省委组织部做好市级领导班子换届研判、推荐、考察等工作。及时成立工作专班，梳理换届有关政策和程序，倒排时间任务，做好市管干部研判摸底，形成情况报告，确定提名原则，提出初步名单，按程序报省委审理。提前部署干部人事档案、个人有关事项报告核查，沟通人大、政协以及市级相关部门，共同做好代表委员推选、提名、协商、考察、会议研究等筹备工作。坚持教育前置、防患未然，组织学习违反换届纪律警示案例，集中观看警示教育片、全员签订承诺书，切实以案为鉴。开展区（县）换届纪律、换届风气督导检查，重申换届“十严禁”“六个不准”纪律要求，实现全覆盖。

◆**党的基层组织建设**　2021年，中共西安市委组织部旗帜鲜明地抓好党的基层组织建设，增强基层党建效能。

庆祝建党100周年系列活动　中共西安市委组织部推荐表彰全国“两优一先”暨优秀共产党员1名、优秀党务工作者1名、先进基层党组织1个，推荐全省“两优一先”表彰对象78名（个）。全市“两优一先”评选表彰优秀共产党员100名、优秀党务工作者100名和先进基层党组织100个。向63842名符合条件党员颁发“光荣在党50年”纪念章，组织走访慰问5051人。深入开展“我为群众办实事”活动，完成为民办实事项目325个，开展“万名书记讲党课”活动，营造庆祝建党100周年浓厚氛围。

抓党建促乡村振兴　中共西安市委组织部完成镇党委换届，41个镇依法依规选举产生369名镇党委班子成员。顺利完成全市1990个村“两委”换届，“一肩挑”实现100%。建立乡村振兴培训基地，实施“百名村干部学历提升教育工程”，对233名农村干部进行大专或大学本科学历层次教育。轮换全市驻村满2年第一书记和工作队员，新选派第一书记269人，创建49个省级标准化建设示范村，排查整顿67个软弱涣散村党组织。实施抓党建促乡村振兴“六大筑基行动”，落实村干部职业化“1+5”补贴待遇和村级“三项经费”保障体系，夯实乡村振兴基础。

城市基层党建引领基层治理　中共西安市委组织部完成1260个社区“两委”换届，“一肩挑”实现100%。实施“五大提升工程”，打造“民呼我行”党建引领基层治理品牌，配合承办全省党建引领城市基层治理现场会，开设城市基层党建融媒体栏目，提升影响力。全力推进社区工作者职业体系建设，公开招聘本科以上学历社区工作者3000余名，对4300余名社区工作者职业资格进行备案管理。持续推进西安市社区学院建设，验收评定73个“五化”标杆社区党组织，评选“最美社区”10个。在全市选拔216余名基层工作者代表组成观众方阵，圆满完成十四运会开幕式观众组织工作。统筹推进国企、学校、公立医院等领域党建工作，推动形成城市“大党建”格局。

非公企业和社会组织党建　中共西安市委组织部抓好“两个覆盖”，保持党的工作覆盖率100%，积极推动有形覆盖向有效覆盖转化。建成非公和社会组织党建实训基地29个，选派优秀党员干部担任党建指导员，配发工作手册等36000余本，提升党务工作者执业水平，为新组建、基础薄弱或规范化程度较低的60个社会组织党组织开展“六送”服务，举办7期培训班，培训非公和社会组织党组织书记、党建指导员、党务干部和出资人550余名。加强新兴业态党建工作，指导做好互联网、快递物流企业、注册会计师行业等党建，精心打造楼宇商圈党建典型，经验材料被中央党的建设工作领导小组主要领导同志批阅。

党建宣传教育平台建设　中共西安市委组织部印发党代表任期制工作实施意见，制定党代表工作室建设“八有”标准，提前4个月完成全市184个镇街党代表工作室全覆盖。扩大各级先进党代表影响力，建立个人工作室，发挥党代表作用。通过线上、线下联系、组织开展培训等形式，规范党代表管理。着力构建全市党建宣传“1+N”体系，即“古都先锋”智慧党建平台，微信公众号、视频号等N个多样化党建宣传教育载体。完成“古都先锋”微信公众号提质扩容，设置3大版块15个栏目，关注用户数突破28.8万人次，同比增长190.9%，总阅读数671.1万人次，同比增长346.4%，“古都先锋”品牌覆盖面和影响力不断提升。

助力打赢疫情防控阻击战　中共西

安市委组织部建立社区管控指挥机制、工作方案，成立综合协调组、监督检查组和20个一线包抓组，严密社区管控工作体系。向全市党组织和党员发出倡议，全市15万名党员奋战在疫情防控各条战线，建立临时党组织4576个，各级共4.7万名下沉干部奋战在疫情防控第一线，为打赢疫情防控阻击战提供坚强组织保证。

◆人才工作 2021年，中共西安市委组织部积极推进人才队伍建设工作，制定工作方案，细化月度任务清单，协调23家责任单位共同完成全年42项目标任务。指导各区（县）、开发区制定《区域特色人才队伍建设工作提升方案》，形成差异化发展、各具特色的区域人才品牌。梳理市级奖补政策34项，修订形成“强化科技创新和人才队伍建设补充政策”。建立人才发展“闭环”机制，首次实现已认定高层次人才考核评估。

人才“双招双引” 中共西安市委组织部依托进博会、丝博会，组织“双招双引”活动61场，形成《2021年急需紧缺人才需求目录》，累计引进各类人才12万余名，确认引育高层次人才314名。安排6440万元支持“西安英才计划”顶尖和高端人才项目115个，扶持优秀青年人才项目180余个。聚焦先进制造等7个关键领域，培养培训急需紧缺人才36万人次，实施“新锐西商”青年企业家扶持计划，首批选树领军型、新锐型青年企业家近80名。为引进高端人才的用人单位及中介机构发放“西安伯乐奖”15个，兑现奖励370万元。

深化校地融合发展 中共西安市委组织部主动融入秦创原创新驱动平台，参与制定《西安市推进秦创原创新驱动平台建设实施方案（2021—2023年）》及配套政策包。新建院士专家工作站7家、博士后创新基地10个，充分发挥顶尖人才智慧引领、以才聚才作用。开展“城校企”融合发展专题调研，形成《西安市深化“城校企”融合发展系列调研报告》，提出6方面24条对策建议供市委决策参考。积极为企业和高校院所牵线搭桥，开展创新活动122场，推进356项科技成果就地转化。

涵养人才发展生态 中共西安市委组织部高标准建设西安人才综合服务港，实现人才科创成果一体展示、服务事项一站办结、培训交流一应俱全的多层次服务。打造高端人才服务基地（临潼）、人才交流活动中心（长安），为人才提供研学、文旅、康养等高端服务，累计接待12位院士及团队入住。推出468套市级高端人才公寓，配备全套家具家电，保障137名特殊人才、高层次人才及团队核心成员子女择优入学。依托人才服务银行发放“人才贷”等金融产品23.5亿元，为118名高层次人才兑现个人所得税奖励216.9万元。

◆目标考核 2021年，中共西安市委组织部围绕中心、服务大局，推动考核提质增效。牵头建立重点部门联席会商机制，召开3次联席会，研究难点堵点，协商解决方案，2020年度省考全市综合得分名列第一，获优秀等次。严密组织实施2020年度市考，提出全市130个单位考核等次评定意见，表彰优秀单位、追赶超越奋斗奖单位和争先进位奖单位，激发全市追赶超越动能。全面承接、科学转化中省指标，对照国家高质量发展指标体系64项指标，逐条梳理，摸清底数，优化提升西安特色考核制度体系。做好指标分解和数据采集，科学精准提出2021年市考指标框架，结合职能定位、资源禀赋、发展方向，做到指标数量、指标设置、分值权重、目标任务“四个差异化”，推动责任压力传导科学化。

优化完善“十项重点工作”考核，建立各单位平时考核工作台账，月监测季分析，多维度动态评价各单位平时工作业绩。联合开展迎十四运会城市规划建设管理工作一线考核督查、疫情防控“线上+线下”核查，每季度组织重点项目观摩，利用信息化手段开展观摩路线资料展示、测评结果汇总、反差情况统计上报等。制定常态化提升公众满意度考核工作措施，2021年全市综合满意度比2020年同期提升1.39%。 （丁 博）

宣 传

◆概况 2021年，西安市宣传思想文化战线深入学习宣传贯彻习近平新时代中国特色社会主义思想和习近平总书记来陕考察重要讲话精神，坚决扛起“举旗帜、聚民心、育新人、兴文化、展形象”使命任务，坚持围绕中心、服务大局，稳中求进、守正创新，各项工作取得了新进展新成效。

◆理论武装 2021年，中共西安市委宣传部扎实推动理论武装工作，加强党委中心组学习制度化规范化建设，丰富学习内容，提高学习质量。组织市委中心组学习9次，旁听指导区（县）、部门中心组学习21家。举办“学习贯彻习近平总书记‘七一’重要讲话精神”理论研讨会和学习党的十九届六中全会精神培训班，开办“专家访谈”“专家解读”“理论面对面”等理论学习新媒体栏目。创新做好理论宣传宣讲市级全媒体平台广泛开设“深入学习贯彻习近平新时代中国特色社会主义思想”专栏专题，让新思想牢牢占据首页首条首屏，《西安日报》刊发理论文章130余篇，西安广播电视台播发各类报道近万条次。办好用好“学习强国”西安平台，累计发稿1.3万篇，总浏览量超过5亿次。组建市委党的十九届六中全会精神宣讲团，举办各类宣讲活动1.6万余场，听众超过136万人次，西安“时代新人”宣讲团被中宣部表彰为2021年全国“基层理论宣讲先进集体”。深入开展党史学习教育，精心组织建党百年系列活动，开展“奋斗百年路 启航新征程”等重大主题宣传，主题灯光秀在央视《新闻联播》《东方时空》播出，“唱支山歌给党听”交响音乐会等上百场活动营造了“党的盛典，人民的节日”浓厚氛围。开展“学史践悟促发展 只争朝夕谱新篇”系列主题活动，红色旧址主题党日、看电影学党史、百年历程红色记忆等活动参与人数达410多万人次，“学党史 悟思想”系列知识竞赛吸引800多万人次线上参与。广泛开展“我为群众办实事”实践活动，各级党组织和党员为群众办理实事51904件，建立健全服务群众长效机制2544条。推出以“四最”理念打造高品质安置房等一批典型案例。中央和省委巡回指导给予高度评价，中央媒体刊发经验稿件100多篇。

◆新闻舆论引导 2021年，中共西安市委宣传部做大做强正面宣传，坚持新闻通气会制度，精心策划组织重大主题宣传，举办新闻发布会50余场，全面反映西安经济社会发展新成就。在中省市媒体累计发稿9万余篇（条），网络点击量超73亿次。《人民日报》头版刊发《做优通道 做好平台 做大载体 西安打造内陆改革开放高地》，《光明日报》推出《古都西安焕然一新》，新华社播发西安相关报道2000余条，央视及新媒体累计发稿120余篇。《经济日报》推出《西安聚变——践行习近平经济思想调研记》，总阅读量达到1249.3万人次。推进媒体融合发展，出台西安报业传媒集团体制机制改革方案，优化整合各类资源，集中打造新媒体拳头产品，“西安发布”吸引全市400余家政务新媒体入驻参与内容生产。完成西安广播电视台高清频道建设，成为西部首个同时拥有6个高清播出平台和4K超高清直播能力的广播电视台。西安广播电视台“媒体融合的‘出圈’路”入选全国广电媒体融合典型案例。做好十四运文化宣传工作，聚焦“办一届精彩圆满的体育盛会”目标，推进“三中心”片区夜景提升、开幕式水秀方案设计和城市形象宣传片创作，展现古城璀璨活力。做好开闭幕式观众互动演练、服务礼包、媒体村管理运营等工作。策划组织“服务十四运·奉献我的城”等系列活动900余场，倒计时100天、火炬传递等活动，在中央媒体直播转播话题阅读量超过1亿人次。《聚西安》《来咧》等爆款短视频走红网络，总观看量近9亿次，有力提升了西安城市形象。西安市入选十大“中国国际传播综合影响力先锋城市”。

◆**社会主义核心价值观和精神文明建设** 2021年，西安市委宣传部加强社会主义核心价值观和思想道德建设。持续推进“六进两融入”，命名西安市劳模精神展示馆、葛牌镇区苏维埃政府纪念馆等5个单位为西安市爱国主义教育基地。广泛开展“开学第一课”和思政课大练兵，评选市级德育工作先进集体46个、先进个人79名。积极开展典型引领，深化身边好人、道德模范推荐评选工作，徐立平、王世绍获“第八届全国道德模范”提名奖，9人荣登“中国好人榜”、16人荣登“陕西好人榜”、评选发布“西安好人榜”4期160人（组）。提升群众性精神文明创建水平，按照“六有”标准，建成新时代文明实践中心25个、所175个、站1602个、基地86个，两个文明实践创新案例被中央文明办录选。坚持“每周一看”制度，将创文工作纳入全市“迎十四运会·城市规划建设管理调度会”，制作暗访专题片29期，反映并推动解决问题900多个。整合市数字化城管信息平台和“12345”市民热线大数据，打造“数字化创文”，对市民投诉较多的创文难点热点问题及办理情况进行排名，每周通报，督促整改。开展“行业当标兵 文明迎全运”“塑美创佳争优”“周末哪里去 一起做公益”等文明实践活动，在全社会形成共建共治共享浓厚氛围。

◆**文艺文化工作** 2021年，西安市委宣传部繁荣文艺精品创作。实施“名城、名家、名作”工程和百名优秀青年文艺人才培养计划，成立网络文艺家协会。电视剧《号手就位》《大浪淘沙》《功勋》在全国各大卫视热播，电影《柳青》在全国院线上映，话剧《路遥》入选中宣部“庆祝中国共产党成立100周年优秀舞台艺术作品展演”，《共产党宣言》《红箭 红箭》等在全国巡回演出200余场。加强公共文化服务体系建设，精心组织基层电影放映、千场戏剧演出、文化科技卫生“三下乡”等文化惠民工程，大力开展全民阅读活动。兴庆宫公园、易俗文化街区、长安云、长安乐等一批公共文化项目相继建成开放。大唐西市文旅小镇创建经验被国家发改委作为特色小镇典型全国推广。加大文物保护力度，推动周秦汉唐博物馆群建设，汉长安城大遗址保护项目纳入“十四五”规划和国家文化公园建设体系。推动文化旅游产业融合发展，制定出台《西安市促进文化旅游融合发展补充政策》，安排5亿元专项资金重点扶持文旅产业发展。曲江文化产业集团连续10年入选全国“文化企业30强”。1—10月份，全市共接待游客2.33亿人次，旅游总收入2364亿元，比上年增长50.1%、52.9%，分别恢复到2019年疫前的八成以上。 （史 帆）

统一战线

◆**概况** 2021年，中共西安市委统一战线工作部扎实落实《中国统一战线工作条例》，紧紧围绕市委中心工作，积极凝心汇智聚力，充分彰显统战作为，圆满完成了年度工作任务。

◆**多党合作和政治协商** 2021年，中共西安市委统一战线工作部支持民主党派以深入学习习近平新时代中国特色社会主义思想为主题主线，加强思想政治引领、广泛凝聚共识，通过举办全市统一战线传达学习全国“两会”精神会议，组织市级民主党派领导班子学习贯彻习近平总书记“七一”重要讲话精神宣讲报告会，组织市级民主党派开展季度轮值学习，制定7条工作措施切实支持各民主党派开展中共党史学习教育等活动，引导全市民主党派深刻领悟“两个确立”的决定性意义，不断增强“四个意识”，坚定“四个自信”，做到“两个维护”。召开各类协商会6次，特别是《西安市机动车辆停车条例》组织的政党协商，共提出意见建议87条，政府采纳31条，采用率高达35.6%。组织民主党派围绕中心工作开展调研，形成112份调研报告。组织民主党派开展安全生产专项民主监督，提出建议34条。专题学习“三个纪要”，制定《关于民主党派活动场所和经费保障的意见》，协助成立4个区级工委、10个支部等，推动多党合作事业不断发展。

◆**非公经济统战** 2021年，中共西安市委统一战线工作部大力宣传民营经济发展政策，开展线上、线下辅导活动7次。制定《关于规范政企交往行为构建亲清政商关系的意见》，明确正负面清单，厘清交往边界。开展2次政企沟通座谈会、为期2个月的“法治体检进民企”、与16名民营经济代表人士“一对一”谈心活动等，举办“新生代助力两链融合交流座谈”“2021年全球硬科技创新大会”新生代企业家创新发展主题分论坛活动，召开“万企兴万村”行动部署动员暨项目推介会。实现调研走访制度化、程序化、常态化，及时了解民营企业生产经营情况，协调解决企业遇到的实际问题。形成《民营经济发展情况调研分析报告》，建立联席会议制度，对《加强新时代民营经济统战工作重点任务分工方案》开展督查，筹备工商联换届工作，在践行亲清政商关系中服务“两个健康”。

◆**民族宗教** 2021年，中共西安市委统一战线工作部深入学习中央民族工作会议和全国宗教工作会议精神，举办铸牢中华民族共同体意识专题讲座暨“陕西省铸牢中华民族共同体意识研究基地”授牌活动，制定《深化新时代学校民族团结进步教育指导纲要》，精心挑选4所中小学开展铸牢中华民族共同体意识教育试点工作，开展民族团结进步宣传月活动等，建成23个民族流动人口服务工作站等，建立突发事件联动处置机制，推进各民族交往交流交融。全力做好宗教领域“三项重点工作”，制定《实施方案》《整改方案》，印发《关于防范向未成年人传教的工作方案》等4个文件，进行2轮调研督导，确保工作成效。全力推进问题整治整改，圆满完成中央第十二巡视组反馈意见涉宗教问题整改工作，确保宗教领域和谐稳定。

◆**党外知识分子** 2021年，中共西安市委统一战线工作部认真贯彻落实中央《关于加强新时代党外知识分子思想政治工作的意见》要求，扎实开展“无党派人士、党外知识分子学党史、跟党走”主题教育，制定下发活动方案，指导推动全市各级统战部门组织开展各类活动266场，万余人次参加。充实党外知识分子人才库300余人，组织开展“知国情、看成果、出高招”活动，承办欧美同学会全国首届双创大赛总决赛，举办留学人员招聘节活动，持续推进海归小镇建设等，认真做好党外知识分子统战工作。重点打造西安软件园——网络人士统战工作实践创新基地，指导区（县）建立21个实践创新基地、成立8个新的社会阶层人士联谊会，制定《新的社会阶层代表人士培训计划（2021—2025）》，建立140名网络宣传骨干队伍，召开网络作家座谈会等，扎实做好新的社会阶层人士统战工作。

◆**港澳台侨和海外统战** 2021年，中

2021年10月16日，西安市第二期新生代民营企业家领军人才研修班在西北大学开班

共西安市委统一战线工作部以活动为纽带，举办“唱支山歌给党听”专场音乐会，承办“第二届海峡两岸婚姻家庭联谊活动”，开展“台胞非物质文化遗产探究与体验活动”等。以服务为抓手，协调解决香港国际城配套办学、816名台胞疫苗接种、16起涉台纠纷、168名早期归侨和特困归侨侨眷发放困难生活补（救）助金等。以制度为保障，制定《海外联谊会加强理事联络工作机制》，召开海外联谊会第四届理事大会，开展《关于促进西安与台湾经济文化交流合作的实施意见》落实情况督查，制定《关于加强新时代海外统战工作的实施意见》《海外统战工作协作机制》，新增2个中国华侨文化交流基地，汇聚推动西安高质量发展的智慧和力量。

◆党外队伍建设 2021年，中共西安市委统一战线工作部完成市级统战系统单位30多名干部的提拔使用和职级晋升工作，推荐1名干部到市“十四运”指挥部挂职锻炼，推荐4名干部持续参与全市“三河一山”绿色廊道建设，抽调3名干部驻村帮扶，招聘2名西安统战文化交流中心事业编制人员。制定《全市统一战线2021年教育培训计划》，积极开展教育培训，全年共协调举办各类培训班9期，参训学员450人。其中3月举办的全市统一战线党的十九届五中全会精神和《中国共产党统一战线工作条例》专题研讨班、依托西北大学创新举办为期两年的“西安市新生代民营企业家领军人才研修班”，旨在重点培养一批领军型、创新型、复合型、科技型人才，为我市实现追赶超越提供强大支撑。

◆统战理论研究和宣传信息 2021年，中共西安市委统一战线工作部与市社科院合作，将理论研究重点课题列为社科规划基金统战专项课题，提高社会参与度，《自媒体时代网络意见人士统战工作创新研究》等9个课题立项并顺利结项。利用西安统一战线微信公众号，深入报道全市统一战线开展的“携手新时代·永远跟党走”为主题的各类活动、党史学习教育心得体会、“我为全运献良策”等，共发布191期。协助中央媒体采访团在我市3天的采访活动，举办市委统战宣传信息工作培训班，编辑《西安统战情况交流》12期、《统战信息专报》2期，向中央和省委统战部上报各类信息138条，采用47条。（陆 艳）

政策研究

◆概况 2021年，中共西安市委政策研究室在中共西安市委的坚强领导下，坚持以习近平新时代中国特色社会主义思想为指导，深入学习贯彻党的十九届五中、六中全会和习近平总书记来陕考察重要讲话重要指示精神，聚焦主责主业，主动担当作为，发挥以文辅政作用，高标准完成各项年度目标任务。

◆建言献策 2021年，中共西安市委政策研究室充分发挥参谋助手作用，高质量起草完成市委重大综合文稿16项、参与市委主要领导讲话材料、重要文件研究制定等工作，服务中心的主动性、实效性不断增强。

承担市委重大综合文稿起草 中共西安市委政策研究室承担并高质量完成《西安市国民经济和社会发展第十四个五年规划和二〇三五年远景目标纲要》编制工作，市第十六届人大第六次会议审议通过并印发执行。围绕市委第十四次党代会筹备，在全面总结十三次党代会以来经济社会发展成果的基础上，对西安未来发展的目标路径进行深入研究，起草完成《高举伟大旗帜全力追赶超越全面开创国家中心城市建设新局面 奋力谱写西安高质量发展新篇章》党代会报告（初稿）。按照市委工作安排，对贯彻落实习近平总书记来陕考察重要讲话精神的经验做法、生动实践和实际成效进行全面总结回顾，形成《牢记殷殷嘱托扛起使命担当全面开启西安国家中心城市建设新征程》经验材料，在省委《陕西工作交流》刊发交流。

重要文件研究制定 中共西安市委政策研究室为推动中央和省委巡视组反馈问题整改，研究制定《市委关于加强和改进调查研究工作的意见》《关于进一步加强市委常委会调查研究工作的规定》《关于加强市委常委党风廉政建设专题调研的规定》等10项党内规范性文件，有力推动全市工作落实。按照市委安排部署，认真履行调研、改革工作职责，制定出台《关于贯彻落实习近平总书记来陕考察重要讲话专题调研的分工方案》《关于贯彻落实〈陕西省全面深化改革三年行动计划（2020—2021）〉重要改革举措分工方案》等重要文件，确保中央和省委决策部署体现在政策制定、任务部署、推进落实的全过程。

◆调查研究 2021年，中共西安市委政策研究室紧紧围绕经济高质量发展、民生领域重点难点问题、基层治理创新三分方面，充分发挥调查研究辅政作用，组织全体干部和智库专家委员积极建言献策，资政辅政的智囊智库作用得到充分展现。

围绕经济高质量发展开展调研 中共西安市委政策研究室按照“紧贴中心、主动作为、服务大局”的思路，围绕经济高质量发展扎实开展调查研究，起草形成《关于加快打造千亿级新材料新能源产业集群的对策建议》《关于培育壮大西安生物医药产业的对策建议》《关于创新体制机制支持西咸新区加快高质量发展的调研报告》《关于我市汽车产业链发展现状的调研报告》《关于西安民营经济发展情况的调研报告》等调研报告17项。其中3项获市委主要领导批示肯定，5项在省委政研室、省委改革办《调研与决策》《改革工作动态》刊发交流。

紧盯民生领域难点问题开展调研 中共西安市委政策研究室着眼“民有所呼、我有所行”，结合“我为群众办实事”实践活动，紧盯群众期盼、社会关切的热点难点问题，针对市民群众身边的教育、医疗、养老、人居环境等急难愁盼问题扎实开展调查研究，起草形

成《关于加快建设高质量养老服务体系的调研报告》《关于“三河一山”绿道建设推进情况的调研报告》《简单的幸福不简单——周至县渭丰村老年幸福院调研》《关于西安产业扶贫的调研与思考》《老年人吃饭不再难——韩森寨街道创建“饭大爷”品牌的实践》等9项调研报告。其中，2项获省、市领导批示肯定，3项在《调研参阅》《今日西安》刊发交流。

围绕基层治理创新开展调研　中共西安市委政策研究室坚持以高质量党建引领高质量发展，突出党建引领基层治理的创新性做法，聚焦宣传推广西安市基层党建典型经验，扎实开展调查研究，起草完成《西安市党建引领基层治理模式调研》《高新区丈八街道党群服务中心的创新实践》《新时代党性教育的创新实践》3项调研报告。其中，1项被中央政研室主办的《学习与研究》刊发交流，2项在省委政研室主办的《调研与决策》刊发交流，3项均在《西安日报》宣传推广，2项分获市直机关工委优秀党建调研成果一、二等奖。

◆深化改革　2021年，中共西安市委政策研究室按照“上下同心抓改革、重点突破促发展”的思路，认真履行改革办职责，制定年度改革要点，统筹安排年度改革任务责任分工、市级领导领衔包抓重点改革任务、拟提交会议审议的重要改革方案。先后3次筹备召开市委深改委会议，及时传达学习中央和省委深改委会议精神，研究审议重点改革方案。坚持从群众身边的急难愁盼问题入手，在全面承接省委深改委小切口改革事项的基础上，大力推进西安市小切口“微改革”，其中同城通办、交房即交证、异地就医结算等改革事项取得良好社会评价。

创新机制抓调度　创新建立市委深改委会议重点议题调研机制，跟进指导重大改革方案制定出台，严格预审把关，广泛征求意见，确保制定出台的改革方案具有针对性、科学性、可行性。严格落实新闻发布制度，积极回应社会群众关切，建立健全改革联系制度，每季度召开专项小组联络员和区（县）开发区改革办主任会议，定期通报任务进度、点评改革成效、传导责任压力，倒逼改革任务落实落地。修订完善全面深化改革季度考核办法，严格落实“季度调度、季度点评、季度考核、季度排名”推进落实机制。

强化督查抓整改　坚持把督查调研作为推动改革落实的重要抓手，完善全面督查和提醒督办机制，通过自查自纠、个别访谈、查阅资料、实地调研等方式，深入开展督查调研，督查整改问题27个，推动重点改革任务落地见效。扎实推动省委巡视反馈问题整改落实，及时成立整改工作专班，组织召开整改推进会，对反馈问题逐一分析研判，逐项明确责任人和完成时限，进一步传导责任压力，推动反馈问题及时整改到位，得到市委专班充分肯定。

注重宣传抓成效　积极拓展宣传渠道，及时向《人民日报》《光明日报》等主流媒体报送改革亮点成效，创新主办《改革简报》，以此交流工作、推广经验、通报情况，推动改革工作有力开展，全年编发《改革简报》24期。加大典型总结推广力度，全年推出100余项改革创新做法（其中10项创新做法获省委省政府主要领导批示肯定，18项改革案例获中省奖励，37项改革经验被中省复制推广，9项案例被评为全省优秀改革案例，2项入围中国年度优秀案例），改革成果为历年最多，省考核心指标居全省第一。

◆内刊编辑　2021年，中共西安市委政策研究室坚持“围绕中心、服务大局”的办刊思路，认真做好《今日西安》《调研参阅》编辑工作，紧扣十四运会、疫情防控、高质量发展等重点工作确定主题抓策划，不断丰富刊物内容，优化版面设计，强化组稿撰稿工作，全年编发《今日西安》12期、《调研参阅》9期，及时宣传解读市委重大决策部署，充分展示创新发展成就，促进典型经验推广应用。把决策咨询作为服务决策的重要途径，断拓宽智库合作渠道，定期组织决咨委专家委员结合自身专业和研究方向，围绕经济社会发展热点难点问题建言献策，采取咨询会、座谈会、智库联盟等形式，认真组织课题攻关，有针对性提出咨询意见、建议，全年立项课题15个，均完成结项。编辑印发《决策咨询建议》31期，其中4项获市委、市政府领导批示肯定，多项调研成果被相关部门吸收采纳，较好为市委、市政府科学决策提供了依据。（王怡鹏）

机构编制

◆概况　2021年，中共西安市委机构编制委员会办公室主动融入新发展格局，紧紧围绕全市中心工作，聚焦高质量发展主题，大力优化相关领域体制机制、机构设置、职能配置和编制配备，认真履职尽责，推动全市机构编制工作取得新突破、新进展、新成效。

◆坚决贯彻落实习近平总书记来陕考察重要讲话重要指示　2021年，中共西安市委机构编制委员会办公室围绕秦岭保护工作，督促检查《秦岭范围内生态环境保护责任清单》落实，及时调整市秦岭保护局“三定”规定相关内容，确保省、市《条例》贯彻落实。围绕文物保护工作，加强市文物监督执法、勘查等机构的编制保障，各区（县）相关工作部门均加挂区（县）文物局牌子，强化文物保护编制配备。围绕“办一届精彩圆满的体育盛会”目标，为全运村赋码发证、加强体育训练、交通出行机构编制等方面提供保障。

◆开发区体制改革　2021年，中共西安市委机构编制委员会办公室及时完成西安（西咸新区）——咸阳市共管区机构编制的移交、中央和省级部门驻区机构相关授权及机构编制的划转工作，制定印发《西咸新区党工委（管委会）及所属新城职能和机构优化调整方案》，为西安市全面管理西咸新区，促进西咸新区创新和高质量发展提供体制机制保障。积极协调争取中央编办和省委编办的支持，科学制定市级实施方案及区（县）工作方案，首次指导市属各开发区制定“三定”规定并以市委办公厅、市政府办公厅文件印发。市属开发区内设机构精简比例达58.5%，各区（县）所属开发区由原来的21个精简为13个，精简比例为38%。将行政区与开发区218项重叠事项整合为94项，会同市行政审批局印发《开发区行政许可事项清单通用目录（239项）》《开发区政务服务事项通用目录（282项）》，制定公布开发区政务服务事项清单共1507项，进一步方便企业和群众查询办事，提升开发区审批服务规范化、便民化水平。

◆基层管理体制改革　2021年，中共西安市委机构编制委员会办公室联合印发《深化镇体制机制改革的指导意见》，指导周至县、蓝田县及相关开发区全面开展镇体制机制改革工作，初步构建起权责对等、运行高效、保障有力的基层管理体制，两县统一设置镇乡村振兴、林业保护等机构，使机构设置更加贴近基层实际和地域化发展需求。

◆综合执法体制改革　2021年，中共西安市委机构编制委员会办公室完成5个领域综合行政执法支队法人登记，设立综合执法支队党的机构和纪检监察机构。完成市和区（县）应急综合执法改革工作任务。

◆机构编制保障　2021年，中共西安市委机构编制委员会办公室在严控总量的同时，加大管理创新力度，积极探索统筹使用各类编制资源的有效途径和办法，着力加强涉及经济社会发展、重大民生、疫情防控等方面工作力量。

教育强市编制保障　中共西安市委机构编制委员会办公室落实中央“双减”部署，加强市教育局机构和监管工作力量。发挥“周转池”和人员总量控制备案管理的作用，为全市共计239所新建及改扩建学校做好机构编制保障，完成全市中小学教职工编制市、区（县）两级全面达标。完成西安职业技术学院、西安铁路职业技术学院人员总量控制备案管理，保障全市高等教育事业发展。

疫情防控编制保障　中共西安市委机构编制委员会办公室完成市、区（县）两级疾控和卫生监督编制达标，制定出台《进一步完善西安市社区卫生服务机构设置和编制标准的实施方案》《西安市乡镇卫生院机构设置和编制标准的实施意见》，加强乡镇卫生院和社区卫生服务中心工作力量。出台《西安市市属公立医院实行人员总量控制备案管理的实施意见》，为全市11家市属公立医院核定人员总量13421名。

秦创原创新驱动平台体制机制建设　中共西安市委机构编制委员会办公室在市科技局机关和下属科技大市场同步增强秦创原建设职能职责和机构编制，在西咸新区、7个市属开发区相关机构加挂秦创园创新驱动发展办公室牌子，推动全市科技产业高质量发展。

◆巩固深化机构改革成果　2021年，中共西安市委机构编制委员会办公室着力巩固深化机构改革成果，围绕改革发展需要，健全完善市和区（县）运行顺畅的工作体系。

优化完善机构职能　中共西安市委机构编制委员会办公室完成市和区（县）人大常委会机关、政协常委会机关“三定”规定的制定印发。完成市和区（县）乡村振兴局的组建及西安开放大学更名等工作。完成全市行政复议体系改革任务，设立长安书院管理服务中心、市科技馆等机构，对生态环境、政务服务、养老、军民融合机构进行加强。

深化事业单位改革　中共西安市委机构编制委员会办公室对全市经营类事业单位改革进行自查，做好碑林区全省事业单位改革试点工作任务评估工作，制定出台《关于规范市属事业单位内设机构及领导职数管理的意见》，促进机构编制精细化、规范化管理。

◆法治化建设　2021年，中共西安市委机构编制委员会办公室深入学习贯彻习近平法治思想，统筹推进机构编制法规制度落实。

健全完善制度办法　中共西安市委机构编制委员会办公室持续加强《中国共产党机构编制工作条例》及其配套法规的学习，列入干部教育培训计划和领导上讲台内容，对《条例》落实情况进行检查。市级和部分区（县）制定印发《机构编制事项合法合规性审查办法》，修订完善《西安市机构编制管理评估工作办法》，做好机构编制年度报告、规范性文件备案审查和党务公开等工作。

做好机构编制督查评估　中共西安市委机构编制委员会办公室配合省委编办开展第二次全国机构编制核查、机构编制管理专项督查。对重点改革任务进行督查评估工作，对30多个市级部门落实“三定”规定开展评估，督促整改存在问题，强化刚性约束。

◆机构编制管理　2021年，中共西安市委机构编制委员会办公室以信息化、数字化为引领，推进“智慧编办”系统建设，为各项改革和管理工作提供有力的服务支撑。

机构编制信息化建设　中共西安市委机构编制委员会办公室完成西安市机构编制实名制系统的研发，印发《西安市机构编制实名制信息部门间共享办法（试行）》，充分发挥实名制系统基础平台的作用。

年度用编计划管理　中共西安市委机构编制委员会办公室制定出台《西安市机构编制实名制月报更新信息联合审核办法（试行）》，组织开展全市实名制信息核查。

事业单位登记管理　中共西安市委机构编制委员会办公室顺利完成年度事业单位法人年报工作，实现全流程网上办理。强化事业单位公益服务监管，统一组织开展事业单位法人“双随机，一公开”实地核查248家，核查比例达到7.2%。（贾　赛）

外　事

◆概况　2021年，西安市外事工作坚持党对外事工作的集中统一领导，坚持全市外事工作服务国家总体外交、服务经济社会发展，服务“一带一路”建设，紧扣“追赶超越”目标，围绕“谱写高质量发展新篇章”重大使命，加强总体谋划，协调推进各领域对外开放，创新工作机制和方式方法，进一步提升全市外事工作水平。

◆重大外事活动　2021年，在新冠肺炎疫情全球肆虐的情况下，西安市外事工作努力打造国际交流平台，深挖渠道资源，积极创新对外交往方式，加强对外交流与合作。

服务国家总体外交大局　圆满完成在西安市举行的疫情之后首个线下高级别外交活动——“中国+中亚五国”外长第二次会晤各项保障任务。

积极传播中国声音　承办“丝路起点·世界绽放”2021全球驻华使节西安经贸文化之旅活动，邀请51个国家和社会组织、102位驻华使节展开多领域、深层次对话交流。组织举办“一路有你·全运有约”活动，来自10个国家10位驻华大使夫人以及使馆参赞等11位嘉宾深入体验古城西安。完成22国驻华使节团参访西安中欧班列运营中心、西安爱菊粮油工业集团等地的接待保障任务，展现西安悠久厚重的历史文化和改革发展的新面貌。在全国对外友协主办的“匠

2021年7月8日，“一路有你 全运有约”驻华大使夫人西安行主题活动举办

心筑梦·大爱无疆”国际友好日活动中向18国驻华大使及69个国家的1000余名在华各界友好人士展示西安深厚的历史文化底蕴，推介西安领事馆区建设及十四运会。

发挥国际组织平台作用 举办西安市世界城地组织地方行动港国际公务员短期培训项目、欧亚经济论坛“面向未来：地方政府治理与可持续发展会议”，实现从参会到办会的突破。参加世界城地组织框架下的83场线上会议，西安市当选亚太区执行局、理事会会员城市，并获2022年亚太区第一次执行局会议的举办权。在国际舞台上发表多个西安案例，“世界文化大都市的复兴——大明宫遗址保护项目”获文化委员会优秀实践奖。积极参加世界历史都市联盟第十七届历史都市大会和G-Global 21世纪世界大会“全球丝绸之路市长论坛”等多边交流会议。

外事助力经济发展 充分利用全国友协“国际友好日”等国际交流平台，开展“千年古都·常来长安”文旅品牌以及文旅资源、文创产品推介活动，西安市展示区成为全场焦点。全年协调安排市委、市政府主要领导会见三星大中华区总裁、太古集团全球主席等外事活动22批234人次。

◆涉外疫情防控 2021年，西安市外事工作坚决贯彻落实外交部和省、市新冠肺炎疫情防控指挥部工作部署，严密落实“外防输入”工作，不断优化涉外环境，全面提升服务能力，提升城市对外开放能级。以中、英、日、韩、法、俄等多语种形式通过官网和微信公众号每日向外籍人员发布本市疫情情况。积极做好外国使团人员入境西安相关疫情工作，全年接待入境西安隔离转运外交人员含31个国家，3个国际组织，4位大使，共计73批138人。

◆涉外管理 2021年，西安市印发《关于进一步加强因公临时出国事中事后监督管理工作的实施办法》，优化审批工作流程，实现审批、政审同时进行。首次要求填报《西安市因公出访成果责任落实清单》，加强出访绩效评估及成果落实。更新出入境业务受理大厅设施设备，改进收费模式，实现签证（APEC商务旅行卡）、领事认证代办费在线收缴。服务效率和满意度有效提高。修订《西安市涉外突发事件应急预案》，处置涉外突发事件能力进一步增强，全年妥善处理领事保护案件17起、涉外案（事）件39起。

◆涉外服务 2021年，西安市优化全市国际语言环境，出台西北地区第一部语言规范地方标准《西安市公共场所标识语英文译写规范》，有效服务“十四运”。建设“爱上西安”App平台，为在西安工作、学习、生活的外籍人士提供更加精准便捷的服务。

◆友好城市交流合作 2021年，西安市外事工作认真贯彻落实习近平总书记关于友城工作指示精神，疫情之下，创新方式，不断拓展西安的全球伙伴关系网络，尤其加强西安与“一带一路”沿线地区、“中欧班列”节点城市、东亚西亚南亚等城市的友好交流。在陕西省百对国际友好城市结好庆祝大会上，西安市市长李明远与摩尔多瓦首都基希讷乌市市长扬·切班签署建立友好城市关系协议书，两市正式结好，西安市国际友好城市达31个国家38个城市，在副省级城市中名列前茅。全年新增4个友好交流城市，共与41个国家67个城市区（县）结为友好交流城市。

◆民间对外友好交流 2021年，西安市外事工作部门开展形式多样的民间对外人文交流活动。与日韩媒体联动，举办“迎十四运——中日韩友好城市樱花秀”引起多家央媒关注。与俄罗斯圣彼得堡市共同举办“欢乐新春”线上活动。举办“我眼中的世界”——国际友城青少年绘画作品展，9个国家11个友城的125幅画作参展。参加中国—土耳其民间友好合作对话会、“促进中日韩地方政府合作”研讨会、韩国世宗智慧城市国际论坛等20余次线上交流活动。在地铁北客站站点组织举办芬兰科沃拉市赠送西安市木熊工艺品揭幕仪式。征选56幅少儿绘画作品参加“京都国际友城少儿绘画作品展”。李明远市长分别为西安市5个友好城市举行“城市日”活动录制祝贺视频。制作完成熊猫表情包及二十四节气熊猫微信贺卡并赠送国际友城、国际组织、驻华使（领）馆及国际友人。 （徐醒洲）

老干部工作

◆概况 2021年，中共西安市委老干部工作局坚持以习近平总书记关于老干部工作的重要论述为根本遵循，突出隆重庆祝中国共产党成立100周年这个主题，紧紧围绕全市中心工作，积极服务追赶超越大局，强化责任担当，积极主动作为，不断推动全市老干部工作高质量发展迈上新台。

◆离退休干部党的建设 2021年，中共西安市委老干部工作局紧紧把握离退休干部政治建设这个关键，把学习贯彻习近平新时代中国特色社会主义思想和来陕考察重要讲话重要指示作为首要政治任务，依托离退休干部党支部、老年大学、老干部活动中心等，采取支部学习、座谈交流、辅导报告和送学上门等方式，先后举办全国“两会”、习近平总书记“七一”重要讲话精神、十九届六中全会精神、国际形势、科学技术等专题报告会6次，引导广大老同志深刻领会丰富内涵及精神实质，增强“四个意识”、坚定“四个自信”、做到“两个维护”。组织市（局）级离退休干部参观考察西安奥体中心场馆建设及运行情况，“三河一山”绿道项目推进情况，丹凤门广场及周边市政配套工程、幸福林带、兴庆宫公园改造提升项目，通过参观考察，广大离退休干部对市委、市政府近年来卓有成效的工作给予高度认可和赞扬。深入开展党史学习教育，印发《关于开展党史学习教育的实施方案》，举办读书班和辅导报告会、学习答题、“党的故事我宣讲”等活动。参观西北人民革命大学旧址，开展“学史悟思想强根铸魂 奋进新时代追赶超越”主题系列教育活动，组织广大老干部老党员收看4场网上专题报告会，收到学习体会200余篇。开展离退休干部“喜迎百年华诞、助力追赶超越”学习答题活动，全市4万余名老同志参与，推动党史学习教育往实里走往深里走。制定《西安市离退休干部党支部标准化规范化建设指导标准》，开展离退休干部党支部评星晋级和全省示范党支部争创，推选22个离退休干部党支部争创全省示范党支部，36个“五星级”标准党支部报省委老干局审批，为陕西省最多。

◆离退休干部服务管理 2021年，中共西安市委老干部工作局认真落实“用心用情、精准服务”重要指示，扎实开展“我为群众办实事”实践活动，统筹疫情防控，不断提升精准服务质量。持续深化“六联六送六必看”工作机制，坚持落实“月问候”制度，对《西安市离休干部定点医疗机构优先就医实施办法》和“五优先”执行情况进行督导检查。分别于春节和“七一”前夕，配合市级党政领导走访慰问74位市级老领导和5位红军老战士。克服疫情影响，采取多种形式慰问4名易地安置离休干部。严格落实政治生活各项待遇，分2批次组织市级离退休干部到临潼区健康疗养，并组织参观考察，邀请西安交通大学、火箭军工程大学教授围绕信息技术、数字经济、国际形势、中美关系等进行2场辅导报告。扎实做好离休干部经费保障和困难帮扶，全年为647名困难离休干部及遗属发放慰问金19.41万元，审核市属企业离休人员医疗统筹经费5024万元，拨付“两项经费”119.75万元、防暑降温费67.518万元，为158名市属企业去世离休干部无工作遗属核拨生活困难补助256.24万元，为69名生活困难离退休干部和离休干部遗属核拨精准帮扶资金36万元。

◆离退休干部发挥作用 2021年，中共西安市委老干部工作局出台《推进离退休干部党建融入城市基层党建助力基层治理三年行动计划（2021—2023年）》，实施“十百千万”工程，创新推进离退休干部党建融入城市基层党建助力基层治理行动，指导各区（县）各单位建立“老党员之家”24个、“老党员驿站”57个、“离退休干部教育基地”10个。积极引导广大离退休干部参与社会道德建设，依托“爱心圆梦·保亿助学”活动，为400名贫困学生发放助学金40万元，组织全市“五老”在青少年中开展社会主义核心价值观教育1500余场次。充实调整西安市离退休干部“银发人才库”，组建7支志愿服务队。印发《关于组织动员全市离退休干部开展“助力十四运·晚霞耀古城”志愿服务活动的通知》，号召和组织广大离退休干部争当美丽西安的宣传员、文明西安的代言人，积极为全运盛会营造良好氛围。组织开展“党的故事我宣讲”巡回宣讲活动，遴选出4名离退休干部组成宣讲团，分别赴西安市各区（县）开展党史宣讲报告会6场。

◆老年教育 2021年，中共西安市委老干部工作局不断提升老年大学办学水平，深化教学改革，打造品牌专业、建设精品课堂。持续推进品牌专业建设，着力增强专业社会影响力。召开品牌专业、精品课堂建设研讨会，制定《品牌专业评定办法》《品牌专业建设和评选实施方案》以及《品牌专业评选及优秀教师奖励实施方案》，形成声乐、摄影、民族民间舞、国画、葫芦丝等校级品牌专业。注重教材编写工作，制定《教材编印工作实施方案》和《教材编印工作时间进度表》，《楷书颜真卿（勤礼碑）》《保健按摩基础》《摄影基础》《中老年瑜伽基础》《葫芦丝教程（一）》《声乐基础》等6本自编教材全部投入使用。科学统筹疫情防控和教学工作，以网络直播等形式免费向老年群体授课，3期43门网上课程，全年授课量达3万余次，填补了“线上”老年教育阵地的空白。持续推进西安老年大学西大街校区提升改造，修改完善《维修改造设计方案》，全力推进项目进展。

◆老干部活动 2021年，中共西安市委老干部工作局组织全市广大离退休干部以“颂光辉历程、赞辉煌成就、助追赶超越”为主题开展庆祝建党100周年系列活动，全市老同志以亲历者、见证者、传承者的身份热情地向党的生日献礼，展示出昂扬的精神风貌和特有的岁月魅力。在西安国际会展中心举办“永远跟党走”庆祝中国共产党成立100周年全市离退休干部书画摄影展，充分表达广大离退休干部永远跟党走的坚定信念。举办“话党史、颂党恩、跟党走”老少座谈会，让新老两辈人共话党的伟大成就。开展“百名老党员说句心里话”微视频征集和“我看建党百年新成就”征文，共收集微视频150余部，征文341篇，通过老同志生动的笔触和镜头全面回顾和记录党的光辉历程。（乔　安）

党史工作

◆概况 2021年，中共西安市委党史研究室围绕市委十项重点工作，聚焦庆祝中国共产党成立100周年，服务全市党史学习教育，不断深化党史研究，着力创新拓展党史宣传教育方法手段，充分发挥以史鉴今、资政育人作用，全力推动党史工作高质量发展。全年编辑出版党史图书7册，开展党史“七进”宣讲、党史活动50多场次。

◆党史图书编辑出版 2021年，中共西安市委党史研究室贯彻落实习近平总书记关于党史工作的重要论述，坚持“把党的领袖人物宣传好、维护好，把党的文献编辑好、出版好，把党的历史和理论研究好、阐释好”的要求，聚焦庆祝中国共产党成立100周年，服务全市党史学习教育，编辑出版7册党史图书。6月25日，由中共西安市委党史研究室编辑、中共党史出版社出版的《西安红色地标》《西安红色年轮》《西安红色星辰》《燎原星火耀古城》出版发行。在八路军西安办事处纪念馆举行以“学党史 悟思想 强信念 谱新篇”为主题的图书发行仪式。仪式上，向革命先辈后人代表、市档案馆、市图书馆等赠送党史图书。这次图书首发式，受到社会各界的关注和欢迎，中央党史和文献研究院、今日头条、凤凰网、《华商报》、陕西电视台、学习强国等20多家新闻和网络媒体进行专题报道。集中推出的这一批党史学习教育读本，为全市深入开展党史学习教育提供鲜活教材。

出版《西安红色年轮》　该书辑录中国共产党西安组织百年发展进程中的重大决策、重大工程、重大事件和重要节点。全书分为四个篇章，每一个篇章里的条目大体按时间顺序排列。全书33万字，由中共党史出版社2021年6月出版。

出版《西安红色星辰》　该书着重反映在新民主主义革命时期，为中共西安组织的创立、发展、壮大及西安解放事业作出重大贡献的中共党员的卓著功绩、感人事迹。全书36万字，由中共党史出版社2021年6月出版。

出版《西安红色地标》　该书以时间为经、红色遗址（旧址）为纬，按照中国共产党历史脉络，在全市数百座红色地标中遴选88座地标，每个时期按照地标所承载的重大事件、重要会议等发生时间为序，通过一个个地标把这些红色资源化作坚定理想信念、加强党性修养的生动教材。全书29万字，由中共党史出版社2021年6月出版。

出版《燎原星火耀古城》　该书追溯中国共产党在西安地区创建并发展以及早期革命活动的艰辛历史。主要反映五四运动后，马克思主义在西安地区传播、社会主义青年团西安组织的建立及发展过程；领导革命群团组织，开展以反帝反封建军阀斗争为重点的国民革命运动，帮助陕西国民革命武装坚守西安，策应北伐，推进国共联合战线在西安的形成。全书20万字，由中共党史出版社2021年6月出版。

出版《信仰之光映韶华——大学生书写党史故事》　该书以文学故事的呈现方式，选取中共历史或中共陕西地方组织在各个历史时期的重大事件、重要人物和红色地标作为创作素材，以全新的视角、多样的创作手法展示中国共产党自成立以来团结带领人民取得革命建设和改革胜利的光辉史诗和伟大成就，表现革命先辈为了民族独立、国家富强和人民幸福而不懈奋斗、矢志不渝的革命精神。全书35万字，由中国青年出版社、陕西人民出版社2021年9月联合出版。

出版《红色西安百年行程》　该书较为详尽地记录了从1919年到2021年中共西安组织从萌芽到创立，从推动“二虎守长安”到发动工农群众运动，从开展隐蔽战线斗争到迎接黎明的曙光，从团结带领全市人民建设社会主义到迈进中国特色社会主义新时代，以时间顺序为经、重大事件为纬，描述中共西安组织苦难中铸就辉煌、挫折后毅然奋起、探索中收获成功、转折中开创新局、奋斗后赢得未来的百年行程。全书29.5万字，2021年5月内部出版。

出版《西安执政纪事（2020年

卷）》 该书以党的工作为主线，以党的建设为重点，以党的决策、党的领导、党的活动为主要内容，对2020年市委作出的重大决策、重要会议、重大活动、特色亮点等资料进行收集和编辑，比较客观全面地反映了西安市各级党组织在西安经济、政治、社会、科技、文教、城市建设等工作实践中所取得的经验和成就。全书81万字，2021年12月内部出版。

◆党史研究 2021年，中共西安市委党史研究室扎实开展党史资料搜集，深入推进新时代党史研究工作，强化党史工作使命担当，切实发挥党史资政育人作用。

推进市级党史基本著作编写 中共西安市委党史研究室根据中央和省委党史部门要求，制定《修订西安党史三卷初稿计划》，完成《中国共产党西安历史第三卷（1978—2012）》初稿的修改和统稿任务。

推进区（县）党史基本著作编写 中共西安市委党史研究室深入区(县)和开发区具体指导党史基本著作编写、党史资料征集指导帮带等工作，积极组织力量审稿并逐一提出修改意见。推动新城、碑林、周至等区（县）党史基本著作编写，指导编写《西安高新区发展史（1991—2021）》等。

跟进省市委中心工作开展研究 中共西安市委党史研究室加强对习近平新时代中国特色社会主义思想研究，深入开展“人民至上”新时代中国特色社会主义根本立场的研究。紧跟习近平总书记关于开展党史学习教育的步伐，深入开展西安红色文化立德树人研究。不断深化社会主义建设和改革开放时期西安地方史研究。相关理论研究文章在《新西部》杂志、《陕西党史》杂志、《西安日报》等发表。

◆党史宣传教育 2021年，中共西安市委党史研究室围绕宣讲十九届五中、六中全会精神、习近平总书记“七一”重要讲话精神、深入学习贯彻宣传习近平新时代中国特色社会主义思想和习近平总书记来陕考察重要讲话精神、服务全市十项重点工作等积极开展党史学习教育宣传活动，突出西安特色，讲好“西安故事”。

开展“西安记忆”项目策划设计、内容征集审定工作 “西安记忆”是全市重点文旅建设项目。为了确保大纲内容的政治观、导向关、史实关的准确性及所征集内容的合理性，2021年，市委党史研究室积极开展“西安记忆”项目的策划设计、内容征集的审定工作，完成四个时期策展大纲内容、立面设计、多媒体、艺术品的多轮审核，并组织召开了多场专家论证会，截至年底该项工作正在持续进行中。

加大党史学习宣讲力度 2021年，中共西安市委党史研究室围绕建党100周年主题，积极组织开展党史学习教育宣传。研究室领导班子3名成员作为市宣讲团成员，积极深入基层开展宣讲活动20多场次。积极开展“我为群众办实事”实践活动，着力解决基层党史纪念场馆管理方面存在的困难和问题。参与“学党史 悟思想”系列知识竞赛活动，在全市营造“学史明理、知史爱党”的浓厚氛围。与市图书馆共同举办“学党史忆峥嵘岁月 凝斗志践初心使命——献礼建党百年华诞主题书展”活动。与退役军人事务局联合举办“西安市退役军人服务保障系统庆祝中国共产党成立100周年综合知识竞赛”。与西安日报社联合，推出“百年风华耀初心”大型融媒主题报道活动等。与市委组织部、市委宣传部、市委党校、市社会科学院联合举办“探寻红色足迹 实现百年梦想”——庆祝中国共产党成立100周年理论研讨会。4月，中共中央党史和文献研究院在全国开展“知史爱党 知史爱国——党史故事短视频展播”活动，中共西安市委党史研究室制作并报送11部党史短视频作品，在中央党史和文献研究院官网、人民网“人民智作”平台、今日头条、快手、新浪微博、腾讯视频、新浪新闻等平台展播，其中《西安烈士陵园》获红色地标类作品一等奖，中共西安市委党史研究室获“知史爱党、知史爱国”全国党史故事短视频展播活动优秀组织奖。

开展全省大学生书写党史故事活动 中共西安市委党史研究室联合省委党史研究室、省委教育工委、共青团陕西省委，在全省开展“百年献礼庆华诞 学好四史书青春”大学生书写党史故事大赛活动。全省有45所高校参与此次活动，万余名大学生积极参与、踊跃投稿，经高校团委筛选初审、专家评审，最终评选出70篇获奖作品。中共西安市委党史研究室将优秀作品编辑成书《信仰之光映韶华——大学生书写党史故事》，于2021年10月由中国青年出版社、陕西人民出版社联合公开出版。12月9日，举行《信仰之光映韶华——大学生书写党史故事》图书首发仪式。

◆革命遗址保护及党史教育基地建设 2021年，中共西安市委党史研究室先后对西安烈士陵园、八路军西安办事处纪念馆、高陵革命博物馆、西北人民革命大学旧址、鄠邑区东索村革命烈士纪念馆、鄠邑区甘西革命英烈纪念馆等10余处革命场馆和遗址进行实地拍摄，完成“印记”微党史短视频的拍摄工作，宣传和推广西安本地的党史资源，充分发挥党史遗址、场馆在党史学习教育中的主阵地作用。修订完善西安“八路军办事处”的中共西安历史展览馆的展陈内容，于3月底正式对外开放。指导西安“八办”纪念馆、中共蓝田特别支部纪念馆等党史教育基地积极发挥宣教主阵地作用。深入鄠邑、阎良、莲湖等区（县）党史部门、党史纪念场馆开展调研，着力解决基层党史纪念场馆管理方面存在的困难和问题。

◆加强对区县党史工作的指导 2021年，中共西安市委党史研究室修订《室领导和处室联系区（县）工作制度》，落实室领导和处室联系区（县）工作。4月，组织召开全市党史工作会议，传达学习全国党史和文献部门主要负责人会议精神，安排部署迎接建党百年、开展党史学习教育重点工作，并对全市党史干部进行业务培训。11月下旬至12月初，组织召开全市党史中小学辅导员工作培训会。具体指导和推动区（县）抓好在中小学校设立党史辅导员、开展好党史进校园等大项党史工作任务。 （张金海）

党校工作

◆概况 2021年，中共西安市委党校以习近平新时代中国特色社会主义思想为指导，深入贯彻《中国共产党党校（行政学院）工作条例》《社会主义学院工作条例》，始终坚持党校姓党、社院姓社，充分发挥职能作用，圆满完成市委、市政府交办的任务，各项事业取得新进展。

◆干部教育培训 2021年，中共西安市委党校举办各类培训班30期，1735余人次。完成委托培训13期，培训840人。完成市级领导学习贯彻党的十九届五中全会精神专题研讨班、市管主要领导干部学习贯彻党的十九届五中全会精神专题研讨班、新任处级领导干部任职培训班、中青年干部培训班、优秀年轻科级干部培训班、“守初心担使命 迎建党百年‘四史’”专题研讨班、习近平新时代中国特色社会主义思想专题研讨班和民盟西安市委新盟员培训班等培训班次。围绕习近平总书记来陕考察重要讲话精神、习近平总书记“七一”重要讲话精神、党的十九届五中六中全会精神和党史学习教育等内容，及时组织开发、完善相关教学课程，全面纳入主体班课堂，在教学中保证理论教育和党性教育不低于70%。邀请中央党校（行政学院）、西安交通大学、西北大学以及市级部门等专家教授和领导来“周三大讲堂”讲课，全年累计举办40余期。全年共录制发布“党校微课堂”视频课程65期，总点击量近3万人次。

◆**科研咨政** 2021年，中共西安市委党校组织申报各级各类课题8批次117项。申报国家课题2项，省部级课题34项，省级部门课题15项，校级课题54项，区（县）课题12项。立项省部级课题9项，省级部门4项，校级课题54项，区（县）课题12项。全年共编撰8期《咨政快讯》，2篇咨政报告获上级领导批示。公开发表理论文章153篇，其中核心期刊7篇；《光明日报》1篇，《学习时报》1篇，《陕西日报》《西安日报》19篇；出版专著7部。赴机关、企业、社区、街道、学校等地宣讲80余次，其中，由党校教师参与的西安市“时代新人”宣讲团，获中宣部表彰。

◆**学员管理** 2021年，中共西安市委党校严格落实中央“八项规定”精神和中组部《关于在干部教育培训中进一步加强学员管理的规定》，修订并启用新版《考核登记表》，严格执行请销假制度、考勤制度和班主任跟班制度，采取集中管理学员手机、电子打卡、电子屏公布等方式，强化学员管理，总体出勤率达到93%。开展党性锻炼“六个一”活动、党史知识知识竞赛、“庆祝建党百年”系列主题文艺活动、篮球赛、拔河比赛等文体活动，增强团队精神和班级凝聚力。

◆**师资队伍建设** 2021年，中共西安市委党校专业技术人员高级岗位职数由43个增加到54个。确定5级管理岗位2个、6级管理岗位2个，拓宽教辅部门教职工成长空间。引进硕士研究生4名。举办全市党校系统骨干教师培训班1期。先后选派41人参加中央和省、市级培训。选派14人到市级部门和区（县）及乡村振兴一线进行实践锻炼。

◆**区（县）党校工作** 2021年，中共西安市委党校先后召开全市区（县）党校系统业务指导工作座谈会、常务副校长工作会及办学质量评估工作汇报会等4次。组织区（县）40余人次参加全省党校系统培训班，开展基层党校教师跟班学习听课制度。指导、协调完成省、市对区县党校2018—2020年办学质量评估工作。

◆**防疫保障** 2021年底，疫情形势严峻，中共西安市委党校紧急成立综合保障组，抽调20余名党员干部连夜返校，选派2名同志支援指挥部工作，24小时坚守岗位，连续封闭工作38天。先后为市防疫指挥部提供办公场所40余处、宿舍220余间、办公电话12部，保障会议200余场，克服困难，尽全力保障市疫情防控指挥部工作运转，得到国务院专家组、督导组和市委、市政府领导的一致肯定和表扬。同时，118名教职工下沉基层社区、投身一线抗疫。 （宋　阳）

网络安全和信息化

◆**概况** 2021年，中共西安市委网络安全和信息化委员会办公室紧紧围绕服务保障庆祝建党100周年重大活动、第十四届全国运动会和承办2021年国家网络安全宣传周等中心工作，着力加强网络内容建设、网络空间综合治理、网络安全保障，加快推进信息化和数字经济发展，为奋力谱写西安高质量发展新篇章提供强大网上舆论支持、可靠网络安全保障和有力信息化支撑。

◆**主流思想舆论广泛传播** 2021年，中共西安市委网络安全和信息化委员会办公室重点做好庆祝建党100周年网络宣传引导，持续开展“全网飘红计划”，组织策划“建党百年·筑梦西安——百名党员心里话”“百年征程·一网情深”全市网信系统党史学习教育音视频主题活动等多项网络主题活动，相关稿件全网阅读量突破1亿人次。做好党史学习教育网上宣传引导，指导市属网络媒体开设“庆祝建党100周年”“习近平总书记党史学习金句”“学党史 悟思想 办实事 开新局”“我为群众办实事”等融媒体专栏，发布稿件1600余篇，阅读量达到1400余万人次，通过中央级、省级网络媒体及全国性商业网站推送全市党史学习教育稿件3600余篇，传播量5800余万人次。

◆**城市良好形象充分展示** 2021年，中共西安市委网络安全和信息化委员会办公室策划推出“网聚西安高质量发展”“迈步‘十四五’·犇涌西引力”“实现新突破·2021西安观察”等专题报道，发布并全网推送《西安：镜像十四运，一个城市的成长》《西安：抗击疫情 一座充满爱的城市》等稿件53万余篇，中央网媒刊发重要稿件4万余篇，阅读量达60亿人次，推动“千年古都·常来长安”城市品牌持续叫响做实。“我跟党走·家乡蝶变——网媒总编看西安”活动荣获中国城市新闻网媒联盟主题宣传特别奖，“开拓‘以案说法’全媒体传播新路径——2021年国家网络安全宣传周线上主题晚会”被评为2021年度全省宣传思想文化工作创新竞赛项目一等奖。西安入选中国国际传播综合影响力十大先锋城市。

◆**网络治理体系建设** 2021年，中共西安市委网络安全和信息化委员会办公室在全国率先建立网信行政执法信息化系统，在全省率先建立由网信部门牵头的“1+9+N”网络行政执法协调联动机制，扎实开展“清朗”“扫黄打非”“雷霆反电诈”等专项整治10余项，依法关闭违法违规网站300多家、账号200多个。指导9个区（县）、开发区组建互联网行业党委，在全省率先将互联网行业党委向区县一级全面延伸。创新举办《西安市互联网行业自律公约》发布活动，邀请全国百名网络大V打卡全运会，带动2亿人次网络流量点赞新西安。市委网信办被评为“网聚正能量 争做好网民——陕西好网民活动优秀组织单位”“陕西省网络公益工程优秀组织单位”。

◆**网络安全保障** 2021年，中共西安市委网络安全和信息化委员会办公室统筹安排建党百年、十四运会等重大活动重要时节的网络安全保障任务，加强与技术团队合作，对全市重要信息系统和重点网站实施“7+24”小时日常监测和安全防护，全市重要信息系统安全稳定。圆满举办2021年国家网络安全宣传周重要活动，中央和国家有关部委、省市主要领导、全国互联网领域知名专家学者、企业家代表近千人出席开幕式及西安市有关活动，中央电视台《新闻联播》《焦点访谈》等栏目和新华社、人民日报社等312家国内媒体，罗马尼亚等9个国家相关媒体聚焦关注。市委网信办被中央网信办、中央宣传部、公安部等10个国家部委联合表彰为2021年国家网络安全宣传周活动表现突出单位。

◆**信息化和数字经济发展** 2021年，中共西安市委网络安全和信息化委员会办公室以争创国家数字经济创新发展试验区为引领，组织“庆祝建党百年·西安数字风华”网络宣传活动，营造数字经济发展良好氛围。做好对93家省级、市级数字经济试点单位的跟踪管理和指导，新认定数字西安建设优秀成果和最佳实践案例63个、数字陕西建设优秀成果和最佳实践案例16个，引领各区（县）开发区打造数字经济聚集区。西安市（含5个开发区）被评为首批省级数字经济示范区，全市13个北斗应用案例被评为省级优秀成果案例。推动网络扶贫与数字乡村建设有效衔接，高陵区获批全省首批数字乡村试点区，蓝田县获批国家电子商务进农村综合示范县。

（宇文鸿儒）

综 述

◆概况 2021年，西安市人民代表大会及其常务委员会在中共西安市委的坚强领导下，全面贯彻党的十九大和十九届历次全会精神，深入学习贯彻习近平法治思想、习近平总书记关于坚持和完善人民代表大会制度的重要思想、习近平总书记来陕考察重要讲话重要指示精神和中央人大工作会议精神，深刻把握立足新发展阶段、贯彻新发展理念、构建新发展格局的新形势新要求，坚持党的领导、人民当家作主、依法治国有机统一，深入领会“两个确立”的决定性意义，增强“四个意识”，坚定“四个自信”，做到“两个维护”，为奋力谱写西安高质量发展新篇章贡献人大力量。

◆监督工作 2021年，西安市人大常委会围绕中心工作，实施正确监督、有效监督、依法监督，推动党中央决策部署和省委、市委要求落到实处。

助力打赢疫情防控阻击战 西安市人大常委会把做好疫情防控作为重大政治任务，听取和审议市政府疫情防控情况工作报告，视察卫生健康重点项目推进情况，推动常态化疫情防控措施落实。本轮疫情发生后，市人大常委会坚决贯彻市委工作部署，闻令而动，选派98名党员下沉10个区（县）5个开发区64个小区，在疫情防控一线彰显人大干部担当作为。

推动经济高质量发展 西安市人大常委会把营商环境提升作为一季度重点监督工作，通过开展专题视察、走访调研、集中视察等形式，推动营商环境提升和重点项目建设提质增效。常委会领导分别到包抓联系的重点项目、企业检查督促疫情防控、企业生产经营等情况，推动经济平稳运行。

服务保障“十四运” 西安市人大常委会把服务保障“十四运”作为二季度重点监督工作，开展《消防法》《食品安全法》《限制养犬条例》执法检查，为举办“十四运”营造良好环境。视察重点城市基础设施建设项目、绿色建筑创建、生活垃圾分类管理、历史文化名城保护工作，听取和审议市政府关于“三改一通一落地”工作报告，不断提升城市建设和管理精细化水平。

聚焦生态环境保护 西安市人大常委会把秦岭生态环境保护作为三季度重点监督工作，听取和审议市政府关于秦岭生态环境保护工作情况的报告，对省市《秦岭生态环境保护条例》实施情况开展执法检查。全年分时段开展《环境保护法》《固废法》《西安市城市污水处理和再生水利用条例》执法检查，听取和审议西安市实施《环境保护法》情况及市政府关于2020年环境状况和环境保护目标完成情况的报告、关于西安市开展全域治水工作情况的报告，推动生态环境持续好转、全域治水目标如期实现。

加强社会建设和民生保障 西安市人大常委会把实施乡村振兴战略作为四季度重点监督工作，听取和审议市政府关于实施乡村振兴战略情况的工作报告，推动脱贫攻坚与乡村振兴有效衔接。听取和审议市政府关于西安市基础教育提升三年行动计划落实、养老服务工作情况的报告并进行专题询问，推动解决群众急难愁盼问题。开展《社会保险法》《中医药法》《西安市养老服务促进条例》等执法检查，听取和审议市政府关于疫情防控工作情况的报告，视察卫生健康重点项目推进、全市集中供气供暖、安全生产、粮食生产和耕地保护等工作，依法保障民生改善。

◆立法工作 2021年，西安市人大常委会始终遵循“党委领导、人大主导、政府依托、社会参与”的立法原则，发挥人大主导立法作用，不断提高法规质量。

坚持党对立法工作的领导 西安市人大常委会及时向市委报请批准《西安市人大常委会2021年度立法计划》及立法中的重要事项，立法中涉及重大体制和重大政策调整的，及时报市委审定，法规案在表决前均以常委会党组文件报请市委批准。

突出重点领域立法 西安市人大常委会制定《西安市机动车停车条例》《西安市工业节能条例》《西安市灞河重点区域风貌管控条例》《西安市反餐饮浪费条例》，修改《西安市制定地方性法规条例》《西安市建筑装饰装修条例》《西安市土地储备条例》。对《西安历史文化名城保护条例》《西安市社区建设治理促进条例》《西安市安全生产条例》等5件法规进行重点立法调研。

完善立法机制 西安市人大常委会坚持党委领导、人大主导、政府依托、各方参与的立法工作格局，坚持针对问题立法、立法解决问题。将“三审”制度作为法规审议的常态，健全完善法规草案公开征求意见和公众意见采纳情况反馈机制，充分发挥人大代表、立法专家库、基层立法联系点的作用，扩大公民有序参与立法途径，提高公众参与立法的积极性。

◆决定重大事项 2021年，西安市人大常委会依法行使决定权，认真讨论决定重大事项。

严格审查财政预决算 西安市人大常委会听取审议计划、预算执行，审计工作，决算、审计查出突出问题整改、财政教育资金投入分配和使用情况等专项报告，作出相关决议。起草《西安市人民代表大会常务委员会关于加强国有资产管理情况监督的决定》，运用预算联网监督系统对预算执行情况进行在线监督。

围绕重要事项作出相关决议决定 西安市人大常委会及时作出《西安市人大常委会关于支持服务保障第十四届全

决定，关于接受蔡全发辞去西安市第十六届人民代表大会常务委员会委员、西安市第十六届人民代表大会社会建设委员会主任委员职务的请求的决定，关于接受乔安涛辞去西安市第十六届人民代表大会常务委员会委员职务的请求的决定。会议决定任命杨建强、仵江、姚立军为西安市副市长，决定免去马鲜萍、贠笑冬、和文全的西安市副市长职务；免去贺简政的市人大常委会副秘书长职务、李英才的市人大常委会预算工委主任职务、王勇的市监委副主任职务；决定任命郝生旺为市市场监管局局长、陈博为市人防办公室主任，决定免去吕强的市水务局局长职务、黄会强的市应急管理局局长职务、陈吉利的市市场监管局局长职务；任命韩柏超为市检察院副检察长、检察委员会委员，任免邢锐飞等相关法律职务。

市十六届人大常委会第四十六次会议 2021年9月24日举行，会期半天。会议审议市人大常委会主任会议关于提请审议《西安市人民代表大会常务委员会关于接受胡润泽辞去陕西省第十三届人民代表大会代表职务的决议（草案）》的议案，作出西安市人民代表大会常务委员会关于接受胡润泽辞去陕西省第十三届人民代表大会代表职务的决议。会议听取审议并表决通过市十六届人大常委会代表资格审查委员会关于个别代表的代表资格的报告。会议决定，由灞桥区选出的西安市第十六届人民代表大会代表胡润泽，本人提出辞去西安市第十六届人民代表大会代表职务，灞桥区第十七届人民代表大会常务委员会第三十七次会议决定接受其辞职，依照代表法的有关规定，胡润泽的代表资格终止；依照选举法的有关规定，胡润泽的西安市第十六届人民代表大会常务委员会主任职务相应终止。

市十六届人大常委会第四十七次会议 2021年10月27日举行，会期2天。会议传达学习中央人大工作会议精神；审议《西安市建筑装饰装修条例（修订草案修改二稿）》《西安市工业节能条例（草案修改二稿）》《西安市灞河重点区域风貌管控条例（草案修改稿）》及市人大法制委关于3部条例审议结果的报告，《西安市土地储备条例（修订草案修改稿）》，市人大常委会主任会议关于提请审议《西安市人民代表大会常务委员会关于接受张钢胜辞去西安市第十六届人民代表大会常务委员会委员、西安市第十六届人民代表大会民族宗教侨务外事委员会主任委员职务的请求的决定（草案）》的议案，市人大财经委关于2020年决算草案、关于2021年新增地方政府债券收支安排及预算调整方案草案2个审查结果的报告；听取和审议市政府关于西安市2020年决算草案和2021年以来预算执行情况的报告、关于西安市2020年度市级预算执行和其他财政收支的审计工作报告、关于西安市基础教育提升三年行动计划落实情况的报告、关于西安市新冠肺炎疫情防控工作情况的报告、关于西安市实施乡村振兴战略工作情况的报告，市监委关于扫黑除恶专项斗争监督调查处置工作情况的报告及市文化旅游局局长王庆华、市大数据局局长刘军的述职报告。会议还审议市政府关于市人大常委会执法检查组检查西安市实施《中华人民共和国食品安全法》情况报告的研究处理情况报告、关于市十六届人大常委会第四十四次会议对实施治安管理处罚法工作情况报告审议意见的研究处理情况报告、关于市十六届人大常委会第四十四次会议对“三改一通一落地”工作情况报告审议意见的研究处理情况报告、关于市十六届人大常委会第四十四次会议对第十一次村民委员会和第七次城市居民委员会换届选举工作情况报告审议意见的研究处理情况报告、关于市十六届人大常委会第四十四次会议对西安市开展全域治水工作情况报告审议意见的研究处理情况报告，并对这5个报告进行满意度测评。会议对西安市基础教育提升三年行动计划落实情况进行专题询问。会议表决通过《西安市建筑装饰装修条例》《西安市工业节能条例》《西安市灞河重点区域风貌管控条例》，提请省人大常委会批准。会议还表决通过西安市人民代表大会常务委员会关于批准2020年决算的决议、关于批准2021年新增地方政府债券收支安排及预算调整方案的决议，关于接受张钢胜辞去西安市第十六届人民代表大会常务委员会委员、西安市第十六届人民代表大会民族宗教侨务外事委员会主任委员职务的请求的决定。会议决定任命董兆为为市水务局局长、姚涌为市应急管理局局长。

西安市第十六届人民代表大会常务委员会

（以2021年12月为准）

副 主 任　卢　凯　韩宝生　王凤萍（女）　薛振虎　李宁君

秘 书 长　韩　强

副秘书长　贾砚平（女）　赵生龙　张庆东　赵雪荣（女）

委　　员　于海夫　马文宝（回）　马　震　王延宏　王武平　王晓萍（女）　王浩公　牛　犁　孔令国　史鹤亭　白世峰　刘海成　严鉴铂　李　军（女）　李英才　李堪社　李德文　杨　军　杨宗科　张建学　张春莹（女）　张爱萍（女）　张爱萍（女）　陈光德　赵　卫　郝定均　姜长智　贾养勋　倪广天　崔荣华（女）　蒋少宁　惠敏莉（女）　解少波　颜学柏　戴宏科　魏大宝珠（女）

市人大常委会办公厅

主　　任　韩　强

副主任　张拴仓

市人大监察和司法委员会

（空缺）

市人大法制委员会

副主任委员　王海安

市人大财政经济委员会

（空缺）

市人大教育科学文化卫生委员会

（空缺）

市人大城乡建设环境资源保护委员会

副主任委员　张　宁

市人大民族宗教侨务外事委员会

（空缺）

市人大社会建设委员会

（空缺）

市人大常委会法制工作委员会

副主任　王海安

市人大常委会预算工作委员会

副主任　姚　远

市人大常委会城乡建设环境资源保护工作委员会

副主任　张　宁

市人大常委会研究室

主　任　王武平

副主任　王晓萍（女）

市人大常委会人事代表联络工作委员会

主　任　解少波

副主任　王雨涵　赵喜莲（女）

市人大常委会农业农村工作委员会

副主任　郭海顺

综　述

◆市政府全体会议　2021年，西安市人民政府召开全体会议2次。

第7次全体会议　1月16日召开。讨论拟提请市第十六届人民代表大会第六次会议审议的《政府工作报告（讨论稿）》《西安市国民经济和社会发展第十四个五年规划和2035年远景目标纲要（草案）》《西安市2020年国民经济和社会发展计划执行情况与2021年国民经济和社会发展计划（草案）》《西安市2020年财政预算执行情况和2021年财政预算安排意见（草案）》，安排部署近期重点工作。

第8次全体会议　7月23日召开。传达学习习近平总书记对防汛救灾工作重要指示精神和省委、省政府主要领导有关批示，听取市应急管理局关于全市防汛救灾情况汇报，安排部署下一步工作。传达学习省委十三届九次全会精神和省政府第17次常务会议精神，总结上半年工作，分析当前经济形势，安排下半年重点任务。

◆市政府常务会议　2021年，西安市人民政府召开常务会议26次（2021年第1次至第26次）。

第1次常务会议　1月11日召开。通报全市新冠肺炎疫情防控工作。听取市扶贫办关于全市脱贫攻坚工作情况汇报。审议并原则通过《西安市挖掘占用城市道路管理办法》。审议并同意市公安局《关于申报集体二等功的请示》。

第2次常务会议　2月8日召开。审议并原则通过《西安市对标先进深化改革全面优化营商环境攻坚提升方案》及18个中国营商环境评价指标攻坚提升方案。传达学习全国、全省安全生产工作会议精神，研究西安市贯彻落实措施，并安排部署近期安全生产工作。传达学习全省农村工作会议暨巩固脱贫攻坚成果同乡村振兴有效衔接工作会议精神，研究西安市贯彻落实措施。传达学习国家发展改革委《关于当前重要民生商品价格形势及保供稳价重点工作的通报》，审议并原则通过《2021年春节、“两会”及疫情防控期间能源保障和重要民生商品保供稳价工作安排》。学习习近平总书记关于治理人防腐败问题的重要批示精神和省纪委监委《关于进一步加强人防系统腐败问题专项治理的工作措施》，听取全市人防系统腐败问题专项整治工作进展情况报告，并对下一步工作进行安排部署。审议并原则通过《西安市深化国资国企改革行动实施方案》。审议并原则通过《国家新型基础测绘建设西安试点工作实施方案》和《国家新型基础测绘建设西安试点两年行动方案》。审议并原则通过《西安文化商务区（CCBD）控制性详细规划》。审议并原则同意市司法局《关于2021年度立法计划建议项目的请示》。审议并同意市财政局《关于对蓝田县和周至县实行阶段性转移支付补助政策的请示》。审议《西安幸福林带建设工程PPP项目补充协议》。

第3次常务会议　2月22日召开。传达学习习近平总书记等中央领导同志重要指示批示及全国信访局长会议精神和省委、省政府相关文件会议精神，研究西安市贯彻落实措施。审议市商务局《关于推进贸易高质量发展的工作措施》。审议《十四运会和残特奥会西安市经费保障工作实施意见》和市财政局《关于第十四届全运会和残特奥会经费管理工作的请示》。审议市科技局《关于通报2020年度“西安友谊奖”“西安市优秀外国专家奖”的请示》。审议市资源规划局《〈西安市进一步加强重点历史文化区域管控疏解人口降低密度的规划管理意见〉补充规定》。审议市行政审批局《市政务大厅扩容提升工作方案》。

第4次常务会议　3月15日召开。传达学习全国两会精神。法治学习：《学习贯彻〈陕西省重大行政决策程序暂行规定〉提高领导干部行政决策能力》（授课人：西北大学教授潘怀平）。听取市司法局关于2020年全市行政复议应诉工作的报告。审议并原则通过市住建局《2021年城市建设维护项目投资计划》。审议并原则通过《西安市2021年保障性住房工作实施方案》《西安市2021年住房租赁试点工作实施方案》。通报市政府党组班子及成员关于赵正永严重违纪违法案以案促改“四个查一查”“四个专项工作”整改情况。

第5次常务会议　3月29日召开。研判一季度经济形势，安排部署下一步重点工作。审议并原则通过《关于建立房地联动机制促进房地产市场平稳健康发展的通知》和《西安市房地产市场平稳健康发展长效机制工作方案》。审议并原则通过《西安市深化“一件事一次办”集成改革工作方案》。审议并原则通过《引汉济渭输配水西安支线工程规划》及《引汉济渭鲸鱼沟调蓄工程规划》。审议并原则通过《十四运会和残特奥会西安市执委会2020年预算执行情况和2021年市级预算支出计划》。听取幸福林带建设工程有关情况汇报。

第6次常务会议　4月6日召开。审议并原则通过《西安市控制吸烟条例（草案）》。审议并原则通过《西安市机动车停车条例（草案）》。传达学习全省粮食生产工作座谈会和全省春季农业生产工作电视电话会议精神，研究西安市贯彻落实意见。

第7次常务会议　4月13日召开。审议并原则同意市医疗保障局、市财政局、市民政局、市卫生健康委、市扶贫办、市退役军人局印发《关于做好城乡医疗救助工作的通知》的请示。审议并原则通过市发改委《2021年市财政预算内基本建设投资计划安排意见》。

第8次常务会议　4月26日召开。传达学习赵一德省长关于脱贫攻坚工作重要指示精神和全省脱贫攻坚工作成效考核问题整改工作推进会精神，安排部署西安市贯彻落实工作。研究审计署西安特派办和省审计厅审计监督涉及西安市问题整改有关工作。审议市轨道集团《关于机场城际线与14号线贯通运营票价方案的请示》。

第9次常务会议　5月10日召开。审议并原则通过《关于持续推动人防事业高质量发展的实施意见》。审议并原则通过《关于优化调整产业结构能源结构交通运输结构推动空气质量持续改善的建议》。审议并原则通过《关于加快建设体育强市的实施方案》。审议并原则通过《三学街历史文化街区保护规划（2021—2035年）》。

第10次常务会议　5月24日召开。传达学习《李克强总理关于一季度经济形势和做好当前经济工作的讲话》，研究西安市贯彻落实措施。审议并原则通过《西安市河湖滨水空间管控条例（草案）》。

第11次常务会议　6月7日召开。审议并原则通过《西安市构建更加完善的要素市场化配置体制机制的工作方案》。听取全市疫情防控工作情况汇报，研究部署下一步工作。审议并原则通过《西安市蓝天保卫战2021年工作方案》。传达学习全国打击治理电信网络新型违法犯罪工作电视电话会议精神，研究西安市贯彻落实措施。审议并原则通过《西安市生活垃圾终端处理设施区域生态补偿办法》。审议并原则通过《西安市国旗升挂使用管理办法》。审议市资源规划局《关于审核“易初莲花”等项目规划指标的请示》。

第12次常务会议　6月16日召开。组织法治学习：《法治保障下的政府督查——学习解读〈政府督查工作条例〉》（授课人：西北政法大学教授王周户）。传达学习习近平总书记关于湖北十堰燃气爆炸事故的重要指示和李克强总理批示精神，以及省委、省政府主要领导批示要求，通报端午节期间全市安全生产工作情况，安排部署下一步工作。听取市政府研究室关于西安市社会保障体系建设情况的汇报。审议并原则通过《西安市建筑装饰装修条例（修订草案）》。审议并原则通过《西安市统筹城乡义务教育一体化发展实施方案》。审议曲江新区管委会《关于汉长安城未央宫遗址公园提升改造项目市级平台公司组建方案的请示》。审议并原则通过《西安市工业节能条例（草案）》。

第13次常务会议　6月28日召开。审议并原则通过《西安市政府投资管理实施细则》。审议并原则同意市发改委《关于调整2021年部分市级重点项目的请示》。传达学习中办督查专报《深刻汲取教训，层层压实责任，坚决守护人民群众生命财产安全》和省委主要领导批示要求。通报国务院《行政复议裁决书》（国复〔2021〕846号），并传达学习省政府主要领导批示要求。听取市投资局关于全市1—5月在谈重点招商引资项目推进情况的汇报。审议并同意市民政局《关于推行惠民殡葬补助和节地生态安葬奖补政策的请示》。审议并原则通过市委农办（市农业农村局）《关于全面推进乡村振兴城乡融合发展加快农业农村现代化的实施意见》《关于巩固拓展脱贫攻坚成果同乡村振兴有效衔接实施方案》。审议曲江新区管委会关于西安白鹿原文旅发展（集团）有限公司组建等有关事宜。审议并原则通过《关于进一步提高上市公司质量的实施方案》。审议并原则通过《关于修改和废止部分市政府规章的决定》。审议并原则同意市住建局《关于新建“一桥一隧”命名方案的请示》。

第14次常务会议　7月14日召开。审议并原则通过《西安市推动制造业竞争优势重构工作方案》。审议并原则通过《西安市火灾事故调查处理规定》。审议并原则同意市财政局、市资源规划局、市轨道办、市轨道集团《关于印发西安市2020—2025年城市轨道交通建设资金筹集方案的请示》。审议并原则通过《西安市政府和社会资本合作（PPP）项目运营补贴支付管理暂行办法》。审议并原则通过《西安市未央团结村片区控制性详细规划》。审议并原则通过《西安市处理不动产登记遗留问题的实施意见》。审议并原则通过《西安市“十四五”气象事业发展规划》。审议《西安市公交换乘优惠与多元化公共交通票制方案》。

第15次常务会议　8月2日召开。审议并原则通过《西安市政务服务标准化管理办法（试行）》。审议并原则通过《西安市深化“证照分离”改革全覆盖贯彻落实方案》。审议并原则通过《西安市贯彻落实〈2021年促进全省城乡居民增收十条措施〉工作方案》。审议并原则通过《西安市“十四五”服务业发展规划》。审议并原则通过《西安市“十四五”公共服务体系建设规划》。审议并原则同意市住建局关于修改《西安市国有土地上房屋征收评估办法》的请示。

第16次常务会议　8月9日召开。传达学习习近平总书记在中央政治局第二十五次集体学习时的重要讲话，并组织法治学习《知识产权保护与地方经济发展》（授课人：西安交通大学知识产权研究院院长马治国）。传达学习省政府领导批示，通报文件办理单泄露有关情况，周至县政府作检查。审议并原则通过《西安市贯彻落实“追赶超越”定位加快国家中心城市建设三年行动方案（2021—2023年）》。听取市食安委办（市市场监管局）关于国家食品安全示范城市复审工作情况汇报，审议并原则通过《西安市国家食品安全示范城市复审工作方案》，安排部署西安市复审准备工作。审议并原则通过《西安市“十四五”综合交通运输发展规划》。审议并原则通过《西安市“十四五”人力资源和社会保障事业发展规划》。

第17次常务会议　8月24日召开。深入贯彻习近平总书记关于防汛救灾工作的重要指示精神，安排部署防汛工作。审议并同意市财政局关于修订《西安市市级财政资金分配暂行规定》《西安市市级财政专项资金管理办法》的请示。审议并原则通过《西安市2021年全面落实“六保”任务工作方案》。审议并原则通过《西安市土地储备条例（修订草案）》。审议并原则通过《西安市灞河重点区域风貌管控条例（草案）》。审议并原则通过《西安市2020年决算草案和2021年上半年预算执行情况的报告》。

第18次常务会议　8月30日召开。传达学习习近平总书记在7月30日中共中央政治局会议上的重要讲话，通报市政府领导分工调整情况，并安排近期重点工作。传达学习《国务院办公厅关于加快发展保障性租赁住房的意见》，研究西安市贯彻落实工作。法治学习：解读《中央依法治国办关于开展法治政府建设示范创建活动的意见》，听取西安市开展全国法治政府建设示范市创建有关情况汇报，审议并原则通过《西安市全国法治政府建设示范创建工作总体方案》，安排部署下一阶段工作。审议并原则通过《西安市全面推行涉企经营许可事项告知承诺制工作方案》。审议并原则通过《推动西安市工业遗产保护利用打造“生活秀带”工作方案》。传达住建部办公厅《关于西安市2021年第二季度生活垃圾分类工作情况的通报》，研究下一步改进措施。审议并原则通过《杨官寨遗址保护规划（2021—2035年）》。审议并原则通过《西安市“十四五”文化和旅游发展规划》。

第19次常务会议　9月13日召开。听取市发改委关于全市当前稳增长工作汇报，安排部署下一步重点工作。听取市安委办关于全市2021年1—8月份安全生产、消防和防汛工作汇报，安排部署下一步重点工作。听取市打击传销工作领导小组办公室关于全市打击传销工作汇报，安排部署下一步重点工作。审议并原则通过《西安市加强审管联动提升事中事后监管效能工作方案》。审议并原则通过《西安市加快建设国家中心城市坚强电网攻坚方案》。审议并原则通过《西安市政府督查工作实施细则（试行）》。审议并原则通过《关于改革完善体制机制加强粮食储备安全管理的工作措施》。审议并原则通过《西安市推进秦创原创新驱动平台建设实施方案（2021—2023年）》及相关文件。审议并原则通过《秦岭终南山世界地质公园总体规划（2020—2030年）》。审议并同意市财政局《关于给予阎良火车站提升改造项目补助资金的意见》。

第20次常务会议　9月29日召开。传达学习习近平总书记来陕西考察时的重要讲话重要指示精神，按照市委要求，研究贯彻落实工作。审议市博览事务中心《2021欧亚经济论坛总体方案》。审议市工信局《关于成立市重点产业链提升工作领导小组的通知》《关于进一步提升产业链发展水平的实施意见》《西安市产业链“链长制”工作细则》。审议市发改委《关于推动基础设施高质量发展的实施方案》。听取市电网建设领导小组办公室关于近期电网攻坚建设工作情况的汇报。听取市秦岭保护局关于秦岭生态环境保护工作的汇报，安排部署下一步重点工作。审议市生态环境局《西安市“十四五”生态环境保护规划》。听取市复审办关于国家食品安全示范城市复审工作进展情况汇报。审议市发改委《西安市关于优化创新创业生态着力提升技术成果转化能力的工作措施》。审议市财政局《关于实行财政专项资金“拨改投”改革的意见》。审议市发改委《关于实施重要农产品保障战略的实施方案》。审议市体育局《关于申请西安国际足球中心项目建设资金的请示》。

第21次常务会议　10月30日召开。分析前三季度经济形势，安排部署四季度工作。审议并原则通过《关于进一步加强新冠肺炎疫情防控工作的实施方案》。传达学习全国、全省和市委扫黑除恶工作相关会议精神，听取全市扫黑除恶斗争常态化暨四大行业领域整治工作推进情况汇报，安排部署下一步重点工作。审议并原则通过《西安市推进基础设施领域不动产投资信托基金（REITs）健康发展十条措施》。审议并原则通过《西安市城市更新办法》。审议并原则通过《西安市关于进一步做好城中村（棚户区）改造项目遗留问题处置工作的通知》。审议并原则通过《西安市贯彻落实省委第五巡视组关于西安市停车收费领域作风建设情况专项巡视反馈意见的整改工作方案》《西安市解决“停车难”问题三年行动方案（2021—2023年）》。审议并同意市财政局《关于2021年省级基础设施配套和环境提升专项资金分配的请示》。审议并原则通过《西安市2021—2022年天然气季节性差价实施方案》和《西安市天然气季节性差价补贴方案》。审议并原则同意市民政局《关于提高西安市孤儿基本生活最低养育标准及建立孤儿基本生活费补助标准自然增长机制的请示》。

第22次常务会议　11月1日召开。安排部署近期重点工作。审议并原则通过《西安市关于新时代加快完善社会主义市场经济体制的落实措施》。审议并原则通过《西安市突发事件总体应急预案》。审议并原则通过《西安市推进养老服务高质量发展行动方案》。审议并原则通过《西安市“十四五”新基建发展规划》。审议并原则通过《西安市建设用地使用权转让二级市场实施细则》《西安市建设用地使用权出租二级市场实施细则》《西安市建设用地使用权抵押二级市场实施细则》。审议并原则通过《西安市关于加快发展保障性租赁住房的实施意见》《西安市“十四五”保障性租赁住房发展规划》。审议并原则通过《关于加快推动蓝田周至县域经济高质量发展的政策措施》。审议并原则通过《三学街历史文化街区控制性详细规划》。

第23次常务会议　11月8日召开。组织法治学习《贯彻落实新行政处罚法，助推法治政府建设》（授课人：陕西省委党校法学与社会治理教研部教授刘素霞）。传达学习习近平总书记关于粮食安全工作重要讲话重要批示精神，听取市发改委关于粮食购销领域工作情况汇报，安排下一步重点工作。传达学习李克强总理有关批示，安排供暖保障工作。审议并原则同意市政府与西电集团签订的《推进西电集团有限公司高质量发展合作框架协议》。审议并原则通过《西安市城区污水处理服务费、污泥处置服务费“二费合一”实施方案》。审议并原则同意工业发展、军民融合、科技发展三个专项资金安排意见。审议并原则通过《教育领域市以下财政事权和支出责任划分改革实施方案》。

第24次常务会议　11月17日召开。传达学习党的十九届六中全会精神，研究贯彻落实工作。通报近期全市新冠病毒疫苗接种进展情况，安排部署疫情防控有关工作。审议并原则通过《西安市2022年重点建设项目计划》。审议并原则通过《西安市“十四五”产业发展规划》。审议并原则通过《西安市“十四五”新型城镇化发展规划》。审议并原则通过《西安市深化公共资源交易平台整合共享行动方案》《西安市公共资源交易目录（2021年版）》。审议并同意市资源规划局（市林业局）《关于下达林业有害生物应急处置经费的请示》。

第25次常务会议　11月23日召开。传达学习习近平总书记在第三次“一带一路”建设座谈会上的重要讲话精神，审议并原则通过《“十四五”西安建设“一带一路”综合试验区实施方案》。审议并原则通过《西安市贯彻落实重要民生商品价格调控机制工作方案》。审议并原则通过《西安市“三线一单”生态环境分区管控方案》。审议并原则通过《西安市碧水净土保卫战2021年工作方案》。审议并原则通过《西安市促进重点消费百日行动若干措施》。审议并原则同意市人社局、市财政局《关于提高劳动保障协理员工资待遇的请示》。

第26次常务会议　12月10日召开。组织法治学习《固体废物污染环境防治法》（授课人：陕西省环境科学研究院宋东刚副院长）。传达学习省委十三届十次全会精神，研究贯彻落实工作。审议并原则通过《西安市灾后恢复重建实施方案》。审议并原则通过《关于进一步深化预算管理制度改革的实施意见》。审议并原则通过《关于推行“亩均论英雄”综合改革的实施方案》。审议《西安市“十四五”科技创新发展规划》。审议并原则通过《西安市“十四五”卫生健康事业发展规划》。审议并原则通过《西安市教育事业发展“十四五”规划》。审议并同意市生态环境局《关于生态环境领域扣缴区县（开发区）资金第一批资金分配计划的请示》。审议并同意市消防救援支队《关于申报集体二等功的请示》。

（*石敬才*）

西安市人民政府

（以2021年年底在职为准）

市　　长　李明远

副 市 长　徐明非　肖西亮　沈黎萍（女）　杨建强　作　江　姚立军

秘 书 长　陈长春

副秘书长　肖争光　张　蔚（兼）　杨国胜　黄晓华　樊军荣　王学超　张峰虎

市政府办公厅和政府组成部门

市人民政府办公厅（市政府参事室）

办公厅主任　王建东

办公厅副主任　刘新社（兼）　田　地　杨佐涛

市政府督查专员　姚开慧　鲁　强　王志林　郭　民

纪检监察组组长　刘援秦

西安市人民政府驻北京办事处

主　任　崔　庆

西安市人民政府驻上海办事处

副主任　张　琦

西安市人民政府驻深圳办事处
副主任 杨 霄

市发展和改革委员会（市粮食局和物资储备局、市物流业发展办公室）
党组书记、主任 邢 欣（女）
党组副书记 贺卫涛
党组成员、副主任 冉红斌
党组成员、总经济师 张海玲（女）
党组成员、派驻纪检组组长 谢 涛
党组成员、副主任 王 凯 张军胜

市教育局
局 长 贾轶昊
党委副书记 闫秀斌
纪检监察组组长 唐世广
副 局 长 王 纲 程军安
刘 红（女）

市科学技术局（市外国专家局、市硬科技产业发展局）
党组书记、局 长 李志军
党组成员、副局长 任 晖 楼文晓

市工业和信息化局
党组书记、局长 李初管
党组成员、派驻纪检组组长 李潘平
党组成员、副局长 孙远昆 张 顺

市民族宗教事务委员会
主 任 李永奇
副 主 任 李海林 平 丽（女，回族）
王 胜
专职委员 成崇辉

市公安局
局长、督察长 肖西亮
党委委员 王书钦
纪检监察组组长、第一副督察长
杜育峰
副 局 长 周军户 殷 浩 魏重光
马步理

市民政局
局 长 李平伟
副局长 朱友明 孔 宏
纪检监察组组长 党 浩

市司法局
党组书记 赵 夏
副 局 长 苏国峰（主持行政工作）
史 伟 张兴平 王安军
张成群
政治（警务）部主任 孙雅玮

市财政局
党组书记、局 长 李西宁

党组成员、副局长 王 琦 阎金平
党组成员 罗红林
党组成员、派驻纪检组组长 庄 军
西安投资控股公司董事长 杜岩岫
西安投资控股公司总经理 赵 泉

市人力资源和社会保障局
局 长 卢光文
副局长 冯立文 王晓杰
纪检监察组组长 喻惠霞（女）

市自然资源和规划局（市林业局）
党委书记、局长 冯 涛
党委副书记 焦莉丽（女）
党委委员 赵定安
党委委员、派驻纪检组组长 王学军
副 局 长 席保军
党委委员、副局长 王 闯
市自然资源和规划副总督察 李 伟
市土地储备交易中心主任 李 社

市生态环境局
党委书记、局 长 刘 军
党 委 副 书 记 郑西胜
党委委员、副局长 张炳淳 王 韬
李 博
党委委员 梁 朝
生态环境保护督察专员 赵学功
生态环境保护综合执法支队支队长
赵元伟

市住房和城乡建设局（市轨道交通建设办公室）
党组书记、局 长 苗宝明
党组成员、副局长 翟金海 张彦庆
张小波
党组成员、派驻纪检组组长 谢 巍
保障性住房中心主任 闫 明

市城市管理和综合执法局
局 长 张水利
党委副书记 张军刚
副 局 长 董埃孝 王 军
杨卫华（回族） 张国立
纪检监察组组长 强海滨
党 委 委 员 王 翔

市交通运输局
党组书记、局 长 张 健
党组成员、副局长 张永民 李斌科
党组成员 杨党校
党组成员、派驻纪检组组长 孙增贤
党组成员、副局长（兼），市邮政管理局局长 王 伟
西安交通投资集团有限公司党委书记、董事长 杜文艺

市水务局
党组书记、局 长 董兆为
党组成员、副局长 王 俊 王谷石
党组成员 党占奎

市农业农村局
党组书记、局 长 裴靖瑜（女）
党组成员、副局长 李岁会 刘 凯
赵向军
党组成员、派驻纪检组组长 刘 胜
市农业综合执法支队支队长 吴凤祺

市商务局〔中国（陕西）自由贸易试验区管理委员会〕
党组书记、局 长 张选民
党组成员、副局长 吴慧娟（女）
陈建锋
麻晓勤（女）
党组成员、派驻纪检组组长
聂 虹（女）
党组成员、中国（陕西）自贸区西安管委会专职副主任 李群刚

市投资合作局
党组书记、局 长 黄瑜晖（女）
党组成员、副局长 景政彬 任 伟

市文化和旅游局（市文物局）
党组书记、局 长 王庆华（女）
党组成员、副局长 孙 超 余亚军
王 晓 赵 锋
党组成员、派驻纪检组组长 王 琢
文化市场综合执法支队支队长 张西锋

市卫生健康委员会
主 任 刘顺智
副主任 王红艳（女） 荣 亮
吕永鹏 张 波（回族）
丁 力

市退役军人事务局
局 长 惠应吉
副局长 季建斌 闫亚林

市应急管理局
党委书记、局长 姚 涌
党委委员、副局长 陈选良 张 钧
段胜利 姜洪耀
党委委员、派驻纪检组组长 焦 军
党委委员、副局长（兼） 王 俊

市审计局
党组书记、局 长 徐琳茹（女）
党组成员、副局长 王建军 白永平
党组成员、总审计师 王恭让

市国有资产监督管理委员会
党委书记、主任 刘三民

党委副书记　任晓今（女）
党委委员、副主任　李宏军
党委委员、派驻纪检组组长　岳民安

市市场监督管理局（市知识产权局）
党委书记、局长　郝生旺
党委副书记　李海龙
党委委员、副局长　冯　超　吴　繁　丁景玺
党委委员、派驻纪检组组长　王小青（女）
综合执法支队支队长　张军社

市体育局
局　长　马　锐（回族）
副局长　徐　岗　邵　芳（女）　刘　刚

市统计局
党组书记、局长　张民伟
党组成员　赵群洁（女）
党组成员、副局长　李　红（女）

市人民政府研究室
主　任　崔玉凤(女)
副主任　左　东　刘新社

市人民防空办公室
主　任　陈　博
副主任　连拥军　邱卫华

市信访局(市信访接待中心)
局　长　张　蔚
副局长　王增武　郝林杰　宋丰收　段淑娟（女）
信访督查专员　路向东

市医疗保障局
局　长　张　军
副局长　王晓东　岳　岚（女）

市扶贫工作办公室
党组书记、主　任　张友社
党组成员、副主任　朱玉荣（女）　李英杰

市行政审批服务局
党组书记、局长　段重利
党组成员、副局长　张新鳌

市大数据资源管理局（市新经济产业发展局）
党组书记、局　长　刘　军
党组成员、副局长　刘　鑫　张伟明　孙　伟

市金融工作局
党组书记、局长　王　丽（女）
副局长　李　鹏

市秦岭生态环境保护管理局
党组书记、局　长　王　健
党组成员、副局长　李朝晖　李君亭　薛亚洲
党组成员、派驻纪检组组长　刘海林

市文物局
党组书记、局　长　孙　超
党组成员、副局长　唐　龙

直属事业机构

市地方志办公室
主　任　姚敏杰
副主任　张　帜　崔义萍（女）

市社会科学院(市社科联)（市丝绸之路经济带研究院）
院　长（主　席）　高东新
副院长（副主席）　张永强

市地震局
党组书记、局　长　汪　涛
党组成员、副局长　邢晴汉　杨玉芹（女）

西安住房公积金管理中心
党委书记、主任　杨　兵
党委委员、总会计师　张林军
党委委员、副主任　马　涛（回族）

市博览事务中心
主任（兼）　王国根
党组书记、常务副主任　王宏联
党组成员、副主任　闫　勇

市城中村（棚户区）改造事务中心
党组书记、主　任　刘　强
党组成员、副主任　李根成　袁海林

市机关事务服务中心
主　任　高继平
副主任　吴鹏飞　徐海民　南文生

西安广播电视台（西安广电产业集团）
台长、董事长，党委书记　惠　毅
党委副书记　刘晓林
总编辑　解　炜
副台长　赵和平　马洪良　赵政绪

派出机构

陕西省西咸新区开发建设管理委员会
党工委书记　杨仁华
党工委副书记、管委会主任　姜建春
党工委委员、管委会副主任　刘优军
党工委委员、纪检监察工委书记　姜志华
党工委委员、管委会副主任　徐军前　陈　辉　姚海军　赵　孝（满族）　张　渭
党工委委员、总规划师　陈　默
党工委委员、沣东新城管委会主任　柳　政
党工委委员、空港新城管委会主任　贺　键
党工委委员、秦汉新城管委会主任　杨占文
党工委委员、沣西新城管委会主任　刘宇斌
党工委委员、泾河新城管委会主任　张宏伟
西咸建设开发公司董事长　周　东

西安高新技术产业开发区管理委员会
党工委书记（兼）　马鲜萍（女，回族）
党工委副书记、管委会主任　齐海兵
党工委副书记　王宽让
党工委委员、管委会副主任　韩红丽（女）　郭晓辉　顾海文　杨　华　王海若（女）　祝鹏翘
党工委委员、西安高新综合保税区管委会专职副主任　史康度
党工委委员、纪检监察工委书记　董明炎
西安高科集团公司董事长　贾长舜
西安高科集团公司总经理　杜万坤

西安经济技术开发区管理委员会
党工委书记（兼）　康　军
党工委副书记、管委会主任　钱虎威
党工委副书记　张兴华
管委会副主任　邓选印
党工委委员、管委会副主任　陈　迪　蔺建文　张　俊　刘明利　杨　军
党工委委员、纪检监察工委书记　李晓岚
西安经发集团董事长　彭晓晖

西安曲江新区管理委员会
党工委书记、管委会主任（兼）　姚立军
党工委副书记　王小育
党工委委员　寇雅玲（女）
党工委委员、纪检监察工委书记　王胜彦
党工委委员、管委会副主任　常文芝　陈共德（瑶族）　李耀杰　顾育英（女）　但华喜　葛淑英（女）
西安曲江文化产业投资（集团）有限公司董事长　李铁军
西安旅游集团有限责任公司党委书记、董事长　毋文利
西安演艺（集团）有限公司党委书记、董事长　寇雅玲（女）
西安演艺（集团）有限公司党委副书记、总经理　樊大可

西安浐灞生态区管理委员会
党工委书记　杨六齐
党工委副书记、管委会主任　门　轩

党工委副书记　李新霞（女）
党工委委员、管委会副主任　丁学俊
党工委委员、纪检监察工委书记
　　贾振东
党工委委员、管委会副主任　黄秦政
管委会副主任　谢慧莹（女，锡伯族）
党工委委员、管委会副主任　王永兵
　　陈　静（女）　马志胜
浐灞发展集团有限公司董事长　樊彦平

西安阎良国家航空高技术产业基地（陕西航空经济技术开发区）管理委员会
党工委副书记　郭凤鹏
党工委委员、管委会副主任　仝秀丽（女）
　　杜崇壮
富阎合作园区党工委副书记、管委会主任，党工委委员、管委会副主任（兼）
　　胡广鑫
党工委委员、管委会副主任　王建飞
党工委委员、纪检监察工委书记
　　李会林
西安航空城建设发展（集团）有限公司总经理　张立伟
西安国家民用航天产业基地（陕西航天经济技术开发区）管理委员会
党工委书记、管委会主任　牛　恺
党工委副书记　逯雁春(女)
党工委委员、管委会副主任　史晓峰
　　刘顺利　赵　舰
党工委委员、纪检监察工委书记
　　李超来
党工委委员、管委会副主任　张　营
　　贺延光　蒋　阳
西安航天城投资发展集团公司总经理
　　冯　霈

西安国际港务区管理委员会
党工委书记、管委会主任　孙艺民
党工委副书记　苗　吉
党工委委员、管委会副主任　李　翔
党工委委员、纪检监察工委书记　王东伟
党工委委员、管委会副主任　杨　祎（女）
　　韩利敏
党工委委员、西安综合保税区管委会专职副主任　王运动
党工委委员、管委会副主任　范　明
　　任　社
西安国际陆港投资发展集团有限公司董事长　屈锦薇（女）

西安开放大学（西安社区大学）
党委书记　李　彬
校长、党委副书记　赵丽玲(女)
纪委书记、党委副书记　初亚莉（女）
副校长　李福海

西安文理学院
党委书记　问向荣
院长、党委副书记　陈　刚
副院长、党委副书记　李忠良
副院长　韩　权　王晓萍(女)
　　郧连东（女）
工会主席　范　宏
纪委书记　王　鹰
校务委员　郭　瑞（女）　曹　鸿

西安职业技术学院
党委书记　张　理
院长、党委副书记　李教社
纪委书记、党委副书记　王　莉（女）
副院长　宋　军(女)　符虎刚

西安铁路职业技术学院
党委书记　施利民
院长、党委副书记　赵春平
党委副书记　邓耀斌
纪委书记、党委副书记　邓　轩
副院长　安学武　赵六杰

其他单位

市供销合作联社
主　任　肖　琦（女）
党组书记　曹忠奎
党组成员、副主任　成　斌　肖　刚

西安市物资总公司
党委书记、总经理　曹兆民
党委委员、副总经理　刘军安　雷春龙
党委委员、纪委书记、监察专员
　　戴　之

西安市工业合作联社
党组书记、主　任　徐　龙
党组成员、副主任　段忠明　杨希军

西安工业投资集团有限公司
党委书记、董事长　金　辉
党委委员、董事、副总经理　胡治刚
　　陈　红（女）　任广斌
党委委员、纪委书记、监察专员
　　常以卓（女）
西安市机电化工国有资产管理公司（西安市轻纺建材国有资产管理公司）党委委员、副总经理　郭　梅（女）

市机电化工国有资产管理公司（市轻纺建材国资管理公司）
党委委员、副总经理　郭　梅（女）

西安城市基础设施建设投资集团有限公司
党委书记、董事长　马胜利
党委副书记、总经理、副董事长
　　贾　强
党委副书记、纪委书记、监察专员
　　桑中玲（女）
党委委员、董事、副总经理　孔建辉
党委委员、工会主席　傅　丽（女）
党委委员、副总经理　强青军

西安建工（集团）有限责任公司
董　事　于　玮　周　伟（女）

西安水务（集团）有限责任公司
党委书记、董事长　贺瑞林
党委副书记　陈顺利
副总经理、董事　王禄仕　陈大为
党委委员、总工程师　张西前
党委委员、纪委书记、监察专员　张大为

西安银行股份有限公司
党委书记、董事长　郭　军
党委副书记、行长、董事　梁邦海
党委副书记、副行长、董事　王　欣
党委委员、工会主席　李文琦（女）
党委委员、副行长　李富国　张成喆
　　狄　浩
董事会秘书　石小云（女）
董事（兼）　杜岩岫

西安市轨道交通集团有限公司
党委书记、董事长　宋　扬
党委副书记　雒继锋
党委委员、纪委书记、监察专员
　　宁春林
党委委员、董事、副总经理　王　超
　　马　钢
党委委员、副总经理　杨　军

西安航空航天投资有限公司
党委副书记、总经理　马　强
党委委员、纪委书记、监察专员　扈广杰
党委委员、财务总监　王双文
党委委员、副总经理　林少恒

西安市安居建设集团公司
党委书记、董事长　薛建华
党委委员、董事、副总经理　王炜鹏
　　李文弟

决策服务

◆**概况**　2021年，西安市人民政府研究室紧扣“五个扎实”“五项要求”，紧盯市委十项重点工作，只争朝夕、真抓实干，圆满完成各项工作任务。全年以党史学习教育为主线，在“我为群众办实事”活动中，形成调研报告8篇，解决相关单位和人民群众普遍关心的实际问题30多个。

◆**服务决策**　2021年，西安市人民政府研究室围绕中心，聚焦主业，不断夯实调研作风，在经济、社会、民生等领域为市委、市政府多项重点工作提供服务

保障。参与《西安市国民经济和社会发展第十四个五年规划和二〇三五远景目标纲要》编制，与市政府办公厅共同牵头《政府工作报告》起草，参与市委学习贯彻习近平总书记来陕考察重要讲话一周年“回头看”工作，完成《西安打造内陆改革开放高地专题调研》报告，与市考核办共同起草《西安市2020年度目标任务对标报告》，牵头市民政局、市人社局、市卫健委、市医保局等部门，对西安市社会保障现行政策标准等情况进行系统梳理，形成《西安市社会保障体系建设情况报告》，并完成《西安市社会保障体系建设情况报告任务分解意见》以办公厅名义印发。完成市政府主要领导在全国两会期间的代表建议、新闻稿件及宣传材料起草，起草市领导在世界交通运输工程技术论坛·市长论坛的主旨演讲《高起点谋划 高质量推进 全力打造国际性综合交通枢纽城市》，工作获得WTC（世界交通运输大会）书面表扬。完成市委部门、市政府领导重要文稿约稿——《以“十四运”为契机推动西安经济社会更高质量发展》《加快创建西安国际消费中心城市建议》及《牢记嘱托真抓实干以高质量发展为“十四五”开好局起好步》等。全年协同开展经济形势分析4次，对西安市营商环境“百日攻坚”行动进展及效果进行评估，审改政府领导在高级别青年对话论坛上讲话、在世界全球丝绸之路市长论坛上的主题演讲材料等，全年审核相关部门拟出台文件70余份，办结省市人大建议、政协提案11件。

◆课题研究 2021年，西安市人民政府研究室紧紧围绕西安市“十项重点工作”及人民群众最关心的问题开展课题研究，完成西安跨渭河通道策略系列研究、食品工业发展、医养结合、保障性租赁住房、智慧停车、城乡产业融合等方面21篇报告，其中《关于加快补齐食品工业短板尽快形成高质量发展态势的调研报告》为市政府主要领导交办任务，《关于西安市开展保障性租赁住房的情况》被市政府主要领导批转有关单位参阅，《建设西安跨渭河通道策略研究》专题报告被市科协评为优秀课题，并以院士专家建言形式呈报市委、市政府主要领导。同时开展战略性、前瞻性、长期性问题研究，形成《黄河金三角区域合作对关中平原城市群一体化协同发展的借鉴及启示》《加快西安市新能源汽车产业高质量发展的建议》《构建完善西安多层次养老服务体系调研报告》《提高城乡居民收入水平的对策研究》《西安市跨区域远距离供热调研报告》《西安市巩固成果防止返贫方面调研报告》共6项课题研究。

◆内刊发行 2021年，西安市人民政府研究室持续做好《经济观察》《西安发展研究》两刊编辑发行工作，《经济观察》出刊6期，涉及西安经济社会文化等相关领域研究报告约60万字。《西安发展研究》编辑发行36期，约25万字，其中蓝田县委对《加快建设葛牌红色旅游调查报告》专题研究后，将葛牌苏维埃红色纪念馆改造提升工程确定为2022年县重点工程。

◆智库合作 2021年，西安市人民政府研究室积极与国务院发展研究中心相关机构对接联络，牵头组织西安市人民政府与国务院发展研究中心产业经济研究部固定调研点签约仪式，西安市成为国务院发展研究中心第二批固定调研点城市之一，并以固定调研点为支撑，通过重大问题联合调研、重大课题研究合作、专项调查与咨询以及人员交流等方式，推进西安市主动对接国家重大战略与政策。全年圆满完成4次共计1000多家中小企业的经济运行监测问卷调查，组织本地企业参加国研中心产业经济研究部“工业经营形势及能源保供”座谈会、线上专题会，确保与国务院发展研究中心经济运行监测合作机制及固定调研点工作有序进行。（董 梅）

行政审批

◆概况 2021年，西安市行政审批服务局按照中央和省、市关于深化“放管服”改革部署要求，紧扣“一网、一门、一次”改革和打造西安营商环境品牌，着力提升全市行政审批和政务服务水平，各项工作取得新的成效。3月，“15分钟政务服务圈”建设被国务院办公厅确定为可供全国互学互鉴的创新举措。5月，《人民日报》报道西安市优化政务服务工作主要做法。12月，《西安市通过网上中介服务超市规范办理建筑许可中介服务》《西安市推进政务服务“好差评”经验做法》入选国家发改委《优化营商环境百问百答》。市政务中心被省政府授予“陕西省优化提升营商环境先进单位”荣誉称号，市代办中心被省发改委授予“陕西省重点项目建设先进集体”荣誉称号。

◆行政审批制度改革 2021年，西安市行政审批服务局持续推进相对集中行政许可权改革，印发《关于推进全市相对集中行政许可权改革工作方案》，35个市级部门和21个公共服务机构集中进驻市政务大厅，973项政务服务事项可一站式办理。指导区（县）、开发区累计承接审批事项3586项。

强化事项管理 西安市行政审批服务局按照全省统一部署，组织完成市级38个部门及各区（县）、开发区事项标准化工作。全市35462项政务服务事项纳入省级事项库，实现“清单之外无审批”。

推动“一件事一次办”改革落地 西安市行政审批服务局出台《西安市深化“一件事一次办”集成改革工作方案》，由市级相关主管部门牵头推出“出生一件事”“企业开办、注销一件事”“交房即交证”等10个示范改革，已全部对外提供集成服务。推行“市政通”集成改革，将建设项目市政配套“水电气暖报装”和“挖掘占道”审批流程整合，方便手续办理。

其他关键领域改革 西安市行政审批服务局与市市场监管局梳理公布涉企经营许可“证照分离”事项154项。配合相关市级部门，推进“证明事项”告知承诺、“一业一证”和工建项目审批制度改革落实落地。

◆互联网+政务服务 2021年，西安市行政审批服务局以“一网通办”改革为引领，持续推进互联网+政务服务深度融合。

优化“一网通办”平台建设 全面推行“不见面”办事，全市政务服务事项网上可办率达93.34%，“最多跑一次”事项占比达97.92%，“掌上可办”事项总数达2072项。

开发上线“西安政策通”平台 向市场主体提供惠企政策“全面查、模拟算、一次办、在线评”全方位服务，平台共汇聚市、区两级发布的惠企政策1024条，浏览量30.3万人次。

积极推进“跨区通办” 与“长三角”、沿黄河流域、关中平原12个省份30个地市建立“跨省通办”协作机制，所有区（县）、开发区均已开展“跨区通办”业务，累计办理23.51万件。

强化网上中介服务超市建设 印发《关于加强网上中介服务超市管理工作的通知》，制定《西安市网上中介服务超市综合评价办法》，已入驻中介机构1336家，累计完成交易360笔1.39亿元。7月，全省网上中介服务超市建设观摩座谈会在西安市召开。

全面推行政务服务“好差评”制度 印发《西安市政务服务“好差评”管理办法》，完成“好差评”系统改版升级，累计产生评价数据790.17万条，“满意率”达99.8%，“差评”整改率100%。全市政务服务电子监察系统建成运行。“12345”市民热线转办件均已按期办结。

◆审批服务便利化 2021年，西安市行政审批服务局统筹推进审批服务便利化，进一步完善四级政务服务体系建

2021年12月10日，西安市政务服务技能竞赛总决赛举办

设，审批服务创新实践取得新突破。

推动政务服务标准化建设　制定《西安市政务服务标准化管理办法（试行）》，从事项清单、办事指南、服务流程、评价标准等方面实施规范管理，确定政务服务标准化管理方向。

深化“15分钟政务服务圈”建设　围绕打造“民有所呼、我有所行”服务品牌，推动民政、人社、卫健等部门服务事项下沉，绘制全市政务服务地图，在各级政务大厅全面实行综窗改革，培育“15分钟政务服务圈”示范点154个，100%镇街、社区便民服务站点建设达标，90%公民个人事项实现“身边可办”。在西安咸阳国际机场、西安北站和西安火车站设立政务服务驿站，可办理税务、市场监管、医保、公积金等业务130余项，进一步延伸服务触角。

◆服务全市中心工作　2021年，西安市行政审批服务局充分发挥市、区两级政务大厅“绿色通道”作用，全力保障重大项目建设。通过推行审前服务、联合辅导、并联审批等加快项目手续办理，市政务大厅累计为40个市级重点项目办结审批事项138项，全市代办机构共为833个投资项目代办审批事项1160个，协调解决疑难问题454个。

◆政务服务能力提升　2021年，西安市行政审批服务局开展政务服务能力提升“百日攻坚”。组织市级重点部门开展一体化政务服务能力提升集中攻坚，事项标准化和“好差评”系统完成全面对接，32个自建系统实现统一认证，全市一体化政务服务能力各项评估指标大幅提升，高质量推进市政务大厅扩容提升。扎实做好项目立项，在方案设计、功能布局上细化标准、严把进度，已进入全面施工阶段。改造后，大厅面积将由现有6000平方米扩大至15000平方米，公安、税务、海关、司法等部门政务服务事项将实现“应进必进”。不断激发政务服务创新动力。连续3年开展全市审批服务改革“十佳”创新案例评选并在全市推广。举办全市首届政务服务技能竞赛，提升全市行政审批服务系统干部干事本领和业务技能。（孟祥良）

应急管理

◆概况　2021年，西安市应急管理局扎实推进应急管理体系和能力现代化建设，有效处置森林火情、洪涝灾害、危化品泄露等重大灾情险情，保持自然灾害和安全生产形势总体平稳，为西安高质量发展贡献应急力量。

◆防范化解重大安全生产风险　2021年，西安市应急管理局严密组织安全隐患大排查大整治，督导检查道路交通、建设工程、燃气燃热、特种设备等重点行业部门60余次，抽查企业116家。对照安全生产专项整治三年行动“1+2+17”方案体系，加强“一报表三清单”管理，扎实开展涉众场所、城市燃气、铁路道口、危化品等领域专项整治，累计成立2635个检查组，排查整治隐患11.1万余处，行政处罚3208次，罚款7533.7万元，行政处理或约谈、联合惩戒企业3728家。以“护航十四运”为主题，扎实做好应急安全综合保障工作，对全市24个全运会场馆及重点在建项目开展拉网式排查，编制十四运突发事件总体预案，开展森林草原火灾扑救等应急演练，为十四运会和残特奥会举办创造良好安全环境。持续加大执法力度，累计执法检查3943家次，发现违法行为4583起，没收违法所得6家，暂扣证照4个，行政拘留3人，行政处罚486家，监管处罚到账1102.1万元，生产安全事故处罚1714.1万元。高效推进安全发展示范城市创建，建立城市安全风险综合监测预警平台，西安市被确定为全国18个建设试点城市之一。全年全市共发生生产安全事故195起，死亡174人，分别同比下降14.1%、1.69%。

◆综合防灾减灾　2021年，西安市应急管理局制定《西安市防灾减灾救灾工作委员会工作规则》《西安市防灾减灾救灾工作委员会办公室工作规则》《西安市防灾减灾救灾工作委员会成员单位职责》，理顺防灾减灾救灾体制机制。召开全市防汛工作和视频调度会议38次，组织开展防汛督导检查16次，收集报送汛情快报99期，严格落实市委五个坚决要求，汛期共组织转移群众13万余人次。启动全市防汛Ⅳ级应急响应3次，启动渭河Ⅱ级应急响应1次，调度金盆水库、石砭峪水库、李家河水库泄洪26次。有效处置蓝田“8·19”、临潼南韩水库滑塌、长安区滈河、鄠邑区甘河漫溢等险情。细化8类自然灾害防治工程69项具体措施，协调7个灾害重点区（县）为行政村配发卫星电话1083部、发电机组879台，开展城市风险点危险源专项评估1177家，全面掌控城市安全风险点。建成应急避难场所220处，有效避险总面积623万平方米，可容纳人数415万人。完善四级救灾物资储备体系，推进减灾科普宣传教育基地建设，全力推进自然灾害防治能力八项重点工程，全市工程任务完成3年任务的80%以上。成立西安市第一次全国自然灾害综合风险普查领导小组，设立工作专班，健全工作制度，形成工作报表56份、工作简报21期，组织培训66期3000人次、开展宣传活动60场次覆盖人群60余万人次，市普查办被国务院普查办表彰为普查优秀集体，4名同志被评为先进个人。全市创建“全国综合减灾示范社区”5个、“陕西省综合减灾示范社区”24个，下拨补助资金省级42万元、市级110万元。

◆应急处置能力提升　2021年，西安市应急管理局完成应急管理综合应用平台二期建设，按照“1+5+1+N”的框架结构设计，横向整合18个部门37个信息系统和6万路视频资源，纵向打通4级100个节点，实现部门信息系统互联互通、共享共用，为智慧城市高质量安全发展提供“智慧防线”有力保障。高标准开展“十四五”规划编制工作，完成应急管理1个总体规划、应急体系建设、综合防灾减灾和安全生产规划3个专项规划编制印发。印发《西安市突发事件总体应急预案》，督促指导市级47个专项预案和区（县）、开发区总体应急预案编修工作，应急预案体系进一步完善。扎实开展自然灾害综合风险普查，大力推进双重预防机制建设，汇集整理13个重点行业领域风险点危险源1928处，会同有关单位确立28个行业细则编制计划，积极推动自然灾害防治体系、城市安全风险分级管控体系和隐患排查治理地方标准体系建设。大力推进应急管理综合行政执法改革，拟定18类124项具体措施保障改革任务落地。命名第一批29支1730人市级应急救援队伍，救援范围涵盖航空、特种设备、危险化学品等重点领域。推动成立西北空中应急救援中心，在蓝田暴雨灾害救助中发挥显著作用。选聘自然灾害类、安全生产类和应急管理类专家124名，进一步优化专家队伍结构、提升专业化支撑效能。

◆应急管理基础建设 2021年，西安市应急管理局与市委组织部、厦门大学和西北大学合作办班2期，培训干部500余名，组织“能力提升大讲堂”“百场讲堂进企业”，提升企业负责人、安全监管人员和一线员工安全意识和技能。积极开展系列宣传活动，创作应急主题歌曲《平安千万家》，原创文艺作品20余部，全市巡回演出7场。与央视视频、人民网等20余家新闻媒体建立联系，开展应急管理、“十四运”专题访谈22期，与教育部门联合推进中小学安全体验教室建设，实现安全宣传教育实体化突破。在“两微一端”开设“党史学习”“小安放映厅”“应急科普”等栏目，创作宣传海报、长图、微视频，传播党的理论、党史知识、安全常识、政策法规等正能量。努力打造“秦小安”形象品牌，积极开展“蓝精灵”志愿服务活动，开展活动20余场次，惠及企业群众2万余人。广泛宣传学习《宪法》、新《安全生产法》，组织开展执法证件清理、申领、培训工作，培训考试81人，申领（换发）证件311人次。积极配合法治政府创建工作，办理行政复议案件5起，组织听证1次，事故案审14次，重大执法决定法制审核50起，全年无行政诉讼。促进安全生产行刑衔接，联合市检察院挂牌成立检察联络室。推进“互联网+监管”“互联网+执法”工作，确保监管行为覆盖率100%。持续优化营商环境，加大政务服务和审批事项流程优化，大力推行“全程网办”“不见面审批”，实现线上线下“无差别”受理，推行证件许可“二维码”查询，满足企业办事需求 （张 拓）

人力资源

◆概况 2021年，西安市人力资源和社会保障局统筹疫情防控和人社工作，贯通落实“五项要求”“五个扎实”，全力做好“六稳”“六保”工作，重点工作成效显著，重要指标均居陕西省前列，实现“十四五”良好开局。

◆劳动就业 2021年，西安市人力资源和社会保障局全面强化稳就业政策举措，全力促进更充分更高质量就业，确保就业局势总体稳定。全年西安市城镇新增就业15.98万人，比上年增长4.36%；城镇登记失业率3.6%。

强化政策支持 西安市人力资源和社会保障局扎实落实稳就业工作23条举措、促进大学生就业创业20条意见等政策，出台《关于支持多渠道灵活就业的实施意见》《关于延续实施部分减负稳岗扩就业政策措施的通知》等一系列政策措施，进一步助企稳岗减负、培育发展新动能。积极发挥市稳就业工作专班和市就业工作领导小组作用，印发市就业工作领导小组2021年工作要点，召开西安市稳就业工作专班会，进一步明确任务、压实责任、强化督导，确保稳就业深入推进。充分发挥西安市发改委、西安市财政局、西安市工信局等成员单位协同作用，坚持以项目带动就业，实现经济与社会效益双提升，特别是三星二期、隆基电池、陕汽扩能、比亚迪电子等西安市重大项目的投产投资，累计提供就业岗位10多万个，促就业效果显著。

优化精准服务 西安市人力资源和社会保障局持续开展线上、线下招聘活动，搭建就业供需桥梁。2021年先后组织开展“百日千万网络招聘专项活动”“民营企业招聘周”“助力转型发展、促进充分就业——2021西安市冬季大型网络招聘会”“百年筑梦、万企同聘2021西安招聘就业季活动”等多频次、分行业、分岗位专场招聘活动。全年组织招聘406场，提供各类就业岗位超过131万个。进一步健全企业用工常态化服务机制，通过网上招聘、跨区域招聘、挖掘本地潜力等方式，解决企业用工需求，新增就业见习基地425家，发布见习岗位2.06万个。及时为比亚迪、中兴、陕汽、吉利等重点企业招工3.2万人。帮助48.9万名农民工有序返岗复工。不断优化创新就业服务活动，联合西安发布、华商传媒等媒体平台走进重点企业、重点园区、重点高校开展就业服务，开展“直播带岗”“空中宣讲”等就业服务活动32场，联合伯乐圈推出“帮你找工作”服务，加大岗位信息、远程招聘、网上面试等服务供给，不断强化人岗匹配和精准服务。依托“秦云就业”小程序，为单位和个人提供160余项线上就业创业服务功能。

紧盯创业引领 西安市人力资源和社会保障局持续完善创业扶持政策体系、创业融资支持体系、创业培训体系和创业服务体系，充分发挥创业带动就业作用，以政策助力创业，以创业带动就业，引导就业重点群体主动投身创新创业活动，营造“创新驱动创业、创业带动就业”的良好社会氛围。全年创建孵化基地10家、信用乡村4家，组建200余人的创业导师团队开展创业培训和创业指导。全年发放创业担保贷款7.4亿元，以创业带动就业超过6.5万人。

狠抓技能培训 西安市人力资源和社会保障局大力开展职业技能提升行动。突出就业导向，开展技能培训、创业就业培训、技校学生就业技能培训、中小微企业以工代训等8个项目培训，全年培训劳动者42.56万人次。扶持“一县一策”“一县一品”主题培训。蓝田厨师等劳务品牌列入全国典型劳务品牌宣传推广，成为西安市闪亮的“就业名片”。

◆助力乡村振兴 2021年，西安市人力资源和社会保障局严格落实“四个不摘”要求，扎实推进巩固拓展脱贫攻坚成果同乡村振兴有效衔接。着力抓好脱贫攻坚过渡期就业帮扶援助相关工作，筑牢民生“底线”，助力乡村振兴。

做好后评估工作 突出重点、精心谋划，联合五部门印发《关于切实做好脱贫攻坚过渡期就业帮扶工作的通知》，统筹推进工作落实，全面提升工作成效。

畅通特色就业渠道 认定社区工厂19家、就业帮扶基地31个，吸纳脱贫劳动力近400人，开发就地就近就业公益性岗位5820个。全市脱贫劳动力外出务工11.84万人，完成省人社厅下达任务11.59万人的102.05%。通过苏陕协作渠道帮扶农村劳动力实现就业1057人，其中脱贫劳动力实现就业389人。全市57840户脱贫劳动力至少一人就业创业，已实现“一户一人就业”目标。

巩固脱贫人口基本养老保障全覆盖成果 继续实施政府代缴社保费政策，全市共为49717名符合条件的困难群众代缴基本养老保险费421万元。

◆共建和谐劳动关系 2021年，西安市人力资源和社会保障局坚持源头治理、综合施策，着力打造政府、工会、企业共同参与、共建共享的和谐劳动关系。

抓好根治欠薪 全面落实在建工程项目保障农民工工资支付“八项制度”，在全省率先成立“解决拖欠农民工工资一站式服务中心”，创新“诉前调解+司法确认”模式，有效降低农民工维权成本。为4.91万名劳动者协调兑付工资4.36亿元，将25个欠薪失信企业、9名自然人列入“黑名单”，向社会公布3批次13起欠薪典型案例，全年未发生因讨薪引发的50人以上群体性事件或极端事件。

强化劳动关系协调 积极发挥三方机制作用，推进基层调解组织建设，全力维护劳动关系和谐稳定。加大劳动人事争议仲裁效能建设，全市共处理劳动人事争议案件2.7万件，仲裁结案率

98.72%，调解成功率65.60%。

深化收入分配制度改革　建立健全市场化工资决定和正常增长机制，将最低工资标准提高至1950元/月，对高温津贴标准进行明确及规范，及时确定全市企业工资指导线，为企业工资集体协商提供依据。

◆社会保障　2021年，西安市人力资源和社会保障局按照“兜底线、织密网、建机制”的要求和“权责清晰、保障适度、应保尽保”的原则，持续推进实施全民参保计划，稳步提高社保待遇水平。

全民参保有力推进　全市基本养老、失业、工伤3项社会保险参保人数分别达到814.12万人、259.76万人、299.27万人，较上年底分别增长45.14万人、19.01万人、19.08万人。

社保水平稳步提高　企业城镇职工基本养老金、城乡居民基础养老金标准、失业保险金标准及1—4级工伤职工伤残津贴待遇水平分别达到3211元、183元、1755元、3678.5元，分别较上年提高3.92%、4.27%、8.33%、2.57%。

社保减负助企惠民　持续发挥社会保险金助企惠民作用，失业、工伤保险降费合计21.48亿元，发放失业保险金、补助金9.51亿元，拨付稳岗返还资金11.41亿元。全市失业动态监测的500家企业，未发现规模性裁员风险。扎实开展社保基金管理风险排查、社保领域群众身边腐败和作风问题专项整治以及欺诈骗保问题排查整治工作，守护好人民群众的每一分“养老钱”“保命钱”。

◆社会公共服务　2021年，西安市人力资源和社会保障局以优化营商环境为牵引，以优质服务推进高效能治理。

持续优化营商环境　组织开展百日攻坚行动，西安市人社局承担的劳动力市场监管指标被评为全国标杆、进步较快指标，代表西安市在2021年5月全国营商环境现场会上作交流发言。劳动力市场建设改革成果被评为陕西省人社系统改革创新成果一等奖。加强人力资源服务机构管理案例入选国家发改委《优化营商环境百问百答》。

社保卡“一卡通”建设　全面推进社保卡在人社领域应用，社保卡制发卡1105万张。公共服务平台和“12333”热线全年服务群众超过3200万人次。

深化行政审批制度改革　西安人社政务服务电子地图138个网点上线市政务服务网，发布政务服务事项242项，行政许可事项承诺时限压缩比达72%。人社业务全面接入“好差评”系统，38.13万条评价好评率达到99.8%。扎实推进“一件事一次办”集成改革，机关事业单位“退休一件事、入职一件事”在全市率先上线运行，累计办理人员退休及入职466人次。

加强人社法治建设　建立社保欠费案件投诉受理流转机制，畅通劳动者举报投诉渠道，有力维护劳动者合法权益。制定西安市人社局《行政规范性文件合法性审核工作规程》《公职律师管理细则》等制度文件，编制年度《人社法治建设工作要点》和《普法依法治理工作要点》，不断提升法治工作规范化水平。

◆机关事业单位退休“一件事一次办”　2021年，西安市政务服务中心正式上线机关事业单位“退休一件事”受理及并联审批。西安市结合各相关部门业务实际，以“一次告知、一表申报、一口受理、一网审批、一窗发证、一体管理”为改革目标，重点聚焦机关事业单位退休“一件事一次办”，将市级机关事业单位人员退休养老保险待遇计算、单位编制下册、个人公积金提取、医保在职转退休、城市独生子女父母补助金审批备案及代发等多个事项整合为“一件事”，在一个平台受理，由多部门并联审批，真正实现经办人更深层次的“减环节、减时间、减材料、减跑动”，办理时限由过去最少6个工作日减少到最快1个工作日办结，以改革“小切口”推动政务服务的“大提升”。

◆人才队伍建设　2021年，西安市人力资源和社会保障局深入实施人才强市战略，深化人才发展体制机制改革，努力实现高层次人才和高技能人才“双轮驱动”、培养人才和引进人才“两翼共振”。

人才总量稳步积增　积极拓宽招才引智途径，坚持“内留外引”，打造高端人才西安行、海归人才招聘节等人才服务品牌，首次发布西安人力资源蓝皮书——《西安市人力资源（人才与就业）发展报告》，发布《2021年度西安市重点产业急需紧缺岗位人才需求目录》。全面贯彻《西安市吸引集聚硕博研究生若干措施（试行）》政策，新增专业技术人才4.44万人，硕博人才“储备池”入池1134人。服务重点行业重点产业，新设10家博士后创新基地。

职业能力建设有力推进　加强技能人才队伍建设，发放技能等级证书3.41万个。大抓技能等级自主评价，全市备案机构达到112家。评选高技能人才培训基地5个，技能大师工作室5个，首席技师10人。积极推进养老服务创新试点，新增认定1个养老护理高技能人才培训基地、5个养老服务产教融合基地、10个养老服务技能人才培训基地、35个养老服务就业见习基地。组织开展高技能人才大赛和养老护理职业技能竞赛。

人力资源市场充满活力　加强人力资源服务机构建设，从严规范网络招聘服务。全市人力资源服务机构总量突破2500家，营业额突破400亿元，举办各类招聘会1132场次，发布岗位信息54.51万条，提供用工需求246.8万个，帮助21.95万人达成就业意向。

◆人力资源市场建设　2021年，西安市人力资源和社会保障局坚持以加强人力资源服务机构管理为抓手，不断培育壮大人力资源市场，充分发挥市场调节作用，促进人力资源合理流动，创新推动人力资源服务业高质量发展。

坚持政策引领　深入贯彻落实《人力资源市场暂行条例》，实施骨干企业培育、领军人才培养计划，按照“市场主导、需求引领，鼓励创新、提升服务，深化改革、增强活力、依法管理、规范发展”的发展目标，进一步明确人力资源服务业发展重点任务和政策措施。西安市人社局与西安市委组织部等6部门联合印发《关于加快发展西安人力资源服务业的实施意见》，在财税、金融、土地、社保、公共服务平台等方面给予产业发展全方位保障。大力推进人才强市战略，研究出台《深化人才发展体制机制改革打造“一带一路”人才高地若干政策》，首创“西安伯乐奖”，对引入高层次人才的用人单位或人力资源服务机构给予最高100万元奖励，先后审核公示七批34个受奖单位、兑现奖励经费1185万元，持续激发和调动各级引才、猎才、用才的积极性。

注重精心培育　按照陕西省“三级四同”“一网通办”的要求和西安市人社局整体工作部署，探索推行“告知承诺制”办理方式，进一步精简审批所需材料，优化工作流程，缩短审批时限。通过多方共同努力，将所需材料精简为5项、审批时间缩短为4个工作日。合理安排现场勘察时间和方式，严格按程序要求及时受理办结，避免因自身工作原因给办事群众造成不便。制定下发《关于做好人力资源服务行政许可和备案工作的通知》《关于进一步明确人力资源服务机构设立审批和监管任务分工的通知》等文件，对人力资源服务事项办理进行规范和细化，进一步方便办事群众。及时取消人才交流会审批，为人力资源服务机构业务开展提供便利。

严格管理规范　积极引导人力资源服务机构紧盯市场需求、加快转型升级，使人力资源服务产品日益丰富、服务业态更趋多样、市场竞争力得到有效增强。认真组织专人对人力资源市场统计和年度报告工作进行部署，跟进加强业务指导，按照合格、列入整改、注销三种类别加强分类监管。积极选送业务负责同志参加部省组织的学习培训，依托人力资源服务行业协会开展人力资源服务标准化建设；利用公益大讲堂，认真组织对从业人员进行培训，帮助提高从业人员能力素质，提升人力资源服务整体水平。持续加强人力资源市场监管，严格落实“双随机一公开”工作机制，联合开展劳务市场专项整治行动，积极做好人力资源服务机构开展非法集资、传销等情况调查摸排，配合劳动监察部门，对群众投诉反映的重点问题及时调查处理，坚决杜绝“黑中介”和违法违规经营行为，不断净化市场秩序，规范服务内容。

积极创新实践　注重以产业园建设为抓手，带动和促进人力资源服务业发展。深入人力资源服务产业园进行调研，广泛听取意见建议。积极组织各园区运营管理负责人外出参加各类学习培训活动，加大招商引资和宣传力度，学习借鉴先进经验。加强产业园建设情况的考核评估，先后协调拨付400万元平台运营补助经费支持产业园建设。指导各产业园区认真查补建设短板，推进产业园建设升级，2020年产业园营业收入48.3亿元。积极开展人力资源诚信服务主题创建活动，推荐评选40家省级以上人力资源服务诚信示范机构。探索建立《西安市人力资源服务机构评价指标体系》，推进人力资源服务机构分类评级工作，逐步从源头上消除服务不规范、不诚信问题。

◆教师招聘与管理　2021年，西安市人力资源和社会保障局聚焦教育强市和健康西安建设，压茬推进面向社会公开招聘、高层次人才引进、开发区自主招聘、进校园招聘等工作，推动重点工作实现新突破。全年累计组织教师招聘11批次，组织笔试人数超过10万人次、面试人数超过2.5万人次，共招聘中小学、幼儿园教师8019名，其中本科和硕士研究生学历占比达93.87%，为中小学、幼儿园秋季顺利开学奠定坚实基础，切实解决群众急难愁盼问题。开辟高层次人才招聘绿色通道，引进副高职称教师86人，正高职称教师2人，区以上教学能手、骨干教师、学科带头人309人，“名校长”4人。按照“高层次引领、全方位引进”的思路，共招聘医疗卫生人才1340人。支持市属医院直接引进空军军医大学高水平专家医疗团队，引进15名团队带头人和77名团队成员，达到“引进一人、带动一批、兴旺一科”的效果。　（李文娟）

信　访

◆概况　2021年，西安市信访工作坚守“平时突出解决问题、重要节点夯实稳定责任”的底线思维，聚焦做好庆祝建党100周年、十四运和残特奥会信访安全保障工作的主线、主责、主业，全年取得新成效。

◆领导干部接访约访下访　2021年，按照市委、市政府要求，5月、6月在全市范围内开展信访积案化解月活动，16名市级领导包抓信访积案68件，推动化解63件。区（县）、开发区领导干部接访群众2894批4450人次，包抓信访案件2950件。在各级领导同志的亲自部署、直接参与下，全市形成一级抓一级、层层抓落实，上下齐心、全员抓信访工作的生动局面。

◆重复信访化解信访积案专项工作　2021年，西安市以集中治理重复信访化解信访积案专项工作为抓手，共梳理交办信访突出问题18479件，实行突出问题领导包抓、重点案件联办联督、工作进度动态通报等机制，分管领导坐镇指挥，工作专班加班加点连轴转，线下攻克与线上规范、远程指导与实地督导相结合，分类施策、挂牌督办、动态清零。围绕“在十四运之前集中解决一批信访积案和突出问题”目标，攻坚化解信访积案、集中治理重复信访，中央巡视组移交14126件信访事项6月底前全部办结。中省信联办交办4647件信访积案7月底全部化解，化解率实现两个100%，提前并超额完成省信联办提出的“年底前化解率完成90%以上”的目标。省委第一巡视组实际移交各类信访问题542件（移交1366件，其中重复件824件）按规定时限办结并汇报办理情况。各区（县）、开发区和市级有关部门坚持“一案一专班”，全力攻坚、因案施策，下真功夫、硬功夫、深功夫推动信访突出问题化解。市住建局、市资源规划局、市退役军人事务局等9个重点领域牵头部门主动担当，积极做好重点领域信访问题的化解和稳定工作。在房地产领域，集中力量解决办证难问题，完成88个遗留项目产权证办理，涉及群众7.5万人。修订《西安市解决特殊疑难信访问题资金管理使用细则》，鼓励倡导使用信访补助资金来化解“无头案”“骨头案”“钉子案”，十四运举办前集中使用230万元解决7件有代表性的疑难案件。

◆夯实信访工作基层基础　2021年，西安市信访局以创建“信访工作示范县（区）”活动为载体，深入调研基层信访机构建设及运行情况，指导建立27个镇街信访工作联席会议机制试点，创建11个全省“人民满意窗口”，全面推广“小蜜蜂志愿者”等典型经验，有效发挥3069名基层信访工作信息员队伍作用。积极参加陕西省信访局第二届“寻找最美信访干部”活动，在信访干部队伍中发现典型、树立典型、宣传典型，市信访局副局长段淑娟获得“最美信访干部”称号，西咸新区沣东新城党委政法工作部（信访局）社会治安综合治理中心主任赵超获得“最美信访干部”提名。段淑娟同志也获得陕西省第三届“十大法治人物”提名。

◆市民投诉　2021年，西安市信访局受理网上投诉信访事项56551件，办结56551件。其中，国家投诉办转办信访事项23057件，省投诉办转办信访事项7041件，本级受理3943件，区（县）级受理22510件，全部按时转办。

◆投诉信件办理　2021年，西安市信访局办理来信8878件，办结8878件。其中，国家信访局转（交）办群众来信6055件，省信访局转（交）办群众来信1513件，本级受理978件，县级受理332件，全部按时转办。

◆重点时期信访保障　2021年，西安市信访局按照市委、市政府的决策部署和要求，提前谋划、周密部署、精心组织，先后顺利完成习近平总书记来陕考察以及十九届六中全会、全国和省市“两会”等16次重大活动、重要会议期间的信访安全保障工作任务，以“零瑕疵、零失误、零感染”的实效实绩助力十四运会和残特奥会精彩圆满。在建党100周年庆祝活动期间，信访保障工作全程做到“三个确保”（确保不发生大规模进京聚集，确保不发生涉访个人极端行为，确保不发生因信访问题引发的负面炒作）。

◆信访化解经验交流　2021年，西安市信访化解相关经验做法先后在4月25日全国信访局长专题研讨班、6月8日全省“治理重复信访化解信访积案”专项工作现场推进会、7月24日全省信访局长专题研讨班上进行交流推广。在《人民信访》《内参选编》《法治日报》《法治周末》及新华网等主流媒体上累计刊发106件。其中新华社《内参选编》第36期刊发《西安未央区“小蜜蜂”团队飞入千家万户》，《法治日报》10月29日刊发《陕西西咸新区坚持“事心双解”化解信访积案》，《保障信访安全促进社会稳定》先后在新华网陕西频道、陕西网头条号、陕西信访今日头条号等多个平台刊载。完成高质量调研报告45篇，向省信访局推送30篇，以《信访专报》形式向市委、市政府建言资政17次。　（杨　华）

综　述

◆概况　2021年，中国人民政治协商会议西安市第十四届委员会及其常务委员会，高举习近平新时代中国特色社会主义思想伟大旗帜，深入学习贯彻习近平总书记关于加强和改进人民政协工作的重要思想，认真学习贯彻中共十九大和十九届历次全会精神，深入贯彻落实习近平总书记来陕考察重要讲话重要指示精神，全面落实中央和省委、市委政协工作会议精神，在中共西安市委的坚强领导下，坚持发扬民主和增进团结相互贯通、建言资政和凝聚共识双向发力，聚焦全市中心工作，认真履行政协职能，切实发挥政协作用，为谱写西安高质量发展新篇章作出积极贡献。

◆党的建设　2021年，政协西安市第十四届委员会始终坚持党对政协工作的全面领导，坚决担负起把中央和省委、市委决策部署以及对政协工作要求落实下去，把全市各方面智慧和力量凝聚起来的政治责任。认真贯彻中共中央办公厅《关于加强新时代人民政协党的建设工作的若干意见》和全国政协党建工作座谈会精神，严格落实市政协领导班子集体责任、党组书记第一责任、班子成员“一岗双责”，先后4次召开党建工作专题会议，制定印发《2021年市政协党建工作安排意见》《市政协全面落实党建工作责任制实施方案》《市政协贯彻全面从严治党主体责任清单》和《市政协2021年度党风廉政建设工作要点》，召开专题会议签订《党风廉政建设责任书》，推动市政协各级党组织主体责任层层落实。自觉把党史学习教育与党风廉政教育相结合，先后7次组织市政协党组党史专题学习、5次邀请专家学者为机关党员干部开展党史学习教育暨党风廉政教育。深入开展党建述职评议、党支部标准化建设活动，促进基层党组织全面进步、全面过硬。围绕庆祝建党100周年，在全市政协组织和全体政协委员中开展“同心同德、同向同行”主题活动，引导广大委员和各界群众坚定跟党走、奋进新时代，筑牢团结奋斗的共同思想政治基础。市政协党组被省政协党组表彰为2021年度全省政协系统党建先进党组织。

◆政协其他工作　2021年，政协西安市第十四届委员会认真贯彻落实中央和省委、市委安排部署的各项工作任务，积极配合完成全国政协、陕西省政协以及其他省市政协之间合作交流项目。

理论研究　按照《2021年度西安市人民政协理论研究计划》《西安市政协理论研究课题管理办法》，面向理论研究基地和区（县）政协征集理论研究课题，确立11项合作研究课题，并形成《2021年度西安市政协理论研究课题成果汇编》。积极向全国政协、省政协理论研讨会报送理论成果，入选省政协理论研讨会大会发言。

新闻宣传　2021年，政协西安市委员会在各级主流媒体刊发政协履职宣传稿500余篇，其中《人民政协报》10篇、《陕西日报》2篇、《各界导报》40篇、《华商报》10篇、《三秦都市报》13篇、《西安日报》和《西安晚报》共212篇。编发《西安政协》12期，用稿350余篇、图片100余幅，共50余万字。全年向全国政协和省政协报送社情民意信息24篇，其中2篇被全国政协采用，8篇被省市有关部门采用。

文史研究　2021年，政协西安市委员会邀请陕西省文物局原局长赵荣和著名历史文化学者李郁，编撰出版《西安文化遗产辑录（第二辑）》简明通俗读本。全书共20万余字、174幅图片。将西

2021年10月12日上午，西安市政协领导班子赴西安事变纪念馆开展党史学习教育暨省、市“政协委员学习教育基地”揭牌仪式

安政协文史资料信息网络传播权授予西安图书馆，在国家数字图书馆向全国发布，让更多的人了解政协文史资料，扩大西安政协文史资料的读者范围。将西安政协文史资料第43辑《西安文化遗产辑录（第一辑）》推送至“学习强国”全国平台及西安平台，阅读量达到300万次以上，极大地提升了西安政协文史资料的影响力，较好地发挥了“存史、资政、团结、育人”的社会功能。为市政协庆祝建党100周年书画展征集书画作品51幅。按照省政协要求，为“庆祝建党100周年·沿黄九省（区）政协书画精品展”征集报送市政协书画作品6幅，为省政协文史馆报送西安市区（县）政协文史资料（电子版）。在八路军西安办事处纪念馆、西安事变纪念馆、甘西革命英烈纪念馆等9处建立西安市政协委员“学习教育基地”。

疫情防控　2021年底，西安市遭遇严峻复杂的重大疫情。按照市委统一部署，全市政协组织和政协委员积极行动、全力投入。市政协领导班子成员分别担任研究生考试工作专班、鄠邑区工作专班等5个工作专班负责人，扎实做好市级专项疫情防控、区（县）疫情联防联控、农贸市场防疫安全等工作。政协委员通过建言献策、爱心慰问、志愿服务、文化宣传等方式抗击疫情、奉献社会。20多名医卫界委员带领团队奋战在医疗救治第一线，150多名委员主动参与社区防控；委员们围绕统筹疫情防控和经济社会发展提出建议27条，报送社情民意信息18期，累计捐款、捐物共计650余万元，以实际行动服务人民、奉献社会。

中国人民政治协商会议
西安市第十四届委员会

主　　席　岳华峰
副主席吴键　史晓红（女）
李佐成（九三学社）
张建政　王欢畅（工商联）
李改草（女，无党派）
王国根（农工党）
陈长春（2月起）
秘 书 长　庞阿平
副秘书长　严　石
张雪琴（女，民盟）
蔺孝民　洪　剑（2月起）
办公厅主任　庞阿平（兼）
研究室主任　任莉娟（女）
委员工作委员会主任　夏俊山（8月前）
提案委员会主任　邢宏锋
经济委员会主任　杨明瑞（7月退休）
农业和农村委员会主任　邓福喜
人口资源环境委员会主任
张　铁（8月前）
港澳台侨和外事委员会主任　郭艳文（女）
社会法制和民族宗教委员会主任
李健彪（回）
教科卫体委员会主任　纪　刚
文化文史和学习委员会主任（空缺）

政协会议

◆中国人民政治协商会议西安市第十四届委员会第五次会议　2021年2月1日至3日在西安举行，会期3天。应出席委员557人，实到443人。会议审议批准岳华峰主席代表政协西安市第十四届委员会常务委员会所作的工作报告，审议批准张建政副主席代表政协西安市第十四届委员会常务委员会所作的提案工作情况报告。委员们列席西安市第十六届人民代表大会第六次会议，听取并赞同李明远市长所作的政府工作报告，赞同《西安市国民经济和社会发展第十四个五年规划和二〇三五年远景目标纲要（草案）》、市中级人民法院工作报告、市人民检察院工作报告及其他有关报告。会议选举陈长春为政协西安市第十四届委员会副主席，邢宏锋为政协西安市第十四届委员会常务委员。会议期间，委员们通过小组讨论、大会发言、提交提案等形式，围绕加快国家中心城市建设、助力西安市经济高质量发展、全力办好“十四运”、加强文旅融合发展、保障和改善民生等重点工作展开协商讨论，形成6个方面56项建议，围绕《政府工作报告》提出140余条具体建议，市委、市政府有关领导到会与委员们共商西安发展大计。大会编发简报10期，收到大会发言材料127篇，其中，市级各民主党派、工商联61篇，区（县）政协15篇，市政协各专门委员会9篇，委员个人42篇。围绕推进西安自贸区法律服务体系建设、推动数字经济与实体经济深度融合发展、加快完善制造业产业链供应链、工业互联网产业发展、推进健康西安建设步伐、搭建城市艺术发展平台、文旅融合发展、提升教育软实力、智慧城市建设以及做文明市民、迎精彩全运等方面提出意见、建议。

◆政协西安市第十四届委员会常委会会议　2021年，政协西安市第十四届委员会立足新发展阶段，贯彻新发展理念，融入新发展格局，紧紧围绕全力办好“十四运”、实现十项重点工作新突破、毫不松懈抓好疫情防控，积极履行职能，充分发挥专门协商机构作用，共召开6次常务委员会会议。

2月1日上午，召开政协西安市第十四届委员会常务委员会第二十七次会议，会期半天。会议听取市政府关于市政府系统提案办理情况的通报；审议通过政协西安市第十四届委员会常务委员会工作报告（草案）以及报告人；审议通过政协西安市第十四届委员会常务委员会关于十四届四次会议以来提案工作情况的报告（草案）及报告人；审议通过政协西安市委员会2021年工作要点（草案）；审议通过政协西安市第十四届委员会第五次会议议程（草案）、日程（草案）及有关安排意见；听取政协西安市第十四届委员会各专门委员会2020年工作总结汇报。会议决定，洪剑任政协西安市委员会第十四届委员会副秘书长，安文中任政协西安市第

2021年2月1日至3日，中国人民政治协商会议西安市第十四届委员会第五次会议召开

十四届委员会文化文史和学习委员会副主任。

2月1日下午，召开政协西安市第十四届委员会常务委员会第二十八次会议，会期半天。会议审议《政协西安市第十四届委员会第五次会议选举办法（草案）》；审议政协西安市第十四届委员会第五次会议候选人建议名单；审议政协西安市第十四届委员会第五次会议总监票人、副总监票人建议名单；审议《政协西安市第十四届委员会第五次会议政治决议（草案）》；审议《政协西安市第十四届委员会第五次会议关于常务委员会工作报告的决议（草案）》；审议《政协西安市第十四届委员会第五次会议关于十四届四次会议以来提案工作情况报告的决议（草案）》；审议《政协西安市第十四届委员会提案委员会关于十四届五次会议提案审查情况的报告（草案）》。

2月2日晚上，召开政协西安市第十四届委员会常务委员会第二十九次会议，会期半天。会议听取五次全会会议综合情况的汇报；听取委员讨论《政协西安市第十四届委员会第五次会议选举办法（草案）》，酝酿候选人、总监票人、副总监票人建议名单和推举监票人情况的汇报；通过《政协西安市第十四届委员会第五次会议选举办法（草案）》；通过政协西安市第十四届委员会第五次会议总监票人、副总监票人名单（草案），监票人名单；通过政协西安市第十四届委员会第五次会议总计票人、副总计票人名单；通过政协西安市第十四届委员会第五次会议候选人名单；通过《政协西安市第十四届委员会第五次会议政治决议（草案）》；通过《政协西安市第十四届委员会第五次会议关于常务委员会工作报告的决议（草案）》；通过《政协西安市第十四届委员会第五次会议关于十四届四次会议以来提案工作情况报告的决议（草案）》；通过《政协西安市第十四届委员会提案委员会关于十四届五次会议提案审查情况的报告（草案）》。

3月23日，召开政协西安市第十四届委员会常务委员会第三十次会议，会期半天。会议传达学习全国“两会”精神，并就贯彻落实会议精神进行安排部署。

7月8日，召开政协西安市第十四届委员会常务委员会第三十一次会议，会期1天。会议传达学习习近平总书记在庆祝中国共产党成立100周年大会上的重要讲话。会议专题协商“加快民营经济发展”问题，听取副市长徐明非关于西安市“加快民营经济发展”情况的通报，市委、市政府有关部门和相关开发区负责同志，到会听取意见和建议，各区（县）政协主席，市工商联机关负责同志，专题调研组成员、专家学者列席会议。会议还通报2020年度履职优秀委员评选结果，协商决定有关人事问题。会议决定，接受杨明瑞、董新良辞去政协西安市第十四届委员会委员、常委职务。

11月18日，召开政协西安市第十四届委员会常务委员会第三十二次会议，会期1天。会议传达学习中共十九届六中全会精神。会议专题协商“深化文化旅游供给侧改革 促进文旅深度融合发展”问题，听取副市长姚立军关于西安市文旅融合发展情况的通报，举办专题学习讲座。会议审议通过《政协西安市委员会协商工作规则》。

政协履职

◆调研视察 2021年，政协西安市第十四届委员会按照《组织市政协常委和部分委员视察十项重点工作项目建设情况的总体安排意见》，围绕教育、医疗、环境、交通、住房、养老等民生领域热点问题，灵活运用视察调研、座谈交流、明察暗访等方式，组织委员开展调研视察。围绕“河湖长制”落实、治污减霾、城市水源建设、老旧小区改造、“三河一山”环线绿道建设、提升养老机构服务质量、妇女儿童文化场所建设、外卖食品卫生防疫等问题，开展52次调研视察，110条建议被市级部门采纳。经济委员会围绕“西安市产业类重点项目建设”“‘十四运’重大项目建设”和“大力发展西安市数字经济 做大做强新零售”开展专题视察，分别形成调研报告；围绕“制造业表面处理行业高质量发展”召开专题座谈会，向市政府报送《关于西安市制造业表面处理行业发展的调研报告》。农业和农村委员会围绕“发展新型农村集体经济”开展专题调研，深入分析研究西安市与经济发达地区差距及存在问题，为构建适应新时代要求的农村集体经济组织形式、发展模式、推进方式提出五条对策建议，相关成果在省政协第37次月度协商座谈会上作交流发言。围绕“防止返贫致贫监测预警和帮扶机制建立情况”“易地扶贫搬迁后续帮扶工作”和“推进高标准农田建设”开展专项视察，分别提出针对性意见建议报市政府有关部门决策参考。人口资源环境委员会围绕服务保障“十四运”开展“凝心助力、同心同行”视察活动，与省政协人资环委联动组织省、市政协委员70余人视察奥体中心“一场两馆建设”及片区整体环境；围绕“秦岭北麓森林资源保护情况”组织委员先后赴林场、管护站视察，召开专题调研座谈会，听取意见建议，形成《秦岭北麓森林资源保护调研报告》，经市政府分管领导批示后转至市级相关部门、沿山区（县），研究吸纳落实。港澳台侨和外事委员会围绕“加强促进西安澳门文旅交流合作”“西安市侨资企业发展情况”“西咸新区创新港发展情况”和“促进西安陆空枢纽建设 打造国内国际双循环重要门户”等专题开展视察调研，并形成相关调研报告。其中《关于西安市侨资企业发展情况的视察报告》和《关于促进西安陆空枢纽建设 打造国内国际双循环重要门户工作的视察报告》得到市长、副市长的批示。社会法制和民族宗教委员会围绕“提升西安市养老服务质量和水平”，先后赴郑州、苏州、上海进行调研，形成《关于进一步推动西安市养老服务高质量发展的调研报告》，报送市委、市政府决策参考；围绕“宗教人才培养”和“西安市民族流动人口服务管理工作”进行专项调研，并分别形成调研报告。其中《关于西安市民族流动人口服务管理工作的调研报告》获全市统战理论研究成果一等奖。教科卫体委员会围绕“加强外卖食品的卫生防疫工作”开展专题调研，形成《关于加强外卖食品安全及疫情防控工作的调研报告》，经市政府办公厅批转相关部门阅研；围绕“营造全民全运氛围 开展群众性体育活动情况”“‘名校+’‘名师+’‘名校长+’工程实施情况”和“全面加强新时代中小学劳动教育”开展专项调研视察，并分别报送《政协信息》。文化文史和学习委员会围绕“西安老字号保护传承发展”“西安市红色革命文物保护工作”和“秦岭北麓历史文化资源保护和利用情况”等专题开展调研视察，并形成调研报告报送市委、市政府决策参考。

◆协商议政 2021年，政协西安市第十四届委员会始终把协商放在重要位置，聚焦市委、市政府中心工作，按照“党政所思、群众所盼、政协所能”原则，坚持“切口小、求实效、出精品”要求，精选35项重点议题，报经市委批准后，纳入《2021年度中共西安市委政治协商工作计划》印发实施，有力加强市政协协商议政工作。遴选78名专家学者组建参政议政人才库，搭建协商议政平台，提升协商工作实效。组织召开1次全体会议、2次专题议政性常委会议、7次专门委员会对口协商会议、10次重点提案办理专题协商会议。7月8日，围绕“加快民营经济发展”问题，召开政协西安市第十四届委员会常务委员会第三十一次会议进行专题协商。11月18日，围绕“深化文化旅游供给侧改革 促进文旅深度融合发展”问题，召开政协西安市第十四届委员会常务委员会第三十二次会议进行专题协商。各专门委员会认真组织开展对口协商活动，经济委员会围绕“关于加快民营经济发展”组织专题协商，先后赴西安市高新区、经开区、航天基地和深圳市、南京市、宁波市等地开展专题调研，实地考察企业15家，召开7次座谈及交流研讨会，形成的《关于加快西安民营经济发展的调研报告》荣获全省政协系统优秀调研成果奖。农业和农村委员会围绕“改善农村人居环境 建设美丽乡村”开展对口协商，前期深入调研，市农业农村局、生态环境局等相关部门通报情况，与委员和农村基层代表交流互动，梳理出5个方面问题，提出6条针对性意见、建议报送市委、市政府决策参考。人口资源环境委员会围绕“加快老旧小区改造提升”开展专题协商，深入社区、居民户调研视察，集中协商议政，提出意见建议，解决相关问题10余个，对加快老旧小区改造提升发挥积极作用。港澳台侨和外事委员会围绕“关于西安市历史文化街区保护更新”开展专题协商，市政协委员、市级相关部门及部分专家学者赴北院门历史文化街区进行专题调研，通过召开对口协商会、实地走访及外地调研等方式，形成《关于西安市历史文化街区保护更新的调研报告》报送市委、市政府决策参考。教科卫体委员会围绕“深化规范校外培训机构 进一步营造良好教育生态”进行对口协商，商请市教育局召开情况通报会，先后赴高新区、周至县、莲湖区开展商前调研，召开对口协商座谈会，集思广益，形成《关于深化规范校外培训机构 进一步营造良好教育生态对口协商情况的报告》，得到分管副市长批示，有关意见、建议被吸纳并作专题研究，为西安市有效治理校外培训乱象、全面落实“双减”政策、构建长效管理机制起到助推作用。社会法制和民族宗教委员会围绕“加快西安市居民小区业主委员会建设”专题协商，组织调研组赴高新区、雁塔区、未央区实地调研，召开协商座谈会，形成《关于加快推进西安市居民小区业主委员会建设专题协商调研报告》报市政府决策参考。文化文史和学习委员会围绕“深化文化旅游供给侧改革 促进文旅深度融合发展”开展专题协商，组织委员深入实际调查研究，邀请相关专家及市政府有关部门，与委员进行深入座谈交流，提出对策建议，形成专题调研报告。提案办理协商会。10月14日，市政协围绕“加快推进居民住宅小区物业管理规范化”相关提案办理开展调研视察和专题协商，这次协商旨在把居民小区物业管理纳入政协民主监督议题，为进一步提升西安市居民小区物业管理水平贡献政协智慧和力量。11月1日，市政协围绕“推进家政服务业高质量发展”相关提案办理开展调研视察和专题协商，这次协商旨在围绕西安市家政服务业高质量发展谋良策、出实招，进一步加大政策配套落实力度、推动家政服务业转型升级、建立健全家政服务信用体系、营造良好的行业发展氛围，推动西安市家政服务业发展迈上新台阶。12月7日，市政协围绕“关于进一步优化营商环境 促进民营经济发展”相关提案办理召开协商座谈会，这次协商旨在紧盯民营企业关心的平等发展的条件、公平竞争的环境等问题持续跟进、持续发力，助力加快民营经济发展更加深入、更富实效。此外，各专门委员会分别围绕4个方面10件提案进行重点协商办理，组织协调有关专家、政协委员、群众代表和市级相关部门召开重点提案办理协商会议。

◆民主监督 2021年，政协西安市第十四届委员会坚持把民主监督作为政协履行职能的重要内容，聚焦民生领域突出问题开展协商式监督，在保障和改善民生上精准发力、跟踪问效。围绕优化营商环境，对“一张网一扇门、一件事一次办”工作落实情况进行民主监督，报送《政协信息》。围绕“西安市卫生健康事业重点项目建设情况”开展民主监督，教科卫体委员会组织部分政协委员对西安市医疗卫生健康事业重点项目建设情况进行民主监督视察，报送《政协信息》。紧盯“三河一山”绿道建设，先后5次组织市政协委员180余人次，开展集中监督视察，并组织百名市、区政协委员开展骑行视察活动。聚焦疫情防控、卫生健康、食品安全保障“三大热点”，赴“十四运”西安市执委会、全运会主场馆及重点配套设施场所，对全运会卫生食品安全保障工作情况进行实地监督视察，形成专项视察报告，报送第十四届全运会西安市执委会参阅。按照“深入推进农村厕所革命”民主监督工作的安排部署，组织委员赴涉农区（县）实地调研，深入了解厕所革命进展及成效，由分管副主席带队，对相关提案集中督办，着力推动有关问题解决，相关经验做法在全国政协农委系统“深入推进农村厕所革命”民主监督主题讨论活动中被推广介绍。围绕“西咸新区战略性新兴产业发展基金”和“红色革命文物保护工作”深入开展民主监督活动。与省政协联合开展“关于提升营商环境 加快重点项目建设”的民主监督调研活动。

◆提案办理 2021年，政协西安市第十四届委员会持续推动提案办理工作和重点提案督办，进一步完善提案“五位一体”督办机制，不断提升提案办理实效。一年来，共提交提案771件，经审查立案749件。立案提案中，委员提案594件，各民主党派、工商联提案133件，有关人民团体提案5件，专门委员会提案17件，分别交由87家承办单位办理。在经济发展方面，围绕大力发展数字经济、持续优化营商环境、加快民营经济发展等，提出提案173件，占总数的23.1%。在城市建设方面，围绕加快国家中心城市重点项目建设、推进城市治理能力现代化、办好“十四运”等，提出提案252件，占总数的33.6%。在科教文卫体方面，围绕科技、教育、医疗、体育、文旅融合发展等，提出提案220件，占总数的29.4%。在生态文明建设方面，围绕推进绿色发展、建设生态西安等，提出提案40件，占总数的5.3%。在民主法治建设方面，围绕推进《民法典》学习、信用体系建设、营造良好法治环境等，提出提案29件，占总数的3.9%。在疫情防控方面，围绕疫情防控、防控物资保障、社会稳定、复工复产等，提出提案35件，占总数的4.7%。截至年底已全部办复。提案工作坚持创新发展思路，积极探索推动提案工作提质增效的方式方法，联合市委办公厅、市政府办公厅印发年度市级领导领衔督办重点提案安排，开展提案质量和办理质量“双向评议”，推动提案质量和办理质量双促进、共提高。全年评选优秀提案85件、先进承办单位18个，表彰26名提案工作先进个人。（张虎峰）

纪检监察

◆**概况**　2021年，西安市各级纪检监察机关在陕西省纪委监委和市委坚强领导下，坚持围绕中心、服务大局，知重负重、砥砺前行，充分发挥监督保障执行、促进完善发展作用，深入推进党风廉政建设和反腐败斗争，纪检监察工作高质量发展取得新进展、新成效。

◆**中共西安市纪委六次全会**　2021年2月8日，中共西安市纪律检查委员会第六次全体会议召开。会议传达学习习近平总书记重要讲话和十九届中央纪委五次全会、十三届省纪委五次全会精神，听取省委常委、市委书记王浩讲话，审议并通过市委常委、市纪委书记卢力群代表市纪委常委会所作的《充分发挥监督保障执行和促进完善发展作用，为奋力谱写西安新时代追赶超越新篇章提供坚强保障》工作报告。

◆**强化政治监督**　2021年，中共西安市纪委监委把学习贯彻习近平新时代中国特色社会主义思想作为首要政治任务，跟进学习习近平总书记来陕考察重要讲话精神，自觉谋划推进纪检监察工作高质量发展，做到知行合一、学用相长。起草《推进政治监督具体化常态指导意见》，对政治监督的内容和具体方法进行明确；印发《2021年强化政治监督保障推动党中央重大决策部署贯彻落实工作实施方案》，明确4个方面11个监督重点。将巡视整改作为政治监督的重点内容，协助市委制定全市巡视整改方案，针对31项任务制定66条整改措施，逐条明确责任人（单位）和完成时限，承担的31项任务取得了阶段性成效，交办的32件问题线索全部办结，省委巡视反馈问题正在推进落实。上级交办涉及赵正永等人严重违纪违法案相关问题线索113件，已办结111件，正在办理2件，给予党纪政务处分21人，移送检察机关8人，采取第一种形态处理49人。

◆**围绕发展大局做好监督检查**　2021年，中共西安市纪委监委围绕“十四运”筹办，派出4个检查组，针对全运会配套设施建设开展监督检查，督促按照时间节点完成筹备任务；制定《第十四届全国运动会重大风险防控体系监督实施意见》，围绕开闭幕式、赛事运行中的重要环节，梳理风险点完善监督体系，为十四运圆满举办提供坚强保障。聚焦疫情防控强化监督检查，紧盯“8个全覆盖”和疫苗接种等工作，制发《关于对新冠疫苗接种工作进行跟踪监督检查的通知》。12月份，结合疫情防控形势，派出20个驻点督导组沉入一线，聚焦核酸检测、B类密接人员转运、食品蔬菜供应等重点任务和关键环节，精准发现问题，及时推动解决问题，为打赢疫情防控的人民战争、总体战、阻击战提供坚强保障。全年共问责单位、党组织47个，问责责任人765人。聚焦重点工作开展日常监督，全年实地检查项目6262个，现场指出问题并要求整改到位2272个，下发纪律检查建议书、监察建议书84份；发现问题线索28个，处分26人，约谈函询203人，批评教育25人，责令检查12人，其他处理67人。

◆**惩治腐败**　2021年，中共西安市纪委监委一体推进不敢腐、不能腐、不想腐的有效机制，全市各级纪检监察机关共处置问题线索8495件、立案2874件；处

2021年6月10日，西安市监委召开特约检察员调研座谈会

2021年12月10日，“讲述‘全家福’故事”现场

分2678人；移送检察机关78人。成立专项工作领导小组，起草下发《关于全市纪检监察机关配合做好政法系统教育整顿监督执纪问责工作的意见》，配合做好全市政法队伍教育整顿监督执纪问责工作。建立问题线索专项台账100余件，确保底数清、情况明。强化与扫黑除恶工作的衔接，深挖涉黑涉恶“保护伞”及“漏网之鱼”。市教整办移送问题线索463件，已全部办结，给予党纪政务处分71人，移送检察机关22人。

◆以案促改警示教育 2021年，中共西安市纪委监委深入开展强小安严重违纪违法案以案促改工作，协助市委召开全市警示教育大会，通报强小安严重违纪违法问题特点和警示，收到良好的警示教育效果。持续开展纪律教育学习宣传月活动，编撰《西安市党员干部警示教育资料》4期，通报曝光共计7273起8012人。充分发挥西安市警示教育基地警示教育作用，全年观展单位578个，讲解702场，参观人数达32138人次。组织“讲述‘全家福’故事”大型融媒体采访活动，解读“全家福”照片背后的好家风故事。围绕“见莲思廉·咏莲颂廉”主题，在莲湖区打造陕西首家廉洁文化主题公园，产生良好社会反响。

◆整治群众身边不正之风 2021年，中共西安市纪委监委开展群众身边腐败和作风问题暨教育（医疗）住房领域突出问题专项整治，查处群众身边腐败和作风问题1335件，处分1658人。严格落实习近平总书记重要批示和中央纪委国家监委领导同志批示精神，以停车收费腐败问题为切入点，围绕项目审批、财政资金使用等方面，在发改委、财政局等8个单位，开展公共资源领域突出问题专项整治，推动公共资源管理水平提升。抓好惠民惠农财政补贴资金“一卡通”管理问题专项治理，督促整改问题239个。查处乡村振兴方面问题105件，处分142人，推进乡村振兴战略开好局、起好步。强化对生态环境保护的监督执纪问责，共查处生态环境领域问题154件，处分178人。印发《换届风气监督检查工作方案》，围绕严明换届纪律开展监督检查，共梳理排查违反换届纪律问题线索102件，查处41件，处分33人。深化纠治“四风”顽疾，坚决防反弹回潮、防隐形变异、防疲劳厌战，全市查处违反中央八项规定精神问题945件，处分1310人。

◆中共西安市第十三届委员会第十轮巡察 2021年，中共西安市纪委监委组织开展十三届市委第十轮巡察，成立7个巡察组，对20家单位开展常规巡察，对2个街道42个村党组织开展提级巡察，共发现重点问题568个，问题线索66个。成立市委专项巡察组和巡回指导组，对市发改委等4家市级单位以及市属国有粮食购销企业开展粮食购销领域专项巡察，并指导13个区（县）、西咸新区、高新区开展巡察上下联动。分3批对市委老干局等38家单位中央巡视反馈问题整改情况进行督导检查，市纪委监委和市委组织部主要领导对10家被巡察单位主要负责人集体约谈，向15家单位印发再整改通知，倒逼问题整改。

◆纪检监察体制改革 2021年，中共西安市纪委监委认真落实《党委（党组）落实全面从严治党主体责任规定》，督促各级党委（党组）修订完善主体责任清单，各级纪检监察机关修订监督责任清单，压紧夯实两个责任，形成明责、督责、考责、问责的工作体系。组织4个单位党委（党组）书记在市纪委全会上述责述廉，接受民主测评。印发《关于开展谈话提醒工作的通知》，督促各级党委（党组）主要领导认真履行主体责任。全年，14区（县、含西咸新区）（含西咸新区）共140名领导干部对617开展了谈话提醒工作。

◆纪委监委自身建设 2021年，中共西安市纪委监委领导班子坚持从自身做起，严格落实机关党建责任，加强临时党支部建设，打造坚强战斗堡垒。探索“室组”联动监督、“室组地”联合办案机制，提升监督执纪执法协同性。分级分类实施全员培训，举办“青年干部论坛”，开展“精品案件”及“青年办案能手”评选活动。推动纪检监察业务与信息化有机融合，完成检举举报平台建设。市监委以扫黑除恶专项斗争监督调查处置为题，首次向市人大常委会报告专项工作。加大严管严治力度，全市处置纪检监察干部问题线索85件，处分3人，组织处理17人。（王小红）

中国共产党西安市第十三届纪律检查委员会

书　记　卢力群
副书记　李红雨（女）　陈　武
常　委　万青平　孙宝锋　王　雷　杨　帆　王清宇　杨立君

西安市监察委员会

主　任　卢力群
副主任　李红雨（女）　陈　武
委　员　万青平　孙宝锋　王　雷　王清宇　雷晓坤　秦　鹏

中国国民党革命委员会西安市委员会

◆**概况**　2021年，中国国民党革命委员会西安市委员会有社会和法制工作委员会、教科文卫工作委员会、祖国统一工作委员会、妇女工作委员会和经济建设与社会发展委员会5个专门工作委员会，10个区级工作委员会，8个直属支部，共115个支部。截至年底，党员总数2022人，平均年龄53.5岁，其中大专及以上学历者1833人，占党员总数的90.7%；具有中高级专业技术职称的567人，占党员总数的28%。党员中有188人次分别担任全国、省、市、区的人大代表或政协委员。其中担任市人大常委会副主任1人，担任区（县）级人大常委会副主任3人，担任区（县）级政协副主席5人。市委会先后被中共中央统战部评为"为全面建成小康社会作贡献先进集体"，被民革中央评为"民革全国机关工作先进集体"，被团结报社评为"2021年度《团结报》宣传发行工作地市级先进集体一等奖"，王选主委被民革中央评为"民革全国机关工作先进个人"。

◆**参政议政**　2021年，中国国民党革命委员会西安市委员会向各级"两会"提交提案、建议308件，其中向全国两会提交提案、建议9件，向省政协提交提案4件，向市政协提交提案61件（含集体提案13件），被市政协评为优秀提案8件。接待市政府20多家承办单位对提案的答复和办理工作。市委会围绕乡村振兴、城市路网建设、自贸区建设、打造红色文旅线路和法律体系建设5个课题开展调研，并形成调研报告28篇，其中2篇被中共西安市委统战部评为一等奖，3篇二等奖，3篇优秀奖，市委会获组织奖。向市政协报送社情民意信息46条。就"十四五"规划、西安市机动车停车条例、建设国际消费中心城市、进一步优化营商环境等课题积极参加民主协商会议，有关建议得到市委、市政府相关部门的采纳。2021年，市委会被民革省委会评为参政议政工作先进集体和社情民意信息工作先进集体。

◆**民主监督**　2021年，中国国民党革命委员会西安市委员会根据中共西安市委统战部关于《安全生产工作专项民主监督实施方案》的要求，迅速成立全市水务安全生产民主监督工作领导小组，制定《民革西安市委员会民主监督全市水务安全生产工作实施方案》。市委会民主监督工作组兵分三路，分别抽查引汉济渭秦岭隧洞、黑河金盆水库、斗门水库、将军山水厂以及灞河世园会段三号码头、灞河岸线松林晓月、沣河梁家滩等地，按照"普遍关注，重点监督"的思路，深入一线，通过实地走访调研，工作组较为全面地掌握全市水务系统安全隐患大排查大整治行动的推进落实情况，帮助被调研单位发现查找问题，提出有益的意见建议，并撰写《全市水务安全生产民主监督工作调研报告》。

◆**组织建设**　2021年，中国国民党革命委员会西安市委员会在组织发展上严把入口关、突出代表性，力求控制数量、提高质量，全年发展党员69名，平均年龄38.1岁。完成8个区级组织班子的调整，成立2个区级工委和5个支部，指导110个支部完成换届和班子调整工作。举办2期党务骨干培训班，126名新进基层组织班子成员和党务骨干参加培训。组织11名基层组织班子成员参加民革陕西省委会党务骨干培训。持续推进示范支部创建工作，雁塔区工委丈八支部被民革中央评为"民革全国示范支部"，创建7个党员之家，其中碑林区工委南门支部党员之家、阎良区支部党员之家被民革中央评为"全国优秀民革党员之家"，"市委会党员之家"等8个党员之家被评为"全省优秀民革党员之家"，市委会被省委会评为民革党员之家建设工作优秀组织奖。2021年，市委会被民革中央评为"民革全国组织工作先进集体"。

◆**思想建设**　2021年，中国国民党革命委员会西安市委员会始终把思想政治建设摆在各项工作的首位，牢牢把握新时代政治方向，毫不动摇坚持中国共产党领导，增强"四个意识"，坚定"四个自信"，做到"两个维护"，以思想政治建设统领民革各项工作。将学习中共党史与民革作风建设年的活动结合起来，制定《开展"四史"学习教育实施方案》，开展庆祝中国共产党建党100周年系列活动，通过多种形式活动的开展，不断提高民革党员政治觉悟和政治能力，使民革与中国共产党风雨同舟、肝胆相照的光辉历史进一步深入人心。编发《西安民革》3期，与团结报社联合举办2021年新闻舆论工作培训班，全国地市级单位100余人参加培训。全年网站共发布稿件223篇，团结网、《团结报》发布稿件27篇，上半年西安统战系统信息报送排名第一，报送理论研究文章12篇。2021年，市委会被评为"民革全省思想建设工作先进集体""民革全省新闻宣传工作先进集体"；曲江新区总支、新城区工委被评为"民革全省新闻宣传工作先进基层组织"；陈述、黄文喜、胡泊、魏振业被评为"民革全省思想建设先进个人"。

◆**海外联谊**　2021年，中国国民党革命委员会西安市委员会组织台胞亲属和祖统委委员参加民革中央第二期祖统工作培训班和台情通报会，组织党员学习传达习近平总书记在纪念辛亥革命110周年大会上的讲话精神，全市民革党员要坚持以习近平总书记关于对台工作的重要论述为指针，坚决贯彻落实中共中央对台工作决策部署，全面贯彻落实民革祖统工作“三个坚持”的工作方针，为推进祖国统一进程积极主动作为。要秉持民族大义，坚决反对任何“台独”分裂的卑劣行径，坚决制止外部势力干扰破坏的阴险图谋，坚决维护中华民族根本利益和台海和平稳定。

◆社会服务 2021年，中国国民党革命委员会西安市委员会看望慰问退休老领导、老同志及80岁以上老党员120人次。开展“博爱·牵手”活动，慰问困难党员1名。接待民革中央社会服务部筹备第九届“美丽家乡·科普环保公益电影万里行”活动的调研工作，助力蓝田县、长安区乡村振兴成果推广。为做好脱贫攻坚与乡村振兴有机衔接，为贵州省毕节市纳雍县调研组协调联系加工企业。为迎接“十四运”，组织民革党员中的法律工作者、律师80余名举办“法律助力十四运 民革全运同心行”活动，组织民革党员50余名举办“迎接十四运 三河一山绿道健步走”活动。于“宪法日”安排法律援助工作部进社区、企业、机关进行普法宣传，提供法律咨询，受益人员100余人。西安中山书画院开展文化精准扶贫活动，为杨庄街道李魏村村民书写100多副春联。民革西安市委员会临潼区工委被民革中央授予“民革助力脱贫攻坚工作先进集体”称号，张伟、卞爱被民革中央授予“民革助力脱贫攻坚工作先进个人”称号。 （王　京）

中国国民党革命委员会
西安市第七届委员会

主　委　王　选
副主委　王效梅（女）　惠占学
　　　　尹　洁（女）　刘　朋
秘书长　赵　辉（女）

中国民主同盟西安市委员会

◆概况 2021年，中国民主同盟西安市委员会（简称民盟西安市委会）发展新盟员95人。全市共有盟员3253人。本科以上学历盟员占77.6%，具有中高级职称盟员占64.3%，具有民盟界别特色的教育、文化界别盟员占70%。盟员中担任民盟中央委员1人，省人大常委1人，省人大代表1人，省政协委员3人。市人大常委1人，市人大代表3人。市政协常委4人，委员23人。副区（县）长2人，区（县）政协副主席5人。

2021年，民盟西安市委会荣获民盟中央“纪念中国民主同盟成立80周年先进集体”“民盟脱贫攻坚先进集体”称号。荣获民盟陕西省委“思想宣传”“参政议政”“社会服务”“理论研究”先进单位称号。

◆参政议政 2021年，中国民主同盟西安市委员会积极参加市委、市政府召开的协商会、座谈会、通报会。参加全市党风廉政建设和反腐败工作情况通报会。参与市人大组织的《西安市城市地下综合管廊条例》《西安市机动车停车条例》等地方性法规修改，参加市政协召开的“加快民营经济发展”的等专题协商座谈会。在市政协十四届五次会议上，提交大会发言1篇、集体提案15件。大会发言《关于培育数字经济 推动数字经济与实体经济深度融合发展的建议》受到广泛关注和重点督办。接待提案答复40余次，会同提案办理单位努力将提案建议转化为具体政策措施。确定“53111”工程调研课题97个，高质量完成《关于把西安打造成世界级旅游目的地城市的调研报告》《关于加强文化遗产数字科技创新应用的调研报告》等18篇调研报告。编印完成《民盟西安市委员会2020年“53111”工程调研成果汇编》。参与盟中央教育改革、共同富裕高层建言重点调研，2篇建议被盟中央采纳并得到丁仲礼主席批示。向盟中央和盟省委报送社情民意信息60余篇，其中《我国高油富油煤尚未充分开发利用 亟待评价开发》《充分挖掘发挥黄河中上游土地资源特色 助力区域高质量发展》被盟中央采纳，《我国高油富油煤尚未充分开发利用 亟待评价开发》被省政协采纳，3篇被盟省委采纳。按照市委统一安排部署，开展安全生产专项民主监督。组建专项民主监督工作组，前往市城管执法局及新城、灞桥、未央等地实地调研监督，对存在问题及时反馈并提出意见建议，助力营造安全的“十四运”城市环境。

◆组织建设 2021年，中国民主同盟西安市委员会认真贯彻落实《中共中央关于加强中国特色社会主义参政党建设的意见》等重要文件精神，努力建设政治坚定、组织坚实、履职有力、作风优良、制度健全的中国特色社会主义参政党组织。通过工委班子、专委会调整等，使一批素质高、年富力强、群众基础好、有代表性的盟员进入领导班子。规范建设“盟员之家”，新成立7家盟员之家。持续开展双百人才培训。在西柏坡举办盟务骨干培训班。特邀市委统战部常务副部长张少纯先后两次为盟员作《统一战线工作条例》解读和“知史爱党坚理想 开拓创新向未来”为主题的讲座。在市社会主义学院举办新盟员培训班，50名新盟员参加。加强后备干部队伍建设。适时更新后备干部队伍信息，并及时录入综合服务平台中。增补李嫣等11名同志为基层班子成员。持续改进工作作风，进一步提高忠诚、干净、担当的政治品质。持续打造“政治型、学习型、制度型、廉政型、服务型、和谐型”机关。开展“学习中国共产党史讲好多党合作故事”专题学习教育，组织机关同志赴张澜故居、民盟历史陈列馆学习参观。重阳节慰问老同志，教师节向广大盟员教师发出慰问信，春节慰问离退休老同志。机关工作效率和服务水平不断提升、保障扎实有力。

2021年，中国民主同盟西安市委员会新成立民盟西安曲江新区总支、民盟航空基地支部、民盟浐灞生态区支部、民盟国际港务区支部和民盟市直机关支部。完成民盟灞桥区工委、民盟未央区工委、民盟长安区工委、民盟莲湖区工委、民盟西安市级联合总支、民盟西咸新区支部、民盟市级机关第二支部的调整换届工作。

◆思想建设 2021年，中国民主同盟西安市委员会深入学习贯彻习近平新时代中国特色社会主义思想，深入学习加强中国特色社会主义参政党建设有关文件精神，深入学习《中国共产党统一战线工作条例》精神。通过系列学习，深刻领会“两个确立”的决定性意义，增强“四个意识”，坚定“四个自信”，做到“两个维护”。开展庆祝中国共产党成立100周年、纪念中国民主同盟成立80周年系列活动。召开民盟西安市委庆祝中国共产党成立100周年、纪念中国民主同盟成立80周年大会。举办“庆祝中国共产党成立100周年、中国民主同盟成立80周年，纪念‘五一口号’，迎十四运‘莲湖杯’”乒乓球比赛。主办“庆祝中国共产党成立100周年、纪念民盟成立80周年、迎十四运‘三河一山’‘锦鹏杯’绿道健步跑”。组织召开纪念中国民主同盟成立80周年座谈会。开展《我与民盟》征文活动。编排优秀节目参加西安统一战线庆祝中国共产党成立100周年文艺汇演。参加《西安多党合作溯源——历史记忆》稿件编撰。举办盟市委线上书画展，并组织盟员参加“笔墨蕴情丹心颂党——西安统一战线庆祝中国共产党成立100周年”书画展。扎实开展党史学习教育。制定实施方案，成立专题学习教育领导小组。构建盟市委、工委、工委所属基层三级联动、同步开展的格局。盟市委主委主要领导带领班子成员、常委、直属基层负责人、专委会主任、联谊会会长和盟市委机关干部一行40余人赴西柏坡培训学习。开展“1+7+1”(广大盟员立足本职岗位为人民服务，发挥自身优势，开展盟员进社区送健康、送教育、送法律、送文化、送科技，进学校送服务，进企业送服务等活动同，扎实开展各项调研工作)“我为群众办实事”实践活动。建成西安民盟“一馆一家一基地”（西安盟史馆，盟员之家，民盟陕西省委、民盟西安市委传统教育基地）。扎实办好《西安盟讯》、西安民盟公众号和民盟西安市委网站。全年完成4期《西安盟讯》编辑工作，推送公众号81期，网站刊登230多篇。做好统战理论研究工作，高质量完成4篇统战理论文章。

◆**社会服务** 2021年，中国民主同盟西安市委员会书画家联谊会及各基层组织积极开展义写春联送福活动9次，共送出春联、“福”字3000余幅。民盟西安市委会机关和各基层组织开展慰问老盟员活动8次。各基层组织开展包括捐赠、义诊、烛光行动等各类爱心活动50余次。组织盟内医卫界专家和盟员企业——怡康医药前往十四运建设场馆开展“巡诊送健康 助力十四运”义诊活动。组织部分基层组织和盟员向河南灾区捐助款物近24万元，向商洛市洛南县灾区捐助款物21万余元，向蓝田县捐助款物85万余元。盟员何煜、张凯华被盟中央授予“中国民主同盟抗击新冠肺炎疫情先进个人”，盟员王艳春、张凯华被盟中央授予“民盟脱贫攻坚先进个人”。盟市委与所属的10个基层组织获盟省委“脱贫攻坚先进集体”，盟员何滨等28人被盟省委授予“民盟脱贫攻坚先进个人”。

◆**疫情防控** 2021年底，面对突如其来的疫情，中国民主同盟西安市委员会迅速成立疫情防控工作领导小组。及时发出倡议书，号召广大盟员开展“盟员携手·凝智聚力献爱心”“盟员携手·共抗疫情文艺作品创作”“盟员携手·共抗疫情翰墨献爱心”3项主题活动。动员盟员中的企业家和爱心人士积极奉献爱心，慷慨解囊，捐赠价值人民币749万余元的防控物资和生活用品（其中盟员企业怡康医药线下定向捐赠防疫物资价值497万元）。提交《关于建立高效应急志愿队伍，提高疫情处置能力的建议》等8篇社情民意信息。创作主题书画和文艺作品20余幅（篇）。向向阳沟疫情隔离点捐赠两卡车防疫急需物资，价值10万余元。动员全市80多名盟员医务工作者奋勇投身疫情防控第一线。230多名盟员作为志愿者下沉到战“疫”最前线，为疫情防控贡献智慧力量。

中国民主同盟西安市委员会

主　委 戴宏科
副主委 俞向前　王晓如（女）
张雪琴（女）　李　煦（女）
程希文

中国民主建国会西安市委员会

◆**概况** 2021年，中国民主建国会西安市委员会有基层组织146个、区级工作委员会8个、专门委员会7个，会员2811人，平均年龄55.6岁，经济界会员2080人，具有中高级职称者1126人。全年新发展会员110人，平均年龄38.2岁，大学本科以上文化程度105人，具有中高级职称者30人。调整改选基层组织13个。现有省人大代表3人、省政协委员7人（其中常委1人）。市人大代表11人（其中常委1人）、市政协委员35人（其中常委5人）；各区人大代表22人、区政协委员146人，担任区人大常委会副主任1人，担任区政协副主席3人，担任政府及其组成部门、司法机关县处级以上职务38人。2021年，中国民主建国会西安市委员会被中国民主建国会陕西省委员会评为2021年组织建设工作先进单位一等奖、2021年新闻宣传工作先进单位、2021年全省参政议政工作先进单位一等奖和2020年社会服务工作先进单位一等奖。

◆**参政议政** 2021年，中国民主建国会西安市委员会坚持围绕中心，服务大局，认真履行参政党职能。先后就市政府工作报告的修改、中共西安市委及市政协党组民主生活会等发表意见，提出建议，得到中共西安市委、市政府、市政协领导的充分肯定和高度重视。参加政协西安市第十四届委员会第五次会议，提交大会发言2件，集体提案20篇，民建界别政协委员个人提案62篇。其中《关于建设西安现代企业商务服务中心的建议》《关于统筹推进乡村振兴工作的建议》《关于进一步做好西安市食品安全监管工作的建议》3件提案被评为优秀提案，民建西安市委员会副主委白秋分提交的《关于建设西安现代企业商务服务中心的建议》、民建西安市委员会副主委王季提交的《关于统筹推进乡村振兴工作的建议》、民建西安市委员会常委张凡提交的《关于进一步做好我市食品安全监管工作的建议》3件个人提案被评为优秀提案。围绕重点工作调研45家企业，15个行业，形成《关于推进“一带一路”国际商事法律服务示范区建设的建议》《基于黄河战略的西安市生态环境保护调研报告》《RECP框架下陕西高标准自贸区网络建设研究》《差异化精准施策 提升西安市民营企业经营管理水平》等调研报告共计28篇，荣获2021年度重点课题调研组织奖，报送的调研成果中获一等奖4篇，二等奖7篇，优秀奖5篇。加强社情民意信息反馈，向各级组织上报社情民意信息27篇，其中《国家自贸区税收制度建设的几点建议》《关于进一步延长假期的建议》被中国民主建国会中央委员会采用，《渭河沿岸污水处理厂污泥处理处置水平仍需提升》被省政协采用。就《西安市机动车停车条例》制定提出意见、建议，6条建议被采纳。对市司法局征集2022年度政府立法计划建议项目，提出意见、建议。

◆**民主监督** 2021年，中国民主建国会西安市委员会认真履行民主监督职能。7月，按照市委统战部《安全生产工作专项民主监督实施方案》工作安排，对商业综合体、大型超市的安全风险点危险源排查整治工作开展专项民主监督，并向中共西安市委统战部报送《安全生产工作民主监督专题报告》。

◆**组织建设** 2021年，中国民主建国会西安市委员会认真贯彻落实《中共中央关于加强中国特色社会主义参政党建设的意见》等3个文件精神，按照新时代参政党建设的任务和要求，不断加强组织建设。全年共发展110人，平均年龄38.2岁，其中大学本科以上105人，具有中高级职称的30人。对13个区工委和支部班子进行改选或调整，新成立新城区工委中山门支部，高新区总支部升格成为高新区工作委员会，建成3个“会员之家”。加强同各地方和各高校党委联系，为民建各区基层组织和高校支部的建设和发展争取支持。加强领导班子建设，召开主委会议4次、常委会议3次，修订《民建西安市委员会领导班子民主生活会制度》《民建西安市委员会工作规则》《民建西安市委员会常务委员会工作规则》《民建西安市委员会主委会议工作规则》4项制度。强化会员引导教育，举办“新会员培训班”2期，培训会员113名。举办骨干会员思想政治建设培训班1期。选派12名基层组织负责人参加中国民主建国会陕西省委员会举办的基层组织负责人培训班学习。选派会员参加中国民主建国会中央委员会骨干会员培训班。组织新生代民营企业家领军人才研修班等企业会员培训活动累计45天，培训248人次。完成167名代表人士会员信息统计工作。加强会员信息管理工作，实现会员信息动态管理。

◆**思想建设** 2021年，中国民主建国会西安市委员会深入推进思想建设。召开常委会议、主委会议，专题研究部署学习贯彻党的十九届五中、六中全会精神、习近平总书记来陕考察重要讲话精神、习近平总书记在庆祝建党100周年大会上的讲话、《中国新型政党制度白皮书》、《中国共产党统一战线工作条例》等内容，引导会员增强政治自觉、思想自觉、行动自觉，深刻领悟“两个确立”的决定性意义，不断增强“四个意识”，坚定“四个自信”，做到“两个维护”。充分发挥网站和会刊的平台作用，开设学习专栏，刊登中共党史微讲堂7期，全年编发《西安民讯》4期。开展党史学习教育系列活动，制定《民建西安市党史学习教育实施方案》，举办以“学习党史筑同心 履职担当谱新篇”为主题的党史学习教育专题报告会。组织会员赴成都、遵义等地开展“看百年辉煌党史，明初心砥砺前行”党史教育研学活动。组织基层组织负责人、机关干部前往榆林市清涧、绥德、靖边红色革命教育基地，开展以“深化党史学习教育赓续红色血脉”为主题的红色教育活动。举办“忆四史 讲多党合作故事”主题征文活动、“忆四史 悟初心 知使命”演讲比赛、“不忘初心忆四史·勇担使命新作为”党史知识竞赛活动。编印西安民建党史学习工作简报17期，编发民建西安市委会“我为群众办实事”简报25期。开展庆祝中国共产党成立100周年纪念活动，参加西安统一战线庆祝中国共产党成立100周年文艺汇演，荣获“优秀组织奖”，参赛节目分别荣获“突出贡献奖”和“团结奋进奖”。参与“笔墨蕴情 丹心颂党——西安统一战线庆祝中国共产党成立100周年”书画展，参与“一带一路”民建西北五省区文化之旅书画展活动。出版编辑庆祝中国共产党成立100周年专刊1期。在庆祝建党百年——全市统一战线学习《条例》知识竞赛活动中，民建西安市委会荣获“优秀组织奖单位”。积极开展统战理论研究，统战理论文章《更好发挥民建在新时代的参政议政作用》获全省统战理论研究成果优秀奖。《新形势下创新民主党派民主监督运行机制研究》获西安市统战理论研究优秀

2021年9月25日，民建中央主席带队走访西安会员企业——思禾文化创意产业园进行调研

成果二等奖，《提高参政议政能力 更好发挥民建参政党作用》获三等奖。

◆**社会服务** 2021年，中国民主建国会西安市委员会积极做好疫情防控、助力乡村振兴、服务会员企业和参加公益活动等社会服务。扎实做好疫情防控工作，成立民建西安市委员会疫情防控领导小组，及时向全市民建组织和民建会员发出《关于做好当前疫情防控工作的通知》以及《致全市民建会员的倡议书》，动员全市民建组织和广大会员落实好疫情防控工作要求，协助政府做好各种防控工作，13名机关干部和280名会员下沉一线，机关干部下沉事迹及工作经验被西安电视台采访并播放。发挥密切联系经济界的特色优势，有序开展爱心捐赠活动，全市基层组织、广大会员及会员企业共计捐款捐物440余万元。向全市基层组织和广大会员发出《关于征集疫情期间社情民意的通知》，共计收集意见、建议42篇，社情民意信息17篇。助力乡村振兴，引进乡村振兴方面资金70110余万元，用于陕西省渭南、安康、商洛等地的数字图书馆建设，长安区、新城区、三原县、永寿县、四川巴中、青海扎多等地区脱贫群众的生活改善和防止返贫工作。鼓励引导会员企业通过开办扶贫车间等形式帮扶400人就业。协调会员企业为长安区、鄠邑区8个村和社区提供乡村振兴全过程咨询服务。组织会员企业帮助销售脱贫地区农产品8216余万元。推广“智秦云图书馆”建设，为村民提供数字图书馆服务，改善乡村阅读品质，助力乡村文化振兴。与长安区统战部门开展结对共建乡村振兴工作，以“统战部门推动、民主党派主动、基层党组织联动”的模式促进长安区杨庄街办乡村振兴事业发展。加大对杨庄科学发展实践基地的工作支持力度，看望脱贫群众21户，帮助村民销售价值近10万元的农产品，为考上大学的帮扶村学生捐赠奖学金1.8万元，开展科技、医药、文化“三下乡”，为脱贫户发放价值1.5万元的防疫物资、农业书籍等。在三原县、临潼区等地开展捐资助学活动，捐助学习用品、文体用具、生活用品及防疫物资近11万元。为180名农家高考学子填报志愿提供咨询服务。组织会员为河南洪水灾区捐款35.2万元。开展慰问交警、抗击新冠疫情一线医护人员、“十四运”场馆建筑工人等活动10余次，为“十四运”志愿者购买价值330万元的保险。走访会员企业16次，帮助会员企业解决困难10件。组织企业会员参加民建中央举办的中国风险投资论坛、中国非公有制经济发展论坛、丝博会、海归创业大赛等论坛会议8次。组织会员围绕民营企业发展中存在的问题召开座谈会9次。

（丁 鑫）

中国民主建国会西安市委员会

主 任 委 员 姜长智

副主任委员 白秋分（女） 王 季 张阿利 霍炳男 乔 伟

中国民主促进会西安市委员会

◆**概况** 2021年，中国民主促进会西安市委员会有区工委10个、直属工委1个、总支2个、基层支部112个、专门委员会

6个。会员总数2175人，平均年龄58.4岁，年内新发展会员65人，平均年龄39岁。会员中教育界1531人，科技、文艺界185人，其他界别459人；有大专及以上学历者1835人，占会员总数的84.4%；具有中高级职称者1538人，占会员总数的70.7%。会员中担任省人大代表2人，市、区（县）人大代表35人，其中区（县）人大常委会副主任1人；省政协常委1人，省政协委员1人，市、区（县）政协委员138人，其中区（县）政协副主席6人。在政府各部门担任处级以上职务者17人。2021年，中国民主促进会西安市委员会紧扣主题主线开展各项工作，政治教育扎实，议政调研精准，自身建设稳健，社会服务有力，新时代参政党建设取得了新成就。

2021年6月25日，民进西安市委会在举行“同心学党史、携手开新局”党史学习教育主题宣讲活动，杨宗科主委为会员进行党史学习教育宣讲辅导

◆参政议政　2021年，中国民主促进会西安市委员会坚持将“两会”作为建言发声重要平台，向政协西安市第十四届委员会第五次会议提交集体提案14件、大会发言2篇。“关于持续发力提升教育软实力，精准施策办家门口的好学校”的大会发言受到市长李明远批示，全文刊载于《政协信息》，3件提案被列为市政协重点督办提案。组织民进界别委员积极参与提案督办活动，与提案承办单位密切沟通，圆满办结所有集体提案，多项建议被相关部门采纳。在区（县）“两会”上，民进会员提交意见建议百余件，议题涵盖营商环境改善、城乡一体化发展、乡村旅游、历史文化名城建设等多个方面，助推参政议政工作走向纵深，进一步提升了民进的影响力。

中国民主促进会西安市委员会结合全市十项重点工作，组织市人大代表、政协委员和会员代表开展“深化基础教育管理改革”“建设生态西安，打造宜居城市”等专题调研。通过微信小程序开展“关于持续做好基础教育‘双减’工作的意见建议”问卷调查，与中国民主促进会陕西省妇女儿童专门委员会共同调研西安市高陵区教育“双减”工作。西安民进企业界联谊会组织部分企业家到陕西穆堂香调味食品有限公司调研学习。与中国民主促进会洛阳市委员会就文旅融合发展的专题开展工作交流。完成年度调研报告11篇，5篇报告得到中共西安市委统战部表彰，其中一等奖1篇，二等奖1篇，优秀奖3篇。

中国民主促进会西安市委员会组织会员及专家赴临潼区就安全生产进行专项民主监督工作，向中共西安市委提交了针对性强的专题报告，所提建议均被市文旅局采纳。组织政协委员、人大代表积极参加2次提案督办活动。在中共西安市委组织召开的政党协商会上，就关于《西安市机动车停车管理条例(草案)》提交立法修改意见20条，其中10条被采纳，占采纳意见32%，意见采纳率居各协商单位之首。被民进中央评为“民进全国脱贫攻坚民主监督工作先进集体”。

中国民主促进会西安市委员会按照民进中央“反映社情民意信息”主题年工作要求，结合实际制定《中国民主促进会西安市委员会社情民意工作制度》，加大社情民意信息征集力度。特别是以此作为“服务十四运　奉献我的城”主题实践活动的抓手，向全市会员发出倡议书，广泛征集意见建议，向西安市政协、民进陕西省委会提交社情民意信息23篇，多条建议被采纳，被评为“民进全省反映社情民意信息工作先进集体”和“民进全国反映社情民意信息工作先进集体”。

◆思想建设　2021年，中国民主促进会西安市委员会全面深入学习中共十九大和十九届历次全会精神，持续深化习近平新时代中国特色社会主义思想学习教育，深入学习贯彻习近平总书记来陕考察重要讲话指示批示精神，深入领会“两个确立”的决定性意义，增强“四个意识”，坚定“四个自信”，做到“两个维护”，认真开展党史教育。在主委会、常委会上就全年思想政治教育工作进行专题研究，积极参加民进中央，民进陕西省委会和中共西安市委统战部等组织的学习交流活动。以学习《中国共产党统一战线工作条例》、中共党史和中共十九届六中全会精神为主题，举办3次征文活动，征集稿件数十篇，择优在西安民进微信公众号发布。

围绕庆祝中国共产党成立100周年，结合“不忘合作初心，继续携手前进”主题教育，在全会开展各项教育学习活动。制定《中国民主促进会西安市委员会开展中共党史学习教育方案》，主委杨宗科在西安民进开明大讲堂向200多名会员作“同心学党史 携手开新局”主题讲座。安排机关干部到工委、总支、直属支部协助开展学习活动，全市各民进组织开展党史教育至少一次，参学会员上千人次。组织全市会员参加“庆祝建党百年——全市统一战线学习《条例》网络知识竞赛活动”。组织书画界会员为民进陕西省委会、中共西安市委统战部举办的书画展览精心创作了上百幅主题鲜明的高水平作品。文艺界会员用心用情排演节目，为全市建党100周年文艺汇演增光添彩。走访西安老一辈民进领导人的亲属，整理老一辈民进领导人鲜为人知的故事，撰写《西安多党合作溯源历史记忆》一书的民进篇，记载了民进先辈为国奉献、与党合作历史。出版《西安民进》会刊4期，西安民进微信公众号发送新闻170余条，西安民进网站更新、上传新闻、文章210多篇。在民进中央网站、《民主》杂志等登载信息文章18篇次，在《关注》等省级媒体刊载信息20多条，在西安统一战线微信平台、陕西统一战线微信平台发布工作信息共计30余次。

◆社会服务　2021年，中国民主促进会西安市委员会带领全市会员积极开展形式多样的社会服务活动。其中，“春联万家”、“中高考学生家长心理辅导报告会”、结对帮扶送教、建军节“书画进军营·慰问子弟兵”等活动，获得社会各界广泛赞誉。一方有难，八方支援，全市会员向蓝田县受灾群众捐款10万元，会员企业西安众天食品有限责任公司向蓝田县灞源镇灾区捐款10万元人民币，中国民主促进会西安市蓝田支部委员会捐赠3.6万元物资。会员企业陕西宇民文化教育集团向遭受特大暴雨袭击的河南郑州捐款10万元，企业界会员向河南受灾地区捐款3万多元。中国民主促进会西安市高新区工作委员会联合社会组织及企业，为河南受灾地区群众举办书画慈善义卖活动。中国民主促进会西安市委员会机关组织开展“我为群众办实事”活动，向新城区西一路街办西三路社区困难群众送去一批生活用品。在民进全国社会服务暨脱贫攻坚工作总结表彰大会上，民进西安市委会、西安民进企业界联谊会荣、获“民进全国社会服务暨脱贫攻坚工作先进集体”称号，李东霖、张志强获“民进全国社会服务暨脱贫攻坚工作先进个人”称号，邢延安的西安市中蜂产业扶贫工程获“民进全国社会服务暨脱贫攻坚工作优秀成果”称号。在民进为全面建成小康社会作贡献表彰大会上，市委会被民进中央授予“为全面建成小康社会作贡献先进集体”称号，杨宗科《关于加快公安工作法制化进程的建议》获“建言献策优秀成果”称号，高杨杰获“先进个人”称号。

◆自身建设 2021年，中国民主促进会西安市委员会自身建设稳步推进。全年新发展会员65名，会员总数2175人。顺利完成中国民主促进会西安市企业界联谊会换届和中国民主促进会西安市碑林区工作委员会、雁塔区工作委员会、高陵区总支部委员会、西安文理学院总支部委员会和蓝田县支部委员会的班子调整工作，成立中国民主促进会西安市高新区工作委员会和中国民主促进会西安市阎良区支部委员会。建成8所“会员之家”。在西安市社会主义学院举办新会员暨宣传骨干培训班和2021年度新会员入会仪式。修订《中国民主促进会西安市委员会基层活动经费管理使用办法》《中国民主促进会西安市委员会慰问工作制度》。在春节、教师节、重阳节等节日，主委班子带头，开展慰问关怀活动，全年慰问会员超过300人次。被中国民主促进会陕西省委员会评为“民进全省组织建设工作先进单位”。

◆抗击新冠疫情 2021年底，面对突袭而来的新冠疫情，中国民主促进会西安市委员会迅速动员，立即行动，扎扎实实执行各项疫情防控措施。首批安排5名机关干部下沉社区工作，直至任务结束。12月29日起，机关除保运转人员外，12名干部就近下沉社区，全力投入社区疫情防控工作。工作在医疗卫生、学校、街道社区等行政事业单位的数百名会员，在核酸筛查、秩序维护、信息登记、物资配送、政策解释、敲门行动等各个岗位上为疫情防控贡献力量。会员们积极响应组织号召，慷慨解囊，奉献爱心，向红十字会、防疫部门、统战系统单位以及学校捐赠现金超过10万元，N95口罩3万多只，医用防护口罩超过30万只，防护服套装5000余套，酒精等消杀物资数百桶，蔬菜上万斤，以及大量的防寒物资和方便食品，款物合计150余万元。会员们充分发挥建言献策在疫情防控中的作用，结合疫情防控中的新情况新问题，先后向有关部门报送30余条社情民意信息，助力精准防控、科学防控。

中国民主促进会西安市委员会

主任委员 杨宗科
副主任委员 孙润璋 陈　宏（女）
任佳琳（女）
梁　倩（女）
秘书长 张冰甫

中国农工民主党西安市委员会

◆概况 2021年，中国农工民主党西安市委员会有区级工作委员会8个、基层组织77个、专门工作委员会9个。党员总数1676人，医药卫生等主界别占65%，科技、教育、文化界占17%，中高级以上职称占86.60%。担任各级人大代表、政协委员共142人，其中，中国人民政治协商会议西安市委员会副主席1人，区（县）政协副主席4人，区（县）人大常委会副主任1人，副区长1人。

◆参政议政 2021年，中国农工民主党西安市委员会积极履行参政党职能，在市政协十四届五次会议上，向市政协十四届全会提交6件大会发言材料和21件集体提案，委员个人提案41件。4件提案被市政协列为重点提案。在市委统战部调研报告评比中获得优秀组织奖，4篇获一等奖，4篇获二等奖，1篇获优秀奖。《智慧医疗助推医联体系建设和发展》等4篇一等奖调研报告被市委主要领导批示。《区块链提高行政效能》获中央调研报告三等奖。

◆民主监督 2021年，中国农工民主党西安市委员会专家代表和无党派人士代表组成工作组，对全市一级重点防火单位和消防安全重点单位排查整治工作开展民主监督。工作组深入永利国际金融中心和省体育馆，听取两家单位消防安全工作开展情况的介绍，现场查看超高层建筑和“十四运”比赛场馆消防安全管理体系建设和单位内部消防管理制度建设，重点了解单位避难层设置、安防监控中心运转和消防设备设施运行情况。双方就当前西安市消防安全面临的形势和存在问题进行交流，重点围绕超高层建筑消防救援，消防救援数字化建设等方面进行探讨。

◆政治协商 2021年，中国农工民主党西安市委员会主要领导和班子成员分别参加市委、市政府召开的党外人士座谈会、市委政协工作会、党风廉政建设会、政情通报会等，就政府工作报告、政协工作意见、参政党自身建设、秦岭生态保护、“十四五”规划编制等经济发展以及重要人事安排问题坦诚发表意见和建议。

◆社会服务 2021年，中国农工民主党西安市委员会部分专委会、工委和基层组织发挥自身优势，多形式开展社会服务活动。机关参与助销贫困地区农产品，书画支部参加省委会脱贫攻坚书画义卖等社会服务活动，精准发力，取得实效，获农工党中央社会服务进步奖。组织党员赴贵州省大方县慕俄格古城街办开展“健康助学爱心行”暨党史教育，在4天时间里开展党史教育、捐资助学、爱心义诊、消费扶贫等各项活动，助力脱贫攻坚工作取得新突破。获农工党中央“农工党脱贫攻坚民主监督工作先进集体”。

◆组织建设 2021年，中国农工民主党西安市委员会以代表人士队伍建设为重点，完善骨干党员信息库，实时动态管理。全年发展新党员72名。截至年底，全市共有党员1676名，其中医药卫生界占65%，人口资源、生态环境领域占3.9%，相关的科技、教育领域占14%，党员结构逐步优化，发展层次进一步提升。举办参政议政骨干、基层组织负责人、骨干党员和新党员培训班，班子成员带头讲党课、讲党史。近230名骨干党员和新党员分别参加农工党中央、省委会和各级统战部门的培训。进一步完善代表人士队伍数据库，紧扣选拔培养、推荐使用等关键环节，1人被聘为市政府参事。代表人士队伍建设持续加强，履职能力不断提高。新设立一个工作委员会、一个总支部委员会、10个支部委员会。调整5个区级工委班子成员。完成12个基层组织换届调整。新建立3个“农工党员之家”。持续创先评优，深化星级支部创建。通过召开基层工作会议、参加全省组织工作现场观摩会、统战部主要领导走访党派、承办农工党副省级城市工作会，进一步推动组织建设和“党员之家”建设，基层组织的活力和凝聚力不断增强。（孙龙飞）

中国农工民主党西安市委员会第十届委员会

主任委员 王国根
副主任委员 吕　鹏　齐　靖（女）　孔令国　周　媛（女）　李建平
秘书长 张国隆

中国致公党西安市委员会

◆概况 2021年，中国致公党西安市委员会有9个总支部，35个支部（含总支部所属支部），党员总数467名。具有“侨”“海”关系的党员占69%，中高级职称党员占61%，退休党员占22%，女党员占51%。民营经济中的党员占27%。有省、市、区各级人大代表、政协委员42人次，有市级特邀陪审员、监察员8名。特聘专家17人。

◆参政议政 2021年，中国致公党西安市委员会聚焦中心，深入调研，扎实推进履职能力建设。在省政协十二届四次会上，市委会共提交集体提案2件，其中《关于推进陕西省市域社会治理现代化建设的建议》被列为重点提案，由省政协领导重点督办并被评为省政协2021年度优秀提案。在市政协十四届五次会议上，市委会提交大会发言1篇，书面发言1篇，集体提案18件，其中《关于加快发展跨境电商产业，打造对外开放高地的建设》市政协集体提案、张华俊提交的《关于继续做好脱贫攻坚与乡村振兴衔接的建议》委员个人提案被列为市委主要领导领衔督办重点提案。《关于发展航空物流加速临空经济示范区建设的建议》市政协集体提案，崔孟娜提交的《关于加快农业农村产业发展的建议》委员个人提案受到市级领导督办，3篇集体提案被评为市政协2021年度优秀提案。截至年底，社情民意被致公党中央采用2篇，省政协办公厅采用7篇。其中《关于规划建设陕南城际铁路环线的建议》和《行政边缘区综合发展不能被落下》受到省政府主要领导批示，《候车室开门晚，乘客赶火车在室外挨冻，致公党陕西省委会发声了》被人民政协网刊发，阅读量超50万人次，取得良好反响。在全市抗击新冠疫情期间，向相关渠道报送各类社情民意信息及意见建议共13条。

◆民主监督 2021年，中国致公党西安市委员会与市应急管理局对接，组织党员专家对全市加油站的风险点和危险源排查整治情况开展民主监督，深入企业开展调研，发现问题2处，并结合民主监督情况向市委、市政府提交4条建议，受到有关部门高度重视。

◆组织建设 2021年，中国致公党西安市委员会始终把思想政治建设摆在自身建设的首要位置，充分发挥领导班子在思想建设的引领作用，加强领导班子建设。定期召开理论中心组学习会、主委会、常委会开展专题学习，提高各级领导班子成员的政治把握能力、参政议政能力、组织领导能力、合作共事能力、解决自身问题能力。从“人才兴党”战略出发，着眼于市委会换届筹备工作，做好人事安排。成立换届工作领导小组，制定《关于召开致公党西安市第七次代表大会的实施意见》。市委会根据换届工作方案，分别召开主委会、常委会和工作推进会议，切实选好班子，搞好政治交接。通报市纪委驻市委统战部纪检监察组关于换届学习教育会情况，学习“十严禁”换届纪律要求，要求相关人员遵守换届纪律规定，确保换届工作平稳进行。召开组织建设研讨会，进一步规范基层组织建设和新党员发展程序。根据组织发展需要，积极与区（县）、管委会统战部门联系协商，先后成立浐灞生态区总支部、临潼区支部、长安区支部和鄠邑区支部。各总支、支部在市委会的指导下，主动与所在区域统战部门沟通，基层组织负责人调整、支部活动等工作得到稳步推进。全年有党员200余人参加省委会、市委会组织的党员培训班、专题讲座和现场教学等。加强公共平台建设，全年新增1个“致公之家”，累计已授牌5个。

◆思想建设 2021年，中国致公党西安市委员会深入开展中国共产党党史学习教育，坚定信念，凝聚共识。以党史学习教育为主线，以坚定理想信念为目标，切实增强“四个意识”，坚定“四个自信”，做到“两个维护”。把学习“七一”重要讲话精神作为中共党史学习教育的核心内容，认真学好“四史”、多党合作史和致公党史。市委会、总支、专委会、基层支部及市委会机关先后组织党员、积极分子和干部赴延安枣园革命旧址、烟台东炮台遗址、张学良将军公馆、八路军西安办事处纪念馆、扶眉战役纪念馆、渭华起义纪念馆、富平爱国主义基地、安吴青训班纪念馆、云阳镇红色记忆展馆等开展现场教学活动。邀请市委统战部常务副部长张少纯在致公大讲堂上做中共党史学习教育专题讲座《知史爱党坚理想，风雨同舟向未来——中国共产党百年辉煌的回顾与启示》。为庆祝中国共产党成立100周年，市委会举办“庆百年华诞 谱侨海新篇”文艺演出，100多人参加活动。中国致公党西安市委员会选送的《共负中兴业，力薄一份情》《忆延安保育院的人与事》获市委统战部“庆百年华诞 讲多党合作故事”优秀征文，并在《西安日报》刊登。2021年中国致公党西安市委员会被致公党省委会表彰为“先进集体”荣誉称号。

◆社会服务 2021年，中国致公党西安市委员会“致公关爱”志愿队、社会服务专委会、雁塔区总支、曲江新区总支、鄠邑区支部、临潼区支部等先后赴长安区杨庄街道高庙村、长安儿童康复医院、蓝田受灾安置点、基层社区、养老院、学校等地开展慰问活动，累计捐助现金3万余元，物资近10万余元。党员王勇、刘利萍被授予“致公党中央脱贫攻坚先进个人”荣誉称号。

◆海外联谊 2021年，中国致公党西安市委员会以重大活动为抓手，重要事件为节点，团结凝聚侨海力量。市委会领导会见东盟著名陕籍爱国侨领、泰国陕西总会会长余新齐一行，双方就下一步开展海外联谊交流工作交换意见；会见来西安进行商务投资考察的世界华联总会亚洲银盟集团董事长赖沿荃先生一行；参加省政协港澳台侨和外事委员会开展“港澳青年走进人民政协”暨“委员活动日”活动；参加市政协港澳台侨和外事委员会组织的赴西安市侨资企业进行专项视察，了解企业投资、生产经营等情况；西安市海外联谊会第四届理事大会召开，市委会3人当选常委理事，1人当选理事，1人当选副秘书长。积极参加西安市海外联谊会活动，从而关注留学生群体，关心关爱留学生。

（孔　阳）

中国致公党西安市第六届委员会

主任委员 张华俊
副主任委员 杨　军　来　克　崔安庆　崔孟娜（女）　张红林
秘书长 崔安庆（兼）

九三学社西安市委员会

◆概况　2021年，九三学社西安市委员会共有4个区级工作委员会（雁塔、莲湖、新城、碑林），8个专门委员会，基层组织46个（包括基层委员会1个，支社45个），社员总数1169人，平均年龄56.34岁。社员中本界别1093人，占总数的93.4%，其他界别76人，占总数的6.6%。其中具有中、高级职称者875人，占社员总数的75%。离退休社员351人，占总数30%。各级人大代表13人，政协委员83人，共计96人（其中全国政协委员1人，省人大代表2人，市人大代表2人，省政协委员2人，市政协委员19人）。政府特邀人员4人，市政府参事1人；西安市青联委员2人；西安地铁监督员1人。市级职务1人，局级职务10人，处级以上干部44人。

◆参政议政　2021年，九三学社西安市委员会围绕全国、陕西省、西安市“两会”主题，广泛开展提案征集工作。在市政协十四届五次会议上，立案105件，占提案总数的14.6%，其中集体提案16件，委员提案89件。其中，一份口头发言、2件提案分别被列为市委书记、市长批阅重点督办提案；1件市委常委阅批领衔督办提案；1件市级领导阅批领衔督办提案。专题调研成果显著，16个重点调研课题全部被确定为市委统战部重点调研课题，3个为社市委围绕“十四运”主题专项重点调研课题。课题涉及“十四运”缓堵保畅、绿色发展、两链融合、文旅发展、人才培养和智慧教育等领域，方向紧扣市委、市政府中心工作、西安发展短板弱项和民生关注热点。广泛参与政治协商，紧扣《市委2021年度政党协商计划》，在季度协商会以《西安市机动车停车条例（草案）修改建议》为题作了发言；以《关于加大民营企业科技创新力度，减轻企业税费的建议》为主题报送市政协二季度协商会议材料；参加市政协常委会协商调研活动，提交《我省发展红色旅游的建议》等2篇材料。积极反映社情民意，全年共向社中央、社省委报送信息18条。其中报送社省委《关于加快我国低空飞行产业发展的建议》被社中央采纳并作为省政协第十八次常委会大会发言。2篇建议被省政协十二届四次会议采纳。

◆思想建设　2021年，九三学社西安市委员会稳步推进思想建设，扎实开展宣传工作，持续推进理论研究，将学习贯彻习近平新时代中国特色社会主义思想和党史学习教育贯穿全年工作始终。围绕中国共产党成立100周年主题开展系列纪念活动和党史学习教育，参与社中央知识竞赛活动，机关10名同志受社中央表彰。参加市委统战部庆祝建党百年活动：参与“忆四史，讲多党合作故事”征文活动，报送16篇文章，2篇被《西安日报》刊载；参与《多党合作溯源》一书编写；参加委统战部主办的书画展和文艺会演；参与社省委书画展及文艺演出，节目报送中央获二等奖。

◆组织建设　2021年，九三学社西安市委员会持续加强社内监督，组织发展健康有序，机关建设不断加强，逐步锻造了一支政治立场坚定、业务水平过硬的参政党队伍。按照全年净增率4.2%的比例发展新社员50名。把符合条件的入社积极分子安排到基层组织进行不少于半年的培养，按照优中选优的原则，把综合素质高的积极分子吸收入社。做好社员的继续培养及推荐工作。社市委主办第七期骨干社员及新社员培训班，35名社员参加培训。全社共有150名社员参加社中央举办的3期青年骨干社员线上培训班，2名社员参加九三学社全省基层组织负责人及中青年骨干社员培训班。推荐3名年轻社员为九三学社陕西省委第二届青年工作委员会委员人选。5名社员参加西安市第一期“新生代民营企业家领军人才”研修班。推荐1名社员为第14届全国运动会、全国第十一届残运会暨第八届特奥会西安市火炬手。做好社市委换届工作。根据《市委统战部关于协助市级各民主党派做好换届工作的意见》，制定《九三学社西安市委换届工作实施方案（草案）》《第七届社员代表大会选举代表分配方案及各基层分配名额表》等文件，进行九三学社西安市委会领导班子及领导班子成员、秘书长民主推荐工作，各项准备工作有序开展，换届工作稳步推进。做好组织建设工作。完成新城区、雁塔区工委的换届工作。完成9个任期届满支社换届工作。对高新区的三个支社进行调整。完成2个支社班子成员的调整工作和4个支社的更名。

◆社会服务　2021年，九三学社西安市委员会充分发挥九三学社科技、医药卫生和高等教育等资源优势，持续做好义诊、法律服务、农业技术讲座等工作，切实发挥社内社会服务平台作用。分别到鄠邑区、交大阳光小学、五味什字小学、星光实验学校等地开展义诊活动，受益群众2000余人。组织成员赴杨庄街道、蓝田县、鄠邑区等地慰问群众，送去生活物资2万余元。开展针对尘肺病人家庭助学活动，捐赠助学金26600元。到儿童福利院、启明星特殊儿童家园看望慰问并捐款共50300元。

◆抗击新冠疫情　2021年底以来，面对突如其来的疫情，九三学社西安市委员会坚决贯彻落实疫情防控各项工作部署和要求，用实际行动践行社会责任，主动协同，共同担当，为坚决打赢疫情防控的人民战争、总体战、阻击战贡献了九三力量。据不完全统计，在疫情期间，社市委共推送抗疫专题公众号信息26期，宣传党的路线方针政策，弘扬社会正能量。报送反映社情民意信息10件，为上级决策提供有益参考。全市83名医卫界别社员投入一线抗疫工作中，9名机关党员干部下沉社区参与社区一线防控工作。抗疫期间，社市委各级组织分别赴莲湖、雁塔、新城等区域慰问基层一线16次，组织社员捐助现金及防疫物资价值共计312500元。　（王　丹）

九三学社西安市委员会

主委 王晓萍（女）
副主委 赵玉涛　赵生龙　陈　慧（女）
秘书长 封　蒨

西安市工商业联合会

◆概况　2021年，西安市工商业联合会拥有会员14813个（其中企业会员8954个、团体会员250个、个人会员5609个），共有直属行业、异地商会128家，直属企业会员293家；西安市全年非公有制经济增加值占GDP比重53.5%，比上年提高0.4%；荣获全国工商联2021年度民营企业调查点工作先进示范单位和省工商联2021年度会务工作先进单位。

◆参政议政与调查研究　2021年，西安市工商业联合会围绕全市“十项重点工作”新突破和民营企业发展中的热点难点问题开展调查研究。多次组织完成全国工商联、省工商联调研问卷，开展2021年民营企业运行状况调查、2021年全国工商联“万家民企评营商环境”企业问卷，民营企业用电情况调研和使用商业承兑汇票调查，共完成问卷1280余份。印发《西安市工商联关于做好2021年调查研究和参政议政工作的通知》，筛选调研题目30个，指导区县工商联和商协会组织做好年度调研工作。全年完成调研报告7篇，团体提案15份，大会发言2篇。其中向全国工商联上报团体提案6篇，向省工商联上报各类社情民意信息4篇，向市政协提交团体提案15份、大会发言2篇，《关于优化西安营商环境的建议》等3个提案被列为市政协重点督办提案，向市委统战部上报2021年统战理论研究成果调研报告6篇。参与全国工商联“发挥企业创新主体作用、壮大国家战略科技力量”实地调研，组织“听诉求、促发展”政企沟通座谈会、工商联所属商会规范化建设情况等调研走访活动，形成关于促进非公有制经济发展的调研材料，为市委、市政府制定相关决策提供依据。

◆商会组织建设 2021年，西安市工商业联合会商会工作健康发展，突出抓好商会党建工作。选派16名同志担任商会党建指导员，组织开展党建业务学习培训，拟订培训计划，选准培训内容。2021年，所属8家商会党支部被市委组织部确定为“党建六送”社会组织。做好会员发展工作，指导商会组建前期筹备，审核商会申报相关材料，考察发起人单位，先后发展3家团体会员、12家企业会员。完成68家商会年检和5家商会的换届工作。指导8家区（县）工商联被评为全国“五好”县级工商联，13家区（县）工商联全部达到“一个设立、五个有”要求。

◆思想建设 2021年，西安市工商业联合会突出政治引领，广泛凝聚思想共识。扎实开展党史学习教育。先后开展理论中心组学习、党史学习教育专题学习等各类学习30余次，分层分类组织宣讲及专题研讨10次，收集各类心得体会100余篇。结合党史学习教育，扎实开展“我为群众办实事”实践活动，共为群众办实事31件。特别是蓝田暴雨灾害后，组织所属商会及企业向蓝田灾区捐款捐物共计450余万元，有效助力灾区人民纾困复产。积极开展庆祝建党百年系列活动。号召广大民营经济人士收看习近平总书记在庆祝建党百年大会上重要讲话直播，广大民企积极响应，畅谈学习心得和观后感想。举办“学党史强信念，感党恩勇担当”——西安市民营经济人士共庆党的百年华诞理想信念教育报告会暨参观西迁博物馆活动，260余人接受“西迁精神”传承教育。在西安统一战线庆祝建党百年文艺汇演中，承办的情景剧《同仇敌忾》获得圆满成功，荣获市委统战部颁发的“最佳表演奖”。持续筑牢宣传阵地。做好《西安工商联》的编辑出版工作，全年出刊6期（双月刊），发行近万册。积极与《中华工商时报》《西安日报》等主流媒体合作，宣传在工商联事业发展、助力脱贫攻坚和民生发展，特别是抗疫救灾等突发事件中涌现出来的民企先进事迹。全年媒体刊发各类宣传稿件112篇。

◆服务企业 2021年，西安市工商业联合会充分发挥金融平台作用，着力为民企提供金融支持。在商会、企业中征集的43个融资项目全部对接，办理发放各类贷款3844万元，进入贷款审批环节1000万元。助推全市民营经济高质量发展提质增效行动，与中行陕西省分行、工商银行西安分行2家金融机构对接，举办线下民营企业“走出去”金融相关政策交流会，就民营企业“走出去”金融风险防控做辅导，服务民营企业家60余人次。推进金融服务支持“万企兴万村”行动，与农行西安分行签署金融服务“万企兴万村”行动战略合作协议，通过“联企兴村贷”金融服务模式，支持民营企业参与乡村产业发展和乡村建设。坚持开展融资服务对接工作，指导区（县）工商联开展金融服务工作，推动基层工商联、商会与金融机构建立协同工作机制，及时总结经验，宣传推广好的典型经验和案例，提升金融服务的覆盖面和影响力。充分利用“三方四家”机制，协调劳动关系健康发展。与西安市人力资源和社会保障局、国有资产监督管理委员会、西安市总工会、西安企业及企业家联合会共同下发《西安市劳动关系“和谐同行”能力提升三年行动计划实施方案》，开展以“稳就业促发展构和谐”为主题的“2021年集体协商‘春季要约’行动”“打造金牌劳动人事争议调解组织活动”和“2021年‘和谐同行’企业培育共同行动”等系列活动。充分发挥科技创新引领作用，推动民营转型升级发展。指导科技装备业商会举办“陕西省新兴领域先进技术成果转化应用对接会”，5家单位介绍交流推进成果转化应用的经验，院校代表和企业进行项目路演，部分院校、企业、投融资机构、商协会现场签订战略合作协议。组织近60名企业家参加“2021年全球硬科技创新大会——新生代企业家创新发展论坛”，为助力全市经济社会高质量发展，构建“6+5+6+1”现代产业体系、打造丝路科创中心和硬科技之都建设提供高端对话平台。推荐4家创成型民营企业和赋能机构进入全国工商联数据库，向省工商联推荐华博检测等23家涉及投融资、知识产权、法律、成果对接、人才交流培养、管理咨询等方面的市场化专业服务机构。助力十四运，展现民企良好形象。组织西安市知名民营企业家，走进十四运主场馆开展“助力十四运民企在行动”考察座谈活动，号召企业家积极投身十四运，主动参与十四运市场开发，做好企业品牌宣传，为践行“全民全运·同心同行”和喜迎十四运顺利召开加油助力、贡献力量。

◆经济与联络服务 2021年，西安市工商业联合会运用法治手段服务保障民营企业健康发展。与陕西洪振律师事务所、陕西博硕律师事务所2家律所建立健全沟通联系机制，组织民营企业“走出去”法律政策宣讲会，发挥市工商联商事服务中心、法律服务中心作用，有效提升民企风险防范意识。搭建联动交流平台。与市商务局、市司法局、市贸促会等部门合作共同举办西安市民营企业“走出去”政府扶持培训论坛、第五届丝博会新型城镇化与乡村振兴融合发展论坛等活动。与三门峡市、珲春市2家工商联签署友好商会协议，做好昆明市工商联和合肥市工商联调研接待工作。全力支持内蒙古西安商会、武汉市西安商会筹备工作。加强与中亚陕西商会、美国陕西商会、匈牙利陕西贸易商会、英国西安商会等多家海外商协会组织的交流联系，不断拓宽联络范围和渠道。搭建项目对接平台，全年帮助10余家商协会、企业对接业务，解决实际难题。帮助英国陕西经济合作贸易促进协会、五金机电商会、新疆阿克苏市工商联等单位协调对接招商、销售、合作等事宜，与省工商联对接联系对口援藏工作。搭建校企合作平台，围绕“校企合作大平台，互利共赢同发展”，积极开展民营企业家进校园活动，组织30余名企业家走进文理学院座谈交流，并与紫阳商会、旬阳商会等多家商会开展项目洽谈，促进教育链、人才链与产业链、创新链有机衔接，为企业高质量发展和走出去提供强有力的科技、智力支撑。

（宋建怀）

西安市工商业联合会

主　　席 王欢畅
党组书记 孙杏娟
副 主 席 张春莹　刘　宝
秘 书 长 马　杰

西安市总工会

◆概况 2021年，西安市总工会辖区（县）总工会13个，机械冶金建材、建设交通工会等产业工会6个，高新区总工会等9个开发区工会，单列工会3个，6个工人文化宫，职工大学、西安工会医院、劳动者报社、网络中心和西安市总工会建强实业有限责任公司等7个直属单位。截至年底，全市共有基层工会组织46291个，涵盖单位70124家、工会会员2389383人，其中农民工会员1020767人。

◆西安市总工会十五届四次全委会 2021年3月23日，西安市总工会十五届四次全委会召开，会议审议通过《西安市总工会十五届四次全委会工作报告》《西安市总工会经费审查工作报告》和有关人事事项。

◆工会改革 2021年，西安市总工会党组深化改革领导小组召开深化改革会议8次。产业工会改为委员会的改革已进入实施阶段。工人文化宫通过整合资源、优化结构、增效赋能，打造品牌示范文化宫，各项改革举措有序推进。职工大学全面停止合作办学，加强职业技能和工会干部培训，新设立的康养职业技能培训中心获批市养老服务技能人才培训基地、市职业技能等级认定机构。工会医院持续激发活力、做大医疗品牌，社会效益与经济效益有效提升，获批“西安市康复医院”。建强公司厘清市场与公益的关系，委托公司管理的经营性资产已基本剥离。

◆困难职工救助 2021年，西安市总工会开展“温暖速递”行动，全市工会筹集资金1827.7万元，走访企业1093家，慰问职工5万余人。市总工会本级筹集资金1091.66余万元，慰问职工2.5万余人。开展“工会进万家新就业形态劳动者温暖行动”服务月活动，组织各类服务活动174次，慰问职工2.4万余名。加大工会爱心驿站建设管理力度，评定命名高星级站点63个，获评全国“最美工会户外劳动者服务站点”9个，新建母婴关爱室82家，服务广大劳动者50万余人次。开展消费帮扶行动，全市工会采购扶贫产品金额达1.1亿元，市总工会获2020年度西安市脱贫攻坚优秀单位。

◆职工及进城务工人员维权 2021年，西安市总工会成立市总工会劳动法律监督委员会，推动落实“一函两书”，开发线上西安工会法律服务平台，组建100余名专业律师服务队伍，积极开展法律服务“线上线下”活动。组织16支工会律师服务团，为128家企业提供“法律体检”。持续推进“工会+法院”劳动争议诉调对接工作，区（县）普遍建立诉调对接工作室，全年受理案件1975件，调解成功290件，结案1944件。设立西安市人事劳动争议仲裁院驻市总工会仲裁庭，并挂牌西安市人事劳动争议仲裁院驻市总工会农民工维权仲裁庭，提供“一站式”维权服务，打造维权服务闭环新模式。全年受理职工来信来访733件，3026人次，办结率98%；网上信访31件，上级转办交办案件2件，办结率100%。

◆劳动关系协调 2021年，西安市总工会出台《西安市总工会关于建立职工听证会制度的指导意见》《西安市职工代表大会质量评估办法》，提升企业民主管理质效。开展集体协商“春季要约”行动，举办西安市第二届模拟集体协商竞赛活动和民主管理微视频大赛，全市工会签订集体合同2150份，覆盖公司2764家，覆盖企业职工89792人，建会企业集体合同覆盖率和专项工资集体合同覆盖率85%以上。

◆职工素质建设 2021年，西安市总工会积极拓展“互联网+职工教育”模式，改版升级学习平台，将课程模块拓展为习近平新时代中国特色社会主义思想、党史学习教育、思想道德、科学文化、技术技能、民主法治、安全卫生、社会文明、劳动精神、生态环境十大模块，培训课程由1200节提升到2357节，全年新注册职工3.4万人，累计培训职工超过12万人次。

◆助力疫情防控 2021年底，新冠疫情发生后，西安市总工会党组第一时间作出安排，向全市职工和劳模发出倡议，拨付500万元防控资金。全市工会筹集慰问金慰问品2047万元，慰问疫情防控一线人员28万人次。安排3批60名干部火速下沉一线，动员各级劳模和爱心人士捐款捐物，工会医院累计派出37批3711人次医务人员开展核酸检测，完成174万余人次采集量。追授在疫情防控中苦干实干、拼搏奉献，牺牲在岗位上的李钊、赵毅2名同志西安市“五一劳动奖章”。

◆智慧工会 2021年，西安市总工会积极推动“网上工会”平台建设，开发西安“指尖工会2.0”项目，提供数字文化宫、婚恋交友、爱心地图、服务大厅等在线服务。开发西安市科创服务平台，实现在线报名、比赛、评比、展示、宣传等应用功能。开发“小悦帮忙”小程序，帮助疫情期间封控区群众解决购买物资难的问题。

◆就业创业服务 2021年，西安市总工会举办“稳岗留工送岗位·促进就业暖民心”春季大型网络视频招聘会，创新性地推出2场直播带岗活动，搭建“西安市总工会网络视频招聘会+直播带岗+政策法规咨询”就业服务平台，参会的用人单位1266家，提供82945个就业岗位，首场走进企业直播活动最高观看数达到353万人次，30个岗位爆满。

◆劳动和技能竞赛 2021年，西安市总

2021年5月26日，西安市总工会2021年度农民工党史学习教育推进暨素质提升工程启动仪式在陕西历史博物馆举行

工会广泛开展“助力十四运·建功新时代”主题劳动竞赛活动，为十四运场馆建设者颁发劳动证书，为劳模志愿者服务队授牌。围绕现代产业体系和重点项目建设开展“六比一创”竞赛活动。全市建会规模以上企业劳动和技能竞赛覆盖面85%以上，职工参与率87.7%。联合市委组织部、市人社局开展高技能人才技能大赛，竞赛项目13大类51个工种，参赛6.6万人次，产生技术能手、技术标兵300名，晋升技术等级1.98万人。

◆**劳模表彰及管理服务**　2021年，西安市总工会召开全市庆“五一”表彰大会，表彰全国、省、市“五一劳动奖状”36个、奖章112人、工人先锋号113个。大力弘扬劳模精神，组织劳模代表参加西安市“三河一山”绿道开通仪式，组织200余名劳动模范参加十四运开幕式，与习近平总书记同场见证光辉时刻。深入开展职工（劳模）创新工作室创建活动，命名22个创新工作室。修订《西安市职业技能带头人管理办法》，评聘名额从150名增加到300名，涵盖近30个职业工种，带教徒弟3000余名，带教津贴由每月200元提高到每月300元。

◆**工会组织建设**　2021年，西安市总工会持续开展“八大员群体”入会和百人以上企业集中建会入会行动，创新成立西安市物流行业工会联合会、西安市邮政快递业工会联合会，在物流园区建成全国首家物流园区“货车司机之家”。全年新建工会组织涵盖单位2051家，发展工会会员11.28万人。成立新就业形态工会联合会（联合基层工会）16家，吸纳会员3.7万余人。开展模范职工之家“结对共建、争模创先”试点活动，为全市170个街道（镇乡）总工会拨付工作经费补助142.5万元。组织全市工会系统机关干部赴基层蹲点，派出蹲点组28个、干部81名，投入资金57万余元，惠及职工9100余人。

◆**党史学习教育**　2021年，西安市总工会围绕学党史、悟思想、办实事、开新局，组织开展党史知识竞赛、百场读书交流、阅读“接力”、红色经典诵读、演讲比赛、书画作品展、专场音乐会、文艺汇演和摄影等系列活动。党史学习教育动态做法8次被市委党史学习教育简报刊发。组织农民工开展党史学习教育，被中央党史学习教育官网宣传报道。广泛开展“我为群众办实事”实践活动，围绕职工群众急难盼愁问题，列出办实事清单12项，真正把实事办到职工群众心坎上。包租专列送农民工平安返乡活动入选中国共产党成立100周年历史展览，是全国工会系统唯一一家。

◆**文化阵地建设**　2021年8月，西安市总工会高标准建成西北地区首座劳模精神展示馆和西安市示范性职工书屋，开发线上劳模精神展示馆VR馆，劳模精神展示馆被命名为西安市爱国主义教育基地，示范职工书屋获评全国和省工会品牌职工书屋示范点。

◆**职工文体活动**　2021年，西安市总工会举办“永远跟党走·服务十四运”西安职工短视频抖音大赛、职工乒乓球赛等各类文体活动10余场次，协助十四运组委会做好十四运会和残特奥会群众文化活动和职工志愿者招募管理工作。与市妇联承办全国网络安全宣传周——个人信息保护主题宣传日活动，被评为“2021年国家网络安全宣传周活动表现突出单位”。持续推动职工书屋建设，获评全国职工书屋示范点3家、省级开放式职工书屋11家，评选市级职工书屋示范点16家、最美职工书屋15家。加强新闻报道工作，中省市主流媒体刊发稿件622条（篇）。　（董　雯）

西安市总工会第十五届委员会

主　　席　薛振虎
常务副主席　王　军
副 主 席　冯增权
　　　　　魏大宝珠（女，藏族）
　　　　　童　帅
兼职副主席　王晓杰　夏复山
经费审查委员会主任　陈　曦

共青团西安市委

◆**概况**　2021年，中国共产主义青年团西安市委员会（简称共青团西安市委）辖区（县）团委14个、团工委7个、直属单位团组织47个。截至年底，全市团员总数248604人；基层团委821个，团支部14065个，团总支501个；专职团干部85人，基层团干部24842人，发展新团员22250人。

◆**2021年西安市青少年工作委员会全体会议**　2021年12月9日，西安市青少年工作委员会召开全体会议。会议传达学习了国家部际联席会议精神和全省中长期青年发展规划实施工作推进会会议精神，审定《〈西安市中长期青年发展规划（2020—2025年）〉实施重点工作》。会议指出，西安市的《中长期青年发展规划》已纳入全市“十四五”规划纲要，为抓好青年工作提供行动指南。做好青年工作，要充分信任青年、热情关心青年，关注青年愿望、帮助青年发展，努力做青年朋友的知心人、热心人、引路人。会议强调，关心和支持青年是全社会的共同责任，各级各部门要把青年工作摆在重要位置，形成党委领导、政府主责、团委协调、各方齐抓共管的良好工作格局。

◆**十四运会和残特奥会西安赛区志愿服务**　2021年，共青团西安市委积极推进十四运会和残特奥会西安赛区志愿服务工作，制定《西安赛区志愿服务工作总体方案》《赛会志愿者总体运行方案》《城市志愿者总体运行方案》《社会志愿者总体运行方案》，形成“1+3”志愿服务工作总体构架。成立西安赛区志愿服务工作领导小组，组建赛会、城市、社会、观众服务以及综合协调5个工作专班，推进各项志愿服务工作有力开展。以“百校联动文明迎全运”“百企联动志愿迎全运”等7类活动为载体，开展“志愿精彩 悦动全运”达人秀活动，参与人数达15.6万人。开展社区运动会，覆盖全市8个区（县）、开发区的25个社区，参与群众5000余人。成立西安奥体中心青年志愿者服务讲解队，为近200个观摩团队提供接待引导以及讲解服务200余场次，服务时长达1万余小时。聘请9名资深讲师组建培训讲师团队，以西安历史文化、西安经济社会发展、志愿服务礼仪及心理健康、十四运会和残特奥会基本情况四门课程为基础，结合残疾人服务需求，在西安志愿服务小程序、文明西安微信公众平台上开设系列培训课程，开展各级各类志愿者通用知识培训50余场，培训志愿者12万余人次。设计制作具有西安特色、备受青年喜爱的十四运会和残特奥会西安赛区志愿者激励章，有效激发广大志愿者的服务热情。

经过严格通识知识培训及两轮考核，选拔出十四运会竞赛类赛会志愿者4574名、礼仪类赛会志愿者133名，残运会竞赛类赛会志愿者2559名、礼仪类赛会志愿者176名。组织7133名十四运会和残特奥会赛会志愿者服务田径、游泳、篮球、攀岩等17个竞赛项目以及全运村、主新闻中心、残运接待酒店、部分群众体育项目，累计上岗4.9万人次，服务20967名运动员、技术官员、代表团官员、媒体记者以及近15万人次的现场观众。为开闭幕式工作组建仪式展演和观众服务2支志愿者团队，1787名志愿者高标准完成开闭幕式服务工作，服务现场观众4万余人。组织120名赛会志愿者有力支持火炬传递活动，圆满完成两站火炬传递志愿服务工作，服务时长达4000余小时。

开展30余场线下招募宣传活动，选拔5509名西安赛区城市志愿者投身在西安北站、奥体中心广场、大雁塔北广场等西安市重点交通枢纽、比赛场馆和旅游景区周边设置的100个城市志愿服务岗亭中，围绕便民服务、文化宣传、文明倡导、信息咨询等内容持续开展为期3个月的志愿服务工作。

招募社会志愿者116019人，以“服务十四运 奉献我的城”为统揽，以“周末哪里去·一起做公益”全民志愿服务项目品牌为基础，在全市组建、整合各类志愿服务团队1501个，启动志愿服务实践项目1857个。组织开展文明交通劝导、关爱老人、垃圾分类宣传等志愿服务活动2300多场次，参与志愿者达百万余人次，营造“人人关注十四运，人人奉献十四运”良好社会氛围。

◆共青团助力新冠疫情防控 2021年底，面对全市疫情防控严峻形势，西安各级共青团组织和广大团员青年牢记使命、担当作为，主动参与疫情防控各项工作。共青团西安市委第一时间成立防疫工作专班，重点开展宣传动员、志愿服务、物资协调、心理疏导等工作。

共青团西安市委发出《西安青年共筑疫情防线倡议书》，各级团组织积极响应，主动参与疫情防控知识宣传普及，引导群众不造谣、不信谣、不传谣，营造清朗网络空间。微信推送疫情相关内容4条，阅读量12989次。微博推送疫情相关内容15条，阅读量10.9万余次；其中微博话题战“疫”西安，“青”力守护，阅读量186.2万次，同心战疫“青”动力微博话题3004万次。

共青团西安市委发布《市级储备志愿者用人须知》《志愿汇APP操作指南》等，通过快速地组织动员和招募培训，“秩序引导、流调排查、核酸检测、服务一线、生活保障、物资配送”等各类青年志愿服务队迅速奔赴一线，在街巷社区的各个“卡口”，青年志愿者们协助社区开展出入人员体温检测、健康码和行程码查验、社区值守等工作。全市组织共青团系统志愿者上岗服务12.96万人次，服务时长120.63万小时。

共青团西安市委组织心理疏导教育专家开通“12355”抗疫心理援助热线，重点针对确诊患者、被隔离人员、一线工作人员和志愿者，免费开展心理咨询、情绪疏导等服务。累计接听电话528个，有效化解疫情防控相关矛盾191个。同时，积极组织青年法律工作者提供疫情期间法律相关问题公益咨询，接听解答问题19个。

◆基层团组织建设 2021年，共青团西安市委将团组织换届工作同村（社区）“两委”换届工作统一安排部署，同步推动落实。举办全市村（社区）团组织换届现场观摩暨工作推进会，对换届工作全过程进行观摩学习，抓住换届良好契机，不断扩大组织覆盖，提升基层团组织联系、服务团员青年的能力，进一步加强村（社区）团组织规范化建设。加强“智慧团建”系统动态数据分析，建立工作台账，全市完成换届（新建）团支部2907个，覆盖3125个村和社区。3月，西安市被共青团中央确定为行业系统团建专项试点城市。以推动非公领域团建为重点，建立西安市非公经济组织团工委、新社会组织团工委2个团市委直属团工委，形成团市委主导带动，抓行业系统团组织建设的长效工作机制。摸查、梳理全市规模以上企业底数和分布情况，多措并举持续扩大组织覆盖，制定《全市非公经济组织和社会组织建设工作指引》，促进全市社会领域团组织建设形成新突破。全年新增社会领域团组织6770个，其中新增非公企业和社会组织团组织3643个。积极参与全国试点工作，选取碑林区、阎良区、鄠邑区、蓝田县为全国改革试点县（区），围绕4个方面10项改革举措，探索基层组织力提升新路径和新机制。继续巩固团代表联络站建设，现已成立县域团代表联络站12个，积极发挥团代表、委员的“履职平台”作用和对普通团员青年的“联系平台”作用，联系服务团的各级委员会委员245名、团代表446名，联系团员青年4460名。11月，举办2021年中学中职团委书记线上培训班，从党史和团史学习中把握中国青年运动的主题和主线、中学共青团改革实施方案与基层组织规范化建设等方面作了专题辅导，近500人参加了培训，实现基层中学中职团委书记全覆盖。

◆青年就业创业行动 2021年，共青团西安市委举办青年新职业培训116期，培训4954人。指导碑林区试点开展“返家乡”社会实践示范活动，西安交通大学、西北大学、西安建筑科技大学等高校的103名大学生参加，相关高校和企业构建校地企融合发展平台，为大学生就业创业提供支持。积极动员属地企业通过“秦青展翅”青年就业服务平台发布岗位信息，全方位多角度为高校毕业生提供就业服务。

◆青年志愿者活动 2021年，共青团西安市委持续深化青年志愿服务行动，开展“青春迎全运”、“文明乘车跟我排”、学雷锋等系列活动，以秦岭生态保护青年志愿者工作站为阵地，举办西安青年全运林公益植树活动，200余人现场栽种近2000棵绿植。探索实施“共青团+养老助老”，深入陆港·金苑颐养中心等开展实地调研，策划西一路街道“乐修匠”服务队、“智在指尖”老年智能机培训课堂、“巧手婆婆新家风”、“夕阳无限好、速写婚纱照”等公益助老项目。

春运期间，共青团西安市委指导各相关行业系统、各级团组织志愿服务队开展2021年春运“暖冬行动”志愿服务工作。40天里，招募服务春运志愿者1584人次，组织培训35场，志愿服务活动62次。1月，共青团西安市委开展“青春迎全运”——西安市城市志愿服务项目大赛活动，收到近200个全市各级团组织、社会组织和志愿服务组织申报的项目，经过项目初评、线下终评、网络公示等环节评选出金奖项目5个、银奖项目10个、铜奖项目20个、优秀奖和最佳人气奖各17个。4月，共青团西安市委招募的西安文理学院502名青年志愿者为“我要上全运”百场马拉松暨“一带一路”陕西西安2021城墙国际马拉松赛服务，他们分散在物资发放、后勤保障、竞赛服务、医疗救护等各个岗位上，用饱满的精神和辛勤的汗水为比赛保驾护航。

来自陕西科技大学、西安工业大学、西安美术学院等8所高校的3425名青年志愿者组成2021西安马拉松赛志愿服务队伍，为2.8万名参赛选手提供志愿服务，全力保障赛事的顺利进行。5月，共青团西安市委联合市气象局共同举办“防范化解灾害风险 筑牢安全护我成长”“5·12”全国防灾减灾日应急科普宣传活动在西安市气象局成功开展。100余名少先队员、高校大学生以及社会志愿者代表参与其中。活动带领青少年走进气象站、了解气象知识，认真学习防灾减灾知识，向身边的人宣传普及风险识别、应急准备等方面的基本常识。10月，2021欧亚经济论坛在西安举办，共青团西安市委组织招募200名西安外国语大学的志愿者开展为期5天的志愿者服务，志愿者们以热忱优质的服务，受到世界各地与会嘉宾的一致好评。累计志愿服务时长6541小时，人均服务33.2小时。

◆青少年文化建设 2021年5月，由共青团西安市委主办的“小小剑客迎全运 我为全运添光彩”西安市青少年击剑比赛在市青少年宫举行，来自市青少年宫代表队、英旗击剑俱乐部和西安益新击剑队的60余名青少年同台竞技，通过比赛引导孩子们热爱体育运动，争做德、智、体、美、劳全面发展的新时代好少年。开展“童心向党颂百年——读党史，讲红色故事”活动，征集33篇优秀党史诵读作品，在陕西人民广播电台FM101.1进行为期30天共60集的集中展播，引导全市青少年了解党的历史，将党的红色基因厚植于心。6月，举办“传承红色基因，追梦崭新未来”庆六一书画作品展，征集到西安市青少年宫学员及全省中小学、各区县少年宫、青少年活动中心、校外培训机构各类美术书法作品140余幅。7—8月，集中开展3期“西安青年五四奖章”获得者走进全市重点项目活动，近160名优秀青年代表先后前往西安奥体中心跳水馆、“一带一路”文化交流中心系列公建项目、中国飞行试验研究院、隆基绿能智慧能源展览馆等地实地参观学习和研讨交流。10月，承办“网络安全为人民，网络安全靠人民”青少年网络安全动漫展，从近千幅全国各地的作品中评审出450幅获奖作品进行集中展出。承办2021年国家网络安全宣传周青少年主题日活动，“明辨”主题网络直播活动参与人次达1558万，由知名专家学者就当前青少年在网络上普遍关注的几个热点话题进行交流分享，帮助广大青少年确立“怎么看怎么办”的观点和方法。

◆青少年新媒体宣传 2021年，共青团西安市委以“西安青年聚”为统一IP，运营团市委官方微博、微信及抖音发布。微博全年发布推送信息9800条次，累计阅读量近2.97亿次，转评赞总数9万余次，粉丝数达28万余人。微信全面发布推送信息近1000条，累计阅读量180万次，粉丝35万余人。探索运营抖音，全年发布推送信息200条次，累计阅读量153万次，转评赞总数近5万次，粉丝近3000人。结合党史学习教育，利用“西安青年聚”新媒体矩阵，在微信先后开设“西团带你学党史”“党史学习教育”“西团带你听党史”等专题，全年西团带你听党史58期，阅读量8720次。西团带你学党史47期，阅读量9710次。党史学习教育55条，阅读量76417次。基层团委党史学习教育等50余篇，在微博推送党史学习教育相关27条次，累计阅读量8.1万次。

◆“共青团与人大代表、政协委员面对面”活动 2021年1月27日，共青团西安市委召开2021年“共青团与人大代表、政协委员面对面”座谈会，市人大代表、政协委员、相关青年社会组织、基层社区负责人及专家学者代表共计20余人参加座谈。座谈会围绕“发挥青年社会组织在城乡社区治理中的积极作用”主题展开，介绍西安市青年社会组织参与社区治理的现状、存在问题以及面临的困难，并提出加大青年社会组织发展、完善青年社会组织参与社区治理的政策建议。团市委在集中座谈讨论的基础上，认真梳理与会代表、委员的意见建议，为各类青年参与城乡社区治理提供培训和指导帮助。形成《关于加大对社会组织扶持力度的建议》等政协提案。

◆青少年权益保护 2021年，共青团西安市委面向社会组织征集青少年公益项目，组织西安市小火柴志愿者服务中心、小斑马公益慈善中心、西安市先锋青少年活动指导中心等青年社会组织围绕预防青少年犯罪、秦岭保护、制止校园欺凌、保障未成年人合法权益、“共青团+养老助老”等工作实施政府购买项目15个。推进西安“12355”青少年服务台建设工作，全年接听热线3520个，处理线下个案86起，开展“以孩子生命安全保驾护航”为主题公益讲座，覆盖人数3000人以上，开展线上直播课堂20堂，培养青少年学习及生活的好习惯，指导家长对孩子进行试卷分析等，覆盖1000人以上。“12355”父母公益学堂从5月份开启，由服务台志愿者为家长讲解家庭教育，普及心理学知识，覆盖人数1000人以上。

◆青少年法治宣传 2021年，共青团西安市委以“青春灯塔”公益巡讲活动为载体，以“两法两办法”（《未成年人保护法》《预防未成年人犯罪法》《陕西省实施〈中华人民共和国未成年人保护法〉办法》《陕西省实施〈中华人民共和国预防未成年人犯罪法〉办法》）、青少年自护、远离校园欺凌为主题，开展法治宣传教育进校园活动20余场。4月，启动西安市第三批“红领巾法学院”创建工作，经过8个月近40次的创建指导，最终授予25所学校市级“红领巾法学院”示范校称号。12月3日，在西咸新区沣西新城文教园第一小学举行“构筑成长防线 护航法治校园”西安市第三批“红领巾法学院”市级示范学校授牌活动，600余人参加。

◆少先队建设 2021年，共青团西安市委坚持全团带队，不断加强少先队员思想政治教育。录制西安市少先队辅导员培训示范课程13节，同时印发《关于开展少先队辅导员示范课程送课下基层活动的通知》，确保基层辅导员培训全覆盖。全面开展红领巾奖章三星章争章活动，全市共300名少先队员获西安市“红领巾奖章”三星章个人，51个少先队大队、49个少先队中队获西安市“红领巾奖章”三星章集体。举办2021年度西安市少先队活动展示暨教学能手评选活动。共有25名少先队辅导员获得市级“教学能手”称号，获评省级“教学能手”8名。

扎实开展“学党史、强信念、跟党走”主题教育实践活动，举办“红领巾心向党”——西安市少先队庆六一示范活动1场。承办省级“红领巾心向党——缅怀革命先烈 传承红色基因”少先队主题教育。组织全市各级少先队组织开展六一“红领巾心向党”主题中队会。开展“红领巾大讲堂”131场次，参与人数1.5万余人。组织参加省级“党的故事我来讲——争做红领巾讲解员”技能展示活动，全市7位少先队员分获二、三等奖。5月起，在碑林区各学校开展“争做新时代好队员——红领巾大讲堂”活动，用人物故事讲述党史百年发展中革命先驱的伟大付出，培养少先队员爱党爱国的朴素情感，活动开展10余场，参与人数达1000余人次。

4月14—16日，共青团西安市委举办2021年西安市希望小学、偏远山村小学骨干教师及少先队辅导员培训班，来自阎良区、临潼区、长安区、鄠邑区、高陵区、蓝田县、周至县的50名希望小学、偏远山村小学骨干教师及少先队辅导员齐聚西安，围绕少先队辅导员工作技能提升及学生工作的多元化开展十四运知识及志愿服务宣讲、党史教育、新民法典校园法律知识解读及案例分析及中小学生公共安全卫生事件处理等内容展开专题探讨。培训活动结合中心工作还安排老师实地参观八路军办事处及十四运奥体中心“一场两馆”，丰富的培训课程和实践内容让参训教师们收获满满。

6月30日，“红领巾迎全运 我是小小讲解员”——2020年“全运小使者”风采大赛暨颁奖典礼在西安市青少年宫圆满落幕，活动历时7个月，最终16名选手脱颖而出进入决赛。本次活动由团市委、市教育局、市少工委主办，树梦家庭教育研究与指导中心承办。全市11个区（县），200多余所小学，共计79979名少先队员参加。展现新时代西安广大少先队员的良好形象。

10月12日，陕西省暨西安市纪念少先队建队72周年主题示范活动在大雁塔小学西沣分校举行。活动由团市委、市少工委承办，以“请党放心 强国有我”为主题，彰显新时代少先队员爱国风采。

10月13日，由共青团西安市委、市少工委主办，共青团灞桥区委、灞桥区教育局、灞桥区少工委以及灞桥区纺织城小学“名校+”承办的“请党放心，强国有我”西安市纪念少先队建队72周年主题队日活动在灞桥区纺织城小学富力分校举行。少先队员们通过“希望、成长、关爱”3个篇章8个环节的表演，诠释新时代少先队员“学党史、感党恩、听党话、跟党走”“请党放心、强国有我”的时代精神。全市各级少先队组织紧扣主题开展各级少先队组织建队日纪念活动1.8万余场。

◆共青团助力脱贫攻坚和乡村振兴建设 2021年，共青团西安市委充分发挥共青团组织化动员和社会化动员优势，持续推动“西安新青年下乡计划”，动员200余个青年企业单位组建30支“青春合力工作队”，打造“乡村流动少年宫”“筑梦教室进乡村”等品牌项目。制定西安市青春助力乡村振兴行动实施方案，举办农村青年创业致富“领头雁”培训班3期，244名青年致富带头人参加。开展美丽乡村青年创意设计大赛，31支团队的251名青年设计师参赛，评选出31个获奖设计作品。开展猕猴桃网络直播庆祝农民丰收活动，成交2100余单，销售额达10万元。动员西安市网络带货达人、直播爱好者参加“菁彩青农”陕西省首届乡村振兴互联网公益助农直播大赛。

以“小葵花”关爱行动为品牌，以困境青少年为重点，开展“小葵花看西安”“小葵花法律援助”“微心愿”等关爱活动。募集发放价值50万元的“小葵花爱心暖冬包”5000份；全年开展“小葵花看西安迎全运”“火种之旅 启迪心智”——小葵花延安励志行、西安青年助力乡村振兴暨“小葵花迎全运”农场趣味运动会等活动34场，近2000名青少年参与活动。

持续运营蓝田县童心港湾项目。全年开展“爱在暑期‘苹’安益夏”公益活动、“全民全运·同心同行”暑期支教、“浓情中秋暖心相伴”中秋节等活动9场，公益课程132场。西安西古通信有限公司捐赠六一儿童节活动爱心大礼包1000份，捐赠“康蕾计划”一对一资助金5万元。

持续开展蓝田县厚镇东咀村小葵花少年宫教育帮扶工作。全年开展线上线下活动100余场次，基本做到东咀村学龄儿童全覆盖。动员市青企协爱心企业，向东咀村儿童捐赠102套总价值3.2万元的童装，为即将开学的小朋友们送去新学期的祝福，同时也呼吁更多企业家关心关注留守儿童的成长。

开展希望工程行动，组织开展2021年西安市希望小学、偏远山村小学骨干教师培训班，培训骨干教师50名。切实做好“习酒 我的大学”“西格玛”“爱心100”等资助项目，资助低收入家庭优秀准大学生92名，资助金额44万余元。配合团省委开展“新世纪希望故事汇”公益项目，为蓝田县10所寄宿制中小学配备睡前故事播放设备。大力实施希望工程健康守护计划，全年救助先心病儿童2人。

◆西安青年公益交友 2021年，共青团西安市委紧盯西安市青年急难愁盼问题，针对单身青年交友难的问题，以“丝路青缘·团聚青春·缘满西安”为主题，创新开展线上单身联谊活动。自10月31日起至12月18日，每周末开展一期，累计开展活动8期，参与人数2000余人。

◆青年经济工作 2021年，共青团西安市委联合市委组织部、市委统战部等6家部门制定“新锐西商”青年企业家扶持计划实施方案，着力发现和培育一支有理想、有责任、有担当、有活力的青年企业家队伍，引导他们积极投身西安发展的生动实践。扎实开展领军型（新锐型）青年企业家申报评选工作，评选出首批西安市领军型青年企业家人选28人、西安市新锐型青年企业家人选51人。组织青年企业家前往陕鼓集团、楼观生态文旅度假区等地考察交流5次，开展青年创业大讲坛3期。邀请西安青年企业家协会骨干成员及部分优秀青年企业家人才代表座谈交流，畅谈人才诉求。组织46名青年企业家参加“企业知识产权管理能力提升”“科创企业家创新领导力”等培训班，提升在知识产权创造、运用管理等方面的综合能力。命名2020年度西安市“青年文明号”76家，授予10名同志西安市“青年岗位能手标兵”称号、73名同志西安市“青年岗位能手”称号。（田 烨）

中国共产主义青年团
西安市第十八届委员会

书 记 徐 辉
副书记 王 飞 尤 婷（女）
李显昱（兼）
叶雨桐（女，兼）
周 远（兼）

西安市妇女联合会

◆概况 2021年，西安市妇女联合会辖区（县）妇联、国际港务区妇联、高新区妇联15个、镇（街道）街妇联185个、村（社区）妇联3159个，妇工委10个，党政机关、科教文卫系统妇委会91个，团体会员3个。市级民主党派建有妇委会7个。市、区（县）妇联专职妇联干部105人，镇（街道）、村（社区）专兼职妇联干部3344人。全市各级妇联组织紧紧围绕全力办好第十四届全运会、实现十项重点工作新突破、毫不松懈抓好疫情防控，扎实履行引领服务联系职责，推进党史学习教育与妇联工作深度融合，服务中心展现新担当，服务妇女实现新作为，努力推动全市妇女儿童事业高质量发展。

◆思想政治引领 2021年，西安市妇女联合会以“巾帼心向党 奋斗新征程”“永远跟党走”为主题，突出巾帼特色，协同联动、线上线下同步推进，依托“百千万巾帼大宣讲”“女性大讲堂”“三八红旗手工作室”及全媒体等各类妇联宣传教育阵地，采取诵读分享、竞赛演讲、书画征文、红色研学、文艺会演、开通地铁2号线主题巾帼专列等多种形式，深入开展党史、“四史”宣传宣讲，有力有效引领妇女群众、家庭成员共同唱响爱国爱党主旋律。以“三个一”为抓手（开展一系列志愿服务活动、开展一轮宣传教育活动、开展一批尽责办实事活动），动员各级妇联执委积极发挥自身优势，关注并推动解决广大妇女群众急难愁盼问题，全市四级执委44379人，联系妇女群众287667人，为群众办实事73368件。探索具有地方特色的星级评定、积分兑换、激励嘉许制度，学雷锋、垃圾分类、水资源保护、共享单车摆放、交通引导、十四运会宣传、暖冬关爱等各类志愿服务活动生动开展，灞桥区妇联“护翼妈妈”、曲江新区文艺团、陆港巾帼攻坚队等志愿服务队伍蓬勃发展，“巾帼齐奉献 添彩十四运”、未央区妇联巾帼“暖阳”公益组织进社区、税务妈妈情暖童心等志愿服务项目开展得有声有色，“巾帼红”处处绽放。举行“巾帼绽芳华 奋进新时代”先进女性线上揭晓发布仪式，选树三八红旗手（集体）101个、巾帼建功先进个人（集体）158个，推出“赞巾帼典范 启奋斗征程”线上礼赞活动，挖掘疫情“最美妈妈”先锋党员、“脖套”女警等一线疫情防控典型。开展送奖到基层、“致敬最美巾帼奋斗者”慰问等活动，组织先进典型宣传宣讲112场次，营造学习先进、争做先进的氛围。

◆助力妇女发展 2021年，西安市妇女联合会高质量完成西安市妇女儿童发展规划（2011—2020年）终期评估工作，两规划达标率分别为80.7%、96.9%，12个发展领域成绩突出。积极协调推动将妇女儿童发展和家庭建设相关内容纳入《西安市社会经济发展“十四五”规划和2035年远景目标纲要》，并同步编制西安市妇女儿童发展规划（2021—2030年），推动妇女儿童事业和经济社会建设同步发展。联合市发改委等7部门共同举办“奋进新时代 巾帼绽芳华”首届女性创新创业大赛，成立西安市女企业家协会，与中国银行陕西省分行签订战略合作协议，助推“巾帼宝”等金融扶持项目，搭建集项目、技术、人才和资本共发展的生态服务平台，扶持科技、康养、文化、生活服务类中小企业女性创业者发展。联合市人社局等部门举办4场网络招聘活动，走进高校为近千名女大学生提供创业就业指导公益服务。用好妇女小额担保贷款政策，全年发放贷款879笔16054万元。举办妇女手工艺展演、家政大集，召开全市“乡村振兴巾帼行动”现场推进会，评选“巾帼示范民宿”和“最美民宿女主人”。全年共创建省市级“妇女创业就业示范基地”21个，涉及现代农业、女大学生创业、手工艺和家政四大类，发放扶持资金140万元。

◆家庭支持服务 2021年，西安市妇女联合会围绕“养老护小”群众最关切的需求，争取财政、民政资金支持。实施巾帼康养“13211”工程，积极构建巾帼康养服务新模式，联合三甲医院共建巾帼康养健康照护技能培训基地2所、联合雁塔打造巾帼康养示范点。开展“巾帼康养培训进社区”68期，累计培训4320人次，实现岗位就业3520人，在推动老人和0—3岁婴幼儿照护服务事业发展中积极作为。开展“一区（县）一品牌”创建活动，创建新城区欣欣微课堂、鄠邑区画乡父母“童”学品牌、市直机关工委清风传家等各具特色的工作品牌。开展“德润三秦”“清风·家工程”家风建设活动，揭晓年度“最美家庭”476户、崇廉尚德最美家庭75户、绿色家庭100户，推荐全国最美家庭4户、三秦最美家庭45户。扩大家风、家教主题宣传月活动影响力，集中宣传展示最美家庭事迹，举办家庭教育分享会和“百童书家训 墨宝传家风”少儿书法征集活动，参与群众累计达30余万人。持续开展“家庭教育阳光云课堂”公益讲座线上展播，受益50万余人次，以好家风促好社风。航空基地率先在开发区成立家庭教育指导中心，搭建“135+”学习平台服务辖区广大家庭。开展下沉一线“爱我城护我家”活动，关注弱势群体民生需求，组建抗疫法律维权和心理关爱两支志愿者服务团队，在线提供一对一心理援助和法律服务，市、区两级“12338”热线保持畅通、及时接办，有效解决制止家暴、孕产妇就医、患儿看诊、紧急物资配送等迫切需求。

2021年5月15日，西安市妇女联合会在曲江国际会议中心举行西安市2020—2021年度最美家庭揭晓仪式

◆维护妇女儿童合法权益 2021年，西安市妇女联合会通过广播电视专题访谈、组建《民法典》宣讲团开展线下巡回宣讲、组织参加普法微视频大赛、开通网上“茜茜说法”栏目等，开展形式多样的法治宣传活动，增强全社会尊重和保障妇女儿童权益的法治观念。2021年，市、县两级维权中心共处理各类来电来访3120件次，办理法律援助39件，为受援人挽回经济损失335万元，开展心理咨询服务137人次，紧急救助32人。推动“平安家庭”建设，共建立各级婚调委34个、婚调室77个，有效预防和及时调处婚姻家庭矛盾纠纷。组织开展适龄妇女免费“两癌”筛查和健康宣教活动150余场，提高妇女“两癌”筛查的知晓率和参与率，争取各级救助资金52.5万元，救助“两癌”贫困妇女91人。开展“预防儿童烧烫伤健康教育行动”公益活动和女童保护“种子计划”，实现保护儿童人身权益“关口”前移。实施“让爱回家”反家庭暴力深度服务项目，运用社会工作方法为处于家庭暴力中高危险等级妇女提供专业支持，帮助走出家暴困境。组建以困境儿童为主体的首个西安市“小候鸟”少年公益足球队，搭建平台引导各类专业力量参与帮扶关爱。市妇女儿童活动中心举办58个班次公益免费体验课，1000余名适龄儿童受益。

◆妇联组织建设 2021年，西安市妇女联合会紧抓村（社区）“两委”换届有利契机，宣传引导广大妇女积极参选参政，同步推进在各开发区新建社区成立妇联组织，实现100%全覆盖。全市纳入换届的3263个村（社区）党组织、委员会选出女支部书记756人、女主任753人，村（社区）妇联负责人进“两委”3074人。科学统筹用好省市级妇女儿童事业发展专项资金共690万元，支持项目77个。新建省市级“妇女儿童之家”示范点9个，常态化督导检查，做优配套设施、做实基层服务、做强日常管理，增强“家”的凝聚力、向心力。举办全市女干部能力提升培训班、“四新”领域妇女组织和女性社会组织负责人示范培训班，提升妇女干部履职能力。推动“四新”领域妇女组织主动作为，积极参与基层社会治理和社会服务，西安国际医学中心妇联和陕西丰瑞律师事务所妇联踊跃参与十四运会社会志愿服务，西部企业家商会妇联第一时间响应市妇联号召，筹集善款和物资25.2余万元驰援河南。用好“三项机制”，着力建设忠诚干净担当的高素质专业化干部队伍。认真落实党支部工作条例，理顺抓社会组织党建工作机制，持续开展“一支部一品牌”建设活动。市妇联先后荣获全国城乡妇女岗位建功先进集体、全国家庭工作先进集体、2016—2020年全国普法工作先进集体、国家网络安全宣传周先进单位、全省妇联组织建设改革“破难行动”和妇女维权优秀单位等多项荣誉。（陈永超）

西安市妇联

主　席　薛林莉（女）
副主席　魏　军（女，兼）
　　　　米　莹（女，兼）

西安市科学技术学会

◆**概况**　2021年，西安市科学技术协会团结带领全市广大科技工作者投身追赶超越，为西安高质量发展贡献科协力量。截至年底，西安市科学技术协会所属市级社会组织76个，企事业单位科协63个，独立建制区（县）科协5个，联系全市16.7万名各类科技人才，已形成覆盖理、工、农、医等自然学科为主的多层次的科技群团网络。

◆**助力“秦创原”创新驱动平台建设**　2021年，西安市科学技术协会制定《助力“秦创原”创新驱动平台建设实施方案》，在西安航天自动化股份有限公司、西安财经大学等10家企事业单位组建基层科协组织。全力助推企业创新发展，在科技型企业中开展技术创新培训活动，先后邀请西北工业大学、西安交通大学的专家教授在西安东仪科工集团有限公司等单位举办创新培训活动3场，培训科技人员近150人次。向中国科协争取资源和资金支持，经开区获批中国科协“海智计划”工作基地，西咸新区获批中科协“科创中国”试点城市（园区），并在2021年度全国65个试点城市（园区）中综合排名第一。西安市学会科技服务中心专业科技服务团获评2021年“科创中国”全国优秀科技服务团。

◆**院士、专家决策咨询**　2021年，西安市科学技术协会发挥院士专家在创新驱动发展中的高端引领作用，主动听取院士专家对西安经济社会发展的意见建议，并围绕经济社会发展突出问题开展决策咨询课题研究，形成《院士专家建言》7期报送市委市政府领导参阅。紧贴“十项重点工作”，组织广大科技工作者围绕西安市经济、科技、社会及生态环境保护等方面的突出问题开展决策咨询课题研究，为市委、市政府科学决策发挥西安科技思想库作用，经专家评审，确定由西安石油大学等11个单位的15个课题组承担2021年度决策咨询课题的研究工作，按照评审等级获得项目资助，所有课题均已按期结题。

◆**主题科普活动**　2021年，西安市科学技术协会组织举办第29届“科技之春”宣传月和“全国科普日”活动，开展线上线下活动550余项，获评陕西省“科技之春”先进组织单位、陕西省“全国科普日”先进组织单位、中国科协“2021年全国科普日活动”优秀组织单位。组织开展“科学大讲堂”“庆百年·迎全运”全民科学素质网上竞答，累计参与人次达452.8万。开展科普大篷车“三进”服务活动累计44场次，“西安网”“学习强国”地方发布等多个媒体平台都对科普大篷车科技志愿者服务活动进行了报道。编制完成《西安市全民科学素质纲要实施方案》，新城区获批全国科普示范区区（县）。

◆**“基层科普行动计划”**　2021年，西安市科学技术协会实施“基层科普行动计划”，取得中央和西安市财政专项资金总量为454万元。经专家评审公示，确定科普惠农计划项目22项、社区科普益民计划项目5项、社区科普大学建设与管理项目157项、科普信息化建设项目16项、科技助力乡村振兴项目11项、公众科学素质提升项目33项。

◆**社区科普大学建设**　2021年，西安市科学技术协会严格落实疫情防控要求，新创建教学点20个，全市教学点累计达到165个，开课4880课时，听课人次达到88400人次。全国科普日活动期间，全市各社区教学点开展各类科普活动171场次。与安全健康教育网合作，引入近20名优秀讲师加入社区科普大学授课团队。在新城区举办西安市社区科普大学2020年度总结表彰暨2021年度第二课堂活动。

◆**“全国科技工作者日”系列活动**　2021年，西安市科学技术协会围绕“众心向党、自立自强”主题，开展2021年“全国科技工作者日”活动，与陕西省妇女儿童发展基金会、西安市博物馆协会签订《西安市科技企业青年从业者文化艺术关爱计划》合作协议，联合推出“与丝路同行·各美讲堂”系列公益人文艺术讲座，邀请包括北京大学文博学院教授齐东方等国内知名专家学者举办6期讲座并同步进行线上直播。制作西安青年科技人才成长录，以采访实录方式对前6届西安青年科技人才奖获奖人员进行宣传推广展示。联合陕西省科学技术协会、西安市科学技术局、陕西省西咸新区开发建设管理委员会举办“众心向党自立自强——科技工作者为建党100周年献礼”文艺会演活动，增强科技工作者的自豪感、获得感、认同感。

◆**青少年科技教育**　2021年，西安市科学技术协会组织第36届西安市青少年科技创新大赛，向陕西省科学技术协会推荐的205项作品入围省级大赛。组织西安市第六中学等五所学校的132名优秀师生代表西安市参加2021年青少年高校科学营。联合西安市教育局共同举办第五届西安市青少年机器人竞赛，评出一等奖31个、二等奖44个、三等奖69个。

◆**西安市第十八届学术金秋活动**　2021年9月—12月，西安市科学技术协会举办以“建设科技创新平台，促进高水平科技自立自强”为主题的西安市第十八届学术金秋活动。主会场采取线下线上相结合的方式，邀请西安交通大学李艳辉副教授作了题为“我国能源形势和双碳目标下能源发展战略探讨”的主场报告。同时设立68个专题分会场，采取线下、线上相结合或者纯线上的模式，开展高质量的学术交流活动。

◆**科技人才培养推荐表彰**　2021年，西安市科学技术协会强化对优秀科技人才的培养举荐工作，组织实施西安市科协青年人才托举计划，在全市学会、高校、企事业单位科协中选拔40名青年项目负责人进行周期为2年的资助培养。推荐西安航天自动化股份有限公司的张建奇作为西安市火炬手参与第十四届全运会火炬的传递。选推陕西航天泵阀科技集团有限公司董事长林忠灿入选“西迁精神传承人”。向西安市妇联推荐3名曾获得“西安青年科技人才奖”的优秀女科技工作者作为陕西省女科技工作者协会的个人会员。会同西安市人社局开展西安优秀科技调研成果评选，评选出西安优秀科技调研成果项目24项。

◆**学会能力建设**　2021年，西安市科学技术协会组织实施2021年西安市科协学会服务（党建工作）能力提升计划，评选18个优秀科技社团为先进示范学会。落实重点学术项目资助制度，支持学会开展重点学术交流项目25个，立项完成学会“企会协作、科技服务”项目15个。整理编印《西安市第十八届自然科学优秀学术论文汇编》。组建西安市科技社团党委，全年新成立学会党支部10个，实现所属学会组织100%“两个覆盖”（党的组织和党的工作覆盖），选派10名优秀干部担任学会党支部党建指导员。

◆**民间国际（地区）科技交流**　2021

年，西安市科学技术协会实施国际民间科技交流服务提升行动计划，经过专家评审，确定立项2021全球华人乳癌组织能力提升国际研讨会等10个项目，并予以资金资助。联合陕西省妇女儿童活动中心、西安设计联合会举办由联合国粮农组织全球发起的2021世界粮食日海报大赛暨丝绸之路国际青少年海报设计展示活动，选送的6幅作品入围联合国粮农组织全球入围作品。

◆联系服务院士专家 2021年，西安市科学技术协会加强院士联系服务工作，制定《西安市科协干部联系服务科技工作者及工作服务对象制度》，进一步扩大联系服务覆盖面。推进院士专家工作站建设，全年在金堆城钼业股份有限公司等7家单位建立西安市院士专家工作站。配合市委慰问驻西安地区两院院士、重点联系专家、西安市引进的高层次人才以及部分市管专家145人，收集整理院士专家意见建议4条上报市委主要领导。

◆“百场健康讲座”活动 2021年3—9月，西安市科学技术协会推进实施“健康西安行动”，举办“庆百年、迎全运、话健康”百场健康讲座，先后邀请80多名西安地区医学专家走进学校、社区、农村，围绕健康知识普及、心理健康促进开展一系列健康科普专题讲座。同时与西安报业传媒集团合作在西安发布上进行系列报道，据不完全统计，“百场健康讲座”系列活动中累计开展140余场活动，受众达到57万余人。

◆助力疫情防控 2021年底，面对新冠疫情严峻形势，西安市科学技术协会按照市委组织部《关于市直机关干部下沉区（县）、开发区参与基层一线疫情防控的通知》要求，先后组织3批共计48名党员干部奔赴碑林、雁塔、曲江、长安等10个区（县）40余个社区开展疫情防控工作。利用微信群和全市建立的新科普平台编辑制作和推送精准科普视频以及科普挂图等信息330多篇（部、幅），独创制作防疫科普文章30篇，图集17个，视频22个。

◆科技助力乡村振兴 2021年，西安市科学技术协会组织83个农技协、93个农村科普示范基地的科技工作者深入乡村开展各类科技培训活动224场次。开展技术服务和科普活动121场次，受益农村群众5.77万人，编印、购买农技书籍、资料2.4万余册，制作农技视频30余部，引进、推广新技术新品种71项（种），建设科技示范田1600余亩，筹措资金196万元，实施“科技助力乡村振兴”项目11个，“特色科普活动”4个，资助“科普惠农计划”奖补对象22个，以项目牵引推动乡村振兴。

◆西安科技馆筹建 2021年，西安市政府召开专题会议，确定西安科技馆入驻国际港务区在建项目“长安云”北馆。根据市政府专题会议要求，西安市科学技术协会完成《西安科技馆顶层设计方案》，全面进入展陈概念设计阶段，同时赴郑州、合肥、杭州、济南、深圳等地对国内14座在建、新建科技馆进行考察调研，学习了解各地科技馆建设过程与设计经验。在多次与“长安云”建筑设计单位沟通，广泛征询各界群众建议的基础上，完成《西安科技馆总体展陈概念设计方案》，并通过专家评审。目前已提请市政府研究确定。 （梁西安）

西安市科学技术协会第八届委员会

主　席　樊代明

副主席　卫军水　马远良　王晓红　王润孝　朱恪孝　刘建华　李佩成　耿占军　黄　翔　韩　权　舒德干

西安市红十字会

◆概况 2021年，西安市红十字会有所属区（县）红十字会13个，教育系统红十字会1个，乡镇（街道）、社区（村）、学校等基层红十字组织1167个，团体会员单位105个，红十字志愿服务队伍53支；会员20649人，志愿者4254人。

◆新冠肺炎疫情防控捐赠 2021年，西安市红十字会依法接受国内外组织和个人的捐赠1700余万元，拨付各单位疫情防控及关爱医务人员等用于医疗卫生指出1700余万元。12月底，西安暴发疫情后，共计接收捐赠款物合计3.519亿元，全部按照捐赠方意愿和市、区（县）疫情防控指挥部要求及时拨付至抗疫一线和指定单位，物资“零库存”，并主动向社会公开信息，接受陕西省红十字会、民政部门、审计和纪检监督。

◆西安市红十字会改革 2021年，西安市红十字会机关内设机构改革完成，西安市13个区（县）红十字会召开会员代表大会，依法选举产生理事会、监事会。“十四五”发展规划西安地区目标任务中筹集款物、救援队建设、救护知识普及、新增遗体和人体器官捐献登记志愿者、基层组织、注册志愿者等指标任务已如期完成。西安市红十字会推进区（县）红十字会召开会员代表大会经验做法、以筹资工作为引领推动“十四五”规划顺利实施经验做法、开展除颤仪（AED）普及配备工作经验做法、造血干细胞捐献采集工作经验做法，以陕西省红十字会“参阅件”形式面向全省红十字系统推广学习，并在《中国红十字报》刊发宣传。

◆红十字人道救助 2021年，西安市红十字会开展“红十字博爱送温暖”活动，募集价值46.6万元爱心家庭包惠及全市1760余户困难家庭。“红十字博爱童行”等助学项目7.4万元资助54名大中小学生。使用“平安融爱”专项基金3.5万余元开展3次关爱活动。宣传推广救助项目17次，177.5万元救助西安市56名白血病和先心病患儿，防止因病致贫、因病返贫。募集20余万元疫情防控物资关爱“三河一山”工程建设者。募集61万余元遵照捐赠方意愿转省内外抗洪救灾、疫情防控等。首次成立眼角膜捐献者家庭人道关爱金，慰问逝世后捐献眼角膜志愿者家庭。

◆红十字赈济救护 2021年，西安市红十字会在全市广场、社区、学校等公共场所开展“迎十四运 创文明城——奔跑的红十字‘救’在你身边”活动150余场次。开展“CPR+AED”持证救护员公益培训90期，培训急救员4300余人，普及培训11万余人次。在钟楼等地铁交互换乘车站等公共场所投放26台AED，为市民出行安全保驾护航。组建1支以救护培训师资为骨干的市红十字赈济救援队，开展专业化、针对性培训演练。7月25日市红十字赈济救援队2名队员参与执行河南省郑州市和周口市扶沟县暴雨洪涝灾害赈济救援工作，连续奋战17天，受到中国红十字总会、省红十字会和河南方面的肯定和好评。在西安市“8·19”暴雨洪涝灾害救助和疫情防控工作中，市红十字赈济救援队第一时间将价值33万余元款物拨付至受灾区（县），对蓝田县、长安区红十字会救灾物资发放给予及时指导、规范和督查。冒雨将价值1449万余元的疫情防控物资分发到各区（县）、各高校、各医院等30家单位。

◆红十字组织建设 2021年，西安市红十字会开展“红十字教你学急救 全民助力十四运”户外知识宣讲150余场，支部开展“红十字博爱送温暖”“红十字博爱童行”“红十字天使计划”等人道救助活动。开展建党100周年、十九届六中全会精神等学习研讨，认真落实“三会一课”、收缴党费、志愿服务、党员积分制管理等工作制度，赈济救护部党支部被市委组织部授予西安市基层党组织“共产党员先锋岗”荣誉称号，机关第一党支部张浪同志被表彰为市直机关优秀共产党员。为郝建武等5名党龄满50年的退休党员颁发“光荣在党50”的纪念章，慰问离退休困难党员1名。2021年发展西安庆华医院、西安普瑞眼科医院等红十字会基层组织10家。

◆红十字精神宣传 2021年，西安市红十字会围绕成立110周年、“5·8”世界红十字日等开展主题宣传活动7次。制作《奋进新时代——红十字在西安》宣传视频、11条短视频和3条送祝福短视频，在西安地铁、“学习强国”西安学习平台、原点新闻以及红十字会官方抖音、微信公众号滚动推送播放。全系统订阅《中国红十字报》《博爱》杂志超过2100份。全年官方网站发布信息202篇，微信公众号推送消息223条，媒体报道187次。发挥阵地示范辐射作用，在雁塔区昌明路打造全国首个“红十字文化主题街区”，宣传红十字文化。2021年获得中国红十字总会报刊宣传先进集体特等奖，陕西省红十字会宣传先进集体特等奖。

◆红十字“三献”工作 2021年，西安市红十字会开展人体器官捐献缅怀纪念月、造血干细胞捐献志愿者招募等“三献”宣传活动16次。西安市新增遗体器官捐献登记志愿者1.93万余人。成功实施器官捐献32例，使96名器官衰竭患者重获新生。成功捐献眼角膜91例182片，使200余名眼病患者重见光明。75名“大体老师”为医学科研与教学奉献了身躯。遗体器官捐献志愿者纪念缅怀场所建设已列入西安市公益性公墓建设规划中，遗体器官捐献者已纳入西安市惠民殡葬补助和节地生态安葬奖补政策。建成西安普瑞眼科医院红十字眼角膜捐献工作站和西安医学院红十字遗体捐献工作站。在西安邮电大学等8所大学成立西安市退役大学生士兵红十字“三献”志愿服务队，在西安医学院、西安邮电大学开展造干捐献志愿者招募活动，采样入库330名造血干细胞志愿者，推进“三献”工作向高校和医院延伸。

◆红十字志愿服务 2021年，西安市红十字会开展“‘5·8’世界红十字日”“世界急救日”“十四运会和残特奥会西安赛区应急救护宣传”等志愿服务活动8次。围绕服务十四运招募志愿者开展救护培训及参与场馆救护等，西安市“我为全运添光彩·奔跑的红十字‘救’在你身边——急救知识万人学”社会志愿服务项目被十四届全运会组委会办公室和十一届残运会暨第八届特奥会组委会办公室表彰为“优秀社会志愿服务项目”。西安市红十字会指导西安爱尔眼科医院、未央区青东社区等成立红十字会，指导西安庆华医院等加入团体会员单位。指导西工大附中等学校红十字会工作40余次。组织6.5万余人参加总会防灾减灾知识竞赛。组织团体会员单位西安爱尔古城眼科医院开展义诊等活动5次。西安市昆明路小学、郝家巷小学申报执行的陕西省红十字会第五期“博爱三秦”红十字会志愿服务项目，获得“十佳项目”表彰。（闫　宇）

西安市红十字会第七届理事会

名誉会长 王　浩
会　　长 徐明非
专职副会长 崔锦绣（女）
秘 书 长 李晓东

西安市文学艺术界联合会

◆概况 2021年西安市文学艺术界联合会下设办公室、协（学）会工作部、组织联络部3个部门，并有西安市文学艺术创作研究室、美文杂志社、西安书学院3个直属事业单位。西安市文学艺术界联合会有作家、戏剧家、美术家、书法家、音乐家、舞蹈家、曲艺家、摄影家、电视艺术家、评论家、文艺志愿者协会、西安市网络文艺家协会12个全市性文艺家协会，25个艺术学会、研究会、企业文艺协会，长安、碑林、雁塔、周至、鄠邑、临潼、未央、新城、蓝田、莲湖、阎良、灞桥、高陵13个区（县）级文联和高新开发区文联、西安市检察官文联，共52个团体会员，汇集着西安地区各艺术门类的众多人才。

◆艺术采风活动 2021年5月20—21日，西安市文联在阎良区举办“庆建党百年迎全运盛会——西安文艺界‘学党史 知党恩 跟党走’现场会暨文艺采风”活动。市文联、所属各协（学）会、各区（县）文联、各“拓展型”党支部书记，以及“德艺双馨”文艺工作者约80人参加。11月23—25日，西安市文联、西安市美术家协会组织16名艺术家开展“深入生活、扎根人民”西安文艺界文化下基层活动，走进蓝田县焦岱镇吴家寨村、蓝田县焦岱镇初级中学和蓝田县文化馆，开展文艺采风活动。11月23—25日，西安市文联、西安市书法家协会组织18名书法家赴鄠邑区龙窝酒厂和周至县西部智能装备产业园，开展“深入生活，扎根人民”文艺采风活动。

◆文艺人才队伍建设 2021年5月29日，中国文联学雷锋文艺志愿服务先锋队“文艺西安大讲堂”第二期讲座在西安文理学院举行。活动邀请作家蒋巍为大家带来一场题为“从文学的根据地出发”的文学专题讲座。6月21—22日，在西安文理学院（书院校区）举办文联系统党史学习教育专题培训，市文联全体党员干部、所属各协（学）会文艺骨干60余人参加。7月9日，由中国文联文艺志愿服务中心、陕西省文学艺术界联合会、西安市委人才办指导，中国文艺志愿者协会、西安市文学艺术界联合会主办的“文艺西安大讲堂”第三期活动在西安图书馆一楼报告厅举办，活动邀请石瑞芳、杨霜林、张辉3位艺术家作公益讲座。

◆文化阵地建设 2021年10月14日，西安市书协利用微信公众号，刊发西安市书协学习《修身守正 立心铸魂——致广大文艺工作者倡议书》和《中国文艺工作者职业道德公约》心得体会选登，旨在针对“饭圈”文化、“顶流”现象和近期文艺领域集中出现的违法失德现象，营造风清气正的书坛生态和积极向上的行业风气。文联官网、微信、微博等平台与传统媒体资源融合共享，全年在各平台共计发布信息392条，并定期向中国文联、市委宣传部等报送文联工作和活动信息。《文艺西安》始终坚持正确舆论导向，加强阵地建设，引导文艺工作者树立爱国为民崇德尚艺的价值观，促进西安文艺事业繁荣发展。

◆文艺精品创作成果 2021年1月，西安市文联文学艺术创作研究室主任吴文莉出版长篇小说《黄金城》和长篇小说《叶落长安》（增订版）。4月23日，“2020年度中国好书”盛典，在中央广播电视总台科教频道（CCTV10）和综合频道（CCTV1）播出。陕西省作家协会副主席、西安市文联副主席、国家一级作家叶广芩的儿童文学作品《土狗老黑闯祸了》荣膺2020年度少儿读书类“中国好书”。7月，西安市文联美文杂志社编辑、作家庞洁的随笔集《孤意与深情：〈诗经〉初见》由陕西师范大学出版总社出版。8月6日，第十一届全国优秀儿童文学奖评奖办公室发布评审结果公告，陕西省作家协会副主席、西安市文联副主席、国家一级作家叶广芩的《耗子大爷起晚了》获该奖。

◆协（学）会活动 2021年，西安市文学艺术界联合会完成2020年度协（学）会年审工作，表彰2019—2020“德艺双馨”文艺工作者。成立市金石诗歌学会、市网络文艺家协会，市戏剧家协会完成换届工作。4月28日，西安市金石诗歌学会第一次会员大会在西安高新区清华科技园清扬会堂召开，经大会选举，邢德朝当选为西安市金石诗歌学会第一届理事会理事长，周养俊、伏萍、肖红当选为第一届理事会副理事长，程涛被聘为学会秘书长。7月25日，西安市网络文艺家协会成立大会暨第一次全体会员大会在西安市曲江国际会议中心召开，大会听取筹备工作报告，审议通过《西安市网络文艺家协会章程》等相关协会材料，选举产生第一届理事会、监事会、会长，聘任名誉会长、顾问、秘书长、副秘书长。12月15日，西安市戏剧家协会第五次会员代表大会在新城剧场召开，来自全市戏剧界80余名会员代表参加大会。会议选举产生新一届理事会，翟卫国当选为西安市戏剧家协会第五届理事会会长，任雪迎、侯红琴、惠敏莉、王凯、王丽虹、王群、药维军、何红星、黄河、杨辉等10人当选副会长，任雪迎兼任秘书长。

西安市书法家协会　2021年1月29日，西安市书法家协会在新城区文化街举行迎新春、送福进万家——西安市书协义写春联活动，义写春联和福字200余幅。受疫情影响，本次活动采取书法家先集中书写，再择日赠送社区群众的形式。2月5日，市书协联合华润万家陕西公司开展义写春联活动，书法家创作作品由华润万家陕西公司统一印制10000余幅，在西安市华润万家40余家门店为广大群众免费发放。2月6日，市书协举办围绕“庆新春、迎十四运”——西安市书法作品网络展。本次网络展共收稿500余幅，评选展出书法作品150余幅，分3次推出。5月15日，市书协邀请市委党校哲学部主任、市委讲师团特聘教授周丰，以《中国共产党百年辉煌与成功经验》为题，在碑林区大学南路小学朱雀分校举办“学党史 听党话 跟党走——市书协党史学习教育专题讲座”。5月29日，市书协举办“学习百年党史 弘扬红色文化——西安市书协党史学习教育主题书法篆刻网络展”。本次网络展共收到投稿作品500余幅，评审确定入展作品156幅。5月31日，市书协主席石瑞芳、副主席兼秘书长石心剑、副主席白京勤、李和生、呼延小舟等一行走进曲江第十三小学，开展“童心向党颂百年 翰墨飘香谱华章”书法进校园主题活动，向热爱书法的小朋友传授技艺。7月29日，市书协主席石瑞芳一行八人走进陕西省军区第二干休所开展拥军慰问活动，创作书法作品100余幅赠送军休干部。

西安市美术家协会　2021年2月5日，西安市美协携手天驹集团开展“迎新春 送祝福”文化进企业主题活动，参与书画家60余名，书写春联、福字及创作美术作品700多幅赠送给现场群众。4月13日，西安市美协杨霜林主席一行18人赴桂林写生交流并参加“秦岭境•漓水情——献礼中国共产党建党100周年艺术展”开幕式，此次展览共120余幅作品展出。4月20日，西安市美协一行40余人赴宜川参加由中共宜川县委和西安市美术家协会联合举办的“翰墨书黄河 丹青绘宜川——书画献礼建党100周年”活动，赠送作品100余幅。5月17日，桂林、西安两地30余位艺术家赴延川红色教育基地开展艺术采风活动，完成120余幅写生作品。5月30日，由西安市美协与西安市高新区教育局联合主办的“童心向党 稚绘辉煌”2021西安少儿美术展演暨教师邀请展五馆同步展出。6月18日，由西安市美协女画家艺委会与周至县委统战部共同举办的“团结心向党 奋斗新征程”庆祝建党100周年大型书画展，此次共展出优秀作品100余幅。9月23日中秋佳节之际，西安市美协制作2期“我们的节日——中秋”专题——团圆中秋美术作品网络展，作品数共计132幅，浏览量达5251次。9月28日市美协组织各专委会在国庆来临之际献上“共绘华夏 逐梦腾飞”国庆优秀作品网络展共10期，浏览量27844次。

西安市摄影家协会　2021年8月，西安市摄影家协会副主席王润年出版《镜像：长安远去的村落》摄影画册。11月，由西安市文学艺术界联合会主办、陕西艺术摄影学会、西安市摄影家协会承办的“第六届丝路影像博览会暨西安国际影像艺术节”在西影电影圈子露天广场开幕。11月，会员张强在美国国家野生动物摄影大赛中荣获冠军奖。12月，西安市摄影家协会举办“以西安TAXI之名定格温暖瞬间”西安市出租汽车主题口号、短视频、摄影大赛。2021杨春君摄影作品《大国重器》在中国能源产业发展文化经典摄影作品——建党100周年展览中荣获金奖。

◆文化艺术传播交流　2021年3月20日，中国文联文艺志愿服务中心主任、中国文艺志愿者协会副主席兼秘书长冀彦伟一行到西安调研指导“文艺西安大讲堂”工作。3月25日，“西安—深圳文化艺术座谈会”在西安子瞻书院举行。11月28日，由西安市文联、郑州市文联主办，西安市书协、郑州书协联合承办的“互鉴创新‘豫’见长安——西安、郑州书法名家精品交流展”在西安亮宝楼举办。本次展览集纳西安、郑州代表性书法作品160余幅。

◆艺术下乡活动　2021年，西安市文学艺术界联合会组织艺术家开展“送欢乐，下基层”及“文化下乡”等文艺志愿服务活动。共组织艺术家200人次，由书画家将提前写好的春联、“福”字及书画作品近万幅，分批次送往高陵区、长安区、未央区、周至县、高新区及蓝田县群众手中。4月17日，“中国文联学雷锋文艺志愿者服务先锋队走进西安文艺演出”在长安区居安路第二社区举行。5月14日，由市文化科技卫生“三下乡”活动领导小组和周至县委、县政府联合举办的西安市2021年文化科技卫生“三下乡”集中服务活动在周至县骆峪镇黄家湾社区举行。市文联作为参与单位，组织以市书协主席石瑞芳带队的15位书法家为现场群众书写家风家训书法作品，此次活动送出家风家训书法作品200余幅。5月23日，“学党史、悟思想、办实事、开新局——庆建党百年 迎全运盛会”文艺志愿服务活动在莲湖区第一批老旧小区改造的小区内开展，本次文艺志愿服务活动采用“艺术表演+党史学习教育”的形式，将红色资源、红色精神展现给观众。10月14日，“我们的节日•重阳节”西安市文艺界“送欢乐下基层”文艺演出暨“夕阳红•韦曲最美老人”表彰大会在西安市长安区举办。

◆艺术展览活动　2021年3月6日，西安市美协主办的《艺术照亮新征程》西安市美术家协会油画艺委会2021年年会暨《喜迎建党一百周年百幅精品油画展》在蓝溪美术馆开幕。6月8日，“永远跟党走”庆祝中国共产党成立100周年西安市离退休干部书画摄影展在西安国际会展中心开幕。约180人出席开幕式并观看展览，展览于6月8日至10日在西安国际会展中心集中展出，共展出书法、绘画、摄影精品佳作450余幅。6月25日，由西安市文学艺术界联合会主办的主题为“永远跟党走”——庆祝中国共产党成立100周年西安市文艺界书法美术摄影作品展开幕式在崔振宽美术馆举行，300多人参加活动。12月17日，由西安市文联主办的“千年古都、常来长安”西安市书法篆刻作品展，在西安亮宝楼展出，展览共展出书法作品120余幅。

（胡江梅）

西安市文学艺术界联合会

主　席　贾平凹
副主席　王晓锋　张青艳（女）　张龙愿　李伯钧　于孝军　吴克敬　陈兆朋　叶广芩（女）　王西京　侯红琴（女）　方　明　石瑞芳（女）　杜爱民
秘书长　陈兆朋（兼）

西安市残疾人联合会

◆概况 2021年，西安市残疾人联合会全力筹办全国第十一届残运会暨第八届特奥会，开展残疾人康复服务、培训就业、社会保障、组织建设、法律维权、宣传文体等工作，各项目标任务全面完成，被组委会评为十四运会和残特奥会优秀单位。截至年底，下辖区残联11个、县残联2个、开发区残疾人工作机构3个；有市级残疾人专门协会5个、区(县)级残疾人专门协会65个。

◆残特奥会筹办 2021年，西安市残疾人联合会坚持“一切工作围绕组织筹办残运会开展”，召开10次党组会研究残运会筹办工作，以市执委会名义、市残联名义印发残运会筹办方案、意见等文件161份，召开区县残联理事长座谈会4次进行安排部署，组织召开协调会、工作推进部署会80余次。组织完成残运会西安市5个群体项目和4个特奥项目的备战训练工作，选送的西安籍残疾人运动员共获得39枚金牌，打破2项世界纪录、2项全国纪录，创造历史最好成绩。积极抓好竞赛保障，指导4个市属项目单项竞委会、2个比赛场馆完成运动员分级和辅具维修功能用房相关工作。大力提升无障碍环境，出台《关于进一步加强全市无障碍设施建设与改造提升工作的意见》等3份文件，将无障碍设施建设与改造提升工作纳入迎十四运会环境整治考核体系，牵头抽调市住建局、市城管局、市残联27人组成无障碍工作督导专班，3—11月每月对20个区（县）、开发区进行无障碍督导考核。在全国首次组织开展无障碍标识优化提升，赋予更多西安元素。顺利完成市属比赛场馆和15家残特奥会接待酒店的无障碍改造验收工作。积极应对全国首次同年同城举办全运会和残特奥会的挑战，制定印发《西安赛区转换期实施方案编制工作意见》等2份文件，印发转换期方案9个，按时间节点梳理出任务清单712条，如期完成从全运会到残特奥会的转换。组织为全国残疾人运动员开展“一对一”服务，设计制作7964个“一对一”服务袋并发放到残疾人运动员、技术官员、代表团、媒体记者。开展西安市残疾人火炬传递工作“一对一”服务，顺利完成火炬传递任务。圆满完成残特奥会开闭幕式近400名残疾人代表观众的组织工作。扎实开展“迎残运 创一流”工作，对全市35个残疾人服务机构进行全面优化提升。开展“共享盛世残运 共筑美好生活”爱心助残行动，为全市残疾人办实事20件，开展“十个一”活动，提升残疾人获得感。

2021年5月16日，西安市残疾人联合会“喜迎残运‘职’等你来”助残就业系列活动暨集中安排残疾人就业入职仪式在临潼光辉实业有限责任公司举办

◆残疾人就业 2021年，西安市残疾人联合会修订出台《西安市残疾人就业助残基地建设与管理办法》，完成残疾人就业助残基地建设10家。开展残疾人自强绿色行动，全年扶持1500名农村残疾人从事种植养殖及农产品手工业加工。全年扶持残疾人就业创业1419人，完成残疾人职业技能和实用技术培训3735人。与市财政、人社、税务四部门联合举办西安市“喜迎残运‘职’等你来”助残就业系列活动，开展“进企业送服务”“爱心企业直播带‘岗’”，举办公益招聘会搭建残疾人就业平台、开展就业援助活动扶持残疾人就业创业，全市投入财政扶持资金1182.69万元，新增残疾人就业1356人，受到新华社、中残联、省市官方媒体的广泛关注和报道。

◆残疾人康复服务 2021年，西安市残疾人联合会实施精准康复服务，全年完成残疾少年儿童康复救助7058例，其中持居住证的外地残疾儿童2349例；精神病服药救助15299人，住院救助3667人；运动功能障碍康复救助3860人。完成家庭医生签约服务56282人，签约服务率86.25%。西安市“互联网+残疾人康复服务”平台上线运行，康复救助项目均已实行网上办理。开展残疾人辅具适配工作，为4429名残疾人评估适配各类辅具7023件，为下肢障碍残疾人补贴机动轮椅车1944辆。

◆残疾人教育资助 2021年，西安市残疾人联合会开展自行助学活动和残疾人远程学历教育项目，资助义务段残疾学生和残疾人子女878名，资助79名残疾学生免费完成高等学历教育。完成300名困难残疾儿童少年入学资助。

◆巩固拓展残疾人脱贫攻坚成果 2021年，西安市残疾人联合会扎实开展巩固脱贫攻坚成果与乡村振兴有效衔接工作，组织召开全市巩固拓展残疾人脱贫攻坚成果会议，部署工作任务，助力乡村振兴。召开残疾人脱贫攻坚成果巩固拓展“大走访大排查”和“回头看 回头帮 回头补”专题部署会议，到鄠邑区、周至县督导大排查工作。制定印发《关于做好巩固拓展残疾人脱贫攻坚成果有关工作的通知》，及时将符合条件的残疾人及其家庭纳入当地防止返贫致贫监测范围和帮扶机制，实施精准监测、精准帮扶。开展困难残疾人走访慰问活动，走访慰问7127户。开展农村阳光增收项目，资助困难残疾人120名。对因灾、因病遭遇困难的28名残疾群众发放临时救助金13.8万元。扎实抓好驻村帮扶，如期完成驻村帮扶工作队新、老队员交接轮换。投入25万元建设省级农村扶贫助残基地，组织40名党员干部开展消费扶贫，“重阳节”组织扶残助残志愿活动，帮扶工作成效明显，帮扶村周至县翠峰镇新联村党支部被省委组织部评为“第三批村级党组织标准化建设省级示范村”。

◆残疾人托养服务 2021年，西安市残疾人联合会开展残疾人托养服务，完成重度残疾人居家安养2825名，残疾人日间照料356名、集中托养1066名。开展残疾人托养机构检查督导工作，新冠疫情期间指导全市各机构全面防控、安全运行。

◆残疾人社会保障 2021年，西安市残疾人联合会配合西安市民政局为34738名困难残疾人发放生活补贴2431万元，为

55130名重度残疾人发放护理补贴6050万元，残疾人“两项补贴”实现“跨省通办”。推进无障碍进家庭，完成家庭无障碍改造1955户。全年为2903人发放残疾人机动轮椅车燃油补贴；办理残疾人爱心长安通卡4371张。

◆**残疾人信访维权** 2021年，西安市残疾人联合会积极开展信访维权工作，成立信访工作领导小组和信访维稳应急处置工作专班，并将残疾人信访工作纳入全市信访工作大局，加强统筹谋划。全年接访445人次，转办办理各类残疾人信件32件，5人以上残疾人集体访6次。“12345”热线工单办理51个，办结率达100%，满意率98%以上。办理人大代表建议和政协委员提案10件。制订普法责任制工作计划及普法清单，积极开展法治宣传。

◆**残联组织建设** 2021年，西安市残疾人联合会组织召开市残联第七届主席团二次会议，审议通过市残联执行理事会工作报告，调换市残联第七届主席团委员，选举市残联第七届主席团主席、副主席，推举市残联执行理事会理事长。全面实施《西安市残疾人专职委员管理办法》，指导区（县）残联选聘残疾人专职委员3037名，落实残疾人专职委员工作补贴和保险等待遇。指导各区（县）、开发区基本实现村（社区）残疾人协会全覆盖。积极支持五大协会开展丰富多彩的活动，动员残疾人参与社会活动，共享发展成果。充分利用社会组织的专业优势和资源整合优势开展志愿助残服务工作。人民银行西安分行营管部与市残联联合金融机构开展的加强残障人士金融消费权益保护工作入选陕西金融机构“我为群众办实事”典型案例。

◆**残联宣传及文体活动** 2021年，西安市残疾人联合会大力宣传残疾人事业和残疾人先进典型，在“全国助残日”期间开展以“巩固脱贫成果 提高生活质量”为主题的系列活动。在西安日报社开设无障碍设施建设与改造提升工作专栏，每周进行宣传报道。在各类媒体发表残疾人事业宣传稿件383篇（条）。举办“庆祝建党百年 喜迎两个全运 展现自强风采 共创美好生活”残疾人文化艺术会演节目评选活动，参加第十届陕西省残疾人艺术会演获得团体第一名。组织百余名残疾人参加“我要上全运”百场马拉松暨“一带一路”陕西2021西安城墙马拉松赛。组织百名基层残疾人代表和残疾人工作者赴西安奥体中心开展“学党史、看变化、共奋进、助残运”主题实践活动。组织开展6项全市性文体活动和4项体彩活动，不断掀起残疾人文体活动新高潮。

◆**助力疫情防控** 2021年12月底，西安市残疾人联合会积极面对突发疫情，制定印发《进一步做好新冠肺炎疫情防控工作方案》《干部下沉社区工作10项要求》等文件3份，成立新冠肺炎疫情防控工作领导小组，下设机关日常办公运转组、下沉工作协调组和机关办公区及家属院防控组，并以微信工作群形式建立网络联席会议制度，统筹调度疫情防控各项工作。分2批组织38名党员干部下沉16个街道20个社区27个小区，并成立3个临时党支部，积极发挥战斗堡垒作用，组织参与社区疫情防控各项工作，平均每人累计参与核酸检测超过12轮，累计服务社区（村）困难群体超过3400余人次，服务近10万户居民，充分发挥党员先锋模范作用。据不完全统计，受到省市各类媒体报道30次，内部微信工作群编发信息超过40篇。（苟旭峰）

西安市残疾人联合会执行理事会

理 事 长 赵寅科
副理事长 何永国

西安市归国华侨联合会

◆**概况** 2021年，西安市归国华侨联合会发挥侨联优势，全力服务大局，真情服务侨胞，完成各项工作任务。西安市归国华侨联合会下设办公室、经济联络部和文化交流部3个职能处室，联系全市归侨侨眷约13万人，海外华侨华人约13万人。

◆**服务经济** 2021年，西安市归国华侨联合会邀请30余名海内外侨商参加丝博会、2021西安市产业投资合作年会、经开区招商引资推介会暨重点项目签约仪式，促进交流合作。召开新侨创新创业座谈交流会，4位新侨围绕产业孵化、智慧照明，企业咨询和影视文化推介交流。完成海内外侨商侨企相关信息资料收集上报，协助部分侨商与开发区有关项目联系对接。拍摄首个市侨联招商宣传片，安排向侨商侨企发送宣传西安市经济社会发展和政策信息60余条。组织侨界人大代表、政协委员赴欢乐谷、望周、诗经里考察调研，为文旅项目发展建言献策。

◆**联络联谊** 2021年，西安市归国华侨联合会走访调研10余家侨资企业，与10家侨资企业代表座谈，征集需求建议。与英国陕西经贸文化促进会、全日本陕西文化交流促进会、中亚陕西商会、阿根廷陕西同乡会的多位侨领深入交流，初步完善海外侨社团和重点华侨华人联络信息。先后向阿根廷华人华侨云直播元宵晚会、纪录片《中塞结好五十年》、第14届亚洲国际青少年电影节内部展映活动、美国金门签语饼公司成立59周年发贺信或视频祝福。

◆**为侨服务** 2021年，西安市归国华侨联合会建成首个侨胞之家，提供联谊交流阵地。扩大新一届法顾委组成规模，聘请市中院、市检察院、市人社局、市司法局和专业律师等8名成员，设立2个归侨侨眷法律服务工作站，组织专项法律咨询活动，协调解决多起维权事宜。积极为侨界群众办好实事，协调国际港务区为侨资企业陕西益万家供应链管理有限公司延长租资减免。“七一”前夕慰问7名侨界老党员，为特困归侨申请困难补助。全年走访归侨侨眷103人，慰问5名去世老归侨家属，发放慰问金12万元。

◆**公益事业** 2021年，西安市归国华侨联合会引导侨商会员企业积极反馈社会，向河南和陕西省因暴雨受灾等地捐款和捐赠救灾物资合计超过60万元。抗疫期间联系侨商侨企等捐赠防疫物资。联系陕西医药控股集团派昂医疗器械有限公司捐赠600套防护服500个护目镜、陕西省侨商联合会会长吉兴镇捐赠55桶次氯酸钠纯液、西安铭邦服饰有限责任公司董事长于长清捐赠30套防护服、湛江市侨联联合柬埔寨湛江同乡会捐赠31.6吨新鲜蔬菜。面对2021年底日趋严峻的疫情形势，向侨界发出倡议，多方联系防疫物资，及时组织将防疫物资和新鲜蔬菜移交疫情严重区（县）和西安铁路职业技术学院。

◆**弘扬中华文化** 2021年，西安市归国华侨联合会安排5期“亲情中华·为你讲故事”网上夏（冬）令营，摄制绳结艺术、关中泥塑、传统造纸技艺、长安美食4个视频，吸引美国、加拿大、爱尔兰、印尼等国400多名华裔青少年参与“古城文化之旅”。组织在陕西交通广播电台和喜马拉雅播出“新时代、新丝路侨界人士”访谈，宣传12位侨胞的爱国心、报国志、故乡情。作为联合摄制单位制作的大型民族音乐电影《半个月亮爬上来》，于12月3日在西安首映。征集第二十二届世界华人学生作文大赛作品，24899名高中学生参加，推荐1982篇，创历年之最。发挥国际文化交流基地作用，先后接待中国侨联程学源副主席、海南省侨联、重庆渝中区侨联调研考察，推荐永兴坊作为“追梦中华·爱我中华”海外华文媒体陕西采访行活动宣传点。邀请5名海外侨胞参加清明公祭轩辕黄帝活动。

◆政治引领 2021年，西安市归国华侨联合会开展思想政治引领，团结凝聚侨界人心。组织以“侨心向党同心逐梦——庆祝中国共产党建党100周年”主题开展系列庆祝活动。召开侨商座谈会，交流学习习近平总书记“七一”重要讲话心得体会。开展“归侨侨眷看西安”活动，组织侨商会会员代表参观陕甘边革命根据地照金纪念馆、青委会委员代表参观宝鸡扶眉战役纪念馆。邀请阿根廷文联主席、50名青委会委员参与市委统战部组织的文艺汇演。利用侨联官网、微信公众号，向侨界群众发布主旋律信息100多篇，团结引领广大侨界群众同圆共享中国梦。

◆组织建设 2021年，西安市归国华侨联合会召开市侨联十一届五次全委（扩大）会议，安排部署工作。召开侨商会第四次会员大会，登记会员135人，吸收四分之一的新会员。完成第二届青年委员会换届，聚集侨界优秀青年152人，比首届增加40多人。大力推进区（县）侨联组织建设，联合市委统战部培训授课、走访调研、座谈交流，现场解决问题。支持碑林区于11月17日成立侨联。成功申报大明宫国家遗址公园、西安博物院为中国华侨国际文化交流基地。整合在西安的中国侨联、省侨联文化交流基地和市侨联文化活动中心，成立文化交流基地联盟。（刘亚军）

西安市归国华侨联合会第十一届委员会

主　席　杨　庆
副主席　肖王民
副主席（兼）　戴慧敏　禹　燕（女）
陈振茂　常建国
陈　婧（女）　杜　强
邱慧灵
秘书长　肖王民（兼）

中国国际贸易促进委员会西安市分会

◆概况 2021年，中国国际贸易促进委员会西安市分会立足新发展阶段，贯彻新发展理念，融入新发展格局，紧盯全市“十项重点工作、十四运、疫情防控”三件大事，推进全市外贸工作高质量发展。

◆贸易投资平台建设 2021年，中国国际贸易促进委员会西安市分会高质量举办线下展会活动3场。通过洽谈会推介+参观的方式举办第七届国际商协会贸易与投资洽谈会，让外方嘉宾和西安市企业对“中俄丝路创新园”和“欧亚经济论坛核心区”有了全方位的了解，也为园区招商工作起到助推作用。举办2021第十二届西安国际汽车工业展览会暨2021第二届西安国际摩托车博览会，参展面积逾9.2万平方米，参展品牌（汽车、摩托车、装备）突破160个，参展汽车、摩托车1700余辆，观展人数达33万人次，订购新车26251辆（含摩托车），销售额突破31.8亿元。举办2021境外采购对接会，来自俄罗斯、乌克兰、伊朗、尼泊尔、毛利坦尼亚、塞内加尔、巴基斯坦、哥伦比亚、墨西哥9个国家14名国际采购商和西安近50家供货商100余人参会，共促成全市逾8家企业与境外公司达成意向采购协议。参与举办第29届中国西部国际装备制造业博览会暨中国欧亚国际工业博览会及第11届中国西部国际物流产业博览会等线下展会活动，积极为全市经贸交流活动搭建平台。充分利用网络平台开展线上经贸交流。2021初，市贸促会通过网络开展“西安—圣彼得堡线上商务论坛”活动，促进西安与俄罗斯圣彼得堡的经贸交流与合作。市贸促会积极推进西安对外贸易和投资合作促进网建设，6月11日网站正式发布启用，截至年底，共发布商贸信息100余条，为企业提供便利的贸易投资信息。积极对接香港贸发局，利用“贸发网采购”网站推介西安市多家企业产品信息，增加企业曝光率，促使获得更大浏览询盘，帮助企业拓展线上销售渠道。

◆代言工商平台 2021年，中国国际贸易促进委员会西安市分会参加外贸政策说明会，为企业投资解答疑惑。组织企业网参加“墨西哥投资政策说明会”及“海南自贸港建设背景下海口市文化产业投资政策说明会”，为企业进行海外投资及海南自贸港投资指引了方向。为助力全市企业“走出去”，市贸促会开展“走进中车”“注册制下企业资本市场新机遇”“走进港务区 对接长安号”等商务交流活动，帮助全市企业“走出去”拓展海外市场和做大做强奠定坚实基础。召开西安市民营企业“走出去”优惠政策培训会，充分发挥西安市财政资金的引导和激励作用，让企业了解相关政策扶持，鼓励本地企业积极参加相关经贸活动，20余家商协会30多人参加。加强预警信息的收集和发布，不断提高外贸企业的法律风险防范能力。通过总会法律事务部、商务部、全国各兄弟贸促会等权威渠道，及时把受疫情影响各国实施的限制性措施及时发送全市外贸企业，帮助企业分析和应对来自全球疫情带来的经贸摩擦风险。截至10月31日，共发布预警信息1146条。其中针对对华经贸摩擦案件392起、企业走出去风险318条和全球经贸动态436条，涉及美国、印度、韩国、菲律宾、土耳其、越南等100多个国家。

◆优化营商环境 2021年，中国国际贸易促进委员会西安市分会积极开展商事法律服务培训，提高企业运营能力。截至10月底，举办《区域全面经济伙伴关系协定》（RCEP）政策解读及应用线上培训会、“企业科创板上市面临的知识产权风险及其对策”在线讲座、2021知识产权保护研讨会、仲裁业务讲座、“国际贸易商事争议解决及风险防控”专题培训会、企业国际项目合规管理和多元化争议解决专题培训会、企业对美合规管理和法律风险防范沙龙、“双循环”背景下的国际商事争端解决与法律服务高端论坛、西安商事调解实务培训会等各类涉法论坛、培训、讲座、沙龙9场，约1700人次参加，为参会企业在提升自贸协定利用能力，知识产权保护意识，国际商事争端解决能力等方面提供指导作用。6月25日，市委办公厅、市政府办公厅联合下发的《西安市加快推进新时代对外开放补充政策》采纳了《市贸促会活动补助资金管理办法》相关建议。

◆出证认证 截至2021年10月底，中国国际贸易促进委员会西安市分会共审理一般原产地证3460份，优惠产地证624份，商事证明书716份，代办领事认证284份，ATA单证册6份。累计为119家企业开通原产地证自主打印，为432家企业提供线上微信群、QQ、邮件以及电话咨询2000余次，为企业打印邮寄产地证1000余份。

◆助力“十四运” 2021年，中国国际贸易促进委员会西安市分会积极落实“十四运”市场开发任务，成立市场开发工作领导小组，并制订工作方案和进度计划，通过多种方式深入宣传十四运会市场开发工作的具体政策和赞助权益，对有意向的单位和企业进行重点跟踪和动员，确保愿意为十四运会市场开发工作贡献力量的单位和企业获得最大的社会回报。促成陕西嘉益蓝德生物工程有限公司捐赠8000瓶免洗洗手液，西安虎标茶果土产食品有限公司捐赠价值约10万元茶类产品等助力行动。

（孙　涛）

中国国际贸易促进委员会西安市分会

副会长 张庚元 夏 鹏

西安市法学会

◆概况 2021年，西安市法学会以习近平法治思想为指引，持续推进落实中共中央办公厅《关于进一步加强法学会建设的意见》和宣传贯彻《民法典》为工作主线，扎实做好法学研究、法律服务、法治宣传、法治历史文化弘扬等工作，协助推进西安“一带一路”国际商事法律服务示范区建设，各项工作均取得新进展、新成效。

◆法学研究 2021年，西安市法学会积极参与法治西安和更高水平平安西安建设，法学会的智囊智库作用得到有效彰显。组织召开2020年度法学研究课题结项评审会议、2021年度法学研究课题结项立项会议，经学会学术委员会专家评审，《企业视角下西安市营商法治环境评估指标体系的建构》《西安市、区（县）两级法治政府建设评估指数构建研究》《西安市流域治理法治研究》等3项课题顺利结项。2021年度确立《西安国际港务区涉外物流仓储实证调研与法律政策研究》《土地革命时期的法制建设对当代全面依法治国的启示》《碳达峰 碳中和视域下企业社会责任的法律问题研究》专项课题3项。举办学习贯彻宪法精神座谈会，自觉为宪法实施开展宣传。市法学会邀请知名法学法律专家学者就宪法的地位作用、核心精神等进行交流探讨，并对领全市法学法律界积极投身法治西安、平安西安建设提出意见建议。组织专家学者参与市人大立法咨询论证，为6部地方法规出台贡献智慧和力量。

◆法学交流 2021年，西安市法学会组织全市法学法律工作者参加第33届“全国副省级城市法治论坛”、第16届“西部法治论坛”、第9届“董必武青年法学成果奖”、第9届“关中—天水经济区法治论坛”、第4届“法治陕西论坛”等中、省法学会系统论坛征文活动。共征集论文262篇，及时向各大法治论坛推荐优秀论文95篇，分获一等奖2篇、二等奖7篇、三等奖8篇、优秀奖26篇。西安财经大学法学院副院长、王波教授以“我国平台经济监管：问题、致因与对策”为题，代表西安市在第33届“全国副省级城市法治论坛”上作交流发言。学会机关获得优秀组织单位奖。

◆研究会建设 2021年，西安市法学会为凝聚西安市公司与金融法学法律研究力量，进一步推动公司与金融法法学理论研究工作，依托西安财经大学法学院，组建成立公司与金融法研究会，该研究会开展企业融资、互联网金融纠纷、金融数据的利用与保护等理论前沿问题研讨。市法学会城乡规划与建设工程法律研究会围绕国土空间规划的相关法律问题，举办2021年度规划法律制定与实施研讨会。市法学会房地产法研究会围绕住宅供用地市场化相关问题，举办专题研讨会。成立“市法学会社会治理法律研究中心”，将“市法学会社会治理法律研究中心”专家的17篇优秀研究成果汇编成《西安市法学会社会治理法律研究中心优秀论文汇编》。

◆课题调研 2021年，西安市法学会重点围绕西安“一带一路”国际商事法律服务示范区建设，联合西安财经大学法学院组成课题组，共同围绕示范区建设的总体要求、发展预期、重点任务、方法步骤及组织保障等方面的问题进行广泛调研，在吸纳各方专家学者意见建议的基础上，形成《关于支持推进西安“一带一路”国际商事法律服务示范区建设情况的调研报告》。牵头组织非诉讼化解矛盾纠纷工作调研。市法学会联合市委政法委组成专项课题组，先后到新城、长安、未央、高陵、临潼、蓝田6个区（县）的27个基层政法单位开展工作调研，访问机关和基层干部群众320人次，召开各类座谈会11场次，重点围绕基层社会矛盾纠纷的特点、难点和堵点以及矛盾纠纷化解工作机制建设情况和存在的问题，就建立完善非诉讼矛盾纠纷解决机制进行充分调研，形成13000余字的专题调研报告，并委托西北政法大学“枫桥经验”与社会治理研究院开展“非诉讼化解社会矛盾纠纷”课题研究，努力将调研成果转化为实践成果，并由政法委领导批转有关部门学习借鉴。

◆参与市域社会治理 2021年，西安市法学会根据市委有关工作安排，印发《关于充分发挥法学会职能作用积极参与市域社会治理现代化工作的通知》，广泛动员区（县）法学会、各研究会及专家学者参与市域社会治理工作。参与立法咨询论证。按照市人大常委会法工委工作要求，组织法学专家就《西安市控制吸烟条例》《西安市机动车停车条例》《西安市工业节能条例（草案）》《西安市建筑装饰装修条例（修订草案）》《西安市灞河重点区域风貌管控条例（草案）》《西安市土地储备条例（修订草案）》和《西安市反餐饮浪费条例（草案修改稿征求意见稿）》7项立法草案进行论证，广泛征集专家学者意见，集中向市人大法工委反馈修改建议。

◆法治宣传 2021年，西安市法学会印发《“2021年青年普法志愿者法治文化基层行”活动实施方案》，组织区（县）法学会开展2021年青年普法志愿者法治文化基层行暨“法治课堂”进社区活动，组织专家学者在全市开展法律政策宣讲，集中化解社会矛盾。联合多家单位在大雁塔南广场组织开展“美好生活·民法典相伴”主题宣传活动，收到较好社会效果。

◆党史学习教育 2021年，西安市法学会按照市委政法委党史学习教育安排部署，结合工作实际将法学会系统的党史学习作为全年工作的重点，统筹安排，全面推进，坚持做到把党史学习教育融入日常工作，以学习推进工作，以工作促进学习。在全市法学法律界组织开展“学红色法治史 赞法治新成就”的主题征文活动，征集优秀文章10余篇，并陆续刊登于《长安法治论坛》杂志，推动全市法学法律界学习党的百年辉煌历史活动进一步走深走实。各区（县）法学会积极行动，配合开展相关活动。新城区、碑林区法学会组织经典名篇“云诵读”“云测试”活动，通过研讨交流和答题测试等方式，及时分享学习心得，及时检测学习效果。临潼区、未央区、莲湖区、阎良区法学会积极开展“我为群众办实事”实践活动，积极为基层矛盾纠纷化解工作出智出力；临潼区法学会向区域内法学法律工作者下发《“我为群众办实事”倡议书》；未央区法学会挂牌成立区法学会“法律会诊室”；莲湖区法学会创办“向日葵市民驿站”，积极探索推进“无诉讼社区”建设，推动“我为群众办实事”落地生根。

◆政法队伍教育整顿 2021年，西安法学会积极参与政法队伍教育整顿工作。按照市委政法委政法队伍教育整顿安排，市法学会机关全体干部全员、全流程参加全市政法队伍教育整顿工作的同时，参与市委政法委机关教育整顿办工作，从材料起草、会议组织、检查落实等方面，全过程配合委机关党委组织、协调、推进机关政法队伍教育整顿“三个环节”和“回头看”的全部工作，先后起草教育整顿相关工作材料40余份，承办会议10余场次，圆满完成市委政法委机关教育整顿办的全部工作内容。

（陈汉虎）

社会治安综合治理

◆**概况**　2021年，西安市政法系统坚持以习近平新时代中国特色社会主义思想为指导，认真学习贯彻习近平法治思想和习近平总书记来陕考察重要讲话重要指示精神，坚持问题导向，强化底线思维、发扬斗争精神，只争朝夕、真抓实干，圆满完成建党100周年和中华人民共和国第十四届运动会安保维稳任务，为谱写新时代西安高质量发展创造安全稳定的社会环境。西安市以及莲湖、阎良、高陵3区被授予全省首批“平安铜鼎”，莲湖区获评“平安中国建设示范县”。

◆**维护社会大局稳定**　2021年，西安市各级政法部门始终把维护政治安全和社会稳定大局作为重大政治责任。坚持情报先行，全年预警交办涉稳线索2500余条，下发预警单112份、交办督办单106份。加强风险研判，积极应对校外培训机构退费难、房地产资金链断裂、城改拆迁等领域突出问题，推动行业主管部门完善防范处置方案。严格落实社会稳定风险评估，131项省考指标和146项市考指标全部完成，完成率100%。西安市“推进重大社会稳定风险防范化解”工作经验在全国交流推广。不断加强意识形态工作，制定印发《全市政法系统党组（党委）落实意识形态工作责任制实施办法》，扎实开展意识形态和文化安全风险评估。围绕全市中心工作，讲好西安故事、传播政法声音，全市政法单位在中省市各类媒体刊发稿件4千余篇，16部作品获平安陕西“三微”比赛优秀奖。

◆**服务保障中心工作**　2021年，西安市各级政法部门圆满完成十四运会安保任务，认真贯彻落实习近平总书记“办一届精彩圆满的体育盛会”重要指示精神，建立健全安保指挥体系，组建由公安民警、武警、志愿者和消防员组成的安保队伍，全面保障十四运会安保维稳。深入开展护航十四运涉稳风险大排查、大起底、大化解百日攻坚行动，先后化解排查各类风险隐患17类310个。举行“护航十四运”动员誓师大会和出征活动，开展各类演练73场次，组织安检90.4万人次，查出各类违禁品1.64万件。充分发挥群防群治力量，动员群防力量81万余人，有力保障了十四运会的安全圆满。主动服务全市十项重点工作，制定《服务保障“十项重点工作”实现新突破工作措施》，开展打击虚开骗税、商贸领域、金融领域和假币犯罪专项行动，立案233起，查处涉案资金6.4亿元。推动政法部门积极服务保障疫情防控，完成流调溯源78.7万人次，查控车辆4.3万余辆，抓获涉疫类犯罪嫌疑人18名。出台《加强打击侵犯知识产权犯罪案件协作工作意见》，建立知识产权专家库，与8家重点企业建立知识产权保护联系点，不断加强知识产权保护。深入开展道路交通排查整治行动和旅游环境秩序整治，升级打造公交专用道路384千米，建立规范化景区警务室38处。积极保障和改善民生，全力保障教育“双减”工作，梳理研判78家存在运营风险的培训机构，逐一落实稳控措施，依法处置培训机构维权事件。充分发挥公益诉讼检察职能作用，深入开展红色资源保护、城镇燃气供应等领域公益诉讼专项监督，立案938件，发出检察建议815件。持续推出服务群众的政法公共服务产品，全市法院推出便民利民措施231项，检察机关推出便民利民措施190项，公安机关推出线上公共服务218项，司法行政机关推出便民利民措施135项。

◆**市域社会治理和平安西安建设**　2021年，西安市各级政法部门深入推进市域社会治理现代化试点，加强对试点工作组织谋划，将社会治理和平安建设纳入全市“十四五”规划专章安排部署。优化市域社会治理格局，在市、区（县）、镇街成立实体化运行的社会治理和平安建设工作办公室，推动市、区（县）、镇街、社区（村）四级综治中心与网格化服务管理中心一体化运行。强化科技支撑，建立建成全市社会治理综合指挥信息平台，融合“雪亮工

护航十四运

程”“视联网”视频5.2万多路，归集23个部门、26大类数据信息8000余万条，研发“长安e格”App，初步打造“线上有平台、空中有探头、手中有终端”的科技支撑体系。综合指挥信息平台案例在2021中国国际大数据博览会上荣获“2021数字政府管理创新奖”。不断加强社会治安综合治理，深入开展“云剑”“雷霆”“秦鹰”“团圆”等专项行动，破获刑事案件2.7万起，破案率同比上升7个百分点。常态化开展高发案地区严打整治，抓获“盗抢骗”犯罪人员2304人，同比上升29.9%。严厉打击走私制贩武器弹药犯罪，破获涉枪案件33起，移送起诉46人。深入开展“寄递渠道禁毒百日攻坚”行动，抓获犯罪嫌疑人979人，缴获各类毒品68.4千克。深入开展打击网络电信诈骗专项行动，破获诈骗案件3915起。不断加强社会治安突出问题和重点地区排查整治，查处治安案件446起，23个重点地区如期摘牌。不断夯实基层基础，坚持和发展新时代“枫桥经验”，深入开展矛盾纠纷排查化解，累计调解各类矛盾纠纷2.3万余件，调解成功率达97%以上。持续推动全市“雪亮工程”建设，围绕全市公交、地铁等核心部位新建、改造视频监控前端40514路，整合接入社会视频监控资源13776路，西安市公安局与市城管局、市文物局、市应急局等19家单位签订共享协议并开通应用账户，进一步打通数据壁垒。常态化推进扫黑除恶斗争，制定《关于常态化开展扫黑除恶斗争巩固专项斗争成果的实施意见》，深入开展信息网络、自然资源、交通运输、工程建设四大行业领域整治工作。全年新立涉黑涉恶案件12起，核查线索1252条，依法处置“黑财”26.86亿元，查处涉黑涉恶腐败和“保护伞”22件46人，新立案件数、财产处置总额、公检法纪“三书一函”发出率和整治到位率等重点指标均位列全省第一，人民群众对扫黑除恶满意率达到97.86%，比上年上升0.8个百分点，创历史新高。

◆法治西安建设 2021年，西安市全面加强依法治市工作，健全学习习近平法治思想工作机制，出台《党组（党委）书记点评法治工作实施意见》，举办习近平法治思想专题研讨班。进一步加强依法治市工作，制定《法治西安建设规划（2021—2025年）》《法治社会建设实施方案（2021—2025年）》，启动全国法治政府建设示范市创建工作，全力迎接中央实地评估。持续加大全面依法治市探索实践，深入推进法治政府建设“六大工程”，高标准完成《灞河重点区域风貌管控条例》等9部草案的审查修改工作。不断创新行政调解方式，申请设立市级行政争议预防调处中心，建立行政复议决定，履行法治督查制度。不断加快建设“一带一路”国际商事法律服务示范区，积极做好第二国际商事法庭搬迁服务保障工作，制定西安市涉外法律服务业项目《申报指南》和《实施细则》，圆满举办2021欧亚经济论坛法律服务分论坛，12家全国知名法律服务机构签约入驻示范区。稳步推进政法领域改革，制定印发《2021年司法体制改革工作要点》，深入推进司法责任制综合配套改革，制定院庭长审判监督管理权责清单与独任制法官、合议庭审判权责清单《两个办法》，有效提升案件审判质效。扎实开展两级法院民事诉讼程序繁简分流改革试点，制定《关于进一步提高繁简分流试点五项改革任务的十项措施》，案件平均审理时间、法定正常审限内结案率逐步提高，改革经验入选全省优秀案例选编。不断深化执法规范化建设，建成公安机关智慧法制平台，完成23家派驻检察室网络建设。积极做好西安市全面代管西咸新区政法工作，梳理形成事权清单，确保移交代管过程平稳有序。

◆政法队伍建设 2021年，西安市政法系统深入开展政法队伍教育整顿，制定下发《实施方案》和三个环节《工作安排》，区分阶段召开领导小组会、办公室主任会、工作专班推进会，不断压紧压实责任。坚持政治引领，组织全市2万余名干警深入学习习近平法治思想、习近平总书记关于政法队伍建设重要指示和训词精神，深入推进党史学习教育，不断增强政法系统忠诚核心、拥戴核心、捍卫核心的政治自觉和思想自觉。加强线索核查办理，先后查结办理问题线索3000余条。深入开展顽瘴痼疾整治，累计排查案件万余件，督促整改顽瘴痼疾问题千余个，制定出台《全市政法系统正风肃纪实施意见》等制度机制百余项。坚持正确选人、用人导向，注重履行协管职能，制定《全市政法系统干部交流轮岗指导意见》《关于提升全市政法干警素质能力的实施意见》。严格执行新《党政领导干部选拔任用工作条例》《公务员职务与职级并行规定》，全面贯彻落实“三项机制”工作要求，及时更新完善全市政法系统干部数据库，为干部选配提供数据支撑。始终坚持从严治警，健全完善违纪违法案件协查通报机制，会同市纪委监委、市委组织部对政法队伍建设开展专项巡察，查摆整改相关问题40余项。严格落实典型案例通报制度，通报10起违纪违法典型案例，揭短亮丑，警醒队伍。大力选树政法英模，开展“十佳政法干警”选树宣传活动，组织20位政法英模走进西安广播电视台“对话政法英模”直播间，推树的纪胜利、李宝玲、王排入选全国“双百政法英模”，营造争先创优良好氛围，塑造政法干警良好形象。 （付　鹏）

全市政法队伍教育整顿新闻发布会

立法工作

◆概况 2021年，西安市人民代表大会大常务委员会始终遵循“党委领导、人大主导、政府依托、社会参与”的立法原则，发挥人大主导立法作用，不断提高法规质量。

◆坚持党对立法工作的领导 2021年，西安市人民代表大会大常务委员会及时向中共西安市委员会报请批准《西安市人大常委会2021年度立法计划》及立法中的重要事项，立法中涉及重大体制和重大政策调整的，及时报中共西安市委员会审定，法规案在表决前均以人民代表大会常务委员会党组文件报请中共西安市委员会批准。

◆重点领域立法 2021年，西安市人民代表大会大常务委员会制定《西安市机动车停车条例》《西安市工业节能条例》《西安市灞河重点区域风貌管控条例》《西安市反餐饮浪费条例》，修改《西安市制定地方性法规条例》《西安市建筑装饰装修条例》《西安市土地储备条例》。对《西安历史文化名城保护条例》《西安市社区建设治理促进条例》《西安市安全生产条例》等5件法规进行重点立法调研。

◆**完善立法机制**　2021年，西安市人民代表大会常务委员会坚持党委领导、人大主导、政府依托、各方参与的立法工作格局，坚持针对问题立法、立法解决问题。将“三审”制度作为法规审议的常态，健全完善法规草案公开征求意见和公众意见采纳情况反馈机制，充分发挥人大代表、立法专家库、基层立法联系点的作用，扩大公民有序参与立法途径，提高公众参与立法的积极性。

（赵　航）

公　安

◆**概况**　2021年，西安市各级公安机关面对艰巨繁重的维稳任务和复杂多变的疫情形势，全面贯彻落实中央和省、市政法工作会议，全国、全省公安厅局长会议精神，统筹发展和安全“两件大事”、网上网下“两个战场”，紧扣中共建党100周年和中华人民共和国第十四届全国运动会安保“两件大事”，始终坚持“笃定务实、创新卓越”主基调，深入开展党史学习教育，狠抓队伍教育整顿，圆满完成各项安保维稳任务，公安队伍经受思想淬炼、政治历练、作风锤炼，西安公安工作高质量发展迈上新台阶。

◆**十四运会安保**　2021年，西安市各级公安机关遵照习近平总书记“办一届精彩圆满的体育盛会”的重要指示精神，按照中共西安市委“精彩在于组织、成功在于安保”的思路要求，系统谋划，精心筹备，确保开闭幕式精彩圆满，要人、警卫绝对安全，各项赛事安全、有序。制定方案153个，安检16378人次，查出各类违禁品5591件，驱离场地周边无人机45架次，处置各类警情3起，发现并整改问题68个。十四运会期间，出动安保警力67178人次、交警20677人次，完成十四运会21大项17小项731场赛场安保工作和1400场次交通保障任务。8月27日以来，每日部署15个安检单元196人，安检101660人次，查获违禁品230件，安保工作实现“三个零”（零发案、零事件、零事故）。

建立安保指挥体系　成立由31个成员单位参与的市十四运安保指挥部，在全市24个比赛场（馆）建成16个安保前沿指挥部，建成安保指挥调度平台，融合“智慧公安”等系统的41类4亿余条数据，实时展现各场馆内、外和城市重点区域、重要线路视频图像资源，实现重大活动、赛事期间对各场馆可视化、扁平化指挥调度，形成横向集成、纵向贯通、一体化运行的指挥调度体系。建立指挥勤务模式，确保安保指挥顺畅、统一高效、协同有力。在安保总方案的基础上，按照“一场馆一方案、一赛事一方案，一活动一方案”，制订5类219个分方案，为工作有序开展提供指引。全面整合各场（馆）、区域、线路的警情、交通、治安等动态信息，整合监控视频数据，升级改造涉赛迎宾线路智能信号灯1341套，在奥体中心、全运村，火炬传递路线等重要线路增补165个视频监控，实施全要素动态管控、全线路绿波覆盖、全警种一体调度。

建立安保队伍体系　由80名指挥员、1900名学警组成安检队伍；由335名专业民警、54只搜爆犬组成搜排爆队伍；由150名专业民警组成航空器管控队伍。从全市调配12836名民警直接参与赛事安保工作。组织1200名武警、205名消防人员直接参与火炬传递、开闭幕式、重要赛事等重大活动现场安保及各项应急处突工作。先后3次对105万平方米的奥体中心和全运村等场地进行全面安检。组建应急救援队伍349支2.4万人；组织3.4万名平安志愿者参与安保应急工作。联合西安市工业和信息化委员会、西安市无线电管理委员会和通信、电力等部门，组建专业保障队伍，建立24小时值守制度，保障通信畅通。

加强社会面管控　可实时在线调取全市重点部位3.1万个监控视频。构建“三圈三区”安保防控体系，依托25个环市公安检查站、41个国省道治安卡点，构建环西安、环港务区、环奥体中心“三层防护圈”，布设72个反恐点，整合66个警务站、141个巡逻网格，部署警力5158人，加强环奥体中心巡查值守。在奥体中心体育场设置133个安保网络、44个安检单元，部署警力3609人，负责各区域治安秩序维护。在核心区搭建硬隔离设施，部署警力700人，实施真空管制。在奥体中心安检缓冲控制区，对入场车辆、人员进行疫检、安检、证检“三检合一”。在开幕式安检中，检查各类入场人员58350人，查扣各类禁限带物品1285件。组织56万余名平安志愿者、“红袖标”开展街面巡逻、定点值守。结合防疫要求，对开闭幕式5238名场内安保人员和3.6万名外围安保人员，落实封闭隔离、相对封闭和全员核酸检测措施。实行远端集结，采取“全员实名、远端集结、团进团出、错时抵离、定点上下、有序退场”的组织模式，开展安检、疫检、票检工作，确保开闭幕式现场4.6万人次进退场安全有序。

实现精准保畅　出动警力3.9万人次，开展绿波保畅120趟次，对“17+25”重点线路和48路车队、868辆运输车实施统筹调度，圆满完成89批次警卫任务和1.5万辆涉赛车辆的交通保障工作。

◆**十一届残运会暨八届特奥会安保**　2021年，西安市各级公安机关遵循“平等、参与、共享”的现代文明社会残疾人观，以最高思想站位、最全安保措施、最优安保服务，组织筹备第十一届残疾人运动会暨第八届特殊奥林匹克运动会安保工作。残特奥会开、闭幕式期间，西安奥体中心体育场安保总指挥部和各级安保指挥部对安保现场进行一体化、扁平化指挥，部署警力8573人，严格落实场（馆）安检、住地安保和核心区净空，公安、武警联勤联巡，应急反恐等安保措施，全力保障活动绝对安全。严格落实远端集结点安保责任，开幕式部署警力162人，安检嘉宾、运动员、残疾人观众2115人，车辆82台，查扣各类禁限带物品23件；闭幕式部署警力142人，安检各类人员1019人、车辆62辆，查扣各类禁带物品14件。

做好培训和保障工作　保证点长、车长、引导员、安全员和小组长熟知安检程序、交通路线、定点车位及落座区域和散场等组织流程。开幕式安排安全引导员328人，闭幕式安排安全引导员248人，对开幕式6327名和闭幕式4329名现场人员进行全面管理。按照残特奥会住地的分布，选择涉赛迎宾线路。启用交通安保合成作战指挥体系，实现各路车队“实时定位、实时监控、实时跟随、实时调控”，确保车队不冲突、人车不冲突。对全市1600余处信号灯实行智能联网联控，保障车队全程绿波、市民出行畅通有序，车队全部准点抵离。

落实疫情防控措施　启动全市24个疫情观察服务点，对高、中风险车辆进行查控劝返。检查涉疫车辆2345台次，劝返车辆445台次，完成56批次216170人次涉疫地区人员流调任务。对参加开闭幕式安保人员严格落实测温、核查健康码、行程卡等疫情防控措施。实行48小时全员核酸检测，坚决防止安保人员带疫入场。严格背景审查，审查残特奥会赛事活动人员数据168批23996人，审查通过23741人，未通过255人，无效数据75条。申办西安市执委会残运会正赛人员证件2524个、车辆证件186个；开、闭幕式人员证件9841个，车辆证件483个。

改造提升无障碍交通设施　在涉赛酒店周边道路，安装832套信号灯盲人提示钟；考虑视弱群体出行需求，对全市1864面交通指路标志关键点进行“强识别性”处理并完成提升改造。新增、维护535个残疾人专用车位。针对残疾人车位被普通机动车辆占用的情况，通过西安交警App对违规占用残疾人专用车位的车辆及时催挪。对涉及运动员、裁判员、技术官员住地的全运村和20个接待酒店残疾人安全通道和活动场所进行细致踏勘，在易发生危险部位落实专人值守，落实24小时值守制度，防止发生意外。

◆公安改革　2021年，西安市各级公安机关持续深化公安改革，组织开展年度改革创新项目申报工作，全年纳入25项年度重点改革任务、28个自选改革项目，积极实施优化营商环境《方案》提出的4个方面20项重点任务。

深化警务机制改革　按照公安部和陕西省公安厅统一部署，稳妥推进公安机关机构改革，对各个警种部门机构设置、警力编制、人员结构、职能分工等情况全面统筹。采取充实警力、落实松绑减负措施、完善保障等措施，推动派出所警务机制改革试点工作。

深化公安政务服务改革　加强“互联网+公安政务服务”平台应用，整合上线224项公安行政审批及服务事项，上线率97%，其中“最多跑一次”和“全流程”在线办理事项181项，占总服务事项80%。持续推进“全市通办”工作，在186个派出所、19个区（县）级出入境受理点、19个户政大厅、5个车管分所，将户籍、出入境、“车驾管”等办事事项由“一点集中办理”发展为“多点就近办理”等多种服务形式。创新“车驾管”服务手段，通过搭建线上服务平台，形成线上便民服务平台，为群众提供“业务办理、信息查询、警民互动”等3类78项便民服务，服务群众超过1亿人次。建立完善线下服务网点，在阎良、鄠邑、蓝田等6个远郊区（县）的51个派出所推行交管、户籍业务“一窗办理”，满足农村群众就近办理交管业务的需求。推进“三检合一”政策落地，货车三检流程只需“一次申请”，2—4个小时内完成，所需费用减少20%，人性化、多元化窗口服务体系日臻完善。

加大知识产权保护力度　4月19日，建立全省首家公安知识产权保护工作联络站，出台《关于进一步优化营商环境建立知识产权保护工作联络站的实施方案》推广经验做法。全年建立10个知识产权保护警务工作站，指导企业提升自我防控和发现线索能力，提高公安机关打击涉企知识产权犯罪效能。

提升出入境服务质量　紧盯群众急难愁盼问题，推出出入境业务“网上约”、“智能办”、老年人便民利民、“证照拍到您满意”等服务，开通涉外单位及赴港澳商务企业网上备案系统等惠民措施。

◆维护社会治安稳定　2021年，西安市各级公安机关牢固树立总体国家安全观，扎实担当新时代公安机关维护国家政治安全、服务保障经济社会发展的职责使命，实现公安部提出的各项工作目标，确保国家政治安全和西安城市安全。

社会治安防控　强化严打整治力度，严密重点防范管控，有效维护城市安全。深入推进社会治安防控体系建设，成立工作专班，制定建设方案，开展社会治安防控体系建设示范化城市创建活动。投资4184.99万元，建设西安市社会治安防控实战应用系统，构建“环市、环区（县）、环主城区”治安防控圈；投资2500余万元建设公安检查站市级和站级系统建设项目。安装前端摄像、视频网络服务器、报警器等设备494套。落实公安部“四项机制”，协调组织武警、特警、巡警参与街面联勤武装巡逻，屯警街面，进一步加强重点要害部位警力布控，提升人民群众安全感。实时启动一级紧急型、二级加强型巡逻防控等级。全年启动一级紧急型巡逻等级10次77天，二级加强型巡逻等级11次122天，常态化开展三级巡逻防控，维护全市社会面治安大局稳定。

武装车辆联巡和拉动演练　下发《关于开展全市规模武装联勤巡逻通知》，组织交警、巡警、特警、武警多警种开展武装车辆联勤巡逻，有效震慑街面违法犯罪活动。组织全市网格化巡逻车、反恐应急点、巡逻盘查反恐点开展拉动演练，完善街面应急处置方案预案，全面提升民警快速反应和应急处突能力。

武装设卡盘查　根据巡逻防控等级启动情况，在全市重要路段设立122个（三级常态型巡逻等级）、160个（二级加强型巡逻等级）、256个（一级紧急型巡逻等级）交巡警武装盘查点，对可疑车辆和可疑人员查控。全年盘查各类人员5696901人次，其中重点关注人员16262人次，盘查车辆478997车次，盘查七类重点人员434140人，查获各类可疑物品6710857件，抓获逃犯502人。严格按照街面“三类案件”降控工作要求，采取整体防控、动态研判、重点整治等防控措施，降控街面案件。全年“三类案件”接报警3794起，其中“两抢”案件186起，比上年下降31.62%。组织56万余名平安志愿者、“红袖标”开展街面巡逻、定点值守。

扫黑除恶　完善扫黑除恶常态化制度机制，着力提升法治化、规范化、专业化水平，全力推动常态化扫黑除恶斗争。全年接收各类群众举报线索2352条，办理涉黑恶团伙案件10起（黑社会性质组织案件2起，恶势力犯罪集团案件5起，恶势力犯罪团伙案件3起），查封冻结扣押涉案资产1.2亿元，侦办九类涉恶案件1748起，破案627起，刑拘941人。围绕工程建设、交通运输、自然资源和信息网络“四大领域”，坚持源头治理，加强部门协作，持续开展“一案一整治”。全年发出公安提示函102份。其中涉及工程建设领域16份，交通运输领域1份，自然资源领域5份，信息网络领域1份，其他领域79份。侦办涉四大行业领域黑恶案件8起。在全市范围内开展为期一年的打击“村霸”等农村黑恶势力专项行动，侦办涉农恶势力团伙以上案件3起，刑拘25人。

◆治安管理　2021年，西安市公安局治安管理部门围绕平安西安建设这条主线，突出抓好重点工作，圆满完成庆祝中共成立100周年和“十四运”安保等各项工作任务，为西安经济社会发展创造和谐稳定的社会环境。

社会治安整治　全年先后组织6次全市范围的集中大清查，出动警力4万余人次，检查娱乐场所982家、旅馆业6832家、洗足浴1663家。对全市23个社会治安突出问题和重点地区的进行整治，包含18个城中村、街道治安复杂区域，4个景点、车站、集贸市场等人员密集区域，1个校园周边治安交通秩序混乱区域。在整治期间，不断进行“滚动摸排”和“回头看”，定期组织治安信息研判，对各区域、地段治安现状逐一摸排，综合评估，制订有针对性的整治措施，确保治安突出问题和重点地区整治工作动态化、常态化。排查城乡接合部263个（次）、城中村371个（次）、行政村（社区）2190个（次）；排查重点行业、场所或部位6390个（次）；排查流动人口聚居地460个（次），发现违法犯罪线索247条，破获刑事案件176起，刑事拘留183人；查处治安案件446起，行政拘留689人。

拖欠农民工工资支付情况专项工作　全年办理拒不支付农民工工资案件27起，涉案金额920余万元；刑拘1人；为农民工追回劳动报酬400余万元。办理打击假冒伪劣农资案件，立案7起，打击处理6人；办理打击涉医违法犯罪案件，立案3起，刑拘6人，协助排查医患纠纷3起，协助化解医患纠纷2起。

公安检查站查控　完成西安市公安检查站智能化建设，并制订多个规范性文件，将全市41个临时检查点检查工作纳入方案整体部署。坚持开展常态化查控工作，圆满完成2021年省市“两会”、春节、元宵节、十四运暨残特奥会、国庆节等重要安保活动查控工作。全年核查人员、车辆信息189.9万条，抓获网上在逃人员7人；查获涉毒人员594人、其他违法前科人员2826人，收缴管制刀具143把、烟花爆竹473件、散装汽柴油290升；查获违规运输香烟2310条、无证药品16箱、违规运输冷冻肉类73箱，救助国家保护野生动植物10只；劝返危化物品运输车辆40辆。

校园周边环境整治 针对全市3888所中小学幼儿园，设立校园警务室1224个、校园警务联络室2664个、治安警护学岗2287个、“高峰勤务”执勤点191个点位，配备专职保安员9225人。先后2次集中组织开展为期3个月的校园安全风险隐患排查整治专项行动。按照“一校（园）一表”要求，排查建立《中小学幼儿园安全隐患排查登记表》，对排查梳理出的校园内部安全、消防隐患、校园周边治安、交通隐患和应急突发事件处置等问题，建立《问题整治清单》，并落实整改。积极组织开展校园周边治安、交通秩序集中整治，加强对校园周边娱乐场所、网吧等文化娱乐场所执法巡查力度，对涉校、涉园等矛盾纠纷集中排查梳理，切实掌控不安全因素底数，有效掌控校园周边肇事肇祸精神病患、治安危险分子等重点高危人员，落实动态稳控措施。落实“双减”工作要求。召开专题研判会，制定完善维稳处置预案，明确工作职责和风险防范应对处置流程；持续开展情报信息搜集研判和网上巡查，摸排出存在安全风险隐患的校外培训机构50家。

特种行业管理 加大数据化新业态管理力度，进一步加强民宿、网约房、网约车等新兴领域治安管理，建成民宿网约房信息系统平台，采集上传民宿、网约房住宿人员信息，与美团、途家等6家平台公司建立合作关系，采集6000家商户信息、2.5万条房源信息、6万条预定信息，全面汇聚平台、商户、用户和房源、车辆等基础数据，实时掌握动态信息。全年检查民宿、网约房近2万家（次），召开网约车联席会议19次。加强社会面重点治安要素管控，全市旅馆业、典当业、娱乐场所、洗足浴视频监控覆盖率均达到100%。完成对印章治安管理信息系统的升级改造，优化公章备案流程、压缩公章刻制时间、简化公章刻制环节、确保公章刻制在4小时内完成。全市1712家机修业，登记维修机动车车主、车辆信息，留存纸质采集信息率94.88%。全市2668家办理“特种行业许可证”的A类旅馆业及4297家B类旅馆业全部安装旅业系统或者警易通，信息采集及安装率100%。全年利用旅业系统抓获网上在逃人员32人。

扫黄打非 根据社会治安规律特点和出现的新情况、新问题，先后组织开展黄赌违法犯罪摸排核查打击整治专项行动、整治黄赌违法犯罪专项行动、整治文娱领域违法犯罪专项工作及打击散发招嫖卡、站街拉客招嫖等重点工作。通过“高频度”“双随机”和“双交叉”等形式，对行业场所、重点地区开展检查，对涉黄、涉赌问题集中整治。全年查办涉黄、涉赌案件1304起，抓获违法犯罪嫌疑人1883人。打击治理跨境赌博工作，建立健全工作机制，整合各警种部门力量，实施合成作战，持续高压严打，重点打击为跨境赌博投资经营、招赌吸赌、提供技术网络服务的各类违法犯罪。全年破跨境赌博犯罪案件27起，抓获犯罪嫌疑人155人，刑事拘留125人，批准逮捕103人，取保候审25人，捣毁支付平台12个，移送起诉犯罪嫌疑人40人，冻结涉案资金10.19亿余元。会同西安市文化市场综合执法支队对书画市场进行联合检查，重点对大唐西市、书院门、兴善寺古玩城、民乐园文化一条街等书画市场进行常态化专项整治。全年收缴非法出版物3000余册，查办“扫黄打非”刑事案件19起。出动警力800人次，检查书画店（摊点）181家（次）；联合文化执法部门检查22次。切实加强特殊时期出版物市场、网络文化环境和全市书画市场监管工作，采取集中清剿行动和不间断的封堵清查工作，开展网上有害出版物及信息专项整治。

安全监督管理 深入开展安全生产大检查，保障公共安全。在元旦、春节、五一、国庆节等重要节假日下发通知，对安全生产工作进行安排部署，开展安全生产整治百日行动和安全生产隐患大检查大排查大整治行动，安排部署道路交通、大型活动和人员密集公共场所火灾隐患排查治理，以及民爆物品及剧毒、易制爆危险化学品安全等方面的安全隐患大排查、大整改专项行动。排查消除重点行业安全隐患765处、社会面治安隐患2407处、公共安全隐患2.68万处，对22起安全生产事故进行调查处理，全年未发生重特大安全生产事故。

缉枪治爆 将涉枪涉爆、危化品管理企业纳入信息平台、实施动态监管，督导2824家物流寄递企业严格落实寄递实名制，同步强化源头监管和渠道管控。集中开展清查收缴非法枪支弹药、民爆物品、危爆物品行动，摸清民爆物品单位底数，核对购买数量、使用数量和剩余数量，全部收缴单位剩余民用爆炸物品。开展枪爆、剧毒安全隐患大检查、大排查行动4次，下发督导检查通报3份、整改通知3份、工作提示函2份。对全市9家民爆物品生产、销售企业进行安全评估。检查涉爆企业79家次、剧毒化学品单位86家次，发现整改安全隐患42处。针对西安华创射击射箭俱乐部土地租赁合同违法情况，及时叫停其营业行为，对俱乐部的10支运营枪支、12万发子弹收缴封存。加强对枪爆等危险物品管控工作的宣传，发放涉枪爆宣传资料5000余份；印制《关于依法收缴非法枪爆等物品严厉打击涉枪涉爆等违法犯罪的通告》1万份在全市进行张贴，营造打击枪爆违法犯罪的氛围。全年收缴各类枪支88支、子弹11452发、雷管24枚、黑火药6.887千克、索类爆炸物品1.2米、战争遗留物13个、仿真枪51支、管制刀具302把、弩3把、易制爆化学品0.3千克、废旧炮弹39枚。

大型活动安保 全年完成丝路春晚录制活动、2021西安城墙马拉松赛、2021年清明公祭轩辕黄帝西安会场活动、2021全球硬科技创新大会、2021年中国跳水明星邀请赛暨第十四届全国运动会跳水测试赛、陕西省庆祝中国共产党成立100周年交响音乐会、2021国家网络安全宣传周、十四运暨特残奥会各项游泳比赛、2021年全国双创周西安活动、2021欧亚经济论坛等62项106场次大型活动安全保卫工作，确保各项活动的万无一失。

旅游治安管理 下发《关于进一步加强全市旅游景区新冠疫情防控工作的通知》《关于进一步做好节假日期间旅游景区治安保卫及疫情防控工作的通知》，先后组织警力500余人次，指导景区完善疫情防控措施和各类突发事件处置方案、预案；严格落实游客入园测温、佩戴口罩、查验西安“一码通”、通行大数据行程卡和48小时内的核酸检测阴性证明等疫情防控工作要求；落实预约错峰、瞬间流量管控、清洁消毒、合理核定接待人数、科学有效防护等常态化防控措施。开展智慧景区建设，汇总收集6000余条涉旅信息资源，先后走访陕西省文化旅游厅、西安市文化旅游局和网安、巡警等部门20余次，主动邀请相关单位交流座谈10余次，设计完成西安市智慧旅游安防平台，实现数据互通和预测、预警功能。开展规范化景区警务室创建，为进一步发挥景区警务室职能作用，健全完善旅游警察“受理、调查、移交、反馈”工作流程。举办全市景区警务室规范化建设现场会暨涉旅安保人员培训会，全面开展景区警务室2.0版本建设，进一步完善制定警务室规章制度、明确景区警务室民警工作职责、工作制度。全年建成景区警务室38

家，并全部达到规范化标准。紧盯重大节点旅游治安不放松，开展旅游景点及涉旅重点场所安全生产“大检查、大排查、大整治”。摸排旅游景区1057家次，发现问题隐患58处，并全部整改完成。全年出动警力200余人次，指导基层开展安全检查460余家。扎实开展联合执法，重拳打击涉旅违法犯罪。积极探索“1+N”管理模式，建立联合会商研判机制，形成涉旅行业齐抓共管工作合力。全年联合市场监管、运政、交通等部门先后开展联合执法100余次，办理涉旅刑事案件209起，侦办行政案件542起，移交涉旅案件176起，查获黑车114辆，化解涉旅矛盾纠纷400余件。开展“文明旅游平安行”宣传活动。在省、市媒体发布各类宣传图文300余篇，组织集中宣传活动2次，展播图文、影像资料100余天，发放宣传资料8万余份。

犬类管理　加大对《西安市限制养犬条例》宣传力度，提高群众依法养犬、文明养犬的自觉性。在全市开展3次专项整治行动。下发各类指导文件27份，召开相关会议62场（次），开展联合整治行动113次，办理养犬“登记证”1.7万张，纠正不文明养犬行为4000余人（次），收缴大型犬、流浪犬3000余只。

◆刑侦工作　2021年，西安市公安局刑侦部门紧盯传统犯罪和新型犯罪两个战场、网下和网上两条战线，深入开展“云剑2021”“雷霆2021”“秦鹰2021”和“团圆”等专项行动，持续保持对刑事犯罪的严打高压态势。

严重暴力案件侦破　全年破命案44起。开展命案、积案件攻坚行动，破获命案、积案9起。

严厉打击“盗抢骗”犯罪　成立侵财案件专班，常态化督导高发案地区落实打防措施，全年起诉“盗抢骗”侵财犯罪人员2304人。为进一步确保十四运期间社会治安大局持续稳定，制定印发《西安市公安局十四运会和残特奥会暨国庆期间打击防范盗窃车财违法犯罪专项行动工作方案》，严打刑事警情高发的盗窃车、财犯罪。十四运和残特奥会期间，破盗窃车、财案件190起，抓获犯罪嫌疑人64人。

严厉打击涉枪犯罪　开展打击走私制贩武器弹药犯罪专项行动。全年破案33起，移送起诉46人，查扣火、动力枪支102把。

打击电信网络诈骗　成立“西安市电信网络新型违法犯罪研究中心”，对电信网络诈骗等新型网络犯罪工作统筹部署。建立“1个联动指挥部+2级中心+6个机制”反诈组织体系，从业务流、信息流、数据流3个方面入手，快速联动联查，实现精确打击、精准宣防、精细管理。全年侦破电信网络诈骗案件3915起，抓获涉案人员15191人，止付冻结涉案资金6.14亿元，刑拘224人。常态化开展“扫楼”行动，打击清理本地窝点128个，抓获嫌疑人592人，收缴群呼设备183台。强力推进“断卡”行动，抓获“两卡”嫌疑人4243人，打击收、贩卡人员307人，查获“两卡”10.7万张，惩戒“两卡”失信人员3183人，抓获行业“内鬼”72人。深入开展“断流”专案行动，下发“断流”线索263条。开展反诈预警接警工作，下发预警指令72.4万条，三方接警8163起，紧急止付6.14亿元；上报公安部封堵网站域名882个，审核涉诈App 15439个；审核、查询、冻结账户10624个，冻结资金11.4亿元。组织开展以“全民行动防范，认清电信网络诈骗手段，提高全民防范意识”为主题的防范电信网络诈骗宣传活动200余场。

打击文物犯罪　联合文物部门印发《关于进一步加强文物安全工作的实施意见》和《西安市冬春季田野文物安全巡查联合行动实施方案》，共同开展文物保护与打击工作。全年持续开展“秦鹰2021”专项行动，破获文物类案件89起，起诉68人，追缴文物1100件。其中二级文物1件，三级文物11件，一般文物1088件。

网上追逃　充分利用市级合成作战中心信息资源，开展追捕“漏网之鱼”和追逃清库行动，依托“雪亮工程”，发布预警信息6685条，抓获2407人。其中A级通缉逃犯1人，涉黑恶“漏网之鱼”目标逃犯12人，电诈目标逃犯9人，命案目标逃犯31人。

强化刑事技术　勘查各类案事件现场304起。完成电诈案件现场勘查26662案，勘查率100%，为反诈部门提供电诈案件线索1922条。参与尸检54例；检验鉴定各类案件2679案，鉴定检材10033份，出具鉴定书3650份。利用DNA数据库破获案件897案，串并案件179起。在“团圆行动”中，受理案件2185起。审核录入现场指纹1745枚，参与直破及复核指纹破案1035案。利用刑事技术开展信息研判，串并案件14串60案，发布研判报告7篇。通过陕西公安合成作战平台上报各类研判报告268篇，反馈情报信息协作请求560次。收到侦查指令1943条，通过网上作战平台落实指令116条。根据研判指令破案106起，抓获犯罪嫌疑人60人。完成12项“2021年度全国公安机关刑事技术实验室能力验证”，申报公安部物证鉴定中心科研项目2个，参与国家“十三五”科技重大项目课题研究工作。开展“非正常死亡案件处置”“电诈案件现场勘查”等培训，承办西安市2021年高技能人才技能大赛暨市公安局刑事科学技术专业技能竞赛。

◆户政管理　2021年，西安市公安局户籍管理部门在便民利民的基础上，优化服务，扎实履职，圆满完成各项工作任务。

户政基础建设　持续开展“一标三实”基础信息采集和智慧安防小区建设。累计完成核查采集标准地址966.2万条、实有房屋579.3万间、实有人口1178.4万人、实有单位22.2万家。全年建成“智慧安防”小区656个。印发《全市重点人管控工作实施方案》，联合8部门下发《西安市肇事肇祸等严重精神障碍患者摸牌管控工作方案》，梳理全市重点人及易肇事肇祸严重精神障碍患者数据库。继续组织开展“枫桥式公安派出所”创建活动，全市有4家派出所评为省级枫桥式优秀派出所、4名所长评为省级优秀所长、7名社区民警评为省级优秀社区民警、8名辅警评为省级优秀辅警。

户籍管理　贯彻落实《国务院办公厅关于加快推进政务服务“跨省通办”的指导意见》及陕西省公安厅《关于印发〈山西、陕西、宁夏三省户口迁移“跨省通办”工作试点方案〉的通知》，并组织户籍民警、辅警集中就5项“跨省通办”试点业务进行培训。自6月15日“跨省通办”试点工作开展以来，组织“跨省通办”试点工作宣传350场13297人次，办理“跨省通办”户籍迁入业务91笔。围绕“服务十四运”，在全市户籍窗口设立“服务十四运”志愿服务岗，先后推出人口基本信息证明“24小时”随时办、“老年人优先”绿色通道、5类39项户籍业务“全城通办”等举措，户籍窗口办理户籍业务290529笔、边境证业务6903笔。开展“一把手走流程、坐窗口、跟执法”实践活动，及时发现制约服务效能提升的瓶颈问题，充分发挥“12345”市民热线的监督功能，对群众的咨询、投诉等，第一时间回复、解决，妥善处理。

居民身份证办理　开展居民身份证工本费电子化支付试点试运行工作，全年使用电子化支付方式办理居民身份证业务36362笔，缴纳工本费982130元。推出居民身份证换证拍照多拍优选服务、身份证送证邮寄等便民举措。在十四运期间，办理身份证业务303290笔、居住证业务112294笔。

外来人口管理　开展流动人口居住登记工作，登记流动人口74.5万人。开展秦岭终南山区隐居者管控工作，摸排秦岭终南山区流动人口860人、隐居者50人。推进城镇基本公共服务和便利常住人口全覆盖，做好居住证办理工作，制发居住证66万张。保障流动人口随迁子女参加高考合法权益，开展外来务工人员居住资格审查，审核通过3674人。开展流动人口和租赁房屋常态化清查核查，全年出动警力8.7万人次，清查核查居民住宅小区、单位家属院、城中村、村民居住点、经营经商场所、用人单位、物业服务单位19万次，实有人口66.5万人次、实有房屋34万次，纠正查处违反流动人口和租赁房屋管理规定行为236人次。

◆出入境管理 2021年，西安市公安局出入境管理门围绕庆祝中共建党100周年、十四运安保维稳，着力推进“两个专项”工作，加快“放管服”改革，扎实开展“我为群众办实事”活动。全年受理各类因私出国（境）证件申请34825证次（护照9106证次、往来港澳通行证及签注25603证次、往来台湾通行证及签注116证次），比上年减少62.05%；为境外人员办理各类证件7361证次（外国人签证409证次、居留许可4741证次、停留证件1897证次、台胞证191证次、一次性通行证123证次），增长2.5%；登记临住境外人员56602人次；处置各类案（事）件405起。

疫情防控 将防范境外疫情输入关口前移至西安咸阳国际机场，直接参与国际航班入境乘客查控、身份甄别、处置分流等工作。在机场组建数据核查专班，建立针对入境人员的预警机制。全年处理上级下发口岸数据3094.3356万条，发布入境人员预警数据62592条，执行国际航班分流任务454架次。

服务效能提升 完成高新政务综合服务大厅出入境窗口建设任务，落实西安市人民政府关于外籍专家“一件事一次办”工作要求，协调西安市科学技术局，开通“国家外国专家局外国人来华工作管理服务系统”专家证查询权限，实现外国人工作许可和居留许可“一站受理、同时取证”。紧盯群众急难愁盼问题，出台多项便民、利民新举措。在西安市出入境办证大厅设置“老年人绿色通道”专办窗口，优化设备操作界面，推行“全程导办”、容缺受理、简化预约等便民模式。4月1日至年底，为60岁以上老人办理证件765人次。为群众在证件拍摄时提供“双屏”服务，让群众在拍摄过程中全程可见，全年为10610人提供服务。开通网上“12367”服务管理平台，并通过省、市两级出入境管理部门共建，实行“7×24”小时全天候人工服务。

“我为群众办实事”活动 全年走访入户57次，为企业送政上门25次，解决企业困难8件；为紧急出国境群体提供急事、急办服务264次。围绕服务急需的外籍“高精尖缺”人才，实施“送政上门”“人才管家”“按需申领”等多层次的出入境便利措施，受理永居申请57人次，为384名外籍人才加快办理2—5年居留许可，为留学生签发实习签证13张。

打击妨害国（边）境犯罪专项斗争 成立专项治理和专项斗争领导小组，每周定期牵头研究案件侦办情况，对重点案件线索逐一进行分析研判，对各类中、外籍违法犯罪人员建立台账。对2010年以来的11.1464万条办证数据进行梳理汇总。全年立妨害国边境管理刑事案件23起，刑事拘留犯罪嫌疑人33人。成立外事办、教育、司法、文旅、卫健、科技、交通、房管、市场监管、关中海关等市级部门组成的外国人治理市际协调小组，持续整治涉外非法家政等重点领域。全年处置“三非”案件290起。全年新增互联网临住采集系统单位17家（含学校2家，涉外酒店15家）。截至年底，全市有接待外国人宾馆、旅店975家，大专院校留学生管理中心31家，合计1006家。

出入境管理执法规范化建设 健全完善境外人员网格化治理体系，在全市推广“3+3+外管通App”社区外国人管理工作法、“6+1工作法”，通过发动社区周边房屋中介，物业主管、物业管家、门岗保安，社区工作者、志愿协管员、涉外单位等力量，构建散居社会面境外人员立体化管控格局，将派出所辅警、小区物业等境外人员实有人口管理队伍纳入网格统一管理使用。截至年底，全市“三员”队伍有人员2665人，外管通注册6205人。围绕疫情防控、核查管控、安保维稳等设计训练科目，严格制订练兵计划。全年开展大练兵培训活动87次，培训2455人次。在全市出入境窗口顽瘴痼疾专项整治工作中，派出多个督导组对全市窗口进行多轮明察暗访，下发整改意见书27份。

◆交通管理 2021年，西安公安局交通管理部门按照“四个一流”的标准要求，以“安全、文明、绿色、畅行”为目标，以事故预防“减量控大”为主线，圆满完成各项交通安保任务。

规范道路交通秩序 持续开展交通违法整治行动，大力开展“三大行动”，巩固交通违法专项整治成果。充分应用“事故预警分析研判平台”，实地走访摸排辖区建筑工地、农民工揽活聚集地等，全面掌握易肇事车辆运行、易肇事违法多发、易肇事人群出行的重点时段、路段，调集优势警力，科学部署，聚焦管控薄弱的夜间时段、违法多发的重点车辆、事故高发的重点路段、出行集中的重点群体。全面部署开展“零点、午夜、黎明”行动，持续加大对“两客一危一货一面”、渣土车、危化品运输车等重点车辆的路面管控力度，同步推进农村公路“两违”专项治理，开展远郊区（县）“一盔一带”“车让人、人守规”交通秩序整治比武竞赛。出台建筑垃圾清运行业管理“十项铁规”，严格落实“十必查”工作要求，从源头管理、行业备案、车辆外观、动态监控、路线审批等多方面全方位加强管理。全年查处各类交通违法689万例，其中查处超速违法17.3万例、货车违法46万例、摩托车不戴头盔9.6万例、酒后驾驶9402例、渣土车违法3万余例、涉牌涉证1.5万例、两三轮非法营运2.8万例、不礼让行人22.3万例，行人、非机动车交通违法81.5万例，夜间事故起数、死亡人数分别比上年下降12%、33%。

道路交通安全防范 以道路交通事故典型案例警示教育为切入口，联合中国人民财产保险公司西安分公司在主城区道路、国省道沿线分批建立85处道路交通安全“马路学堂”宣传站。以“安全宣传+警示教育+违法查处”相结合模式，统一实行“八规范、七步走”工作流程，全面强化对务工人员、村民等重点群体“面对面”警示宣传教育。创新应用西安交警警用版App，严格落实行人非机动车、两三轮车、摩托车交通违法全流程人像识别录入登记，现场警示教育，实现路面执法和警示教育闭环衔接。构建全领域交通安全宣教大格局，制作推出9类20部以建筑垃圾清运车、大货车、电动车和行人等为主题的典型交通事故警示教育片，借助新媒体平台、交警业务大厅、社会驾培机构等多种渠道，设置交通安全警示宣传教育点311处。10月28日，在39处新建“马路学堂”启动仪式上首次采取多链路直播模式开展“局长授课、支队长执勤”，371万人次在线收看。全年依托“马路学堂”开展安全警示教育5万余场次，App扫脸采集信息118万例，学习教育、体验执勤46.3万人次，“一盔一带”佩戴率提升20%以上。进一步延伸交通安全委员会办公室工作职能，由区（县）、开发区牵头在街道办、乡镇一级建立道路交通安全委员会，明确组织机构、切实夯实各级交通安全管理责任。全年西安市交通安全委员会召开专题会议10次，开展专项督导检查3轮次，发送提醒函、警示函、督办函49份，部门联动，协同共治，对陕西省交通安全委员会督办的77处、“17+25”迎宾涉赛重点线路和火炬传递路线336处、全市“18+22”等453处交通事故多发点（段）安全隐患进行治理。

提升交通服务 开展“我为群众办

实事”实践活动，西安交警微信服务号、西安交警App、支付宝城市服务号3大互联网便民服务平台，提供三大类75项便民服务，累计关注人数达到480万人，服务群众超5亿人次，“交管12123”用户注册量超462万人，日均提交业务量达到3000余笔，110万名驾驶员成功申领电子驾驶证。大力推广“警企、警邮、警保、警银”合作新模式，全市交管业务服务网点达200余处，挂牌网点82处，“三公里车管服务圈”日渐完善，社会机构服务站代办注册、抵押、转移登记业务比例分别达到80%、35%和100%。全市范围内设置驾驶人自助体检机120台、自助制证机3台，群众可一站式办理驾驶人审验换证业务。全面实行车驾管业务办理、违法处理全预约服务。全市车驾管业务大厅节日正常上班，实行“5+1”服务模式，满足群众多时段办事需求。推动出台《西安市机动车停车管理条例》，推出错时共享、夜间限时、残疾人专用、如厕专用等便民停车位1.3万个。西安公安交管语音中心全天候做好群众咨询投诉和意见建议答复办理，日均接听电话1500个。

◆禁毒 2021年，西安市公安局禁毒部门先后组织开展禁毒“清扫”“大干50天禁毒攻坚冲刺会战”“寄递渠道禁毒百日攻坚”“补短板争一流”等一系列专项行动，保持对毒品违法犯罪的高压态势。全市移送起诉毒品犯罪嫌疑人979人，抓获境外“钉子”逃犯2人，缴获各类毒品68.4千克，查获吸毒人员2906人。

打击毒品犯罪 持续加大毒品违法犯罪打击力度，创新工作体系，率先在全省各地市中创建“五个一”情报工作体系。全年发现涉毒嫌疑人员667人，向外输出涉毒团伙情报线索5条，涉及33人，引导侦办部级目标案件6起、省级目标案件9起。抽调精干警力，成立专案组，实行“一案一专班”，综合运用“风洞”、秦直道等数据平台集中攻坚，相继成功破获“1·25”“4·8”等11起专案，抓获涉毒人员1204人，刑拘163人，强制隔离戒毒244人。落实三级联动机制、三级三层情报循环互动联动机制，最大限度实现情报与侦查的有效融合。全年提供案件线索104条，破获案件11起，抓捕毒品犯罪嫌疑人50余人。紧盯毒情新变化，成功侦破“笑气”违法犯罪案件33起，抓获违法犯罪嫌疑人118人，缴获“笑气”2.4万升。相继破获24起合成大麻素类物质毒品案件，抓获犯罪嫌疑人253人，缴获含有合成大麻素的烟弹及烟杆1122支、含有合成大麻素物质的烟油4.1千克。

吸毒人员管控 全市禁毒部门落实“逢嫌必检”制度、开展集群打零，充分运用毛发筛查技术、污水检测技术等措施，进一步提升主动发现能力。全年查获吸毒人员1613人，其中新发现吸毒人员849人。盯牢“人员”“物品”要素，通过深入开展“大排查大收戒”专项行动，全面降低社会面吸毒人员存量。通过持续推进吸毒人员“平安关爱”行动，全面落实国家管控帮扶政策。通过严格执行易制毒化学品企业监管制度，全面封堵易制毒化学品流入非法渠道，着力构建“查—打—控”三维一体防控格局。深化“无毒社区”建设，建成全市首家社区戒毒社区康复服务中心，配备社戒社康专兼职工作人员751人，社戒和社康报到率分别达99.9%、99.5%。

禁毒宣传 联合西安市人民检察院等部门赴蓝田县孟村镇东坡村，开展“禁种铲毒”宣传活动，通过摆放展板、组织干部群众到田间地头进行实地踏查等形式，广泛宣传毒品危害性。组织民警代表、退休老党员代表和禁毒志愿者代表，开展“服务十四运、奉献我的城”主题实践活动，赴红专南路社区、西安供电段开展禁毒宣传，引导社区群众在工作、生活中提高自我防护意识，时刻牢记毒品危害。成功承办陕西省“纪念《禁毒法》颁布实施13周年暨禁毒宣传月启动仪式”，进一步提高宣传活动影响力。成功举办“6·26”国际禁毒日“防范新型毒品对青少年危害”主题宣传活动。组织民警分别走进西安交通大学、西安文理学院等5所高校，对在校大学生进行禁毒宣传，受教育的大学师生达千人以上。先后3次对来自西安音乐学院、西安外事学院等院校的100余名大学生志愿者进行“三下乡”禁毒预防宣传教育知识培训。首创“秦风秦韵+禁毒宣传”的极具本土特色的宣传形式，创作编排禁毒快板书《恨毒品》，邀请西安市民间艺人用朴实的关中特色表演技法宣教毒品危害。由禁毒民警原创禁毒宣传MV《雷霆》《为爱出发》，全面展示禁毒成果。由“梅花奖”得主李小锋演唱的秦腔版禁毒公益歌曲《征程》，在西安政法、西安公安、陕西旅游等微信公众号大量转载，在全社会营造浓厚的禁毒氛围。

◆经济犯罪侦查 2021年，西安市公安局各级经侦部门聚焦“锻造全新警种、建设经侦铁军”，依法严厉打击各类经济犯罪，防范化解重大金融风险，扎实开展疫情防控工作，为维护全市经济安全和社会稳定做出贡献。全年立各类经济案件671起，破案537起，刑拘433人，逮捕282人，起诉322人，挽回经济损失5.6亿元。

经济犯罪案件侦破 制定《全市公安机关“猎狐2021”专项行动工作方案》，成立专项行动工作专班，将全市11名境外逃犯全部录入公安部“经侦境外逃犯信息系统”，通过公安部向7名逃犯发出红色通缉令，完成1名猎狐追逃任务。开展“全市经侦部门网上逃犯缉捕追逃竞赛活动”，抓获各类经侦逃犯40人。

开展打击虚开骗税专项行动 会同税务局多次召开警税联席工作会议，与西安市税务局稽查局联合开展培训，进一步总结完善工作经验，推动经侦队伍打击涉税犯罪能力提升。组建打击涉税犯罪研判团队，研判涉税线索，破案30起，通过公安部在全国部署数据协同5起，开展“秦雷2021”专项行动，对涉及660家企事业单位、5100余份假发票线索开展核查工作，立案15起。破获赵某涉嫌虚开增值税普通发票案。犯罪嫌疑人利用其控制的214家公司向2500余家受票企业开具增值税普通发票14407份，价税合计2.44亿元；开具增值税专用发票1514份，价税合计8402万元，已批捕2人。

打击商贸领域违法犯罪 全年立案196起，破案157起，刑拘116人。与绍兴市公安局经侦支队签署警务协作协议，保护两地在外企业合法权益。与西安市商务局、西安市市场监督管理局联合开展成品油市场经营秩序专项整顿工作，对各区（县）尤其是奥体中心周边地区加油站及物流货运站突击检查，立行政案件4起。与西安市烟草专卖局围绕打击互联网+物流涉烟违法犯罪，建立线索移送、信息共享、情报导侦、行刑衔接等打防机制，对“1·05”专案开展集中收网行动，抓获4名犯罪嫌疑人。组织全市经侦部门开展工程建设领域扫黑除恶专项斗争，立串通招投标案6起，破案5起，刑拘9人，涉案金额200余万元。

打击金融领域犯罪 开展“歼击21”打击地下钱庄犯罪专项行动，对“7·15”非法经营案深入研判，分析10亿余条数据，扩线出涉及全国11个省（市、自治区）的63名犯罪嫌疑人，涉案金额4亿元，立案1起，刑拘6人，冻结涉案资金2亿元；对上海市长宁区四海平台非法经营案、上海市长宁区亨达外汇平台非法经营案等云端线索收网打击，立案8起，破案8起，刑拘6人，打掉团伙3个。开展打击保险诈骗专项行动，与中国人民财产保险股份有限公司西安市分公司签署保险反欺诈战略合作协议，并多次交流座谈，持续提高打击保险领域犯罪能力。成功侦破王某等人涉嫌保险诈骗案，对保险公司员工、汽车修理厂、车主相互勾结的全链条犯罪实施打击，刑拘2人，逮捕2人，挽回涉案资金

100余万元。开展打击涉“银行卡”类犯罪专项行动，下发涉银行卡类犯罪线索3000余条，立案21起，破案9起，挽回经济损失10余万元。组织开展打击假币犯罪方面，与中国人民银行西安分行营业管理部建立联动协作机制，召开各级警银协作会议10余次，反假币宣传5次，公布公安机关假币举报线索微信二维码，收缴假币686295元，破刑事案件2起、行政案件12起。

经济积案清理　对2013年1月以来受理的群众报案、上级部门交办、其他单位移送、外地市公安机关协查等不同来源的596条信息全面系统梳理，排查出长期挂案、久侦未结的积案60起，并全部予以清理。

打击非法集资　制定《办理非法集资案件工作指引》，从案件侦办、资产处置、人员稳控等方面作出规定，从源头解决基层办案单位长期存在的跨区（县）管辖纠纷、群众报案推诿扯皮、资产处置缓慢、涉稳人员漏管失控等问题。对相关分局侦办的30余起重点案件进行督导协调，指导属地分局和政府共同做好案件侦办和化解稳控工作。强化“阳光办案”，坚持“涉众型案件涉众式办理”，通过设立对话平台，加强与投资受损群体沟通，吸附涉稳人员，同时在受理立案、收网行动、批捕起诉、追赃追逃等重点环节，通过公安微博、微信公众号等渠道及时公布侦办进展情况。全年破非法集资案件36起，化解非法集资案件34起。研发上线全市非法集资类案件办案小程序和涉众经济犯罪报案核损系统，有效提高办案效率。

打击传销犯罪　以打击传销犯罪专项行动为指引，坚持全方位清查、全链条打击，不断加大对群众反映强烈、媒体集中曝光、涉传重点区域的治理力度，有效遏制传销违法犯罪多发势头。全年立组织领导传销案22起，破案18起，刑拘28人。制定印发《涉传销类警情处置流程》，进一步规范涉传销类警情受案工作和处置程序。全年接到“涉传”报警1184起，比2020年（2668起）下降55.62%。

严打聚集式传销　针对出现的“清查整治不力、聚集式传销回流反复”情况，下发公安提示函15份，压实属地责任、行业监管责任、公安主打责任，补齐短板，堵塞监管漏洞。建立完善并全面实行传销线索举报奖励、出租房屋备案和治安责任书签订等制度，形成“打防管控”一体、行业警种联动的治理格局。针对新型网络传销蔓延势头快、作案时间短、发展人数多、涉案金额大等特点，部署开展打击利用虚拟货币开展网络传销违法犯罪活动专项行动，特别是针对涉及全国31个省（市、区）、1.5万人的2起网络传销案件，深度研判，统一部署，集中收网，抓获犯罪嫌疑人23人，查扣冻结虚拟货币763万枚，折合人民币4800余万元，并部署2案的云端集群战役，开展全链条打击。

◆环境与食品药品犯罪侦查　2021年，西安市公安局环境与食品药品犯罪侦查部门统筹推进秦岭保护、“昆仑2021”专项行动等重点工作，取得新成效，实现新突破。全年侦破环食药案件494起，抓获犯罪嫌疑人873人，打击处理519人，捣毁窝点951个，涉案金额4.6亿元。

打击环境类犯罪　组织召开全市公安机关涉黄河流域安全风险排查工作部署推进会，与西安市水务局联合下发《关于开展全市河道非法采砂专项打击整治行动的通知》，严打非法排放、非法采砂、非法捕捞等涉河、涉水犯罪。全年侦办涉河、涉水刑事案件60起，采取刑事措施62人，立行政案件306起，行政处罚381人。制定下发《十四运期间灞河水域应急处置预案》，出动警力224人，开展河道治安巡查47次，重点对奥体中心周边核心水域、李家河水库等水源地进行安全隐患排查，发现排除非法捕捞、倾倒生活垃圾等风险隐患13处。与水务、生态环境等部门开展联合执法检查11次，检查雨洪排污口110个、污水集中处理设施排口12个、污水处理厂5家，重点对灞河水域核心保护区和污水处理厂排污口进行水样抽查、检验。

打击食品药品犯罪　全年侦破食品类案件186起，打击处理183人，涉案金额9000余万元。侦办的常某等人生产、销售伪劣农药案，端掉造假窝点3个，查获涉嫌假冒的“超冠”“施诺德”牌鸽药、鸽饲料200余箱4600余瓶（盒），涉及全国近10个省（市、区）。制定下发《十四运期间食品总仓应急处置预案》，聚焦十四运食品储存、配送、运输等环节存在的安全风险，开展大排查、大整治，严厉打击危害食品安全违法犯罪活动，并会同西安市市场监督管理局多次对货源总仓食品安全进行督导检查。积极配合西安市食品安全委员会做好西安市“国家食品安全城市”复审工作，并在西安市市场监管局建立行刑衔接办公室。全年侦办药品类案件26起，打击处理30人，涉案金额5000余万元。侦办的陈某非法经营药品案涉案价值2000余万元，涉及20多个省（市、区）。

打击涉疫类犯罪　及时高效完成公安部交办任务，核查线索33条，涉及嫌疑人38人，抓获18人，打击处理8人，深挖、研判高质量关联线索70条，为全国“1123”专项工作做出突出贡献。

打击知识产权犯罪　全年侦破侵权假冒犯罪107起，打击处理93人，铲除窝点327个，涉案金额2.3亿元。连续侦破6起系列假冒汽车配件案，打掉盘踞海纳汽配市场多年的犯罪团伙，涉案2400余万元。在全省率先建立公安知识产权保护工作联络站，通过侦查前移、警企合作，切实提升知识产权刑事保护工作效能，先后在高新、经开等高新技术开发区建成首批10家工作站，分析研判线索73条，发现查处制售假劣产品窝点8处，为企业挽回经济损失1.3亿余元。研发的西安公安知识产权线上保护工作站App即将上线运行。邀请西安交通大学、西北大学等高校科研院（所），检法两院，相关行政部门专家教授，建立打击侵犯知识产权犯罪专家人才库，并定期对民警进行培训。

环境与食品药品侦查基础建设　开展全警实战大练兵，在各个分局召开快检专业技术培训现场会，使快检技术人员具备现场提取测样能力并参与案件调查。成功举办全市环食药侦部门农产品农药残留快速检测实战演练。组织环食药侦民警开展网上学习培训和知识竞赛。积极协调市生态环境、大数据局等部门建立危废基础数据模块，梳理汇总危废企业420余家、特种车辆5400多辆、前科人员信息20000余条。针对假烟、奢侈品、处方药等犯罪分类建立模型系统，从中挖掘线索、提炼战法，探索创建新工作模式。结合“一标三实”工作，充实完善人口、“农家乐”等基础数据22300余条、积极联系协调西安市大数据资源管理局、西安市雪亮工程办公室，增设“雪亮工程”秦岭模块，对秦岭地区“雪亮工程”相关点位进行调整。带动全体民警学习训练，全面提升队伍专业能力水平。全年开展练兵16场（次）、法律知识练兵11场（次），开展环食药大讲堂培训7场次、实战拉动演练4场次。针对环食药案件办理特点和普遍反映的侦办难点，先后组织举办5次700余人次参加的培训活动，针对取证问题及时解读指导，提升全体民警法律素养和实战能力。

◆物流寄递犯罪侦查　2021年，西安市公安局物流寄递犯罪侦查部门以“寄递物流治安专项整治”“大检查大排查大整治”“净物飓风”“寄递渠道禁毒百日攻坚行动”“公安队伍教育整顿”“平安建设”“大练兵”为着力点，发挥“寄递业治安管理信息系统”平台智慧管控作用，积极推进“平安寄递”深入开展，确保全市物流寄递业依法依规、健康有序发展。全年出动警力26105人次，检查物流企业8130家、寄递企业

11551家，联合执法取缔17家；发现隐患1756处，现场整改1459处，限期整改258处。破获寄递物流渠道刑事案件569起，打掉犯罪团伙29个，抓获犯罪嫌疑人622人；查处治安案件214起，行政处罚119人、企业105家；查获禁止寄递、寄运物品6268件，其中仿真枪78支，管制器具67件，危爆品1337件；查获寄递物流渠道涉毒案件10起，缴获各类毒品32168克，抓获涉毒案件嫌疑人21人；寄递物流治安管控系统向办案单位提供有价值信息9080条，指导办案4起；协助企业开展人员审查工作7次，共47491人，识别出有违法记录人员1812人。

打击物流寄递犯罪　贯彻“以打开路、以打促防”工作理念，“11·16”特大销售假冒伪劣产品案中，先后前往湖北、河南抓捕主要犯罪嫌疑人，并联合开展合成作战，查获涉案假冒“国窖1573”白酒667箱4002瓶，涉案价值5198598元；假冒“飞天”茅台735箱4412瓶，总案值1100万元。对“4·07”专案涉枪线索开展侦查，不断加大研判范围，将涉及西安市61条线索全部落实、落地查控，缴获各类枪支52支及相关枪支零配件，高压气罐15瓶，钢珠弹、塑料弹8000余发。在获取涉毒情报后，立即启动打击工作，对物流场（站）进行布控，抓获犯罪嫌疑人，现场查获毒品海洛因10.62千克。为进一步净化物流寄递渠道环境，提升行业管控及犯罪打击力度，组织开展“净物飓风”专项行动，及时发现和依法打击各类物流寄递渠道违法犯罪活动。专项行动开展以来，破获涉物流寄递案件178起，打掉犯罪团伙21个；查处治安案件121起，行政处罚个人87人、处罚企业38家，查获禁寄品3102件，其中仿真枪58支、管制器具50件、危爆品802件；查获假烟4921条，价值66万余元；缴获毒品海洛因22943克、冰毒6408克、咪达唑仑1843克。

◆**网络安全**　2021年，西安市公安局网络安全监管部门全面加强网上监控处置、情报侦察、舆情引导、安全管理、侦查打击等工作，统筹推进网络技术手段、网络安全法制建设和网警人才队伍建设，为维护网络空间安全作出重要贡献。

网络案件侦办　按照“净网2021”专项行动工作要求，全年侦办网安管辖类刑事案件764起，配合办理各类刑事案件3358起。开展“四断行动”，通过数据建模，深挖情报信息105条，抓获人员124人，打击代理公司窝点4个，捣毁“猫池”窝点11处。配合侦办电信网络诈骗案件984起、网络黄赌毒案件283起。其中，捣毁的股票投资诈骗团伙，抓获嫌疑人89人；打掉的跨境赌博犯罪团伙分布在全国9省、20市，抓获犯罪嫌疑人26人，冻结资金2.91亿元。全面做好网上谣言打击整治工作，全年发现网络谣言和有害信息样本31334条，落地查找网络谣言发布者415人，其中刑事拘留2人、行政处罚5人、批评教育310人。

互联网安全管理　组织开展西安市“护网2021”暨十四运网络安保攻防演习，将涉及重要信息系统和水、电、气、交通等关键信息的152家单位纳入演习范围，在82家单位网站和业务系统发现高危漏洞5152个，并要求全部整改到位。全年新增注册互联网站11480家，申请备案网站5675家，开展安全评估检查116家。强化网络安全预警监测，下发网络安全隐患通报1316例，其中重要预警信息2例。处置违法网站50家、违法栏目329条，查处直播平台有害信息134条。联合网络安全企业，打造“西安市重保监测防护平台”，将全市党政机关、十四运等重保单位系统网站全部接入平台，形成全市网络态势感知和安全防御基本框架和总体格局。截至年底，“重保平台”接入系统、网站4583个，覆盖全市重要门户网站和信息系统。围绕各项重大活动，按照“打防管控服”一体化工作思路，确保网络安全重点保卫目标安全稳定，网络安全态势平稳、可控。建立三项工作机制，四级联动，7个地市网安部门同步工作，实现整体联动，扁平指挥，全天候对全市5955个十四运赛事系统和交通、医疗等重点行业单位的互联网系统实时监测。组建19支网络应急处置队伍，33名民警和64名技术专家参与，做好处置网络应急事件准备。保障各类网站系统超54亿人次访问，拦截3.5亿次攻击，日均拦截网络攻击4266万次，清洗流量169TB，确保西安市互联网站和赛事系统安全运行。筹办2021年国家网络安全宣传周法治主题日活动，围绕“共建网络安全、共享网络文明”主题，开展嘉宾主旨演讲、法律法规解读、新闻媒体宣传等活动，举办“为了网络空间未来更美好主论坛”“关键信息基础设施安全保护论坛”“净网2021专项行动论坛”“互联网安全管理论坛”4个论坛，全国各省（区、市）、计划单列市公安机关网安部门相关负责人和网络安全企业负责人600余人参加。

信息监控和舆情导控　开展网上巡查，加强网安监控体系能力建设，规范网警公开巡查执法工作，落实24小时监控巡查机制，对重点网站、论坛、贴吧、微博和手机App等开展工作，上报本地互联网违法信息1643条，查处违法有害信息12933条。通过“西安网警巡查执法账号”发布反诈、辟谣、警情通报等文章1727篇，其中原创文章102篇，回复评论1500余条。及时发现网上煽动线索，做好风险预警研判。全年发现上报预警信息1831条，对12367名骨干组织人员落地核查。坚持“依法处置、舆论引导、社会面管控”原则，有效应对处置重大敏感事件。强化与网信、媒体、网络大V沟通联系，建立舆情预警处置“二级响应”“三级支撑”模式。在处置“的哥猝死交警贴条事件”“西安地铁拖拽事件”等重大负面舆情过程中，快速精准研判，果断处置封控，取得良好效果。全年开展舆情导控55次，发布导控文章404篇，转发95万次人次。

网络安全监管基础建设　加强队伍建设，推进改革强警，全面增强业务素质，不断提升能力水平。在全市17个分县局调整成立网安大队，新增网安专门力量150人，增幅134%。组建形成区县公安网安“三组一中心”工作格局，进一步明确区（县）公安网安维护网上政治安全、打击涉网违法犯罪、加强网络社会综合管控重要作用。成立网安支队法制办，开展全市网安法制审核、法治宣传、遂行作战等工作。推动17个区（县）网安大队设立法制中队，联合国保、经侦等14个警种建立业务警种法制员。参与制定《西安市人脸识别数据处理办法（草案）》，开展4场网络安全进校园法制宣讲活动，组织3期网安法制培训班，参训人员128人次，举办“西安市公安局网安法制大练兵大比武暨十四运网络安保执法专题培训”活动。

◆**特警工作**　2021年，西安市公安局特警支队立足平安建设，努力提升公安特警实战水平，认真开展武装防控各项勤务，高质量完成“庆祝建党一百周年”“十四运”“残特奥会”安保维稳工作，切实担负起捍卫政治安全、维护社会稳定、保障人民安宁新时代使命任务。获公安部集体一等功、陕西省“先进基层党组织”、陕西省“干事创业好班子”、2020年度公安巡特警规范化建设先进单位等8项荣誉称号。下设建制单位获10项次集体荣誉，207人次获个人荣誉。

疫情防控　部署警力驻守西安咸阳国际机场，参与到港旅客信息核验及国际航班旅客分流转运。全年在机场转运航班900余架、车辆2800余次、旅客10万余人次，拦截境外输入确诊病例408例、境外输入无症状感染者379例，在完成任务的同时全体民警无1人感染。

强化武装巡逻防控力度　形成“地面有巡防、空中有管控，固有驻守点、动有巡逻组”立体化、动态化防控格局，严格落实各项要求，做好应对各种复杂情况、驾驭各种复杂场面准备。在启动高等级巡逻防控工作时，开展北客站武装联勤巡逻；东、南、西、北4条大街及新城广场等重要区域出动警力进行“步巡+车巡”的武装巡逻。组织警航队伍使用无人机对全市各重点区域和人群密集区域进行空中巡逻，配合地面防控力量，提升立体巡防水平。全年参与大型活动安全保卫工作11次，组织动用警力1559人次；执行警卫任务12次，组织动用警力12752人次；处置突发事件11次，组织动用警力1239人次；执行专项行动19次，组织动用警力835人次。在“A2101”“A2102”“中国+中亚五国”外长会晤等一系列高规格大型活动安保、警卫任务的工作中，均能做到齐装满员，快速反应。执行留置看护及相关保障任务，出动警力33493人次，未发生安全事故。在“蓝田暴雨抢险救灾”工作中，出动车辆36辆次、警力800余人次，转移安置人员500余人，8名民警面对道路中断、通信失联困难，会同消防救援、当地乡镇干部及向导，组成救援突击小分队，向受灾村镇挺进，搜集受灾村组的人员、水文、受灾程度等相关资料，对沿途被困群众进行收容和转移。从3月开始，在一系列的十四运火炬传递、跳水、游泳、竞走、马拉松赛等项目测试赛、正赛中，部署警力开展反恐维稳，确保出现突发情况时能够在第一时间处置。十四运期间，直接参与安保工作的警力达2400余人次；在残特奥会期间，出动警力1100余人次，承担5类15项重点工作，以社会面管控为依托，严格落实各项安保措施。

加强空中管控　结合西安实际、克服诸多挑战，完成“低慢小”管控任务，形成低空管控经验。全年执行“空中勘察”“低慢小管控”等各类勤务373场次，出动警力1286人次，出动无人机460架次，飞行时长13280分钟。“低慢小”管控工作中出动无人机反制设备213套次，查处违法飞行无人机755架，批评教育违规飞行人员800人，治安管理处罚29人。尤其在2021年西安国际马拉松“低慢小”管控工作中，查获“黑飞”无人机违法飞行事件。开展全面摸底排查，摸排发现无人机生产销售企业信息356家、航模运动协会及飞行俱乐部3家、临时飞行场所1处；核查持有无人机人员27766人，上缴集中保管无人机7108架，签订承诺书8941份。

◆公安监管场所管理　2021年，西安市公安局监管部门狠抓疫情防控和安全管理，着力推进各项重点工作。全年监管场所收押26505人。其中看守所12435人，拘留所12714人，强制隔离戒毒所1356人，处理出所27999人。

确保监所安全　围绕出所就医、现场辨认、开庭审理等高风险环节，狠抓安全薄弱点，推动安全管理制度落地。组织全市监管民警学习事故通报，增强安全意识和防范观念。开展安全大检查及隐患排查，落实“七个确保”“三条铁律”“三个严禁”和“三个必须”，压实责任，堵塞漏洞。加强督导检查，开展24小时视频巡查，由支队领导带队对全市监管场所疫情防控和安全管理进行4轮次检查，全市监所安全无事故。完成“减、假、暂”专项整治工作，先后印发文件15份，召开专项推进会6次，成立督导核查组2个。查阅档案室案卷超过8万份；赴法院核查案卷超60000卷；赴其他部门档案室查阅档案超过3860册。全市看守所筛查“九类重点案件”674件；完成筛查“减假暂”案件9233件，其中减刑7736件，假释963件，暂予监外执行534件；核实认定存在问题案件38件，并全部纠正。针对疫情下提审会见难题，采用视频提审、电话对讲、法律文书消杀后传递签字等方式，实现“零接触”。安排视频会见1923人次，其中公检法提审1135人次，律师会见774人次，家属探视14人次。

全力配合打击违法犯罪活动　坚持依法收押、应收尽收，最大限度减少社会面管控隐患，统筹协调全市看守所收押工作，对公安部督办的超量羁押问题，将雁塔区看守所150名在押人员协调至周至县看守所羁押。做好过渡隔离和同案犯羁押，为执法办案和刑事诉讼活动提供有力保障。全年深挖犯罪、协助破案成效明显，全市监所获取线索1517条，协助破案372起，比对查获网上逃犯5人，涉案价值121.7万元。

公安监管场所基础建设　全市看守所法律援助工作站全部挂牌，权利告知在每个监室实现上墙，市看守所和新城、碑林、雁塔、灞桥、未央、阎良、高陵等区（县）看守所建立法律援助律师驻所值班制度，律师每日在岗、在位。碑林区看守所于6月初成为全省第一家实战平台全流程覆盖看守所；莲湖区、鄠邑区看守所完成各子系统建设，其余各看守所正按计划有序推进；莲湖、阎良、高陵、周至等区（县）看守所完成医疗卫生专业化工作。市级监管场所总体方案得到批复，正在落实细节。组织考察组赴外地调研大监管及信息化管理运行模式，提出戒毒所卫生间改造、指挥中心建设室优化等建议，对接智慧监管需求，完善设计方案，研究新监管运行机制。　　　　（邱　春）

检　察

◆概况　2021年，西安市检察机关坚持党的绝对领导，坚决贯彻《中国共产党党组工作条例》《中国共产党政法工作条例》，修订完善《党组织贯彻落实重大事项请示报告实施办法》，向省检察院、中共西安市委和市委政法委请示报告工作60余项。在中共西安市委和省检察院的正确领导下，在人大、政协及社会各界的监督支持下，坚持追赶超越工作基调，服务工作大局，强化检察监督，深化改革创新，加强自身建设，为谱写西安高质量发展新篇章提供有力司法保障。强化高素质检察人才培养。制订《2021年人才培养计划》，明确指导思想、培养目标、培养措施和工作要求，部署开展全年98个班次的培训任务，综合多种手段打造特色教育培训模式；开展业务条线“学比练赛”活动，举办全市检察机关民事、行政、未成年检察等业务竞赛，2门优秀课程被评为全省检察机关精品课程，9名同志分别荣获全国检察机关控告申诉检察业务能手，全省行政检察、未检业务标兵和能手称号，7个办案团队被省检察院评为优秀办案团队。

开展全市检察机关政法队伍教育整顿

◆**政治建设** 2021年，西安市检察机关加强政治建设，完善《贯彻落实习近平总书记来陕考察重要讲话精神工作措施》，围绕党的十九届六中全会、习近平总书记来陕考察重要讲话重要指示，市检察院党组召开党组会、中心组学习和专题学习会23次。扎实开展肃清流毒和以案促改工作，组织党规党纪学习、警示教育大会和廉政教育报告会；通报系统内反面典型，用身边事教育身边人。开展“守初心、担使命、话廉洁”专题研讨，7名基层院检察长向市检察院述职述廉。

深入开展党史学习教育 成立领导机构和工作专班，通过集中学习、研讨交流、举办书画展、观看红色影片等形式，确保学习教育内容、人员、时间、效果“四落实”。两级院扎实开展“我为群众办实事”实践活动，公布便民措施190项，为民办实事436项，市检察院班子成员带头推动解决涉检“硬骨头”问题8项，相关工作举措、经验做法被新华社、《人民日报》等媒体报道。

扎实推进政法队伍教育整顿 全面推进学习教育、查纠整改、总结提升三个环节工作任务，做到时间安排到天、任务落实到人，市检察院“四学四结合”经验做法受到省委领导肯定，并被省教整办《简报》、《西安日报》等刊发报道。两级院加大“顽瘴痼疾”整治力度，发现问题121件117人，有效运用“自查从宽、被查从严”政策，全部查结处理。突出抓好整改提升，市检察院围绕顽瘴痼疾整治、司法规范化建设、队伍能力素质提升等方面，注重建章立制、巩固整顿成效。弘扬英模精神，组织召开全市检察机关英模先进事迹报告会，李宝玲、周佳2名同志分获“全国双百政法英模”和“全省政法英模”。

◆**服务经济社会发展** 2021年，西安市检察机关持续优化法治化营商环境。围绕加快推进国家中心城市建设，制定《服务保障西安市“十项重点工作”实现新突破的工作措施》。起诉破坏市场经济秩序犯罪305件486人。开展知识产权检察职能集中统一履行试点，与公安机关会签《加强打击侵犯知识产权犯罪案件协作工作意见》，聘请10名知识产权领域专家组建专家库，与8家重点企业建立知识产权保护联系点。抓好涉民企刑事案件合规监管试点和羁押必要性审查工作，指导雁塔、长安区检察院对2家涉案企业开展合规监管，建议法院或公安改变强制措施3件，依法保护民营企业合法权益。

◆**维护社会安全稳定** 2021年，西安市检察机关坚决维护国家安全和社会安定。全力维护国家政治安全，起诉危害国家安全犯罪1件1人，起诉利用邪教组织犯罪16件37人，灞桥区检察院办理的申某等4人组织、利用邪教组织破坏法律实施案被最高检评为典型案例。起诉杀人、抢劫等严重暴力犯罪及抢夺、盗窃等多发性犯罪2639件3377人，周至县院办理的杨某帆等人非法买卖、运输枪支案被最高检评为典型案例。推动扫黑除恶常态化，深化“打伞打财”和行业治理，起诉涉黑恶案件31件162人，其中涉“保护伞”8人，向行业主管部门制发检察建议16件；成立涉黑恶案件财产处置工作专班，统筹指导、协调开展涉黑恶案件财产处置攻坚行动。着力保障人民群众高品质生活。保障群众“舌尖上的安全”，起诉危害食药安全领域犯罪2件2人，提起刑附民公益诉讼1件。守护群众“脚下安全”，持续推进最高检“四号检察建议”落实，发出涉窨井盖检察建议9件，批捕1人。依法维护网络安全，推进最高检“六号检察建议”落实，开展“断卡”专项行动，起诉新型电信网络诈骗犯罪641件1087人。积极开展“公益诉讼守护美好生活”“城镇燃气供应”等领域专项监督活动，临潼区检察院办理的“芷阳山庄”违法建设破坏生态环境行政公益诉讼案被省检察院评为秦岭生态保护典型案例。

◆**新冠疫情防控** 2021年，西安市检察机关发挥侦查监督与协作配合办公室作用，依法严惩各类妨害疫情防控犯罪，全部提前介入、快捕快诉，提前介入涉疫刑事案件15件24人，批捕1人。向社会发布《关于做好疫情防控期间检察服务工作的公告》，实行“非接触”办公办案方式。两级检察院组织800余名检察干警下沉一线参与疫情防控，服务保障群众，相关情况被新华社、人民网、央视和省电视台等媒体报道。

◆**精准护航十四运会和残特奥会** 2021年，西安市检察机关出台《服务保障第十四届全国运动会筹办举办的工作措施》，明确开通涉全运会案件“绿色通道”、加强涉全运会案件侦查监督等8项具体措施。配合公安机关对西安市全运会场馆附近60余个“全能神”邪教组织窝点开展统一收网行动，批捕22人。积极参与“服务十四运 奉献我的城”主题实践活动，开展无障碍环境建设维护公益诉讼专项监督，发出诉前检察建议84件，为十四运和残特奥会顺利举办保驾护航。

◆**社会高效能治理** 2021年，西安市检察机关立足办案推动社会融合共治。做实做细涉检信访工作，抓好“群众信访件件有回复”，全年受理群众信访4046件，全部实现“7日内程序性回复”和“3个月结果或进展答复”两个百分之百。开展涉稳风险“大排查、大起底、大化解”百日攻坚行动和集中治理重复信访专项工作部署，办结重复访案件106件，化解3起非法集资类案件风险隐患。市人民检察院率先建成全省首家检察公开听证室，两级院邀请代表委员、人民监督员等参与案件公开听证145件。长安区检察院率先在全省开展公开听证网络直播，市检察院和新城区检察院被最高检评为“全国文明接待室”。

深入推进市域社会治理现代化 落实中共西安市委《推进市域社会治理现代化试点三年行动方案》，加强“两法衔接”工作，认真研究和落实检察环节促进基层治理的具体措施。每季度公开发布主要业务数据，分析研判数据背后反映的社会治理中的短板弱项，促进动态治理。结合监督办案，发挥检察建

护航十四运会和残特奥会

议在市域治理中的规范引领作用，两级院制发检察建议1305份，回复率为98.47%，采纳率为100%。

促进构建城乡融合发展新格局　制发《全市检察机关乡村治理工作方案》，开展“司法救助助力巩固拓展脱贫攻坚成果助推乡村振兴”专项活动，以及服务和保障实施乡村振兴战略检察公益诉讼工作；起诉拒不支付劳动报酬犯罪6人，帮助农民工讨薪520余万元，为困难群众发放司法救助金397.6万余元。加强对蓝田县唐付村乡村振兴定点帮扶，协调资金350万余元推动基础建设和产业发展；依托“基层党建+重点项目扶持”，全力推进帮扶村长久发展。

◆**未成年人保护检察关怀**　2021年，西安市检察机关持续推进最高检“一号检察建议”落实，开展未检业务集中统一办理试点和“检爱同行共护未来”专项监督，建成9家“一站式”办案中心，集中办理相关案件14件。推动市人大常委会出台《关于加强未成年人检察工作的决定》，深化“法治+心理副校长”和“法治进校园”活动，率先在全省实现涉案未成年嫌疑人社会调查全覆盖，1起涉未成年人案件录入央视《守护明天》法治栏目。市检察院第九检察部被最高检评为优秀办案团队、被全国妇联评为全国维护妇女儿童权益先进集体，1名干警获评全国“七五”普法先进个人；新城、长安检察院被最高检、团中央评为全国未成年检察社会支持体系示范建设单位，6家基层检察院获评全省未成年检察示范品牌和创新实践基地。

◆**加强职务犯罪检察**　2021年，西安市检察机关加强职务犯罪检察工作专业化、规范化、制度化建设，制发《关于加强职务犯罪案件认罪认罚释法说理工作的意见》，起诉监委移送职务犯罪案件80件98人，实现零无罪零退补。西安市人民检察院先后起诉中央政法委法综治信息中心原主任陈里、陕西省发改委原巡视员张西林等重大案件。开展“司法工作人员职务犯罪侦查百日攻坚”行动，核查举报线索72件，全年立案侦查司法工作人员相关职务犯罪10件14人，临潼区检察院办理的赵某某玩忽职守案被省检察院评为优秀案例。

◆**强化法律监督**　2021年，西安市检察机关以司法办案为中心，推动新时期刑事、民事、行政、公益诉讼检察协调充分发展。

刑事检察监督　践行“少捕慎诉慎押”刑事司法政策，批捕5908人、起诉9824人，不捕2726人、不诉1757人。持续推进驻公安执法办案中心检察室全国品牌建设，完成23家派驻检察室网络搭建，与公安会签《提前介入刑事侦查活动》《加强刑事侦查监督》等文件，监督公安立案127件、撤案97件，追捕追诉559人；市检察院办理的2起贩卖毒品抗诉案被省检察院评为精品案件，碑林、高陵区检察院办理的2起立案监督案件被省检察院评为优秀案件。开展“未依法交付执行刑罚”专项监督和“减假暂”问题案件整治，清理纠正375人，督促公安追逃12人，沙坡地区检察院办理的2起减刑监督和财产刑执行监督案被省检察院评为优秀案例。

民事检察监督　强化民事再审检察建议、抗诉及检察建议等监督，受理生效裁判监督539件，提出再审检察建议12件，提请、提出抗诉34件；积极开展民事和解息诉工作，化解息诉涉拆迁安置、经营权、劳动争议等10余起长期诉讼、上访案件；推动最高检“五号检察建议”落实，4家基层院与法院、公安、司法等部门建立防范和查办虚假诉讼工作机制，发现虚假诉讼线索22件，移送公安侦查7件8人。

行政检察监督　开展行政非诉执行“小专项”监督品牌和“土地执法查处领域”专项活动，受理非诉执行监督案件253件，发出检察建议241件；常态化开展行政争议实质性化解，化解争议42件。西安行政检察助力法治政府建设的相关经验，在中国法学会行政检察委员会首届论坛上作交流发言。市检察院和临潼区检察院分别被最高检、省检察院评为“行政争议实质性化解”活动优秀组织单位。

公益诉讼检察监督　围绕污染防治、疫情防控、食药安全、红色资源等领域开展公益诉讼专项监督，延展公益诉讼检察监督领域，办理最高检、省检察院交办线索32件，主动发现线索1103件，办理诉前程序1048件，发出检察建议1041件，提起刑附民公益诉讼8件，5起案件被省检察院评为典型案例。市检察院与市秦保局等联合建立秦岭生态公益诉讼保护基地，阎良区检察院联合建立黄河流域西安生态环境司法保护基地，着力推进生态修复和环境改善。

◆**基层基础建设**　2021年，西安市人民检察院成立抓基层工作领导小组，建立基层院建设月报制度，定期分析形势，细化工作任务，研究推进措施。召开基层院建设工作推进会，制定《市检察院内设机构加强指导基层院建设实施意见》和《开展薄弱基层院结对共建工作实施方案》，指导承担结对共建的6家基层院，加强帮扶力度，推进薄弱基层院全面提升。落实院领导包抓制度，针对推进教育整顿、案件评价指标提升、“三有”争创和意识形态等工作，对14家基层院开展4轮专项督导检查，协调解决基层院实际问题。

◆**司法体制改革**　2021年，西安市检察机关健全完善司法监督制约体系，出台规范办案程序、强化案件管理等监督制度32个；常态化推进检察长列席法院审委会工作，研究重大疑难复杂案件64件次。严格落实司法责任制，紧盯案件质量主要评价指标，全面提升办案质效，“案-件比”已优化至1∶1.08，位居全省第一。推动“智慧检务”融合发展，办理检察技术案件1980件，远程提审834人次，利用无人机航拍等提供技术勘验取证34件。

◆**自觉接受监督**　2021年，西安市检察机关主动接受人大监督。全面落实《西安市人民代表大会常务委员会监督司法工作实施办法》，向人大常委会报告全市检察工作会议情况、主要办案数据和执行活动法律监督等工作情况，主动接受22名全国人大代表团视察西安检察工作。制定《办理全国和省、市人大代表转交案件工作办法》，办理交办案件2件。

接受群众监督　结合政法队伍教育整顿，3次邀请社会各界代表参加征求意见座谈会，抓好反馈意见的整改落实。严格执行民主监督规定，市检察院联合市委统战部聘请7名民主党派成员和无党派人士担任特约检察员。

深化检务公开　两级检察院积极开展“民呼我应”等检察开放日，邀请人民监督员174人次监督执法办案活动106件次。畅通律师服务渠道，全面提供一站式预约服务，累计接待律师3230人次，制作电子卷24923册，公开重要案件及程序性信息14465条、法律文书5742份。全市检察新媒体平台发布稿件22万余篇、视频200余部，组织新闻发布会和直播活动4场。2021年，全市检察机关先后荣获全国扫黑除恶先进集体、全国检察机关扫黑除恶优秀集体、全国节约型机关、全国检察宣传先进单位、全省人民满意政法单位等省以上集体荣誉45项、个人荣誉41项，36项工作经验和做法被上级推广。

◆**案例**

▲王宝珊拒不支付劳动报酬案。被告人王宝珊系陕西隆天建筑工程有限公司（以下简称隆天公司）原法人代表，2019年3月18日，王宝珊将该公司法人代表变更为其他人，但公司仍由王宝珊实际控制。2018年10月15日至2019年6月12日期间，隆天公司承建了西安市新城区韩森寨西安东方宸院DK5项目。2019年6

月中旬，甲方中建新疆建工（集团）有限公司与陕西隆天公司解除施工合同，并支付了工程款。后被告人王宝珊将岳秀政等13名员工的劳动报酬239978.68元挪作他用，并以各种理由予以拖延。2019年6月底，西安市新城区人力资源和社保局接岳秀政等13人投诉后，于2019年7月18日向隆天公司下发了责令改正决定书，王宝珊仍以各种理由拒不支付劳动报酬。2021年2月1日，西安市新城区人民检察院就此案向新城区人民法院提起公诉。2021年3月21日，西安市新城区人民法院对该案作出判决，被告人王宝珊犯拒不支付劳动报酬罪，判处有期徒刑1年6个月，并处罚金人民币2万元；责令王宝珊退缴所欠劳动报酬人民币239978.68元，依法发还被害人岳秀政等13人。

▲杨智帆涉嫌非法买卖、运输枪支案。2016年11月，刘伟（已判决）通过网络认识被告人杨智帆，随后通过现金及转账方式在杨智帆处购买大量枪形物，杨智帆于2017年2月左右先后通过物流方式将货物发送给刘伟，刘伟、孙博（已判决）通过微信等网络方式向全国各地出售。2017年7月23日，刘伟向杨智帆转账136800元。2017年2月24日，公安机关在孙博指认下现场缴获仿“柯尔特M1911A1”式手枪1支，在刘伟指认带领下，在位于周至县楼观镇省村的门面房中查获仿“柯尔特M1911A1”式手枪211支。2017年2月28日，公安机关在西安吉通货运处查获杨智帆从广东汕头通过物流方式卖给刘伟的38箱共456支枪形物（仿“奥坡瑞特”式手枪），杨智帆在物流单上未填写发货人有关信息。公安机关从查获的668支枪形物中随机抽取仿“柯尔特M1911A1”式手枪24支、仿“奥坡瑞特”式手枪20支，共计44支进行了鉴定。经鉴定，送检的44支枪形物均被认定为枪支且以压缩气体作为发射能源，其中仿“柯尔特M1911A1”式手枪的枪口比动能为2.42J/cm^{2}至3.9J/cm^{2}不等，仿“奥坡瑞特”式手枪的枪口比动能为2.17J/cm^{2}至3.74J/cm^{2}不等。2021年4月23日西安市周至县人民检察院向周至县人民法院提起公诉，该法院依法组成合议庭，适用普通程序，于2021年6月3日公开开庭审理了本案，并于2021年8月18日作出判决，以非法买卖、运输枪支罪判处杨智帆有期徒刑10年6个月，非法所得136800元依法予以追缴。

▲善合集团、杨学雯等人集资诈骗、非法吸收公众存款案。2015年11月，被告人杨学雯成立了善合集团公司，该公司下设子公司陕西善友汇网络科技股份有限公司，以及百年汇银财富管理有限公司、西安班雅装修设计工程有限公司等分公司。善合集团公司成立以来，被告人杨学雯便设计推出了蜂系列产品，依据投资金额不同，将蜂系列产品分为小蜜蜂、大黄蜂、蜂王、六合蜂，客户可选择相应的业务充值（其中小蜜蜂产品每枚60元，大黄蜂产品每枚1000元，蜂王产品每枚10000元，六合蜂产品每枚60000元），充值后成为会员，注册和登录善友汇公司在互联网上推出的“善友汇网络技术平台”，即可获3倍于充值金额的虚拟购物券，为了将虚拟购物券变现，会员可以在“善友汇网络科技平台”购买超市购物卡、油卡等商品后变现，也可通过个人在该平台注册为商户或在业务员指定平台商户进行虚假交易消耗虚拟购物券，后由善友汇公司以为商户结货款的形式将现金返还给商户，续而完成以券套现。为了吸引更多的客户购买产品，被告人杨学雯与被告人王尚洋等人又在“蜂系列”产品的基础上衍生出“善系列”（包括善行、善居、善装）等产品，以相同的模式进行非法集资活动。善合集团公司在全国13个省27个城市设立34家分公司，并形成以西安、成都、苏州、大连为重点公司的西北、西南、华南、东北大区域性公司。对外大量招募业务员，通过朋友圈、微信公众号、扫二维码等形式宣传产品。同时，善合集团公司定期组织有投资意向的群众召开创业峰会，由王尚洋等人进一步宣传讲解产品，吸引客户投资。为鼓励业务员的融资积极性，诱使社会公众不断购买产品，被告人杨学雯将业务员按照各自募集的资金量分为营销专员、营销经理、营销总监、事业部经理、分公司经理等级别，并针对不同的级别制定了高额的提成比例。经审计，善合集团公司以“善友汇网络科技平台”的名义共计发展会员102万余人，自2016年2月至2016年12月，善合集团公司通过其子公司善友汇公司以及全国30余家分公司，共向1.8万余名集资参与人员募集资金2009911024.00元。陕西地区已报案的集资参与人员总计103人，投资金额为38946952.00元，尚有本金25297525.69元未兑付。被告人杨学雯将款项用于兑现客户的高额返券、支付业务员的工资以及提成、被告人杨学雯个人用于购买车辆以及房产等用途。2021年8月，西安市中级人民法院作出一审判决，判处杨学雯无期徒刑，其他人员也均作出有罪判决。

▲张西林受贿案。2003—2018年，张西林利用其担任延安市发改委主任，延安市委常委、副市长，陕西省发改委副主任等职务上的便利及其本人职权或地位形成的便利条件，本人或通过其他国家工作人员职务上的行为，为他人在项目备案审批、工程承揽、费用减免等事项上提供帮助，非法收受单位和个人给予的财物共计人民币1358万元，24.377万欧元（折合人民币194.576546万元），房产4套（价值266.221401万元），奥迪Q5轿车1辆（价值37.8万元）。此案由陕西省监察委员会调查终结，陕西省人民检察院交办西安市人民检察院审查起诉，西安市人民检察院于2021年4月23日向西安市中级人民法院提起公诉，法院依法组成合议庭，于2022年1月27日作出判决，以受贿罪判处有期徒刑11年，并处罚金人民币100万元。退缴在案的非法所得人民币1601.725261万元，上缴国库。查封在案房产2处，扣押在案轿车1辆，上缴国库。

▲王西京受贿案。2003—2020年，王西京利用其担任西安市规划局副局长、西安市人民政府副秘书长、兼任西安曲江大明宫遗址区保护改造办公室副主任等职务上的便利，为他人在工程项目承揽、项目规划审批等事项上提供帮助，非法收受单位和个人给予的好处费，以明显低于市场的价格向他人购买房屋，非法获利共计人民币402.6514万元、港币20万元，折合人民币共计420.3554万元。此案由西安市监察委员会调查终结，西安市人民检察院于2021年7月29日向西安市中级人民法院提起公诉，法院依法组成合议庭，于2022年2月14日作出判决，以受贿罪判处有期徒刑10年，并处罚金人民币50万元。扣押在案的赃款人民币60万元和港币20万元依法没收，由扣押机关上缴国库；退缴赃款人民币306.9848万元依法没收，上缴国库。查封车位和储物间，依法予以处置，处置后所得款项依法没收，上缴国库。

▲灞桥区检察院督促规范无障碍环境建设行政公益诉讼系列案。2021年第十四届全国运动会、全国第十一届残运会暨第八届特奥会在西安举办。为助力提升残特奥会等赛事服务保障水平，陕西省检察院部署开展了无障碍环境建设检察公益诉讼专项监督活动。灞桥区院作为开、闭幕式及赛事举办核心区域的检察机关，积极开展线索摸排，经实地勘察、走访调查发现，国际港务区、浐灞生态区、灞桥区范围内部分道路、公共场所存在未设立无障碍坡道、盲道断点、盲道砖破损、盲道违规占用、道路坑洼不平、安全防护设施缺失或老旧等32处问题，部分商场超市、公园存在无障碍电梯、卫生间、残疾人停车位及标识不配套等12处问题，涉及交通出行、日常生活、办公办事，影响了残疾人等群体平等参与社会生活的基本权利，相关职能部门未能依法全面履职，损害社会公共利益。灞桥区检察院组织相关单位召开无障碍环境建设检察公益诉讼专项监督推进会，扎实开展专项监督活

动，相关单位在辖区开展全面、系统治理。完成盲道断点、违规占用、盲砖破损等点位问题整改319处，完成道路全面系统治理14条、整体大修1条，对1个客运站、2个公园景点和2座商场超市无障碍配套设施进行全面改造，完成无障碍标识更换102个，增设过街音响提示装置7处、无障碍公共厕所8个、无障碍停车位23个，1座区级公共图书馆增设无障碍视听阅览室。灞桥区检察院督促规范无障碍环境建设行政公益诉讼系列案入选最高人民检察院“千案展示”首批展示的典型案例。

▲西安市自然资源和规划局申请土地行政处罚非诉执行系列监督案。2021年4月，西安市临潼区人民检察院在开展土地执法查处领域行政非诉执行监督专项活动中发现，西安市自然资源和规划局向西安市临潼区人民法院提出的20多起土地行政处罚强制执行案件，法院裁定违法建筑由区政府或申请执行人组织实施拆除，而区政府或申请执行人并未组织拆除，致违法占地状态持续存在。2021年5月10日，临潼区人民检察院向西安市自然资源和规划局发出类案检察建议，建议西安市自然资源和规划局全面履行监管职责，依法拆除违法建筑设施；采取补救措施，有效恢复受损土地生态；严格规范履职，切实保护土地环境资源；完善监管措施，加强区域内建设项目管理。2021年6月4日，西安市自然资源和规划局临潼分局回函，采纳检察建议，表示按照检察机关的建议要求，依法履行工作职责。为使检察建议落到实处，临潼区人民检察院多次与自然资源部门进行沟通座谈，并与其共同组织召开联席会议，邀请临潼区各街道办事处列席参加，通报临潼辖区内违法建筑涉及的案件情况，研判工作措施，制定拆除方案，深入拆迁现场，协助督促违建拆除工作。最终，拆除违法建筑12处，涉及土地面积1.6万平方米。其他违法建筑将按期拆除、复耕并交还土地权利人。（张有进）

西安市人民检察院

检　察　长　张民生
副检察长　高选良　廖　平　同振魁　施文平　韩柏超
政治部主任　梁根科
纪检监察组组长　赵仲军

审　判

◆概况　2021年，西安市各级审判机关紧紧围绕西安市经济发展和社会稳定大局，积极应对诉讼案件激增态势和新冠疫情影响，按照“稳中求进”的思路，突出政治建设，践行为民宗旨，狠抓执法办案、司法改革，各项工作取得新成绩。全年全市法院累计受理案件448981件，比上年上升56.3%，占全省法院受理案件总数的42.3%；累计结案381328件，上升43.4%，占全省结案总数的39.5%。其中市中院共受理案件46430件，上升40.5%；累计结案39764件，上升27.8%。西安市中级人民法院在全国412个中级人民法院中收案数量位列第6，结案数量位居第6，办案质效稳步提升。市中院保密工作被最高人民法院评为“全国法院先进集体”，司法宣传和通联工作被最高人民法院评为“全国法院先进单位”；市中院刑一庭被最高人民法院评为“全国法院先进集体”，执行局执二庭被最高人民法院表彰为“人民法院扫黑除恶专项斗争先进集体”；市中院反洗钱犯罪工作被中国人民银行陕西分行表彰为“2020年以来全省打击洗钱犯罪工作成绩突出集体”，调研报告组织工作、学术论文组织工作、案例工作分别被陕西省高级人民法院评为“全省法院先进集体”；市中院刑二庭被陕西省高级人民法院评为“全省法院扫黑除恶专项斗争先进集体”，市中院民三庭被陕西省委政法委评为“人民群众满意的政法单位”；市中院民二庭、民三庭被陕西省高级人民法院表彰为“全省法院民商事审判工作先进集体”，法警支队被陕西省高级人民法院表彰为“全省法院司法警察先进集体”；市中院研究室被市委、市政府表彰为“西安市优化营商环境工作先进单位”。

◆思想政治建设　2021年，西安市中级人民法院认真学习贯彻习近平法治思想及习近平总书记来陕考察重要讲话精神，制定《中共西安市中级人民法院党组关于习近平总书记重要讲话、重要指示批示贯彻落实办法》。坚持以习近平法治思想为指引，在大是大非面前始终保持头脑清醒、立场坚定、态度鲜明。以庆祝建党100周年为契机，扎实开展党史学习教育。将“红色文化”融入学习教育，紧紧围绕“五个过硬”要求，扎实开展政治、警示、英模三项教育。以“党史学习教育”和法院队伍教育整顿为抓手，制定《2021年教育培训工作计划》，举办处级以上领导干部学习贯彻党的十九届五中全会精神专题培训班、党史学习教育专题讲座等15场次，举办法官干警政治轮训31期，受训1050人次。开展政治纪律、政治规矩专题教育，纵深推动党风廉政建设。严格落实领导干部重大事项报告、述职述廉、民主评议、谈话诫勉、外出报备等制度。落实“三会一课”、党员领导干部双重组织生活、党员民主评议、党内谈心谈话等制度，做好专项督促检查。制定《市中院领导班子成员全面从严治党职责范围及2021年度全面从严治党主体责任清单》，推动党风廉政主体责任常态化、制度化。严格执行预防干预过问案件“三个规定”，保障法官依法公正行使审判权。扎实开展专项检查、审务督察，对法官依法履职情况、遵规守纪情况进行检查监督，促进公正廉洁司法。

◆疫情防控司法服务保障　2021年，西安市中级人民法院充分发挥审判职能，在全省法院系统率先制定出台《关于充分发挥审判职能应对新型冠状病毒感染肺炎疫情的实施意见》，面向全社会公布针对疫情防控，诉讼服务以及涉疫情案件办理的64条具体措施，受到上级机关和社会各界的广泛支持和肯定。在疫情防控取得阶段性胜利，全面转入复工复产后，市中院又出台《关于依法保障疫情防控期间复工复产的意见》，切实找准工作结合点、切入点，为统筹做好疫情防控、保障民生、稳定经济、促进发展各项工作提供有力的司法服务，为稳妥推进复工复产、恢复生产生活秩序创造良好法治环境。

◆刑事审判　2021年，西安市各级审判机关刑事累计收案11567件，结案10542件。努力推动常态化开展扫黑除恶斗争取得新突破、新成效，实现扫黑除恶斗争常态化、机制化，共受理涉黑涉恶案件31件162人，宣判17件59人，判处5年以上有期徒刑15人。严惩危害群众安全感犯罪，一审判决“黄赌毒”案件124件，二审判决86件，在“6·26”国际禁毒日集中宣判一批涉毒品典型案件。

◆民商事审判　2021年，西安市各级审判机关各类民商事案件累计收案262686件，审结230854件。妥善审理涉民生案件，全市全年审理婚姻家庭、继承、相邻关系纠纷等民生案件14325件；审理劳动争议、追索劳动报酬等案件4731件；审理人身损害、医疗、交通事故损害纠纷等民生案件6968件；审理民间借贷案件8870件。全市法院全力配合中央省市“僵尸企业”出清工作，受理各级国资系统申请的破产案件22件，按节点推进涉案企业进入破产程序。加强知识产权保护，积极优化知识产权庭功能布局，强化知识产权庭审理涉外案件、知识产权案件审判能力。集中宣判一批知识产权侵权案件，涉及案件具有类型多样化、保护权益广泛性、跨区域受理性等典型特征，增强了全社会重视和保护知识产权的意识。在第21个世界知识产权日，市中院发布知识产权审判白皮书及十大典型案例。强化涉外法治保障，培养专门的涉外法律审判人才，不断满足涉外民商事法律案件审理需求，提高涉外案件的审理效率。通过适用电子送达的方式缩短送达周期，开展网络庭审、网络调解及司法确认，及时化解涉外纠纷。加强多元解纷机制建设，打造和完善服务保障中国（陕西）自由贸易试验区西安区域建设的多元解纷平台。积极落实最高法院国际第二商事法庭、第六巡回法庭工作部署，全面做好服务配合及保障工作；指导灞桥区人民法院积极优化服务保障中国（陕西）自由贸易试验区西安区域建设的多元解纷平台和巡回法庭机制建设。

◆执行工作 2021年，西安市各级审判机关执行案件共收案144002件，执结130953件。圆满完成执行“三统一”管理各项工作，优化整合执行指挥中心功能，为执行案件精细化、集约化管理奠定良好基础。组织开展“三秦飓风2021·我为群众办实事”“涉民生案件执行”等大型专项执行活动，部署开展执行案款清理发放工作，金额达40.86亿元。多措并举破除执行僵局，在执行兴业银行与福建省某水电公司等借款合同纠纷一案中，协调两家已采取扣留提取强制措施的法院，将2.4亿元案款全部执行到位。积极践行善意文明执行理念，对某民营企业因无回笼资金而导致的工人欠薪及上游材料短供困境，现场促成双方和解并于当日收到第一笔案款500万元，初步解决企业现实困境。

◆优化营商环境 2021年，西安市中级人民法院制定出台《优化营商环境工作暨“百日攻坚行动”任务分解实施方案50条》，西安市中级人民法院与证监会陕西监管局、中证资本市场法律服务中心签署了《陕西辖区证券期货纠纷诉调对接合作协议》，与西安仲裁委员会签订《关于建立诉讼与仲裁衔接工作机制的意见》，填补营商环境考核指标的空白。开展“规范市场秩序”专项活动、集中开展打击侵犯知识产权和制售假冒伪劣产品犯罪专项活动，严惩破坏营商环境违法犯罪，切实维护市场交易公平公正。加强破产案件审判，完善市场主体救治和退出机制，审结破产案件141件。评选并发布“2020年度全市优化营商环境十大典型案件”。圆满完成国家营商环境评价指标填报任务，助力西安市营造“国际化、便利化、法治化”一流营商环境。

◆妥善处理涉十四运纠纷案件 2021年，西安市中级人民法院制定《关于发挥审判职能为十四运道路场馆建设提供有力司法保障的工作方案》，依法审理涉十四运道路场馆建设和城中村拆除案件，每周由专人与铁路法院及各区县法院沟通，汇总相关案件情况，形成专报。市中院就十四运指挥部办公室交办事项进展情况每月向该办汇报一次。全市法院共受理十四运道路、场馆建设中涉非诉行政强制执行案件40件，审结40件，其中准予执行24件，裁定驳回16件。化解涉“苹果城”项目系列执行案，329户群众息诉罢访，消除“十四运”期间不稳定风险。

◆脱贫攻坚成果拓展 2021年，西安市中级人民法院积极协调帮扶项目资金，指导驻村工作队打造示范性民宿，推进临潼区三庙村乡村旅游发展。积极协调陕西省慈善协会等多个组织和社会团体，到三庙村开展旅游研学、户外踏青活动，促进其收入增长。组织村干部与志愿者、企业家召开法律与农业产业主题座谈会，携手西部证券和恒丰银行向三庙村委捐款35万元。开展“走访慰问送温暖”“牢记嘱托·感恩奋进·脱贫攻坚回村回访”活动，18个联户帮扶党支部坚持每月入户帮扶，帮助贫困户解决生产生活中的具体困难。2021年，市中院被中共西安市委、西安市人民政府表彰为“全市脱贫攻坚工作成效考核好单位”。

◆公共法律服务体系建设 2021年，西安市中级人民法院践行为民宗旨，切实把解决人民群众日益增长的涉法诉求作为工作目标，不断加强和完善公共法律服务体系建设。

制定立案大厅行为规范，一次告知制度，统一立案标准，推行首问负责制，严格司法礼仪，加强导诉力量，认真做好诉讼辅导和引导，规范大厅诉讼服务秩序，践行“最多跑一次”。市中院诉讼服务中心项目建设取得阶段性成果，制定出台《西安市中级人民法院网上立案规则》《西安市中级人民法院跨域立案规则》《西安市中级人民法院跨境立案规则》。网上立案、跨域立案和跨境立案全面开通，推进对接网上交退费系统，确保跨域立案15分钟内响应，7日内审核完毕。充分利用“陕西微庭审”小程序、电话等，开展远程调解、质证等工作，实现调解协议“在线签”，调解书“隔空收”，案件“即刻结”。

广泛听取各方意见建议，多次邀请省市人大代表、政协委员、法学专家、企业家代表、律师代表等面对面进行座谈交流，听取各界人士对法院工作的意见建议。积极践行“一线工作法”，聚焦群众关切问题，实行“菜单化”任务分解，制订提升诉讼服务水平、减少当事人诉累、加强矛盾多元化解、畅通群众诉讼渠道、加大司法公开力度五大类便民利民措施。

结合审判“五进”，深入开展司法服务中小微企业活动。特别是在审理农民工劳动争议案件中，市中院行政庭从审理的案件中挑选有代表性的中小微企业，深入调查了解其涉诉的深层原因，倾听企业心声，了解企业司法需求，从化解矛盾、规范用工关系出发，帮助企业与劳动者双方解决实际问题。

◆司法改革 2021年，西安市中级人民法院围绕改革创新求突破，打好审执提质、结案增效持久战。

落实综合配套改革 坚持把开展“双进”专项工作作为推动审执工作高质量发展的强大引擎。制订院庭长审判监督管理权责清单与独任法官、合议庭

2021年5月，西安市中级人民法院与相关单位举行证券期货诉调对接签约仪式，进一步完善证券期货诉讼与调解工作有效衔接

审判权责清单“两个办法”，修订审判绩效和目标任务考核规则，推进案件质效提升。全市法院员额法官人均结案数406件，高于全省平均值。加强职业保障，按期晋升法官、书记员职务等级，从优待警，增强了司法活力。

智慧法院建设　以一站式多元解纷及诉讼服务体系建设为牵引，充分发挥诉讼服务大厅、诉讼服务网、“12368”诉讼服务热线等平台作用，落实诉讼辅导、风险评估、类案检索、法律援助等智能服务。加强人民法院调解平台的推广应用，全力做好全市法院一站式多元解纷工作。督导基层法院诉源治理和“无讼社区”创建,规范特邀调解，优化司法确认，积极开展委派、委托调解和线上调解，推动线上司法确认。加大对调解员管理力度，落实调解员经费保障制度，努力调动调解人员积极性。按照《关于在全市开展律师调解试点工作的实施方案》及《关于开展劳动争议诉调对接试点工作的实施方案》，牵头做好委派调解和委托调解，积极推动律师调解工作规范化。

诉讼制度改革　全面推进民事诉讼程序繁简分流改革，融合推进小额诉讼、简易程序等五项举措，让公平正义提速。制定《关于进一步提高繁简分流试点五项改革任务的十项措施》，扎实推进改革试点工作各项数据指标不断提升。

制约监督体系改革　制定完善《审判委员会工作规则》《部门专业法官会议工作规则》《专业法官会议工作规则》；构建重点案件从部门内部讨论到跨部门集体研究，再到审判委员会研究审议的全链条质量管理体系，层层研究、逐级讨论、集体把关、内外结合，在维护“审理者裁判、裁判者负责”的审判权运行机制改革要求的前提下，发挥院庭长的监督管理职责，切实做到放权不放任。以审判管理为抓手，破解审判执行突出问题。构建从合议庭、院庭长到审判管理办公室的审判权、审判管理权、监督权的相互衔接、规范运行机制。制定完善西安市中级人民法院《关于院庭长审判监督管理权力和责任清单实施办法》和《关于进一步落实院庭长审判监督管理职责的办法》，明确院庭长行使审判监督管理权力的内容、程序与界限。市中院自行研发建立“院庭长监督管理平台”，使院庭长监督管理行为自动识别触发、全程网络流转，实现公开透明。以完善机制为基础，重点聚焦无罪判决案件、适用缓刑案件、法定刑以下量刑案件，全面强化院庭长监督管理，加强集体审议把关作用发挥，规范对审判权行使特别是自由裁量权的制约，提升个案质量。院审管办发挥审判管理专职部门职责，制定完善《西安市中级人民法院“一案双查”常态化管理办法》，通过组织重点案件评查、优秀案件评选、审判质效考核等方式全面强化对审判执行行为的常态化管理监督。通过以上措施，全市法院着力构建全面覆盖、科学规范、监管有效的审判监督管理制度体系，实现有序放权与有效监督相统一。在2021年教育整顿期间评查减刑案件21898件，假释案件11898件，暂予监外执行2867件。

在最高法院“总对总”网络查控系统基础之上，积极拓展西安市“点对点”查控范围，推进法院与公安、不动产、民政、工商、税务等部门的联动对接与信息共享，实现对被执行人主要财产的网络化、自动化查控。与市自然资源和规划局的执行联动查控系统第一阶段已基本完成，签署《网上查控合作框架协议》，试运行状况良好，实现西安市主城区带证房产的网络查控处置。制定执行局《关于贯彻落实善意文明执行理念的实施意见（试行）》，规范执行行为，强化善意文明执行理念，推动执行工作高质量发展。

◆普法宣传　2021年，西安市中级人民法院与《陕西日报》《华商报》《西部法制报》《西安日报》和陕西广播电台等媒体合作，通过策划制作专版、商定宣传主题、特色漫画、群众提问、法官在线等形式，宣传法治平安建设。市中院在《民法典》等民生法律法规宣传活动中，媒体宣传刊发稿件共397篇，其中中央级媒体宣传191篇，省级184篇。中央级平面媒体共5篇，省级50篇。与《陕西日报》在“群众身边的民法典”“群众说事 老秦说法”两个专栏开展合作，帮助广大人民群众解决在生活中遇到的法律问题。在《华商报》《西部法制报》开设“我为群众办实事”专栏，对全市法院的便民利民措施和为群众办实事的好做法好经验进行系列报道。在双微、抖音等平台邀请法官就热点案例和民法典相关内容进行深度解读，开设“走近民法典”专栏，共发布新闻稿件25条。在西安高新国际小学举办“红领巾法学院”模拟法庭，赴西安欧亚中学讲授“普法教育第一课”，在西安交通大学、西安理工大学、西安培华学院等组织“法庭开放日”，教育引导在校生正确处理矛盾，提升法治宣传的针对性、实效性和融入感。在全市中小学开展“红领巾法学院”创建活动的做法被写入最高人民法院工作报告。

◆案例

案例1：安争等组织领导参加黑社会性质案

案情：2005年，被告人安争通过贿选、纠集社会闲散人员破坏选举，排挤竞争对手等手段成为蓝田县华胥镇支家沟村村主任，安插亲信人员李甲科、张忍相、安武、陈纲担任村组干部。2006年3月，被告人安争欲与西安市华胥振兴建材厂承包人牛富华合伙经营建材厂遭到拒绝后，安争纠集李甲科、张忍相、陈纲及社会闲散人员强迫被害人牛富华退出振兴建材厂经营，强占强买生产设备自营牟利。自此，逐步树立起霸道、强势地位。2008年又采取贿选拉票、排挤竞争对手等手段连任村主任。此后随着被告人安腾、安绍利、胡嘉濠、李根的陆续加入，逐步形成了以安争为首的黑社会性质组织。2012年、2015年以同样的手段控制选举,当选支家沟村党支部书记。甚至在2018年安争因处分无法参选，仍采取非法手段操纵选举，扶持安武当选村委会主任，持续把持基层政权十余年。该犯罪组织依附其村组织长期持续存在，结构稳定，组织者、领导者明确，人数众多，组织成员固定，部分成员分工明确。被告人安争指使安腾、安绍利、胡嘉濠、李根、毕鑫、李甲科、张忍相、陈纲、安武、王宏杰、安宽峰等人从事侵占集体财产、寻衅滋事、强迫交易、非法占用农用地、串通投标等违法犯罪活动。被告人李甲科、张忍相、陈纲、安武服从安争领导，被告人安争的组织领导地位明显，是组织成员公认的领导。被告人李甲科、张忍相、安武、陈纲系被告人安争安插在支家沟村村民小组组长，长期追随被告人安争，帮助安争操纵换届选举，把持支家沟基层政权，帮助安争强迫交易、侵占集体财产，对以安争为首的黑社会性质组织持续和发展，起了重要的作用；被告人安腾、安绍利、李根、胡嘉濠、李甲科、张忍相、安武、毕鑫、陈纲是安争犯罪组织的积极参加者。被告人王宏杰、安宽峰明知是安争犯罪组织实施的犯罪活动而参与，系一般参加者。

该组织具有较强的经济实力。被告人安争的犯罪组织及成员，利用其非法影响或职务便利，强迫交易、非法侵占集体财产获取了巨额非法利益。其中，非法占用农用地获取非法利益400.34万元，强迫交易获取非法利益489036.25元，职务侵占获取非法利益近300万元，串通投标获利2368969.54元。被告人安争、安腾将其非法聚敛的财富，除用于鑫合源会所建设，向被告人胡嘉濠、李根发放“工资、分红”外，还用于为其违法活动、犯罪活动支付赔偿费及罚款等，另有部分被用于请客送礼、贿赂国家干部、“拉票贿选”等，其余用于购买高档车辆等挥霍消费。

以被告人安争为首的黑社会性质组织长期把持基层政权，垄断农村资源，获取不法利益，严重破坏当地政治环境与基层组织建设、损害了村集体与村民的合法权益；以暴力、威胁方式排除竞争对手，树立非法权威，扩大非法影响，形成强势地位，独霸村务、为非作恶、欺压村民、称霸一方，严重破坏社会经济秩序，社会管理秩序与人民群众生活秩序，造成了极其恶劣的社会影响。西安市灞桥区人民法院经审理以被告人安争犯组织、领导黑社会性质组织罪、串通投标罪、强迫交易罪、非法拘禁罪、诈骗罪、职务侵占罪、敲诈勒索罪、寻衅滋事罪、非法占用农用地罪，数罪并罚，判处有期徒刑24年，附加剥夺政治权利4年，并处没收个人全部财产；对被告人安腾、安绍利、李根、胡嘉濠、李甲科、张忍相、安武、毕鑫、陈纲分别判处有期徒刑20年至有期徒刑1年又1个月不等。宣判后，原审被告人安争、安腾、安绍利、胡嘉濠、李根、李甲科、张忍相、安武、陈纲、毕鑫均不服，提出上诉。市中级人民法院经审理认为原审判决认定事实清楚，定罪准确，量刑适当，审判程序合法。裁定驳回上诉人安争、安腾、安绍利、李根、胡嘉濠、李甲科上诉，维持原判；准许上诉人毕鑫、安武、陈纲、张忍相撤回上诉。

案例2：柳忠良等9人故意伤害、非法拘禁涉恶案。

案情：深圳旺金金融公司成立于2012年5月4日，深圳融信永洲公司成立于2014年7月1日，深圳袋吧西安公司成立于2016年11月22日。深圳融信永洲公司受深圳旺金金融公司的委托负责该公司逾期贷款的催收。深圳袋吧西安公司系深圳旺金金融公司的全资子公司，其主要业务是车辆抵押放贷。被告人刘锋、柳忠良、廖俊雄、杨宽、郑伟、丁晓亮、王吉超、肖晶和肖乐、蒋传峰、周俊、刘海辉（该四人已判刑）均系深圳融信永洲公司贷后催收人员，刘锋和陈磊（已判刑）系组长。为收回公司贷款抵押车辆，陈磊纠集肖乐、蒋传峰、周俊、刘海辉，实施了非法拘禁、寻衅滋事、故意伤害的违法犯罪活动；刘锋等人以暴力、威胁手段多次实施违法犯罪活动，丁晓亮还参与了一起违法事实。

第一宗：故意伤害事实。被告人柳忠良、刘锋、廖俊雄、杨宽、郑伟、丁晓亮、王吉超、肖晶均系融信永洲公司贷款贷后催收人员，刘锋系组长。2017年8月1日12时许，刘锋接到公司指令，该公司贷款逾期客户张某某的抵押车辆陕AW733P大众迈腾轿车GPS信号出现，要求刘锋进行催收。刘锋召集柳忠良、廖俊雄、杨宽、郑伟、丁晓亮、王吉超、肖晶通报情况。随后，8个被告人分乘2辆轿车前往西安市科技路中华世纪城小区附近查找抵押车辆，通过定位发现该车出现在小区内的汇德汽车修理部。当被害人徐某某（男，殁年33岁）与朋友张某波、刘某某驾车离开时，刘锋指使其他被告人驾车进行跟踪。当陕AW733P车辆行驶至莲湖区唐延北路与科技路十字永辉超市向北掉头进入慢车道时，刘锋指使其他被告人对该车进行截停。肖晶驾驶陕A44P42帕萨特轿车（车上有杨宽、郑伟、丁晓亮）停在陕AW733P轿车前方，王吉超驾驶陕AY50X2本田雅阁轿车（车上有柳忠良、刘锋、廖俊雄）停在陕AW733P轿车后方，两车共同将陕AW733P轿车逼停。杨宽、郑伟、丁晓亮前去陕AW733P轿车的副驾驶室处对张某波进行控制，并夺下张某波手中的斧子，张某波逃离了现场。柳忠良、廖俊雄、刘锋下车，徐某某持斧子将廖俊雄手臂、背部多处砍伤，二人发生厮打。柳忠良持木棍在徐某某头颈部猛击，致徐某某受伤倒地。徐某某经送医院抢救无效死亡。经法医鉴定：徐某某死亡系钝器击打头部致重型颅脑损伤所致，廖俊雄的损伤程度为轻微伤。

第二宗：非法拘禁事实。2016年12月7日，被害人胡某的妻子王某与深圳旺金金融公司签订车辆抵押贷款合同，后还款出现逾期。2017年5月5日，胡某与该公司西安门店深圳贷吧商务咨询有限公司西安分公司业务经理王江(另案处理)商谈还款事宜，并签订还款承诺书，但一直未还款。同年6月中旬，该公司催收负责人黄继承(另案处理)安排王江与陈磊(已判刑)处理胡某还款事宜。6月22日20时许，王江约胡某在西安市莲湖区劳动南路永信伊泡馍馆见面，并通知陈磊带人前往，陈磊遂带领被告人丁晓亮、柳忠良、刘峰及蒋传峰、肖乐、周俊、刘海辉(已判刑)等人在永信伊泡馍馆外等候，期间，王江借口从永信伊泡馍馆离开，随后陈磊、柳忠良、刘峰、蒋传峰等人进入永信伊泡馍馆内将胡某双手扭到背后控制，强行将其带至西安市雁塔区唐延路银河新坐标A坐807室西安市冠雄商务信息咨询有限公司，要求胡某借钱还款，在胡某无法借到钱后，被告人丁晓亮柳忠良、刘峰及蒋传峰、肖乐、刘海辉、周俊等人对胡某进行推搡殴打，后陈磊安排丁晓亮、刘海辉在807室看守胡某至次日上午10时许。

第三宗：违法事实。2017年7月20日17时许，被告人丁晓亮还伙同肖乐、蒋传峰、施海栋(均另案处理)为索要被害人袁某驾驶的曾抵押于深圳袋吧西安公司的AZ62U7大众牌迈腾轿车，开车从西安出发，在湖北省十堰市高速东出口往向阳方向一公里处，将车强行逼停并对袁某进行殴打后，将车强行开离。被害人报警后肖乐等人在漫川高速路收费口被抓获归案。2017年7月21日，湖北省十堰市公安局茅箭区分局因随意殴打他人对施海栋、肖乐、蒋传峰行政拘留15日。

市中院审理后，认为被告人刘锋、柳忠良、丁晓亮的行为符合恶势力的构成要件，以被告人柳忠良犯故意伤害罪、非法拘禁罪合并判处死刑，缓期2年执行，剥夺政治权利终身；对其余被告人判处无期徒刑至3年又6个月以上的有期徒刑。

案例3：吴燕芬等515名投资者诉延安必康制药股份有限公司证券虚假陈述责任纠纷系列案件

案情：2020年10月16日，被告延安必康制药股份有限公司（以下简称：延安必康）发布公告称收到了中国证券监督管理委员会陕西监管局《行政处罚决定书》，根据该决定书，被告延安必康存在严重的虚假陈述行为。原告吴燕芬等515人起诉称基于对被告延安必康虚假陈述行为的信任投资其股票，其间遭受的损失依法应由被告延安必康赔偿。诉请被告延安必康赔偿其投资差额损失、佣金和印花税损失。

西安中院经审理认为，被告延安必康因重大关联交易未披露的行为，构成证券虚假陈述侵权，应对受侵权的投资者承担相应民事赔偿责任。原告吴燕芬在实施日到揭露日期间买入股票并持有至揭露日，存在投资差额损失，与被告延安必康的虚假陈述行为之间具有交易和损失的因果关系，有权要求被告延安必康予以赔偿。本院委托中证法律服务中心采用“移动加权平均法”计算原告吴燕芬的股票买入均价并采用“同步指数对比法”计算市场系统风险扣除比例，计算方法和计算结果公平合理，确认原告吴燕芬最终应获得的赔偿金额为投资差额损失24973.40元和佣金7.49元、印花税24.973元之和25005.86元。一审宣判后，被告延安必康提起上诉。二审期间，被告延安必康撤回上诉，一审判决生效。

本案系西北地区首家中级人民法院制定的《西安市中级人民法院关于处理群体性证券纠纷示范判决机制的意见（试行）》后，在515名投资者诉被告延安必康证券虚假陈述责任纠纷系列案件中依职权选定的首例示范案件。该案件也是西安中院与陕西证监局及中小投资者专门保护机构中证资本市场法律服务中心签订《证券期货纠纷诉调对接合作协议》后首起证券虚假陈述责任案件。

由于投资者诉被告延安必康证券

虚假陈述责任纠纷案件，原告投资者众多，法律关系复杂，审理难度极大。经过前期调研及反复讨论，对于该系列案件的审理突破以往传统审判模式，采用示范判决机制审理，即在处理群体性证券纠纷中，选取具有代表性的案件先行审理、先行判决，通过发挥示范判决案件的引领作用，妥善化解平行案件的纠纷解决机制。示范判决围绕共性的事实争点和法律争点展开充分论述，着重分析共性的证据，认定共性的事实，阐明共性的法律适用。示范判决生效后，已为示范判决所认定的共性的事实，平行案件的当事人无需另行举证。经当事人同意，可以将若干平行案件合并开庭审理，同时简化庭审程序。

本案一审宣判后已经发生法律效力。在此基础上，后续平行514件平行案件的庭审在1个小时之内全部结束。在该示范判决的引领作用下，后续平行案件当庭和解、当庭给付、当庭撤诉89件，合计当庭给付金额近400万元。该案初步形成了可供复制推广的示范判决审理机制，为后续金融证券类型案件的审理打下了良好的基础。审理本系列案件过程中形成的证券期货纠纷诉调对接机制，作为优秀案例和典型经验被国家发改委编入《中国营商环境报告2021》及《优化营商环境百问百答》，向全国复制推广。

案例4：鹤壁国龙物流有限公司诉西安西电变压器有限责任公司承揽合同纠纷案

案情：2011年1月，鹤壁国龙物流有限公司（简称国龙公司）与西安西电变压器有限责任公司（简称西电公司）签订“购销合同”，约定国龙公司向西电公司购买两台电力变压器，单价749.5万元，共计1499万元，交货时间2011年6月15日。2011年7月，西电公司向国龙公司发函称：“恰逢国家重点工程1000kV、750kV可控电抗器也在近期交货，造成了交货期的冲突，由于以上与国家重点项目的冲突，加之我司生产能力的局限，造成贵司项目产品交货时间推迟”。最终国龙公司确认实际交货时间为2011年10月16日，实际迟延履行123天。2019年1月，西电公司在河南省鹤壁市淇县人民法院提起诉讼，要求国龙公司支付剩余货款105.6万元。经一、二审法院审理，该案支持了西电公司的诉请。国龙公司遂提起本案诉讼，要求西电公司支付逾期交货的违约金134.91万元。西安市莲湖区人民法院认为，西电公司主张其延迟交货属于不可抗力的理由不能成立，该行为属于违约行为，应当承担相应的违约责任，判令西电公司支付国龙公司违约金134.91万元。西安市中级人民法院二审维持了一审判决。陕西省高级人民法院再审审查驳回了西电公司的再审申请。

本案西电公司隶属大型国有中央企业，国龙公司为河南省中小微民营企业。平等保护各类市场主体合法权益是民商事审判的基本要求，不允许因为市场主体的身份不同而区别对待。市中院在审理该案过程中严格依法裁判，司法天平绝不倾斜，既保护了小微企业的合法权益，又对国有企业平等参与市场竞争具有警示教育和价值引导作用。本案彰显了西安法院在民商事案件审理中，依法平等、全面保护各类市场主体合法权益的裁判理念，是促进民营企业投融资环境持续优化、保护中小投资者权益、优化西安法治营商环境的典范。该案被西安市中级人民法院评为“2020年度优化营商环境十大典型案件”，被陕西省高院评为“2021年度陕西法院十大审判执行案件”，被最高人民法院评为“人民法院协助推进民营经济高质量发展十大典型民商事案例”。

案例5：涉网约车司机劳动争议纠纷19案

案情：李建军等19人先后与北京天运达人力资源管理顾问有限公司、天韵达天津人力资源有限公司签订劳动合同，岗位均为网约车司机，工资由底薪+提成组成，底薪由天韵达天津人力资源有限公司发放，提成由福建易博企业管理有限公司代发。首约科技（北京）有限公司是李建军等人的用工单位，日常管理由首约科技（北京）有限公司西安分公司负责。李建军等人于2019年12月31日离职，后申请劳动仲裁，请求上述五公司共同支付经济补偿金、未休年假工资、加班工资、配合办理申领失业金，补缴社会保险并退还押金。西安市劳动人事争议仲裁委员会裁决北京天运达人力资源管理顾问有限公司、天韵达天津人力资源有限公司分别支付李建军等人劳动合同期间的带薪年休假工资，并驳回李建军等人的其余仲裁请求。北京天运达人力资源管理顾问有限公司不服，向市中院申请撤销该仲裁裁决。

网约车司机作为劳动力市场中出现的新职业类型，其与用人单位之间建立的劳动关系属于新业态衍生的新型用工关系，不同于传统劳动关系，所涉及的法律关系具有复杂性、交叉性、跨域性、群体性等特点。本批案件涉案人数较多，且属于新类型用工关系产生纠纷，处理不好极易引发群体性事件，同时考虑到大部分当事人在其他省市，为降低当事人的维权成本，减轻诉累，合议庭在开庭审理前通过电话联系各方当事人，采取“背靠背”分别沟通的方式进行协调，并加强释法明理力度，让各方当事人在庭前即对案件的情况达成初步共识。庭审时，经过合议庭主持调解，各方当事人最终消除了分歧，并当庭达成了调解协议，当天下午义务方即支付了全部调解款项。本批案件的处理对同类群体性案件的纠纷化解及促进社会和谐稳定都起到了积极作用。

案例6：495户申请执行西安明珠商业运营管理公司拖欠租金执行案

案情：自2017年1月4日以来，西安中院共计受理被执行人为西安明珠商业运营管理有限公司拖欠租金系列案件近495件（其中2021年度共计受理211件）。因被执行人在法定期限内未申报财产，西安中院于2018年3月21日对被执行人的财务室进行了搜查，搜到现金68万余元，一次性执结了当时立案执行的39件案件。搜查后，被执行人主动到西安中院就财产申报、主动履行等问题进行报告，并请求法院主持，愿意分批履行，和解执行剩余所有案件。2018年度随后的70余件案件顺利执行完毕。

西安中院在随后的案件执行中，多次和申请执行人沟通执行方案，申请执行人坚持认为，被执行人诚信缺失，分次履行无保障，且被执行人经营正常，有能力履行，要求被执行人一次性履行，若不履行，法院应该继续搜查，加大执行力度。鉴于双方严重对立的情况，办案团队研判后认为，本系列案件虽然个案标的不大，但案件量大，牵扯几百个家庭，且租金每年都在产生，通过执行活动，不但要解决双方当前的租金纠纷，如何解决以后的租金矛盾才是焦点和目的，否则，法院将会陷入周而复始追讨租金的被动境地之中。为此，办案团队确定了“以财产核查促和解”新的办案思路。并在市人大代表、政协委员、当地政府领导的见证下，执行团队组织了20余位业主代表现场对被执行人的财产进行核查。经核查，确定了被执行人管理经营商铺36万平方米，闲置近6万平方米，36万平方米商铺均要付租金；虽亏损1.3亿元，但正在通过各种方法招商、扩大经营，已慢慢走出了经营困境，但一次性兑付所有租金也确有困难。核查活动组织严密、第三方见证，保护了申请人的知情权、参与权、监督权。该活动部分消除了申请人对被执行人不信任心理，但依然不能完全消除双方的对立状态。面对各方沟通困难的现状，办案团队起草了“给明珠案件申请人的一封信”，向每一位申请执行人邮寄。经过不懈努力，业主代表来到办公室，表达了愿意接受调解，同意接受分批次执行的方案。在2021年的执行中，为保证案件款及时执行，执行团队向被执行人提出了对其的经营模式进行整体提升、变简单家装原材料批发为以科技为中心的家装全方位服务，以提高企业的收益。该建议被被执行人采纳，其引进的多家高新家装企业及全西北最大的办公用品集散大卖场已营业，保证了2021年全部案件执行完毕。截至2021年底，该系列案件共计执行4202万元全部到位。

案例7：西安橡树投资发展有限责任公司与被执行人香格里拉市永胜矿业有限公司等买卖合同纠纷执行案

案情：橡树投资公司与永胜矿业公司等买卖合同纠纷一案，陕西省高级人民法院于2015年2月26日作出（2014）陕民一终字第00195号民事判决，由永胜矿业公司向橡树投资公司返还预付款38826198.89元、承担资金占用费5186756.98元。因永胜矿业公司未履行义务，橡树投资公司申请执行。西安中院在执行中轮候冻结被执行人的采矿权，经协调决定，采矿权由西安中院执行。因采矿权使用期限即将届满，且按照国家和云南省环保政策要求，被执行人所处矿区将整体退出开采，故采矿权无法执行。被执行人利用其远在高海拔矿区的地理位置和采矿权协调处置期间，一方面拒绝报告财产状况，不履行任何义务，另一方面却不断开采销售矿粉，获利巨大。

西安中院调查发现，被执行人对外自称停产，实际上却购买大量炸药，私自开采。执行人员在公安机关调取了炸药购买记录并前往矿区了解情况。因被执行人警惕性高，在沿途设置多处岗亭，执行人员以游客身份在矿区周边村庄展开调查。通过执行悬赏，一村民向执行人员反映被执行人白天停业但利用夜间偷偷生产矿粉，已积攒大量矿粉并装袋，随时转移。另有曾在矿区作业的村民反映被执行人在近几年已开采销售大量矿粉，获利达2亿元之多。在获取线索后，执行人员实地勘查目标矿区路况和人员值守等情况，为强制搜查做好准备。

在细致调查和周密部署后，西安中院指派13名干警在云南丽江集结，驱车数百公里，于2018年7月26日早晨7时45分到达海拔3100米的香格里拉矿区，以搜查爆炸物品为由，一方面将50余名完成夜间作业准备休息的工人集中控制在生活区，统一保管其手机、对讲机等通信设备，另一方面对生产区展开搜查，发现矿粉隐匿在一废弃车间夹层中。执行干警在上午11时56分成功将42吨600袋矿粉强制扣押并装车运输至丽江异地保管。西安中院对扣押的46吨钨矿粉委托评估后于2019年3月12日在淘宝网司法拍卖平台成功拍卖，变价款309万元向申请执行人发放。同时，对在搜查中发现被执行人隐匿财产等犯罪线索，移送公安机关追究其拒不执行判决裁定罪的刑事责任。2021年5月17日，在人民法院强力打击规避执行的态势下，被执行人永胜矿业公司主动到西安中院，与申请执行人达成和解，一次性向申请执行人橡树投资公司支付款项5610万元。至此，本案全部执行完毕。（杨凤生）

西安市中级人民法院

院　长　李洪涛
副院长　杜豫苏　赵海峰　姚建军
纪检监察组组长　张小齐
政治部主任　邓晓宇

司法行政

◆概况　2021年，西安市司法局在中共西安市委、西安市人民政府坚强领导下，忠诚履职、开拓创新，面对大事要事急事难事叠加的复杂局面、新形势新挑战交织的严峻考验、改革发展繁荣稳定的艰巨任务，坚定不移地推进全面依法治市和司法行政事业改革发展，实现“十四五”良好开局。

◆思想政治建设　2021年，西安市司法局认真学习贯彻习近平法治思想及习近平总书记来陕考察重要讲话精神，坚持以习近平法治思想为指引，以庆祝建党100周年为契机,组织庆祝建党100周年教育访谈、主题演讲、主题党日等活动，深入开展党史学习教育，引导党员干部在学史明理、学史增信、学史崇德、学史力行中锤炼党性、坚定信念。突出全面从严治党，扎实推进党支部标准化规范化建设，突出抓好社会组织行业党建工作，健全完善律师、司法鉴定行业党建工作体制，全市律师行业党员达到1384名，比上年增长22.7%，律师行业党建工作的做法在西安市非工党建工作会议上作了经验交流。扎实开展司法行政队伍教育整顿，统筹推进强制隔离戒毒场所综合治理和律师、公证、司法鉴定行业突出问题专项治理，制定《关于防止过问和干预、插手行政复议案件办理的若干规定（试行）》等制度，甄别核查各类违纪违法问题39个、线索94条，处理干部39人，党纪处分、行政处罚律师17人，行政处罚司法鉴定机构1家。

◆依法治市　2021年，西安市司法局坚持以学习贯彻落实习近平法治思想为主线，认真贯彻落实中央全面依法治国工作会议精神，组织召开市委全面依法治市工作会议暨市委全面依法治市委员会第二次会议，出台《法治西安建设规划（2021—2025）》及西安市《法治社会建设实施方案（2021－2025）》《法治政府建设实施方案（2021－2025）》《“八五”普法规划》《加快推进公共法律服务体系建设的实施方案》，有力推动“七五”普法圆满收官、“八五”普法顺利启动，制定《西安市行政复议决定履行法治督察办法（试行）》，深入开展学习宣传贯彻习近平法治思想等专项法治督察，搭建起了法治西安建设的“四梁八柱”，全面依法治市水平实现稳步提升。

◆法治政府建设　2021年，西安市司法局以争创全国法治政府建设示范市为目标，全面部署开展法治政府建设示范创建活动，全年组织市政府常务会学法6次，合法性审查市级部门行政执法事项1838项、市政府及政府部门文件96件，公布告知承诺制证明事项64项，组织政府法律顾问参与全市重大项目研判等90余次，高标准完成《西安市灞河重点区

2021年6月3日，召开西安市法治政府示范创建工作会议

2021年5月12日，举办“我为群众办实事法治体检进民企”活动启动仪式

域风貌管控条例》等10部法规规章审改任务。在《西安日报》《西安晚报》开设“法治政府建设专题巡礼”专栏、刊登全市法治政府建设亮点经验22期44篇。年底，西安市作为候选地区被推荐至中央依法治国办参加全国评选。

◆行政复议与应诉　2021年，西安市司法局积极做好行政争议“诉源化解”，在全国率先设立市级行政争议预防调处中心，大力构建行政复议“1+3”等工作机制（“1”是指发挥行政复议化解行政争议的主渠道作用，“3”是指健全完善特约调解、专家评议和法律援助3项工作制度），圆满完成市级行政复议体制改革，全年全市办理行政复议应诉案件1643件，行政复议案件综合纠错率22.4%，行政机关负责人出庭应诉率73.5%、高于全国41.5%的平均水平，特别是对“三学街”等重大征收拆迁改造项目超百人行政复议案件，督促相关部门提前做好风险防范，有效避免引发重大群体性事件。西安市加强行政复议应诉的做法被陕西省委依法治省办在全省推广，构建行政复议“1+3”工作机制的做法被司法部在其官方微信上专题报道。

◆公共法律服务　2021年，西安市司法局扎实推进公共法律服务体系建设，结合党史学习教育“我为群众办实事”活动，推出法律服务便民服务举措135条，全年律师、公证、司法鉴定及村（社区）法律顾问共为群众提供法律服务超过19万件次，减免各类费用700余万元。仲裁业务领域不断拓展，在全国率先成立了体育商事仲裁院、军工仲裁院，全年西安市仲裁委员会受理案件3342件，标的62亿元。成立十四运会、疫情防控等各类公益法律服务团和法律援助工作站92个，开通企业法律服务专线95条及公证服务十四运会绿色通道，编制《西安市疫情防控法治保障工作手册》和十四运会《法律服务指南》，全年办理商品房销售摇号选房现场监督公证179场，涉及房源43562套，办理法律援助案件16509件，同比增长7.5%。实现西安地区2021年全国统一法律职业资格考试组织实施和疫情防控两个“万无一失”。

◆涉外法律服务建设　2021年，西安市司法局不断加强涉外法律服务建设，推动西安“一带一路”国际商事法律服务示范区和中国—上合组织法律服务委员会西安中心等“三个中心”建设列入陕西省、西安市重要规划方案，将涉外法律服务业奖补政策纳入西安市对外开放政策，圆满举办2021欧亚经济论坛法律服务分论坛、西安“一带一路”国际商事服务高端圆桌会议暨后疫情时代国际商事法律服务保障研讨会、“三个中心”运行一周年系列活动等重大活动，吸引12家全国知名法律服务机构进驻示范区，对接西安交通大学法学院、西北政法大学国际法学院、西安财经大学法学院依托“三个中心”建立实习实训实践基地3个，指导西安市律师协会成立西安市国际商事法律服务中心，指导西安市国际商事法律服务中心联合西安交通大学法学院、西北政法大学国际法学院、西安国际陆港集团在示范区共建中欧班列（长安号）法律服务协同创新基地，推动西安仲裁委员会和中国国际经济贸易仲裁委员会丝绸之路仲裁中心进驻示范区取得实质性进展。“‘一带一路’国际商事法律服务示范区构筑涉外法治保障新高地”获评陕西省“十大法治事件”，成为新时代陕西全方位对外开放新名片。

◆司法所建设及安保维稳　2021年，西安市司法局全面落实《西安市司法所体制机制改革实施方案》，深入推进“六好司法所”示范创建活动，全年西安市首批命名和第二批申报达标的“六好司法所”达到133个，占全市总数的71.9%，长安区司法局五台司法所所长周亚、临潼区司法局代王司法所所长杜盈盈的工作事迹在央视12套《一线》栏目和新浪微博《司法所长来了》节目播发宣传。深入开展“建设法治西安、护航全运盛会”“万人齐用力、服务新格局”“迎接建党百年”矛盾纠纷排查化解等专项活动，全市各人民调解组织成功调解各类矛盾纠纷19054件。依法设立西安市社区矫正委员会，确保强制隔离戒毒场所持续安全稳定，律师重点人和刑满释放人员、社区矫正人员始终处于教育管控之中，在册刑满释放、社区矫正人员年度违法犯罪率远低于全国平均水平。　（贺　萌）

2021年10月18日，举办2021欧亚经济论坛法律服务分论坛

西安警备区

◆概况　2021年，西安警备区党委在陕西省军区党委和中共西安市委的坚强领导下，坚持以习近平新时代中国特色社会主义思想为统揽，深入贯彻习近平强军思想，突出首位抓引领、凝神聚力抓中心、全面从严抓作风、狠抓安全保稳定，全面建设呈现稳中有进的良好局面。

坚定举旗铸魂，思想政治建设不断加强。围绕建党百年，持续抓政治引领。严格落实党委中心组理论学习和专题学习制度，坚持把党史学习教育作为重要政治任务贯穿全年，认真践行总目标总要求，学习教育取得明显成效。

大抓军事训练落实，严抓依法按岗施训。按计划抓好首长机关和民兵军事训练，积极组织民兵参加应急抢险和安保维稳任务。组织民兵参与“十四运”安保，圆满完成誓师大会、防汛抢险演练和火炬传递安保执勤等任务，出动民兵参与蓝田县“8·19”山洪、鄠邑区“9·26”甘峪河决口、临潼区渭河水倒灌抢险救灾，带领民兵常态参与驻地疫情防控，部队应急应战能力得到检验和提升。警备区被军委国防动员部表彰为“军事训练先进单位”，蓝田县人武部、灞桥区人武部分别被省军区表彰为“军事训练先进单位”“十四运”安保先进单位。

聚力提质增效，国防动员准备持续推进。着眼优化民兵队伍结构深挖编兵潜力，对各区（县）民兵整组进行巡回督导、普查普考。深入开展国防潜力调查，为实施平时动员和战时精准动员提供了数据支撑。认真研判首次“一年两征”形势特点，积极克服疫情影响，精心制作“征兵宣传”短视频，创新开展“高校征兵宣传月”“两微一端”，线上线下宣传，突出大学毕业生征集重点。紧盯体检、政考、役前训练，严格审查把关、精准遴选调控，较好完成年度男兵、女兵、直招军士征集任务，以及定向培养军士体检政考和入学工作。

持续强化党管武装制度落实，积极组织宣布任职通知、党委议军、工作述职、责任考核，协调市人社局、市教育局为146名驻军官兵办理家属随调，为1500余名军人子女解决入学、入托，对330名军人子女进行中考优待。

◆警备区党委全体扩大会议　2021年1月13日，西安警备区召开党委全体扩大会议，传达学习军委国防动员部和省军区两级党委扩大会议精神，对警备区2010年度工作进行总结回顾，安排部署2021年度工作任务。会议期间，刘海成同志代表警备区党委作工作报告，魏宏同志作主题讲话，并宣读表彰奖励通令通报。书面印发警备区纪委工作报告。

（顾星昊）

◆安保维稳　2021年，西安警备区为扎实做好“十四运”安保任务，警备区专门成立安保工作专班，与市执委会安保组建立工作对接机制，指挥本级安保任务行动。2月，组织民兵150人次参加全市安保誓师大会；6月，组织民兵200余人次参加全市“生命至上·护航十四运”防汛抢险演练；8—9月，2次组织人武部对火炬传递路线进行现地勘察，组织2280余名民兵圆满完成“十四运”火炬传递等安保任务。（赵轩锋）

◆应急处突　2021年，西安警备区加强与地方应急、维稳、防汛、公安等部门沟通联系，积极组织民兵参与抢险救灾行动。2月，组织鄠邑区民兵队伍50人参与八里香林区扑灭山火行动；三季度，指导蓝田、鄠邑、临潼3个区（县）人武部，投入基干民兵参加蓝田县“8·19”山洪、鄠邑区“9·26”甘峪河决口、临潼渭河水倒灌抢险救灾任务，转移受灾群众近万人；从8月开始，雁塔区每天常态出动民兵30人（共2500余人次）担负辖区绕城高速出口疫情防控任务；在遂行应急行动任务中，较好发挥民兵队伍作用，受到地方党委政府的充分肯定。

（孙　文）

◆基层规范化建设　2021年4月，西安警备区组织全市基层专武干部进行任职培训，不断提高专武干部履职尽责能力，为推进全市基层武装工作建设打下坚实基础。同时，联合市委组织部和市人社局，依据培训考核成绩对专武干部进行了资格认证。把基层武装部规范化建设督导检查作为一项常态化督导检查内容，结合民兵、征兵等工作检查督导时机，对规范化建设的相关内容进行临机检验。11月，碑林区柏树林街道武装部、长安路街道武装部、雁塔区长延堡街道武装部、漳浒寨街道武装部、中国飞行试验研究院武装部迎接全省基层武装部规范化建设检查考评，5家单位建设全部达标。（李　葛）

◆兵员征集　2021年，西安警备区认真研判征兵形势，坚持征兵“五率”量化考评，紧紧抓住高校主阵地，突出大学生征集，特别是大学毕业生征集，调整征兵组织机构，凝聚军地合力，层层压实责任。深入开展征兵宣传，拟制并下发宣传教育提纲，组织开展“高校征兵宣传月”活动，组织政策宣传会百余场。科学安排大学生初审初检，发放预定兵通知书。利用公众媒体发布征兵信息、播放“征兵宣传片”，调动基层一线征兵工作人员和社区工作者，进门入户发动返乡学生应征，助力征兵宣传。严格把握兵员质量，认真开展征兵业务培训，组织业务考核。全体体检医生落实业务考核、持证上岗。体检落实封闭体检、“盲检”要求，组织全科目体检抽查。研究制订疫情防控工作措施，及早开设征兵体检站，严格落实防疫有关规定。采取相对集中、划片组织的方法，按照封闭式、连队化管理、昼夜连续实施、不少于7天的要求，严密组织役前训练。严守廉洁征兵底线，严格落实廉洁征兵“零报告”制度和公开公示有关要求，组织开展针对性廉洁征兵警示教育，聘请廉洁征兵监督员，及时公布监督举报电话和信箱。严格落实集体定兵、一次定兵、阳光定兵，按要求公示新兵名单。严密组织新兵交接起运，顺利完成年度兵员征集任务。（朱殿国）

◆**双拥共建**　2021年，西安警备区组织驻军官兵积极参加“9·30”公祭日，协调开展地方政府“八一”慰问驻军部队、“最美退役军人”评选、“双拥示范学校”挂牌等活动，协调市人社局、市教育局为146名驻军官兵办理家属随调，为1500余名军人子女解决入学入托问题，对330名军人子女进行中考优待。（马　骏）

武警西安支队

◆**概况**　2021年，武警西安支队跟进学好习近平总书记来陕考察重要讲话精神和党的十九届六中全会精神，围绕建党百年统筹抓好两项教育，“红肩章”宣讲、党史知识竞赛等教育实践活动形式多样、效果明显。以迎接、庆祝建党百年为主线，在任务重、挑战多、压力大、发展难的情况下，围绕锻造“五个一流军营”目标，举旗铸魂引领看齐，维稳备战牵引建设，强基固本积蓄底蕴，深化改革提质增效。各级党组织和广大官兵忠诚担当、坚守奉献，经受住了多条战线、多个领域的压力和考验，部队建设呈现稳中向好、昂扬向上、持续向强的良好态势。

◆**思想政治建设**　2021年，武警西安支队全面贯彻军队党建法规，对表修订党委常委会议事决策规则，指导基层规范组织设置、换届选举、考评鉴定，组织体系更加完善。认真贯彻民主集中制原则，强化纪律规矩刚性落实，用好典型案例、办案通报和反腐倡廉录像警示教育，扎实开展“廉政三进”活动，82名基层风气监督员作用发挥明显。7个党组织、16名官兵被表彰为先进集体和优秀个人，调整任用干部69人、选送技术学兵126人、选晋士官243人、发展党员96人、表彰奖励688人，全程阳光透明，上下信服满意。8个中队荣誉墙建设稳步推进，支队获政治教员比武优胜单位，2名同志评为“十佳”优秀政治教员，参加总队主题歌咏比赛获第一名，央视军事频道报道支队党史学习教育，央广国防时空报道官兵抗洪抢险消息，1570多篇新闻在军内外网站媒体报道，展示支队官兵良好风貌。

◆**战备训练**　2021年，武警西安支队全面规范勤务组织、编携配装、阵地建设，执勤五项问题和31处隐患整治彻底。全运会安保、押解押运、抗洪抢险等195起专项任务完成圆满，实战能力得到有效锤炼。巡逻勤务建设、安保任务汇报等方面受到军委督导组、中部战区和武警部队首长一致好评，支队被总队表彰为全运会安保先进单位，5名同志被评为安保先进个人。深入贯彻军事训练会议精神，抓训措施机制管用实用，经验做法被总队转发，宗子航、尚建凯被武警部队评为“标兵教练员”，51名官兵在比武竞赛中立功受奖。

◆**正规化管理**　2021年，武警西安支队严格落实安全工作协调督导机制，多波次组织安全检查，106项隐患问题清仓归零。严格执行武警部队“双八条”措施和惩治酒驾醉驾“七条硬性措施”，紧盯在外人员和枪弹车辆管控，守牢安全底线。开展“密切官兵关系、杜绝打骂体罚”专项教育整治，全员额、全领域、全过程抓好心理测查、政治考核，及时发现妥善处置2名患有抑郁症的战士，清退移交22名重点人员，帮教转化62名重点关注对象，部队安全基础得到巩固加强。

◆**基层建设**　2021年，武警西安支队认真落实武警部队、总队抓基层打基础保稳定措施，坚持一队一案精准帮建，把“三知五学”“学习新法规、大练基本功”贯穿抓建全程，调整配备14名大队主官，基层自建能力不断增强。3个中队“脱贫”进入先进，2个大队、7个中队被表彰为“四铁”先进单位，484名官兵被表彰为“四有”优秀个人。召开官兵恳谈会，对口答复和解决48条意见建议，62条办实事解难题清单逐条推进落实。协调解决17名官兵家属随军、7名子女入学问题，30个基层单位难题推进有力，官兵归属感、满意度逐步提升。

◆**综合保障**　2021年，武警西安支队始终将人力、物力、财力向战斗力聚焦，修订完善9类20种后装保障方案，优化“一组五队”编成，实现人员定岗、装备定位、物资定量、管理定责。常态开展“优质服务下基层”活动，强力推进资产大清查、违规住房清理、被装精确申领、装备“智慧磐石”建设，严密组织专业兵培训鉴定，后装保障效能提升明显。紧跟疫情形势，刚性落实防控措施，加大疫苗接种、核酸检测，部队实现“不蔓延、不扩散、零感染”。

（田国栋）

人民防空

◆**概况**　2021年，西安市人民防空办公室在中共西安市委、西安市人民政府和西安警备区的正确领导下，坚持以习近平新时代中国特色社会主义思想为指导，深入贯彻总体国家安全观和新时代军事战略方针，坚持以“建设强大巩固现代人民防空体系，铸就坚不可摧护民之盾”为统揽，指挥通信工作再上台阶，工程建设兼顾发展安全，人防法治环境得到优化，利民惠民举措落到实处，铸盾护民向备战打仗转型升级，全面履行战时防空、平时服务、应急支援的能力得到提升。科学编制并印发《西安人防“十四五”规划》，扎实做好“十三五”和“十四五”的衔接转换。全年全市人防工程建设继续保持提质增效的良好势头，超额完成建设年度任务。人防结建工程审批397个，面积507

2021年4月1日，西安市人防系统指挥通信业务骨干前往扶眉战役纪念馆开展主题党日活动

万平方米；审批易地建设项目83个，收缴易地建设费2.35亿元；结建人防工程竣工备案207个项目，面积101万平方米。市区（不含西咸新区）新增停车位近14000个。人防单建工程建设任务如期完成。土门街心花园单建人防工程招商工作已完成，各大商家已陆续进行内部装修，持续开业和运营之中。曲江文化运动公园单建人防工程已完成工程竣工验收，现转入招商运营工作。

◆思想政治建设 2021年，西安市人民防空办公室坚持把党的政治建设摆在首位，把践行“两个维护”作为必须恪守的最高政治原则和根本政治规矩，把党史学习教育作为年度一项重大政治任务，认真学习领会习近平总书记重要讲话精神，切实提高政治站位，不断强化责任担当，确保精心组织实施。班子成员带头学理论、讲党课、谈体会，带头参加“我为群众办实事”实践活动，引领党员干部不断强化政治站位，增强忠诚核心、维护核心、看齐核心的政治自觉、思想自觉和行动自觉。坚持把学习贯彻习近平新时代中国特色社会主义思想作为党组会议和各支部会议的第一议题。坚持开展中心组学习，全年共组织中心组学习45次，党史学习教育相关内容30余次，先后学习《习近平论中国共产党历史》《中国共产党简史》等内容。建立习近平总书记重要指示批示台账，对习近平总书记来陕重要讲话进行反复学习领会。汇编和印发《学史明理》，助力学习贯彻往深里走、往实里走。

◆以案促改 2021年，西安市人民防空办公室持续巩固深化人防腐败问题专项整治。截至年底，人防专项整改清单中285个问题项目，完成整改项目由年初的248个，提升至目前的276个，新增整改数为28个，整改完成率达96.5%，追缴易地建设费增加1572万元。西安整改完成率居全省前列。扎实开展王晓明、唐宁严重违纪违法案以案促改工作。修订完善人防行政执法制度6项、指挥通信建设制度4项、工程建设管理制度5项；制定机关党建、办公行为规范、资金资产监管等12项内部管理制度，确保各项工作迈上制度化、法治化轨道。

◆人防重点项目建设 2021年1月27日，西安市人民防空办公室召开全市重点项目人防审批座谈会，全市17个区（县、开发区）人防机构的审批人员和51个重点项目人防审批业务报建员参加座谈。会议听取报建员的情况汇报，研判后续办理可能出现的问题，制订主动对接、提前预审、无缝链接、容缺办理等具体措施，为高效率推进重点项目人防手续办理进一步统一思想。曲江运动公园单建人防工程项目进展顺利，全年完成投资额3335万元，工程主体完工，进入全面验收阶段。2021年11月24日，省委书记、省人大常委会主任刘国中专程赴该项目实地进行勘踏和调研。曲江文化运动公园单建人防工程项目位于公园南侧，由省、市人防办联合建设，占地约4.53万平方米，为地下两层结构，建筑面积约4.4万平方米，总投资4亿元。该项目是目前国内唯一、西北最大的集人员、车辆、物资、救护为一体的综合掩蔽部，战时可掩蔽9870人，可储备粮油约2万吨。平时为运动主题商业配套设施和公共停车场，是国内首个单建人防与运动公园相结合的军民融合项目。该项目2017年2月完成工程招标，2021年已完成施工建设，计划2022年完成招商和运营开放，可安排约2600人就业，年收益可达900万元。

◆人防审批验收 2021年3月29日，西安市人民防空办公室召开办理建筑许可指标“百日攻坚行动”部署会。各区（县、开发区）按照“百日攻坚”实施方案要求，在依法依规审批的前提下，以深化“放管服”改革为抓手，通过并联审批、严格时限等多种方式，促进行政审批服务提速增效，推动工程建设项目审批制度改革实现新突破，加快西安市优化营商环境“1+18”攻坚提升改革任务的落实。推行一站式办理、一网通办和容缺受理，深入推进“放管服”改革，开展“四级四同”调研督导。适应政府非税收入征管职责划转有关要求，通过陕西省税务局非税收入协同工作平台，建设单位经电子税务等方式即可完成缴费，减少跑路次数，方便群众办事。编写完成《人防工程常见设计误区与解析》，下放给300余家建设单位和设计单位，节省人防工程的方案设计和修改时间，提高工程设计质量，取得建设单位、设计单位和施工图审查单位的一致好评。全市重点项目共计473个，其中，续建项目314个，涉及人防审批的258个，已办结256个，办结率99.2%；新开工项目159个，涉及人防审批的133个，已完结130个，办结率为97.7%。

◆人防工程管理维护 2021年，西安市不断加强人防工程管理，提高人防工程的平时使用效率和规范人防工程的平时使用行为。11月26日，西安市印发了《人民防空工程平时开发利用备案登记办法》，并在西安市人民政府网站公布。该办法自2021年12月25日起施行，有效期5年。《办法》的颁布对于做好西安市人防工程平时开发利用备案登记工作提供了规范遵循，也是近年来西安市人防领域制定的重要规范性文件。

1至6月，组织对全市老旧人防工事进行摸底排查，共排查165个项目12万平方米，对存在的隐患采取加固、封堵等有效措施，消除安全隐患。

2021年，市人防办利用安东街老旧工事服务民生，投入纳凉费用30余万元，7至9月向市民免费开放纳凉，接待市民10万人次，取得很好的社会效益。

◆人防工程质监、执法 2021年，西安市人民防空办公室质监任务完成情况良好，全年受理质监申报项目186个，面积124万平方米；质监出勤1000余人次，工程质监技术交底250余次，检查问题下发整改通知单450份；完成人防竣工核查并出具《西安市人防工程质量监督报告书》的结建项目244个，面积121万平方米；完成地铁14号线地铁项目质量监督和竣工核查。

2021年，进一步完善健全体制机制，严格落实行政执法“三项制度”，共查处人防违法案件13起，收缴罚款51万元。受理投诉举报案47起，受理率100%，回复率100%，群众满意度97%。

◆人防指挥通信建设 2021年4月10日，西安市人民防空办公室依托航天宏图信息技术股份有限公司绘制完成新的全市防空警报规划图，制图一式4套19幅，为组织开展防空警报建设提供第一手资料。以此为依据，市人防办完善防空警报布局，印发《西安市人民防空警报建设三年规划》，根据国家人防办《人民防空电声警报器通用要求》（RFXB03-2007）和省人防办要求，全市建设电声警报器共计8套，进一步优化防空警报网络系统。

5月24日至28日，西安市组织开展代号为“长安—2021”西安市人防机动指挥系统跨区检验性演练。演练由西安、安康、巴中、汉中等地机动行军，途中进行车辆伪装、抢修和短波电台等科目的演练，开展不同形式的通信及装备使用技能训练，往返行程近1100公里。通过组织实施长途跨区域机动及其支援行动，检验全市组织实施人防机动指挥系统长途奔袭、野外通信和伴随保障的训练水平。

10月12日至24日，西安市12名业务骨干参加全省人防机动指挥通信系统跨区域支援性演练和全省人防指挥通信系统操作人员培训班暨全省人防大比武竞赛，参训人员团结一心、积极协同，严格要求、科学训练，获得全省“秦盾—2021”跨区域支援性演练先进单位最佳组织单位奖、全省人防指挥通信系统操作集训暨大比武活动先进单位综合成绩优秀单位奖，受到省人防办通报表彰。

◆西安市人防通信应急救援队成立 2021年11月26日，西安市人防办在西安锦江国际酒店举行向西安市人防通信应急救援队授旗仪式，标志着西安市人防通信应急救援队正式成立。该支队伍以西安市人防指挥信息保障中心为主体，由13个区（县）人防指挥通信业务骨干共计43人组成。

◆人防疏散基地挂牌　2021年12月14日，西安市人防办与王顺山国家森林公园签署人防疏散基地建设合作框架协议，这是西安市推进疏散基地与经济社会发展融合发展正式挂牌成立的第一个人防疏散基地。

◆人防工程平战转换演练　2021年12月2日，西安市人民防空办公室依托正泰五防组建的平战转换专业队员共50名，在未央区太华北路保利公园小区组织人防工程平战转换演练，演练采取视频录播与实地操作直播相结合的方式进行，全过程展示人防工程平战转换的早期转换、临战转换和紧急转换3个阶段。参演人员在人防工程中不同区位，现场实施战时水箱安装、抗爆挡墙堆垒、防护密闭门活门槛安装和防护密闭门门式封堵等6个工作环节。此次演练是全省人防系统首次开展的人防工程平战转换演练，为人防工程平战转换积累宝贵经验。

◆人防法规与平战宣传　2021年5月12日，西安市人民防空办公室以开展第13个全国“防灾减灾日”活动为契机，指导各区（县）人防部门同步开展形式丰富的防空防灾减灾宣教活动，万余名群众参与，发放各类人防知识宣传资料4000余套和印制人防常识手提袋、笔记本、纸巾盒等2200余件，邀请红十字会志愿者现场演示心肺复苏、海姆立克急救法等应急救援技能，有效增强人民群众国防观念和自救本领，受到群众广泛好评。市人防办法规与平战处被国家科技活动周组委会办公室评为2021年全国科技活动周先进单位。

2021年，西安市人民防空办公室利用多媒体警报器电子屏等载体，以科技活动周、警报试鸣、国庆“防空避险”主题教育和宪法宣传周等活动为抓手，组织各类现场人防主题宣传活动26次，发送人防宣传系列短片和微视频27条，宣教群众达数十万人。

◆人防合作与交流　2021年5月20日，国家人防信息科技应用研发协同创新基地组织来自四川省成都、资阳、德阳和眉山4个地市人防办共计86名学员到西安市0801工程参观见学。参训学员对指挥大厅进行现场观摩，观看《“秦盾—2020”综合演习》宣传片。7月8日至9日，西安市人民防空办公室组织人员赴济南，与济南市人防办、郑州市人防办共同出席黄河流域中心城市人民防空战略合作框架协议相关活动，开启西安市参与黄河流域中心城市人民防空合作发展的新征程。

◆扶贫帮困成果巩固　2021年2月25日，西安市人民防空办公室组织5名历任驻村第一书记、驻村工作队员到对口扶贫单位周至县三联村开展“牢记嘱托、感恩奋进，脱贫攻坚回村回访活动”。驻村工作队带领周至县三联村两委会人员，先后实地考察13次，与村民协商7次确定肉牛养殖基地的选址，并先后多次与县农业局、镇土地所对接，完成肉牛养殖基地的土地评估、勘测、项目立项、资金预算、项目实施方案、施工图审核报告、标书制作、招标等一系列工作，推动肉牛养殖基地项目于2021年6月8日正式开工，实现三联村集体经济收入零的突破。　（蔡晓峰）

退役军人事务

◆概况　2021年，西安市退役军人事务系统认真落实习近平总书记关于退役军人工作重要论述和来陕考察重要讲话精神，坚持为经济社会发展服务、为国防和军队建设服务的方针，统筹疫情防控和退役军人工作，全面加强党的领导，不断完善体制机制，持续提升服务保障水平，积极营造尊崇尊重氛围，为“十四五”全市退役军人工作高质量发展奠定基础。全年全市各级党委退役军人事务工作领导小组认真执行中央、省委各项决策部署，统筹统揽、安排部署、走访调研、督促检查、强化考核，全面加强党对退役军人工作的领导。中共西安市委退役军人事务工作领导小组以市委、市政府、西安警备区名义研究制定了《关于加强新时代退役军人工作的具体落实措施》，为高位推动退役军人事务工作提供坚强保障。市、区（县）两级召开党委退役军人事务工作领导小组会议62次，高位推动移交安置、社保补缴、就业创业、信访稳定、服务保障体系建设等重难点工作。领导小组负责同志深入基层调研指导，走访慰问退役军人，出席军地座谈会、“9·30”公祭活动等，推动退役军人事务工作往深里走、往实里走。

◆退役军人服务保障体系建设　2021年7月，陕西省发展和改革委员会出台《关于西安市全面代管西咸新区的指导意见》，西咸新区退役军人工作与西安市融合发展，全市四级退役军人服务保障体系新增服务站344个，服务保障退役军人由35万人增长至40.8万人。严格按照“全覆盖”和“五有”建设标准，以五大类示范创建活动为抓手，狠抓落实，创建437家全国示范型服务中心（站）创建、2家“全国百家红色服务站”、标杆型退役军人服务中心（站）263家，示范型服务中心（站）817家，规范型服务站2036家，实现规范型退役军人服务中心（站）群覆盖。主动对接，精准服务，建设西安交通大学退役军人服务站、曲江街道非公企业（天驹集团）退役军人服务站、华清宫老兵驿站等一批特色鲜明的退役军人服务站，开拓退役军人服务保障新局面。积极引入社会力量，建强退役军人服务保障体系第“三驾马车”，成立西安市退役军人服务协会，广泛开展“崇军荟”活动，与200余家商企达成初步合作意向，为首批100家崇军企业成员单位集中授牌，在通信、医疗、商超、保险、旅游、餐饮酒店、培训、生活服务等8个民生领域，形成优惠清单500余条，在全省率先为40万名退役军人提供优惠优待服务。

◆退役军人安置　2021年，西安市突出“贡献越大、安置越好”鲜明导向，采用功绩制排名选岗、“直通车”安置、指令性包底分配相结合的方式，圆满完成计划分配军转干部安置任务，安置到行政和参公岗位的占98.9%，比上年提高0.9个百分点。通过“量化评分、排名选岗”，顺利完成500余名政府安排工作的退役士兵接收报道和安置工作。完成3万余名符合条件的退役士兵养老保险补缴工作，缴费4.38亿元，办结率100%。接收复员干部、退役干部1900余人，发放地方一次性经济补助金8000万余元。

◆优抚褒扬　2021年，西安市退役军人事务部门积极落实退役军人养老、医疗、住房、教育、文化和交通各项优惠政策，及时发放各类抚恤补助。为755名立功受奖现役军人送去慰问金80.8万元。组织2批次残情集中鉴定和慢性病检查，评定残疾等级和带病回乡退伍军人251人，为5493名残疾人员换发“残疾军人证”。为烈士遗属制作“心连心”服务卡，开展烈士遗属走访慰问活动。推进烈士纪念设施建设，投入5594万元对2处国家级、5处县级烈士纪念设施进行提升改造，对全市7处零散烈士纪念设施、112处散葬烈士墓进行摸底建档。组织“百年英烈”宣传纪念系列活动，开展“学党史、庆百年、颂英烈、铸丰碑”英烈故事讲解大比武，培养200余名“小小讲解员”。清明期间，2000余家企事业单位、大中专院校、人民团体共计15万余人次开展形式多样的祭扫活动。隆重举办“9·30”烈士公祭仪式，陕西省及西安市党政机关领导、军队离退休老干部、烈士亲属、现役官兵、消防救援指挥官、公安干警、大中小学生及社会各界群众

2021年12月3日，举行"国家宪法日"暨《退役军人保障法》颁发一周年政策宣传活动

代表，共计2000余人参加活动9场次，营造"缅怀英烈、敬重英雄"的浓厚氛围。

◆退役军人就业创业 2021年，西安市退役军人事务局紧扣"六稳""六保"任务要求，创新推动退役军人高质量就业创业。聚焦教育培训提能力，组织2021年返乡自主就业退役士兵适应性培训15场受训1900余人次，精准实施技能培训，遴选认定20家职业技能承训机构，组织531名退役军人参加免费技能培训。开展"就业服务季"活动，成功举办"线上+线下"招聘会29场，发布招聘信息21次，参与企业4200余家，提供岗位9.8万余个。建立常态化招聘机制，联合市人社局举办了"春风行动""金秋招聘月""暖冬行动"等系列促就业活动，在官方网站、公众号及商业媒体平台设置招聘专区，图文并茂发布招聘岗位，招聘服务做到了"月月有岗位，季季有活动"。主动对接组织、人社、公安、民政等市级部门，帮助参加公务员招录、事业单位招聘及社区工作者招聘的225名退役军人落实加分优待政策，积极探索政法、交通、消防等行业直招专招模式，帮助80名退役军人专招入职地铁公安辅警。聘请98名就业创业导师，认定49个退役军人就业创业基地，累计服务200多人次，建立退役军人创业项目库，选送13个创新创业项目参加全省退役军人创业大赛，获一等奖2名、二等奖2名、三等奖4名、优秀奖5名和"最佳组织奖"，名列全省第一。聚焦服务保障促合力。走访困难退役军人家庭389户，通过公益性岗位等途径帮助93名困难退役军人实现就业。对5.8万余名自主就业退役军人开展实名登记和建档立卡、分类管理和动态监管，实现帮扶个性化、服务精细化、管理全程化。

◆军休服务管理 2021年，西安市退役军人事务局聚焦"服务保障好、组织管理好、作用发挥好"三好目标，不断创新服务管理模式，为军休干部提供优质服务。常态化开展军休党建工作，通过党史学习教育，不断增强军休干部听党话跟党走的自觉性、坚定性。充分落实军休干部"两个待遇"，开展多种形式的走访慰问活动，加强与军休干部的联系。完成11家军休机构24个大中修改造项目和8家军休机构老旧小区改造项目。公开招标确定空军军医大学第一附属医院、陕西省肿瘤医院、西安市第三医院、西安大兴医院、西安国际医学中心5家三甲医院为军休干部体检定点医疗机构，分期分批组织开展2021年度军休干部体检工作，高质量完成全市9000余名军休干部的体检工作，统一体检标准、体检服务和体检项目，并实现体检结果的通检通用。开展丰富多彩的军休文化活动，高标准筹划庆祝中国共产党成立100周年系列活动，举办新春送春联、第二届门球比赛、第三届钓鱼比赛等文体活动14次。在全省军休系统庆祝建党百年书画摄影展、征文和讲述故事征集活动中，全市报送书画作品215幅，全部收录展出；讲故事征文共上报105篇，其中一等奖10篇、二等奖13篇、三等奖15篇、收录刊出69篇。西安市军休艺术团发挥军休老干部的余热，开展进小学、进警营、进地市及系统内文艺会演8次，发扬红色传统，传承红色基因。

◆双拥工作 2021年，西安市退役军人事务局认真贯彻省委"双拥工作走在前列"和中共西安市委"将双拥工作提升至新高度"的指示精神，扎实推进部省重点任务落实，为西安市巩固全国双拥模范城"十连冠"奠定良好基础。先后3次召开全市双拥工作专题会议，强化基层双拥机构建设，接续修订双拥工作领导小组成员单位职责，成员由37个增至60个。春节前夕，广泛开展"情系边海防官兵"拥军优属活动，发动东方小学"双拥班"280多名军人子女，为边防官兵手书慰问信、绘制贺年画，并将印制贺年卡、慰问信与精心准备的400份西安原汁原味礼品寄往边防官兵手中。"八一"期间，全市各级开展军地交流联谊活动140余场次，走访慰问驻军部队130多批次、看望重点优抚对象、伤残军人、三属等近4000人，赠送价值307万元慰问品。推动落实军地互提需求、互办实事制度，解决29个部队反映突出问题和105名随军家属工作调动问题。部省市领导一同为西安市首家"双拥示范学校"东方小学揭牌。积极参加全国双拥主题标识和文艺作品征集评选活动，我市作品荣获二等奖1个和三等奖2个。

◆退役军人权益保障 2021年，西安市退役军人事务局进一步强化《退伍军人保障法》学习宣传，以精准化、规范化为导向着力完善退役军人法律援助制度。通过建立16个退役军人法律服务站，为256名退役军人提供援助服务。2021年度发放省、市、区（县）三级关爱基金329.41万元，援助退伍军人400人。强力解决退役士兵安置遗留问题，按照政策规定，协调解决工作岗位，发放待安置和待岗期间生活补助费。

◆退役军人作用发挥 2021年，西安市万余名退役军人志愿者先后加入各种志愿服务，积极承担急难险重任务，成为应急应战的重要力量，全年共开展具有退役军人特色的志愿服务活动50余次，在社会生活各个方面发挥积极的作用。十四运会和残特奥会期间，500名退役军人志愿者在文化宣传、文明交通、外围安保等方面提供优质服务。疫情防控工作中，全市297支退役军人志愿服务队、12309名退役军人志愿者闻令而动、冲锋在前，投身社区、医院、高校、交通要道等一线防疫阵地，主动承担起核酸检测、秩序维护、社区值守、入户排查、环境消杀、防疫宣传、物资转运配送等一线防疫工作，筑牢保障人民生命健康的防护网。西安市退役军人服务协会组建包含800余名退役军人、200余名地方优秀企业家及拥军模范的千人协会志愿服务队，开展"守护西安·老兵抗疫先锋行"志愿服务活动，捐赠价值200余万元抗疫物资及现金数万元，开展物资募集、物资运输、新年剪发、走访慰问困难老兵、服务困难特殊群体等一个个令人交口称赞的爱心服务活动。

（彭　鸥）

综　述

◆概况　2021年，西安市“三农”工作坚持以习近平总书记来陕考察重要讲话重要批示精神为指引，以深入实施乡村振兴战略促进城乡融合发展为统领，扎实做好“六稳”工作，全面落实“六保”任务，奋力推进农业农村高质量发展。农业综合生产能力持续提升，“菜篮子”产品供应充足，特色现代农业建设稳步推进，农村改革持续深化，农村社会美丽和谐，农民收入持续增长，农民群众获得感幸福感不断增强。2021年，全市第一产业增加值308.82亿元，比上年增长6.1%；农村常住居民人均可支配收入达17389元，比上年增长10.4%。

◆农业产业结构调整　2021年，西安市加快发展都市型现代农业，优化农业产业布局，着力打造“三区一带三基地13+6集群”发展格局。在稳定粮食产能的基础上，加快果业品种改良，创新栽培模式，推进以时令水果为代表的果业提质增效。做强高效设施农业，提升现有设施农业生产水平，注重政策引导，加大资金扶持，推动蔬菜产业和特色果业稳步发展。加快发展现代畜牧业，持续推进阎良、临潼、蓝田等区（县）奶山羊基地建设，加快奶山羊良种繁育体系建设，发展标准化规模养殖。

◆农业产业融合发展　2021年，西安市紧扣产业振兴目标，依托优势资源，推进乡村产业融合发展。周至秦岭猕猴桃、西咸新区泾河新城茶产业列入2021年国家级农业特色产业集群建设。经省政府同意，阎良区、高陵区被认定为第一批省级现代农业产业园；长安区获批2021年省级现代农业产业园创建。创新推动建设都市现代农业产业园（都市现代化农场），突出提升农业生产功能首位要求，设定适度规模、生态循环、智慧化生产、产量保障等项目标准及“三品一标”的创建导向。积极开展国家级、省级农业产业化重点龙头企业推荐认定工作，全年推荐认定国家级农业龙头企业1家、省级农业龙头企业13家，市级以上农业产业化重点龙头企业累计达到154家，其中国家级12家、省级60家、市级82家，经营总收入达710亿元，比上年增长1.4%。扎实开展农业产业化示范联合体创建工作，认定省级农业产业化示范联合体3家，市级农业产业化示范联合体19家，区（县）级农业产业化示范联合体35家。

◆农业投资　2021年，西安市坚持以金融创新助推乡村振兴，加快补齐农业农村发展投资短板。市农业农村局分别与中国邮政储蓄银行西安市分行、陕西秦农农村商业银行、中国农业银行西安分行签订战略合作协议；西安爱菊粮油工业集团有限公司、陕西石羊股份有限公司、西安航城面粉有限公司、西安市聚仙食品有限公司等多家农业产业化龙头企业获得银行授信及基金投资储备项目入库。政银双方重点围绕金融服务推动特色产业发展、盘活村集体经济、扶持专业合作社、撬动农业发展基金深度合作、共赢发展。截至年底，3家签约银行累计投放涉农贷款681亿元。

◆高标准农田建设　2021年，西安市建设高标准农田10133.33公顷，高效节水示范项目1866.67公顷，完成计划任务的100%。项目完成总投资18698.12万元，其中中央财政补助资金14656.69万元，省级财政配套资金1667.13万元，市级配套资金1184.30万元，地方预算内资金1190万元。项目完成农用机井416眼，衬砌渠道48.54千米，铺设输水暗管135.49千米、低压输电线路83.94千米、10千伏以下高压输电线路23.16千米，地力培肥8143.7公顷，营造农田林网84.38千米，铺设机耕路66.23千米，其中硬化道路23.94千米，新建生产路37.66千米，新建变压器98台，配电箱175处，技术培训1.09万人次。

◆耕地“非粮化”整治　2021年，西安市深入贯彻习近平总书记关于耕地保护和粮食安全的系列重要指示精神，开展统筹利用撂荒地防止耕地“非粮化”工作。通过组织开展关于耕地保护、耕地用途的法律法规和政策专题宣传活动，教育引导农民依法依规保护和使用耕地，增强粮食安全意识和种粮积极性。对全市299万亩永久基本农田“非粮化”问题及耕地撂荒情况进行排查，建立逐户逐地块排查台账，制订差异化处置方案。全年退出“非粮化”基本农田433.23公顷，复种可耕种撂荒地493.66公顷。

◆休闲农业发展　2021年，西安市以城市需求为目标、以农事活动为载体，开展各类休闲农业活动30余场次。征集发布休闲农业和乡村旅游精品景点线路17条。长安区石砭峪新村被认定为“中国美丽休闲乡村”，高陵区何村、西咸新区秦汉新城刘家沟村被认定为全国“一村一品”示范村，蓝田县华胥镇被认定为“全国特色产业十亿元镇”，临潼石榴、户县葡萄、周至猕猴桃入选“全国特色种植产品”，周至县李霞（剪纸），西咸新区李建利（黑陶制作）获“全国乡村工匠”称号。

◆家庭农场培育　2021年，西安市坚持“打基础、快发展、高质量”目标，积极探索多种形式的家庭农场经营模式，“袁家印象”“长安区瓜大姐”等一批产业类型多样、经营规模适度、主体结构多元、经营效益好的特色家庭农场培育壮大，推动全市都市型农业发展，促进农民增收。组织举办新型农业经营主体融资对接活动，为家庭农场等新型经

营主体解决贷款104万元。截至年底，全市纳入名录管理系统的家庭农场已达到3271个，共培育省级示范家庭农场172家，市级示范家庭农场127家。

◆**农业生态环境保护** 2021年，西安市受污染耕地安全利用率达到100%，畜禽粪污综合利用率达到90%，规模养殖场粪污处理设施装备配套率达到100%。主要农作物化肥利用率达到40.6%，主要农作物测土配方施肥技术推广覆盖率达到93%；主要农作物农药利用率达到40.6%，主要农作物绿色防控覆盖率达到52.1%，主要农作物病虫害专业化统防统治覆盖率达到44.7%。农膜使用量7081.94吨，回收量6342.89吨，农膜回收率89.56%。

◆**农业科技创新与应用** 2021年，西安市组织申报省市科技类项目52项，其中奶牛生产性能测定（DHI）智能牛奶采样盒项目获得“第十八届中国科学家论坛科技创新优秀发明成果奖”。发布推介农业主推品种和技术50项。持续深入开展与西北农林科技大学合作，以葡萄、樱桃等智慧果园建设为示范，示范推广新品种26个、新技术8项，先后开展各种技术培训15场次，培训各类农技干部、新型经营主体、种植大户超过3000人次。邀请2批18名西农大研究生助力西安乡村振兴。组织参加第28届杨凌农高会，共申报后稷奖38项，获奖32项，获奖率达到84.2%，获奖项目占总申报评奖项目的18.5%，西安展团被组委会授予“优秀组织奖”“优秀成交奖”和“优秀展示奖”。

◆**农民专业合作社** 2021年，西安市深入开展农民专业合作社新型经营主体高质量发展培育行动，促进农民专业合作社持续健康发展。确定高质量发展农民专业合作社200家任务，全年完成220家。截至年底，全市农民专业合作社获得国家级示范社称号34家、省级示范社称号87家、市级示范社称号206家。

◆**高素质农民培育** 2021年，西安市共培育高素质农民2448人，认定初级职业农民1861人，认定中级职业农民244人。利用网络学习平台创新网络教学，共举办农业远程教育培训56期，制作精品课程15个，精品课程点击率达2万人次。陕西省佰瑞猕猴研究院获“全国优秀农民田间学校”。薛强、张巨亭等9名高素质农民被聘为“全省农业产业技术体系岗位专家”，王现武、段少林等8人被认定为“陕西省2021年高素质农民领军人才”。

第四届农民丰收节高素质农民技能大赛

◆**农业防灾减灾** 2021年，西安市面对近60年来降雨量最大、持续时间最长的强秋淋天气和频发的极端天气，积极开展农业防灾减灾工作，累计下发气象灾害预警通知41次，最大限度降低因灾损失。制定《西安市农业防灾救灾保秋粮丰收预案》，成立由市农业农村局局领导带队的8个农业防灾减灾指导服务组，全面开展检查生产指导。争取中央和省级农业生产救灾资金共计2100万元。成立小麦抗湿抗渍无人机飞播工作领导小组，在临潼区飞播小麦2333.33公顷。积极组织农业防灾减灾和灾后重建，有力保障农业生产。协调保险公司做好农业保险的勘察、定损和理赔工作，将损失降到最低。

◆**农村疫情防控** 2021年，西安市积极响应号召，安排全市农业系统427人驰援城市社区防疫，参与高新区、雁塔区防控人数超过85%。迅速成立农村工作专班，建立农村系统统筹调度、督导检查及日调度、日督导、日通报、周总结工作机制。指导区（县）扎实开展“敲门行动”，编辑三版农村疫情防控广播稿并循环播放，在市、县两级农村专班和市专班11个成员单位开展督导的基础上，市农业农村局另成立8个督导组，每日按照不低于10%的覆盖面开展督查。同步抓好出血热、布病防控，组织规模养殖场开展“大清洗、大消毒”活动，严防重大动物疫情与新冠疫情叠加发生。西安市疫情防控农村专班被评为全国农业农村系统抗击新冠疫情先进集体。（朱美涛）

统筹城乡发展

◆**农村片区化中心社区建设** 2021年，西安市坚持“以人为本”，以基础设施建设为突破，以健全完善服务体系为保障，以维护社会稳定为基础，在农村片区化中心社区深入开展各种便民利民服务和各项精神文明活动，着力破解农村基本公共服务短板，极大提高农村居民的获得感和幸福感。全年完成100个农村片区化中心社区项目建设任务，累计建成718个农村片区化中心社区。通过农村片区化中心社区项目建设，搭建农村管理发展平台，完善公共服务设施，拓展公共服务内容，极大提高农村公共服务水平，工作成效得到区县和镇街政府以及村干部、农民群众的肯定。

◆**农村集体产权制度改革** 2021年，西安市持续深化产权制度改革，印发《西安市开展农村集体产权制度改革整省试点“回头看”工作方案》，组织开展年度农村集体资产清产核资，全市共清查出经营性资产总额159.39亿元，非经营性资产347.81亿元。开展集体成员信息核实录入，共界定集体成员470万人。制定出台《西安市关于落实发展集体经济十二条措施的实施方案》，通过强化土地、人才、资金、项目、金融、税收等支持政策，为发展集体经济提供制度保障。陕西省推进“三变”改革发展新型农村集体经济现场会（关中片区）在西安市召开，高陵区“集成改革政策发展集体经济”的经验做法在全省推广。按照“整县推进、镇级统筹、村为主体”的思路，聚焦“整县清零”和薄弱村退出目标，制定全市整县清零行动方案，全年全市2254个行政村（社区）全面消除集体经济“空壳村”，有力促进群众增收，夯实共同富裕的物质基础。依托各级农村产权交易市场平台，及时收集发布交易信息、组织开展交易。全年市农村产权交易平台累计发布农村产权交易信息60913条，成交量30965笔，成交金额10.86亿元。

◆**承包地后续管理** 2021年，西安市制定印发《西安市农业农村局关于规范农村承包地管理 推动农业适度规模经营的通知》，坚持农村土地承包地关系稳定并长久不变政策，以农村土地二轮承包台账为基础，对符合条件的85.7万农户颁发确权证书，让农民群众特别是进城农民吃上长效“定心丸”，有效维护进城落户农民土地经营权益。全年无进城落户农民信访案件。

◆**农村户厕改造** 2021年，西安市按照“数量服从质量、进度服从实效、求好不求快”的原则，完成20211座改厕任务，占全年任务数的101.05%，超额完成全年改厕目标。根据中省安排部署，先后印发《西安市农村户厕问题摸排工作实施方案》等6份指导性文件，深入清查全市862227座农村户厕现状，分类制订整改方案，持续开展问题户厕整改工作。在灞桥区、鄠邑区打造改厕智能管护平台试点的基础上，高陵区、阎良区加快推进粪污处理终端、改厕智能管护平台建设，改厕后续管护工作取得新突破。灞桥区农村无害化厕所智能管护平台，获得农业农村部数字农业农村新技术创新奖，并入选全省改厕典型模式。

◆**农村人居环境整治** 2021年，西安市召开农村人居环境整治提升五年行动部署暨迎“十四运”村庄清洁行动推进现场会，启动农村人居环境整治提升五年行动。制定印发《西安市2021年度农村人居环境整治提升行动工作要点》，在持续推进“三大革命”及村容村貌提升的基础上，着力解决三年行动中存在的整治质量、运维机制、工作推进等方面存在的诸多不足和短板弱项。2021年，4个省级、14个市级、33个区（县）级实用性村庄规划完成编制试点。农村生活垃圾有效治理的自然村比例达到85%，生活垃圾无害化处理率达到92%，生活垃圾集中收集覆盖率达到100%。完成67个行政村生活污水治理、64个行政村生活污水提质增效任务，12条纳入国家（省级）监管的黑臭水体完成整治。通过扎实开展“喜迎十四运”村庄清洁百日攻坚行动，有力保障“十四运”圆满顺利召开。春节前夕，通过实施“干干净净迎新春”村庄清洁行动，助力打赢疫情防控的人民战争、总体战、阻击战。西安市获得陕西省2020年度人居环境整治工作综合排名第一的好成绩，周至县、高陵区和全市6个镇街、21个村被评为全省村庄清洁先进县镇村；全市3个区（县）、7家市区（县）部门和基层17名同志被评为农村人民环境整治三年行动省级先进，受到省委、省政府通报表彰。

◆**美丽乡村建设** 2021年，西安市完成96个村庄村容村貌提升，78个村庄达到市级创建标准并被命名为市级美丽村庄。以不少于5个村庄为基本单元，按照“市级命名、边界相连，人文可塑、便于包装”的标准和要求，策划包装16个美丽村庄片区建设项目，通过“竞争性分配”评审，遴选以“太乙长安道”为主题的长安区太乙宫片区、以“穆柯寨传奇”为主题的临潼区穆寨片区、以“田园汤苑”为主题的蓝田县汤峪片区、以“古骆情缘”为主题的周至县骆峪片区等11个片区纳入市级创建计划，阶段性建设成效显著。（朱美涛）

种植业

◆**概况** 2021年，西安市认真贯彻落实中央和省一号文件及农业农村工作会议精神，积极推进农业供给侧结构性改革，产业结构不断优化，农产品质量不断提升，全市农业产业持续稳定发展，全年粮食总产量141.92万吨，比上年增长3.4%。蔬菜总产量362.8万吨，位居全省各地市第一名。

◆**粮食生产** 2021年，西安市坚持以绿色高质高效创建为抓手，积极推广粮食高质高效绿色技术，广泛宣传粮食绿色高质发展理念，全力提升粮食综合生产能力，粮食生产实现“十八连丰”。全年粮食种植面积257626.67公顷，总产量141.92万吨，比上年增长1.34%；全年粮食平均单产367千克/亩，位列陕西省各地市首位，超过全省平均单产85.1千克。其中，夏粮播种面积141513.33公顷，产量72.3万吨；秋粮播种面积116113.33公顷，产量69.58万吨。西安市农业农村局荣获“全国粮食生产先进单位”。

◆**蔬菜生产** 2021年，西安市持续加大设施蔬菜生产基地建设，秋冬季蔬菜扩种成效明显，为稳产保供做出新的贡献。先后开展技术培训35场（次），培训农民2万余人。全年蔬菜播种面积7106.67公顷，总产量362.8万吨，位居全省各地市第一。全市“菜篮子”工程考核名列36个大中城市优秀等次。

◆**水果生产** 2021年，西安市果业生产紧紧围绕猕猴桃、葡萄、樱桃、石榴、鲜桃等特色果业提质增效目标，坚持“优布局、稳面积、调结构、提品质、增效益”工作思路，以“五大行动”为抓手，推动全市果业迈向高质量发展台阶。全年园林水果面积49233.33公顷、产量101.01万吨，比上年分别增加3.58%、4.27%。全年提供市级项目资金1787万元，省级资金320万元，不断强化对果业的资金扶持。以病虫害防控、疏花疏果、水肥一体化和避雨栽培等培训和技术服务为重点，积极开展樱桃、葡萄、猕猴桃、石榴等果树生产管理线上和线下（田间）实训230余场，培训果农19000余人次。组织开展西安樱桃、桃子、葡萄、石榴、猕猴桃五大水果，以及蓝田大杏等特色时令水果主题宣传推介和评优活动，拓宽果品销售渠道，提高果业效益，提升产业发展水平。以“设施果业提升年”活动为牵引，引导支持果农开展以“促成栽培”“避雨栽培”为主的设施果业建设，构建高产、优质、高效、生态、安全的西安现代特色果业生产体系。全年新建果业设施大棚102.33公顷，实施老园设施改造提升118.33公顷，提质增效实施4528.33公

周至县周一村猕猴桃喜获丰收

顷，果业设施建设成效明显，果品品质、产量和效益显著提升。

◆**农业实用技术示范推广** 2021年，西安市示范推广粮油绿色高质高效生产技术，指导建立小麦绿色高质高效生产示范区17个，示范面积共7466.67公顷，平均亩产520.1千克；百亩示范园14个，示范面积共110.73公顷，平均亩产584.1千克，其中5个百亩示范园平均亩产超过600千克。推广玉米增密度提单产技术16200公顷，其中核心示范区4个，示范面积2666.67公顷，平均亩产626.4千克；建立百亩示范园16个，示范面积113.7公顷，平均亩产量698.6千克，其中有7个百亩示范园平均亩产超过700千克。建设耕地质量保护与提升示范点33个，示范面积共计1753.33公顷；制订各类作物施肥配方34个，推广测土配方施肥技术140666.67公顷、水肥一体化技术653.33公顷、深施肥技术88666.67公顷，推广有机肥数量13.5万吨，减少化肥使用量，减轻农业面源污染。组织开展以小麦条锈病为主的粮食重大病虫监测防控工作，防治小麦病虫害面积449900公顷，统防统治率46%，整体防治效果90%以上，挽回损失5.99万吨。开展蔬菜绿色生产综合技术示范推广，引进番茄新品种5个，建立试验示范点4个，安排新品种展示6个。建立生物有机肥示范点8个，核心示范棚320栋，平均每亩增产5.8%。引进新型植物生长补光灯2700套，建立补光灯应用技术示范点8个，核心示范棚96栋。推广葡萄避雨栽培技术320.67公顷。建立果园生草试验示范点8个，辐射带动秦岭北麓推广种植鼠茅草面积6.67公顷。建立设施草莓生产示范点30个，推广1066.67公顷。引进辣椒、樱桃番茄、黄瓜、厚皮甜瓜、菠菜、生菜六大类蔬菜新品种50个，进行大棚、温室种植展示示范，同时进行蔬菜无土栽培、病虫害绿色防控技术等10多项生产新技术的应用与示范，通过现场观摩、讲课等形式，组织区（县）技术人员和种植大户进行培训观摩5次，助推全市蔬菜品种更新和新技术的应用。

◆**主要农作物病虫害防治** 2021年，西安市立足确保粮食生产和“十四运”农产品质量安全总体目标，在做好农作物病虫害预测预报的基础上，科学指导病虫害防治。2021年全市小麦主要病虫害发生面积21393.33公顷，防治面积449900公顷。全年玉米主要病虫害累计发生面积92393.33公顷，累计防治面积30760公顷，防控处置率达95.8%，其中草地贪夜蛾防控处置率达100%，实现病虫整体防治效果89.8%。（朱美涛）

畜牧业

◆**概况** 2021年，西安市坚持以品牌畜牧业为统领，以促进农民增收为核心，不断加快畜牧产业结构调整，继续优化产业区域布局，推进标准化规模生产，全市畜牧业保持健康平稳发展。2021年，生猪出栏57万头、存栏38万头，肉、蛋、奶总产分别为5万吨、5万吨、14万吨。牛存栏6万头、羊存栏15万只。饲料加工产业持续健康发展，全年饲料总产量87.16万吨，总产值36.35亿元，其中西安禾丰饲料科技有限公司年产量17.97万吨、陕西正能农牧科技有限责任公司和陕西泾河石羊饲料有限公司年产量均突破10万吨。

◆**畜牧养殖基地建设** 2021年，西安市根据养殖场区不同技术需求，从品种引进、场区布局、圈舍建设、设施设备、饲养管理以及档案记录等方面开展针对性技术指导，提高养殖场标准化生产水平。全年新创建部级畜禽养殖标准化示范场1个，市级标准化示范场13个，全市畜禽养殖标准化示范场累计达到152个。培育一批智能化程度高、环境优美的美丽生态牧场，带动全市老旧规模养殖场标准化、智能化、景观化、粪污资源化改造升级。

◆**畜禽优势产业基地建设** 2021年，西安市因地制宜，大力发展以奶山羊为代表的特色优势畜牧业，截至年底，全市奶山羊存栏7.5万只，规模养殖场65家。持续巩固提升奶山羊主产区优势，支持规模养殖场通过良种引进、基础设施、生产设备、畜禽废弃物处理设施改造升级，提升奶山羊养殖管理水平和生产水平。支持建设一批数字化、智能化牧场，其中阎良区占地268亩，设计存栏万只以上的高标准奶山羊智慧牧场即将投产运营。完善奶山羊良种繁育体系，开展省级奶山羊核心育种场建设。阎良区建仁种羊场于2021年10月评定为省级奶山羊（萨能奶山羊）核心育种场，组建性能优秀的奶山羊核心育种群。开展奶山羊种羊鉴定工作，围绕核心育种群，开展表型性能研究，累计鉴定种公羊165只和母羊1266只。

◆**饲料生产监管** 2021年，西安市按照《饲料和饲料添加剂管理条例》规定，加大对全市72家饲料生产企业产品质量安全和生产安全监管力度。先后配合部级、省级抽检单位现场检查饲料企业8家，抽检饲料样品110批次；市级现场检查企业40家；区（县）农业农村部门对辖区所有生产企业进行拉网式检查，强化源头治理，切实保障饲料产品质量安全。

◆**畜产品安全管理** 2021年，西安市继续加强畜产品安全管理，积极宣传畜产品质量安全知识和新修订的《动物防疫法》等法律法规，严格畜禽屠宰监管和兽药监管，认真落实国家和省市监督抽检计划，积极配合完成全年抽检任务和案件查处工作，全年检测畜产品兽药残留检测样品1417批次，合格率为100%。

◆**防疫检疫** 2021年，西安市严格落实非洲猪瘟等重大动物疫病区域化防控政策措施，执行动物运输指定通道制度，全面推行动物防疫信息化管理，强化产地检疫、屠宰检疫、调运监管，累计免疫家禽高致病禽流感1398.19万羽，鸡新城疫1310.86万羽、猪口蹄疫96.4万头、牛口蹄疫7.75万头、羊口蹄疫31.23万只、奶牛口蹄疫（双价苗）4.88万头、羊小反刍兽疫27.478万只，应免畜禽免疫密度达到100%，畜禽群体免疫密度达到90%以上，免疫抗体合格率达到70%以上，全年未发生区域性重大动物疫情。

◆**兽药管理** 2021年，西安市继续加强兽药管理，开展兽药企业GSP认证（药品经营质量管理规范）和兽药产品批准文号抽样核发工作。通过检查验收认证的兽药经营企业达177家，全年抽检兽药产品30批次，抽样6家兽药生产企业兽药产品47批次，对涉嫌制售假劣兽药企业进行依法查处。（朱美涛）

渔　业

◆**概况** 2021年，西安市渔业工作以“绿色养鱼、质量兴鱼、科技促鱼、品牌强鱼”为抓手，做好“分区示范、特色产业、禁渔管理、体系建设、安全生产”五项重点工作，全年水产品产量1.32万吨，渔业经济总产值5.48亿元，自产水产品药残抽检合格率达到98%以上。

◆**水产品质量安全** 2021年，西安市以十四运会和残特奥会保障工作为契机，加强养殖生产环节水产品质量安全监管。督导检查养殖生产场户35批次，抽检鱼样130个。配合农业农村部水产品质量监督检验测试中心在市场流通环节抽检4批次、水产品45个、水样24个。组织全市64名渔业官方兽医参加农业农村部举办的水产苗种检疫线上培训，检验检疫线上考试全部通过。组织3名渔业技术骨干参加陕西省专业技术大赛水生物病害防治员选拔赛，获得全省团体第二名。扎实推动现代渔业设施和水生动物防疫体系建设，加强水产养殖病害测报，水产品质量安全监管体系得到进一步完善。

◆**渔政监督管理** 2021年，西安市农业农村局加大渭河流域禁渔期实施力度，联合市公安局印发《西安市禁渔期管理制度通告》，先后出动宣传车132次，大力宣传禁渔期各项政策法规宣传。深入各区（县）天然水域组织巡查检查，积极开展渭河流域水生野生动物资源违法专项行动，全年累计收缴粘网180余米、地笼210米、橡皮筏2支、电鱼工具5套，受理办结各类举报投诉58件，协助移交公安机关相处非法捕猎案件41起，没收违法捕捞渔获物110千克，救护国家二级保护水生动物绿海龟1只、大鲵26只。

◆**基础设施建设** 2021年，西安市大力发展休闲渔业，积极引导稻渔综合种养与乡村休闲旅游、渔文化、科普教育、美食餐饮、休闲垂钓等协调发展。在市水产站试验渔场、临潼南韦渔场、任留良友渔场、新源渔场等，建成了一批槽道养殖、循环水养殖、鱼菜共生养殖模式示范场点。

◆**水产科研** 2021年，西安市积极开展水产养殖试验示范，全年试验推广养殖加州鲈8万平方米、澳洲淡水龙虾6.67万平方米、南美白对虾4万平方米，促进渔民增收，为推动全市渔业高质量发展奠定良好基础。

◆**水生生物保护** 2021年，西安市扎实推进水生生物保护工作，持续改善水生生物种群结构，恢复天然水域渔业资源，修复水域生态环境，推进可持续健康发展。全年在渭河、灞河等主要水域开展增殖放流活动，累计放流经济物种100万尾。

◆**养殖尾水治理** 2021年，西安市积极推进渔业养殖绿色发展，推进养殖尾水循环利用或达标排放。争取中央资金372.4万元，在临潼、长安、鄠邑、蓝田4个区（县），开展集中连片养殖池塘尾水处理108.13公顷。（朱美涛）

农业水利

◆**概况** 2021年，西安市水务系统深入落实习近平总书记“节水优先、空间均衡、系统治理、两手发力”治水思路，并肩治水兴水战线，真抓实干、克难奋进，有效应对历史罕见洪涝灾害和突如其来的新冠疫情，取得水灾害防御和涉水保障“双胜利”，推动新时代西安水务高质量发展迈出有力步伐，实现“十四五”良好开局。

◆**水利投资及水利规划** 2021年，西安市以中小河流、重要支流等为重点，争取中省投资3.22亿元，落实市级水利发展专项资金8亿元，以全域治水工作为依托，积极争取银行贷款，广泛吸引社会资本，全年全口径水利建设投资78.24亿元，完成省水利厅下达70亿元年度考核任务的111.77%。2021年“三河一山”渭河城市段绿道提升工程建审手续全部办结，项目全面建成；33个市级重点治水项目累计完成投资210亿元，完成年度任务179.88亿元的116.7%。西安市、蓝田县被省政府表彰为水利建设投资先进单位。

编制完成《西安市“十四五”水务发展规划》，经市政府研究同意印发实施，规划坚持一条主线、突出两个保障、提升五项能力、构建六大体系、推进八项重点工作，为全市“十四五”水务发展和重点项目立项审批提供坚强的规划支撑；印发实施《引汉济渭输配水西安支线工程规划》《引汉济渭鲸鱼沟调蓄工程规划》，规划建设的调蓄水库、水厂、泵站等用地已纳入新一轮国土空间规划，为后续项目落地实施创造基本条件；完成《西安市水利基础设施空间规划》和《西安市实用水文手册修编大纲》。制定全市大中型水库移民后期扶持“十四五”规划，按时向1.9万名移民群众拨付直补资金1128.54万元；完成2021年重点移民安置区后期扶持项目实施方案批复，争取中省项目扶持资金1515万元，不断提升安置区基础设施条件；组织完成李家河水库移民市级初验，配合省水利厅完成移民安置最终验收；组织完成全市移民直补惠民惠农补贴资金“一卡通”问题专项治理等工作。

◆**水灾害防御及河道管理** 2021年，西安市水务系统牢固树立“人民至上、生命至上”理念，提早安排2021年防汛、备汛工作，启动2021年西安城市超标准洪水预案等编制工作，2021年水灾害防御工作实现在全市未发生堤防决口、水库垮坝等省考目标，被陕西省防汛抗旱总指挥部评为2019—2020年度全省防汛抗旱先进集体。

组织各区（县）落实山洪灾害设施设备和责任人；组织区（县）开展山洪灾害非工程措施建设和预警体系指标复核，全省第一家复核验收。在2019年、2020年山洪灾害防治项目、非工程措施、农村基层防汛预报预警体系建设项目、预警指标检验复核项目四项工作中，全部完成建设任务，得到省水利厅充分肯定。面对1961年以来大范围、长历时、高强度最大秋淋，全市水务系统按照中共西安市委、西安市人民政府“撤、封、管、停、疏”总体部署，紧盯“一区两河四库”防御重点，启动渭河Ⅱ级应急响应一次，启动水灾害防御Ⅳ级应急响应两次。西咸、高陵、临潼等区县积极应对渭河实测记录第三大洪峰（6050m³/s）；西安水务集团有效应对黑河金盆水库、李家河水库建库最大入库流量（2170m³/s、413m³/s）；蓝田、长安、鄠邑、周至等区（县）全力奋战，有效处置“8·19”灞河洪涝灾害、“9·6”滈河韦曲段河水漫堤、“9·26”甘河丁村段漫溢、黑河引水管线过田峪河下游滚水坝水毁及南韩、南刘、龙河背水坡塌陷渗漏等汛情险情。全市累计转移山洪灾害危险区群众6116户1.88万人次。最大程度保障人民群众生命财产安全。

开展中小河流治理项目共15个，完工6个，水毁防洪工程完工41个，完成投资24101万元，占年度投资的120%。

按照河湖岸线保护与利用规划编制指南，组织编制八水五河四库河湖岸线保护与利用规划。已完成泾河、沣河等6条规模以上河湖岸线保护与利用规划编制工作。加强河道采砂监管，编制渭河西安段采砂规划，正在编制该规划的环评报告；开展河道采砂专项整治，累计出动人员5540余人次，查处违法采砂13起，行政处罚10余人，有效震慑违法采砂行为。组织编制智慧水务建设总体规划，积极推进灞河河道视频监控系统建设，项目主体工程基本完成。充分利用防汛App、微信公众号宣传防汛知识，发布水雨情信息18万条，取得较好成效。

◆**农村水利及水土保持** 2021年，西安市水务系统按照“建大、并中、减小”的原则，因地制宜建设水源工程，积极开展城乡一体化、规模化农村供水工程建设和标准化改造。投资1.2亿元，建设和改造农村供水保障工程120处。至年底，完工123处，超额完成全年任务3处。落实农村饮水安全管理地方人民政府主体责任、水行政主管等部门的行业监管责任、供水单位的运行管理责任的“三个责任”要求，市水务局制作安装公示牌530个，同时在市水务局官网、各区县政府网站、千人以上供水工程门前公布市、区（县）、村镇三级管理人员姓名和联系电话，自觉接受群众监督。对照省水利厅“城乡供水”微信公众号中群众反映的96个问题，查看是否整改到位，落实回访机制，群众满意率95%以上。在全市开展创建100个标准化规范化农村供水工程活动，8月份全部完成创建任务。

推进农村供水水质提升，先后投资1.02亿元，通过水源置换、加装净化设施、改造提升设备、分质供水等方式，重点对渭北地区实施高氟水、苦咸水改水，改造提升81处供水工程，受益149个村32万人。《人民日报》《西安日报》《西安晚报》等媒体分别报道临潼区苦咸水改水成果，当地群众反响热烈，获得感和幸福感持续增强。1月份，市水务局抽取各区（县）200处集中供水出厂水水样，检测指标42项，通过行业监管，有力保障水质达标。积极推进农村供水保障水质检测中心CMA认证工作，临潼区、阎良区等4个区（县）率先完成CMA认证工作，充分发挥水质检测中心作用。

完成水土保持遥感监管核查任务。水利部2021年下达西安市遥感监管核查图斑共640个，全市640个图斑核查查处任务圆满完成，核查数量和核查进度位列全省第一；组织两批50余个市级监管在建项目书面检查；利用“双随机一公开”监管系统，按比例组织抽取6个项目进行现场监督检查，逐一印发整改意见。通过采取书面检查、现场检查等方式实现在建项目检查全覆盖；组织对13个区（县）、8个开发区水土保持审批及监督管理情况开展履职督查；深入开展黄河流域水土保持专项执法行动。对2011年以来存在“未批先建”“未批先变”等6类违法违规行为的生产建设项目进行集中整治，全市共发现问题项目70个，涉及整改问题共105个。推行实施开发区水土保持区域评估。完成《西安市水土保持区域评估实施意见（试行）》。2021年共计审批生产建设项目水土保持方案659，市级审批56个，其中不予行政许可15个，7家编制单位被行政约谈；加强水土保持补偿费征管工作，2021年共计征收水土保持补偿费5397.61万元，其中市级征收1677.74万元。

认真开展淤地坝工程的汛前检查和隐患排查。对蓝田县、临潼区中型以上19座淤地坝进行多次检查，督导相关区（县）按要求做好淤地坝防汛预案修编报审，在主汛期来临之前落实好淤地坝行政、技术及巡查“三个防汛责任人”。

统筹推进乡村振兴水利保障工作，先后组织开展农村饮水安全排查5次，发现问题84个，建立台账，明确责任人和完成时限，扎实开展整改，目前已全部整改到位。通过农户自主申报、镇村干部排查、行业筛查预警、各类渠道监督反馈、平台监测分析等方式，建立贫困村、贫困户的饮水安全动态监测机制，每月对农村饮水安全情况调度，进一步巩固农村饮水安全脱贫攻坚成果。

针对春季前期降雨偏少、气温回升较快等实际，2月初《关于做好当前抗旱保供水工作的通知》，要求全市统筹做好抗旱保供水工作，组织各地密切监视旱情动态，充分发挥大中型灌区和抗旱应急水源工程的抗旱主力军作用，保人饮、保春灌用水安全，促进抗旱减灾取得明显成效。全市各级水利部门立即响应，迅速行动，开动一切水利设施，千方百计扩大灌溉面积，掀起春灌抗旱高潮，累计完成抗旱灌溉面积10万公顷。

◆水库管理与秦岭小水电站拆除 2021年，西安市开展水库地震灾害风险普查，落实防震减灾重点任务。印发《关于开展水库大坝地震灾害风险普查工作的通知》，督促区（县）水务局和单位上报水库大坝地震灾害风险普查实施方案，扎实开展水库大坝抗震普查相关工作。印发《关于做好水库大坝抗震设防信息采集动态更新开展加固工程总结工作的通知》，收集统计水库大坝加固工程有关信息。印发《关于做好2021年水库大坝安全鉴定工作的通知》，安排部署水库大坝安全鉴定工作。完成14座水库大坝的安全鉴定及系统填报工作；完成17座小（一）型、小（二）型水库的降等与报废工作。安排部署水库运行管理工作，逐库落实2021年水库大坝安全责任人，并在市水务局网站向社会公示。汛前，对全市水库大坝安全责任人，逐一进行电话抽查询问，确保责任落实到位、措施落实到位、预案落实到位。汛期，组织对沿山水库安全度汛情况进行督查抽查，及时督促水库管理单位落实安全度汛责任，确保安全度汛。

全面贯彻落实习近平总书记来陕考察重要讲话和关于秦岭生态环境保护的重要指示批示精神，扎实推进中央巡视和中央环保督察“回头看”反馈秦岭区域小水电问题整改，圆满完成省委、省政府领导视察秦岭区域小水电整治的迎检工作。按期完成秦岭区域52座小水电整治工作任务（其中2020年12月31日前完成了50座小水电站退出、拆除工作，2021年7月底前完成2座水电站整改工作）。同时，在区（县）完成小水电整治自查自验基础上，市秦岭区域小水电整治工作专班办公室（市水务局）已组织完成18座小水电整治市级验收。西安市秦岭区域小水电整治工作，作为先进标杆在全省推广经验。

◆河湖长制 2021年，西安市水务局推进河长制工作从“有名有实”向“有能有效”转变，积极协调推进全域治水和“三河一山”绿道建设快速推进，各级河湖长责任进一步压实，全域治水及“三河一山”绿道建设成效得到社会各界的认可。阎良区水务局被水利部表彰为“全国全面推行河长制先进集体”，1名基层河长被表彰为“全国优秀河长”，市水务局惠强同志被水利部表彰为“全国全面推行河长制先进个人”。

提请中共西安市委、西安市人民政府主要领导签发总河湖长令，组织动员全市力量加强河湖治理；向每位市级河湖长报告领衔河湖的年度管护任务，提出履职建议；印发西安市河湖长制年度工作要点，以及河湖长制领导小组成员单位及各区（县）、开发区年度任务清单，逐项明确目标，夯实责任；各级河湖长认真履职巡河，全年全市2200余名河湖长累计巡查30万余次。全运会和残特奥会期间，组织基层各级河湖长加密巡查频次，累计巡查13.3万次，先后发现解决问题3200多个。每季度电话抽查一轮基层河湖长，累计抽查696人次，河长、湖长电话接通率和职责知晓率均在90%以上；组织全市开展河长培训31批1139人次，为各级河湖长购买《河长实务手册》《数智赋能河长制》等学习资料近1800本，进一步提升河湖长履职能力。

深化河长履职，指导曲江新区试点开展基层河湖长述职制度；积极响应水利部要求，在全省率先委托第三方专业机构对灞河、沣河干流进行河流健康评价工作；积极推进护河员公益性岗位落实，全市设立护河员公益性岗位1800余人，助力乡村振兴。

◆全域治水 2021年，是西安市全域治水的决胜之年，87个年度重点项目全部完工，累计完成投资158.28亿元，占年度投资任务的108%。全域治水三年行动累计完工全域治水重点项目218个，完成投资355亿元，基本达到预期目标。4月30日，全域治水碧水兴城“三河一山”绿道贯通开放，205千米主游径全线贯通、74千米核心段实现无障碍通行。

◆水务综合管理 2021年，西安市水务局重点加强城市供水设施安全管理，开展水利建设工地进行督导检查，组织对全市13条重要河流、92个大中型水库等105项风险点危险源进行拉网式排查。以水务行业建设管理领域体系建设为主线，围绕招标投标、质量管理、市场监管、竣工验收等关键节点，全面抓好抓实水务行业建设管理工作。全面启动水利建设项目全流程电子招投标系统。自7月1日起，西安市全面采用陕西省水利建设项目电子招投标系统进行线上全流程运行。西安市2020年、2021年连续两年在质量考核中被省水利厅评为A等。为进一步加强水利工程质量管理，印发《西安市水利工程质量管理实施办法（试行）》《关于进一步加强“全域治水”和“三河一山”绿道水利工程建设项目质量管理的通知》等文件，召开全市水利工程质量管理工作会议，组织质量安全知识竞赛，完成市级水利建设质量考核。扎实推进水利建设市场信用体系建设，完善不良信息记录登记和激励机制。抓好全市水利建设工程开工备案，完成开工备案20家。完成17批次423家水利企业资质审查工作。（寇石峰）

农业机械

◆**概况** 2021年，西安市农业机械总动力达248.53万千瓦，比上年增加0.69万千瓦，拖拉机拥有量达14358台，其中大中型拖拉机8587台；拖拉机配套农具47591台（套），配套比例1∶3.31。拥有小麦联合收割机4200台，玉米联合收获机3611台。播种机13960台，其中免耕播种机7700台，精量播种机6208台，整地施肥播种机52台。秸秆粉碎还田机6138台，谷物烘干机39台，植保无人机370台，各类农机具数量均实现较快增长。全年完成机耕面积28.01万公顷，小麦机播13.84万公顷，玉米机播11.70万公顷，小麦机收13.81万公顷。小麦机播、机收水平分别达到99.67%、99.45%，玉米机播水平达99.58%。农机经营总收入达8.55亿元。

◆**农机产业化发展** 2021年，西安市积极鼓励农机化作业服务组织集约化发展，整合形成农机化规模作业服务组织130个，其中拥有农机原值50万元（含50万元）以上的59个。全市拥有农机专业合作社82个，农机户9.27万人。其中，农机作业服务人员达2.46万人；原值20万元（含20万元）以上的农机大户635户。拥有农机修理厂及修理点128个。全市2021年度实施农机购置补贴资金1559.06万元，办理各类机具补贴860台（套），受益农户652户。

◆**农作物秸秆综合利用** 2021年，西安市积极做好农作物秸秆综合利用工作，重点推广小麦秸秆捡拾打捆、小麦秸秆切碎还田、玉米免耕播种、玉米带状旋耕施肥播种、灭茬覆盖旋耕播种、玉米机械化收获、玉米秸秆饲草加工、小麦宽幅沟播等秸秆机械化综合利用技术，通过技术推广应用，促进秸秆禁烧工作落实，实现资源高效利用、环境有效保护。全市农作物秸秆机械化综合利用率达到95.5%。

◆**农机监理** 2021年，西安市坚持“安全第一，预防为主”的方针，牢固树立红线意识，统筹发展和安全。以农业机械源头监管和隐患排查整治为重点，夯实主体责任、领导责任、属地责任和监管责任，狠抓装备建设提升、监管服务能力提升、农机户安全意识提升“三个提升”，把牢注册登记关、驾驶员考试关、年度检验关“三个关口”；推进“农机安全生产专项整治三年行动”“农业机械源头大排查大整治大宣传工作”“农业机械源头整治‘严防控降事故’专项行动”。严格落实农机免费管理惠农政策，全年新增注册登记拖拉机、联合收割机1238台，注册登记总数16857台；检验拖拉机、联合收割机14890台，检验率88.3%；新增持证驾驶人720人，持证驾驶人总数达8361人。加强农机安全监管，全年累计出动检查人员290人次，开展隐患排查149次，排查各类农业机械5040余台。

◆**农机科技培训** 2021年，西安市紧紧围绕“农机化转型升级，为乡村振兴提供强有力人才保障和技术支撑”这个“中心点”，打造新时期线上线下融合培训的“两大平台”，建设管理干部、技术人员、操作手“三支农机人才队伍”，创建以“农机云课堂”“农机短视频”等为标志的全媒体农机培训新架构，全年开办“农机云课堂”8节，在线学习人数4万余人次；拍摄制作“农机短视频”82条，浏览量超200万人次；策划组织“农机田间课堂”10次，受到群众广泛好评。全年开展线上线下培训82场（次），培训农机化人才7400人次，为全市农业机械化向全程全面高质高效转型升级提供人才保障。（朱美涛）

农产品质量监管

◆**概况** 2021年，西安市深入贯彻落实习近平总书记“四个最严”“产出来”“管出来”等重要指示要求，以“强监管保安全，提品质增效益”为工作主线，坚持绿色导向、质量优先，聚焦产业链标准、监管执法、药物残留等重点问题，抓重点、补短板、建机制、促落实，建立健全“质量标准、监测预警、执法监管”三大体系，培育形成以技术、标准、品牌、服务、信用、现代化治理为核心的质量监管新格局，逐步实现农产品质量安全从“有效监管”向“高效治理”转变。积极创新完善农产品质量安全制度体系，转变农产品质量安全监管方式，推动局部监管向全面监管转变、传统监管向智慧监管转变、安全监管向质量监管转变。

◆**监管体系建设** 2021年，西安市坚持属地管理、分级负责、条块结合、以块为主的原则，推进网格化监管，全市共划分一级网格1980个，二级网格145个，三级网格13个，四级网格1个，建立“横向到边、纵向到底、上下贯通、立体覆盖”的农产品质量安全监管新格局。农产品产品安全质量追溯体系建设取得阶段性成果。充分利用“互联网+”和大数据优势，不断完善农产品追溯体系，已有1803家企业纳入市级追溯平台管理，可追溯农产品数量达到1100个，共打印标签19万枚，实现省、市、区（县）追溯平台互联互通、数据共享。加快推进承诺达标合格证制度试行工作。从建立企业名录、加强监管培训、强化宣传工作等方面着手，稳步推进合格证制度。截至年底，全市实施合格证的农产品生产企业170家、农民专业合作社32家、家庭农场和种养殖大户111家，全年开具合格证118万张，数量比上年增长77.8%，附带合格证上市的农产品18.79万吨。扎实开展农产品质量安全诚信体系建设。制定出台《西安市加快推进农产品质量安全诚信体系建设指导意见》，以五项制度为重点，全面推进农产品质量安全诚信体系建设。截至年底，全市农产品质量安全诚信体系建设顶层设计基本完成，诚信“黑名单”制度基本建立，规模化生产经营主体农产品质量安全承诺基本覆盖。

◆**食用农产品“治违禁 控药残 促提升”三年行动** 2021年，西安市农业农村局联合7部门印发《西安市食用农产品“治违禁、控药残、促提升”三年行动实施方案》，明确以禁限用药物使用和常规农兽药残留超标问题为重点、聚焦11种重点农产品，建立高风险问题清单、品种清单、区域清单，进一步夯实属地监管责任和生产经营者主体责任，变事后被动处置为事前主动防控，全面提升农产品质量安全治理能力和水平。截至年底，全市重点监管主体数量达到430个，出动监管执法人员658人次，检查生产经营主体1626家次，指导培训1790人次。组织开展食用农产品执法抽检工作，全年抽检蔬菜类农产品100批次、畜禽产品52批次、水产品10批次，努力守住守好农产品质量安全底线，让老百姓的“菜篮子”拎得更放心。

◆**农产品质量安全检测** 2021年，西安市农业农村局印发《2021年西安市农产品质量安全监测方案》，扎实开展农产品质量安全风险监测和监督抽查。配合农业农村部、省农业农村厅完成种植业农产品质量安全例行监测、监督抽检5次、畜禽产品例行监测、监督抽检3次，形展市级农产品质量安全例行监测3次。全年完成农产品定性检测29.46万批次，定量检测13150批次，检测合格率达99.99%。

◆标准化体系建设 2021年，西安市农业农村局高标准完成农业地方标准的选题评审和农业生产技术规程征集工作，编制农业地方标准和农业生产技术规程30项，超额完成全年任务。加强市级农业标准化生产示范基地建设，促进农产品安全生产，提高效益，提升辐射、引导、带动作用，探索质量安全、标准化生产、认证与推介相结合的生产方式，推动了全市农业标准化进程，全年建设市级标准化基地12个。临潼石榴被纳入陕西省2021年地标保护工程。

◆农资打假行动 2021年，西安市积极开展迎“双节”农产品质量安全执法大检查、“十四运”农产品质量安全大检查、“双随机”执法检查等系列执法行动，联合区（县）执法队伍开展专项执法检查，先后出动执法人员约452人次，检查农资165批次，有力强化农产品生产源头的安全管控。深入开展春季和秋季农资打假专项行动，春季农资打假共检查生产企业及农资经营门店955余家，发放宣传资料3万余份；秋季农资打假共出动执法人员2542人次，检查生产企业及农资经营门店1310余家（次），发放宣传资料2万余份，指导培训58场次、2000余人次。

◆“十四运”暨残特奥会农产品质量安全保障 2021年，西安市农业农村局成立由主要负责同志为组长的“十四运”和残特奥会农产品质量安全保障工作领导小组，组建了工作专班，先后印发“十四运”和残特奥会西安赛区《农产品质量安全保障工作实施方案》，开展风险排查，强化质量安全监测，抓好源头管控，组织风险评估，落实“三级监管”，开展陕西泾河好邦食品有限公司的驻点监管工作，全力以赴抓好专供保供、指导总仓保障，顺利完成陕西省农业农村厅和西安市执委会明确的各阶段工作任务。在专供保供方面，落实专人双岗24小时驻场监管制度、畜禽产品和畜牧业投入品“批批检测”制度和“专场专供、专圈饲养、专人监管、专线屠宰、专库存放、专车配送”制度，每半月开展一次全方位、全要素、全流程的执法检查，指导陕西泾河好邦食品有限公司顺利完成鸡肉产品的专供保供任务，配合做好总仓保障工作。在强化安全应急管理方面，编制《西安市农产品质量安全事件应急预案》和“十四运”暨残特奥会西安赛区《食用农产品质量安全事件应急预案》，从应急机制启动、监测报告与评估、应急响应、后期处置等方面逐环节细分，明确工作流程和任务分工，保证了应急处置有章可循、有规可依。组织开展农产品质量安全事件桌面推演，以“情景带入”和“互动问答”的方法演练农产品质量安全突发事件应急处置的操作流程，为妥善处置突发事件奠定坚实基础。

（朱美涛）

扶贫开发

◆概况 2021年，西安市乡村振兴局全面贯彻中央决策部署和省市工作要求，以防止返贫动态监测和帮扶为重点，守底线、抓衔接、促振兴，夯实责任、强化措施，巩固衔接各项工作扎实推进、开局良好。“两不愁三保障”和安全饮水持续提升，义务教育阶段脱贫家庭辍学学生数量继续保持动态清零；农村危房改造继续实施，脱贫户住房安全得到有效保障；脱贫人口医保政策分类调整完善；供水安全责任体系有效落实，实现供水管网全覆盖。脱贫群众人均纯收入14682元，比上年增长2069元，年增幅达到16.4%。上半年全市公众满意度调查，市乡村振兴局在全市16个社会事务类部门中排名第一，在100个市级部门中排名第二。下半年市级测评公众满意度达到76.85%，比上年提高5.49%；“两代表一委员”满意度达到99.23%，比上年提高3.23%。省考民调群众满意度达到72.5%，比上年提高1.14%，脱贫成果受到省级第三方评估组充分肯定。

◆防返贫动态监测和帮扶 2021年，西安市强化制度措施保障。明确“2531”工作思路（推行风险摸排网格化、监测预警信息化“两化管理”，做到全程监管、清单交办、精准帮扶、定期通报、绩效考核“五个坚持”，实现早发现、早干预、早帮扶“三个到位”，守住防止规模性返贫一条底线），细化18个市级行业部门监测帮扶工作责任。按照“操作便捷、减轻负担”的原则，印发防止返贫动态监测和帮扶机制的实施方案、工作导引，设计防返贫监测对象纳入流程图、风险消除流程图和行业部门反馈疑似农户致贫返贫风险明细表，强化工作指导。

加强监测队伍建设。在全市实行以行政村为基础、以村民小组为基本单元的基层监测网格化管理机制，明确网格员6项工作职责，设置网格员4.22万人，常态化开展防返贫监测和帮扶工作。组织开展分级分批业务培训，累计举办各类培训会576场次，累计培训4.3万人次，切实提高基层干部业务水平。

狠抓工作机制落实。严格落实“周统计、月通报、季调度、半年小结、全年总结”工作机制，坚持每周遍访重点人群、每月遍访所有农户、开展部门间数据信息比对。“三类人群”按照“缺什么补什么”原则，落实针对性帮扶措施，及时跟踪问效，确保风险隐患尽快消除。目前全市累计纳入“三类人员”1050户3335人，其中806户2697人监测对象已消除风险，风险消除率76.98%，高于全省平均水平。

◆衔接资金和项目管理 2021年，西安市先后出台财政衔接补助资金管理办法、项目管理实施细则和过渡期涉农整合资金实施细则、衔接项目库管理要求等政策性指导文件，为做好过渡期衔接资金项目管理提供根本遵循。争取中省财政衔接补助资金19642.97万元，市级财政落实衔接资金38686万元，安排财政衔接资金项目699个。严格资金管理。建立项目联评联审和联合督导机制，通过召开项目联评联审会议，把好资金使用关口。及时下达拨付中央、省级、市级预算资金，开展项目资金使用管理县际专项交叉检查，实施第三方审计监督评价，发现问题，及时反馈、及时整改，切实加强财政资金日常管理。全年衔接资金衔接支出进度达到99.2%，高于全省平均水平。加强资产管护。实行扶贫资产台账月报制度，分阶段对扶贫资产规模、资产类别、确权情况等进行排查统计，摸清资产底数。全年全市共投入各类扶贫资金52亿元，形成扶贫资产36.7亿元，其中经营性资产6.53亿元，公益性资产22.63亿元，到户类资产7.54亿元。聘请第三方对扶贫资产开展审计监督，确保扶贫项目资产规范运行、切实发挥作用。

◆行业部门帮扶 2021年，西安市持续推进产业帮扶，扎实推进脱贫地区“3+X”特色产业工程，发展带贫农业企业118家，完善“龙头企业+村集体经济组织+农户”利益联结机制。全市1995个集体经济组织经营性收益达7.5亿元，带动2.3万户脱贫户增收。组织1489名产业发展指导员因户施策，帮扶29259户贫困户解决产业发展难题。精准落实就业帮扶。在大力推进劳务输出的同时，积极开发公益性岗位5820个，保障脱贫群众就地就近就业。延续社区工厂、就业扶贫基地优惠政策。将培训补贴与就业率挂钩，鼓励支持外出务工“回流”人员、脱贫户“两后生”等有就业意愿的脱贫人口，参加职业技能培训，激发就业积极性。

加快优化教育布局。新建、扩建乡村义务段学校45所、新增学位4.48万个；完成331所乡村小规模学校、132所乡镇寄宿制学校标准化建设；组建城乡间“名校+”教育联合体91个，统筹全市102所城区优质学校，与131所农村薄弱学校，建立城乡一体化发展教学模式，提升脱贫地区教育质量。

切实抓好健康帮扶。全面落实定额资助参保政策，共资助13.16万人，资助金额达2933.42万元；落实基本医疗、大病保险、医疗救助“三重保障”制度，保障后报销比例达到94.09%。大病专项救治病种扩大至30种，大病救治率达到99.9%。对3.27万名慢病患者开展家庭医生签约服务，实现应签尽签。

有效保障住房安全。开展抗震改造试点建设工作，实施抗震改造4204户。排查受灾农房3502户，鉴定为危房1675户，纳入市级危房改造计划114户，纳入县级农房提升47户。采取租房732户，投亲靠友294户，分散安置117户，其他方式保障安全住房371户。

全力保障饮水安全。持续优化农村供水格局，投资1.2亿元，新建和改造农村供水保障工程120处，农村自来水普及率达到99%以上。通过引进社会资本，采取自主经营、合资联营、股份制经营等方式，鼓励专业管理单位或人员参与农村饮水工程运行管护，不断健全完善长效机制。

不断完善基础设施。大力实施乡村建设行动，有序实现具备条件的镇（街）通三级公路，推动通村联网工程建设，实现具备条件的30户以上自然村通沥青（水泥）路。全面提升农村公路安防水平，县乡道安全隐患治理率达到100%。脱贫地区生活用电、动力电和广电信号、移动网络实现全覆盖。大力推进消费帮扶。进一步拓展销售渠道，逐步形成产品利益联结、质量监管、品牌营销等支持体系，全市累计建成消费扶贫专馆67个、专区86个，整合投放运营专柜2080台，全年扶贫产品总销售额已达15.39亿元。

◆定点帮扶和社会力量帮扶 2021年，西安市开展定点帮扶，在确保291个脱贫村、19个易地搬迁社区驻村力量全覆盖的基础上，结合市级确定的乡村振兴“五类村”（脱贫村、易地扶贫搬迁安置村、乡村振兴任务重的村、党组织软弱涣散村、其他类型村）。立足基层需求，优化帮扶布局、合理调整选派范围，共派出358支驻村工作队、1143名驻村干部，切实解决行政村合并、机构改革造成的多帮一、一帮多和个别帮扶单位干部派出压力大等问题。

动员社会力量，大力推进“万企兴万村”行动。组织民营企业参与巩固拓展脱贫攻坚成果、助力乡村振兴。积极宣传“以购代捐”“以买代帮”等消费帮扶模式，鼓励民营企业优先采购、推销脱贫地区农副产品，2021年线上、线下销售农产品达360万元。广泛开展“99公益日”共建幸福家园项目慈善公募活动，为脱贫村募集捐款138万余元。动员民营企业家、各直属商（协）会为蓝田防汛救灾捐款捐物约450万元。

深化苏陕协作。召开2021年太仓—周至东西部协作联席会议，签署两地战略合作框架协议，持续加强“十四五”期间两地扶贫协作、推动经济合作升级。2021年，落实省级协作资金1640万元，太仓市累计投入财政和社会帮扶资金3345万元，安排项目14个；销售猕猴桃、蜂蜜等农副产品4100余万元，太仓、周至创新产业园新增落地投产企业6个，实际投资4.2亿元。

接续对口帮扶。继续开展省内区域对口帮扶工作，深化结对关系、加大帮扶力度，市级部门和8个帮扶团共同助力陕南三市八县巩固拓展脱贫攻坚成果。各帮扶团先后组织消费帮扶、教育帮扶、人才招聘、文旅推广专场活动9场次，一次性投入帮扶资金2100万元，另有1000余万元帮扶资金待项目审核后陆续拨付。

◆重点地区和重点人群帮扶 2021年，西安市不断提升重点帮扶县自我发展能力。印发《关于支持省级和市级乡村振兴重点帮扶县的政策清单》，从强化投入保障、助力县域发展、加强项目支持、推动人才振兴、强化示范引领、提升公共服务和乡风文明、强化对口帮扶和社会帮扶7个方面，提出了36条支持政策，着力解决重点县发展急需的“人才、资金、项目”方面的问题，助力省级重点帮扶县周至县、市级重点帮扶县蓝田县巩固拓展脱贫攻坚成果，衔接推进乡村振兴。

延续“多区帮扶一县”工作机制，10个城区、开发区与周至、蓝田结对关系保持不变。向两县派驻驻村工作队224支，占总数的60%以上，中央和省级、市级财政衔接资金共下达周至县1.8亿元、占比31.2%，蓝田县1.3亿元、占比22.6%，两县资金投入总量超全市衔接资金50%以上。

加大易地搬迁社区后续扶持力度。着力促进搬迁群众就业，认定社区工厂8家，带动500余人就业，安置点内有劳动能力有就业意愿的搬迁户全部实现至少1人就业。安置点安全饮水到户率、道路通达率，生活用电、广播电视、通信覆盖率和医疗保险覆盖率、就医改善率、子女就学率、就学改善率及参加养老和医疗保险、社会兜底率均达到100%。安置点均设立“一站式”综合服务站点，能够提供户籍管理、就业、就学、就医、社保等咨询或代办服务，全面提升搬迁社区公共服务能力。大力发展安置点配套产业，通过入股分红、务工等方式带动贫困户，确保搬迁群众搬得出、稳得住、逐步能致富。

◆乡村振兴宣传示范 2021年，西安市乡村振兴局着眼全面立体宣传，协同《陕西日报》《西安日报》等省市媒体开展“走向我们的小康生活”主题宣传，联合中国网策划举办“走进乡村话振兴”网络主题宣传活动，组织媒体采风团深入周至、蓝田等脱贫地区到村入户实地采访，充分挖掘一线典型人物、感人事迹、励志案例。全年累计在中央级纸媒、电视台刊发信息36篇，省级纸媒、电视台刊发信息388篇，中央、省级网络媒体刊发信息4018篇，营造浓厚的社会氛围。

扎实做好全国乡村振兴“四个一批”案例、全省巩固拓展脱贫攻坚成果同乡村振兴有效衔接示范点案例、全市“乡村振兴行进时”典型案例征集工作，提炼形成西安市先进典型案例36个，国家乡村振兴局、“中国乡村振兴”公众号、中省媒体予以采用和转载。积极做好全国、全省脱贫攻坚奖的评选申报工作，西安市4名个人3个集体受全国表彰，1人获“全国扶贫系统先进个人”荣誉，30名个人和10个集体获全省脱贫攻坚表彰，西安市先进典型的影响力和辐射面进一步增强。

加强宣传平台建设，扩大宣传效果。在“西安市乡村振兴局”微信公众号设立“答卷·脱贫铺就幸福路”等专题专栏。利用新技术，通过头条号、抖音号设计发布海报34幅，短视频作品53部，长图2幅，H5作品2个，全年微信公众号发布信息1090篇，今日头条发布信息91篇，省局官网和官方微信公众号采用西安市信息125篇。市乡村振兴局公众号已经成为“纵向经验交流、横向拓展影响”的载体平台，各类网络宣传作品全网阅读量超过2350万次，形成形式多样、内容鲜活、手段丰富的新媒体宣传格局。　（李景霖）

开发区建设

西咸新区

◆概况 西咸新区位于西安、咸阳两市建成区之间，区域范围涉及西安、咸阳两市7县（区）23个乡镇和街道，包括空港新城、沣东新城、秦汉新城、沣西新城、泾河新城5个组团。规划控制面积882平方千米，分为西咸新区直管区和西安（西咸新区）—咸阳共管区，其中，西咸新区直管区规划面积715.83平方千米，西安（西咸新区）—咸阳共管区规划面积166.17平方千米。现有户籍人口110.82万人。新区北依嵯峨山，南望秦岭，关中“八水绕长安”中的渭河、泾河、沣河三条河流贯穿其中，区位优越，资源富集，生态环境良好。新区范围内有文物保护单位46处54个点，其中西周丰镐遗址、秦咸阳城遗址、汉长安城遗址入选2021年度中国“百年百大考古发现”，太平遗址入选第二届陕西省重要考古新发现。

2021年，西咸新区深入贯彻习近平总书记来陕考察重要讲话重要指示精神，坚持以高质量发展为主题，统筹推进疫情防控和经济社会发展，实现“十四五”高点起步、顺利开局。新区生产总值（GDP）652.78亿元。其中，西咸新区直管区590.13亿元，比上年增长3.7%；西咸新区共管区62.65亿元，比上年增长6.2%。农林牧渔业增加值43.66亿元，比上年增长6.3%；规模以上工业增加值比上年增长5.6%；固定资产投资（不含农户）比上年下降19.1%；社会消费品零售总额472.21亿元，比上年增长6.1%；一般公共预算收入完成106.49亿元，比上年增长26.8%；引进内资1837.96亿元，实际利用外资7.29亿美元；新登记市场主体22.42万户，比上年增长53.3%。全年接待游客1965.53万人次，实现旅游收入66.73亿元。

◆体制机制改革 2021年，西咸新区认真落实中共陕西省委、陕西省人民政府关于西咸一体化体制改革决定，顺利完成共管区管理服务机构和各类人员划转移交，落实西安市全面代管要求，有序推进内部管理体制改革。印发年度街镇综合管理改革重点任务清单。理顺园办管理体制。组织开展机构编制核查。全面理顺新区各类单位机构编制及人员情况，进一步规范机构编制管理。

◆科技创新 2021年，西咸新区举全区之力建设秦创原总窗口。制定发布优化营商环境18条、宜居宜业环境10条、支持秦创原总窗口建设15条政策。启动建设总面积2217万平方米的93个科创载体，设立总规模46亿元的10只基金，与长安银行等7家金融机构联合发行42款科技金融产品，为30家科技企业投放贷款近2亿元，引进48家专业服务机构和20个孵化器，搭建线上、线下同步运行的秦创原综合服务中心。15家省属国企率先在新区落地陕西电子信息产业技术研究院等20个项目，带动中国联通创新研究院等14个新型研发机构、秦川高档工业母机创新基地等60个产业链重点项目先后落户。省级人才发展改革试验区落户新区，联合西安交通大学成立全国首家职业技术经理人培训中心，共引进科技经纪人40名、“科学家+工程师”10支队伍（近60人），高层次人才41名。探索推出高校创新成果转化批量授权模式，举办项目路演，春种基金设立公司202家。新区注册科技成果转化企业120家，227家高新技术企业通过省上评审，新增入库科技型中小企业901家，实现技术合同交易额107亿元，13家企业入选省级上市后备企业库，同力重工成为全国首批在北交所上市的企业之一，新区“科创中国”试点建设综合排名居全国65个试点单位第一名。

◆产业发展 2021年，西咸新区全面推进产业集群化发展，隆基绿能科技股份有限公司年产15GW高效单晶电池项目、中国电子西部数字经济产业基地等255个产业项目相继落户，装备制造、电子信息等众多项目即将投产达效。新区印发《西咸新区“十四五”产业发展规划》《西咸新区秦创原创新驱动平台总窗口产业定位与空间布局指引》，研究制定新区加快先进制造业和现代服务业深度融合发展专项政策。编制大轴线产

西咸新区2021年主要经济指标

指标名称	单位	1—12月	增长率（%）
地区生产总值	亿元	590.13	3.7
#第一产业	亿元	40.22	6.5
#第二产业	亿元	221.24	2.0
#第三产业	亿元	328.67	4.5
固定资产投资（不含农户）	亿元	—	-19.1
规模以上工业增加值	亿元	—	5.6
社会消费品零售总额	亿元	472.21	6.1
规模以上服务业营业收入（1—11月）	亿元	185.61	15.4

秦创原——陕西省创新驱动发展总平台

业规划。印发新区关于推行“亩均论英雄”改革方案，推进单位土地面积产出和全要素生产率提升。印发《西咸新区关于进一步做好产业政策兑现工作的实施方案》，建立“3+1+1”政策兑现惠企政策“免申即享”新模式，推动政策红利更好惠及企业。全年获批国家“专精特新”小巨人企业3家、省级“专精特新”中小企业12家、新增规上工业企业42家。

◆**项目建设** 2021年，西咸新区建立健全项目全过程管理机制，40个省级重点项目、122个市级重点项目分别完成投资495.59亿元、822.21亿元，分别达到年度计划的114.14%、113.73%。全年安排414个区级重点项目，共完成投资1610.08亿元，达到年度计划的119.11%。其中，先进制造业项目89个；服务业项目131个；金融项目2个；文化旅游项目14个；城建及基础设施项目72个；生态环保项目42个；社会事业和民生保障项目64个。隆基电池厂房提前交付，航天电子、同力重工等项目建成投用。

◆**城市建设** 2021年，西咸新区着力提升城市规划建设品质，编制国土空间总体规划，出台加强城市文化建设与风貌特色的意见，严格执行城市品质标准。绕城高速西咸立交建成通车，地铁16号线车站全部封顶，新区智轨1号线基本建成，西安国际足球中心主体封顶。新中心新轴线新开工面积约300万平方米。围绕迎接“第十四届全国运动会”，开展10个领域专项整治，加快智慧城市建设，改造老旧小区6个、背街小巷50条，完成架空线落地43条，建成公共停车位6360个、5G基站3020个。

◆**生态治理** 2021年，西咸新区加强污染防治，空气综合指数改善8.7%、PM2.5改善17.6%，实现优良天数288天、列西安市第3，渭河、泾河水质达到地表水Ⅱ类，沣河、太平河、新河水质达到地表水Ⅲ类。加强生态体系修复建设，开展地热井开发利用综合整治，累计新增城市绿地605万平方米、建成绿道212千米，斗门水库北池建成蓄水。推进碳达峰碳中和，国家气候适应型城市试点扎实开展，新推广应用海绵城市268万平方米、中深层地热供热237万平方米。

◆**改革创新** 2021年，西咸新区稳步推进各项国家级、省级试点任务建设，中国（陕西）自由贸易试验区西咸新区片区探索形成创新案例52项，3项在全国、12项在全省推广。国家临空经济示范区加快建设，西安空港型国家物流枢纽成功获批国家“十四五”首批空港型国家物流枢纽，空港综保区建成运营。“科创中国”试点城市（园区）建设取得积极进展，排名位列全国65个试点城市（园区）样板间建设综合排行榜第一。围绕打造西部最优营商环境，新区在全省试点开展商事集成注册改革，推出拿地即开工、交房即发证、免审即享等改革举措，投资活力持续增强。出台《西咸新区国有企业改革三年行动方案》，试点推进区属企业绩效考核。组织开展2021年度改革创新案例评选，优秀案例在《中国改革报》整版、国家发展和改革委员会官方网站等刊登。

◆**民生保障** 2021年，西咸新区做好巩固脱贫攻坚成果与乡村振兴衔接工作，建立巩固脱贫成果“1+N”长效机制，完成“两不愁三保障”和农村饮水安全排查整改，新增集体经济年收益过50万元的村14个。全年城镇、农村居民人均可支配收入分别增长7.7%和10.2%。新增城镇就业9706人，新建公租房5000套、共有产权房1000套，各类社会保障的参保率和待遇水平稳步提升。新建改扩建学校29所、新增学位超2.5万个，教育“双减”有效落实。西安交通大学附属泾河医院、新区公共卫生中心等项目开工建设，空军军医大学新校区获中央军委批复同意。新区王寺敬老院获批“国家级服务业标准化试点”。精神文明建设深入推进，完成20个基层综合性文化服务中心示范点改造提升。

◆**空港新城** 2021年，西咸新区空港新城完成地区生产总值60.54亿元，比上年增长4.4%，固定资产投资比上年下降16.9%，地方财政一般预算收入12.96亿元，比上年增长28%。引进内资306亿元，外资2.08亿美元。新增市场主体20020家。新增注册企业1200家，比上年增长94%。临空经济规模达到120亿元。新开通5条全货运航线（分别为西安至上海、东京、叶卡捷琳堡、新西伯利亚，以及莫斯科—西安—阿拉木图第五航权货运航线），航空货邮吞吐量39.56万吨，比上年增长5.1%，总量排名全国第9位。旅客吞吐量3017.33万人次，增速-2.9%，总量排名全国第8位。临空会展中心、航天电子信息研发生产基地、梅里众诚动物疫苗生产基地等17个项目建成投运。大唐网络5G创新生产中心、T5站前商务区、普汇中金科创园、环球印务等38个总投资103亿元的新建项目开工建设。康龙化成生物医药研发、赫里欧建筑光伏一体化系统生产基地、锦鹏空天制造产业园、华通智能电网自动化设备研发制造基地等12个重大产业项目签约落地。陕西西咸空港综合保税区于2021年1月正式封关运营，创下陕西省综保区最快封关运行记录。完成进出口额48亿元，比上年增长96%。开展艺术品保税展览展示、保税融资租赁、供应链金融等业务，引进上下游关联企业近100家，落地“一带一路”进口商品展示交易分拨中心暨自贸大都汇国别馆、空港“一带一路”文化艺术馆、西安国际航材供应链管理中心等项目，引进全省首台融资租赁空客A320模拟机。跨境电商B2B出口业务“9710”和“9810”模式成功运行。口岸货量1133吨，比上年增长33%。创新开展人民币跨境结算金融服务。航权开放助力打造国际航空枢纽入选国家全面深化服务贸易创新发展试点“最佳实践案例”。创新推行机场三期建设“一会三函”模式，协调解决耕地占补平衡、文勘等问题，航站楼、供油工程、空管保障基地等顺利推进。印发工程建设项目“拿地即开工”审批服务实施办法。福星惠誉美术城项目等获“房证同步交付”试点。建设工程验收时限压缩60%，兑现各类扶持、奖励资金3.7亿元。探索“全区域稳评”改革试点。设立陕西快响小组空港新城产业研究与项目转化基地，助力产学研用加速融合。以“第十四届全国运动会”为契机，推行53类208项城市精细化品质标准，开展城市建设社会效益评估。全年优良天数284天，比上年增加28天，空气质量综合指数4.41。泾河（空港段）水质持续达标。新增城市绿地67万平方米，占地20.6万平方米的城市中心公园建成开园。T5站前基础设施地面道路、高架桥梁、地下环隧以及相关配套迁改工程全面推进。崇仁路、立政路、万联大道绿化示范路建设初显成效。空港实验学校即将竣工交付，空港国际医院加快推进。首个共有产权住房项目开工。建设“街镇综合改革”和“123456”社区服务体系，形成“村改居”社区治理“空港样本”。将信息技术作为疫情防控重要载体，建设重点领域全覆盖云监控系统、机场分流中心电子信息系统等，为机场疫情防控筑牢“空中大门”。

◆沣东新城　2021年，西咸新区沣东新城实现地区生产总值207.1亿元，固定资产投资578.93亿元，地方一般公共预算收入40.53亿元，实际利用外资2.86亿美元，实际引进内资544.6亿元，新增市场主体74054户。秦创原立体联动孵化器总基地各项建设工程有序展开，占地9.47公顷、总建筑面积34.6万平方米，20栋单体楼宇全部完工。建设全省高校、科研院所、科创企业和服务机构数据信息共享交互综合服务线上平台，搭建“科技金融超市”“沣东科技资源共享平台”“沣东西电共享实验室”，落地“科创中国”西安学会智创园、中国（陕西）知识产权保护中心和陕西省知识产权运营中心，举办秦创原（沣东）科技成果转化项目和投资意向签约大会暨2021年陕西省创新驱动共同体年会，签约落地科创项目64个，新增专业技术委员会9个。聚集科技型中小企业235家、国家高新技术企业134家、瞪羚企业3家、陕西省“专精特新”中小企业11家、国家级专精特新“小巨人”企业2家。中国国际丝路中心大厦主体结构高度突破200米；西安国际足球中心完成全部主体和钢结构施工；斗门水库（昆明池）北池实现全面蓄水；中国工商银行陕西省分行正式签约落户。设立15亿元产业投资基金，引进世界500强3家、中国500强2家、行业龙头25家。同力重工成为北交所首批上市公司，创智云谷与日立ABB厂房建设完工，先进制造产业园区建设稳步推进。引进西北首家盒马X会员店及“跨境购”业务，搭建沣东新城中小企业金融服务平台，自贸服贸及金融产业集聚效应持续增强。落地哔哩哔哩西部首个商业运营中心，全国第九座欢乐谷——西安欢乐谷玛雅海滩正式开园。实现规上文化企业营收约10.29亿元，比上年增长45.26%。全面铺开“口述办照”，针对社会投资小型低风险工程建设项目实行“清单制+告知承诺制”审批模式，创新施工许可分阶段办理机制和不见面审批模式，推出“联合验收”及“交房即交证”服务套餐，拓展“拿地即拿证”“拿地即开工”服务新思路，不断优化行政审批效能。试点启用共享单车“电子围栏 智能锁车”，打造陕西自贸试验区首个5G+VR红色文化体验馆，加强医学检验领域的国际合作，实现检验结果跨机构互认互通，知识产权跨国引入、本土化再创造和检验技术、试剂、服务的一体化输出，提升区域医学检验服务能力和国际化水平。构建陕西首例政府资产管理应用平台“沣东新城管委会智慧资产管理平台”。探索设立国际青年实习创业基地，获批陕西自贸试验区首个外籍人员创业签证。沣东自贸功能区公用型保税仓揭牌启用，累计进口贸易额1.29亿元。圆满承办2021年“央视七夕晚会”。“探索国际教育创新发展新模式”入选国家全面深化服务贸易创新发展试点第二批“最佳实践案例”。全年空气质量优良天数282天，比上年增加20天，空气质量综合指数4.71。沣河水质达到地表水Ⅲ类以上，太平河水质达到地表水Ⅳ类以上。新增绿化面积163.12万平方米，新增绿道78.95千米，全长21.5千米的“三河一山”沣河绿道全线贯通。成立陕西省首家生态环境医院。完成5个老旧小区改造、6条背街小巷改造，建设3座口袋公园，推广绿色建筑106万平方米、装配式建筑117万平方米、海绵城市26.9万平方米。加强与西安、咸阳主城区道路的互联互通，新增、优化公交线路23条，开通上林路、科统区和建章街道三个片区动态公交“DD巴士”，地铁16号线（一期）工程实现全线封顶，红光路扩建及大寨路（昆明二路）达到通车条件，征和六路跨绕城立交主车道贯通。648项行政许可事项实现“一枚印章管审批”，99.92%的公共服务事项实现“最多跑一次”，99%的政务服务事项实现网上办理，推出100个“一件事一次办”服务套餐，“三服四化”便民服务改革实现街道、村（社区）全覆盖。探索“商圈、园区+政务服务”模式，试点在自贸产业园、吾悦广场等4地设立政务服务便利店。探索“跨区通办”合作，实现“跨区、跨市、跨省”三级跳跃。政务服务全程电子化改革、“三服四化”便民服务改革、线上贸易云服务模式和“以租代建”新模式等4项案例入选陕西自贸试验区第三批改革创新成果。巩固拓展脱贫攻坚成果与乡村振兴有效衔接，通村客运实现全覆盖。新建学校5所，新增学位3150个，组建“名校+”教育联合体14个。1所婴幼儿照顾服务试点机构完成装修并投入使用，31个居家养老服务站、9个日间照料中心、1个示范性老年餐厅启动建设。陕西沣东新城医院门诊部正式营业，建设完成40家村卫生室、9家社区卫生服务站、8处家庭医生工作室，辖区村（社区）卫生服务中心（卫生院）实现全覆盖，形成15分钟医疗服务圈。积极推广数字司法服务，在154个基础网格中配备128名网格长和197名专职网格员，实现专职网格员全覆盖。王寺街道芊域溪源社区和三桥街道和平社区获评省级和谐社区建设示范社区。斗门司法所所长刘海侠获评司法部“全国司法所模范个人”称号。成功创建全省法治建设示范单位和人民满意窗口，被列为“省级社区治理和服务创新实验区”，“沣东新城以‘五个注重’提升平安建设水平”案例被《法治日报》社会治理创新案例库收录。开展安全生产“五进”活动，推广芊域溪源国家综合减灾示范社区创建工作经验，三桥街道和平社区完成省级防灾、减灾社区创建。

◆秦汉新城　2021年，西咸新区秦汉新城地区生产总值增长4.8%，固定资产投资增长-27%，一般公共预算收入增长16.5%，规模以上工业增加值增长8%，建筑业增加值增长16.2%，社会消费品零售总额增长15.9%，服务业增加值增长0.7%。围绕先进装备制造、文化旅游、大健康三大主导产业，开展精准招商，引进世界500强企业4家，中国500强企业2家；总投资50亿元以上项目2个，10亿—50亿元以上产业项目9个。省外内资完成309.11亿元，实际利用外资2.28亿美元。华能智链西北结算中心、科诗美隐形眼镜研发生产基地、西北科研转化基地等项目先后签约落地。兰池智能制造产业基地一期、汽车零部件产业园一期主体建成，签约企业45家，秦汉影视产业基地新增入驻企业53家，大健康科技产业园、大医科技城、中南高科等重点项目进展顺利。53个新区级重点项目、6个省级重点项目、11个市级重点项目分别完成投资272.6亿元、49.69亿元、91.02亿元。按照“办一届精彩圆满的体育盛会”要求，圆满完成第十四届全国运动会马术和小轮车赛事组织和服务保障工作。多措并举整治城市环境，建成通车茶马大道等市政道路12条，改造完成兰池大道、横桥等城市主干路网，整治“红蓝屋顶”375万立方米。围绕建设好秦创原创新驱动平台总窗口，编制完成《秦汉新城科技创新产业发展规划》。先后举办产学研活动3场、成果对接会2场、集中签约活动4场、专场签约活动1次，开展精准科技企业招商活动5次。累计引进科技型中小微企业33家、产业链重点企业13家、孵化器3家，培育科技成果转化企业12家、瞪羚企业2家，科技型中小企业评价入库174家，新增国家高新技术企业18家。加大保障房供给，交付安置房2598套，回迁2146户，安置群众4836人。完成河堤路绿道、周礼佳苑二期幼儿园等39项便民生活圈任务。新建和改造道路33千米，兰池大道立交、秦直大道等道路建成通车。大力实施“名院+”“名校+”战略，清华附中秦汉学校成功创建省级示范学校，陕西省人民医院西咸院区于春节前试运营，空军军医大学和空军986医院签约落户。大力实施绿化工程，新增绿化面积221万平方米、区域级绿道14.5千米、社区绿道15.4千米。全面落实减煤、控车、抑尘等措施，全年优良天数275天，比上年增加7天，空气质量综合指数4.79，比上年下降3.4%。严格落实常态化疫情防控措施，推进疫苗接种，坚决打赢疫情防控的阻击战。强化安全监管责任，扎实开展安全隐患大排查、大整治，实现安全生产事故和伤亡人数的“双下降”“双杜绝”。

◆沣西新城 2021年，西咸新区沣西新城实现生产总值134.2亿元，增长9.9%，一般公共预算收入21.15亿元，增长59.13%，规上工业增加值增速4.8%，社会消费品零售总额增速19.5%，新增“五上”企业26家，新增市场主体3.8万余家。总投资448.2亿元的32个秦创原创新驱动平台项目集中开工；曹家滩创新中心、创新港二期A板块8个单元198.25万平方米科创载体启动建设，首栋单体建筑封顶。清控科创、特种材料增材制造项目等13家企业入驻西部云谷；陕西投资集团、陕西汽车集团等15家省属国企入驻秦创原国企创新中心及西部云谷；西安交通大学65项科技成果在沣西转化并注册企业；累计签约秦创原项目76个、总投资271.4亿元；完成技术合同交易额31.38亿元。省、市、新区三级重点项目全部完成投资130%以上。创新港二期A板块、鲲鹏智造园、联东U谷、万博酒店、丰泽新苑等一大批重点项目开工建设；西高智能、无人系统研究院、浙商银行、橙天地文化中心等项目加快推进；智能飞行器、西部云谷三期部分建成投运。全年招引重点项目60个，合同引进资金269.19亿元，产业类项目占比100%。引进内资220.92亿元，实际利用外资304.18万美元，比上年增长33.1%。引进年纳税额1000万元以上总部企业7家。酷哇机器人、维谛技术、中国电子等一批人工智能、智能制造领域龙头企业落地。深入开展污染防治攻坚战，全年空气优良天数257天，比上年增加21天。推进沣河、新河综合治理，沣河水质稳定达到Ⅲ类。新增城市绿化面积59万平方米、海绵城市面积68万平方米、中深层地热供热面积54万平方米、绿色建筑面积326万平方米；推广装配式建筑178万平方米。中深层地热能供热技术中标北京城市副中心交通枢纽中深层地热项目，持续为碳达峰、碳中和输出沣西经验。完成各类基础设施项目127项，年度投资50.5亿元，新建成通车市政道路28千米。创新港中学等6所学校全面建成开学，新增学位9360个。建成便民生活圈156处。推出首批“全程网办”事项39项，网上可办服务事项1350项；全年兑现各类奖补资金2.14亿元。全面落实常态化疫情防控措施，超额完成疫苗接种任务。认真落实“六稳”“六保”任务，新增城镇就业1705人，职业技能培训1942人。12个安置房项目完成投资31.23亿元。大力推进乡村振兴，完成1万亩高标准农田建设；创建收益50万元以上的村股份经济合作社1家，市级示范家庭农场1家。常态化开展扫黑除恶斗争，创建“七无”（无邪教、无吸毒、无重大纠纷、无械斗、无集体上访、无重大安全事故、无刑事案件）村（社区）9个。

◆泾河新城 2021年，西咸新区泾河新城生产总值比上年增长9.9%，一般公共预算收入比上年增长34.47%，新登记市场主体68568户，比上年增长91.05%，接待游客比上年增长16.57%，旅游综合收入比上年增长46.57%。先后签约隆基绿能光伏产业基地、创维智能电子产业园、陕煤研究院新能源产业基地、河北建设西北总部、数字经济产业结算中心、罗普特人工智能产业基地、超导高端装备制造中心、复合材料智能铺丝机等项目40余个，总投资641.38亿元，引进世界500强2家、中国500强企业3家、行业龙头企业10家。招引落地科研机构及国家、省、市实验室35家，现有各类科研院所近100家，引入培育国家高新技术企业45家、科技型中小企业126家、瞪羚企业1家，引入各类人才总量超1.2万人，建立产学研合作基地5个，实现科技成果转化10项。全年重点项目完成投资524.25亿元，引进内资339.39亿元。隆基绿能年产15GW高效单晶电池及年产15GW高效光伏组件项目开工建设，并交付1号和2号厂房；中富食品饮料加工生产基地、恒德航空精密机械（一期）、丰树泾河现代物流综合服务产业园建成投产；CO_2空气源热泵生产及研发中心、体育中心项目主体封顶。全年优良天数286天，比上年增加6天。泾河水质稳定达到地表水Ⅱ类标准，新增城市绿化面积80.23万平方米。茶马大道等16条市政道路建成通车，新增通车里程13.6千米，包茂高速复线泾河新城收费站建成通车，崇文佳苑、乐华城“15分钟便民生活圈”建成并对外开放，创建城市管理示范街6条。泾河新城第一中学、第二学校初中部、第四小学建成投用，新增学位5160个，西安交通大学附属泾河医院开工建设，高庄社区卫生服务中心、永乐中心卫生院核酸实验室建成投用。6个保障房项目加快推进，全年回迁安置群众2910户11640人、房屋6071套，完成城乡供水一体化建设，泾河北岸农村供水工程建成投用，农村集中供水覆盖率达到100%。辖区农村居民人均可支配收入比上年增长12.8%。

◆能源金融贸易区 2021年，西咸新区能源金融贸易区综合发展指数增长10%，完成固定资产投资128亿元，自贸区新增注册企业1450家，引进内资57亿元，入区企业实现利税23.73亿元，比上年增长49.43%。3项自贸创新成果在全省复制推广，1项向全国推广。智慧党建、电商等数字人民币特色应用场景在全省首发。推出秦创贷等新型科技金融产品。新轴线新开工面积150万平方米，秦创原·金湾科创区建设加快，陕建集团、绿地集团等重大总部基地项目进展顺利，11栋超高层地标建筑加快建设。编制完成秦创原·金湾科创区三期、四期和文教园片区单元规划。引进科技成果转化企业6

家，科技型小微企业19家，飞马旅双创空间开业，清控科创商业航天创新中心获批西安市众创空间，陕煤天众轻质合金材料研究院项目落地。建成市政道路12条，绕城高速西咸出入口建成通车，尚稷路提前打通。世纪大道提升改造和园区雨污水干管通道建设全线施工，“三河一山”绿道建设按期完成。建成西咸第一初中等高品质学校4所，西咸妇幼医院、西咸新区公共卫生管理中心、上林卫生院实现主体封顶。开展市政设施、园林绿化等10个领域专项整治，圆满完成第十四届全国运动会火炬传递线路环境整治提升任务，获第十四届全国运动会先进集体。（秦 蓉）

西安高新技术产业开发区

◆**概况** 西安高新技术产业开发区是1991年3月国务院首批批准成立的国家级高新区之一，2006年被科技部确定为要建成世界一流科技园区的六个试点园区之一，2015年8月，国务院正式批复同意西安高新区建设国家自主创新示范区。2017年4月，陕西自贸区正式挂牌，高新功能区作为陕西自贸区面积最大、以特殊监管区区外保税等通关模式创新为特色的核心片区正式启动建设。2020年6月，科技部批复同意全国首个“硬科技创新示范区”在西安高新区启动建设。高新区位于西安市西南部。成立之初，启动面积2.7平方千米，经过30年的飞速发展，尤其是2018年，西安高新区成功托管来自雁塔区、长安区、鄠邑区、周至县的12个街镇，面积达到1079平方千米，辖区人口超过110万人。

2021年，西安高新技术产业开发区按照中共西安市委、西安市人民政府要求为全市发展“当龙头、做支柱”的定位，全面开启“四个高新”建设，全力抓好“六稳六保”、第十四届全国运动会、疫情防控等重点工作。地区生产总值（GDP）2681.36亿元，比上年增长6.4%，在全市占比25.1%；完成全社会固定资产投资1350亿元，比上年下降1.5%，两年平均增长10.2%；实现规模以上工业总产值增长23.8%、规模以上工业增加值增长10%；社会消费品零售总额完成618.13亿元；进出口贸易总额3100亿元，比上年增长10%以上；一般公共预算收入完成138.63亿元。全年签约项目150个，总投资3345.03亿元。成功举办全球硬科技创新大会、全球创投峰会、欧亚论坛科技分论坛等国际化活动。西安高新技术产业开发区获批全省唯一国家级先进制造业和现代服务业融合发展试点园区。

◆**发展规划** 2021年，西安高新技术产业开发区编制《西安高新区国民经济和社会发展第十四个五年规划和二〇三五年远景目标纲要》，围绕西安高新区聚焦建设世界一流高科技园区、建成创新驱动发展示范区和高质量发展先行区的总体要求，确立“四个高新”建设总基调，建设实力高新、科创高新、品质高新、幸福高新。编制高新区国土空间规划，中央文体区、西安科学城核心区等7个重点片区规划和7个街道国土空间规划，完成西安高新区中央创新区控制性详细规划。

◆**招商引资** 2021年，西安高新技术产业开发区建立“链长制”招商模式，用“招商十法”，推动外引内培“双向发力”，着力引进含金量高、含绿量足、含新量多的大项目、好项目。全年签约项目150个，总投资3345.03亿元。其中，100亿元以上项目6个，50亿元以上项目14个。成功引进比亚迪20GWh刀片电池、隆基绿能、华秦科技、埃顿汽车零部件产业园等重大产业项目。

◆**园区建设** 2021年，西安高新技术产业开发区完成高新路、锦业路、科技八路等重点道路智慧化改造和36条背街小巷提升改造，推动丝路软件城区域内12个输变电工程建设。建成重点市政道路77条90千米，“四好农村路”20条（段）15.24千米。村村通公交实现行政村500米范围全覆盖。外环高速项目高新段已具备通车条件，高新至鄠邑高速复合通道工程启动建设，京昆高速改扩建、西鄠公路市政化改造等项目加快推进，内联外畅高速路网体系日益完善。制定《西安高新区乡村振兴示范村建设工作实施方案（2021—2022年）》，成立乡村振兴公司，全面谋划20个示范村、20个改造村和60个提升村建设，以“秦岭八村”为重点的首批10个乡村振兴示范村已启动建设。204个村全部实现经营性收益，其中30个村达到50万元以上、69个村达到10万元以上。扎实推进农村人居环境整治，以“八清一改”为重点，完成农村卫生厕所提升改造2552座。加快新型经营主体培育，累计提升农民专业合作社10家，培育家庭农场10家。

◆**产业发展** 2021年，西安高新技术产业开发区聚焦“55611”现代产业体系，大力实施“强链补链延链”行动，建立“链长制”招商模式，先进制造业产值增长30.7%，战略性新兴产业产值增长23.6%。电子信息产业产值2692.95亿元，汽车产业产值958.47亿元，生物医药产业产值264.73亿元，新材料、新能源产业产值216.7亿元，高端装备和增材制造产业产值197亿元，特色指标均超额完成全年目标任务。

◆**技术创新** 2021年，西安高新技术产业开发区聚焦科技自立自强和秦创原建设，以秦创原创新驱动平台和硬科技创新示范区建设为引领，出台《西安高新区关于支持硬科技创新的若干政策措施》、“上市十条”和推动秦创原建设“1+3”实施方案，全域打造秦创原高能级科技成果转化大平台，加快建设秦创原的使命践行区、核心引擎区、示范样板区。新认定高新技术企业1513家、总量达3874家，入库科技型中小企业3207家，增长均超过30%。深化建设国家知识产权运营军民融合平台，确定合作机构60家，培育、引进优秀硬科技知识产权服务机构33家。落实企业积分制评价试点工作，现已入库3025家企业。搭建

西安高新技术产业开发区2021年主要经济指标

指标名称	单位	1—12月	增长率（%）
地区生产总值	亿元	2681.36	6.4
#第一产业	亿元	22.83	7.9
#第二产业	亿元	1011.26	3.7
#第三产业	亿元	1647.27	7.9
固定资产投资（不含农户）	亿元	—	-1.5
规模以上工业增加值	亿元	—	10.0
社会消费品零售总额	亿元	618.13	-5.6
规模以上服务业营业收入（1—11月）	亿元	1038.26	25.8

仪址桥

“秦创原•科创高新”政策服务平台，累计注册企业用户超6000家。引进拓尔微电子等6家重点研发企业。新认定高成长企业195家，其中瞪羚企业69家，独角兽系列企业34家。组织申报省、市科技计划项目568项，聚集国家级和省级研发机构143家，累计认定新型研发机构203家。全年新增双创载体10家，组织双创载体创新创业活动16场。引进海外高层次人才84名，引进、培育、认定技术经理人216人。培育嘉会坊1个科技旅游点，推进硬科技社区展厅等2个科技类展厅对外开放，创新创业生态更加完善。

◆企业孵化 2021年，西安高新技术产业开发区实施企业梯度培育专项行动，加快培育“专精特新”中小企业，全年新登记各类市场主体2.73万户（其中企业1.7万户），企业登记总量、外资企业登记量均居全市首位。谋划建设两个“上市企业园区”，新增荣信教育等8家上市企业，引进各类金融机构、金融要素平台、金融中介服务机构等22家，新增私募股权融资53.04亿元。完成两化融合管理体系贯标企业18家、工业研发机构企业28家、技术创新示范企业16家，认定技术创新示范项目519个，完成工业品牌培育企业8家、质量标杆培育企业6家。

◆项目建设 2021年，西安高新技术产业开发区坚持“以项目看发展论英雄”，实行“签约一批、开工一批、建设一批、竣工一批”的项目推进机制，举行重点项目集中开工仪式4场，开工重点项目149个、总投资2367亿元，其中先进制造业项目87个。集中竣工投产项目46个，总投资1008亿元，其中先进制造业项目27个。74个市级重点在建项目实现投资800亿元，完成年度投资计划的127%，其中40个先进制造业项目完成投资499亿元，占比62.4%。高新区在全市重点项目建设综合排名以及重点项目观摩测评中均列全市第一。

◆人才引进 2021年，西安高新技术产业开发区引进ABC类高层次人才37名，认定硬科技人才6607名，新增DE类人才1.61万名，引育人力资源机构28家。整合市区资源，高标准建设西安人才综合服务港，着力建设吸引和集聚人才的平台，开启招才引智新局面。依托国家级人力资源产业园、高新区产业联盟，开展人才年、精益创业带动就业行动、西安留学回国人才招聘节等招才引智活动，举办33场“丝路人才荟”、25场“产业人才沙龙”等系列人才活动，创新开展“直播带岗”、“人才集市”、高“薪”名企进校园等招聘活动，启动“九州寻良骥 追梦栖高新”人才年系列活动，累计开展各类引才活动共328场，释放岗位近15万个，达成初步就业意向近6万人次。持续强化人才激励效应，正式出台《硬科技人才政策实施细则》，为高新区双招双引工作做好政策、人才支持。推荐申报西安市技能大师工作室、西安市首席技师15个，博士后创新基地20个，新增就业见习基地36家、吸纳见习人员1071人。

◆科技资源改革 2021年，西安高新技术产业开发区坚持以《西安高新区关于支持硬科技创新的若干政策措施》为政策抓手，以“科创高新”为实施路径，通过创建一批高能级创新平台、转化一批高质量科技成果、培育一批高标准科技企业、做强“55611”现代产业体系、汇聚一批高水平科创资源，稳步推进硬科技创新示范区建设，全面提升高新区“两链”融合成效，为加快建设丝路科学城、丝路软件城，高标准建成“科创高新”做好科技支撑。出台秦创原“1+3”系列方案，制定《西安高新区关于推动秦创原创新驱动平台建设的发展意见》及《西安高新区关于建设秦创原立体联动“孵化器”的实施办法》《西安高新区关于建设秦创原成果转化“加速器”的实施办法》《西安高新区关于建设秦创原两链融合“促进器”的实施办法》。西安高新区全社会研发投入强度达到6.64%、提高0.48个百分点；规上工业企业R&D投入强度超3.02%，有研发投入的规上工业企业占比提升至81%。

◆环境保护 2021年，西安高新技术产业开发区空气质量优良天数277天，PM2.5平均浓度36微克/立方米，比上年下降14.3%，单位GDP二氧化碳排放比上年降低3.89%。新增绿地75.24万平方米，改造提升绿地111.17万平方米，打造沣河柳林庄、秦渡古镇、仪祉湖等9处景观节点工程，“三河一山”32千米绿道全线贯通。深入推进全域治水，建成沣河治理一期、皂河景观提升、滈河三星段亲水提升等项目。加强秦岭生态环境保护工作，完成高冠峪、紫阁峪等4条峪口峪道综合治理。高新区成为入选陕西省唯一一家生态环境部EOD试点项目。

◆社会事业 2021年，西安高新技术产业开发区坚持以人民为中心，实施“幸福高新十大惠民工程”，向市民开放共享停车位、学校体育场，下大力气破解教育、医疗、就业、养老、出行等人民群众“急难愁盼”问题，让辖区群众共享幸福美好生活。

社会保障持续提升 全力推进稳岗就业，城镇新增就业18312人，城镇登记失业率始终保持在4.5%以下。累计发放惠企稳岗补贴2.39亿元，惠及2.52万家企业。医疗保险参保人数达到123万人，新增7.36万人。开展2021年度根治欠薪冬季专项行动，累计追回农民工工资11118.78万元。深化养老服务领域创新发展，试点探索“物业+养老”服务模式。

教育供给扩容提质 新建幼儿园6所，融合性幼儿园2所，特殊教育学校1所，提升打造“新优质学校”16所，优质学前教育资源覆盖率69%，普惠性幼儿园占比95.3%，成功获批“国家级基础教育综合改革实验区”“第二批人工智能助推教师队伍建设试点区”，落实“双减”典型案例在全国推广。

文体卫生稳步发展 坚持“办好一次会、搞活一座城”，举全区之力服务保障第十四届全国运动会和全国第十一届残疾人运动会暨第八届特殊奥林匹克运动会，高水平承办5大赛事。高新医院二期建成投用，西安市第一医院、高新儿童医院、任超锦业医院主体封顶。文化事业持续繁荣，文旅融合效应显著，举办特色文旅活动和惠民演出活动80余场次，净增规模以上文化企业12家。

惠民工程加快建设 坚持以人民为中心，谋划实施“幸福高新十大惠民工程”，首批开放学校共享运动场30个，开放错时共享停车场18处、新增共享停车位5745个，31个安置房项目、10个人才保障住房项目开工建设。建成丈八街道综合养老服务中心等5个镇街综合养老服务中心，新增养老床位656张。完成240个三级退役军人服务中心（站）建设，群众的获得感、幸福感、安全感明显增强。

社会治理全面加强 提升“智治”能力，推进治理“横纵”互通，依托一核四化平台，将“雪亮工程”、部门自建视频监控、综治视联网等接入系统平台，实现一张网观全局。全年累计上报办理各类事件521517起，办结率100%。持续开展“清浊行动”等专项攻坚行动，加大治安乱点和重点地区整治工作，累计检查行业场所750余家次，人员密集场所380余家次，统一清查整治30余次，强化社会治安防控力度。消除安全隐患，共计排查整治一般隐患6586项，约谈警示企业19家次，责令停产18家次。（鱼春婷）

西安经济技术开发区

◆**概况** 西安经济技术开发区成立于1993年，2000年被国务院批准为国家级开发区，2002年获批国家级出口加工区，2017年获批中国（陕西）自由贸易试验区经开功能区，2020年获批西安关中综合保税区。全区总规划面积272平方公里，横跨未央、高陵、临潼3个行政区，由中心区、高铁新城、泾渭新城、渭北新城四大区域板块和关中综保区、经开自贸区两大功能园区组成，常住人口约55万人。先后获批国家新型工业化产业示范基地、国家新材料高技术产业基地、国家科技兴贸创新基地、国家绿色产业示范基地、国家加工贸易产业园区等12块国家级授牌。

2021年，西安经济技术开发区坚持以习近平新时代中国特色社会主义思想为指导，深入学习贯彻党的十九届六中全会精神和习近平总书记来陕考察重要讲话重要指示精神，紧扣高质量发展主题，坚持稳中求进工作总基调，立足新发展阶段，贯彻新发展理念，融入新发展格局，统筹推进疫情防控和经济社会发展各项工作，取得积极成效。全年地区生产总值突破千亿元大关，达到1031.8亿元，比上年增长4.1%；完成工业总产值3111.8亿元，比上年增长13.7%，实现规模以上工业增加值313.3亿元，比上年增长3.5%；实现服务业增加值501.22亿元，比上年增长7.7%；完成外贸进出口总值360.8亿元，比上年增长28%；完成地方财政一般公共预算收入46.76亿元，比上年增长12.9%。成功获批首批国家加工贸易产业园，中国科协海智计划工作基地正式揭牌，西安关中综合保税区顺利通过国家验收，实现“十四五”稳健起步、良好开局。

◆**经济发展** 2021年，西安经济技术开发区把强工业、稳增长作为经济工作重心，按照“板块化发展、园区化承载、集群化推进”思路，强龙头、补链条、聚集群，加快推进先进制造业强市示范区建设，积极构建创新引领、协同发展的“4+4+4”现代产业体系。全年争取国家和陕西省、西安市各类专项资金4.48亿元，比上年增长60%。全区新增“五上”企业218家，其中规模以上工业企业29家。完成规模以上工业总产值1976.03亿元，比上年增长18.6%。战略性新兴产业总产值848.32亿元，比上年增长43.1%。高技术制造业总产值105.62亿元，比上年增长25.2%。先进制造业总产值1733.3亿元，比上年增长18.3%。全区亩均工业总产值达到519万元，单位地区生产总值产出强度14.1亿元/平方千米，较上年增长1.8亿元，居全市开发区前列。

西安经济技术开发区2021年主要经济指标

指标名称	单位	1—12月	增长率（%）
地区生产总值	亿元	1031.80	4.1
#第一产业	亿元	—	—
#第二产业	亿元	530.58	0.6
#第三产业	亿元	501.22	7.7
固定资产投资（不含农户）	亿元	—	-36.2
规模以上工业增加值	亿元	313.30	3.5
社会消费品零售总额	亿元	399.55	-18.3
规模以上服务业营业收入（1—11月）	亿元	337.79	10.3

◆**招商引资** 2021年，西安经济技术开发区坚持把招商引资作为推动经济高质量发展的重要抓手，强化市场理念和投行思维，坚持招商引资与招才引智、招大引强与延链补链相结合，聚焦汽车、新材料新能源等11条重点产业链，引进龙钢智能制造、立邦新型材料等一批重大项目。在西安市产业项目集中签约大会上签约项目17个，总投资316.46亿元，综合评分位列开发区第二。在第五届丝绸之路国际博览会暨中国东西部合作与投资贸易洽谈会上签约项目40个，总投资1026.37亿元。举办合作共建渭北新城暨重点项目签约仪式，集中签约中国航发西安航空动力产业园、西北有色金属研究院科技产业园等重点项目16个，总投资738亿元。全年引进入区项目97个，总投资328.58亿元，实际利用外资22.64亿美元，引进内资938.96亿元，分别完成全年任务的100%和220%，全区经济增长后劲持续增强。

◆**项目建设** 2021年，西安经济技术开发区践行“以项目看发展论英雄”理念，坚持把项目建设作为推动高质量发展“主抓手”，按照“产业主导、民生优先、质效并重”原则，全力推动要素、政策、服务向重点项目聚焦，用好容缺办理、文勘前置、并联审批等绿色通道，实行专人专班、一企一策、“容缺+承诺”等服务机制，推动陕汽重卡扩能、华天慧创、众邦电缆等一批重大项目加快建设。全年40个市级重点项目实现投资433.12亿元，完成年度投资计划的122.08%，112个区级重点项目完成投资120亿元。吉利汽车项目全面量产，330kV架空输电线路迁改落地项目顺利完成，西安北客站枢纽一期工程全面建成通车，带动有效投资持续增长。

◆**改革创新** 2021年，西安经济技术开发区全力破解发展空间瓶颈难题，全面启动与临潼区合作共建规划面积150.6平方千米的渭北新城，形成全区“一河两岸”“一区三城”的空间布局。加快自贸区、综合保税区建设，西安关中综合保税区在海关总署2020年度综合保税区发展绩效评估中位列全省第一。“自贸区云报核辅助系统”获批国家级创新

西安经济技术开发区与临潼区合作共建渭北新城

案例，“政务服务跨区通办”等6项改革创新成果在全省推广，数量居全省第一。全面启动“秦创原—先进制造业和科技创新融合发展示范区”建设，首批12个秦创原创新、研发、展示中心成功挂牌。中节能环保装备股份有限公司、西安天隆科技有限公司、西安煤矿机械有限公司等3家企业获国家科技进步奖，获奖数量占全省11.5%。龙腾半导体股份有限公司、大医集团等6家企业获“2021全国硬科技企业之星”称号。凯立新材成功在科创板上市，成为陕西省第5家科创板上市企业。截至年底，全区共有科技型中小企业1110家，高新技术企业588家，瞪羚企业42家，科技小巨人企业169家，市级独角兽成长和种子企业各1家，上市及挂牌企业32家。

◆**营商环境建设**　2021年，西安经济技术开发区出台《经开区优化营商环境系列攻坚提升方案》，扎实推进优化营商环境工作百日攻坚行动，持续优化“一站两口三全”经开项目服务模式。截至年底，428项政务服务事项上线一体化政务服务平台，96项高频政务服务事项实现“掌上办”。深化“一件事一次办”改革，推出主题服务套餐122个。先后分8批次与省内外18个区县、开发区联合推出政务服务跨地区办理事项1067项，累计办理1万余件。全面实现工业项目用地“拿地即发证”，在全市率先实现企业开办全流程3小时办结。

◆**城市建管与民生事业**　2021年，西安经济技术开发区把迎第十四届全国运动会作为提升城市品质的重要契机，全面提高城市建设管理水平。坚持规划引领，高标准编制经开区国土空间规划、高铁新城核心区规划等系列规划。圆满完成城运公园体育馆等十四运会场馆改造和赛事服务保障工作。全面完成“17+25”重点涉赛线路绿化和北客站周边13平方千米整治提升，拆除违建临建20多万平方米，新增和提升城市绿地面积237.8万平方米，新建城市社区绿道23.8千米、街头绿地广场和口袋公园40个、城市公园1个。新建和改扩建学校8所、新增学位9600个。新组建市级“名校+”教育联合体3个。西安市儿童医院经开院区、西安市红会医院高铁新城院区等3所三甲医院主体工程基本建成。打好蓝天、碧水、净土“三大保卫战”，全年环境空气质量优良天数达258天，比上年增加15天，PM2.5浓度均值44微克/立方米，比上年改善20%。

◆**疫情防控**　2021年12月，西安经济技术开发区面对来势凶猛的新冠肺炎疫情，第一时间启动疫情防控应急体系，优化“一办十组”和10个专项工作领导小组工作机制，将全区划分为7个片区、82个网格点，实行分片包抓、网格管理。在全市率先建立疫情防控临时党组织，覆盖全部15个集中隔离点和206个社区、小区及企业、工地，有效强化基层疫情防控组织领导。累计在全区开展大规模核酸检测2轮、全员核酸筛查8轮，持续做好重点区域、重点人群核酸检测，累计核酸采样471.5万人次。在西安绕城高速未央南、西安北站等卡口设置10个交通检查点，24小时做好外防输入工作。强化居民生活保障，累计为区内群众配送蔬菜1553吨，肉蛋奶589吨，米面油325吨，其他生活用品269吨，解决群众诉求1166件。在全市率先实现风险地区和社会面确诊病例“清零”。

（王宁博）

西安曲江新区

◆**概况**　西安曲江新区位于西安市东南部，核心区总规划面积约51.5平方千米，全区常住人口约40万人（含大明宫遗址区范围内人口），是陕西省、西安市确立的以文化、旅游为主导产业的开发区，全国首批两个国家级文化产业示范园区之一，先后被评定为国家级生态区，国家级文化和科技融合示范基地，中国（西安）跨境电子商务综合试验区创新示范先行区，国家文化出口基地，全国首个区域性、多景点整体晋级的国家5A级旅游景区，获中国人居环境范例奖。西安曲江新区坚持文化立区、旅游兴区、产业强区，探索形成“文化+旅游+城市”的发展新模式，成为全国文旅深度融合发展的先行军和示范者。管理大明宫国家遗址保护区、西安城墙景区、临潼旅游休闲度假区、楼观生态文化旅游区、渼陂湖水系生态文化旅游区等发展板块，曲江文化产业集团、西安旅游集团、西安演艺集团、曲江文控公司、曲江金控集团、华商传媒集团等市场化集团公司，控股曲江文旅、西安旅游、西安饮食、人人乐股份、华仁药业、世纪金花等上市公司平台。先后打造大雁塔北广场、大唐芙蓉园、曲江池遗址公园、大唐不夜城步行街、西安城墙南门

西安曲江新区2021年主要经济指标

指标名称	单位	1—12月	增长率（%）
地区生产总值	亿元	302.14	0.1
#第一产业	亿元	—	—
#第二产业	亿元	41.76	4.2
#第三产业	亿元	260.38	-0.4
固定资产投资（不含农户）	亿元	—	-19.3
规模以上工业增加值	亿元	—	—
社会消费品零售总额	亿元	123.53	4.4
规模以上服务业营业收入（1—11月）	亿元	122.38	15.9

广场、大明宫国家遗址公园、杜邑遗址公园等一系列享誉国内外的文化新地标，辐射带动小雁塔、碑林、易俗社、兴庆宫·东市、汉长安城未央宫等历史文化片区，管理面积超430平方千米。

2021年，西安曲江新区抢抓第十四届全国运动会举办重大历史机遇，全力以赴抓项目、促投资、稳增长，全区经济运行呈现总体平稳、结构优化、持续向好的态势，高质量发展迈出坚实步伐。实现一般公共预算收入41.8亿元；全年固定资产投资333亿元；引进内资465.2亿元，完成年度目标任务的111.6%；引进外资3.6亿美元，完成年度目标任务的101.5%；争取中央、陕西省资金11.9亿元，完成年度任务的396%；进出口贸易总额3.5亿元，完成年度目标任务的117%。新增“五上”企业89家，比上年增长29%。

◆招商引资 2021年，西安曲江新区以“项目拉动区域发展”为导向，瞄准“头部”企业，开展“总部经济”精准招商，做强产业矩阵，为区域经济发展注入新动能。3月24日，全市产业项目集中签约大会上曲江新区与太古集团、华侨城集团成功签约，总投资额约500亿元。6月6日，西安市人民政府与渭南市人民政府揭牌成立西渭东区管理委员会，与曲江新区合作共建82平方千米的西渭东区。7月28日，曲江新区、灞桥区、长安区、蓝田县签订《白鹿原文旅产业园合作框架协议》，揭牌成立西安白鹿原文旅发展集团。8月10日，曲江新区与华润集团签署《合作框架协议》，合作共建西安文化CBD北区文化商业中心。10月8日，与金茂集团成功签约并展开全面合作。11月22日，西安市人民政府与宝鸡市人民政府在西安国际会议中心举行推进高质量发展战略合作协议签约仪式，曲江新区分别与宝鸡市渭滨区、扶风县、太白县、眉县签订合作框架协议。大力支持智诚跨境电商产业园发展，持续推进大唐通易坊跨境贸易中心招商建设工作，支持直播电商平台音效传媒、遥望集团、乐田电商落户曲江。依托新成立的企业服务中心为区内23个产业园区提供多样化的企业服务工作，全年举办跨境电商行业活动6次，新引进跨境电商企业120家，总交易额45亿元。

◆重点项目 2021年，西安曲江新区承担市级重点项目44个，完成投资174.2亿元，是年度目标任务的106.4%。5月1日，小雁塔遗址公园完成提升改造并对外开放。6月29日，曲江新区南三环—雁翔路环形天桥正式投用。7月1日，兴庆宫公园提升改造项目一期正式免费开放。7月29日，西部首座万象天地盛大开业。8月31日，新安路（延兴门一路至黄渠头一路段）建成通车。9月1日，曲江第一学校、曲江第二小学第一分校和曲江第十六小学正式投用。9月1日，汉长安城未央宫遗址公园一期完成提升改造，正式对外开放。9月5日，西安饭庄东大街总店暨全国首家陕菜文化体验博物馆建成。9月14日，国内首个以秦腔文化为主题的文化街区易俗社文化街区正式开街。10月1日，西北首例老校区城市更新和产教融合示范园——西财大曲江创新创业园·翠华里建成开园。白鹿原、汉长安城、西渭东区、杜邑文化科技产业园、曲江文化科教园等片区全面启动。

◆文化产业 2021年，西安曲江新区大力发展电子竞技、赛会经济、文化金融、平台经济、数字经济。1月29日，曲江电竞中心千人竞技馆建成投用。成功举办2021 LPL春季赛、PEL S1—S4赛季等全国顶级电竞职业联赛超100场，吸引流量突破135亿次，助力西安斩获“年度电竞城市”。帛薇、希尔顿嘉悦里、雅诗阁、万豪MOXY等一批高品质酒店建成营业，优质文旅产品供给不断扩大。曲江文化产业集团连续第10年入选“全国文化企业30强”。“走出去”战果持续巩固，荆州楚文化产业园、武当山风景区、温州雁荡山、开封大宋文博区及黄河文旅城，一系列外拓项目持续落地。以“文化+金融+产业”为引领，持续扩大产业投融资规模，形成以曲江金控、曲江担保、陕西文化金融服务中心等为龙头的发展矩阵，文化金融示范区品牌影响力不断提升。建成智诚跨境电商数字港，累计开通跨境电商店铺逾万家，完成科技成果就地转化项目5个，高质量发展新动能得到充分激发。5月29日，第二届中国金融四十人曲江论坛成功举行，本届论坛围绕“新格局下的西部新发展”主题，邀请10余位重磅嘉宾发表主题演讲，并发布《曲江报告》。

◆文化与旅游 2021年，西安曲江新区聚焦“办一届精彩圆满的体育盛会”重大要求，深入开展“服务十四运 奉献我的城”，高标准完成第十四届全运会倒计时100天活动、火炬传递、开闭幕式演出及赛事服务保障等工作，用热情周到的服务充分展示西安形象、曲江风采。成功举办全运会及残特奥会马拉松赛、西安马拉松、城墙马拉松、第十六届西安国际车展、2021欧亚经济论坛文旅分会、首届西安国际舞台艺术节、西安交响乐团大雁塔户外公演等，曲江旅游吸引力得到进一步提升。不夜城“与李白对诗送夹馍”、城墙“金甲武士”巡游、芙蓉园水下唐风舞蹈及易俗社“东邦哥”特色街区等一批新产品迅速火爆市场。大唐不夜城成为春节期间打卡最多的景区，国庆黄金周不夜城商圈消费增速位列全国第一，成功入选“国家旅游科技示范园区试点”，与西安城墙共同入选文化和旅游部首批“国家夜间文化和旅游消费聚集区”。全区年游客接待量超7300万人次，旅游综合收入突破323亿元，分别比上年增长30.5%、68.8%，市民游客旅游消费潜力得到充分释放。

◆征地拆迁 2021年，西安曲江新区积极开展城市有机更新，全力提升城市品质。用25天时间全面完成三兆村整村搬迁。提前半年完成东三爻堡村整村房屋拆除，快速推进西安市强制戒毒所、长延堡工业园等企事业单位拆迁工作，为西安文化CBD项目建设打开更大空间。积极推进瑞禾社区、太平堡村两村后续问题处理，曲江核心区范围内城中村实现“清零清场”。马腾空村六、七组拆迁基本完成。全年累计腾交土地213.33公顷。

◆社会创新管理 2021年，西安曲江新区巩固提升社区治理水平，不断提升居民幸福感获得感，扎实推进“我为群众办实事”主题党日实践活动，先后走访党员、群众家庭300多户次，帮助解决群众反映的小区供暖、垃圾分类、物业管理等热点难点问题。策划实施“100名党员先锋 100天学习实践 100年铸就辉煌”曲江新区社区党员庆祝建党百年主题活动。建立社区教学点1个，开设老年大学、自乐班10余个班级，服务居民1500余人。开展形式多样的读书活动和书香家庭推荐评比活动，建成书香社区15个。建立曲江新区住宅小区监管平台数据库，实现项目和物业企业相结合。制定《规范物业服务公开公示制度实施方案》，在112个物管小区完成“一牌一箱四栏”信息公示工作。成立“机关业务部门+社区居委会+社区执法大队”三级网格督导检查小组，对迎第十四届全国运动会涉及点位、道路周边环境进行重点检查。

◆文艺精品创作 2021年，西安曲江新区以精品力作唱响新时代主旋律，电视剧《大浪淘沙》《号手就位》《功勋》等一批建党献礼重点电视剧顺利登陆全国各大卫视和爱奇艺、优酷、腾讯等头部网络平台，《装台》获第27届白玉兰奖最佳编剧奖，电影《鸟语人》、电视剧《西京故事》入选2021—2022年度国家文化出口重点项目，曲江影视集团成为全省唯一一家拥有电视剧制作许可证（甲种）影视企业。西安演艺集团战士战旗杂技团登上2021年央视春晚，参演《万事如意》《天地英雄》。话剧《共产党宣言》受邀在中央党校演出，为党史学习教育提供鲜活教材，话剧《路遥》入选“庆祝中国共产党成立100周年优秀舞台艺术作品展演”，在全国27个城市巡演。秦腔现代戏《织梦人》、豫剧现代戏《向北向北》成功首演，《金沙滩》《白蛇传》等20余部传统经典剧目复排演出，让观众领略到传统戏曲的魅力。秦腔《双锦衣》《火焰驹》入选2021年中国戏曲像音像工程录制剧目名单。三意社秦腔演员杨升娟成功摘得第30届中国戏剧梅花奖，成为西北五省区唯一获奖者。（魏增辉）

西安浐灞生态区

◆**概况** 西安浐灞生态区位于西安东北部，是全国首个以生态命名的开发区、国家级绿色生态示范城区、生态文明先行示范区，是全国绿化模范单位及年度生态文明建设典范开发区，肩负着建设西安国际化大都市东部新轴线、对外开放大通道的重要历史使命。规划总面积129平方千米，集中治理区89平方千米。根据第七次全国人口普查结果公布，辖区常住人口55万人。2004年成立以来，坚持“生态立区，产业兴城”发展战略，构建“生态治理带动区域发展、新区开发支撑生态建设”的发展模式，推进全域“生态化、旅游化、景观化、重点区域花园化”建设，形成“3支柱3主导2特色”产业格局，通过“文化+旅游+生态+服务”，着力打造“现代、时尚、国际化”新浐灞。

西安浐灞生态区2021年主要经济指标

指标名称	单位	1—12月	增长率（%）
地区生产总值	亿元	306.87	1.4
#第一产业	亿元	—	—
#第二产业	亿元	123.54	4.5
#第三产业	亿元	183.33	-0.4
固定资产投资（不含农户）	亿元	—	-17.9
规模以上工业增加值	亿元	—	8.6
社会消费品零售总额	亿元	455.82	5.9
规模以上服务业营业收入（1—11月）	亿元	39.37	17.1

2021年，西安浐灞生态区全面落实习近平总书记来陕重要讲话指示精神，按照“目标再提高、任务再增加、标准再提升”总要求，以服务保障第十四届全国运动会为总抓手，以十项重点工作推动高质量发展，统筹抓好疫情防控与经济恢复发展，产业发展、城市提升、民生建设、生态保护等工作取得良好成效，较好完成年度各项目标任务。全年生产总值306.87亿元，增速1.4%；服务业增加值183.33亿元；固定资产投资完成402亿元；市级重点项目投资386.07亿元，社会消费品零售总额455.82亿元，增速5.9%；利用外资18700万美元，引进内资676.25亿元，净增“五上”企业22家。签约招商项目23个，投资金额283.08亿元，引入招商蛇口等500强企业投资项目4个。

灞河天华揽月桥

◆**服务保障十四运** 2021年，西安浐灞生态区圆满完成第十四届全国运动会重点项目建设任务，顺利保障马拉松、火炬传递、开闭幕式等重大活动赛事，受到省市高度肯定。重点项目加快建设，西安国际会展中心二期重型馆、进口博览馆实现主体钢结构封顶，长安书院主体封顶泛光点亮，18条市政道路、兴运大桥、浐灞隧道陆续通车，47.7千米浐灞河绿道、3座灞河慢行景观桥贯通开放。城市形象日新月异，聚焦三大片区，完成“七村一区”拆迁，改造老旧小区15个，落地线缆54.9千米，整治违建23.3万平方米，“蓝红”屋顶90万平方米，提升外立面123.5万平方米，完成330kV高压迁改，实现史家湾村、赵村拆迁尾留户清零。赛事活动圆满顺利，完成封闭集结等5大保赛任务，全运会、残运会累计封闭集结3500人，接待盲人足球运动员112人，完成全运会和残特奥会开闭幕式、马拉松、火炬传递沿线保障。点亮747栋建筑，打造浐灞河洲头岸线、会展中心、长安塔三大盛会舞台。

◆**疫情防控** 2021年，西安浐灞生态区夯实常态化疫情防控基础，实施以管保控，在全市范围内较早恢复正常生产生活秩序，全力打赢疫情防控的阻击战。指挥体系提级管理。成立生态区疫情防控工作领导小组，建立“一办九组”，与生态区疫情防控指挥部工作体系合署办公，实行“两块牌子、一套人马”扁平化管理，形成统一领导、统一调度、统一行动的指挥体系。防控措施精准管控。建立班子成员、园办领导、社区人员“三级包联”制度，投入1.2万人，实现28个社区、134个小区、97个工地及6个大型综合市场精准管控。细化“一场两站”转运环节，强化冷链、商超全链条监管。全员下沉一线，启动68个采样点，规模检测累计筛查400余万人次，接种疫苗92.54万剂次，实现疫情防控全覆盖。解封823人、接收845人，5个中风险区较早清零。

◆**产业发展** 2021年，西安浐灞生态区大力实施“项目带动、产业驱动、产城融合”战略，坚持“发展要素、扶持政策、服务保障”向大项目聚焦，聚焦“1+2+1”产业体系，举办招商活动14场，包装、签约招商蛇口等项目61个，会展、文旅、数字金融现代服务业发展步伐加快。会展效应逐步释放，绿色会展经济研究院、欧亚经济论坛研究会相继落户，成功加入国际展览与项目协会、国际协会联盟，获最具影响力会展名区、中国最佳会展目的地。第五届丝绸之路国际博览会暨中国东西部合作与投资贸易洽谈会、2021欧亚经济论坛圆满落幕，高标准保障中国—中亚五国外长会晤、国家网络安全周等重大活动，成功举办重大会展活动136场。丝路会展产业孵化园累计入驻企业124家，获评“中国最具创新园区”。文旅模式深度融合，打造灞河右岸滨水景观带、两河四岸高品质酒店群夜游新景观，推出“灞柳迎送、世园晨曲”等浐灞八景，《驼铃传奇》《西安千古情》举办场次再创新高，累计接待游客约1860万人次，实现旅游收入约51亿元。新入库规上文化企业5家，启动华夏文旅4A景区创建，浐灞国家湿地公园入选全市“最美景区”，《大唐帝陵》获全国优秀国产纪录片。高起点规划落地数字经济产业园，获批“首批省级数字经济示范区”。率先试点建设数字人民币先行示范区，获人工智能创新大战试验区产业发展示范区。浐灞网信产业园获评市级科技型孵化器，引入西安国际设计中心、陕西科技大学设计研究院和西安科技大市场落户，举办产学研金协同创新活动68场，新增国家高新技术企业43家，科技型中小企业入库194家，规上工业企业研发投入强度达1.7%，技术市场合同交易额33.34亿元。

◆**对外开放** 2021年，西安浐灞生态区坚持全域自贸理念，以多元开放平台为支撑，构建深度贸易合作体系，推动区域贸易投资服务升级，促进“一带一路”经济合作、人文交流。

自贸平台创新 推动一带一路国际商务中心发展，筹建浐灞跨境电商产业园，“通丝路”平台入驻企业超190家，结算额超2640万元，贸易之家汇集47个国别5000多种进口商品。中医药发展获国务院最佳实践案例，产业培育组合拳受到省市主要领导肯定。

领事平台建设 设立西安涉外综合服务大厅，新西兰、澳大利亚签证中心入驻，推动泰国、韩国在区设领，推动哈萨克斯坦在区建馆，提升领事馆区知名度、影响力。欧亚平台聚集发展。坚持“五方联动”，推动欧亚创意园高质量发展，中西部世界华商中心等7大项目竣工运营，陕西数字出版基地主体完工，成功举办西安国际创业大赛，聚集文创设计全产业链企业3182余家，国家级、省市级众创空间运营机构7家，形成以西安国际设计中心、浐灞网信产业园为代表的数字经济及设计产业园、以众创空间为代表的孵化器，聚集态势加速形成。

◆**生态建设** 2021年，西安浐灞生态区坚持“生态立区、产业兴城”发展思路，以生态文明为底色，打造美丽西安“浐灞样板”，全面打赢污染防治、水域治理、生态建设持久战。污染防治再创佳绩，全力打好蓝天、碧水、净土保卫战，实施环境提升项目60个，扎实开展工地扬尘、餐饮油烟、露天焚烧、“散乱污”整治，PM10、PM2.5、NO_2、CO等空气综合指标大幅改善，全年优良天数超264天。水域治理成效显著，深入实施7大系统工程，推动“河流治理1.0版”向“全域生态化建设2.0版”升级迈进。全面落实“河长制湖长制”，启动治水工程12项，河流水质稳定达Ⅳ类标准，系统推进污水处理设施提标改造，建成全省首个全地下污水处理厂，处理能力80.5万吨/天。生态建设围绕浐、灞河主轴线，构建“九横六纵”生态绿廊骨架，打造“大开大合、大疏大密、水绿相间、错落有致”景观格局，实施6类园林绿化项目，新建提升绿地广场10个，新增绿地面积450万平方米，栽植乔木、大灌木8.5万株，建成水面1200多公顷，园林绿化2000多公顷，河流湿地覆盖率15%、林地覆盖率18%，城市环境面貌更加美化净化。区内生物多样性指数逐年攀升，植物种群增至210种、鸟类增至237种，国家一级重点保护野生动物朱鹮首现浐灞国家湿地公园，实现让城市融入自然，使生态融入生活。

◆**营商环境建设** 2021年，西安浐灞生态区深化“放管服”改革，以提升服务便利度为目标，探索构建更具活力的审批服务体制机制，全力打造“四最”营商环境。优化调整营商环境工作领导小组，形成“1+3+19”领导小组工作机构，制定“1+16”系列攻坚提升方案，定期专题研究，健全“周总结、月通报、季考核”机制，全面完成百日攻坚行动工作，系统推动营商环境294项指标任务。办事服务创新优化。首创“浐灞市政通”多件事一次办集成改革，推出48个套餐服务，精简材料14%，压缩时限27.8%，“水电气暖”综合窗口等5项创新案例在全省推广。率先推出“不见面开标、电子保函”招投标模式，全年办理69个“不见面开标”项目、45个“投标电子保函”项目。出台“交房即交证”办法，惠及7批次2738户，改革成果获省市认可并复制推广。成立西安市首家“解决拖欠农民工工资一站式服务中心”，成功处理18起问题，追讨农民工工资240余万元。实现450项事项“跨区通办”，让75万市场主体享受异地办事的便利便捷。

◆**民生建设** 2021年，西安浐灞生态区践行人民城市理念，聚焦入学、就医、住房、交通等群众关注领域问题，大力实施民生工程，增强人民群众获得感、幸福感、安全感。新建10所中小学，新增252个教学班，新增学位11250个，提升改造21所薄弱学校，组建“名校+”联合体5个，普惠性幼儿园占比超90%，实现教育均衡发展。落实“双减”政策，成立全省首个课后服务实践共同体。建立全国首家西藏班人工智能教育创新实践基地，丝路学校获“全国民族团结进步示范单位”称号。医疗体系更加完备，承接大型医院落户，2个三甲医院快速建设，建成15个社区养老服务站，设立国民体质监测科学健身指导中心、近视防控和健康素养科普中心，稳步推进区级养老机构、疾控中心建设。社会治理更加精细，夯实“五位一体”城市管理模式，健全城管+小区联合执法机制，创新“2+2+6+9”厨余垃圾分类模式，开展“瓶改管”项目。完成会展中心周边道路更名，五桥一隧、三座景观桥及46条新建道路命名。开工建设公共停车位1500个，启动新建、改建共有产权房1000套、租赁住房603套。完成16个重点路口多杆合一改造，建成无障碍坡道1077个，打通城市管理“最后一千米”。 （阮恒昱）

西安国际港务区

◆**概况** 西安国际港务区是陕西省、西安市为打造内陆改革开放新高地而设立的经济先导区，是省市践行国家“一带一路”倡议、打造丝绸之路经济带新起

西安国际港务区2021年主要经济指标

指标名称	单位	1—12月	增长率（%）
地区生产总值	亿元	184.42	12.2
#第一产业	亿元	4.49	0.5
#第二产业	亿元	33.06	12.8
#第三产业	亿元	146.87	12.5
固定资产投资（不含农户）	亿元	—	21.5
规模以上工业增加值	亿元	—	12.2
社会消费品零售总额	亿元	390.05	2.9
规模以上服务业营业收入（1—11月）	亿元	147.44	59.7

点、发展“枢纽经济、门户经济、流动经济”和建设对外开放大通道的重要抓手和主要平台，是陕西自贸区的核心板块，是大西安国家中心城市建设的东部新中心和第十四届全国运动会主场馆所在地。园区位于西安市主城区东北部的灞渭三角洲，浐河、灞河、泾河、渭河四水聚港，规划控制区120平方千米，规划建设面积89.89平方千米。区位优势明显，骨干路网与西安三环路、绕城高速无缝对接，距离西安咸阳国际机场28千米，西安高铁站7千米，距西安行政中心仅15分钟车程，穿区而过的西安地铁3号线、地铁14号线已建成通车。园区对外与陕沪、包茂、连霍、福银等8条高速公路通过绕城无缝衔接，是国家多式联运示范基地。根据第七次全国人口普查结果公布，辖区常住人口13.59万人。

2021年，西安国际港务区持续以中欧班列（西安）集结中心建设为统领，以“建设内陆第一大港，服务全国向西开放”为目标，一手抓奥体片区建设和全运会服务保障，一手抓经济社会发展和疫情防控，全力推动园区经济社会发展各项目标任务高质高效完成。全年生产总值比上年增长12.2%；固定资产投资增长21.5%；民间投资增长79.3%；规模以上工业增加值增长12.2%；服务业增加值增长12.5%；全年进出口贸易额近200亿，增长106%；实际引进内资315.56亿元；实际利用外资13770万美元；一般公共预算收入30.34亿元，增长43.7%；36个市级重点在建项目全年完成投资544.03亿元，占年度计划的127.68%。中央级媒体刊（播）发园区宣传报道3756篇，央视报道206条，省级以上媒体宣传12910篇，13次登上央视《新闻联播》，西安港影响力持续扩大提升。

◆中欧班列“长安号”运营　2021年，新筑车站正式更名为西安国际港站。公铁集疏运基地和集卡服务中心启动建设，公铁快线、铁路基础和海关查验设施加快提升改造；疫情防控消杀喷淋门等防疫系统建成投用，实现“人物同防”；西安港数字金融服务平台上线运营；新开行常西欧、汉西欧、宛西欧3条集结线路，常态化开行15条“+西欧”班列；中欧班列长安号开行3841列，运送货物总重达287.3万吨，重箱率100%，开行量、重箱率等核心指标稳居全国第一；全年西安港进境粮食指定口岸累计进口粮食约4.52万吨，汽车进口口岸进出口汽车25579辆，效率高、成本低、服务优的国际贸易通道加速形成。

◆招商引资　2021年，西安国际港务区港口功能建设方面，引进中远海、五矿、山东港、中林等国内外行业龙头企业；产业转移承接方面，引进康佳智能制造、汇芯未来信息、硕达视创、京虹显示等现代制造业项目14个；大宗商品贸易方面，引进中石化西北总部、陕粮农国际农产品加工物流中心等龙头项目11个；互联网经济方面，引进深圳玖州国际、华运集团、金畅科技等34家跨境电商企业落地，全年开行跨境电商专列123列6150货柜，互联网产业交易额达到2080亿，中欧班列长安号跨境电商全国集结中心成效显著；总部经济及新金融方面，引入农业银行数字化总部、国网调度通信生产基地等央企项目，五大支柱产业基础进一步夯实。

◆重点项目建设　2021年，西安国际港务区积极探索“名校+全托管”办学模式，铁一中陆港中小学等5所学校全面建成开学，新增学位6210个；西安交通大学第一附属医院国际陆港医院实现主体结构封顶；全年征迁土地264.53公顷，新启动拆迁1906户，完成率150%；新合新苑、秦汉合苑等6个安置房项目加快建设，总建筑面积308万平方米。

◆营商环境建设　2021年，西安国际港务区全年培育创新案例11项，“套餐式”审批服务模式等5项案例全省复制推广；AI制图、云上综窗、通办地图等政务新模式全省首创；政务服务网办事项比例超过92%，“全程网办”超过90%；“一业一证”“一证准营”等平台上线运营，企业群众办事更加智能化、个性化、精细化；推进政策兑现改革，实现统计类优惠政策“免申即享”；加快国家级“一带一路”国际商事法律服务示范区建设，上海段和段律师事务所等6家律师事务所落户运营。

◆生态建设　2021年，西安国际港务区“蓝天碧水净土”三大保卫战顺利推进，空气质量优良天数262天，比上年增加20天；全年新建及提升绿化总面积410万平方米，栽植乔木8.2万株；完成“三河一山”灞渭河（国际港务区段）、欧亚大道及港兴三路等项目绿道建设长度37.5千米，建设奥体中央公园1座，完成“15分钟便民休闲圈”新建及提升改造绿地广场、口袋公园5个；新建成美丽宜居村庄3个，创建区级“美丽庭院”203户；灞河三郎村国考断面水质年均值达到市考Ⅲ类水标准；实施3个村农村污水治理，超额完成市考任务，生态环境质量得到显著提高。

◆全运会服务保障　2021年，西安国际港务区全力发挥属地作用，围绕第十四届全国运动会和全国第十一届残疾人运动会暨第八届特殊奥林匹克运动会开闭幕式、全运村管理、赛事筹办、封闭管理等各方面工作坚持2个月封闭作战，各项服务保障工作井然有序；牵头组建游泳、跳水、田径、花游等6个项目竞委会，圆满组织多场测试赛和7场正赛；牵头成立全运村村委会，高标准做好运行管理，累计入住18425人，实现“零事故、零差错、零投诉”；严格疫情防控措施落实，累计封闭管理各类服务保障人员4.2万人，残特奥会成为在疫情防控巨大压力下成功举办的第一场全国性赛事。

◆疫情防控　2021年，西安国际港务区封闭作战40余天，落实隔离点封闭管理、交通查控、社区管控、密接筛查、转运、流调、核酸检测、疫苗接种、方舱建设及管理等疫情防控各项工作，累计筛查管控救治确诊患者11名、B类人员488人、C类人员3492人，开展核酸检测近300万人次。特别是针对京东疫情，及时成立市级层面工作专班，有效遏制疫情蔓延。　（黄　蕊）

西安阎良国家航空高技术产业基地

◆概况 西安阎良国家航空高技术产业基地位于西安东北部，距市中心50千米的阎良区，辖区内无乡镇和街道办事处托管。辖内园区包括航空核心制造园，规划40平方千米，重点发展整机制造、大部件制造和零部件加工；蒲城通用航空产业园，依托蒲城通用机场和低空空域资源，规划20平方千米，重点发展通用飞机的整机制造、零部件加工、飞行员培训、航空俱乐部等通用航空产业项目。规划控制面积14.67平方千米，其中城市建设用地14.5平方千米，现有户籍人口0.98万人，常住人口2.17万人。

2021年，西安阎良国家航空高技术产业基地以习近平新时代中国特色社会主义思想为指导，紧抓“区政合一”改革机遇，全力做实做强做优航空产业，不断壮大航空产业集群，积极推动区域经济社会高质量发展。全年一般预算财政收入2.41亿元；全年实际引进内资122.66亿元，实际完成外资10300万美元，生产总值完成47.06亿元，比上年增长1.6%；规模以上工业增加值增长5.0%；服务业增加值完成13.17亿元，增长2.3%；固定资产投资增长-46.9%；民间投资增长-53.2%；社会消费品零售总额完成1.02亿元，增长-18.4%。坚持提档升级、提速增量、提质增效、提能增智，全力以赴做好项目建设、产业培育、服务保障等工作，全力确保建设目标。

◆招商引资 2021年，西安阎良国家航空高技术产业基地紧盯国际国内500强企业、知名跨国公司、行业领军企业和专精特新企业，依托表面处理园、民机配套园、蓝田通用机场等十大园区平台，充分发挥平台优势实施精准招商引资。利用省、市、区多重金融投资手段引进优质项目落户基地。总投资21.2亿元的航天四院43所“航天新材料产业园项目”、总投资20亿元的鑫垚“复合材料研发生产基地项目”、总投资10亿元的昱琛航空“航空机载设备的研发制造项目”签约落户。严格执行《航空基地政府隐性债务化解方案》，完成全年政府隐性债务化解工作任务。全年新增减税降费金额约8220万元。全年累计帮助辖区近120家小微企业获得2.53亿元流动资金贷款，比上年增长73.99%，其中信用贷款约1.97亿元，占比77.57%。

◆项目建设 2021年，西安阎良国家航空高技术产业基地坚持项目为王、投入为要。市级重点建设项目29个，总投资257.54亿元，年计划投资39.44亿元，实际完成投资45.42亿元，占年度计划的115.16%。新增规模以上制造业企业6户，新增两化融合管理体系贯标试点企业2户，新增企业研发机构10家。持续开展银鹰企业培育工作，加大扶持3家“银鹰企业”，助推兴航、昱琛登陆科创板。重点推进30个军民融合项目有序建设实施，新增“民参军”企业21家，军民融合服务机构数量达到12家，建设1个高水平研发平台，全军武器装备采购中标5项。新舟700飞机成功实现首飞。成功举办西安市航空产业发展论坛暨“一带百　百帮一”供需对接会，在全市形成航空军工与民口企业深度对接合作的良好局面。建立“1+N”帮办代办服务，实行“项目经理+行政审批专员”模式，确保项目从立项到建设全程都有人抓、有人推、有人管，全力推进项目快速落地建设。已实现超码科技、久安消防、碧桂园等13个购地项目开工建设，项目计划开工率100%；全力保障26个续建项目顺利建设推进，广联航空、银石机械、智汇航空等一批制造类产业项目将在年底陆续实现竣工投产。对全区74家购地投产工业企业开展绩效综合评价，逐步推进C类企业提质增效帮扶行动，重点解决瑞特、海德已建成闲置厂房的新项目引入问题。参与和保障运-20、歼20、轰-6、轰20、C919、新舟600、新舟700等国家军民重点型号研制任务批产。世界最大4万吨模锻液压机投入使用，全机气候实验室填补我国大型气候环境实验空白。发动机精密零件制造、纳米立方碳化硅、超轻镁锂合金等一批核心技术取得突破性进展。我国中西部地区首个以航空产业为特色的综合保税区在基地获批并建成运行。深入参与航空国际转包业务。被评定为“国家高端装备制造业标准化试点项目”实施单位。

◆城市建设 2021年，西安阎良国家航空高技术产业基地高质量推进教育工作。学位保障供给充足，全面建成第一初级中学，扩建第一小学，新增学位2010个，教育工作在全市上半年教育公众满意度调查中位列开发区第一。第一小学获省级、第一幼儿园获市级“平安校园”及“省级卫生先进单位”称号。推进绿色园区、国家生态工业示范园区、生态文明建设示范区“三园共建”工作，打造生态西安建设航空样板。《航空基地创建国家生态文明建设示范区建设规划（2021—2025年）》已通过陕西省、西安市两级环保部门评审；“绿色园区”成功通过陕西省工业和信息化厅复审；航空基地成功创建国家级、省级绿色园区项目，获批专题拟奖补项目资金180万元。紧抓第十四届全国运动会契机，大力提升城市建设管理水平。全年新建绿化面积28万平方米，超过市级指标13倍。栽植乔木2320棵，完成市级指标的116%。新建绿道1.6千米，完成市级指标的160%。加强直升机、无人机等专业救援力量规模，加快推进西北空中应急救援中心建设。先后参与蓝田县“8·19”防洪救灾救援行动、西安市2021年森林草原火灾扑救综合应急演练空中救援演练、全国应急科技周启动仪式等大型演练及救援活动，被陕西省红十字会冠名为陕西省红十字西北空中应急救援中心航空救援队，被西安市应急委员会命名为第一批市级应急救援队伍。

◆通航产业 2021年，西安阎良国家航空高技术产业基地重点依托蒲城机场、蓝田机场，建设以西安为核心、辐射关中平原城市的通航产业布局，基本形成覆盖整机制造、通航服务、机场网络、通航监管、适航审定为一体的通航产业

西安阎良国家航空高技术产业基地2021年主要经济指标

指标名称	单位	1—12月	增长率（%）
地区生产总值	亿元	47.06	1.6
#第一产业	亿元	—	—
#第二产业	亿元	33.89	1.3
#第三产业	亿元	13.17	2.3
固定资产投资（不含农户）	亿元	—	-46.9
规模以上工业增加值	亿元	—	5.0
社会消费品零售总额	亿元	1.02	-18.4
规模以上服务业营业收入（1—11月）	亿元	4.16	-18.5

2021年9月9日，陕西省红十字西北空中应急救援中心航空救援队在西安航空基地正式揭牌成立

系统。拥有通用航空运营企业100余家，航空器120架，年飞行小时数、架次稳居西北首位。蓝田通航产业园和蓝田机场加速推进，累计投资5.8亿元，完成总投资的79.50%。组织召开建设国家级航空先进制造业产业集群推进会，全力打造八大工程。针对形成的“3+4+5”现代航空产业体系，打造具有全国影响力的通航产业标杆，成功入选国家先进制造业集群，成为首批集群中陕西省乃至西部地区、北方地区唯一入选产业、全国航空领域唯一入选区域。

◆科技创新 2021年，西安阎良国家航空高技术产业基地全力打造特色创新体系，精心布局“众创空间平台+实验研发平台+公共服务平台+科技园区平台”四位一体的创新载体矩阵，推动产学研成果协同转化。与西安交通大学、南京航空航天大学等高校院所设立5家技术成果转移中心。建成陶瓷基复合材料工程化中心、航空大型模锻件工程研究中心、国家级航空企业孵化器等一批功能完善、运作高效的技术创新平台和产业服务平台，构建“三机”（大运、新舟、翼龙）、“三材”（陶瓷基、镁锂合金、碳纤维）、“三压”（模锻液压、大型旋压、热等静压）为代表的创新成果体系。由西安航空基地、北京中电兴发、中国联通等共同投资建设运营的西安航空基地联通大数据中心项目成功签约，总投资17.2亿元，一期投资总额1.906亿元。三角防务与清华大学共同合作推进的全球最大的300MN等温模锻液压机项目等温锻造和普通锻造双模式热试成功。制定《阎良区、航空基地共建秦创原陕西航空产业两链融合示范区工作方案（2021—2023）》，抢抓全省共建秦创原的战略机遇，积极融入全市秦创原建设总格局，大力构建“1+6+8+N”航空产业创新体系，重点实施提升产业创新能力、加速科技成果转化、构筑创新创业高地、优化科技创新环境四大工程。

◆军民融合 2021年，西安阎良国家航空高技术产业基地全力促进军转民、民参军双向融合。先后引进中国飞机强度研究所、中航西飞民机、西安航空学院等航空企事业单位，培育建立国家级军民融合科技服务机构、军工资质联合咨询受理中心等服务平台30余个。航空基地军民融合相关企业已超过300家，取得军工资质企业超过88家，探索出强联络、促改革、设基金、出政策、建载体、搭平台的“六个一”模式。

◆体制、机制改革 2021年，西安市着眼于经济社会发展全局，阎良区和西安阎良国家航空高技术产业基地实行“区政合一”管理体制改革，深挖经济发展空间，释放两区体制、机制优势，实现资源优化配置，进一步促进开发区体制机制创新、推动全市高质量发展，打造城市发展新引擎，激发区域发展新活力做出的重大改革举措。加快国家通航综合示范区的核心平台蓝田航空（通航）产业园建设。该项目是目前西安市独有的待开发空域资源，也是西安市唯一取得空域批复的专用机场选址。项目启动建设对全市航空产业发展、城市空间格局优化、空中交通运输条件改善等具有十分深远的意义。 （唐 秋）

西安国家民用航天产业基地

◆概况 西安国家民用航天产业基地成立于2006年11月，是陕西省、西安市人民政府联合中国航天科技集团公司建设的航天科技产业和国家战略性新兴产业聚集区，是西安建设国际化大都市、国家级中心城市的功能承载区。2010年6月26日，被国务院批复为国家级陕西航天经济技术开发区。西安航天产业新城位于西安东南，南依秦岭北麓，北接西安主城，自然景观宜人，交通条件优越，人力资源丰富，文化底蕴深厚。现有居民社区16个，常住人口16.68万人，基础教育和职业高中学校41所，在校生28162人，教职工2664人，专任教师1998人。现有医疗单位8家，三甲医院1所，床位2033张。

2021年，西安国家民用航天产业基地认真学习贯彻习近平总书记来陕考察重要讲话重要指示精神，紧扣“五项要求”“五个扎实”，深入践行新发展理念，以“十项重点工作”为突破，加快建设“十个航天”，立足航天产业，发展新兴产业，推动军民融合，带动产城融合，区域经济质效更优、生态环境更美、群众生活更幸福。全年生产总值352.11亿元，比上年增长11.3%，两

西安国家民用航天产业基地2021年主要经济指标

指标名称	单位	1—12月	增长率（%）
地区生产总值	亿元	352.11	11.3
#第一产业	亿元	—	—
#第二产业	亿元	168.16	15.0
#第三产业	亿元	183.95	8.4
固定资产投资（不含农户）	亿元	—	22.2
规模以上工业增加值	亿元	—	15.2
社会消费品零售总额	亿元	97.59	11.5
规模以上服务业营业收入（1—11月）	亿元	85.22	46.1

年平均增长14.8%；固定资产投资增速22.2%，两年平均增长26.5%；服务业增加值增速8.4%；规模以上工业增加值增速15.2%，两年平均增长18.4%；民间投资增速55.9%，两年平均增长29.8%。其中，8项经济指标实现两位数增长，4项指标增速超过20%，6项指标位居全市开发区之首，4项指标位居全市开发区第二。一般公共预算收入12.74亿元，比上年增长26.9%，一般公共预算支出14.96亿元，完成全年支出调整预算数的100%，比上年增长29.7%，实际引进内资145.03亿元，完成全年任务113%；实际利用外资14120万美元，完成全年任务104.6%，综合排名、完成率均位列开发区第一。新增"五上"企业65家。GDP增速排名开发区第2，GDP总量位居开发区第3。

◆**产业发展** 2021年，西安国家民用航天产业基地成为西北地区唯一获得国家新型工业化产业示范基地五星级评价的产业基地，获批陕西省首批数字经济示范区。航天产业形成军民两用火箭发射、卫星应用、航天器测运控等较为完整的产业链条，作为国家队的航天五院西安分院、航天六院等8家单位带动商业航天领航者星际荣耀、诺维北斗等40多家企业形成航天优势产业，投资31.8亿元的航天六院新能力项目基本建成，投资30亿元的航天九院16所新区项目加快推进。新能源产业链不断完善，全球光伏产业龙头隆基股份在航天基地有4家企业，隆基绿能入选"全球新能源企业500强榜单"，单晶硅片产能产量稳居全球第一。智能终端产业快速崛起，引进荣耀全国最大的研发中心项目，3000名研发人员已入驻，预计年研发营收25亿元，年纳税5.1亿元。全国第10家、西北唯一的国家超算中心于年底试运营，总峰值算力180P，排全球第三，将成为全省乃至我国中西部的"最强大脑"。抓好13个产业链延链补链强链，将航天、新能源确定为2个支柱产业，将集成电路、智能终端制造、生物医药、航空与无人机、轨道交通、人工智能、大数据和软件确定为8个主导产业。"未来之城 航天之约"西安航天基地产城融合招商大会、"HELLO航天 揽月航天周"等大型活动圆满完成。

◆**项目建设** 2021年，西安国家民用航天产业基地承担市级重点项目39个（含子项61个），总投资1024.19亿元。总投资35.4亿元的航天基地年产5GW单晶电池项目、总投资25亿元的国家超算西安中心一期项目及总投资20亿元的西安航天基地军民融合创新园项目建成投产。征集申报2022年市级重点项目61个（含子项82个），总投资1607.63亿元（含前期项目），年计划投资272.02亿元。

◆**招商引资** 2021年，西安国家民用航天产业基地全年签约项目30个，投资额258.51亿元，涉及航天、新能源新材料、智能制造、电子信息等多个领域。西安荣耀终端、西安美畅产业园、新能力提升建设项目等高质量项目落户航天基地。

◆**营商环境建设** 2021年，西安国家民用航天产业基地持续优化营商环境，深入推进"一件事一次办"工作，推出占道挖掘、水电气暖、企业开办、注销等47项特色一件事套餐服务，通过一件事一次办服务，让企业群众一次性提交办事材料，一次性拿到结果性文件。推行企业投资项目备案即办制、实行联合审图、联合验收、区域评估、告知承诺制、联合踏勘等服务，提高服务效能，加快项目手续办理；持续优化政务服务，进一步优化办理流程，办理时限精简比例达70%以上，"最多跑一次"事项占比达95%以上，即办事项占比达50%以上，全程网办事项占比达70%以上；拓宽政务服务办理渠道，推出"跨区域通办"新模式，联合西安市多区实现市内"区区通办"，联合省内11家高新区、经开区推行政务服务"省内通办"，与张家港经开区协作推出156项政务服务事项"跨省通办"；深化"15分钟政务服务圈"建设工作，实现9个社区政务服务便民服务站100%全覆盖。全省首创"审管联动"系统平台，首批试运行将行政许可及备案类涉及事中事后监管的60个事项纳入系统。全年为54个重大项目申报审批事项216项；健全代办服务体系，为重点建设项目提供帮办代办服务，委托代办事项98个。

◆**科技创新** 2021年，西安国家民用航天产业基地获西安国家新一代人工智能创新发展试验区资质。作为"高技术转化应用（航天）陕西西安市"产业示范基地，是西北地区唯一一家获得五星级评价的产业基地。构建"1+10+13+N"创新体系，推进科创航天建设，构筑科创新高地。"1"是秦创原·航天创新中心建设加速推进，建成国家超算（西安）中心，在同一建筑空间内建设"秦创原•航天创新中心"，建设产业链促进平台、技术成果转移平台、金融资本服务平台、人力资本服务平台、商事服务平台，打造"一中心五平台"；"10"是2021年10个科技园全部开工，总占地62.6公顷，预估投入151亿元，1个基本建成，1个主体封顶，计划三年全部建成；"13"是确定13条目标产业链，明确党工委班子成员做链长，部门领导做班长，梳理出92个链条、1168家目标企业、582家重点企业，绘制产业链招商全景图；瞄向13个产业方向开展敲门行动，拜访目标企业123家。围绕"科技空间，孵化服务，孵化成果"三方面加大创新力度，发挥科技、人才、金融互乘放大效应。全年新增省级众创空间3家，新增1家院士专家工作站，新增1家省级技术转移示范机构。新认定高新技术企业101家；技术市场合同交易额完成60亿；完成产学研金活动举办11场，参与推进科技成果就地转化项目30个；科技型中小企业评价入库421家；培育技术转移示范机构2家。累计培育科技型中小企业500家，高新技术企业310家。全年以"人才+项目"引进模式，引进培育高层

2021年12月9日，"未来之城 航天之约"西安航天基地产城融合招商大会召开

次人才9人。航天科技五院西安分院、航天华阳机电装备有限公司获国家科学技术进步二等奖。

◆生态建设 2021年，西安国家民用航天产业基地“绿满航天”建设提质加速，全年优良天数276天，全市开发区排名第二，剔除沙尘天气影响，PM2.5浓度为37μg/m³，PM10浓度为68μg/m³。全年绿化提升路段57个，破硬增绿18千米，拆墙透绿约57千米，全面启动6个主题公园建设，23个口袋公园建成并开放，提升绿地148万平方米，“人在林中、城在园中”的公园城市初见成效。“雁塔南路”被十四运西安市执委会评为“服务十四运·奉献我的城”最美街道。

◆城市建设与管理 2021年，西安国家民用航天产业基地落地架空线缆10千米，打通断头路26条，航天南路跨西康高速桥建成通车；搭建完成市政排水管网GIS系统；接通4千米下塬路雨水管道，疏通7条5.5千米淤堵管道，彻底解决东长安街以南区域排水问题；完成7条路段20.6万平方米外立面改造；1100余块门头牌匾提升改造并实现夜景统一亮化，对主干道268栋楼宇集中点亮；新增路名确认标志牌332套；维修故障路灯492盏、新装路灯48套，更换光源1233盏，敷设电缆保护管18.6千米，更换电缆20.3千米；拆除违规户外广告及牌匾标识1269个；创建市级垃圾分类示范区“神舟二路以东片区”、市级分类示范街道“航开路”。在全市率先实现收费及罚款缴纳扫码支付；创新建立法制员队伍并开展轮岗培训；受理“12342”等各渠道案件2.3万件，处置结案率99.28%。开展“争优打榜·渣土清零”行动，创新建筑垃圾清运服务机制，建立服务项目建设“四大工作专班”“主动上门开展大走访服务”等机制，累计开展渣土清运作业项目126个，完成垃圾清运1091万立方米，清运量比上年增加约77.7%。航天基地城市管理和综合执法局被住房和城乡建设部评为2021年度巩固提升“强基础、转作风、树形象”专项行动表现突出单位。优化调整公交线路5条、新增公交车9辆，覆盖重点区域；完成78处交通信号灯提升改造工作，完成30处公交候车亭提升改造，新增17个智慧停车位，新增共享停车试点3处（车位1380个），道路里程由99千米增加到135千米，公共停车位由5468个增加到9284个，规范共享单车乱停放2.71万辆，施划非机动车停车位423处。6月，西安航天城水厂一期投入试运行，供水能力5万吨/日，与四号配水厂同时实现辖区初步供水联动，整体供水平稳。3月，西北首座花园式全地下污水处理厂——航天基地第一净水厂试运行，一期处理能力5万吨/日，全年累计处理污水116.48万吨，处理污泥509.05吨，市政绿化、扬尘控制、道路冲洗等共利用再生水11.1万立方米，实现“地下水处理、地上建公园”，打造西北首个循环经济样板。

◆民生事业 2021年，西安国家民用航天产业基地深入实施基础教育提升三年行动计划，投用8所公办学校、增加学位6690个，学校与学位新增数量创历年新高。全年招聘405名教职工，其中高层次人才124人。累计组建“名校＋”21个，组建市、区、校三级“名师+”研修共同体97个，成功申报市级“名校长+”领航研修共同体2个。新优质学校评估验收通过率100%，创建2所省级标准化高中，实现辖区省标创建零突破。将党史学习教育融入思政课教学，实施思政课创优行动。承办2020—2021年陕西省青少年校园足球联赛、陕西省教育系统国家宪法日“宪法晨读”等活动。组织陕西首家“艺术体操”进校园、西安首家“红色体育”进校园，开展航天基地多个“首届活动”，如艺术展演、“红五月”合唱比赛、班主任大赛、中小学校园足球联赛。成立航天基地“双减”工作领导小组，分类施策精准发力，稳步推进“双减”工作。以“作业辅导+特色课程”模式，实施“菜单式”选课服务，开设课程体育、艺术、科技3大类100多项，秋季实现中小学课后服务全覆盖。西部未来学前教育研究中心办公室落户航天基地。已初步建成全国首个“区域—校园”两级架构智慧教育系统，获批“陕西省智慧教育示范区”。全年中小学、幼儿园获得“全国青少年人工智能教育示范基地”“全国足球特色幼儿园”等国家级荣誉17项、“陕西省中小学智慧校园示范校”“陕西省教师教育实践基地”等省级荣誉19类63项、“西安市科技创新与科学教育实验学校”“西安市青年文明号”等市级荣誉29类508项。航天基地设立42台消费扶贫专柜，销售金额72.42万元；集中采购安康汉滨区扶贫产品约92万元；被评为2020年度省内区域对口帮扶成效优秀等次。建成4个社区养老服务站，新增养老床位100张；新建社区卫生服务中心3处，社区卫生服务站2处。成功举办2021首届航天杯全国大众排球精英邀请赛，2021西安市路跑联赛，已列入西安市精品赛事。航天“探索+”品牌科技研学点全年累计接待研学团体超40个、研学人次超5500人，创建省内唯一一家独具航天特色的跨地市研学线路并正式运营；7条低空旅游线路已成功运营推，填补了西安市低空旅游线路空白，同时推进“文旅+科技”“文旅+教育”“文旅+工业”特色融合。

◆疫情防控 2021年，西安国家民用航天产业基地成立11个基地疫情防控工作领导小组，先后紧急出台政策52个，升级研发航天基地疫情防控综合管理平台，设置流调信息录入、重点人员管控、转运管理、酒店隔离、社区管控等5个子系统，与已建立的隔离酒店视频监控系统、社区重点人员视频监控系统，共同形成智慧化管理。通过严把小区出入口管理，对外来人员强化信息登记，查验健康码、行程卡，做到有源可溯、有源可查；通过紧盯重点人群，重点服务居家隔离人员、健康检测人员、重点区域来返人员3个群体，做好信息台账动态更新，做到“不漏一人”。通过强化技防手段，所有隔离酒店安装摄像头，所有居家隔离人员门前安装摄像头，分别接入指挥部2个指挥大屏，由隔离管控组、社区管控组24小时监控，发现问题，随时纠正；通过压实基层防控责任，完善“社区+小区院长+楼栋长+单元长+群众协会”的基层治理构架，不断强化社区防控的内生力量。抓好国有企业、部门与社区党组织“1+1”联建共建，切实做到“社区小区吹哨、企业部门报到”。全年下达指令共计35184条，解决落实处理信息数据达71616频次，累计管控中高风险15612人，境外来返599人，B类密接2588人，C类密接5531人，潜在密接1066人，接收外区县移交管控625人，移交外区县1033人并落实追踪管控到位完成防控闭环。全年核酸筛查约299万人次，筛查阳性人员22人，对阳性涉及场所消杀3.6万平方米，高危场所环境消杀250万平方米。对高风险人群管控启用集中隔离酒店23家，累计管控境内隔离人员7056人；承接进京转陕分流国际航班35架次，接管西安市疫情防控指挥部统一安排部署的境外集中隔离酒店19家次，境外人员集中管控2498人。加强市场监管及冷链管理，先后出动人员5600余人次，车辆1350余台次。长期设立三处固定临时接种点，累计完成新冠疫苗接种340590剂次。全年开展专项督查活动120余次，发现问题758个。疫情防控期间，因地制宜实施闭环管理或封闭管理，确保骨干企业运营不间断，12月单月完成工业产值76亿元，比上年增长29.5%。 （王　媛）

工业·建筑业

责任编辑 杨冠杰

综 述

◆**概况** 2021年，西安市深入贯彻落实习近平总书记来陕考察重要讲话精神，面对疫情对工业经济造成的冲击和影响，聚焦建设先进制造业强市，按照“任务不减、目标不降”总要求，统筹抓好疫情防控和稳增长工作，省市考指标平稳推进，有力促进工业平稳增长、质效提升高质量发展。全年全市规模以上工业企业完成产值7496.47亿元，突破7000亿元大关，比上年增长16.7%；新增规上企业201户；规上工业增加值增速比上年增长5.7%，两年平均增长6.3%，高于全国0.2个百分点，高于全省2.1个百分点。先进制造业产值比上年增长21%，高于全市平均增速4.3%。战略性新兴产业完成产值3742.82亿元，增长27.6%，占比49%，比上年提高3个百分点；高技术制造业完成产值2661.8亿元，增长26.6%，占比35%，比上年提高3.2个百分点。

◆**抗击疫情** 2021年疫情期间，西安市工业和信息化局组织各处室、局属各单位100余名干部，深入各区（县、开发区）和社区，协助做好防疫物资生产保障和疫情防控工作。指导企业采取闭环管理等方式，确保114户大型企业连续生产。为三星、陕汽、比亚迪等50余户重点企业办理2000余张生产物资运输许可证，解决企业原材料供应、产品运输等燃眉之急。重点监测20户防疫物资生产企业生产口罩2001.7万只，防护服1.7万件，核酸提取试剂2801.8万人份，消毒液1436.6吨。

◆**先进制造业强市建设** 2021年，西安市先进制造业六大支柱产业发展势头良好，产值增速21%。其中，电子信息增长33.2%；汽车增长5.8%，新能源新材料增长47.6%，高端装备增长17.8%。产业转型升级效果明显，战略性新兴产业完成产值3742.82亿元，增长27.6%，占比49%；高技术制造业完成产值2661.8亿元，增长26.6%，占比35%。企业人才培训成效显著。赴广州等地举办先进制造领军人才培训班，组织召开企业协作对接与产业招商会。线上、线下共培训企业家5000余人次。举办航空产业发展论坛、军需对接会、光子产业推进会等10余场重大活动。持续开展“一月走一产业”活动，先后走进比亚迪、法士特、康师傅等20余家产业龙头企业。

◆**产业链提升** 2021年，西安市印发《关于进一步提升产业链发展水平的实施意见》，承接陕西省17条重点产业链，新增轨道交通、航天2条特色产业链。成立西安市重点产业链提升工作领导小组，制定工作细则及相关制度，对“链长”、工作专班、“链主”、支撑部门及区（县、开发区）职责进行明确，全面实施“1155+N”行动。召开全市产业链建设推进大会，各“链长”牵头制定提升方案，组建专班和专家服务团深入开展调研，有序推进各产业链相关工作。

◆**工业运行情况** 2021年，西安市工业和信息化局积极落实国家、省级支持稳增长政策，出台《西安市加快建设先进制造业强市补充政策》等一系列政策，支持2021年先进制造业奖补项目（企业）334个。开展“六个一”专项包抓服务活动。深入区（县、开发区）和重点工业企业一线，送政策、送服务、解难题，共走访企业2800余户次。定期召开工业运行会进行研判，实行月通报、季点评，确保工业生产平稳。全市规上工

2021年6月9日，2021全球硬科技创新大会——光子产业峰会在西安高新国际会议中心召开

业企业达到1655户。

◆重点项目建设 2021年，西安市加快重点工业项目建设。落实每月调度通报和领导包抓项目制度，持续开展跟踪服务。总投资2810.3亿元的136个市级重点工业投资项目，完成投资1119.5亿元，占年计划121.2%，超额完成投资任务。大力开展产业链精准招商。隆基总投资180亿元15GW和23.2亿元3GW光伏项目分别落户西咸新区、航天基地，比亚迪20GWh动力电池项目落户高新区，总投资14亿元的立邦新型材料生产基地项目落地经开区。着力推进三星二期二阶段、陕汽扩能等61个重点新增产能项目建设，全年新增产值454.6亿元。

◆工业企业创新 2021年，西安市规上工业企业R&D经费投入157.05亿元，比上年增加2.89亿元。其中汽车、电子设备制造等8个行业大类经费占比83.7%。全年新增企业技术中心53家（国家级3家、省级20家、市级30家），新增技术创新示范企业47户（国家级1户、省级2户、市级44户），评定市级工业企业研发机构100家。鼓励企业加大研发，陕西省下达西安市重点新产品开发项目351项，西安市开展技术创新项目1026项。发布新产品、新技术269项。新增省级质量标杆企业、品牌培育示范企业各3户，67个工业产品获“陕西工业精品”称号；3户企业获国家制造业单项冠军认定，6户企业获省级制造业单项冠军认定；航空集群获国家先进制造业集群竞赛优胜。

◆民营经济发展 2021年，西安市落实中小微企业惠企助企政策，全年非公经济占GDP比重53.1%；新增省级“专精特新”中小企业95户，新增国家专精特新“小巨人”企业38户，培育重点专精特新“小巨人”企业30户；新认定省级中小企业公共服务示范平台9家，市级17家；195家企业被确定为省级隐形冠军培育库企业。

◆工业园区发展 2021年，西安市按照“一县一区、一区多园”原则，开展集中区优化整合工作，经整合后全市县域工业集中区全年实现工业总产值2039.01亿元，缴纳税金57.87亿元，吸纳从业人员18.71万人。加快打造创业创新基地，持续引导和支持小微企业创业基地规范发展、创新发展，培育一批示范带动作用强的小微企业创业示范基地。截至年底，全市有省级及以上小型微型企业创业创新示范基地27家，累计建成工业标准厂房304.93万平方米，实现营业收入637.49亿元，聚集企业3005户，吸纳从业人数5.83万人。

◆信用体系建设 2021年，西安市完成年度西安市政务诚信第三方评价。加强平台建设，不断提升“互联网+政务服务”成效，上传各类信用信息1.82亿条。持续开展失信惩戒和信用修复，公示各类信息297万条，完成信用修复1343条。（李　汶）

◆西安工业投资集团有限公司 2021年，集团系统实现工业总产值137亿元，比上年增长24%，完成考核指标的114%；营业收入290亿元，比上年增长83%，完成考核指标的170%；利润总额10亿元，比上年增长19%，完成考核指标的131%；利税总额15亿元，比上年增长13%，完成考核指标的121%。对所属企业开展安全生产检查97次，消除安全隐患300余项，全年未发生一般及以上安全生产事故。

推进制造业转型升级 集团全年固定资产投资5.6亿元。陕鼓集团主业订货稳中有增，全年订货445亿元；“1+7”分布式能源系统入选“国家两业融合发展试点”单位，陕鼓动力入选工信部“工业产品绿色设计示范企业”，“工业流程能量回收装置”获工信部第六批制造业单项冠军。西无二集团研发智能电涌保护器，加快风电、光伏等新能源设备中关键器件国产替代进口；高压取电芯片已实现批量化生产。陕西重型机械制造有限公司钢桥业务快速拓展，承接并如期交付尚稷路立交、元朔路立交等十四运重点工程，积极承揽西安咸阳机场T5航站楼、地铁10号线等钢桥项目。标准集团临潼厂区搬迁项目完工。西安太阳食品有限公司整体提升改造全面完成，混改工作实现新突破。西安标准热处理有限责任公司首次入库科技型中小企业。西安海红轴承有限公司推进武器装备生产许可认证，承接军用航空器材及重型汽车产业链轴承订单，冲压件技改项目完工投产。

优化集团战略布局 集团聚焦全市“6561”现代产业体系，紧盯“专精特新”高新技术企业及行业龙头，加大对新材料、增材制造等项目投资力度。全年集团本级完成对外投资3.02亿元。3月，完成对西安天力金属复合材料股份公司投资3471万元，持股8.3%；5月，配合天力股份成功挂牌新三板创新层；6月，取得2020年度股东分红242万元。投资国内电子束3D打印领军企业西安赛隆金属材料科技公司4500万元，持股6.69%；协调所属陕鼓集团常青资本对其投资1500万元，持股2.23%。集团本级投资西安企业资本服务中心2303万元，持股20%；协调所属工创投资公司对西安企业资本投资1612万元，持股14%；集团合并持股34%，成功实现对西安企业资本控股。完成对西部新锆核材料科技股份公司第二轮增资，投资2459.8万元，持股13.04%，集团累计对其投资6763万元；协调所属西安企业资本实现对西部新锆投资1506万元。按照西安市人民政府安排，加大力度协调本市各单位落实对中航西飞民机有限公司的二期出资，已归集资金5.3亿元，其中集团二期出资1.25亿元，截至年底，集团累计出资2.5亿元。全年对西安航空航天投资股份公司完成二期出资及借款共计9000万元，截至年底，集团已对西航投累计出资3.3亿元。

强化资产管理 做好参股企业投后管理。全年集团出席参股企业股东会16次，参加董事会、监事会23次；审议企业提交的议案119项。为有效管控投资风险，先后赴西部超导、西部新锆、西飞民机、西安航投、西纺控股、国水风电6户参股企业进行调研。加大招商引资力度，参加2021西部数字经济博览会、西安硬科技大会、电子商务博览会等有关招商引资活动。落实西安市国资委关于央企进陕、央地合作的工作要求，与中航发西航集团、中车永济公司等企业洽谈合作。盘活闲置低效资产，利用原西安电梯厂资产打造“印象红旗”文化创意园，利用原沣河实业资产打造教育培训园，这两块资产盘活收益是原来的3倍以上。与陕文投集团、科为集团分别签订战略协议，联合打造新的文旅项目和“人工智能科创园”，全年实现资产经营收入8800万元，净收益3100万元。完成陕鼓动力投资“眉山创新投资基金”、常青资本投资赛隆公司、西安企业资本投资参股西部新锆等所属子企业股权类和基金类投资12.97亿元。通过证券转融通出借的形式尝试市值管理；适时减持西部超导2%的股权共计882万股，收入4.5亿元，为集团新投项目提供资金支持。

国资国企改革 根据西安市《深化国资国企改革行动实施方案》，将《方案》中明确的22条实施内容和8大创新举措分解细化为99项具体任务，建立工作台账，签订“两单一表一书”，通过工作月报、定期例会、专题会等形式，动态跟踪进展，及时销号管理，国家层面的30项任务和市级层面的20项任务全面完成，其中部分工作提前或超额完成年度改革计划。高效推进公司制改革，按期全面完成18户企业的改制工作。全

面完成80户企业经理层成员任期制和契约化管理、5户企业加强董事会建设落实董事会职权工作，并建立外部董事人才库，充实外部董事14人。稳妥推进混合所有制改革，坚持“宜独则独、宜控则控、宜参则参”的原则，“一企一策”推进混改工作。理顺太阳集团和太阳有限的品牌、资产权属关系，完成清产核资、审计评估工作，召开职工代表大会，与意向合作方进行多轮洽谈，公开挂牌交易。有序推进西安市机电化工（轻纺建材）公司移交集团管理各项工作。对西安光华制药厂、西安新华橡胶厂两户历史积案较多、稳定风险较大的企业，多次召开专题会，采取有效措施维护企业稳定。对华远医药目前存在的问题进行综合分析研判，明确6个方面24项改进措施，并制订华远医药与西安健康医疗集团的重组整合方案，同步推进实施。

疫情防控　全系统投入下沉党员干部279人，志愿者1768人，参与所在社区核酸检测、电话流调、志愿服务等工作。集团向所属陕西华远医药集团借款500万元，及时帮助其解决流动资金不足的问题。向全市下沉一线干部捐赠防疫物资，价值20.8万元。（田　丰）

汽车制造

◆概况　2021年，陕西省汽车产量80.1万辆，比上年增长27.5%，高于全国24个百分点，全国排名提升3位至第13名，增速位于全国各主要汽车生产省份前列，全省新能源汽车产量27.41万辆，比上年增长606%，高于全国201个百分点，产销创历史最好水平。陕汽控股、法士特、汉德车桥、西安康明斯、陕西万方等一大批陕西汽车企业顶住压力，克服困难，不断突破，产业链、供应链稳定，创新能力不断增强。西安比亚迪全年生产汽车40.06万辆，比上年增长61.4%，其中新能源汽车26.86万辆。西安吉利项目建成投产，宝鸡、西安两基地共同发力；开沃渭南基地建成投产；陕西通家汽车复工生产。在全球疫情持续冲击下，陕汽集团进出口克服重重困难，创造全年出口订单超过2.2万辆、销量1.9万辆的历史新纪录。陕西省人民政府办公厅出台《关于进一步提升产业链发展水平的实施意见》，确定全省23条重点产业链，并由省级主要领导担任“链主”，精准推动产业链水平提升，促进工业稳增长，其中重卡和新能源汽车两条产业链以西安市为中心。“十四五”共规划汽车产业建设项目超过50个以上，总投资近1500亿元以上。西安市印发《关于加快推动新能源汽车产业高质量发展的实施意见》，计划到2025年，将西安打造成全国一流的新能源汽车产业基地，并提出力争到2030年全面实现电动化，成为我国首个提出汽车全面电动化的大城市。

◆西安市汽车产业链供应链联盟成立大会　2021年12月7日下午，由西安市工业和信息化局组织召开的西安市汽车产业链供应链联盟成立大会成功召开。西安市汽车产业链供应链联盟是西安市（不局限）汽车（含摩托车）行业企事业单位、团体及业内人士，在平等、自愿的基础上依法组成的非营利、非法人的开放式合作组织。以“平等互惠、协同互享、抱团互助、共促发展”为原则，为汽车产业链相关企业搭建学习交流合作平台，旨在更有效、更直接地搭建企业间相互了解、合作交流、整零协作、资源共享、协作配套的桥梁，促进汽车整机企业及相关供应链企业相互了解、协同发展，完善西安市汽车产业链，稳定供应链。本次会议为贯彻落实陕西省人民政府办公厅《关于进一步提升产业链发展水平的实施意见》，进一步促进西安市汽车产业聚集协同发展，扎实推进汽车整机企业及相关供应链企业相互了解、协作配套，共有近100余户汽车产业链相关企业、高校、科研机构、服务机构等单位参会。联盟启动仪式上，西安市汽车产业链链主企业陕汽控股、比亚迪、法士特、西安吉利就链主企业推进西安市重卡及新能源（乘用车）产业链建设及本地化配套需求进行介绍。联盟的成立将为政府和企业、企业和企业、企业与用户之间搭建更加高效的沟通桥梁和交流合作平台，希望联盟发挥平台作用，更便捷、更有效地吸引外部优质汽车相关企业合作投资，完善西安市汽车产业链，以民间力量助力西安市先进制造业强市建设。本次会议在会场特设汽车产业链供应链展示区域，展示西安市部分优势企业、产业园区及特色产品。

◆比亚迪新能源汽车零部件项目　2021年12月5日，比亚迪新能源汽车零部件项目签约及产业园开工仪式在西安举行。该项目位于高新区草堂基地和集贤园两大板块区域，占地约2890亩，总投资额150亿元，总建筑面积约130万平方米，建设周期为2021—2024年。主要建设电动总成工厂、电机工厂、精工中心、齿轮工厂、电控工厂、电源工厂、制动器工厂等新能源汽车核心零部件生产工厂，建设为比亚迪西安研发中心配套的高速试车跑道等，达产后将实现年产值约700亿元。截至2021年10月，比亚迪在陕西已累计投资315亿元，实现工业总产值3841亿元，上缴税金131亿元，解决就业超6万人。

◆中集车辆（陕西）汽车有限公司投产
2021年5月28日，由陕西汽车集团股份有限公司和中集车辆（集团）股份有限公司共同投资设立的中集车辆（陕西）汽车有限公司正式投产。项目位于宝鸡市蔡家坡经济技术开发区，占地17.4万平方米，注册资金1.2亿元。主要从事各类专用车的研发、制造、销售和服务，努力建设成为西北地区专用车研发制造基地，致力于打造国内领先的专用车生产企业。

◆潍柴动力和陕汽集团对陕重汽增资80亿　2021年，潍柴动力股份有限公司与陕西汽车集团股份有限公司协商确定双方按当前持股比例（潍柴动力持股比例为51%，陕汽集团持股比例为49%）分别对陕西重型汽车有限公司增资不超过人民币40.8亿元和人民币39.2亿元，增资款项分期到位。旨在优化陕重汽资本结构，降低资产负债率，打造新能源、智能网联等自主核心技术竞争优势，实现陕重汽持续健康发展。

◆陕西发布重卡、新能源（乘用车）产业链提升方案　2021年，陕西省人民政府办公厅出台《关于进一步提升产业链发展水平的实施意见》，确定全省23条重点产业链，并由省级主要领导担任“链主”，精准推动产业链水平提升，促进工业稳增长。汽车产业链作为陕西重点产业链，确定以副省长为“链长”，比亚迪、吉利为链主的新能源（乘用车）产业链，以省人大常委会副主任为“链长”，陕汽、法士特为链主的重卡产业链，陕西省工信厅发布重卡、新能源（乘用车）产业链提升方案。

◆西安吉利基地建成投产　2021年8月，“技术立标　陕西智造——中国星•旗舰SUV星越L西安工厂实测暨百台交车仪式”在吉利汽车西安基地举办，标志着吉利汽车西安基地经过3年多的紧张建设正式投产。吉利汽车西安基地是吉利最新最大最先进的CMA标准工厂，主要生产2021年最新上市的热销车型星越L。总建筑面积约52万平方米，主要建设冲压、焊装树脂、涂装、总装四大工艺厂房及其配套辅助设施，年产10万辆乘用车，可实现年产值约400亿元。

◆陕汽延安250型越野汽车正式陈列中国人民革命军事博物馆 2021年，延安牌250型军用越野汽车正式陈列中国人民革命军事博物馆。该车是中国制造的第一辆5吨级越野汽车，解决我军“有炮无车”的问题，填补国家军用越野汽车的空白。先后参加1984年和1999年国庆阅兵大典。1986年参加老山前线的对越自卫反击战，被部队誉为“英雄战车”。延安250型越野汽车已完成使命任务，成为我国车辆装备发展过程中重要历史见证。（行中道）

输变电及控制设备制造

◆概况 中国西电集团有限公司成立于1959年7月，是以我国“一五”期间156项重点建设工程的4个项目为基础形成的，集科研、开发、制造、贸易、金融为一体的大型企业集团。2021年9月，经国务院批准，中国西电集团与国家电网有限公司所属相关企业重组，现隶属于中国电气装备集团有限公司。截至2021年底，中国西电集团拥有全资及控股子公司60余家，在40多个国家和地区设有海外机构，职工14000余人。

2021年，中国西电集团完整、准确、全面贯彻新发展理念，以高质量发展为主线，以“十四五”规划发布为契机，以改革创新为动力，按照“主业突出，相关多元”发展路径，坚持规模和效益协同提升，不断增强现有产业竞争力，积极拓展新业务，奋力打造世界一流智慧电气系统解决方案服务商，成功入选国务院国资委2021年中央企业品牌建设能力TOP30排行榜，品牌影响力显著增强。

◆重大项目 2021年，中国西电集团有限公司全力打造精品工程。先后为陕北—武汉±800kV特高压直流工程、白鹤滩—江苏±800kV特高压直流工程、白鹤滩—浙江±800kV特高压直流输电工程、南昌—长沙1000kV特高压交流工程、荆门—武汉1000kV特高压交流输电工程、南阳—荆门—长沙1000kV特高压交流输电工程等提供关键输配电设备和服务；为广东梅州抽水蓄能电站国产抽水蓄能机组成套开关设备工程、长龙山抽水蓄能电站换向回路成套装置提供发电机断路器等抽水蓄能关键设备；为广东华电阳江青洲三500MW海上风电项目提供变压器、组合电器、电缆等核心设备，为三峡大丰海上风电项目提供ZF9D—252kVGIS等关键产品。全面保障国家重点工程建设，为我国“西电东送”战略实施、能源配置优化、电力事业发展等作出重要贡献。

◆市场开拓 2021年，中国西电集团有限公司面对国际环境复杂、疫情态势频发、经济下行压力等不利因素，锐意进取、开拓创新，全年新增订货比上年增长17.6%，创历史新高。强化市场投标管理与策略研究，国内市场进一步巩固提升。白鹤滩—浙江直流特高压项目实现换流阀、换流变、组合电器等6大品类全覆盖；常规电网市场新增订货比上年增长4%，火电、水电、核电等常规电源市场新增订货比上年增长32.6%，工业用户市场新增订货比上年增长18.3%，新能源市场新增订货比上年增长61.1%；攻克燃气轮机发电机断路器“卡脖子”技术难题，在华能洋浦天然气热电联产项目中实现燃气发电市场“零”的突破；铁路市场领域优势凸显，信号电缆市场占有率行业排名第一。积极克服疫情影响，海外市场多点开花，签约马来西亚吉兰丹州84.5MW水电项目、埃及—沙特±500千伏直流输电线路项目、厄瓜多尔西蒙·玻利瓦尔平安城市及光纤网络建设项目、英国12台RSU储能集装箱项目等，在水电、直流、基建、储能、光伏等新业务领域取得较好成绩；中标巴基斯坦莫赫曼德水电站项目和韩国线路避雷器项目，进一步巩固和提升公司海外市场竞争力。

◆科技创新 2021年，中国西电集团有限公司肩负推进国家能源输配电装备技术进步的使命与重任，积极践行创新驱动发展战略，开展一系列关键核心技术攻关，实现多项重大技术突破，取得一批科技创新成果，科技创新能力持续提升。聚焦国家战略需要，研制的±800kV换流变压器阀侧套管和穿墙套管在国网“青海—河南”±800kV特高压直流输电工程驻马店站及海南站完成带电运行验证，主要性能指标国际领先；成功攻克特高压交直流工程用高可靠性系列套管、170kA大容量发电机断路器等“卡脖子”关键核心技术难题，打破国外技术垄断；成功研制126kV高压真空断路器、220kV天然酯绝缘油变压器、220kV海上平台用三相抽能电抗器等产品，完成海上风电柔性直流送出系统解决方案等集成技术研究与应用，推动输配电装备绿色低碳发展。全年获科技成果奖励17项，“±800kV换流变压器自主化研制及工程应用”项目获2020年度国家科学技术进步奖二等奖；“一种高压交流断路器及其灭弧室和动触头”专利获第二十二届中国专利优秀奖；获2020年度陕西省科学技术奖6项（技术发明一等奖1项），2021年度中国机械工业科学技术奖4项（技术发明一等奖1项）。5项创新成果入选国资委《中央企业科技创新成果推荐目录（2020年版）》；多能互补微网系统技术入选《国家工业节能技术装备推荐目录(2020)》；13个技术装备入选国家能源局2021年度能源领域首台（套）重大技术装备项目清单。全年新增专利授权近300件，授权海外专利4件，累计拥有有效专利2300余件。

◆信息化建设 2021年，中国西电集团有限公司持续加强网络安全建设，深化与价值创造过程相关业务链条的数字化、智能化应用，促进生产方式创新，以开展数字化车间、智能化工厂建设为目标，主动适应新形势、开拓新思路、实施新举措，大力推进智能制造，有效促进企业转型升级和高质量发展。

加强网络安全建设与管理 完善中国西电集团和所属企业分级负责、联动指挥处置的网络安全通报和运行体系，提升网络威胁监测、发现、通报和应急指挥能力，完善网络与信息安全保障体系，保障庆祝建党百年、“第十四届全国运动会”、国庆等重要时期公司的网络安全。

深化智能制造推广应用 以典型场景为基本要素，通过试点先行、重点培养、以点带面等方式，打造智能制造试点示范行动。所属西安西电高压开关操动机构有限责任公司入选工信部2021年智能制造试点示范工厂揭榜单位，西安西电开关电气有限公司“精益生产管理”、西安西电变压器有限责任公司“产线柔性配置”、陕西宝光真空电器股份有限公司“精准配送”入选工信部智能制造优秀场景；西电宝鸡电气有限公司等6家企业获陕西省智能工厂、智能车间、智能产线称号。

加速推进传统产业升级 深度融入西安市“工业强市”战略，与西安市人民政府签署《推进中国西电集团有限公司高质量发展合作协议》，西电智慧产业园和咸阳智慧产业园项目双双落地。以打造国际一流的输变电装备制造产业集群为目标，推进输变电产业数字化升级，提升产业基础能力和产业链现代化水平，努力建设数字化、智能化、智慧化、绿色低碳的输变电装备智能制造示范基地、智慧综合能源示范基地和“双碳”产业培育基地。（杨丽衡）

电力工业

◆**概况** 2021年10月，原国网陕西省电力公司西安供电公司与原陕西省地方电力（集团）有限公司西安供电分公司合并成立国网陕西省电力有限公司西安供电公司，终结西安电网20多年来“两网分治”的历史，实现电网统一规划、统一调度、统一管理，更加优质高效配置电力能源资源，更好地服务西安经济社会发展。

2021年，西安地区发电装机总容量235.31万千瓦，比上年增长3.24%；全网发电量932117万千瓦时，比上年增长17.44%，其中统调电厂发电量844438万千瓦时，比上年增长6.39%；非统调电厂发电量87679万千瓦时，比上年增长25.84%。统调电厂发电量中大唐灞桥热电有限公司发电量69436万千瓦时；大唐灞桥电厂新机组发电量296332万千瓦时；大唐户县第二热电厂发电量316706万千瓦时。截至年底，国网陕西省电力有限公司西安供电公司管辖35千伏及以上变电站202座、容量3090.58万千伏安，其中330千伏站16座，110千伏站146座，35千伏站40座，35千伏及以上线路467条、5312.21公里，10千伏线路2471条、17638公里，公网配变26987台，用电客户445.97万户。全年完成售电量423.52亿千瓦时，迎峰度夏期间电网最大负荷943万千瓦，较历史最大负荷增长16.7%，最大日用电量18569万千瓦时，电网保持安全平稳运行。西安市全社会用电量累计436.00亿千瓦时，比上年上升17.51%。其中，工业用电量138.93亿千瓦时，比上年增长31.87%；第一产业用电量2.31亿千瓦时，比上年下降15.06%；第二产业用电量151.28亿千瓦时，比上年上升15.26%；第三产业用电量164.38亿千瓦时，比上年上升21.21%；城乡居民生活用电118.03亿千瓦时，比上年上升16.58%。

◆**电网建设** 2021年，国网陕西省电力有限公司西安供电公司进一步深化政企协作，促请成立西安市电网攻坚领导小组，出台《西安市加快建设国家中心城市坚强电网攻坚方案》。与长安区等签订战略合作协议，电网发展进入“政府挂帅、企业实施”新模式。成立并充分发挥“大前期、工程实施、运行支撑”三个柔性团队作用，统筹做好组织、资金、技术、人员、物资储备支撑，进一步落实区（县）、网格化公司属地责任。全年取得37项可研、45项核准批复，超过前3年之和。成功举办西安电网建设攻坚第一批29项、33.9亿元电力项目集中开工仪式，投运110千伏苍游变、330千伏奥体送出等22项工程，新增变电容量102.15万千伏安，其中4个月建成110千伏丹凤变，刷新公司主网输变电工程施工最快纪录。

◆**电网营销服务** 2021年，国网陕西省电力有限公司西安供电公司持续优化电力营商环境，入驻二手房交易市场助力实现“水电气暖一件事”办理，应用“网上国网”实施线上办电，用户注册

西安市2021年用电结构分析表

行业名称	本期	用电结构比（%）	上年同期	用电结构比（%）	增长率（%）
全社会用电合计	4360062.0440	100.0000	3708393.6715	100.0000	17.57
第一产业	23145.9142	0.5309	27250.2890	0.7348	-15.06
第二产业	1512771.1121	34.6961	1312500.4808	35.3927	15.26
第三产业	1643837.3505	37.7022	1356187.9617	36.5708	21.21
城乡居民生活	1180307.6672	27.0709	1012454.9400	27.3017	16.58
城镇居民	850479.9671	19.5061	715557.9163	19.2956	18.86
乡村居民	329827.7001	7.5647	296897.0237	8.0061	11.09
全行业用电分类	3179754.3768	72.9291	2695938.7315	72.6983	17.95
一、农、林、牧、渔业	59263.5146	1.3592	62104.8799	1.6747	-4.58
其中：排灌	24312.1741	0.5576	23137.0144	0.6239	5.08
二、工业	1389343.0870	31.8652	1210619.0467	32.6454	14.76
采矿业	36121.7220	0.8285	30175.1948	0.8137	19.71
制造业	1140001.5071	26.1465	914309.0033	24.6551	24.68
电力、热力、燃气及水生产和供应业	213219.8579	4.8903	266134.8486	7.1766	-19.88
三、建筑业	124973.8922	2.8663	103906.9538	2.8019	20.27
四、交通运输、仓储和邮政业	209046.1299	4.7946	164787.6906	4.4436	26.86
五、信息传输、软件和信息技术服务业	112513.5373	2.5805	99608.3166	2.6860	12.96
六、批发和零售业	433398.8935	9.9402	352851.1340	9.5149	22.83
七、住宿和餐饮业	97107.3468	2.2272	81533.2784	2.1986	19.10
八、金融业	14238.4485	0.3266	13485.5316	0.3636	5.58
九、房地产业	228591.9726	5.2429	174864.8744	4.7154	30.72
十、租赁和商务服务业	35646.3250	0.8176	33667.8693	0.9079	5.88
十一、公共服务及管理组织	475631.2294	10.9088	398509.1562	10.7461	19.35

西安市2021年工业制造行业用电增长情况表

行业名称	增长率（%）	行业名称	增长率（%）
农副食品加工业	3.63	橡胶和塑料制品业	8.06
食品制造业	0.00	非金属矿物制品业	29.14
酒、饮料及精制茶制造业	22.88	黑色金属冶炼和压延加工业	20.93
烟草制品业	1.55	有色金属冶炼和压延加工业	29.42
纺织业	8.12	金属制品业	13.63
纺织服装、服饰业	33.82	通用设备制造业	14.74
皮革、毛皮、羽毛及其制品和制鞋业	-24.79	专用设备制造业	22.76
木材加工和木、竹、藤、棕、草制品业	27.24	汽车制造业	12.46
家具制造业	16.91	铁路、船舶、航空航天和其他运输设备制造业	17.26
造纸和纸制品业	2.15	电气机械和器材制造业	83.54
印刷和记录媒介复制业	3.78	计算机、通信和其他电子设备制造业	30.81
文教、工美、体育和娱乐用品制造业	26.87	仪器仪表制造业	21.89
石油、煤炭及其他燃料加工业	15.57	其他制造业	24.80
化学原料和化学制品制造业	17.63	废弃资源综合利用业	1.12
医药制造业	17.35	金属制品、机械和设备修理业	-23.68
化学纤维制造业	-8.37		

超120万户，高压单电源客户办电时间压缩至17个工作日，低压居民和小微企业客户办电实现“三零”服务全覆盖，全年新增报装22.5万户、543万千伏安。深入开展“零投诉”行动，服务投诉压降60%。实施带电作业2857次，城区配网故障率压降低62%，户均停电时长缩短53%。倾力服务政府招商引资，提前完成28项省市重点项目配套供电，实施纬零街快速路迁改等113项市政工程，为火车站北广场、幸福林带等全运重点项目抢下工期。按期完成迎全运87条242千米一级道路架空线落地。完成791个小区35万户“三供一业”及43个老旧小区升级改造。在供暖季来临前按期完成剩余51项“煤改电”配套工程。积极履行国企责任，助力“双碳”目标，建成大功率充电站1座，完成电能替代18.3亿千瓦时；服务乡村振兴，选派3名业务骨干接续开展驻村定点帮扶，投资扶贫项目40万元，采购扶贫农产品115万元，消纳光伏扶贫电量620万千瓦时，足额结算电费374万元。

◆电力安全生产 2021年，国网陕西省电力有限公司西安供电公司圆满完成第十四届全国运动会保电任务，组建“1+14”供电保障团队，高质量实施组织保障、设备运检等126项保电任务，完成保电核心区域39项27亿元电力配套基建项目。高效运转“两级指挥中心+九大战区+13个基层指挥部”立体化保电体系，累计出动人员8万人次、各类车辆1.6万辆次，圆满完成4场开闭幕式和全部48项赛事保电任务，顺利实现“六个零四确保”目标。扎实开展安全生产专项整治三年行动，排查治理问题隐患412项。深入实施“四双”管理、“四个管住”和标准化作业，建成市、县两级安全管控中心，监督检查作业现场1.3万处，创建无违章现场38个，全年未发生电力安全事件。有效提高电网本质安全水平，全年完成全口径作业任务2万余项，超额实施2589项春秋检任务，比上年增长46%；更换老旧保护246套，超往年近3倍；19座110千伏变电站加装链式备自投装置、118座变电站实施小电流、小电阻选线改造。

◆电力保供 2021年，国网陕西省电力有限公司西安供电公司全力实施抗疫保供，组建“1+5+13”防疫保电指挥体系，超过2900名员工24小时驻岗值守，投入1.9万人次对96站、512线开展不间断特巡特护，消除危急缺陷37项，保证电网平稳运行。鏖战数夜打通向阳沟等10个集中隔离安置区及29个核酸检测中心供电，累计投资约2440万元。将286家防疫一线单位、183个供热站点以及全市党政机关纳入重点保电范围，900名保电人员、69辆应急发电车全天候值守做好托底保障。累计出动抢修人员8716人次、发电车121台次，实现用户停电无感知。科学应对度夏保供，精准开展负荷预测、电网运行情况分析，签约需求侧响应负荷61万千瓦，高效实施65项应急工程，开展关闭景观照明、压减商业综合体用电等举措，在夏季全网负荷6次突破历史峰值，最大达到943万千瓦的情况下，有效保障大电网主设备安全运行。积极投身抗洪保供，面对陕西60年来最强降水冲击，快速恢复蓝田、长安等地3万洪灾用户供电。先后选派3批96人支援郑州、商洛防汛救灾。 （陈 峰）

建筑业

◆概况 2021年，西安市实现建筑业总产值5404.47亿元，比上年增长5.6%；建筑业增加值占全市GDP比重为14.5%，比上年降低0.9个百分点。树立发展导向，通过比武竞赛和评审命名，先后开展6届“长安建筑大工匠”评选活动，统筹技能培训、实操训练、考核评价与现场施工进行综合评定，共表彰命名135名“长安建筑大工匠”。优化住建业务平台，完成商品房预售资金监管、租赁监管服务、住房保障信息管理等平台的优化升级，为落实房地产市场宏观调控和事权下放等决策部署提供基础数据和平台支撑。加强数据资源共享，深化与不动产、税务部门数据共享，配合推进商品房“交房即交证”、二手房交易“一窗受理”、“互联网+不动产交易办税”等工作，为推动全市优化营商环境和住建领域“放管服”改革提供技术支持。积极推进一体化政务服务能力提升攻坚工作，如期完成23项任务，统一认证、好差评、减跑动、网办深度等多项工作成绩显著。西安市住房和城乡建设局网站全年访问量达640万次，上半年搜索量居全市市级部门第一；“西安住建”政务微信关注量达61.2万人次，比上年增加18.2万，发布政策图解（漫画）24期，方便群众办事。

◆施工许可办理 2021年，西安市住房和城乡建设局施工许可主要以指导各区做好市级重点项目、“第十四届全国运动会”、基础教育及医疗卫生等各类重大项目手续办理为重点。市级全年共办理建筑工程施工许可证24个，其中轨道交通类项目6个，面积34.99万平方米，审批长度13.81千米；城建PPP类项目18个，审批改造面积224.79万平方米，审批长度30.45千米。建筑资质办理方面，受理、审批新申请和增项企业10315家，接待办事群众7600余人次。

◆征收建筑工程劳保统筹基金 2021年，西安市市本级和全市21个区（县、开发区）统筹代办站全年共收取劳保统筹基金13.44亿元。其中，市本级收取2.19亿元；区（县、开发区）统筹站(代办站)收取11.25亿元。

◆城市配套费征收 2021年，西安市共征收城市基础设施配套费95.8亿元。对基础教育学校、保障房、城棚改、地下公共停车场等民生建设项目进行配套费减免。对全额缴费项目，办理时间缩短至“立等可取”，进一步提高行政效能。

◆质量安全监管 2021年，西安市有在监项目共计1683个（含西咸），其中房屋建筑工程1539个、市政基础设施工程144个。全年房屋建筑工程领域未发生较大以上安全生产事故，安全生产形势总体稳定。工程质量方面，全年全市有5个工程项目获得中国建设工程“鲁班奖”，分别为西安交通大学科技创新港科创基地、延长石油科研中心、西安理工大学曲江校区图书馆、曲江·国际中小学和西安奥体中心主体育场及室外配套工程；24个工程项目获得全市创建优质工程“长安杯”奖；52个工程项目获得西安市创建优质工程“雁塔杯”奖；167个工程项目被评为“西安市优质结构工程”。安全监管方面，组织召开7次安全生产工作会议，构建一月一通报、警示约谈、警示教育培训工作机制。市、区两级住建管理部门督导检查项目1.6万余个次，排查整治隐患1.7万余处，责令停工整改项目316个，下发执法建议书144份，警示约谈企业478家，累计处罚金额3700余万元。共组织检测机构检查2轮，抽查企业41家；开展监督抽测120次，抽测工程实体80次。12月8日，在地铁8号线Ⅰ标段举办质量提升观摩会，以展示亮点、树立典型、推广经验的方式，促进地铁施工质量管理水平提升。11月25—26日，在鄠邑区、周至县举办现场教学培训会，以“实地观摩+现场演练+业务培训+交流座谈”的创新模式，指导基层推行标准化、规范化、科学化监管。疫情封控期间，全力做好对11个区（县、开发区）封闭建筑工地和72个地铁施工标段的包抓督导，共开展现场督导检查114次，线上督导检查408次，督促整改各类问题209个，协调处理转办事项12次，保障建筑工地疫情防控形势稳定。西安市住房和工程建设执法监察队全年处罚项目34个，共处罚金额177万元，全部为扬尘处罚。

◆城棚改项目管理 2021年，西安市城改监管中心共督导检查城棚改项目安全生产476个次，消除安全隐患2735处，整改率100%；开展“定点培训”和“送教上门”，对259名监管人员和企业管理人员进行培训；指导未央区住建局在融创·观唐宸院项目开展以“落实安全责任，推动安全发展”为主题的安全生产月综合应急救援演练活动，共计200余人参与；先后推动完成万象春天等8个项目的房屋处遗手续办理，促进绿地曲江铭城、华洲城项目取得竣工验收备案表，处理双桥头城中村改造项目DK—7、杨家村城中村改造项目补充用地DK1及DK2竣工验收工作遗留问题；开展建设工地扬尘治理督导检查，发现问题745处，下发移送单、督办单191份。

◆建设工程消防审验 2021年，西安市住房和城乡建设局完成市本级建设工程消防设计审查97项，消防验收79项和验收备案41项。对建设工程消防四类违规行为实施行政处罚88项。指导各区（县、开发区）开展建设工程消防审验工作，加强建设工程消防设计审查验收监督管理，夯实属地责任。全力做好“第十四届全国运动会”场馆建设消防审验工作，全市27个场馆按期完成消防验收。对幸福林带项目、西安铁路枢纽西安站改扩建以及地铁14号线等“十四运”重点配套工程，提前介入进行技术指导，督促做好整改工作，切实为建设单位提供便利，确保按期投入运营。推进既有建筑改造利用消防设计审查、验收试点城市工作。编制印发《西安市既有建筑改造消防设计审查工作指南（试行）》打通阻碍既有建筑申报消防审验手续的堵点。规范建设工程设计方案审查工作。为进一步推进审批制度改革，优化营商环境，市住建局出台《关于开展建设工程总平面消防设计并联会审工作的通知》，确保建设工程总平面消防设计满足国家工程建设消防技术标准。全年消防档案归档50个项目1800余盒。建立完善消防验收工作机制。建立现场评定工作机制，制定《建设工程消防现场评定细则》，进一步规范现场评定各环节。完善现场评定技术要点，组织编制《建设工程消防验收现场评定技术指导手册》系列的住宅及附属建筑分册。加强消防档案管理和利用，规范消防档案归档要求，编制《西安市建设工程消防设计审查验收档案归档业务指南（试行）》。配合陕西省消防中心编制《建设工程消防验收备案归档标准》的地方性标准；转化利用消防档案成果，将审验结论的共性问题及整改措施进行汇总整理，编制《建设工程消防常见问题分析汇编》。创新消防技术服务，提供前置服务，在项目报审、现场评定、档案归档等环节主动靠前提供免费的业务咨询。提供最新消防讯息，组织编制《西安建设消防》期刊，定期向各区（县、开发区）及消防相关从业单位免费发放。增强消防安全风险意识，通过研究典型火灾事故调查报告，并邀请火调专家、专业律师进行分析点评，编制《消防安全事故典型案例分析汇编》。促进“管行业必须管安全、管业务必须管安全、管生产经营必须管安全”进一步落实，推动建设工程消防安全“一盘棋”。

◆建筑劳务用工改革 2021年，西安市住房和城乡建设局推进新时期建筑产业工人队伍建设，在建筑领域开展第六届长安建筑大工匠比武竞赛，授予龚举国等20名“长安建筑大工匠”荣誉称号。

◆勘察设计行业管理 2021年，西安市数字化审图云平台建设成效显著，全年施工图在线审查452项，建筑面积3548万平方米，为全市全面提升勘察设计水平，助力工程审批制度改革，高水平设计引领和服务住房城乡建设高质量发展提供一条新路径。完成《岩土工程勘察规程》《全装修住宅施工图审查要点》，形成《西安建筑结构隔震和减震技术导则》《西安市海绵城市设计文件编制深度规定和审查要点》《老年公寓建筑设计标准》等技术标准征求意见稿。开展年度勘察设计企业动态检查，检查重点为勘察设计质量和企业市场行为，共抽查28个项目，动态考核26家企业。将“我为群众办实事活动”深入行业企业中，向企业免费发放《西安市勘察设计政策汇编》《装配式建筑政策汇编》等政策和技术资料；以主管部门讲政策、专家讲技术方式，有针对性开展行业培训3次。

◆房屋安全鉴定 2021年，西安市住房和城乡建设局依据法定职责受委托单位和相关职能部门委托完成职责范围内的房屋安全鉴定工作，共完成鉴定项目67项，鉴定面积约65万平方米。联合相关大专院校共同编撰《西安市城市既有房屋抗震隐患排查技术导则》，加强对已备案鉴定机构进行信用信息采集、评价和管理，进一步规范全市房屋安全鉴定市场秩序。

◆建筑装饰市场管理 2021年，西安市住房和城乡建设局草拟《西安市建筑装饰装修条例（修订草案）》，经陕西省、西安市人大常委会审核通过后于2022年3月1日正式发布施行；制定西安市人民政府投资工程和一般社会投资工程建设项目审批流程图（装饰装修类）。对承接下放事权的各区县、开发区住建部门进行督促指导31次；组织开展建筑装饰装修工程安全生产大排查、大整治工作；对52家建筑装饰施工企业进行安全生产标准化考评。

◆建设工程招投标与造价管理 2021年，西安市住房和城乡建设局印发《关于进一步加强房屋建筑和市政基础设施工程项目经理（总监）变更管理的通知》《关于进一步加强房屋建筑和市政基础设施工程造价管理工作的通知》，强化政策宣传，创新工作举措，指导区（县）开发区全力保障基础教育、医院和“三改一通一落地”等重点项目招标服务工作，完成全市优化营商环境“招标投标”指标攻坚提升相关指标任务；全面推行房屋建筑和市政基础设施工程过程结算，指导区（县、开发区）加强工程造价数据监测，采集发布远郊区（县）建筑材料价格信息12期、建筑工程城市住宅造价信息2期、人工成本信息4期，推进工程造价管理平台建设，进一步完善工程计价依据发布机制、加强工程造价数据积累，为建筑市场各方主体提供更加真实、客观、快捷的工程造价信息服务。

◆散装水泥监管 2021年，西安市住房和城乡建设局全年督促指导全市推广使用预拌砂浆312万吨。督促指导全市预拌混凝土企业累计生产商品混凝土5742万方。4月，对全市152家两类企业开展产品质量和安全生产大检查、大排查、大整治活动，形成问题台账，抽查两类企业27家，发现问题34个；6月，检查全市两类企业27家，发现问题34个；6月，组织检查全市两类企业安全管理人员、技术员以及安全员，分3个批次共323人，对2021年度两类砂浆企业进行信用评价，并确定信用等级。全年对两类企业进行扬尘治理检查累计981家次，其中查出问题要求现场整改84家，下发移送单35份、督办单16份；包抓蓝田县老旧小区改造验收工作，第二批29个小区，经专家组成员对项目逐一评估验收，全部达到优秀。在重污染天气应急响应期间，为111家两类企业发放2339份通行证，确保西安市282个重点保障类工程项目所需混凝土（砂浆）供应。与西安市财政局联合下发《关于集中办理清退散装水泥专项资金工作的通知》，加快清算专项资金返还工作；委托第三方会计师事务所对历年散装水泥专项资金的征收和返还进行梳理；修订《西安市预拌混凝土企业信用评价方法》《西安市预拌砂浆企业信用评价办法》，持续开展两类企业信用评价工作；开展信用承诺动态采集工作，利用“信用中国”网络信息平台，公示172家两类企业信用承诺书，将179家两类企业列入“红名单”打造出散装水泥行业的诚信体系系统工程。

◆建筑节能与科技 2021年，西安市住房和城乡建设局制定下发《绿色建筑创建行动工作方案》（市建发〔2021〕25号），城镇新建建筑按照绿色建筑基本级及以上等级进行设计、建设，全年绿色建筑竣工项目338个2380.11万平方米；出台《装配式建筑范例城市建设工作方案》（市政办函〔2021〕95号），新开工装配式建筑项目228个1226.62万平方米；完成城镇既有建筑节能改造733.93平方米；推广应用可再生能源建筑，与西安市财政局、国网西安供电公司联合下发《西安市光伏建筑一体化应用示范项目补助资金申报指南》（市建发〔2021〕162号），全年地热能建筑供热项目8个，共157.43万平方米；高新区建成西北首例超低能耗建筑天谷雅舍幼儿园项目，西咸新区打造近零能耗建筑沣西新城游泳馆项目，受到住建部和陕西省住建厅好评。

◆建设行业培训 2021年，西安市住房和城乡建设局举办《严守政治纪律和政治规矩　做政治上忠诚可靠的党员干部》《进一步规范信访事项办理程序切实维护社会稳定》等课题的“西安建设大讲堂”3期。开展各类培训52893人次。其中，一线农民工免费培训48572人次；干部培训3819人次；工地扬尘治理培训402人次。（张　睿）

◆陕西建工控股集团有限公司 2021年，陕建控股全年实现新签合同额3703.22亿元，比上年增长20.99%；实现营业收入1826.27亿元，比上年增长27.87%；利润总额44.29亿元，比上年增长46.05%。列ENR全球工程承包商250强第15位，比上年上升2位。列中国企业500强第163位，比上年上升18位。蝉联陕西省国资系统稳增长突出贡献单位。旗下核心上市公司——陕西建工集团股份有限公司（600248）获中国上市企业500强第86位，陕西营业收入最大上市企业，主体长期信用等级为AAA。新签合同总额3142.81亿元，比上年增长14.32%；实现营业收入1594.77亿元，比上年增长24.86%；公司总资产达2292.54亿元，比上年增长25.99%；归属母公司股东权益185.9亿元，比上年增长18.47%；每股收益0.9795元，比上年增长8.98%。

◆西安建工集团有限公司 2021年，西安建工集团紧盯千亿建工目标，获得年度西安市百强企业第4名，跻身陕西省百强企业第13位，企业品牌实力进一步凸显。集团全面实施项目管理标准化，全力推行“双巡检”，进一步夯实企业管理根基；企业信息化积极稳步推进，进一步提升企业运行效率；推进“平台+合伙人”组织形式，构建开放多样的合作平台，开辟企业发展新路径；有序推进“八项清零计划”，消除企业历史顽疾，助力企业轻装前行。西南二环项目全面通车，为缓堵保畅和第十四届全国运动会顺利召开提供交通保障；南充和西安两处超高层建筑主体提前封顶，成功实现集团超高层建设从无到有的历史突破；四川国际竹产品交易中心顺利投用，向世界展示企业实力与技术；在云贵高原成功拿下集团历史上首个高速公路项目和乡村土地“旱改水”项目，在周至县建设美丽乡村片区，助力乡村振兴；华侨城创想中心和西安疾控中心等遍布全国的80多个重点项目主体顺利封顶；西藏领峰国际智慧物流园项目圆满交付。连续两年获得企业AA+信用评级，成功发行2021年首期中期票据。坚持政企合作、片区开发，与省内外多个地方政府开启战略合作，近200亿元项目相继落地，为企业发展厚植片区资源和发展能量；紧跟国家战略发展布局，关注光伏、新能源等新兴产业动向，与多地企业展开合作。（行中道）

商贸服务业·会展业

综 述

◆**概况** 2021年，西安市社会消费品零售总额4963.42亿元，比上年增长0.8%。按经营地统计，城镇限额以上单位消费品零售额2413.30亿元，乡村限额以上单位消费品零售额6.52亿元。限额以上企业（单位）消费品零售额2419.82亿元，餐饮收入112.71亿元。

◆**商贸市场保供应** 2021年底，西安市暴发新冠疫情，全市实行封控管理期间，按照“防疫保供并重、线上线下结合、政府市场协同”的总体思路和“外保货源、内保畅通、末端保供”的工作要求，推动构建市、区、街道、社区四级物资保供责任体系，积极探索“居民下单—商超备货—集中配送—社区工作人员（志愿者）送达”的闭环保供模式，组织开展生活物资市场运行监测、稳定外部货源、畅通物流渠道、强化督导服务、激发市场活力，形成“货源能进城、网点能营业、配送能上门、员工能出门、管理能闭环”的“五能”工作机制，有效有力做好生活物资保障工作。制定印发《突发疫情状态下西部欣桥农产品物流中心封场转移至渭南大红市场应急预案》《突发疫情状态下西部欣桥农产品物流中心封场转移工作应急预案》《西部欣桥农产品物流中心蔬菜物资应急备用场地实施方案》《关于切实加强生活必需品供应的通知》《保障蔬菜等生活必需品供应奖补政策》《关于切实保障疫情防控期间生活必需品供应的紧急通知》《蔬菜配送人员闭环管理工作标准》等市场保供文件。疫情封控期间，办理并印发运输车辆通行证3万余张，确保全市供应大动脉保持畅通；向外地直接运送蔬菜副食进入市场的司机购置发放2000个“暖心礼包”；总计投放政府储备菜约1万吨，投放价格低于市场蔬菜零售价15%左右，有效调节和稳定了蔬菜价格市场。疫情封控期间，分3批公布216家市场保供重点企业名单（包括批发市场、物流配送、超市、电商、消杀等企业），建立物资流通网络基本架构；组织7个督导组，每日对重点保供企业落实环境检测采样、员工每日一检、佩戴N95口罩和一次性医用防护手套以及物理分隔、健康巡查等要求的情况进行巡回督导检查；西安市商务局热线共接听电话3000余个，转办并办结具体问题233个，以解答解决实际问题促进生活物资保障全面覆盖；精准摸排并向区（县）精准推送两批次11046名未到岗保供企业员工名单，协调员工正常上下班，提升企业员工上岗率；监测全市13家重点保供超市、便利店、生鲜店共1700余家门店，营业率平均保持在65%以上。

◆**促进消费** 2021年，西安市商务局积极应对疫情对消费市场冲击影响，提振消费信心，促进消费增长，开展“盛世全运 嗨购西安”2021消费促进年活动、“云购西安”、促进重点消费百日行动等系列活动，全年举办各类促消费活动560场次，有效促进消费市场复苏。联合西安市金融工作局，以及工商银行、农业银行、建设银行、交通银行、邮政储蓄5家陕西省分行数字人民币试点银行，在国美、苏宁等品牌家电卖场举办绿色智能家电消费补贴活动，活动总补贴金额4000万元。开展“服务‘十四运’ 奉献我的城”主题实践活动，印发《西安市商务局关于做好商贸系统“服务‘十四运’ 奉献我的城”主题实践活动的通知》，组织商贸企业代表参加全市“服务‘十四运’ 奉献我的城”主题实践活动动员大会，并进行庄严宣誓；指导全市各大商业体、品牌连锁店利用LED、横幅等形式在经营场所宣传“十四运”相关内容，拍摄主题实践活动短视频；举办西安消费促进年暨商贸行业迎“十四运”誓师动员大会，发布全市商贸行业迎“十四运”倡议书，营造“全民全运 同心同行”氛围。

◆**申报获批全国首批一刻钟便民生活圈试点城市** 2021年5月，商务部等12部门联合印发《关于推进城市一刻钟便民生活圈建设的意见》，提出一刻钟便民生活圈概念内涵、建设标准和主要任务，并在全国范围内开展城市试点工作。西安市商务局为积极反映全市打造城市社区15分钟便民服务圈，开展宜居幸福社区创建工作，向商务部报送《西安市试点城市申报书》。10月8日，商务部办公厅等11部门印发《关于公布全国首批城市一刻钟便民生活圈试点名单的通知》，西安市成功入选全国首批城市一刻钟便民生活圈试点名单。

◆**商贸物流** 2021年4月9—11日，第11届中国西部国际物流产业博览会在西安国际会展中心举办，总展览面积2万平方米，集中展示物流和交通领域的新技术和新装备，吸引3万多人次专业观众到场参观、学习、交流。13家央企和世界500强及30多家行业知名企业以及300多家物流和交通领域企业参展参会。

◆**农产品流通体系建设** 2021年，西安市商务局完成西安鲜生活农副产品有限公司鲜生活生鲜惠民生农副产品供应链项目、陕西华蜜蜂业有限责任公司陕西华蜜蜂业供应链建设项目、陕西华浦果业有限公司周至猕猴桃深加工及市场推广项目、陕西黄马甲快递有限公司黄马甲农产品全产业链销配体系建设项目等项目绩效评价和验收工作。推荐西安爱菊厨房有限责任公司西安爱菊粮食深加工供应链项目、西安众和食品配送有限公司众和农产品集散加工中心建设项目、陕西瑞诚峰农林科技有限公司蓝田县农产品农商互联供应链建设项目、陕西玖源生物科技有限公司玖源生物中药材及农产品生产加工项目、陕西东阳云达物流有限公司东阳云达农产品供应链建设项目等5个项目申报中央资金，并于年底前完成项目建设内容。

◆**家政服务** 2021年，西安市积极推进家政信用体系建设，根据《西安市家政信用体系建设实施方案》，以形成覆盖家政服务业的征信系统为基础，以推进家政服务员和家政企业信用记录制度化为重点，积极开展21场次家政行业信用体系平台建设培训；利用媒体以及制作宣传品等形式，广泛开展家政诚信平台建设相关工作，开展信用宣传。促进家政行业基本形成诚信、自律、守信、互信氛围，为实现家政行业高质量发展提供有效支撑。

◆**拍卖业** 2021年，西安市商务局完成度拍卖企业年审工作，核查拍卖企业60家。其中合格51家，整改6家，不合格3家。利用拍卖企业年审契机，对企业拍卖许可申请、变更、注销等事项政策、流程进行一对一政策宣讲。全市全年共举办拍卖会539场，实现拍卖成交总额70.6亿元，佣金4754万元，上缴税金346万元。拍卖市场成交额的97%由排名前6位的拍卖企业贡献。分别是天龙28.17亿元、国衡25.48亿元、佳仕德6.37亿元、永乐2.28亿元、西部1.17亿元、誉衡1.09亿元；成交额过千万元的企业13家；成交额过百万元的企业15家；成交额百万元以下的企业13家。

◆**维护商贸行业安全稳定** 2021年，西安市商务系统制定《第十四届全国运动会期间商务系统安全工作总体实施方案》《应急处置预案》，印发《全市商务系统安全隐患大排查大整治行动方案》，开展安全隐患大排查大整治行动。指导区（县）商务主管部门，督促商贸企业安全生产、消防安全工作进行专项督导、专业指导，强化商贸企业安全生产及消防安全主体责任，有效防范商贸行业安全事故发生。组织开展全市商贸行业消防安全疏散应急演练活动，市级部门、各区（县、开发区）相关负责人及400余名经开区商户参加演练活动。提升安全生产主体责任、消防安全检查、火灾事故案例分析、法规追责条款，提升整体商贸从业人员安全意识。 （韩 薪）

招商引资

◆**概况** 2021年，西安市投资合作局深入学习贯彻落实习近平总书记来陕考察重要讲话精神，在中共西安市委、西安市人民政府的坚强领导下，面对新冠疫情带来的巨大冲击，持续招大引强、招新引优、招才引智，圆满完成全年目标任务，全市招商引资水平呈现稳中有进的良好势头。全年全市实际引进内资3158.10亿元，比上年增长32.93%，完成全年目标118.69%；实际利用外资87.14亿美元，比上年增长13.51%，完成全年目标101.35%。9月，西安市“稳外资”工作受到陕西省人民政府发文表彰。全年全市签约招商引资合同项目380个，总投资6304.32亿元，比2019年同期增长19.37%；开工注册224个，开工注册率58.9%。其中工业项目122个，总投资1851.81亿元，比2019年增长33.51%。落户西安的世界500强及分支机构预计达246家。产业集群建设加速，聚焦“6+5+6+1”现代产业体系，加强项目引进。全市共签约6大支柱产业项目97个，总投资1678.17亿元，康佳先进制造业产业集群项目、西安比亚迪动力电池项目、年产15GW高效单晶电池项目等百亿元重大工业项目已开工建设，为先进制造业强市建设提供有力支撑。

◆**招商引资政策体系建设** 2021年，西安市投资合作局加强顶层设计，制定西安市招商引资工作领导小组《议事规则》，健全日常工作机制，充分发挥统筹协调作用。编制《西安市招商引资“十四五”规划》《2021年西安市招商引资工作安排意见》，绘制全市招商引资工作发展蓝图。高度重视、有力推进西咸一体化改革任务，将西咸新区纳入工作筹划、考核指标、推进体系，促进西咸一体化在招商领域落实。加强产业研究，形成《“三个500强”榜单企业精准招商分析》《西安市利用外资现状及对策分析》《已签约合同项目存在问题分级分类汇总分析》等报告，编印《重点对标城市招商引资动态》12期、《招商引资月报》12期、《产业投资动态》45期，招商引资工作精准性、实效性实现新提升。强化政策供给，整合招商引资奖补政策，出台《关于加强招商引资支持高质量发展若干政策》，在产业用地、金融服务、项目配套等方面为企业提供支持和服务，兑现总部企业奖补资金、外资企业进资奖补资金5400多万元，发布西安市《投资机会清单（第一、二期）》《产业投资导引》《“双招双引”白皮书》《外商投资环境白皮书》，编印《投资西安优惠政策一本通》，强化政策宣传推介，着力打造更加公平透明便利、更有吸引力的投资环境。

◆**招商引资平台建设** 2021年，西安市投资合作局优化招商活动，树好形象。3月，首次举办全市产业项目集中签约大会，签约合同项目215个、总投资3037.30亿元。4月，在2021年环球城市招商引资推介大会上，西安获“十大最具投资吸引力城市”“十佳外商投资最满意城市”“十大最佳投资创业城市”等三大奖项。5月，第五届丝绸之路国际博览会暨中国东西部合作与投资贸易洽谈会期间，首次推出产业投资合作年会，指导全市开展招商活动101场，充分展示西安形象和发展成就，吸引更多的优质企业落户。高度重视“十四运”市场开发工作，先后指导全市招商部门开展宣讲活动22场，顺利完成赞助征集、服务保障等工作。拓展招商区域，双向发力，大力实施“东拓”“西进”招商战略，深耕长三角、珠三角、京津冀等重点区域，多波次组织小分队上门开展针对性推介洽谈，积极承接东部地区产业转移；主动与甘肃、宁夏、新疆等地商协会和招商部门建立合作关系，举办“陇上行”投资环境推介会等系列活动，引导“一带一路”沿线优质企业落户。丰富招商渠道，多点开花，充分发挥西安市楼宇经济促进会和“五大行”等第三方中介机构资源优势，积极建立合作关系，举办绿色智慧楼宇经济大会，延伸招商触角，搜集项目线索。优化升级“长安行”招商云平台，从投资引导、政企互动等8个维度，全方位展示投资机遇。“长安行”招商云平台作为践行网上群众路线典型案例，被全省宣传推广。引领乡村振兴，加强苏陕协作，深化产业合作，签约重大招商引资合同项目5个，总投资146.43亿元；太周创新产业园累计续建项目9个，引进项目签约额14.9亿元，到位资金约10.97亿元，累计帮扶就业人口56人。协调和动员各方资源为鄠邑区蔡家坡村办实事解难题，协助开展“第三届关中忙罢艺术节”，助力打造乡村振兴示范样板。8月，蔡家坡村被评为西安唯一一个全国乡村旅游重点村。

◆**产业链招商** 2021年，西安市投资合作局强化产业链招商，深入落实市级领导、市级部门领导领衔包抓的“链长制”，把招商链建在产业链上，围绕产业链精准施策抓招商，梳理全市产业链条现状，绘制《西安市重点产业链企业分布及招商路径图》，为精准制定产业链招商目标找准切入点、突破口。围绕省市19条重点产业链，开展“激动能、促增长 招商引资再突破”行动，不断抓龙头、引骨干、聚配套。围绕生物医药、智能制造、太阳能光伏等产业链，相继举办“医”联长安 “链”接未来、智汇长安 “链”接未来、“光”耀长安 “链”接未来等6场产业链招商推介活动，开展精准靶向招商。举办日资企业及日本专家沙龙、与上海会议会展行业企业座谈交流会、重点文旅项目路演推介会等特色产业推介活动，指导各区（县、开发区）开展本区域特色产业链专题推介，积极对接目标企业、推进在谈项目。强化链主企业作用，充分借助产业联盟、行业协会优势资源，广泛收集项目线索。研究制定《全市龙头及重点企业调研工作方案》，组织赴全市龙头重点企业、产业链上下游企业以及目标配套企业开展调研服务活动，精准对接企业需求，助力企业做大做强，促进产业链向上下游延伸。

◆招商引资服务保障 2021年，西安市投资合作局建立企业项目全周期服务机制，成立工作组分别赴各区（县、开发区）调研丝博会127个签约工业项目落地情况，在项目立项、土地审批、政策支持等方面提供全方位暖心服务。通过座谈交流、去函转办等形式，协助解决项目中的问题和困难，先后转办问题13件，均已收到回复。疫情暴发后，迅速成立复工复产工作专班，主动与市内重点外资企业对接，建立企业服务问题跟进工作台账，“挂账销号”方式解决企业合理诉求和现实困难，协调企业640余名员工顺利返岗复工，受到企业高度认可。召开全市招商引资工作推进会4次、局务会暨十项重点工作推进会10次，向市委、市招商引资工作领导小组报送在谈重点招商引资项目报告7期。指导区（县）开发区建立分管领导包抓机制，督导落实《重大招商引资项目评审暂行办法》《加强招商引资重点项目推进工作十项措施》，进一步加强招商引资项目的联系、督导、协调、洽谈、推进等工作。抓“三率”考评，优化完善《利用外资考核办法》《推进重大项目建设（招商引资）工作考核办法》，加大主导产业项目、外资直接投资的考核比重，充分调动全市各级服务项目的积极性。2019—2021年“丝博会”全市共签约合同项目1289个、总投资21143亿元，截至年底，开工注册项目1196个，开工注册率92.79%；累计到位资金13593.66亿元，资金到位率91.54%；竣工投产项目647个，竣工投产率50.19%。

◆招商队伍建设 2021年，西安市投资合作局强化专业能力建设，举办招商局长精英班、综合业务提升班、月度主题云端班、产业专题研修班等4类培训班，累计培训招商干部3500余人次，在全局党员干部中举办推介西安征文比赛等活动，组织以光子、光伏等产业研究为主题的业务分享会10场，持续提升招商干部专业化水平。激发干部活力干劲，全面落实“三项机制”，实施目标导向管理，优化绩效考核激励，组织同一岗位任职满三年的干部轮岗任职，严格落实个人有关事项报告、述职述廉、三项谈话等监督制度，有效激发干部干事创业的活力和干劲。延伸干部历练平台，坚持在实践中锤炼考验干部，组建“市投资局招商引资攻坚克难党员先锋队”，遴选部分青年党员在防疫一线、社区共联共建、重大招商活动现场重点摔打历练。疫情防控期间，局党组2名班子成员带头下沉社区一线，每天参与下沉社区干部都超过40人，酒店专班成员摸排隔离酒店100余家，挖掘隔离房间近1000间。（呼延如琪）

对外及对港澳台经济贸易

◆概况 2021年，西安市外贸进出口总值首次突破4000亿元大关，达到4400亿元，再创历史新高，比上年增长26.5%，分别高出全国、全省5.1和0.6个百分点，两年平均增速16.49%，远高于全省和全国水平。西安市跨境贸易优化营商环境获全国营商环境评价标杆。

◆对外贸易 2021年，西安市外贸总量位居全国19位、副省级城市第9位，比上年分别晋升6位和1位，蝉联西北首位，对全省外贸贡献度持续攀升，达到92.5%，比上年提高0.41个百分点。从贸易平衡看，全市贸易顺差持续扩大，实现顺差323.8亿元，比上年扩大314.07%。其中，出口2361.9亿元，比上年增长33%，两年平均增速16.83%；进口总额2038.1亿元，比上年增长19.8%，两年平均增幅16.06%，说明全市出口增速延续之前强势表现，依赖外部需求显著。全年有进出口实绩的企业达到2904家，比上年增加142家，主要以外商投资企业和民营企业为主。全市外商投资企业进出口2829.2亿元，增长21.1%，占全市进出口总值的64.3%（其中出口1429.5亿元，增长30.6%，进口1399.7亿元，增长12.7%）；民营企业进出口总值1319.5亿元，首次突破千亿元，增长38.9%，提升17.9个百分点，占比突破30%，提升2.7个百分点（出口842.2亿元，增长42.1%，进口477.3亿元，增长33.7%），说明民营企业正逐渐成为外贸的活跃力量；国有企业进出口242.9亿元，增长32.1%，占比5.5%。截至12月底，与西安市有贸易往来的国家和地区共202个，比上年增加10个。其中，韩国、台湾、欧盟、东盟、香港排名前五，进出口额分别为997.5亿元、827.3亿元、541.1亿元、425.2亿元、352.8亿元，占比分别为22.7%、18.8%、12.3%、9.7%、8%，比上年分别增长11.6%、14.9%、45.2%、12.7%、38.7%；全年对“一带一路”沿线国家进出口704.8亿元，增长29%，占比16%，比上年占比提高5.18个百分点；与欧盟进出口额541.1亿元，增长45.2%，占全市进出口总值12.3%，比上年占比提高1.57个百分点。全年实现机电产品出口额2199.4亿元，增长35.4%，占全市出口总值的93.1%，带动全市装备制造等产品出口，国际市场各类贸易伙伴更趋均衡。全市大宗商品进口值保持增长，机电产品进口1510.3亿元，增长13.8%，占全市进口总值的74.1%。其中，集成电路进口8663亿元，增长4%；半导体制造设备183.9亿元，增长74.6%。煤及褐煤进口920.5万吨，增加19.6%，60.7亿元，增长159.5%；铁矿砂582.7万吨，减少14.2%，58.1亿元，21%；大豆72万吨，增加48.9%，27.8亿元，增长104.9%；未锻轧铜及铜材16.1万吨，增加19.5%，95.2亿元，增长59.6%；食用油6.1万吨，增加35.4%，4.4亿元，增长59.9%。机电产品出口2199.4亿元，增长35.4%，占全市出口总值的93.1%。其中，集成电路出口1106.5亿元，增长31.8%；自动数据处理设备及其零部件468.7亿元，增长21.8%；太阳能电池231.3亿元，增长75.3%；锂离子蓄电池53.3亿元，下降5.7%；汽车（含底盘）49.3亿元，增长88%。农产品出口21.2亿元，下降2.7%，其中果蔬汁1.9亿元，下降67.9%；基本有机化学品15.7亿元，增长12.3%；纺织纱线及制品12.1亿元，下降32.3%；医药材及药品5.7亿元，增长14.6%。

◆获批国家加工贸易产业园 2021年，西安市建设加工贸易产业园，支持加工贸易稳定发展，引导中西部和东北地区参与国际循环、提升开放型经济水平，推动区域经济协调发展，重点依托高新区、经开区、国际港务区区位优势，以“一园三区”（即西安高新区、西安经开区、西安国际港务区）形式成功申报并获批国家加工贸易产业园。

◆对外投资合作 2021年，西安市对“一带一路”沿线国家投资合作取得积极进展。全市对外投资额（非金融类直接投资）4.47亿美元，比上年增长75.98%，占全省对外投资总额（5.46亿美元）的82%，陕西省对外投资额在全国排名21位，西部第5位。累计新设、增资境外投资企业16家。对外投资主要流向香港以及哈萨克斯坦、德国、坦桑尼亚和美国等地区和国家，特别是在“一带一路”沿线国家投资额稳步增长，充分体现西安市深度融入“一带一路”倡议，做实丝绸之路经济带新起点，深化开放平台建设，构建国际开放门户的布局。

对外承包工程　全市对外承包工程完成营业额23.83亿美元，新签合同额29.71亿美元。其中“一带一路”沿线国家对外承包工程完成营业额13.13亿美元，占同期总额的55%；新签合同额4.2亿美元，占同期总额的14%。对外承包工程新签大项目占比明显提升。

对外劳务合作　面对全球疫情变化所带来的不确定性，西安市外派劳务人员数量有所下降。截至年底，全市在外各类劳务人员8091人，其中全年累计新派1802人，外派人员主要分布在日本、新加坡等国家，从事制造业、服务业等工种。

◆口岸建设　2021年，西安咸阳国际机场累计运营客货运航线383条，其中国际客货运航线92条，输送旅客3017.33万人次，比上年减少2.9%；货邮吞吐量39.56万吨，比上年增长5.1%，总量排名全国第9位。中欧班列长安号共开行3841列，国际间运送货物总重287.3万吨，重箱率100%。其中，欧洲方向开行3304列（去程1949列，回程1355列）；中亚方向开行537列（去程320列，回程217列）。西安铁路集装箱中心站完成集装箱运量41.6万标箱。航空口岸指定监管场地累计进口货物1133.3吨，其中进口水果1025.5吨，进口药品107.8吨；铁路口岸指定监管场地累计进口粮食约4.52万吨，汽车进口口岸进口汽车14628辆，出口10951辆，进出口汽车共25579辆。

◆跨境电子商务　2021年，西安市依托跨境电商综合试验区优势，统筹推进9个先行示范区差异化协同发展。打造中欧班列长安号跨境电商全国集结中心，全年开行跨境电商专列123列，发运跨境电商货物6150货柜，申报货值25.49亿元，比上年增长12.7倍。相关市场主体突破1300家，全年实现交易额98.53亿元，增长46.32%。其中，出口87.63亿元，比上年增长59.44%；进口10.90亿元，比上年增长4.62%。（韩　薪）

日用工业品商业

◆概况　2021年，西安市实现限额以上单位消费品零售额2419.82亿元，比上年下降3.8%，其中通过公共网络实现的商品零售额652.91亿元，增长7.3%。限额以上单位商品零售额中粮油、食品类下降6.4%。服装、鞋帽、针纺织品类下降6.9%，化妆品类下降8.1%，金银珠宝类增长31.2%，日用品类增长14.2%，体育、娱乐用品类增长24.7%，书报杂志类增长5.1%，家用电器和音像器材类下降4.0%，文化办公用品类增长4.1%，家具类下降16.6%，通信器材类下降22.7%，石油及其制品类下降8.4%，建筑及装潢材料类下降27.4%，汽车类下降2.8%。

◆成品油零售体系建设　2021年，西安市有在营加油站495个，其中中石油公司加油站148个、中石化公司加油站60个、延长壳牌公司加油站127个，三大公司共有加油站335个，占全市在营加油站总数的67%；其他社会加油站160个，占全市在营加油站总量的33%。西安市商务局加强加油站油气回收设施使用日常检查，督促加油站油气回收设施正常使用，减少油气污染。组织全市334个加油站自6月1日至9月30日（每天20时至次日8时）开展夜间加油促销活动。5月15日至9月30日，对全市加油站卸油环节进行管控，具体管控时间为每日22时至次日10时。联合公安、市场监管、应急管理、生态环境等相关部门，持续开展“黑加油站点”流动加油罐车专项整治，落实市级部门督导包抓机制，定期开展巡查排查，加强部门协同联动，严查成品油市场违法违规经营行为。全年查处黑加油站点52处，其中查处流动加油车56辆，查获油品139.7吨，行政拘留7人。

◆二手车　2021年，西安市商务局按照《二手车流通管理办法》规定和陕西省商务厅相关要求，进一步加强西安市二手车流通行业监管，规范交易行业秩序，营造二手车自由流通的市场环境，便利二手车交易，活跃二手车市场，促进二手车行业健康有序发展。按照《陕西省商务厅陕西省公安厅国家税务总局陕西省税务局关于推进二手车交易登记跨省通办便利二手车异地交易的通知》（陕商发〔2021〕16号）文件精神，西安市于2021年9月1日起，推行二手车交易登记跨省通办，便利二手车异地交易，为消费者提供更好的便利服务。做好企业信息备案登记工作，截至年底，全市到商务主管部门备案的二手车流通企业共计44家。其中，二手车交易市场14家，经销企业11家，二手车拍卖企业9家，二手车鉴定评估机构10家。全年全市共交易二手车277018辆，实现交易额约138.03亿元。

◆再生资源行业　2021年，西安市建成并投入使用再生资源交易市场1个、再生资源分拣中转中心43个、再生资源回收服务点1727个，实地抽查废品收购站335家，下发问题移送单38份，督办单1份，通报3份，均跟踪办结。清理取缔再生资源回收体系外废品收购站339家。

◆煤炭市场　2021年，西安市有定点煤炭经营场所10家。其中煤炭交易市场3家，洁净煤临时供应网点7家。9月，西安市商务局与陕西煤业星炭能源有限公司续签洁净煤供货协议。9月，在“双替代”不到位区域新设临时洁净煤销售网点7家，由7家洁净煤供应网点向未完成“双替代”区域供应洁净煤，确保群众温暖过冬。按照采暖季每月、非采暖季每季度对全市定点洁净煤销售网点检查68（家）次，发现问题1处，已整改到位。（韩　薪）

饮食服务业

◆概况　2021年，西安市举办品牌示范店评选。委托第三方机构和知名专家学

陕西跨境电商国际快件产业园

者，最终评选119家品牌示范店并进行授牌表彰。8家企业被评为“陕西老字号”。开展第二批“西安老字号”和“西安名吃”摸底工作。积极推进国际消费中心城市建设，大唐西市获批2021年省级步行街试点改造提升项目，永兴坊陕西非遗文化特色街区、西安老城根Gpark商业街、易俗社文化街区获得2021年度省级夜间经济示范区称号，创建6个市级夜经济示范街区。

◆**餐饮行业管理与服务** 2021年，西安市以第十四届全国运动会和全国第十一届残疾人运动会暨第八届特殊奥林匹克运动会的举办为契机，向餐饮企业发出倡议，以全新的姿态展示西安形象。以“金牌服务商贸先行”为主题，开展“塑美创佳争优”活动，开展“服务‘十四运’，金牌服务，商贸先行”活动，组织企业开展技术比武、规范服务，全方位提升服务水平。举办“盛世全运 星耀长安”2021西安商贸行业迎“十四运”服务明星挑战赛活动，评选表彰全市商贸行业优秀服务企业和金牌服务明星。开展《反餐饮浪费条例》修改工作。疫情期间，餐饮企业积极奉献，勇于担起社会责任，先后推出3批36个团餐企业名单向社会公布。（韩 薪）

◆**西安饭店与餐饮行业协会** 2021年，西安饭店与餐饮行业协会围绕防疫控疫、爱心捐赠、保障民生、复工复产、文明餐桌、反对浪费、禁塑和行业发展八大主题任务开展大量有成效的工作。全市餐饮企业积极配合，多方形成合力，在有效控制疫情积极复工复产的同时，既保障民生需要，又降低行业损失。组织会员企业做好“十四运”食品安全工作，出台《行规行约》，为“十四运”顺利召开提供有力保障。参加西安市民政局组织的双随机一公开活动，完善内部建设和信息公开工作。配合西安市商务局完成2021年西安市地方标准制修订项目的申报和开展第四届中国质量奖申报工作。组织餐饮企业向战斗在一线的医护人员和防疫人员捐款捐物和爱心午餐，价值共计8000多万元。组织召开十多场规模不等的银企对接会，帮助企业解决资金3000多万元。组织落实国家扶持政策，聘请专业人士培训，辅导企业操作，争取扶持资金1200多万元。深入企业调查研究，组织调动各类资源，帮助企业解决实际问题，全年共走访企业90多次。及时了解行业动向和前沿食材，带领会员企业奔赴成都参加2021年第十届（成都）餐饮供应链博览会。加强与省外协会联系，交流了解省外餐饮市场的发展情况，通过交流、考察、学习活动，加深友谊，扩大视野、寻求机遇、共同探讨开拓未来市场商机。

积极做好企业复工 传达政府有关后疫情时期企业补贴政策的宣讲工作。利用协会公众号、微信工作群等转发政府各种文件和要求30多件次，重要事情给会员企业主要领导逐一打电话通知传达。向政府相关部门反映行业和重点企业的情况和诉求。调查和撰写并上报10多份报告，为政府了解行业实际情况和决策提供依据。配合政府要求，在不同阶段向行业发出全市餐饮业防疫抗疫倡议书、爱心捐赠倡议书、复工复产倡议书、文明餐桌倡议书、节约粮食反对浪费倡议书、禁塑倡议书、“十四运”会“塑美创佳争优”评选倡议书等，动员和号召会员企业和行业响应政府号召，积极行动起来，主动履行主体责任。

“三名”认定 为进一步提升西安市优秀餐饮企业经营业绩和知名度，扩大西安国际美食之都影响力，推动全市餐饮业的发展，在会员企业中组织开展为期4个月的“三名”认定工作，评选出西安餐饮名店60个、西安特色餐饮名店16个、西安名火锅店3个、优秀企业2个、名菜132个、名小吃57个、名宴8个、名烧烤7个、西安名火锅5个、优秀企业家54个、西安名厨85个。

疫情保供 疫情时期，协助市商务局征集重点保供企业两次，发倡议，组织捐赠，同政府沟通，为会员企业解决车辆通行证、人员出入证等各种各样的问题；积极为会员单位对接捐赠渠道；通过协会宣传平台，免费为疫情期间做爱心捐赠的企业进行宣传报道，帮助企业解决问题，动员企业克服困难，为市场提供有力保障。疫情后期，同市商务局领导沟通协调，帮助企业复工复产。

（张丽虹）

蔬菜副食业

◆**概况** 2021年，西安市采取有力措施，加强市场监测调控，应对蔬菜等副食品市场价格波动，加强分析预警，积极应对市场波动，元旦至春节期间，为防止雨雪天气及春节前夕蔬菜价格加速上扬，及时组织承储企业于2月3—9日，在全市设立252个投放点，共计投放冬春储备蔬菜12000多吨，有效稳定市场供应。

◆**重要商品储备** 2021年，西安市商务局积极做好重要商品储备。对猪肉、白糖、食盐等重要储备商品严格管理，坚持每季度对承储企业进行实地检查，督促企业定期轮换更新，保证储备商品落实到位。

◆**肉菜追溯体系** 2021年，西安市商务局稳步做好全市肉菜追溯体系平台日常运维，推进肉菜追溯体系平台升级改造项目建设前期工作，创新开展追溯赋能企业品牌提升发展，不断探索可持续发展的追溯工作新模式。全市肉菜流通追溯体系全年新增节点单位218家，追溯节点单位现有366家，涵盖批发市场、屠宰厂、外埠肉备案中心、配送中心、超市、农贸市场、团体采购单位7条线，涉及全市除蓝田县外所有区（县、开发区），主城区追溯覆盖人群过百万。保持全市肉菜流通追溯系统平稳运行及追溯信息向商务部和省级平台正常传输，累计传送数据4280万条，是陕西省重要产品追溯管理平台接入城市中上传追溯数据信息最好的城市。（韩 薪）

粮油业

◆**概况** 2021年，西安市认真落实习近平总书记来陕考察重要讲话精神和关于根治粮食购销领域系统性腐败问题的重要指示批示精神，聚焦核心职能，全力以赴做好疫情防控期间粮油保供稳市，加快推动粮食储备安全管理体制机制改革，健全完善粮食应急保障体系，扎实开展粮食购销领域专项整治，不断提升粮食监管效能，确保全市粮食市场运行平稳。

◆**粮油保供** 2021年，西安市加强疫情防控期间粮油保供稳市，迅速成立粮油应急供应工作机构，印发工作方案和紧急通知等，启动粮油市场日监测、日报告制度，加强监测预警，随时掌握市场动态。加强粮源组织调度。督导重点粮食加工企业开足马力生产，充实粮油库存。发布9家粮油保障重点企业名单，主动协调、动员省内5家省级粮油应急企业作为西安市粮油供应保障单位，多方组织粮源。12月22日晚，组织爱菊集团等市内粮油加工企业向销售网点连夜补货，投放粮油产品3200吨，满足群众购买需求，稳定市场预期。23日凌晨协调解决40辆外调大米运输车辆进出西安交通受阻问题，为市内外粮油供应保障企业办理跨市和市内粮油运输通行证317个，打通粮油供应渠道。为全市重点粮油企业协调办理员工出入证明510个，派2名处级干部驻厂指导企业全封闭管理，保证企业正常运转。针对封控区、管控区、隔离点、学校、医院等重点部位粮油供应问题，安排4名处级干部与雁塔、长安、高新、莲湖等4个管控区域较多的区进行对接，优先协调解决粮油供应中存在的问题，对其他区域，指导加工企业进行“点对点”供应，协调粮食应急供应网点正常经营，打通粮油供应“最后100米”，为799个社区（小区、村）等重点区域“点对点”配送粮油2102吨。从2021年12月23日至2022年1月20日，各重点粮油企业累计生产粮油3.65万吨，从市外调入粮油4.13万吨，向市场投放粮油8.26万吨。疫情防控期间全市粮油市场货源充足、价格稳定、供应有序，得到国家和省级有关部门高度肯定。

◆**粮油应急保障**　2021年，西安市新增市级粮食零售价格监测点54个，应急供应网点154个，总数分别达到120个和348个，市场监测预警和应急保供能力明显提升。安排粮食发展专项资金600万元，支持新建面粉小包装生产线8条，改造成品库3500吨，购置质量检测化验仪器和清理机械15台，粮食应急保障和质检能力进一步提升。新增市级储备小麦数量，加大粮食收购力度，政府调控物质基础更加坚实。分别与汉中市、哈尔滨市粮食和物资储备局签订粮食产销合作协议，举办1场企业推介会，引进优质大米和食用油。针对11月初受新闻舆情影响西安市部分粮油经营网点销量快速增长的情况，及时报请西安市人民政府投放754吨市级成品面粉储备供应市场，稳妥处置粮油市场波动。

◆**粮油流通监管**　2021年，西安市发展和改革委员会扎实开展粮食购销领域专项整治。成立专项整治工作领导小组，制定印发《全市粮食行业专项整治工作方案》等9个文件。围绕粮食收购、存储、销售、轮换4个环节和“人、责、粮、库”4个重点，对全市粮食企业进行“拉网式”大排查，截至12月底，全市发改系统自查自纠发现问题70个，整改完成34个；对粮食企业大排查发现问题135个，整改完成54个；指导粮食企业自查发现问题133个，整改完成90个。检查各级储备粮油73.18万吨，排查发现问题114个。区（县）排查自查发现问题195个，已整改153个。

◆**粮油购销**　2021年，西安市发展和改革委员会有序开展粮食收购工作。落实收购网点54个、政策性收购资金7.24亿元，腾并仓容45.87万吨。搭建收储企业与商业银行市场化收购资金融资平台，为企业解决市场化收购资金1.4亿元。对7个区（县）的12个收购库点和5家大型粮食收储企业收购工作进行拉网式排查，维护收购市场秩序。全年收购粮食97.76万吨。全面完成12万吨市级储备小麦、1万吨食用油轮换任务。

◆**粮油储备管理**　2021年，西安市发展和改革委员会深入推进“优质粮食工程”。研究起草《西安市市级储备粮管理办法（草案）（讨论稿）》《西安市建立粮食加工企业社会责任储备实施方案》《关于进一步优化布局结构加强储备粮管理增强我市粮食安全保障能力的工作措施》。进一步规范使用粮食发展专项资金，确定补助项目7个，补助资金600万元。提高粮食应急保障能力，全市新增应急供应网点154个，总数达到348个。进一步健全粮食储备流通体系建设，积极推进爱菊集团等粮食龙头企业大力实施“走出去”战略，打造粮食产业集群。以市委、市政府两办名义印发《关于改革完善体制机制加强粮食储备安全管理的工作措施》，下发各区（县）和相关部门执行。对全市租仓储存的市级储备小麦进行调整，完成8家企业市级储备粮承储资格认定，制定印发《西安市建立粮食加工企业社会责任储备实施方案》，草拟《西安市市级储备粮管理办法（修订草案）》《西安市市级储备粮管理年度考核办法》《西安市市级储备粮仓储管理办法》等相关配套制度，确保各项任务落细落实。科学编制西安市《“十四五”粮食和物资储备发展规划》，突出规划引领作用，明确发展定位。推动爱菊集团深度融入“一带一路”建设，打造“三位一体”优质粮食供给体系。截至12月底，爱菊集团建立海外优质粮食种植基地10万公顷，新建10万吨油脂加工车间，向国内输送优质粮食1.4万多吨。探索建立“餐饮+优粮”运营新模式，建成2万平方米主食“中央厨房”，研发推出50余种关中特色主食，筹建90个“社区粮仓取货点”，推行粮油产品线上、线下相融合的新零售模式。

◆**粮食安全建设**　2021年，西安市发展和改革委员会开展政策性粮油库存检查，抽调业务骨干20名，成立省级交叉检查组和市级普查组，对汉中市、杨凌区储备粮油和西安市储备粮的数量、质量等情况进行全面检查。对市级普查发现的105个问题，及时组织召开检查工作推进会，坚持边查边改，逐项建立整改台账，严格实行销号管理，已完成93%整改任务。结合夏粮收购监督检查、政策性粮油库存检查发现问题整改“回头看”、粮食流通领域重点检查开展粮食流通“亮剑2021”专项执法行动，发现的24个问题已全部整改到位。积极履行粮安考核办公室牵总协调职能，督导市级各成员单位积极查漏补缺，圆满完成省级对西安市粮安考核工作，西安市连续4年在省级考核中取得优秀等次，2021年全省排名第一。

◆**爱粮节粮**　2021年，西安市发展和改革委员会制定印发《节约粮食反对浪费工作实施方案》，明确收购、储存、加工、运输等九个方面的工作目标和任务，推动全市粮食行业节约粮食反对浪费工作落地生根。以“世界粮食日”宣传活动为契机，联合未央区政府举办2021年世界粮食日和全国粮食安全宣传周启动仪式，通过摆放宣传展板、发放宣传资料、优质粮油产品展示、粮食应急供应网点授牌、接受新闻媒体采访等形式，积极营造爱粮节粮深厚氛围。各区（县）组织开展爱粮节粮宣传进学校进社区、“爱粮之星”、“节粮主妇”评选等丰富多彩的宣传活动，不断扩大宣传影响力。充分发挥爱粮节粮宣传教育社会实践基地宣传阵地作用，接待市民群众参观学习80余万人次，倡导全社会树立爱粮节粮新风尚。　（刘　杰）

烟草专卖

◆**概况**　2021年，西安市烟草系统实现税利41.88亿元，比上年增长6.99%。全市系统扎实开展党史学习教育，为卷烟零售客户、社会和基层办实事151项，积极为西安承办“十四运”、打赢疫情防控的阻击战、巩固拓展脱贫攻坚成果同乡村振兴有效衔接做出贡献，先后捐赠资金160万元，出资59万元援建对口帮扶的蓝田县东香村二期光伏发电项目，采购扶贫产品88.5万元。1名同志被授予“陕西省五一劳动奖章”。

◆**烟草专卖管理**　2021年，西安市烟草专卖局（公司）持续构建监管新格局，与邮管、公安物侦建立联席会议、联合检查、经费保障制度，召开打击物流寄递渠道涉烟违法活动工作会，开展市场专项整治行动4次。深入开展保护未成年人免受烟侵害“守护成长”专项行动，取缔电子烟售卖机11台，侦破“上头电子烟”案件4起，持证卷烟零售客户售卖电子烟实现动态清零。增强打假破网效能，全年查处涉烟违法案件3965起，查获非法卷烟4574万支，破获案值超千万元假烟网络案件2起。刑拘42人、逮捕25人、判刑20人。“8·06”部督走私雪茄烟案涉案金额超10亿元，抓获犯罪嫌疑人130人，受到国家烟草专卖局贺电表扬，并入选全国烟草打假打私经典案例。按照总体稳定、适度竞争的思路统筹行政许可资源，各区（县）局完成卷烟零售点合理布局规划修订，卷烟零售户数量保持总量稳定、布局合理。推广

"审批在线化、材料电子化"移动政务服务模式，实现群众办理烟草专卖许可证"零跑腿"。为市、县两级专卖管理人员配发执法装备、工作制服，专卖执法保障水平有力提升。加强废弃烟草专卖品管理，修订内部监管处置制度9项，开展专项检查行动2次。开展"八五"普法宣传，多样化开展送法下基层、进社区、入村镇活动。局下属法规处、未央区烟草专卖局被评为全省烟草系统"七五"普法先进集体。

◆卷烟营销 2021年，西安市烟草专卖局（公司）坚持"稳"字当头、数据驱动，系统构建"精准研判—精准网配—精准调控—精准服务"一体化卷烟营销服务体系，客户综合毛利率稳定在12%以上，卷烟社会库存可销天数稳定在1—2周。打造雪茄烟增长极，创新6项雪茄烟服务管理机制，承办全省国产雪茄烟高质量发展论坛暨品牌推介文化周活动，开展85场次专项营销活动。着重增强卷烟营销网络竞争力，以承办全省卷烟零售终端建设现场会为契机，实施"1657"零售终端提质升级工程，推广终端建设"十步工作法"，投入480万元打造6类零售终端，率先打造"iST丝路情"加盟终端11家，升级新现代终端1510户。将终端建设与促进共同富裕、促进地方经济发展、促进社会民生保障相统一，实行"一户一策"，投入129万元帮助177户困难卷烟零售客户改善经营条件，帮助958户农网卷烟零售客户实现店面升级改造，2287户客户通过"烟商贷"获得近1.5亿元贷款。优化市场生态，全市建成诚信互助小组2968组，信用信息管理平台上线试运行。"店小二"数字生态模式建设项目入选"数字西安"建设优秀成果和最佳实践案例。

◆卷烟物流建设 2021年，西安市烟草专卖局（公司）对标物流加强基层建设与基础管理建设考评方案，全面夯实工作基础、管理基础，实施物流园区环境提升工程，建设雪茄烟专用库房，物流分公司被授予全省烟草系统"2020年度优秀基层物流分公司"。提升精细化管理水平，将卷烟残损率指标纳入考核，开展"我为客户卷烟保质量"实践活动，卷烟残损率下降50%以上。研发异型烟烟姿矫正机具，解决异型烟分拣线停机频繁问题。拆垛机器人改造项目投入使用，拆垛效率提升45%。坚持走绿色低碳发展之路，研发"可降解+不加热"卷烟包装设备，新型绿色包装裹膜投入试运行。新能源送货车全面替换到位，万箱配送用车量降低11.5%，百公里费用减少63元。深化智慧物流建设，搭建数字化管理平台，完成3D物流园区模型创建，实现物流生产业务数据的实时展示。部署送货线路智能优化系统，依托数字算法实现送货线路智能化调度，年送货里程可节约23.04万千米。深化物流服务能力建设，出台《烟草物流师持证上岗管理办法》，开展"岗位之星""服务明星""驾驶标兵"季度评比，与陕中烟物流中心建立工商资源共享协同创新战略合作关系。"荣国创新工作室"被陕西省财贸金融轻工工会评为"示范性劳模和工匠人才创新工作室"。（付海婧）

供销合作商业

◆概况 2021年，西安市供销合作联社以习近平新时代中国特色社会主义思想为指导，认真学习贯彻习近平总书记来陕考察重要讲话和对供销合作社工作重要指示精神，深入贯彻落实中央和省委、市委关于深化供销社综合改革的文件精神，坚持为农服务宗旨，圆满完成各项目标任务。全系统主要经济指标稳中向好，实现销售总额186.9亿元，比上年增加43.3亿元，增幅30.1%。按照全市"十项重点工作"分解任务要求，打造106个服务功能全、群众评价好的农村综合服务社星级社；组织举办、参加各类农产品推介活动4次；加快推进大田托管工作，托管面积达6万余亩；克服疫情影响，采取线上、线下结合的方式，实施乡村振兴流通服务实用人才培训工程，全年培训1430余人；完成化肥5万吨、农药50吨的储备任务；指导西安市回收公司在新城区开展"两网融合"项目，建成便民回收网点40多个。12月疫情以来，压实疫情防控责任，全力做好民生保供，被《中华合作时报》、陕西供销、西安电视台、西安发布等主流媒体多次报道，被陕西省供销合作总社单独授予"抗疫保供贡献"奖。

◆抗疫保供 2021年，西安市供销合作联社在疫情防控期间组成6个工作组，多次召开视频会议，部署贯彻落实工作。全系统1443名党员和志愿者主动奔赴一线。系统各级主动承担当地保供任务，累计供应生活物资3.2万余吨，抗疫物资4700余件。市供销联社农资企业在做好疫情防控的同时，组织各种化肥5.2万余吨，农药50余吨，确保春耕备耕农资供应充足、质量可靠。协调资金100万元，帮助困难企业解决职工工资难题。了解高陵区芹菜滞销的舆情后，第一时间组织系统企业采取自销和产销对接相结合的方式，帮助菜农打开销售渠道，累计销售130余吨。

◆为农服务 2021年，西安市供销合作联社加快农村综合服务社提档升级，打造106个建设标准高、服务功能全、群众评价好的农村综合服务社星级社。综合服务平台不断健全，建成生产性为农服务中心12个、庄稼医院360个、农民专业合作社306个，其中国家级示范社10个，农民合作社联合社12个，已基本覆盖到农民生产生活的各个环节和领域。加大基层供销社改造提升力度，通过新增经营面积、修缮老旧设施、消除安全隐患等方式对基层社进行改造，累计改造基层供销社80个，占全市基层供销社总量80%。长安区郭杜、引镇、滦镇、子午4个基层社被全国供销合作总社评定为基层社标杆社。探索建设村级供销社，周至县供销联社大力推进"村社共建"工作，在全县20个街镇行政村建成254个村级供销合作社。围绕破解"谁来种地""地怎么种"等问题，创新农业生产服务方式，托管作物由小麦、玉米等粮食作物向水果、蔬菜等经济作物延伸。阎良区关山镇托管的小麦，使用"欣金谷"配方肥后，亩产量普遍在1300—1500斤，高出当地其他麦田100—300斤/亩，社会效益和经济效益明显。组织系统内企业和专业合作社，开展各类农产品推介活动，推介本市名优特色农产品，宣传农产品品牌，帮助企业拓宽销售渠道。阎良区供销联社围绕甜瓜等主导产业，外出推介，赢得瓜农好评、政府肯定。高陵区供销联社打造的渭北名优特农产品展示配送中心建成运营，成为宣传展示当地特色产品的新窗口。全系统现已建成农产品展示展销中心6个。组织实施"乡村振兴流通服务实用人才培训工程"，涌现出一批农民增收致富带头人和农业技术能手。

◆服务乡村振兴 2021年，西安市供销合作联社对口帮扶进展顺利，如期圆满完成对口帮扶村——临潼小金村的整村脱贫任务。各区（县）供销联社把巩固脱贫攻坚成果作为一号工程，投入大量人力、物力和财力，积极参与乡村振兴，取得良好效果。产业帮扶成效明显，周至县社已协助指导6家涉农企业进驻全国扶贫832电商平台；中国猕猴桃网开辟电商帮扶专栏，免费提供种植技术指导、信息发布，免费培训帮扶户700人次，与229户签订帮扶协议；西安盛合实业公司加强与各区（县）社联系合作，建设农产品展厅，推广销售农副产品，助力乡村振兴。涉农电商业务加快发展，先后打造西安盛果佳、长安丰益、临潼惠农、陕西"户户通"和蓝田供销等5家涉农电商企业，覆盖主要涉农区（县）。其中，西安盛果佳运营的中国猕猴桃网是全国第一个为猕猴桃从业者提供政务资讯、科技致富、经营指导和商务服务的综合性门户网站；长安丰益电子商务公司，参与辖区农产品线上线下销售，改造建设农贸市场1个，年销售农产品5000万元以上；临潼区惠农公司帮助农民群众销售各类农副产品23个品类8万余斤，与邮政公司签约乡村快递物流业务合作协议。

◆社有企业经营管理　2021年，西安市供销合作联社直属企业全力克服疫情影响，基本实现资产应租尽租，收益平稳增长。西安市土产公司改造仓库2900平方米，年增收75万元。西安市果品公司改造仓库2800平方米，年增收60万元。西安市干鲜果公司完成果品冷库提升改造，设立农副产品展示展销店，探索生鲜农产品冷链物流、农产品配送等新业务，新建的冷冻市场已投入运营。市果品公司参与运营的中国猕猴桃网影响力不断提升，与字节跳动公司合作，直播销售周至猕猴桃，在今日头条“山货上头条”栏目开展免费推广活动，每日线上销售2000单以上。西安市棉花公司所属“钟楼”牌冷饮享誉西安市场多年，是许多市民难以忘怀的儿时味道，该公司与华商报黄马甲物流配送、每一天便利连锁店等合作，拓宽销售渠道，让“老字号”焕发新活力。西安市回收公司参股企业陕西拾分环境科技有限公司在新城区开展再生资源“两网融合”试点，建成便民回收网点40多个，基本覆盖新城区，该公司智慧平台注册会员数量6000余人，累计服务近4万人次，累计实现垃圾减量达300余吨。市回收公司再生资源资讯平台已拥有10个公众号、2个视频号，通网粉丝数达32万人，日均浏览量突破20万次以上。

◆体制机制创新　2021年，西安市供销合作联社创新联合社运行机制。建立健全包括重大事项决策制度、社有资产管理办法和直属企业目标责任考评办法等20多项管理制度。完善组织管理体系，召开西安市供销合作联社八届二次会议。创新经营服务体系，成立社有资产管理委员会，建立社有资产台账，规范社有资产处置，定期开展审计，确保社有资产保值增值。在稳定资产经营的同时，积极开展自营业务，取得初步成效。加强系统内外联合，合作组建企业18家。　（叶　明）

电子商务

◆概况　2021年，西安市超额完成三个经济电子商务交易额指标任务，据第三方监测，全市全年实现电子商务交易额5610.17亿元，比上年增长11.1%，占全省电子商务交易额的62%。其中电子商务零售额878.57亿元，占全省电子商务零售额58.04%。电子商务零售额中，实物型电子商务零售额601.26亿元，服务性网络零售额277.31亿元。全市限上单位网络零售额占社会消费品零售总额27%。电子商务带动线上、线下融合发展趋势更加明显，餐饮企业、零售门店主动拓展线上市场空间，传统实体经济在数字化转型方面做出新的探索和尝试。

◆电商体系建设　2021年，西安市围绕“建设全国一流电子商务应用高地和一带一路电子商务中心市”目标，印发《西安加快电子商务高质量发展三年行动方案》《加快线上线下互动融合推进商贸业创新发展若干措施》。国际港务区“建设四个中心、打造西部电商新高地”做法在全国电子商务工作会议上介绍经验，蓝田县获得国家电子商务进农村综合示范县项目第二次支持，周至县被陕西省人民政府作为真抓实干“推动农产品流通现代化，积极发展农村电商和产销对接成效明显地方”予以督查激励。

◆举办及引导企业参加系列促消费活动　2021年，西安市商务局积极开展“云购长安”系列活动。以“盛世全运云购长安”为主题，先后开展2021网上年货节、双品网购节、年中好物节、云上购物节、“双十一”电商嗨购节暨西安市直播带货大赛等6场网络促消费活动。联合美团在中贸广场打造全国首条“青山可持续餐饮示范街”，开展“尖叫菜”评选，推出《食遇》西安篇。举办第八届中国（西安）电子商务博览会，树立电商发展品牌。　（韩　薪）

物流业

◆概况　2021年，西安市现代物流业发展取得显著成绩，物流产业规模持续增长，物流基础设施不断完善，龙头企业规模快速壮大，物流服务能力不断提升。全市规模以上交通运输、仓储和邮政业增加值比上年增长6.7%，为全市国民经济和社会发展提供重要支撑。印发实施《西安市“十四五”现代物流业发展规划》，进一步明确重点任务、优化空间布局、完善保障措施，推动“十四五”期间全市现代物流业降本提质增效。

◆中欧班列（西安）　2021年，中欧班列（西安）开行面向中亚、南亚、西亚及欧洲的干线通道达到16条，成为“一带一路”沿线国家贸易往来的“黄金通道”。“+西欧”国内集结线路拓展至15条，集结中心辐射带动能力不断扩大。全年中欧班列（西安）开行3841列，比上年增长3%，运送货物287.3万吨，重箱率100%，货值约960亿元。其中，中亚方向开行537列；欧洲方向开行3304列。班列开行量、重箱率、货运量等核心指标位居全国前列。

◆航空货运　2021年，西安咸阳国际机场货邮吞吐量达39.56万吨，比上年增长5.1%，总量位列全国机场第9，增速位于十大枢纽机场第9位。全年新开通西安至东京、浦东、叶卡捷琳堡、新西伯利亚等全货运航线10条，累计开通航线达到38条（国内19条，国际19条），新开通莫斯科—西安—阿拉木图第五航权货运航线，第五航权货运航线累计达到3条。

◆快递业　2021年，西安市快递服务企业业务收入累计完成84.18亿元，比上年增长11.19%；全市快递服务企业业务量累计完成78685.67万件，比上年增长17.24%。其中，同城业务量累计完成24105.81万件，比上年增长14.20%；异地业务量累计完成54322.69万件，比上年增长19.13%；国际及港澳台业务量累计完成257.18万件，比上年下降36.82%。

◆市场主体建设　2021年，西安市新增4A级以上物流企业10家，其中5A级企业3家、4A级企业7家，全市4A级以上物流企业达到57家，A级以上物流企业达到185家。引进国际货代、供应链管理等现代物流企业5家。

◆国家物流枢纽建设　2021年，西安陆港型国家物流枢纽建成铁路一类口岸、公路二类口岸，粮食、肉类、整车指定口岸及跨境电商综试区、全国二手车出口试点，构建功能完备的门户口岸体系。西安陆港型国家物流枢纽26个重点支撑项目建设进展顺利，西安铁路集装箱中心站、新筑铁路综合物流中心、京东西北电子商务基地、西北医药物流中心等17个项目已建成投运。中欧班列长安号数字金融综合服务平台上线运行，为36家企业提供融资贷款46笔，融资金额21.35亿元，有效解决中欧班列（西安）相关企业融资难、融资贵问题。深化与招商局物流集团、中铁集装箱公司等大型央企和DHL国际快递、德铁等境外大型物流企业合作，合作开行中欧班列（西安）公共班列，西安至中亚、欧洲公共班列实现常态化运行，推出的德国快线等创新产品极大提升了班列全程运输时效。西安陆港型国家物流枢纽全年完成进出口贸易额近200亿元，比上年增长106%；实现跨境电商进出口额突破25亿元，比上年增长12倍以上；跨境电商进出口货值达25.49亿元，比上年增长12.7倍，发运跨境电商货物6100余柜。枢纽建设运营主体单位西安自贸港建设运营有限公司全年营业收入32亿元，增长37%，累积贡献进出口贸易额45.63亿元。

西安空港型国家物流枢纽　2021年11月，国家发展和改革委员会印发《关于做好“十四五”首批国家物流枢纽建设工作的通知》，西安空港型国家物流枢纽列入“十四五”首批国家物流枢纽建设名单。西安咸阳机场三期扩建工程加快推进，全年完成投资70亿元，867.67公顷土地已全部交付。依托资源优势，枢纽周边已聚集170余家物流企业，形成15个物流园区，各类型仓储资源超过80万平方米。开通运营3条国内卡车航班专线，面向省内各地市和国内各主要城市开通20多条空公快递专线。以打造最佳全国中转机场为目标，全力开拓货运中转航线，搭建10余条国内中转快线，创新开拓机坪中转业务，进一步提升中转效能，西安机场提升货运中转项目获批民航局提升航空物流综合保障能力试点项目。

◆**支持政策**　2021年，西安市落实《全面推进枢纽经济门户经济流动经济发展工作方案（2020—2022年）》支持政策，支持国家物流枢纽建设、物流示范园区创建、口岸功能提升、供应链体系建设等；制定西安市加快推进新时代对外开放补充政策，支持物流企业做大做强和物流重点项目建设等。通过构建完善的政策体系，加大政策支持力度，全力推动西安市现代物流业快速发展。

（吕军科）

◆**西安市物资总公司**　2021年，西安市物资总公司下属17户企事业单位，职工总数3000余人，资产总额14.49亿元。公司坚持以高质量发展为主线，深化国企改革、着力提质增效，全系统提前超额完成各项目标任务。全年实现营业收入7亿元，比上年增长25.9%，利润总额增长182%。

商贸物流集团组建　下半年，按照市委、市政府决策部署，西安市物资总公司实质启动商贸物流集团组建工作。聘请专业机构编制完成商贸物流集团战略发展规划，明确集团使命、愿景、战略目标、战略布局和实现路径，确定“双三”计划和“双百”目标，制定完成商贸物流集团组建方案和公司章程，各项工作均按计划有序推进。

国企改革　深化落实国企改革工作任务，组建成立西安市物资总公司国企改革领导小组，建立“周督办、半月报、月度专题会”的督查推动机制。强化目标管理，分解下达58项重点任务，修订完善《企业负责人经营业绩考核办法》《企业经理层成员任期制和契约化管理暂行办法》等经营管理制度30余项。加强法制宣传教育和经营风险防范，将依法合规管理融入企业经营全过程。修订完善《工资总额预算清算管理办法》《企业收入分配检查监督制度》等制度，健全完善系统“效益升、工资升、效益降、工资降”的效益联动工资分配机制。全系统提前2个月完成公司制改革，20户列入改革任务清单的企业实现体制转换，涉及资产13.5亿元。全覆盖完成外部董事占多数、董事会授权经理层、经理层成员任期制和契约化管理、市场化用工、管理人员竞争上岗等重点改革任务。年末，国企改革综合评分已达到96%以上，超额完成70%的改革目标，跃居第一梯队。

系统企业经营管理　所属西安粮油批发交易市场优化营商环境，提升市场服务功能，利润总额比上年增长27%。玉林工贸公司完善绩效激励考核制度，薪酬与绩效挂钩，经济效益实现稳中有升。对外贸易公司开拓“一带一路”第三方付汇、信用保险兜底等业务，进出口总额突破8000万美元，营业收入比上年增长48%，利润比上年增长32%，创历史新高。通济公司通过劳动关系清理，每年为企业节约支出60万元。燃料公司、物华公司、物鸿公司、长虹饭店、机电公司、朱宏物流均按期完成营收和利润指标，为商贸物流集团组建，实现高质量发展奠定坚实基础。

疫情防控　公司切实筑牢疫情防控屏障，确保疫情期间全市粮油保供稳价，保障系统各市场滞留客户、物资职校学生基本生活。党员干部冲锋在前，应急突击队组建待命，42名下沉干部和志愿者支援社区。拨付防疫专项资金、专项党费和防疫物资支援一线，多措并举筑牢抗疫防线。安全生产和节能环保工作落实到位，全年未发生安全和环保事故。助推乡村振兴，挖掘村集体资源，探索壮大集体经济新路子，实现村集体经济收入零突破。（张　翠）

会展业

◆**概况**　2021年，西安市举办会展活动332场(其中展览74场、会议196次、节庆62场)，实现经济社会综合效益410亿元。西安市博览事务中心全力抓好举办2021欧亚经济论坛、申办“一带一路”系列活动、党史学习教育等重点工作。西安市获评“首批中国会展之都——中国最具影响力会展城市”，欧亚经济论坛获评“2021年度中国最具影响力品牌展会”。2021欧亚经济论坛“一会一展”模式被陕西省发展和改革委员会列为“2021年陕西‘一带一路’建设十大亮点”。（韩　薪　白　宾）

◆**会展行业建设与发展**　2021年，西安市发布《西安市会议会展产业三年行动计划（2021—2023年）》，围绕建设“一带一路”国际会展名城总要求，会展业发展机制不断完善，“全域会展”建设初见成效，会展营商环境进一步优化，创新线上、线下融合办展模式，开展企业疫情帮扶纾困工作；引进中国通信大会、全国农产品流通大会、全国高教展、中国国际润滑油展等一批国内外知名展会落户西安；加快会展场馆建设，全市会展场馆净展览面积达到10.2万平方米。（韩　薪）

◆**2021欧亚经济论坛**　2021年10月18—20日，2021欧亚经济论坛以线上、线下结合方式在西安成功举办。主题为“把握合作新机遇，开启发展新征程”。本届论坛促成“一带一路”沿线国家和地区更多的务实合作，加快西安深度融入“一带一路”大格局进程，推动西安依托“一带一路”建设高质量发展，实现“高端、特色、务实、节俭”的办会目标。共签署合作协议、合作意向书、合作备忘录21个，落地项目7个，发布重大合作倡议5个。精心策划的工商领袖会议暨经贸合作洽谈会、法律服务等分会和上海合作组织成立20周年图片展等活动，对话涵盖人文合作、经贸洽谈等“一带一路”建设相关领域；绿色建筑、科技分会等会议活动丰富了上海合作组织的合作内涵，提升中国在区域合作中的影响力及主导权。有针对性地邀请西北五省区、关中城市群、沿海省市领导、东南沿海工商、企业界人士及中欧班列重要货源地参展商，参会嘉宾更加符合论坛发展方向的需求。通过论坛平台，促使“一带一路”沿线国家和地区的合作关系更加密切。通过“以会带展，双展融合”，坚持进口与出口并举，首次引入上海进博会资源，将陕西汽车成品、人工智能、新能源等优势产业、优质企业推向国际市场，促进国内外市场有效融合。坚持投资与引资并重，通过展出特

2021年10月18—20日，2021欧亚经济论坛在西安举办

色产业、特色展品、线上线下多项经贸对接活动精准配对，扩大欧亚地区产业领域的务实合作。坚持商品贸易与服务贸易并行，除展示传统商品外，专门设置现代服务业展区，为欧亚各国开展服务贸易提供更多机遇。

◆欧亚经济论坛经贸合作博览会暨中国（陕西）进出口商品展 2021年，西安市为更好发挥欧亚经济论坛辐射带动作用，促进经济发展，在2021欧亚经济论坛框架下创新性引入中国国际进口博览会资源，举办经贸合作博览会暨中国（陕西）进出口商品展。展会展览总面积约7.2万平方米，以“1+6+N”展区形式呈现，分为1个序厅、6个产业专题展区和3个特色主题展区。共有来自28个国家和地区的1200余家企业及机构参展（500强企业52家，国外企业680家，本土企业130家）。展会期间举办2场高峰论坛、10场经贸对接活动，吸引专业观众约1.89万人次、参展商3371人次，现场意向交易金额达到25.46亿人民币，现场签约金额超18.75亿人民币。其中产业专题展区涵盖先进制造、航空航天、能源化工、现代服务、进博会商品、中华老字号等内容，以进博会商品为龙头，进出口企业和国际展团的展销净面积约1.2万平方米，占产业专题展区的94%。特色主题展区参展商达160余家，其中行业龙头企业11家，展出数控机床、光伏等产品，为陕西装备制造、汽车行业“强链补链”打下良好基础，为西安深化与沿海加工贸易产业合作搭建广阔平台。

◆第五届丝博会西安展区 2021年，第五届丝绸之路国际博览会暨中国东西部合作与投资贸易洽谈会西安展区搭建面积共2600平方米，展区整体设计积极借鉴国际展会先进经验，立足西安经济社会发展实际及产业发展成果，聚焦现代产业体系、建设先进制造业强市主题，打造市情综合、产业体系和区（县）综合三大展区，成为参会嘉宾观众眼中的“网红展区”。

◆2021西安跨境电子商务大会 2021年5月12日，2021西安跨境电子商务大会在西安曲江国际会议中心成功举办。旨在推动陕西省优势产业依托跨境电商平台拓展国际市场，打造B2B跨境贸易重点产业集群，带动跨境电商生态建立，促进全省优势产业发展。本届大会以“新丝路 新机遇 新发展”为主题，重点围绕品牌出海战略、供应链、国际物流等领域展开探讨，梳理跨境电商产业链，带动传统优势产业转型升级。

◆世界交通运输工程技术论坛（WTC2021） 2021年6月16日，世界交通运输工程技术论坛（WTC2021）在西安举办，以“新技术•新模式•新交通”为主题，设开幕式暨主旨报告会、主题论坛、专题论坛、墙报报告、交通科技博览会、科技成果发布、奖赛活动7个板块，18位院士、1000多位学术界领军人物、国内外知名企业家、国际组织代表等重量级嘉宾聚焦交通强国、智慧交通、交通新基建等热点问题进行深入交流。大会同期举办交通运输科技博览会，展览面积20000平方米，企业参展总数现超过150家，集中展示交通运输行业的前沿科技创新成果，吸引上万人次参观洽谈。

◆申办“一带一路”框架下重大会展活动 2021年，西安市博览事务中心多次赴北京拜访外交部欧亚司、经济司，依托地方经济、产业、生态、人文等特色优势，争取国家主场外交活动和重大国际会展活动落地西安。全力做好2022年金砖国家领导人会晤、矿业博览会等展会的申办工作。引进举办内外贸融合交易会、世界交通运输工程技术论坛暨交通科技博览会等国际性、全国性知名展会。

◆培育扶持地方品牌展会 2021年，西安市博览事务中心围绕全市主导产业和优势资源，全力做好国家网络安全宣传周、第15届中国西安国际科学技术产业博览会暨硬科技产业博览会、2022年第七届中国国际通用航空大会的协调服务，支持西安交通大学举办2021中国（西安）国际3D打印博览会暨高端论坛等展会，着力促进地方品牌展会提质增效。

◆会展业对外合作交流 2021年，西安市博览事务中心积极促成西安市人民政府与东浩兰生集团签订战略合作框架协议。多次赴宁波、上海、重庆，通过学习观摩中国—中东欧博览会布展搭建及展商参展，参加第十八届中国会展业合作交流大会、第十七届中国国际会展文化节等契机，开展欧亚经济论坛及配套博览会宣传推介邀请，宣传推介西安市会展业发展环境，多方面、多角度、多渠道扩充展会资源。

◆西安国际会展中心 2021年，西安奥林匹克体育中心、西安国际会议中心和西安国际会展中心（一期）项目建成运营，西安国际会展中心（二期）项目加快推进。二期展览中心项目实现外立面泛光点亮，登陆厅及标准展厅幕墙完成90%，金属屋面完成71%，重型展厅幕墙全面完成，金属屋面完成89%。二期博览馆项目实现外立面泛光点亮，上月牙屋面和吊顶全面完成，下月牙屋面吊顶完成99%，采光顶完成99%，幕墙整体完成78%。长安云、长安乐和长安书院项目均于“十四运”前实现外立面泛光点亮，全面进入内部施工阶段。坚持以用促建，运营活动有序开展。先后举办2021欧亚经济论坛、中共西安市委十三届十二次全会、世界交通运输大会等60余场活动，累计参加人数约3.7万人次。展览馆先后成功举办2021第五届丝绸之路国际博览会、2021西安数字经济产业博览会等大型展览活动40余场，展览面积逾109万平方米，累计参观人数约160万人次。（白　宾）

交通运输·邮政快递

铁路运输

◆概况　2021年，中国铁路西安局集团有限公司管内线覆盖陕西全省，辐射甘肃、宁夏、内蒙古、山西、河南、湖北、四川、重庆等8个省（区、市），在全国路网中具有承东启西、连接南北的重要作用。管内有陇海、宁西、宝中、西平、宝成、西康、襄渝、阳安、包西、太中、浩吉、神大、黄韩侯、西安枢纽北环线等26条普速线路和徐兰、大西、西成、银西4条高速铁路，总营业里程6422.7千米，其中高速铁路1048.1千米。线路总延展长度14103.5千米，其中高速线路正线2237.018千米，普速铁路正线11358.7千米。道岔9369组，其中正线道岔4032组。配属机车1396台。配属客车1696辆，配属动车组133列163标准组。

◆铁路安全管理　2021年，中国铁路西安局集团有限公司坚持强基达标、从严务实、综合治理，开展安全生产月活动，健全安全治理体系。推进站段标准化规范化建设，建立“五位一体”创建标准。开展春秋检现场综合检查，组织襄渝、包西等线设备集中整治大会战，线路清筛1068千米，建成标准线8条、标准化站场151个。强化红线意识和底线思维，架设西成高铁22处钢棚洞，更换宝鸡南宽枕板，开展动集径路设备整治，确保高铁客车安全。落实“防、避、抢”要求，完成宝成线K227改线和257处水害复旧，提升抗洪能力，重奖快奖有功人员1325人次209.4万元，成功应对27轮强降雨考验。协调陕西省出台“双段长”制办法，内外联动整治枢纽和沿线环境，移交公跨铁桥梁74座、公铁并行防护设施119处，实施道口平改立47处，高铁红线内84口水井全部关停，净化路外安全环境。加强施工安全、安检查危、网络安全等关键，确保万无一失。全年消灭高铁、客车一般C类及以上责任事故，责任行车事故、设备故障比上年分别下降24.3%和4.2%，路外伤亡事故比上年下降28.6%，顺利实现第17个安全年。

◆铁路运输生产　2021年，中国铁路西安局集团有限公司落实“长途不足管内补、春运不足春游补、冬季不足夏季补、客运不足货运补”经营策略，运输市场份额不断扩大。客运方面，适应常态化疫情防控，主打管内和周末客流，开行30对覆盖陕西省的复兴号动集动车组，推出务工、通勤、旅游等定制列车产品，新增10个客运办理站，全年发送旅客7800万人次、比上年增长9.6%。货运方面，实施运输攻坚，成立挺进陕北运输工作组，各专业协调联动，优化作业流程，提高运输效率，聚焦主通道挖掘增量空间。开展电煤保供专项行动，开好C80固定循环列车，浩吉线提前41天完成5000万吨目标，全年发送货物2.69亿吨、比上年增长21%，煤炭、电煤运量比上年分别增长21.1%和28.7%。打造中欧班列（西安）集结中心，中欧班列开行量突破3800列。大力发展集装箱多式联运，新增35个办理点、18台正面吊，开发“公转铁”“散改集”货源，集装箱、敞顶箱运量比上年分别增长52.7%和82%。实施6条线路达速，优化调整车流径路，强化编组站区域互保，撤销9个机务折返点，推行货检、列检同步作业，全年完成旅速45.3千米、比上年提高8.1%，货周时1.84天、比上年压缩0.19天。

◆铁路建设　2021年，中国铁路西安局集团有限公司完成建设投资109亿元，一批“短平快”项目竣工投产，西延、西康、西十高铁开工建设。9月1日，西安站改工程南北贯通，12月31日全面竣工，西安站成为现代化客运枢纽和精品工程。实施咸铜线电化改造、榆林机辆一体化、西安国际港站集结能力提升等点线配套项目，改建宝鸡机车检修厂、兴平养路机械厂，补强西安东客整所和新丰镇机务段检修能力，改造26个客运站，加快提升运输效率和承载能力。加强与地方政府、企业单位沟通，建成开通11条专用线，新增5360万吨装卸能力。做好建成项目清理概算，完成2个项目竣工决算。抓好“十四五”和三年规划重点项目的前期工作，主动介入西延、西康、西十高铁建设，保证重点工程有序推进。

2021年9月15日，西铜“复兴号”动集动车组列车开行

◆**经营管理** 2021年，中国铁路西安局集团有限公司释放非运输企业机制改革、管理创新红利，承揽216条专用线运维业务、79个涉铁工程项目，合作开发物流园、中央厨房、"铁运通"等项目，上线运行"西铁行"App，土地综合开发实现零突破。坚持变分成本为花成本，建立技改、大修、成本项目库，统筹资金、有序推进2651个预算项目。狠抓节支降耗，细化西轮97项增收节支措施，争取各类优惠政策9.68亿元，制定10862项物资禁采目录，推进物资调剂共享、修旧利废、开发创效，多渠道挤掉水分、挖潜节流。全年完成运输总收入564.14亿元、比上年增长20.2%，非运输业利润12.57亿元、比上年增长34%，节支创效23.72亿元，实现盈亏目标。

◆**企业改革** 2021年，中国铁路西安局集团有限公司落实国铁企业改革三年行动实施方案，规范派出专职外部董事履职评价，完善非运输企业治理结构，健全集团公司制度图谱。优化调整生产劳动组织，规范通用工种岗位管理，整合沿线84个工区，实行货装一体化管理、变配电所无人值守、车站客货运兼职并岗，挖潜节约用工1773人，运输业劳动生产率提高19.5%。推进运输生产领域改革，优化机车C4、C5修程，合理延长动车组高级修里程，扩大自主修、状态修和差异化维修范围。优化生产布局，调整集团公司机关和基层单位机构编制。稳妥实施35个集体企业改革。推行全员一体化绩效考核，形成业绩和贡献决定收入分配的激励机制。以信息化、机械化、自动化为方向，实施网络通道扩容，搭建"西铁云"和三级监控平台，建成3个电务综合检修基地和工务机械段"1+5"基地，建设智能化材料库，更好服务运输生产。

◆**职工队伍** 2021年，中国铁路西安局集团有限公司加强干部人才队伍建设，选派12名干部对口支援、挂职帮扶青藏公司，组织191名干部上下交流锻炼、1378名干部"走出去"学习培训，评审高级职称127人、中级546人、初级662人，规范院校毕业生使用管理。抓好"百千万人才"工程，培养选拔专业拔尖人才246名。打通人才选拔渠道，推动管理岗位和专业技术人员跨系统、跨单位公开招聘。加强职工队伍素质建设，建成实训基地4个、实训室38个、练功场158个，开发西铁掌中学App，完成主要行车工种轮训41452人。大力弘扬劳模精神、劳动精神、工匠精神，积极开展群众性创新创造活动，2个工作室被命名为"铁路技能大师工作室"，1个工作室被命名为"陕西省示范性创新工作室"，1个工作室联盟获得陕西省"首批创新工作室联盟"命名；1人获"全国'五一'劳动奖"章，培养全国技术能手1名、全路技术能手25名、三秦工匠1名。

◆**疫情防控** 2021年1月25日，中国铁路西安局集团有限公司召开疫情防控电视电话会议。针对新冠疫情在全球加剧蔓延，国内多点散发疫情的风险仍然存在，要求各铁路站从列车防控、工作场所防控、职工防护、应急处置四项重点开展疫情防控，从严落实测温验码、通风消毒、防护用品配发、应急人员储备、核酸检测、疫苗接种等措施，密织铁路防控网，确保万无一失。

◆**瑶曲煤炭集运基地建成开通运营** 2021年1月12日，中国铁路西安局集团有限公司新建瑶曲车站煤炭集运基地正式开通运营。瑶曲车站为梅七线三等站，周边煤炭资源丰富，建成储煤大棚23000平方米、有效货位30多个、一次性储煤18万吨、年发运量达100多万吨的环保型煤炭集运基地。该基地运营后，发运能力将由目前的250多万吨，提升到350多万吨，非运输物流年收益将达到750万元。形成以大容量的仓储、规模化的装运方式，实现货源集中存储、整列配空、整列装车，有力提高车站调车作业效率和运输效率，节约运输成本。

◆**西安车站南站房二、四候车室和中厅改造竣工投用** 2021年1月20日，西安车站南站房二、四候车室和中厅内改造工程竣工投用，共加固梁柱结构207根，新增钢结构楼层板2300平方米，钢梁吊装292根，化学锚栓2000套，埋件板60吨。改造后的中厅面积增至1700平方米，第二、第四候车室面积可达1800平方米，候车环境更加宽敞通透。此次改造整体风格以"丝路起点"为主题，在中厅呈现丝路百景图。采用3D打印席纹铝板，预制孔位木纹方通悬挂等技术，展现出浓郁的历史文化气息。候车室配备座椅400个，门式自助检票闸机13台，柱式半自助检票终端4台，导向信息屏5块。设置哺乳室、第三卫生间以及自动感应洗手池、触碰式恒温净化开水器等设施，旅客出行体验更加方便。

◆**开行"东方红号"红色旅游列车** 2021年，中国铁路西安局集团有限公司针对党史学习教育中前往延安接受红色教育旅客增多的实际，深入挖掘管内红色文化旅游资源，以"旅客有需求，铁路有行动"为目标，加开延安方向旅游列车，方便旅客及各级组织红色学习教育出行。4月26日，720名旬阳中学的高中生乘坐Y778次"东方红号"旅游列车从旬阳火车站出发去往延安，开启为期4天的红色研学之旅，这是集团公司首次开行安康至延安的"东方红号"旅游列车，该车以"革命圣地延安红色大讲堂，移动的爱国教育"为主题，将中国共产党在延安十三年的奋斗历程以图文形式在列车上进行展示。

◆**开行"定制"煤炭专列** 2021年6月25日上午，满载3000吨低硫煤的65024次煤炭专列，抵达陕西榆林靖边杨桥畔集运站，这是中国铁路西安局集团有限公司开行的首趟"定制"煤炭专列。陕西榆林地区是我国重要的煤炭主产区，"十四五"期间，陕西创建榆林能源革命创新示范区，推进能源绿色发展。集团公司积极实施货运增量行动，运用路网新通道能力和高铁成网后释放的既有线运能运力，加大货运供给侧结构性调整，想方设法提高运输效率、提升服务品质、推进"公转铁"运输，为实现货运增量和企业降本增效，服务地区绿色发展提供保障。

◆**襄渝线设备集中整治"大会战"完成**
2021年5月7日至6月30日，襄渝线设备集中整治"大会战"圆满完成。中国铁路西安局集团有限公司投入6000余人力，160多组大型机械，对管内襄渝线的线路、桥梁、隧道、设备设施以及沿线站区环境等进行集中整治，襄渝线设备质量、站场环境、作业安全等方面均得到大幅提升。期间连续安排天窗51个，除胡家营、达州分界口安排210分钟、安康枢纽地区安排180分钟外，其余施工区段均实现240分钟大天窗。工务系统完成线路清筛88.957千米，股道清筛18.874千米，铺设无缝线路144.426千米，更换桥枕10155根，线路大机捣固220.21千米，线路打磨159.1千米。电务系统完成道岔集中检修261组，信号机检修及标准化整治525架，轨道电路检修及标准化整治1887区段，道岔供电联整82组，不良桥槽支架整治233处。车务系统完成10站控制台更换任务。供电系统完成接触网综合修254.673千米，清扫绝缘子悬式9887片，更换绝缘子1836串，吊弦1100根。土房系统完成环境整治29站区，其中房屋清理276栋，房屋外墙真石漆喷涂157栋，改扩建伙食团7个，卫生间101个，浴室26个，排水管路整治1264米，室内乳胶漆粉刷5.6万平方米，路面硬化1.8万平方米。

◆**开行中欧班列累计10000列** 2021年8月11日，满载着布料、载客电梯、暖气片等50车货物的X9041次中欧班列（西安），从西安国际港站开出，驶向哈萨克斯坦阿拉木图，这是中国铁路西安局集团有限公司累计开行的第10000列中欧班列。自2013年首趟中欧班列开行以来，从西安国际港站始发的中欧班列国际线路已经达到15条，基本实现中亚、南亚、西亚及欧洲地区主要货源地全覆盖，中欧班列（西安）的开行量、重箱率、货运量等核心指标位列全国第一。截至8月10日，中欧班列（西安）2021年开行2419列，比上年增长10.3%。4月1日，中欧班列（西安）始发站新筑车站更名为西安国际港站，从只有7条线路的四等小站，到如今拥有17条到发线、6条调车线、19条货物线，4条集装箱中心站配置装卸线、15台门吊的一等站，集装箱年吞吐量最高可达90万标箱，运输能力比上年2013年提升280.37%，对于加快建设中欧班列（西安）集结中心，打造全国最大内陆港，助力陕西外向型经济发展起到积极的促进作用。

◆集团公司与陕煤集团签订合作框架协议 2021年8月，中国铁路西安局集团有限公司、陕煤集团携手上源石化公司合力打造的品牌项目——入股宝鸡华海公司合作框架协议签约仪式在陕煤集团举行，签署项目四方合作框架协议。陕煤集团通过铁路发送煤炭、铁矿石、钢材年运输需求约1300万吨。该项目实施后，将由宝鸡华海公司融资购置2000辆自备敞车，开展自备车运营业务。合作四方发挥各自优势，通过强强联合，开发拓展新的合作领域，既有利于进一步稳固提升既有合作业务、增强整体综合实力和市场竞争力，又可以提升铁路运输的供给能力，更好地服务地方经济建设，实现铁路运量、经营创效的双增长目标。

◆西十高铁初步设计获批 2021年11月1日，西安至十堰高速铁路初步设计获中国国家铁路集团有限公司、陕西省人民政府、湖北省人民政府正式批复。西十铁路是国家中长期铁路网规划银川于武汉高铁的重要组成部分，起自西安枢纽西安东站，向东南引线穿越秦岭山脉，经商洛和十堰两市，接入既有的十堰车站东站，与建成的汉十高铁相接，到达武汉。西十高铁新建正线全长255.7千米，其中陕西境内169.4千米，湖北境内86.3千米，设计时速350千米，建成后西安和武汉可实现2小时快速通达。

◆梅家坪储煤基地建成投用 2021年12月8日，中国铁路西安局集团有限公司梅家坪储煤基地建成投用，这是集团公司首次与地方企业联合经营的储煤基地。该项目8月8日开工，占地36060平方米，总投资2560万元，将梅家坪车站10道全方位改造为全封闭式环保大棚，向客户提供煤炭储运、经营等服务，切实帮助企业降低物流成本。项目建成后，集团公司陕西国铁物流公司将与黄陵县佳宏煤炭运销有限公司展开全方位合作，充分利用陕煤黄陵建庄煤矿、建新煤矿及周边照金、玉金、下石节、玉华、柴家沟、崔家沟等矿资源，实现运输增量，经营增收，预计年收益763.58万元。

◆宝天线计算机联锁改造大修施工完成 2021年12月16日，宝天线固川站计算机联锁改造完成开通，标志着宝天线15站计算机联锁改造自主大修施工提前15天完成。宝天线6502电气集中信号设备，于2003年宝兰二线开通时投入使用，运行近20年，信号设备制式已远远不能满足铁路发展新形势的要求。自2020年年底开始，宝天线15个站计算机联锁改造施工开始筹备施工。宝天线15站计算机联锁改造施工的内容主要是将6502电气集中设备升级为计算机联锁设备，包括信号联锁室内外设备全部改造、6502控制台更换为计算机联锁显示屏等施工内容。改造后电务信号机械室为标准化机械室、设备为新提速设备，运输效率将进一步提升。

◆西安站改扩建工程全面建成投用 2021年12月31日5点55分，西安站改扩建工程南车场设备联锁换装施工完成，标志着西安站改扩建工程全面建成投用。西安车站由原来6台11线增加到9台18线，成为拥有高架候车室、南北双广场、双站房、双地铁接驳，多通道、立体化、零换乘的综合交通枢纽，设计年发送旅客量4800万人次。扩建后的西安站总建设规模32.2万平方米。西安站改扩建工程主要包括：西安东迁建机务段、客车车辆段工程，新丰镇至窑村西康线增建二线工程，西安至灞桥增建三四线工程，西安站新建北站房、高架候车室、改建南站房等站改配套工程，西安站车场改扩建工程等五大部分内容。（张宏学）

航空运输

◆概况 2021年，西安咸阳国际机场受新冠肺炎疫情影响，全年完成旅客吞吐量3017万人次，比上年下降2.9%，货邮吞吐量39万吨，比上年增长5.1%。全年运营航线321条，通达航点197个，国内通航城市累计达到169个，航线293条，连接全国70%以上的在营机场，基本覆盖全国百万级以上的机场，国内航线网络通达性和支线机场覆盖率继续保持全国领先，中转旅客占比达到14.9%。货运量进位全国第9。开通西安—浦东、西安—东京、西安—叶卡捷琳堡、西安—新西伯利亚、莫斯科—西安—阿拉木图（第五航权航线）5条全货运航线。累计保障国际客运航班850架次，旅客84930人次，其中分流北京国际航班237架次，入境旅客28862人次。

◆民航机场建设 2021年，西安咸阳国际机场全力实施各项建设工程。

西安咸阳国际机场三期扩建工程 工程主要建设内容：将现北跑道改为平行滑行道，新建北一、北二、南二等3条跑道，新建70.03万平方米的东航站楼，35万平方米的综合交通中心及停车楼，配套建设货运、115个机位、航空食品、信息中心、消防救援及相关生产设施等。工程总概算469.29亿元，建设工期65个月。项目建成后，西安咸阳国际机场将成为拥有2个航站区、4座航站楼、4条跑道，能够保障年旅客8300万人次、货邮100万吨的超大型国际航空枢纽。截至年底，飞行区开展土方及地基处理、附属用房、助航灯光等施工，完成总工程量16%。航站区开展航站楼及信息楼地基桩基础等施工，完成总工程量8%。配套工程供水管线改迁已完工，开展供电、南工作区等配套设施施工，完成总工程量4%。文物发掘累计完成发掘墓葬4209座、灰坑8055个、陶窑153座、围沟205条等，完成总工程量90%。11月4日，取得自然资源部《关于西安咸阳国际机场三期扩建工程项目用地土地征收的批复》。11月30日，取得空港新城《关于三期工程给水配水路由方案的批复》。12月27日，取得三期项目11175.6亩土地划拨决定书。12月29日，完成三期1956.454亩建设用地规划许可证办理。12月30日，取得东航站区、南工作区、东西货运区、信息中心、1号能源站、2号110kV变电站、南工作区热力站、机坪塔台等11个项目建设工程规划许可证。

西安咸阳国际机场站坪扩建工程（一区） 工程主要建设内容：新建12C(5E2C)组合机位和2个临时调配机位的站坪，新建2条垂直联络道连接扩建站坪与C平行滑行道，配套建设目视助航、站坪消防、围界安防等设施，总投资3.11亿元，于2019年1月取得可研批复，2021年1月5日初步设计及概算取得陕西省发展和改革委员会和民航陕西监管局联合批复，4月开工建设，开展场道道面、助航灯光电缆敷设、安防监控等施工，12月已完成全部施工内容。

西安咸阳国际机场三期扩建雨水外排工程 工程主要建设内容：新建一条排水主管，管道走径路由自雨水外排系统出机场红线后向东敷设，途经空港新城、秦汉新城区域后排至泾河。该工程排水主管线路总长约7.6千米，沿途建设顶管井12座，末端建设一座排水口汇入泾河，排出口位于泾河大桥东侧约380米处。其中，空港新城段雨水管线长度约5.1千米，埋深18—60米；秦汉新城段雨水管线长度约2.5千米，埋深56—77米。该工程全线采用顶管施工，管线管径为DN2400—DN3800，坡度0.32%—2.3%。工程概算投资74498.30万元，总工期23个月，2021年7月开工建设。

西安咸阳国际机场三期轨道预留工程　工程主要建设内容：铁路预留工程总体按照4台8线规模布置。其中，预留2台4线城际铁路、市域（郊）铁路引入条件，土建结构部分站站台范围450米、标准段宽度约47米、车站总建筑面积58440平方米，咽喉区隧道630米；预留2台4线高铁引入条件，土建结构部分车站站台范围450米、标准段宽度约47米、站房总建筑面积62400平方米，咽喉区隧道480米。地铁预留工程按照2条地铁引入布置，预留地铁12号线、17号线车站土建结构及设备接口，车站长度432.8米，标准段宽度约49米，一岛两侧站台形式，总建筑面积43416平方米，总投资20.78亿。2021年8月取得初步设计批复，完成单位施工招标工作。

◆民航空中管理　2021年1月19日，民航西北空管局与甘肃分局，安管部、通导部、运管中心和空管中心召开对接成都地区空域结构调整方案实施工作视频启动会。本次成都地区空域结构调整是民航局、民航局空管局年度重点工作，是确保成都天府机场顺利投运重要的支持性环节，是继民航西北空管局“8·15”各分局进离场航线分离空域调整以来西部地区又一次的大规模空域调整。

民航西北地区流量管理正式对接全国　5月20日，民航西北空管局领导及相关部门和单位参加民航局空管局启动全国流量管理系统华北、华东和中南三个地区试验运行视频会议。局领导代表西北空管局向民航局空管局报告西北空管局对接华北、华东、中南地区试验运行的各项准备工作情况，并就全力配合空管系统全国民航流量管理系统成功启动一体化试验运行表示决心与信心。

民航西北空管局与东北、新疆空管局就CNMS系统三方备份协议达成一致　10月12日，民航西北空管局组织召开西北、东北及新疆空管局CNMS系统三方备份视频会议。会上，三方分别介绍CNMS系统的运行和维护工作，对西北空管局提出的备份协议达成一致。

民航西北空管局明确全国流量管理系统地区二级节点应急改造方案　12月14日，民航西北空管局召开全国流量管理系统地区二级节点应急改造相关工作确认会。经会议研究，明确西北空管局关于全国流量管理系统地区二级节点应急改造方案。

◆西部机场集团有限公司　截至2021年，集团共管辖陕甘宁青四省（区）18个运输机场和6个通用机场，形成以西安咸阳国际机场为核心，银川、西宁机场为两翼，支线及通用机场为支撑的航空发展格局。除机场运营管理核心业务外，集团同时涉及航空物流、广告、建筑、运输、房地产、酒店、信息技术、免税经营等领域，围绕航空主业形成多元化、板块化、规模化协同发展格局。集团下属全资及控股企业43户，总资产约420亿元，员工1.8万余人。

运营管理　受新冠肺炎疫情影响，集团全年完成航班起降43.2万架次、旅客吞吐量4757.6万人次、货邮吞吐量49万吨，分别恢复至2019年的78.8%、67.3%、97.5%，高于行业整体水平。其中陕西省民航完成航班、旅客、货邮量分别为29.0万架次、3311.1万人次和41.1万吨，比2019年分别增长-23.8%、-35.2%和4.5%。西安咸阳国际机场全年完成旅客吞吐量3017万人次，比上年下降2.9%，货邮吞吐量39万吨，比上年增长5.1%；全年运营航线321条，通达航点197个，国内通航城市累计达到169个，航线293条，连接全国70%以上的在营机场，基本覆盖全国百万级以上的机场，国内航线网络通达性和支线机场覆盖率继续保持全国领先，中转旅客占比达到14.9%；开通西安—浦东、西安—东京、西安—叶卡捷琳堡、西安—新西伯利亚、莫斯科—西安—阿拉木图（第五航权航线）5条全货运航线；货运量进位全国第9。榆林机场新开汉中、宁波、西宁、贵阳、温州、成都天府6个航点。延安机场全年累计运营航线30条，通航城市达34个，直辖市及省会城市覆盖率达75%。安康机场通航第一个完整年旅客量突破25万人次，通达11个城市10条航线。集团全年安全保障航班起降43.2万架次，专机、重要包机28架次，靠机作业64.8万台次，安全检查旅客2379万人次，空管指挥运输航班5.6万架次，通航飞行10.4万架次，旅客大巴安全运行1293万千米。西安咸阳国际机场圆满完成“守卫2021”大型综合应急演练；西安、榆林机场顺利通过国家航空安保审计，集团实现第18个航空安全年。

◆长安航空有限责任公司　2021年12月8日，海航航空（包含长安航空在内的11家公司）经营管理实际控制权正式移交辽宁方大集团，标志着长安航空正式加入辽宁方大集团。长安航空持续搭建立足陕西、面向全国、覆盖“一带一路”沿线主要国家节点城市的“国内+国际”航线网络布局，打造陕西本土航空品牌，公司于2019年取得国际航空客货运输业务范围。

运营管理　长安航空运营11架B737-800飞机（租赁经营）。开航近6年来，以西安为枢纽累计开通航线121条，通航城市71座，累计运输旅客1138.80万人。全年飞行13585架次，飞行小时逾27920小时，旅客运输量177.45万人次。4月7日，长安航空在西安咸阳国际机场T2航站楼迎来了第1000万名旅客。在第十四届全国运动会和全国第十一届残疾人运动会暨第八届特殊奥林匹克运动会航空运输保障中，长安航空累计保障包括海南航空、首都航空、天津航空以及本公司等十四运会、残特奥会航班542班，运动员2935人，工作人员901人，行李3438件。

◆幸福航空有限责任公司　2021年11月，幸福航空主运行基地由天津滨海国际机场变更至西安咸阳国际机场。幸福航空是全球最大且唯一形成商业规模的国产民机运营商，拥有24架“新舟60”飞机，5架波音737-800飞机，员工1000余名，建成过夜基地及外站6个。

运营管理　全年安全飞行17764小时，执行10276次起落。全年平均运行5架“新舟60”飞机，共飞行7864小时，执行6453次起落，运输旅客13.54万人次；4架波音737-800飞机共飞行9900小时，执行3823次起落，运输旅客53.74万人次。全年计划航班10977班，正常率79.16%，比2020年提升1.47个百分点。全年公司客运总收入3.71亿元。通过旺季提升、网络优化及产品促销等手段共增收约8629万元，通过代理费科学下调、OTA费率协商调减，共节支费用约50万元；引进第五架波音运力，新增千万级以上协调机场时刻154个，储备共计470个，为进一步搭建幸福航空“干支结合”航线网络打好基础。10月，幸福航空紧急承运阿拉善盟医疗运输任务，保障27班次，承运包括国务院联防联控专家组在内的相关防疫人员515人次，运送防疫物资8084千克，圆满完成医疗运输任务。

◆西北国际货运航空有限公司　2021年1月8日上午10时，西北国际货航首航仪式在西安咸阳国际机场举行。西北国际货航将加快构建独立自主的货运航空体系，强化大西安国际航空枢纽地位，拓展新丝绸之路的航空物流国际走廊。先后开通西安—上海浦东、西安—榆林、西安—淮安3条全货运航线。多条全货运航线的开通，是西北国际货航不断完善航线网络，积极打通商贸通道，支持各地区经济建设的有力举措，提升多地航空运输能力，加强西北与华东等地区的商贸交流合作。先后购买4架波音757-200F飞机，1月下旬起已分别在成都AMECO及厦门太古进行货机改装和过渡检。2架已出厂，其中B-2866是西北货航引进的首架B757全货机，10月27日正式投运；另有2架预计于2022年引进。

（刘秋雅）

公路客货运输

◆**概况** 2021年，西安市有道路旅客运输经营业户101户，其中班线客运27户、旅游客运74户；营运客车5276辆，其中班线1705辆、旅游3571辆。客运等级站50个，其中一级站7个、二级站5个、三级站1个、便捷式车站37。开通客运班线367条，其中省际线路69条、市际线路78条、县际线路64条、县内班线156条。通村线路149条，141个乡镇班车通达率100%，1746个行政村班车通达率100%。有道路货物运输经营业户24822户，其中普通货运24414户、货物专用运输业户672户、大件运输185户、危险货物运输92户；载货汽车72011辆，其中普通货车68125辆、危险货车3887辆；货运站场12个，其中一级站4个、二级站4个、三级站4个。道路运输完成货运量2.65亿吨，货运周转量370.53亿吨千米。

◆**综合交通建设** 2021年，西安市对标交通强国要求、国际性综合交通枢纽城市目标，高标准编制《西安市“十四五”综合交通运输发展规划》，启动《西安国际性综合交通枢纽货运体系建设方案》编制工作。西安咸阳国际机场三期、西康和西十高铁、外环高速南段、京昆高速改扩建等项目加快建设，西延高铁、鄠周眉高速、G210西安过境公路、西户路等项目进展顺利；地铁14号线开通运营，形成“8线运营7线在建”局面，全市综合立体交通网加快形成。

◆**四好农村路** 2021年，西安市成功举办“2021世界交通运输工程技术论坛”，为高质量推动交通项目建设聚智聚力。全市43个乡镇、1928个建制村实现全部通硬化路、通客车、通邮政快递。长安区获“四好农村路”全国示范县，周至县和临潼区获省级示范县，省级示范县覆盖率87.5%，西安市被交通运输部评为“全国首批市域示范创建突出单位”，是唯一入选的国家中心城市。

◆**公路养护** 2021年，西安市出动清扫车4851台班，洒水车3355台班，清理道路、绿化带垃圾1.23万立方米；处理路面病害约7.8万平方米、裂缝2.5万米，同步碎石罩面18万平方米。干线公路技术状况指数MQI达91.97，路面使用性能指数PQI达89.02。水毁抢险累计投入人工3600人次，抢险机械设备1300台次，清理泥石流、塌方约12.6万立方米。历经129个小时连续奋战，提前完成“8·19”蓝田特大公路损毁抢通任务。完成投资9395.7万元，实施美丽干线公路创建工程64.88千米、路面预防性养护及大中修工程28.14千米、十四运涉赛路段整治提升工程2千米，完成107省道涝峪河大桥等4座桥梁的灾毁修复工程。工程质量合格率100%。

◆**路政治理** 2021年，西安市查处干线公路违法案件103起，行政许可118起，事案结案率、追偿率均达100%。联合多部门开展路域环境治理，清理非标952块，清理摆摊设点891处。许可办理承诺时限由9个工作日压缩到6个工作日。检测车辆60.4万辆，查处超限车辆154辆，卸（分）载货物5910.98吨，移交违法车辆信息155起，超限率稳定控制在2%以内。8个超限检测站实现电子抓拍系统全覆盖，完成2处非现场执法系统建设前期工作。

◆**汽修驾培** 2021年，西安市新备案汽修企业182户，备案驾培企业2户，制发从业资格证15867张。质量信誉考核考核汽修企业85户、驾培机构114户。汽车维修电子健康档案系统在全市一、二类汽车维修企业实现全覆盖，对接企业980户，涉及车辆186万台，上传数据770万条。完成5家汽修企业低挥发性有机物原辅材料的源头替代工作。抽检喷烤漆房120座。87户排气超标治理维护站（M站）维护治理超标车1.8万辆。抽检汽修企业废气排放、电表安装168户。对全市近700户有烤漆房汽车维修企业开展有机废气专项检查，整改问题企业94户。

◆**交通监管治理** 2021年，西安市交通运输局深入推进“互联网+政务服务”，“互联网+监管”工作在全市交流经验。深化综合交通信息服务平台建设应用，智慧交通服务水平全面提升。排查整治铁路沿线、机场周边及高速公路环境问题点位1094处，建立动态巡察和常态化监管机制，持续巩固整治成果。修订完善《西安市出租汽车服务质量信誉考核实施细则》，提升出租汽车行业监管精度准度。

◆**安全生产** 2021年，西安市全力推进安全生产专项整治三年行动集中攻坚，开展督导检查3340次，整治安全隐患1579个，全行业未发生安全生产亡人事故。查处非法营运车辆93辆、违规经营出租车334辆，吊销出租车驾驶员从业资格证8份，西安市交通运输局获“全省扫黑除恶专项斗争先进单位”。协调组建“西安市邮政业安全发展中心”，不断充实健全交通发展研究中心。

◆**十四运交通保障** 2021年，西安市围绕“精彩圆满”目标，全力保障第十四届全国运动会，组建“十四运交通运输保障指挥部”，建成省市一体的交通指挥中心。按照“远端集结、团进团出、封闭运行、错时抵离”的交通组织方式，以分钟为单位精准做好运输服务，累计组织车辆2610辆，运输保障41.6万人次，运行350万千米，可绕地球87圈，圆满实现“五个零”目标（开闭幕式“零差错”、赛时运行“零延误”、安全防控“零事故”、保障服务“零投诉”、部门联动“零纠纷”），为疫情下成功组织大型赛事交通保障工作提供借鉴，西安市交通运输局被十四运组委会授予“优秀集体”，2人被授予“优秀个人”。

◆**疫情防控** 2021年，西安市交通运输局坚守交通运输前沿阵地，全力做好“一场两站”重点人员及机场入境人员“点对点”转运、进口冷链运输车辆查控等工作，完成转运892个航班，转运人员14.02万人次。12月22日以后，承担全市20个区（县、开发区）核酸样本转运任务，建立立体指挥体系，以“转运”带动“采”“检”环节高效匹配，出动2万人次、10万车次，确保医护人员运输保障、B类及滞留人员、学生、农民工转运万无一失。

（王嘉辉）

城市公交汽车运输

◆**概况** 2021年，西安市按照“疏主干、填空白、优接驳”思路，新开调整公交线路105条，新增400辆比亚迪纯电动公交车，填补76条道路84.5千米服务空白，实现公交行驶里程4.2亿千米。开通鄠邑至交大创新港9106路、西蓝旅游公交专线，城乡客运一体化积极推进。开通全省首个“95128”助老叫车热线，近4万辆出租（网约）车24小时服务，老年人出行更便捷。搭建西安市新能源充电管理平台，新建社会充电桩650余个；集中投运公共停车场6个、停车位1764个，进一步缓解群众停车难；建设出租汽车爱心驿站，为广大城市一线服务人员提供方便休息、取水、如厕的温暖之家；打造北客站温馨出租候车大厅，为往来旅客打造更便利、更舒适的候车环境。长安通卡联合支付宝拓展NFC支付应用，设计推出联名创意“出行卡”，NFC发卡总量突破300万张。

（王嘉辉　陈韦丞）

◆**城市公交** 2021年，西安市有公交企业14家。其中，西安市公共交通集团及其控股企业3家；民营公交企业11家。有公交车辆9318辆，全部为新能源及天然气清洁能源车辆。常规公交线路409条，线路长度7447.1千米，日均客运量228.99万人次，万人拥有公交车22.74标台，中心城区公交站点500米覆盖率达100%，公交出行分担率20.01%（不含地铁）。早晚高峰公交平均运营时速17.03千米，公共汽电车进场率72.87%。公交汽车责任事故死亡率为0.00002人/百万车公里。常规公交乘客总体满意度86.96%。主城区实现轨道交通站点100米范围内接驳常规公交线路达100%。

◆出租汽车 2021年，西安市有出租汽车17236辆，营运企业67户。市区有巡游出租汽车15329辆，经营企业48户。市郊五区二县共有巡游出租汽车1907辆，经营企业19户。其中阎良区223辆，临潼区600辆，长安区147辆，鄠邑区250辆，高陵区260辆，蓝田县210辆，周至县217辆。在市区巡游出租汽车中，吉利甲醇车8120辆，比亚迪电动车7209辆。许可网约车平台14家，办理网约车运输证21622辆。市区巡游车单车日均营运25.6个乘次，全职网约车日均订单13.87单，巡游出租汽车日均客运量78.5万人次，网约车日均客运量41.3万人次。

◆交通优化提升 2021年，西安市全力推进中心城区交通优化提升三年行动，40项年度任务全部完成。累计打通“断头路”59条，改造提升背街小巷599条，打开封闭大院52个，疏解治理重点交通拥堵点段54处，市民出行更加便捷。编制《西安市交通运行监测月报》，为城市交通规划、建设、管理提供决策依据。完成以雁塔区第一学校、曲江第二小学和太华路唐城医院、西安市儿童医院为试点的93所学校和9所医院周边交通综合整治，积极打造安全上学路、畅达就医路“两路工程”。

◆慢行交通 2021年，西安市改善市民交通出行结构，倡导绿色出行，截至年底，西安市公共自行车建成有桩服务站点1943个，无桩服务站点6136个，闸机式中心站18个，投入运营公共自行车79000辆，日均使用量11.41万人次，单日最高使用量16.51万人次，服务面积约500平方千米。督促共享单车企业合理调整单车布局，确保区域投放量与实际需求量基本达到平衡。西安有美团、青桔、哈啰3家共享单车企业，总投放量29万辆，实现市民出行与地铁、公交有效接驳。（王嘉辉）

城市轨道交通运输

◆概况 2021年，西安市轨道交通集团有限公司坚持以习近平新时代中国特色社会主义思想为指导，围绕“建设全国一流地铁”的目标定位和“城市建设引领者和生活方式提供商”的企业愿景，坚持建设、运营、开发、投资“四位一体”良性发展，14号线顺利建成开通，并与机场城际铁路贯通运营，其他在建项目进展顺利，线网运营平稳有序，资源开发实现收益2.16亿元，全年完成投资259.88亿元，占年度计划的120%。西安市轨道交通集团党委获市级先进基层党组织，5名同志获省市级优秀共产党员和优秀党务工作者。

◆地铁工程建设管理 2021年，西安市轨道交通集团有限公司统筹推进工程建设，全面推广“市区共建”和“大标段”模式，持续强化工程建设管理，7条线路建设稳步推进，年内14号线高标准高质量建成通车。围绕第十四届全国全运会持续抓好城市精细化管理提升，开展地铁在建线路沿线道路环境、围挡瘦身、文明工地创建等工作，累计完成45万平方米42处代管道路提升改造，更换提升47处，收缩拆除85处，腾退缩减围挡面积约17.7万平方米，优化提升改造17座运营重点车站“四小件”和50座车站站外盲道，做到还路于民、方便市民。“北客站2、4、14号线换乘连廊”和“行政中心过街通道连通工程”顺利建成投用。持续创新施工工法工艺，推进智慧工地管理平台应用，全面降低施工风险，提升建设管理水平，地铁4号线工程获西北区域轨道交通首个“中国土木工程詹天佑奖”。截至年底，1号线三期7座车站主体结构封顶，2号线二期4座车站主体结构封顶，6号线二期17座车站主体结构封顶，8号线14座车站主体结构封顶，7座车站进入主体结构施工，10号线一期16座车站开工建设，15号线一期11座车站进入土建施工。

◆地铁14号线建成开通初期运营 2021年6月29日，西安地铁14号线经过34个月紧张施工，顺利建成开通初期运营，新增运营里程14千米，全市轨道交通线网总里程达到259千米，排名全国第12位。作为第十四届全国运动会重要交通设施配套工程，14号线在工程建设过程中克服跨越渭河灞河河漫滩、盾构区间地质构成复杂等工程难题，高标准高质量建成通车，创造西安市地铁建设最快速度，为全运会交通保障做出积极贡献。14号线西起北客站（北广场），东至国际港务区贺韶站，全线设车站8座，其中换乘站3座，分别在学府路站、双寨站、港务大道站与10号线、3号线、13号线换乘，并与原机场城际线实现贯通运营，串联西安国际机场、北客站综合交通枢纽及西安奥体中心，进一步助推空港新城、秦汉新城、未央区、浐灞生态区、国际港务区的产业升级与社会发展。14号线采用AI、5G等新技术，与地铁线网中心、人脸识别数据中心、语音识别呼叫中心进行业务数据整合，车站内安装出入口导向电子触摸LCD屏，方便查询周边信息，双寨站和奥体中心站安装嵌入站台门电子LED显示屏，实时显示列车到发信息、车厢拥挤度和温度，进一步优化乘车体验，提升地铁智慧化运营水平。

◆地铁运营服务 2021年，西安市轨道交通集团有限公司始终聚焦乘客需求，面对网络化运营新局面和新冠肺炎疫情防控新形势，持续优化线网运输模式，不断完善提升服务标准，精准施策推进疫情防控，全面提升运营服务精细化管理水平。坚持以人民为中心，上线运行“Ai畅行”服务品牌，推出文明引导、外语咨询、小鸣驿站、母婴室等特色服

2021年6月29日，西安地铁14号线正式开通运营，庆祝建党百年主题专列同期上线运行

2021年4月30日，西安地铁线网客运量达448.21万人次，创历史新高

务，改造提升全线网无障碍设备设施，与郑州、成都实现扫码乘车互联互通，进一步提升乘客出行的便捷指数。及时研判疫情防控形势，成立疫情防控应急处置机构，构建联防联控工作机制，严格执行“扫码、测温、戴口罩”等常态化防控措施，外防输入，内防反弹，全年对重点岗位人员开展核酸检测65000人次、重点场段取样检测22万点位，配合密接人员协查56.67万人次，筑牢疫情防控地铁防线。西安地铁线网全年运送乘客10.2亿人次，日均客流280.28万人次，最高客运量达448.21万人次，日均客运量和客运强度持续位居全国前列。全年17次调整列车运行图，最短行车间隔压缩至2分15秒，运行图兑现率99.99%，列车正点率99.96%，各项运营指标达到国内先进水平。运营分公司获“全国‘五一’劳动奖状”，运营分公司党委获省级先进基层党组织。

◆地铁商业资源开发 2021年，西安市轨道交通集团有限公司坚持转变经营发展观念，不断挖掘地铁资源开发新潜能，创新媒体开发应用，延展和拓宽地铁服务品质，增强自身发展动力。在2号线试点推行屏蔽门投影和区间隧道动画电子媒体，完成龙首原站、安远门站、万寿路站等13个商业项目优化提升；建成酒金桥站等7个“P+R”停车场和1个新能源充电站，有效缓解“有车族”换乘地铁停车难问题，拓展地铁资源开发收入新途径。以“城市驿站”的形式，加快沿线地铁综合出入口的改造提升，打造2号线钟楼站等12个集市民出行、便民服务、城市景观等功能为一体的城市“微中心”，进一步满足市民乘客多样化需求。全年实现资源开发收益2.16亿元，创历史新高。

◆地铁融资资金保障 2021年，西安市轨道交通集团有限公司持续拓展融资渠道，多措并举做实资金保障。全年落实银行贷款80.81亿元，发行全市最大额度的政府专项债40.25亿元，签订总额50亿元的融资租赁合同和2号线二期、8号线、14号线、丹凤门广场综合改造及周边市政配套项目专项债券转贷协议、资金监管协议44亿元，确保建设、运营和重点项目资金需求。获批国家发展和改革委员会申报注册的优质主体绿色债券，全年发行企业债券25亿元，为陕西省同期限企业债券利率历史新低；按照“市区共建”模式，与高陵等相关区签订筹资地块土地前期开发协议，为轨道交通三期建设项目资金筹措奠定基础。

◆城市综合枢纽建设 2021年，西安市轨道交通集团有限公司坚持把提升轨道交通承载力作为高质量发展新目标，积极谋划推动一批大项目，为轨道交通发展持续赋能。全力加快丹凤门广场综合交通枢纽建设，充分发挥技术优势，统筹加快施工进度，5月31日部分建成投用后，坚持以市民乘客需求为导向，持续优化改进交通接驳、导向标识、人行通道和地面慢行系统，顺利完成国庆大客流组织疏散及十四运火炬传递任务，至年底累计运送旅客超过1200万人次，受到各级领导高度肯定和各级新闻媒体的持续宣传报道。持续深化整合高铁东城片区设计方案，筹划完成核心区城市设计国际竞赛，基本完成核心区征地拆迁，启动回迁安置楼建设及“城市展厅”项目前期工作，为全面开工创造了条件。持续推进西户铁路改造提升工作，完成项目初勘工作，全面启动初步设计，建成后将弥补鄠邑区轨道交通空白。

◆地铁技术创新 2021年，西安市轨道交通集团有限公司坚持创新技术引领，面对城市转型升级和市民多样化的出行需求，统筹开展城轨交通数字化、网络化、信息化、智慧化建设，为轨道交通高质量发展筑牢根基。对标中国城市轨道交通协会《中国城市轨道交通智慧城轨发展纲要》，着力构造以云平台、大数据平台为支撑，承载智慧服务、智能运行、智能运维、智慧管理四大核心业务的智慧城轨体系，重点研究扫码过闸、人脸支付、智慧车站、智能车辆、云平台等创新技术，编制完成《西安智慧城轨发展纲要（2021—2035年）》，为后续高质量发展提供技术支撑。统筹推进线网规划研究，根据国土空间规划修编完成新一版《西安都市圈轨道交通线网专业规划》，按照市域线和城市轨道交通两个层次，构建“四横三纵两对角”市域快线系统，及时启动四期建设规划选线研究，做实项目储备。

（彭启昕）

邮政快递

◆概况 2021年，西安市邮政行业业务收入（不包括邮政储蓄银行直接营业收入）101.51亿元，比上年增长11.24%；业务总量88.72亿元，比上年增长12.74%。全市邮政服务业务总量13.57亿元，比上年下降6.28%；邮政寄递服务业务量23261.21万件，比上年增长7.70%；邮政寄递服务业务收入3.38亿元，比上年下降5.64%。全市快递服务企业业务收入84.18亿元，比上年增长11.19%；全市快递服务企业业务量78685.67万件，比上年增长17.24%。全年新增邮乐购站点4个，累计数量1217个。其中市内站点643个，县乡镇站点574个。西安市人民政府办公厅印发《西安市建设“中国快递示范城市”实施方案》，推动全市邮政快递业健康快速发展，更好地服务于国家中心城市、国际化大都市和国家物流枢纽承载城市建设。

◆邮政普遍服务 2021年，西安市306个邮政营业网点电子化运行率达到100%，38个空白乡镇网点全部按要求开办业务。全市营业服务达标率100%，网点签到、签退率达到100%；普遍服务网点（含空白乡镇补建网点和委代办网点）100%满时满点正常提供普遍服务；营业网点实名制收寄率100%；认真落实收寄验视制度，全年未出现违规收寄问题和收寄安全事故。平信丢损率低于1‰，给据邮件丢损率低于0.1‰，党报党刊县级以上当日见报。建制村全年正常通邮。客户申诉处理满意率100%。全市完成建制村投递打卡比率95%。全年社会监督员完成邮政网点检查210处，快递网点60处，走访用户150人次。扎实开展全市邮政业“扫黄打非”工作，共出动执法检查人员370人次，开展执法检查活动80余次，检查邮政快递收寄场所120处，检查接办目录7个。强化邮票发行监督管理，对2021年发行销售的《辛丑年》《中国共产党成立一百周年》等纪特邮票进行专项检查，共出动182人次。

◆邮政综合服务 2021年，西安市邮政管理局督导邮政企业继续做好邮政综合服务平台建设工作。

警邮合作　邮政代办交管业务的70个网点共办理业务3853笔、实现业务收入85806元。自2018年8月开办业务至2021年底，全市开办代理交管业务的70家网点，累计办理业务7276笔，累计实现业务收入126340元。

税邮合作　邮政企业在原有税务单位合作的基础上，开展该项业务，纳税人在“电子税务局”平台申请领用空白增值税专用发票、增值税普通发票及申请代开的增值税专用发票（包括涉税文书和其他涉税资料）的邮政寄递服务，邮政服务人员进驻各地办税大厅，使用“陕西政务专递”服务产品将相关涉税凭证资料邮寄送达给指定纳税人。发票、资料寄递业务5.90万件，业务收入52.86万元。

政邮合作　提升拓展政务服务网线上业务营销，加强走访推进，建立以窗口为主导的审批寄递运行新机制，在100%进驻24个政务大厅的基础上实现业务增量点；强化与西安市各政务大厅合作紧密度，“线上+窗口”开办邮寄业务，累计寄递票据证明类业务8.63万件，收入91.25万元。

◆快递“两进一出”工程 2021年，西安市邮政管理局按照政府引导、市场主导的原则，确定“科学筹划、因地制宜、分类推进、注重实效”的十六字工作方针，以“邮快合作”为托底，以“多种合作”为主干，采取“挂牌督战”和“逐县督导”的方式，加快构建畅通便捷、经济高效、便民利民的县乡村三级快递物流服务体系。10月底，在全省率先实现建制村快递服务全覆盖。快递进村服务现代农业项目中，猕猴桃快递业务量全年完成2455.62万件，业务收入1.96亿元，带动农业总产值4.54亿元，拉动就业4158余人，带动果区农民人均年收入过万元。制订“快递进厂”工作方案，引导快递企业对接制造企业，进驻制造业产业聚集区，依托生产要素集聚优势，主动嵌入制造业生产供应链。顺丰、京东等快递企业已经签订企业协议用户超过2万余家，为三星、华为、比亚迪、法士特、陕重汽等知名在陕企业和陕西众信医药超市连锁股份有限公司、西安长庆化工集团咸阳石化有限公司等企业提供优质高效的寄递服务，全年累计服务各类制造类企业寄递快件业务量超过3000万件。引导寄递企业主动服务和融入“一带一路”建设，促进中欧班列“长安号”运邮常态发展。顺丰国际货运航线首度拓展，正式开通运行“西安—东京”定期全货运航线和“西安—新西伯利亚”航线。促进邮政快递服务与跨境电子商务协同发展，西安市快递企业全年向欧洲36国通过中欧班列长安号发运集装柜66柜，托运物主要为衣服、口罩、厨房用品、洗居用品、工业用品、机器等，货物重量1472吨。

◆邮政重大风险防范 2021年，西安市邮政管理局圆满完成重大活动寄递安保任务，3月“两会”召开、7月建党100周年庆典活动、9月和10月召开的第十四届全国运动会和全国第十一届残疾人运动会暨第八届特殊奥林匹克运动会期间，全市邮政快递行业全体从业人员从安全、服务、稳定三个方面建立健全“四专”工作机制，修订《西安市邮政业突发事件应急预案》，压实企业安全生产主体责任，加强行业安全服务日常管理，保障重大活动期间和业务旺季期间全市寄递渠道安全平稳运行。持续开展快递市场清理整顿、执法不规范专项整治、“四不治理”专项治理、加强消费者投诉申诉处理等工作，持续净化快递市场经营秩序。牢固树立“安全发展”底线意识，建立健全政府、企业、网点、员工四级安全责任体系，发挥部门联合执法检查合力，实施寄递安全综合治理推进。全年下发责令改正通知书69份，行政约谈41次，立案行政处罚18笔，处罚金额68.2万元。做好疫情期间复工复业工作，在12月23日零时起全市小区（村）单位实行封闭式管理的消息发布后，立即向西安市疫情防控指挥部请示为邮政快递专用运输车辆开辟绿色通道，协助疫情防控指挥部办公室为陕西省机要通信局核发车辆通行证14个、人员通行证83个；为13家品牌寄递企业发放18668个通行证，按照“精准、渐进、可控”的原则，协调各区（县）疫情防控指挥部给各复工复业企业和网点办理人员通行证4000余个。截至此轮疫情基本遏制，全市邮政快递企业人员到岗1.9万余人，人员到岗率突破68%，恢复正常营业的邮政快递网点超过5400个，复工复业率超过75%，日均揽收投递邮件快件突破280万件，行业运行能力恢复到日常的70%左右，在紧要关头发挥了行业保民生、保畅通、保稳定的作用。

◆邮政绿色发展 2021年，西安市邮政管理局持续开展行业生态环保专项检查，联合西安市生态环境局、西安市市场监督管理局、西安市商务局、西安市文化和旅游局等单位组成联合督察组开展督导检查。加强行业生态环保执法，通报、集中约谈在行业生态环保方面存在隐患和问题的企业，督导企业及时整改。行业绿色发展水平进一步提升，全市行业绿色发展卓有成效，新能源车辆突破1000辆，纳入规范通行管理的邮政快递电动三轮车超过1万辆。电商快件不二次包装率稳定在98%以上。可循环中转袋快递企业使用率97.75%，邮政中转中心使用率100%。邮政快递企业采购使用符合标准的包装材料应用比例87.50%，按照规范封装操作比例99%，无重金属和特定物质超标包装袋库存量，可循环快递箱(盒)使用量超过6万个。邮政营业网点、揽投网点、揽投部布放标准包装废弃物回收装置比例94.06%。邮政营业网点及揽投网点配备封装胶带均为40毫米窄胶带，使用率100%。普遍服务营业网点新型电子面单使用量480636件，占比99.98%。

◆邮政治理 2021年3月24日，西安市邮政业安全发展中心经中共西安市委机构编制委员会办公室批准设立，为西安市交通运输局所属正处级公益一类事业单位，标志着市邮政安全监督体制的摸索取得阶段性成果。中心业务上受西安市邮政管理局引导，承担邮政业安全监督信息化体系的建设和管理；负担邮政业安全和应急值守、应急信息报送工作；展开邮政业安全监督和发展规范的研究；承担邮政业安全教育、培训、职业技术判定、消费者投诉等；配合做好全市邮政业重大突发事件的统筹调度等工作。优化行业营商环境。树立行政审批、经营许可审批工作新理念，严格按照法律法规落实快递业务经营许可审批程序和事中事后监管，维护快递市场良好经营秩序和发展环境。全年收到快递业务经营许可申请48家，受理并实地核查企业48家，核准15家；收到变更申请20家，受理13家，核准变更申请3家；收到分支机构变更80家，核准33家；收到末端备案申请6911家，审核通过4806家。全年办理邮政营业场所撤销3起，营业场所新增3起，准予暂停办理普服业务备案申请67起，其他审批事项25起。所有审批程序规范有序，所有档案资料整齐完备。围绕强化全市邮政快递业安全监管能力建设，为保障寄递渠道安全、推动全市邮政业安全发展提供相关支撑、服务和保障。提高申投诉处理能力和水平，抓好抓实“第一时间、专人处理、结果反馈”三个环节，确保申投诉问题不积压、不推诿、不应付。11月，

2021年11月10日，西安市邮政快递业工会联合会会员网上集中入会暨全市新就业形态劳动者温暖行动服务月活动启动仪式举行

邮政业消费者申诉服务电话“12305”与“12345”市民热线正式并线，全年“12305”申诉办理3088件，全部办结，完成率100%；“12345”市长热线共办理11907件，办结11891件，完成率99.86%。

◆快递员权益保护 2021年11月10日上午，西安市邮政快递业工会联合会会员网上集中入会暨全市新就业形态劳动者温暖行动服务月活动启动仪式在主会场和13个网上分会场同步举行。旨在维护邮政快递从业人员的合法权益，贯彻落实好全国总工会关于新就业形态劳动者劳动权益维护工作会议精神和最大限度将“八大群体”人员吸纳到工会组织中来的要求。工会联合会成立后，在劳动就业、工资报酬、社会保障、困难帮扶、安全生产等方面为快递员提供优质服务，切实维护快递员合法权益。强化行业人才队伍建设，全年有7605名学员报名参加快递从业人员职业技能培训。持续开展“暖蜂行动”，为快递员群体协调公租房廉租房等保障房数量35套，夏“送清凉”、冬“送温暖”，快递员纳入农民工免费体检范围，分批分片进行体检。12月29日，与西安市人力资源和社会保障局联合印发《关于做好基层快递网点参加工伤保险的通知》，将快递员优先纳入工伤保险保障范围，推动企业为快递员购买社会保险或商业保险等覆盖13876人。 （王君霞）

◆中国邮政集团公司西安市分公司 2021年，中国邮政集团公司西安市分公司下辖15个县（区）分公司，市分公司机关下设市场经营部门、经营支撑部门、综合职能部门、直属单位共计12个部门。直属单位是信息技术局。全市现有从业人员（含寄递事业部）5875人。有邮政普遍服务网点315处，其中城市网点165处、乡镇农村网点150处；空白乡镇补建网点41处；邮储网点226处；邮路315条，邮路总里程2.42万千米；投递段道1938条，投递总里程2248.97千米，农村投递线路长度1.73万千米；邮运车辆506辆。全市邮政服务面积10108平方千米（含郊区县和杨凌国家农业高新技术产业示范区），服务人口1295.29万人。

经营与发展 围绕中国邮政“二次崛起”战略目标和“四梁八柱”战略部署，坚持“促改革、抓重点、保当前、提质效、谋长远”，提高经营质效，推动转型创新，统筹疫情防控和改革发展，全年实现收入13.76亿元，比上年增幅0.58%，实现利润2292万元。人均劳动生产率38.42万元，比上年增长2.6%，高于全省平均水平4.4%。顺利通过国家级文明单位复审，被中国保护消费者基金会授予“重质量守信用满意单位”称号。西安市分公司党委获评“市国资委先进基层党组织”荣誉称号。

代理金融业务 牢固树立储蓄余额发展核心地位，以保险、理财为发展两翼，不断提升中间业务收入占比，实施客户精细化管理，拓展新业务市场，促使代理金融业务实现健康发展。全年实现业务收入7.73亿元，比上年增幅11.68%，较全省高1.75个百分点，完成全年预算的104.76%。储蓄余额规模突破500亿元大关。全年储蓄余额新增33.5亿元，价值存款新增40.2亿元。全年新增标保117.6亿元，比上年增长30%。长期期缴全年新增4.59亿元，占比提升10个百分点。中邮保险总保费新增2.94亿元，其中长期期缴全年新增1.94亿元，中邮保险新单总保费、长期期缴、终身寿险、健康险四项指标均圆满完成全年发展目标，理财保有量达到28.9亿元，月日均新增3.95亿元，排全省第一，进度141%。非货币基金销量4.99亿元，年增量排全省第一，成功晋级全国百强地市第一梯队。项目款揽收、商户收单、数字人民币等多项重点业务及项目均实现增量发展。线上、线下融合推动全渠道经营，全年新增手机银行13.57万户，新增三方绑卡14.41万户，拓展微邮付商户2.67万户，资产提升8.1亿元，列全省第三位。“数字风控”建设全面推进，迭代升级智能风控系统，全市实现零风险事件，风控水平持续提升。

寄递业务 坚持“做精标快业务，做优快包业务，做稳普包业务，做大国际业务，突破发展同城业务，深化营揽投体系建设”发展思路，通过建仓引商、项目带动等措施，全力打造“寄递翼”业务，做大快递包裹规模，促使寄递业务发展质效持续提升。全年实现寄递业务收入3.95亿元。特快业务增长12.06%，实现规模发展，近年来首次全年增幅超顺丰实效件增幅。特快业务紧抓重点项目。政务市场专递重点项目实现收入4400.99万元，增幅33.18%；商企重点项目创收1648.38万元，增幅21.98%，身份证项目、车牌寄递业务、交管项目、法院项目、工行国际卡函寄递业务均实现增量发展；法院项目创收1362.6万元，增幅38.57%；保险行业项目创收357.02万元，增幅65.14%，平安财险保单寄递项目成为全省保险行业的支柱项目。写字楼市场实现专人进驻109栋，月均收入超100万元，增幅超45%。“雷霆行动”及“冲刺跨年、决胜旺季”等竞品客户抢挖活动累计开发特快客户862户，创收2418.58万元。快包业务实现收入1.85亿元。持续加大轻件、小件、散件揽收，集包封发等业务发展，全年轻小件快递包裹占比51.1%，较上年底提升14.72个百分点。自营+租用仓储11处，入驻客户32家，月均收入650万元。国际业务实现收入0.75亿元。

集邮与文化传媒业务 整合内外部资源，加强产品研发，拓展销售渠道，以“开放、合作、共赢”理念，推进集邮与文化传媒业务创新发展。集邮业务开展的建党百年专项营销活动创收286.84万元，完成计划的143.42%。贵金属产品盘活收入2674万元。集邮线上业务收入1095.38万元，完成计划的152%。地推活动创收970万元；定向产品开发收入518万元。举办《中国飞机（三）》、十四运、西电建校90周年等邮票首发活动，实现社会与经济效益双赢。函件业务强化十四运项目运营和策划，成功开设十四运主题邮局、主题专厅专柜、全运村主题邮局，创收1007.54万元。新增大唐邮驿、十四运旗舰店、全运村共5个主题邮局，累计创收346万元。工行约投项目累计创收629万元，占比25%，有效拉动传统收入。报刊业务实现政务类图书流转额526.14万元，完成计划的131.54%，列全省第一位。

农村电商业务 围绕“融合、叠加”要求，持续打造“省际互销+产地直采+终端直供”农产品销售模式，自营农品销售突破2000万元，增幅7.21%。邮乐“西安振兴馆”先后开展十四运特产专区、抗疫蔬菜、普罗旺斯西红柿等项目营销，线上交易额突破400万元。渠道运营加快场景化转型，培育批销站点340家，其中优质站点比例达到85%。拓展社群营销场景，邮乐小店累计分享29万次，获取客户87.31万次。时点项目均超额完成计划，进度全省领先。分销创收2319.71万元，比上年增长20.65%。

板块协同 邮政各板块加快协同发展，实现收入3.35亿元，增幅46.93%。完善协同项目管理及考核激励办法，建立重点项目任务清单，强化协同项目常态化过程管控，促使集团和省级协同项目高质量发展。集团六大市场协同项目和总部项目均超额完成计划目标。惠农合作项目实现突破，累计实现收入1.72亿元。政务项目实现多项突破，身份证项目成功推出非市户籍人员证件邮寄新服务，创收8206万元。汽车产业链实现1817万元、医药市场实现393万元，电商市场实现2042万元。警邮项目在全市12个网点上线开通抵押解抵押新业务。法院项目实现法院合作全覆盖。军民融合项目超目标计划实现翻番，邮银新增退役军人客户4894人。公司客户引荐、三方存管、数字货币、中邮长期期交、终身寿险等版块协同、省内自主协同项目均超额完成计划任务。惠农合作项目深入推进。统筹推进“融资E”协同服务、农产品销售、农品寄递以及信用村建设等工作，融资E放款2849.9万元，完成计划142.5%，农品寄递4408万件，收入15077万元，进度150.77%，农品销售完成收入2020.5万元，进度100.02%，中邮简易险累计完成81.48万元，进度116.4%。客户协同取得新进展。重点总部项目累计实现收入1279.69万元，完成计划127.08%。工行项目新增国际业务，累计发寄邮件150.7万件，收入875.2万元，比上年增长28%。公安交管项目实现新突破，揽收102.76万件，增幅16.93%，收入1369万元，增幅62.72%。十四运项目累计创收1151.42万元，全运村主题邮局创收101万元，荣获十四运组委会颁发的“特别贡献单位”荣誉称号。依托“邮生活”会员服务平台，推进积分兑换试点，全流程跟进，累计兑换积分9811分。

经营管理 继续推行经营对标管理推动奖励办法，全方位开展行业内外对标，金融收入进度、增幅持续高于全省平均水平。强化经营对标分析通报，推进业务结构不断优化，发展速度不断提升。加强预算进度管控、营销费用管控，大力开展“比学赶帮超”活动，强化专职营销管理体系，夯实经营管理能力。持续强化数据中心能力建设及科技人才培训。推进“北斗星”金融数据营销系统，ERP、CRM应用更加深入，有效支撑业务发展。全年完成数据项目50个，使用数据29.14万条，触达客户14.15万户。金融专业累计挖转金额6.3亿元，清理绑定微邮付他行账户3368户，活跃商户新增7591户，资产提升8.1亿元，清理无效户5889户，启动收费1662户，节约成本565万元；寄递专业累计揽收11.86万件，收入1337.55万元；文传专业实现商函收入46.69万元；渠道平台发展邮乐VIP客户500人，收入6.08万元；平均营销转化率34.17%。

普遍服务和特殊服务 健全市、县级服务质量监控管理体系，制订完善管理考核办法，对普遍服务问题考核追责。开展服务开局“十四五”“三升三降六达标”活动，采取各单位全面自查、市分公司监控抽查、现场检查、以查代培等方式，重点加强条码平信、普通给据邮件、规范服务、投递质量等热点、难点问题督导整改，对全公司所有普遍服务网点100%全覆盖检查督导。全年开展监督检查145人次，检查场所75处次，下达责令改正通知书20份，行政处罚2起，处罚金额2.1万元。普遍服务核心指标全面达标。剔除疫情因素，财政部三项重点指标中，西安市省会城市间普服邮件全程时限平均时长为2.30天，高于集团公司目标值0.2天；普服网点营业时间达标率、建制村直接通邮率、申投诉处理满意率均保持100%；条码平信保持0断点率，普服给据邮件信息断点率保持在万分之一以下；乡镇普服网点覆盖率、通邮率、营业时长、《人民日报》当日见报率等均保持100%，营投合一单人局所数量连续2年保持为零。机要通信安全畅通。全面改造普服网点10个，局部改造264个，转型覆盖率达71%。严格落实西安市邮政管理局“三项制度”要求，营业网点实名制收寄率保持在99%以上，开箱验视、扫黄打非责任书规范签订率保持100%；未发生触碰“两条红线”事件和机要安全事故，圆满完成59个巡视信箱的邮件寄递保障任务。

基础建设和寄递服务 建成自提网点数量9126个，快包自提率80.17%，较年初增幅27.3%，其中易邮自提系统邮件比率7.24%，较年初增幅5.98%。新增春临路、建章路两个揽投网点。旺季生产期间，在曲江、电子城、北关等揽投部试行“处理中心直分+揽投部直投”模式，实现效率提升。全市时限管控指标提升明显。实物网主要管控指标运行平稳，邮车运行准点率、收寄及时率、及时妥投率、信息完整率均高于全国均值。行业时限库特快线路赶超、持平竞品275条，占比87%；快包赶超、持平竞品252条，占比78%。收寄、投递两大重点环节单价均有压降，收寄下降0.16元，投递下降0.07元。渠道转型加速推进，全市已转型网点共224个，转型覆盖率71%。收入万元以上的网点占普服网点总数（315家）的96.2%，收入5万元以上占比80%。已建设标准化校园网点57个，校园市场寄递收入1883.5万元。建成主题邮局6家，实现收入346.77万元（含临时），完成计划进度的115.6%。新普服网点实现累计转型123家，均已达到4项业务的叠加要求，业务叠加产生收入379.53万元。协调推进县、乡、村三级物流体系建设。建设村级邮政综合服务站点、易邮自提站点627个。周至省级示范县和阎良、鄠邑市级示范县初步达成建设目标。区（县）邮快合作签约快递品牌7家，签约协议覆盖建制村1030个，覆盖率占比58.03%，开展邮快合作建制村478个，覆盖率25.94%，代投社会快递3.09万件。开展寄递服务质量专项整治，围绕“有责丢失、未预约投递、客户沟通渠道不畅、揽投名址不匹配、品牌形象不统一、一线员工培训不到位”六大寄递服务难点、痛点问题，加强检查督导。强化“收、分、运、投”四大环节时限管控，明确各环节生产运营标准，规范业务处理，提升服务水平。在集团公司2021年寄递服务重点城市公众满意度测评中，评分指标达标。落实国家邮政局“2582”工程，绿色运输指标稳步提升，新能源车辆占比74.87%；绿色包装全面落实达标，绿色包装箱全市所有营投网点实现全覆盖，窄胶带使用率100%，电子面单使用率为99.8%，协议客户新型面单使用率达到99.9%。电子城及金花路揽投部绿色网点建设试点验收全部达标。

抗疫保畅 在防疫物资和民生物资运输配送、提供普惠金融服务等方面积极作为，始终保障县以上城市党报党刊当日见报，普服邮件投递全覆盖，机要通信安全畅通。全市累计完成运输防疫物资750趟次、7万多件，总重量230余吨；运输民生保供物资300趟次，配送净菜2.65万件；第一时间响应西安市应急管理局、西安市防疫指挥部紧急调运需求，为西安“火神山雷神山”方舱医院拉运“紧急呼救器”37台。中央电视台、新华网等40余家媒体持续报道西安邮政抗疫保畅事迹，邮政“国家队”形象有力彰显。（何丽蓉）

综　述

◆概况　2021年，西安市大数据资源管理局围绕全市工作主线及大数据事业发展主责主业，强基础、补短板、抓提升，加强基础设施建设，政府数字化建设取得新成效，智慧城市建设实现新进展，大数据产业发展打开新局面，全市数字经济建设工作能力进一步提升，市民热线服务效能切实提高，信息化项目建设形成新模式，疫情防控工作有效开展，圆满完成中华人民共和国第十四届运动会信息技术保障，安全生产工作迈上新台阶，各项工作取得较好成效。

（张　磊）

◆“两化融合”建设　2021年，西安市完成工业互联网生态体系构建，推进工业互联网诊断服务，第一批44户企业诊断全面展开，法士特等3家企业项目被评为数字化典型应用场景在全省推广。加快西安工业云建设应用推广，完成平台域名更换及功能升级，累计注册用户16872个，其中企业用户9298户。加快推进5G产业发展，累计建成5G基站22360个。全力保障“十四运”顺利召开，完成165条道路通信线缆落地、1861个老旧小区通信线缆落地、“17+25”重点道路通信基础设施整治提升工作。

（李　汶）

◆政府数字化建设　2021年，西安市大数据资源管理局研究制定《西安市政务信息系统打通与数据共享工作实施方案》，推进各部门政务系统与一体化政务服务平台整合，配合“互联网+监管”项目完善数据资源目录，加快数据归集、数据赋能和数字惠民服务，推进跨层级、跨区域、跨系统协同管理和服务，政府数字化能力不断增强，群众获得感显著提升。累计打通政务系统206个，归集数据102亿条，完成32个市级部门自建系统、“i西安”小程序与一体化政务服务平台对接。推进部门移动端事项向“i西安”配置，完成“i西安”与“秦务员”对接事项200余个，为市民提供高效、轻便的数字服务新窗口。做好电子政务网络、社区专网、政务云及云上业务系统、智慧西安时空信息云平台以及政务机房等日常巡检和维护，为政府数字化建设提供坚实的资源和技术支撑。

◆智慧城市建设　2021年，西安市大数据资源管理局编制《西安市“十四五”智慧城市建设规划（送审稿）》。组织建成全国首个副省级城市社会治理综合指挥信息平台和“长安e格”App，新增平台统计分析、指挥调度、分析研判、考核评比等功能，推进平台及“长安e格”App在全市20个区（县、开发区）全面应用，配合完成数字化城市管理信息系统升级。完成智慧“十四运”与数字孪生项目建设，为赛会安保预案模拟、警力部署和实战指挥提供坚实保障。规范开展公安、民政、住建、资源规划等地址编码标识，继杭州、深圳后全国第三个编制出台统一地址标准规范，为社会治理提供智能底板和全国样板。以数据治理为突破，会同西安市公安局、西安市民政局等组织完成2021年度智慧社区（小区）申报及认定，确定雁塔区红专南路社区长庆坊小区等4个四星级智慧社区（小区）、经开区白桦林居社区白桦林居小区等3个3星级智慧社区（小区）为首批西安市智慧社区。西安市大数据资源管理局获智慧中国年会“智慧城市公共管理创新奖”。

◆大数据产业发展　2021年，西安市大数据资源管理局深挖潜能，做好先进制造业大数据产业扶持项目、工业转型升级项目征集和2020年相关项目中期评估。完成大数据企业监测服务平台建设方案初步评审和项目前期准备，为促进产业生态体系建设奠定初步基础。配合西安市投资合作局整理公布信息化建设项目机会清单。指导西咸新区、高新区、航天基地、浐灞生态区积极进行大数据产业示范园打造。联合高新区召开西安市首届大数据产业生态建设峰会，会上与多所高校发起成立大数据与公共管理研究院、大数据创新发展研究院、大数据人才应用能力实训基地等“产学研用”平台。指导大数据产业协会召开第一届理事会第二次会议。

◆数字经济发展　2021年，西安市大数据资源管理局编制《西安创建数字经济创新发展试验区方案》初稿，配合陕西省人民政府认真做好试验区创建前期准备工作。选拔推荐纸贵区块链版权存证平台、区块链果品溯源平台等8个区块链典型应用案例。成功举办2021西部数字经济博览会及2021大数据局长（西安）圆桌论坛，发布《中国区域数字贸易竞争力评价指数》和《2020年西安市大数据产业地图》，指导未央区举办“党建引领·数智赋能·共筑生态”——2021未央区数字经济与“双碳战略”融合发展论坛。组织各区（县、开发区）数字经济建设牵头单位及市级相关部门进行数字经济专题培训，进一步提升全市数字经济建设工作能力。

◆“12345”市民热线　2021年，西安市“12345”市民热线服务中心扎实推进热线综合服务平台升级扩能建设，进一步加大非紧急类政务服务热线归并优化整合力度，不断提高热线诉求响应率、工单办结率和市民满意率，全面践行“我为群众办实事”，真正做到“民有所呼、我有所行”。累计整合非应急类热线38条，完成热线中心新址搬迁、系统升级调试，扩充话务员至360人。与“110”“119”“120”“122”等紧急热线、水电气暖等公共服务热线、市社会治理综合指挥信息平台建立业务联动，有效解决群众大量“急难愁盼”问题。在西安市政府网、西安政务服务网等网站，“西安发布”“古都先锋”“西安交警”等微信公众平台以及“i西安”App等增设“民呼我行”服务模块。截至11月底，热线平台呼入呼出总数5101537个（含多媒体收件），累计产生工单2652688件，已办结2629282件，办结率99.12%，整体满意率88.72%。热线接得快、分得准、办得实，有效打造便捷、高效、规范、智慧的西安政务服务“总客服”形象。目前，有18个部门和区（县）向大厅派驻专席。7月，“12345”市民热线作为市级部门唯一党建基层示范点，完成接待中央组织部领导关于“民有所呼、我有所行”现场观摩活动。根据全市疫情防控形势和话务高峰，完成增配100名专业话务员，成立疫情防控话务受理应急团队，与西安市疫情指挥部、西安市疾控中心建立异常敏感人员信息共享跟踪处置全流程工作机制。根据全市重点工作和热线平台运行实际，完成文明创建、市级部门公众满意度、疫情防控、“十四运”和城市积水等5期数据分析报告；与市委考核办建立全市目标责任季度考核和市级部门公众满意度半年考核工作机制；与市纪委相关部门建立区（县、开发区）工作作风评价季度考核和问题线索梳理提供机制；与市委文明办建立每周问题通报排名工作机制；与市委、市政府督查室建立重点问题协查督办机制。

热线品牌宣传推广　7月30日，正式开通西安“12345”微信公众号，完成审核发布内容13期，为市民提供政务咨询、建议、诉求一站式受理服务，获得社会广泛关注，截止11月3日，粉丝量达28.6万人。9月下旬，在广西北海召开的2021年第三届全国政务热线联盟高峰论坛上，西安“12345”热线在服务质量评估中被评为“A+总体评估优秀”单位，同时获“服务创新优秀单位”称号。落实市委“民有所呼、我有所行”党建品牌创建要求，制作热线视频宣传片2个，组织话务员开展“迎十四运”快闪活动1次。与西安电视台合作录制《好好生活·市民服务热线》栏目112期；协调全市热线承办单位做客陕西省交通广播“91.6热线进行时”录制栏目53期，通过“一马当先早高峰”栏目宣传优秀案例211期。

◆**信息化项目建设**　2021年，西安市大数据资源管理局印发《信息化项目集约统建实施细则》，细化规范市级各部门信息化项目申报、审核、建设、管理等流程和要求，夯实统筹建设、科学管理基础。加强信息化项目全生命周期管理，做到标准统一、流程规范、调度及时、文档齐全、监测精准。全年评审信息化项目46个，报请西安市人民政府同意计划3批次建设项目30个，原预算金额34620.49万元，核减后金额22377.61万元，核减比例35.36%，节约经费12242.88万元，在节约财政资金、促进数据共享和业务协同、打造产业生态等方面的优势日益凸显。按照一次投入、多处应用、多次复用的原则，组织专业团队分析各部门项目需求，科学整合相关项目并组织项目实施。数字秦岭提前建成并交付使用，文化旅游行业运行监测与指挥平台、河道智能监测基础平台与移动端平台、“互联网+监管”系统等已上线并试运行。

2021年6月16—18日，2021西部数字经济博览会在西安召开

◆**疫情防控**　2021年，西安市大数据资源管理局运用大数据技术助力疫情精准防控，不断完善优化“一码通”等平台功能，有效支撑基层防疫、保障社会经济正常运转、防范化解疫情传播扩散风险。配合综治平台完成地区网格编码与“一码通”小区地点码绑定。完成疫情防控公共服务平台搭建上线，对接打通“一码通”平台，实现“一码通”个人疫苗接种记录查询及电子码标识。配合建设西安疫情综合管理据平台，完成高中风险地区人员、境外入境人员、密接人员、区（县）摸排人员数据五级纵向派单核查及区（县）各级横向人员流转。上线新版“i西安（一码通）”小程序，实现“一码通”与一体化政务服务平台融合。“一码通”平台累计注册人数4655万人。

◆**“十四运”技术保障**　2021年，西安市大数据资源管理局向“十四运”执委会信息技术部增派局领导1名、技术骨干1名，进一步强化“十四运”技术人员力量。按期高标准完成奥体中心“一场两馆”等8个市属场馆以及马拉松沿线和全运村的信息化建设任务，推进5G智慧场馆建设，制作“三合一”全运通行码，为观众带来流畅的智慧观赛新体验。按时完成“十四运”信息化设施建设、验收等工作，运用信息技术实施全程全方位精准保障，圆满完成“倒计时100天”、开幕式等大型活动及各项赛事保障任务，真正做到让盛会只留经典，不留遗憾。

◆**2021年西部数字经济博览会**　2021年6月16—18日，在西安国际会展中心、西安国际会议中心召开，主题为“提速数字经济　共享数字未来”，有来自省内外35个地市参与，200余家行业领军企业参展，设置8个主题展区。会上发布《中国区域数字贸易竞争力评价指数》和《2020年西安市大数据产业地图》，举办西部数字经济高质量发展论坛和2021大数据局长（西安）圆桌论坛，全国35个地市大数据主管部门领导共同发布《大数据产业高质量发展宣言》。

◆**西安市首届大数据产业生态建设峰会**
2021年5月31日，由陕西省工业和信息化厅指导，西安市大数据资源管理局、西安高新区管委会联合主办，西安市大数据产业协会、西安财经大学、西安高新区软件和信息服务业商会承办的“西安市首届大数据产业生态建设峰会”在西安高新国际会议中心召开。大会以“产业生态共建，价值资源共享”为主旨，旨在推动大数据产业发展，共同打造数据新生态，赋能产业再升级。大会邀请省、市相关部门领导、专家学者，行业协会以及优秀大数据企业代表、媒体代表等约200人参会。会上，西安交通大学网络空间安全学院院长苏洲、西部数字经济研究院院长张鸿、中国电子系统技术有限公司副总裁周崇毅、西安电信物联网中心智慧社区负责人刘建明、中国联通专家数字科技有限公司数据智能事业部经营管理部总经理潘登、大数据创新发展研究院院长孔宪光分别就大会主题发表演讲。大会共发布供需信息50余则，推进落实精准有效的“校企供需对接”工作。西安市大数据资源管理局与西安财经大学公共管理学院签约《大数据与公共管理应用研究院》协议；陕西金贝先华商业运营管理有限公司、西安市大数据产业协会、西安市区块链协会、西安高新区软件和信息服务业商会成功签约《战略合作协议书》；同时还有6家企业相互签订合作协议。与会领导与院校领导、企业代表共同为大数据与公共管理应用研究院、西安大数据创新发展研究院、大数据人才应用能力实训基地、西安大数据创新发展联合体揭牌。陕西省工业和信息化厅、西安市大数据资源管理局、中国电子系统技术有限公司、美林数据技术股份有限公司、华为技术有限公司陕西分公司、陕西省信息化工程研究院参与高峰对话，分别围绕大会议题，立足各自专长，结合发展实际，展开深入探讨。（张　磊）

电　信

◆概况　2021年，中国电信西安分公司坚持守正创新、领跑云改数转、全面打造一流企业。全年电信业务总收入62.56亿元，年末固定电话用户224.3911万户，移动电话用户574.9218万户，宽带接入用户293.6219万户，iTV用户238.2020万户。云业务收入份额提升至37.22%。综合服务满意度81.32，同行业排名第一。持续强化网络信息安全，诈骗电话举报量比上年下降33.47%，信息安全类投诉较年初日均下降84%，圆满完成“两会”“十四运”“建党百年”等网信安全保障任务。全年向西安市上缴税金4123.82万元。全年为西安市提供社会就业岗位220个，全部从业人员6322人，平均年龄39.5岁，大专以上学历占全部从业人员72%。

◆抗击疫情　2021年，中国电信西安分公司广大干部员工在疫情中冲锋在前，保障政府75场视频调度会议，为政府、医院、隔离点、监测点等重要点位开通应急宽带1463部、光纤及电路72条，安装3.12万部天翼门磁，群发防疫短信6132万条。紧急支援150人保障“12345”热线畅通，支援27人保障“120”话务接通，41名装维人员深入向阳沟隔离点保障。全年投入600万元专项资金，用于购买防疫用品和发放防疫补贴。

◆电信业务　2021年，中国电信西安分公司建立以客户为中心的服务理念，综合服务考评连续三年稳步提升，综合满意度同行业领先，有效申诉率连续三年下降，2021年降幅60.76%。移动市场取得再突破，有效用户全年净增33.7万人，完成率91.44%。5G用户净增116.81万人，完成率86.73%。5G用户份额达到39.35%，全省排名第一，比上年提升0.63%。宽带计费用户净增14.69万人次，完成率83.93%，宽带份额53.30%，千兆宽带占比11.46%，比上年提升10.73%。全屋WiFi用户发展21.37万人次，完成率35.32%。天翼看家净增9.66万人次，完成率166%。铸强综合渠道能力，线下有效门店达1698家，完成全年目标106.13%，增加46.76%。线上运营初见成效，企微粉丝量突破55万，完成目标的111.42%，业务突破20万笔。DICT签约再创新高，签约金额突破10亿大关，千万大单金额增长134%，To B收入增量贡献占比41%。云收入持续增长，云业务收入完成31077万元，完成全年指标的100.64%，全省排名第三，收入增幅109.32%，云电脑新增47421台，完成全年任务的200.9%。

◆电信数字化转型　2021年，中国电信西安分公司加快推进云改数转战略落地。以“一码通”平台为起点延伸，持续拓展优化联防联控、疫苗预约、核酸检测等平台建设，助力科技抗疫，打造“全运通”平台，保障63个场馆千余场赛事的防控管理。深耕工业云平台，累计注册企业8834户，用户16805个。抢占智慧社区平台，围绕小区安全，首批试点23个小区。开展数智支撑保障7750次，数据支撑报表257套；AI智能外呼节约人工成本160万元/年；优化中台14个主业务场景和38个功能，业务外包成本从1000万元/年压降至600万元/年。

◆电信网络建设　2021年，中国电信西安分公司持续打造优质网络，开通5G室外覆盖基站6191个，建设5G室内分布系统913套，超额完成5G三期阶段性建设任务。持续优化网络结构，全年建设中继主干光缆68条、4.39万芯千米，完成118个综合业务区OTN设备部署，完成政企两线光缆新建订单5506条。全年实施DICT项目31个，合计投资4302万元。全力保障“十四运”圆满召开，为30个场馆规划建设373个站点，占全省总量的63%。完成25个比赛场馆、赛事指挥中心、开闭幕式转播机房、新闻媒体中心、风景摄像机等转播传输专网建设保障。全力支撑蓝田、周至、航天等区域暴雨水毁应急抢通任务，组织完成灾后重建线路设计37项，包括杆路8条61千米、中继18条311千米、主干4条22千米、配线12个行政村。全年通信管道购置41项，共投资4455万元。扎实推进“三改一通一落地”工作，投资2.93亿元，完成935条道路的线缆架空改落地和1674个老旧小区的线缆改造工作，有力提升城市道路通行能力，改善民生环境，通信网络安全和市民幸福指数得到进一步提升。

◆“十四运”服务保障　2021年，中国电信西安分公司为做好中华人民共和国第十四届运动会保障工作，总体投资38623万元，建设完成“十四运”31个赛事场馆、13个参会人员入驻的酒店及3条“十四运”火炬传递路线的4G/5G无线网络覆盖，建设完成重要区域消防安保、城市亮化、市域治理、道路交通等综合配套通信传输专项组网，完成高品质高可靠广电转播传输专网，使31个比赛场馆、赛事指挥中心、新闻中心等重要场所实现多路由、多备份精品光网传输。扎实推进“三改一通一落地”工作，累计投资2.93亿元，完成935条道路的线缆架空改落地和1674个老旧小区的线缆改造工作。成立由公司总经理担任组长的“十四运”专项工作领导小组，工作组涵盖市场、建设、新闻宣传、客户响应、网络保障、后勤服务等多个部门单位，投入工作人员1150余人。根据“十四运”防疫封闭管理要求，安排入驻保障人员67人。针对开幕式专门设立1个指挥部、6个核心机房指挥分部、8个专业中心小组组成的“1+6+8”保障团队。全业务演练2次、线路保障演练1次、转播网演练1次、重点机房动环演练1次、点亮及交警监控系统应急演练1次，用以检验保障团队的应急处理故障能力。“十四运”网络通信保障期间，累计测试行程13991千米，优化解决544个网络问题点，修复比赛场馆基站障碍506个。赛事期间共计对覆盖场馆652个2G、4G、5G基站进行通信保障。召集17家营维中心及近郊分公司近600人次对527处点亮点位进行一对一认领及看护。借助智慧光网平台对光网开展重点线路隐患点位、路段进行巡查看护管理，责任落实到人；累计上传智慧光网平台线路保障隐患点位202处；开幕式至闭幕式共计13天，共计巡查4044次，累计约28308皮长千米。累计巡检保障场馆线路2242条，看护隐患地点2885个，投入保障人员4959人次，车辆1188台次，有效保障“十四运”期间无任何光缆中断故障。自主研发全运通平台，面向所有涉赛、观赛人员，实现“防疫前置、远端防控、赛前验证、赛后跟踪”的全过程实时动态管理。自7月11日起比赛开始，全运通累计扫码进场71167人，累计474360人次。（李红娟）

移　动

◆概况　2021年，陕西移动西安分公司紧密围绕西安市“十四五”规划要求，以做网络强国、数字中国、智慧社会主力军为职责使命，加快5G、云计算、物联网等通信新技术发展，推动“智慧城市、数字西安”建设，坚定履行央企社会责任，助力疫情防控与“十四运”网络保障；全面推进创世界一流“力量大厦”战略布局，持续打造“满意客户 奋斗员工”企业文化，不断深化党业融合、组织变革，持续推进企业转型升级和改革创新，收入规模和增长能力持续提升，服务个人客户833万人次，市场占有率近55%；服务家庭客户超200万户，市场份额超三分之一。

◆网络建设 2021年，陕西移动西安分公司不断加大网络基础设施投资，迅速推动5G网络规划和建设，全面落实“5G+”计划。4G基站规模超3.7万站，5G基站规模超9500站，打造高质高密的“700M+2.6G+4.9G”多频立体5G网络，进一步扩大5G网络领先优势。狠抓“三改一通一落地”和老旧小区改造，架空落地完成1254条道路1126千米，涉及光缆1.7万皮长千米，升级改造1300个老旧小区通信网络涉及10万客户。全力保障“十四运”通信网络，针对全市27个场馆和4个非竞赛场地，量身打造“一馆一册”保障方案，按场景制定紧急预案400余套，先后投入1100名保障人员、110辆保障车辆，新建303座5G基站，确保每个场馆均具备每秒1T的传输速率，实现“零重大网络事故、零重大安全事件、零重大客户投诉”保障目标。面对周至、蓝田严峻的抗洪防汛形势，投入应急物资金额超500万元，出动抢修人员758人、抢修车辆83辆、发电油机406台，开通应急车6次，深入重点受灾区域开展全面抢修。年末防疫通信保障中率先完成三星方舱医院、向阳沟隔离社区等7个重点区域网络建设优化，圆满完成232处网络保障任务。落实“宽带中国”和“提速降费”要求，加快全光纤网络建设，宽带端口覆盖全市近95%的家庭，初步实现“客户所需、端口可达”。大力推进宽带惠民提速降费工作，主推的宽带速率提升至200Mbps起步，宽带入网门槛从之前的750元包年调低至最低58元融合产品，并对残疾人、贫困户等特殊群体提供宽带2年免费帮扶政策，企业宽带资费平均下调53%。推进千兆小区建设，千兆覆盖用户数量达到百万级。

◆移动业务发展 2021年，陕西移动西安分公司5G业务发展迅速，5G资费客户达到351万人次。宽带发展再上新台阶，家庭宽带规模跨越200万户，份额提升省内第一、全国第二；企业宽带签建24.3万个信息点，是历史最好成绩；DICT签约金额超3.4亿元。

◆移动信息化发展 2021年，陕西移动西安分公司紧跟西安市“智慧城市”建设，以信息化推动智能化，以智慧化满足精细化，充分运用5G、大数据、云计算等行业优势和技术实力，大力推动5G技术与AICDE等新兴信息技术深度融合、系统创新，全年拓展5G专网项目11个，签约西安大兴医院5G智慧化急救指挥中心项目，建立集医疗、管理、服务“三位一体”的智慧医院系统，打造急救“高速”绿色通道，树立医院5G智慧急救示范标杆，获集团5G专网TOP100高质量项目奖，入选首届“光华杯”千兆光网应用创新大赛优秀案例；签约西安曲江5G智轨项目，基于5G网络及中车智轨管控系统，打造陕西首个交通行业5G专网专用通道项目。在教育领域签约西安交通大学5G双域专网项目，在工业能源行业签署隆基5G+AGV无人运输、法士特5G专网项目。

◆移动客户服务 2021年，陕西移动西安分公司持续秉承“客户为根，服务为本”的理念，以“筑牢网络质量生命线、守住客户权益底线、打造客户感知高线”为主线，不断提升客户服务能力。制定为客户办实事优服务活动方案，开展49场总经理接待日，收集540条问题并100%解决。切实增强民生服务力度，推出10项适老化服务举措，设立“老年人爱心台席”38个，无障碍通道42个，提供爱心服务进社区15次。持续为客户提供公开透明的消费服务，以“资费公示表”等方式公示各类产品资费、促销活动，强化业务办理二次确认、超套客户治理等专项举措，优化账单展示体系，面向全网客户主动推送账单信息，落实流量查询、消费告知、客户业务到期提醒等透明消费举措。严格规范市场经营行为，落实“三看五说”，从源头做好规范营销，针对投诉焦点问题开展削峰行动，建立“一库两表”切实推动问题改善；开展不知情定制专项治理，严格落实“阳光行动”追责，不知情定制投诉较去年下降42%；通过管理和业务能力提升，不断提升客户投诉处理质量，投诉处理满意度较去年提升7分。

◆服务地方经济社会建设 2021年，陕西移动西安分公司坚定履行央企社会责任，积极落地实名制、反诈骗、打击伪基站等工作，协助公安部门抓获犯罪嫌疑人52人，破获案件150余起。做好建党100年等重大活动网络保障115次。积极参与乡村振兴工作，通过产业帮扶、消费帮扶带动经济效益，加快推进数智乡村建设，与长安区、蓝田县、周至县分别在智慧林业、农产品溯源、智慧养殖等方面签署的合作协议，用信息化手段提高村民环境治理积极性。积极推进科技战“疫”，为12万名一线防疫工作者免费赠送“抗疫服务加油包”，推送疫情防控公益短信2.86亿条；发挥信息化、数字化优势，主动安装封控管理物联网门磁2万余个；推出“复工复产八件套”，压降互联网专线、企业宽带资费超50%，助力中小企业快速复工复产，为西安经济社会恢复做出应有贡献。（刘文辉）

联　通

◆概况 2021年，中国联合网络通信有限公司西安市分公司以习近平新时代中国特色社会主义思想和党的十九大及历次全会精神为指导，深化数字化转型，不断沉淀能力，加快高质量发展。全年实现主营业务收入30.98亿元，比上年增长9.7%，实现利润7.99亿元。履行社会义务，圆满完成建党100周年、全国“十四运”等30余次通信重保任务；派出保障人员和应急车驰援河南灾区；投入资金506万元完成蓝田抗洪救灾及灾后重建；以“数村+直播”方式助力乡村振兴，积极打造中国联通乡村振兴示范村，同时捐赠帮扶资金28万元，通过“以买代帮”形式，采购脱贫地区农产品，全年投入消费帮扶资金182万元。西安联通党委被授予2021年陕西联通“优秀基层党组织”，并继续保持“全国文明单位”称号。

◆联通经营改革 2021年，中国联合网络通信有限公司西安市分公司实施“强区、强县、强校”计划，成立经营战略决策委员会和三个跨部门专班，由公司领导班子成员分别挂帅，重点研究公司发展不同专业方向的痛点和难点。推进数字化转型，运用大数据建立六大类21个模型，精准定义用户需求。迭代升级服务举措，服务时间由7×8小时工作制提升到7×24小时全时服务，客户平均首响时间缩短至43分钟。推进线上营销和服务数字化，通过西安联通小沃（企业微信）、西安联通微信公众号在线客服（小沃），打破传统的投诉流程，开发本地的“网络问题投诉”平台，投诉流程扁平化，降低投诉处理时间，多渠道提升用户满意度。

◆联通重点项目拓展 2021年，中国联合网络通信有限公司西安市分公司围绕西安市“5G+新基建”项目，聚焦智慧城市、数字政府、工业互联网、医疗健康、智慧教育五大重点行业领域，打造六个灯塔项目，先后签约西谷医院、西安政务云、西电校园网、西安文旅等重点项目，在多个行业领域树立起创新标杆。以陕西直播产业研究院为平台，培养高素质直播带货人才，健全农产品电商发展标准体系、品牌推广、技术支持，助力乡村振兴，带动区域经济健康发展。

◆联通网络建设 2021年，中国联合网络通信有限公司西安市分公司不断夯实网络底座，助力网络强国战略。5G网络覆盖重点乡镇以上，基站达到6940处，站点规模、登网用户数、日均流量较年初分别增长1.6倍、1.2倍、9.9倍；4G共享攻坚重点场景，室分占比71%，累计共享电信8503台RRU，千户小区覆盖率提升6个百分点，行政村覆盖率96.8%；新增宽带端口覆盖76.7万线，千兆端口104万线，千兆端口占比47%，位于全国联通系统先进水平。

◆疫情防控 2021年末，中国联合网络通信有限公司西安市分公司面对严峻的疫情形势，先后在5个疫情应急项目建设保障现场投入7辆应急通信车，第一时间开通5G网络，全面完成WiFi、视频、医护、周界报警等信息系统的安装调测，确保项目按期保质交付。助力各级政府开展疫情防控，为235个单位31000多名抗疫一线人员赠送通话流量防疫包，发送防疫信息2600余万条；累计交付大喇叭、门磁等防疫产品10138套，为西安市“12345”市民热线提供远程支援，得到各级政府一致好评，充分彰显中国联通应急通信保障“国家队、主力军”实力。（黄　欣）

无线电管理

◆概况 2021年，西安市无线电管理委员会办公室认真贯彻执行《中华人民共和国无线电管理条例》（以下简称《条例》）及相关政策法规，确保西安市行政区域内无线电频率指配、台站审批、监督检查、干扰查处、频率占用费收缴等工作顺利开展。截至年底，西安市在册登记设台单位共189家，各类无线电台站38342个。其中广播电视台32个，公众移动通信基站23714个，超短波无线电台站7588个，微波台236个，卫星地球站8个，业余电台6764个。主要服务于地铁、广播电视、三大运营商、铁路、民航、气象、公安、抢险救援、厂矿企业、宾馆饭店、物业管理等行业和单位。

◆无线电频率台站管理 2021年，西安市无线电管理委员会办公室完成西安航天通用机场管理有限公司、中建西安幸福林带建设投资有限公司等14家单位无线电频率许可；完成西成铁路客运专线陕西有限责任公司、西安奥体中心、京东五星电器集团西安有限公司等12家单位台站许可。特别是为西安地铁5号线一、二期及6号线800MHz集群系统、1.8G LTE系统、5.8G PIS系统办理无线电频率台（站）审批手续；为西安地铁14号线800MHz集群系统、1.8G LTE系统及400MHz对讲机通信系统办理无线电频率审批手续。全年共指配频率150MHz频率4个、400MHz超短波频率90个、800MHz集群通信频率40个，1.8GHz频率15MHz、5.8GHz频率80MHz。截至年底，西安市许可频率数量累计达到789个。移动建设5G基站2904个、电信建设5G基站3128个、联通与电信共站3128个。西安市全年办理年审核验157家，审验电台执照1603个，换发电台执照317个。累计收缴频率占用费275.47万元。全年为陕西省业余电台呼号指配375个，其中西安137个、宝鸡20个、延安9个、渭南64个、榆林76个、汉中21个、杨凌11个、咸阳37个。截至年底，全省呼号已指配8600个，已核发西安地区电台执照6799个。

◆无线电监测检测 2021年，西安市无线电管理委员会办公室认真完成国家和陕西省无线电管理委员会办公室下达的指令性监测任务，监测无线电频谱使用情况，为国家频率划分、无线电行政执法及新技术新应用推广发展提供技术依据。重点对366—368MHz、379—389MHz、2500—2690MHz等19个频段进行监测。加强对重点业务频段、重点地区无线电监测与干扰排查工作。春节期间实行24小时值班监测，保障民航、高铁、广播电台等各类无线电通信安全；安排技术人员对西安市辖区内远郊区（县）（含西咸新区）巡测86次。按照陕西省“双随机、一公开”监管工作平台抽选结果，安排4组行政执法检查人员对42家企业抽查对象进行实地核查，全面掌握设台单位频率使用情况、台（站）运行情况，确保无线电台（站）按照核定参数发射运行。加大干扰隐患排查力度，通过干扰快速投诉受理通道，及时排查卫星干扰、地铁、民航通信电台等涉及人民群众正当权益和财产安全的干扰。全年排查各类无线电干扰隐患14个。

◆十四运无线电安全保障 2021年，西安市无线电管理委员会办公室完成中华人民共和国第十四届运动会和全国第十一届残疾人运动会暨第八届特殊奥林匹克运动会西安赛区无线电安全保障和“2021西安国际马拉松赛”无线电安全保障工作。积极配合防汛、人防、抗震救灾等部门完成无线电保障，协助教育、人社、司法等部门完成高考、英语四六级、全国会计资格考试等考试保障任务，全年累计参加考试保障26次。作为十四运会西安市执委会成员单位，西安市无线电管理委员会办公室代拟并以十四运会和残特奥会组委会办公室印发5份文件。开展频率台站清查摸底工作，落实“摸底、整改、监管”的工作要求，共检查走访有关单位2970家，查明使用无线电发射设备的单位895家，共计10819部（套）设备，12951个频点。建立十四运会西安赛区14个场馆“一馆一册”，完成篮球、竞走、马术等25个项目测试赛7个频段、88个频率许可。做好正赛无线电频率网上申请许可工作。为陕西省107家单位核发频率许可证409个，指配频率3056个，审批设备数量共计62783台。重点做好十四运会开闭幕式无线电安全保障工作。加强频率许可和设备检测工作。开展十四运会和残特奥会无线电安全保障演练，提出无人机管控设备使用建议。十四运会和残特奥会开闭幕式当天派遣技术人员在现场专职负责央视直播、演艺团队设备用频监测工作，圆满完成十四运会和残特奥会开闭幕式无线电安全保障工作。组织实施十四运会无线电管制工作。投入保障人员60余人次、固定监测站4个、移动监测车2辆，完成十四运会和残特奥会西安赛区田径、游泳、篮球、聋人篮球等比赛无线电安全保障工作。

◆无线电监督检查 2021年，西安市无线电管理委员会办公室组织召开全市无线电管理工作会。全年完成无线电发射设备销售备案347家。按照陕西省、西安市打击治理电信网络新型违法犯罪联席会议办公室要求，扎实开展打击治理“黑广播”“伪基站”违法犯罪专项行动。全年累计监测监听6400小时，出动技术人员280人次，测向定位“黑广播”5个，配合公安机关查处“黑广播”5个。

◆无线电管理宣传 2021年，西安市无线电管理委员会办公室通过市无委会全体会议、年度无线电管理工作会议、走访机关单位等方式，积极宣传《中华人民共和国无线电管理条例》赋予无线电管理部门的法定职责，全力争取对无线电管理工作的重视和支持。向市场监管、城市规划、住建等机关部门，宣传《条例》精神及各部门在无线电管理中的职责划分，明确职责分工，理顺工作关系。深入西安地铁、高新区管委会、鄠邑区太平国有生态林场、幸福林带建设项目部等单位宣讲频率台站办理、频占费收缴、干扰排查的程序和政策，促进无线电频率台站管理科学化规范化。加大在西安市人民政府网站、陕西省无线电管理委员会办公室网站、国家无线电网站等网络媒体宣传力度，截至年底，共发表宣传稿件79篇。其中，在西安市人民政府官方网站发表稿件28篇；在陕西省无线电管理委员会办公室官方网站发表稿件33篇；在工业和信息化部无线电管理局网站发表稿件8篇。

（罗拉浩）

经济管理与监督

宏观经济管理

◆概况 2021年，西安市发展和改革委员会深入学习贯彻习近平总书记来陕考察重要讲话重要指示精神，全面贯彻新发展理念，认真落实中央、陕西省和西安市重大决策部署和工作安排，贯彻落实“五项要求”“五个扎实”，统筹疫情防控和经济社会发展，攻坚克难，助力中华人民共和国第十四届运动会精彩圆满举办，为推动“十四五”良好开局贡献坚实力量。西安市被国家发展和改革委员会评定为中国营商环境评价标杆城市并被认定为全国营商环境改善幅度最大的城市之一，成功入选中欧区域政策合作中方案例地区，西安空港型国家物流枢纽入选“十四五”首批国家物流枢纽建设名单，获国家“十四五”规划编制工作“优秀成果奖”，发展改革各项工作取得新进展、新成效。全市实现生产总值10688.28亿元，比上年增长4.1%，两年平均增长4.6%；规模以上工业增加值增长5.7%，两年平均增长6.3%；全社会固定资产投资下降11.6%，两年平均下降0.1%；社会消费品零售总额4963.4亿元，增长0.8%，两年平均下降1.1%；一般公共预算收入完成855.96亿元，增长18.2%；城乡居民人均可支配收入分别为46931元和17389元，增长7.4%和10.4%；居民消费价格指数比上年上涨1.7%。

◆宏观经济调控 2021年，西安市发展和改革委员会认真履行宏观管理和经济综合协调部门职责，强化政策统筹调控，推动政策落实落地，着力促进经济平稳增长。出台高质量发展实施方案、稳投资工作方案、“六保”工作方案等全市性政策文件20余个。坚持每月研判经济形势，聚焦主要指标运行、支柱产业发展、重点项目建设，强化经济运行调度，采取预警通报、上门调度等方式督促短板指标，全力稳定经济增长。印发实施全市“十四五”规划《纲要》，协调推动56个专项规划编制。面对重大疫情冲击，及时谋划出台15个方面政策措施，推动政策靠前发力，有效对冲疫情影响，帮助企业共渡难关。成立市发改委疫情防控保障工作领导小组，精准调度煤电油气运各类生产要素，积极做好粮油供应和市场稳定工作。协调打通外地电煤运输通道，累计运输煤炭等能源物资120多万吨，督促发电企业机组应发尽发满发，确保全市供电正常有序。支持本地企业生产粮油3.65万吨，协调从外市调入4.13万吨，稳定粮油市场供给。启动价格应急监测，采取有力措施保障重要民生商品市场供应充足和价格总体平稳。及时回应群众诉求，阶段性减免疫情防控期间滞留车辆停车费。积极推行各项审批业务“网上办”“预约办”“容缺＋办理”，保障投资项目前期工作不断线。

◆产业结构调整 2021年，西安市发展和改革委员会编制印发“十四五”产业发展规划、战略性新兴产业规划、服务业发展规划、现代物流业发展规划以及生产性服务业集群培育、氢能产业链提升方案等，规划全市产业发展的“四梁八柱”，明确战略性新兴产业、服务业和氢能产业的发展路径。西安市人民政府与中国西电集团正式签约，全力支持西电集团高质量发展。深度融入秦创原创新驱动平台建设，推动先进阿秒激光设施、电磁驱动聚变项目纳入国家“十四五”规划。加快兑现奖补资金，为27家新兴产业企业兑现奖励2121.4万元，为8家企业、高校争取省级高新技术产业发展专项资金2500万元。产业转型升级效果明显，先进制造业、战略性新兴产业、高技术制造业产值分别增长21.0%、27.6%和26.6%，占规模以上工业总产值比重分别为79.3%、49.9%和35.5%。加快推进服务业综合改革，大力发展生产性服务业，服务业增加值实现6794.26亿元，比上年增长5.7%。兑现服务业综合改革和壮大培育生产性服务业奖励资金3781万元，新增规上服务业企业334户；规上生产性服务业营业总收入3515.51亿元，增长9.6%；规模以上六大生产性服务业营业收入3028.97亿元，增长8.3%。

◆重点项目建设 2021年，西安市发展和改革委员会坚持大抓项目、抓大项目，实行“一月一调度一考核，一季一观摩一开工”，先后组织开展5次重点项目观摩活动和5次集中开竣工活动，共观摩项目90个，开工项目388个，在全市掀起看项目找差距比质量促发展、大干快干的建设热潮。145个省级重点项目完成投资1949亿元，达到年度计划投资的116.52%；510个市级重点在建项目完成投资5069.7亿元，达到年度投资计划的121.8%。189个新开工项目全部开工，开工率100%。法士特变速器智能工厂、西安安科智造产业中心基地等44个产业项目竣工投运，实现年产值超过1000亿元，带动就业超过5万余人。谋划“十四五”重大项目665个，总投资约4.16万亿元，“十四五”期间拟投资2.92万亿元。基础设施建设加快推进。聚焦国家中心城市建设和承办中华人民共和国第十四届运动会，协调推进航空枢纽、铁路、地铁、公路等设施建设，机场三期、蓝田通用机场建设进展顺利，西安火车站“三路一广场”、北客站枢纽一期工程建成投用，西安—安康、西安—十堰高铁开工建设，地铁实现7线在建、8线运营，通车总里程259千米。实施电网建设攻坚行动，实行“周调度、周通报、月考核”，集中推进65座变电站建设，已建成5座，在建32座，完成电力沟道建设21.2千米。大力推动新基建，累计建成5G基站21876个，投运各类充电场站816个、充电桩11118个，打造省级以上工业互联网示范项目25个。西安大数据数字中心、国家超算（西安）中心等一批重点项目建成投用。

◆**改革开放** 2021年，西安市发展和改革委员会牵头推进经济体制和生态文明体制改革任务落实，布局社会主义市场经济体制改革，深化要素市场化配置改革，持续推进全面创新改革试验，积极承接稳步推进国家授权西安市3项改革任务。推进供电企业与一体化政务服务平台互联互通，持续提升“获得电力”便利度。实现公共资源交易全流程电子化，全年完成交易项目3142项，交易金额2456.69亿元。大力推进新时代对外开放。以建设“一带一路”综合试验区为依托，西安陆港型国家物流枢纽重点支撑项目建成投运17个，绿色物流转运中心建成投运10个，新增4A级以上物流企业10家，陆港集装箱吞吐量达到34.8万标箱。新开通1条国际客运航线和5条全货运航线，完成航空货邮吞吐量39.57万吨，比上年增长4.0%，临空经济规模达到126.6亿元。中欧班列（西安）集结中心中央商务区、港口功能区项目建设有序推进，中欧班列（西安）开行3841列、运送货物287.3万吨，累计开行突破11000列，国际货物干线增加至16条，全面覆盖亚欧大陆。跨境电商专列自年初开行首列以来累计超过80列。“一带一路”国际商事法律服务示范区5家律师事务所已正式落地。西安入选第三轮中欧区域政策合作中方案例地区。

◆**区域经济合作** 2021年，西安市发展和改革委员会积极落实关中平原城市群发展规划，组织召开关中平原城市群协同创新发展圆桌论坛，发布“关中平原城市群发展共识”，推动“关中平原城市群区域合作办公室”揭牌运行，签订《关中平原城市群政务服务“跨省通办”合作协议》，推动关中平原城市群“抱团发展”迈出重要步伐。“西渭东区管理委员会”正式揭牌成立。稳妥推进全面管理西咸新区有关工作，出台系列支持政策。研究制定《西安市开发区发展规划》，推动开发区优化整合，促进开发区建设提档升级，率先在阎良区和航空基地探索实行“区政合一”管理体制。积极推进高陵、阎良、西咸国家城乡融合试验区结合片区建设，形成可复制、可推广的典型经验，推动西安都市圈同城化轮廓初现，国家中心城市建设步伐加快。

◆**资金筹措** 2021年，西安市发展和改革委员针对老旧小区改造、黄河流域生态保护和高质量发展等领域，持续加大向上争取政策和资金力度。全年共争取中央和省级预算内资金25.59亿元，共申报专项债项目331个，通过国家发展和改革委员会审核项目247个，发行专项债券项目6批次116个项目，发行专项债券298.23亿元。申报2022年第一批专项债储备项目220个，通过国家发改委审核项目125个，债券资金需求532.83亿元。抢抓基础设施投融资机遇，编制《西安市推进基础设施领域不动产投资信托基金（REITs）健康发展十条措施》，发布《西安市基础设施公募REITs操作手册》。建立西安市企业债券合作机制，规范企业债券申报流程，企业债券注册发行成效显著。西安世园投资集团15亿元企业债券、西安城投集团42亿元优质主体企业债、西安轨道交通集团45亿元绿色债券、西安港实业公司16亿元企业债券总计118亿元债券获国家发展改革委注册批复，注册数量和注册规模分别占全省的50%和78.7%，数量和规模均创历年新高。西安高新控股、西安轨道交通等5家发行人共计80亿元企业债券成功发行。西安学前教育发展项目获得亚洲开发银行贷款1.26亿欧元，是西部地区首个成功获批国际金融组织贷款的教育类项目。

◆**价格管理** 2021年，西安市发展和改革委员会加强价格监测与管理，保持物价水平总体稳定。及时发布重要民生商品价格监测预警信息，居民消费价格（CPI）比上年上涨1.7%。着力完善重要民生商品价格调控机制，健全猪肉储备调节机制，不断完善城镇供水价格政策，稳妥实施天然气季节性差价调节。制定印发《西安市贯彻落实重要民生商品价格调控机制的工作方案》《西安市完善政府猪肉储备调节机制做好猪肉市场保供稳价工作实施方案》《西安市城镇非居民用水超定额（计划）累进加价制度》以及天然气季节性差价相关方案。落实国家和陕西省“双减”政策，研究出台《关于加强我市义务教育阶段线下学科类校外培训机构收费监管的通知》《关于我市中小学课后服务收费事项的通知》。规范各类涉企收费，编制行政事业性收费标准清单，出台《西安市贯彻落实〈关于清理规范城镇供水供电供气供暖行业收费促进行业高质量发展的意见〉实施方案》，开展清理规范供水供电供气供热收费和转供电加价专项行动，为用户清退多收电费2.5亿余元。完成六大行业197个监审对象的成本监审，核减不合理成本21.33亿元，核减比例21.72%。

◆**节能减排** 2021年，西安市发展和改革委员会积极推进绿色发展，开展全市“双碳”前期研究和总体设计，成立严控“两高”暨节能“双控”工作专班，稳步推进节能、限塑、循环等任务落实。持续推进煤炭削减，全市规上非电力用煤量为32.86万吨，比上年减少120.79万吨，超额完成省定年度减煤任务。有序推进城乡居民“煤改洁”，预拨城乡居民“煤改洁”补贴资金3.8亿元。圆满完成清洁取暖试点城市建设任务，超额完成热源清洁化改造和建筑能效提升目标。积极推动城燃企业5%储气调峰能力建设，各城燃企业具备储气调峰能力1.37亿立方米。

◆**社会事业建设** 2021年，西安市发展和改革委员会始终坚持民生优先，加快补齐各类民生短板。出台促进城乡居民增收系列措施，城镇居民人均可支配收入绝对量和增量位居全省第一。全市100%城市社区建成宜居社区，中心城区50%城市社区、周边城区30%建成幸福社区。扎实推动乡村振兴与脱贫攻坚有效衔接，农村饮水、交通、电网等基础设施提升明显，14个苏陕协作项目全部开工建设，易地扶贫搬迁后续扶持高质量推进。深入推进“优质粮食工程”，全年收购粮食97.76万吨，完成12万吨市级储备小麦、1万吨食用油轮换任务，全面落实应急成品粮食储备规模，保障主城区人口15天以上市场供应量要求。优化布局粮油监测网点120个、粮食应急供应网点348个，应急保障能力明显提升。扎实开展粮食流通“亮剑”执法、粮食库存等6次专项检查，维护粮食流通市场秩序。粮食安全责任制考核取得“四连优”。（赵　盈）

经济体制改革

◆**概况** 2021年，西安市深入学习贯彻习近平总书记来陕考察重要讲话重要指示精神，贯彻落实“五项要求”“五个扎实”，对标对表中央改革部署和省委工作要求，在统筹推进常态化疫情防控和经济社会高质量发展上取得明显成效。产业转型升级实现新突破，要素市场化配置改革取得阶段性成果。积极推进秦创原创新驱动平台总窗口建设，持续推进西部大开发形成新格局、黄河流域生态保护和高质量发展、关中平原城市群发展规划等国家重大战略在西安落地。支持阎良区、高陵区和西咸新区3个国家城乡融合试验区建设。中欧班列（西安）全年开行3841列，运送货物284.8万吨以上，新开通5条全货运航线，西安获“外籍人才眼中最具吸引力的中国城市”第五名。持续深化财政体制改革，创新财政资金投入方式。深入开展国企改革三年行动，获批第二批区域性国资国企综合改革试验。生态西安建设取得新成效，全年优良天数265天，城市黑臭水体连续2年实现“动态清零”。

◆**产业转型升级** 2021年，西安市深化新一代信息技术与制造业融合发展，促进先进制造业和现代服务业深度融合，全面推行“链长制”，积极承接陕西省23条重点产业链中涉及西安市的17条产业链，推动现代产业体系壮大成势。立足西安产业优势，大力推进轨道交通、航天2条特色产业链基础再造和产业链提升，新产业、新产品、新业态动能发展壮大，战略性新兴产业和高技术制造业产值比上年分别增长27.6%和26.6%。

◆**要素市场化配置改革** 2021年，西安市印发《西安市构建更加完善的要素市场化配置体制机制的工作方案》，对全市要素市场化配置工作进行系统部署。推进土地要素市场化配置，工业项目“标准地+承诺制”改革取得阶段性成果，扎实完成自然资源部下达的批而未供和闲置土地处置任务。畅通劳动力要素流动渠道，深化户籍制度改革，简化办理程序，证明材料由46项减少到14项。下放落户审批权，实现5大类22项户籍便民业务“一站式”当日现场办结。推进资本要素市场化配置，支持企业上市发展，全市新增上市企业9家，储备上市后备企业达356家。培育发展数据要素市场，加快“数字政府”建设，搭建完成“133N”体系，建成政务云平台，积极争创国家数字经济创新发展试验区。

◆**科技创新** 2021年，西安市积极推进秦创原创新驱动平台总窗口建设，出台秦创原创新驱动平台建设三年实施方案，开展产学研金协同创新活动131场，推进成果就地转化项目403个，技术合同成交额超过2200亿元、增长34%。深入推动国家新一代人工智能创新发展试验区和国家硬科技创新示范区建设，全社会研发经费投入强度保持在5%以上，稳居全国前列。高精度地基授时系统等重大科技基础设施建设项目进展顺利，国家超算（西安）中心年底投入运行。健全职务科技成果产权制度，深入推进职务科技成果权属改革经验推广试点。改革科研项目立项和组织实施方式，支持西安交通大学、西北工业大学等高校人工智能项目14个，经费520万元，全部试行科研经费“包干制”，优化科技项目经费管理流程，有效激发科研人员积极性。

◆**区域协调发展** 2021年，西安市持续推进西部大开发形成新格局、黄河流域生态保护和高质量发展、关中平原城市群发展规划等国家重大战略落地。成立西安市推进西部大开发形成新格局工作领导小组，印发《新时代推进西部大开发形成新格局的贯彻落实方案》。组织召开关中平原城市群协同创新发展圆桌论坛，发布“关中平原城市群发展共识”，关中平原城市群区域合作办公室启动运行。全面管理西咸新区，西咸一体化发展步入快车道。全面落实开发区改革和创新发展的实施意见，开发区体制和机构改革基本完成，为实现高质量发展奠定坚实基础。

◆**城乡融合发展** 2021年，西安市出台《西安市建立健全城乡融合发展体制机制和政策体系的实施方案》《西安市推进国家城乡融合发展试验区建设实施方案》，大力支持阎良区、高陵区和西咸新区3个国家城乡融合试验区建设。积极实施农业特色产业“3+X”工程，有序推进村庄规划试点和都市农业现代化园区创建工作，积极培育生态游、观光游、休闲游、农业体验游等三产融合新业态，有力地带动村集体经济发展。高陵区何村、西咸新区刘家沟村入选第十一批全国“一村一品”示范村。

◆**开放型经济建设** 2021年，西安市以“一带一路”综合试验区为牵引，着力做大开放载体、做优开放通道、做好开放平台、做强开放产业。中欧班列西安集结中心建设扎实推进，首发长安号跨境电商出口专列，中欧班列（西安）全年开行3841列，运送货物284.8万吨以上，累计开行突破11300列，国际货运干线增加至16条，全面覆盖亚欧大陆全境，班列开行量、重箱率、货运量等核心指标稳居全国前列。西安空港型国家物流枢纽获批，成为西北地区唯一的空港型国家物流枢纽。新开通西安至东京、浦东、叶卡捷琳堡、新西伯利亚、阿拉木图5条全货运航线，累计开通全货运航线38条，覆盖首尔、莫斯科、洛杉矶等13个国家18座城市，年货运吞吐量突破38万吨，增速位居全国前列。西安获“外籍人才眼中最具吸引力的中国城市”第5名。

◆**财税金融改革** 2021年，西安市持续深化财政体制改革，印发《关于进一步深化预算管理制度改革的实施意见》。创新财政资金投入方式，制定出台《关于实行财政专项资金拨改投改革的意见》。聚焦小微企业融资难融资贵，陕西省首家“首贷服务中心”在雁塔区挂牌运营，13家银行机构入驻中心，收到融资申请113笔，成功撮合33笔，成交总金额7461.3万元。积极做好“信易贷”有关工作，依托陕西省中小企业融资服务平台搭建西安市信易贷旗舰店，截至年底，注册企业1029家。探索建设西安科创金融改革创新试验区，编制完成《西安建设科创金融改革创新试验区总体方案》。

◆**国资国企改革** 2021年，西安市深入开展国企改革三年行动，累计完成43项改革任务中的37项。持续推进混合所有制改革工作，完成12户企业的混改工作。着力推动市属企业战略性重组和专业化整合，将107户市属企业整合为40户，清理退出不具备竞争优势企业81户。充分发挥“国企之家”平台作用，服务支持中央、省属企业加强合作，累计促成央企进陕项目60个，总投资额1081.05亿元。10月，获批第二批区域性国资国企综合改革试验，首批50亿元综改基金落户西安。

◆**生态西安建设** 2021年，西安市峪口峪道综合治理成效明显，建成数字秦岭“1+7+N”综合监管平台，彻底关闭112座矿山、拆除小水电站50座。大力实施重点区域环境综合治理、监控能力提升、移动源污染整治等5个专项行动，全年优良天数265天，空气质量创近年来最好水平，第十四届全国运动会和全国第十一届残疾人运动会暨第八届特殊奥林匹克运动会期间空气质量100%优良。连续2年实现国考断面水质优良率100%。“十四运”和残特奥会期间，浐灞河水质和饮用水源地水质顺利实现“两个100%”目标。城市黑臭水体连续2年实现“动态清零”。幸福林带建成开放，“三河一山”205千米绿道基本贯通，群众幸福感极大增强。（齐凡荣）

国有资产监督管理

◆**概况** 2021年，西安市国资系统以习近平新时代中国特色社会主义思想为指导，深入学习贯彻习近平总书记来陕考察重要讲话重要指示精神和党的十九届六中全会精神，持续深化“依法监管、用心服务、说到做到、干就干好”的工作理念，攻坚克难、主动作为，高标准完成国有资产保值增值。截至年底，全市共有企业法人户数1394户，企业资产总额25129亿元，比上年增长12%；所有者权益6683亿元，比上年增长11%；全年实现营业收入1912亿元，比上年增长17%；年末职工总人数16.20万人。

◆**国企改革** 2021年，西安市国企改革三年行动提前超额完成。截至12月底，国企改革三年行动总体进度达到97%，提前超额完成国家规定的70%年度任务目标，受到陕西省国企改革领导小组办公室通报表彰。

区域性国资国企综合改革试验　西安获批第二批区域性国资国企综合改革试验城市，是西部地区唯一。50亿元综改基金签约落户，是西安市第二支国家主导基金，完成首批5000亿元综改试验项目签约，有力助推区域内中央、陕西省、西安市国有企业“一盘棋”协同发展。

深化国资国企改革　制定《西安市国资国企高质量发展“十四五”规划》及系列配套方案，为推动全市国资国企“十四五”高质量发展提供政策依据和科学指导；完成59户市属企业混改工作，混改企业进一步提质增效。持续加大扭亏增盈工作力度，31户重点关注企业实现增盈。安居集团成为西安市第六家信用评级AAA级市属国有企业。

推进战略性重组整合　将西安市机电化工（轻纺建材）国有资产管理公司整体移交西安工业投资集团公司管理，解决机电化工（轻纺建材）20多年改革进程中管理体制机制不顺、资本运营效率不高问题；将公租房公司整体划转安居集团，理顺市属政策性住房专营企业管理关系，助力全市保障房体系建设；将市级部门所属23户企业分别划转移交至西安城投集团、西安安居集团和西安城市发展集团，优化对市政基础投资领域和民生领域部分资产的配置。

“国企之家”服务平台　充分发挥“国企之家”平台服务、合作、交流作用，促成全市央企进陕项目60个，总投资1801亿元，已完成投资546亿元，占全省总投资额的50%；积极协调相关部门，帮助驻地央企解决相关问题29个。

实施创新驱动战略　制定《关于深入实施创新驱动战略提升监管企业创新发展能力的意见》，加快推动科研成果转化，监管企业研发投入共计6.02亿元，比上年增长34%；将“两利四率”纳入考核指标，进一步增强业绩考核的精准度和有效性，走在全省前列。

盘活闲置资产和压缩管理层级　有效盘活企业闲置资产，增加收入6.37亿元；有序推进“压减”工作，市属企业法人户数减少116户，解决市属国有企业“总部机关化”问题，压缩企业集团部室9个，压缩6.8%。

◆国资监管　2021年，西安市人民政府国有资产监督管理委员会进一步健全企业内控制度。制定《西安市属国有企业内部审计管理暂行办法》，进一步完善企业监督和审查机制；完善监管企业违规经营投资体系，在全省率先完成监管企业违规经营投资责任追究体系工作，形成职责明确、流程清晰、规范有序的责任追究工作机制；确定9户监管企业主业，进一步提升企业核心竞争力，防范化解经营风险。

深化企业领导人员体制改革　在全省率先实现委直管企业经理层成员任期制和契约化管理并在市属各级企业全面推行，全市209户企业的448名经理层成员由任命转为聘任，市场化方式新聘企业经理层成员35名。

企业董事会建设　完成市属企业董事会应建尽建，建立市属国有企业外部董事占多数的新格局。推进外部董事人才库建设，已遴选出130余名优秀人才入库。市属国有企业董事会董事首次向出资人履职述评。

智慧国资监管平台　完成“智慧国资”监管平台一期建设并投入使用，启动二期工程，完善各模块功能，积极打通国家和省市各级国资监管平台数据通道，形成全时域、信息化、全覆盖的国资监管新格局。（严　挺）

财　政

◆概况　2021年，西安市财政系统深入学习贯彻习近平总书记来陕考察重要讲话重要指示精神，坚持稳中求进工作总基调，紧紧围绕全市中心工作和重点任务，坚决贯彻落实中共西安市委、西安市人民政府决策部署，沉着应对百年变局和世纪疫情，承压奋进、综合施策，完整、准确、全面贯彻新发展理念，贯彻落实“五项要求”“五个扎实”，扎实推进“六稳”“六保”工作，聚焦高质量发展、“十四运”、疫情防控“三件大事”，财政收入稳健增长，财政支出保障有力，财政执行情况好于预期，财政“十四五”规划良好开局，推动构建新发展格局迈出新步伐、高质量发展取得新成效。全年全市财政总收入1851.57亿元，比上年增长20.1%。其中，上划中央收入749.56亿元，增长21.9%；上划省级收入246.01亿元，增长21.5%。一般公共预算收入856亿元，占财政总收入的46.2%，增长18.2%，完成预算的111.5%。其中，税收收入682.47亿元，增长19.4%；非税收入173.53亿元，增长13.8%。税收占比79.7%。一般公共预算支出1474.62亿元，增长9.4%。政府性基金预算收入1460.39亿元，增长21%，完成预算的87.3%。政府性基金预算支出1469.36亿元，增长25.4%。

财政实力稳步提升，实现“十四五”良好开局　全市财政总收入突破1800亿元，收入规模迈上新台阶。一般公共预算收入在全国15个副省级城市排第11位，增幅排第2位。一般公共预算支出在15个副省级城市排第9位，增幅排第3位；税收规模排第12位，增幅排第3位，税收占比排第7位。

落实积极财政政策，惠企助企成效显著　全市新增减税降费148.96亿元，其中减免税收125.04亿元、非税1.63亿元、社保费22.29亿元，不断激发市场主体活力。研究设立西安市小微企业融资担保增信基金，推动政府性融资担保机构资本总规模达到109.91亿元，担保费率降至1.5%以下。大西安产业基金累计撬动产业总投资2733.54亿元，助推高质量发展取得新成效。

充分发挥财政职能，全力支持抗击疫情　全年投入疫情防控资金28.2亿元，主要用于核酸检测、征用隔离酒店、医疗设备及物资采购等方面。筹措疫苗接种专项资金17.86亿元，坚决落实国家新冠肺炎疫苗免费接种政策。安排公共卫生医疗体系建设资金39亿元，推动提升医疗卫生机构应急能力和服务水平。补助区（县、开发区）疫情防控资金10亿元，支持打赢疫情防控的阻击战，切实维护人民群众生命安全和身体健康。

千方百计筹措资金，不断增强保障能力　全年争取上级专项资金262.42亿元，新增地方政府债券330.57亿元，盘活存量资金240.7亿元。严格落实政府过“紧日子”要求，收回难以支出预算资金25.7亿元，腾挪更多财政资源支持改善基本民生。完善转移支付办法，制定“三保”保障清单，下达区（县、开发区）各类转移支付资金528.91亿元，推动财力下沉，切实兜牢基层“三保”底线。

持续加大民生投入，全力保障十项重点工作　西安市财政局研究制定《西安市财政局保障2021年十项重点工作实施方案》，局党组坚持每月研究审议工作进展情况。组织市级主管部门开展十项重点工作奖补政策清理工作，将136项政策文件精减为28项，实现奖补政策和资金高度整合。全年市财政投入十项重点工作资金283.67亿元。全年民生领域投入1102.26亿元，增长8.1%。打好助企纾困、稳岗就业、招商引资“组合拳”，发放失业保险金、补助金额9.5亿元，拨付稳岗返还资金11.4亿元。全市教育支出266亿元，增长9.6%，教育支出占比达18%，完成市委下达任务。社会保障和就业支出155.61亿元，支持落实就业优先政策，强化社会保障体系建设。投入节能环保资金51.33亿元，支持打好蓝天、碧水、净土、青山保卫战。安排脱贫攻坚与乡村振兴衔接、农业农村发展各类资金30.95亿元，推动实施乡村振兴战略。拨付保障房建设资金78.68亿元，加快推进住房租赁试点、公租房建设。投入交通运输资金40.82亿元，缓堵保畅改善城市交通，支持建立城乡协调发展、立体互通的综合交通格局逐步形成。

聚焦改革完善制度，提升财政管理绩效 建立西咸新区直管区财政体制，出台应急救援、公共文化领域市以下财政事权与支出责任划分改革方案，制订并落实深化预算管理制度改革实施意见。修订市级财政专项资金分配管理办法和财政专项资金管理办法，健全支出标准体系，实施专项资金“拨改投”改革。实现部门预算绩效自评全覆盖，对16个市级项目开展财政重点评价，涉及资金总额199.73亿元，评价结果与预算安排相衔接。全年评审财政投资项目391个，审减资金25.83亿元，审减率9%。市本级实施政府采购项目5483个，节约资金9.19亿元。

◆财政收支 2021年，西安市财政系统严格依法依规组织收入，确保财政收入均衡稳定。加强重点工作资金保障，加强财政资源统筹，加大结余资金收回和结转资金消化。牢固树立过紧日子思想，严格控制非刚性支出。加强政府性基金预算、国有资本经营预算、社会保险基金预算与一般公共预算有效衔接，强化政策集成和资金协同，确保“三保”工作、“六保”任务等重点支出需求足额落实到位。

抓好预算编制和执行工作 印发《关于编制2022年市级部门预算的通知》等文件进一步规范部门预算编报，提高年初部门预算项目到位率，提升部门预算编报水平。硬化预算约束，从严控制预算调剂事项。加快推进市本级项目支出预算及市以下转移支付资金分配、拨付和使用工作，督促尽快形成实际支出。

加强财政收入征管 及时批复下达2021年财政预算，夯实征收责任。会同税务部门加大对房地产、制造业、建筑业、金融保险业等重点行业企业服务力度，努力提高财政收入质量。持续巩固局领导包抓区（县、开发区）重点工作责任制度，及时督导收入进度，强化财政收入预期管理。

防范基层“三保”风险 印发《西安市县区“三保”保障清单》，形成县（区）“三保”支出的市级标准。夯实“三保”运行“定期报告+重点关注”工作机制，严格落实“三保”预算执行监测月报制度，组织各区（县、开发区）制定“三保”风险应急处置预案，确保“三保”工作不出问题。

优化政府性资金统筹存放管理 按照中央和省级关于政府性资金存放的政策要求以及修订后的金融机构评价激励办法，组织实施2021年政府性资金存放银行业金融机构考核评价和统筹存放工作，进一步调动在地银行业金融机构支持西安市经济发展的积极性。督促各区（县、开发区）尽快研究制定科学、公开、透明的财政资金存放工作流程及财政资金存放金融机构评价办法，加强制度建设，规范工作流程，防范资金安全风险。

加强直达资金动态监控 落实好常态化财政资金直达机制，进一步强化财政直达资金监控工作，坚持日督促、月通报制度，每月及时向陕西省财政厅报送直达资金执行情况并将直达资金管理纳入市对区（县、开发区）财政激励约束考评。密切跟踪预算下达、资金拨付、到人到户和惠企利民补助补贴资金发放情况，督促相关部门及时将有关数据导入监控系统。全年全市接收上级直达资金合计111.61亿元，已分配下达110.93亿元，分配下达进度99.4%；已支出101.66亿元，支出进度91.1%。

◆支持产业发展 2021年，西安市财政系统围绕全市疫情防控、重点产业链招商以及促消费等工作任务，突出重点抓好落实，全力推进财政在支撑产业发展领域发挥更积极有效的引导作用。

大力支持先进制造业强市建设 安排资金5.53亿元支持工业、军民融合产业发展等项目，包括企业技术改造、协同发展、光伏企业快速发展、产业园区建设、企业称号奖励。完善先进制造业扶持体系，印发《西安市加快先进制造业强市补充政策》增加产业优结构促发展、大数据产业发展、光伏产业方面13条支持政策。做好政策落实工作，经过企业申报、区（县）推荐、西安市工业和信息化局审核、信用核查、会计师事务所复核以及验收、市财政局复核等程序，将13个专题的324个项目，报送西安市人民政府审议，审议通过后将安排市级工业发展专项资金2.63亿元和市军民融合发展专项资金9998.58万元。安排2.66亿元用于支持新增限上企业、品牌连锁店、对外贸易、软件服务外包等项目以及西安市促消费活动举办。统筹安排18.35亿元支持新能源汽车推广，统筹安排3595.1万元用于支持高排放老旧机动车提前淘汰。全年争取上级工业转型升级、新能源汽车、高质量发展、中小企业发展等工业类专项资金20.99亿元，有效支持市级先进制造业项目建设。

支持现代服务业转型升级 配合制定《西安市推进商贸业高质量发展若干措施》，确定支持政策8项，从发展首店经济、培育特色商业街区、国际美食之都建设等方面入手，推进全市商贸业高质量发展，积极融入新发展格局，加快国际消费中心城市建设。先后下达西安市商务局四批消费促进年活动经费共1004.3万元，支持2021消费促进年系列活动启动仪式暨迎“十四运”全市商贸行业誓师动员大会、“盛世全运·星耀长安”——2021服务明星挑战赛、“盛世全运·云购长安”2021系列网上促消费活动、2021中国西安国际美食博览会等活动。安排资金1.08亿元，支持用于新增限上企业、品牌连锁店、老字号、电子商务、会展业等1270个内贸项目奖补以及跨境电子商务、对外贸易、软件服务外包等152个外贸项目奖补。安排资金1811万元，支持港务区、西咸新区口岸建设。推进新时代对外开放，兑现“中欧班列”、航空客货运奖补政策，累计兑付各类补助资金16.42亿元。

支持招商引资 安排15亿元支持经开区千亿级汽车产业集群发展，安排5023万元用于13户总部企业奖励，安排439.26万元用于外资企业奖励。做好政策完善工作，配合制定《西安市关于加强招商引资支持高质量发展若干政策》，确定支持政策10项，鼓励外商投资企业早进资、多进资，推动外资项目早日落地实施。做好政策落实，安排市总部企业奖励资金5023万元，支持中国能源建设集团西北建设投资有限公司等13户企业落户西安。安排拨付资金15亿元，支持经开区做大整车生产制造、增强零部件生产实力、提升核心技术竞争力、加快新能源汽车产业化发展。积极争取上级资金支持，累计争取省级工业转型升级、汽车产业发展、中小企业发展、军民融合发展、新能源汽车推广、商贸服务业、招商引资各类专项资金合计35.81亿元，对西安市产业发展工作起到有效支撑作用。

◆支持城市综合能级提升 2021年，西安市城建预算支出完成260.4亿元。其中，一般公共预算支出132.1亿元；政府性基金预算支出128.3亿元。

城建资金筹集 全年城建预算收入累计完成76.71亿元。其中，一般公共预算收入完成7.79亿元；政府性基金预算收入完成68.92亿元。积极赴财政部、陕西省汇报秦岭生态保护矿业权退出、老旧小区改造、住房租赁试点、保障房建设、申报山水林田湖草沙修复项目、海绵城市试点城市等相关工作，大力争取中央和省级政策资金支持。印发2021年城市建设维护投资计划，市本级财政投入171.32亿元，增长11.08%，继续保持高强度投资规模。全年共争取中央和省级补助资金43.82亿元。其中牵头申报成功入围第二批中央财政支持住房租赁市场发展试点城市，是西部唯一入选城市，争取到近年来西安市单项工作最大

规模的上级资金（3年24亿元）。做好地铁专项配套费清缴工作。累计下达中央、陕西省、西安市基本建设资金26.84亿元，县域经济补助4亿元，机场三期建设资金5亿元，全力保障市级重大项目建设。支持新基建建设，助力新能源汽车充电桩、分布式光伏奖补政策落实、落地，兑付补贴光伏补贴2482万元、充电桩补贴3551万元。

拓宽融资渠道　统筹推进项目收益专项债申报，支持地铁2号线、14号线项目和保障房项目建设，全年包装争取政府专项债26亿元。谋划争取2022年专项债申报，上报市新增专项债券16项，项目总投资1329.6亿元，申请债券资金260.62亿元。牵头起草《西安市2020—2025年城市轨道交通建设资金筹集方案》，预计筹集地铁建设资金1090亿元，经市委、市政府同意后已印发执行。

◆支持生态西安建设　2021年，西安市财政系统牢固树立绿水青山就是金山银山理念，建立健全西安市生态保护补偿机制，支持全市域、全过程、全方位加强生态文明建设，推动生态环境质量持续向好，让西安山更绿、水更清、天更蓝。

大力支持打赢蓝天碧水保卫战　市本级部门预算安排生态环境支出7.29亿元。其中，治污减霾专项资金2.89亿元，主要用于柴油车排气污染治理、智慧环保项目、隔离酒店医疗废物收运处置、网格化管理奖补及十四运会和残特奥会空气质量保障等项目；农村生活污水治理专项资金0.8亿元。积极配合西安市生态环境局争取2021年中央大气污染防治资金2.2亿元、省级生态环境专项资金1.39亿元。落实市委关于“推进绿色发展、建设生态西安”工作部署，充分发挥扣缴资金引导作用，会同市生态环境局制定《西安市生态环境领域扣缴区县（开发区）资金奖补分配办法》，全年扣缴资金7.86亿元。

支持秦岭生态环境保护　市本级安排秦岭保护专项资金5000万元，支持秦岭网格化奖补、复绿管护、峪口峪道综合治理和建筑物清查等项目。指导督促7个秦岭沿山区（县）设立区级秦岭保护专项资金。经市政府同意，下达沿秦岭北麓的5个区（县）财力性补助2亿元；争取中央、省级资金2.45亿元，主要用于秦岭地区矿业权退出补偿、遗留矿山生态修复、林业草原防灾、湿地及动植物保护等工作。

支持生活垃圾分类　安排垃圾处理相关资金42047万元，用于保障生活垃圾分类业务工作宣传督导、农村生活垃圾治理、固体废弃物一期综合处置工程、江村沟垃圾填埋加固工程、渗滤液处理运行和生活垃圾无害化处理项目运行补贴等重点项目。

◆支持民生保障　2021年，西安市财政系统始终坚持公共财政优先保障和改善民生，切实兜牢兜实民生和“三保”底线。

大力支持教育强市建设　争取中央、省级教育专项资金26.99亿元、一般债券6.5亿元。市财政下达新增教育建设奖补资金25亿元，拨付教育专项资金24亿元，促进教育均衡发展、保障学生教育权益、强化教师队伍建设、夯实高质量发展根基、促进高质量教育体系建设。全年全市教育支出266亿元，占一般公共预算支出的18.04%，圆满完成全年18%的目标任务。

支持缓堵保畅　全年地铁建设计划总投资173亿元，其中由市财政安排地铁建设资本金65.64亿元。根据《西安市地铁运营亏损财政补贴方案》和《西安市城市轨道交通运营服务成本规制办法》，安排地铁运营补亏资金16亿元。安排“十四运”城市建设快速路及断头路打通道路设施提升改造、中心城区—西咸基础设施互联互通、行人过街设施、公共交通运营补贴等项目资金24.8亿元，有力支持缓堵保畅工程。

保障基本民生　落实采暖季天然气补贴政策，发放补贴资金6.06亿元。配合西安市发展和改革委员会出台城乡居民煤改洁延续政策，发放补贴资金3.81亿元。做好粮食及重要商品储备保障工作。牵头财政部门粮食领域购销腐败问题专项整治。支持交通领域发展。保障全市交通领域项目经费9.30亿元，配合西安市交通运输局制定印发《西安市交通运输发展专项资金管理办法》。

支持保障性安居工程　为进一步推进以公租房、共有产权房、人才安居房和货币补贴相结合的多渠道保障的住房保障体系建设，会同西安市住房和城乡建设局、西安市自然资源和规划局印发《关于加强商品住房项目配建公共租赁住房易地建设资金管理的通知》等文件。全年市财政下达住房保障体系资金12亿元。其中，公租房建设中央补助资金1亿元；保障房建设专项资金11亿元。

◆财政支农　2021年，西安市财政系统深入学习领会中央和陕西省委一号文件和经济工作会议、农村工作会议、财政工作会议部署，按照陕西省财政厅政策精神和全市财政工作会议要求，积极发挥财政职能作用，聚焦保障国家粮食安全和不发生规模性返贫两条底线，持续加强财政保障力度。

大力支持实施乡村振兴战略促城乡融合发展　全年拨付区（县）乡村振兴战略方面专项资金17亿元，其中农村人居环境整治资金4.02亿元。围绕全市重点工作，大力支持粮食安全底线和重要农产品有效供给。稳定实施耕地地力保护补贴政策，做好种粮农民一次性补贴资金兑付，帮助种粮农民应对农资价格上涨压力。落实“菜篮子”市长负责制考核要求，确保重要农产品市场供应基本稳定。支持防范应对农业重大灾害；加强高标准农田建设支持力度，支持完成年度高标准农田建设任务；及时兑付种业扶持奖补政策。深入推进乳制品、奶山羊、猕猴桃、陕茶等农业全产业链、产业集群建设，促进农村一、二、三产业融合发展。

财政巩固脱贫成果政策体系建设　脱贫攻坚期间，西安市在全省财政扶贫资金考核中连年获得优秀等次、西安市财政局在全市考核中先后两次位列市级部门第一、局农业农村处获中共陕西省委、陕西省人民政府授予的“全省脱贫攻坚先进集体”称号。将原专项扶贫资金更名为财政衔接推进乡村振兴资金，会同6部门出台《西安市财政衔接推进乡村振兴补助资金管理办法》，会同11部门制定印发《过渡期脱贫县统筹整合使用财政涉农资金工作实施细则》，将两个政策及解读在市政府官网进行公开。

支持水务发展重点项目建设　按因素法分配下达水利发展专项资金8亿元，重点保障“十四运”涉水项目、“三河一山”绿道建设、水源地建设、渭河综合治理工程、农村供水安全工程、水灾害防御等一批重点水利工程建设。联合印发激励支持办法，进一步推动西安市河长制湖长制工作。足额保障西安市主城区污水处理运费服务费及污泥处理处置费13.18亿元，推进市属污水处理厂及城市污泥处理处置工作正常运转。

◆支持科技文化事业　2021年，西安市财政系统以推动高质量发展为主线，围绕“科技创新”“教育强市”“文旅融合”等工作，统筹各类资金、优化支出结构、强化要素保障、深化财政改革。

支持科技创新建设　坚决把科技创新作为财政支出重点领域，持续加大投入力度。紧盯创新驱动，加大科技产业扶持力度。紧盯重大项目，加快科技成果转化应用。紧盯研发投入，加大稳企安商投入力度。紧盯平台建设，促进科技资源开放共享。全年拨付5.3亿元用于科技发展。

支持文旅融合发展　全年市级财政安排文旅融合发展专项资金3亿元，用于促进文化旅游融合发展。争取中央、省级资金1.65亿元，支持西安市公共文化服务设施建设、推进公共文化馆、纪念馆、博物馆免费开放；安排资金1070.8万元，支持千场戏剧文化惠民活动。加强国家文物保护利用和文化遗产保护，支持中华优秀传统文化传承发展，拨付文物保护专项资金3630万元，推动中华优秀传统文化创造性转化、创新性发展。

经费保障　扎实做好科技创新及人才队伍建设。全年预算安排“科技创新及人才队伍建设”资金3.57亿元；配合中共西安市委组织部、西安市科技局草拟《西安市人才发展投资基金设立方案》。全面做好建党100周年活动财政保障。全年安排“西安记忆建设”“建党100周年”“百年恰是风华正茂主题档案文献展”等专项资金3579万元，全力支持建党100周年各项工作开展。

◆支持社会保障制度体系建设　2021年，西安市财政系统按照中央和陕西省工作要求，稳步提升低保、优抚、救助水平。扎实做好疫情防控相关经费保障，支持医药卫生体制改革，落实公立医院取消药品加成补偿政策，支持卫生健康人才培养培训、地方病防控、社会化养老等工作。

疫情防控经费保障　全市各级财政部门投入疫情防控资金28.2亿元。落实中央及陕西省关于医保基金负担新冠疫苗及接种费用财政补助的有关要求，从全市医保基金筹集划拨专项费用17.86亿元；拨付中央、省级、市级三级财政对新冠疫苗及接种费用补助资金3.35亿元。

支持公立医院综合改革和医院建设　加大公共卫生投入力度推进健康西安建设，安排市本级13家公立医院综合改革经费7.37亿元，下达基本公共卫生服务补助资金6.29亿元、药品零差率补助资金1.44亿元，安排公立医院学科建设、信息化建设和名中医工作室建设等资金0.71亿元，拨付资金2.67亿元落实计生奖补政策。推进15个公共卫生健康领域重点项目建设，总投资超300亿元，已全部开工建设，市财政累计投入51.69亿元，其中2021年投入38.86亿元。

兜底民生保障　下达财政社会救助和社会福利资金12.58亿元，拨付退役军人优抚安置资金42.6亿元，安排残疾人惠民政策补助资金2.2亿元。加大投入促进就业创业，全年下达财政支持就业补助资金4.94亿元，其中市级就业资金1.79亿元，4.65万人次享受各类就业创业补贴政策。拨付职业技能提升专项资金9.7亿元，培训各类人员42.56万人。发放创业担保贷款7.42亿元，累计带动就业超过6.5万人。落实稳岗返还惠企政策。继续实施普惠性失业保险稳岗返还、以工代训、困难人员培训生活费补贴、放宽职业技能提升补贴、就业见习补贴提前发放、失业保险保障扩围、继续实施阶段性降费等14项减负稳岗扩就业政策措施，全年拨付稳岗返还资金11.41亿元。

社会保险基金管理　印发《西安市市级医疗救助基金补助资金管理办法》《关于做好城乡医疗救助工作的通知》；落实基础养老金正常调整机制，从2021年7月1日起，将城乡居民基本养老保险基础养老金市级补助标准提高3.5元，提标后西安市基础养老金待遇标准达到183元。全年全市社会保险基金收入449.93亿元，支出408.18亿元，当期结余41.75亿元，滚存结余502.13亿元。

◆支持金融业发展　2021年，西安市财政系统积极落实财政支持金融业发展奖补各项政策，加大中央和省级普惠金融奖补资金争取力度及小微企业创业担保贷款支持力度。持续加大财政资金投入，推动政府性融资担保体系建设。持续强化担保机构管理，提升融资担保效能。聚焦支柱产业壮大，持续发挥产业基金作用。

支持普惠金融政策投入成效显著　下达普惠金融奖补资金1.08亿元，其中西安市担保机构业务和保费补贴6989万元，撬动地方小微企业新增融资贷款120亿元，促进企业融资成本进一步降低。安排5家新型农村金融机构定向奖补资金2502.57万元。安排科技金融结合奖补资金5856.58万元，支持创新驱动发展。引导金融机构为全市科技型中小微企业提供融资担保贷款超过36亿元和提供企业风险保障66.63亿元，缓解西安市中小微科技企业融资难、融资贵问题。牵头制定西安市《市级政策性农业保险实施方案》，下达相关资金1.08亿元。确定参保品种22个，下达11个区（县、开发区）保费规模共计3.67亿元，按比例向各承保机构下达补贴资金0.92亿元。下达多层次资本市场奖补资金8511.74万元。支持西安市3家企业在主板上市，5家企业新三板挂牌，6家企业双创板挂牌，34家企业股权交易中心挂牌，4家企业定向增发融资。截至年底，全市共有境内外上市企业87家，总市值突破1.36万亿元，居15个副省级城市第5位；增幅252%，居15个副省级城市第1位。

支持市级政府投资引导基金建设　积极发挥大西安产业基金、西安合作发展基金引导作用。撬动社会资本支持西安市科技、工业、商贸等重点产业领域发展，累计安排引导基金出资94.15亿元，累计投资子基金41支，带动社会资本形成总规模677.54亿元基金群，累计投资项目833个，撬动产业总投资2733.54亿元，带动税收28.34亿元，带动就业6.27万人。基金支持的企业中已有73家陆续在主板、纳斯达克、创业板和新三板成功上市挂牌、59家企业已进入全市“科创板上市企业后备名录库”。推动西安市创新投资基金组建，构建省市基金一体化联动体系。结合省级、市级推进秦创原创新驱动平台建设有关要求，报请市委、市政府批准设立100亿元西安市创新投资基金，指导西安财金公司会同各有关出资方做好基金设立有关准备，引导社会资本参与全市实施创新战略、促进早期科技成果转化、建设省市基金一体化联动体系。

支持政府性担保体系建设　构建政银担“五方分险”合作增信机制。设立10亿元西安市小微企业融资担保增信基金，争取省级政府性融资担保风险补偿资金奖补支持587.95万元，发挥科技金融风险补偿基金作用，累计服务企业融资超过1500家次，规模达到68亿元。推行政府性担保机构名单制管理改革。全

2021年2月7日，西安市小微企业融资担保增信基金合作签约仪式举行

市13家政府性融资担保机构资本总规模达到109.91亿元，为各类市场主体提供担保贷款超过170亿元。进一步优化政府性融资担保机构考核评价机制。突出政策导向、鼓励业务拓展、弱化盈利考核、强化正向激励，支持政府性担保机构进一步向支小、支农转变，实现担保费率降至1.5%以下。

国有金融资本管理 完善国有金融资本数据统计管理体系。将全市62家金融企业纳入财务统计管理范围。年末，西安市地方金融企业资产总额为4495.87亿元，较年初增加16.94%，负债总额3742.04亿元，较年初增加17.26%，所有者权益753.83亿元，较年初增加15.37%，扣除客观因素，国有资本保值增值率109.68%。

市属国有金融企业管理 优化国有金融资本布局，形成管理合力。从国资审批、绩效考核、薪酬体系、资产管理等方面审批国资管理事项100余项，下发审批相关文件42件。引导西安投资控股有限公司、西安投融资担保有限公司、西安财金公司和长安国际信托股份有限公司等局管企业聚焦主责主业，多维度助力支持全市“6+5+6+1”现代产业体系建设。发挥国有金融资本带动作用。注入西安财金公司资本金15亿元，开展财金担保、融资租赁、基金管理等业务。

◆政府债务管理 2021年，西安市财政系统着力防范化解政府债务风险，推动经济社会可持续高质量发展。加大政府债券政策支持，全年全市共获发新增债券330.57亿元。其中，一般债券32.34亿元，共支持项目79个，主要包括疾控中心建设、公办义务教育学校、市政改造、文化档案馆建设等项目；专项债券298.23亿元，共支持项目129个，主要涵盖城市轨道交通、高铁配套资本金、城镇老旧小区改造、公立医院、市政及产业园区基础设施、棚户区改造等领域。加快推动融资平台整合升级。联合西安市发展和改革委员会制定印发《西安市市县融资平台公司整合升级推动市场化投融资实施方案》，组织各级摸清融资平台底数及国有资源资产，加快剥离公益性资产，稳妥化解存量政府性债务，指导各级制定整合升级工作方案，分类推进整合升级。持续深入推进PPP工作。制定印发《西安市政府和社会资本合作(PPP)项目运营补贴支付管理暂行办法》，进一步促进项目落地及推进工作。融资融智，借助外力发展，建立PPP专业咨询机构库，设立西安PPP子基金助力项目融资，借助中政企基金助推西安市项目落地等。

◆财政改革 2021年，西安市财政系统持续深化预算管理制度体系建设。修订《西安市市级财政资金分配暂行规定》《西安市市级财政专项资金管理办法》，进一步明确资金管理职责分工，理顺各个环节的工作程序，切实将地方预算项目全生命周期管理要求落到实处。制定《关于进一步深化预算管理制度改革的实施意见》，明确加大财政资源统筹力度、严格政府预算编制管理、调整优化财政支出结构等8项改革重点任务。

构建市级预算支出标准体系 统筹考虑西安市财力状况、部门履职需要、政策保障需求，坚持先易后难、由点及面、突出重点、逐步完善，形成覆盖基本支出、项目支出和专项资金支出的“三位一体”支出标准体系，印发《西安市市级部门预算支出标准（2022年版）》，其中项目支出包括19项通用标准和39项专用标准，为预算编制和调剂提供依据。

财政专项资金拨改投改革 按照深化财税改革、建立现代财政制度要求，研究制定《关于实行财政专项资金拨改投改革的意见》，对市级财政专项资金中的经济社会发展类专项资金，逐步将无偿奖补改变为股权投资等方式，全力支持全市重点产业、新兴战略领域发展和重点项目建设。

完成奖补政策清理和专项资金整合 组织市级主管部门开展十项重点工作奖补政策清理工作，将136项政策文件精减为28项，实现奖补政策和资金高度整合，为提高财政资金使用效益奠定基础。推动市级财政专项资金整合，印发《2022年市级财政专项资金目录》，将原专项资金目录中的35项一级专项资金、94项二级专项资金全面整合成42项专项资金，加大财政资源统筹力度。

建立健全市对区（县）转移支付体系 修订《市对区县(开发区)财政激励约束考评办法》，围绕11项考评指标对区（县、开发区）财政运行情况分类进行绩效考评；修订《西安市市对区县均衡性转移支付办法》，推动财力下沉，进一步增强区（县、开发区）“三保”保障能力。

明确西咸新区直管区财政体制 会同市税务部门、人民银行西安分行营管部印发《关于西咸新区财政体制有关事项的通知》，明确收入划分、收支基数核定、收入征管缴库等工作。在财政体制上给予政策倾斜，西咸新区辖区内的税收收入，除中央和省级收入外，其余收入全部留给西咸新区，市财政不参与分享，支持西咸新区高质量发展。

支持国资国企改革 全年市级国有资本经营收入预算2.16亿元。市级收入预算完成3.94亿元、完成年初预算的182.64%，补缴往年欠缴5033.16万元。积极支持国有企业发展。全年市级国有资本经营支出预算2.16亿元，国有资本经营支出3.26亿元，确保65万名国企退休人员安全有序移交社区管理，保障近4000名国企困难职工基本生活。严格行政事业性国有资产管理制度落实，从“明晰责任、健全制度、加强内控”等16项措施入手加强管理，确保行政事业单位固定资产保值增值。全面完成全市86项已经投入使用6个月未完成在建工程转固事项整改。

全面实施预算绩效管理 制订完善全面实施预算绩效管理制度体系，制订印发项目支出绩效评价管理办法、事前绩效评估管理暂行办法、结果应用暂行办法和结果应用实施细则等系列制度文件。积极推进预算绩效管理指标库建设，从建立完善预算绩效指标体系入手，按照科学合理、细化量化、可比可测的质量标准，在吸纳以前指标库建设和财政重点评价经验的基础上，编制形成《西安市共性项目绩效指标和分行业分领域绩效指标体系》，印发市级部门和区县（开发区）执行。预算绩效管理工作首次纳入高质量发展绩效考核体系，从基础保障管理、事前评估管理、绩效监控管理、绩效评价管理和评价结果应用管理等方面对市级各部门、各区县（开发区）进行考核。

◆财政监管和规范理财 2021年，西安市财政局依托“财政云”预算管理一体化系统，对市级部门（单位）所有项目及政策资金绩效目标实施全面审核。积极推动预算绩效评价工作，进一步提高行政事业单位内部控制建设水平，持续推动财政法治建设落地见效。

全面开展绩效目标编审和绩效评审 在2021年部门预算编制中，市本级134个部门、560个预算单位编报3907个项目的绩效目标，涉及资金571.29亿元。在编制2022年部门预算中，指导29个市级部门涉及的42个专项资金按照新的绩效目标编报框架全面编制绩效目标，对新增重大政策和重点项目进行事前绩效“云评审”。会同西安市人大常委会预算工委完成西安市商务局等6个部门2022年度部门预算绩效目标进行集中审核。

统筹推进单位绩效自评和部门综合评价 建立财政部门牵头组织、市级部门分工负责、资金使用单位具体实施的绩效自评工作新机制，积极推动预算部门综合评价。全年组织指导117个市级部门单位开展绩效自评，评价资金260.03亿元，完成绩效自评报告140个。其中，部门整体支出评价105个；专项资金、转移支付和项目绩效自评35个。

推动财政重点评价工作扩围升级 推动绩效评价实施对象从项目预算、向政策支出预算、单位预算、部门综合预算扩展。坚持“双评价”制度，全年市财政委托第三方机构开展财政重点评价项目16个，涉及资金总额199.73亿元，包括8个专项资金的绩效评价和8个重大项目绩效评价，财政重点评价质量显著提高，示范引领作用不断增强。

持续规范行政事业单位内部控制建设 组织全市3542家行政事业单位开展2020年度内部控制报告填报工作；根据财政部《行政事业单位内部控制规范》要求，开展30家单位的内部控制制度检查工作，提高全市行政事业单位内部控制建设水平。开展2021年度会计信息质量检查工作，有效提升财务管理水平。

推进代理记账行业“放管服”“告知承诺制”改革 全年完成21家区（县）审批业务全部划转区（县）行政审批局工作，改革稳步推进，指导区（县）完成2021年度1229家代理记账机构年度备案和537家新增代理记账机构审批工作。加强会计工作管理，完成2021年度市辖区会计初、中、高级资格考试工作，2021年会计专业初级报考79742人、高级报考2038人、中级报考30191人。

政府采购规模不断扩大 全年全市完成政府采购项目1.27万个，采购预算194.93亿元，实际采购金额184.27亿元，节约率5.46%。深化“放管服”改革优化营商环境，开展“百日攻坚”行动，持续优化采购流程、压缩采购周期、降低采购成本、支持中小企业发展，高标准完成23项攻坚提升任务，圆满完成全省营商环境评价考核。西安市财政局被财政部中国政府采购报评为“优化营商环境卓越奖”，被陕西省财政厅评为政府采购先进管理单位，优化营商环境经验做法入选《中国营商环境评价报告2021》。

持续推进财政法治建设 开展公平竞争审查工作，对涉及市场经济活动的政策文件开展公平竞争审查，顺利完成省级四部门公平竞争审查第三方评估工作。营造良好法治财政氛围，持续推进财政普法工作，组织行政处罚法等培训，组织开展国家安全观专题知识答题、生态环境保护法律法规知识答题等活动。将法治财政建设穿财政管理全过程，列入年度目标责任考核，印发行政规范性文件管理办法及合法性审核工作规程，不断提升财政工作法治化水平。

（严嘉恒）

税　务

◆概况 2021年，西安市税务系统面对疫情冲击和改革任务压力交织，坚持以习近平新时代中国特色社会主义思想为指导，认真落实国家税务总局、陕西省税务局党委和中共西安市委、西安市人民政府决策部署，依法依规组织税费收入，不折不扣执行减税降费政策，持续优化税收营商环境，更好发挥税收职能作用，进一步激发市场主体活力，有力地支持全市经济社会发展。全市税务系统共组织税费收入2183.71亿元，比上年增长28.23%，增收480.71亿元。其中，税收入库1391.49亿元，比上年增长15.80%，增收189.88亿元；社会保险费入库726.45亿元，比上年增长62.5%，增收279.30亿元；非税收入入库60.82亿元，比上年增长22.30%，增收11.11亿元；工会经费入库4.95亿元，比上年增长8.10%，增收0.37亿元。累计新增减税降费128.75亿元，办理出口退税68亿元。完成水土保持补偿费等6项非税收入划转征收。全市税务系统获得省部级领导表扬批示18次，获得中宣部、中央文明办等省部级以上荣誉15个。围绕国家税务总局确定的三大关键创新领域，规划“‘一带一路’税收服务新航线”，立足实际探索“学党史办实事”“五心铸铁军”等创先争优项目，在全国税务系统副省级城市评比中名列前茅。

◆服务发展大局 2021年，西安市税务系统积极融入地方经济社会发展大局，主动对标西安现代产业体系，为1100余个省、市、区级重点项目提供税务管家服务，优选275个项目开展重点税源培植，累计入库119.22亿元。围绕提振工业运行、能源电力保供，抢抓节点，精准执行，为小微企业、煤电保供企业等缓税17.3亿元。围绕制造业强市、亩均税收、产业结构等地方领导关注点，打造税收经济分析精品，43篇获得省市县和总局省局领导表扬性批示或被刊发。把服务“十四运”作为重大政治任务，坚持“首要任务首位落实”，为相关企业解决复杂涉税问题78次，输送志愿者510人。积极助力市场主体发展，在“便民办税春风行动”中推出116条举措，其中“送政策、问需求、办实事、优服务”活动，累计走访企业55万户解决问题近1万个。开展“春雨润苗”专项行动，惠及企业5900户。1356名税务人员以自己的辛苦指数换取纳税人的满意指数，在节假日“税费服务不打烊”中提供服务747人次。对接30户拟上市企业涉税服务需求，点对点辅导政策，加快上市进程。深化“银税互动”，共向17.8万户纳税人发放“税银贷”540亿元，有效缓解中小企业资金压力。

◆深化征管改革 2021年，西安市税务系统深入贯彻落实中共中央办公厅、国务院办公厅印发的《关于进一步深化税收征管改革的意见》，对改革任务实行项目制管理，制定“1+8”实施方案，分级建立纵横联动的落实工作机制和专班，坚持夯实征管基础和重点领域改革两轮驱动，确保《意见》高质量落地。依据《税收征管操作规范》，制发《涉税事项清单及后台职责清单》，划清“市、区、所”三级业务职责边界；优化完善征管质量5C评价指标和方法，编发《土地增值税清算管理工作指引》《税收征管资料纸质档案管理办法》等，不断夯实征管基础。大力开展自然人数据质量治理，扩大个税全员全额扣缴明细申报覆盖面，申报户数增长13.19%；扎实推进汇算清缴，汇算人数增长40%。稳妥推进专票电子化改革，抓实“1+1+5”制度机制和网格化管理服务要求，细化试点岗责体系，严格执行一人一表岗责

2021年，西安市办税工作人员在解答纳税人咨询

清单，强力督导问责，确保206道程序规范落地。进一步强化快反专班力量，实时监测开具、接收信息，对风险及早预判、及时阻断。精准统筹电子专票持续稳定放量，新办纳税人同步核定率100%、开具户数占比75%、开具份数占比51%。

◆优化纳税服务 2021年，西安市税务系统继续在优化便民办税服务中创新出新，形成"一掌八通"服务模式，掌上智能服务应用更加广泛。以简并集成为突破口，实现企业开办相关事项"打包通办"，不动产交易"一窗受理、集成办理"。推行电子税务局在线办理留抵退税申请事项，取消大额退库两级审批，淘汰退库资料纸质传递，缩短流程链条，减轻申报负担。积极推进"15分钟便民办税服务圈"建设，开辟116个"办税体验区"，建立72个网点自助办税区，设置212个社区（村委）客户端，有效满足老弱残等各类人群"就近办"需求。在全省营商环境评价中办税次数减少至3次。倾力压缩社保缴费时间，企业缴费人实现免填单"一键确认"，居民实现多元化"掌上办"。

◆依法治税 2021年，西安市税务系统深入推进依法行政，修改完善全系统权责清单，并依法予以公示。不断提升"三项制度"实施精确度，完成重大事项法制审核88件。全面落实"首违不罚"清单，对8567户纳税人适用"首违不罚"处理，对4115件事项采取告知承诺的方式办理，彰显执法温度。前瞻性、制度性处理涉税争议83件，依法办理行政复议案件7件，诉讼案件10件，取得较好社会及法律效果。精准实施"风险+信用"动态监管，公布黑名单信息730户，依法依规开展失信惩戒。将非税收入网格化管理升级为"非税精灵"，有效统筹非税征管服务，被陕西省税务局推荐为数字陕西建设优秀成果。创新推进数字化智能化全环节改造，大力建设"事中监管子系统"，数字化转型风险"样板间"建设步入快车道。聚焦稽查主业，开展"双随机一公开"监管，加强重点行业秩序整顿，推动积案清理，累计查补收入6.09亿元，入库1.38亿元。 （杨 溪）

国家税务总局西安市税务局

党委书记、局 长 黄树民
党委委员、副局长 郝 炜 黄必婵 刘志华 刘 俊 刘海安
党委委员、纪检组长 苗亚莉

审 计

◆概况 2021年，西安市审计机关深入学习贯彻习近平总书记来陕考察重要讲话重要指示精神，全面把握进入新发展阶段、贯彻新发展理念、构建新发展格局、推动高质量发展对审计工作提出的新任务新要求，紧紧围绕推动十项重点工作、筹办十四运会、抓好疫情防控等全市中心工作和发展大局，立足经济监督，聚焦主责主业，坚持守正创新，依法全面履责，积极发挥审计在党和国家监督体系中的重要作用，党对审计工作的集中统一领导进一步加强，审计监督成效和宏观管理作用进一步突显，审计机关全面建设进一步推进。市、区（县）两级审计机关对717个单位和项目进行审计和审计调查，促进增收节支和挽回损失101.25亿元。全年提交审计报告和信息524篇，被批示和采用492篇次。其中，西安市审计局向中共西安市委审计委员会和西安市人民政府报送57份重要文稿和《审计要情》，委员会领导和市级领导批示批阅48件次。向纪检监察机关和有关部门移送问题线索156件。其中，西安市审计局移送53件，区（县）审计局移送103件，起到很好的震慑作用。

◆重大政策措施落实情况跟踪审计 2021年，西安市审计机关组织开展全市一、二、三季度国家重大政策措施落实跟踪审计，有力促进中央政令畅通、政策落实。其中，西安市审计局重点关注减税降费政策落实、中央直达资金、基层"三保"政策措施落实情况，及时揭示和反映17个问题，被陕西省审计厅表彰为全省政策跟踪审计先进单位。抽调全市两级审计机关87名干部组成19个审计组，对全市2020年奖补政策资金兑现情况开展专项审计核查，核查8915个单位、9013笔资金、共计195.08亿元，促进相关单位兑付资金3.23亿元。组织对市本级及13个区（县）、4个开发区、70个部门、74个单位开展文物保护政策贯彻落实及文物保护项目资金管理使用和绩效情况审计调查，延伸调查文物保护单位86个，抽查文物保护工程49个，查出违规资金525.54万元，被陕西省审计厅表彰为全省文物保护专项审计调查市级先进单位。

◆十四运会审计 2021年，西安市审计局认真贯彻落实习近平总书记"办一届精彩圆满的体育盛会"和"简约、安全、精彩"重要指示精神以及省市关于十四运会的部署要求，组织对十四运会市级场馆项目竣工决算开展跟踪审计，督促强化项目管理、健全内控制度、加强合同履约的系统控制。对第十四届全国运动会村村民委员会临时设施建设及运行管理情况开展审计，针对发现的问题提出审计建议，有力促进廉洁办会、节俭办会，为全运会成功举办提供监督保证。

◆财政审计 2021年，西安市审计机关共开展预算执行情况和决算以及其他财政、财务收支情况审计453个，其中预算执行审计184个、财政决算审计19个、财务收支审计117个，查出预算编报不完整、预算编制批复不规范等问题金额223.64亿元，有效促进规范预算编制管理、提高预算执行绩效。西安市审计局坚持全面覆盖与突出重点相结合，对全市116个一级预算部门和单位财政财务电子数据进行全面核查，对16个部门单位进行现场审计，审计资金172.6亿元，调查单位67个，查处违规资金9.56亿元，提出审计建议55条，有力促进规范财经秩序、提高财政资金使用效益。

◆民生审计 2021年，西安市审计机关践行以人民为中心的发展思想，扎实开展民生领域审计和审计调查，促进补齐民生短板、增进民生福祉，持续提升人民群众满意度和获得感、幸福感。对全市2020年保障性安居工程资金投入和使用绩效情况开展审计，涉及资金100.63亿元，发现5个方面27类问题，移送问题线索6件，促进有关部门上缴财政收入及利息9.01亿元。对2019—2021年度市本级及13个区（县）、7个开发区基础教育学校建设情况进行专项审计，涉及新建及改扩建学校295个、资金285.73亿元，发现5个方面14类问题，积极推进"西安市基础教育提升三年行动计划"。对2020年全市失业保险基金筹集管理使用情况开展审计，延伸审计9家失业保险基金经办机构，针对参保人员重复参保缴费、享受基本养老保险待遇的同时领取失业保险金和失业补助金等问题，提出4条审计建议，促进相关单位追回多领的失业保险金和失业补助金18.2万元、失业保险基金开户银行补计少算的利息90.23万元。对全市2011年11月以来商品房预售资金监管情况进行专项审计，涉及商品房预售项目541个、监管账户636个、销售总额3281.96亿元，针对发现的问题提出6条审计建议。开展西临高速征地项目审计，发现征地拆迁资金使用管理不规范、安置房建设进度滞后、扩大范围使用征迁资金954.59万元、欠付征迁资金8381.66万元等问题，促进相关单位及时追回被截留的征迁资金，向群众进行了返还。

◆农业农村审计 2021年，西安市审计

机关扎实开展农业农村审计，有力促进巩固脱贫攻坚成效、护航乡村振兴。对全市2019—2020年农村无害化户厕提升改造资金管理情况开展审计，抽查13个镇街办23个行政村124个改厕户，提出规范资金管理、严格验收程序、完善管护机制等审计建议，促进农村人居环境整治。对全市2019—2020年高标准农田建设情况进行审计，重点审计临潼区、长安区、鄠邑区、蓝田县、周至县5个区（县）和西咸新区高标准农田建设项目管理和资金使用情况，审计总金额2.29亿元，提出强化项目组织、加强资金监管、做好后续管护，完善长效机制等审计建议。对高陵区、阎良区2018年至2020年乡村振兴相关政策落实和资金管理使用情况进行审计，提出7条意见建议。西安市审计局在对西安市农业农村局2020年度预算执行及其他财政收支情况审计中，延伸审计农业技术推广中心、农机监理与推广总站、畜牧技术推广中心、奶牛育种中心及农业农村发展专项资金，积极促进农资农机农技服务农村发展、农业增产、农民增收。

◆政府投资审计　2021年，西安市审计机关扎实开展重大公共工程投资审计，有力促进提高政府投资绩效、规范建设领域市场秩序。组织开展全市“三改一通一落地”项目专项审计，重点关注省市部署要求落实、目标任务完成、项目建设管理、资金筹集使用、项目效益发挥等情况，涉及13个区（县）、7个开发区的109个部门单位、3490个项目，积极助推公共服务设施不断完善。

◆资源环境审计　2021年，西安市审计机关扎实开展资源环境审计，有力促进改善生态环境、建设美丽西安。组织开展全域治水碧水兴城全市河湖水系保护治理情况专项审计，重点关注目标任务完成、重点水系工程建设和资金使用绩效等情况，审计人员实地查看146个建设项目，坚持边审计边整改，督促相关单位及时整改审计发现的问题，有力推进项目实施进度、提升工作成效。开展全市建筑垃圾综合治理情况审计调查，重点关注全市建筑垃圾的排放、运输、消纳、综合利用、处置管理与监督等情况，实地调查建筑垃圾排放工地、建筑垃圾运输企业、建筑垃圾消纳场所、建筑垃圾资源化利用企业等124个项目（现场、企业），发现6个方面43个问题，提出4条针对性审计建议。

◆企业审计　2021年，西安市审计机关围绕国有企业创新发展提升竞争力，以助企纾困和激发市场主体活力、推动深化国资国企改革、加快国有经济布局优化和结构调整为目标，开展企业审计12项，延伸审计92个企业，重点关注企业财务收支真实性、重大投资决策合规性以及风险防控、国有资产保值增值、国资国企改革推进等情况，查出主要问题金额37.33亿元，揭示会计信息失真、经营管理中的风险隐患，促进提高国有资本配置和运行效率、防止国有资产流失，推动国有企业更好服务全市经济社会发展。

◆经济责任审计　2021年，西安市审计机关认真贯彻落实中共中央办公厅、国务院办公厅《党政主要领导干部和国有企事业单位主要领导人员经济责任审计规定》，健全经济责任审计联席会议制度，加强与纪委监委、组织部门等单位的沟通协作，形成监督合力。开展经济责任审计117项（含自然资源资产审计1项），其中任中审计42项（含自然资源资产审计1项）、离任审计75项。审计中，区分不同类别、不同层级领导干部的履职特点，明确审计内容和重点，有针对性地开展审计，审慎客观作出审计评价。共查出违规金额6.33亿元、管理不规范金额28.07亿元，促进增收节支1403万元，归还原渠道金额1125万元；提出审计建议287条，被采纳249条。西安市审计局首次以市委审计委员会办公室名义，就审计对象中的市管干部履行经济责任相关情况征求市纪委监委意见，及时印发《西安市2021年经济责任审计工作方案》，进一步规范全市经济责任审计工作，推动深化经济责任审计结果运用。

◆专项审计　2021年，西安市审计局对2018—2020年3个部门市级金融业发展专项资金管理使用情况开展审计调查，延伸调查有关企业和28家资金具体使用单位，调查资金7392.13万元，针对个别奖补资金拨付不及时、部分支持金融业发展政策落实不到位等问题，提出3条审计建议。对市级2019—2020年“双招双引”政策落实情况开展审计调查，发现在招才引智方面人才认定条件设定不合理问题，促进有关单位调整人才认定政策范围，受到社会各界好评。对全市村（社区）综合性文化服务中心建设运营和管理情况开展审计调查，提出4条审计建议。对2020年高排放老旧机动车淘汰更新补助资金进行专项审计，发现主管部门审核把关不严造成多支付财政补助资金、部分车辆报废程序不规范等问题，促进有关部门积极整改，追回部分财政资金。

◆审计整改　2021年，西安市审计机关认真落实中共中央办公厅、国务院办公厅《关于建立健全审计查出问题整改长效机制的意见》，加强对审计发现问题整改落实情况的跟踪推进，指导问题责任单位把“当下改”和“长久立”结合起来，做到边审边改、立行立改、真改实改，做实做好审计监督“后半篇文章”。西安市审计局组织对85个整改到期审计项目进行跟踪检查，涉及问题925个，已整改问题829个，整改完成率89.62%。按照中共西安市委、西安市人民政府工作要求，持续跟进督促中央巡视组、审计署和陕西省审计厅反馈问题的整改落实，截至年底，中央第十二巡视组巡视反馈涉及西安市的8个问题，已全部督促整改完成；审计署审计监督涉及西安市的219个问题，已督促整改完成210个；陕西省审计厅审计监督涉及西安市的229个问题，已督促整改完成222个。受市政府委托，向市十六届人大常委会第43次会议作了《关于2020年度审计工作报告反映问题整改情况的报告》，西安市人大常委会审议意见认为“审计机关扎实组织整改工作，审计整改工作取得明显成效”。新城区审计局提请区领导4次主持召开推进会督促审计整改。阎良区审计局坚持领导批示促整改、人大监督促整改、巡审联动促整改相结合，取得良好效果。

◆审计队伍建设　2021年，西安市审计局把加强内部审计指导监督作为深化审计全覆盖的重要举措，印发《2021年西安市内部审计工作指导意见》，组织内审人员参加审计机关业务培训、跟班工作以审代培，有力促进内部审计规范开展，不断提升内审工作能力和水平。开展全市内部审计工作调查，较为全面、准确、完整地掌握了全市4020个单位的内部审计机构、人员基本情况和内部审计工作开展情况，为进一步做好新形势下内部审计指导监督工作打下良好基础。未央区审计局督促46个单位设立内部审计机构。

◆审计信息化建设　2021年，西安市审计局扎实推进金审工程三期建设，编制全市金审工程三期建设方案，明确建设内容；完成审计署数据分析网上行链路建设，实现与国家审计数据中心互通互联；完成全市审计机关金审工程三期专用VPN设备的更新换代，为全市金审工程三期顺利实施奠定良好基础；加强网络和信息安全建设，制定出台《西安市审计局网络安全责任制检查考核办法》《西安市审计局计算机终端安全使用须知》等计算机网络安全管理制度，开展网络安全专项检查和网络安全应急演练，完成局机关门户网站等级保护测评。在电子数据综合应用方面，及时完

成西安市财政数据和一级预算单位财务数据上报工作，积极以信息化促进审计质量效率提升。（张良忠）

统　计

◆**概况**　2021年，西安市统计局坚决贯彻落实党中央、国务院关于统计工作决策部署，紧紧围绕全市中心工作，以党的政治建设为统领，提高数据质量，推进改革创新，强化监测分析，深化依法治统，各项工作取得丰硕成果。获“第七次全国人口普查先进集体”，被中国物流与采购联合会评为“物流统计工作先进单位”，连续22年获全市目标考评优秀单位。

◆**保障统计数据质量**　2021年，西安市统计局健全数据质量管控体系，围绕统计数据生产全过程，建立调查单位联审工作机制，修订14项《数据质量责任清单》，完善数据质量《核查方案》《评估办法》，组织全市所有“五上”单位和投资项目签订《数据质量自查与承诺书》。开展源头数据质量排查检查。按照区域、专业全覆盖的原则，部署数据质量排查专项行动，通过部门行政记录比对核实、实地核实等方式，全市累计排查企业1万余家，归类梳理问题21项，落实改进措施24项。加强基层统计和部门统计业务指导。加大新进人员、新入库企业统计培训力度，印发《防范和惩治统计造假弄虚作假应知应会》，分专业制定《年定报工作要点》，编印一套表调查单位《审核确认手册》《入库工作指南》，开展部门统计工作情况检查，依法依规审批部门统计报表制度5项，源头数据质量不断提高。

◆**统计调查普查**　2021年，西安市统计局人口普查走在全国前列。及时发布《西安市第七次全国人口普查主要数据公报》，编印《报告书》等系列资料。西安市第七次全国人口普查领导小组办公室获“第七次全国人口普查先进集体”，全市7名同志被评为“第七次全国人口普查先进个人”。国家级试点成效显著。全面承接国家统计局统筹开展经济普查和投入产出调查专项试点任务，在调查员选调、数据审核模式等方面进行全面尝试，顺利完成149家企业报表填报工作，为第五次全国经济普查正式开展提供可参考的西安经验。常规统计调查扎实有效。严格执行国家和陕西省、西安市统计报表制度，开展50余项常规统计调查，组织实施13项社情民意调查。面对突袭而至的新冠疫情，全市统计系统干部职工发扬伟大抗疫精神，积极作为、奋战一线，统筹推进各项统计工作，分专业开展复工复产快速调查，保证统计调查规范有序、常规工作不乱不断。

◆**统计改革创新**　2021年，西安市统计局统筹谋划统计现代化改革。编制“十四五”西安统计改革发展规划、法治统计建设规划、信息化发展规划以及法治宣传教育第八个五年规划，印发《推进西安服务业统计改革发展的意见》，明确全市统计高质量发展实践路径。稳步推进重点领域改革。巩固地区生产总值统一核算成果，完善《季度区（县）生产总值统一核算办法》，完成13个区（县）和西咸新区历史数据修订工作。实施知识产权产品投资统计改革，稳步推进投资项目联网直报“两表合一”，扩大小微建筑业企业抽样调查样本，完善劳动工资抽样调查。建立西安四大能源品种经销调查制度，首次开展四大能源品种消费核算。进一步理顺西咸新区统计工作管理体制，直管区数据如期发布。多点推动统计手段变革。利用投资统计管理与监测平台辅助实现投资项目数据核实，通过网络自主填报采集调查人口信息，推广应用统计业务管理平台，开发“西安统计”App和电子文档智能管理平台，加快推进“互联网+政务服务”，统计信息化水平有效提高。

◆**统计监督**　2021年，西安市统计系统健全防范和惩治统计造假工作制度。出台《关于进一步加强防范和惩治统计造假工作的通知》，与西安市纪委监委联合印发《纪检监察监督与统计执法监督协作配合工作暂行办法》，制定《防范和惩治统计造假弄虚作假约谈办法》《统计违纪违法线索案件和处分处理建议移送办法》，推动统计监督与其他监督贯通协同，统计监督有效性不断提升。保持执法高压态势。组建全市统计违法问题整治工作专班，经批复成立西安市统计执法队，增加编制10名。扎实开展“双随机、一公开”执法检查，全市共执法检查企业793家，立案查处45起，违反统计法律法规的2名公职人员受到政务处分。加强法治宣传教育，与市委组织部联合举办领导干部统计法律法规培训班，开展专题宣讲20余次，举办《统计法》颁布纪念日宣传活动，编印《统计法》《统计违纪违法警示案例》等各类普法宣传资料3万余册，营造依法统计良好氛围。圆满完成国家统计督察保障工作。组建全市迎接国家统计督察保障配合工作专班，梳理完成市委、市政府、市级相关部门、统计部门三个层面170余项落实情况，以过硬作风和务实举措全面接受国家统计督察检验，国家统计督察组对西安市工作给予充分肯定。

◆**统计监测服务**　2021年，西安市统计局加强部门横向联动，配合中共西安市委组织部做好陕西省高质量发展综合绩效评价工作，协助西安市发展和改革委员会建立市级评价体系，整理归集高质量发展综合绩效评价相关指标。探索开展建设共同富裕先行城市研究。健全“三新”经济、先进制造业、生产性服务业等19项派生产业数据监测，研究数字经济、民营经济增加值核算方法。加大科技创新和研发企业调研力度，编印《西安科技创新发展统计监测（2021）》。牵头完成全市优化营商环境“包容普惠创新”指标工作，开展营商环境公众满意度调查。

服务经济社会运行　加强产业发展、投资消费、疫情影响等调研分析，实施重点企业（项目）监测，开展现代产业、“双碳”、教育“双减”等19项专题研究，全年撰写统计分析信息239期，报送领导专报106期。

服务社会公众　开展迎“十四运”、市民健身状况、市民新年心愿、市民养老问题等9项民意调查，全年向社会发布统计公报8篇，经济运行情况解读60余期，答复“12345”平台、社会来电来访等咨询800余次。《非凡“十三五”》被评为“西安市优秀外宣产品”。统计服务党委政府、统计基层和社会公众差异化需求的能力不断提升。（张　叶）

物　价

◆**概况**　2021年，西安市价格工作以习近平新时代中国特色社会主义思想为指导，坚决贯彻落实党的十九大和十九届历次全会精神及习近平总书记来陕考察重要讲话精神，统筹疫情防控和经济社会发展，落实“五项要求”“五个扎实”，稳物价、优环境、提效能、惠民生，继续深化价格改革，做好“六稳”“六保”，为建党100周年、“十四运”营造良好价格环境，为“十四五”开局之年开好头，起好步。（张学辉）

◆**居民消费价格**　2021年，西安居民消费价格（CPI）比上年上涨1.7%，涨幅回落0.4个百分点，高于全国（0.9%）、全省（1.5%）和全国36个大中城市平均水平（1.1%）0.8、0.2和0.6个百分点，排位靠前。按涨幅从高到低排列，西安在全国36个大中城市中与合肥并列第2位；西安在15个副省级城市中居第2位。食品价格上涨0.7%。其中，蛋类涨幅居首，上涨23.9%；畜肉类价格降幅最大，下降14.4%；全年鲜菜平均涨幅8.8%。非食品类价格上涨1.9%，拉动CPI上行1.59个百分点，远高于食品对CPI的拉动。其中，教育文化和娱乐类、交通通信类和居住类价格涨幅居前三位。教育文化和娱乐价格上涨3.2%。汽油和柴油价格分别上涨17.7%和19.5%。交通通信价格由上年下降1.7%转为上涨2.8%。居住类价格上涨2.0%，西安房地产价格持续上涨，带动房租上扬2.2%；物业管理费上涨11.8%，受国际国内市场液化石油气、煤炭价格上涨影响，波及居民家用水、电燃料价格上涨2.9%，居住成本提高。消费品价格上涨1.4%；服务类价格上涨2.2%。食品烟酒类价格上涨1.9%，其他用品和服务类价格上涨1.5%，衣着类价格上涨1.1%，生活用品及服务类价格上涨0.3%。因“4+7”城市药品集中采购试点在西安落地，部分西药价格降低，带动医疗保健类价格下降1.7%。

（贾海宇）

◆价格监测调控 2021年，西安市发展和改革委员会认真落实中央、陕西省粮油、副食品、工农业生产资料等29项监测报告任务，监测品种800余个，上报监测数据12万余条。完善应急监测制度，元旦、春节、五一、国庆等重大节日，迅速启动三级联动应急价格监测机制，协调市区（县）各监测点三级联动，组织全市发改系统价格监测人员，坚持每日开展7大类22种重要商品应急价格监测，向西安市疫情防控指挥部报告西安市场价格监测情况。西安市承办第十四届全国运动会和全国第十一届残疾人运动会暨第八届特殊奥林匹克运动会期间，开展粮油肉蛋果蔬及宾馆住宿等10大类37个重要商品应急价格监测，分析价格变化情况。每月通过西安市发展和改革委员会官网发布月度西安市场重要商品价格监测情况分析，引导消费和市场预期。在2021年全国价格监测质量考核中获得满分，1人获得2020—2021年度全国价格监测工作先进个人。

◆优化营商环境 2021年，西安市发展和改革委员会贯彻国家、陕西省“放管服”改革优化营商环境决策部署，扎实落实中共西安市委、西安市人民政府“十项重点工作”具体要求，进一步巩固提升“四最”营商环境改革成果，推动《西安市优化营商环境系列攻坚提升方案》《西安市贯彻落实全国深化“放管服”改革优化营商环境电视电话会议重点任务工作措施》等任务有效落实，聚焦企业关切，降低企业成本，大力清费减负，进一步推动优化营商环境。

清理规范涉企收费　进一步完善收费目录清单管理制度。配合西安市财政局2次动态调整并印发《2021年西安市行政事业性收费和政府性基金目录清单》；编制印发《西安市行政事业性收费标准清单》《西安市涉企行政事业性收费标准清单》，对全市所有行政事业性收费具体收费标准进行明确并予以公示。贯彻落实中央及陕西省各项普遍性降费政策，会同西安市司法局印发《关于转发降低部分公证服务收费标准的通知》，降低“法人和其他组织的资格、资信等”“赋予债权文书强制执行效力”“证书（执照），文本相符，文书上的签名（印鉴）、指纹等”3类收费事项中的公证服务收费标准；会同西安市财政局印发《关于转发预防接种异常反应鉴定费收费标准的函》，明确预防接种异常反应进行鉴定的收费标准；转发陕西省财政厅、陕西省发展和改革委员会《关于政府信息公开处理费有关事项的通知》。深入清理规范中介服务、行业协会商会收费，印发《关于清理规范中介服务、行业协会商会收费的通知》，安排部署行业主管部门自查自纠、公布收费清单等工作，坚决取消各类不合理收费。

清理整治转供电环节加价　继续深入推进转供电环节加价清理整治，会同西安市市场监督管理局、国网西安供电公司等单位认真核查供电终端用户确定、转供电分摊公用设施用电和损耗电费要求等环节存在的问题。累计清理规范转供电主体2362个，为153228个终端用户清退24812.47万元。

◆价格改革 2021年，西安市发展和改革委员会持续稳妥推进资源性产品价格改革。

天然气价格改革　根据国家发展和改革委员会、陕西省发展和改革委员会天然气价格改革有关要求，推进天然气市场化改革，按照“管住中间，放开两头”的总体思路，印发《关于我市2021—2022年天然气销售价格执行季节性差价有关事项的通知》，以保障天然气供应为目标，理顺全市天然气销售价格，建立天然气上下游价格联动机制和季节性差价制度；为疏导天然气季节性差价，满足居民生活、集中供暖等民生用气需求，印发《西安市2021—2022年度天然气季节性差价补贴方案》，确保全市2021—2022年采暖季各供气及集中供热企业正常运营。

水价改革　按照建设节水型城市要求，统筹推进水价改革，组织开展城区公共管网供水价格调整工作，修订完善《西安市城镇非居民用水超定额（计划）累进加价制度》。

生活垃圾处理收费改革　按照市政府明确的生活垃圾处理水系数法收费方式改革方向，深入调研全市生活垃圾处理实际运行状况、收费情况、发展方向，收集全国同类城市的生活垃圾处理收费标准、收费方式、收缴率等情况，聘请专家团队对全市生活垃圾处理收费情况进行专题研究；积极配合市城管部门，加强与财政、水务、税务、司法、审计等部门沟通，及时解决全市城镇生活垃圾处理改革方面过程中遇到的收费性质变更、收费方式转变、收费票据使用等方面存在的问题，为在全市全面推进城镇生活垃圾处理收费改革工作打下良好基础。

◆民生价费调整 2021年，西安市聚焦中央和陕西省、西安市新冠疫情期间民生保障总要求，扎实推进市委十项重点工作，努力保障和改善民生。

重要民生商品保供稳价　制定印发《西安市贯彻落实重要民生商品价格调控机制的工作方案》《西安市完善政府猪肉储备调节机制做好猪肉市场保供稳价工作实施方案》《关于进一步健全我市社会救助和保障标准与物价上涨挂钩联动机制的通知》，紧紧围绕畅通生产、流通、消费等多个环节，构建完善重要民生商品价格调控工作体系，做好困难群众兜底保障。12月，西安市发生疫情后，立即印发《关于做好近期重要民生商品保供稳价工作的通知》，迅速启动应急价格监测，建立应急工作协调机制，强化部门协调互动，省、市、区（县）上下联动，组织人员开展社区末端市场供应、价格、配送情况实地调研，向市政府专题报送《关于市场菜价调研有关情况的报告》2期。

完善教育收费政策　根据市委、市政府要求，制定西安市中小学课后服务费收费标准，配合西安市教育局下发《关于我市中小学课后服务收费事项的通知》，做好有关价格政策宣传解释；会同市教育局、西安市财政局、西安市市场监督管理局转发《陕西省幼儿园收费管理实施细则》，并根据西安市情况细化明确相关退费规定；依据《西安市民办中小学幼儿园收费管理办法》调整5所市属民办中小学校所收费分类和学费标准；完成22所民办中等职业技术学校收费标准备案工作。

规范交通行业价格　开展中心城区停车收费定价研究，向市政府提交《中心城区交通优化与停车收费定价调研报告》；启动价格联动机制，根据成品油价格变动情况，3次调整全市公路客运燃油附加费标准；印发《关于核定县际班车客运上限票价的通知》，明确高陵泾渭客运站到西安城北客运站票价；摸排全市停车资源底数、停车收费政策制定、执行及专项整治工作开展情况，向陕西省发展和改革委员会报送《关于停车收费腐败问题排查整治工作情况的报告》，并会同西安市交通管理委员会办公室等九部门印发《西安市停车收费腐败问题专项治理工作实施方案》，指导各区县做好相关问题的排查和治理；疫情期间，印发《关于疫情防控期间实施停车优惠措施的通知》，阶段性减免滞留车辆停车费用，切实为民纾困解难。

推进物业服务收费管理办法落实 会同西安市住房和城乡建设局、市市场监管局联合印发《进一步推进落实西安市物业服务与收费政策工作方案》，明确部门职责、任务分工与完成时限，抓好物业收费政策落实。指导区（县、开发区）、西咸新区、高新管委会、市场监管局等解决工作中疑难问题，先后5次接受媒体采访，累计召开物业政策培训会3场，印发政策宣传册、工作指导手册1000余册。

加强经济适用房价格管理 制定印发《关于妥善解决遗留经济适用住房项目价格管理相关问题的通知》，为经济适用住房价格核算提供依据。完成正尚·盛世家合、东城豪庭A区、丰硕佳园经适房价格核算和一房一价公示工作。

夯实价格基础性工作 服务政府定价决策，扎实开展成本调查和监审工作，全年完成6大行业24个项目的成本监审，对接197个监审对象。企业上报成本98.19亿元，核定成本76.86亿元，核减21.33亿元，最高核减比例41.76%，平均核减比例21.72%；推进价格认定综合业务平台和调解站点建设，做好价格认定工作。按照“智慧认定”建设目标，推进“业务上网、数字入库”。全市累计完成2010—2019年10年存量案卷录入25067件。推进价格争议调解试点工作开展，新城、西咸等8区印发《价格争议纠纷调解工作实施方案》，西咸新区组建“西咸新区价格争议调解委员会”，全市新增价格争议调解工作站128个，累计设站228个，覆盖全市32个单位，59个A级景区，137个街道、社区。成功调解价格争议纠纷案件37件，涉及金额73万余元。全市共办理涉案财物价格认定2855件，涉案金额6973.47万元。（张学辉）

海关监管

◆**概况** 2021年，西安地区隶属海关（西安咸阳机场海关、西安车站海关、西安邮局海关、关中海关）共监管进出口货运量208.9万吨，征收关税21.4亿元，监管入出境航空器3700架次，监管各类进出境国际邮件354.9万件，中欧班列（长安号）开行3841列。

◆**疫情防控** 2021年，西安地区隶属海关按照“人、物、环境”同防策略，落实“四早”要求，落实规范防护、闭环管理、高频次核酸检测，把各项措施落到实处。不断织密筑牢陕西口岸检疫防线，西安咸阳机场海关体温监测旅客8.6万人次，检出确诊病例438例。西安车站海关、西安邮局海关严格执行冷链产品防疫消杀指令及高风险非冷链货物消杀指令等各项工作制度，做好进境货物消杀。开展个人防护穿脱培训和现场突发事故应急处置演练，从严顶格执行口岸疫情防控人员个人防护规定，严格监督一线关员做好个人防护。面对西安12月21日暴发的新冠疫情，西安地区隶属海关迅速制定抗疫措施，全体人员克服困难，24小时驻地值守、封闭办公，奋力实现工作不断链、监管不断档。

◆**支持中欧班列（西安）集结中心建设** 2021年，西安车站海关推动建成海关智慧物流监控系统，实现海关、铁路、场站数据共享和7×24小时无间断验放，低风险无查验货物放行进入“读秒时代”，确保货物不滞港，通关零延时，此项工作入选2021年海关总署“我为群众办实事”百佳项目。9月10日，全国海关首票跨关区出口铁路快通业务落地西安港，在西安结关后企业无需另行申报并办理转关手续，边境口岸直接放行，大幅提升通关便利化程度。

◆**保障“十四运”** 2021年，关中海关制定“十四运”进口食品安全保障工作方案、应急预案及操作手册。积极参加城市志愿者招募宣传示范活动，保障赛马项目兴奋剂检测样品快速通关。在赛事筹办周期内共参加相关会议和培训7次，节假日无休及时准确上报各类方案、总结材料110余份。西安车站海关组织7批次34名一线作业人员实行“14+14+14”封闭管理，胜利完成监管任务，为精彩圆满“十四运”贡献海关力量。

◆**综合保税区建设** 2021年，陕西省首单综保区增值税一般纳税人试点业务顺利落地西安综合保税区，每年可增加8000万元的内销收入，增加企业净利480万元。西安车站海关推动“保税+跨境”，全力支持跨境电商新业态发展，中欧班列长安号跨境电商全国集结中心于2月9日正式启用。关中海关提出的陕西自贸试验区“加工贸易‘云报核’辅助系统”监管创新举措上报海关总署获批，可实现企业账册报核数据自动核算、一次导入、无纸作业，有效降低企业申报误差。陕西西咸空港综合保税区（一期）正式封关运行，西安关中综合保税区顺利通过验收。

◆**减费降税** 2021年，关中海关针对“十四五”期间减免税新政开展政策宣讲，梳理难点、现场答疑。集中调研西安飞机工业（集团）有限责任公司、西安交通大学等重点减免税企业院校，当面听取需求意见。在“航材减免类”“集成电路类”等减免税审核作业中，探索实施以参数审核为核心的智能化作业，让数据多跑路、让企业少跑路。全年完成减免税审核2825份，减免税款2.9亿元。应对疫情防控常态化新形势，简化留学回国人员购车审批流程，录制详细操作指引“微视频”，为高层次留学回国人员及外籍来陕工作人员提供更加便捷的服务。办理留学回国人员购买国产免税汽车925台，比上年增长26.5%。

◆**优化口岸营商环境** 2021年，西安咸阳机场海关指导企业开展天猫国际直营商品保税菜鸟合作仓首单业务测试，助力空港跨境电商产业进一步发展壮大。构建空港“一带一路”文化艺术交流服务平台，建立陕西首个以“区内仓储+区外保税展示交易”方式运营的文化艺术馆，全力助推文化艺术品保税展示交易。西安车站海关创新“班列+特殊区域+跨境电商进口”新模式，跨境电商商品搭乘“长安号”入境后进入西安综合保税区跨境电商监管库，跨境电商进口调拨中心初步形成。关中海关推动西安关区首票“企业集团加工贸易监管”改革试点落地，有效解决“双循环”新发展格局下企业需求，释放更多改革红利。推动西安关区首票“加工贸易边角废料内销网上公开拍卖”改革落地，为加工贸易边角废料内销提供公开、公平、公正的线上交易模式。录制“RCEP关税减让和原产地规则讲解微课堂”，累计播放超千次。通过《陕西日报》、西部网等多家省市媒体加强宣传，助力一批有陕西特色的农产品、食品打入国际市场。签发各类原产地证书1.6万份，累计为出口企业获得关税减免3.2亿元。

◆**进出境邮件监管** 2021年，西安邮局海关牢固树立总体国家安全观，坚决打击野生动物及其制品、象牙等濒危物种及其制品、洋垃圾走私，高压严打涉枪涉爆、涉毒、反宣品等危害国家安全行为。查获枪支配件235件，精神管制类药物2000余粒；查获政治反宣品118件，淫秽出版物277件；查获濒危植物岩牡丹2件，各类禁止进境动植物产品558件。第十四届全国运动会和全国第十一届残疾人运动会暨第八届特殊奥林匹克运动会期间，开展反宣品查处等专项活动，查获各类违禁出版物170余件。

（刘 祎）

市场监督管理

责任编辑　冯冠术

综　述

◆**概况**　2021年，西安市市场监督管理工作继续坚持稳中求进总基调，在疫情防控常态化前提下，扎实做好“六稳”“六保”工作，全方位服务全市“十项重点工作”和中华人民共和国第十四届运动会建设，较好地完成了各项工作任务。实现第十四届运动会赛会期间食品药品安全事件“零发生”、食源性兴奋剂事件“零发生”和特种设备安全事故“零发生”。把常态化疫情防控作为重中之重，守住市场监管疫情防线。深化商事制度改革，优化营商环境，西安“企业开办”工作经验作为陕西省唯一推荐案例，被国家市场监督管理总局作为典型案例在全国推广，优化营商环境知识产权指标在全国80个城市中排名第9，是全国最优表现城市之一。落实“四个最严”（最严谨的标准、最严格的监管、最严厉的处罚、最严肃的问责）要求，全面提升食品安全治理能力，顺利完成国家食品安全示范城市复审。保持打击传销高压态势，西安市成功摘掉“全国整治聚集式传销重点城市”帽子。深化“质量强市”建设，西安市中国质量奖提名奖、获奖数量创历年新高。“知识产权强市”建设取得显著成效，“西安知识产权运营子基金”总规模达10.1亿元，全市万人发明专利拥有量已达46.8件，稳居全国副省级城市前列。深化市场监管综合执法，查办“某测控表公司未经许可生产压力管道组件案”“罗某某等人生产销售假冒伪劣产品案”“学而思培训学校涉嫌反不正当竞争违法案”等一批全国、全省市场监管系统典型案例。深化非公党建工作，西安市市场监督管理局非公经济组织党委被国家总局评为全国“小个专”党建工作表现突出集体。编制完成《西安市“十四五”市场监管规划》《西安市“十四五”知识产权发展规划》。

◆**十四运会服务保障**　2021年，西安市市场监督管理局圆满完成第十四届运动会和第十一届残疾人运动会暨第八届特殊奥林匹克运动会服务保障任务。牵头协调十四运会食品安全保障部和食品总仓监管指挥部，组建“全运村”食品安全监管中心，食品总仓安全保障团队，“全运村”食品安全监管团队和残特奥会接待基地食安中心保障团队四支队伍。推行“清单化、台账式、责任制”管理模式，创新食品总仓“五统一”保障机制，对“全运村”接待点、酒店、比赛场馆、食品总仓、食品生产企业实行24小时驻点监管，确保赛事期间206.44万人次安全用餐。扎实推进深化“药品安全放心工程”，严格落实零售药店含兴奋剂药品“一贴二查三建立”制度，抽查含兴奋剂药品品种1.97万个、责令整改未加注“运动员慎用”标识品种398个。细化“8+24”项特种设备安全保障重点工作任务，完成核心区4505台特种设备保障性检验。确保食品药品安全事件、食药源性兴奋剂事件和特种设备安全事故“三个零发生”。食品总仓监管经验被北京冬季奥林匹克运动会借鉴。

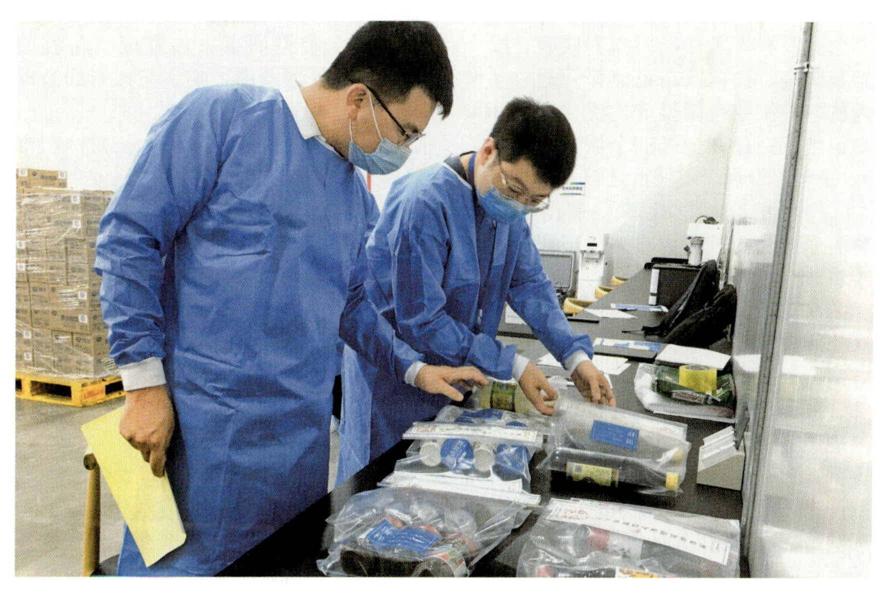

2021年9月12日，西安市市场监督管理局食品药品检验所工作人员在十四运会食品保障点，对抽样食材进行封包

◆**市场监管疫情防控**　2021年，西安市市场监督管理局成立“1+5+9+4”工作机构，抽调110名党员干部下沉一线，建立“每日督导、检查、报告、研判、调度”制度。严格进口冷链食品管控，督促企业落实“三专、三证、四不”制度，录入“陕冷链”系统数据2.84万条、占全省71.34%。畅通医疗防疫物资保供“快速通道”，督促零售药店“能开尽开”，推广“线上下单+线下配送”模式，实现“零距离”保障，确保群众用药需求。扎实推进“保质量、保价格、保安全”行动，严肃查处价格违法违规行为，责令改正429起、立案查处82件，先后4次“零点曝光”典型案例，形成有力震慑。严格米、面、油等群众生活必需品质量安全监管，严厉打击食品领域违法违规行为，责令整改219起、立

案查办37件，加强疫情期间开业的全市6个食用农产品批发市场快检室力量，完成快检1.08万批次、合格率98.8%。强化特种设备安全特别是电梯应急救援管理，组建2支市级电梯应急救援处置队伍、10个应急救援小组，公布全市245个应急救援站，疫情期间处置电梯应急事件501起，处理故障277个，牢牢守住市场监管疫情防线。

◆市场监管体制改革 2021年，西安市市场监督管理局切实做好机构改革后续工作。研究编印《市局内设机构主要职责、岗位设置和人员编制规定》，进一步细化处室岗位工作职责，明晰任务分工。持续推进开发区市场监管机构改革，做好人员编制划转、管辖区域划分、工作职能衔接等重点问题协调处理。累计对接7个行政区（开发区），30个部门，划入编制287名、人员232名；划出编制82名、人员45名。完成高新、经开、曲江、港务浐灞分局4个开发区分局与相关区（县）的人员划转工作，划入232人、划出45人，全局系统人员实有正式在编人员1924人。部分行政区（开发区）人员编制划入市局各开发区分局。由行政区（开发区）划入市局各开发区分局食药所21个、工商所2个、市场监管所5个，划转工作涉及雁塔区、灞桥区、未央区、长安区、高陵区和高新区、国际港务区等7个行政区（开发区），应划转编制295名（行政17名、全额事业278名）。实际划转编制287名（行政17名，全额事业270名），划转人员233名。由市局开发区分局划入行政区工商所5个，事业单位2个，撤销工商所1个，划转工作涉及新城区、莲湖区、未央区和阎良区等4个行政区，应划转编制82名（行政71名、参公事业5名、全额事业6名）。实际划转编制82名，划转人员46名。指导碑林区市场监督管理局进行市场监管所标准化规范化建设试点工作。按照西咸新区管理体制机制调整工作安排，印发《关于西安市全面代管西咸新区有关工作安排的通知》，对西咸新区市场监督管理局实施业务指导。

◆市场主体发展与行政审批许可 2021年，西安市市场监督管理局全面对标国家和陕西省营商环境评价指标体系，稳步推进“放管服”改革、优化营商环境各项工作，不断提高行政审批政务服务水平。抓好《优化营商环境工作条例》和《陕西省优化营商环境工作条例》贯彻落实，主动推进告知承诺制改革、深化“证照分离”改革，不断强化事中事后监管、推进包容审慎监管和智慧监管，持续推动推进企业开办、企业注销“一件事一次办”改革，跨省通办、跨区通办领域不断扩大，推进企业开办、企业注销“一件事一次办”改革，持续推进政务服务标准化、规范化、便利化，全市实现企业开办三小时办结。做好市场主体信息分析，主动服务市场主体发展。认真做好全市市场主体登记注册信息的研究，定期统计分析发布《市场主体发展分析报告》，并组织参与“第三届全国市场监管系统市场主体数据分析大赛”及“首届全省市场主体数据分析大赛”。指导对全市190余万个体工商户进行经营状况调查。紧盯“六保六稳”任务落实，精准施策稳主体，指导全市市场主体健康发展。在全省率先出台支持企业复工复产8大类63条服务措施，最大限度减轻企业负担。全年全市新登记市场主体50.09万户，比上年增长11.50%，累计登记各类市场主体269.02万户，比上年增长10.72%。

企业开办　联合十部门印发《关于贯彻落实国家市场监督管理总局等六部门〈关于进一步加大改革力度不断提升企业开办服务水平的通知〉的实施意见》，打造企业开办“四最”服务品牌。借助“一网通办”平台一次性完成注册登记、公章刻制、发票申领、参保登记、住房公积金缴存、银行开户所有材料递交和全部数据采集，通过并联审批、环节整合、流程优化等集成服务，实现业务并联办理、各要素同步完成。西安市企业开办材料全程仅需5件，开办环节从2018年的7个压缩至1个。实现开办流程标准化，做到企业开办零见面、零材料、零费用、一窗办、一次办，全程零费用成为常态。推动企业开办简单化便利化。打造企业开办跨省通办、同城通办新局面，推动“一业一证”“照后减证”和“企业开办一件事一次办”，推动企业开办提质增速。西安市“企业开办”工作经验作为陕西省唯一推荐案例，被国家市场监督管理总局作为典型案例在全国推广，优化营商环境知识产权指标在全国80个城市中排名第9，是全国最优表现城市之一。

“证照分离”改革　贯彻落实中央关于在全国范围内实施“证照分离”改革涉企经营许可事项全覆盖的要求，报请西安市人民政府批准出台《西安市深化“证照分离”改革全覆盖贯彻落实方案》，7月1日起，西安市全覆盖实施“证照分离”改革。制订市场监管领域“证照分离”改革全覆盖工作贯彻落实方案，建立工作联络机制及信息报送机制，对照中央层面和地方层面的531项事项清单，梳理出由西安市实施的154项涉企经营许可事项，延用中央层面69项自由贸易试验区版改革事项清单，由西咸新区、高新技区、经开区、浐灞生态区、国际港务区结合实际严格执行。全市办理涉企经营许可改革事项11108件。其中审批改为备案420件，实行告知承诺979件，优化审批服务9709件。

行政审批许可　联合西安市行政审批局印发《全面推行药品零售“一业一证”改革工作的指导意见》，使药品零售行业“一业一证”改革有章可循；印发《关于在全市开展准入准营“证照联办”的指导意见》，首批实现企业开办、食品经营、药品零售等12个涉企许可事项“证照联办”审批模式；印发《西安市“企业开办一件事一次办”实施方案》，将企业名称自主申报和登记、公章刻制备案、申领发票、参保和用工登记、银行开户、住房公积金企业缴存登记等多个环节整合为一个环节，实现企业开办一次办理，通过优化业务流程、推进并联审批、减少环节等方式集成化申请，使企业开办各类事项一窗进入、一口受理、一次采集、一网通办；印发《西安市“企业注销一件事一次办”实施方案》，依托企业注销网上服务专区，实行“一表申报、一次告知、一窗受理、一次办结”，各有关部门“信息共享、同步指引”，实现企业注销“一网”服务。

提升服务效能　将128个市场监管领域涉企事项全部纳入一体化在线政务服务平台统一发布。市市场监督管理局政务服务事项网办率提高到95%以上，行政许可事项办理时限压缩比例达到71%以上，最多跑一次事项达88.6%，全程网办率44.5%。不断扩大跨省通办、跨区通办领域，形成区域间“标准统一、异地受理、协作联动”服务模式，各类“跨区通办”范围涵盖市辖区所有区（县）；在沿黄流域省会城市商事登记“跨省通办”基础上，不断拓宽“跨省通办”服务区域覆盖面及业务类型。在业务类型实现全类型商事主体登记“跨省通办”，在区域覆面上实现与12省20余市商事登记“跨省通办”。

深化电子营业执照推广应用　在市局官网，陕西政务服务网（西安市）首页实现“电子营业执照”免费下载终端链接；在企业网上年报、企业网上办事登录端实现企业“电子营业执照”的登录，支持用户无须注册即可直接使用电子营业执照扫码登录功能；在企业网上办事具体事项上实现企业“电子营业执照”与企业信息绑定，提升企业网上办事体验感。

小个专领域非公党建工作　印发《2021年全市小个专领域党建工作要点的通知》，做好全市小个专党组织进行摸底排查，选派65名党建指导员对口指导相关非公企业。顺利完成西安市市场监督管理局非公经济组织委员会换届工作。指导开展物流快递、外卖骑手等新兴领域党建工作，开展“红书送基层活动”“学党史、悟党恩、跟党走”主题党日等活动。按照“三个有”标准核实企业61884户，建立党组织1845户，选派党建指导员65名，实行党建指导员工作实绩月报告和任期考核制度，市局非公经济组织党委被国家市场监督管理总局评为全国“小个专”党建工作表现突出集体。

◆市场监管应急处置 2021年，西安市市场监督管理局完善应急管理各类规章制度，印发《西安市市场监管突发事件应急管理办法》，明确突发事件应急组织体系架构和运行机制；印发《西安市市场监管局关于市场监管突发事件信息报送的补充通知》，进一步建立规范信息报告机制；加强应急联络机制建设，分别于3月、6月、9月完成应急联络通信录的3次更新和审核，压实岗位责任，建立高效畅通的应急联络机制。完成相关应急预案修编任务，2月，印发《西安市市场监管局十四运食品安全事件应急预案》；3月，印发《西安市市场监督管理局应急预案》；9月，报请西安市人民政府批准印发《西安市药品和医疗器械安全事件应急预案》（市政办函[2021]137号）和《西安市疫苗安全突发事件应急预案》（市政办函[2021]141号）两个市级专项预案。圆满完成第十四届运动会各项应急保障组织及指导工作，完成对测试赛、提前赛和正赛期间应急保障人员一线指导培训30余次。圆满完成由十四运组委会、陕西省市场监督管理局主办，十四运执委会、市市场监督管理局和港务区管委会承办的“十四运会和残特奥会西安赛区Ⅲ级食品安全事件应急演练”。及时妥善处置鄠邑区、莲湖区、高陵区、雁塔区、高新区、浐灞区、曲江区、西咸新区等区（县）突发事件16起。全年未发生较大及以上市场监管领域突发事件。

◆市场监管行政执法 2021年，西安市市场监督管理局积极推进法治政府建设“六大工程”〔法治政府建设“双驱”工程、市县法治政府建设评估工程、乡镇（街道）法治政府建设强基工程、法治化营商环境评价工程、政府工作人员法治素养提升工程、法治政府建设信息化推动工程〕，参与西安市创建全国法治政府示范城市，全面推行证明事项告知承诺制，落实落细行政执法三项制度，并在西安市人民政府检查评估中获得好评。不断夯实法制工作基础，制定实施《行政执法监督暂行规定实施办法》《行政规范性文件管理暂行办法》《负责人出庭应诉办法》《行政应诉行政复议答复工作规则》《法律顾问管理办法》《公职律师管理办法》等制度。全面落实“谁执法谁普法”普法责任制，通过集中授课、执法证换领、研讨考核等方式，对新的行政处罚法、民法典以及监管业务相关法律进行系统培训，通过报纸、微信、网络平台、出租车、骑手外卖箱等形式，结合“3·15”、世界知识产权日、世界计量日、世界认证日、世界标准日等主题活动，广泛宣传市场监管法律法规。全年办理行政复议案件147件、行政诉讼案件163件，出具法律文书1054份，协调负责人出庭应诉55次，组织庭审旁听106人次。行政诉讼案件呈现出“一降两升”（败诉率下降、撤诉率和负责人出庭率提升）。探索实行柔性执法并筛选典型案例下发，倡导采取行政指导、行政约谈等非强制性方式执法，实现宽严相济、法理相融。编制发放《市场监管法律汇编（第一册）》，共收录法律27部，约32万字。完善执法机制，印发《市场监管领域行政执法事项清单》《市场监督管理执法监督程序（试行）》《2021年执法稽查工作要点》，印发标准文书27种3000余册。发放《民法典》《市场监管法律法规全书》等26种法律书籍1000余册；组织在编人员考取执法证，确保执法人员持证上岗率100%。

公平竞争审查 贯彻新修订的《公平竞争审查制度实施细则》，开展第三方评估工作，提升公平竞争审查制度实施水平。制发《西安市公平竞争审查工作联席会议办公室关于2021年西安市部分行业领域落实公平竞争审查制度的实施意见》（西竞联办发〔2021〕1号，对全市部分行业领域落实公平竞争审查制度进行明确和部署。完成陕西省公平竞争审查制度实施状况第三方评估准备工作，制定印发《西安市公平竞争审查工作联席会议办公室关于做好陕西省公平竞争审查制度实施状况第三方评估准备工作的通知》（西竞联办发〔2021〕2号），先后召开3次会议进行安排部署。制发《西安市公平竞争审查工作联席会议办公室关于建立公平竞争审查投诉举报受理回应机制的通知》（西竞联办发3号），对全市涉公平竞争审查投诉举报建立制度，并进行规范。

反不正当竞争 聚焦民生领域，加强食品、猪肉等重要民生商品价格监管，开展教育、物业、殡葬行业收费专项检查，会同有关部门开展医疗乱象治理。加强重要时段重点商品价格监管，提升价格监管应急能力水平。围绕减轻企业负担，组织开展涉企收费治理专项行动，重点检查行业协会商会、水电气暖、交通物流、金融机构收费。推进建立市级反不正当竞争联席会议机制，加强反不正当竞争监管执法，探索网络不正当竞争治理、商业秘密保护试点工作。

◆执法办案 2021年，西安市市场监督管理局围绕西安市“十项重点工作”、第十四届运动会保障及市场监督管理中心工作，全力查处各类违法违规行为，不断开创食品、药械化、价格、特种设备、知识产权等民生领域执法工作新局面。全年立案2504件，结案2300件，罚没6247.68万元，查扣没收各类假冒伪劣物资28吨，价值超300万元。其中查办“某测控表公司未经许可生产压力管道组件案”“罗某某等人生产销售假冒伪劣产品案”“学而思培训学校涉嫌反不正当竞争违法案”等一批全国、全省市场监管系统典型案例。在“十四运”保障上下功夫，成立十四运会期间重点领域执法工作领导小组，制定市市场监督管理局《十四运期间重点领域执法工作实施方案》，扎实推进食品、药械化、特种设备、产品质量、价格与反不正当竞争、旅游市场、知识产权与假冒伪劣等十四运会重点领域安全执法。查办相关案件839件，办结714件，罚没4508.98万元。集中销毁侵权、假冒伪劣物资11大类35个品种，约50吨，货值600余万元。开展打击侵犯知识产权和制售假冒伪劣商品专项工作，制定印发《西安市2021年打击侵权假冒商品工作要点》《打击侵权假冒工作存在问题整改方案》，与市级各成员单位及各区（县、开发区）建立联络衔接机制，协作推进全市打击侵权假冒商品工作。深入开展“昆仑”“蓝剑”“反盗版”“清风”“农资打假”等专项执法行动，11家打击侵权假冒部门执法案件较去年均有明显提升。全年开展打击侵权假冒执法行动156次，立案281起，办结258起，罚没款376.16万元。深入推进“铁拳”行动，查办民生领域案件932件，受到国家市场监督管理总局领导高度评价。

扫黑除恶专项斗争常态化 全面落实中共陕西省委、中共西安市委关于常态化、机制化开展扫黑除恶斗争的新部署，制发《关于常态化开展扫黑除恶斗争巩固专项斗争成果的实施意见》《关于进一步建立完善市场监管领域扫黑除恶长效机制的实施意见》和《关于做好2021年常态化开展扫黑除恶斗争工作的通知》等文件，结合市场监管领域实际，健全落实六项常态化工作机制，加强重点行业领域监管和专项整治。结合《全国扫黑除恶斗争领导小组推进四大行业领域整治工作方案》和陕西省、西安市有关要求，制定《推进市场流通领域专项整治工作实施方案》，从严把市

场准入关、整治食品安全突出问题、整治涉及民生重点商品问题、铲除传销涉黑涉恶犯罪滋生土壤、加强流通领域电商平台突出问题治理和建立健全综合治理长效机制等六个方面安排部署，不断巩固专项斗争取得的成果，推进常态化扫黑除恶的开展。加强与纪委监委、政法机关协调对接，强化与公安、检察院的线索互通、信息共享、紧密协作、协调办案。

打击整治破坏秦岭野生动植物资源犯罪　在市场流通领域严把市场“入口关”，要求各级市场监管部门以商品交易场所、食品加工等实体场所和互联网平台、互联网应用为重点整治区域，重点打击在商品交易市场非法出售野生动物及其制品的违法经营行为。按照国家林业和草原局等八部门和陕西省、西安市“清风行动”工作方案要求，结合全市实际，成立“清风行动”领导小组，细化工作任务。全市市场监管系统累计检查农（集）贸市场8328个次，商场、超市15874个次，市场内经营者67152个次，餐饮店460294个次。未发现非法交易珍贵、濒危野生动物和餐饮服务单位加工制作野生动物等违法行为。

打击市场销售长江流域非法捕捞渔获物专项行动　印发《关于进一步开展打击市场销售长江流域非法捕捞渔获物专项行动工作的通知》，突出重点，加大排查整治力度，全市出动执法人员25818人次，检查水产品制品生产企业和加工小作坊1188家次，农贸（批发）市场2784个次，商超7925个次，餐饮单位19833个次。监测电商平台、网站69016个次。

开展粮食市场秩序整治　成立粮食市场秩序专项整治工作领导小组，制定市局《关于开展粮食市场秩序专项整治工作方案》，指导全系统依法开展粮食市场违法违规行为查处工作，保障国家粮食收储和价格政策执行到位。

开展清理规范转供电加价专项行动　按照中央巡视整改要求，联合西安市发展和改革委员会制定《清理规范转供电加价专项行动方案》，组织召开清理规范转供电加价问题整改和推进专项行动有关工作会议46次，全市市场监管系统出动检查人员14401人次，通过找、核、改、验、固五个阶段，扎实规范转供电加价专项行动。在全市摸排出转供电主体3348户，核查出存在问题转供电主体2368户，清理转供电主体2364户，为153324个终端用户清退多收电费25088.327万元。建立工作台账、监督检查、管办联动、网格监管、智慧监管“五项制度”，切实推进长效监管机制建设。总体完成整改任务，切实保障了2018年以来对一般工商业降电价政策的红利足额传导给全市转供电终端用户。

开展住房领域整治专项　组织开展住房领域整治身边腐败和作风问题专项行动，出动执法人员1240人次；开展联合检查2次；检查涉及住房领域各类经营户1401户次，责令整改4户；开展相关宣传活动21次；发现案件4件，移交相关部门1件，立案2件，结案2件，罚没款170.25万元；列入异常名录1家。

（宋东明）

市场秩序监督管理

◆概况　2021年，西安市市场监督管理局印发《西安市2021年度市场监管领域市级部门随机抽查检查计划》，各市级部门制订年度抽查计划203批次、部门联合抽查计划56批次，掌握区（县、开发区）抽查计划1863批次、联合抽查计划367批次。对西安市消防支队发出建立工作联络机制函，正式建立工作联络机制，联席会议成员单位扩展至31家。进一步规范全市“双随机、一公开”监管工作，先后制定《西安市市场监管领域“双随机、一公开”监管工作联络员制度》《西安市“双随机、一公开”监管工作信息管理与更新制度》《“双随机、一公开”监管工作联席会议制度》《西安市市场监管领域市级部门随机抽查事项清单（第二版）》和《市级部门“双随机、一公开”抽查检查工作综合指引》等文件。全市各单位依托陕西省平台累计完成随机抽查6651批次〔市级部门1186批次、区（县、开发区）5465批次，不含高新区数据〕，共公示检查主体797461户〔市级部门6480户、区（县、开发区）790981户〕。全年完成抽查检查3664批次，公示检查主体35683户。

◆企业信用监管　2021年，西安市市场监督管理局稳步推进市场主体年度报告公示，制发《西安市市场监督管理局关于做好2020年度市场主体年报公示工作的通知》，并在市局官网、公众号发布年报公告，召开专题电视电话会议进行安排部署。通过部署、通报、督导、约谈等，促进落实企业年报公示482040户，年报公示率90.92%；个体工商户年报公示262758户，年报公示率17.55%；农民专业合作社年报公示5814户，年报公示率66.34%。完成全市65个单位政务诚信评价报告拟制并形成评价报告终稿；组织全市各单位对信用体系建设工作作出公开承诺，含35个市级部门在内的全市共计641个单位和部门完成2021年度政务诚信承诺信息的归集公示工作，在信用中国（陕西西安）网站“政务诚信承诺信息公示专栏”对外公示。全市51个市级部门、698个县级部门，西咸新区20个部门及所属123个部门接入市级信用平台，全市共享各类信用信息179793156条。按计划推进全市“互联网+监管”系统建设。完成市级部门监管事项1040项，监管事项子项3288项；对全市行政执法系统进摸底，掌握全市现有国家垂管系统88个，省建系统75个，市级自建系统33个，区级自建系统5个；完成全市“互联网+监管”系统移动执法系统主体开发、风险预警模型设计、执法系统1.0版本开发及省市系统数据对接打通工作；完成与工信、人社等8个部门数据对接，共汇聚市本级数据2800万条；完成市“互联网+监管”系统手机端调试工作，并上线运行。

◆校园周边秩序整治　2021年，西安市市场监督管理局印发《关于加强校园及周边食品安全监管的通知》，成立由西安市市场监督管理局、西安市教育局、西安市城市管理和综合执法局共同参与的联合检查组，对全市学校（托幼机构）食堂、向学校供餐的集体用餐配送单位、中小学生校外托餐场所（小饭桌）、校园周边从事网络餐饮服务的餐饮服务者、校园及其周边食品经营者开展全覆盖检查，指导区（县、开发区）进行食品安全隐患排查和问题整改。组织开展2021年春、秋季学校（托幼机构）食堂及校园周边、中高考食品安全专项检查和高校职业学校食堂食品安全排查整治工作，组织召开西安市教育局、西安市卫生健康委员会、西安市公安局环食药支队等成员单位参加的学校食品安全工作联席会议，就学校食品安全工作进行研究讨论。全市出动执法检查人员15520人次，执法车辆3496台次，检查整治学校食堂、小饭桌及周边餐饮单位11822家次，约谈食品安全责任人65人次，责令整改学校食堂273家。登记备案中小学生校外托餐场所（小饭桌）5215家。

◆安全生产监督管理　2021年，西安市市场监督管理局持续开展安全生产专项整治三年行动，每月向西安市安全生产委员会办公室报送《西安市安全生产专项整治三年行动“一报表三清单”》和相关工作动态18篇。开展全国安全发展示范城市创建工作，印发《西安市市场监督管理局国家安全发展示范城市创建工作实施方案》，对创建国家安全发展示范城市工作安排部署。完成2020年度及2021年度三轮全国安全发展示范城市创建工作资料收集整理工作，收集整理各类相关文件、资料及工作简报、宣传资料197件。开展重要行业、领域消防安全相关工作，开展打击涉及冷光烟花和钢丝棉烟花生产销售等违法违规行为专项整治；开展火灾防控工作，共出动执法人员2325人次，执法车辆834台次，配合相关主管部门检查各类经营户6270户次，检查市场、超市420户次，检查大型餐饮场所271户次、检查宾馆257户次；开展元旦、春节期间“孔明灯”火灾隐患排查工作，出动执法人员942人次，执法车辆276台次，督导检查各类经营户1397户次。配合西安市应急管理局对2020年13起生产安全事故进行综合评估，其中涉及市市场监督管理局职责事故2起，均已按照职责处理完毕，并将13起生产安全事故综合评估报告上报西安市人民政府。

◆打击传销与规范直销 2021年，西安市市场监督管理局制发《西安市2021年打击整治传销专项执法行动实施方案》（市打传办发〔2021〕1号），对全市打击传销工作分阶段重点进行安排部署。3月11日，国家市场监督管理总局印发通知［市监价监竞争（司）函〔2021〕20号］，总局规范直销与打击传销办公室不再将西安市列为全国传销重点整治城市，西安实现“摘帽”目标。3月25日，西安市政协副主席、市政府秘书长带队参加总局在南宁召开的打击传销工作推进会，代表西安市作经验交流发言。9月13日，西安市人民政府2021年第19次常务会议，听取西安市打击传销工作领导小组办公室（市市场监督管理局）对2020年以来工作开展情况汇报。全年全市出动执法人员8700余人次，开展排查活动1500余次，捣毁传销窝点112个，教育遣散传销人员1059人。结合“3·15”消费者权益保护日，深入开展打击传销“五进”宣传活动，开展宣传活动575次，发放宣传资料70000余份。

◆网络交易监管 2021年，西安市市场监督管理局配合第十四届运动会重大任务保障，开展互联网药品类兴奋剂信息监测，重点对蛋白同化制剂、肽类激素以及无互联网药品信息服务资格证展示信息的行为开展网络监测，全年监测到疑似线索9155条涉及110个主体，及时通报各相关单位核查。开展网络宣传销售十四运会品牌行为监测，按照十四运会知识产权保护要求，对西安市网络宣传销售十四运会品牌商品行为进行监测，并将相关证据进行固定，监测西安市自建交易网站、平台9335家；主流电商平台网店（淘宝、京东、天猫、1688、微店等）31525家，发现涉嫌违法线索6条，均移交属地处理，并向国内大型第三方网络交易平台发送《关于十四运知识产权保护的提醒函》。加强疫情防控常态化形势网络监管，配合“四类药品”专项整治，开展网售四类药品经营企业专项检查。积极申请承接全国网络证据研究试点，主动向国家市场监督管理总局申报开展互联网电子数据证据管理标准研究，4月获批后，制定《试点工作实施推进方案》，配套创新研究建设“网证先锋”取证系统，协助总局网络取证研究专班在西安市成功举办首次全国网络取证研究座谈会，对全国互联网取证研究工作具有重要意义。稳步推进互联网电子数据证据应用研究，抽调全局网监业务能手、一线执法骨干组成“应用研究组”，设置专用办公场所，搭建技术实验环境。邀请北京大学等知名大学以及互联网领域的专家作为指导顾问，与西安交通大学“大数据算法与分析技术国家工程实验室”进行交流和学习，保障技术路线“交叉求证”，采取工作例会、视频会议等多种形式，统筹协调推进应用研究。牵头开展网络市场专项行动，落实属地监管责任，统筹线上、线下监管，注重源头规范、综合治理，合力推进行动。全年全系统网上检查网站、网店15535个次，实地检查网站、网店1098个次，删除违法商品信息17条，责令整改网站174个次，查办网络违法案件4件，罚没款5.82万元，行政指导55次。受理网络交易类投诉1205件，网络交易类投诉已办结664件，与其他省市协作35次。

◆广告监督管理 2021年，西安市市场监督管理局加强广告企业和单位的行政指导，到陕西省、西安市融媒体中心、金色西部、绿一传媒、典汇传媒、白马广告、地铁开发公司、西安教育电视台、分众传媒、新潮传媒等单位和广告企业开展上门服务、排忧解难。为全省各地市广电部门、媒体播出机构、部分策划企业，就市场监管部门承担的广告监管职能、涉及民生领域广告审查与发布、《广告法》颁布实施后的热点问题、媒体单位三项制度建立等7个方面进行授课讲解，为全省市场监管系统进行涉及“护苗助老”类广告监管举办线上培训。

加强对民营医院的行政指导 先后两次召开医疗广告行政指导及法律法规培训会，要求医疗机构坚持服务大众，自觉接受社会各界的监督，与监管对象签订《杜绝发布虚假违法广告承诺书》，严禁假借建党100周年和十四运会蹭热点，倡导西安地区医疗广告诚信、合法风尚，净化广告市场环境，维护人民群众合法权益不受侵害。

开展违法违规商业营销宣传集中整治行动 印发《西安市市场监督管理局违法违规商业营销宣传集中整治行动工作方案》，确定五个方面工作重点：坚决整治借庆祝建党100周年等名义从事商业炒作牟利等市场乱象；加大对妨害社会安定、损害社会公共利益违法商业营销宣传行为的查处力度；依法查处低俗、庸俗、媚俗商业营销宣传行为；加强重点媒体监管；加强行政指导工作。组织6个专项督导组，对各区（县、开发区）分局开展实地督导检查，各督导组每月督导1次；通过市局官方微信公众号发布《西安市局关于规范商业营销宣传行为的提示函》。在市局统一部署下，各区（县、开发区）市场监管局结合实际开展整治行动，确保各类广告宣传行为坚持正确的政治导向、舆论导向和价值取向。对陕西广电融媒体中心进行行政约谈，市局与中心签订《杜绝发布虚假违法广告承诺书》，要求媒体单位承诺不假借党和国家重点工作、重要会议、重大活动节点等名义直接或变相发布违法违规商业广告。

开展“护苗助老”广告专项整治行动 制发《西安市市场监督管理局关于开展“护苗助老”广告专项整治行动的通知》（西市监处发〔2021〕130号）。与西安市教育局等部门联合督查校外培训机构专项整治工作，净化校外培训机构环境，全力保护学生权益。指导雁塔区市场监督管理局查办学而思课外培训学校误导消费者等违法行为。开展民营医疗机构广告发布行为专项整治，与市卫健部门对接沟通，落实医疗广告批文审查一份备案一份制度，共备案《医疗广告审查证明》700余份，实现从审批到事后监管无缝隙的对接。全系统共检查民营医疗机构700余家，现场规范、指导医疗服务类广告832条次。

处理广告监测数据 总局传统媒体广告监测平台下派线索101条次，处理率100%；杭州互联网平台下派线索425条次，处理423条次；深圳互联网平台下派线索813条次，处理810条次，处理率99.63%；省局监测平台下派线索4252条次，处理4240条次。

开展十四运会公益广告提档升级 引导相关企业在十四运会重点线路沿途和区域内（“17+25”涉赛迎宾道路及二环以内主干道沿线、奥体中心周边等重要节点位置）设有大众传媒媒介特别是各类广告灯箱、户外大屏等媒介的广告企业，履行公益广告发布义务，刊播刊载十四运会主题平面公益广告。

◆认证认可监管 2021年，西安市市场监督管理局规范认证检测行为，印发《关于开展强制性产品认证监管的通知》《关于开展自愿性认证活动监督检查的通知》《关于开展检验检测机构监督检查通知》等文件，开展珠宝贵金属检验机构、机动车检验机构、粮食检验机构、常压液体危险货物罐车治理行动。组织生态环境检测机构报告评审，提高检验报告质量。配合西安市十四运会执委会安保组，组织参与十四运会保障的运营车辆进行上线检测。落实机构主体责任，开展诚信承诺，进一步规范认证检验检测行为。推动绿色产品认证，已获得绿色产品认证证书17张，获批绿色产品认证主机构1家。关注北斗基础产品认证，为企业提供政策咨询和服务。委托第三方机构完成2020年度西安市检验检测机构统计分析报告，为监管和行业发展提供服务。（宋东明）

食品药品安全

◆**概况** 2021年，西安市市场监督管理局根据《陕西省食品安全委员会办公室〈关于印发2021年食品安全工作考核方案的通知〉》要求，组织西安市食品安全委员会相关成员单位召开迎考工作部署会，代中共西安市委、西安市人民政府起草《西安市2020年食品安全工作报告》《2021年度食品安全自查报告》，集中对市级相关部门报送的迎考资料进行细致审核和补充完善，并按陕西省食品安全委员会办公室要求报送迎考资料。对各区（县、开发区）2020年食品安全工作进行评议考核，印发《西安市2020年食品安全工作评议考核工作方案》《西安市食品安全委员会关于对西安市2020年食品安全工作评议考核评定为A级的区（县）进行表扬的通报》和《西安市食品安全委员会办公室关于西安市2020年食品安全评议考核情况的通报》。完成全市食品安全协管员市级配套补助资金拨付工作，核实确定全市各区（县、开发区）食品药品安全协管员3170人，拨付配套资金190.2万元。在大唐西市举办以“尚俭崇信　守护阳光下的盘中餐”为主题的2021年食品安全宣传周主场活动，引导社会各界参与食品安全普法宣传和科学知识普及，积极参与社会监督，提高科学素养和维权能力。组织开展全市食品安全联合检查，印发《关于开展全市食品安全联合检查的通知》，成立由西安市食品安全委员会办公室牵头，西安市教育局、西安市城市管理和综合执法局、西安市卫生健康委员会、西安市市场监督管理局共同参与的食品安全联合督导检查组，开展为期2周的食品安全联合检查，指导各区（县、开发区）开展食品安全隐患排查和问题整改工作，进一步夯实属地管理责任、部门监管责任和企业主体责任，确保夏季公众饮食安全。完成2020年度食品安全状况分析评价工作，形成《2020年度西安市食品安全状况报告》。在全市开展进口冷链食品质量安全风险排查工作，严格落实进口冷链食品外包装、贮存场所、生产加工设备的消毒工作，确保进口冷链食品质量安全。

国家食品安全示范城市复审 以市委、市政府两办名义印发《西安市迎接国家食品安全示范城市复审工作方案》，市政府常务会2次听取专题汇报，统筹全市各级各部门全力做好复审迎检工作。高分通过省级验收，并完成国务院食安办4个项目线上集中答辩。聚焦8251个现场点位，成立11个市级联合检查组开展明察暗访。特别针对农贸市场食品安全，“三小”行业（小作坊、小摊贩、小餐饮）等现场点位，开展排查整治，对农贸市场“三防”“三证”（“三防”是防鼠、防蝇、防尘；“三证”是卫生许可证、健康合格证、营业执照）进行大幅度、全覆盖更新。以“食安西安”为主题，持续开展声势浩大的宣传活动，推出系列短视频145部，通过微信朋友圈推送信息248万条；开展“六进”宣传活动425场次，在3702所学校开展“小手拉大手”宣传活动，推送公益短信121万余条，讲好西安食安好故事。西安市在陕西省食品安全工作考核评议中位列A级。

◆**食品生产安全监管** 2021年，西安市市场监督管理局通过随机抽取，公开检查结果的形式，对7家食品生产加工单位开展“双随机、一公开”检查和监督抽查，督促食品生产单位严格落实食品安全主体责任和食品安全管理制度，严格原辅料采购、生产过程控制、检验管理及产品贮运等关键环节的风险管控。针对西安市出现的多批次抽检不合格和问题食品，对12家食品生产企业开展飞行检查，督导企业举一反三，排查风险隐患，采取有效措施整改到位，杜绝类似问题再次发生。

食品小作坊食品安全整治提升 督促各区（县、开发区）市场监管部门，按照《第十四届全国运动会　全国第十一届残运会暨第八届特奥会食品小作坊食品安全整治提升工作方案》（西市监处发〔2021〕19号）要求，扎实开展组织实施阶段各项工作。严厉打击黑工厂、黑作坊，严肃查处生产条件恶劣、滥用食品添加剂、使用非食用物质生产加工食品、制售假冒伪劣食品等违法行为，分别对鄠邑区宇晨凉皮加工部、高新区郑哥卤味店、长安区百邦龙华食品厂等13家食品小作坊进行监督检查和抽查，督促食品小作坊户主严格落实食品安全主体责任，把好原料采购关，进一步规范食品添加剂使用和管理。

推行食品安全责任保险 坚持“政府引导、市场运作、突出重点、分步实施、注重服务”的原则，重点在婴幼儿配方乳品、肉制品、食用油等高风险品种和易发生食品安全问题的环节全面推广食品安全责任保险工作。截至年底，全市已有14238家食品生产经营单位投保。其中，生产企业421家，投保率为50%；社会餐饮服务单位9658家，投保率为21%；食品经营（流通）单位3422家，投保率为7%；食品加工小作坊737户，投保率为45%。食品安全责任保险累计投入保费300余万元，提供社会风险保障150多亿元，承保机构先后出险40次，及时赔付消费者5万多元，为全市食品安全提供有力保障。

十四运会和残特奥会食品安全保障工作 完成5家专供食品生产企业体系检查，指导企业全面自查整改，按照“一企一案一专班”要求，对9家生产企业实施风险分级管理和驻点监管，对运营商确定的27家食品生产经营企业属地市场监管局发出协助监管函，要求对定点食品生产企业加强监管，监督企业切实履行主体责任，做到专场专用、专库存放、专车运输，把好关键环节风险管控，严格按照《食品安全法》《食品生产通用卫生规范》等法律法规和食品安全标准规范组织生产，确保赛事期间不发生食品安全事件、不发生食源性兴奋剂事件，确保十四运会圆满举办。十四运会期间未发生食品安全事故和食源性兴奋剂事件。

◆**食品流通安全监管** 2021年，西安市市场监督管理局印发《农村假冒伪劣食品整治行动方案（2020—2022年）》，针对重点场所、重点主体、重点品类，边打击、边规范、边提升，着力整治农村市场假冒伪劣食品等突出问题。在全面推进农村假冒伪劣食品整治工作各项措施任务的基础上，按照“1+3”的目标，即每年推进1项重点行动，1年1项重点内容，3年接续重点推进，不断提高农村市场食品质量安全保障水平。印发《关于开展规范农村食品生产经营行为专项整治的通知》，对2021年整治工作重点进行安排部署，开展规范农村食品生产经营行为，督促农村食品生产经营者全面落实食品安全主体责任，合法合规开展生产经营活动。牵头组织开展食品经营环节春节、“两会”期间食品安全监管暗访检查及中秋国庆“双节”期间食品经营安全监管整治，全市市场监管系统共出动执法人员4045人次、检查食品批发市场51家、检查农贸市场232家、检查超市（便利店）等各类食品销售单位3452家、检查餐饮服务单位3051家、检查进口冷链食品经营单位394家，发现问题隐患84个、完成整改落实84个，责令停业整顿3家。开展销售过期食品专项检查，从4月28日至6月25日，西安市市场监管系统共出动执法人员5807人次，检查商场超市、食品批发市场、小商店等食品经营者共9864户，下达责令改正通知96份，立案查处4件。持续推进食品销售风险分级工作，按照总局《关于开展食品经营风险分级管理工作的指导意见》、省局《关于印发食品销售经营风险分级管理工作规范的通知》，每季度对各区（县）食品销售风险分级工作推进情况、完成率进行通报讲评。全市共有食品销售单位79216家，已评定风险等级79216家，其中A级74298家、B级4175家、C级333家、D级410家，整体评定率100%。

◆特殊食品安全监管 2021年，西安市市场监督管理局开展保健食品行业专项清理整治行动，出动执法人员23678人次，检查生产主体265家次，检查经营主体20730家次。对全市17家保健食品生产企业和32家重点经营企业开展保健标识标签检查，发现存在瑕疵问题5件，避免潜在风险发生。持续落实特殊食品固定宣传日制度，印制特殊食品法律法规汇编700册，科普知识手册6000册，5000份“1123”公示牌、95套母婴店消费承诺牌，组织宣传活动900余场，发放宣传资料10万余份，现场参与2万余人次，解答消费咨询900余人次。有序推进国产婴幼儿配方乳粉质量提升行动，组织全市婴粉生产企业召开风险防控专题会议，对风险防控情况进行分析和研判，落实食品安全自查制度和问题报告制度，对食品安全生产规范体系检查问题整改验收及跟踪检查，促进全市婴幼儿配方乳粉产品质量不断提升，在总局月月监督抽检及风险监测中，实现“两个零发生”（产品质量不合格零发生，风险监测问题样品零发生）。

◆食用农产品安全监管 2021年，西安市市场监督管理局开展全运年食用农产品市场销售质量安全提升行动，开展督导检查28次，出动执法人员6662人次，检查食用农产品市场销售各业态8769户次，有效解决市场开办者安全自查、市场准入、进货查验、索证索票、信息公示、入场销售者进货查验、记录台账、索证索票等制度落实不到位问题。加强食用农产品重点品种备案监管，印发《西安市市场监督管理局关于进一步加强全市食用农产品重点品种经营备案监管工作的通知》，对猪、牛、羊、禽肉、水产品、豆芽等重点品种和冷库经营进行备案，全市食用农产品重点品种备案共计4755户，备案率100%。稳步推进食用农产品市场智慧监管试点建设，通过西安市“一店一码”智慧农贸监测平台对试点农贸市场经营户的食用农产品检测、进货、交易信用、监督检查等数据进行归集、整理、保存和加工，并将真实有效的、公平公正的市场及商户总体数据呈现给消费者和监管机构，帮助市场方、经营户、消费者及监管单位等各个主体进行风险把控和信用管理。全年全市有35个农贸市场1609个食用农产品销售者完成食用农产品市场智慧监管平台链接和相关数据的录入工作，安装触摸及壁挂式显示屏、摄像监控系统、智能语音收款播报器等硬件设施设备1643件（套/台）。按照西安市“菜篮子”工程领导小组统一安排部署，制发《全市市场监管系统“菜篮子”工程宣传工作方案》（西市监处发〔2021〕110号），配合农业农村部门和商务部门做好“菜篮子”市长负责制考核相关工作。

◆药械及化妆品安全监管 2021年，西安市市场监督管理局报请西安市人民政府同意，将“西安市食品安全委员会”更名调整为“西安市食品药品安全委员会”，进一步加强对全市食品药品安全工作的组织领导，完善领导机制，持续高效推进全市食品药品安全工作。全力保障第十四届运动会药品安全，制定《十四运西安赛区药品安全突发事件应急预案》，建立健全突发事件应急处置机制，提高应急处置能力，及时有效处置药品和药源性兴奋剂突发事件。深化开展“药品安全放心工程”，制发全市《深化“药品安全放心工程”行动方案》《深化“药品安全放心工程”行动重点工作任务落实台账》，通过健全完善监管体制机制体系、疫苗药品管理运行体系、风险防控体系、社会共治体系、应急处置体系、安全发展共赢体系等六大体系，进一步夯实药品安全党政属地责任、部门监管责任和企业主体责任，落实“四个最严”要求，全力保障十四运会和公众用药安全。严格疫情防控新冠疫苗质量安全、药械生产经营管理，检查新冠疫苗接种点402家次（含临时接种点），检查覆盖率达85%；检查市、县两级疾控中心16家次，检查覆盖率100%；检查试剂经营公司10家，确保全市疫情防控新冠疫苗质量安全。深入开展药械化领域安全隐患大排查大整治，完善风险防控体系，防范化解重大药械化安全风险和遏制重大事故发生。加强药品生产企业日常监管，制发《2021年西安市药品监管工作要点》，全力保障十四运会药品安全和疫情防控用药械质量安全。积极与陕西省药品监督管理局协调沟通，理清西安市辖区内药品生产企业日常监督检查具体工作任务，对西安市11家含兴奋剂药品生产企业、6家中药饮片生产企业和6家医院制剂的日常监督检查，检查覆盖率100%。

◆药品流通市场监管 2021年，西安市市场监督管理局全力做好含兴奋剂药品管控工作，确保药品流通领域不发生药源性兴奋剂事件，制定《关于开展第十四届全运会和残特奥会西安赛区药品类兴奋剂经营企业专项检查工作的通知》，围绕《兴奋剂基本知识及监督管理》和中华人民共和国第十四届运动会和残特奥会《兴奋剂流通使用环节监管重点》等，培训监管人员623人次，药品生产经营企业从业人员2216人次，做到培训工作全覆盖。开展全市三级医疗机构特殊药品监督检查，依据《麻醉药品和精神药品管理条例》及相关规定，对全市三级医疗机构特殊药品使用情况进行检查，全部39家三级医疗机构完成自查，并签订2021年度《药品使用安全承诺书》。持续开展药品零售企业疫情防控措施落实督导工作，组织全市药品监管部门督促药品零售企业落实疫情防控措施，严控购药人员行为，做好“一退一止两抗”药品购买实名登记，严格落实《陕西省药品零售企业疫情防控工作规范》。4次召开全市药品零售企业疫情防控工作协调部署会，制发《关于进一步加强药品零售企业疫情防控措施做好网上购买退烧类药品人员信息实名登记及报送工作的通知》等文件，督导检查药品零售企业297家次，现场移交区（县）局停业整顿60家次，立案查处6家次。根据不同阶段新冠疫苗接种的总体安排，开展四轮新冠疫苗质量安全专项监督检查，实现新冠疫苗接种点全覆盖，市、县两级疾控中心检查全覆盖。

开展国家组织药品集中采购和使用中选药品专项检查 制发《西安市市场监督管理局关于开展国家组织药品集中采购和使用中选药品专项检查工作方案》（西市监处发〔2020〕210号），检查医疗机构130家、零售药店192家。抓好全市药品不良反应监测和安全突发事件应急相关工作，全市收到药品不良反应报告5909例，其中严重报告803例，占比13.69%，符合省中心提出的不低于8%的要求，报告质量全面提升。西安市共有药品零售企业5634家，其中零售连锁门店2141家、单体药店3493家；医疗卫生机构7135家，其中三级医院39家；特殊药品使用单位210家；各级疫苗调拨单位（疾控中心、公共卫生管理中心等）共计16家；疫苗预防接种单位472家；中药材专业市场和中药材城乡集贸市场共3家。全市药品流通安全监管整体情况良好，未出现伤害100人以上或出现死亡病例的Ⅲ级以上药品安全事件。

医疗器械市场监管　抓好疫情防控物资质量监管工作，每天统计10家主要批发、连锁医疗器械经营企业疫情防控物资日库存汇总报表，报物资保障组。每月值班1周，收集西安市发展和改革委员会、西安市市场监督管理局、西安市工业和信息化局等6家单位物资保障信息，报西安市疫情防控指挥部。每月向市疫情防控指挥部报西安市医疗物资储备摸底统计汇总表（重点企业）。配合物资保障组制定《西安市新冠疫情防控社会物资运输中转站布局实施方案》。采取年度覆盖检查和随机抽查相结合，开展新冠检测试剂专项检查，对全市三级以上医疗机构开展现场检查，对供应试剂量大的部分经营公司采取延伸检查，并随机抽查部分二级医疗机构，重点检查区（县）局监管落实情况。共检查西安市中医医院、西安市精神卫生中心、陕西省结核病防治院、陕西省中医院、西安交通大学口腔医院、西安市第一医院、陕西省第二人民医院、西电集团医院等23家三级医疗机构和西安莲湖秦华中医院、西安市碑林区南院门社区卫生服务中心等5家二级及以下使用单位，并对西安金域医学检验中心、陕西稻田诊断试剂有限公司、中山大学达安基因检测有限公司等10余家企业开展延伸检查。牵头制定《西安市药品和医疗器械安全突发事件应急预案》，7月，召集西安市教育局、西安市工业和信息化局、西安市卫生健康委员会和西安泽岳安全技术有限公司召开协调会；向中共西安市委政法委员会、中共西安市委机构编制委员会办公室和西安市财政局等20个相关部门发送征集《西安市药品和医疗器械安全突发事件应急预案》编制意见的函和资源调查信息表；8月，组织召开《西安市疫苗安全突发事件应急预案》专家评审会。9月13日，西安市人民政府办公厅印发《西安市药品和医疗器械安全突发事件应急预案》（市政办函〔2021〕137号）。开展第一类医疗器械备案清理规范，制定《西安市市场监督管理局关于开展第一类医疗器械备案清理规范工作的通知》（西市监发〔2021〕31号）文件，在全市范围内针对第一类医疗器械重点产品开展自查和监督检查工作，共检查第一类医疗器械生产企业76家。其中企业主动停产整改2家；长期未生产第一类医疗器械15家；责令整改15家；责令停产整改3家；无生产场地且无法取得联系企业2家（将启动标注程序对这2家企业生产备案凭证予以标注）；生产条件无法满足生产要求企业2家（对这2家企业进一步调查处理）。清理规范期间已标注第一类医疗器械生产备案凭证10个；标注第一类医疗器械产品备案凭证33个，12个产品正在办理标注工作。

青少年近视防控　与市卫健委等部门联合发文，将青少年近视矫正产品监督检查作为常规专项检查，对海港城、小寨百汇市场、华东眼镜城、赛格国际购物中心、师大路等重点区域，组织雁塔区局开展地毯式检查，基本解决小寨百汇市场等重点地区违法销售美瞳的疑难问题，确保群众用械安全。检查企业893家次，责令改正32家。

◆化妆品市场监管　2021年，国家《化妆品监督管理条例》正式实施，西安市市场监督管理局围绕全国“安全用妆美丽有法”的宣传主题，联合化妆品协会和区（县、开发区）局，积极参与“全国化妆品宣传周陕西分会场启动仪式”，大力开展化妆品宣传周及“5·25”爱肤日主场宣传活动，举办“为民办实事、化妆品法规万里行”化妆品高质量发展论坛，开展“化妆品包材绿色回收”等主题活动。全市开展宣传活动30余次，发放宣传资料5000余份，接受群众咨询300余次；通过微信公众号发布“儿童化妆品实施重点监管、美容美发机构应履行化妆品经营者义务”宣传内容20余次，在全市发放各类宣传海报11200张。做好十四运会安全服务保障工作，制发《第十四届全国运动会　全国第十一届运会暨第八届残特奥会接待宾馆化妆品安全保障工作方案》，向各县（区）局发放《十四运会接待宾馆化妆品现场检查表》《化妆品使用单位质量安全告知书》，组织各县（区）局按照《化妆品监督管理条例》和化妆品使用单位监督检查相关规范，切实做到“五查”（查主体、查产品、查资料、查现场、查宣传）。全市共开展监督检查270余次，现场检查宾馆370余户次，现场整改问题100余个，切实保障十四运会和残特奥会期间入住人员用妆安全。开展儿童化妆品专项检查，从3月至9月为期6个月，严厉打击在化妆品中非法添加可能危害人体健康物质等违法行为，共检查母婴用品专卖店500余户次、商场200余户、其他化妆品经营单位600余户次，进一步规范流通领域儿童化妆品经营行为。

◆食品药品检验检测　2021年，西安市市场监督管理局围绕第十四届运动会安全服务保障加强食品药品检验检测工作。圆满完成十四运及残特奥会食品各类检测工作，食源性兴奋剂检测1237批次，陕西省市场监督管理局及全运村委托检测162批次，风险监测665批次，食品快检11161批次，实验室检测544批次，确保食源性兴奋剂和食品安全事故两个“零发生”。加大食品抽检力度，完成食品监督抽检51651批次，达到4.55批次/千人，超过省级和创食复审要求的4批次/千人要求，不合格1501批次，问题发现率2.91%。其中食用农产品抽样25426批次，达到2.36批次/千人（达到并超过省级和创食复审要求的2批次/千人的要求）；不合格771批次，问题发现率3.03%。派驻11个食用农产品批发市场的9个快检室完成检测142589批次，合格140892批次，不合格1697批次，合格率98.8%，完成全年任务114%。完成药品抽检1698批次，占全年任务100.47%；化妆品抽检261批次，占全年任务100.38%；医疗器械抽样189批次，占全年任务100.5%；开展国家集中带量采购中选冠脉支架专项抽检3批次，医美专项抽检28批次。（宋东明）

特种设备安全

◆概况　2021年，西安市市场监督管理局全力做好第十四届运动会和残特奥会特种设备安全保障工作，成立由市局主要领导为组长的安保工作领导小组，抽调业务骨干组建十四运会安保和特种设备安全保障2个专班并实体化运转；对核心区60家994台，重点区57家4513台，外围区140家3337台特种设备使用单位进行摸排建档，建立特种设备安全责任卡289份；制定《十四运特种设备保障性检验工作实施方案》，对十四运核心区特种设备进行全面保障性检验，委托第三方专业机构，进行重点监督抽查；结合实际制定应急预案，分别在奥体中心对特种设备应急预案进行桌面推演和实战演练，受到中央、陕西省、西安市媒体广泛关注，被人民网、十四运会官网、国家市场监督管理总局官网、陕西省电视台、《西安日报》、西安发布等多家媒体报道；持续开展特种设备安全隐患排查治理，出动监管人员16993人次，检查社会面特种设备使用单位7490家，涉及特种设备46329台件。市局成立12个督导组，对各区（县）安保工作落实情况进行督导检查140次。十四运会期间全市特种设备安全“零事件”发生，特种设备安全保障工作得到总局、省、市有关领导充分肯定。扎实开展特种设备安全专项整治三年行动，持续开展特种设备安全隐患大排查大整治，排查特种设备相关单位、企业402家，发现特种设备安全隐患292项，完成整改292项，整改率100%，其中列入市政府重点整治清单的21个隐患已完成整治21项，重大隐患5项，警示约谈企业8家。针对全国接连几起大型游乐设施事故后，按照总局关于暂停使用两类大型游乐设施的通知，对全市在用大型游乐设施进行排查，排查17家使用单位设备148台，责令停用设备1台，取缔私自安装设备1台。

◆特种设备安全体系建设 2021年，西安市市场监督管理局组织专家编制《西安市特种设备安全双重预防机制建设工作指导手册（企业版）》，将双重预防机制建设与安全管理标准化建设有机结合，进一步完善细化各项安全管理基础工作，提升特种设备安全管理水平和技术能力。加强安全管理标准化建设，组织专家编写燃气锅炉、叉车等六类设备的《特种设备使用安全标准化管理手册》和《企业级特种设备应急专项预案》（参考文本）共12册，以《@西安特种设备相关单位，市市场监管局编写的安全管理标准化手册可下载使用！》为题，在市局公众号发布。出台保障性检验规则。委托陕西省特种设备协会编写陕西地方标准《重大活动特种设备保障性检验规范（总则及八类设备分册）》，经过专家多次修改，通过陕西省市场监督管理局组织的专家评审，8月12日正式发布《重大活动特种设备保障性检验规范》（DB61/T 1487—2021），提炼十四运会特种设备保障性检验工作经验，为今后省内重大政治、经济和体育活动特种设备保障提供基本遵循。提升应急处置能力建设，制发《关于督导各区（县）开发区编制并发布特种设备应急救援预案的通知》，推进各个区（县、开发区）制定完善区（县）级特种设备应急救援预案，进一步规范区（县）级特种设备事故应急资源的管理和应急响应程序，建立健全与政府其他相关职能部门相适应的，指挥统一、功能齐全、反应快捷、运转高效的应急体系，及时有效实施应急救援。制定《第十四届全国运动会全国第十一届残运会暨第八届特奥会西安赛区特种设备突发事件应急专项预案》，对重点场所专项预案进行修订完善。对多个市级应急预案修订稿（特别是西安市危化品应急预案）提出修改意见建议，做到依法依规积极参与各类相关应急救援工作。制定《承压类特种设备应急手册》《移动式压力容器使用安全标准化管理手册》和《移动式压力容器事故应急救援预案》，强化市、区（县）两级特种设备应急处置能力，指导企业完善特种设备应急预案，提升其安全管理水平和应急处置救援能力。

◆特种设备检验检测 2021年，西安市特种设备检验检测院制定《十四运核心区特种设备保障性检验工作实施方案》和《十四运特种设备安全专项应急预案》等文件，成立十四运会核心区等重点区域特种设备保障性检验工作领导小组，抽调27名院内技术骨干成立市级特种设备安全技术专家组，负责十四运会期间全市特种设备的技术保障综合协调工作，指导各区（县）特种设备安全技术保障工作。派出技术专家40余人，参与现场督导百余次，配合韩城市市场监督管理局、鄠邑区市场监督管理局开展十四运会安全保障工作；完成市十四运会各比赛场馆、全运村、车站、49家定点收治医院、39家接待酒店的电梯、锅炉、压力容器、压力管道等特种设备保障性检验工作，完成特种设备保障性检验3000余台。开展第三方监督抽查，委托第三方专业机构——广东省特检院，以十四运会核心区承压类特种设备使用单位为重点进行监督抽查。对全市139家723台承压设备（锅炉58台，容器605台，管道60条）进行监督抽查，对隐患问题全部完成整改。完成1项省局科研项目顺利结题并通过验收，获得陕西省科技厅成果登记；发表学术论文11篇、获得发明专利5项和实用新型专利6项授权、获得自主软件著作权版权登记2项。

◆承压设备安全监察 2021年，西安市市场监督管理局制发《十四运期间特种设备安全隐患大排查整治工作实施方案》《特种设备安全隐患大排查大整治行动方案》《关于进一步加强特种设备隐患排查与治理的紧急通知》，在全市开展特种设备安全隐患整治行动。对排查出的问题隐患建立台账，做到“四个明确”〔明确责任区（县）局和责任人、明确联系处室和联络人、明确整改措施、明确整改时限〕。实行企业、区（县）局、市局“三级”逐级审核，逐一确认销号，共发现特种设备安全隐患292项，完成整改292项，整改率100%，其中列入市政府重点整治清单的21个隐患已完成整治21项，重大隐患5项，警示约谈企业8家。开展城镇燃气安全隐患排查专项整治，督促城镇燃气企业严格落实安全生产主体责任，全面排查天然气门站、储配站、调压站、加气站、液化石油气充装站等站内压力容器、压力管道及安全附件存在的安全隐患；对液化石油气充装站站内液化石油气产品质量开展监督抽查；加强家用燃气器具强制性产品认证监管；对销售的灶具、热水器等燃气燃烧器具以及连接管、调压阀等配件开展产品质量专项整治，发现问题一一反馈，要求立即整改，各区（县）城管执法局等有关部门跟进复查，确保隐患整改闭环。开展移动式压力容器安全专项检查，成立两个检查组对全市37家移动式压力容器使用单位情况进行专项检查，涉及在用移动式压力容器435台。检查发现部分单位车辆过户或已报废，但未履行注销手续。对发现的问题，均联系属地市场监管局监督整改。

◆特种设备应急救援 2021年，西安特种设备检验检测院“96333”监控中心全力保障应急处置不间断。重新统计、更新全市二级救援站点，在原有187个站点上增加60个，充分保障电梯救援；优化接警流程，增加给使用单位打电话步骤，强调使用单位主体责任；每月人工审核电梯数据9800条，确保电梯数据及时更新；5月起，监控中心数据可视化大屏上线，具备实时监控接警数据更新，核心数据统计分析，预警预防功能，并实时联动气象、电力部门，发挥中心协调指挥职能。截至9月底，共处置应急事件9161起，其中困人5026起，故障4135起，解救被困人员10869人，救援人员平均到达时间14分钟。

◆特种设备安全教育 2021年，西安市市场监督管理局以“安全乘梯、文明乘梯”为主题，组织开展“电梯安全宣传周”系列活动，在曲江新区大悦城、雁塔区高新大都荟和世家星城小区等地，通过现场宣传、专家讲解、有奖竞答等形式向广大群众广泛宣传电梯安全乘用常识，提高社会公众安全乘梯意识，倡导市民群众安全乘梯、文明乘梯。5月17至28日，举办3期特种设备安全监察员培训，总计581人参加培训，解决基层特种设备安全监察力量薄弱，监察人员申请取证需求量大且急迫等问题，为十四运会特种设备安全保障和日常安全监管提供保证。（宋东明）

消费者权益保护

◆概况 2021年，西安市市场监督管理局印发《关于调整市消费者权益保护工作联席会议成员单位的通知》，成员单位由原先的23家增加至25家；认真梳理成员单位职责，在多次征求成员单位意见后，向全市印发《西安市消费环境提升工作实施方案》以及《工作细则》，进一步明确各单位消费维权领域的监管职责及工作任务，被国家市场监督管理总局官网、《中国消费者报》、中华人民共和国第十四届运动会官网、《陕西日报》、《西安日报》等多家媒体进行报道。全年认定市级放心消费示范单位58家、区（县）级示范单位756家。

◆“12315”投诉举报 2021年，西安市市场监督管理局印发《护航“十四运”“12315”投诉举报工作方案》《提升“12345”市民热线工单办结满意率工作方案》等3份文件，组织召开迎十四运会“12315”效能提升工作会、护航十四运会“12315”效能提升推进会、提升“12345”市民热线工单办结满意率专题工作会、迎接国家食品安全示范城市复审做好“12315”投诉举报工作推进会等专项工作会议7次，组织建立健全临期工单催办督办机制、投诉举报通报讲评机制，推行“日催办、周通报、月分析”投诉举报工作制，及时印发各类通报和统计分析30多份。依托全国“12315”平台效能评估评价体系，推动全局系统投诉举报工作效能关键指标显著提升。全年通过全国“12315”平台收到各类咨询投诉举报190256件，为消费者挽回经济损失3449.08万元。投诉按时办结率、举报按时核查率分别达到98.69%、97.01%。通过“12345”市民热线平台承办工单30833件，均依法规按时处理。“12315”指挥中心被共青团西安市委、西安市青年联合会评为第十届“西安青年‘五四’奖章集体”。

◆消费维权直通车建设 2021年9月16日，西安市消费者权益保护中心联合西安市各区（县）市场监督管理局，在西安车站、商业区、旅游景区、商场、美食街等11个消费热点区、消费密集区域设立消费维权直通车，引导消费者安全消费，受理消费者投诉，化解消费纠纷，保护消费者权益。消费维权直通车的设立，将消费维权工作触角延伸到消费一线，现场受理、处置消费投诉、举报，将消费纠纷化解在基层，和解在企业，解决在源头，增强消费者的满意度。

◆放心消费创建 2021年，西安市市场监督管理局在西安行业协会和连锁企业推行“消费维权工作站”建设，向10家行业协会和西安电信行业授牌，为就地解决消费纠纷提供服务，推动消费维权社会共治。在全市家庭装饰协会推行消费投诉和解联络工作试点，并指导制定家庭装修行业标准。为提升维权的精细化和专业度，促进良好消费环境共建共治共享，全年向全社会招募涉及消费纠纷中常见领域专业消费维权志愿者30名。

◆消费环境治理 2021年，西安市市场监督管理局召开全市市场监管系统消费环境提升工作会，通报《消费者满意度测评报告》相关情况，不断完善消费维权体系建设，持续优化消费市场环境。以消费提升为目标，开展食品安全宣传周、安全用药月、化妆品安全科普宣传周等各类专题宣传活动167场，播放公益广告1000余条，发布消费警示信息88条，制作《消费维权知识讲座》动漫片，开发“西安消费维权宝”等移动端，推进“互联网+消费维权”“进校园、进社区、进街道”。

“3·15”国际消费者权益日 “3·15”活动期间，市市场监督管理局举办以“保障十四运 助力新西安”为主题的国际消费者权益保护日主题活动，陕西省市场监督管理局、西安市人民政府主要领导参加活动，为24户市级创建放心消费示范单位、部分基层维权服务站进行授牌；开展普法宣传活动164场，发布消费维权典型案例36件，开展行政约谈26次，受理投诉举报35367件，接受咨询19858件，播放公益广告1090条，诉转案办理11件，发布消费警示信息88条，开展重点行业领域专项整治行动89次。 （宋东明）

质量强市建设

◆概况 2021年，西安市市场监督管理局健全质量强市工作机制，制定《西安市质量强市工作推进委员会工作规则》。加强质量工作考核评价，牵头组织省对市政府质量工作考核迎检及市对区（县）级政府质量工作评价，2020年质量工作考核获A级，受到省级通报表扬。统筹年度质量强市工作，印发年度工作要点、质量基础设施“一站式”服务工作方案、“一园一品”质量提升等，推动23个省、市级质量提升项目圆满完成，指导中交科技城质量基础设施“一站式”服务平台获批省级试点，推动区域质量提升行动取得新进展。报请西安市人民政府批准出台《西安市深入实施质量强市战略促进质量提升政策措施》，质量奖励政策措施得到加强。培育推荐5家组织获中国质量奖提名奖，11家组织获陕西省质量奖及提名奖，获奖数量在全省遥遥领先；组织开展市质量奖评选活动，申报组织达24个，创历史新高。

◆质量和品牌建设 2021年，西安市市场监督管理局统筹推进全市质量品牌建设工作，联合相关部门印发实施《关于印发西安市质量品牌发展体系建设实施方案的通知》，“政府引导、统筹协调、行业推动、市场主导、示范引领、社会参与、合力推进”品牌建设体系初步形成。开展以质量提升为重点的品牌贯标试点活动，举办《区域品牌培育体系建设规范》宣贯培训，70余家企业参加，实地指导39家品牌贯标试点企业开展质量品牌提升；起草企业品牌体系建设系列文件，开展标准规范有效性验证；召开市级部门和重点企业品牌创建工作研讨会，推动品牌贯标及创新应用。与西安交通大学签署战略合作协议，成立“西安市质量品牌标准化技术委员会”，开展质量工作领域创新研究，共同推动质量提升、品牌建设、人才培养等质量工作创新发展。

◆产品质量监督 2021年，西安市市场监督管理局结合西安市“十项重点工作”和第十四届运动会任务要求，聚焦日用消费品、建筑装饰装修材料、工业生产资料、农业生产资料、食品相关产品，综合分析近年来监督抽查、消费者投诉、舆情信息等，制定出台《西安市重点工业品质量安全监管目录（2021年版）》（西市监发〔2021〕76号），为市、区两级组织实施风险监测、监督抽查等质量工作确定监管方向。强化生产许可获证企业监管，对电线电缆、建筑用钢筋、危险化学品及其包装物、化肥、食品相关产品等产品生产企业生产能力持续保持状况专项监督检查。以涉及人体健康、公共安全、影响民生的工业产品和消费品为重点，对21大类167种产商品开展1200批次检查，及时公布和通报抽检结果，曝光不合格产品和企业违法行为，震慑违法分子。

◆计量监督管理 2021年，西安市市场监督管理局完善量传溯源体系，积极推进诚信计量体系建设，营造公平、公正的市场计量环境，建立“以经营者自我承诺为主、政府部门推动为辅、社会各界监督”三位一体的诚信计量运行机制。新建2021年度社会公用计量标准7项，重点提高全市在产业发展、医疗卫生、节能减排、环境保护等方面的计量供给能力。召开全市计量技术机构座谈会，安排部署《计量发展规划》（2013—2020）实施情况终期总结有关工作，并就计量技术机构加强管理、提高服务质量以及落实安全责任等问题进行集体约谈。印发《关于公布西安市社会公用计量标准名录的公告》，对全市225项有效期内的社会公用计量标准信息予以公开。编制《计量规范化监管工作指南》，积极探索大市场监管体制下计量工作的融合。围绕2021年世界计量日“测量守护健康”主题，开展计量惠民宣传服务、医疗领域计量执法检查、计量实验室开放、“测量支撑卫生保健”讲座交流等一系列活动，为构建全市计量一体化工作格局、实现计量事业可持续发展创造良好条件。

◆标准化管理 2021年，西安市市场监督管理局紧紧围绕第十四届运动会服务保障，编写555项十四运会食品质量安全标准，涉及果蔬、粮油、茶饮等15大类77类食品和农副产品，2月正式发布，为十四届全运会、十一届残运会暨第八届特奥会提供标准技术支持。积极开展地方标准制修订工作，下发《关于征集2021年西安市地方标准制修订项目的通知》，征集地方标准立项项目80多项，向陕西省市场监督管理局呈报地方标准立项66项，获批准50项。组织全市企业在“全国企业标准信息公共服务平台”上进行企业标准自我声明公开，2474个企业制定的4272个企业标准、6745种产品在自我声明平台公示，不断提高全市企业市场竞争力。开展企业标准“领跑者”、企业标准自我声明公开、“百城千业万企对标达标专项提升”行动，全市对标、达标技术方案数量位列全国200多个参与城市第一、发布对标结果数量位列第二。

◆标准体系建设 2021年，西安市质量与标准化研究院完成《检验检测机构从业人员信用档案建设规范研究》课题任务绩效评价，推进国家标准《检验检测机构从业人员信用档案建设规范》发布工作。国家推荐性标准《检验检测机构从业人员信用档案建设规范》（GB/T 40149—2021）已于2021年5月21日发布，2021年12月01日起实施。完成十四届全运会食品安全专项标准555项，主导制定193项。联合西北农林科技大学研制《黄土高原苹果园集雨微灌工程技术规范》和《油菜化肥减施增效技术规范》省级地方标准；联合临潼区市场监督管理局、西安市产品质量监督检验院研制两项省级地方标准（《地理标志产品 临潼石榴》《地理标志产品 临潼火晶柿子》）；主导申报《质量基础设施一站式服务》，主导申报市级地方标准《一线班组评价指南》《产品标准评价指南》；联合雁塔区市场监督管理局研制《政府部门“双随机一公开”监管工作规范》地方标准；指导编制《交通运输“十四五”标准体系发展规划》《慈善“十四五”标准体系发展规划》。省级地方标准《检验检测机构危险废弃物管理规范》《检验检测机构危险化学品安全管理规范》顺利通过省局组织的专家评审会，于2021年7月10日发布实施，为检验检测机构危险废弃物和危险化学品处置提供技术支撑。

西安计量技术研究院 全年完成检定、校准、检测各类计量器具119653台/件（其中强制检定计量器具94508台/件）。完成接地电阻表检定装置及万用量规校准装置等5项社会公用计量标准的建立，通过1033计量标准复审考核4项，顺利通过陕西省市场监督管理局证书报告质量评查、计量技术机构规范化建设、计量标准专项检查；参加国家计量比对项目2项、西北大区计量比对项目2项、省级计量比对3项，其中“百分表”项目作为主导实验室参比，结果均为满意；获陕西省2021年度“一般压力表”计量技能比武竞赛三等奖、西安市2021年度“一般压力表”计量技能比武竞赛一等奖。承担的省局科研项目“基于物联网技术的检验检测机构样品智能管理平台”按计划实施；申报2021年陕西省地方计量规程规范8项，获批6项；在国内技术刊物上发表论文5篇。利用“3·15”国际消费者权益日、“5·20”世界计量日、实验室开放日、科技之春宣传月、质量月等活动时机，先后进展馆、进社区、开放实验室，为广大市民开展计量宣传及免费检测服务，期间免费检定血压计766台件、眼镜113副、人体秤208台，接受计量咨询1035人次，发放各类宣传资料2000余张/个，通过活动，营造出社会“关注计量”的良好氛围，进一步提升计量的社会认知度和影响力。积极服务中小企业，深入阎良百跃羊乳集团协调解决计量问题3项，前往延长石油、比亚迪等企业就企业生产制造过程中实际操作以及量值溯源方面需要解决的困难开展帮扶，组织专家与企业计量工作人员就计量法律法规、人员管理、培训等工作进行交流讨论，提出可行性解决建议，获得企业的高度评价。

产品质量监督检验院 围绕第十四届运动会食品检测核心任务，高效推动国家、陕西省、西安市监督抽检、委托检验等各项工作，为西安市场监管提供强有力的检验检测技术支撑。接收各类检验样品8688批次，其中委托检验7327批次，各类监督抽查以及专项抽查1361批次。其中食品类抽检1217批次，非食品类抽检144批次，包括市级食品用塑料一次性餐饮具等制品专项监督抽查35批次、塑料购物袋专项监督抽查18批次、聚乙烯吹塑农用地面覆盖薄膜产品专项监督抽查7批次和热轧带肋钢筋产品专项监督抽查13批次。各区（县）、西咸新区市监局（抽检酒店用品16批次），杨凌示范区市监局（抽检电风扇15批次），雁塔区市监局（抽检儿童玩具20批次、学生用品20批次）。为有效保障市总仓预包装食品的检验任务顺利完成，连续组织两次专项扩项，完成扩项参数近200项。已具备2021国抽细则涉及的食品安全抽检全部项目资质，为十四运会期间市总仓预包装食品安全检测提供有力保障。

纤维纺织品监督检验所 积极做好十四运会服务保障工作，对涉及十四运会保障和消费领域的纤维制品进行专项检查，对辖区内商场、超市销售的毛绒布制玩具和十四运会吉祥物以及酒店床上用品开展专项监督抽查，抽查床上用品20批次，毛绒布制玩具和十四运会吉祥物50批次。做好国家下达的各类棉花公检任务，抽调骨干力量赴陕西泾阳储备库开展国储棉轮出公证检验任务。完成棉花公检任务523批、2.2万吨。分两批共计30余人赴新疆五家渠实验室和乌鲁木齐开展2021年度棉花实验室品质和现场重量公检。加强检验检测能力建设，8月7日顺利完成实验室资质认定复评审和扩项评审工作。目前，共有五大类、147个检验产品、156项检验参数的检验检测能力。加强与清华大学交叉信息学院和西安交通大学物理学院等科研院所单位的合作交流。与交大物理学院签订《协同培养研究生合作协议》。顺利通过国家标准《纺织品 定量化学分析 间位芳香族聚酰胺纤维与对位芳香族聚酰胺纤维的混合物》《纺织品 定量化学分析 芳香胺纤维与其他纤维混合物》的审定工作。王宇鹏等3名职工研发的《棉花公证检验信息管理系统》项目被西安市劳动竞赛委员会评为“西安市职工经济技术创新优秀成果”。

◆检验检测机构监管 2021年，西安市市场监督管理局印发检验检测机构监管工作要点，召开工作推进会。召开44家驻西安认证机构座谈会，开展强制性产品认证、自愿性认证、检验检测机构等领域监督检查。加强服务提升，开展小微企业质量管理体系认证提升试点行动，3家试点企业通过了管理体系认证。加强宣传培训。结合“6·9”世界认可日、质量月时机，通过组织开展线上培训、知识竞赛、技能比武、实验室开放日等活动，宣传认证认可知识，扩大认证认可社会影响力。全年全市新登记检验检测机构63户，截至年底，全市累计获得资质认定检验检测机构687家。

（宋东明）

知识产权发展与保护

◆概况 2021年，西安市市场监督管理局以知识产权强市战略为引领，高位谋划推进全市知识产权工作。中共西安市委、西安市人民政府把知识产权作为服务经济社会发展的重要抓手，深入推进知识产权强市战略，市委常委会、市政府常务会3次专题学习习近平总书记关于知识产权重要论述和《知识产权强国建设纲要（2021—2035）》，专题研究知识产权发展改革工作，市、区（县）两级定期召开知识产权联席会议，统筹领导、扎实推进。西安市人大开展《西安市农产品地理标志保护条例》立法调研，强化知识产权保护法治化、规范化建设。充分发挥考核“指挥棒”作用，把知识产权纳入全市营商环境考评和目标责任考核，积极构建与城市发展相适应的政策体系。建立机制健全制度，着力打通知识产权创造、运用、保护、管理和服务生态链。持续巩固和扩大“国家首批知识产权运营服务体系建设重点城市”成果，积极构建与城市发展相适应的政策体系，编制《西安市“十四五”知识产权发展规划》，出台《西安市促进知识产权创新发展实施细则》等10余项措施。新城、雁塔、灞桥、高陵、高新、经开、港务等区（县、开发区）相继完善区域知识产权政策措施，强化知识产权保护工作的政策引领。制定《第十四届全国运动会知识产权保护行动方案》，加强十四运会标志、会徽、会歌、吉祥物及建党百年等特殊标志知识产权保护，开展督导检查145次，实现十四运会品牌权益侵权案件“零发生”。全年全市有效量发明专利总量6.06万件、占陕西省89.95%，全市万人发明专利拥有量46.8件，稳居副省级城市前列。获第二十二届中国专利奖16项。商标有效注册量37.95万件，连续4年平均增长23.9%。

◆知识产权行政保护 2021年，西安市市场监督管理局制定《2021年西安市知识产权工作要点》《2021年知识产权行政保护工作计划》《知识产权营商环境评价指标攻坚提升方案》《西安市“知识产权保护年”工作方案》等文件，开展专项保护工作，构建知识产权保护长效机制。针对侵权假冒高发多发的重点市场、重点领域和关系人民群众健康安全的重点商品，加强违法线索摸排、推进行政执法、强化案件查办，依法严厉查处违法行为，从严肃查处知识产权侵权假冒行为，加大执法办案力度。全年开展执法行动461次，出动执法人员1512人次，查处商标侵权案件97件，办结93件，涉案金额111.327万元，罚没款210.455万元，挽回经济损失21.755万元，移送司法机关3件；受理专利侵权纠纷案件150件，结案149件；查处假冒专利案件6件，办结6件，涉案金额3.797万元，罚没款3.687万元，挽回经济损失2.997万元，知识产权行政执法案件周期内结案率达95%以上，有力维护了市场经营环境。

知识产权司法保护 以行刑衔接为支撑，严厉打击严格保护。采取部门联动、市区互动、委托执法等方式，强化行政执法、刑事打击、司法裁决、非诉化解和信用监管，加快构建“严、大、快、同”的知识产权保护体系。与西安市公安局、西安市商务局、西安市中级人民法院等部门签订知识产权保护协作机制，设立陕西省知识产权纠纷人民调解委员会西安分会，推进知识产权领域失信主体联合惩戒，形成跨部门、多层次共同协作的知识产权保护工作格局。雁塔区挂牌成立全省首个区级“知识产权纠纷人民调解委员会”，未央区成立全省首家“行政争议化解室”，积极化解知识产权矛盾纠纷。全年全市查处商标侵权、专利侵权假冒案件253件。行刑打击非正常专利申请3143件，撤回率94%。

知识产权运用 积极融入“秦创原”创新体系建设，建成“西安知识产权运营服务平台”，与17所高校、112家服务机构建立合作机制。争取省级知识产权专项资金1136.5万元，重点支持省级强县工程试点示范、企业知识产权管理标准化建设、专利导航等八类项目173家单位，扶持实体经济创新发展。启动西安市专利转化专项计划，引导专利技术向中小企业转移，省级立项47项，市级立项21项，投入资金3800万元，占全省76%。优化“知识产权信用服务”系统和“西安知信通”服务功能，出台《知识产权维权援助服务工作站工作规则》，促进基层维权服务更加便捷高效。选派41名知识产权特派员，精准服务科创企业247家；获批国家和省级知识产权信息公共服务网点10家，新增TISC技术与创新支持中心1家；获批设立西安高新区商标受理窗口，服务自贸易区实体经济发展。

知识产权交流与合作 成功举办2021年全球硬科技创新大会知识产权论坛，聚集国际国内知识产权领域专家学者、行业翘楚，共商新时代全面加强知识产权保护、合作、创新发展新思路新举措，加强与“一带一路”沿线国家合作交流。强化区域合作交流，进一步深化“西海”（西安与海口）知识产权战略合作，签署《知识产权保护与发展支撑自由贸易区（港）建设的共识》，搭建两城常态化双向对接桥梁，促进资源互通共享，创新发展共赢，更好服务两地经济高质量发展。

◆西安知识产权保护中心 2021年，调整拓宽预审受理通道，向国家知识产权局申请扩展预审服务可受理的专利技术领域分类，2月，国家局批准保护中心IPC分类号扩充到40个，确保可受理的专利技术分类涵盖西安热工研究院、陕汽集团、西电集团、法士特等西安高端装备制造龙头企业，以及光机所、飞机强度研究所、有色院等科研单位和诺瓦星云、赛隆金属等一批具有高成长性的优秀科技企业，满足西安创新主体的专利预审需求。设立陕西省知识产权纠纷人民调解委员会西安分委员会，7月，经陕西省知识产权局同意，陕西省知识产权纠纷人民调解委员会批准中心成立陕西省知识产权纠纷人民调解委员会西安分委员会，成为西安市知识产权领域首个专业人民调解组织。作为构建知识产权“大保护”工作格局及知识产权纠纷多元解决机制的重要一环，西安分委员会将与知识产权行政、司法保护等途径形成合力，为知识产权纠纷提供快速、灵活的解决渠道，着力破解知识产权保护周期长、成本高等难题。5月，经与西安市中级人民法院（西安知识产权法庭）沟通，中心成为市中院知识产权纠纷特邀调解组织。全年受理8起知识产权侵权纠纷调解案件，调解成功6起，涵盖商标、发明专利、实用新型专利、外观设计专利等类型。（宋东明）

2021年4月26日，西安市市场监督管理局（知识产权局）在陕西重型汽车有限公司，举办西安市保护知识产权创新发展论坛

金融业

综述

◆概况 2021年，西安市实现金融业增加值1174.47亿元，比上年增长6%，占地区生产总值的10.99%。全市金融机构人民币存款余额2.81万亿元，比上年增长9.0%；人民币贷款余额2.91万亿元，比上年增长13.9%。全市保费收入540.04亿元，比上年减少1.89%。全年累计证券交易额7.25万亿元，比上年增长23.37%。截至年底，全市共有金融机构200家，其中银行业机构56家（外资银行6家），保险机构74家（外资保险15家），证券期货业机构70家（外资证券1家）。共有小额贷款公司44家，融资性担保公司55家，典当企业105家，融资租赁公司108家，商业保理公司4家。全市共有上市公司89家，其中境内上市公司54家，境外上市公司35家。全市银行机构不良贷款率0.8%，低于全国1.02个百分点，低于全省0.42个百分点。全年未发生重大金融风险活动，全市地方金融生态环境呈现良好态势。

◆优化金融营商环境 2021年，西安市金融工作局加大与驻市金融监管部门和金融机构的协调力度，积极搭建银企对接平台，支持全市主导产业发展、保障重大项目推进。推动西安市人民政府与邮政储蓄银行、光大银行、恒丰银行等金融机构签订战略合作协议，为全市提供一揽子差异化金融服务方案。主动对接全市“十项重点工作”牵头部门，全年引导驻市机构开展418个项目融资对接服务，已完成128笔授信801.77亿元，已放款443.47亿元。在全市组织开展“百行助万企•金融服务效能提升”活动，驻市金融机构服务中小微企业超6000家，有效解决企业融资需求近30亿元，进一步强化“敢贷、愿贷、能贷、会贷”长效机制建设。聚焦小微企业融资难融资贵问题，成功设立全省首家“首贷服务中心”，受到省政府主要领导批示肯定。以提升“获得信贷”指标为抓手，持续优化金融领域营商环境。国家发展和改革委员会《中国营商环境报告2021》显示，西安市“获得信贷”指标获评全国标杆和进步较快指标，“构建良好金融生态，打造一流营商环境”作为先进经验在全国推广。

◆推动企业上市 2021年，西安市金融工作局深入实施“龙门行动”计划，全年新增境内外上市企业9家（境内7家、境外2家）。陕西省人民政府主要领导作出批示，高度肯定西安市推动企业上市工作。8月30日，西安市人民政府印发《进一步提高上市公司质量的实施方案》，推动西安市上市企业做优做强。截至年底，全市境内已上市企业市值达到1.37万亿元，增幅列15个副省级城市第一。市金融工作局建立交易所直通车机制，推动市政府与上交所签订《战略合作框架协议》。充分发挥“三基地一中心”作用，建立集企业上市培育、融资对接、人才培养于一体的资本市场服务平台，全年组织召开上市工作推进会5次，市级培训活动7次，秦创原专区培训专场活动10余次。开辟企业上市“一门通办”机制，为29家企业专题解决上市过程中的痛点、难点问题72项。成功举办“2021全球创投峰会”，发布《2021西安“未来之星”TOP100榜单》《龙门榜TOP20企业榜单》《2021投资西安十佳创投机构》等榜单，为全市优质企业与创投机构搭建融资对接平台，全年135家企业实现私募股权投资66.59亿元。

◆丝路金融中心建设 2021年，西安市编制《西安市“十四五”金融业发展规划》，全力打造“一高地两中心”，加快丝绸之路金融中心建设。积极承接国家创新试验，第二批数字人民币试点工作各项指标在同批试点城市中位居前列，“第十四届全国运动会”、文旅等特色场景实现多点开花。中欧班列长安号数字金融综合服务平台在国际港务区上线试运行，为企业提供“铁路提单融

2021年6月10日，2021全球创投峰会在西安召开

资”等系列金融服务，助力中欧班列长安号高质量发展。全力推动金融聚集，新增落户金融机构8家，其中保险机构3家，证券期货机构5家。推动邮政储蓄银行软件研发中心、农业发展银行西安科技中心等总部型功能性机构落户西安。各类金融机构设立的法人总部、区域性总部、专业子公司、金融功能中心等已建成运营13家，解决就业9000多人；正在筹建8家、选址2家。参加2021全球金融中心城市未来网络峰会，成功举办中国金融四十人曲江论坛，被中央电视台《新闻直播间》报道。西安市在推动金融市场和地方经济高质量融合发展方面的经验举措在《证券时报》进行2次专题报道。全球金融中心指数报告显示，西安市自2020年起，已连续2年位列全球金融中心行列。

◆金融助力乡村振兴 2021年，西安市持续深化农户信用等级评价工作，截至年底，全市信用等级评价系统已录入农户信息64.25万户，利用农户信用等级评价结果发放贷款1.09万户，授信金额15.22亿元。在全市涉农区（县）开展“信用村建设+整村授信”，完成130个村，授信27681户、10.89亿元，实际用信2346户、3.5亿元。持续提升扶贫小额信贷“获贷率”，累计发放小额信贷3.5亿元，贷款户数21969户。全年新增脱贫人口小额信贷6251万元，贷款1606户。

◆地方金融组织监管 2021年，西安市严格落实“管机构、管合规、管行为、管风险”的监管要求，做好五类地方金融组织的监管，制定《促进全市地方金融组织规范健康发展的意见》等文件，开展“一把手坐窗口”体验活动，组织编发《地方金融组织审核工作手册（暂行）》，持续优化办事流程，推进审核工作规范化、便捷化。组织开展年审及清理整顿工作，组织开展调研、座谈18次，现场检查150余家，约谈机构负责人34余人次，全市五类地方金融组织的不良率各项风险指标始终保持较低水平。举办以珍贵金融史料实物和影像资料为主线的《百年金融魂　奋斗新征程——中国共产党领导下的金融发展史展》。成立西安地方金融协会小额贷款专业委员会，提升行业自律能力。截至年底，全市通过审批或备案的五类地方金融组织总计316家，业务体量近1700亿元。

◆地方金融风险防范 2021年，西安市防范化解重大金融风险攻坚战领导小组成立，不断完善工作机制，夯实工作责任。持续以“学法用法护小家　防非处非靠大家”为主题，在全市组织开展各类宣传活动100余场次，张贴宣传海报、发放各类宣传品累计30余万份，发送防范非法集资警示教育短信约180万条。推动设立全市首家防范金融风险宣传教育基地（碑林基地），举办“西安市防范非法集资宣传暨防范金融风险创意短视频”大赛，提升群众风险防范意识和识别能力。充分发挥企业风险监测预警平台作用，加强常态化风险排查力度，全年排查高风险企业157家。深入开展“护航十四运”涉嫌非法集资风险“大排查、大起底、大化解”百日行动，进一步加强非法集资等非法金融活动监测预警、风险处置工作。截至12月末，全市新增非法集资类案件34起，涉及集资金额17.32亿元，涉及集资参与人5214人。

（高　升）

货币金融服务

◆概况 2021年，西安市金融业稳健运行，金融组织体系不断健全，规模不断扩大，治理结构持续优化，金融服务水平进一步提高，系统性金融风险防范扎实有效，金融业支持民营小微企业力度和对实体经济发展的贡献程度均大幅提高。截至年底，全市共有46家银行业金融机构，7家财务公司，3家信托公司，1家汽车金融公司和1家消费金融公司。全年全市实现金融业增加值1174.47亿元，比上年增长6%，占全市生产总值比重10.99%。在12月18日发布的“中国金融中心指数”排名中，西安综合竞争力排名在全国31个金融中心中位居第13位，在副省级城市中位居第7位。

◆货币政策 2021年，中国人民银行西安分行营业管理部认真贯彻落实稳健货币政策，有效发挥“双支柱”政策框架作用，营造良好货币金融环境，货币信贷和融资总量实现合理适度增长。截至年底，西安市金融机构本外币存款余额28510.03亿元，比上年增长9.46%；本外币贷款余额29411.25亿元，比上年增长14.03%。1—12月新增本外币存款2464.16亿元，比上年减少240.87亿元；新增本外币贷款3618.36亿元，比上年增加262.12亿元。引导金融机构加大对科技创新、高端装备制造、绿色金融及普惠小微领域信贷投放，力保重点领域融资需要。“再贴迅联”开辟货币政策工具精准高效传导新路径，1—12月，再贴现累放金额366.77亿元，创历史新高，支持重点领域和薄弱环节的票据贴现利率较同期同档次票据下降25—35个基点；辖区使用再贷款发放的普惠小微、涉农贷款利率低于5.5%。（魏　毅）

◆货币信贷 2021年，中国人民银行西安分行认真落实“稳健货币政策要灵活精准、合理适度”的要求，综合运用多种货币政策工具，持续改善民营小微、绿色、制造业、乡村振兴等领域金融服务，妥善有效应对新冠肺炎疫情带来的不利影响，为陕西经济平稳健康发展营造适宜的货币金融环境。按照总行要求，两次落实下调金融机构存款准备金率政策，为省内地方法人金融机构释放长期流动性。发挥中小微企业贷款延期还本付息和小微企业信用贷款支持计划两项直达货币政策工具作用，政策期内累计向地方法人金融机构提供激励资金2.3亿元。引导地方法人金融机构扩大涉农、小微和民营企业信贷投放，全年累计办理再贷款372.2亿元，比上年增加78.1亿元；累计办理再贴现639.5亿元，比上年增加122.7亿元。截至年底，全省人民币各项贷款余额4.41万亿元，增长13.2%。全省人民币制造业贷款余额3045.7亿元，增长14.0%，增速比上年提升1.4个百分点。年底全省普惠小微贷款余额2915.4亿元，增长34.6%，高于各项贷款增速21.4个百分点；全省普惠小微贷款户数达50.8万户，增长33.1%。截至年底，全省涉农贷款余额8948.6亿元，增长11.8%，比上年提升1.1个百分点。年底全省绿色贷款余额3700.5亿元，增长34.1%，辖内金融机构利用碳减排支持工具共支持绿色项目78个，运用支持煤炭清洁高效利用专项再贷款支持绿色项目12个。12月，全省金融机构人民币一般贷款加权平均利率为4.85%。全年全省非金融企业在银行间债券市场发行156只债务融资工具，募集资金1871亿元。因城施策实施好差别化住房信贷政策，促进全省房地产市场平稳健康发展。

◆金融服务 2021年，中国人民银行西安分行统筹疫情防控与金融服务，助力第十四届全国运动会等重要活动。联合有关部门印发《关于做好疫情防控期间金融服务保障工作的通知》（西银发〔2021〕172号），从满足社会公众基本金融服务需求、加大疫情防控金融支持力度等方面确保辖区金融基础服务不断档。开通“十四运”财政资金拨付绿色通道，保障资金及时拨付、准确到账。疫情期间启动“7×24”财政紧急拨款“绿色通道”，及时拨付疫情防控、民生保障资金。落实国家减税降费各项政策，截至年底，陕西省各级国库处理各类政策性减免退税316.70亿元。

优化支付服务环境，提升支付监管能力　出台《关于全面优化“十四运”支付服务环境的指导意见》（西银办〔2021〕22号），开立“十四运”专项资金账户67个、受理特约商户32054个、布放受理终端38598台。实施支付手续费减费让利政策，截至年底，累计让利9541.3万元，惠及小微企业和个体工商户59.67户。加强农村支付服务环境建设，指导涉农金融机构加快“乡村振兴主题卡”发行推广。制订简易开户服务指引，建立账户服务长效机制，提升银行账户服务管理质效。出台《关于进一步促进老年人支付服务便利化的实施意见》（西银办〔2021〕42号），建成支付服务适老化示范银行网点260余个。建立可疑账户核查工作机制，斩断电信网络诈骗行为和跨境赌博“资金链”。推进支付机构监督检查和风险防控，建立非银行支付机构分公司经营管理动态预警监测体系，保障支付服务市场持续净化。

完善征信体系建设，提升征信服务能力 截至年底，全省共建成征信查询网点308个，设置个人自助查询设备352台，县域及重点乡镇实现查询网点全覆盖。累计253家机构接入征信系统，其中本年度新增3家融资担保公司、2家商业保理公司、1家融资租赁公司。支持中小微企业和新型农业经营主体融资，全年全省企业通过应收账款融资平台实现融资774.5亿元，融资成交量增长31.0%，其中为中小微企业实现融资509.1亿元，增长104.2%。优化征信为民服务，在全国首批启用企业信用报告自助查询机，减少资料审核环节、缩短查询时间。指导14家金融机构开通信用报告网银或手机App查询服务。牵头建立陕西省信用评级市场联合监管工作机制。开展“征信修复”乱象排查和整治。

推动普惠金融工作深化，提高金融消费权益保护水平 开展县域普惠金融发展指数化评估，从经济发展等七个维度对全省87个县（区）的落实情况进行评估。构建老年群体金融消费权益保护体系，印发《中国人民银行西安分行老年人金融消费权益保护行动方案》（西银办〔2021〕100号文印发），鼓励金融机构从金融产品和服务、老年人金融信息保护等方面提高老年人金融服务水平。打造让人民满意的“12363”暖心热线，开展“12363”投诉满意度回访。指导人民银行西安分行营业管理部印发《加强西安市残障人士金融消费权益保护工作实施方案》，推进残疾人无障碍环境建设、网点基础设施优化升级。

◆外汇管理 2021年，经国家外汇管理局批复，跨境金融区块链服务平台——中欧班列“长安号”应用场景在陕西试点运行，截至年底，10家试点银行为33家企业提供资金支持21.35亿元。国家外汇管理局陕西省分局出台《中欧班列“长安号”产业链相关企业外债便利化额度试点实施细则》（陕汇管〔2021〕65号文印发）《中欧班列（西安）集结中心暨“一带一路”对外承包工程企业国内外汇贷款结汇试点实施细则》（陕汇管〔2021〕66号文印发），便利中欧班列“长安号”产业链相关企业在一定额度内自主借用外债。全年全省跨境资金收支规模624.92亿美元，增长20.7%；结售汇总量351.01亿美元，增长42.2%；国际收支口径外国来华直接投资跨境资金净流入4.06亿美元，增长16倍。

推动跨境金融创新，提升涉外市场主体满意度 印发《金融外汇支持陕西省综合保税区高水平开放高质量发展若干措施》（西银发〔2021〕87号文印发），提出创建综合保税区主办银行制度、拓宽融资渠道等23条措施，支持综合保税区高质量发展。促成中国银行陕西省分行落地全国首笔国际铁路联运提单贷，浦发银行西安分行落地全国首单中欧班列“长安号”产业链企业外债业务，建设银行陕西省分行落地首笔线上纯信用运费贷和对外承包工程企业国内外汇贷款结汇业务。

监测查处“六反”案件，防范跨境金融风险 印发《陕西省跨境资金流动风险监测预警实施细则》《陕西省分局外汇市场微观监管工作实施细则》，成立四个区域监测研判中心，常态化监测评估跨境资金流动风险。健全“他律+自律”工作机制，指导中国银行搭建“陕西省自律机制互联网工作平台”，实施现场核查或风险提示。组织开展反地下钱庄、反跨境洗钱、反跨境赌博、反虚假贸易、反骗汇骗贷、反恐怖融资的“六反”专项行动，检查处罚外汇领域实质性违法违规行为。

◆跨境人民币 2021年，中国人民银行西安分行聚焦人民币国际化战略，提升涉外市场主体本币使用意愿。指导商业银行按照“一企一策一方案”思路帮助国有企业制定方案，扩大国企跨境人民币国际使用。推出“县域委托代理模式”助力跨境人民币金融服务下沉县域市场。联合国家开发银行研究院，编写《境外人民币使用指南》，引导“走出去”企业加强人民币国际使用。截至年底，全省跨境人民币累计结算金额3886亿元，其中与45个“一带一路”沿线国家（地区）发生人民币跨境收付1355亿元，占全省跨境人民币收付35%，超全国平均水平约20个百分点。（冯逸超）

◆普惠金融发展 2021年，中国人民银行西安分行营业管理部持续做好稳企业保就业工作，扎实执行总行延续两项直达工具政策，为实体经济发展注入金融活水。1—12月，运用“两项工具”资金支持法人机构办理普惠小微企业贷款延期本金2.27亿元，比上年增长74%；支持法人机构发放普惠小微信用贷款1.02亿元，比上年增长272.8%。

◆维护金融稳定 2021年，中国人民银行西安分行营业管理部健全地区金融风险防控体系，有效防控区域金融风险。建立西安市重点领域企业监测动态监测机制，健全中小银行资本补充和治理完善长效工作机制，持续关注地方法人风险状况，开展突发事件跨区域协调应急演练，前瞻性化解潜在风险。加强辖区金融机构房地产贷款集中度管理，严控经营性贷款违规流入市场，稳妥推进超标机构房地产贷款压降工作，确保风险可控。有效提升费率与机构经营风险的匹配度，更好发挥存款保险风险差别费率的风险校正作用。建立存款保险知识宣传长效机制，扩大存保知识宣传受众面。

◆推进金融改革 2021年，中国人民银行西安分行营业管理部积极推动金融供给侧结构性改革，助力地方经济转型发展。认真落实“三档两优”存款准备金政策框架，引导地方法人机构更加专注普惠金融服务。强化政策联动与银企对接，拓宽政府性融资担保覆盖面，加强收费乱象治理，从细节着手进一步降低企业融资成本。拓宽市场主体融资渠道，“科创票链通”“生物资产动态评估浮动抵押贷款”“农村集体资产股权抵押贷款”等重点项目成功落地，创新示范效应明显。稳步做好商业汇票信息披露工作，推动中小企业集合票据、绿色债、“三农”金融债等创新工具落地。积极搭建金融机构与发债企业对接平台，成功举办“陕西省企业直接融资‘蓄势行动’启动仪式暨关中地区债券融资业务培训会”，为企业融资提供多元化通道。

◆金融精准扶贫 2021年，中国人民银行西安分行营业管理部扎实推进金融精准扶贫，充分发挥金融支持脱贫攻坚与乡村振兴有效衔接。推动金融机构对各类农业经营主体的信贷支持，辖内金融机构以“统贷联放”模式发放贷款33.28亿元，支持经营主体超过万家；通过西安市农户信用等级评价系统评定辖区信用农户53.99万户，发放信用贷款4.31亿元。高陵、周至等区（县）实现农村集体经营性建设用地使用权抵押贷款、农村集体经济组织股权质押贷款、农村集体经济组织登记证为主体的贷款以及生猪浮动抵押贷款等业务创新突破。

◆支付便民工程 2021年，中国人民银行西安分行营业管理部持续强化支付服务环境建设。扩大ACS综合前置子系统接入，正式运行信息管理子系统和档案管理子系统。加强辖内4家支付系统直接参与者清算账户资金头寸日常监测，按季开展业务连续性风险排查，保障支付清算业务处理连续性。深化惠农支付三层级综合服务体系，建成7个高层级惠农支付服务站。大力推动“手机号码支付百村行”惠农推广，陕西省首家“手机号码支付示范村”授牌仪式在高陵区何村举行。落实总行、分行小微企业和流动就业群体简易开户服务，支持小微企业经营。开展西安市银行网点适老化支付服务，建立银行示范网点56个。组织开展“支付惠长安　添彩‘十四运’”系列活动，切实保障核心区域支付服务需求。

◆货币发行保障　2021年，中国人民银行西安分行营业管理部加大货币发行监管力度，持续优化现金流通环境。着力推进发行基金多元化仓储模式，率先在全国开展首家省会级中心支库发行基金托管业务，现金服务工作效率进一步提高。强化区域现金处理中心建设，推动专业化公司与辖区23家银行业金融机构签订现金综合服务协议，建设银行陕西省分行共与5家银行业金融机构签订现金代理及清分处理协议。协调西安市公安局、西安市市场监督管理局建立“人民币流通管理联动协作机制”，加大对拒收现金、反假货币、违规使用人民币图样、违规销售钱币衍生品、破坏人民币和销售虚拟货币等行为的联合惩治力度。稳步开展数字人民币试点，完成数字人民币在农村地区和农业领域的试点工作，截至12月底，西安市正式投产场景39.22万个，开立数字人民币个人钱包2119.95万个、对公钱包116.52万个。

◆征信服务管理　2021年，中国人民银行西安分行营业管理部充分发挥政府与市场双轮驱动作用，提供优质高效征信服务。推动雁塔区企业信用金融服务平台和高新区平台上线“首信贷”产品，进一步提升中小微企业融资便利性。高标准建设的新征信服务大厅投入使用，全国首批企业信用报告自助查询机落户西安，指导11家商业银行开通线上查询渠道。强化征信非现场管理，自主研发并成功上线征信服务管理系统。推动大型企业加入应收账款融资服务平台，实现西安市首笔依托该平台全流程线上供应链融资业务落地。强化与地方政府及企业合作，扩大中征应收账款融资服务平台与动产融资统一登记公示系统的应用覆盖面，继续推动沣东“政采贷”业务开展。截至12月底，金融机构通过应收账款融资服务平台累计达成融资330.71亿元。

◆经理国库　2021年，中国人民银行西安分行营业管理部着力加强国库业务监管。推动辖区“财政云”系统全覆盖，上线运行新版TMIS统计分析子系统。蓝田县支库获评陕西省国库业务标准化A级示范库，西咸新区国库接收工作取得重要进展。全面实现辖区退库业务无纸化，取消西安市大额退库两级审核制度，有效压缩增值税留抵退税的办理时间，提高个税汇算清缴退税办理效率。

◆金融消费者权益保护　2021年，中国人民银行西安分行营业管理部进一步强化金融消费者权益保障。完成对辖区7家村镇银行、32家非银行业支付机构2020年金融消费权益保护工作评估。建立标准化投诉转办处理机制，压实金融机构投诉处理主体责任，高质量完成转办投诉处理工作。联合西安市残疾人联合会加强西安市残障人士金融消费权益保护，选取建设银行陕西省分行等6家金融机构为示范单位先行先试，努力提升残障人士金融服务满意度。组织做好“‘3•15’消费者权益日”“普及金融知识　守住‘钱袋子’”等集中性金融知识宣传活动，联合莲湖区市场监督管理局、消费者协会以及10余家金融机构，开展“践行金融为民　普及金融知识”主题宣传。持续开展乡村金融知识“大喇叭”宣传，推动西安市首家县级“山村版”金融教育示范基地在蓝田落地。　（魏　毅）

◆陕西银保监局　2021年，陕西银保监局全面贯彻落实党中央重大决策部署和银保监会各项工作要求，坚定不移推进全面从严治党，着力提升服务实体经济质效，防范化解金融风险，持续深化金融供给侧结构性改革，以新担当、新作为助力陕西“十四五”开好局。

机构组织　截至2021年底，陕西辖内共有银行业机构190家，包括3家政策性银行、6家大型商业银行、12家股份制银行、8家城市商业银行、6家外资银行、139家农村中小金融机构、3家信托公司、7家企业集团财务公司、1家汽车金融公司、1家消费金融公司、4家资产管理公司。辖区共有保险总公司2家，保险省级分公司70家，其中财产险公司省级分公司31家，人身险公司省级分公司39家。

资产负债　截至2021年底，陕西银行业机构总资产69255.26亿元，比上年增长10.91%；总负债66940.17亿元，比上年增长10.74%。陕西保险业资产总计2737.53亿元，比上年增长12.27%。

贷款存款　2021年底，全省银行业机构各项贷款余额44512.07亿元，比上年增长13.20%；各项存款余额52562.99亿元，比上年增长10.23%。

利润拨备　2021年全辖银行业机构共实现净利润569.63亿元，比上年减少11.53亿元，比上年下降1.98%。

保险业务　2021年，陕西保险业实现原保险保费收入1052.37亿元，全国排名第14位，比上年增长4.62%，高于全国平均增速0.57个百分点，增速全国排名第11位。其中，财产险公司保费收入254.71亿元，比上年增长8.34%；人身公司保费收入797.66亿元，比上年增长3.49%。

保险赔付　2021年，陕西保险业原保险赔付支出338.55亿元，比上年增长5.39%。其中财产险赔付支出169.67亿元，比上年增长14.81%；人身险赔付支出168.88亿元，比上年下降2.64%。

（陆雅红）

◆西安银行　2021年，西安银行严格贯彻国家经济金融政策和各项监管要求，坚守金融本源和服务初心，围绕省市“十四五”发展规划，主动融入国家、区域发展战略，加快推进数字化转型步伐，保障“第十四届全国运动会”金融供给，支持“秦创原”平台建设，服务地方产业转型升级，践行普惠金融纾困小微企业，在服务地方经济发展的进程中努力打造上市银行品牌形象。年内入选“全球银行品牌价值500强”，并获得《银行家》杂志“最佳金融创新奖”、中国数字金融竞争力卓越榜——“数字普惠金融卓越创新奖”、“2021卓越竞争力社会责任银行”、“最佳区域零售业务服务城商行”等多项荣誉，持续得到市场肯定与认可。

服务疫情防控　切实贯彻国家“稳企业、保就业”的决策部署，在年末疫情突发期间，以高效的金融服务全力支持疫情防控大局。开辟绿色通道，实行特事特办、即见即办，保障抗疫资金划拨，减免疫情期间客户支付结算费用。落实专项政策，制订支持实体经济发展九项举措，出台疫情期间小微信贷专项审批政策，加大对防疫相关企业、受疫情影响困难企业及重点民生领域的融资保障。迅速启动科技保障应急机制，加强金融业务线上服务、运维和网络安全保障，为客户提供多渠道7×24小时不间断在线服务，满足疫情期间各类民生场景的金融需求。

服务区域经济　服务区域战略部署，推动产业转型升级。全力保障“十四运”金融供给，支持“秦创原”平台建设，挖掘符合政策导向的信贷需求，积极支持电子信息、新能源等战略性新兴产业及制造业发展。围绕本地产业特点，提升特色化金融专属服务能力。挖掘本土文化、军工及科创等产业优势资源，开发专属业务模式和产品体系，加大信贷投放力度，优化服务机制，打造特色金融品牌。加快产品和服务创新，提供对公业务新动能。省内首批接入供应链融通平台，推出极速秒贴产品，完善军票保贴业务，升级企业微信“公司业务”板块，提升对公服务能力。推进国际业务线上化，服务“一带一路”及自贸区建设。完成个人结售汇、“金信存”等业务线上渠道布局，对接中欧班列“长安号”等数字金融平台，加强自贸区产品的创新研发，陕西首批参与本外币合一账户体系建设，持续提升国际业务数字化服务能力。坚持绿色信贷理念，支持绿色产业发展。通过制订专项办法和方案、突出“绿色优先”严控信贷资金流向、建立绿色信贷考核机制、开展绿色金融评估与培训等方式，不断提升绿色金融服务水平。

普惠金融服务　提升小微金融服务质效并拓展业务场景。加强小微信贷供给，降低小微融资成本，加大小微金融产品数字化转型，推动以“西银e贷”为代表的小微产品迭代升级，开展“核心企业+”供应链小微金融，重塑业务流程与考评机制，提升小微金融服务直达性，拓宽业务覆盖面。关注特殊群体，增强普惠金融包容性。建设“适老化支付服务示范网点”和“特殊群体服务专区”，推出电话银行“一语直达”、手机银行“关爱版”及特殊群体“按压指纹+人脸识别”等服务，推进柜面业务免填单项目建设，打造“银发族”专属大额存单等适老专属金融产品。巩固脱贫攻坚成果并支持“三农”发展。制订乡村振兴工作方案和涉农贷款专项计划，以产业扶贫为抓手，围绕现代生态农业产业园、养殖、绿化等领域，加大对“三农”的信贷投入；打造消费帮扶模式，通过驻村工作队定点帮扶和“以买代帮”形式，巩固脱贫攻坚成效。

数字银行建设　提升IT基础环境和系统建设能力。完成客户信息管理等重要系统的升级改造，完善自动化、可视化、智能化的运维体系建设，提升业务效能和客户体验。助推各业务板块产品创新和服务体系数字化平台建设，加快生物识别、流程机器人等新技术应用，推进流程优化与效率提升。提升场景生态建设和智慧城市服务能力。坚持“移动优先”战略，升级手机银行，上线新版企业网银，丰富对公线上场景；积极试点数字人民币，落地70多个应用场景；加速生活缴费等场景全覆盖，完成税务云及财资对接上线、临潼及商洛智慧医院项目落地。提升数据源多样化管理、大数据存储、数据分析能力，加强数据质量管控平台建设，筑牢信息安全屏障。

经营管理　强化战略管理，稳固公司价值。加强经济形势研判，持续推进理财子公司设立、比亚迪汽车增资、二级资本债发行、稳定股价等重大战略性工作。优化治理运行机制，提升决策有效性。完善治理制度，加强治理结构建设，聚焦重大事项提升董事会运行效能，做实专门委员会和独立董事制度，强化党建与治理的融合，深化董事履职评价和专业提升，持续提升董事会决策水平。落实股权新规，规范股东股权和关联交易管理。加强主要股东履职履约和股权质押管理，严格履行关联交易审批和备案程序，建立股权和关联交易定期评估机制，持续提升股权和关联交易管理水平。完善证券事务体系，持续提升公司透明度。依法合规开展信息披露，充分、准确、及时地呈现公司经营全貌；注重投资者关系管理，加强投关团队专业能力建设，及时回应市场关切并传递企业内在价值，积极塑造良好的上市银行品牌形象。

风险管控　强化风险管理顶层设计，坚持“稳健审慎、主动进取”的风险偏好，持续健全风险内控制度和董事会授权管理体系，促进各项业务依法合规开展。强化对风险的研判和管控，积极研判外部形势变化，加大房地产等重点领域的风险监测评估和预警，加大资产质量管控力度和对极端压力情景的关注，制定关键领域防控措施和有针对性的危机管理策略。强化数字风控能力建设，积极拓展信息数据源，引入工商、司法、税务、征信、反欺诈、多头借贷等数据，提升大数据风控能力；不断优化迭代欺诈识别、评分模型、规则模型、额度模型等技术工具，有效提升风险决策水平。强化风险管理全覆盖，从“全面性、全程性、全员性”维度构建新型风险管控机制，同时强化合规文化建设和内审监督，筑牢风险管理的三道防线。（闫秋池）

资本期货市场

◆**概况**　2021年，陕西证监局立足新发展阶段，贯彻落实新发展理念，推动辖区资本市场服务构建新发展格局，引导省内企业抢抓资本市场全面深化改革机遇，主动拓宽融资渠道，降低融资成本，全省实现直接融资798.33亿元，为经济高质量发展提供有力支持。19家上市公司通过IPO、增发、配股、发行可转债及公司债等多种方式，共计融资235.29亿元。全年新增上市公司8家，另有IPO过会企业5家，其中主板1家、科创板3家、创业板1家。全年新增新三板精选层挂牌公司1家；新增新三板挂牌公司10家，总数达到128家。1家精选层挂牌公司公开发行融资5亿元，13家挂牌公司定增融资4.94亿元，为陕西省“专精特新”企业发展壮大提供了有力支持。35家非上市企业通过交易所发行62只公司债，共计募集资金553.10亿元。

◆**上市公司发展**　2021年，陕西上市公司整体经营情况比上年大幅改善，但上市公司发展不平衡问题仍较为突出。截至年底，辖区有66家上市公司，其中沪市主板25家、深市主板18家、创业板13家、科创板8家、北交所2家。上市公司总市值15929.68亿元，比上年增长25.52%。上市公司总资产、净资产分别为15454.86亿元和4710.05亿元，比上年分别增长15.49%和9.23%；全年实现营业收入、净利润为6543.28亿元、529.04亿元，比上年增长32.41%和63.32%；每股收益0.53元，净资产收益率11.16%。全年80%上市公司营业收入保持增长，发展势头强劲，陕西建工、陕西煤业、隆基股份、航发动力、中航西飞、陕西黑猫、彩虹股份、中国西电、北元集团、陕鼓动力10家营收破百亿的公司收入合计5312.43亿元，占辖区上市公司收入比重达81.16%；80%上市公司实现盈利，陕西煤业、隆基股份、陕西建工、西安银行、彩虹股份、北元集团、陕西黑猫、西部证券、航发动力9家公司盈利均突破10亿元，合计451.51亿元，占当年实现盈利上市公司净利润的79.28%。

◆**新三板挂牌公司发展**　2021年，陕西辖区新三板挂牌公司在新冠肺炎疫情冲击及经济下行压力加大等诸多因素影响下，营收规模实现稳步增长，但盈利水平略有下降，整体反映出中小企业较强的韧性和活力。截至年底，辖区有128家挂牌公司，其中有24家为创新层企业。挂牌公司总股本83.84亿股，总市值419.81亿元。115家挂牌公司按期披露2021年年度报告，全年实现营业收入214.09亿元，实现净利润-5.45亿元。全年辖区挂牌公司实现直接融资9.94亿元，比上年增加47.48%，中小企业利用资本市场融资能力进一步增强。其中同力股份在精选层挂牌公开融资5亿元，另有13家挂牌公司定向增发融资合计4.94亿元。

◆**证券行业发展**　2021年，陕西3家证券公司积极应对环境不利影响，攻坚克难，立足新发展阶段、贯彻新发展理念、创新发展模式，积极探索特色化、差异化发展方向，资本实力稳步提升，业务资格和创新产品不断丰富，服务实体经济能力显著增强，发展态势稳健向好。西部证券、开源证券、中邮证券3家法人机构总资产1343.69亿元，比上年增长

40.03%；净资产490.10亿元，比上年增长14.19%；净资本426.26亿元，比上年增长9.86%；全年实现营业收入68.89亿元，比上年增长0.21%；实现净利润20.65亿元，比上年增长1.99%。辖区共有证券分公司60家，新增6家；证券营业部248家，减少4家。全年辖区证券经营机构代理证券交易额8.77万亿元，比上年上升9.51%；年底客户交易结算资金余额337.21亿元，比上年上升13.32%；投资者开户数685.24万户，比上年上升10.49%。

◆**期货行业发展** 2021年，陕西辖区迈科期货、长安期货、西部期货3家公司面对疫情和大宗商品价格波动风险，积极适应市场形势变化，全面贯彻新发展理念，聚焦主业，资本规模稳步增长，客户数量持续上升，商品期货持续发力，服务实体经济能力显著提高，发展态势稳健向好。截至年底，迈科期货、西部期货、长安期货3家法人机构总资产94.82亿元，比上年增长23.61%；净资产21.15亿元，比上年增长18.22%；净资本13.19亿元，比上年增长10.75%；全年实现营业收入6.74亿元，比上年下降10.61%；实现净利润0.56亿元，比上年下降36.36%。期货营业部40家（含分公司），比上年增加2家。受国内疫情影响及辖区公司业务发展战略布局调整，客户交易总规模较去年有所下降，但商品期货交易整体稳中向好。全年3家公司代理成交量10656.8万手，成交额8.20万亿元，比上年分别减少6.75%和19.61%，其中商品期货代理成交10119.14万手，成交额6.08万亿元，占辖区交易总量的94.95%和74.15%，交易量比上年基本持平，成交额比上年增长2.53%。期货投资者7.51万户，比上年增长21.72%。

◆**西部证券股份有限公司** 截至2021年底，公司总资产802.4亿元，比上年增长32.64%；净资产271.87亿元，比上年增长3.89%；全年实现营业收入37.86亿元，比上年增长8.33%，实现净利润13.43亿元，比上年增加21.42%。公司持续深化业务结构调整及战略转型，着力提升发展质量，不断提升核心竞争力。全年母公司口径实现财富管理业务收入10.35亿元，比上年增加1.42%；信用业务收入5.12亿元，比上年增加22.45%；投行业务收入4.61亿元，比上年减少11.05%；自营业务收入16.68亿元，比上年增加13.71%；资产管理业务收入0.35亿元，比上年增加28.16%。

◆**开源证券股份有限公司** 截至2021年底，公司总资产363.53亿元，比上年增长52.65%；净资产156.37亿元，比上年增长47.85%；全年实现营业收入24.23亿元，比上年减少6.3%，实现净利润5.11亿元，比上年减少15.82%。经纪业务收入5.62亿元，比上年增长105.11%；自营业务收入4.23亿元，比上年减少30.77%；投行业务收入7.17亿元，比上年减少30.52%；资产管理业务收入1.65亿元，比上年减少23.25%；利息净收入4.85亿元，比上年增长12.79%。开源证券2021年度债券业务执业能力被中国证券业协会评价为A类的24家券商之一。

◆**中邮证券有限责任公司** 截至2021年底，公司总资产174.86亿元，比上年增长52.87%；净资产61.48亿元，比上年增长3.11%；全年实现营业收入6.63亿元，比上年下降5.34%，实现净利润1.70亿元，比上年增长5.87%。公司业务主要围绕经纪业务、资管业务、投行业务、信用交易业务和自营业务开展。公司经纪业务收入1.10亿元，比上年增长3.75%；资管业务收入0.92亿元，比上年增长36.26%；投行业务收入0.47亿元，比上年下降68.12%；利息净收入3.04亿元，比上年下降8.67%；自营业务收入1.08亿元，比上年增长137.63%。全年公司无新增业务资格。

◆**迈科期货股份有限公司** 2021年，公司注册资本3.28亿元，下设10家分支机构（分公司和营业部）、1家子公司。截至年底，公司总资产28.85亿元，比上年增长3.72%；净资产6.78亿元，比上年增长2.36%；全年营业收入3.47亿元，比上年减少10.15%；实现净利润0.32亿元，比上年降低19.01%。公司《铁矿石非标仓单期转现业务》入围中国期货业协会期货经营机构服务实体经济优秀案例。公司员工获“西安市金融业2021年国家网络安全宣传周先进个人”。

◆**长安期货有限公司** 2021年，公司注册资本4.93亿元，下设11家分支机构（分公司和营业部）、1家子公司。截至年底，公司总资产20.15亿元，比上年增长24.10%；净资产6.09亿元，比上年增长3.05%；全年实现营业收入2.21亿元，比上年减少4.33%；净利润0.25亿元，比上年增长19.05%。公司获郑州商品交易所、中国期货业协会第四届郑商所杯“优秀组织奖”，以及陕西证券期货业协会“2021年度优秀会员单位”“2021年投资者教育保护工作十佳优秀投教产品”“2021年投资者教育保护工作十佳优秀投教人员”等荣誉。长安期货山东分公司获《期货日报》“最佳中国期货经营分支机构”称号。

◆**西部期货有限公司** 2021年，公司注册资本5亿元，下设11家分支机构（分公司和营业部）、1家子公司。截至年底，公司总资产45.85亿元，比上年增长40.73%；净资产8.3亿元，比上年增长56.90%；全年实现营业收入1.18亿元，比上年减少12.59%；实现净利润0.01亿元，比上年下降96.15%。公司获郑州商品交易所“市场成长优秀会员”，获中国人民银行西安分行2021年“我为群众办实事——防范和打击洗钱犯罪主题宣传活动”优秀项目三等奖。

◆**投资者保护与教育** 2021年，陕西证监局践行“我为群众办实事”实践活动，为投资者“解难题、办实事、办好事”，推动辖区投保工作高质量发展。结合“3·15”国际消费者权益日、“3·20”投资者教育进高校宣传日、“5·5”全国投资者保护宣传日、金融知识普及月、世界投资者周、打非宣传月等，开展“携手北交所 共迎新起点”、“股东来了”投资者权益知识竞赛、“REITs来了”、“雪球产品”、“诚实守信 做受尊敬的上市公司”等专项活动，组织指导辖区机构开展系列专题投教活动。在《各界导报》、全景网、广电网络等107个App融媒体设立投教专栏，通过公交电视、地铁电视、有线电视投放宣传视频、宣传图片，协调手机运营商群发短信、FM104.3《财富新思维》栏目电话连线、喜马拉雅读书等方式开展投教宣传。辖区全年开展线上线下活动超6000场次，过亿人次参加，发放实物投教产品200万份，电子产品点击量近9000万次。选送的《护你周全》短视频入选中国证监会面向社会发布的十大“最受欢迎投教产品”。“讲红色金融故事”“投资者讲投资故事”“入门领航”“陕西投教”等投教品牌日益响亮。与陕西省教育厅联合印发《关于加强陕西辖区证券期货知识普及教育的合作备忘录》，积极推动投资者教育纳入国民教育体系。与深圳证券交易所、中国证券业协会、西安交通大学、西北政法大学、证券公司等构建的“一所（会）一局一司一校”合作教学模式成果显著，签署3份四方合作备忘录，合作项目有序实施。辖区新增1家省级投教基地，2家投教基地迁址再建，投教基地整体建设水平显著提升。陕西投资者教育领航者联盟成员由8家增加到18家，联盟作用日益凸显。与西安市中级人民法院、中证法律服务中心签署合作协议，建立“示范判决+纠纷调解”诉调机制，创新西北地区保护投资者权益新举措。三方共同努力，众多投资者诉辖区某上市公司虚假陈述案件“示范判决+纠纷调解”取得“零的突破”，89位投资者当庭获赔。积极督促辖区1家机构加强和投资者协调开展纠纷调解结果司法确认工作，实现辖区首例机构和投资者之间纠纷调解结果司法确认破冰。

（殷少伟）

城乡建设与管理

责任编辑

综　述

◆**概况**　2021年，西安住房和城乡建设系统在中共西安市委、西安市人民政府的坚强领导下，以习近平新时代中国特色社会主义思想为指导，深入学习贯彻党的十九大和十九届历次全会精神，贯通落实习近平总书记三次来陕考察重要讲话重要指示精神，始终坚定“人民城市人民建、人民城市为人民”，全面践行创新、协调、绿色、开放、共享的新发展理念，坚持“以项目看发展论英雄”，紧抓迎接十四运加快国家中心城市建设机遇，以重大项目为牵引，持续加大投资规模、加快重点项目建设，全力推进城市建设高质量发展。

全年全市城建计划安排总投资1108亿元，比上年增长8.26%，累计完成1133.33亿元，占全年102.29%，涉及5个方面30大类。完成预算审核48个项目，审减率33.97%；结算审核68个项目，审减率12.11%，共节省城建资金2.8亿元。

◆**城建法规综合协调**　2021年，西安住房和城乡建设局起草完成并履行程序后报市司法局审核2项立法，6项立法调研工作有序推进，完成1部地方性法规修订，公正公平处理诉讼复议事项71项，审核制定规范性文件2项，对全局30余件文件制度和569件信息公开回复件进行合法性审核，监督审核行政执法案件59项，有效维护住建市场秩序。按照“权责统一”“下得去，接得住，管得好”的原则，积极指导各区（县）、开发区全面开展住建事权办理工作。调整优化市住建局公平竞争审查工作领导小组，积极推动落实本部门公平竞争审查工作。对2部法规规章和2部行政规范性文件进行公平竞争审查，按时限完成年度双随机抽查任务，进一步优化一单两库信息。完成建筑业企业双随机抽查工作指引等9个双随机抽查事项工作指引，组织“双随机一公开”部门抽查6批次264家企业。配合市级相关部门及时开展秦岭生态环境保护督查工作及法律法规宣传活动。制定《西安市城市市政基础设施项目方案设计审核管理办法》，积极组织项目设计方案的调研踏勘及方案审核工作。提升了工程方案设计的合理性、可行性，规范了项目方案设计水平，有效提升了项目方案设计质量，提高了项目建设成效。

◆**资产财务审计**　2021年，西安住房和城乡建设局协助市国资委完成13家企业资产管理权限整体移交至市安居建设管理集团有限公司工作，按要求完成原轨道办资产划转及合并工作。严格政府采购预算，规范财政申报和审批流程，截至2021年底，按照财政局政府采购流程审批要求完成政府采购计划43项，采购金额共计1044.99万元。争取中省资金283168.74万元。

◆**城建战略研究及试点**　2021年，西安住房和城乡建设局联合长安大学完成《西安市城市轨道交通列车运行节能技术与实践研究》及《轨道交通沿线建设课题研究》。梳理西安市“十四五”城市交通重点项目建设方案，完成2020年度“西安城乡建设统计”工作。编印2021年的《西安市已成主次干路详图》和《西安市已成快速路及主干路详图》。参与编制完成《陕西省市政基础设施工程技术文件管理规程》。申报完成专利一项《一种海绵城市用雨水收水口排水结构》。

◆**断头路打通项目**　2021年为全面落实追赶超越定位和“五个扎实”要求，围绕办好十四运和加快国家中心城市建设步伐的总体部署，西安市启动实施城市断头路打通工作。2017—2021年全市累计打通断头路144条（其中2017年通车27条，2018年通车30条，2019年通车53条，2020年通车32条，2021年通车2条）。在断头路打通工作推进过程中，西安市按照“尽量缩短工期、尽早还路于民”的原则，多条断头路实现提前通车。2021年5月31日，经九路跨陇海铁路段正式放行通车，标志着全市断头路打通工作实现阶段性任务清零。

◆**基础设施建设、轨道交通**　2021年，西安住房和城乡建设局会同市财政局编制《西安市2020—2025年城市轨道交通建设资金筹集方案》，会同轨道集团完成编制《西安都市圈轨道交通线网专业规划》和《城市轨道交通沿线综合开发规划（2020—2025）》，全市地铁在建7条线路163千米，建成运营8条线路259千米，运营总里程居全国第十。完成投资229亿元，占计划投资的128%，比上年同期上升5个百分点。西安地铁4号线荣获中国轨道交通行业最高奖项“詹天佑奖”，是西北地区轨道交通工程首项获奖工程。

公共停车场建设　编制《新能源汽车充电基础设施建设布点规划（2020—2022）》；配合市交警支队编制《西安市机动车停车条例》，全年开工建设公共停车位20621个。中心城区建设完成公共停车位8803个，占年度任务量的176%；完成51处现有停车场绿色生态改造提升工作；建成16处P+R停车场；开展错时共享停车试点20处，开放停车位4349个。

快速路建设　围绕服务十四运和推进国家中心城市建设，至2021年底，已经完成昆明路—西延路、建工路—新兴南路、体育中心外围提升改善道路一标段、二标段、会展中心外围提升改善道路西铜路城市段快速路和西铜路元朔月路重要项目等5个快速路项目，主要包含9座立交和6条主要道路的快速化改造。建成西南二环立交、东南二环立交、西延路与西影路立交、幸福路立交、长鸣路立交、北辰凤五立交、北辰凤八立交、朱宏路凤五立交、北三环与太华路立交

9座立交工程；对昆明路、建工路、北辰路、朱宏路、广安路、东三环—世博大道6条城市主要道路进行快速化改造，新建北辰永淳路隧道、灞河元朔大桥。这些快速路的建成通车，标志着全市快速路体系已初步集结成网，为“办好十四运·建设幸福城”提供快速便捷的基础设施服务，畅通了城市高效运行的“主动脉”。

市政道路建设 逐步完成中心城区道路网格，提高路网密度和连通度，使中心城区道路网格系统整体有所优化，截至2021年底，完成次支路96条75.88千米。其中纬零街工程建设项目于8月1日如期通车。

绿色自行车道路建设 按照《中心城区交通优化提升三年行动方案（2020—2022年）》要求，曲江—高新14.3千米自行车专用路绿色通勤示范段于2021年5月底开放通行，同步完成2处“启航通道”示范项目建设，提高慢行系统的吸引力与品质。

◆综合管廊和海绵城市建设 2021年，西安住房和城乡建设局出台《西安市城市地下综合管廊条例》，为规范综合管廊建设管理提供法律保障。全市地下综合管廊目前已建成约200千米，其中昆明路、“三中心”片区、常宁片区等管廊已有管线迁入，对完善城市功能、提高城市综合承载能力的社会效益已初步显现。编制《西安市海绵城市建设管理工作指引》，并成立系统化全域推进海绵城市建设专家咨询委员会，为海绵城市建设提供技术支撑。至年底，全市中心城区24%以上面积实现海绵城市改造目标，改造面积达到140.67平方千米，形成可复制、可推广的“西咸样板”和“小寨模式”。

◆老旧小区改造 2021年，西安市计划改造老旧小区450个，已完成改造753个小区、888万平方米。共申请中央财政补助及省级财政补助资金71115万元，中央发改资金115500万元。

◆架空线落地项目 2021年，西安住房和城乡建设局按照《西安市架空线落地实施方案》要求，建立“市级统筹、各区（县）、开发区落实”的责任体制，全面推进架空线落地工作。截至年底，完成架空线落地267千米，架空线落地工作取得阶段性成果，为打造环境优美、配套完善、布局合理的城市综合承载系统奠定良好的基础。

◆重点项目前期规划 2021年，西安住房和城乡建设局编制《西安市污水管网专项规划》，制定《西安市雨污管网分流项目建设实施方案》，组织各级部门召开会议20余次，并安排3个专项督察组，对未完成建设管道项目，通过发督办函催着干、现场盯着干、夜间检查24小时干，多方面督促各区、开发区全力推进雨污水管道建设。全市179条雨污水管网建设已全面建设完成。编制《西安市2021年城市体检评估工作实施方案》，在住建部65项指标体系和省住建厅新增14项指标的基础上，结合西安社会经济、文化旅游、教育发展等特点，新增15项指标，共计94项指标体系。组织西安市城市体检满意度问卷调查，共提交30637份，排名位居全国第三。

◆建设工地和两类企业扬尘治理 2021年，西安住房和城乡建设局实行全市建设工地设置领导包抓监管公示牌和红黄绿挂牌管理，全市1640个在建工地（房建1276个、城改85个、市政188个、地铁91个）和166家两类企业全部设置包抓监管公示牌，挂红牌34个、黄牌106个、绿牌1663个。召开现场会3次，召开工作推进会11次，联合市级相关部门开展扬尘、噪声专项检查16次，对各区（县）扬尘污染防治工作通报6次，开展扬尘污染防治专项整治4次。每月按照“生态西安建设”工作要求，对各区（县）、开发区扬尘污染防治工作落实情况进行考核打分，并对34个排名位次靠后的区（县）、开发区进行约谈。9个扬尘污染防治督导组共检查在建工地5297个次、两类企业970家次，下发移送单（督办单）819份，市、区两级对扬尘污染问题严重项目处罚2888.5万元。加大扬尘在线监测设备更新力度，全面完成工作任务，积极探索扬尘监管“人防向技防转变”，实现工地扬尘高效管控。

◆营商环境提升 2021年，西安住房和城乡建设局大力开展优化营商环境和深化改革，全面完成1项牵头、13项配合的优化营商环境指标任务。牵头的工程建设项目审批制度改革，审批必办事项由35个压减至15个，申报材料由188件精简至45件，审批时间由388天压缩至平均48个工作日，提前完成将政府类和社会类投资项目审批时限分别压减至60个和35个工作日内的年度任务。

◆改革政策保障 2021年，西安住房和城乡建设局累计出台工改配套政策20个，公布10项可实行告知承诺制事项和6项可“容缺受理+告知承诺”事项清单，累计对2409个项目采用告知承诺制审批；将工程建设许可阶段和施工许可阶段整合为一个阶段，实现社会投资小型低风险项目2个环节9个工作日办结。分级分类制定10类“主题式”“情景式”审批流程，实现精细化、差别化审批管理。

重点任务加速推进。深入推进区域评估，全年全市共出让20宗“标准地”、53个项目运用区域评估成果完成审批。加快项目策划生成，增加上线图层至350张，通过“一张蓝图”合规性审查完成项目策划生成数2013个，实现策划生成项目207个。推行分阶段限时联合验收，将政府投资和社会投资工程项目联合验收时限分别控制在8个、5个工作日内，累计联合验收项目300个。

审批系统深度融合。审批数据电子化实行线上联合审图，打造联合审图平台，累计联合审图项目586个；持续推动工程建设项目审批管理系统与省级投资项目在线审批监管平台、省气象平台、电力系统的深度融合，实现与市级“多规合一”空间规划信息平台、施工图审查云平台、中介服务超市等21个业务系统信息共享，制作部门电子签章190个，发放施工许可证电子证照1454个，工建审批管理系统累计访问网上办事大厅用户17033个（次），办理项目4684个，办理事项13468个，上线项目数和办件量“双量”全省第一。全年代办工程建设项目700个。梳理45项工建领域中介服

经九路跨陇海铁路段通车后

务事项，累计入驻网上中介超市工建类中介机构618家，完成中介服务交易273笔，交易总金额10780.15万元。

督导培训提升能力。聘请全市40家企业为“工建改革体验官”，分别赴5地开展观摩体验活动，对西安市工改现状提出意见建议，推动改革纵深发展；全年累计对区（县）开发区开展培训提升活动20余次，切实提升各级干部、审批人员，以及企业报建人员的业务水平。

经验总结宣传推广。累计编发《西安工改》简报12期，刊登15个区（县）、开发区优秀经验28篇。2021年，西安市有10篇工建改革先进做法被国家和省市有关部门简报正式刊载，26篇改革典型材料被中央、省市等新闻媒体平台报道。在国家发改委正式发布的《中国营商环境报告2021》中，西安市“办理建筑许可”指标获评中国营商环境评价标杆城市，并被认定为该指标进步较快城市。

◆农房改造 2021年，西安市成立农村住房安全应急评估技术指导组，对2138户因灾倒损农房进行全面评估鉴定，通过危房改造、租住借住等方式有效保障受灾群众住房安全；农村房屋安全隐患排查99.9万户，整治安全隐患2637户；实施示范农房建设200户，有16户被评选为“省级宜居农房示范户”，农房抗震改造5872户，周至县广济镇广济村农房抗震改造“整村推进、设计下乡、共同缔造”的做法得到住建部领导的高度肯定。

◆小城镇建设 2021年，西安住房和城乡建设局印发《西安市小城镇建设实施方案（2021—2025）》，明确“十四五”期间全市小城镇建设的工作目标及支持政策，率先在全省提出“抓两头、带中间、促全面”的小城镇建设工作思路，按照乡村振兴示范镇、跟踪指导培育镇、环境整治提升镇等三个梯次，从“好、中、差”三个层面同时着手，推动全市小城镇全面高质量发展。

◆美丽宜居村庄建设 2021年，西安住房和城乡建设局实施共同缔造美丽村庄96个，78个通过市级验收，是年度建设目标任务的130%，累计完成投资2.54亿元，周至县、鄠邑区、临潼区年度创建村庄全部通过市级验收，全市1184个规划保留村中，累计实施美丽村庄649个，其中581个通过市级验收。在全市启动实施以太乙长安道为主题的长区太乙宫、以田园汤苑为主题的蓝田县汤峪、以骆国情缘为主题的周至县骆峪等11个美丽村庄示范片区，累计完成建设投资10.6亿元，初步实现“美起来、活起来、富起来”的华丽转身。

◆城建档案编研和档案利用 2021年，西安住房和城乡建设局参与完成30个项目的竣工联合验收工作，档案接收窗口接待咨询3061人次，指导项目2000余个，审核接收项目1995个，入库档案41019卷。建设工程声像档案接收照片16961张，视频74小时53分，光盘825张。面向社会征集档案照片588张，视频1小时15分，航拍视频41分钟。2021年已扫描完成馆藏档案电子化扫描共66655卷，7880123页，加快纸质档案数字化进程、推动电子化登记及自助查档，提高档案服务效率。完成2016—2020年《西安市城乡建设大事记》的信息征集工作。2021年城建档案馆项目主体于8月30日封顶，并完成东南临街立面幕墙和亮化工程；至年底，项目顺利完成基坑开挖、地基处理、地下室结构、主体结构、部分屋面和幕墙工程施工。

◆建设行业培训 2021年，西安住房和城乡建设局举办“严守政治纪律和政治规矩 做政治上忠诚可靠的党员干部”“进一步规范信访事项办理程序 切实维护社会稳定”西安建设大讲堂2期。开展各类培训52793人次。其中，一线农民工免费培训48572人次，干部培训3819人次，工地扬尘治理培训402人次。

（张　睿）

◆西安城市基础设施建设投资集团有限公司 2021年，西安城投集团以高质量发展为主题，以构建“政府公共服务+金融工具支撑+产业投资运营”三位一体新城投体系为目标，扎实推进集团“23567”总体发展战略，最高标准服务十四运精彩圆满举办，有力确保国企深化改革任务完成，始终坚持站在民生保障、市场经营和创新发展三个“第一线”，为优化国有资本布局结构、实现“十四五”城市建设发展良好开局积极贡献城投力量。荣获“全国脱贫攻坚先进集体”“十四运会和残特奥会优秀集体”“西安‘三中心’建设指挥部先进集体”等荣誉，位列2021中国服务企业500强第293名，被陕西省企业家协会评为2021陕西百强企业。

抗疫保供 2021年12月全市疫情管控升级伊始，城投集团闻令而动、快速响应，2700余名燃热企业一线工作人员全封闭驻场保供，对封控区域实行领导“一对一”联络包抓，出动10支购气应急突击队、4台流动购气车上门服务，全力解决极端特殊时期上门服务最后“100米”。公交、出租司乘维保人员夜以继日、24小时备勤，开通爱心送考专列、考研保障车队，累计出动公交车3700辆，完成医务、社区工作人员和大学生返乡转运15.6万人次，出租车主动请缨运送核酸检测样本54.5万管、助老送医1500人次；组建全市涉疫垃圾应急清运车队，连续安全运行190余天，累计清运涉疫垃圾6100吨；在高铁北客站协助设立分流区，累计分流重点旅客6.1万人次，消杀面积570余万平方米；全系统2900余名志愿者下沉社区一线支援属地抗疫，助力全市打赢疫情防控的阻击战。

服务十四运 以迎十四运城市改造提升为契机，加大城市基础设施投资建设力度，累计投资122亿元，建成通车西铜高速城市段、元朔路立交、尚稷路立交等多个道路项目，进一步疏通城市路网“主动脉”；按期高标准完成11条迎宾路和9个公园广场提升改造、46座立交桥下空间整治以及21座高架夜景亮化工程，累计提升改造道路150千米、绿地80万平方米，扮靓古都风景线。新开通全运公交线路15条，建成智慧候车亭1729个、智慧站牌633块，实现“三中心”周边公交路网与主城区快速接驳；累计保障赛会人员公交出行7.53万人次，动员集团系统平安志愿者1.7万余人，发布“十四运”公益广告6万余条，圆满保障“三中心”天然气供应，确保全运会期间火炬供气零间断。

城市规划建设 全年承担快速路及断头路打通、中心城区—西咸新区基础设施互联互通、雨污水管网等8大类24个城建项目任务，累计完成城建项目投资54.85亿元。建成32.24千米通信管道，30条路段电力沟道全面开工，初步整合形成全市统一地下管网运营平台。建成交付西北首个全地下净水厂——航天第四净水厂，荣获“市级绿色示范工程”。康养产业多线推进，市疾控中心新址项目进展顺利，第一个社区养老试点项目——玄武路社区养老服务站开业。开园公园地下停车场完成项目主体竣工验收，试运营全国最大城市固废处置场，满足全市飞灰填埋需求，有力推动城市生活品质提升。

城市交通运输 全年新增400辆比亚迪纯电动公交车，新开调整公交线路95条，填补76条道路84.5千米服务空白，实现公交行驶里程4.2亿千米。积极参与搭建全市新能源充电管理平台，新建社会充电桩650余个；集中投运公共停车场6个、停车位1764个，进一步缓解群众“停车难”；建设出租汽车爱心驿站，为广大城市一线服务人员提供方便休息、取水、如厕的温暖之家；倾心打造北客站温馨出租候车大厅，为往来旅客打造更便利、更舒适的候车环境。

集中供热及管理服务 全年集中供热量3900万吉焦，供热面积突破1.3亿平方米，“煤改洁”项目达标投产，实现服务区域全面清洁供暖。顺利投运交大三村“电辅热”供热试点项目，建成西北首个集光伏系统、光热系统、地源热等多种能源形式互补供热管理平台——幸福林带供热站项目。持续推进“供热管家”便民服务，启动三级联动调度，快速高效解决用热问题，全市“直管到户”用户增至38.5万余户，实现供暖“掌上缴费”。

燃气供应及管理服务　燃气居民用户突破300万户，销售量达22.3亿立方米；升级天然气客户服务中心12家，科学规划实行96个区域网格化管理；施行“秦华服务管家”，有力推动服务前移、报装审批事权下放，累计更换安装“智慧购气”物联网表30万块，有效解决龙渠堡8号院、98号院等多年通气难问题。克服困难、千方百计联系确保上游气源，深入开展燃气安全隐患专项排查整治行动，督导检查安全生产15次，挂牌督办重大风险隐患5项，排查处置燃气管线隐患55处、其他隐患1342项，力保燃气供应安全平稳。

智慧城市建设　加快推进创新发展战略落地，推动智慧城市产业板块提质扩容，建成“数字城管”等数字城市项目12个，覆盖全市21个区（县）、开发区，受理事项超600万件，形成社会治理数字化有力抓手。投运城投安全生产“一张网”信息化平台，上线智慧供热、管网GIS系统，集合风险管控、隐患排查、事故处理的可视化管理平台逐步成型。“i西安”App2.0版实现便民服务2075项，日访问量1260万人次；西安市民卡平台覆盖交通出行、便民缴费、创业就业、医疗康养、教育培训等民生领域应用场景共7大类29项，用户突破110万人；长安通卡联合支付宝拓展NFC支付应用，设计推出联名创意“出行卡”，NFC发卡总量突破300万张。

脱贫攻坚与乡村振兴有效衔接　加强对帮扶村防返贫监测，先后开展巩固脱贫攻坚成果“查弱项补短板促提升”、“我为群众办实事”、到村“六查”、入户“六问”等专项行动，及时解决发现问题。2021年采摘金银花鲜花5500千克，实现销售收入近135万元，带动长期就业及临时就业群众近百人。“8·19”洪灾发生后，城投集团紧急驰援蓝田县九间房村15.5万元赈灾物资及3万元慰问品，第一时间配合属地政府开展灾后恢复，有效解决受灾群众生活困难。

塑造城投品牌新形象　城投集团整合力量、统一管理，建立多层次、立体式宣传体系。设立抖音号、视频号等宣传载体，建立与人民网、西安台和《西安日报》等中央和省市各级媒体合作关系，组建涵盖集团系统三级的通讯员、网评员队伍，大幅提升以西安城投为主语的宣传声量。在西安台新闻栏目开设《城投时间》栏目，首播网络点击量超过20万次。策划开展“全民全运”、“我为群众办实事”、融媒体采风、企业负责人访谈等多项系列专题宣传活动，全景展现西安城投在迎十四运建设、抗疫保供、志愿服务等多条战线服务西安市民群众的感人事迹，被各类主流媒体累计报道68篇次。全年人民网等国家级媒体累计宣传报道城投集团31次，成功塑造修路女汉子惠灵芝、燃气新卫士张炜、公交维修工刘阿明、城建追梦人赵永超等一批鲜活的城投人形象，西安城投品牌日渐家喻户晓。　（陈韦丞）

自然资源和规划

◆**概述**　2021年，西安市自然资源和规划系统认真履行“两统一”职责，在“保、用、管”上迈出新步伐。扎实推进生态保护与修复，划定生态红线，划清发展边界，以保打底，保出城市永续发展的青山绿水；持续夯实用途管制的体系机制，依法依规用地，集约节约用地，保障重点项目，弥补民生短板，编制总体规划，完善规划管控，美化城市设计，强化亩均效益和资源配置效率，以用提质，构建高质量发展的城市空间；务实担当管理各类自然资源，依法行政，打击乱占耕地、违规乱建、乱捕乱猎等违法行为，防控林业有害生物，做实森林防火和地灾预防，持续优化营商环境，加快解决不动产登记遗留问题，以管促用，在提升管理水平中扮靓城市形象。

◆**守护青山绿水**　2021年，西安市自然资源和规划局划定以秦岭、渭河为主体的生态保护红线3795.65平方千米，统筹山水林田湖草综合治理，加快构建国土空间开发保护新格局。发布市秦岭生态环境保护规划，形成112座矿山生态综合调查数据库和“一张图”，恢复植被造林1505.208公顷，包装申报“山水林田湖草”一体化保护修复项目（包含35个子项目，计划总投资50.42亿元），当好秦岭生态卫士。

制定贯彻国务院《黄河流域生态保护和高质量发展规划纲要》实施意见。完成渭河平原废弃露天矿山54个图斑生态修复任务和6个省级补助矿山地质环境恢复治理项目；制定渭河城市核心区和农村段划分方案，缝合优化两岸片区城市功能，努力恢复河道生态功能；规划建成“三河一山”293千米超级绿道，串联103个生态节点和42个人文历史遗址，为市民打造一条望得见山、看得见水、记得住乡愁的绿色生态长廊。

◆**守住耕地红线和粮食安全底线**　2021年，西安市自然资源和规划局全面开展“十三五”耕地保护目标责任自查、补充耕地项目和永久基本农田核实整改工作，完成耕地资源质量分类调查，划定1866.667公顷永久基本农田储备区。坚决遏制耕地“非农化”“非粮化”，压茬推进农村乱占耕地建房问题专项整治、土地卫片执法、扫黑除恶常态化等专项行动，重点查处党中央关注的蓝田县白鹿原民俗文化村、簸箕掌村新型社区项目等违法用地。全年共发布20起农村乱占耕地建房典型案例，出具耕地破坏程度鉴定意见33份，查处违法用地286宗，拆除和没收构建物839.3万平方米，收缴罚款9065万元，移送公安机关33宗，建议追究党纪、政纪处分73人，有力震慑打击各类违法行为。全面落实占补平衡，依法审批建设占用耕地393.333公顷，落实占补平衡指标6.667公顷，粮食产能592.94万千克，有力保障重点项目占用耕地补充需要。加强节约集约用地，消化批而未供土地2506.667公顷，处置闲置土地256.267公顷，顺利完成批而未供和闲置土地专项行动任务。

◆**破解民生难题守护群众利益**　2021年，西安市自然资源和规划局全力推动“我为群众办实事”走深走实。紧盯“办证难”问题，联合八部门出台《西安市处理不动产登记遗留问题实施方案》（市资源发〔2021〕188号）及细则，一揽子明确了处遗问题的解决范围、政策、程序，彻底打通处遗政策的“最后一千米”，年度完成117个遗留项目90221户的不动产首次登记；紧盯“上学难”问题，高效办结2021年度126所学校的土地规划手续，助力建设教育强市；紧盯“就医难”问题，全力保障市中心医院经开院区、省人民医院西咸院区等13所新建医院项目建设，办结用地手续8所，有序推进5所；紧盯“搬迁难”问题，全面完成1850户易地扶贫搬迁户登记发证任务，持续抓好后续扶持。截至2021年底，市局层面82项“办实事”已完成69项，取得阶段性成果并将长期坚持13项。

针对60年不遇强降雨天气，紧抓科技监测、巡查排查、值班值守、预警发布、应急响应等五项工作，全年处置地灾险情43起，成功预报灾情1起，撤离受威胁群众11041人，连续10年实现“零伤亡”。遭遇蓝田“8·19”洪灾，以雨为令、闻“汛”参战，深入一线开展地灾防御监测，冲锋一线参与防灾抢险，用忠诚担当筑牢抗洪救灾防线。灾后立即启动重建安置项目选址工作，并追加蓝田县66.667公顷新增建设用地规模予以保障。

◆**保障“十四运”**　2021年，西安市自

蓝田"8·19"特大暴雨地灾现场调查

然资源和规划局在疫情和赛事的双重重压下，坚持只留经典、不留遗憾，高标准完成23项部门牵头任务，保证十四运各项赛事的顺利举办，实现城市功能、城市面貌双跃升。

强化规划引领　完成三学街、团结村、航天基地、高铁东站、北客站、高陵幸福社区、小雁塔、青龙寺等8个重点片区详细规划编制。

优化资源要素保障　按期办结全部19个涉赛场馆用地规划手续，摸排认定"三中心"等重点区域周边违法建设3112处249.232万平方米，为十四运圆满召开提供坚实保障。

加快基础设施补短板、促升级　完成关中城市群核心区城市轨道交通线网规划、中运量公共交通规划编制；全力保障电网攻坚项目和污水处理厂等民生工程手续办理；完成1861个老旧小区、599条背街小巷、921处铁路沿线点位的改造验收。

推进全域品质　按制定国土空间规划城市设计要求，出台居住区规划设计指导意见；发布《西安市灞河重点区域风貌管控条例》，细致严谨做好长安书院等重大单体建筑设计，奥体中心城市设计入选自然资源部优秀城市设计案例；加强门头牌匾设计管理，完成全市迎宾道路和重点背街小巷风貌提升。配合制定我市《城市更新管理办法》《关于进一步做好城中村（棚户区）改造项目遗留问题处置工作的通知》，为城市棚改工作强化了政策支撑。

传承历史文脉　公布《西安历史文化名城保护规划（2021—2035年）》和第一批30处历史建筑，划定1个历史城区、3片历史文化街区、42处历史地段等，《三学街历史文化街区保护规划》获批公布，易俗文化街区、老菜场更新等项目建成开放，让历史与现代交融共生，向世界展现古都魅力。

◆**服务和保障经济社会高质量发展**　2021年，西安市自然资源和规划局抢抓机遇，针对形势采取有力措施，推动经济平稳健康发展。

全力保障重点项目　制定《过渡期国土空间规划调整优化方案》，坚持要素跟着项目走，全力保障过渡期开发边界内涉及民生保障、基础设施、重大产业的733个项目建设用地需求。办结647个省市重点项目土地规划手续，办结率98%，被省发改委评为"2020年陕西省重点项目建设先进集体"。

紧抓土地报批供应　全年上报建设用地3533.333公顷，省政府已批准1400公顷，供应各类建设用地15960公顷，实现出让金收入1242.77亿元，高效保障比亚迪、西电搬迁、陕汽扩能、外环高速等一批重大项目用地需求。

加强土地市场调控　修订《西安市土地储备条例》，增强建设用地市场的调控和保障能力；将地价监测范围扩大至887平方千米223个点位，细化"房地联动、两集中出让"措施，推出2批集中出让住宅用地，进一步稳地价、稳预期。将保障房用地在年度供地计划中单列并落到具体地块，全年供应保障房用地111.02公顷，满足群众多层次、多样化住房需求，促进房地产市场健康发展。

◆**构建国土空间开发保护新格局**　2021年，西安市自然资源和规划局优化调整全市国土空间格局，初步形成市级总规草案，各区（县）、开发区基本完成基础工作，5个全部位于城镇开发边界内的区（县）均形成分区规划成果。建立详细规划编制审批体系和技术标准体系，全市划定406个详细规划编制单元，分级分类推进详规编制。统筹县域城镇和村庄规划建设，完成4个省级和14个市级村庄规划编制试点，鄠邑区玉蝉街道胡家庄村村庄规划入围自然资源部首批国土空间规划实践优秀案例。积极对接指导市级28个专项规划编制，完成市级规划成果与教育、医疗、养老、文化、体育等公服设施的三轮对接，在都市圈范围内不断优化路网结构，深化研究合理布局电力、供水、垃圾等市政设施。同步搭建国土空间基础信息平台和"一张图"实施监督系统，入库500余个数据图层，形成较完备的基础空间数据库，应用于规划编制和日常管理。

◆**自然资源管理**　2021年，西安市自然资源和规划局认真履行统一行使全民所有自然资源资产所有者职责，全方位加强自然资源管理。

资产清查　国土"三调"工作通过省级验收，2020年度变更成果顺利通过国家核查。全民所有自然资源资产清查试点取得阶段性成果，自然资源资产所有权委托代理机制试点稳步推进。

林业管理　林草湿地监测数据与国土"三调"数据全面对接融合。加快推行林长制，市、县、镇、村四级林长制工作体系全面建立。承建2021世界园艺博览会西安园，并获中华展园银奖。全市共491万人次参加义务植树，植树1238万余株。有效遏制松材线虫病疫情和美国白蛾疫情，鄠邑区在全省率先启动疫区"摘帽"程序，全年实现森林火灾"零发生"。持续开展打击整治破坏秦岭野生动植物资源专项行动，侦办涉林案件15起，放飞野生鸟类1200余只，收缴野生动物制品95件。

矿产管理　积极开展秦岭区域矿业权退出补偿，已退补矿权资金2.58亿元。编制《西安市矿产资源总体规划（2021—2025年）》，扎实开展矿产资源区域评估、地质遗迹保护调查和地热资源开发利用等专项研究。

◆**全面深化改革**　2021年，西安市自然资源和规划局积极践行新发展理念，持续加强政策创新供给，加快推进数字化转型，赋能全域全要素治理。

持续优化营商环境　推进"一码管地"数字化改革，实现审批事项系统集中办理、"一码"串联项目全生命周期、审批时限全面压缩，案例被评为2021年度数字西安建设优秀成果和最佳实践。推行"交房即交证""交地即交证""购房人自行申请登记"改革，27个商品房项目"交房即交证"，发证5900余户。

深化土地管理改革　编印《城市分批次用地报批资料规范手册》及《使用指南》，优化用地报批流程；印发

《“亩均论英雄”改革工作方案》，引导资源要素向优势产业集中；制定《工程建设项目“区域评估”“多评合一”“标准地+承诺制”工作流程》，完善《“标准地+承诺制”改革平台监管方案》，完成20宗“标准地”供应；出台《土地二级市场配套实施细则》，完善全市统一的建设用地使用权转让、出租、抵押二级市场线上交易平台；探索建立西安市自然资源督察工作制度，健全建设用地和建设工程批后监管机制。

提升测绘地理信息保障能力 上线运行“多测合一”信息平台，启用“西安2000坐标系”，加快推进国家新型基础测绘城市试点。完成全市域1∶500、1∶1000、1∶2000地形图全覆盖。

（张宇飞）

城市管理

◆概况 2021年，西安市城市管理和综合执法局以迎十四运城市规划建设管理提升工作为抓手，坚持“以人民为中心”的发展思想，贯彻“城市管理要像绣花一样精细”的工作理念，全面抓好园林绿化、市容环卫、市政设施、生活垃圾分类和城市管理执法等各项工作落实，高标准实施环境整治，全方位提升精细化管理水平，为十四运的精彩圆满举办提供有力保障。

◆十四运保障 2021年，西安市城市管理和综合执法局紧抓十四运举办的重要历史机遇，不断完善城市基础设施承载能力，提高城市精细化管理水平。承担迎十四运具体工作任务73项，提前完成11项，按计划完成62项，完成率100%。在全市迎十四运工作目标责任考核排名中，一季度第二名、二季度第三名、三季度第一名，四季度前两个月均排名第二。举全系统之力打造“17+25”重点线路、马拉松和火炬传递线路整治提升样板道路；完成全市599条背街小巷的“脱胎换骨”式改造，市民群众满意率高达99.6%；安排实施全运绿化建设提升项目163个，提升了城市颜值和生态环境质量；4座生活垃圾焚烧项目高效运转，3座厨余垃圾处理项目建成投运，建设可回收物分拣中心、大件垃圾拆分中心、有害垃圾暂存点和垃圾转运站232个，全市城区生活垃圾基本实现“零填埋、全焚烧”，主城区厨余垃圾全部实现资源化利用；污水“零直排小区”创建、建筑物外立面整治、违法建设治理、“蓝红色彩钢屋顶”整治及广告牌匾整治提升等其他重点工作任务均按期完成。定期召开全市城管系统“互看、互学、互比”观摩交流活动，先进典型的示范引领作用有效发挥，推动城市精细化管理工作的深入开展。印发《全市城管系统“服务十四运 奉献我的城”主题实践活动实施方案》《冲刺30天深度精细化管理工作方案》《“迎全运展风采”巩固提升深度精细化管理工作成果实施方案》等文件，深度精细化管理工作成果得到巩固提升。全面部署推进聚焦十四运冲刺30天活动，集中开展道路设施大清洗、背街小巷大扫除、私搭乱建大整治等专项行动。围绕城镇燃气、集中供热、城市防汛、道路桥涵等12个方面36项整治内容，突出148个城镇燃气站点、36个供热企业以及230座桥隧、158座人行天桥、23座人行地下通道、217个易积水点等重点，扎实开展城市管理领域安全隐患排查整治并组织“回头看”，针对关键节点、重点部位进行风险分析研判，持续深入开展城镇燃气、建筑垃圾清运、有限空间作业等专项整治工作开展，为十四运的精彩圆满举办提供良好的市容环境和安全运行保障。

◆疫情防控 2021年，西安市城市管理和综合执法局在保障城市管理行业安全有序运行的基础上，严格落实常态化疫情防控措施。督促全局干部职工按期进行核酸检测，确保做到“应检尽检”；组织全局2813名符合条件的干部职工按期接种新冠疫苗基础和加强针；督促一线环卫工人、公园管理人员、生活垃圾处理人员和燃气供热服务人员率先接种疫苗，并定期进行核酸检测，确保重点行业从业人员安全。面对12月份暴发的新一轮新冠疫情，督促各区（县）、开发区城管部门积极开展全市范围内的消杀工作，累计消杀面积17.8亿平方米；疫情期间连夜选派623名干部下沉雁塔区、碑林区参加一线疫情防控工作；高效完成全市涉疫生活垃圾应急收运处置任务，累计处置医疗废弃物和涉疫垃圾6730吨；组建21人党员干部专班协助雁塔区接管4家隔离酒店的日常管理服务，其工作得到国务院副总理孙春兰的肯定。

◆城市道路清扫保洁 2021年，西安市城市管理和综合执法局督导各区（县）、开发区城管部门每月开展城市道路“大冲洗”活动，共计开展活动442次，出动环卫保洁工作人员700万余人次，出动保洁车辆30万余台次，开展常态化督导检查200余次。8月24日，印发《关于进一步明确市政道路及设施保洁深度精细化作业管理要求的通知》（市城管发〔2021〕162号），把做好市政道路及设施保洁深度精细化作业作为保障十四运的重点工作，确保取得扎实成效。

◆厕所革命 2021年，西安市城市管理和综合执法局为切实做好全运会和全国残运会暨特奥会公共厕所保障工作，印发《关于做好“迎全运”公共厕所管理的通知》，督促各区（县）、开发区对公厕存在的无障碍设施不完善、不规范、老旧破损等问题进行排查整治，共整改公厕无障碍设施方面问题5500余处。同时，进一步规范导厕设施，对部分区域、路段导厕牌数量不足、歪斜以及影响城市形象的问题进行整改，共补栽、更换导厕牌300余处。7月25日开始，在全市城管系统内组织开展为期1个月的公共厕所集中整治提升月活动，全市公共厕所精细化管理水平大幅提升。疫情期间，持续抓好公共厕所日消杀制度的落实，并开展城乡公共厕所大扫除和灭鼠行动，保障市民群众如厕安全。

表1 已投运餐厨垃圾无害化处理项目2021年垃圾处理情况

项目名称	垃圾进厂量/万吨		垃圾处理量/万吨		产沼气量/万立方米
	餐厨垃圾	废弃油脂	餐厨垃圾	废弃油脂	
西安市餐厨垃圾处理厂	7.26	0.37	7.26	0.37	523.6
沣西厨余垃圾处理厂	2.26	0.01	2.26	0.01	107.95
高陵厨余垃圾处理厂	2.70	0.008	2.70	0.008	122.57
蓝田厨余垃圾处理厂	2.45	0.02	2.45	0.02	产生的沼气应急燃烧，未计量

表2 已投运生活垃圾无害化处理项目2021年垃圾处理情况

项目名称	垃圾进厂量/万吨	垃圾处理量/万吨	产电量/万千瓦时
高陵生活垃圾无害化（焚烧）处理厂	89.80	89.80	41800
鄠邑生活垃圾无害化（焚烧）处理厂	83.60	83.60	33900
西咸生活垃圾无害化（焚烧）处理厂	97.68	97.68	43100
蓝田生活垃圾无害化（焚烧）处理厂	87.62	87.62	44100

◆城市园林绿化建设管理 2021年，西安市城市管理和综合执法局强化绿化建设技术指导，先后编制印发《2020年秋冬季城市绿化攻坚战实施方案》《城市园林绿化建设提升标准》《城市园林绿化建设提升技术要点》等指导性文件，高质量推进园林绿化项目建设。组织开展“17+25”重点线路沿线新建绿化项目养护集中整治，及时更换枯死乔木1725株、灌木151223株，补栽绿篱10680平方米、草坪地被30366平方米。全市共新增城市绿地1618万平方米，建成开放城市公园10座，新建和改造提升绿地广场、口袋公园169座，新建绿道511.14千米，完成屋顶绿化10.5万余平方米、垂直绿化2.2万余延米，布设主体绿雕花坛75座，在城市主要干道布放平面花带、自然花镜34.86万平方米，种植花田花海21处180.5万平方米，营造了枝清、叶亮、花艳、景美的城市绿化环境和十四运街景氛围。

◆市政设施维护管理 2021年，西安市城市管理和综合执法局组织提升改造城市道路23条，黑化道路面积约311.97万平方米；出台《西安市挖掘占用城市道路管理办法》，持续开展占道围挡整治工作，累计检查工地315个，退让道路面积61178平方米。加强市管城市道路、桥梁日常维护工作，对城市道路落实“即损即修”要求，及时维修人行道约10万平方米、沥青路面约25万平方米，排查整治道路设施病害2650余处。组织开展排水管网雨污水混接点排查整治活动，完成主城区及浐灞河流域雨污水混接调查，共排查出混接点229处并督促整治。深入开展“零直排小区（单位）”创建活动，共创建“零直排小区（单位）”269个。年度累计巡查城市道路82862条次，修复回路灭灯故障5803处、单灯故障15252处、灯门2034处，处理电缆故障1503处；检修清理箱变1726台次，油饰灯杆3600根、箱变17台。全年平均亮灯率99.27%、设施完好率99.42%，均达到市考指标要求。

◆城市防汛及排水排涝 2021年，西安市城市管理和综合执法局持续推进雨污水管网源头治理工作，共排查排水管网7263千米，疏通排水管网2118千米，清掏下水井28万座次。修订印发《西安市2021年城市防洪排涝应急预案》，组建9个包抓督导组，对各区（县）、开发区城市防汛和主城区122处重点路段易积水点实行“点对点”精准包抓督导。为有效应对强降雨天气，市城市防汛办先后启动三级防汛应急响应15次、二级防汛应急响应6次，累计出动防汛应急抢险人员72429人次、防汛车辆和抢险设备22665辆次。7月17日，郑州市出现大暴雨、局部特大暴雨，西安市城市管理和综合执法局协同西安水务集团，紧急调集8台抢险车辆，抽调30名专业应急抢险人员，奔赴郑州市协助开展排水防涝等抢险工作，被陕西省住建厅、西安市人民政府分别通报表扬。

◆农村生活垃圾治理 2021年，西安市城市管理和综合执法局持续开展农村生活垃圾治理工作，印发《西安市2021年农村生活垃圾治理实施方案》，指导各涉农区（县）、开发区规范村庄生活垃圾收集点设置、强化转运设施管理、开展非正规堆放点整治。全市农村地区年度累计增配生活垃圾户分类桶36374个、120升收集桶1487个、集中收集箱1734个、村内收集车辆379辆、街镇压缩转运车131辆、移动式压缩站11座，85%的自然村生活垃圾得到了有效治理。

◆生活垃圾前端分类 2021年，西安市共建成投运大件垃圾拆分中心、可回收物分拣中心、有害垃圾暂存点各25座，配备其他垃圾清运车辆1031台，专用厨余垃圾清运车辆338台，可回收物收集车辆58台，有害垃圾收集车辆60台，分类收运体系逐步完善。2021年1月1日，《西安市生活垃圾分类管理条例》正式施行，西安市城市管理和综合执法局结合《条例》出台配套措施制度40余个，并组织检查《条例》贯彻执行情况20余次。在全市建成生活垃圾分类宣教基地40座，全年累计开展垃圾分类宣教活动13459场次，宣教人数达到180余万人次。联合市轨道交通集团打造首条生活分类地铁专列“绿色文明时尚号”，联合市委组织部在全市开展生活垃圾分类“四个双”主题实践活动，助推生活垃圾分类工作的有力有效开展。印发《西安市生活垃圾分类示范片区建设标准》并加强业务指导，全年共创建市级示范片区131个，已创建总数达539个；碑林、莲湖、雁塔、长安、经开、曲江6个省级示范区建设持续推进。

◆生活垃圾末端处理 2021年，西安市生活垃圾产生量393.87万吨，比上年增加36.9万吨，处置率100%；县城生活垃圾产生量15.02万吨，增加1.37万吨，处置率100%。高陵、蓝田、沣西3个新建的厨余垃圾处理项目于4月底开始带料试运行，灞桥生活垃圾无害化处理项目和西安市固体废弃物综合处置场项目后续建设有序推进。

◆建筑垃圾管理 2021年，西安市城市管理和综合执法局持续加强运输企业分级监督管理，共对121家企业实施集中整顿措施，暂停单车申报资格7771台次，取消304台车辆的运输编号。全市城管系统共查处未审批排放问题100起，无资质清运车辆1392台，违法乱倾倒问题347起，罚款1878.18万元。全年开展2轮综合整治行动，完成136处（约384万立方米）存量建筑垃圾治理，全市各区（县）、开发区装饰装修垃圾分拣处置中心均已建成并陆续投入运行。印发《关于进一步规范建筑垃圾运输监管工作的通知》《关于彻查整改存在问题进一步规范建筑垃圾处置工作的通知》等文件，强化行业监督指导，落实各项管理措施，建筑垃圾管理处置水平进一步提高。

◆市容秩序监督管理 2021年，西安市城市管理和综合执法系统共开展非法占道经营专项整治27593次，出动执法人员近45万人次，清理取缔非法占道经营户23万余户次，查处违反门前“三包”责任制商户44275户次，暂扣违法工具15334件。全市320处已审批的临时摊群点基本实现设置规范、管理有序和卫生秩序达标，1586处放心早餐网点经营秩序持续改善，流动摊贩明显减少，群众投诉率显著下降。持续加强对人行道违停车辆的查处管控，全年共张贴违法停车告知单60余万份，教育劝离违停车辆15万辆次，发放文明停车宣传资料5.1万份；组织施划共享单车停放框位16726处，设置共享单车停放点132处，并在政府周边、地铁站口、医院等重点区域设置共享单车禁停区680处。组织各区（县）、开发区对商业楼宇和建筑物楼顶进行摸底排查，共对989处商业楼宇外立面和建筑物楼顶进行清洗保洁，完成清洗保洁面积约609万平方米。

◆城市家具提升整治 2021年，西安市城市管理和综合执法局按照科学布局、增减有序、道路红线内应少则少、违章设置应拆尽拆的总体要求，组织对重点线路沿线、场馆、重要区域周边的城市家具进行整治提升。全年整治提升城市家具33179个、护栏93210米；更换各类城市家具11142个（其中交通服务设施1233个、公共服务设施6202个、市政环卫设施1335个、电力电信设施2372个）、护栏8555米；新增城市家具1988个（其中交通服务设施485个、公共服务设施1257个、市政环卫设施246个）、护栏2400米。

◆大气污染防治 2021年，西安市城市管理和综合执法局持续推进大气污染防治工作，严厉打击露天烧烤、煎、炸等易产生油烟的经营性行为，三环以内涉油烟排放经营户全部进店经营并安装使用油烟净化设备。全市城区共有餐饮单位31733家，其中产生油烟的餐饮单位

21880家；西咸新区共有餐饮单位4852家，其中产生油烟的餐饮单位4441家，均已使用清洁能源并油烟净化设备。全年共查处餐饮单位散煤燃烧问题6起，餐饮门店散煤削减量11.475吨。

◆**违法建设治理** 2021年，西安市城市管理和综合执法局突出“17+25”重点线路和马拉松、火炬传递线路及各大宾馆酒店、旅游景点周边，强力开展违法建设拆除整治工作。年度全市累计拆除整治违法建设2363处，共227.73万平方米。其中完成迎十四运违法建设台账任务1336处，共109.86万平方米；完成任务外违法建设1027处，共117.87万平方米，超额完成违法建设治理工作任务。组织整治“蓝红色彩钢屋顶”12217处，共2134.96万平方米，为净化城市空间、美化城市环境做出积极贡献。

◆**广告牌匾管理** 2021年，西安市城市管理和综合执法局共整治提升户外广告及牌匾标识33297处，共15万余平方米，其中“17+25”条重点道路、涉赛线路沿线和场馆周边区域20387处，共9.35万余平方米，599条背街小巷改造提升过程中共提升改造老旧破损广告牌匾12910处，共5.65万余平方米；清理各类违规悬挂的横幅、条幅布幔共计2383条。协调刊播迎十四运等各类公益广告33次，在全市设置景观小品237处；设置绿植（绿雕）+宣传口号188处；在商业体楼立面设置公益广告84块；督促有关单位全面更换占道围挡公益宣传画面2715块；拆除城市道路U型空间，目力所及范围内的各类横幅、条幅及布幔2383处。十四运和残特奥会举办期间，通过全市384处户外LED和1952块双色滚动屏持续刊播十四运公益宣传，营造浓厚赛事氛围。

◆**行政审批服务** 2021年，西安市城市管理和综合执法局坚持以“提高服务效率，优化审批流程”为目标，以“减环节、降成本、压时限”为重点，逐步形成“信息融合、资源整合、效能提升”的良好局面。全年办理审批事项752项，完成各类审批现场勘查430余次，收取挖掘占道费5860万元。印发《西安市优化营商环境获得用气指标攻坚提升方案》《西安市挖掘占道“一件事一次办”实施方案（试行）》，全面助力“三河一山”“迎十四运”等重大项目建设审批。联合印发《西安市建设项目“市政通”集成改革工作方案（试行）》，针对挖掘占道项目涉及的用户配套外线工程审批多个事项（规划、挖掘占道、绿化迁移、交通疏导）进行优化整合，完善全市挖掘占道“一件事一次办”（用户配套设施）深化改革方案。由西安市城市管理和综合执法局牵头的“获得用气”指标测评荣获营商环境全国标杆城市。

◆**脱贫攻坚与乡村振兴衔接** 2021年，西安市城市管理和综合执法局圆满完成鄠邑区、周至县2个扶贫村的脱贫任务，选派3名同志组成新的工作队进驻蓝田县前卫镇杨木寨村，完成工作队新老交替。乡村振兴工作队与村两委会一起入户排摸全村建档立卡94户363人，对监测对象的住房、教育、医疗、安全饮水、收入、就业、生活状态等变化情况逐一调研，先后协调解决村委会广场硬化、厕所改造、环卫设施箱体调配、村民饮用水等问题，全年协助村集体经济创收近10万元。

◆**政务信息公开** 2021年，西安市城市管理和综合执法局通过门户网站主动公开各类政务信息和文件1341条，累计访问量56万余次。多方位开展新媒体宣传，官方微信公众号共发布信息1003条、微博发布信息1203条、“今日头条”发布信息758条、一点资讯发布信息307条、企鹅号发布信息785篇。全年共处理办结依申请公开95件。（康　琴）

公用事业

◆**供水** 2021年，西安市水务系统确保夏季用水高峰及全运会期间供水安全平稳有序。5月26日，全长42.6千米的西南郊水厂引水工程全线贯通，实现新增原水引水能力40万吨/日。同时增强全市配水能力，西南郊水厂配水管网6月底建成通水，实现和城市主供水管网互联互通，将西南郊水厂配水能力提高到75万吨/日。4月底实现沣东水厂（5万吨/日）向主城区供水。西安市主城区供水能力由上年198万吨/日提升到今年220万吨/日，经受住入夏以来供水量6次（7月14日供水量206.79万立方米为历史新高）刷新历史纪录的考验。

全年组织检查各类二次供水单位2500余家，闭环处理各类投诉21起，群众满意度达100%。将二次供水正式纳入全市所有行政区（县）、开发区政府的建设项目竣工联合验收，多次指导远郊区（县）开展二次供水竣工验收备案工作。协同西安自来水供水部门积极推进老旧小区自来水改造37.3万余户。对23家二次供水清洗保洁单位进行了现场检查和回访，审核清洗保洁资料3000余份。开发二次供水市、区两级信息管理平台，为区（县）二次供水管理提供技术支撑。成功申报第七批社会管理和公共服务综合标准化试点，成为全国唯一的二次供水行业国家级标准化项目，推广作用明显。

研究制定《第十四届全国运动会全国第十一届残运会暨第八届特奥会西安赛区供水安全保障实施方案》。研究制定《第十四届全国运动会全国第十一届残运会暨第八届特奥会西安赛区供水保障应急预案》《第十四届全国运动会全国第十一届残运会暨第八届特奥会西安赛区饮用水安全事件应急预案》，制定《第十四届全国运动会开闭幕式供水安全保障实施方案》，组织相关区、开发区、供水企业等制定“一点一策”供水保障方案30个、应急预案25个，为做好十四运供水保障打好坚实基础。加强涉赛场馆酒店巡查，确保赛事供水安全。组织市二次供水管理中心、各涉赛区（开发区）及供水企业，持续开展比赛场馆、全运村、接待酒店供水专项检查。抽调专业骨干力量，重点对供水管网、转压站及各闸门井室、公共消防栓等供水设施巡查检修，先后排查供水管道1439千米，解决滴漏跑冒问题373个，排除隐患167处。组织市自来水公司对涉及全运会127条重点道路及场馆周边供水管道每半个月巡查一轮，共计完成44轮全运会重点道路供水管道巡视工作。专业抢修队伍24小时备战状态，抢险人员、车辆、机具、设备、通信全部到位，确保紧急情况下反应及时、处置迅速。

在2020年度中国营商环境评价“获得用水”指标评价中，西安市获得全国第12名的好成绩，被确定为标杆城市。

按照水质监测相关要求，对地下水、地表水原水水质坚持日检、周检、月检工作；季度检测共88项；出厂水按照每日不少于一次的9项检测，周检21项，月检按常规42项，季度按106项全分析开展检测工作；管网及末梢水按照日检7项、月检常规和季度全分析进行水质检测；水质检测高于相关水质检测要求。西安城市供水水质合格率均保持在99.9%以上。同时，严格落实水质公开报告制度，每月定期在市水务局官方网站向社会公布水质信息，接受社会监督。

◆**水资源监管** 2021年，西安市严控水资源管理指标，全年全市用水总量约19.19亿立方米（含西咸新区西安部分），在省政府下达的21.37亿立方米控制指标范围内；用水效率指标农业灌溉用水系数、工业万元增加值用水量降幅、万元GDP用水量降幅均超额完成省政府下达的目标任务。

取用水专项整治行动共核查登记取水项目3653个，已完成整改3413个，完成率93.43%。

按照《黄委2021年水行政执法监督实施方案》，黄委第四监督组对西安市水行政执法工作进行专项监督检查；黄委对西安市为期1周的水资源超载地区暂停新增取水许可“四不两直”执法监察；完成2021年渭河、汉江水量调度工作，持续推进水资源优化配置；按照“水务核量、税务征收”的原则强化水资源税征收，指导区（县）开展水资源税征收与系统使用工作，2021年全市水资源税征缴入库2.98亿元；完成西安市六区和西咸新区五新城地下水超载的编制、评审、修改完善和报送工作；对全市国控地下水监测井协调、监管，完成省厅地下水位监测指标考核任务。充分利用秦岭生态环境保护宣传周、世界水日、中国水周及节水宣传周，开展“涵养秦岭水源、保护中央水塔”宣传活动。发放省市《条例》等宣传材料2万余册，设置宣传展板1700余块、张贴宣传横幅（海报）3500余条（幅），发放宣传品1.3万余件。守护秦岭生态、筑牢安全屏障的氛围不断浓厚。

全年共受理各类线索70件，其中各类投诉线索28件，市水务局移交未办理取水许可证地热井线索8件，审计移交线索4件，市水务局移交线索函3起，城六区取用水管理专项整治工作问题自办线索27件，督办各区39件。立案17起，结案10起，在办案件23起。收缴17家单位罚款107万。强制执行案件3起，行政诉讼1起，行政复议2起。办理的《某某苗木农民专业合作社擅自开启、使用城市公共消防栓案》被省水利厅评为典型案件进行通报表扬。依据《中华人民共和国固体废弃物污染环境防治法》调查处理4家污水维护运营单位和污泥处理单位；联合公安环侦支队对多辆赛车在渭河滩区肆意驾驶进行查处。

◆节约用水 2021年，西安市水务局根据《水利部关于实施黄河流域深度节水控水行动的意见》，按照省水利厅工作要求，印发《西安市落实陕西省黄河流域深度节水控水行动2021年工作任务分解表》，联合市发改委印发《西安市实施国家节水行动2021年工作任务》及《任务清单》，落实责任。组织召开市级节水工作联席会议，发挥部门优势，形成工作合力。对标各项工作任务，积极开展县域达标建设，灞桥区顺利通过省级县域节水型社会达标建设现场验收。加大节水宣传教育，在世界水日、全国城市节水宣传周期间，组织开展形式多样的宣传活动，在全国节水办官网等部级平台发布节水系列宣传报道61篇。注重常态化宣传，社会节水意识进一步增强，节水工作影响进一步扩大。2021年，西安市地区生产总值用水量16.83立方米，比上年17.42立方米下降3.39%，高质量完成陕西省水利厅下达比上年下降2%的省考指标任务。

西安市水务局联合市发改委印发《西安市城镇非居民用水超定额（计划）累进加价制度实施方案》，提高累进加价收费标准。加强计划用水管理，对2720户自来水非居民用水单位下达年度计划用水指标，38户单位实行累进加价收费，强化计划用水刚性约束。制定印发《西安市水务局办公室关于做好西安市规划和建设项目节水评价技术要求的通知》，明确需要开展节水评价技术要求四大类名录和责任分工，要求建立健全节水评价台账管理制度，评价标准和管理台账逐步规范。对3个相关规划、59个（含西咸5个）水利建设项目开展节水评价审查。

根据《陕西省水利厅办公室关于做好2022年中省水利发展资金项目常态化申报储备的通知》和市级预算项目申报要求，对征集的2022年节水项目进行评审，及时录入财政云项目库，做好项目储备工作。对2021年已开工建设的4个中央节水项目、4个省级节水项目、10个市级工业及高校节水项目全力推进。认真做好节水项目绩效评价，真正做到示范项目节水效益和经济效益明显，具有典型示范作用。联合市级相关部门下发节水单元创建通知，明确各区（县）、开发区创建工作任务。全年全市有6家企业、11所高校、44所中小学、66个小区、36家公共机构、7家水利行业单位成功创建省级节水示范单元。

◆自备井管理 2021年，西安市水务局组织开展自备井普查、用水统计调查和取用水管理专项整治工作。严格执行自备井用水单位水量核定制度和收费标准，全年征收污水处理费742.27万元。对自来水管网到位区域封停自备井，主城区封停自备井15眼。

◆城市污水处理 2021年，西安市新建5座污水处理厂，新增处理能力为21万立方米/日，完成一污一期、二污一期、临潼区、六污4座厂提标改造。全年全市城市污水集中处理量为10.52亿立方米，日平均污水处理量288万立方米/日，城市污水处理率96.94%，县城处理率89.3%，处理率均高于省市考指标（考核指标：城市≥96.5%、县城≥88%）。

◆污泥处置 2021年，西安市强化监管工作职责，修编印发《西安市城市生活污水处理厂污泥处理处置管理规定（试行）》，在污泥处置规范化、标准化基础上，进一步规范污泥处理处置全过程。加快污泥项目建设，水务集团冀东水泥协同焚烧项目、周至县污泥处置厂、临潼区污泥处置厂完成建设，开始调试运行。阎良区污泥处置厂、沣西新城污泥处置厂基本完成主体建设。以上污泥处置项目的建成，极大地提升全市污泥处置能力。全年全市污泥产生量约78万吨，无害化处置约72万吨，无害化处置率达到92%以上，完成市考任务“无害化处置率90%以上”。

◆再生水利用 2021年，西安市水务局编制《西安市城市再生水专项规划》《再生水利用工作细则》，并严格督促推动落实。按照国家发改委《关于推进污水资源化利用的指导意见》要求，多向拓展再生水利用方向。全年全市城市再生水利用量达到3.18亿吨，再生水利用率达到25%以上，再生水利用水平逐年提升。（寇石峰）

◆自来水供应 2021年，西安水务（集团）有限责任公司完成城市售水5.57亿立方米，管网水质综合合格率达到99.9%以上；污水处理4.6亿立方米，出厂水质100%达到地表准Ⅳ类水质标准；中水销售0.18亿立方米；城市水系生态补水6.6亿立方米；污泥无害化处置率稳定在90%以上。运维排水管渠2335.306千米，检查井48372座，收水井62756座，泵站37座，完成38处积水点整治。组建10支共计1000人的防汛队伍，配备防汛车辆200余辆，购置防汛专用设备134台，防汛物资5936件，排水能力提高至44500立方米/小时，全市供排水安全平稳有序。

城市水务工程建设　全年全市开工建设项目24项，完成投资23.8亿元，市级重点西南郊水厂引水工程于5月底建成通水，新增原水输送能力40万吨/日，有效缓解多年来黑河渠道上游单线运行的极大风险。历经4个月实现斗门水库南池引水工程全线贯通，西南郊配水干线工程6月底提前完工，自来水输送能力达到55万吨/日，成为城市供水的大动脉。完成城市老化管网改造15.02千米，6座污水处理厂完成提标改造转入商业运营，国内最大的污泥水泥窑协同处置项目顺利投产，污水处理及污泥无害化处置水平进一步提升，实现经济效益和环境效益“双赢”。

水务服务保障　全年全市增设水费交纳网点60个，推动解决老旧小区供排水难题2100余个，处理供排水服务热线反馈问题24万余件，受理“12345”转派工单21000余件，办结率、及时率、满意率均为100%。坚持推行“3110”供水报装模式，全力打造“四零”用水报装标杆，为企业用户提供“零申请、零跑腿、零材料、零费用”服务。精心打造从源头到龙头的用水安全保障体系，实现不让一滴污水入河的排水目标，圆满完成全运会保障及援豫排水任务。严格落实疫情防控各项措施，有效保障了疫情防控特殊时期城市供排水平稳有序运转。

供水特许经营　西安市大力推进城市供排水“一张网、一盘棋、一体化”建设，突出发挥国有保障性企业的政治及资源优势，2021年8月，市水务局与市水务集团签订全市范围内《供水特许经营权框架协议》，着手整合市辖区内20余区（县）、开发区的供排水资产，有序推进城市供排水一体化。　（张亚会）

◆**集中供热及管理服务**　2021年，西安市城市管理和综合执法局圆满完成2020—2021年度高峰供气集中供热工作。组织开展燃气供热安全隐患大排查大整治，成立20个集中供热专班和8个供热工作督导组，先后进行督导检查90余次，督促各区（县）、开发区落实安全生产属地责任，相关企业落实主体责任，确保安全供热。积极开展“访民问暖”活动，累计入户测温6096户。2021—2022年采暖季，全市共有71家集中供热企业，集中供热总面积约33299万平方米，比上一供热期增加约2200万平方米。持续推进访民温暖、供气供热管家式服务和入户测温等便民服务措施，服务质量稳步提升，集中供热投诉率持续降低，在省住建厅组织的行风政风测评中成绩稳居前列。

◆**燃气供应及管理服务**　2021年，西安市城市管理和综合执法局按照“管行业，管安全”要求，深入推进燃气行业安全排查整治，持续完善访民温暖、供气供热管家式服务等便民措施，全力推进城镇燃气安全排查整治工作，实施城镇燃气安全网格化监管，在全市构建市、区（县）、街办与企业的三级城镇燃气安全网格化监管工作体系。截至2021年底，全市共有管道天然气企业15家，燃气管道（含立管）总长度2.74万千米，天然气居民用户数429万户（较上年增加22万户），非居民用户数1.68万户；天然气用气量33.2亿立方米，日最大供气量3396万立方米；共有液化石油气供应站（点）193座，液化石油气居民用户9.8万户，非居民用户7.3万户，液化石油气年用气量约10万吨。　（康　琴）

城中村（棚户区）改造

◆**概况**　2021年，西安市城改事务中心在中共西安市委、西安市人民政府的坚强领导下，以习近平新时代中国特色社会主义思想为指导，坚持稳中求进工作总基调，贯彻落实“五项要求”“五个扎实”，聚焦强化党组的政治功能，突出中心业务工作，有序推进城市更新，妥善解决各类遗留问题，不断创新工作机制，全面夯实各级责任，扎实推进城棚改各项工作。

◆**思想政治建设**　2021年，西安市城改事务中心强化政治引领，坚决贯彻中央和省市决策部署。深化政治理论学习，严格落实理论学习制度，系统学习党的十九届五中、六中全会精神和依法治国、意识形态工作重要论述，重点学习习近平总书记3次来陕考察重要讲话精神。全年组织中心组理论学习12次，邀请省市委党校专家辅导讲座8次，组织处以上领导干部学习交流发言54人次，中心各级党员干部自觉在学深悟透上下功夫，深刻领悟“两个确立”，增强“四个意识”，坚定“四个自信”，做到“两个维护”。扎实开展党史学习教育。中心党组认真贯彻“学史明理、学史增信、学史崇德、学史力行”的总要求，带头系统学习4本指定书目，深入开展4个专题理论学习，认真落实3个阶段学习教育任务，集中组织主题党日活动5次、主题党课3次，为群众办实事6件。2021年，疫情期间，西安市城改事务中心29名下沉干部在社区抗疫工作中不畏艰苦、冲锋在前。各级党员干部凝心聚力、开拓创新、真抓实干，确保中心年度各项任务的圆满完成。着力提升党建工作水平。稳步推进党支部规范化标准化达标工作，坚持党建引领，落实“党建+包抓督落”工作机制，设立党员示范岗先锋岗，有效运行评价激励机制，高效推进包抓项目和问题整改，建立党建活动基地，建成中心党员活动室。2个支部受到市级表彰，2位党员受到市直机关工委表彰，计划财务处党支部书记司显辉同志获评市级“优秀党务工作者”，《逢山开路架金桥服务棚改惠民生》被市直机关工委命名为西安市级机关党建优秀品牌案例。

◆**助力乡村振兴**　2021年，西安市城改事务中心持续巩固驻村扶贫成果，共同研究帮扶产业发展问题，开展“牢记嘱托，感恩奋进”脱贫攻坚回村回访活动，为原帮扶韩坪村25名老党员和困难党员群众发放慰问品慰问金，为新包抓的清峪村96位老人免费健康体检，向村小学捐赠文具和生活用品120余件套，协调修建、加固易毁河堤路基30米。

◆**城（棚）改**　2021年，西安市城改事务中心圆满完成“三改一通一落地”重点任务。中心承担的全运会重点区域和城市主要节点上42个重点城中村（棚户区）项目，完成40个项目的征收和2个项目整治提升改造，涉及约3万户、10万人，土地约2000公顷，拆除面积约1500万平方米。涉及安置房建设的38个项目已按照“四最”的要求开工建设。

◆**城市更新**　2021年11月5日，住建部下发通知明确西安市为第一批城市更新试点城市。11月19日，西安人民政府以政府规章形式出台《西安市城市更新办法》，遴选的老菜场、易俗社、幸福林带3个城市更新示范项目已列为住建部示范项目，雁塔区沙浮沱等8个城市更新试点片区各项工作进展顺利。委托中国城市规划设计研究院编制完成《西安市“十四五”城市更新规划》，并通过住建部、西北院等国内专家论证。

◆**“回迁慢”问题整改**　2021年，西安市城改事务中心针对中央巡视组反馈西安市棚户区改造回迁慢问题，迅速组建“回迁慢”工作专班，督促并落实六定工作方案，完善市区府院联动机制，21个“回迁慢”项目中，2个项目已完成回迁，3个项目准备回迁，9个项目安置楼建设有序推进。

◆**城棚改项目安置房建设**　2021年，西安市城改事务中心对全市110个在建安置房项目进行摸底，涉及2328万平方米、30.53万人，督促有关区、开发区逐个项目制订安置房建设任务清单、问题清单、计划进度表、责任书等“两单一表一书”。同时建议市政府实行群众安置房建设绿色通道和容缺办理制度，要求各区、开发区将安置楼建设列入本区域重大民生工程，加强督导和考核力度，加快推进全市安置房建设进度。

◆**城棚改遗留问题分类处置**　2021年，西安市城改事务中心对全市现有368个城棚改项目的基本情况、建设进展、规划容积率、土地出让等整体情况进行梳理，共涉及约15.47万户、49.87万人、安置面积4120万平方米。上报市政府办公厅，于12月17日出台《关于进一步做好城中村（棚户区）改造项目遗留问题处置工作的通知》，对城棚改项目实施分类规划管控和规范土地供应，给全市城棚改项目遗留问题处置提供政策支持。

◆**重点项目建设资金保障**　2021年，西安市城改事务中心全年累计争取各类资金约236.9亿元。配合市发改委、财政部门成功申请13个棚改项目发行88亿元专项债额度。为未央区团结村片区、雁塔区沙浮沱片区协调国开行60亿元贷款合同额度。协调碑林区枣园巷以北项目列入省棚改计划，盘活国开行贷款额度10亿元。为航天基地朱坡村城改项目争取商业贷款7亿元。为灞桥区绕城高速沿线城市更新片区融资36亿元，为高陵区城南片区棚改项目融资20亿元。（刘　飞）

生态环境

责任编辑 曹毅强

综　述

◆概况　2021年，西安市生态环境系统坚持以习近平生态文明思想为指导，认真贯彻落实党的十九届五中、六中全会和习近平总书记来陕考察重要讲话精神，齐心协力克服疫情影响，统筹抓好生态环境保护工作。以举办第十四届全运会和残特奥会为契机，认真落实中央、省、市关于生态环境保护各项决策部署，统筹推进新冠疫情防控，深入打好污染防治攻坚战，生态环境质量总体呈现改善向好的态势。全年空气质量优良天数265天，比上年增加15天。全市集中式饮用水水源地水质达标率100%。区域环境噪声等效声级均值56.2分贝，道路交通噪声等效声级均值68.7分贝。

◆污染减排　2021年，西安市生态环境局紧紧围绕主要污染物总量减排目标任务，以改善环境质量为核心，不断推进工程减排。科学制定《2021年主要污染物总量减排及碳排放降低实施方案》，根据工作职责，将减排任务分解至21个区（县）政府、开发区管委会和16个市级部门，确定2021年西安市重点减排项目，明确重点减排项目的责任单位和完成时限，主要污染物总量减排工作取得积极进展，全市环境质量持续改善。2021年，西安市空气质量综合指数4.75，比上年下降9.35%；优良天数265天，比上年增加15天；重度及以上污染天数15天（剔除沙尘影响为8天），与上年持平；六项指标“五降一平”。“五降”：PM2.5、PM10、O_3、NO_2、CO浓度分别为41微克/立方米、82微克/立方米、154微克/立方米、40微克/立方米及1.3毫克/立方米，分别比上年下降19.6%、6.8%、2.5%、3.1%、13.3%。SO_2浓度为8微克/立方米，与上年持平。在全国168个重点城市空气质量排名中并列第148位。十四运会和残特奥会期间，西安市分别收获“9优4良”和“8良”，圆满完成赛事期间优良率100%的保障目标。

◆环保规划　2021年，西安市生态环境局积极与省生态环境厅沟通对接，先后2次组织市级相关部门进行座谈交流，4次征求意见建议修订完善，按照“打开门编规划”的要求在网上征集建议思路，形成初稿后与西安市发改委进行规划衔接，召开专家会进行评审，编写《西安市“十三五”生态环境保护规划终期评估报告》《西安市“十四五”生态环境保护规划》，其中《“十四五”规划》以市政府名义印发，并全文公开。代市政府拟定《关于调整优化产业结构能源结构交通运输结构推动大气环境质量持续改善的建议》并提交市人大审议，市十六届人大常委会第四十三次会议审议通过并印发《关于调整优化产业结构能源结构交通运输结构推动大气环境质量持续改善的决定》。牵头编写《碧水净土保卫战工作方案》《西安市2021—2022年秋冬季生态环境综合整治专项行动攻坚方案》。西安市生态环境系统为助力打赢污染防治攻坚战工作任务、推进工程项目进度，争取中央、省级生态环境专项资金3.6371亿元，重点支持大气污染监管能力建设，清洁取暖及散煤治理，清洁能源代替，农村生活污水及黑臭水体治理等项目。

◆环境影响评价　2021年，西安市共审批建设项目环评文件1063件，其中环境影响报告书61件，环境影响报告表1002件。共核发辐射安全许可证403件，其中新办205件、重新申请94件、延续36件、变更47件、注销辐射安全许可证21件。审核江河、湖泊新建、改建或者扩大排污口项目6件。危废经营许可新办5件，变更5件，延续2件。放射源转让许可43 件。圆满完成全市“三线一单”编制发布工作。按照《陕西省人民政府关于实施“三线一单”生态环境分区管控的意见》（陕政发〔2020〕11号）要求，2021年4月，西安市正式启动市级“三线一单”编制工作，同时成立“三线一单”编制工作的组织领导及技术团队。编制完成《西安市“三线一单”技术方案》通过省级审查。9月中旬，《西安市区域空间生态环境评价“三线一单”研究报告》初稿完成，先后三次征求各成员单位的意见，对141条修改意见进行整理和研判，掌握大量的基础数据。11月9日，西安市的研究报告通过省区域协调办评审会审核。11月28日，经市政府审核发布实施《西安市“三线一单”生态环境分区管控方案》，标志着西安市与新时代高水平保护和高质量发展相适应的生态环境分区管控体系建立实施。

◆水环境管理　2021年，西安市制定印发并组织实施《西安市碧水保卫战2021年工作方案》，渭河新丰镇大桥、沙王渡、灞河灞河口、三郎村、沣河三里桥、黑河入渭6个国考断面水质全部达到或优于考核要求，水质优良率100%。市生态环境局对全市19条重点河湖进行监督性监测，针对断面水质超标问题组织力量排查分析，并督促有关单位整改。深入学习贯彻《陕西省饮用水水源保护条例》，研究制定《西安市饮用水水源地生态补偿暂行办法》，完成2020年度饮用水水源地环境保护状况评估，不断强化全市饮用水水源地一级保护区封闭管理，全市在用市级集中式饮用水水源水质达标率为100%。在全国率先出台《入河排污口分类分级管理规范》地方标准，省生态环境厅将此列入全省2021年省水生态环境保护“抓点示范”项目清单，并给予充分肯定。21处城市黑臭水体整治成效得到充分巩固，全市未出现新增城市黑臭水体。制定并会同有关单位严格落实十四运会暨残特奥会全市水生态环境质量保障方案，监测结果显示，十四运会暨残特奥会期间，浐灞河水质整体处于Ⅲ—Ⅱ类水平，李家河、石砭峪、黑河等重点保障饮用水源地水质整体处于Ⅲ—Ⅱ类水平，涉赛水环境及水源地水质全达标，实现“水质优良、水量充沛”的目标。

◆大气环境管理 2021年，西安市在全市范围内开展VOCs专项整治行动和臭氧污染天气应急管控，遏制臭氧污染势头。对全市112家涉VOCs重点管控企业开展帮扶检查，对96家存在不同程度问题的企业进行督促整改。完成5家企业源头替代试点工作。对783家汽修企业开展专项执法检查，并对问题企业负责人进行公开约谈。启动重点扬尘污染源在线监测整治。对全市204个镇街（片区）空气质量综合指数进行月度考核排名，每月对连续两次考核排名后20位的镇街（片区）主要负责人进行约谈。印发《十四运会和残特奥会西安市环境质量保障重点管控实施方案》，摸排形成重点污染源管控清单，将3443家工业源、3128个扬尘源、18458家餐饮源管控责任落实到区（县）、街办具体人员。会期每日开展会商研判，现场安排部署当日重点管控工作。

◆土壤污染防治 2021年，西安市生态环境局牵头制定印发《西安市净土保卫战2021年工作方案》《西安市2021年土壤和农村生态环境保护工作要点》，明确目标任务，强化责任分工。印发《土壤污染重点监管单位隐患排查和自行监测工作计划》和《关于加快推进全市土壤污染重点监管单位隐患排查和自行监测工作的通知》，督促土壤重点监管单位全面、系统落实隐患排查等法定义务。联合市资源规划局印发《关于加强和规范建设用地土壤环境监管工作的通知》，对全市建设用地土壤污染状况调查及评审流程进行规范，要求对用途变更为住宅、公共管理和公共服务的，依据有关法规，变更前开展土壤污染状况调查，建设用地安全利用得到有效保障。2021年，举办市级土壤污染防治工作培训3次，邀请专家对市、区（县）土壤污染防治管理人员、土壤重点监管单位负责人进行辅导授课，解读相关法律法规，开展普法宣传。

◆自然生态保护 2021年，西安市生态环境局会同市级相关部门开展秦岭区域交叉检查、秦岭生态环境保护联合执法检查等。按照中共西安市委秦岭保护委员会办公室转发的秦岭区域疑似“五乱”图斑信息，分两批次完成6个疑似“乱排乱放”点位的排查，经核查，均不存在“乱排乱放”行为。制定《西安市秦岭生态环境保护联合执法检查工作方案》并由市委秦保委办公室印发，组织市秦岭保护局、市水务局及沿山区（县）开展联合执法检查活动。扎实开展“绿盾2021”自然保护区强化监督行动，秦岭区域57个问题点位已全部完成整改并销号。积极推进2021年度国家级生态文明建设示范区及“绿水青山就是金山银山”实践创新基地创建工作，完成16个市级生态村的市级联合复核、命名。利用微博、公众号、网站等集中宣传自然生态保护知识。联合长安大学在蓝田县深入开展第八个秦岭生态环境保护宣传周普法活动，联合市资源规划局、市秦岭保护局在秦岭野生动物园组织开展2021年国际生物多样性日主题宣传活动，会同省生态环境厅开展第三届秦岭生态小卫士西安赛区选拔赛活动，营造浓厚的秦岭生态环境保护氛围。

◆环境执法 2021年，西安市生态环境局围绕“蓝天、碧水、净土”保卫战，以“双随机、一公开”执法检查和专项执法行动为抓手，持续保持对生态环境违法行为的高压态势，着力筑牢生态环境的红线意识。全年全市共出动执法人员41006人次，检查企业17405家次，对1786起环境违法行为实施行政处罚，收缴罚款5190.8万元；办理查封扣押案件33起，办理限制生产、停产整治案件4起，办理移送公安机关实施行政拘留案件16起，助推全市生态环境质量持续改善。配合保障完成各项监督帮扶工作，汾渭平原强化监督定点帮扶重点督办问题企业全部完成整改。深入开展生态环境保护执法大练兵活动，通过开展案件评查、业务培训等活动，将日常执法与强化监督相结合、理论学习与实战实操相结合，实现实战练兵、规范练兵、科技练兵、强化练兵，不断提升执法队伍整体能力素质。2021年，西安市生态环境保护综合执法支队、西安市生态环境局灞桥分局、西安市生态环境局未央分局、西安市生态环境局高新分局获得全省生态环境保护执法大练兵表现突出集体荣誉，2名执法人员获得表现突出个人荣誉。

◆辐射安全监管 2021年4月，西安市生态环境局为庆祝建党一百周年，保证“十四运”及残特奥会期间辐射环境安全，根据《中华人民共和国放射性污染防治法》《放射性同位素与射线装置安全和防护条例》（国务院令第449号）《放射性同位素与射线装置安全和防护管理办法》（环境保护部第18号令）相关规定，按照《西安市生态环境局办公室关于组织开展辐射安全隐患排查工作的通知》要求，下发《关于开展辐射环境安全专项执法检查工作的通知》（市环执法发〔2021〕17号），组织各区（县）执法（机构）大队开展核技术利用单位专项执法检查；按照《陕西省生态环境厅关于开展2021年核与辐射安全隐患排查工作的通知》（省环执法函〔2021〕37号）要求，6月下发《关于开展2021年核与辐射安全隐患排查工作的通知》（市环办发〔2021〕43号），组织各分县局开展对使用Ⅱ类以上射线装置（含放射源）单位和货物运输车辆辐射检查系统专项执法检查；配合省执法总队完成46家涉核与辐射企业检查。配合生态环境部西北核与辐射安全监督站完成6家涉核与辐射单位抽查。经统计，全市共检查涉核与辐射工作单位935家次，出动人员640余人次，动用车辆320余驾次，发现违法问题单位55家，督促整改55家，立案处罚21家，缴纳罚款122.035万元。

◆危险废物安全监管 2021年，西安市生态环境局严把危险废物环境管理准入关，利用“固体废物信息管理系统”，实现危险废物全过程管理。完成2830家固体废物申报登记和2128家危险废物计划备案工作。印发《关于做好危险废物专项整治三年行动“一报表三清单”报送工作的通知》，建立日常工作信息动态表；制定《西安市生态环境局关于进一步严厉打击危险废物环境违法犯罪和重点排污单位自动监测数据弄虚作假违法犯罪专项行动的实施方案》，全面排查、严格执法，打击违法案件多发势头，切实保障人民群众身体健康和生命安全；印发《西安市生态环境保护综合执法支队关于工业固体废物“上山下乡”和有害垃圾暂存点危险废物排查整治工作实施方案的通知》《西安市生态环境保护综合执法支队关于进一步加强危险废物环境执法工作的通知》，建立危险废物重点环境监管单位清单。全年全市共检查涉危险废物企业4484家，出动执法人员8832人次，办理涉危废案件58起，罚款743.5万元，向公安移送案件线索10个。

◆环境应急 2021年，西安市生态环境局为保障十四运会期间环境安全，牵头编制完成《十四运会和残特奥会西安市环境保障应急预案》和《十四运会和残特奥会浐灞河突发水环境污染事件应急预案》。9月1日，西安市生态环境局组织市级相关部门和蓝田县政府，以及灞河下游相关区（县）政府、（开发区管委会），在蓝田县灞河上游开展西安市2021年突发环境事件（灞河水污染）应急演练。西安市生态环境局联合市水务局制定《西安市跨界流域上下游突发水污染事件联防联控工作实施意见》，制定下发《西安市“十四五”流域突发水污染事件环境应急“南阳实践”工作方案（2021—2025年）》，同时分别与咸阳市、渭南市生态环境局签订《跨界流域上下游联防联控协议》。2021年西安市共发生3起一般等级突发环境事件（安全生产引发2起，交通事故引发1起），均按照突发事件处置“五个第一”的要求处置完成，未对周边环境质量造成明显影响。

◆系统实时监管 2021年，西安市生态环境局为纳入重污染应急减排清单的重点工业企业，安装在线监测或用电监控系统。通过对企业的管控措施进行用电限制配置，实时掌握污染源企业异常生产情况、大气污染管控异常企业情况，方便执法人员及时去现场核查异常情况。截至年底，西安市涉气企业已安装在线监测共95家，安装用电监控设备共495家，这些企业的污染物排放总量占全市总污染排放量的95%以上，完成在线安装监测点位数5020个，产污设施2658处，污处设施1670处。

◆移动源污染防治 2021年，西安市生态环境部门持续加强移动源污染的防治和监管工作。推进实施新《条例》。《西安市机动车和非道路移动机械排气污染防治条例》4月1日顺利施行，建立“环保取证、公安处罚”的机动车排气污染执法检查新模式。不断强化在用车辆监管。多部门联合，常态化开展路抽检联合执法检查、高速过境柴油货车管控联合检查，不定期对重点行业大户单位开展停放地上门抽测，重点开展三轮车整治、重型燃气车辆污染控制装置拆除等专项执法检查。全年累计检测各类机动车9.2万辆，查处超标车926辆。采用“主动维护+柴油净化”的技术，完成近1.5万辆柴油车治理，抑制其氮氧化物和颗粒物的排放。强化环保定期检验机构监督管理。针对机动车定期检验机构剧增的现状，结合双随机检查要求，采取定期排查、随机抽查和在线视频监控的方式，严查机动车定期检验排放检测弄虚作假行为。全年累计检查环保定期检验机构165家次，查处违法检验行为12个；严格落实I/M制度，组织检验机构认真落实检测环节各项要求，建立复检信息汇总反馈机制；为进一步提升排放检验监督管理能力，开展“机动车排放定期检验监管平台”建设。加强非道路移动机械污染监管。推进非道路移动机械申报登记和标识发放工作，全年累计编码登记2605台，全市累计编码登记5.5万余台；全国首创，研发使用非道路移动机械移动执法终端，进一步提高非道路移动机械监督执法效能；在常态化开展非道路移动机械违法使用行为执法检查的基础上，开展问题机械专项整治行动，严厉打击使用问题机械的违法行为。全年累计检查各类非道路移动机械使用单位7492家次、机械3.6万台次，查处未编码登记和超标机械共1518台次。

◆生态环境法规制度建设 2021年，西安市生态环境局以全国法治政府建设示范创建工作为抓手，不断强化对行政权力的制约和监督，有力提升生态环境执法能力建设，切实扛起生态文明建设和生态环境保护的政治责任。积极推进行政执法“三项制度”，制订生态环境领域执法事项清单，扎实推动“双随机 一公开”监管工作，逐步推进分级分类监管，提高监管的智慧化、精准化和科学化；强化行政执法与刑事司法衔接机制，持续保持对环境违法案件的高压态势；深入推进“放管服”改革，加快重点项目的环评审批手续办理，优化审批流程，压缩环评审批时限，实施“一站式、全程式”服务制度，方便群众办事，助力打造西安“四最”营商环境；全力配合综合行政执法体制改革，生态环境保护综合执法改革实现新跨越；加快生态环境行政审批标准化建设，进一步完善市生态环境局行政审批电子监察系统，深化告知承诺，提升行政效能；进一步完善畅通生态环境门户网站“政民互动”“在线服务”“信息公开”频道建设。

◆生态环境宣传教育 2021年，西安市生态环境局以习近平生态文明思想为指导，把握新发展阶段、贯彻新发展理念、融入新发展格局，围绕全市生态环境保护中心工作和重点任务，全力做好生态环境保护宣传教育和舆论引导，为持续改善生态环境、建设生态西安营造良好社会氛围和坚实社会基础。全年协调组织召开新闻发布会2次，全网刊发报道12577余篇；《人民日报》3次聚焦浐灞生态区生态环境工作，《中国环境报》电子报开展专版宣传3次，《中国环境报》开展专版宣传4次，《西安日报》开展跨版宣传2次、专版宣传1次。充分发挥市局新媒体平台作用，策划开展系列线上活动，宣传环保科学知识及法律法规，传播践行绿色生活理念。3月4日，录制并推送的《环保人之歌》被生态环境部微信公众号转发。西安生态日制作的公益宣传片《熊孩子》被全市各级官方新媒体平台及省厅双微转发推送，市局公众号首发推文阅读量超过10万；“生态西安我想对你说”祝福征集活动总浏览量达5000余万次；有奖H5答题活动吸引4.8万人参与，总访问次数达15万余次，发放西安地铁电子代金券1万张；“绿色生活我最IN”打榜总投票60余万张，累计曝光360余万次。西安市“地球一小时”相关活动被新华社、央广网等80余家中省市媒体关注并报道，市生态环境局被地球一小时活动主办方世界自然基金会（WWF）在官网列为支持单位。“生物多样性日”联合市资规局等单位在西安秦岭野生动物园举办西安市2021年国际多样性日主题宣传教育活动，参与人数达200余人次。“六五环境日”联合市委文明办、航天基地在揽月阁广场举办主会场活动，为“西安生态环境理念传播者”颁发证书，开展主题展板、执法装备展和无废城市展参观活动，活动刊发稿件90余条，近万人在西安新闻网观看活动现场直播。“全国低碳日”联合市委文明办开展西安市2021年低碳日有奖答题活动，吸引3900余人次参与活动，有效访问量达25000余次。

持续推进设施开放单位对外开放活动，西安碧源水务有限公司、西安创业水务有限公司被省厅评为优秀设施开放单位，市局被评为全省设施开放工作优秀组织单位。对接西安广播电视台《你好 我的城》栏目录制节目2期，相关报道全网阅读量累计突破190万人次。下发宣传统计通报12次，组织全系统各单位结合执法、检查、帮扶、培训等工作开展生态环境宣传教育“六进”活动1700余场次。全年共下发《西安生态环境舆情日报》201期，第一时间处置回复省厅交办舆情，处置回复率为100%。联合《三秦都市报》开设“最美环保人”专栏，组织各分县局先进典型人物进行宣传，展现环保铁军风采，共刊发21期，同步在三秦网、秦闻App推送，全网阅读量达110万次。“宪法宣传周”通过“西安生态环境”微信公众号开展宪法宣传周法律法规知识H5有奖答题活动的同时，组织全系统开展各类宣传活动80场次，发放相关宣传资料近2万份，发放环保袋等宣传品3890份。圆满完成省环保督察、中央环保督察、十四运会及残特奥会环境质量保障等宣传工作，营造良好社会氛围。2021年全省生态环境宣传报道通报中，西安市以总分131765位列第一位。

◆环境污染实时监控 2021年，西安市智慧环保前端感知系统稳定运行，实现全市222个街办、乡镇、开发区园办的空气质量监控全覆盖；38个地表水质自动监测站对全市主要的15条河流和2个湖泊水质全流域实时监测；安装在3家企业的VOCs在线监测系统，有效监督排污企业达标排放；激光雷达走航车完成走航观测作业80余次，实现精准溯源。全年水质自动监测站污染报警10000余次，空气自动监测站污染报警80000余次，通过二级网格进行任务派发，督导整改反馈，形成闭环回路，有效提升环境污染治理水平。

环保烟火系统发现着火点

◆**生态环境指挥调度** 2021年，西安市生态环境局在确保环境自动监测数据真实、准确的基础上，不断强化科技支撑，增强指挥调度能力，着力精准治污、科学治污。生态环境指挥调度平台通过对各类前端感知系统发现的异常数据和环境问题经过“自动告警+人工筛选”后形成具体任务，派发至相应的网格（部门）限时办理，全年共派发任务8807起，全部督促整改到位。西安市环保烟火监控项目共发现火点4266处，所有火情第一时间管控处置，大大提高露天焚烧监管工作效率；通过遥感监测共发现建成区施工工地防尘网未覆盖或部分覆盖问题10200个（次）、农村垃圾露天堆放问题81个，对发现的问题认真核查，督促整改，实现精准打击；对黑河、李家河水源地等10个地表饮用水水源地进行了监测，共标定生活源、农业源等风险源732个，为水源地保护工作提供坚实的数据支撑；全市涉气排污企业安装用电监控设备509家，在线安装监测点位数5428处，年内启动6次重污染天气应急管控，发现大气污染管控异常企业121家，发现污处设施异常企业368家，有效提高对污染企业的监管效能；开启重点扬尘污染源在线监测整治工作，在全市重点工地安装扬尘监测设备771家，对在建工地、出土工地、拆迁工地空气质量数据进行实时监控，进一步提高管控效率。

◆**网格化管理** 2021年，西安市生态环境监督管理网格员通过摸排建立工地、餐饮、工业企业、散乱污企业、排污口、饮用水水源地保护区、渣土车停车场等共计18类近3万个固定污染源台账。网格员在日常巡查中发现环境污染问题，责令现场整改并将整改结果上传网格化管理平台。现场无法立即处置，上报二级网格转至区（县）相关部门或街办进行处置，并由一级网格对办理结果进行审核、督办、统计、考核。全年全市网格员共计巡查污染源137.67万余家（次），发现污染问题19.61万余起，比上年增长91.5%；人均发现污染问题140.64起，比上年增长94.7%。制定《网格化管理考核办法》，将考核指标全部纳入平台，依据平台统计工作数据进行客观考核，结果纳入“绿色发展·生态西安”和“十四运”月度考核；市、区两级分别设立专项奖励资金，根据考核成绩百分比兑现奖惩，专用于网格化管理工作和基层网格员绩效奖补。

◆**政务信息与环境信访** 2021年，西安市生态环境局及时将各类环保热点、焦点话题、重点工作进展情况及时以信息的方式上报，为领导和上级机关科学决策服务。全年共上报生态环境部、省生态环境厅、市委、市政府各类信息共计400余篇。严格执行环境信访工作制度，坚持从污染源头入手，通过严格环境执法解决信访投诉问题，环境信访工作取得较为明显的成效。全年共受理各类信访投诉2401件，其中中央环保督察组转办件1件、省第一生态环境保护督察组转办件2件、省厅批转3件；市委、市政府督察室转办的人民网地方领导留言33件，其中市委书记留言26件、市长留言7件；市政府市政网督转办件3件；信访局转办件4件；西安“12345”市民热线综合服务平台（电话）转批投诉468件；“12369”微信和网络平台投诉1836件；陕西环境信息综合管理平台（网络）转办案件51件，做到信访件办理“件件有着落，事事有回音”。（许辉辉）

秦岭生态环境保护

◆**概况** 秦岭西起甘肃临洮，中贯陕西省南部，东抵河南鲁山，东西长约1600千米，南北宽约300千米，主峰太白山海拔3771.2米。秦岭陕西段东西长约500千米，南北宽约150千米，平均海拔1000米以上，涉及西安、宝鸡、渭南、汉中、安康、商洛6市，39个县（市、区），353个乡（镇）、街道，4020个行政村，总面积5.82万平方千米，约占6个设区市行政区划面积的52%。常住人口约489万人。

秦岭西安段东西长约166千米，南北宽20—70千米不等。西安市秦岭生态环境保护区域包括西安市秦岭生态环境保护范围和建设控制地带，涉及灞桥区、临潼区、长安区、鄠邑区、蓝田县、周至县、高新区管委会，有55个镇、街道，1个景区管理局，502个行政村，总面积为5903.83平方千米，约占西安市行政区划面积的54.91%，约占6个区（县）行政区划面积的68.27%。现有人口55.18万人。

2021年，西安市秦岭生态环境保护管理局始终把学习习近平生态文明思想、习近平总书记来陕考察重要讲话和关于秦岭生态环境保护的重要指示批示精神作为首要政治任务，落实全面从严治党各项要求，凝聚力量转变作风。开展工作标准大提升活动，及时制定印发勘界立标工作方案、峪口峪道“三年整治行动”方案等工作方案，对勘界立标、峪口峪道治理等工作任务进行细化和倒排工期。加大监督检查力度，采取联合检查、专项督查、明察暗访、图斑比对等多种形式，督促各责任单位完成中央、省级、市级各类检查反馈问题整改。修订完成《西安市秦岭生态环境保护专项考核办法》，科学设定年度考核指标，健全督查考核机制，落实月调度、季度考核、年终考核调度机制。开展秦

秦岭西安段基本情况表

区域	面积/平方千米	占比/%	涉及行政村/个	人口/人
核心保护区	1584.98	26.84	97	5029
重点保护区	2887.34	48.89	253	97102
一般保护区	997.56	16.91	236	96103
建设控制地带	434.38	7.36	266	351631
合　计	5904.26	100	502	549883

《西安市秦岭生态环境保护条例》修订实施1周年宣传启动仪式

岭生态环境保护宣传周以及为期2个月的《西安市秦岭生态环境保护条例》修订施行一周年系列宣传活动；组织“让世界看见秦岭”“秦岭生态小卫士”等志愿者活动，全社会保护秦岭的氛围越来越浓厚。积极加强与省秦岭办和各成员单位的沟通对接。对照条例重点任务分工，坚持每月督导，季度调度，统筹协调，有序推进，全面完成推进绿色发展，建设生态西安督促相关单位抓好相应工作的落实、跟踪、问效等工作。

◆秦岭生态环境保护长效机制 2021年，西安市秦岭生态环境保护按照“全覆盖，不遗漏”和“分层次、分阶段、有重点”的原则，出台《西安市秦岭生态环境保护规划》、印发《西安市人民政府关于落实〈陕西省秦岭生态环境保护条例〉〈西安市秦岭生态环境保护条例》重点任务分工的通知》，基本实现“长远上规范”的目标。

在全省率先建立市、区（县）、镇街、村组四级网格管理体系，组建1230名专兼职网格员队伍（专职343名，兼职887名），为沿山区（县）配发无人机，实现人机“交叉式、互补式、立体式”巡查。对二级网格进行季度考核排名，提高网格化管理效率。截至2021年10月底，网格员开展巡查检查265404人次，发现、上报、移交问题2824个（乱搭乱建480个、乱排乱放1587个、乱采乱挖122个、乱捕乱猎2个、乱砍滥伐20个、其他问题613个），整改完成2796个，办结率99%。秦岭保护工作基本实现“常态巡山、网格管山”。

按照“人防、技防、物防、联防”要求，基本完成 “1+7+N”秦岭保护信息化监管平台〔1个市级平台，7个沿山区（县、开发区）子平台，N个行业监管平台〕建设，形成纵向贯通市区（县）、横向联动行业委办局的监管指挥、信息共享平台，初步实现秦岭区域数字化、精准化、网络化管控。

按照《陕西省秦岭生态环境保护条例》《西安市秦岭生态环境保护条例》《西安市秦岭生态环境保护规划》要求和工作安排，加快推进勘界立标工作。截至年底，95个标牌设立任务全面完成，1922个界桩埋设完成1640个，完成率排名全省第一位。

率先在全省建立秦岭区域建筑物（构筑物）电子台账，核查全市秦岭区域建筑物（构筑物）205456宗，实行实时动态化管理，为秦岭保护打下坚实的基础。

制定出台《秦岭生态环境保护区综合性补偿办法》，逐步完善秦岭北麓全要素生态补偿机制

◆秦岭北麓综合整治 2021年，西安市秦岭生态环境保护管理局按照省秦岭办工作要求，全面完成省秦岭保护突出问题总台账，涉西安市334个问题的整改销号任务。坚持“决心一次下足，措施一步到位”，112座矿山全部关闭注销，结束西安市秦岭矿山开采历史。按照“一律退出”总原则，完成50座小水电退出拆除，走在全省前列。按照“拆除一批、关闭一批、提升改造一批”原则开展专项整治，开展以秦岭生态保护助推乡村振兴。农家乐服务水平和环境保护管理得到规范与提升，秦岭保护区域内2809户农家乐依法拆除取缔1257户、整改提升1552户，实现农家乐总量控制、规范经营、垃圾污水规范处置。坚持“基本化、标准化、智能化”三类治理标准，坚持“一峪一案”“一峪一长”原则，组织开展48条主要峪口峪道中的15条峪口峪道治理工作（长安2条、鄠邑3条、蓝田3条、周至2条、高新5条），年底前全面完成治理任务，累计已完成治理34条，剩余14条正在推进。累计12个智慧化保护站，打造子午峪、小峪、汤峪等一批治理样板，打造秦岭生态环境保护的前哨所。

◆践行“两山”理念 2021年，西安市秦岭生态环境保护管理局精心谋划，分层次、分类别、分人员、分阶段，开展形式多样的宣传教育活动。联合各成员单位积极开展秦岭生态环境保护宣传周、《西安市秦岭生态环境保护条例》修订施行1周年宣传、志愿者主题宣传3个系列活动，持续开展省市《秦岭生态环境保护条例》等法律法规宣传和秦岭生态环境保护志愿者活动；印发《2021年秦岭生态环境保护宣传工作要点》，在全市大力开展2021年《西安市秦岭生态环境保护条例》修订施行1周年、“清洁秦岭”系列宣传活动；组织开展以“依法保护秦岭生态环境，做绝对忠诚的秦岭生态卫士”为主题的系列宣传活动，把保护好秦岭生态环境转化为广大群众的共同愿望和自觉行动，保护观念深入人心、保护行动人人参与的工作格局逐步形成。（杨　雷）

鄠邑区一站三中心

教　育

综　述

◆概况　2021年，西安市有基础教育和职业高中学校3728所，在校（园、班）学生184.56万人，教职工17.33万人，专任教师12.44万人。其中幼儿园1987所，小学1170所，普通中学501所（初中334所，高中167所），特殊教育学校14所，工读学校1所，职业高中55所。学校占地面积3766.40万平方米，建筑面积2364.50万平方米。2021年秋季开学安全如期投用新建、改扩建学校143所，提供学位13.04万个。

◆教师队伍管理与建设　2021年，西安市共招聘中小学、幼儿园教师8019名。其中本科以上7528名，博士、硕士研究生2205名。教师队伍结构进一步优化。6247名校（园）长教师全职交流轮岗，其中骨干教师交流比例达46.98%。列支4000万元实施《教师专业素质提升计划》和《校园长领导能力提升计划》，培训校（园）长教师20余万人次以上。培养认定市级教学名师19名、学科带头人40名、卓越型教师300名、骨干型教师1500名。西安市教育局出台《西安市关于加强和改进新时代师德师风建设实施方案》，实施《西安市师德师风建设三年行动计划（2021—2023年）》，开展“为党育人　向党汇报”全市教师演讲比赛。181名教师被授予“陕西省教学能手”称号，47名教师被确定为陕西省第七批中小学幼儿园学科带头人培养对象，建强全市“三级三类”骨干教师队伍。中共西安市委办公厅、西安市人民政府办公厅印发《西安市关于减轻中小学教师负担进一步营造教育教学良好环境实施方案》，切实减轻中小学教师负担。组建市级“名师+”研修共同体100个、“名校长+”领航研修共同体40个。

◆“五育并举”教育体系

德育教育　西安市落实立德树人根本任务，印发贯彻落实《新时代公民道德建设实施纲要》和《新时代爱国主义教育实施纲要》的实施方案。开展“缅怀革命先烈　传承红色基因”“讲述百年故事　传承红色基因”等教育活动，引导广大师生切实增进爱党爱国情怀。创建市级中小学德育工作示范基地27个、中小学家校共育示范基地24个，创建市级义务教育学校文化建设示范校35所。认定西安市中小学生研学实践教育基地20个，投入资金312万元，组织研学实践学校574所，参加学生27.6万人。全市征集《中小学德育工作指南》典型案例30个，评选表彰市级德育工作先进集体47个、德育工作先进个人80名。遴选优秀班主任案例76个，7名优秀班主任案例代表陕西省参加教育部展示交流。西安市4名学生被评为“陕西省新时代好少年”，208名学生被评为“西安市新时代好少年”。西安市教育局被评为“陕西省德育工作先进集体”。

体育教育　完成学生体质健康标准测试数据及视力监测数据上报工作，做好全市初中学业水平体育与健康考试和体育艺术特长生资格审查及招生录取工作。举办2020—2021年度西安市青少年校园足球联赛市级决赛。组队参加“中国银行杯”陕西省校园足球联赛中小学组比赛，西安市代表队获得陕西省高中男子组和初中女子组冠军。利用课后服务开展体育艺术等社团活动，每天课后服务至少安排20分钟以上的体育锻炼时间，培养学生掌握一至二项体育特长。申报创建全国青少年校园足球特色学校53所、试点区（县）和“满天星”训练营各1个、全国足球特色幼儿园46所。172名师生参加“十四运”的火炬传递，做好“十四运”手语翻译志愿者服务、“十四运”开幕式和闭幕式教育系统参演人员及9965名互动观众的组织和保障工作，赢得社会广泛赞誉。在全市中小学持续开展“车让人　人守规　小斑马在行动”“小手拉大手·文明交通随手拍”等主题实践活动，宣传文明交通、文明礼仪、文明行为及“十四运”知

西安市教育基本情况表

	单位	绝对量
学校数		
普通中学	所	501
小　学	所	1170
在校学生数		
普通中学	万人	48.21
中　学	万人	89.09
毕业学生数		
普通中学	万人	14.00
小　学	万人	10.96
学龄人口小学入学率	%	100.00
学龄人口中学入学率	%	100.00
小学（六年）巩固率	%	100.53
初中（三年）巩固率	%	96.81

注：本表数据来源于市教育局，学龄人口数据、小学（六年）巩固率不含西咸新区。

识，引导广大青少年提高文明意识、了解“十四运”相关知识，当好文明城市宣传员。

美育教育　组建西安市中小学美育专家库，遴选22名省级专家成员、99名市级专家成员。开展“歌唱红色经典，庆祝建党100周年”主题高雅艺术进校园活动。举办2021年中小学生艺术展演，舞蹈、合唱、合奏等10个项目共284个节目、892幅书画作品参展。申报创建市级艺术教育示范学校40所、科技教育特色学校42所。

劳动教育　健全劳动教育课程体系，通过劳动情感教育与劳动技能教育相结合，家庭个体劳动与学校集体劳动相结合，学科融合教育与日常劳动教育相结合的方式，全市所有中小学、幼儿园普遍开展劳动教育课程。加强中小学生劳动实践教育基地建设，初审创建市级劳动教育实践基地30个。承办2021年陕西省“春华秋实”新时代中小学劳动教育交流会。市劳动教育做法被教育部基础教育司评为全国中小学劳动教育典型案例并在全国宣传推广，《光明日报》、人民网和国家新闻网先后进行宣传报道。

环保教育　深入贯彻《秦岭生态环境保护条例》，多措并举开展秦岭生态保护教育。突出课堂主渠道作用，构建学校、家庭、社会协同推进的秦岭环境保护宣传教育机制。创建“绿色学校”45所。结合世界森林日、世界环境日、植树节等重大节日，深入开展中小学生主题实践活动。依托西安教育电视台，常态化播出秦岭环境保护宣传片200余次，引导广大师生践行生态环保理念，当好秦岭保护卫士。

◆教育督导　2021年，西安市教育局完成省级对西安市人民政府履行教育职责评价暨市县党政领导履行教育工作主体责任督导考核工作。对新城区、高陵区、阎良区义务教育优质均衡发展创建情况和新城区、碑林区、航天基地学前教育普及普惠创建进行市级过程性督导检查。加强督学队伍建设，聘任市级督导评估专家309名。持续抓好“双减”和“五项管理”督导工作。有序实施国家义务教育质量监测工作。进一步完善西安特色监测评价体系，启动西安特色教育监测评价及三年行动计划推进情况评估工作。

◆“双减”工作　2021年11月13日，西安市全面贯彻落实中央、陕西省“双减”工作精神及部署要求，出台《关于进一步减轻义务教育阶段学生作业负担和校外培训负担的措施》（市办发〔2021〕8号），围绕“1年内有效减轻、3年内成效显著”的总体目标，不断提高教育教学质量，切实提升课后服务水平，深化校外培训治理，部署抓好中小学生作业、睡眠、手机、读物、体质等“五项管理”，全面促进学生健康均衡发展，切实减轻学生过重作业负担和校外培训负担、家庭教育支出和家长相应精力负担。市、区教育部门成立作业管理领导机构，指导学校完善作业管理办法，加强作业设计，压减作业总量，提高作业质量，做到小学生作业不离校、初中生在校完成大部分书面作业。全市建立作业公示制度学校数、已出台作业管理办法学校数等11项作业管理指标均达到100%。坚持从严审批、严格规范校外培训行为，推进义务教育阶段学科类校外培训机构大幅压减，校外培训乱象得到有效遏制。坚持校外培训公益属性，落实政府指导价管理，对校外培训机构预收费资金持续严抓严控，校外培训机构均开设资金监管专用账户。教育、公安、市场监管、政法、网信等部门形成合力，定期研判风险，有效防范、化解和处置“退费难”“卷钱跑路”等突出问题效果明显。

◆减轻中小学课业负担改革试点　2021年，西安市教育局出台《关于进一步加强义务教育学校作业管理的通知》，各学校出台作业管理细则，加强学校学科组、年级组作业统筹，建立校内作业公示制度，并将作业设计纳入校本教研，确保作业符合学习规律、体现素质教育导向，严控学生书面作业时间，做到小学生作业不离校，初中生作业在校内完成大部分作业。开展义务教育学校作业管理与设计优秀案例展评活动，评选市级义务教育学校作业管理优秀案例61个、市级作业设计优秀案例122个，获省级作业管理与设计优秀案例85个，市教育局被评为首届陕西省义务教育学校作业管理与设计优秀案例展评活动“优秀组织奖”。

◆校园安全管理　2021年，西安市投入市级资金1000万元为全市73所中小学幼儿园新建、更新视频监控系统。投入80万元在直属中学建设安全教育共享教室。投入719.13万元建设全市校园安全防控应急指挥中心，并加快推进校园视频监控系统联网建设。全市学校已实现视频监控全覆盖，校园视频监控系统联网率已达到90%以上，校园安全防控应急指挥中心建设已建成。开展“护航十四运”涉稳风险“大排查、大起底、大化解”百日攻坚行动，全力做好中华人民共和国第十四届运动会安全保障工作。全市学校实现校园安全“三个100%”（专职保安员、封闭化管理、一键式报警和视频监控）全覆盖。组织开展校园周边综合治理、中小学生欺凌专项治理、安全隐患大排查大整治、交通安全专项整治等专项行动，共排查整治校园及周边安全隐患34处、不符合安全管理要求校车778辆。联合中共西安市委政法委、西安市公安局印发《关于开展2021年“西安市平安校园”“陕西省平安校园”评选工作的通知》，通过学校自愿申报、区（县）初评、成立专家组实地评估，共创建西安市平安校园56所，推荐申报陕西省平安校园36所。截至年底，全市已创建省级平安校园192所，市级平安校园531所。

◆校园传染病防控和食品安全管理　2021年，西安市教育局切实做好出血热等冬春季高发传染病防控工作，印发《关于做好出血热等校园冬春季重大传染病防控工作的通知》和《关于进一步加强校园突发公共卫生事件信息报告工作的通知》等文件，明确将22类传染病、食物中毒、群体性不明原因疾病等纳入信息报告范围，健全校园传染病防控责任体系，开展全市教育系统传染病防控、食品安全大检查，加强传染病防控宣传教育，做好防鼠、灭鼠工作，完善应急预案，加强信息报送，做到早发现、早报告、早隔离、早治疗，保障师生健康安全。积极配合做好国家食品安全示范城市复审迎检工作。每所学校均设立了专职食品安全管理员，全市中小学、幼儿园3071所学校食堂“明厨亮灶”覆盖率达到100%、“互联网+明厨亮灶”有2434所，覆盖率已达到80.25%。

◆教育系统疫情防控　2021年，西安市教育局严格落实疫情防控措施，持续开展“三检一查一消”。完成12—17岁63.76万人的疫苗接种，加快推进3—11岁人群疫苗接种工作，筑牢校园免疫屏障。特别是12月9日西安市出现本土病例后，召开疫情防控调度会8次，指导、督导各级各类学校落实主体责任，确保全市170万名中小幼学生、130万名大中专学生的生命健康和安全。市教育局86名党员干部分赴11个区（县、开发区）下沉社区参加疫情防控工作。12月20日，全市3543所中小学、幼儿园全面停课，有效防范疫情在校园传播扩散。运用教育资源共享平台“名师公益优课”和“跟着名师来学习”等精品系列课程，每天按照学段划分三个时段连续播出，截至2022年1月21日，各平台课程总浏览量达1185.8078万人次，微信视频号点赞数达98.85万次。及时推出“心有暖阳”——西安市心理健康暨家庭教育名师讲座直播系列活动，累计浏览量达

948.709万人次，微信点赞数达 474.5万次。联合西安市文明办、西安市妇女联合会、共青团西安市委员会设立3条24小时公益服务热线，提供咨询服务。积极参与全国硕士研究生考试专班工作，全力保障12月25—27日全市31个考点的13.5万名考生顺利参加研究生考试。积极克服疫情影响，严格落实疫情防控各项工作措施，于12月9—13日完成24103名考生的2021年下半年教师资格考试面试现场信息确认工作。印发《新冠肺炎疫情期间学校封闭管理工作指导方案（试行）》，各区（县、开发区）教育局向115所封闭学校派驻工作专班或工作人员，学校全员制动，静态运转。由局领导和包片处室，对包片区（县）内封闭管理学校进行督查。按照分期、分批、错峰、有序的放假原则，落实学校主体责任，省、市、区（县、开发区）统筹协同，教育、公安、交通、卫健等部门紧密配合，全力做好驻西安地区大中专学校寒假放假学生返家工作，百万学子回家与亲人团聚。

◆教育脱贫攻坚 2021年，西安市教育局联合市乡村振兴局印发《关于实现巩固拓展教育脱贫攻坚成果同乡村振兴有效衔接的实施方案》，统筹推进振兴乡村教育和教育振兴乡村工作。成立防返贫动态监测和帮扶工作专班，落实好控辍保学“七长责任制”（县/区长、乡/镇长、村长、家长和县/区教育局长、校长、师长），建立控辍保学工作台账，实现精准管理，全市义务教育阶段脱贫家庭适龄儿童少年（除身体原因外）无一人失学辍学。全面落实国家、陕西省各项资助政策，2020—2021学年投入6.83亿元共资助学生295.3万人次，实现“应助尽助”全覆盖。完成2021年教育系统巩固脱贫攻坚成果后评估工作，为促进振兴乡村教育和教育振兴乡村的良性循环奠定坚实基础。

◆教育信息化建设 2021年，西安市加强智慧校园建设、创客实践室优秀学校和教育信息化创新应用示范校建设，截至年底，共创建智慧校园示范校120所、创客实践室优秀学校600所、教育信息化创新应用示范校120所。组织开展2021年全市中小学和幼儿园信息化教学大赛，全市有5061名教师报名参与本次大赛，在中国移动智慧校园平台上传作品4896件。依托“陕西教育扶智平台”，遴选85所市级试点学校通过开展跨地市、跨区域优质学校教学能手学科和薄弱学校薄弱学科的结对帮扶，精准推送名校校长管理经验、名师教学经验以及优质教学资源。开展西安市教育系统第八届国家网络安全宣传周，安排部署攻防演练、互联网法律法规竞答，以及绘画、短视频征集等活动，收集网络安全主题绘画作品2500余件，节目52个，原创短视频22个。

◆教育宣传 2021年，西安市教育局针对基础教育提升三年行动计划推进、新建学校项目、招生入学政策、新优质学校成长计划、思政课改革创新、中华人民共和国第十四届运动会社会氛围营造、停课不停学、教育系统干部师生团结抗疫等工作，联系主流媒体宣传报道57441条，其中，中央媒体及其融媒体平台共发布报道2946条。做好“双减”政策的宣传引导，邀请新华社、中国教育报等主要新闻媒体，采取专家访谈和媒体“探校”等方式进行全方位深度报道，帮助社会和家长深入了解“双减”政策，关注支持改革实施。加强十四运宣传报道；联合西安市人民政府新闻办参与“十三五”陕西教育事业发展情况发布，召开西安市“办民生实事、向市民报告”系列发布会，利用陕西省、西安市“两会”期间集中宣传等方式，向社会广泛宣传西安教育改革发展成果；抓好党史学习教育宣传，在市教育局门户网站、政务新媒体开设“党史学习”专栏，报送党史学习教育简报149期，省市新闻媒体报道全市教育系统党史学习教育151次。

◆语言文字工作 2021年，西安市开展全国第24届“推广普通话宣传周”系列活动。顺利完成对阎良区、高陵区、鄠邑区政府履行语言文字工作职责的督导评估。组织5800名社会人员进行普通话水平等级测试。组织开展首届中小学“中华经典诵写讲”诗词大会和第三届“中华经典诵写讲”诵读大赛，参与师生25万人。陕西省教育厅授予西安市教育局“优秀组织奖”。组织60名中小学骨干教师参加语言文字应用能力提升培训。对地铁14号线出入口信息和小雁塔文化片区公共场所中英文翻译进行评审，并配合市地名委对新建道路命名进行评审。

◆教育科研工作 2021年，西安市教育局印发《西安市学生发展质量评价指标体系（2021修订版）》。完成全市2021年度中小学教育质量综合评价测试工作。举办“西安教科研二十人论坛”，搭建平台，凝聚共识，线上参会20余万人。聚焦“双减”政策，持续深耕“西安好课堂”。成立陕西省科学教育研究中心西安分中心。开展“促进学校科技创新与科学教育发展”“西安好课堂助理名校＋系列活动之教育评价创新”“西安市心理健康教育教学研究中心教育教学”等研讨活动，累计线上观看达40万余人次。

◆新优质学校成长计划 2021年，西安市教育局印发《西安市“新优质学校成长计划”实施方案》，遴选220所有一定办学基础且有提升空间的公办义务教育学校为“新优质成长学校”，市级投入3.22亿元，实施2422个软硬件项目对成长学校进行全方位提升。对质量提升明显的90所成长学校予以市级奖补6600万元，进一步提升“新优质成长学校”办学质量。投入300万元，对10460名“新优质成长学校”教学副校长、中层管理人员和教师实施能力提升全员培训。依照《西安市义务教育“新优质学校”评估细则》，市级评估认定“新优质学校”212所，其办学质量和水平已取得显著变化，成为群众“家门口的好学

西安市新优质学校——莲湖区沣惠路小学书法教室

校”。西安市“新优质学校成长计划”被列入陕西省教育厅2021年“教育局长年度项目”之中统筹推进。

◆**学校建设** 2021年，西安市教育局编制完成《西安市教育事业发展“十四五”规划》和《西安教育现代化2035》，加快推进教育高质量发展。秋季开学投用新建、改扩建学校143所，比原计划的新增17所、增加学位2.24万个，共提供学位13.04万个。投入1.21亿元对77所乡村小规模学校和乡镇寄宿制学校校舍及附属设施进行改造提升。加快推进国家和陕西省确定的458所学校义务教育“能力提升”项目和116所幼儿园学前教育项目建设，加强改善学校办学条件。完成2021—2025年义务教育“能力提升”项目规划编制。西安市宏景小学、西安市第八保育院已于秋季开学如期投用。西安市第一实验学校、西安市第五保育院分院正在加快施工建设。

◆**规范民办义务教育发展** 2021年，西安市贯彻落实中共中央办公厅、国务院办公厅《关于规范民办义务教育发展的意见》（厅字〔2021〕15号）和教育部等八部门《关于规范公办学校举办或参与举办民办义务教育学校的通知》（教发〔2021〕9号）精神，全面启动西安市规范民办义务教育发展改革工作，成立市教育局规范民办义务教育发展工作领导小组，建立规范民办义务教育发展工作周报和通报制度。指导各区（县、开发区）按照“一校一策”原则制定规范民办义务教育发展工作方案，加快推进“公参民”学校治理和转设等工作。完成48所民办义务教育学校的校名清理规范工作和2020年度97所市属民办学校年检工作。

◆**教育国际（港澳台）合作与交流** 2021年，西安市教育局组织学校积极参加2021年“两岸中学生历史文件研习营”项目，增强台湾地区师生民族认同和文化认同。西安市8个作品在“传承百年初心”陕澳青少年庆祝建党100周年文化作品展演活动中获一等奖并在陕西省演出。指导高新区学校与韩国安东市结对为国际友好城市学校。

◆**优化线上优质教育资源** 2021年，西安市教育局结合“双减”政策要求，为满足中小学生课后自主学习需要和对优质教育资源的需求，依托西安市优质资源共享平台免费向全市中小学生提供优质课程学习资源，实施线上与教材同版、课程同步的“名师公益优课”，累计播出课程465节，观看人数126.37万人次，得到学生和家长一致好评。

◆**思想道德建设** 2021年，在西安市1667所中小学校的130.8万名中小学生中开展以“学史增信崇德 赓续红色基因 争做时代新人”为主题的“开学第一课”思政教育活动。召开新时代学校思政课改革创新工作推进会和“思政铸魂，课程育人”——立德树人视野下西安思政课改革创新研讨会，举办大中小学“同上一堂党史课”观摩活动。创建“西安市新时代学校思想政治理论课改革创新先行试点单位”17个。开展市级中小学思政课教师教学“大练兵”活动，共推荐参加陕西省教学展示选手42名，西安市7名教师代表陕西省参加教育部首届教学基本功大赛。

◆**法治建设** 2021年，西安市教育局先后印发《关于深入学习宣传贯彻习近平法治思想工作方案》《关于常态化开展“法治进校园”活动的通知》《关于组织开展秋季开学“法治教育第一课”活动的通知》《关于组织开展第六届“学宪法 讲宪法”活动的通知》《关于开展2021年“宪法宣传周”系列活动的通知》等文件，在全市教育系统全面开展法治宣传教育。全市中小学从检察官、法官、警察、司法从业人员中累计聘任法治副校长1458名，覆盖率96%，本科及以上学历占86%以上。在中小学校开展法治宣传周、“法治教育第一课”、 国家宪法日主题教育等系列活动。 （吕 叶）

学前教育

◆**概况** 2021年，西安市有幼儿园1987所，在园幼儿40.4万人，其中公办园1058所，公办园在园幼儿21.02万人，公办园及在园幼儿占比分别达到53.25%和52.04%。普惠性幼儿园1886所，普惠性幼儿园在园幼儿38.47万人，普惠性幼儿园覆盖率保持在90%以上。

◆**持续扩容普惠性民办园资源供给** 2021年，西安市教育局全力推进学前教育普惠发展，并将其作为基础教育提升三年行动计划重点任务。提前谋划，统筹兼顾，积极推进普惠性民办园认定工作，联合西安市财政局、西安市发展和改革委员会、西安市市场监督管理局四部门印发《关于普惠性民办幼儿园认定管理有关工作的补充通知》，组织和指导区（县、开发区）做好普惠性民办园的认定、管理和扶持工作。新认定普惠性民办园18所，全市普惠性幼儿园达到1886所，普惠性幼儿园覆盖率保持在90%以上。

◆**扩大学前教育优质资源总量** 2021年，西安市教育局完善“提升软件水平、优化硬件支撑、双向奖补鼓励”三位一体等级创建闭环机制，完成《西安市幼儿园等级评估标准》修订、2021—2023年幼儿园等级创建梯队库建库工作，与西安市卫生健康委员会、西安市市场监督管理局3部门联合遴选、更新西安市学前教育专家库。组织召开2021年等级创建工作部署会，周密部署和安排全年等级创建工作。顺利完成33所省级示范园复验迎检工作，完成15所拟创建省级示范园园所市级初验工作。有序规范组织开展市一级园评估验收工作，全市认定市一级幼儿园35所，组织各区（县、开发区）认定市二级幼儿园81所、市三级幼儿园70所，全市优质学前教育资源覆盖率达到65%以上。

◆**教师队伍建设** 2021年，西安市教育局举办全市第七届幼儿园教师专业技能大赛，结合省级大赛以幼儿为本、保教实践为主的理念导向，市级大赛进行全面更新调整，体现赛制、内容、评分“3个新”，市级大赛严格落实疫情防控要求，整体呈现出目标不变、标准不降、严谨精细的组赛水平。西安市选手在省级大赛上成绩优异，共获综合一等奖6个、二等奖7个、三等奖6个、优秀奖10个，147人次荣获单项奖。组织开展2021年西安市幼儿园园长岗位提高培训、幼儿园骨干教师专业技能提升培训、幼儿园保育员专业规范知识线上培训等培训项目，全市约5000名园长、骨干教师、保育教师参培，多角度、多维度提升学前管理者及教师的综合素质和工作能力。

◆**提升办园水平** 2021年，西安市教育局夯实区（县、开发区）主体责任，指导和组织幼儿园全力推进园所办园水平提升三年行动计划。市级下达2021年公办幼儿园质量提升专项资金2000万元，支持公办园持续提升办园条件。下达扶持普惠性民办园发展资金2731万元，支持普惠性民办园健康有序发展。开展第二批公办园质量提升奖补园所的遴选，下达奖补资金1800万元，树立典型，奖励先进，激励引导幼儿园进一步加快提升办园质量和水平。

◆**规范幼儿园办园行为监管** 2021年，西安市市区两级教育部门严格落实常态化监管要求，持续强化规范办园行为“四级督查”工作长效机制，开展为期2个月的全市幼儿园师德师风建设和规范办园行为集中整治工作，将规范办园行为纳入建设教育强市对区（县）的考核项目，不断建强机制措施，推进监管工作

西安市2021年认定的一级幼儿园（35所）

区（县、开发区）	幼儿园
新城区	西安新城爱多白桦林明天幼儿园
碑林区	西安市碑林区小雁塔幼儿园
莲湖区	西安莲湖天鹅湾星期八幼儿园
莲湖区	西安莲湖九臻瑞吉欧幼儿园
灞桥区	西安市灞桥区狄寨街道第二幼儿园
未央区	西安市未央区汉都新苑第一幼儿园.
未央区	西安市未央区爱儿坊华远君城社区幼儿学
雁塔区	西安市雁塔区吉的堡莱安逸珲幼儿园
雁塔区	国防科技大学信息通信学院试验训练基地五星幼儿园
雁塔区	西安市雁塔区立丰联盟新城幼儿园
阎良区	西安市阎良区第三幼儿园
临潼区	西安市临潼区马额中心幼儿园
临潼区	西安市临潼区油槐中心幼儿园
长安区	西安市长安区杜曲街道春田幼儿园
长安区	西安市长安区滦镇街道童聚乐幼儿园
高陵区	西安市高陵区耿镇第二幼儿园
高陵区	西安市高陵区第三幼儿园
鄠邑区	西安市鄠邑区第四幼儿园
蓝田县	蓝田县普化镇第二幼儿园
周至县	西安市周至县富仁镇第一幼儿园
周至县	西安市周至县富仁镇第二幼儿园
西咸新区	西咸新区沣东新城伊诺幼儿园
西咸新区	西咸新区沣东新城世纪名园幼儿园
高新区	西安高新区第九幼儿园
高新区	西安高新区第十一幼儿园
高新区	西安高新区第十二幼儿园.
高新区	西安高新第七幼儿园
高新区	西安高新第八幼儿园
高新区	西安市长安区郭杜街道林隐天下幼儿园
经开区	西安经开第八幼儿园
国际港务区	西安国际港务区新筑中心幼儿园
航天基地	中国空间技术研究院西安分院航天城幼儿园
航空基地	地华碧水蓝庭幼儿园
浐灞生态区	西安市浐灞第六幼儿园
浐灞生态区	西安浐灞静潼淳幼儿园

督查有力、整改有效，促进全市幼儿园规范办园水平的整体提升。（吕　叶）

◆西安市第八保育院开展资助政策宣传活动　2021年11月，西安市第八保育院为落实国家资助政策，保障适龄幼儿接受学前教育，确保符合资助条件的幼儿都能享受到助学待遇，通过多种渠道积极开展资助政策宣传活动。该院通过宣传展板向幼儿家长详细介绍学前教育阶段幼儿资助政策，并在公告栏张贴资助的通知文件。线上由班级教师在家长微信群进行通知和政策讲解，确保幼儿家长人人知晓资助政策。依据资助政策，第八保育院对本学期在园大班幼儿保教费进行全免。通过开展本次资助政策宣传活动，有效提高幼儿家长对资助政策的知晓率和满意度。（李平丹）

义务教育

◆概况　2021年，西安市有小学1170所，共招生158264人，在校生890921人，教职工51649人，专任教师50767人，生师比17.55∶1。全市民办小学92所，在校生162856人，教职工7912人。小学入学率100%，六年巩固率100.53，小学毕业班毕业率98.34。小学平均班额42.6，截至年底，小学大班额班级110个，占比0.53%。全市初中334所，共招生112653人，在校生320624人，初中教职工16674人，专任教师13821人，生师比12.69∶1。全市民办普通初中35所，在校生80012人，民办中学教职工12228人。初中入学率100%，三年巩固率96.81，初中毕业班毕业率97.85。初中平均班额44.4，初中无大班额班级。

◆义务教育优质均衡发展　2021年，西安市人民政府办公厅印发《西安市统筹推进城乡义务教育一体化改革发展实施方案》，从优化布局、队伍建设、提升办学质量等8个方面扎实推进城乡义务教育一体化改革发展。加快国家县域义务教育优质均衡发展区创建工作。全市义务教育学校56人（含）以上大班额占全市班级总数0.4%，大班额治理工作效果显著。认定4个区为西安市义务教育综合改革试验区。对221所质量提升明显的公办义务教育学校奖补1.6亿元。加强学籍管理，开展“空挂学籍”专项检查，确保“人籍一致”、规范管理。开展中小学教材专项治理，规范教学用书选用征订工作。创建义务教育课程与教学管理示范基地25个。西安市20项教学成果参加陕西省基础教育实验教学成果展。立项省级中小学精品课程培育项目35个、市级88个，156节“基础教育精品课”推荐至教育部。

◆义务教育招生入学　2021年，西安市教育局持续落实公民办学校同步报名、同步招生，对民办义务教育学校报名人数超过招生计划数的，实行电脑随机录取，确保规范有序。在招生入学阶段实行周调度工作机制，共召开周调度会19次，及时研究解决招生入学有关问题，确保招生入学各个环节有序实施。加大政策宣传力度，家长会、“校园开放日”参与家长达45.68万人次。设立市、区两级协调接待中心27个，主动热情高效做好招生入学咨询服务。义务教育学校共招收起始年级新生27.05万人，确保适龄儿童少年“应入尽入”。中考、高考组织服务规范有序，实现“健康考试”“平安考试”。

◆优化课后服务　2021年，西安市教育局以课后服务为抓手，统筹“双减”和中小学生作业、睡眠、手机、读物、体质“五项管理”工作要求，从“看护看管”转向“减负提质”，截至年底，全市开展课后服务学校1282所，覆盖率100%，参与课后服务学生数占比89.77%，每周5天参加课后服务的学生占参加课后服务学生总数的98.90%，参与课后服务教师参与率占比95.67%，服务时间达标率100%。与西安市发展和改革委员会、西安市财政局、西安市市场监督管理局、西安市人力资源和社会保障局联合印发《关于我市中小学课后服务收费事项的通知》，明确小学每生每月不超过140元，中学每生每月不超过100元的政府指导价。实施丰富多元的课后育人活动，在校内满足学生多样化学习需求。高新区以“五个聚焦”提升课后服务水平、以目标责任制推动课后服务全覆盖的做法被教育部作为典型案例在全国推广。西安教育电视台推出《课后服务在西安》融媒体报道专栏，对课后服务先进经验做法进行宣传报道。

◆国家义务教育质量监测　2021年，西安市教育局指导国家样本区临潼区圆满完成国家义务教育质量监测实施工作。开展2020年国家义务教育质量监测实施优秀组织单位申报工作。完成市级关于2019年义务教育质量监测反馈问题整改方案。指导区（县）做好2019年监测报告解读和建立反馈问题台账。指导各区（县）对反馈问题进行解读，制定整改方案，提出整改措施，明确整改时限。召开解读会议26次，梳理存在问题129个，提出整改措施190条，全面深入进行整改。督导检查各区（县、开发区）2018—2019年监测结果应用工作。指导蓝田、高新、航天基地完成2021年省级义务教育质量试测工作。组织8名市督学参加全国教育评价改革高级研修班示范班学习。完成蓝田县、高新区、航天基地完成省级义务教育质量监测试测工作。完成《西安特色教育监测评价体系实施方案》《西安市基础教育提升三年行动计划推进情况评估实施方案》2个项目采购招标程序。

西安市首届中小学“中华经典诵写讲”诗词大会获奖名单

学生组一等奖

区（县、开发区）	学校名称	优秀指导教师	优秀选手	组别
高新区	西安高新第一小学	董新娥	王天琪　王钰棋　丁一宸　夏菁阳	小学组
碑林区	西安铁一中分校	刘　丹	李肖彤　王韩若淇　王家慧　尚怡燃	初中组
经开区	陕西省西安中学	李　林	张域昕　黄欣楠　姜雨欣　吴桐樾	高中组

教师组获奖名单

区（县、开发区）	学校名称	组别	获奖教师	获奖类别
碑林区	西安市铁一中学	教师组	朱文龙	一等奖
新城区	西安市东方中学	教师组	强武军	二等奖
碑林区	西安市第三中学	教师组	苏　开	二等奖
新城区	西安市第八十九中学	教师组	冯博闻	三等奖
雁塔区	陕西师范大学铭城小学	教师组	王海波	三等奖
蓝田县	蓝田县玉山中学	教师组	李晓佳	三等奖
蓝田县	西安市白鹿原高级中学	教师组	郗筱利	优秀奖
高新区	西安高新区第十小学	教师组	杨　帆	优秀奖
高新区	西安高新第一中学	教师组	徐嘉伟	优秀奖
莲湖区	西安市莲湖区前卫路小学	教师组	畅　康	优秀奖

优秀组织单位奖

区（县、开发区）	学校名称	组别	区（县、开发区）	学校名称	组别
新城区	新城区黄河小学	小学组	雁塔区	西安电子科技大学附属小学	小学组
莲湖区	莲湖区青年路小学	小学组	未央区	未央区西航四校	小学组
临潼区	临潼区临潼小学	小学组	高新区	西安高新第四小学	小学组
碑林区	西安理工大学附属中学	初中组	临潼区	临潼区骊山初级中学	初中组
莲湖区	西安市第二十三中学	初中组	蓝田县	蓝田县初级中学	初中组
临潼区	临潼区化工院中学	初中组	莲湖区	西安益新中学	初中组
莲湖区	西安第七十中学	高中组	浐灞生态区	西安市第三十四中学	高中组
碑林区	西安市第三中学	高中组	高新区	西安高新第三中学	高中组
莲湖区	西安市第一中学	高中组	曲江新区	西安市曲江第一中学	高中组

◆“学宪法 讲宪法”活动　2021年8—12月，西安市教育局组织开展全市中小学“学宪法 讲宪法”活动，包括演讲比赛、知识竞赛、“宪法卫士”行动等活动。在各区（县、开发区）推荐的76名选手中，遴选出18名优秀学生参加陕西省“学宪法 讲宪法”演讲比赛和知识竞赛，其中14名学生分别获一、二、三等奖，西安市教育局被陕西省教育厅评为优秀组织单位。

◆中小学研学实践教育　2021年，西安市教育局评选西安市中小学生研学实践教育基地20个，市级拨付研学旅行补助资金312万元，支持学校开展研学实践教育。全年组织研学实践学校574所，参加学生27.6万人。

◆西安市举办“助力乡村小学青年教师公益培训”活动　2021年5月28—30日，西安市教育科学研究院主办“助力乡村小学青年教师公益培训”活动，咸阳市旬邑县齐心九年制学校、延安市南泥湾红军小学、铜川市照金北梁红军小学、渭南市华州区高塘镇北村小学等传承红色基因学校的教师以及各区（县）甄选的50名优秀乡村教师的代表齐聚未央煜星外国语小学参加培训。　（吕　叶）

中等教育

◆概况　2021年，西安市有普通高中167所；在校学生161486人，比上年增加6756人，增幅4.37%；招生57209人，增加3934人，增幅7.38%；有专任教师12934人，增加69人，增幅0.54%；专任教师学历合格率99.21%；生师比12.49∶1。民办普通高中31所，在校生25003人，增加1821人，增幅7.86%。西安市具有学历教育招生资质的中等专业学校52所，含公办中职学校20所（市属中职学校7所），民办学校32所。全年全市职业高中招生23364人，招生人数比上年增长4.49%，在校学生总数为64996人，增加11.21%；专任教师3767人，增加346人，增幅10.11%；生师比17.25∶1。

◆普通高中教育　2021年，西安市6所学校创建为省级示范高中，8所新建普通高中创建为省级标准化高中。全市有省级示范高中36所、市级特色示范高中12所、市级特色实验高中19所，省级标准化高中实现区（县）全覆盖。制定《关于新时代推进普通高中育人方式改革的实施方案》，持续深化课堂教学改革，创建市级重点学科260个、精品课程330个。

◆**高考综合改革** 2021年，西安市教育局组织成立西安市高考综合改革工作领导小组，全面推进各项新高考改革任务。投入1.43亿元全面升级考试管理系统、巡考系统、人脸识别系统和保密安全系统，建成标准化考点152个、标准化考场4968个。制定《西安市推进高考综合改革工作实施方案》《关于进一步加强高考综合改革基础保障条件的实施方案》及相关配套文件，从部室建设、选课走班、教学实施、教师培训等方面积极做好改革准备工作。加快推进普通高中新课程新教材改革，遴选市级示范区13个、示范校28所。深入开展研修培训活动，实现各级教育行政管理人员、教研人员、“新高一”年级学科教师培训全覆盖。

◆**中等职业学校** 2021年，西安市16所中职学校进入市级示范中职学校创建序列，21所中职学校23个专业评估认定为市级重点专业。26所中等职业学校进入教育部“1+X”证书制度试点单位，559名学生获得相应技能等级证书。加强中高职衔接，13所中职学校与25所高职院校开展了33个专业的“3+2”联合办学。深化产教融合，校企合作，落实《西安市深化产教融合实施方案》，开展高水平专业化产教融合实训基地建设，在全市建设9个高水平产教融合实训基地。

（吕　叶）

◆**西安高级中学科技节开幕** 2021年11月25日，西安高级中学2021年校园科技节启动仪式举行，本次科技节的活动主题是“科学梦　中国梦”。活动内容分为4个阶段：第一阶段是宣传及作品征集阶段，各班举办以“科学”为主题的班会，观看科普视频；组织学生创作科技手抄报。第二阶段是专家讲座和走进高校活动。第三阶段是科技趣味竞赛活动，进行水火箭比赛和理化生学科竞赛。第四阶段是学生科技作品展示评比。西安高级中学科技节活动开展以来，以培养学生的创新精神和实践能力为核心，营造出浓郁的科学氛围，让学生在活动中充分体验学习科学的乐趣，能力获得进一步发展。（李平丹）

高等教育

◆**概况** 2021年，西安市有4所市属高校，其中3所全日制高校/高职（西安文理学院、西安铁路职业技术学院、西安职业技术学院）。开设有48个本科专业、84个高职专业，专业涵盖全面。本专科在校生3.4万人；成人高校（西安开放大学）本专科在籍生8.8万人。

◆**普通高等教育** 2021年，西安市全面推动高等教育特色发展、内涵发展，支持市属高校“四个一流”建设、“双高”建设（中国特色高水平高职学校和专业建设），共遴选建设15个市级“一流学科”、28个市级“一流专业”。西安文理学院思想政治教育、环境生态工程专业获批为省级一流本科专业建设点。西安职业技术学院动漫制作技术专业承担国家第二批现代学徒制试点项目、省级一流专业建设项目。西安职业技术学院和西安铁路职业技术学院被认定为退役军人职业技能承训机构。成立西安交通大学城市学院转设专班，制定《西安交通大学城市学院转设工作专班工作方案》，持续推进西安市与西安交通大学合作共建事宜。指导完成3家高校校友会成立及登记工作。深化市属高校校企合作、产教融合人才培养新模式，市属高校31个专业获批国家“1+X”证书试点。推进职业教育高质量发展，培育优势特色专业，支持西安铁路职业技术学院创建国家高水平高职学校，支持西安职业技术学院创建陕西省高水平学校。连续3年超额完成全市高职扩招任务。着力推进西安开放大学转型发展，积极构建服务全民终身学习教育体系新定位和新功能。加快推进更加创新开放、更高质量的学历教育，推进更加融合开放、更具特色的非学历培训，推进更加普惠开放、更具活力的社区教育，促进“三教”（教师、教法、教研）联动和融通。2021年西安开放大学致力于创优提质，学历教育共招收各类新生29990人，毕业本专科学生24509人。学位申报工作整体质量逐步提高，2021年春季学期学位授予通过率100%。

◆**成人继续教育** 2021年，西安市建成社区大学1所、社区教育学院22所、社区教育学校83所、社区教学点2000个、社区教学示范点501个，年开设课程2000班次以上，服务市民200万人次。共认定市民终身学习体验基地71个，评选市级特色优秀课程资源121门，基本形成覆盖全市的“15分钟社区教育圈”服务体系。

◆**民办非学历高等教育机构** 2021年，西安市有民办非学历高等教育机构9所，学生2025人、教职工258人。主要开设酒店管理、JAVA开发、口腔医学技术、医疗器械工程、生物制药工程、眼视光学技术、导游旅游服务、电气工程等专业。为进一步加强民办非学历高等教育机构管理，规范办学行为，西安市教育局对9所市管民办非学历高等教育机构办学情况进行全面检查。检查内容包括党建思政、法人治理、办学条件、招生宣传、教育教学、师资队伍建设、师生权益保障、财务管理、安全稳定等方面工作情况。

（吕　叶）

◆**西安文理学院** 西安文理学院是2003年经教育部批准，由西安市政府主办、省市共建、面向全国招生的一所全日制普通本科高校。学校秉承关中书院“躬行实践、经世致用、敦本尚实、笃行践履”的内涵，结合国家“育人为本，德育为先”的教育方针，凝练形成“重德、笃学、躬行、崇高”的校训。学校确立“坚持地方性、应用型、开放式，建设特色鲜明的高水平城市大学”的办学定位，“师范做优、文史做强、工管做特，多学科协调发展”的学科专业定位，“培养立足西安、面向陕西，为区域经济社会发展培养基础实、能力强，具有创新创业精神，德智体美劳全面发展的高素质应用型人才”的培养定位。学校有高新、太白和关中书院3个校区，校舍建筑面积50万平方米，纸质图书资料160万余册，电子图书资料151万余册，固定资产总值11亿余元，教学仪器设备总值2亿余元。学校现有教职工1100余人，其中专任教师700余人，硕士及以上学位600余人，具有副教授以上职称的专任教师300余人；外聘两院院士3人；柔性引进各类人才共45人，其中学科首席专家12人；有国家、省、市级各类专家19人；省级教学名师、优秀教师、师德标兵等荣誉称号的11人；省级师德示范团队1个、教学科研创新团队15个。学校现有全日制本科生13000余人，设有13个二级学院，1个继续教育学院、1个关中书院。50个本科专业，涉及文学、理学、工学、教育学、管理学、经济学、法学、历史学、农学、艺术学等十大学科门类，逐步形成师范教育、电子信息、生物化工、智能制造、文化创意、商贸物流、社会治理、康养服务8个专业群。目前有国家级众创空间1个、一流专业建设点1个、一流课程1门；省级一流专业建设点10个、重点学科4个、精品课、精品资源共享课、思政示范课、一流课程等高层次课程37门、教育教学成果奖18项、教育教学改革研究项目21项；市级一流专业建设点13个、一流重点建设学科14个。获批省级重点实验室2个、“四主体一联合”工程技术研究中心1个、哲学社会科学重点研究基地1个、实验教学示范中心7个、人才培养模式创新实验区3个、大学生校外实践教育基地2个；市级工程研究中心2个、重点实验室4个。2021年，学校承办中国大学生计算机设计大赛西北赛区决赛、全国大学生光电设计竞赛西北赛区决赛等重要学科竞赛。（李平丹）

◆西安开放大学 西安开放大学（原西安广播电视大学）创建于1979年10月26日，经陕西省人民政府2020年12月17日批准，正式更现名。由西安市人民政府主办，是西安市唯一一所以继续教育为主体的高等学校。2011年11月22日，经西安市政府批准，加挂“西安社区大学”牌子。挂牌西安市乡村振兴培训基地和西北农林科技大学农业农村干部学院西安分院。自建校以来，学校始终坚持以办好老百姓家门口的大学为己任，充分发挥中心城市开放大学扁平化的两级办学模式，促进优质资源共享，辐射更多有志于继续求学的学子。已建成覆盖全市13个区（县）以及8个开发区的一主多辅的办学网络体系。组织参加第七届中国国际“互联网+”大学生创新创业大赛省级比赛荣获金奖1项，银奖1项，铜奖5项，获全国总决赛铜奖，学校获职教赛道“优秀组织奖”。

办学特色 学校立足西安，服务区域经济发展，面向职业应用型人才培养，运用现代信息技术，开展学历与非学历继续教育，建成了规模适度、结构合理、共享高效和服务体系完备的新型高等学校，成为西安市全民终身教育的主力军和中心城市开放大学“智慧教育”的创新示范，努力创建特色鲜明、国内一流的开放大学。在2021年（第二十届）中国国际远程教育大会上，获终身教育特别贡献奖。

办学规模 开设有开放教育本、专科专业69个，成人教育专业39个，现有在籍学生10.18万人，累计培养学历教育人才20.72万人，非学历年培训达100万人次。狠抓质量创优提质，学历教育共招收各类新生29990人，毕业本专科学生24509人。学位申报工作整体质量逐步提高，2021年春季学期学位授予通过率100%。

教师队伍 学校拥有一支实力雄厚、办学经验丰富的教学及教学管理队伍，建设一支校内外专兼职结合，由普通高校、企业、行业专业人员组成的、稳定的“双师型”教师团队，以教学团队模式开展专业、课程建设与教学活动。有校外兼职教师共1413人，其中高级职称509人，中级职称640人，其他264人。还积极组织参加各类各级教师培训，开展教师素质能力提升暨教学大练兵等活动，提升教师专业素养和能力。学校多名教师被评为国开最美教师、师德标兵、优秀教师等。同时加强人才引进力度，招聘高层次人才36人。

开放教育 学校持续深入推进“以学生学习为中心”的智慧学习体系的应用，构成全域、灵活、智能的教育教学新环境，形成一点多面带动辐射、系统共享的扁平化教学统一体。依托智慧教育环境，以提升教学质量为目标，启动实施“共享优课堂”计划，即采用现场和线上直播的方式发挥课程“共享”机制，形成了线上+线下相结合的混合式教学模式，实现实时互动，提升育人效果。探索优质资源的共享机制和智慧教育环境下的教学模式。推出一系列精品课程。已累计推出15门课程，涵盖思政、理工、文法、财经等多学科课程。建设的智慧学习质量监控与支持服务大数据平台已全面应用于学历教育，实现教学要素多层级画像的可视化呈现，并对教师教学、学生学习和考试、课程等应用情况进行预警，实现了学习质量监控全覆盖，确保教学质量。

专业建设 高标准开展市一流学科建设项目工商管理学科建设工作，在完善专业人才培养方案、推动实践教学条件建设、加强科学研究和教师队伍建设等方面取得阶段性成果。与西安市应急管理局共建国家开放大学共享专业《安全与技术管理》，全国10家开放大学系统招生1312人，目前专业在籍生7000余人，建设具有西安本地域特色的学科品牌专业及精品课程群，全国共享共用。

资源建设 学校加大教学资源建设委员会统筹指导力度，从资源建设理念、建设与应用的制度标准、团队素质能力等方面着手，全面提升资源建设综合实力，提高学历教育与非学历培训各类资源建设质量。2021年度实现选修课程视频资源全覆盖，共计建设完成“共享优课堂”精品资源378节，干部教育培训自建课程36门，培训学院培训课程97门。

教育科研 学校加大科研投入，完善“一带一路”智慧教育研究中心机构设置，加强制度建设，积极推动教师科研档案建设及专题培训。建立校内课题申报与结题标准，审核、指导完成33项校级科研课题立项及开题工作。2021年，学校陕西省高等教育学会高等教育科学研究项目结题3项、重点项目1项；立项中国成人教育协会“十四五”成人继续教育科研规划一般课题5项；立项陕西省高等继续教育教育教学改革重点项目1项。

社区教育 学校以建设“15分钟社区教育服务圈”为抓手，持续推进社区教育工作。全年新建各类社区教学点500个，开设服务市民学习的各类课程2000班次以上，服务市民学习达到120万余人次。建立健全西安老年开放大学办学组织体系相关制度，促进老年教育规范化发展。与碑林区社区教育学院等19家单位建立合作办学关系。同时以“抓精办优、示范引领”为目标，办好西安老年开放大学长兴校区，全年共开设42个班，培训学员529人次；合作办学单位共开设184个班，培训学员近3000人次。学校将宣传家庭教育与党史学习教育有机结合起来，讲好党的奋斗故事，激励传承好的家风。累计举办家庭教育公益讲座140余场、精准服务100组家庭，受到市民欢迎和好评。

对外汉语网络教育 学院一方面通过多语种宣传册、学习手册及与市侨联、市外办、省内高校、有资质的相关涉外机构合作，多措并举加大外宣工作力度；另一方面优化完善汉唐华语网、微信公众号、移动学习终端等多途径，为学生提供便捷、有效的泛在化学习。学院主要平台“汉唐华语网”在线注册学生人数已达7127人。 （郭少锋　刘　晶）

◆西安铁路职业技术学院 西安铁路职业技术学院是西安市人民政府主办的全日制普通高等职业院校，是陕西省示范高职院校和全国铁路职工高等教育研究会秘书长单位，国家首批“1+X”证书试点院校、第二批现代学徒制试点院校、示范性职业教育集团（联盟）培育单位、国家级职业教育教师教学创新团队立项建设单位。学校创建于1956年，由隶属于原铁道部的西安铁路运输学校和西安铁路运输职工大学合并组建而成。学校本部位于西安国际港务区，有4个校区，总占地46.67公顷，现有教职工680余人，专任教师中具有硕士、博士学位279人，教授、副教授176人、全日制在校生14600余人，设有10个教学院部、43个高职专业。学校积极发挥60余年的轨道交通行业办学积淀，现已形成以铁道运输类、城市轨道交通类两大行业涵盖的专业与专业群为重点，以电力技术类、土木建筑类、装备制造类和电子信息类等相关专业为辅的专业群。学校党委被西安市委授予“西安市先进基层党组织”；获2021年“三下乡”活动“省级示范学校”称号；学校助力佛坪县乡村振兴的党史宣传教育团、农产品直播宣传推广团、敬老助老情暖儿童实践团获“省级优秀团队”称号。

专业建设与教育教学 积极优化专业布局，成功获批举办学前教育专业。新增4个“1+X”证书试点考核站点，建成课程思政示范课5门、在线课2门，开发教材2本。6个市级重点扶持专业建成在线开放课程12门、课程思政示范课15门，开发活页式教材9本。坚持示范引领，评选院级教学成果奖10项、院级“课程思政”示范课程教学改革优秀案例50个，认定院级在线精品课21门。

师资队伍建设 加强高层次人才引进工作，印发《公开招聘博士研究生暂行规定》。着力建设层级化结构化高水平教师队伍，新进专任教师、辅导员23人，新聘任专业（学科）带头人78 名、骨干教师157名、青年才俊25名，首次认定“双师型”教师219名。设立教师教学创新团队7个和名师工作室4个，成立技能大师工作室5个，铁道交通运营管理专业教师教学创新团队获批国家第二批立项建设。设立教师企业实践流动站7个，其中2个入围国家首批教师实践流动站试点建设单位。教师参加2021年教师教学能力大赛获得国赛一等奖、二等奖各1项，省级一等奖3项，二等奖2项，三等奖3项，学院获得优秀组织奖。

招生就业工作　建立“全员参与招生、全面开展宣传”的招生宣传工作机制，通过线上、线下广泛宣传，共招录新生5309人，学校招生规模进一步扩大，办学规模突破1.4万人。加强就业推荐和指导工作，积极拓展学生就业渠道。2021届毕业生就业去向落实率为97.11%，其中80%以上的毕业生从事专业对口的技能岗位，就业质量高。学校被评为陕西省就业工作先进单位。

校企合作　推进校企协同育人，扩大校企合作规模，拓宽产教融合渠道，先后与中国铁路兰州局、郑州局集团公司、武汉高速铁路职业技能训练段等多家行业骨干单位签署校企合作战略框架协议书，深度合作企业近90家，与中国铁路下属11个集团公司162个站段开展“2+1”校企联合培养，组织学生到西安地铁等数十家地铁公司开展跟岗实习。学校“轨道交通产教融合实训基地”被列为2021年西安市高水平专业化产教融合实训基地，牵头组建的“西安轨道交通职业教育集团”获批成为教育部第二批示范性职业教育集团（联盟）培育单位。

学生教育管理　突出半军事化管理特色，制定《学生半军事化管理实施细则》等学生管理制度4项，评选表彰半军事化管理示范班20个，半军事化管理示范二级学院2个。加强学生管理队伍能力建设，辅导员课题获批省级精品项目立项1项，省级研究课题2项。加强心理健康教育，获得陕西省教育工委心理育人宣传活动一等奖1项、二等奖3项、三等奖2项，学生心理健康情景剧荣获第四届全国高校大赛三等奖。学生参加各级各类学生技能竞赛共获奖56项，其中国家级13项，省级43项。

教科研工作　新增立项省级教育教学类研究项目10项，国家级教育教学研究项目实现突破，立项及在研项目4项。立项省级校企合作技术及服务类研究项目9项。与西安铁路局等省内外轨道行业企业开展技术项目7项，与企业联合进行教材开发、技术推广、工作标准制定等合作项目60余项。教师发表的3篇论文列入SCI检索，教师编写的3种教材获得国家首届优秀教材一等奖1个、二等奖2个。

国际合作交流　中俄合作办学共招生223人，在册755人，办学规模实现新突破。与长安大学达成合作，共建“中非交通大学(尼日利亚)”。广泛联系交流，扩大教育合作范围至老挝、韩国、菲律宾、马来西亚等国家。

基础办学条件改善　加快推进基础设施建设，港务校区2栋新建学生公寓楼建设项目完成主体封顶，2850千伏安电力扩容顺利完成，学生宿舍安装空调1109台，电视1065台。龙首校区东大门建成启用，龙首2号楼提升改造项目顺利竣工验收。　（刘睿菲）

◆西安职业技术学院　西安职业技术学院是经陕西省人民政府批准，西安市人民政府举办的一所公办综合类全日制高职院校。学校占地面积25.47公顷，主校区地处西安高新技术产业开发区核心区域，毗邻西安高新软件新城、陕西航天经济技术开发区、曲江文化产业示范园区、中国（西部）科技创新港。学校现有大数据应用学院（动漫软件学院）、建筑与轨道交通学院、经济管理学院、会计与金融学院、电子信息工程学院、生物与医药学院、机电工程学院、学前师范学院、马克思主义学院、基础课教学部、继续教育学院11个教学单位，教职工500余人，在校生1.15万余人。学校办学“根植西安、面向全省、辐射全国、放眼世界”，专业建设、人才培养主动服务国家数字经济，专业建设实施“品牌”战略，开设高职专业47个，涉及装备制造、电子信息、财经商贸、交通运输等11个专业大类，其中“动漫制作技术”为国家级骨干专业、“建筑工程技术”为中央财政支持建设专业，“动漫制作技术”为省级一流专业建设项目，培育电气自动化技术、建筑工程技术、电子信息工程技术、物流管理、电子商务等省级一流专业5个，建设机电一体化技术、会计等省级重点专业5个，省级专业综合改革试点项目3个。学校办学条件雄厚，建有校内实践基地157个，校外实习实训基地133个。学校是国家高技能人才培养基地、教育部现代学徒制试点建设项目单位、教育部首批“1+X”证书制度试点院校、全国物流职业教育人才培养基地、陕西省创新创业教育改革试点系院、陕西省动漫人才培养基地、西安高新技术产业开发区技能人才培养基地，优越的教学资源，为学生岗位实习、技能大练兵提供便利，夯实职业教育德技并修、工学并重、育训并举、知行合一的基础。学校专任教师355人，高级职称150人，硕士及以上学位244人，双师素质教师197人。建成省级名师工作室3个、教师特色工作室1个、技能大师工作室1个。教师获得省级“教学名师”4人、省级“师德标兵”1人，西安市“最美教师”3人、“教书育人楷模”1人，市教育系统“师德先进个人”1人，市科教文卫工会“最美教育工作者”8人。

◆西安交大程海教授获欧洲地学联盟米兰科维奇奖　2021年11月3日，西安交通大学人居学院教授程海获欧洲地学联盟（European Geosciences Union，EGU）2022年度米兰科维奇奖（Milutin Milankovic Medal），以表彰他在石笋古气候研究、铀系技术发展领域做出的杰出贡献。程海是第二位获得此荣誉的华人，首位获此奖项的华人为我国著名海洋地质学家汪品先院士。程海发展国际领先水平的U系质谱测量技术，提供许多重要和精确的晚第四纪气候变化绝对年代尺标以及精确测量海水等地质样品中一些极微量元素及其同位素的技术方法，这些技术被广泛应用于古气候学、古海洋学和全球气候变化研究中的许多基本问题的研究。他还是国际领先的石笋古气候研究专家之一，取得许多突破性的科学发现。在国际期刊上发表论文480余篇，其中《科学》20篇、《自然》13篇、《自然》《科学》子刊文章40余篇，论文被引用5万余次。2014—2020年连续入选汤森路透/科睿唯安（Thomson Reuters/Clarivate Analytics）全球高被引科学家和爱思唯尔中国高被引学者，在地球科学领域（ESI，科学网）的世界引文排名第5位。

◆西安交大与西安浐灞生态区深化校地教育合作签约仪式举行　2021年12月11日，西安交通大学与西安浐灞生态区深化校地教育合作签约仪式举行。此次深化校地教育合作，联合创办交大附中浐灞右岸学校，推进浐灞生态区教育优质均衡发展。浐灞生态区将借助西安交大相关学院及智库基地，为浐灞生态区大会议会展、文化旅游、现代金融、数字经济四大产业发展提供智力支撑，从而推动浐灞生态区教育质量提升和产业优化升级；同时，也将为推动全市教育改革创新、加快教育强市建设。

◆西电学子获2020全国大学生微创业行动金奖　2021年5月15日，2021年大学生微创业行动启动仪式暨2020年大学生微创业行动成果发布会在上海证券交易所上市大厅举行。本次活动由KAB全国推广办公室、上海证券交易所公益基金会和广发证券社会公益基金会联合主办，中国青年报客户端和青创头条客户端进行全程直播。2020年大学生微创业行动微创业项目征集活动从2020年6月1日启动，共有330多所高校1100个项目通过遴选进入微信专题展示环节。专家组依据微创业项目的创业团队、商业模式、盈利能力、创新性、可持续性、社会价值等方面进行遴选，共有50个微创业项目获奖，其中20佳微创业项目通过活动现场路演决出了金银奖各10名。西安电子科技大学学生郭哲宇、李杰共同申报《天眼智控——智能交通监测系统》项目从1100个创业方案中脱颖而出，获2020全国大学生微创业行动金奖。

◆西电获外语课程思政优秀教学案例评选全国一等奖　2021年12月11日，全国高等学校（本科）外语课程思政优秀教学案例征集与交流活动开幕。由高等教育出版社、全国高校教师网络培训中心与中国外语编辑部共同举办。通过多轮的选拔，该校外国语学院大学英语教学二部张莹、常田、任静、马琪、陈万庆教师团队以陕西省特等奖的优异成绩进入全国总决赛，并最终获本届大赛大学英语组课程思政优秀教学案例全国一等奖。

◆西工大获第三届中国通用航空创新创业大赛特等奖　2021年7月21—22日，第三届中国通用航空创新创业大赛总决赛暨颁奖典礼在山西太原举行，西北工业大学“新型垂直起降高速无人机”项目获特等奖，学校获优秀组织奖。本届大赛由中国航空工业集团有限公司、山西省人民政府主办。自2020年11月大赛在北京启动，共有416个项目报名，55强进入半决赛，经过半决赛，“科技创新”组15支团队、“创业投资”组9支团队进入总决赛。西北工业大学组织推荐的“新型垂直起降高速无人机”（航空学院）获本届大赛唯一特等奖。本项目来自西北工业大学“灵龙”无人机团队。项目依托国家级重点实验室，成功突破气动布局与翼型设计等关键技术，在世界首次完成转换飞行。

◆第十四届全国大学生创新创业年会在西北工业大学举办　2021年12月10—12日，第十四届全国大学生创新创业年会在西北工业大学长安校区举办。年会是由教育部发起和主办，依托“国创计划”开展的一项重要年度性展示交流活动，是全国高校本科教学改革中覆盖面最广、影响力最大、学生参与最多、水平最高的盛会之一。本届大创年会由西北工业大学承办，包含创新学术交流、改革成果项目展示、创业项目推介3个主题活动。来自全国30个省（市、自治区）的250余所高校师生代表，教育部，地方教育主管部门代表，“国创计划”专家组成员以及行业代表共900余人参加线上、线下会议。本届年会采取线上线下相结合的方式，组建大创年会云上展厅，会务手册、项目展示、接站安排等系列“无纸化”线上查询及观看安排，年会开幕式、闭幕式、学术研讨、创业项目推介答辩等线上同步直播。

◆西安文理学院师生在全国大学生生命科学创新创业类竞赛决赛中获全国一等奖　2021年11月16日，全国大学生生命科学创新创业类竞赛委员会公布第六届全国大学生生命科学竞赛（2021，创新创业类）获奖名单，由西安文理学院生物与环境工程学院学生周伊娜带队，徐玲玲教授和张焱老师指导的《羊肚菌菌多功能复合型播种装备》获创业类全国一等奖。该项目发明了一种开沟、搅拌、播种和覆土为一体的羊肚菌专用播种机，解决羊肚菌播种过程中对人工的依赖，大大提高羊肚菌的播种效率。该团队将实践教学内容精准对接贫困县实际需求，因地制宜，进行科技扶贫，实现农民增收，助推羊肚菌产业升级。在西安、商洛、延安等11个县19个村多个地区进行较大规模推广，在黄龙县白马滩神玉村被列为脱贫攻坚帮扶项目，在西安蓝田冯家村被列为羊肚菌产业扶贫试点项目。

◆西安文理学院获“十四运”现代五项项目突出贡献奖　2021年11月24日上午，中华人民共和国第十四届全国运动会现代五项项目竞委会总结暨表彰大会在陕西省体育训练中心举行。西安文理学院获“突出贡献奖”，95名同学荣获“优秀志愿者”荣誉称号。西安文理学院“十四运”志愿者工作自2020年9月启动以来，受到广大师生的广泛关注，同学们积极参加、踊跃报名，圆满完成现代五项项目测试赛和正式赛的志愿服务工作，充分展现文理学子的青春活力和对“十四运”志愿服务的热情。

◆西安文理学院课程首次入选国家级典型教学案例　2021年12月，第三届全国慕课教育创新大会发布245个国家级慕课与线上、线下混合式典型案例，西安文理学院师范学院院长曹莹教授的《基于语言能力生成的〈现代汉语〉慕课实践探索》入选。本次入选的国家级案例在全国高校在线开放课程联盟联席会相关会议中进行推介，案例所探索出的新做法、新经验、新成效将供教育部高等学校教学信息化与教学方法创新指导委员会参考。同时，入选案例将成为教育行政部门制定政策、起草文件、认定课程、推进工作的重要依据。　（李平丹）

特殊教育

◆概况　2021年，西安市有特殊教育学校14所，比上年增加3所。在校学生3493人，增加160人，增幅4.80%；招生603人，增加14人，增幅2.38%；教职工494人，增加56人，增幅12.79%；专任教师367人，增加34人，增幅10.21%。民办特殊教育学校1所，与上年持平。全市专门学校1所。在校学生16人；教职工43人，专任教师32人。

◆全国第十一届残运会暨第八届特奥会　2021年，西安市三所特殊教育学校积极参加全国第十一届残运会暨第八届特奥会，特教学校学生运动员在比赛中克服困难、顽强拼搏，取得金牌19枚、银牌15枚、铜牌7枚的历史最好成绩；并组织172名师生参加火炬传递、手语翻译志愿者服务、开幕式和闭幕式表演，赢得社会广泛赞誉好评。

◆全市特殊儿童“知党恩、跟党走、享融合、共筑梦”文艺汇演活动　2021年，西安市教育局举办2021年全市特殊儿童“知党恩、跟党走、享融合、共筑梦”文艺汇演活动，评选优秀作品44个、优秀辅导教师60名，并于6月24日举办庆祝建党100周年文艺展演暨颁奖典礼活动。本次活动传递平等、参与、共享的文化理念，展现西安市特殊教育事业的蓬勃发展成果。　（吕　叶）

◆启智学校开展“为党育人，向党汇报”青年教师教学技能大赛　2021年5月13—21日，西安市启智学校党总支组织开展“为党育人，向党汇报”青年教师教学技能大赛。此次参赛教师20人均为近几年参加工作的教师，涉及生活语文、生活数学、音乐、美术、体育、康复个训、创新课程等7个学科。此次比赛青年教师展现出良好的精神风貌和精湛的教学技艺，评委点评每节课的优缺点，还就今后参赛教师在课堂上需加强和注意的方面提出建议。经过从教学目标、教学方法、教师整体素养、教学特色等方面进行评审，最终评出一等奖2名，二等奖8名，三等奖10名。　（李平丹）

科学研究和技术服务

自然科学研究与应用

◆概况 2021年，西安市科学技术局（西安市外国专家局）聚力打造具有国际影响力的丝路科创中心，积极投身秦创原创新驱动平台建设，在创新研发、成果转化、企业培育、生态营造等方面取得明显成效。科技创新政策体系趋于完善，区域创新布局注重协调，创新载体建设质效并升，赋能经济社会发展显著增强，各项指标任务高标准完成，实现“十四五”良好开局。全市共投入研究与试验发展经费506.06亿元，比上年增加24.3亿元，增长5%，研发投入强度为5.05%，高于全省2.63个百分点，高于全国2.65个百分点。规上工业企业研发经费投入157.05亿元，投入强度1.82%。全年新增陕西斯瑞新材股份有限公司、西安炬光科技股份有限公司、陕西莱特光电材料股份有限公司等9家国内外科技型企业上市企业。国家超算（西安）中心累计完成投资16亿元以上，科技部已批准纳入国家超算体系，一期计划总峰值算力达到180P。全市登记成交技术合同65684项，成交额2209.49亿元，比上年（1648.56亿元）增长34.03%。促成40亿元规模的国家中小企业发展基金——国中常荣子基金正式签约落地西安，主要投向信息技术、高端装备制造等领域的中小企业。依托区（县、开发区）举办产学研金协同创新系列活动共计131场，举办校企双进活动7场；参与推进科技成果就地转化项目403个。培育入库科技型中小企业8595家，比上年增长超过30%。科技金融服务全市企业670家次，贷款超过24.3亿元，均按时序进度完成目标任务。碑林环大学硬科技创新创业街区被评为国家级创新创业街区试点。“西安高新区硬科技社区”入选2021年度国家级科技企业孵化器名单。“西北有色研究院西安稀有金属材料创新中心”获批国家级创新中心。全球最大人工智能独角兽企业——商汤科技在西咸新区落成启动西安研究院。西北工业大学科技园获评全国优秀国家大学科技园，是西北地区唯一获评优秀的国家大学科技园。西咸新区出台15条优惠政策，专项支持秦创原创新驱动平台建设。启动建设西安高新区硬科技支行，发布全国硬科技企业之星和2021中国硬科技创新发展白皮书，形成《关中平原城市群发展共识》，高新区出台硬科技创新发展九条政策，每年安排9亿元以上专项资金支持硬科技创新。举办以“科技赋能产业，助力乡村振兴”为主题的中国首届羊乳文化节，中央电视台等40余家权威媒体报道。中国科协第十次全国代表大会公布第二批“科创中国”试点城市（园区）名单，西咸新区成为全省唯一入选单位。

◆科技金融创新合作 2021年，西安市科学技术局（西安市外国专家局）坚持以西安市“十项重点工作”为主题，着力推动研发设计、软件和信息服务现代产业发展，推进科技服务业带动生产性服务业创新发展，以科技服务示范机构为牵引，拓展科技金融服务功能。全年新落户金融机构8家，驻市金融机构总数达到200家；科技金融服务全市企业670家次，贷款额30.8亿元；全市技术合同成交数65684项，技术合同成交额2209.49亿元，占全省94.3%，比上年增长34.0%，连续10年实现年均百亿元增长。按照《西安市科技人才创新奖补政策实施细则》（市科发〔2021〕83号）文件精神，西安市科技局、西安市财政局联合制定《西安市科技金融融合业务工作指引》。不断完善“政银保担投”业务联动机制，调动合作金融机构开展科技金融融合工作的积极性，淘汰未完成任务并且业务量较少的合作机构27家，新增昆仑银行西安分行、中国农业发展银行陕西省分行营业部2家金融机构。全年，市科技局、西安科技金融服务中心联合区（县）科技行政部门、银行、担保机构和金融机构举办系列科技金融政策宣传培训会共计30余场，围绕科技金融政策、业务办理流程，风险补偿等，进行详细介绍及解读，培训企业和机构相关人员超过1500人。

截至年底，科技基金群体系累计投资市场化子基金11支，通过“直投+子基金投资”的直接和间接方式累计投资项目370个。围绕“6+5+6+1”等重点产业领域，持续推进子基金4支，分别为：国家中小企业发展基金（西安）国中合伙企业（有限合伙）、西安唐兴科创投资基金合伙企业（有限合伙）、陕西兴航成投资基金合伙企业（有限合伙）、西安思佰益康控科创股权投资基金，4只子基金总认缴52.49亿元，申请引导基金出资10.80亿元。推动西部地区唯一一支国家中小企业发展基金落户西安。5月17日，国家中小企业发展基金有限公司发布公告宣布顺利完成第一批共8只子基金签约设立工作，总规模189.63亿元，8只子基金注册地覆盖东中西部地区，其中国中资本管理的国家中小企业发展基金（西安）国中合伙企业（有限合伙）成为唯一设立在西部的子基金，基金认缴规模40亿元，通过科技发展基金群出资7.2亿元。“国家中小企业发展基金”（简称母基金）是中国第一支专门支持中小企业发展的国家母基金，注册资本达357.5亿元，其中财政部出资152.5亿元，持股比例42.66%，为第一大股东。上海国盛集团、中国烟草分别出资50亿元，并列第二大股东。母基金主要通过投资子基金和直接投资方式支持中小企业发展，未来总规模将放大到1000亿元，投资方向涵盖新一代信息技术、高端装备制造、新能源新材料、生物医药、节能环保，以及大健康与消费升级、现代服务业、教育、文化、新农业等多个领域。首次获得国家科技成果转化引导基金支持。国家科技成果转化引导基金设立6支创业投资子基金，涉及总规模201.93亿元，出资额达42.13亿。6支创业投资子基金中，由唐兴天下投资管理（西安）有限责任公司（简称唐兴资本）所管理的西安唐兴科创投资基金合伙企业（有限合伙）成为陕西唯一一家入选的子基金，已正式获得国家科技成果转化引导基金2.5亿元出资。该基金由国家科技成果转化引导基金、陕西省政府投资引导基金、大西安产业基金以及民营企业联合发起设立，由唐兴资本担任基金管理人。本次入选是陕西本土投资机构作为基金管理人首次获得国家科技成果转化引导基金支持，同时，该基金也是省内唯一的一只中央、陕西省、西安市和社会资本四级联动的基金。

全年本地输出技术合同65684项，本地输出技术合同成交额2209.49亿元，本地吸纳技术合同29112项、本地吸纳技术合同成交金额962.76亿元。做好免税技术合同认定登记和复审工作，为全市502家企事业单位的1006项技术合同办理免税手续，累计技术交易额17.39亿元。向陕西省科技厅报送免税技术合同文件38份，办理企业登记信息变更124项，累计帮助企业免税额达1.04亿元。组织召开大额技术合同认定复审专家会6期，对6家企业25份大额拟免税的技术合同进行专家复审工作，累计技术合同成交额近6亿元。

◆西安科技大市场建设 2021年，西安市科学技术局（西安市外国专家局）走访高校院所企业，进一步挖掘企业需求和资源，推进大型科研仪器开放共享，发挥科研设施与仪器对科技创新的服务和支撑作用。全年平台新增录入大型共享科学仪器设备133台/套，累计收集共享仪器设备15040台/套，入网单位320家。结合移动端应用，加强线上、线下服务联动，更加有效提升设备共享服务质量。通过打造标准化数据共享交换接口，建设以西安大型仪器设备共享平台为基础服务支撑，整合本地高校（院系）、科研院所现有基础性、专业化平台和检验检测人才培训基地等资源，合力打造检验检测共享服务链，为社会提供检测设备、技术、专家的“全要素”共享模式，进一步拓展和夯实检验检测服务体系，为科技创新活动提供技术研发、检验检测、科技创新、成果转化等支撑性服务，促进资源科学配置和高效利用。全年组织开展校企对接、成果推广和产学研金对接等活动192场次，参会人数6828人次，积极探索高校成果转化的新模式；开展科技政策专项培训活动，持续在全市范围内开展科技政策宣讲和培训活动11场次，线上、线下累计10000余人次参与活动，让广大科技企业更加深入便捷地了解科技政策，强化政策落实成效。建设满足秦创原发展需求的技术经理人队伍。立足秦创原、面向双链融合，建设新一代“秦创原技术经理人发展中心”，发挥科技大市场与技术经理人协会优势，搭建专业化、数字化的技术转移人才学习、培养与发展平台，深化校地合作，建设“人才培养专业化”的人才培养基地网络，形成国家基地与专业学习基地协同的“1+N”专业人才培养体系，以人才为核心引导更广泛的科技资源、创新项目“引进来、走出去”。组织西安科技企业和科技服务机构49名高管、负责人，前往同济大学参加高质量的技术转移培训活动“2021年西安市科技企业家创新领导力（技术转移）培训班”，切实提高技术经理人及专业人才的业务素质和技能水平，保障全市技术转移行业的快速发展。

◆秦创原创新驱动平台建设 2021年，西安市科技局（西安市外国专家局）优化科技成果转移转化政策环境，按照中共陕西省委、省政府《秦创原创新驱动平台建设三年行动方案计划（2021—2023年）》和省秦创原创新驱动平台建设领导小组相关要求，组织专家团队赴重点高校院所和龙头骨干企业就推进科技成果转化、开展产学研合作情况进行座谈，对秦创原政策进行梳理和剖析，明确全市推进秦创原工作的整体目标、实现路径和相关举措。多次赴陕西省科技厅进行沟通交流，力求在全面承接省上任务的同时，细化措施，确保全面完成各项目标任务。9月6日，中共西安市委发文成立以市委、市政府主要领导为组长的西安市秦创原建设领导小组，领导小组办公室设在市科技局。9月26日，市委、市政府印发《西安市推进秦创原创新驱动平台建设实施方案（2021—2023年）》（市发〔2021〕9号），并于10月14日在加快西咸新区建设发展动员大会上对外发布。做好“两链融合”促进器。围绕产业链部署创新链，促进科技要素赋能产业发展；围绕创新链布局产业链，加快科技成果转移转化。抓平台联动优链，支持优势产业龙头企业主导、产业链上下游企业参与、联合高校院所等创新主体协同组建的创新联合体，支持西安电子谷建设秦创原集成电路加速器，支持西北有色金属研究院等行业龙头企业争创国家级技术创新中心、制造业创新中心、企业技术中心，鼓励西安光学精密机械研究所、西安微电子技术研究所等建设中试平台，西安交通大学联合秦川集团共建高档数控机床共性研发平台。

◆国家新一代人工智能创新发展试验区建设 2021年，西安市启动以核心技术攻关为重点，场景建设为牵引，以项目建设为抓手，各区（县、开发区）开展先行先试的国家新一代人工智能创新发展试验区建设模式。西安市科技局支持科大讯飞股份有限公司、商汤科技有限公司、华为技术有限公司组建“智能语音”“智能视觉”“智能质检”3个创新联合体并授牌，开展产业共性技术研究和关键核心技术攻关。推动华为技术有限公司、京东、科大讯飞股份有限公司、西安四维图新信息技术有限公司等人工智能领域科技领军企业与长安大学、西安电子科技大学、西安交通大学、西北工业大学等高校合作对接，围绕智能感知处理、智能制造、可视交互算法、可重构计算技术、无人驾驶等领域开展关键核心技术攻关。市科技局批复建设“智能视觉场景应用创新中心”“算法应用创新基地”“智能算力支撑平台”3个开放创新平台。商汤科技西安研究院在西咸新区沣西新城落成，

秦创原综合服务中心大厅

启动建设人工智能算法研究院和西北最大的人工智能综合体验中心。雁塔区与华为技术有限公司合作，建成西北首个智算中心——“未来人工智能计算中心”。西安市创新工业互联网研究院落户航天基地。截至年底，全市拥有人工智能相关国家级研发平台11个、省部级平台33个。全年，支持人工智能核心技术攻关项目和场景应用示范项目36个，支持经费1630万元。其中重大场景应用示范项目4个。高新区在增材制造、人工智能等新兴产业领域，实施关键核心技术“揭榜挂帅”制度，征集半导体光子热沉材料、自由曲面透镜等技术需求20项。曲江新区大唐不夜城与阿里云合作，运用人工智能技术开发“文化+”体验型产品，对景区进行智慧化提升改造，累计投资2087万元。

各区（县、开发区）开展先行先试的发展模式。雁塔区加大人工智能产业招商力度，引入华为海洋网络有限公司、华海智慧科技有限公司、得安信息技术有限公司等一批人工智能、大数据企业，推动360集团西北区域总部暨网络安全重大基础设施群等产业项目落地。莲湖区应用人工智能技术推动制造业改造升级，法士特集团推动智能制造工厂建设，增强高柔性自动化、人工智能、大数据分析、云计算、物联网等技术在产品全生命周期的探索应用。港务区探索利用人工智能技术提升临港制造业效能，通过生产线全自动化建设、自动组装、无人运输等AI手段提升产业链高质量发展。高新区推进阿里巴巴中国智能骨干网西安高新区核心节点项目、中科创达丝路总部暨西安市人工智能产业园项目、科大讯飞丝路总部、西安人工智能研究院等项目建设。经开区重点打造中欧产业园，引进欧洲和国内智能制造业行业领袖企业，发展智能制造产业和机器人产业。航天基地构建人工智能产业“链长制”，实施“点+线+面”产业培育工程，引进人工智能产业链中上游企业，通过超算中心及5G新基建等基础设施布局，串联人工智能应用场景示范点，建设人工智能产业示范园。西咸新区发挥沣东新城智能计算中心和开放创新平台优势，以寒武纪科技股份有限公司等龙头企业，布局上游芯片设计、中游芯片中试制造及下游芯片封测产业链，发展智能芯片；以萨默尔机器人科技有限公司、陕西瑞尔丰机器人智能科技有限公司等一批区内企业为基础，重点发展服务机器人和工业机器人。

◆国家硬科技创新示范区建设 2021年，西安高新区出台一系列政策，实施一系列举措，推进国家硬科技创新示范区建设。3月，西安市人民政府召开支持硬科技创新发展新闻发布会，发布《西安高新区关于支持硬科技创新的若干政策措施》，从实施双链融合专项计划、支持硬科技研发与成果转化、营造最优创新创业生态3方面制定9条政策措施，每年安排9亿元以上专项资金，全力支持硬科技创新。高新区还发布《西安高新区关于开展重点领域关键技术攻关“揭榜挂帅”的实施意见》，明确“揭榜挂帅”的总体原则、工作机制、支持方式等，以后每年公开发布《“榜挂帅”需求榜单》，并评审遴选20个优秀揭榜攻关项目给予支持。修订出台《西安高新区支持科技金融融合发展若干政策》《西安高新区推动上市公司高质量发展的若干政策措施》等一系列政策，优化硬科技企业上市“五专”（企业有“专管”、服务有“专员”、跟进有“专班”、扶持有“专策”、保障有“专资”）服务机制，推进科技企业上市发展。出台《西安高新区“硬科技创新人才”最优发展生态支持政策》，在人才奖励、创新创业、子女教育、健康关怀等方面提供全面保障。支持硬科技产业集群发展。以重大项目、高精尖项目为抓手，推进硬科技创新型产业集群发展。强化新一代信息技术产业优势，奕斯伟硅片项目二期、先进光子器件工程创新平台等光子产业项目落地高新区。延伸航空航天产业链条，支持空天动力研究院建设落地，加快西工大“三航小镇”建设，提高空天动力技术水平。推动高端装备产业健康发展，推进比亚迪新能源汽车零部件产业园、中国西电集团智慧产业园等百亿级重大项目落地，并同步实现签约落地当天正式开工。生物医药前沿技术研发取得新进展，西安蓝极医疗电子科技有限公司参与研发的世界首台输出功率为30W蓝激光手术设备及RCD-600半自动体外除颤仪投入临床使用，实现国产重大医疗器械在半导体激光领域自研、自制的突破，维度(西安)生物医疗科技有限公司的3D打印骨科植入物项目获“国家科学技术进步一等奖”。提升硬科技产业承载力。以秦创原创新平台建设为契机，推进丝路科学城建设成为区域科创中心和秦创原平台建设的重要承载地。以电子谷为空间承载，推动创新资源加速集聚，打造秦创原立体联动孵化器样板示范区。优化立体化孵化网络，支持集成电路产业加速器、瞪羚谷创业社区等双创载体发展，加强与西电、中国科学院西安光学精密机械研究所共建创新孵化平台，助力西电大学科技园建设成为电子信息领域特色国家大学科技园。

◆科技成果转化与校地合作 2021年，西安市科技局（西安市外国专家局）着眼科技成果就地转化，按照“有效供给—转化服务—区域示范—产业集聚”的思路，围绕区域产业特色和创新需求，结合高校重点学科和专业特色，开展市级科技成果转化示范基地、示范高校建设。注重围绕创新链布局产业链，推动西安交通大学、西北工业大学、西安电子科技大学、西安理工大学、西安建筑科技大学、西安工程大学、中国科学院西安光学精密机械研究所、西北色金属研究院8家科技成果转化示范高校院所的8个重大科技成果转化项目落地转化，项目涵盖智能终端、航空、生物医药、输变电装备、物联网、陶瓷基复合材料、光子和航空等8个产业链。围绕区域产业特色和创新需求，结合高校院所重点学科和专业特色，开展市级科技成果转化示范基地、示范高校院所建设。先后认定陕西师范大学、西安文理学院、西安科技大学、中国科学院西安光学精密机械研究所和西北有色金属研究院5家单位为科技成果就地转化示范高校院所，认定莲湖区、灞桥区、高陵区3个区为科技成果就地转化示范基地。重点支持建立校地合作机制，围绕高端装备制造、信息技术等西安六大支柱产业，搭建校企合作平台，支持重大科技成果就地转化。

认定陕西师范大学等10家单位为第二批职务科技成果权属改革经验推广试点单位，支持其围绕“以事前产权激励为核心的职务科技成果权属改革”，研究制定本单位推广实施方案及相关配套政策，进一步激发科研机构和人员创新创造活力、成果转化积极性，确保改革举措落地生根、产生实效。系统梳理驻市百家有代表性的重点高校院所和企业科技成果转化情况，从成果产出、成果转化、产学研合作、特色做法与模式等方面开展调研，总结形成《西安市百家高校院所及科技企业成果转化抽样调研报告》。

培育专业化成果转化服务机构，加快新型研发机构建设。着眼成果产出、企业孵化等重点环节，修订完善西安市新型研发机构认定和绩效考核办法，对2020年度认定的首批5家新型研发机构进行绩效考核，在科技成果转化、科技型企业孵化、平台及人才团队建设等方面作出评价，引进或孵化企业61家，累计培育高企17家。修订出台《西安市技术转移示范机构认定备案与绩效考评实施细则》，对20家市级技术转移示范机构开展绩效考评。2021年西安市新增11家省级技术转移示范机构，27家机构在陕西省技术转移示范机构考核中被评为优秀等次。

鼓励企业优先吸纳驻市高校院所的科技成果，实施“企业吸纳高校院所科技成果奖补项目”。落实科技部办公厅开展科技人员服务企业专项行动的要求，着眼西安“6+5+6+1”支柱产业发展和社会民生服务需求，持续推进“千人百企”工作，组织西安地区高校院所千名科技人员深入先进制造业企业开展技术攻关和服务，促进企业技术需求和高校创新资源紧密结合，实现高校院所科技人才与企业技术需求的有效对接，使驻市高校院所溢出智力资源为全市经济建设服务。同时，持续推动实施科技部、财政部“科技抗疫—先进技术推广应用‘百城百园’行动计划”，再次获得500万元专项经费支持，并及时做好项目后续跟踪服务，并加大媒体宣传报道力度。西安市科技局支持和鼓励区（县、开发区）举办以驻市高校院所科技成果就地转化为主要内容的市校合作、校地融合、校企对接活动，全年依托区（县、开发区）组织开展产学研金协同创新对接活动131场，校企双进活动7场，参与推进科技成果就地转化项目403个。联合西安市工业和信息化局、西安市金融工作局及相关区（县、开发区）举办西安市“秦创原”科技成果供需对接系列活动。以科大讯飞、商汤科技、隆基绿能、陕汽集团为代表的150多家企业出席活动，来自西安交通大学、西北工业大学、航天六院等15个高校院所的科研团队进行项目路演，浦发银行、招商银行、关天资本、中科创星等30余家金融机构和投资机构代表出席并推介相关金融产品。活动中，市科技局正式推出以技术交易为特殊增信要素的信用贷款产品——技术交易信用贷，浦发银行作为首家试点合作银行，与10家企业签署《浦发银行西安分行首批技术交易信用贷款服务协议》，总授信额度达3000万元；西安交通大学、西北工业大学、西安电子科技大学等高校分别与有关企业签订产学研合作协议和技术开发合同10个；长安大学与西安博贤传动科技公司共建的“长安博大传动科技研究中心”正式揭牌；12家单位加入由科大讯飞牵头组建的“西安市智能语音创新联合体”；商汤科技、华为公司、陕西电子信息集团牵头建设的智能视觉、算法、算力创新平台成功授牌。促成陕西地矿科技产业股份有限公司、陕西师范大学、吉尔吉斯国立农业大学三方以视频形式签署“中吉药物开发国际联合实验室协议”，联合实验室落地实施，标志着三方在产学研合作方面取得实质性进展，开拓国内外校企合作新模式。围绕双链融合，积极融入秦创原创新驱动平台建设，同时结合市科技局党史学习教育“我为群众办实事”，充分调研高校、校友会及校友企业需求，创新校友经济活动内容和形式，举办“西安校友校地合作创新发展联盟”走进区（县、开发区）、园区等6场校友经济活动，通过参观考察、政策对接、项目推介、座谈交流、展览展示、线上线下等不同形式，打造校地对接和校友经济品牌活动，推进校友校地资源集聚、合作共赢。

◆**科技人才引进**　2021年，西安市科学技术局（外国专家局）在疫情影响国际交流合作严重受阻的特殊情况下，创新服务理念提升服务水平，加快引进急需紧缺的人才专家，为西安市经济社会发展和科技创新提供智力支撑和人才保障。全年，认定市级国际科技合作基地30家，对2020年首次认定的44家“西安市国际科技合作基地”进行挂牌，扩大国际交流合作的新型平台载体。在中国国际人才市场西安市场和梁家滩国际学校分别设立“外国专家书屋”，全市“外国专家书屋”增加至5家；在曲江和秦汉新城挂牌成立西安市外籍人才（曲江新区）服务中心和西安市外籍人才（秦汉新城）服务中心。依托第十九届中国国际人才交流大会（深圳）平台，市科技局与新加坡、以色列、德国等境外机构合作建立西安海外科技交流合作工作站，多形式、多举措推进人才与科技创新工作，扩大海外高端国际化人才来西安创新创业的通道。科技部国外人才研究中心与西安市科技局（外国专家局）在西北工业大学联合举办外国专家座谈会。座谈会以线上、线下相结合的方式，来自美国、英国、德国、古巴、叙利亚等国家的图灵奖获得者、中国政府友谊奖获得者共6位外国专家根据各自研究领域，围绕颠覆性技术应用前景、人才培养、人才评价等议题建言献策。“西安市引进海外高层次人才智力项目”纳入市委“英才计划”；修订完善《西安市引进海外高层次人才项目管理办法》，完成年度引智项目征集、评审、立项工作。全市“引智项目”申报97个，按照“兼顾所有产业类别，突出重点支柱产业”的立项原则，立项支持40个项目，其中市级重点产业链项目36个，资助总金额1060万元。涉及资助海外高层次人才共计95人，其中外籍51人，中国台湾3人，海归人才及具有海外工作经验的高层次人才41人。在“引智项目”支持的企业中西安奕斯伟硅片技术有限公司的“12英寸硅片生产技术研发”是我国关键技术的工程项目；陕西莱特光电材料股份有限公司、西安炬光科技股份有限公司在2021年科创板上市；龙腾半导体、佰美基因、芯派电子、知象光电、宏星电子、天隆科技、眼得乐医疗科技、澳威激光、陕西源杰半导体、中易建等具备较强的技术、资金实力。由西安市科技局（外国专家局）推荐的西北工业大学阿兰·莱昂内尔·杜布瓦（Alain Lionel Dubois）外国专家荣获陕西省国际科学技术合作奖。10月18日，科技部国外人才研究中心在2021欧亚经济论坛上发布2020年“魅力中国——外籍人才眼中最具吸引力的中国城市”主题活动结果，西安再次入围十强城市，位列全国各大城市第五位。

◆**外国专家服务**　2021年，西安市科学技术局（外国专家局）按照《中华人民共和国行政许可法》《外国人来华工作许可服务指南（暂行）》等文件规定，规范办理外国人来华许可业务。编印《外国人来华工作许可宣传册》中、英、日、韩文版本，内容涉及办理流程、窗口服务地址、材料要求等，让企业了解外国人来华许可业务办理流程，最大程度解决企业需求。累计发放千余册。疫情期间，按照西安市疫情防控政策要求，坚决落实外国人入境后集中隔离14天、居家隔离14天的要求。针对外国人隔离期满后面临所持签证有效期仅剩余2天（签证的有效期一般为30天），无法在2天时间完成体检、外国人来华许可以及工作类居留许可的办理等问题，制定疫情期间临时措施，即外籍人才在隔离期满后，由出入境给其换发T（人道主义停留）签证后，再按要求体检及办理来华许可，待取得外国人来华工作证后，按要求及时办理工作类居留许可。此举在充分保障疫情防控要求前提下，最大程度提高工作效率。会同市公安局出入境管理局对高新综合保税区内30多家三星配套企业进行政策宣讲，并与三星配套企业泛韩公司企业负责人进行座谈。针对高新综合保税区众多三星企业申请外国人来华工作许可的特殊办理事项，市科技局（外国专家局）与市出入境管理局、高新区(高新综保办、行政审批局)三方沟通协商，以工作备忘录形式确定办理流程，受理申请事项。对200多人采取分类处理的方式，以分别办理M签证延期、工作许可等方式，解决企业用工、证件办理的问题，保障“三星二期建设”项目9月底顺利完成。市科技局（外国专家局）联合市公安局出入境管理局先后赴西安杨森制药有限公司、西安翻译学院、西安光机所、高新一小、高新第一中学初中校区、西安梁家滩国际学校等单位开展上门服务，详细了解企业聘请外国专家情况和在外国专家管理服务方面所做的工作，为企业现场答疑解惑，妥善解决企业在聘外籍专家及其子女的工作许可、居留许可办理、申请永久居留身份证等问题。优化行政审批服务，助力提升营商环境。为进一步提升外国人管理服务水平和行政效能，提高线上、线下服务效率，对接省科技厅，在其指导下推进外国人来华工作许可、工作类居留许可“一窗办”办理。在政策允许下简化、优化疫情期间外国人来华工作服务许可办理流程，以更优化的服务助力西安营商环境建设。外籍高层次人才服务。2021年，推荐西安交通大学第二附属医院波兰籍外国专家高霞（MALGORZATA）等4批20名外籍高层次人才申领外国人永久居留身份证。自开展此项工作以来，共为24批83名外籍高层次人才办理“陕西省‘外籍高层次人才’办理外国人永久居留身份证推荐函”。丰富文化活动，帮助外国专家了解、融入西安。为了让更多的外国专家感知中国传统文化、感受现代西安，组织开展3场各具特色的“送政策、送服务、送文化”主题活动。邀请部分单位外籍人员现场参观梁家滩国际学校环境，介绍入学政策及各方面保障，解决外籍人才的后顾之忧，为他们安心工作创造条件；邀请西安市部分获得历届友谊奖外国专家和部分外国留学生共44人参与“外国专家一起过端午”传统文化体验活动；邀请部分在西安的日籍专家参加市科技局（外国专家局）联合市投资合作局在西安交通大学创新港校区举办的“西安市日资企业及日本专家沙龙活动”。主题活动宣讲西安城市发展、科技创新及中国传统文化，促进国际科技文化交流，提升外籍人员对西安的城市认同感。服务外籍专家，加速区域科技创新。积极争取科技部支持，推进国家科技计划的开放合作，加速西安企业利用外籍专家，形成“外籍人才—创新基地—区域支持”一体化服务新格局。在高性能新材料、人工智能存储器芯片、航空发动机、超导磁体研制、硅片生产技术、基因检测关键技术研发、第五代移动通信、环保技术等领域引进、支持10余名外籍专家。支持西安建筑科技大学、西安科技大学2家外专“111基地”建设。其中西安建筑科技大学依托环境工程国家重点学科，聚集中外学术大师及外方团队13人（美国、英国院士等）；与日本东北大学在污水能源化方面开展合作、发表论文4篇；与意大利马尔奇理工大学合作参与的“H2020 HYDROUSA”项目获欧盟“地平线2020研究和创新计划”，邀请美国圣路易斯华盛顿大学、荷兰代尔夫特理工大学、英国埃克塞特大学多名教授开展线上讲座。西安科技大学依托安全科学与工程国家重点学科和陕西热动力灾害防治国际联合研究中心平台，聚集外方团队10人（印度、奥地利院士等），依托基地获批国家重点研发计划国际科技创新合作项目。推荐申报参评各类奖项，提升外籍人才荣誉感。为提升外籍人才在西安的归属感、成就感和荣誉感，市科技局（外国专家局）推荐优秀外国专家参评年度中国政府友谊奖、三秦友谊奖等奖项。科技部下发国科发〔2021〕289号文件，西安市巴西籍专家科勒博、以色列籍专家丹·谢赫特曼先生荣获中国政府友谊奖。5月，市科技局（外国专家局）向西安梁家滩国际学校的外国专家布莱恩•杰拉德•劳勒（Brian Gerard Lalor）先生颁发2020年度西安市优秀外国专家奖。

2021年6月14日，西安市科技局在西安外国专家书屋举办“我们的节日——和外国专家一起过端午”传统文化体验活动

◆高新技术企业认定管理 2021年，西安市科学技术局（西安市外国专家局）为更好推进高新技术企业培育工作，将21个区（县、开发区）分“东西南北中”片区，组织召开5场次高新技术企业工作推进会。全年以高新技术企业培育为主题，开展线上及线下培训累计达57场次，培训企业5000余家。培训内容包括高新技术企业认定政策的解读、省网系统申报的实际操作方法、所得税享受减免以及企业认定过程中涉及的知识产权、成果转化、研发投入占比等重点、难点问题。截至年底，西安市国家级高新技术企业总数达到7140家。

◆2020年度西安市获国家科学技术奖励情况 2020年度，国家科学技术奖奖励项目275项。其中，最高科学技术奖2项，自然科学奖46项，技术发明奖61项，科技进步奖157项，国际科学技术合作奖9项。西安共有25个项目获国家科学技术奖励，其中通用项目20项，专用项目5项，获奖的通用奖项分别为技术发明奖4项、科技进步奖16项。

◆陕西省科学技术奖励总体情况及西安市获奖情况 2021年，陕西省科学技术奖奖励项目共265项。其中，最高科学技术奖3项；自然科学奖31项；技术发明奖17项；科技进步奖212项；国际科学技术合作奖2项。西安有关单位主持完成的获奖项目（通用项目）共182项。其中最高科学技术奖3项；自然科学奖28项；技术发明奖12项；科技进步奖138项；国际科学技术合作奖1项。

◆农业科技项目 2021年，西安市科技局（西安市外国专家局）强化农业科技创新驱动，支持以产业链为纽带的跨单位、跨区域的联合技术研发，认真完成中共西安市委“十项重点工作”之“深入实施乡村振兴战略促进城乡融合发展工作”，围绕产业发展的关键技术进行攻关，激发广大农业科技人员投身农业和农村经济建设。全年组织实施农业技术研发、农业科技示范、农业科技服务奖补项目90项，共投入科技发展专项资金1055.5万元，其中组织实施农业技术研发项目65项，投入科技资金453万元；组织实施农业科技示范项目20项，投入科技资金300万元；认定农业科技创新园3家，投入科技资金302.5万元。选派农业科技特派员215名，培育认定市级农村科技示范户119户。农业技术研发项目重点围绕西安市现代种业、特色果业、生态牧业、高效设施农业、特色扶贫产业、智慧农业等领域，加强产学研联合攻关，开展应用技术研究试验，推动农业技术进步。农业科技示范项目重点围绕西安特色现代农业产业，支持企业和高校院所、技术推广单位加强技术协作，引进新品种、新技术，强化农业技术成果应用示范，发挥科技示范带动作用，推动产业绿色发展。农业科技服务奖补项目重点围绕西安特色现代农业产业，建设认定农业科技创新园；选派农业科技特派员，实现贫困村特派员科技服务全覆盖；培育农村科技示范户，组织开展科技下乡、科技扶贫、农业新技术新产品展示等工作。依据《西安市深入实施乡村振兴战略促进城乡融合发展支持政策》，对认定的农业科技创新园给予50万元奖励。西安市农业技术推广中心不断丰富以“阳光玫瑰”“户太八号”为主的葡萄品种结构，引进适合设施避雨生产、自然坐果率高、品质好的葡萄良种，减少果园用工，实现设施、良种、良法配套。

◆农业科技服务体系建设 2021年，西安市科技局（西安市外国专家局）为贯彻落实科技部、农业农村部等7部门《关于加强农业科技社会化服务体系建设的若干意见》精神，加强全市农业科技社会化服务体系建设，会同西安市农业农村局、西安市财政局及西安市供销社等单位联合制定《关于加强西安市农业科技社会化服务体系建设的实施意见》，进一步提高农业科技服务供给质量和服务效能。全年，通过不断完善制定科技特派员、示范户、示范村等制度性文件，规范认定和创建办法，健全农业农村科技创新政策体系，充分发挥科技创新对乡村振兴的支撑引领作用。

*全面推进科技特派员工作。*市科技局研究制定《西安市科技特派员助力乡村振兴行动计划（2021—2025年）》(以下简称“行动计划”)，行动计划围绕完善科技特派员选派机制、壮大科技特派员队伍、强化科技特派员组团服务等6项重点任务，建立和完善市、区（县）两级科技特派员服务体系，旨在强化科技特派员开展服务的针对性和有效性，形成科技特派员助力乡村振兴的新局面。提高科技特派员服务效能。加强科技特派员日常督导和管理，通过建立特派员微信工作群实时信息上传，特派员服务成效月报，季度区（县）督导工作全覆盖等举措，不断强化科技特派员组团服务，做到特派员和需求方精准匹配，科技特派员服务效能和工作积极性得到进一步提高。加强特派员服务宣传。4—6月，以“西安市农业科技特派员技术服务团乡村振兴在行动”“西安市科技特派员深入区（县）实践 我为群众办实事”为题推送系列宣传稿15篇。同时鼓励区（县）积极在相关公众号发布工作简报，对特派员在区（县）的工作进行宣传，进一步扩大特派员服务的影响力。

*开展农村科技示范户培育。*启动培育遴选2021年西安市农村科技示范户，明确示范户遴选培育工作计划及市级科技示范户认定条件。9月，对8个区（县）推荐的133户农村科技示范户进行实地抽查。按照《西安市农村科技示范户培育及认定管理暂行办法》要求，对30%示范户的种植面积、上年收入、示范带动作用进行检查，最终认定2021年西安市农村科技示范户119户。组织农业产学研对接活动。为加大生产与科技成果快速对接力度，以“科技驱动、人才引领、乡村振兴”为主题，积极引导科技人员与企业深度融合，提升科技服务能力。组织全市10个涉农区（县）开展产学研活动，活动结合区（县）主导产业发展状况，利用科研院所、龙头企业、农业科技特派员、农村科技示范户等资源，搭建产、学、研、用的开放平台，开展农业科技培训、指导、推介，进一步提升产业发展的技术水平。全年先后在灞桥区、临潼区、长安区、鄠邑区等区（县）举办产学研对接活动11场。鄠邑区委组织部、区教科局主办的“科技人才引领乡村振兴产学研活动暨科技成果转化项目签约仪式”在石井街道栗峪口村举办。活动现场，陕西省植物研究所与西安丰园果业有限公司签订培育李杏新品种合作协议，陕西国防工业职业技术学院与石井街道、蒋村街道签订合作共建大学生实训基地科技人才工作站协议，西安格芙生物科技有限公司与石井街道栗峪口村签订土壤改良科技服务协议，市科技局为石井街道栗峪口村股份经济合作社、蒋村街道城傅村股份经济合作社授科技工作站牌子。活动的举办，进一步深化“校地企”合作，为高校院所、专家教授搭建服务平台。

◆乡村振兴 2021年，西安市科技局（西安市外国专家局）积极实施乡村振兴战略，由“脱贫攻坚”全面转入“乡村振兴”阶段，进一步发挥科技在乡村振兴中的支撑引领作用。巩固拓展脱贫攻坚成果。全年选派169名特派员对接全市291个省定贫困村，实现全市省定贫困村特派员科技服务全覆盖，选派46名科技特派员成立粮食、猕猴桃、葡萄、蔬菜、畜牧、食用菌等10个特派员产业技术服务团，全年组织科技特派员共推广新技术263项，引进新品种667个，累计开展技术指导及培训等服务活动2486场次，服务农业企业、合作社738个，服务农村集体经济组织400个，服务农民近3万人次，成立专业合作社50个，免费发放技术手册5万余册，帮助联系销售农产品5000余万元。认定首批西安市乡村振兴科技示范村，并积极开展陕西省百名科技特派员助力百村振兴行动。11月，市科技局按照《西安市乡村振兴科技示范村创建管理办法》的相关规定，首批择优认定灞桥区狄寨街道杜陵村、阎良区关山街道东丁村、临潼区栎阳街道朝邑村等10个村为西安市乡村振兴科技示范村，打造一批在产业振兴、生态保护、农村人居环境整治、科技创新创业、科技服务、集体经济发展等方面示范引领作用明显的科技示范村。同时，按照省科技厅要求，落实百名科技特派员助力百村振兴行动方案，遴选10个集体经济发展良好、管理规范，产业发展带动性强的行政村，并按照村产业发展需求，对接10名派驻村特派员开展结对帮扶工作，指导制订帮扶计划，签订服务协议。鄠邑区余下街道灵山寺村作为市级重点村，是市科技局的对口帮扶乡村。驻村工作队积极贯彻落实各级帮扶政策和工作要求，立足为灵山寺村（帮扶村）固成效保稳定、抓监测全覆盖、关注重点送举措，真实可靠为民办实事、解难题。全年，组建村级动态监测小组，发展网格员21名，形成月排查、统计、例会等制度，实现防返贫动态监测网格化管理体系；引导村委健康发展村集体产业，将原有集体经营的产业园区整体打包，招商引入新的经营主体实现精细化管理。为村集体产业园区组织并协助筹办2021年灵山寺村产业园葡萄开团仪式。改良种植产品，帮助协调引进新品种葡萄“红珍珠”7500珠，并进行种植技术指导。帮助产业园复审国家扶贫产品认定登记，积极申请“西安市鄠邑区农民合作社示范社”称号，并为“画乡秀水”葡萄品牌申报农产品“绿色认证”。同时，驻村工作队积极为脱贫不稳定的建档立卡户解决实际困难，搭建长期致富脱贫平台。

◆2021年西安全球硬科技创新大会 2021年6月8日，以“硬科技·自立自强”为主题的2021年西安全球硬科技创新大会在西安举行。本届大会与西安高新区成立30周年纪念活动有机结合，科技部火炬中心、上交所领导和两院院士、外国驻西安总领事、中国政府友谊奖获得者、世界500强企业、关中平原城市群代表和及国内硬科技企业、协会、商会、创投机构、知名智库代表等计2000人参会。在硬科技大会期间发布西安高新区打造“秦创原”高能级科技成果转化大平台。启动建设全国首家硬科技支行，西安分别与上海证券交易所、浦发银行签订战略合作协议，与深圳国中常荣资产管理公司签订国家中小企业基金投资协议。中国科学技术信息研究所发布《2021中国硬科技创新白皮书》，对中国城市硬科技发展状况进行了排名及分析，西安硬科技创新指数位居全国第7，副省级城市第5；举办全国硬科技企业峰会，远望智库发布首届全国硬科技企业之星榜单，西安17家硬科技企业入围，全国50多家硬科技企业参会。

◆2021年西安国际创业大赛 2021年，西安国际创业大赛由科技部火炬中心、陕西省科学技术厅指导，西安市人民政府主办，西安市委人才办、西安市科技局、浐灞生态区管理委员会承办。自6月份正式启动以来，历经初赛、复赛、总决赛，于12月3日圆满落幕。通过百万奖金激励、开创性网络征集和政策支持加码，聚焦信息技术与人工智能、生物技术与医药、高端装备制造与新材料等创新领域，建立健全参赛项目与人才政策、人才服务的对接通道，立足各类创新主体的关键需求，着力解决“两链”融合“堵点”和“痛点”，发展颠覆性技术，推动硬科技应用，加快产业化推广，打造产业属性突出的“科学家+工程师+企业家”创新生态雨林。大赛分报名、初赛、复赛、总决赛4个阶段，来自国内外454个科技项目报名参赛，经过资格审查，442个项目进入初赛。参赛项目分为初创组、成长组2个组别，其中初创组322个、成长组120个。经过专家评审，350个项目进入复赛。通过线上路演+线下评审的形式，路演现场采取全程直播，115个项目进入晋级总决赛。最终40个参赛项目获奖，“中科西光小卫星星座商业计划书”项目与“网络智能安全防护体系”项目分别获成长组和初创组的特等奖，“达升工业机器人工业互联网”项目、“全人源TEM1抗体”项目等38个项目分别获成长组和初创组一、二、三等奖。

◆双创活动周 2021年10月19—25日，以“高质量创新创造高水平创业就业”为主题的2021年全国大众创业万众创新活动周举办，陕西省暨西安市会场活动在高新区嘉会坊同步启动。在高新区嘉会坊设置主会场，新城区、长安区、西咸新区、曲江新区、浐灞生态区、曲江新区设立分会场，以线上、线下相结合的形式举办系列活动。在西安科创峰会上，西安铂力特董事长兼总经理薛蕾，蒜泥科技董事长、维塑科技创始人杨少毅，奇点控股董事长姜琳杰分别进行主旨演讲，分享关于双创发展的所思所感；“科创西安”第二届国际合作高峰论坛、“丝路引领·科创未来”2021创新创业大赛半决赛、“梦享浐灞”双创高峰论坛、“两链融合”与创新联合体发展实践论坛等系列活动，邀请高校、科研院所、创投机构、优秀众创载体负责人，创业英雄、优秀创业者代表，共享创新创业成果；举办双创成果展，设置陕西省双创成果展示、西安市双创成果展示、全面创新改革成果展示、企业成果展示、高校及众创载体成果展示等5个主题展区。西咸新区、西安交通大学、西安电子科技大学等6个国家级双创示范基地，1个国家级创新街区，以及西安航天发动机有限公司、西安辰果拟人智能科技有限公司、陕西欧卡电子智能科技有限公司等28家企业在展区中亮相。

◆第六届中国创新挑战赛（西安）硬科技发展专题赛 2021年11月25日，由科技部指导，科技部火炬中心联合陕西省科学技术厅、西安市人民政府主办，西安市科学技术局、西安高新技术产业开发区管理委员会共同承办的第六届中国创新挑战赛（西安）硬科技发展专题赛落幕。赛事启动以来，经过9个多月的产业调研、企业访谈、现场交流、技术需求挖掘，解决方案梳理等，工作组共征集152项技术需求，公开发布80项；与50多所大学和科研院所以及20余家科技型企业联动对接，征集到解决方案151项。大赛采取线上、线下结合方式进行，举办4场技术需求对接会，1场现场赛，形成实现52项意向协议，合同金额5849万元，切实帮助企业解决技术难题。现场赛上，来自各地的著名高校、科研院所、企业等15个创新挑战团队，先后围绕“干细胞外泌体的规模化提取技术研发”“大功率稀土永磁电机及控制系统的开发”“新型高比能量锂二次电池技术研发”“低温漂的高功率激光器研发开发”“高温透平机械轴承部传热分析及应对措施研究”5项技术需求进行现场揭榜比拼，探索出突破“卡脖子”技术的最优路径，经过专家组评审和技术需求方的确认，决选出优胜奖5个，优秀奖10个。

◆《创业英雄汇》秦创原创新创业专场 2021年10月15日，《创业英雄汇》探索双创硬路径，奏响丝路新强音——“秦创原”创新创业专场在中央电视台财经频道首播。《创业英雄汇》秦创原专场，是西咸新区推进秦创原创新驱动平台总窗口建设，展示平台形象，聚焦创新要素的有力举措。节目现场，来自西咸新区的“核‘芯’医材”“指尖智慧地球”“金花菌产业化”“逸动智球”4个创新创业项目经过项目路演、融资论见、签约谈判等环节比拼，最终全部成功签约，共计融资3050万元。

（王 春 汪 红）

社会科学研究

◆概况 2021年，西安市社会科学院（西安市社会科学界联合会）、西安市丝绸之路经济带研究院坚持以习近平新时代中国特色社会主义思想为指导，深入学习党的十九大和十九届历次全会精神，贯彻习近平总书记来陕考察重要讲话重要指示精神，在中共西安市委、西安市人民政府的坚强领导下，稳步推进科研、科普、行政管理、疫情防控常态化管理等各项工作有序开展。高质量完成关于西安市经济、社会、文化发展系列蓝皮书，充分发挥好“市民大讲堂”的载体作用展开宣讲活动。西安市社会科学院（联）被中国社会科学院授予“全国城市社科院（联）先进单位”荣誉称号。

◆社会科学新著作 2021年，西安市社会科学院（西安市社会科学界联合会）、西安市丝绸之路经济带研究院结合全市十项重点工作，采取“内外结合”方式，深入基层，广泛调研，形成多项研究成果。高质量完成《西安经济高质量发展研究蓝皮书》《西安社会治理的探索与实践蓝皮书》《融合与创新：西安文化产业发展模式研究蓝皮书》《清风千年家训故事集》《清风千年廉政故事集》《西安国际化大都市发展蓝皮书（2021）》研究成果。

《西安经济高质量发展研究蓝皮书》 西安市社会科学院经济学所编著，西安出版社出版发行。该书将西安经济发展中具有战略性、全局性，以及全社会关注的热点、难点问题作为研究重点，分为总报告、产业经济篇、民营经济篇、开放经济篇、城乡经济篇、绿色经济篇六大板块，对2020年西安市经济发展状况和2021年经济形势进行系统分析和预测。

《西安社会治理的探索与实践蓝皮书》 西安市社会科学院社会学所编著，西安出版社出版发行。该书立足新发展阶段、新发展理念、新发展格局，紧扣“追赶超越”定位与“五个扎实”“五项要求”，围绕市委、市政府重点工作，特别是实施“扎实保障和改善民生”重点工作任务，对“十三五”期间西安市在重点民生保障、公共服务、社会治理领域取得的发展成就进行归纳总结，对发展中面临的诸多问题与困难进行深入梳理分析，对“十四五”

西安市社会发展趋势做出预判，并从政府决策与学术研究的角度出发，提出未来五年西安社会发展的基本思路与对策建议。

《融合与创新：西安文化产业发展模式研究蓝皮书》 西安市社会科学院社会学所编著，西安出版社出版发行。该书包括总报告、“十四运”专题研究、专题调研、专家论坛、理论探索、政策法规和文化产业大事记等内容。该书总结“十三五”时期西安文化产业发展成绩，尤其是对重点区（县）开发区、重点行业发展情况进行回顾，同时还对“十四五”时期西安文化产业发展趋势进行研判，提出有针对性的意见和建议。书中内容聚焦“十四运”，从健康产业发展和文化场馆利用等方面进行有针对性的研究，还从乡村旅游高质量发展、文化旅游产业提升和大遗址保护利用等方面进行专项研究。

《清风千年家训故事集》《清风千年廉政故事集》 2本故事集收录从春秋战国到近现代近2000年间，发生在西安地区或有关西安历史人物的130多则廉政故事和廉政家训，总字数达30余万字。通过深入挖掘西安弥足珍贵的廉政文化遗产，通过品读清官廉吏的历史事迹和赏析家训格言警句，以故事性、哲理性兼具的形式和内容，使广大党员干部切实加强党性修养，牢固树立公仆意识，规范从政行为。《西安廉政文化丛书》为党员干部和广大读者提供了廉政文化建设的独特教材。西安发布12月13日对两本故事集的出版发行予以重点推荐，《西安日报》12月14日予以报道。在分送区（县、开发区）和市级部门后得到好评。

◆重点科研课题 2021年，西安市社会科学院（西安市社会科学界联合会）、西安市丝绸之路经济带研究院采取以我为主、内外结合的方式，以高标准、高质量在高水平核心刊物和相关媒体上发表理论文章30多篇，研究成果获领导批示或通过其他方式转化10多项，院（联）市、区政协委员形成10多项高质量议案或咨询报告。

完成优化营商环境的传播效果研究、社会舆情风险综合研究、西安红色文化资源保护利用研究、西安重大文化体育设施运营模式研究、习近平关于文化建设重要论述研究、西安新文艺组织和新文艺群体综合研究、促进社区党建与基层社会治理机制融合发展研究、城市形象建设研究和评估与分析、西安引才引智精细化策略研究、文化遗产与旅游融合发展研究、西安体育发展系列研究，形成研究报告11份。其中，在西安体育发展系列研究的基础上，出版《西安体育发展史》引发社会关注。编辑撰写《西安媒介发展研究报告（2021）》，以西安媒介生态环境为主要研究对象，将讲好西安故事、打造西安IP、宣传西安国际新形象作为研究的出发点和落脚点，量化发展现状、分析问题，提出有效传播的对策建议。完成编辑撰写“迎‘十四运’”科普读本《这里是西安》。读本分为源远流长、秦皇汉武、缤纷隋唐、千年古都4个部分，从历史、文物、非遗等多角度展示西安的前世今生。

◆社会规划基金课题

《“十四运”对西安市公共体育服务设施配置影响的研究》 长安大学杭兰平主持项目。作为中华人民共和国第十四届全运会的主办城市，承办全运会对西安的整体发展是极大的机遇，尤其是对西安市体育事业的发展具有历史性的意义。课题发现十四运会在政府主管体育场馆赛后运营方面实现“体育+”复合发展性运营模式，在周边形成体育健康产业集群，促进体育产业发展；对高校主管体育场馆赛后运营方面在激发师生投身体育锻炼的积极性和主动性，推动各个承办高校积极探索“体教融合”模式，强化高校体育水平以及宣传学校体育精神方面具有积极意义。最后课题提出，在后全运时代西安市要不断提升和改善政府服务意识，发挥政策导向，充分开放全运场馆，实现体育场馆资源共享；提升城市公共体育服务人员服务的整体质量等发展建议。

《西安巩固拓展脱贫攻坚成果同乡村振兴有效衔接的路径研究》 西北大学郭俊华主持项目。脱贫攻坚战的全面胜利，标志着我国历史性地解决绝对贫困难题，向实现共同富裕的目标更近一步。在巩固脱贫成果的基础上实施乡村振兴战略，工作的目标、主体、空间等都发生明显的变化。本课题将加快推进乡村产业、人才、文化、生态、组织的有效衔接作为衔接过渡期的发展目标。结合西安市各区（县）、各乡村实际发展情况，从覆盖主体、空间范围、奋斗目标、时期跨度以及持续力度5个方面，阐释两大战略任务目标的区别与联系，明确过渡期目标转换的重点，为西安乡村经济社会发展提供合理导向。最后，在共同富裕目标指引下为西安市设计巩固拓展脱贫攻坚成果同乡村振兴有效衔接的实现路径，以加快促进农业高质高效、乡村宜居宜业、农民富裕富足。

《新时代西安打造共建共治共享社会治理新格局的实现路径研究》 陕西师范大学郑家昊主持项目。党的十九大明确提出“打造共建共治共享的社会治理格局”。党的十九届五中全会指出，“完善共建共治共享的社会治理制度”。新时代西安打造共建共治共享社会治理新格局是一项具有重要意义和时代价值的课题，应当坚持党的全面领导、以人民为中心、市级政府引导和实现治理现代化的基本原则，坚持“以城区为重点”的空间治理取向，凸显社会治理格局“四化”要求（社会化、法治化、智能化和专业化），借鉴新时代“枫桥经验”。新时代西安打造共建共治共享社会治理新格局应当从治理体系、城区治理、社区治理、技术赋能等四个维度创新路径选择：①优化治理体系，发挥政府作用；②创新城区治理，促进城乡联动；③更新治理方式，引导自主治理；④注重技术赋能，打造数字化新格局。

《建党百年增强文化自信的西安历史使命研究》 陕西省社会科学院刘立云主持。本课题报告依据《指南》文化类“增强文化自信与西安的历史使命研究”整体设计撰写。中共十八大以来，文化自信成为中国特色社会主义“四个自信”的重要内容之一。2021年是中国共产党成立一百周年，突出庆祝建党百年这一主线，聚焦当前“做什么”“怎么做”“为谁做”的问题，通过文本考证、田野调研、专家访谈及座谈会议，系统研究建党百年增强文化自信的西安历史使命的地位、作用，明晰其价值、意义，提出更科学的思想文化建设工作创新体制机制。为西安追赶超越的历史使命提供精神动力、智力支持和思想保障；助力文化强市建设，“讲好长安故事”，做到“对历史负责、对人民负责、对未来负责”。

《中国共产党伟大斗争精神传承研究》 西安理工大学鲁君主持。研究报告以马克思主义斗争学说为指引，根植于5000年中华文明的精神积淀，在中国化马克思主义创新理论的斗争哲学中，分析党的斗争精神在中华民族伟大复兴百年演进中的产生、形成和演变过程及具体形态。研究报告分为五个部分：第一，中国共产党斗争精神的理论诠释，解答党的斗争精神“有什么特质”“从哪里来”的问题。第二，斗争精神的演进历程及经验启示，解答党的斗争精神“如何形成”的问题。第三，新时代中国共产党人发扬斗争精神的时代特征，解答党的新时代斗争精神“是什么”的问题。第四，新时代弘扬斗争精神实现民族复兴的路径选择，解答党的斗争精神“怎么深入发展”的问题。第五，在立足新时代的环境、任务和要求，讨论如何让斗争精神在传承中汇聚起更强大的斗争力量，从坚定斗争意志、把准斗争方向、明确斗争任务、讲求斗争方法、增强斗争本领，“五个方面”拓展弘扬斗争精神的新视野。

◆**社科宣传** 2021年，西安市社会科学院（西安市社会科学界联合会）、西安市丝绸之路经济带研究院在西安市疫情防控常态化背景下，在贯彻落实各项防疫措施的基础上，坚持开展社科普及活动。邀请陕西省委党校副校长魏文章教授做党史学习教育专题报告，以及西安天佑医院党支部书记牛青盟做社会组织党建知识培训。面向社会组织，邀请党的十九届六中全会精神省委宣讲团成员、陕西省社科院党组书记、院长司晓宏作《深入学习贯彻六中全会和历史决议精神》专题报告。在第十四届全国运动会即将举办之际，为创建广大市民支持全运、参与全运、服务全运的良好氛围，本着弘扬传统文化、传播全运精神的目标，启动以“家西安——贡献智慧·助力全运”为主题的社科普及活动，新设立科普基地3个，派出科普小分队7个，资助科普项目7项。举办市民大讲堂26场，内容涉及十九届五中六中全会、中国共产党党史、社会主义核心价值观、法律知识宣传、优良家风培育、中华传统文化等，促进西安人民群众的人文素质和文明水平的进一步提升。

（李 莹）

专业技术服务

·气 象·

2021年9月15日，西安市气象局工作人员在西安奥体中心的移动气象台内进行“十四运”开幕式的气象服务保障工作

◆**概况** 2021年，西安市气象局按照中共西安市委市政府决策部署，以高质量发展为根本方向，全面融入国家中心城市建设。进一步完善“党委领导、政府主导、部门联动、社会参与”的防灾减灾体系，落实“早、准、快、广、实”要求，加强部门协作联动，筑牢气象防灾减灾第一道防线。截至年底，西安市所辖区（县）气象局有8个（长安、临潼、阎良、灞桥、高陵、鄠邑、蓝田、周至），国家气象站7个、国家一级农业气象站1个、省级农业气象站1个，此外还有探空站1个，自动土壤水分观测站7个，大气成分观测站1个、酸雨观测站1个、沙尘暴观测站1个、闪电定位观测站1个、大气电场仪站5个，电离层监测站1个。新一代天气雷达站1个，风廓线雷达1个，X波段相控阵雷达4个，区域自动气象监测站181个。

◆**气象预报预警** 2021年，西安市气象局围绕国家中心城市建设、生态文明建设、治污减霾、乡村振兴等工作，及时向地方党委政府、社会公众提供气象服务。成功应对“8·19”特大暴雨等18次重大天气过程。全年气象灾害应急指挥部下发防御通知266次；发布重要天气报告37期；短时临近预报32期；各类预警信号146期；应急响应140次；雨情通报196期。加强与市防汛、交通、应急、地质环境等部门交流会商和信息共享，联合发布地质灾害气象服务专报89期、地质灾害预警24次，发布恶劣天气预警信息666次。发布《空气污染气象条件公报》665期，报送西安市重点任务进展情况调度表（大气环境方面）9期，参加重污染天气应急演练2次。全年发送各类服务短信160万余条，圆满完成重要节假日、重大活动气象服务保障任务。

◆**十四运会和残特奥会等重大活动保障** 2021年，西安市气象局贯彻落实习近平总书记“办一届精彩圆满的体育盛会”的要求，为53个场馆、114项赛事、倒计时100天、圣火采集、火炬传递、开闭幕式等提供精准及时的气象保障服务，共制作中华人民共和国第十四次运动会预报服务材料1988份，残特奥会材料373份。期间主持天气会商40余次，与西安市生态环境局等多部门开展联合会商34次。根据天气情况，对秦岭高尔夫、西咸小轮车等户外赛事及时开展提醒服务。同时，开展“十四运”防雷安全和“低慢小”专题执法，为“十四运”会安全运行保驾护航。赛事结束后，市气象局共有6个单位，18名个人获中国气象局、陕西省气象局表彰。

◆**城市气象服务** 2021年，西安市气象局成立轨道交通气象台、建设西安电力气象服务网，积极推进气象灾害风险普查等工作。围绕乡村振兴，精细服务猕猴桃、葡萄、石榴等特色林果和设施农业，“全过程、系列化、直通式”服务1405个新型农业经营主体，为农气象服务专报102期。发布森林火险、机场高速等各类专业气象服务专报800余期。发布春运、西马、两会等重大活动服务专报320期。全年开展常态化人工增雨作业15次，发射增雨火箭弹407枚，燃烧增雨碘化银烟条1311根。完善传播矩阵，加强与西安发布、西安交警等官微合作，扩大气象预报预警覆盖面。“西安气象”微博、微信、抖音号等，微博粉丝达100万人，全国气象类政务微博排名前十。

◆**气象现代化建设** 2021年，西安市气象局“地空天”一体化气象综合监测系统初步建成，立体探测时间分辨率由每天3次提升到每5分钟一次，城区站网间距由5公里提升到3.5公里。预报预警水平进一步提升。智能网格预报系统72小时时空分辨率达1h/1km，短时临近预报系统实现了0—2小时逐6分钟雷达回波外推和灾害性天气自动识别，突发气象灾害预警时间平均提前30分钟以上。信息化保障能力进一步提升。全省首家地市级气象计量检定实验室投入使用，气象监测大数据平台业务系统投入运行，构建“云端+”业务平台。

◆**气象科研** 2021年，西安市气象局充分发挥“西安市高影响天气监测预警技术创新中心”作用，深化研究型业务建设。争取科研项目11项，其中“云宏微观结构特征的遥感探测方法与实验观测研究”项目获国家自然基金重点项目支持。核心期刊发表论文5篇；1项成果获省科技进步三等奖；软件著作权登记3项；申报发明实用新型专利6项；1项目列入2021年数字陕西建设优秀成果和最佳实践案例；17人获省、市表彰。

◆依法行政 2021年，西安市气象局继续贯彻行政审批“放管服”改革，坚持“便民利企”，行政审批事项做到“大厅以外无审批”。全年易燃易爆场所防雷装置设计审核办结5件，竣工验收办结3件，遗留一般建筑物项目竣工验收办结4件，“防雷装置竣工验收”压缩办理流程及审批时限，按时办结率100%。全年开展“一把手走流程、坐窗口、跟执法”活动3次。“双随机”执法检查12次，检查市场主体24家。市县联动、部门联动加强防雷安全监管，做到“清单以外无检查”。开展防雷装置检测质量考核，完成对辖区内21家单位93个检测项目进行资料审核和现场勘验。加快气象立法修订，《西安市气象灾害防御条例》修订列入市人大2021年度调研计划。（白慧玲）

·地　震·

◆概况 2021年，西安市地震局克服疫情影响，强化责任担当，积极推进防震减灾事业高质量发展，全市防震减灾综合实力不断提升。西安市地震局在陕西省2021年度震情分析预报工作评比中获优秀第一名。被表彰为2021年度陕西省第一次全国自然灾害综合风险普查工作优秀集体，2021年度政务公开工作取得优秀等次，在西安市第二十九届“科技之春”宣传月活动中，获西安市科学技术协会通报表扬，参加2021年全国科技活动周及重大示范活动，受到全国科技活动周组委会表彰。

◆防震减灾重点项目规划实施 2021年，西安市地震局与西安市发展和改革委员会联合印发《西安市防震减灾“十四五”规划》，明确“十四五”期间防震减灾工作主要任务。《“十四五”规划》共分为发展环境和要求、总体思路、“十四五”主要任务、保障措施4个章节。其中涉及建设西安市防震减灾综合基地，西安市地震综合信息服务系统建设，西安市地震台站监控管理平台系统建设，临潼区、高陵区、沣西新城活断层探测与地震危险性评价工程，重要建筑强震动监测与健康诊断系统，西安市古建筑强震监测系统建设，西安市减隔震专题科普馆建设，西安历史地震研究具体项目8个。积极推进利用西安市信息化专项资金筹建集地震监测、烈度速报预警、综合信息服务于一体的西安市地震综合信息服务系统建设。持续推进陕西省第一次全国自然灾害综合风险普查工作，对区（县、开发区）地震灾害风险普查情况进行摸底，组织召开西安市地震灾害风险普查推进会暨培训会。

◆地震监测预报 2021年，西安市地震局监测预报预警水平进一步提升，坚持全天24小时值守，监测西安及周邻地区地震动态，全年处理地震事件3646起。稳妥处置2021年2月20日鄠邑区2.6级地震应急响应工作，为市委、市政府应急决策提供技术支撑。坚持落实震情会商制度，实现全市震情会商视频会议系统的连通，组织召开2021年半年地震趋势会商会和2022年度地震趋势会商会，在2022年度陕西省地震趋势会商会上，有4篇专题研究报告入选交流，《西安草滩台电磁扰动异常与四川泸县6.0级地震相关分析》获优秀专题奖。建成覆盖全市的数字化、网络化地震观测网络，全市地震监测能力达到1.5级，地震速报时间缩短到5分钟之内。2021年新建、扩建、迁建地震台站8个，为相关部门安装8台地震预警终端设备。做好观测环境保护工作，对监测台站进行巡检，及时排除安全隐患，全年赴地震台站运维160次，送修设备30台次。建成秦岭野生动物园市级骨干宏观观测点，完成“灾情上报”微信小程序的开发，为震情、灾情和异常情况收集奠定基础。不断探索高新技术在地震监测领域的应用，《MODIS卫星遥感热红外大数据分析在地震预测中的应用》等3个省级“启创”项目课题顺利结题。利用热红外前兆研究地震的方法，被中国地震局地震预测研究所专家推荐，申报国家级震情会商技术方法并通过审查，成为全国地震系统第一家申报并通过审查的单位。

◆震害防御 2021年，西安市地震局认真贯彻执行《中华人民共和国防震减灾法》，依据《地震预报管理条例》《破坏性地震应急条例》等法律法规及其配套法规、规章，不断完善震害防御法规制度，为全局人员配发《地震行政执法指南》，进一步提升防震减灾业务水平和服务标准。高效、规范地开展建设类项目并联审批工作，市本级完成建筑工程抗震设防要求备案31件。严格落实抗震设防要求管理制度，依法开展建设工程地震安全监管抽查检查，全市共检查抽查117个项目，其中学校类43个，卫生类5个，一般工程69个。深入开展地震风险隐患排查，稳步推进地震易发区房屋设施加固工程，加固工程和新建工程采集总量31415项，位列全省第一。积极推进临潼区、高陵区、沣西新城活断层探测与地震危险性评价工程，探明目标断层活动性和分布，以及地震危险性水平，判定潜在地震灾害风险，提出减轻地震灾害风险的对策。结合“我为群众办实事”实践活动，在市政务服务中心开展“一把手走流程、坐窗口”活动，瞄准企业群众办事需求，研究优化办事效率。

◆地震应急响应 2021年，地震应急响应准备更加完善，主动适应、积极融入“全灾种、大应急”管理体制，优化和健全地震应急协调联动机制。11月22日，组织开展全市地震现场工作培训，邀请中国地震局第二监测中心及陕西省地震局多位专家授课，系统培训烈度考察、灾害评估及现场工作经验和技巧，地震现场工作规范与标准解读，并结合现场情况讲解房屋结构类型及破坏等级划分等内容，有效提高市、区地震现场工作人员地震烈度调查和灾害损失评估等业务技能，进一步提升了全市地震现场工作水平。“‘7·28’唐山大地震纪念日”期间，联合雁塔、高新区应急管理局等单位开展防震减灾综合应急演练，受到陕西省地震局专家高度评价。

◆防震减灾科普宣传 2021年，西安市地震局积极开展防震减灾科普宣传活动。在中小学生安全教育日，联合西安市教育局开展防震减灾知识进校园、进班级活动；在“‘5·12’全国防灾减灾日”期间，联合西安文理学院举办主题为“防范化解灾害风险、筑牢安全发展基础”的防灾减灾宣传进校园活动，通过线上、线下相结合、教育宣传与实战演练相结合的方式，开展校园防震减灾科普知识讲解大赛、防震减灾科普作品征集大赛等系列活动，西安文理学院4000余名学生参与答题活动，200余名学生参与科普作品创作活动，起到很好的宣传和示范带动作用。先后利用未央区防震减灾知识网络学习平台、西安市安全生产咨询暨安全生产“五进”活动、西安开放大学“西安市全民终身学习网”网站播放防震减灾课件；利用全国科普日活动等时机，积极开展防震减灾科普宣传，受到群众好评。结合乡村振兴，开展科普宣传进农村活动。联合高新区在西安高新一中实验中学建成集体验与实训于一体的防震减灾科普馆。高陵区防震减灾科普馆被认定为国家防震减灾科普教育基地，灞桥区纺织城小学、雁塔区雁南小学被认定为国家防震减灾科普示范学校，未央区西航三校通过国家防震减灾科普示范学校中期评估。与雁塔区联合拍摄防震减灾宣传微视频《你真棒》。连续2年承办全国防震减灾科普讲解大赛预赛，西安市选派选手获全国总决赛三等奖。（王江虎）

综　述

◆概况　2021年，西安市文化领域深入学习宣传贯彻习近平新时代中国特色社会主义思想和习近平总书记来陕考察重要讲话精神，坚决扛起“举旗帜、聚民心、育新人、兴文化、展形象”使命任务。实施“名城、名家、名作”工程和百名优秀青年文艺人才培养计划，成立网络文艺家协会。电视剧《号手就位》《大浪淘沙》《功勋》在全国各大卫视热播，电影《柳青》在全国院线上映，话剧《路遥》入选中宣部“庆祝中国共产党成立100周年优秀舞台艺术作品展演”，《共产党宣言》《红箭　红箭》等在全国巡回演出200余场。精心组织基层电影放映、千场戏剧演出、文化科技卫生“三下乡”等文化惠民工程，大力开展全民阅读活动。兴庆宫公园、易俗文化街区、长安云、长安乐等一批公共文化项目相继建成开放。大唐西市文旅小镇创建经验被国家发改委作为特色小镇典型全国推广。加大文物保护力度，推动周秦汉唐博物馆群建设，汉长安城大遗址保护项目纳入国家文物局“十四五”专项规划和国家文化公园建设体系。推动文化旅游产业融合发展。制定出台《西安市促进文化旅游融合发展补充政策》，安排5亿元专项资金重点扶持文旅产业发展。曲江文化产业集团连续10年入选全国“文化企业30强”。截至年底，西安市有博物馆（不含私营）136座，各级别文物保护单位428处。公共图书馆14个，总流通217.54万人次；市级群众艺术馆1个，文化馆14个，艺术表演团体16个。　（史　帆）

◆文旅融合发展　2021年，西安市文化和旅游局围绕举旗帜、聚民心、育新人、兴文化、展形象的使命任务，坚持以深化供给侧结构性改革为主线，注重需求侧管理，坚持创新驱动，以文化创意、科技创新催生新发展动能，繁荣文化事业，提升文旅产业链现代化水平和创新链效能，不断健全现代文化产业体系和市场体系，深化文旅融合。以曲江新区为代表的国家级文化产业园区发展势头良好。

◆产业布局　2021年，西安市文化和旅游局编制印发《西安市“十四五”文化和旅游发展规划》，出台加强文化建设促进文旅融合发展的《实施意见》和《三年行动方案》及相关支持政策，着力壮大创意设计、传媒影视、电子竞技等附加值高、成长性好的现代文创产业。落实奖补政策16条，兑付资金9992万元。立足西安、走出西安，以点带线、以线织面，呈现完整文化脉络，构建全链条文旅产业生态，支持景区景点、园区街区等丰富体验内容，提升创意水平，加快西安旅游业从观光游览向休闲度假升级。加快形成以西安中心城区为核心，绿色秦岭文化旅游体验和蓝色渭河文化旅游体验两个廊道，以及古城慢享文化体验板块、曲江文化旅游度假休闲体验板块、临潼文化体验与休闲度假板块、高新现代科技与商务休闲体验板块、国际港务区—浐灞—灞桥生态文化与文体旅休闲度假板块、西咸新区文化旅游体验板块、山水生态休闲体验板块、高陵—阎良乡村休闲与航空体验板块的“一核两廊八板块”发展格局。

◆公共文化服务体系建设　2021年，西安市文化和旅游局聚焦共建共享，提升公共文化服务水平。牢固树立以人民为中心的发展思想，以抓基层建设、重民生需求、促文化发展为着力点，持续加大公共投入，创新搭建服务平台，加快推进基本公共文化服务标准化、均等化。全市现有公共图书馆14座、文化馆（群艺馆）14座、镇（街）文化站165个，村（社区）基层综合性文化服务中心2454个，建成农村文化礼堂341个、社区书屋871家，基层综合性文化服务中心211个，建成农村文化礼堂4个，社区书屋62个，全市公共图书馆、文化馆覆盖率达到100%，“三馆一站”（文化馆、公共图书馆、美术馆以及乡镇综合文化站）免费开放达到100%。鄠邑区农民画、高新区集贤镇西安鼓乐、西咸新区秦汉新城正阳街道，秦汉战鼓被命名为2021—2023年度“陕西省民间文化艺术之乡”。

◆对外文化交流　2021年，西安市文化和旅游局注重搭建国际交流合作平台，推动西安文化旅游走出去。成立世界城地组织亚太区旅游委员会，承办第二十届西安国际音乐节。充分利用“东亚文化之都”等对外交流平台，不断提升西安国际知名度和影响力，开展5期“东亚文化之都”春节线上展演宣传推广活动，参加东亚文都机制成立仪式暨文都市长论坛、2021东亚文化之都绍兴活动年开、闭幕式和敦煌活动年开幕式，在文都城市日本东京都丰岛区官网推介西安文化旅游资源。创新宣传方式，开展线上文化交流活动，举办“外国人眼中的西安”微视频展播活动，扩大对外交流“朋友圈”。　（高　阳）

◆2021《长恨歌》首演暨文旅惠民直播盛典启幕　2021年3月20日，2021《长恨歌》首演仪式暨文旅惠民直播盛典启幕。《长恨歌》演出在舞美、服装道具、灯光特效、多媒体技术等方面进行大幅度提升，首次以“5G直播＋六地同屏+线上互动”的形式呈现，并推出多种文旅惠民产品。此次活动通过“陕西旅游”及“陕旅集团”抖音官方号、央视频移动网、新华社现场云、陕西头条、西部网、新浪一直播等多家数字平台同步直播。当晚，在《长恨歌》主会场连线西安唐乐宫《大唐女皇》、诸葛古镇《出师表》、延安唐乐宫《延安保

《长恨歌》演出剧照

育院》、三亚《红色娘子军》、白鹿原影视城《黑娃演义》5个陕旅旗下演艺分会场。线上的观众通过直播观看六地演艺项目精粹及现场盛况的同时，对各演艺特色及亮点有更深入的了解。为激发春日旅游市场新活力，直播活动中还推出多种文旅惠民产品陕旅一卡通、陕旅演艺卡、春日踏青游套餐等，并设置产品秒杀、抽奖等环节，线上参与火爆。此外，金牌讲解刘丹静、人气导游冰蛋、主播乐乐带领线上网友“云游”华清宫。

◆第七届丝绸之路国际艺术节 2021年12月1—6日，由文化和旅游部、陕西省人民政府共同主办，陕西省文化和旅游厅承办的第七届丝绸之路国际艺术节在西安举办。本届艺术节通过线上、线下相结合的方式，6天内举办近40场文化艺术活动，21个国家和地区参与其中，惠及观众1300万余人次。歌剧《张骞》、民族交响音乐会《秦腔》、话剧《路遥》、秦腔《周仁》等精彩剧目集中亮相。同时，线上展映俄罗斯马林斯基剧院芭蕾舞团《胡桃夹子》、德国柏林爱乐乐团音乐会、法国国家交响乐团音乐会和中国香港天籁敦煌乐团音乐会等高品质经典剧目，为广大观众带来一幕幕精彩纷呈的艺术享受。同时受到《人民日报》、新华社、中央广播电视总台等中央和陕西省主流媒体和欧洲时报、俄罗斯商业圣彼得堡等境外媒体的关注。

◆西安曲江文投上榜第十三届“全国文化企业30强” 2021年9月23日，光明日报社和经济日报社在中央宣传部召开的文化高质量发展座谈会上联合发布第十三届“全国文化企业30强”名单。西安曲江文化产业投资（集团）有限公司等30家企业进入行列。

◆国家图书馆藏甲骨文创意展全国首展西安开展 2021年7月17日，集合讲座、展览、互动体验的国家图书馆藏甲骨文创意展在西安大悦城开展。此次展览由西安大悦城与北京国图创新文化服务有限公司共同主办，展览围绕“甲骨文”主题，设置六大展区，简约生动地讲述甲骨文被发现的历史、甲骨卜辞的刻写过程、甲骨文中的象形文字等内容。展览现场，以传说开篇引出甲骨文的发现历程，讲述甲骨文的故事；天干地支板块还原甲骨装置，展示古老的龟甲占卜内容；车马牛羊板块放置甲骨文立体装置，连接现代与古代；星火万象板块陈列着国家图书馆馆藏的10件珍贵甲骨（复制品），记录着甲骨文的发展历程、刻写方式。除此之外，展览还设置三街六市板块，陈列售卖甲骨文合作款文创周边、国家图书馆和陕西省图书馆的文创产品，参观者可以感受历史和现代设计的交融。

◆首届黄帝文化论坛举行 2021年12月8日，黄帝文化研究院揭牌仪式暨首届黄帝文化论坛在西北大学长安校区举行。四十余位专家学者参加仪式。大会为黄帝文化研究院首届学术委员会暨首批特聘研究员颁发聘书，并发布2022年首届《黄帝陵基金黄帝文化研究专项课题指南》。王震中、赵世超教授分别作了题为“黄帝时期即中国文明起源和形成时期”和“黄帝的国家祭祀研究”的主旨报告。黄帝文化研究院是在黄帝陵基金会支持下，由西北大学成立的实体研究机构，旨在彰显中华民族精神标识，推动黄帝文化研究广泛深入地发展。研究院的主要职责包括：拓展和深化有关黄帝文化的人类学、民俗学、神话学田野调查及研究阐释工作；联合相关政府部门与专门科研机构，围绕黄帝文化设立专项课题，搭建科研平台；负责组织策划黄帝文化学术交流，开展黄帝文化教育普及工作；研究编撰黄帝文化相关研究成果，编撰出版相关学术论文集，推出有代表性的学术成果。

◆西安市网络文艺家协会成立 2021年7月25日，西安市网络文艺家协会成立大会暨第一次全体会员大会在西安召开，这是陕西省首个由网络文学、网络影视、网络音乐、网络演艺、网络新媒体等新文艺群体工作者自愿结合的网络文艺协会组织。当日，召开第一次协会文化发展大会，启动“西安网络文艺融合发展产业平台”“陕西青年电影制片厂融媒体中心”2个项目。西安市网络文艺家协会是地方性、专业性的非营利社会组织，旨在通过团结凝聚广大网络文艺工作者，创作推出更多健康优质的网络文艺精品，扶持培育更多网络优秀文艺人才，营造共生共赢的网络文艺生态氛围。

◆杜甫文化艺术馆开馆 2021年11月14日，杜甫文化艺术馆开馆仪式在西安市长安区杜曲街道夏侯村举行，杜甫文化艺术展同步进行。杜甫文化艺术馆由长安区乡贤薛平先生出资建设。著名作家石岗先生为艺术馆捐赠杜甫雕像。艺术馆设有诗圣堂、艺术展览区、书画创作区、唐诗大讲堂、阅览室、餐厅、茶室、客房等，再现杜甫生前的生活和伟大的文学成就。（李平丹）

专业文艺

◆概况 2021年，西安市文化和旅游局承办第二十届西安国际音乐节，充分利用“东亚文化之都”等对外交流平台，开展5期“东亚文化之都”春节线上展演宣传推广活动，参加东亚文都机制成立仪式暨文都市长论坛、2021东亚文化之都绍兴活动年开、闭幕式和敦煌活动年开幕式，不断提升西安国际知名度和城市影响力。鼓励引导精品文艺创作，西安话剧院话剧《柳青》获文华大奖，《长安第二碗》入选全国舞台艺术重点创作剧目。围绕建党100周年、精准扶贫、生态文明建设等主题开展艺术创作，推出秦腔《织梦人》、豫剧《向北 向北》等10余部全国有影响力的文艺精品。围绕建党百年主题，完成《西北萌芽1925》《西安援鄂医疗队》、人民大会堂陕西厅《巍巍秦岭》、中国共产党党史展览馆《醉在金秋》、文化润疆工程之《左宗棠安边定疆浩气长存》、迎“十四运”陕西宾馆贵宾楼定制《渭华雄功》《奥运全运英雄谱》等大型项目创作。推荐话剧《路遥》《共产党宣言》《长安第二碗》，儿童剧《火印》，杂技剧《天鹅湖》，西安易俗社的大型秦腔现代戏《织梦人》等6部优秀剧目在全国范围内巡演200余场，各种媒体转播报道430余次，惠及观众13余万人次。

（高　阳）

◆2021西安城市营销路演活动　2021年7月23日，由西安市文化和旅游局主办，西安演艺集团·西安话剧院协办的“游十三朝古都 看十四运盛会”2021西安城市营销路演活动及西安话剧院话剧《路遥》全国巡演在广东珠海大剧院举行。本次活动是继上年“千年古都·常来长安——游十三朝古都，看十四运盛会”文化旅游宣传推广活动及话剧《西望长安》演出以来，西安市“戏剧+文旅宣传”活动第二次来到珠海，也是西安话剧院继话剧《麻醉师》《西望长安》之后第三次在珠海登台。

◆话剧《长安第二碗》获第十七届中国戏剧节“优秀剧目奖”　2021年10月12日，西安话剧院话剧《长安第二碗》参加第十七届中国戏剧节，在武汉琴台大剧院上演。中国戏剧家协会顾问、著名剧作家罗怀臻为话剧《长安第二碗》颁发“第十七届中国戏剧节优秀剧目”奖牌和荣誉证书。该剧以一家葫芦头泡馍馆为切口，通过生长在长安城老城墙根底下的普通老百姓生活中的柴米油盐、喜怒哀乐，讲述伟大祖国发展进程中的波澜壮阔、沧桑巨变。泡馍馆中的五行八作、街坊邻里，以及各位子女不同的人生境遇，也从各个角度全景式地展现时代发展的真实烙印和世间百态。该剧曾先后入选文化和旅游部《2019年全国舞台艺术现实题材创作作品计划》；2020年度全国舞台艺术重点创作剧目名录（共25部）和2020年度国家舞台艺术精品创作扶持工程重点扶持剧目（共10部）；“国家艺术基金2020年度大型舞台剧和作品创作资助项目”等。

◆话剧《路遥》亮相第27届上海电视节　2021年6月1—2日，由中共中央宣传部、文化和旅游部、中国文学艺术界联合会共同主办的“庆祝中国共产党成立100周年优秀舞台艺术作品展演”作品，西安演艺集团旗下西安话剧院创作的话剧《路遥》在中国国家话剧院连续上演。话剧《路遥》是由陕西省纪委监委、中共陕西省委宣传部、中国方正出版社联合打造的“一戏一剧一片”廉政文化精品项目，被列为文化和旅游部“2020年度全国舞台艺术重点创作计划”。该剧通过人民作家路遥的一生，展现改革开放大背景下城乡居民的生活诉求和精神诉求。

◆西安版话剧《共产党宣言》在中央党校演出　2021年3月28日，由中央党校（国家行政学院）图书和文化馆、中共陕西省委宣传部主办，西安话剧院演出的话剧《共产党宣言》在中央党校大礼堂演出。该剧以上世纪20年代为背景，以马克思、恩格斯《共产党宣言》的思想理念贯通始终，着力塑造共产党人林雨霏在《共产党宣言》的思想引导下，为追求理想、救国救民而不畏牺牲，在生与死、荣与耻、名与利的考验中，用自己无私无畏的献身精神与英雄气概，诠释一部现实版的《共产党宣言》。

◆中国秦腔优秀剧目会演在西安举办　2021年5月15—29日，由文化和旅游部、陕西省人民政府共同主办的2021年中国秦腔优秀剧目会演在西安举办。会演以“庆百年华诞 创秦腔辉煌”为主题，包括秦腔展演、论坛、惠民、嘉年华4大板块20余项活动，推出秦腔大戏和秦腔折子戏共14台28场。《关西夫子》《张富清1948》《王贵与李香香》《湟水河畔》《肝胆祁连》《石榴客栈》等一批精彩剧目集中亮相，全面展示近年来秦腔艺术人才培养的最新成就和传承发展的优秀成果。

◆秦腔女小生杨升娟获第30届中国戏剧梅花奖　2021年5月21日，中国戏剧表演艺术最高奖——第30届中国戏剧梅花奖在江苏大剧院揭晓并举行颁奖典礼，全国15位优秀演员获梅花奖。其中，西安演艺集团·西安三意社秦腔女小生、国家一级演员杨升娟，凭借新排传统秦腔戏《周仁》获奖，是本届梅花奖中唯一获奖的秦腔演员。中国戏剧梅花奖由中国文联和中国戏剧家协会共同主办，是中国戏剧表演艺术的最高奖项，每两年1次，旨在表彰在戏剧表演艺术上取得突出成就的中青年戏剧演员。

◆秦腔3D电影《三滴血》入围金鸡奖提名名单　2021年11月29日，中国电影家协会正式公布第34届中国电影金鸡奖提名名单，由中共陕西省委宣传部、陕西省文学艺术家联合会、中共西安市委宣传部、西安市文学艺术家联合会、西安曲江新区管委会、西安演艺集团、西安秦腔剧院、西演·西安易俗社共同推动打造，上海电影（集团）有限公司拍摄的首部秦腔3D电影《三滴血》，入围“最佳戏曲片”单元，获“最佳戏曲片”提名。

◆第六届西安国际儿童戏剧展演　2021年5月8日，由西安市文化和旅游局、西安曲江新区管委会、西安演艺集团主办，西安儿童艺术剧院承办的第六届西安国际儿童戏剧展演在人民剧院正式开幕。本届戏剧展演以“快乐传递·友谊长存”为主题，由剧场单元、云戏剧单元、户外单元、戏剧进校园、戏剧高峰论坛、儿童戏剧师资培训以及分会场七大板块构成。

◆原创扶贫主题音乐剧《融水谣》演出　2021年3月1日，西北工业大学原创扶贫主题音乐剧《融水谣》在长安校区翱翔学生活动中心演出，来自陕西省内部分高校的专家与西工大师生一起观看演出。音乐剧《融水谣》讲述来自陕西高校的党员干部邱史方到融水县安江村担任第一书记，从不被村民接纳到获得信任、再到深得群众爱戴，克服重重困难，一步一个脚印，带领村民致富奔小康的故事。该剧以点带面，从一个小山村的脱贫故事入手，展现出脱贫攻坚战的艰巨历程。

◆古典唐诗国乐剧《琵琶行》首演　2021年7月3日至4日，首部古典唐诗国乐剧《琵琶行》在西安人民剧院成功首演。该剧由西安市长安唐诗文化研究院与陕西秦阅文化旅游公司联合出品，于剑飞作曲并导演。该剧以白居易长篇乐府叙事诗《琵琶行》为蓝本，在尊重历史史实和诗歌原文的基础上，讲述其从登科时的意气风发，再到被贬后的壮志未酬，以及空海将白居易的诗稿和五弦琵琶带到日本的传奇故事，多角度、多方位、多层次地描写其跌宕起伏、波澜壮阔的前半生。《琵琶行》运用琵琶、埙、笛、箫、尺八、排箫、古琴、二胡等古典乐器演绎，将唐诗与音乐、剧情结合，通过音律、吟唱、戏剧表演相融合，展现中国传统国乐器乐的魅力。

◆西安原创舞剧《门》上演　2021年11月12—14日，由西演·西安歌舞剧院出品的原创舞剧《门》在西安人民剧院上演。舞剧《门》是陕西省文旅厅、陕西省财政厅艺术创作资助项目，也是陕西省重大文化精品项目、西安市宣传文化发展专项资金项目。舞剧《门》在立足传统的基础上大胆创新，用独特的舞蹈样式进行当代美学表达，以极具中国意境的韵味为基调，进行舞美、服饰、色彩、舞蹈语言设计和音乐编排，将“唐文化”的意蕴淋漓尽致展现出来。

◆首届西安相声节开幕　2021年3月20日下午，首届西安相声节暨全国相声小剧场展演，在“相声江湖”青曲社大雁塔店拉开帷幕。本次西安相声节暨全国相声小剧场展演秉持“曲艺传承，讲好中国故事”的理念，会聚全国47家知名相声团体，其中既有青曲社、相声新势力等本土观众喜爱熟悉的相声社团，也有北京嘻哈包袱铺、成都哈哈曲艺社等全国闻名的曲艺团体，更有中国广播说唱团这样的“国家队”。表演阵容包括年过古稀的老艺术家、中年干将以及青年新锐。

◆“文脉秦韵·在长安”美术作品展举办 2021年9月14日，“文脉秦韵·在长安”美术作品展在西安市易俗社文化街区展厅开展。此次展览是西安中国画院从“丝路文脉”及“红色记忆”等重大美术创作工程中，精选出50余幅作品，以戏曲人物、场景、事件、西安古今风貌为表现内容，囊括国画、油画、儿童画多种艺术形式。作品多为大尺幅、大制作。现场最长一幅作品名为《百年风流易俗社》，长十余米，以时空交错的方式展现易俗社百年发展历程，既有鲁迅、马健翎等对秦腔艺术做出贡献之名流、名角，又有演出、排练、上妆、传承、接见等场景。此外还展出从周秦汉唐以来涌现出的众多西安历史文化名人，以及曲江盛境、秦岭四宝、关中民俗、援鄂医疗队等西安风貌。

◆第十二届“王子云艺术奖”揭晓

2021年1月，第十二届“王子云艺术奖”在西安美术学院揭晓，并举办线上获奖作品展览。本届“王子云艺术奖”面向全国高等艺术院校2020年雕塑艺术方向的应届毕业生，参评项目为雕塑专业毕业创作及美术学雕塑艺术研究方向的硕士、博士学位论文，有来自中国美术学院、南京艺术学院、鲁迅美术学院等全国21所重点高等艺术院校的100件（篇）雕塑毕业作品入围。由南京艺术学院张保珍的博士学位论文《半跏思惟像研究——从印度到中国》、广州美术学院孙仁恒的硕士学位论文《数字虚拟与感官真实——数字雕塑的形式语言研究》、西安美术学院宗贺的研究生毕业创作《轴心·意识》、东北师范大学美术学院车风泽的本科毕业创作《物语》获得本届“王子云艺术奖”大奖，还有21件（篇）作品获得优秀奖，75件（篇）作品获得入围奖。 （李平丹）

公共文化

◆概况 2021年，西安市文化和旅游局聚焦共建共享，提升公共文化服务水平。牢固树立以人民为中心的发展思想，以抓基层建设、重民生需求、促文化发展为着力点，持续加大公共投入，创新搭建服务平台，加快推进基本公共文化服务标准化、均等化。积极开展“戏曲进乡村”演出活动，上架文化惠民平台各类剧目150余部，累计演出场次1900余场，为丰富群众精神文化生活、共享文化发展成果作出积极贡献。面向市民发放西安文化惠民卡8000余张，组织各剧团编排秦腔、舞蹈、诗歌、群口快板、相声、小品等内容丰富的演出剧目，深入农村、企业、学校、乡镇，将文化惠民活动送进千家万户。

◆非物质文化遗产 2021年，西安市文化和旅游局加强非物质文化遗产保护和传承，现有国家级非物质文化遗产项目12项（其中1项为人类非物质文化遗产），省级非物质文化遗产项目101项，市级非物质文化遗产项目229项，有国家级代表性传承人9人，省级代表性传承人72人，市级代表性传承人285人。13个区（县）相应建立区（县）级名录项目和代表性传承人名录，初步形成国家、省、市、区（县）四级名录体系。举办“秦风传真情 汉韵迎新春”“非遗过大年 文化进万家”西安市迎中华人民共和国第十四届运动会云上非遗音乐会，东仓鼓乐社入驻大唐芙蓉园进行常态化演出。大力发展非遗经济，开展“非遗购物节”系列活动，上线店铺37家，上线销售非遗产品31500件，涉及非遗项目110个，非遗项目保护单位16家，传承人115人。文化和自然遗产日期间销售总额323万元，其中线上销售77.26万元，线下销售245.74万元。

◆公共文化设施建设 2021年，西安市文化和旅游局建成24小时书店5家，24小时自助图书馆12个，新增实体书店382家，长安书院、长安云、长安月、周秦汉唐主题博物馆群等重点文化设施建设加快推进。未央区图书馆、文化馆，碑林区图书馆，雁塔区图书馆，莲湖区图书馆的开放运行，补齐公共文化服务体系建设短板。组织举办“百年历程·红色记忆”美术作品展、“红五月”云上音乐会、“非遗匠心暖全城”非遗直播和“唱响大秦之声·喜迎全运盛会”秦腔展演月，让传统文化活起来、群众文化火起来。

◆数字公共文化建设 2021年，西安市文化和旅游局以西安图书馆集群信息化平台为基础，和全市13个区（县）图书馆实现互联互通，形成以西安图书馆为中心馆、区（县）图书馆为成员馆，连接镇（街道）、村（社区）的四级公共图书馆数字服务体系。市群艺馆数字文化馆已建成运行，和13个区（县）文化馆互联互通，为基层文化馆、综合性文化服务中心提供丰富的数字文化信息服务。

（高　阳）

◆地名文化 2021年，西安市坚持保留历史印记，加强地名文化建设。全年市、区（县）两级累计命名道路453条、隧道4个、桥梁10座，更名道路114条，调整53条道路起止点，清理整治不规范地名63个，设置路牌2881块，整治提升7873块（次），圆满完成迎“十四运”城市规划建设管理任务。开展“保护地名文化、记住美丽乡愁”地名文化宣传活动165场，“西安民政”微信公众号连载“西安地名故事”177篇，补充、更新国家地名信息库数据信息1017条。道路命名工作多次被陕西交通广播、西安发布进行宣传报道。 （赵瑞瑞）

◆2021西安市夏日广场文化活动线上展演 2021年9月24日，“全民全运·同心同行”——2021西安市夏日广场文化活动线上展演活动在陕西广电网络、陕西直播、微赞直播、西安市群众艺术馆数字文化馆等平台精彩上线。本次线上展演活动由西安市文化和旅游局主办，西安市群众艺术馆承办。精彩的节目，充分展现千年古都的历史文化魅力，营造出“全民全运 同心同行”的浓厚社会氛围。通过线上展演，持续营造全民支持全运、参与全运、奉献全运的良好社会氛围，增强市民共建共享文化的参与感和获得感。

◆西安市市民文化艺术季启动仪式举行

2021年7月28日，西安市市民文化艺术季启动仪式暨西安经开区社区音乐节活动在西安城市运动公园举行。本次活动由西安市文化和旅游局、西安经济技术开发区管理委员会主办，西安经开区文化卫生局承办。市民文化艺术季活动期间，全市范围内举行113场全民参与的系列主题活动，充分展现西安群众文化活动的深厚底蕴与全新活力，旨在打造全城参与、全城欢动、全城共享的“市民文化艺术嘉年华”，让市民真正成为文化建设的参与者、展示者、欣赏者与分享者。活动以“服务十四运 奉献我的城”为主题，融文化艺术为一体，展示璀璨多姿的西安文化，以“舞动长安”“乐响长安”“书韵长安”“绘影长安”“风尚长安”“艺蕴长安”六大核心内容贯穿全民文化艺术季系列活动；向广大市民推荐各区（县）重点文化场馆187余处、重点共享文化空间站点87余处、4条西安市公共文化特色体验打卡路线。

◆**"长安诗会"举办** 2021年5月23日，"永远跟党走"西安市群众文化活动——"长安诗会"举办。本场"长安诗会"由西安市文化和旅游局主办，西安市群众艺术馆承办。整场朗诵会以喜迎中国共产党建党100周年为主线，节目既有朗诵《相约第一百个春天》《月光下的中国》；也有快板表演和故事剧《榜样的力量》《匕首上的指纹》。来自全市各个社区团体的演员们紧扣主题，以歌颂党、歌颂祖国为主线，用饱满的激情，以声音艺术的形式抒发对党和国家的热爱之情。

◆**西安读书月公共图书馆全民阅读活动启幕** 2021年4月23日，"学党史 庆百年 迎全运"西安读书月公共图书馆全民阅读活动在老城根Gpark欢乐广场举行。本次活动由西安市文化和旅游局、莲湖区委、莲湖区人民政府、西安报业传媒集团主办。在为期1个月的活动中，由西安图书馆牵头，全市公共图书馆联动，开展各项活动135项，其中现场活动99项，线上活动36项。此次开展各项活动135项中，涵盖主题阅读、摄影展览、征集图书、诗歌鉴赏、线上朗诵、公益讲座等数十种形式多样的活动类型。通过丰富多彩的全民阅读活动将学党史、悟思想、办实事、开新局融入群众文化生活中，营造"学党史忆峥嵘岁月 凝斗志践初心使命"的浓厚学习氛围。

（李平丹）

文物博物

◆**概况** 2021年，西安市文物局高标准编制全市文物事业发展"十四五"规划，汉长安城大遗址保护项目纳入国家"十四五"规划。考古工作成果丰硕，太平遗址、江村大墓入选"国内十大考古新闻"，西安少陵原十六国大墓入选"2020年度全国十大考古新发现"。推动文旅融合高质量发展，小雁塔历史文化片区、未央宫遗址公园一期提升工作建成开放。博物馆服务效能更加彰显，推进周秦汉唐主题博物馆群建设，出台《西安市非国有和行业博物馆事业发展专项资金管理办法》。革命文物保护稳中有进，用好红色资源，传承红色基因。不断完善文物保护治理体系、提升治理能力，建立文物保护利用工作联席会议制度。筑牢文物安全底线，文物安全联席会议制度运行良好，建立检察和文物部门共同推进公益诉讼协作机制。文物支撑保障能力增强，13个市辖区（县）分别加挂文物局牌子。

◆**文物保护** 2021年，西安市文物局持续推进《小雁塔保护规划》《杨官寨遗址保护规划》《秦咸阳城遗址保护总体规划》等规划的编制和报审工作。《小雁塔保护规划》于7月16日经省政府公布实施，《杨官寨遗址保护规划》已进入公布程序，《秦咸阳城遗址保护总体规划》已征得国家文物局原则同意。积极配合实施市级重点项目——汉长安城未央宫遗址公园提升改造项目，该项目于2月启动，一期工程已实施完毕，园区已经开放。同时，编制完成汉长安城未央宫遗址2020年度遗产监测运营报告和2020年度国家考古遗址公园运营报告，积极推进渭河古桥厨城门一号区北侧考古发掘区域回填保护工程，完成汉长安城城墙西北角遗址本体保护展示工程方案核准以及施工前的准备工作。

◆**文物科研** 2021年，西安市文物局完成国家和陕西省、西安市科研课题6项，完成国家社会科学基金项目《新时代文化遗产保护视野下的西安地区考古数据库建设与应用》；陕西省科技厅项目重点研发计划《考古发掘过程全息数字化保护及传播关键技术与应用》；陕西省文化和旅游厅课题《培育发展文化旅游新业新模式研究——陕西省历史文化遗产5G时代的展示利用》；西安市社会科学规划基金课题《西安市历史文化资源活化利用实施路径研究》；陕西省科技厅重点研发计划《文化遗址智能诊断监测与传播关键技术研究与应用》；西安市科技计划项目《无损分析和三维信息提取技术在玻璃类文物保护中的应用》。

◆**重要考古发现**

灞桥区江村大墓——汉文帝霸陵遗址 西安江村大墓位于西安市东郊白鹿原西端。2006年开始，对江村大墓、凤凰嘴、窦皇后陵及南陵等区域进行多次考古调查、勘探、试掘等工作，探明"凤凰嘴"并无陵墓遗存，后在窦皇后陵西侧发现了江村大墓及其外藏坑、陵园设施等，基本掌握江村大墓的范围、形制布局等，探明并试掘验证围合江村大墓与窦皇后陵的大陵园墙址等重要遗迹，确认江村大墓即为汉文帝霸陵。2021年汉陵考古队继续发掘江村大墓第15号外藏坑（K15）、薄太后南陵动物殉葬坑38座。K15发掘出土有着衣式陶俑、陶灶、石磬、琴轸、黄铜律管等文物。薄太后南陵动物殉葬坑出土葬具有砖椁、陶棺等，其内涵包括动物骨骼、陶器、陶俑等。经鉴定，动物骨骼为金丝猴、陆龟、丹顶鹤等。

2021年的考古工作否定"凤凰嘴"为汉文帝霸陵的传统认识，确定霸陵的准确位置，解决西汉十一陵的名位问题。霸陵形制布局及文物内涵的基本掌握，弥补西汉帝陵制度发展演变的关键环节，对中国古代帝王陵墓制度的深入研究具有重要意义。

西安太平遗址 太平遗址位于西安市西咸新区沣东新城斗门街道太平村的东侧，是在斗门水库项目建设过程中新发现的古遗址。2021年度太平遗址考古发掘面积为3900平方米，共清理客省庄文化时期灰坑173座、壕沟3条、房址5座、墓葬4座（皆为灰坑灰沟葬）。出土大量的陶器、石器、骨角器和动物骨骼等，发现部分玉器和玉料等。经过2021年度的考古勘探、发掘，对太平遗址的认识有一些初步的线索，可以确认这是一处大型的客省庄文化环壕聚落遗址，浮选出的水稻、小米的碳十四测年结果为距今4150—3700年左右。初步的考古工作显示，太平遗址的文化内涵已经出现以礼制为核心的早期文明特征。

西安市曲江新区五典坡汉代遗址 项目位于西安市曲江新区街道办，本次考古发掘发现各类遗迹1000余处，包含夯土基础、沟、灰坑、仓窖、井、墓葬等。出土遗物绝大多数为汉代建筑材料，以粗绳文筒瓦、板瓦、"长乐未央"、云纹瓦当等。从夯土基址灰坑、沟、井内清理出的绳纹板瓦、筒瓦和长乐未央瓦当特征看，与西安地区出土的西汉中晚期的同类建筑材料基本相同。五典坡汉代建筑规模较大，布局有一定的规律，整个区域内的夯土基址应所属同一建筑群，当是西汉中晚期杜陵邑附近一处规模较大、规格较高的官属建筑群。

西安雁塔区纬零街（电子西街—雁南二路）隋唐长安城遗址 该项目位于西安市雁塔区，线路西起电子西街与电子四路十字，东至慈恩西路，比照《西安历史地图集》等相关文献，该项目大致位于隋唐长安城昭行坊、大安坊、安乐坊、延祚坊、安义坊、安德坊南部一带，经过安化门、明德门、启夏门附近。实际发掘面积12800平方米，发现窑址、墓葬、水井、道路、水渠、城墙、壕沟等遗迹30余处，出土小件文物91件，其余多为陶瓷器残片和建筑构件等。本次发掘重点清理唐代陶窑、唐长安城外郭城南城墙、城外壕沟等遗迹，发现安化门大街、顺城道路、顺城路路沟等，是关于隋唐长安城遗址的一次重要考古发现。为唐长安城遗址考古增添新的材料，并填补一定的学术空白，为展示和了解唐代人民生活、社会状况和城市建设提供参考。

西安事变纪念馆举办“星火初燃”图片展览

◆博物馆发展 2021年，西安市文物局新增备案西安市黄土画派美术博物馆、西安民俗博物馆、鄠邑区非遗博物馆3座博物馆，重点突出西安当代美术、民俗文化、非遗传承西安本地特色。加快推进周秦汉唐主题博物馆群建设，协助推进碑林博物馆改扩建工程。推进西安博物院、半坡博物馆等重点博物馆基本陈列改造提升，举办“实幻印象——印象派真迹展”等原创性展览，“明万历皇家金器——东波斋珍藏展”荣获第十八届（2020年度）全国博物馆十大陈列展览精品推介“国际及港澳台合作入围奖”。加大非国有和行业博物馆管理扶持力度，推进博物馆数字化建设。出台《西安市非国有和行业博物馆事业发展专项资金管理办法》，积极推动西安市非国有和行业博物馆高质量发展。开展博物馆夜游直播、“云上国宝音乐会”、“云游”博物馆系列活动，举办“丝路明珠 璀璨盛唐”文化创意大赛，跨界融合构建“博物馆+”格局。建立全市统一的馆藏文物数据库，完成全市112家国有文物收藏单位27万余件（套）文物与44家非国有博物馆原始文物登记表的整理与导入工作，对馆藏文物信息进行统一管理。建立文物收藏单位数据库子系统，实现各收藏单位独立的文物动态管理。举办“国际博物馆日”“文化和自然遗产日”等线上、线下系列活动，推进全市中小学生研学旅行实践教育基地建设，持续开展博物馆“五进”活动以及“史前工场”“我是小八路”等研学旅行品牌实践活动。充分发挥国际古迹遗址理事会西安国际保护中心（IICC-X）等交流平台作用，持续推进丝绸之路国际博物馆联盟建设。

◆革命文物 2021年，西安市文物局举办庆祝建党一百周年革命文物主题纪念活动。八路军西安办事处纪念馆举办“故纸苍黄 初心以恒——馆藏革命文物展”、西安事变纪念馆举办“星火初燃——共产党早期组织与中国共产党的创建史料图片展”、蓝田县葛牌镇革命旧址举办“革命文物图片展”等系列活动。

◆文物执法与安全 2021年，西安市文物局进一步贯彻落实“保护为主、抢救第一、合理利用、加强管理”的文物工作方针，明确历史文化遗产保护领域执纪问责有关要求，推进文物安全直接责任人的落实，会同西安市公安局开展推进全市博物馆安全防范建设提升攻坚行动，实现博物馆安全防护设施全覆盖。开展文物安全督察检查150余次；深入推进文物行政执法“三项制度”落实，制定《西安市文物行政处罚程序规定》《西安市文物局法制审核流程规定》《西安市文物局重大行政执法决定法制审核目录清单》以及重大行政执法案件集体讨论记录和归档机制，明确法制审核机构、内容、流程、方式、时限和责任。全面开展“秦鹰2021”全市打击防范文物违法犯罪专项行动、田野文物安全巡查联合行动、西安市文物法人违法问题专项行动（2021—2022），消防安全专项整治、全国“两会”期间安全生产、全市安全隐患大检查大排查大整治、汛期地质灾害排查、全市革命文物建筑消防安全、中华人民共和国第十四届运动会、全国第十一届残运会暨第八届特奥会期间安全生产整治等专项行动，切实履行文物保护主体责任。建立检察和文物共同推进公益诉讼协作机制，召开西安市文物保护公益诉讼联席会议。深化扫黑除恶专项整治，印发《西安市文物局关于推进全市文物保护领域扫黑除恶整治工作方案》。（刘佳琪）

◆西安四项目入选“陕西首届六大考古新发现” 2021年1月22日，由陕西省文物局和陕西省社会科学界联合会支持，陕西省考古学会主办的“陕西首届六大考古新发现”评选结果正式揭晓。陕西府谷寨山遗址、秦始皇帝陵陵西墓葬、空港新城隋王韶家族墓园、麟游隋仁寿唐九成宫4号殿遗址、陕西西安中兆村十六国墓、陕西长安杜回北宋孟氏家族墓地入选首届“六大考古新发现”，其中秦始皇帝陵陵西墓葬、空港新城隋王韶家族墓园、陕西西安中兆村十六国墓、陕西长安杜回北宋孟氏家族墓地为西安市项目。

◆西安少陵原十六国大墓上榜“2020年度全国十大考古新发现” 2021年4月13日，“2020年度全国十大考古新发现”评选结果在北京揭晓，西安市文物保护考古研究院独立主持发掘的“陕西西安少陵原十六国大墓”上榜。少陵原十六国大墓位于西安南郊浐河以西、潏河以东的少陵原上，于2019—2020年配合西安市基本建设进行考古发掘，发现3座规格巨大、形制特殊、结构完整的十六国时期高等级墓葬，出土土雕建筑、精美壁画以及彩绘陶俑等，对研究十六国时期大型高等级墓葬的分布、结构等中国古代陵墓制度具有重大价值。由于该墓体量较大，情况复杂，发掘期间西安文物保护考古研究院多次召开专家咨询会，邀请国内权威文物保护等方面的专家，会商研究考古发掘和文物保护等相关工作。该墓在发掘及采集资料信息中注重运用科技手段，加强文物保护，采取无人机航拍、地理信息系统测绘、三维信息采集、元素分析、颜料成分判定、紫外红外拍摄等技术手段，取得阶段性的科研成果。十六国大墓发掘的成果既体现显著的中原传统汉文化特点，又具有民族文化特色，为研究文化交流、民族融合提供新的、极具价值的资料。

◆秦之崛起早期秦历史文化特展在西安开幕 2021年9月14日，西安曲江艺术博物馆为迎接十四运会而专门策划的“秦之崛起”早期秦历史文化特展在该馆开幕。本次展览汇集中国国家博物馆、甘肃省博物馆、宝鸡凤翔区博物馆、宝鸡陇县博物馆、宝鸡先秦陵园博物馆等多家文博单位的143件（组）反映秦人早期历史文化的珍贵文物，其中国家一级文物19件。本次展览分别从“秦之由来”“崛起西垂”和“春秋霸业”3大篇章，通过文物展示，讲述秦国早期东进崛起史，揭示秦国从弱小走向强大及秦早期文化发展形成过程。本次展览为期3个月，展览期间，馆方还面向公众陆续举办博物馆奇妙夜、专家讲座、线上直播以及青铜器模拟铸造体验等丰富多样的社会教育活动。（李平丹）

新闻出版

◆概况 2021年，西安报业传媒集团（西安日报社）不断提高新媒体产品质量，传播西安声音。全年直播557场，制作海报、长图、H5和各类专题图802个（幅），制作、发布视频作品8499个。全平台涌现阅读量“十万+”稿件930篇（条），“百万+”稿件209篇（条），“千万+”稿件10篇（条），各平台产品结构体系不断优化，全媒体矩阵的传播力和影响力有效提升。加强国际传播能力建设，拓展全球影响力。充分发挥“西安城市文化传播工作室”作用，在央媒和外媒推送西安重点工作、亮点活动、热点话题。开设“千年古都 常来长安”宣传专题，用多种传播手段向世界讲述西安故事、丝路故事、中国故事。以中华人民共和国第十四届运动会为契机在海内外推出多篇原创稿件，综合点击量近2亿人次。全年推出外宣报道120余篇，被450家世界主流通讯社及媒体采用，访问量超1.4亿人次，有效提升西安在全球的能见度和美誉度。西安报业传媒集团（西安日报社）有报、网、端、微、号17大类49个媒体产品，邀请全市400余家政务新媒体入驻西安发布App，全网覆盖受众1727万人次。集团（报社）全年获得赵超构新闻奖3件，陕西新闻奖14件，西安新闻奖43件。集团“全媒体一体化平台”“图片智能管理及运营平台（视觉西安）”2个项目获中国报协“全国报业媒体融合案例优秀奖”。2个项目获西安市“优秀外宣品（2019—2021）”表彰。

贾平凹《暂坐》上榜“作家出版社2020年度好书”，《黄金城》《近现代作家视域中的西安意象》《中华龙凤民俗》《这样好读的历史：三国争霸》等好书陆续出版。

◆重大主题报道 2021年，西安报业传媒集团（西安日报社）紧紧围绕中共西安市委、西安市人民政府中心工作，全力做好主题宣传。开设专栏专题186个，发布各类自采原创稿件、视频和新媒体产品20.1万篇（条），总阅读量43.3亿次。

主题宣传报道 大力宣传习近平总书记来陕考察重要讲话重要指示精神和党的十九届六中全会精神。开设《新征程 新西安 新篇章》《只争朝夕 真抓实干 奋力谱写西安新时代追赶超越新篇章》等专栏，制作刊发《回眸这一年》《西安·报告》等全媒体产品8920篇（条）。深入推进建党100周年和党史学习教育宣传报道。开设《奋斗百年路 启航新征程》《学党史 悟思想 办实事 开新局》《一百堂党史课》等26个专栏专题，总计发稿1.48万篇（条），阅读量7980.9万次。“七一”当天，《西安日报》《西安晚报》分别隆重推出纪念特刊，反响热烈。策划开展“百年风华耀初心——庆祝中国共产党成立100周年大型融媒主题报道”，总计发稿385篇（条），阅读量962.5万次。

十四运会氛围营造 推出“迎十四运 加快国家中心城市建设”等近百个重点版面。策划“博物馆里谝全运”等系列报道。主持开设“千年古都 常来长安 我在西安等你”等话题合辑，阅读量均上亿次。全年发布相关报道2.7万篇（条），阅读量8.6亿次。

加强西安高质量建设发展宣传报道。开设专栏刊发“西安GDP破万亿”“绿满长安”“三河一山”等3.12万篇（条），阅读量7.2亿次。

新冠疫情防控报道 成立疫情防控应急响应工作专班，制订疫情防控宣传报道工作方案，开设《众志成城 西安抗“疫”》《抗疫前线》等多个专栏，刊发全媒体产品9800余篇，其中阅读量“千万+”稿件3篇，“百万+”72篇（条），“五十万+”稿件56篇（条），“十万+”稿件295篇（条），总阅读量近14亿次。由“西安发布”主持的抖音话题#西安加油#阅读量33.6亿次，微博话题阅读量逾4亿次。西安发布抖音号#西安战“疫”众志成城#合集发布200余条视频作品，收看量超过1.5亿次。

◆媒体深度融合改革发展 2021年，西安报业传媒集团（西安日报社）升级改造西安新闻网及相关配套设施，建成“视觉西安”图片智能管理及运营平台，实施“西安发布”App三期优化升级以及“古城e购”电商平台等项目的建设，加快智能音视频管理平台建设，加强西安发布、西安新闻网、“十四运”官网的云安全防护。梳理研判深化媒体融合过程中出现的难点、堵点问题，从优化机制、鼓励激励、人才培训、财务管理、经营拓展等方面出台和修订制度26项，进一步完善措施、厘清责任，规范流程、理顺机制、激发活力。坚持“民呼我行”，发挥传媒优势，履行社会责任。公益栏目“爱心西安 公益同行”全年发布寻人信息稿件54篇，找回走失者24人。组织策划“2021家门口的优质学校”主题展和“全国高校在陕招生暨志愿填报咨询会”提供近23万人次教育咨询服务。西安发布App开通网上预约就诊便捷通道。

◆“新闻+政务服务商务” 2021年，西安报业传媒集团（西安日报社）深度挖掘营销潜力，与西安市人民政府驻京办建立战略合作，加强域外合作沟通；创新开展大客户营销，与多个行政区、开发区和市级部门签订年度战略协议；实施“事业部+公司”运营模式，以市场化管理、公司化运营模式组建视频制作团队；持续推动“报业集团+集团会展公司+社会教育机构+院校联动”模式，策划的“陕西高招咨询会”影响力进一步扩大，共112所院校参展；代运维中华人民共和国第十四届运动会西安市执委会“一网三微”和2021年全国网络安全宣传周官网、官微以及全市各级政府部门、区（县）以及公司、企业新媒体产品近50个；组织开展“塑美创佳争优”等多项网络评选活动，平均访问量近2000万；与西北大学签订传媒产业版权保护与运营平台合作协议，推动集团传媒产业版权市场化方式运营。

（冯兆阳）

◆贾平凹《暂坐》上榜“作家出版社2020年度好书” 2021年1月，作家出版社2020年度好书终评结果揭晓，评出作家出版社2020年年度好书20种。其中，贾平凹长篇小说《暂坐》上榜。《暂坐》是作家贾平凹2020年9月推出的长篇小说，小说以西安城为背景，讲述一群独立奋斗的都市女性在心灵上相互依偎的故事。

◆贾平凹出版《人生从容》 2021年6月，贾平凹全新散文集《人生从容》由时代华语策划、江苏凤凰文艺出版社出版。该书由贾平凹本人亲绘封面，3次甄选亲定49篇篇目。他在书里分享自己从容乐观的人生观，告诫年轻人在任何年龄段都要奋斗，积极面对各种困境。

◆高建群《丝绸之路千问千答》出版 2021年5月，著名作家高建群创作的《丝绸之路千问千答》由西北大学出版社出版。该书将丰富的历史文化知识和人文故事挈领结为64篇（含前言126节和2篇附录60节），叙述亚欧大陆上的高原山脉、河川湖沼以及主要民族和文明初生、演进、蝶变的历史过程；讲解从东方到西方的广袤地域，先后存在的200多个部落民族以驼、马、犁、刀、币为方式，在货物贸易、冲突交流中融合发展的历史。在东西文化的时空比较中，梳理丝绸之路沿线游牧文明、农业文明乃至海洋文明的演进和相互关系，阐述欧亚大陆上各种民族成分、各个文明板块对于形成当今世界格局乃至当今人类文明形态的意义。

◆吴文莉长篇新作《黄金城》出版 2021年1月，陕西省知名女作家吴文莉“西安城”系列第三部长篇小说《黄金城》，由陕师大出版社出版。《黄金城》讲述中国当代商人的财富故事，写他们在改革开放四十年中所经历的创业史，和如何创造辉煌的“黄金城”。小说通过描写一位少年成长为商界精英人物的故事，透过中国商人积累财富的故事和他们的情感故事，希望还原这样一群人的创业打拼和他们曾经真诚的爱情，从而关注他们财富背后的情感失落和危机。

◆《这样好读的历史：三国争霸》出版 2021年5月，青年作家成长新作《这样好读的历史：三国争霸》，由人民文学出版社出版。成长，陕西西安人，北京作家协会会员，北京影视艺术学会会员。《这样好读的历史：三国争霸》从东汉末年宦官外戚专权、黄巾起义写起，到三国归晋，司马氏统一天下。在大家熟知的著名人物和历史事件之外，还融入大量政治、军事、经济、文化等多方面内容。

◆《近现代作家视域中的西安意象》出版 2021年1月，由陕西省社会科学院文学艺术研究所副所长刘宁撰写的《近现代作家视域中的西安意象》由西北工业大学出版社出版。该著作是陕西出版资金精品项目成果，共计33万余字。是以文本细读、史料考证、田野考察相结合的研究方法完成的一部百年西安城市史、文学地理学研究专著。上篇主要表现20世纪上半叶西安城市从传统向现代转型的艰难历程，以及由此而产生的种种现代化特质和新文化生活空间；下篇展示20世纪下半叶西安城里、城外人的生活样态和文化心理结构。

◆庞进《中华龙凤民俗》出版 2021年1月，著名龙凤文化研究专家、作家、西安中华龙凤文化研究院院长、西安日报社高级编辑庞进的新著《中华龙凤民俗》，由气象出版社出版。本书借鉴人类学、考古学、神话学、象征学等学科的研究成果，以民俗学的视角和方法，以26万字的篇幅，对表象神奇、内容丰赡、流传广远的龙凤民俗进行多方面、多层次的考察。

◆《西安家训故事集》出版 2021年12月，西安文理学院历史文化旅游学院编写的“西安廉政文化丛书”之《西安家训故事集》由西安出版社出版。《西安家训故事集》由历史文化旅游学院教授张天社主编。该书深入挖掘西安传统家规家训文化资源，遴选出西安地区50位历史人物的家规家训和家风故事，按照原文、译文、解读、点评4部分讲述，是对西安地区家规、家训的首次系统梳理和诠释。该书分为“立志求学”“修身齐家”“为人处世”“为官理政”“使命担当”5个类别，通过品读清官廉吏的历史事迹和赏析家规、家训格言警句，让读者从中体悟家规、家训的文化精髓，收获家规、家训的教育作用，达到创造性继承，创新性发展的目的，从而更好地开展现代家规、家训和家风建设，营造“崇廉尚德”“廉荣贪耻”的浓厚氛围。

◆《长安画派》精品系列丛书出版 2021年11月，西北大学出版社策划推出《长安画派》精品系列丛书。这套丛书由著名画家邢庆仁主编，包括5卷，分别展示长安画派代表画家石鲁、赵望云、何海霞、黄胄、方济众的代表作品和相关文献资料，系统地介绍诸位大师的艺术成长历程、创作特色等，从而客观、公允、多角度地展现长安画派的历史风貌和开拓之功，以及各位大师对身处的这片黄土地的热爱之情。

◆《曹雪芹的遗产》《曹雪芹的疆域》新书分享会举行 2021年6月，“回望长安花如雾·计文君《曹雪芹的遗产》《曹雪芹的疆域》新书分享会”在西安SKP书店举行。《曹雪芹的遗产：作为方法与镜像的世界》以《红楼梦》为切入点，展开对中国现代小说叙事观念和叙事艺术的全面探索，是作者近十年来综合其理论研究与创作实践两方面的成果而完成的学术专著；《曹雪芹的疆域：〈红楼梦〉阅读接受史》则对《红楼梦》阅读接受史进行深度解读，引导读者深刻领悟由此折射的文化演进和文化生态。

◆散文集《见瓦》首发式西安举行 2021年9月25日，瓦库出品系列图书之散文集《见瓦》首发式在西安瓦库30号举行，陕西、河南两地80余位文艺界嘉宾出席见证。现场，《见瓦》作者王鸿雁与傅强、余平、李宗奇、孔明、周燕芬等学者，围绕“城市环境中的精神空间”“城市文明与农村记忆”等话题展开对谈。《见瓦》，以“瓦”与“茶”元素为集合，将城市中日益渐失的土木砖瓦石，用散文的笔法记录。

◆《柳青年谱（增订本）》座谈会在西安举行 2021年10月15日上午，《柳青年谱（增订版）》座谈会在西安市长安区王曲唐村召开。陕西省作协相关领导，以及多名评论家、学者出席座谈会。柳青是“文学陕军”的初代作家，他扎根生活，深入基层，用这种方式创作的《创业史》是一部反映农村社会主义革命的史诗性作品。《柳青年谱》逐年逐月记录柳青一生的生活、工作和思想情况，对于研究柳青有重要的参考价值。

（李平丹）

广播·电视·电影

◆概况 2021年，西安广播电视台全面立体报道西安市深入贯彻落实党的十九届六中全会精神和习近平总书记来陕考察重要讲话精神的生动实践，圆满完成庆祝中国共产党成立100周年、党史学习教育等重大主题宣传。开设专栏70多个，开展主题报道近200项，播发新闻2万余条次。在新华社、《人民日报》等央级新媒体平台发稿4000多条，央视发稿79条，有力宣传新时代西安高质量发展的新成就。围绕贯彻落实党的十九届六中全会精神和习近平总书记来陕考察重要讲话精神的生动实践，开设《贯彻落实党的十九届六中全会精神》《牢记嘱托 感恩奋进——习近平总书记来陕考察五周年特别报道》《奋斗百年路 启航新征程》《开局“十四五” 踏上新征程》《传承红色基因 赓续奋进力量》《民呼我行办实事》《理论面对面》等专栏，推出沿着习近平总书记考察足迹主题报道，回访陕西汽车控股集团有限公司、西安交通大学、西安城墙等地，以鲜活方式报道西安市高举习近平新时代中国特色社会主义思想伟大旗帜，贯通落实“五项要求”“五个扎实”在西安取得的骄人成绩。围绕庆祝中国共产党成立100周年和党史学习教育，推出《红色经典 唱响百年》《我和我的祖国》《理想照耀中国》《伟大的新时代》等特别节目。举办“学党史 悟思想”全市党史知识竞赛、“铸忠诚、话廉洁、勇担当”主题演讲竞赛；“我跟党走 家乡蝶变——网媒总编看西安”等主题活动。开设《党史上的今天》《习近平总书记党史学习金句》《陕西英烈谱》等专栏和融媒体栏目《古都先锋》《理论面对面》累计编发稿件1万余篇，点击量超6000万次，展现西安在中国共产党的领导下取得的历史成就和发生的巨大变化。为庆祝中国共产党成立100周年献上一份厚礼。《媒体融合的出圈路》案例获“2021年全国广播电视媒体融合典型案例”，这是全国广播电视机构深入推进媒体融合的最高奖项。《每日聚焦》栏目2021年1月获得人力资源和社会保障部、国家广播电视总局、国家新闻出版署颁发的“全国新闻出版广播影视系统先进集体”荣誉称号。在2021全国广播业综合实力大型调研榜单中，入选“年度品牌影响力市级广播电台”三强。喜大融媒体项目获年度品牌影响力融媒体项目。反映西安市脱贫攻坚成果的纪录片《山水关情》在央视农业农村频道黄金时段播出。围绕中心、服务大局，紧扣西安市中心工作，坚持正向监督、正向宣传。围绕“迎十四运·城市管理”“全市生态环境保护调度会”“市级重点项目进展情况纪实”“创文检查督导”“安全生产检查”“疫情防控”等专题拍摄制作《迎十四运·城市管理专题片》《全市重点工作》等汇报片、纪录片、专题片60多部，成为总结、推动中心工作的重要抓手，获得市委主要领导表扬和各方面的一致好评。承接制作西安市工作汇报片20多部。专题片《西安 追赶超越再出发——2021年上半年重点工作报告》在中共省委全会上播出。围绕中心工作，开展建设性监督，全力推动各项工作落地落实。制播完成《每日聚焦》226期、《党风政风热线》220期，《每日聚焦》《每周一看》聚焦问题1067个。《每日聚焦》《每周一看》曝光的1000多个问题得到落实整改，220期《党风政风热线》关注区（县、开发区）及各部门工作390项，解决群众急难愁盼问题投诉128件。《你好 我的城》着力为群众办实事、解难题，为党委政府和市民群众架起连心桥。通过“社区板凳会”“网上议事厅”等形式，解决130多个社区治理共性问题。总结基层治理经验40多个，“四勤工作法”在全市基层社区推广。栏目获2020—2021全国百强广播电视融媒体传播力调研报告最具品牌影响力城市广播电视栏目和全市宣传思想文化工作创新竞赛一等奖。全力做好中华人民共和国第十四届运动会、全国第十一届残运会暨第八届特奥会宣传报道，开展“迎全运盛会展西安风采”直播季活动，汇聚全台广播、电视等60个媒体平台资源，全天候报道十四运会。圆满完成十四运会倒计时100天、全运会火炬传递等重要活动以及跳水、游泳、射击等相关活动的直播转播。场次达156场，发稿量2.5万条，新媒体发稿点击量超4.1亿次。“十四运”歌曲《西安欢迎你》传遍大街小巷，制作完成《千年古都 常来长安》《西安准备好了》等城市形象宣传片。在广播电视新媒体及全市户外大屏滚动播出，全网点击量超10亿次，并登陆Facebook、YouTube、Twitter等国际知名社交平台，有力宣传新时代西安高质量发展的新成就。面对新冠疫情，第一时间推出每天13档共17个小时的《原点直播》“抗疫情 西安有力量”融媒体特别直播报道，及时发出权威声音，为共同抗疫营造良好氛围。发布1000多条辟谣信息，持续强化主流媒体公信力。出动卫星直播车，全天候报道研究生考试保障工作。《每日一看》聚焦各区（县）常态化疫情防控中存在的不严不实现象，助推问题及时解决。系列科普片《疫情防控 咱就应该这么做》播出后，引起良好反响，市疫情防控指挥部要求各区（县、开发区）、一场五站等广泛播放推送，增强市民群众防控意识。《原点视评》《西安网评》加强舆论引导，凝聚正能量，振奋精气神。媒体公益行动《你的事我来办》为困难群众和特殊人群解难帮困。推出60天公益广告扶持计划，助力小微企业复工复产，体现媒体社会担当。抗疫期间，推出百万+、千万+产品160余条。

◆对外交流 2021年，西安广播电视台与中央广播电视台合作拍摄百集4K微纪录片《从长安到罗马》在中央广播电视总台热播，影响所及跨越国界，成为“一带一路”国际文化交流和国际传播的典范之作；获中央宣传部、国家广播电视总局联合实施的首届中国纪录片对外传播推优扶持项目评选活动对外传播优秀作品。《播响中华》《丝路讲坛》《品味中华经典》，以及《网络中国节》《我们的节日》等节目和活动大力弘扬中华优秀传统文化。用高质量文化产品增加高质量娱乐供给。联合全国20多家城市广播电视台，以及意大利、韩国电视媒体，推出云上《丝路城市春晚》，总点击量近4亿次，新华网、人民网等央媒给予好评。春节特别节目《西安大玩法》展现西安人欢乐自信充满活力的时代形象。圆满完成“浓情元宵·欢乐过节”融媒体直播，并在10多家央媒和头部新媒体平台推流播出，点击量位居全国前列。借力媒体融合优势，不断深耕海外平台。通过中央广播电视总台中国国际电视台和长城平台，向海外宣传西安推介西安。在YouTube、Twitter和TikTok三个平台开设账号，在五大主流海外媒体上发稿500余篇，吸引粉丝超5万人次，视频点击量超过15万人次，助推西安形象的全球传播。

◆影视制作 2021年，西安广播电视台联合中央广播电视总台国防军事频道，完成理论文献纪录片《红星耀陕甘》，该片被国家广电总局确定为庆祝建党100周年重点纪录片。重大革命历史题材纪录片《西安1949》通过国家广播电视总局重大题材立项。电视剧《星星之火映山红》已取得陕西广播电视局公映许可证。电影《回马破冰》摄制完成并报送国家电影局。陕西首部军工题材广播剧《红箭 红箭》在央广播出。广播剧《寻找英雄郭正喜》在央广中国之声首播。

◆媒体融合 2021年，西安广播电视台全面落实习近平总书记关于推进媒体深度融合的系列指示要求，媒体融合取得跨越式发展。新闻+政务服务商务全媒体产业形态加快形成，全年收入实现历史性突破。提前完成高清频道建设项目，成为西北首家同时拥有6个高清播出平台和4K超高清制播能力的广播电视台。建设4K融媒体直播演播室，引入智能化综合管控系统，实现了技术管理可视化、智能化。全媒体4K超高清16讯道直播转播车成为西部地区城市台第一个把5G引入转播系统的4K/IP转播车，技术水平处于全国城市台领先地位。建成贯通省、市、县一体协同的新的融媒智汇中心，实现内容、渠道、平台、管理和运营的深度融合，形成以原点新闻App、“学习强国”西安平台、西安网为枢纽，上接中央和陕西省传播平台，下联区（县）融媒体中心“三足两翼”全媒体传播格局。主流媒体阵地不断壮大，传播力影响力不断提升。为事业长远发展提供强有力的技术支撑和管理保障。《原点新闻》App下载量突破百万人次，累计编发稿件17万余篇，总点击量约7亿次。“学习强国”西安学习平台累计发稿2万余篇，被陕西学习平台采用近6000篇，被中央宣传部总平台采用2300余篇，总订阅数1150万人次，总浏览量超过5亿人次。各项数据均位列全省地市级平台第一位。10月11日，成功举办国家网络安全宣传周线上主题晚会。网络安全线上主题晚会是2021年国家网络安全宣传周重要活动之一。晚会比照“3·15”晚会的方式，将可视性和教育性相结合，采取“专题片+连线+情景剧”的方式呈现。晚会分为“调查专题”“网安在行动”两个部分。向网民普及网络安全相关法律知识，展现国家打击危害网络安全违法犯罪的力度和决心，向网民普及网络安全知识，提升全民防范的意识。西安台与中国传媒大学合作开展“数字文化西安”项目，成为全国唯一一家承担国家级重点课题的城市电视台，并获得资金支持。总投资5亿元的融媒发射中心胜利竣工，整合原劳武巷、曲江和泛美3个发射台站，实现统一管理、集中发射，集网络化、数字化、信息化、智能化为一体提高发射安全系数和发射效果，极大改善职工的工作条件，从根本上解决发射台站分散、技术设施落后、安全隐患大等问题。无线发射覆盖范围增加30%，全面覆盖关中城市群。承办的国家网络安全宣传周线上主题晚会案例获陕西省宣传思想文化工作创新竞赛一等奖，展现融媒体传播实力。

◆影视获奖情况 2021年，百集4K微纪录片《从长安到罗马》获中央宣传部、国家广播电视总局联合实施的首届中国纪录片对外传播推优扶持项目评选活动对外传播优秀作品。纪录片《“80”后》获第27届中国纪录片学术盛典短片好作品奖。《我省首批援鄂医疗队今天出发》《山高人为峰》等9部作品获陕西新闻一等奖。《古都先锋》栏目获“百年征程波澜壮阔”主题原创视频好作品奖。融媒体中心第一党支部获“陕西省先进基层党组织”、全市“党员先锋岗”称号。9名编辑记者荣获“相约西安 筑梦全运”宣传工作先进个人称号。2名编辑记者获得陕西省第八届“好记者讲好故事”演讲比赛一、二等奖。在第三届全国广播电视融媒创新发展年会暨2020—2021全国百强广播电视融媒传播力调研中，融媒体中心获“全国广播电视融媒创新发展优秀融媒机构”，区（县）融媒体建设项目获“全国广播电视台融媒创新发展最佳经典实战案例”。《你好 我的城》获最具品牌影响力城市广播电视栏目，并获得全市宣传思想文化工作创新竞赛一等奖。《“懒汉”脱贫记》获第十五届小康电视节目工程推选活动短视频类好作品。

◆《每周一看》内参片 2021年，《每周一看》栏目组紧扣西安市中心工作，围绕中华人民共和国第十四届运动会举办开展宣传和监督报道，拍摄制作29期《迎十四运·城市管理专题片》，226期《每日聚焦》，12期《全市生态环境保护工作调度会专题片》，4个季度《市级重点项目进展情况纪实片》，以及创文检查督导专题片、安全生产检查专题片、疫情防控专题片等内容，全力推动各项工作在基层落地落实。节目多维度聚焦十四运会相关工作，严格对照测评体系查漏补缺，聚焦点面问题，跟踪整改情况，推动各项任务高质量高标准落实。围绕“迎十四运会”积极策划，推出重点项目建设、城棚改工作进展、垃圾分类、治污减霾、“三河一山”绿道建设、公园建设改造情况、十四运筹备工作等系列报道，全面展示各区（县）开发区、各个行业、各条战线和社会各界力量万众一心、众志成城做好各项服务保障工作，参与全运、服务全运、奉献全运的热情。（齐杨萍）

◆《穿越星空的钟声》央广开播 2021年11月26—29日，由西安外事学院出品，西安广播电视台艺术中心制作的广播剧《穿越星空的钟声》在中央广播电视总台央广中国之声《记录中国》栏目播出，讲述一个编钟和卫星的故事。4集广播剧《穿越星空的钟声》以弘扬传统文化、传播编钟艺术为主旨，讲述东方藤一家几代人为传承古老的编钟艺术不懈努力和执着坚守的故事。本剧巧妙地将编钟艺术、音乐魅力和航天科技结合在一起，既发掘编钟艺术沉浸千年的古老魅力，也通过“东方红”卫星和神舟飞船升空，展现国家航天事业取得的辉煌成就。本剧将传统与现代、艺术与科技、个人与家国结合，是一部中华民族古老文明与现代科技交相辉映的正能量作品。

◆党史教育剧《大浪淘沙》开播 2021年5月11日，由中共陕西省委宣传部、中共西安市委宣传部指导，西安曲江丫丫影视参与出品的电视剧《大浪淘沙》在浙江卫视和江苏卫视同步播出。剧集以现代审美的方式，借助现代青年视角回望伟大历史的创新表现形式，讲述从1919年五四运动开始一直到1945年“七大”召开这二十多年间中国共产党以改造中国、救国救民为己任，所进行的不屈不挠、艰苦卓绝的奋斗史，深刻生动地展现继往开来、厚积薄发的中国面貌。剧集第一次全景式展现第一代中国共产党人的心路历程、人生选择和命运走向，紧扣“大浪淘沙”主题，全面呈现中国共产党在关键节点和重大事件上的抉择。

◆广播剧版儿童剧《二十四个奶奶》发布 2021年1月，由陕西省广播电视局、丝路之声广播剧创研基地、西安演艺集团·西安儿童艺术剧院联合出品的儿童广播剧《二十四个奶奶》正式发布。儿童剧《二十四个奶奶》是西安儿艺的“当家剧目”之一，该剧以中华传统文化精髓二十四节气为背景，以祖孙情为线索，让孩子们在欣赏该剧的同时，感受中国传统民俗文化的精深和舞台艺术的魅力。剧目自创排以来，曾多次巡演国内外，取得近20项国内外奖项。

◆张艺谋执导电影《狙击手》开机 2021年1月6日，由张艺谋、张末父女首次联合执导、国内首部聚焦抗美援朝狙击手故事的电影《狙击手》在吉林开机。该片以抗美援朝战争中的“冷枪冷炮运动”为背景，通过一段中国志愿军狙击小队与美军精英狙击队之间的殊死对决，展现朝鲜战场上志愿军战士艰难取胜的英勇故事和可歌可泣的奉献精神。本片是张艺谋导演首次挑战全战争场景的电影拍摄，也是国内首部聚焦抗美援朝战争中狙击手的电影。

◆电影《长安·长安》西安开拍 2021年10月15日上午，院线电影《长安·长安》开机仪式在西安国际港务区举行。影片由伊朗著名导演、编剧，奥斯卡评委会成员纳基斯·阿贝耶担任监制和导演，中国国家一级导演张忠，中国著名导演西尔扎提·牙合甫担任导演，中央广播电视总台国际在线、西安港文体产业发展有限公司出品，陕西蝴蝶效应娱乐传媒有限公司承制。电影《长安·长安》以国际化的视角讲述“一带一路”故事，通过光影故事的表达来记录和呈现历史留下的印记，同时对未来进行丰富的想象，旨在增进“一带一路”沿线国家的文化交流、民心相通。影片中的故事发生在2031年的中欧班列“长安号”上，以2031年的视角切入讲述2021年的故事，人物命运与时代主题相对接，通过剧情、感情、冲突来支撑主人公对长安的热爱，将“长安”二字所承载的事物进行镌刻和升华。

◆电影《柳青》西安首映 2021年5月19日，人物传记电影《柳青》在西安举行首映礼。电影《柳青》生动讲述新中国成立初期，青年作家柳青怀揣理想，放弃北京高级干部待遇，深入生活，扎根农村，历经半生书写史诗巨著《创业史》的动人故事。首映礼上，该片主创悉数到场，分享影片拍摄幕后故事。电影《柳青》根据刘可风著作《柳青传》改编，选择从柳青个人的角度切入，铺展宏大社会主题，集中反映新中国建设时期的波澜壮阔，并带领观众拥抱红色浪漫年代的如诗理想。

◆电影《半个月亮爬上来》国内公映 2021年12月3日，电影《半个月亮爬上来》在国内公映。《半个月亮爬上来》由中共陕西省委宣传部、西安市委宣传部、榆林市委宣传部等单位联合摄制，陕西华鼎古悦影视文化传播公司等出品。《半个月亮爬上来》以20世纪30年代的中国西部为背景，以王洛宾创作、采风、搜集民族歌曲的曲折过程为主线，讲述王洛宾的音乐人生，并将瑰丽烂漫的中国民乐，呈现于世人面前。在正式公映前，《半个月亮爬上来》已获得世界民族电影节最高奖项最佳故事片奖、加拿大金枫叶国际电影节最佳音乐故事片奖和最佳导演奖、第十六届中美电影节金天使奖等众多奖项。（李平丹）

地方志

◆概况 2021年，西安市地方志办公室以推动地方志事业高质量发展为主题，以提升地方志服务经济社会能力为主线，以加快全市地方志工作多业并举为主业，有效履行存史、资政、育人职能，积极创新服务手段，抓好年鉴编纂出版、地情资源开发和网络信息化建设，全市地方志工作水平显著提升。全年共编纂出综合年鉴15部（其中英文版年鉴1部）、地情书籍1部。

◆市志编纂 2021年6月，《西安市志（1991—2010）》完成批量印刷出版，全志共8个分卷800万字，记录1991到2010年西安市自然、政治、经济、文化、社会的发展状况。已完成3000套批量印刷任务，开展大规模赠书活动，扩大志书影响力，为各界读者全面总结西安近20年的建设发展经验，深刻认识发展规律，准确把握发展方向提供存史资政的可靠典籍资料。

◆年鉴编纂 2021年，西安市地方志办公室完成《西安年鉴（2021）》和《西安年鉴（2020英文版）》编辑出版任务。利用2个多月时间对全市13个区（县）综合年鉴编纂情况进行调研，对鄠邑、高陵等区开展业务培训，审阅新城、阎良、周至、鄠邑、碑林、高陵等区（县）年鉴，实现区（县）“一年一鉴、公开出版”。

《西安年鉴（2021）》出版 2021年11月，西安市人民政府主办、西安市地方志办公室编纂的《西安年鉴（2021）》由世界图书出版西安有限公司出版。主编姚敏杰。该卷年鉴采用分类编辑法，设37个类目、181个分目、1588个条目，收录1184幅图片、102张表格。卷首专题图片设荣耀西安、数字西安、年度热词、新冠疫情防控、“十四运”筹备、脱贫攻坚、印象西安、开放西安、活力西安、生态西安、人文西安、和谐西安、宜居西安13个专题，卷末附人物、附录、统计资料、索引。全书150万字。

《西安年鉴2020（英文版）》出版 2021年11月，西安市人民政府主办、西安市地方志办公室编纂的《西安年鉴2020（英文版）》由世界图书出版西安有限公司出版。该卷年鉴为32开本，设18个类目，49个分目、346个条目，中文字符10万字，彩页8面。卷首专题图片设西安档案、荣耀西安、2019数字西安、国际化大都市建设、招商引资、生态建设、公共文化、社会民生8个专题。

《新城年鉴（2021）》出版 2021年12月，西安市新城区人民政府主办、新城区人民政府办公室编纂的《新城年鉴（2021）》由世界图书出版西安有限公司出版。主编杨向曦。该卷年鉴设78个类目、30个分目、807个条目，收录136幅图片、29张表格。卷首专题图片设重要会议、招商引资、重点项目建设、精准扶贫、疫情防控、人口普查、社会民生、文化体育、迎十四运等。卷末附辖区学校选录、驻地单位选录、社区简介、统计公报、文件选目、文件选录、调研成果、索引。全书62万字。

《碑林年鉴（2021）》出版 2021年12月，西安市碑林区人民政府主办、碑林区地方志编纂委员会编纂的《碑林年鉴（2021）》由世界图书出版西安有限公司出版。主编聂新华。该卷年鉴设22个类目、109个分目834个条目，收录176幅图片、40张表格。卷首专题图片设重要会议、区级主要领导工作剪影、疫情防控、招商引资、城区改造、精准扶贫、人口普查、社会民生、文化体育迎全运，卷末附人物、辖区学校选录、驻地单位选录、辖区医院选录、附录、文摘、索引。全书共计70万字。

《灞桥年鉴（2021）》出版 2021年9月，由灞桥区人民政府主办、灞桥区志办编纂的《灞桥年鉴（2021）》由西安出版社出版。主编史昌孙。该卷年鉴采用分类编辑法，大部分栏目设“类目—分目—条目”三个层次，设31个类目。下设129个分目，977个条目。收录229幅图片，34张表格。卷首专题图片设荣誉灞桥、数字灞桥、重要会议、重点项目建设、脱贫攻坚、疫情防控、扫黑除黑、环境提升、文体旅游、应急管理、招商引资，书法绘画12个专题。卷末附人物、新任区级领导、先进人物、抗疫先进人物事迹材料逝世人物。全书共计76万字。

《未央年鉴（2021）》出版 2021年12月，未央区人民政府主办、西安市未央区地方志办公室编纂的《未央年鉴（2021）》由世界图书出版西安有限公司出版。主编沈桂红。该卷年鉴设24个类目、127个分目、902个条目，收录58幅图片、17张表格。卷首专题图片设区政区图、数字未央、荣耀未央、草滩街道、徐家湾街道、脱贫攻坚、疫情防控、基层党建、重点项目、城中村改造、双拥共建、平安未央、民生未央、文化体育、教育医疗、绿色未央、编辑说明17个版块、105张图片，卷首设目录、英文目录。卷末附附录、索引。全书75万字。

《蓝田年鉴（2021）》出版 2021年12月，蓝田县人民政府主办、蓝田县地方志办编纂的《蓝田年鉴（2020）》由陕西新华出版传媒集团三秦出版社出版。主编毛会霞，执行主编王耀辉。该卷年鉴设30个类目、139个分目，1056个条目，收录106幅图片、30张表格。卷首专题图片49张，卷末附录、索引。全书共计50万字。

◆《西安市志（1991—2010）》出版座谈会召开 2021年12月10日《西安市志（1991—2010）》出版座谈会在西安市人民政府会议室召开。陕西省志办、西安市人民政府、西安市人大常委会相关领导出席会议。会议总结西安市首轮修志和二轮修志的工作经验，来陕西省内有关高校及人文社科领域的8位著名专家学者从不同角度对《西安市志（1991—2010）》进行点评，对该部志书给予较高评价。

◆“讲好黄河故事”系列活动举行 2021年7月9日，在中国地方志指导小组办公室、国家方志馆组织开展的“讲述黄河故事、传承黄河文化”系列活动中，西安市地方志办公室供稿86篇，其中《老井传奇——柿子红了》获得中指组、国家方志馆一等奖作品，《渭河摆渡人》获二等奖作品，《黄河故事之洛川苹果之父》《渭水之滨的文学巨匠——陈忠实》《我的青春岁月——石砭峪水库建设》《黄河骄子王勇超》《黄河丝带串起一路珍珠——沿黄人文生态观光采撷》《龙门天下雄》《壶口十章》6篇文章获得“三等奖”。西安市志办以及所属的碑林、雁塔、未央区志办被陕西省志办评为优秀组织奖。

◆《第二轮区（县）修志工作论文集》编印完成 2021年12月，由西安市地方志办公室主编的《西安市第二轮区（县）修志工作论文集》编印完成。该论文集立足为第三轮区（县）修志工作提供积极借鉴，从组织管理、编纂实践等方面入手，对全市区（县）第二轮地方志编纂各环节进行总结，将修志工作过程中的体会与思考、经验教训做以提炼，最终收录文章31篇。全书共计15万字。

◆**地情资料开发** 2021年，西安市地方志办公室着眼服务西安文化软实力提升，组织编写出版《西安文脉述略》，全书32万字，搜集整理西安市历史廉政文献资料5万余字，全面系统地记叙大西安辉煌历史以及历史演变和内在关联，展望大西安的未来。全年刊发《西安地方志》6期，共160余篇稿件，45万字。

◆**地情信息化建设** 2021年西安市地方志办公室门户网站围绕时政热点，开设“学党史 悟思想 办实事 开新局”“《西安市志》党史人物”等专栏。门户网站更新信息701条，数字化上传《西安年鉴（2020）》《西安年鉴（2019）（英文版）》《唐风录》及《西安地方志》（6期）期刊，约508万字，年度总访问量达29万人次。“悦鉴西安”微信公众号运维累计更新信息329篇，年阅读量6万余次。开设“西安村史馆选介”专栏，发布原创文章40篇，20余篇被“学习强国”西安学习平台采用，同时推出“成语故事”“西安村史馆选介”“非物质文化遗产”等栏目，先后推送各类文章近百篇，被评为“学习强国”陕西学习平台优秀供稿单位。

◆**陕西省全省村史馆工作会暨长安区现场会召开** 2021年5月28日，陕西省全省村史馆工作会在西安市长安区召开。陕西省志办、西安市人民政府相关领导出席，中共陕西省委宣传部、陕西省农业农村局以及来自西安、榆林、渭南、汉中等全省各市地方志办公室相关负责人参加。会议肯定西安市村史馆建设成果，对西安市长安区村史馆建设的经验进行全省推广。参会人员通过现场观摩，深入了解村史馆的建设原则、场馆选择、布展内容和布展形式以及村史馆如何发挥存史、资政、育人的作用进行现场交流讨论，为下一步全面推进村史馆建设试点工作打下坚实的基础。

（雷开朕）

档　案

◆**概况** 2021年，西安市档案局认真组织全市档案系统学习贯彻习近平总书记对档案工作的重要批示、宣传贯彻新修订《档案法》，认真履行档案法制建设、档案宣传、行政管理、监督指导等职能。西安市档案馆以贯彻实施新修订的档案法和“十四五”档案事业发展规划为抓手，以服务庆祝建党百年为主线，以脱贫攻坚、疫情防控、中华人民共和国第十四届运动会等档案接收为重点，为奋力谱写西安新时代追赶超越新篇章贡献档案力量。在档案法知识竞赛答题活动中被国家档案局表彰为“优秀组织奖”，宣传工作被省档案局表彰为“2021年度全省档案宣传工作组织奖”，经济科技档案案例征集工作被省档案局表彰为“优秀组织单位”，“两刊一报”征订工作被中国档案报社表彰为“发行先进单位”。

（石康桥　李正鹏）

◆**监督指导** 2021年，西安市档案局制定《西安市档案事业发展“十四五”规划（2021—2025）》；结合“双随机一公开”制度对30家市级单位开展执法检查，印发执法检查情况通报，对每个单位印发执法检查整改意见书。负责“双随机一公开”、“互联网+监管”、政务服务事项中控管理等12个平台管理，认领并指导区（县）完成省级事项清单认领；指导并审核完成19家档案服务企业备案工作；对5家省级档案目标管理AAA级申请单位进行工作指导，3家通过认证；组织1期档案干部线上业务培训班，共17门课，103名同志参加并取得省级档案业务培训证书。抓疫情防控档案工作，印发相关文件4个，对西安市疫情防控指挥部、13个区（县）档案馆和8个开发区疫情防控档案接收情况进行全覆盖检查和指导；抓脱贫攻坚档案工作，印发相关文件5个，对涉贫区（县、开发区）开展2轮检查指导，在5个省考区（县）指导设立9个示范点，每月向陕西省档案局报送情况；抓中华人民共和国第十四届运动会和全国第十一届残运会暨第八届特奥会档案工作，2次到西安市执委会指导检查档案工作，1次到市城建档案馆指导检查场馆建设档案归档工作；抓党史学习教育档案工作，上门指导党史学习教育办公室做好资料收集、档案整理和数字化工作；抓县级综合档案馆建设，联合市委督查室开展专项督查，每月督促并向陕西省档案局报告进展情况。

（石康桥）

◆**档案服务利用** 2021年，西安市档案馆坚持利用者至上服务理念，做到依法查询、依规办事、礼貌周到、服务高效。全年共接待档案利用者3732家4271人次，电话咨询1279人次，提供档案18983卷2611件，提供资料107册，编写利用实例6篇，服务面涉及资政参考、编史修志、法律诉讼、养老统筹等方面，满意率达95%以上。

◆**重点档案收集** 2021年，西安市档案馆成立工作专班，主动到中华人民共和国第十四届运动会西安市执委会、西安市乡村振兴局、西安市疫情防控办等单位对接，做好十四运会、脱贫攻坚和疫情防控等重点档案收集工作。加强十四运档案接收管理，制定《第十四届全国运动会西安市执委会档案管理办法》，共接收文件12792件、实物331件、音视频和照片约46.7G；服务全市脱贫攻坚大局，确定移交目录范围，开展档案工作指导和业务咨询，完成50册15412条目录移交进馆；做好疫情防控档案的收集归档，印发《关于做好疫情防控档案目录移交工作的通知》，提供业务咨询服务和现场指导，完成168册34609条目录移交，接收57个单位电子档案。

◆**档案征集** 2021年，西安市档案馆严格落实国家档案局9号令要求，制定市档案馆接收计划。共接收西安市轨道交通集团、西安市应急管理局等单位文书档案27094件。征集《出席陕西省革命委员会第二次活学活用毛泽东思想积极分子代表大会纪念》照片1张，张光先生《对马德涵先生的回忆》手稿1份；国家和国际主要体育赛事消息及通讯的体育剪报8册；《航海扬帆唱大风》《西安史略》等书籍20册，作曲家航海影像资料等光盘4张。

◆**档案鉴定** 2021年，西安市档案馆对1990年形成满30年的档案共计109个全宗8709卷（件）档案进行鉴定，按照《档案法》规定，依法依规向社会开放，并于12月8日在西安档案网、“西安档案”微信公众号上公布市档案馆档案开放信息。

◆**档案信息化建设** 2021年，西安市档案馆在成功创建全国示范数字档案馆的基础上，加强与区（县）档案馆、机关档案室沟通协调，探索档案共享利用服务平台与全市电子政务内网的互联互通。拓展数字化档案馆功能，实现与未央区档案馆互通互联，完成数字档案馆3个信息系统二级等保测评和西安档案网三级等保测评工作。完成前期数字化项目移交的58304条档案数据的目录接收和全文挂接工作，馆藏档案数字化率达到86.61%。

◆**档案安全管理** 2021年，西安市档案馆全面摸底馆藏8个全宗、共计325卷革命历史档案保管保护情况，联系文献文物保护行业专业人员来馆现场查看、

西安市档案馆向群众讲解《档案法》相关政策

测试，制定针对性抢救保护工作方案。定期对档案目录、标识等情况进行检查完善，撰写档案资料保存状况、库房环境分析报告，确保各项指标符合标准规范。建立健全各级安全保卫制度和设备操作流程，确保各类设施设备正常安全运行，申请财政资金160万元对消防设施、楼顶防水和安保系统等进行维修改造。

◆档案文化宣传 2021年，西安市档案馆举办“6·9”国际档案日系列活动，参加陕西省档案局组织的“档案话百年 党在我心中”直播活动，向观众介绍市档案馆的建馆史及群众查档相关知识，讲述红色交通站“八路军西安办事处”等馆藏红色档案背后的故事；设立“奋斗百年路，启航新征程——档案话百年主题展”户外宣传站，在行政中心附近广场向参观群众发放宣传资料、档案文创产品；6月7—11日，开展第八届档案馆日活动，邀请机关、企业及社会各界群众等200余人来馆参观。9月3日，开展“9·5”《档案法》颁布纪念日宣传活动，联合市档案局和部分区（县）档案馆在小寨公园设立宣传点，共同开展档案法制宣传咨询活动。编印《西安档案》杂志2期，编发稿件80余篇，共计13万余字，印发2000册。

◆庆祝建党百年档案文献展 2021年，为庆祝中国共产党成立100周年，西安市档案馆举办的《不忘初心 牢记使命——庆祝中国共产党成立100周年档案文献展》，从3月中旬开始筹备，于7月1日开展，展览位于西安市档案馆一楼展厅，分为理论探索、理想信念、不懈奋斗、牢记宗旨、自身建设五大部分，共展出81块展板300余幅图片；与市档案局等单位联合承办的《“百年恰是风华正茂”主题档案文献展》，从5月份开始筹备，于10月11日开展，展览位于九方无限现代艺术馆，共展出档案300余件、图片100余幅、音（视）频20余组，全面立体展现中国共产党为中国人民谋幸福、为中华民族谋复兴的百年奋斗历程。2个展览共接待65家机关企事业单位和群众7000余人参观。

◆党史学习教育档案宣传 2021年2月份开始，西安市档案馆在西安档案网、“西安档案”微信公众号每日推出党史学习专栏，宣传党的百年奋斗历程、辉煌成就和宝贵经验，并发布学习教育及“我为群众办实事”活动76篇；开设“党旗映古城”党史专栏，介绍中共西安地方组织及英模人物，共发布32期；开展党史微诵读活动，发布《中共西安特别支部第一任书记——安存真》等音视频6个；结合5月保密宣传月转载红色保密故事4篇；“七一”期间，开设“党员心声——唱支山歌给党听 我把祝福献给党”专栏，组织市、区（县）综合档案馆结合馆藏革命历史档案撰写庆祝建党百年宣传文章，评选刊登优秀文章13篇。（李正鹏）

文旅市场培育

◆概况 2021年，西安市文化和旅游局认真贯彻落实中央和省市关于统筹推进新冠疫情防控和经济社会发展的部署要求，把疫情防控作为推动文化旅游产业快速发展的先决条件，狠抓文化旅游行业疫情防控各项措施落实，牢牢筑起疫情防控坚实屏障。聚焦推动文化旅游产业强势反弹，找准突破口和着力点，创造性抓好企业复工复产、重大项目建设、市场巩固提升和产业转型升级等重点工作落实，持续深化文化旅游供给侧改革，以文化创意、科技创新催生旅游发展动能，以“十项重点工作”为抓手，扎实加强文化建设、促进文化旅游融合发展，全力提升文化旅游产业核心竞争力，全面推动文化旅游工作高质量发展，打造传承中华文化的世界级旅游目的地。截至年底，西安市有A级旅游景区98家，其中5A级5家、4A级27家、3A级及以下66家；有旅行社653家，其中有出境资质的旅行社65家；注册导游员2万余人；星级饭店89家，其中五星级15家、四星级26家。

◆全域旅游 2021年，西安市文化和旅游局加强高等级旅游景区创建工作。大明宫国家遗址公园成功创建5A级景区，昆明池·七夕公园、广仁寺文化景区晋升4A级景区，西安市高等级景区达32家，其中5A级景区5家，位列副省级城市第一。两家A级景区入选“红色陕西·圣地延安”精品线路，入选全国“建党百年红色旅游百条精品线路”。2021中国特色旅游商品大赛中，西安市推荐的旅游商品获4金4银4铜，位列全国副省级城市第一名。曲江新区荣膺第二批国家文化出口基地，建成省级文化产业“十百千”工程示范园区5家、重点园区11家、示范基地30家。创建高品质文化街区片区。大唐不夜城、西安城墙入选国家夜间文化和旅游消费聚集区，大唐不夜城、四海唐人街入选省级旅游休闲街区。临潼区入选国家级全域旅游示范区，碑林区、雁塔区、长安区、蓝田县当选省级全域旅游示范区。

◆乡村旅游 2021年，《西安市乡村旅游发展总体规划》通过专家评审，部门联动成效明显，乡村旅游在发展模式上创新，在观光休闲、度假的复合功能上转型，在产品和服务品质上升级。鄠邑区蔡家坡村荣膺第三批全国乡村旅游重点村，命名2020市级乡村旅游示范村12个，淘汰2个省级旅游名镇、8个省级示范村。打造活动品牌，组织“大美山河·乐享田园”乡村旅游年，推出精品线路10条、乡村度假场景20个，建成乡村民宿278家，指导涉农区（县）开展系列活动35项，扩大“金牌农家菜”厨艺大赛、乡村旅游消费季品牌影响，培训乡村旅游从业者2000人次。

◆夜游经济 2021年，西安市文化和旅游局全面激活夜游经济，举办“长安夜 我的夜”夜游嘉年华活动，组织“西安新场景 助力新消费”主题游及夜游线路发布活动，西安位列全国夜游目的地第五，在景区夜游及夜间实景演艺的带动下，西安跻身2021年上半年增幅最快的夜游目的地前三名。

◆旅游重点项目建设 2021年，西安市文化和旅游局实施重大项目带动，充分发挥旅游发展基金引导作用，着力打造西安文旅新地标。杜邑、小雁塔、汉长安城未央宫遗址公园，明德门遗址展示区、兴庆宫公园等重点项目建成开放，易俗社文化街区探索“秦腔演艺+老字号美食+年代场景再现”新模式，引流带动作用显著。汉长安城遗址保护项目列入国家“十四五”规划，并与秦岭世界地质公园基础设施提升项目共同列入中省发改委“十四五”文化保护传承利用工程储备库。建成秦岭四宝科学公园、华侨城玛雅水世界等主题公园，“三河一山”绿道贯通42处人文历史遗址和109个休憩驿站，成为休闲度假新热点。文旅招商引资成果显著，签约文旅项目60个、总投资654亿元，落地凯悦、万豪等6家高品质酒店，以高质量文旅项目支撑推动文旅产业高质量发展。

◆“智慧旅游”建设 2021年，西安市加快推进智慧旅游建设，曲江新区大唐不夜城文化商业步行街成功入选首批国家旅游科技示范园区试点。建成文化旅游产业监测与运行指挥平台。编制完成《西安智慧景区等级划分》《西安智慧旅行社等级划分》，评定8家智慧景区、2家智慧旅行社。积极运用数字化手段，依托携程、百度等网络服务平台，为游客提供旅游咨询、数字门票、网上预约、评价投诉等服务，旅游景区智能化服务水平不断提升。

◆秦岭北麓生态环境整治 2021年，西安市文化和旅游局持续深化和巩固秦岭北麓西安境内违建整治工作成效，以习近平总书记关于秦岭生态环境保护重要讲话批示指示精神为遵循，以新治理推动秦岭生态保护。落实陕西省和西安市《秦岭保护条例》，修订印发《秦岭生态保护区农家乐管理办法》，完成《秦岭旅游生态环境保护规划》文本编制，完成中央和陕西省环保督察审计3项整改任务销号备案，推动临潼、长安、蓝田完成农家乐整改市级销号。组织秦岭农家乐常态化检查9次、部门联合执法2次、专项整治5次，开展秦岭生态保护主题宣传2次，推进“清单化”动态管理，推动农家乐规范经营。

◆旅游服务配套设施建设 2021年，西安市民游客服务中心建成运营，按照政府主导、市场运作的原则，贯彻“标准高、效率快、思路新、作用实、管理严”的工作要求，向市民游客提供友好、创新、个性化、多场景、云端及线下旅游服务，打造西安文旅融合展示第一窗口单位。

◆民宿发展 2021年，西安市文化和旅游局落实《西安市民宿发展三年行动方案（2020—2021年）》，命名第二批等级民宿76家、培育重点民宿25家，举办民宿高质量发展论坛，评出“迎十四运·塑美创佳争优”十佳民宿，加快民宿经济发展。有效调动各方参与民宿发展的积极性。 （高　阳）

旅游产品开发

◆概况 2021年，西安市文化和旅游局按照“强品牌”“引流量”“扩影响”“树样板”的思路，叫响“千年古都·常来长安”主题形象，精心打磨《千年古都·常来长安》城市宣传片。策划举办话剧《共产党宣言》《路遥》全国巡演之际，在徐州、义乌、杭州、海口、珠海、宜春、重庆7个城市的营销路演活动；举办“绿色发展·美好生活”2021中国旅游日西安分会场活动；参加2021西安丝绸之路国际旅游博览会和海口市举办的世界休闲旅游博览会，展现西安全新的城市形象。加强区域交流与合作，先后参加汉中文化旅游节、安康春来早旅游季推介发布会、洛阳牡丹文化节等节会活动。充分利用新媒体对各项活动进行全方位宣传报道。全市重点活动宣传频次覆盖全国超1亿人次。西安市现有各类旅游演艺题材涵盖历史文化、红色文化和丝路文化等，演艺类型包括实景演艺、舞台剧、主题演艺等。《长恨歌》《梦长安——大唐迎宾盛典》《驼铃传奇》《秦汉风云》等精品演艺不断改版提升，在国内享誉较高的品牌知名度，已经成为西安市文化旅游“靓丽名片”。

◆华清宫景区《长恨歌》 2021年4—12月演出。以历史故事的真实发生地——华清宫，用舞剧的艺术形式，对白居易的传世名篇《长恨歌》所表现的爱情主题给予艺术再造，还原一段恢宏壮观的历史情境和一个感天动地的爱情故事。全剧由杨家有女初长成、一朝选在君王侧、夜半无人私语时、春寒赐浴华清池、骊宫高处入青云、玉楼宴罢醉和春、仙乐风飘处处闻、渔阳鼙鼓动地来、花钿委地无人收、天上人间会相见10幕组成，通过山水风光、古典乐舞、诗歌旁白、高科技灯光音响及特效等表现手法，充分展示大唐盛世的恢宏气象和千古绝唱的爱情传奇。全年共计演出场次290场，接待观众56万人次。1月，以《长恨歌》演出管理为案例编制的《古今结合的文化创新和商业探索〈长恨歌〉文化品牌的建立与发展》案例获中国管理至高实践荣誉——哈佛商业评论的第五届拉姆·查兰管理实践奖企业社会责任实践奖，并入选北京大学管理案例中心。《长恨歌》艺术团自编舞蹈《我们看见了远方》获“陕西舞蹈荷花奖”大赛“表演大奖”。10月15日，《长恨歌》演出入选“全国文化遗产旅游百强案例”。

◆浐灞《驼铃传奇》 2021年3—10月演出。该演出以“一带一路”为主线，深入挖掘大唐传统文化，追寻驼队丝绸之路上的踪迹，以正能量传播西安最辉煌历史时期的文化传奇。整场演艺分为序幕岁月再现及送君千里、狼道遇险、异国风情、祥雨洗尘、迎郎归来、华夏盛世共7幕剧情。全年接待场次453场，接待观众92万余人次。4月，获美国TEA年度杰出成就奖；11月，获IAAPA铜环奖最佳现场表演奖。

◆城墙《梦长安》 2021年4—10月演出。该演出以盛唐礼仪文化为主题的旅游文化演出，是感受西安历史与大唐文化的首选，是体会中华传统文化、西安地域文化、城墙特色文化、古礼迎宾文化的佳所。演出融合十三朝古都的历史与丝绸之路沿线的人文风情，营造出天下长安的雄浑壮阔，通过观演可以感受到西安作为世界千年古都、东方永恒之城的气概。全年接待场次103场，接待观众1.6万余人次。

◆乐华城《秦汉风云》 2021年4—8月演出。取材于指鹿为马、鸿门宴、四面楚歌、霸王别姬等历史典故，以西楚霸王项羽悲壮一生为切入点，演绎秦汉更替时期荡气回肠的历史传奇。全剧共分千古一帝、矫诏袭位、修阿房宫、霸王伐秦、鸿门之宴、霸王别姬、大汉盛世7个篇章。全年接待场次83场，接待观众14.9万余人次。2020年5月，荣登央视1套《晚间新闻》栏目；2020年12月，荣膺旅游行业奥斯卡—游乐界金冠奖“乐园杰出演艺奖”。

◆华清宫《12·12》 2021年1—10月演出。挖掘“西安事变”前张学良踌躇不定的思想情绪、杨虎城母子的相见等细节，通过烽火古城、矛盾激化、匆匆密谋、箭在弦上、枕戈待旦、大战在即、枪声破晓、统一战线、世事沧桑9幕剧情，展现中华民族在危难时刻的艰难抉择。全年共计演出场次759场，接待观众22.5万人次。12月，《12·12》西安事变实景影画获第十四届中国文化和旅游总评榜年度文旅融合创新奖和第十五届中国（陕西）文化和旅游总评榜年度最受欢迎文旅演艺项目。

◆唐乐宫《大唐女皇》 2021年6—12月演出。该剧以女皇武则天14岁选侍入宫至67岁登基称帝期间的历史故事为情节，描绘了其从初入宫闱，经历战争、宫斗，从一个妩媚的少女成为中国历史上第一位女皇帝的史实，全剧由秀女待选、私闯文德殿、征战、二圣临朝、登基5个篇章组成。全年接待场次96场，接待观众12009人次，每场最高接待人数600人次。

◆大唐芙蓉园《大唐追梦》 2021年4—10月演出。以诗仙李白贯穿，以《将进酒》词牌为基调，通过场景、故事的演绎和各类新技术的运用，从内容上尝试将观众的心境与剧中的实景相衔接，在游船幻境中完成超现实的视觉体验。全剧分繁华长安、丽人行·画中情、丝路印象、曲江盛宴4幕。全年接待场次134场，接待观众4.84万余人次。

◆大唐芙蓉园《梦回大唐》 2021年全年演出。以现代艺术的手法，配以全新的视听效果，表现绚丽多彩与大气恢宏的盛唐歌舞文化。这是一台集盛唐风情、歌舞精粹、绚丽奇幻、神秘刺激、狂欢多彩于一体的综合性大型乐舞表演，是一场充满梦幻与诗意的大唐盛典，带来动感与大气、华贵和美艳的无与伦比的艺术享受。全剧演出时间为70分钟，共分6幕。分别是梦幻霓裳、梦邀秦王、梦浴华清、梦萦西域、梦游曲江、梦回大唐。全年接待场次275场，接待观众6.77万人次。

◆大唐芙蓉园《鼓》 2021年2—12月演出。演出以沉浸式舞台剧的叙事方式，讲述唐长安一天赋少年历经考验成长为一代传奇鼓师，在玄宗千秋寿宴上大放异彩的故事。剧目通过强烈代入感的情景、具有矛盾冲突的剧情、丰富饱满的人物形象，引领观众浸入皇音雅秀的华美梦境中，品味盛唐宫廷音乐魅力。剧目通过全新的编曲和兼具故事性与娱乐性的呈现方式，在绚烂高科技的加持下，让“千年活化石”以全新编创形式再次焕发出新的生机。全年接待场次173场，接待观众0.89万人次。

◆现代唐人街《再回长安》 2021年全年演出。展现一个和融四海、回家过年的团圆图景。大诗人白居易穿越古今，沉醉于曲江春色与长安美酒；三斤八两的大老碗盛着泡馍，传承关中人家的味道；“五方狮子”威武又可爱，讲述着关中人守护家园祈福平安的故事。全年接待场次209场，接待观众10.66万人次。

◆曲江海洋极地公园《哪吒》 2021年节假日、暑期活动阶段性演出。以中国经典神话故事《哪吒闹海》为原型，通过改编、创新与艺术加工，用一种夸张幽默的表演形式，将古老的神话故事进行适合现代舞台审美的呈现。该剧运用诸多高科技的舞台装置，以及多样化的舞台表现形式，融合杂技、武术、威亚、木偶、音乐、舞蹈、特技、影像等诸多手段，将古老的故事呈现出新意。全剧分小哪吒学艺归来、混天绫护着他、乾坤圈手中拿、扑向父母的怀抱4个篇章。全年接待场次112场，接待观众7.28万余人次。剧组获“西安市青年文明号”称号。

◆曲江大明宫《唐·戏》 2021年全年演出。大明宫的《唐·戏》，其创新式的表演设计，细致入微的编排形式，让《唐·戏》与传统的仿唐乐舞相比，更加融入易被现代观众所能接受的元素。这些集多种艺术特色为一体的表演形式，将“唐·戏”真正与现代生活做以结合，从而使大唐文化得到更好的传承与延续。全年接待场次354场，接待观众1.92万余人次。

◆西安陕北民歌大舞台 2021年1—6月演出。西安陕北民歌大舞台此期间演出《夜未央》《撒谎专家》《黄河歌谣·印象陕北》《黑洞先生》《Chair座》《麦克White》《厨子，罐子，城管儿子》《东郭先生与狼》《水晶鞋的故事》《小红帽》。其中《黄河歌谣·印象陕北》是将传统的原生态陕北民歌与现代的声、光、电等数字艺术结合，用最时尚的编配、最为经典的古老歌谣，最为纯正的腔调、最有韵味的嗓音、最具特色的陕北民俗表演等形式，全新演绎经典陕北民歌，展现陕北特色民俗文化，共分黄土印象、风俗印象、红色印象3个篇章。全年接待场次38场，接待观众4950人次。

◆白鹿原影视城《二虎守长安》 2021年全年演出。该剧是大型历史战争剧，演出包含火爆、水爆、飞车特技、汽车漂移、激烈枪战，主要讲述1926年杨虎城、李虎臣将军誓死守卫西安城的故事。全年接待场次716场，接待观众20.3万人次。

◆白鹿原影视城《黑娃演义》 2021年全年演出。该剧以陈忠实先生《白鹿原》小说改编，突出反映关中本土文化和地域特色，以观众全景、全境、全程参与的大型实景电影拍摄体验剧。全年接待场次779场，接待观众7.4万人次。

（高　阳）

旅游行业管理

◆概况 2021年，西安市文化和旅游局围绕优化提升全市文化旅游市场环境，不断提高文化旅游服务质量水平。形成“优化营商环境”任务清单，制定出台《“优化营商环境”工作实施意见》加快推动“最多跑一次”“一网通办”改革事项落实，扎实推进“互联网+政务服务”，网上审批率达100%，办结时限压缩至法定时限的30%以内，统一市区2级办理流程和办事指南。全面实现“让信息多跑路，让企业和群众零跑腿”的目标。全年审批旅行社事项321次，导游事项9540次；审批新设立旅行社59家，审核转报事项38次。以开展文旅市场“清浊行动”“2021净网、剑网”“扫黄打非—2021正道、新风”等专项行动为抓手，严厉打击文化旅游经营单位的违法违规行为。截至年底，出动执法人员6680人次，检查各类文化旅游经营单位14274家次，查缴各类非法出版物3200余册，查办案件135件。

◆旅游市场监督管理 2021年，西安市文化和旅游局着力提升旅游市场服务质量，坚守安全生产底线，筑牢疫情防控防火墙，加强市场监管、人才队伍和信用体系建设，落实奖补兑付政策，圆满完成全年各项目标任务，全市旅游市场安全、平稳、有序发展。开展旅游包车专项检查工作，确保旅游团队安全用车；督导检查全市星级饭店安全隐患整改；全年对星级饭店和旅行社安全生产检查40余次，旅游市场未发生安全生产事故。针对“不合理低价游”、“零负团费”、非法组织跨境赌博活动等涉嫌违法违规问题进行整治；制定《全市旅行社、导游、星级饭店服务质量标准》；制定《西安市旅行社旅游服务质量保证金支取手续办理流程》，全年为61家旅行社及分公司退质保金共278万元。

◆旅游景区评定与管理 2021年，全市A级景区围绕疫情防控、安全度汛、保障十四运大局，共克时艰。广仁寺文化旅游景区成功创建4A级景区，华清宫景区入选第一批国家级文明旅游示范单位。A级景区常态化疫情防控工作、景区安全工作等顺利开展，秦始皇帝陵博物院疫情防控工作得到《人民日报》官微点赞。两家A级景区入选“红色陕西·圣地延安”精品线路，列入全国“建党百年红色旅游百条精品线路”之中。“阎良极限运动体验之旅”线路入选全国“2021年国庆假期体育旅游精品线路”。

（高　阳）

体　育

责任编辑：姬娟妮

综　述

◆概况　2021年，西安市体育局始终坚持以习近平总书记来陕考察时提出“办一届精彩圆满的体育盛会”重要指示精神为统领，紧扣中共西安市委、西安市人民政府和中华人民共和国第十四届运动会西安市执行委员会安排部署的各项任务，抢抓筹办十四运会难得的历史机遇，凝心聚力、真抓实干、奋力拼搏、扎实推进，有力推动西安市体育事业跨越式发展。

◆第十四届全国运动会筹办　2021年，西安市体育局围绕“办一届精彩圆满的体育盛会”和“简约、安全、精彩”目标要求，坚决扛起主会场城市政治责任，把中华人民共和国第十四届运动会筹备工作作为头等大事，统筹推进体育强市建设，统筹把握疫情防控、安全管理和体育发展各项重点工作。坚持把筹办工作作为最重大的政治责任、最重要的政治任务，圆满完成“办赛精彩、参赛出彩”的目标要求。国家体育总局对赛事组织承办工作给予“八个一流”“三个最”的高度评价（“八个一流”：场馆设施一流、竞赛组织一流、重大活动一流、接待服务一流、新闻宣传一流、安全保卫一流、市场开发一流、综合保障一流；“三个最”：成绩最好、影响最大、社会关注度最高）。完成中华人民共和国第十四届全国运动会10个项目和残运会4个项目竞委会组建工作，顺利举办跳水、田径、篮球等10场十四运会项目测试赛。根据测试赛中暴露发现的问题，指导各项目竞委会迅速开展整改提升。全力做好正赛组织，先后开展桌面推演和全流程演练20余次。成功举办田径、马拉松、跳水U14组等12项比赛，组织颁奖仪式近百场次。狠抓备战训练工作，西安市运动员为陕西省代表团夺得9枚金牌、8枚银牌、12枚铜牌。圆满完成十四运会群众体育1个竞赛项目和4个群体展演项目的竞赛组织和保障工作，西安市选拔推荐的100余名运动员获得展演项目2个一等奖、2个二等奖、2个三等奖，竞赛项目获得5枚金牌、1枚银牌、3枚铜牌的好成绩，国家体育总局群体司称本届全运会群众赛事展演项目创造全运会历史上6个“首次”记录（“六个首次”：首次全运会设立群众赛事活动展演项目，首次群众赛事活动参赛队伍覆盖全国32个省市自治区，首次采用线上参赛、线下评审的方式进行，首次将疫情控制与平稳办赛相结合，首次将4个展演项目同时同地举办，首次采用分散上报、集中评审的模式运作）。开幕式场地与竞赛场地转换创造“西安速度”。精心策划以“迎全运　惠民生　我要上全运”为主题的群众体育赛事活动。通过线上、线下相结合，体育明星进社区，主流媒体壮声势等形式，累计组织开展群众体育赛事活动600余场次，参与人数超过300万人次，营造全民全运的浓厚氛围。组织开展14场“我要上全运”百场马拉松比赛活动，进一步激发社会各界关注全运、参与全运的热情。西安市体育局和全市11个单位、11名个人被国家体育总局评选为2017—2021年全国群众体育先进单位、先进个人。精心策划火炬传递活动，成立火炬传递工作领导小组和工作专班，认真开展火炬传递线路遴选比对和沿线环境整治提升，精心制定火炬手、火炬传递运行、点火起跑和收火仪式等10余项工作方案。统筹协调各方资源，扎实做好火炬手接待管理、车队运行、坐标打点、路书编制、疫情防控等工作细节，确保一次成功。8月16日全运会首站火炬传递和9月12日末站火炬传递组织严密、简约大气、精彩安全，受到国家体育总局、中国残疾人联合会和社会各界的广泛赞誉。围绕全运惠民，坚持“体城融合、体医融合、体教融合、智慧发展”理念，充分利用遗址公园、城市林带、河流沿岸等城市空间，运用智慧服务系统，融入最新型智慧器材，兼顾不同人群健身需求，高标准规划建设西安大明宫国家遗址公园全民健身园区、幸福林带全民健身长廊、灞河右岸景观带全民健身园区等一批贴近群众、举步可及、各具特色的全民健身园区，为群众健身提供方便。精心策划十四运会“双先”代表在西安大明宫国家遗址公园全民健身园区的观摩活动，通过全民健身活动、图文展板宣传、智慧平台等多种形式，全方位、多角度地展示西安市全民健身成果，得到“双先”代表（群众体育先进单位及先进个人）的充分肯定，为宣传西安、推介西安发挥积极作用。

◆体育产业　2021年，西安市体育产业进一步提质增效，场馆建设步伐不断加快，赛事名城建设工作继续推进，全面构建以赛事经济聚集产业要素的体育产业发展新格局，新建和改造提升体育场馆，引进各类精品赛事，中华人民共和国第十四届运动会期间西安赛区承担举办20个大项28个分项224个小项比赛的任务。充分发挥十四运会场馆资源优势，积极引进国际国内顶级体育比赛落地西安，全年举办省级以上体育赛事活动80场（次）。进一步优化办赛环境，规范办赛流程，促进体育产业发展。国家体育总局公布名单显示西安马拉松被认定为2020年国家体育产业示范项目。威赢赛事运营有限公司和互健互联有限公司分别被认定为2020年和2021年国家体育产业示范单位。

◆体育市场建设　2021年，西安市体育局积极做好西安市创建国家体育消费试点城市相关工作，组织召开体育企业座谈会，研究制定并印发《西安市推进国家体育消费试点城市建设实施方案》，组织做好全市居民体育消费调查统计工作。研究制定体育产业政策文件，印发《西安市建设世界赛事名城加快发展体育产业促进体育消费实施意见》，将场馆建设、体育赛事、健身休闲、生产供给、中介服务等体育产业体系充分链接，逐步建立和完善以赛事聚集产业要素的体育产业发展新格局。做好体育产业市场培育，配合做好西安市体育企业统计。申报2021“十一黄金周”体育旅游精品线路，推荐阎良区极限运动之旅为“十一黄金周”精品体育旅游线路，并成功入选。全面推进一体化政务服务，开展社会信用体系建设，持续推进优化营商环境工作，规范“双随机、一公开”（在监管过程中随机抽取检查对象，随机选派执法检查人员，抽查情况及查处结果及时向社会公开）抽查流程，完善“互联网+监管”平台监管事项。

◆体育事业发展规划 2021年，西安市体育局深入贯彻落实习近平总书记关于体育强国的重大战略部署，紧紧围绕西安建设国家中心城市和国际化大都市体系中体育事业的发展定位，高起点高标准谋划西安体育事业发展。制定出台《西安市“十四五”体育事业发展规划》《西安市加快建设体育强市实施方案》《西安市足球改革发展方案》《西安市深化体教融合促进青少年健康发展的实施意见》《西安市加强全民健身场地设施建设发展群众体育行动计划（2022—2025）》《西安市建设世界赛事名城加快发展体育产业促进体育消费的实施意见》等11项规划方案和20余项配套保障措施，为西安市体育事业高质量发展提供坚强保障。研究制定《西安市体育赛事奖补资金管理办法》《西安市十四运会场馆赛后运营管理指导意见》和《西安市各项目优秀运动队运动员试训和进队标准》，引领西安市体育事业健康稳步发展。

◆体育场地设施建设 2021年，西安市体育局加快推进西安市体育训练中心（丝路国际体育文化交流培训基地）项目建设。积极协调各参建单位紧盯建设目标，科学组织施工，全力保障施工进度，办理项目各项前期手续，完善项目评审材料，召开体育工艺专家评审会议，积极沟通协调，确定项目体育工艺标准和使用要求，完成部分体育器材及设施采购工作。加快推进西安市伞塔路综合健身中心项目收尾工程建设，于5月6日投入试运行，全年累计接待43526人次，其中为西安市各训练单位备战中华人民共和国第十四届运动会、陕西省第十七届运动会提供训练场地，累计进场23680人次；免费向社会开放，为全市人民提供高标准高质量体育健身活动场所，累计提供全面健身服务19846人次。开展全市公共体育场馆标识系统整治工作，推进全市免费或低收费补助场馆信息化改造工作。积极做好2023年亚足联中国亚洲杯筹备工作，协调沣东新城加快场馆建设，西安国际足球中心计划于2022年建成。全面推动社会足球场地对外开放运营管理工作，制定《西安市社会足球场地对外开放和运营管理实施方案》，对全市218块社会足球场地规范服务行为，提升服务质量。

◆体育市场安全管理 2021年，西安市体育局深刻汲取白银马拉松赛安全事故教训，及时安排部署全市赛事安全管理工作。扎实开展体育领域赛事安全和体育经营活动安全隐患排查和专项整治，全面规范山地越野、戈壁穿越、翼装飞行、超长跑等高风险体育赛事和高危险性体育经营活动，进一步加强赛事管理。对市、区两级公共体育场馆和全市高危险性、极限类体育经营场所进行拉网式排查，对个别违规经营单位作出上限处罚和停业整顿处理。扎实开展十四运会和残特奥会竞赛组织工作风险隐患排查，按照“横向到边、纵向到底、具体到点”的要求逐项制定应急预案，建立风险台账和管控清单，确保十四运会和残特奥会竞赛工作精彩圆满、万无一失。

◆《西安体育发展史》出版发行 2021年11月16日，《西安体育发展史》新书首发式暨座谈会在西安举行。此书以西安建城为起始，2021年5月为截止，跨时近3100年，分为古代部分、近代部分和当代部分。作为古城乃至全国省会城市和副省级城市首部体育专项史书，全书近50万字，分为3篇10章55节，配图123张，由著名书法家钟明善题写书名。本书编著旨在进一步落实中华人民共和国第十四届运动会“全民全运、人文全运、智慧全运、绿色全运、廉洁全运”的办会理念，充分体现本届运动会的全民性、人文性、智慧性；充分展示西安现代城市的体育文化视角和情怀，凸显城市发展过程中促进体育发展以及体育对城市进步的能动作用，填补西安体育文化的研究空白并展现西安促进体育文化发展的实践足迹；加强对西安体育事业、体育文化宏观性、整体性、前瞻性审视的研究与传播，进一步提升促进西安体育事业的全面发展。（韩　雪）

群众体育

◆概况 2021年，西安市体育局秉承“以人民为中心”的发展理念，积极推进“全运惠民工程”，全面构建“15分钟健身圈”，成功举办2021西安城墙国际马拉松赛、世界女子国际象棋大师巅峰赛等“一带一路”精品赛事，开展“中国年·看西安”新春体育大拜年、“舞动长安”2021西安市全民健身技能大赛等全民健身联动活动。策划实施中国冰雪大篷车百场巡回等系列活动20余场次。市、区两级开展科学健身指导“五进”示范活动50余次。研究制定《西安市推进基层全民健身组织建设提升工作实施方案》《西安市全民健身示范区创建标准》，精心打造莲湖区北火巷社区、雁塔区红专南路社区、未央区全家社区3个西安市全民健身示范社区，社区全民健身服务体系基础进一步夯实。深入落实全运惠民工程，实施全民健身路径113个、多功能运动场10个、室内健身房5个，全民健身园区5个，“15分钟健身圈”成效显著。“西安健身大管家”平台上线运行，群众健身更加方便快捷，全民健身服务步入“云”时代。6月21日，西安市在陕西省第三届全民健身运动会上获“全民健身活力市”称号。

◆“2021年西安市新春体育大拜年”系列活动 2021年2月9—28日，“2021年西安市新春体育大拜年”活动举行，活动由西安市体育局、新城区人民政府主办，新城区文化和旅游体育局承办，此次活动唱响“全民全运、同心同行，相约西安、筑梦全运”主题，由网络直播活动、线上居家健身指导、线上全民健身比赛3部分组成，通过活动专属网络平台组织实施。启动仪式上进行武术、踏板操舞、太极拳、广场舞等全民健身项目展示；发布春节期间全市线上全民健身赛事活动安排。节日期间，在小程序及新浪微博进行推送的居家健身指导视频广受好评，5期居家健身指导视频计观看人数超过30万人次，全民健身线上赛收到1万多条视频参与作品，点赞数超过5万次，累计观看量超过20万人次。

◆“一带一路”陕西2021西安城墙国际马拉松赛 2021年4月10日，“一带一路”陕西2021西安城墙国际马拉松赛活力开赛起跑。作为2021年陕西精品体育赛事之一，本届城马旨在助力十四运会，积极推广马拉松赛事精神，促进全民健身事业发展，营造“全民全运、同心同行”的全运会氛围。本届赛事作为陕西省“我要上全运”百场马拉松系列赛和“一带一路”陕西精品体育赛事之一，受到社会各界的广泛关注，有来自全国31个省、市、自治区的45769名选手参与预报名，最终经过两轮抽签，有4000名跑友中签参赛。启动仪式上，各地跑团以视频的形式为十四运会和城马比赛送来祝福，涵盖来自泰国、法国、日本、波兰等国家的友好城市，北京、上海、广州等举办过全运会的城市，以及开封、

2021年3月30日，由西安市体育局主办的"舞动长安"2021西安市全民健身技能大赛启动仪式暨未央区分区赛在汉城湖景区封禅广场举行

南京、济南等马拉松友好城市。同时，主办方还在抖音平台推出#西安城墙马拉松#话题互动活动，同步推出为期1周的迎全运线上跑活动。本届赛事结合中华人民共和国第十四届运动会内涵，特别设置6大主题文化体验活动，邀请百名残障人士共同完成"梦想一公里"（为残障人士设立的公益项目，赛程1公里）。

◆"**舞动长安"2021西安市全民健身技能大赛**　2021年3月30日，由西安市体育局主办，未央区文化和旅游体育局承办，未央区汉城街道办事处、西安市社会体育指导员协会、西安汉城湖景区协办的"舞动长安"2021西安市全民健身技能大赛启动仪式暨未央区分区赛在汉城湖景区封禅广场举行。"舞动长安"全民健身技能大赛是西安市深入落实《全民健身计划》《"健康中国2030"规划纲要》，积极打造"15分钟健身圈"，助力国家中心城市建设，结合广大群众健身需求而打造的一项群众广泛参与的全民健身品牌赛事。大赛以"全民全运、同心同行，我要上全运"为主题，分为街镇选拔、区（县）分区赛、全市总决赛3个阶段，设置健身操舞类、武术类、太极气功类、综合类4大类11个竞赛项目。赛事于3月启动，于10月举行全市总决赛，带动全市群众动起来、乐起来，以良好的精神风貌迎接十四运会的到来。

◆**2021年陕西省一级社会体育指导员培训班**　2021年4月14—16日，由陕西省社会体育运动发展中心主办，西安市体育局承办的陕西省一级社会体育指导员培训班在西安唐城宾馆举办。本次培训旨在深入贯彻全民健身国家战略和《全民健身计划》《健康中国2030规划纲要》《体育强国建设纲要》，加快西安市社会体育指导员队伍建设，进一步提升社会体育指导员的管理能力和技能水平，为群众科学健身提供更好服务。有来自西安市13个区（县）和相关开发区的100余名二级社会体育指导员参加培训。培训班按照国家体育总局《社会体育指导员技术等级培训教材》相关要求和广大健身爱好者的需求，精心安排理论和技能培训内容，聘请知名专家、教授为学员授课。技能课学习2套国家体育总局推广的广场舞，所有学员认真学习，全部通过考核。

◆**2021中国·渭河健身长廊第六届自行车联赛（西安站）**　2021年11月27日，2021中国·渭河健身长廊第六届自行车联赛（西安站）比赛在渭河沿岸全民健身长廊未央段举行。本次比赛由陕西省体育局主办，陕西省航空无线电汽车摩托车运动管理中心、陕西省自行车运动协会、西安市体育局、西安市水务局、未央区政府承办。男子项目赛程全长10公里，女子项目赛程全长6公里。近200名自行车运动爱好者参加男子公路、男子山地、女子山地3个组别的竞赛。比赛旨在宣传渭河生态治理成果，推介渭河全民健身长廊体育惠民实事，倡导低碳出行、绿色生活理念。本届赛事坚持"群众赛事专业化举办"的理念，首次采用"西安体育大管家"平台报名系统，为赛事报名、信息推送、物资领取、保险办理提供高效便捷的服务。

◆**2021陕西省社区运动会（西安站）**　2021年11月28日，2021陕西省社区运动会（西安站）启动仪式暨首场比赛在未央区汉城湖景区封禅广场举行，来自未央区10个街道办的10支社区代表队200余人参加。本次活动由陕西省体育局主办，陕西省社会体育运动发展中心、西安市体育局、未央区人民政府承办，未央区文化和旅游体育局、未央区汉城街道办事处、汉城湖景区协办。活动围绕"全民健身　快乐运动"主题，旨在持续推进社区全民健身运动广泛开展，切实增强社区群众全民健身意识、进一步加强社区文体建设，活跃社区群众文体生活，打造出具有可持续性、可推广性、可复制性的全民健身特色品牌赛事，全面构建"15分钟健身圈"，持续推进"健康西安"建设，促进全民健身与全民健康深度融合。本次比赛按照群众喜爱、参与度高、年龄覆盖面广的原则，设置踢毽子、跳绳、俯卧撑、丢沙包、吸盘射箭5项个人项目比赛，另设有眼疾手快、沙瓶保龄球、颠球大战等家庭趣味项目。活动现场还同时开展免费国民体质监测，帮助市民群众了解身体状况，指导大家科学健身。

◆**中国冰雪大篷车百场巡回主题活动（西安站）**　2021年11月22日，中国冰雪大篷车百场巡回主题活动（西安站）正式启动。该活动由国家体育总局冬季运动管理中心发起并指导，中国滑雪协会、中国滑冰协会、中国花样滑冰协会主办。活动于2021年7月启动，12月结束，先后在北京、天津、重庆、杭州、上海、苏州等城市举办，西安市作为第13站，也是西北地区的第一个巡回城市。西安站活动由西安市体育局、相关区（县、开发区）参与主办，相关区（县、开发区）体育部门承办。围绕"冰雪运动　快乐同行，全民全运　健康你我"主题，于11月22—23日在新城区幸福林带全民健身长廊举办第一站；11月25—26日、28—29日、12月1—2日、4—5日依次在曲江新区中和广场、高新区咖啡街区、莲湖区老城根Gpark广场、国际港务区奥体中心西广场举办第二至第五站。各站活动由冰雪知识大讲堂、冰雪项目体验、冰雪器材展示和冰雪非遗文化创作4个模块组成，采取线上、线下相结合的形式，将旱地冰壶、桌上冰球、越野滑雪训练机等陆地冰雪体验活动以及冰雪运动知识和文化有机融合，为群众就近、就便参与和体验冰雪运动提供便利，掀起全民健身新热潮，同时大力推广冰雪运动，营造2022年北京冬季奥运会的良好氛围，号召群众共同感受冬奥会和冰雪运动带来的喜悦。

◆"**一带一路"陕西2021世界女子国际象棋大师巅峰赛**　2021年12月10日至11日，"一带一路"陕西2021世界女子国际象棋大师巅峰赛在西安举行，赛事吸引来自中国、俄罗斯、乌克兰、印度、保加利亚等"一带一路"沿线国家的10名女子国际象棋大师参与角逐。本次赛事由国家体育总局棋牌运动管理中心、中国国际象棋协会、陕西省体育局主办，陕西省社会体育运动发展中心、西安市体育局、西安市教育局、西安市碑林区人民政府、陕西省国际象棋协会承办。10名参赛的女子国际象棋大师中，国际特级大师谭中怡、女子国际大师宁凯玉来到西安，而其余8位棋手则通过chess.com在线上进行参赛。本次比赛采用单循环赛制，进行9轮争夺。用时为每方15分钟，每步棋加5秒。陕西国际象棋大师巅峰赛自2019年推出后在国际国内产生较大的影响，被评为“‘一带一路’陕西省体育精品赛事”，该赛事被国家体育总局列为“2022年体育领域民间外交和软实力建设重点项目”，已成为“一带一路”各国友好交流的纽带和平台。（韩　雪）

竞技体育

◆概况　2021年，按照西安市参加中华人民共和国第十四届运动会备战训练工作布局，圆满完成陕西省下达的“十四运”备战参赛任务。成功举办西安马拉松赛等大型体育赛事。3月16日，根据世界田径标牌赛事最新认证，“2021西安马拉松”被正式批准授予“世界田径精英标牌”赛事，代表着西安马拉松在赛事专业化及办赛标准化等方面得到世界田径的认可。积极推动足球项目发展，编制《西安市足球改革发展实施方案》，稳步推进2023年亚足联中国亚洲杯筹备工作和西安国际足球中心建设。积极申报全国足球发展重点城市。组队参加陕西省青少年锦标赛暨陕西省第十七届运动会资格赛29项次，获金牌312.5枚，银牌211枚，铜牌219.5枚，取得金牌、奖牌、团体总分三项第一。举办市级青少年锦标赛、系列赛、公开赛30余项次，参赛运动员达万余人。

◆2021年中国跳水明星邀请赛暨第十四届全运会跳水项目测试赛　2021年3月12—14日，2021年中国跳水明星邀请赛暨第十四届全运会跳水项目测试赛在西安奥体中心进行。本次比赛是第十四届全运会的首场测试赛，也是西安赛区举办的比赛档次及规格最高的一项测试赛。测试赛吸引包括中国国家跳水队在内的14支代表队、40余名运动员参与角逐，其中包括4名奥运冠军、16名世界冠军。

◆2021西安马拉松赛　2021年4月17日，“我要上全运”百场马拉松暨“一带一路”陕西2021西安马拉松赛在永宁门鸣枪开跑，共有28000名参赛者。2021年西安马拉松赛由中华人民共和国第十届运动会组委会指导，中国田径协会、陕西省体育局、第十四届全国运动会和第十一届全国残运会马拉松项目竞赛委员会、西安市人民政府主办，陕西省田径运动管理中心、陕西省田径协会、西安市体育局、西安市文化和旅游局、西安曲江新区管委会承办，西安市田径协会协办，西安曲江体育集团运营。作为2021“奔跑中国”系列马拉松赛之一，央视体育频道对比赛进行全程直播。经过激烈角逐，管油胜以2小时15分13秒的成绩夺得马拉松项目男子第一名，杨花以2小时45分16秒的成绩获得马拉松项目女子第一名。

2021年4月17日，“我要上全运”百场马拉松暨“一带一路”陕西2021西安马拉松赛在永宁门鸣枪开跑

◆十四运会篮球项目测试赛　2021年4月19—21日，第十四届全运会篮球项目（西安赛区）测试赛暨陕西省篮球邀请赛举行，执行国家体育总局最新颁布的篮球项目竞赛规则。陕西省青年男子篮球队、西安市铁一中学、西安高新第一中学和西安交通大学附属中学校男子篮球队4支队伍60名选手参赛。4月21日举办颁奖仪式。本次篮球测试赛是全运会第二场测试赛，由中华人民共和国第十届运动会组委会主办，中华人民共和国第十届运动会西安市执委会和篮球项目竞委会（西安赛区）承办，西安市体育局、陕西省篮球排球运动管理中心、西安经开区管委会、西安市篮球排球网球运动管理中心协办。此次测试赛适应全运会信息化创新要求，打破传统媒体直播模式，首次引入5G智慧观赛新模式。

◆十四运会田径项目测试赛　2021年4月27日、28日，中华人民共和国第十届运动会田径项目测试赛暨2021年田径分区邀请赛西北赛区在西安奥体中心体育场举行，本次测试赛是十四运会前唯一一次在西安奥体中心体育场举行的大型田径赛事，级别较高，作为一项全国邀请赛，有包括国家田径队以及陕西、甘肃、宁夏、青海、新疆西北五省等26支代表队参赛，共设43个比赛项目，运动员293人，技术官员209人。

◆中国足球发展基金会青少年足球公益项目　2021年5月20日，中国足球发展基金会青少年足球公益项目启动仪式暨“喜迎十四运·足球进莲湖”系列活动在陕西省西安市举行。中国足球发展基金会积极推动《中国足球改革发展总体方案》的落实，在“十四五”期间加大足球运动普及推广，重点推进县域发展和足球文化传播，在全国中西部地区遴选试点县（市、区），根据当地足球发展情况，依托当地党委、政府，通过提供资金、物资、专家、赛事等多方面支持，推动县域青少年足球公益事业发展。启动仪式上，中国足球发展基金会与莲湖区人民政府签署《青少年足球公益项目合作备忘录》；西安市体育局与北京体育大学签署合作协议；莲湖区政府与北京体育大学、广州恒大足球学校、北京体育之窗签署合作备忘录，各方携手推动莲湖区“足球示范区”创建工作。

◆十四运会游泳项目测试赛　2021年5月31日，中华人民共和国第十届运动会游泳项目测试赛暨东京奥运会补位赛在西安奥体中心游泳跳水馆开赛。此次比赛是十四运会西安市举办测试赛中规模最大、时间最长的比赛，同时也是东京奥运会的补位赛和十四运会的选拔赛。本次比赛为期7天，设28个竞赛项目，有来自全国的26支代表队502名选手参赛。此次选拔赛陕西队有30名选手参赛，其中男、女选手各15名，总计参加26个项目。此次赛事还是十四运会游泳项目资格赛。按照竞赛规程，除800米、1500米两个项目采用快、慢分组一次性决赛外，其他各项目决赛采用A、B组形式进行，其中A组成绩为东京奥运会游泳补位赛选拔成绩。（韩　雪）

西安市2021年举办的全国第十四届运动会项目

序号	竞赛活动名称	时 间	地 点	参加单位	运动员人数（人）	主办单位	承 办 单 位	责任部门
1	2021年中国跳水明星邀请赛暨全运会跳水项目测试赛	3月12日—3月14日	西安奥体中心游泳跳水馆	全国比赛	48	国家体育总局游泳运动管理中心	陕西省体育局第十四届全国运动会西安市执委会第十四届全国运动会跳水项目竞赛委员会	陕西省游泳运动管理中心 西安市体育局 西安国际港务区管委会
2	第十四届全国运动会篮球项目测试赛暨陕西省篮球邀请赛	4月19日—4月21日	西安城市运动公园体育馆	省级比赛	64	中国篮球协会	陕西省体育局第十四届全国运动会西安市执委会第十四届全国运动会篮球项目西安赛区竞赛委员会	陕西省篮球排球运动管理中心 西安市体育局 西安经开区管委会
3	第十四届全国运动会田径项目测试赛暨2021年田径分区邀请赛（西北赛区）	4月27日—4月28日	西安奥体中心体育场	全国邀请赛	300	国家体育总局田径运动管理中心	陕西省体育局第十四届全国运动会西安市执委会第十四届全国运动会田径项目竞赛委员会	陕西省田径运动管理中心 西安市体育局 西安国际港务区管委会
4	第十四届全国运动会竞走项目测试赛暨陕西省青少年竞走邀请赛	5月22日	西安奥体中心体育场外场奥体大道港兴三路至港安路段西侧道路	省级比赛	40	国家体育总局田径运动管理中心	陕西省体育局第十四届全国运动会西安市执委会第十四届全国运动会田径项目竞赛委员会	陕西省田径运动管理中心 西安市体育局 西安国际港务区管委会
5	第十四届全国运动会游泳项目测试赛暨东京奥运会补位赛	5月31日—6月7日	西安奥体中心游泳跳水馆	全国比赛	520	国家体育总局游泳运动管理中心	陕西省体育局第十四届全国运动会西安市执委会第十四届全国运动会游泳项目竞赛委员会	陕西省游泳运动管理中心 西安市体育局 西安国际港务区管委会
6	第十四届全国运动会攀岩项目测试赛暨陕西省省队对抗赛	6月7日—6月8日	阎良区户外运动攀岩场地	省级比赛	20	国家体育总局登山运动管理中心	陕西省体育局第十四届全国运动会西安市执委会第十四届全国运动会攀岩项目竞赛委员会	陕西省社会体育运动发展中心 西安市体育局 西安市阎良区人民政府
7	第十四届全国运动会滑板项目测试赛暨陕西省省队对抗赛	6月9日—6月10日	阎良区户外运动滑板场地	省级比赛	20	国家体育总局社会体育指导中心	陕西省体育局第十四届全国运动会西安市执委会第十四届全国运动会滑板项目竞赛委员会	陕西省社会体育运动发展中心 西安市体育局 西安市阎良区人民政府
8	第十四届全国运动会高尔夫球项目测试赛暨全国高尔夫球巡回赛	6月17日—6月20日	西安秦岭国际高尔夫球场	全国比赛	100	中国高尔夫球协会	陕西省体育局第十四届全国运动会西安市执委会第十四届全国运动会高尔夫球项目竞赛委员会	陕西省高尔夫球击剑运动管理中心 西安市体育局 西安高新区管委会
9	第十四届全国运动会花样游泳项目测试赛暨陕西省花样游泳俱乐部邀请赛	6月17日	西安奥体中心游泳跳水馆	省级比赛	30	国家体育总局游泳运动管理中心	陕西省体育局第十四届全国运动会西安市执委会第十四届全国运动会滑板项目竞赛委员会	陕西省游泳运动管理中心 西安市体育局 西安国际港务区管委会
10	第十四届全国运动会三人制篮球项目测试赛暨2021年U18全国三人制篮球锦标赛	7月5日—7月11日	西安城市运动公园比赛场地	全国比赛	160	中国篮球协会	陕西省体育局第十四届全国运动会西安市执委会第十四届全国运动会三人制篮球项目竞赛委员会	陕西省篮球排球运动管理中心 西安市体育局 西安经开区管委会
11	第十四届全国运动会跳水项目青年组比赛	7月12日—13日	奥体中心游泳跳水馆	全国比赛	74	国家体育总局	陕西省人民政府	第十四届全国运动会跳水项目竞赛委员会
12	第十四届全国运动会花样游泳项目比赛	8月31日—9月2日	奥体中心游泳跳水馆	全国比赛	115	国家体育总局	陕西省人民政府	第十四届全国运动会花样游泳项目竞赛委员会
13	第十四届全国运动会跳水项目比赛	9月6日—14日	奥体中心游泳跳水馆	全国比赛	294	国家体育总局	陕西省人民政府	第十四届全国运动会跳水项目竞赛委员会
14	第十四届全国运动会篮球女子成年组项目比赛	9月9日—14日	西安城市运动公园体育馆	全国比赛	104	国家体育总局	陕西省人民政府	第十四届全国运动会篮球项目西安赛区竞赛委员会
15	第十四届全国运动会滑板项目比赛	9月10日—11日	阎良区户外运动滑板场地	全国比赛	62	国家体育总局	陕西省人民政府	第十四届全国运动会滑板项目竞赛委员会

续表

序号	竞赛活动名称	时间	地点	参加单位	运动员人数（人）	主办单位	承办单位	责任部门
16	第十四届全国运动会三人制篮球项目青年组比赛	9月16日—20日	西安城市运动公园比赛场地	全国比赛	88	国家体育总局	陕西省人民政府	第十四届全国运动会三人制篮球项目竞赛委员会
17	第十四届全国运动会攀岩项目比赛	9月17日—20日	阎良区户外运动攀岩场地	全国比赛	119	国家体育总局	陕西省人民政府	第十四届全国运动会攀岩项目竞赛委员会
18	第十四届全国运动会篮球男子项目U19组比赛	9月18日—23日	西安城市运动公园体育馆	全国比赛	113	国家体育总局	陕西省人民政府	第十四届全国运动会篮球项目西安赛区竞赛委员会
19	第十四届全国运动会游泳项目比赛	9月19日—26日	奥体中心游泳跳水馆	全国比赛	582	国家体育总局	陕西省人民政府	第十四届全国运动会游泳项目竞赛委员会
20	第十四届全国运动会田径项目比赛	9月20日—25日	西安奥体中心田径场	全国比赛	1248	国家体育总局	陕西省人民政府	第十四届全国运动会田径项目竞赛委员会
21	第十四届全国运动会高尔夫项目比赛	9月21日—24日	西安秦岭国际高尔夫球场	全国比赛	86	国家体育总局	陕西省人民政府	第十四届全国运动会高尔夫球项目竞赛委员会
22	第十四届全国运动会三人制篮球项目成年组比赛	9月22日—26日	西安城市运动公园比赛场地	全国比赛	83	国家体育总局	陕西省人民政府	第十四届全国运动会三人制篮球项目竞赛委员会
23	第十四届全国运动会田径马拉松项目比赛	9月26日	西安田径马拉松场地	全国比赛	69	国家体育总局	陕西省人民政府	第十四届全国运动会田径马拉松项目竞赛委员会

西安市2021年举（承）办的国际、全国体育赛事

序号	竞赛活动名称	时间	地点	赛事级别	运动员人数（人）	主办单位	承办单位
1	"一带一路"陕西西安2021城墙国际马拉松赛	2021年4月10日	西安城墙	国际	4000	陕西省体育局 西安市人民政府 第十四届全国运动会西安市执委会	西安市体育局 曲江新区管委会
2	"一带一路"2021西安马拉松赛	2021年4月17日	西安	国际	30000	中国田径协会 陕西省体育局 西安市人民政府	陕西省田管中心陕西省田径协会 西安市体育局 西安市文化和旅游局 曲江新区管委会
3	"一带一路"陕西2021中国台协杯全国斯诺克团体锦标赛	2021年6月	陕西网球中心	国际	105	中国台球协会 陕西省体育局 陕西旅游集团有限公司	陕西省手曲棒垒球运动管理中心 陕西省台球协会 西安市体育局 陕西省体育产业集团有限公司
4	2021中国·渭河健身长廊第六届自行车联赛（西安站）	2021年11月27日	渭河生态景观区西安湖	国家	200	陕西省体育局	陕西省航空无线电汽车摩托车运动管理中心 陕西省自行车运动协会 西安市体育局 西安市水务局 未央区政府
5	"一带一路"2020年世界女子国际象棋大师巅峰赛	2021年12月10日—11日	西安市碑林区	国际	160	国家体育总局棋牌运动管理中心 中国国际象棋协会 陕西省体育局	陕西省社会体育运动发展中心 西安市体育局 西安市教育局 西安市碑林区人民政府 陕西省国际象棋协会
6	"一带一路"陕西2021中国跆拳道国际公开赛	2022年1月10日	线上比赛	国际	700	中国跆拳道协会 陕西省体育局 西安市人民政府 西安体育学院	陕西省拳跆中心 陕西省跆拳道协会 西安市体育局

西安市2021年举办的竞技体育赛事项目（青少年组）

序号	竞赛活动名称	时间	地点	参加单位	运动员人数（人）	主办单位	承办单位	责任部门
1	2021年西安市少年儿童游泳系列赛（第一站）	2月25日—26日	西安市游泳中心游泳池	市各俱乐部、训练点、学校	100	西安市体育局	西安市游泳运动管理中心	西安市游泳运动管理中心
2	2021年西安市少年儿童游泳系列赛（第二站）	4月17日	西安市游泳中心游泳池	市各俱乐部、训练点、学校	100	西安市体育局	西安市游泳运动管理中心	西安市游泳运动管理中心
3	2021年西安市青少年射箭锦标赛	5月28日—30日	西安市射击射箭运动管理中心	各区（县、开发区）	220	西安市体育局	西安市射击射箭运动管理中心	西安市射击射箭运动管理中心
4	2021年西安市青少年中国式摔跤锦标赛	5月28日—30日	西安市举摔柔中心摔跤馆	各区（县、开发区）	200	西安市体育局	西安市举摔柔运动管理中心	西安市举摔柔运动管理中心
5	2021年西安市青少年柔道锦标赛	6月4日—6日	西安市举摔柔中心柔道馆	各区（县、开发区）	200	西安市体育局	西安市举摔柔运动管理中心	西安市举摔柔运动管理中心
6	2021年西安市青少年冰球锦标赛	6月5日—6日	西安奥佳冰上运动俱乐部	各区（县、开发区）	60	西安市体育局	西安市射击射箭运动管理中心	西安市射击射箭运动管理中心
7	2021年西安市青少年举重锦标赛	6月11日—13日	西安市举摔柔中心举重馆	各区（县、开发区）	200	西安市体育局	西安市举摔柔运动管理中心	西安市举摔柔运动管理中心
8	2021年西安市青少年排球锦标赛	6月12日—14日	西安市少体校六楼篮球馆	各区（县、开发区）	300	西安市体育局	西安市篮排网运动管理中心	西安市篮排网运动管理中心
9	2021年西安市青少年网球公开赛	6月12日—13日	港务区陆港公网球场	市各俱乐部、训练点、学校	246	西安市体育局	西安市篮排网运动管理中心 西安市网球协会	西安市篮排网运动管理中心
10	2021年西安市青少年篮球锦标赛	6月16日—20日	西安市少体校六楼篮球馆	各区（县、开发区）	300	西安市体育局 西安市教育局	西安市篮排网运动管理中心	西安市篮排网运动管理中心
11	2021年西安市青少年幼儿基本体操锦标赛	6月18日—19日	西安市少体校一楼体操馆	各区（县、开发区）	400	西安市体育局	西安市青少年体育学校 西安市体操协会 西安市青少年体育俱乐部	西安市青少年体育学校
12	2021年西安市青少年花样滑冰锦标赛	6月19日—20日	西安奥佳冰上运动俱乐部	各区（县、开发区）	80	西安市体育局	西安市射击射箭运动管理中心	西安市射击射箭运动管理中心
13	2021年西安市青少年田径锦标赛	6月24日—27日	西安欧亚学院	各区（县、开发区）	1000	西安市体育局	西安市田径运动管理中心	西安市田径运动管理中心
14	2021年西安市青少年棒球锦标赛	6月25日—27日	长安区国际棒垒球场	各区（县、开发区）	300	西安市体育局	西安市青少年体育学校 西安市棒垒球协会 西安市青少年体育俱乐部	西安市青少年体育学校
15	2021年西安市青少年国际式摔跤锦标赛	6月25日—27日	西安市举摔柔中心摔跤馆	各区（县、开发区）	250	西安市体育局	西安市举摔柔运动管理中心	西安市举摔柔运动管理中心
16	2021年西安市青少年赛艇皮划艇测功仪锦标赛	6月25日—27日	西安市体育运动学校田径场	各区（县、开发区）	150	西安市体育局	西安市体育运动学校	西安市体育运动学校
17	2021年西安市青少年跆拳道锦标赛	6月25日—27日	西安市体育运动学校跆拳道馆	各区（县、开发区）	260	西安市体育局	西安市体育运动学校	西安市体育运动学校
18	2021年西安市青少年武术套路锦标赛	6月26日—27日	西安市青少年体育学校六楼武术馆	各区（县、开发区）	500	西安市体育局	西安市青少年体育学校 西安市武术协会 西安市青少年体育俱乐部	西安市青少年体育学校
19	2021年西安市少年儿童跳水比赛	6月26日—27日	西安市青少年体育学校体操馆	幼儿园或个人	100	西安市体育局	西安市游泳运动管理中心	西安市游泳运动管理中心
20	2021年西安市青少年网球锦标赛	6月26日—27日	西安市人民体育场网球场	各区（县、开发区）	200	西安市体育局	西安市篮排网运动管理中心	西安市篮排网运动管理中心
21	2021年西安市青少年击剑锦标赛	7月2日—4日	西安市倚天击剑馆	各区（县、开发区）	700	西安市体育局	西安市射击射箭运动管理中心	西安市射击射箭运动管理中心
22	2021年西安市青少年射击锦标赛	7月2日—4日	西安市射击射箭运动管理中心	各区（县、开发区）	200	西安市体育局	西安市射击射箭运动管理中心	西安市射击射箭运动管理中心
23	2021西安市青少年空手道锦标赛	7月2日—4日	西安市举摔柔中心柔道馆	各区（县、开发区）	200	西安市体育局	西安市举摔柔运动管理中心	西安市举摔柔运动管理中心

续表

序号	竞赛活动名称	时间	地点	参加单位	运动员人数（人）	主办单位	承办单位	责任部门
24	2021年西安市青少年乒乓球锦标赛	7月2日—4日	西安市青少年体育学校四楼乒乓球馆	各区（县、开发区）	500	西安市体育局	西安市青少年体育学校 西安市乒乓球协会 西安市青少年体育俱乐部	西安市青少年体育学校
25	2021年西安市青少年轮滑锦标赛	7月3日—4日	西安外国语大学附属学校	各区（县、开发区）	400	西安市体育局	西安市射击射箭运动管理中心	西安市射击射箭运动管理中心
26	2021年西安市青少年滑轮锦标赛	7月5日—7日	西安市经开一中	各区（县、开发区）	100	西安市体育局	西安市射击射箭运动管理中心	西安市射击射箭运动管理中心
27	2021年西安市青少年艺术体操锦标赛	7月7日—8日	西安市青少年体育学校一楼体操馆	各区（县、开发区）	400	西安市体育局	西安市青少年体育学校 西安市体操协会 西安市青少年体育俱乐部	西安市青少年体育学校
28	2021年西安市青少年羽毛球锦标赛	7月10日—12日	西安市青少年体育学校四楼羽毛球馆	各区（县、开发区）	400	西安市体育局	西安市青少年体育学校 西安市羽毛球协会 西安市青少年体育俱乐部	西安市青少年体育学校
29	2021年西安市青少年游泳锦标赛	11月27日—28日	西安市游泳中心游泳池	各区（县、开发区）	400	西安市体育局	西安市游泳运动管理中心	西安市游泳运动管理中心
30	2021年西安市中小学生田径锦标赛（体传校组）	12月4日—5日	西安市育才中学	市级田径体传校	1000	西安市体育局	西安市田径运动管理中心	西安市田径运动管理中心
31	2021年西安市青少年足球锦标赛	12月4日—12月25日	西安易联足球公园	各区（县）、开发区	800	西安市体育局	西安市足球运动管理中心	西安市足球运动管理中心
32	2021年西安市青少年乒乓球公开赛	12月11日—12日	西安市青少年体育学校四楼乒乓球馆	各区（县、开发区）	500	西安市体育局	西安市青少年体育学校 西安市乒乓球协会 西安市青少年体育俱乐部	西安市青少年体育学校
33	2021西安市第二届幼儿足球联赛	12月12日	城市立方	幼儿园	200	西安市体育局	西安市足球运动管理中心	西安市足球运动管理中心
34	2021年西安市第四届“逐梦杯”U系列青少年足球公开赛	12月12日、19日、26日	西安龙启足球训练基地、西安易联足球公园	各区（县、开发区）	200	西安市体育局	西安市足球运动管理中心	西安市足球运动管理中心

西安市2021年群众体育赛事活动

序号	竞赛活动名称	时间	地　点	参加单位	运动员人数（人）	主办单位	承办单位
1	2021年西安市新春体育大拜年系列活动	1—2月	市区各区（县）	各区（县）、街镇	6000	西安市体育局	新城区文化和旅游体育局
2	“舞动长安”2021西安市全民健身技能大赛	3—8月	市区各区（县）	相关区（县）、街镇	30000	西安市体育局 西安市文化和旅游局	相关区（县）政府 开发区管委会
3	“舞动长安”2021西安市全民健身技能大赛总决赛	10月	未央区	相关区（县）、街镇	1000	西安市体育局 西安市文化和旅游局 未央区人政府	未央区文化和旅游体育局
4	2021年陕西省社区运动会（西安站）	11月	未央区、碑林区、长安区、高新区、阎良区、莲湖区、雁塔区、西咸新区、新城区	公开报名	5000	陕西省体育局	陕西省社会体育发展中心 西安市体育局 西安市未央区人民政府
5	中国·冰雪大篷车百场巡回（西安站）	11—12月	高新区、新城区、国际港务区、曲江新区、莲湖区	各社区、街镇	5000	中国滑雪协会 中国滑冰协会 中国花样滑冰协会 西安市体育局 相关区（县、开发区）政府（管委会）	相关区（县、开发区）体育部门
6	开展科学指导“五进”活动	全年	市区各区（县）	各区（县）、街镇	5000	西安市体育局	相关区（县）政府 开发区管委会

医疗服务

◆概况　2021年，西安市卫生健康委员会以新冠疫情防控、中华人民共和国第十四届运动会保障、重大项目建设等重点工作为突破口，全面建设健康西安，全力打造高标准区域卫生健康中心。截至年底，全市医疗卫生机构总数7123个，比上年减少6个。其中医院375个，基层医疗卫生机构6642个，专业公共卫生机构52个，其他卫生机构54个。全市医疗卫生机构床位79426张，比上年增加4419张。其中医院73886张，基层医疗卫生机构3743张。每千人口医疗卫生机构床位数6.17张。全市卫生技术人员123293人，乡村医生和卫生员1518人，其他技术人员1556人。每千人口执业(助理)医师3.36人，每千人口注册护士4.43人，每万人口专业公共卫生机构人员4.28人。全市户籍居民期望寿命80.93岁，其中男性78.46岁、女性83.42岁。户籍居民死亡率545.45/10万，死亡前5位是心脏病、脑血管病、恶性肿瘤、呼吸系统疾病、伤害，前5位死因合计占死亡总数的87.81%。孕产妇产前检查率98.79%，产后访视率96.79%，住院分娩率为99.99%。3岁以下儿童系统管理率95.48%；5岁以下儿童死亡率2.15‰，新生儿死亡率0.97‰，婴儿死亡率1.45‰。

◆新型冠状病毒疫情防控　2021年12月中旬起，西安市发生自武汉疫情之后国内较严重的一次新冠疫情，毒株为德尔塔病毒，全市有2100人被感染。西安市6.3万名医护人员逆行出征、全面排查、严防严控、及时救治，实现1个月社会面清零，40天整体清零，2个月确诊病例全部治愈出院，打赢疫情防控的人民战争、总体战、阻击战。疫情期间，全市设置77个发热门诊，17家定点收治医院，总床位数18103张，符合“三区两通道”（“三区”：清洁区、污染区和半污染区，“两通道”：指医务人员通道和病人通道）标准传染病病房床位数2904张，用于收治新冠患者床位数545张（西安市第八医院、西安市公共卫生中心应急医疗中心）；将西安市疾病控制中心新址建设项目中的微生物试验楼调整改建为市核酸检测实验室，提高核酸检测能力。全市127家核酸检测机构，有96通道PCR扩增仪681台，日常最大核酸检测能力达到66.86万人份。向西安市第八医院派驻监督工作的院感防控专家，与市第八医院医务人员轮流入驻隔离病区，专职开展院感防控业务指导，监督该病区医务人员建立行为屏障。由西安市第三医院、西安市胸科医院、西安市中医医院对西安市公共卫生中心、西安市第八医院、新冠转运队派驻工作组，对口包抓防控工作。疫情期间，省内宝鸡、咸阳、汉中、渭南以及邻省山西、河南、甘肃等地医务工作者形成“一个机制、两个支援”（一个机制，即建立国家、省级、市级专家联合会诊机制，定期对新冠肺炎确诊病例进行会诊，指导医疗救治工作。两个支援，一是组建重症、孕产妇、儿科医疗救治团队，进行人力支援；二是调拨设备药品，进行物力支援）经验，有效提升病例救治水平。

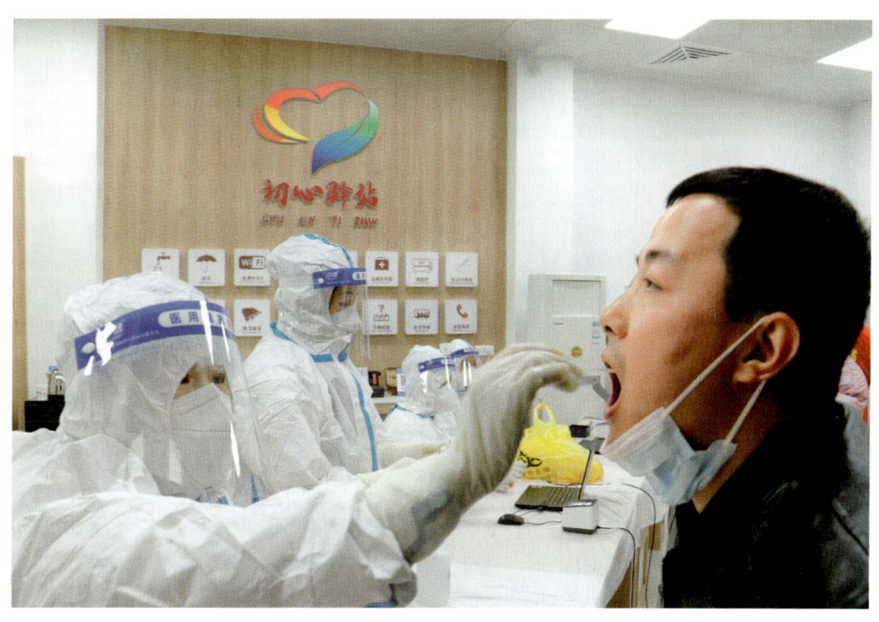

核酸检测

◆全运会、残特奥会医疗卫生保障　2021年，中华人民共和国第十四届运动会和残疾人奥林匹克运动会相继在西安市举行，西安市卫生健康委员会组织23家省、市三级医院1000余名医务人员全程负责十四运会开闭幕式和西安赛区29个赛事项目的疫情防控和医疗服务保障。累计投入医疗、防疫、监督等人员4.8万人次，提供医疗服务1.6万人次，实现十四运会疫情“零感染”、医疗“零投诉”、服务“零失误”、场场有观众，顺利护航“十四运”和残特奥会圆满举行。全市各级卫生监督机构强化市区联动，加强通力协作，针对比赛场馆和接待酒店薄弱环节开展多轮专项整治提升行动，并在全市范围内抽调卫生监督骨干人员，组建全运村卫生监督保障团队驻村监督。市区两级卫生健康监督机构严格执行疫情防控措施，采用驻点或巡查监督的方式全程对各比赛场馆、活动现场、接待酒店和全运村的公共场所和生活饮用水卫生，以及定点医院、医疗服务网点的传染病防治等工作开展拉网式监督检查。全市卫生健康监督机构共检查监督单位8114户次，出具监督意见书4662份，出动卫生监督员15108人次、车辆3254台次，行政罚款44起，处罚金额合计17.46万元，警告83起，责令整改1081家，公共场所各项目检测4782份，生活饮用水水质检测2368份，实现生活饮用水污染及公共场所健康危害事故等突发性公共卫生事件“零发生”。“十四运”期间，统筹部署，确定“以面保点、以点促面、点面齐抓”的疫情防控总体策略，聚焦人员、场馆（物品）、流程3个防控关键点，严格远端管控、封闭管理、定期核酸检测、定点集结、团进团出等措施，累计投入防疫人员8773人次，核酸检测50.3万余人次，坚决筑牢疫情防控防线。靠前指挥，派驻206名医护人员，提供优质医疗服务。组织23所省、市三级医院1000余名医务人员，扎实做好“十四运”开闭幕式和西安赛区29个赛事项目的现场保障。累计投入卫生人员22510人次，提供现场医疗服务13750人次，实现疫情“零感染”、医疗“零投诉”、卫生健康服务“零失误”，为十四运会精彩圆满落幕提供坚强保障。残特奥会期间，延续“十四运”基本措施不变，工作组织架构和运行体系不变，高标准做好残特奥会开闭幕式和残运会各竞赛项目医疗卫生服务保障工作。特别是发生本土疫情后，扎实做好大型活动和竞赛项目各类人员管控和场所防控，先后投入防疫人员1900人次，展涉赛涉活动人员核酸检测10.85万人次，各项赛事活动累计消杀面积达563.4万平方米，投入医疗人员3479人次，提供现场医疗服务2080人次，出动急救车508车次，为103人提供后方医疗救治。

◆医疗卫生体制改革 2021年，西安市卫生健康委员会在完成15个区（县）级医疗机构与125个乡镇卫生院（社区卫生服务中心）组建县域医共体，实现全覆盖的基础上，加快推进紧密型医共体建设，对2021—2023年全市紧密型医共体工作进行阶段性安排。提出17项建设标准清单，建立工作台账。在高陵区作为国家紧密型医共体建设试点的基础上，又将阎良区纳入国家级试点监测范围。高陵区整体试点工作取得阶段性进展，蓝田县和周至县探索开展薪酬制度改革。下达中央公立医院改革资金1242万元用于支持西安市第三医院、西安市第八医院、阎良铁路医院等信息化建设、设备购置。落实民营医疗机构与公立医院同等待遇，批准西安国际医学中心等6家民营医院执行公立医院2017版收费标准。

◆妇幼保健 2021年，西安市卫生健康委员会全面开展孕产妇高危因素筛查和五色分级标识管理，做到早发现、早预警、早诊断、早干预。规范基层医疗卫生机构孕产妇建册，强化首诊医疗机构妊娠风险筛查责任和二级以上医疗机构妊娠风险评估责任。修订《西安市危重孕产妇和新生儿救治与转诊网络建设工作方案》，实现全市15个区（县、开发区）危重孕产妇及新生儿救治中心全覆盖。孕产妇系统管理率95.90%，7岁以下儿童保健覆盖率96.92%。全年发放各类避孕药具454.25万余只，西安市药具站获2021年陕西省计划生育药具管理服务工作第一名。为全市13.36万人进行宫颈癌及乳腺癌检查，发现HPV及乳腺癌高危各2万余例，通过随访对高危病例均进行督促治疗。为周至县等贫困地区免费发放儿童营养包4.46万盒。开展儿童近视综合防控工作，建立儿童视力健康电子档案，做好0—6岁儿童眼保健和视力检查，累计检查71.1万人次。向226名苯丙酮尿症患儿发放特殊食品3095余件，医保报销费用287余万元。通过“一站式”服务免费为11.7万名妇女做检查，向8.4万名适龄妇女发放叶酸41.49万瓶。实施“两筛”项目，产前筛查率98.82%，新生儿疾病筛查率99.04%。实施《西安市艾滋病感染孕产妇所生儿童重点案例评审方案》，使艾滋病、梅毒、乙肝病毒母婴阻断传播项目检测率上升到99.98%，分娩活产预防性用药比例达到99.93%以上。取消计划生育技术服务机构设立许可，将婚检审批权限下放至区（县），优化产前筛查机构的审批流程，规范计划生育科的审批。推行“互联网+妇幼健康”服务，年内通过手机预约“两癌”（乳腺癌，宫颈癌）筛查54285人次，预约婚检24850对，累计发放出生医学证明108211张。推进产妇分娩信息上报工作，实现与陕西省信息系统对接。

◆人口监测家庭发展 2021年，西安市城郊6区和高新区优先开展普惠制托育服务。有7所机构被认定，市级财政补助12.72万元。全市有53所托育示范机构达标，超额完成任务，市财政给予214万元的一次性奖励补助。全市建成50所婴幼儿照护服务星级示范机构，7所普惠制照护服务机构。审核市级机关、事业单位城市独生子女父母补助金1394人次，下拨补助金1536万元。发放各类奖励扶助金共计13844.64万元，其中市级投入1948.32万元。为20户市级机关、事（企）业单位失独家庭发放补助金55.5万元，审批14例失独再生育家庭。全年完成省级健康家庭建设示范户150户，市级健康家庭766197户，圆满完成建设率20%的目标任务。西咸新区、高新区、国际港务区均已结合实际筹备建立本级计生协组织。当年全市参加计生保险家庭12.7万户，参保人数39.3万人，总保费624.49万元。截至年底，理赔案件2732件，理赔金额657.52万元，简单赔付率105%。虎年春节前夕，全市卫生健康系统、计生协慰问计生特殊家庭6000余户，发放慰问金200余万元。指导临潼区成功申报2021年中国计生协“暖心家园”项目，开展各类计生特殊家庭关怀活动4期共8场。争取浙江阿里巴巴通信技术有限公司母婴室捐赠项目，为全市17家医疗机构捐赠20台“天猫母婴室”。开展“农村中老年妇女生殖健康促进行动”，以鄠邑区余下街道和祖庵街道为试点，为750名农村围绝经期取环妇女（45—65周岁）每人补贴200元，发放补贴15万元。

◆药政管理 2021年，西安市各级各类公立医疗机构药品（不含中药饮片）、13大类高值医用耗材、6大类普通医用耗材全部通过省药械集中采购平台进行网上阳光采购，基本药物配备使用率均有所提升。要求医疗机构优先配备使用国家集中采选药品和医用耗材，本市二级以上公立医院及50%的基层医疗机构顺利完成药品使用监测数据采集上报工作。全市25家公立医院开展总药师制度试点工作（市属7家、市管1家、区属17家）。及时调拨10万人份核酸检测试剂包和防护服、医用口罩等多批次医用防护物资，确保疫情防控 、中华人民共和国第十四届运动会和残疾人奥林匹克运动会需要。新增储备20万人份核酸检测试剂包，应对全员核酸检测应急需求。规范督导“四类药品”（退烧、止咳、抗病毒、抗生素类药品）用药人员核酸检测工作。组织召开全市卫生健康系统“四类药品”工作会议，建立信息日报和实地抽查机制，督导区(县)落实零售药店“四类药品”用药人员核酸检测和流调相关政策要求。

◆中医药管理 2021年，西安市卫生健康委员会组织专家对全市30个名中医工作室建设项目进行验收，29个名中医工作室通过验收，124名中医学术经验继承人通过结业考核。临潼区童嘉龙基层名老中医药专家传承工作室建设项目通过国家验收。遴选10名中青年骨干人才参加省级临床特色技术传承骨干研修项目，5名中医药优秀人才完成全国临床特色技术项目培训并顺利通过考核。由龙砂医学等9个国家（省级）中医学术流派传承工作室为本市培养28名传承人，培养时间为2年。组织全市358名中医医术确有专长人员参加理论和实践考核。组织开展2021年度西安市中医药科研项目评审，确定科研项目19项，安排科研经费50万元，推选申报陕西省中医药科研项目17项，中医药传承创新暨“秦药”开发重点科学研究项目22项。争取中央财政资金560万元，遴选27个社区卫生服务中心和镇卫生院，创建省级示范中医馆。将中医馆建设和规范执业情况纳入全市医疗卫生满意度提升考核内容，推进中医馆提档升级。举办中医药知识和技能培训班，采取线上、线下相结合模式，培训基层医务人员327名。10月16日，西安市再次出现新冠本土疫情，中医药全程深度参与疫情防控和救治，确诊病例中医药参与率达到100%。组织集中隔离人员、抗疫一线医务人员等服用“清肺排毒汤”进行预防，服药人数近4万人次，发放中药约56万袋，取得良好效果。印发《西安市2021年中医药健康文化宣传实施方案》。组织全市各中医医疗机构以“方便看中医”“放心用中药”行动为重点内容的“我为群众办实事”实践活动。组织全市中医医疗机构全年开展健康讲座、义诊、宣传活动等70多场，近千名中医专家参加活动，现场发放各类宣传资料2万多份。指导市中医学会、中西医结合学会、针灸学会举办“科技之春”和“学术金秋”“全国科普日”活动20余次，开展科普讲座近50次，基层义诊10余次，受益群众近万人。对全市中药产业发展现状进行调研，委托陕西中医药大学牵头编制《西安市中药产业发展规划（2022—2030）》。代市政府起草《西安市中药产业发展实施意见》，多次组织市级相关部门讨论修改，赴高新区部分中药生产企业开展调研。

◆职业卫生 2021年，西安市认定17家单位为首批省级健康企业示范单位。在各区（县）梳理相关企业底数的基础上，上报陕西省卫生健康委员会涉及职业病危害企业473家，市级认定市级健康企业250家，市级健康企业示范单位34家。各区（县、开发区）报送全市尘肺病防治攻坚行动纳入重点行业范围企业276家、职业病危害现状调查企业2381家（含西咸新区501家）、2019年以来工作场所职业病危害因素监测项目企业774家（含西咸新区42家）、新发现企业39家。市职业病危害项目申报系统已申报用人单位1466家，其中初次申报953家，变更218家，年度更新295家。比上年增加531家（增长率157%）。通过职业病危害项目申报，掌握全市用人单位职业危害基本信息，进一步健全职业病危害单位基础数据库。中央转移支付地方职业病防治项目，完成400家用人单位现场监测和网报，以及397家放射诊疗机构的基线调查和网报工作。本年度全市诊断报告和网络直报职业病23例，工作场所均不在本市，受理3起职业病诊断鉴定。全市职业健康体检机构和职业病诊断机构网络上报岗前、岗间、离岗职业健康体检个案信息28702人。

◆卫生监督执法 2021年，西安市在医疗机构依法执业监督检查中，查处存在违法行为的医疗机构405户，警告306户，没收违法所得2.26万元，罚款259.18万元，暂缓校验6户，吊销诊疗科目5家，吊销许可证6家，暂停个人执业活动3人；查处非法行医“黑诊所”86户，罚没款290.26万元（其中罚款247.97万元，没收违法所得42.29万元），向公安部门移交案件6起。在消毒产品流通整治中，监督检查消毒产品生产企业100户次，抽查消毒产品262个，备案产品258个。责令整改生产企业4家，责令停止生产销售消毒产品4种，查处4家消毒产品生产企业，行政处罚1万元。全市监督检查消毒产品经营单位502家，责令整改经营单位9家，责令停止销售消毒产品9种，查处9家消毒产品经营单位，处罚1.15万元。11月份，开展“规范消毒产品市场，为抗疫保驾护航”无证84消毒液查处专项整治活动，查处无证84消毒液10余吨，打击黑窝点1处，销售商4户，无证84消毒液3个品牌。在涉水产品卫生安全专项整治中，监督检查涉水产品生产企业29家、涉水产品数63件、涉水产品使用单位100家、涉水产品数127件，有卫生许可批件的产品数为103件，其中产品标签符合要求的产品数为122件，产品说明书符合要求的产品数为115件。在医疗美容机构专项整治中，检查医疗美容机构230户，查处机构违法行为39户次（其中包括处罚个人1起），行政处罚39户次，其中警告30户次，罚款39户次，罚款金额29.38万元，责令改正39户次，吊销医疗美容机构执业许可证1户。查处非法开展医疗美容服务16户次，责令改正16户，罚款金额135.286万元（其中处罚机构21.986万元，处罚个人113.3万元），没收违法所得7.2332万元，吊销“医师执业证书”1人。在生活饮用水卫生监督检查中，每季度对市政公共供水单位的出厂水和末梢水及二次供水单位开展水质监督抽检，及时将抽检结果在委官方网站上公示并向市水务部门通报。全市共监督检查城市集中供水单位和农村设计日供水千吨以上集中式供水单位51家，查处2家，处罚6000元；监督检查二次供水单位818家，处罚14家，处罚金额3.04万元。

◆行政审批服务 2021年，西安市卫生健康委员会办理政务服务事项17861件，其中医疗机构执业登记117件，医师执业许可2906件，护士执业注册6022件，医疗广告等其他类审批事项8816件。截至年底，西安市有医疗机构8069家，其中市级发证177家；全市有医师35237人，其中市级医疗机构13834人；全市护士有73619人，其中市级医疗机构30675人。对西安国际医学中心医院和西安高新医院进行全面检查评审，批准这两家医院成立互联网医院，允许开展互联网医疗活动。至此，本市有3家互联网医院，分别是西安市红会医院互联网医院、西安国际医学中心医院互联网医院和西安高新医院互联网医院。从7月30日起，采取线上线下相结合的办法，在区（县、开发区）政务大厅、区（县、开发区）审批局派驻助产机构设立办理窗口，为群众提供“出生一件事”集成服务（新生儿出生医学证明办理、预防接种证办理、户口登记、生育保险待遇核准支付、城乡居民基本医疗保险参保登记、社会保障卡申领等事项只需填写一张表，跑一次即可办理）。此项工作已在新城、碑林、莲湖、灞桥、雁塔、高新、蓝田、周至、长安等区（县）开展，集成办理此类事务2210余件。按照国务院关于自贸区推行“证照分离”改革全覆盖试点工作要求，指导未央，灞桥审批局、卫健局及高新、港务自贸片区相关职能部门积极沟通对接、制定配套工作举措，加强信息互通共享，保证准入和监管无缝衔接，改革任务落实到位。此次改革中将审批改为备案的2项，实行告知承诺制的1项，优化审批服务的11项，为企业进入市场提供最大便利。按照“放、管、服”要求，将无法定依据的审批事项、申请材料一律取消，承诺办结时限的，承诺时限不得长于法定和改革工作要求的时限，顺利完成20个行政许可事项（87个办理项）的梳理任务。完成市卫健委承担的12项集中攻坚任务，147项政务服务事项在“陕西省政务服务事项中控管理平台”统一发布，减时限比例达到74.16%、网上可办率达到97.28%，全程网办率达到75.51%，最多跑一次事项占比99.32%，即办件占比57.82%。

◆医疗卫生基础设施建设 2021年，西安市新增医疗卫生用地140.8公顷，建设医疗用房320.48万公顷，总投资275.31亿元，新增床位16775张。截至年底，已完成生产总值112亿元。13个医院项目建设中，6个医院项目全部主体封顶，3个医院部分主体封顶，安装装修和主体施工在同步进行，2个医院在进行基础施工，2个医院在进行主体施工，整体工作推进顺利。完善已经投入使用的西安市中医医院迁建项目、西安市第三医院建设项目、西安市红会医院西部急救创伤中心项目，西安市公共卫生大楼项目的后续工程。完成244项区（县）级基层医疗机构、社区卫生医疗机构，卫生院、公有化卫生室的公共卫生能力改善和创优。扎实推进保障性租赁住房（健康驿站）建设工作。先行建设空港新城、秦汉新城、高陵区、国际港务区4个应急工程项目建设。健康驿站项目建设规模约56万平方米、共计5730套房、总投资35亿元。空港新城已开工建设并完成正负零施工，部分项目已进行3层建设；由西安市安居集团承建的秦汉新城、高陵区、国际港务区项目已进入基础施工阶段。

◆人才队伍和卫生科研 2021年，西安市卫生健康委员会为11家市属公立医院申请人员总量控制数5544名，增设内设机构33个，其中处级职数6个、科级领导职数45个，突破各医院编制不足的瓶颈。为市疾控中心增加事业编制135名。其中2021年下达40名，剩余95名事业编制根据中心发展和业务工作实际等情况逐步下达。有力加强疾病预防控制、突发公共卫生事件应急力量。将市保健局规格由县级调整为副局级，核定局长1名（副局级），副局长1名（正处级），设置办公室、医疗保健处2个内设机构，核定处级领导职数4名（2正2副），事业编制由10名增加至15名。为提高市第八医院、市疾控中心工作人员工资待遇标准，根据市政府专题会议纪要，确保两单位工作人员工资水平与市级医院统计医护人员相当，人均年度收入增加5万元。全年共引进各类人才708人，比上年增加97.21%，其中博士29人、硕士618人，引进28个知名专家团队，基本完成新院区早期开诊科室骨干力量构建。申报通过地方级领军及以上人才20人，其中市红会医院颉强被评为国家级领军人才，也是市级单位系统2021年唯一一名国家级领军人才，其余19人被评为地方级领军人才，享受个人所得税奖励、相关安居办法、解决子女上学优先等优惠政策。资助局级科研项目85项，资助总经费132万元；获陕西省科技计划项目105项，资助金额705万元；获陕西省卫生健康委科研项目13项，资助金额33万元；获西安市科技计划项目83项，资助金额415万元。全年有11家医院参与国家自然科学基金申报，获得立项9项（面上项目5项，青年项目4项），资助经费370万元，立项总数和面上项目占比均较上年明显提升。其中，西安市儿童医院获3项，西安市中心医院、西安市红会医院和西安市第三医院各获2项。西安市红会医院获批陕西省脊柱伤生治疗重点实验室，西安市中心医院获批西安市中枢神经系统疾病重点实验室。市卫健委系统获2020年度陕西省科技进步二等奖1项，三等奖5项。其中，西安市红会医院获二等奖1项，西安市第一医院、第五医院、中医医院、中心医院和儿童医院分别获三等奖1项。西安市红会医院郝定均获中组部等4部委授予的“全国杰出专业技术人才”称号，陕西省仅有2人获此称号。西安市红会医院闫亮、西安市中心医院龙乾发入选2021年度陕西省创新人才推进计划“中青年科技创新领军人才”，西安市红会医院王彪入选“青年科技新星”。2021年新获批国家级继续教育项目19项，备案项目3项，新获批省级继续医学教育项目148项，备案项目56项。国家级及省级项目数量再创新高。从本年度起，市卫生健康委将西北大学、西安电子科技大学、南京中医药大学等医学相关专业的录取考生也纳入同等学力博士的招收范围。委托西安交通大学第16批培养同等学力博士研究生，录取16人。委托西安交通大学医学院培养第26批同等学力硕士研究生，录取50人。

◆卫生健康信息网络建设 2021年，西安市卫生健康委员会修订委直属单位信息化项目管理办法，组织专家对市第三医院灾备机房容灾系统、市卫生监督所综合管理系统信息化项目，西安市第五医院医院信息系统升级改造项目进行验收。推进电子健康档案向个人开放，方便群众查询个人健康信息，完成居民健康档案互联网查询系统软件开发，代码安全测试工作，待个人身份信息确认模式确定后正式上线运行。完成西安市妇幼系统与陕西省妇幼系统、区（县）级妇幼系统的对接。完成西安市新冠肺炎疫情防控公共服务平台与省市政务服务一体化平台对接，实现本市疫苗平台与陕西省一体化平台的秦务员小程序联动，10月15日App跳转功能已正式上线运行。全年健康西安小程序累计注册用户2273万人，累计访问量7.5亿次。平台建成后，围绕疫情不断完善各类相关服务，目前平台融入新冠疫苗预约、发热门诊查询、隔离人员管理等6项服务。新冠疫苗预约平台自4月试运行以来，配合725个新冠疫苗各类接种点完成2402万人次新冠疫苗接种服务。共计2175万人次用户通过服务实现新冠疫苗的预约，累计生成各类电子文件5785万份。完成18岁以上人群新冠疫苗第二剂次1000万人、12—17岁人群第一和第二剂次以及重点人群加强免疫的接种任务。核酸检测系统打通全市21家第三方检测机构98家医院，实现全市范围核酸数据互联互通。面对常态化防控背景下核酸检测场景越来越多的情况，系统增加手机核酸采样和核酸预约功能。全年平台累计协助全市12990个采样点，实现3798万人次的核酸采样工作，包含各机构上传数据，全年累计核酸检测结果8269万人次。系统累计包含近49种不同重点行业及岗位用户，检测重点行业企业人群10余万人次。

◆基层卫生 2021，西安市完成新迁建社区卫生服务中心、乡镇卫生院13个，社区卫生服务站、村卫生室89个；改扩建社区卫生服务中心、乡镇卫生院78个，社区卫生服务站、村卫生室12所；公有化村卫生室175个。3年行动方案确定的804个项目，已完成527个。按照国家卫生健康委“优质服务基层行”活动安排和新修订的2021版创建标准，组织31家社区卫生服务中心，53家乡镇卫生院开展达标创建活动。创建基本标准卫生机构60家，推荐标准卫生机构10家，创建数和成功率创历年新高。全市累计143家基层医疗卫生机构达到国家“基本标准”，21家达到“推荐标准”，8家达到“社区医院”标准。全年核查居民健康档案71.95万份，老年人体检报告63.46万份，重点人群随访信息107.12万条，反馈问题信息37.18万条。全市累计建立和管理居民电子健康档案950.94万份，新建和更新居民健康档案134万份，开展常住人口家庭医生签约210.1万人次，完成老年人健康体检65.7万人次。完成健康社区建设670个，推荐省级示范社区295个，市、县级示范社区188个。全年签约管理高血压、糖尿病、肺结核、严重精神障碍4类慢病患者50.23万人，重点人群159.29万人。

◆健康促进活动 2021年4月，西安市卫生健康委员会围绕“文明健康，绿色环保”这一主题，在全市范围内大力开展爱国卫生运动主题宣传、城乡环境卫生整治、健康教育、病媒生物防制、传染病防治等活动，全面开展第一个爱卫月活动。8月，围绕办好中华人民共和国第十四届运动会，开展第二个爱卫月工作活动。全市开展主题活动336次，设立宣传咨询点700余处，派发、张贴各种宣传资料56.8万份，灭“四害”药具3.6万份，消毒液200余箱，健康教育受益群众达230余万人次。12月，在全市范围内深入开展以环境卫生集中整治和灭鼠行动为主要内容的冬春季爱国卫生运动。全市累计投放鼠药40642.84千克，鼠夹27139个，粘鼠板79187个，宣传资料408548份，宣传展板6275块，宣传次数9514次，清理滋生地15871处，清理垃圾13626.465吨，督导检查2505次。在全市建立市、区（县）、街镇三级健康教育服务体系。聘请健康教育领域相关专家组建市级健康科普专家库，已聘专家219名。以承办第十四届全运会为契机，全市共实施农民体育健身工程4280个、社区全民健身路径2200个、多功能运动场63个、室内健身房20个，建设全民健身园区28个，实现全市行政村、社区全民健身基础设施“全覆盖”，人均体育场地面积达到2平方米；围绕“迎全运、惠民生”主题，举办全民健身活动600项（次），经常参加体育锻炼人数达到全市总人口的50%；基本建成市、区（县、开发区）、街镇三级全民健身组织网络。

◆西安市心脑血管疾病重点实验室成立 2021年1月，西安市心脑血管疾病重点实验室在市第三医院成立。该实验室设有“多模态影像平台”“病理学工作平台”“超声图像采集分析平台”“分子生物检测平台”“精准用药研究平台”，装备一批高性能仪器设备和软件工具，从理论研究、技术攻关和体系建立等方面，为心脑血管疾病的救治提供基础支撑。

◆市中心医院为患者植入“静脉输液港” 2021年2月26日，西安市中心医院消化科庄坤主任静脉治疗团队，为一名乳腺癌患者经颈内静脉成功植入完全植入式静脉输液港，解决患者术后难以化疗恢复难题。此后，该院消化科陆续为5例患者植入完全植入式静脉输液港，均无并发症发生。静脉输液港也称完全植入式静脉输液装置，由注射座和植入体内的静脉导管组成，具有导管相关血流感染率低，留置时间长（可留置6年以上）、活动方便、维护间隔时间长（28天维护一次）等优点，适用于长期反复输液及输入刺激性药物和静脉营养等治疗。既减轻患者长期穿刺的痛苦，又能保证患者治疗顺利进行。

◆市儿童医院为一先天性直肠闭锁女童实施磁吻合术 2021年3月5日，西安市儿童医院刘仕琪博士根据儿童消化道发育畸形结构特点，设计并制作适用于儿童消化道吻合的磁性复合材料吻合器械，成功为先天性直肠闭锁的3岁患者实施先天性直肠闭锁磁吻合微创手术，术后恢复顺利，未发生任何并发症。6月11日，患者再次入院完成最后的关瘘手术，患儿排便功能正常，且没有任何并发症出现。

◆陕西省肿瘤医院成功实施多原发肿瘤复杂联合肺段切除术 2021年3月8日，陕西省肿瘤医院胸外科成功实施首例多原发肿瘤复杂联合肺段切除术。患者CT可见其右肺多发结节6处，其中上叶3处、中叶1处，下叶2处，结节最大者直径约1厘米，最小者直径约0.3厘米，为肺多原发早期恶性肿瘤，因肺内结节多发且在不同肺叶，为保存患者更多的肺功能，专家们决定施行联合肺段切除术。术前手术团队精心规划手术方案，制定手术入路、切除范围等。在全麻下行右肺上叶后段联合部分尖段+右肺下叶背段联合部分外侧基底段切除+纵隔淋巴结清扫术，患者术后恢复良好。

◆唐都医院成功救治一颅内动脉瘤破裂出血患者 2021年5月4日，空军军医大学唐都医院神经外科脑血管病组邓剑平副主任团队，成功为55岁患者行“颅内动脉瘤夹闭术+去骨瓣减压术+颅内血肿清除术”，经过4个多小时手术长，患者颅内动脉瘤得以顺利夹闭，颅内血肿清除彻底，止血完善，未损伤重要功能区，各项监护指标正常平稳。手术刚刚结束，其双侧瞳孔已有对光反射，疼痛反应较术前明显改善。

◆西安市红会医院大数据管理中心获殊荣 2021年6月，在微软、英特尔公司联合举办的大数据建模大赛上，西安市红会医院大数据管理管理中心获唯一一等奖。参赛作品以国家三级公立医院绩效考核、医院运营状况、国家新一轮医改方向、医院影响发展力等为主导，将每一项指标量化到医院—科室—医师3个层级，调动医师的工作积极性，推动三级公立医院在发展方式上由规模扩张型向质量效益型转变，提高医疗服务质量和效率，推进分级诊疗制度建设，为人民群众提供高质量的医疗服务。

◆西安市人民医院建成市级首家智能影像中心 2021年7月，西安市市级医院第一家智能影像中心——第四医院医学影像中心一体化阅片室建成投入使用。阅片室借鉴国际先进的建设标准和理念，遵循国内分级诊疗制度的发展规划及纲要，在为医生精准阅片提供坚实基础的同时，建立远程会诊平台、医联体单位学习平台，引入人工智能系统辅助诊断和会诊智能管理系统，实现了PACS、外来胶片、病例等多种信息的接入及智能交互，提升医院会诊、示教、疑难病例讨论的质量及效率，为科室管理、人才培养、学科建设、上联下接等工作的开展提供一个高效便捷的应用平台。

◆交大一附院微创治疗布氏杆菌感染合并腹主动脉瘤获得成功 2021年7月，患者因腹部疼痛难耐来医院求治，CTA检查证实患者系腹主动脉瘤，累及双侧髂总动脉及右侧髂内动脉，患者同时患有布氏杆菌病症，杨林教授团队决定先行处理患者布氏杆菌感染，待完全清除感染后再行处理主动脉瘤病变。4个月后，患者多次血培养均恢复正常，杨林教授团队于11月12日在局麻下为患者进行腹主动脉瘤并双髂总动脉瘤腔内隔绝+右髂内动脉栓塞术。术中发现患者腹主动脉下段及双髂动脉瘤样扩张明显，且双髂外动脉明显迂曲。杨林教授团队决定采用双通路、双导丝牵张技术完成覆膜支架系统的输送。经过手术团队近2小时的手术，最终成功为该患者实施介入微创腔内支架手术，造影见腹主动脉并双髂动脉瘤隔绝良好，右髂内动脉栓塞良好，未见明显造影剂外溢影。患者术后症状明显好转康复出院。

◆市红会医院为高龄患者实施腰椎翻修术 2021年10月，市红会医院采用O-arm与“天玑”骨科手术机器人相结合方式，为一位85岁高龄且骨质疏松较重患者成功实施腰椎翻修手术，术后患者腰腿痛症状明显改善，下地行走自如。CBT是微创脊柱外科的代表性技术，O-arm及“天玑”手术机器人是精准医疗、智慧医疗时代的中坚力量。红会医院将O-arm及“天玑”手术机器人结合使用，辅助完成CBT螺钉的置入在西北地区尚属首次。

◆市红会医院成功开展西北首例PEEK人工全膝关节置换术 2021年10月，西安市红会医院关节病医院膝关节病区主任马建兵团队，开展西北首例PEEK人工全膝关节置换治疗严重膝关节骨性关节炎手术，取得圆满成功。人工全膝关节置换术是治疗终末期骨性关节炎、类风湿性关节炎、创伤性关节炎等的一种有效手术。PEEK全膝关节不仅可以兼容X射线和核磁共振成像，减少应力遮挡骨吸收、低磨损、低炎症反应，具有更高的生物相容度，更长的使用寿命，更经济的价格优势，可大幅减少翻修率，减少病人二次手术的痛苦。

◆“光明中心”落户市第四医院 2021年11月20日，由国家眼部疾病临床医学研究中心和北京白求恩公益基金会携手发起的“守卫光明-白求恩·光明中心能力建设及提升项目”在西安市人民医院·西安市第四医院揭牌。该中心旨在打造中国创新性眼底病诊疗管理模式、搭建完善的患者关爱和随访系统平台，建立规范的患者随访标准，并配置专业的患者随访团队，提升患者体验。

◆交大二附院光动力治疗胆管肿瘤 2021年11月，西安交通大学附属二院普外四病区（干四）运用光动力治疗胆管肿瘤患者，收到良好效果。患者为一位80岁男性患者，有脑梗病史，CT及磁共振可见胆管下端占位性病变，肝内胆管扩张。蒋安副主任医师与王宝太主任、昝瑛副主任医师商议后决定为其进行胆管腔内光动力治疗（PDT）。蒋安副主任医师先用ERCP定位后，再行光纤照射900秒。手术历时20分钟，患者全程无痛苦。光动力疗法治疗胆管癌及乳头癌，主要步骤是先给患者静脉滴注光敏剂，48小时后光敏剂聚集在肿瘤组织和新生血管部位，插入光纤至肿瘤部位，在特定波长光照下，光敏剂产生氧化反应杀灭肿瘤细胞、闭塞血管，并引起炎症反应持续抑制肿瘤。同时对周围正常组织损伤很小，还可以重复操作并与其他治疗手段联用。因而被NCCN等四部胆管癌临床指南或专家共识推荐，认为可以延长患者生存期，改善生活质量。

（胡军辉）

医疗保障

◆概况 2021年，西安市医疗保障局深入学习贯彻习近平总书记三次来陕考察重要讲话，坚决贯彻落实市委、市政府决策部署，围绕全市国家中心城市建设大局，持续深化医疗保障制度改革，狠抓医疗保障精细化管理，突出提升医疗保障服务水平，深入构建西安“价值医保”体系，推动国家和陕西省医疗保障各项部署要求在全市落地落实，群众医疗保障获得感幸福感明显提升。截至年底，西安市基本医疗保险参保人数1094.39万人。其中职工医保参保410.06万人，城乡居民医保参保684.04万人，离休保障0.29万人，基本实现应参尽参、应保尽保。全年基本医疗保险基金总收入304.6亿元，总支出为283.4亿元，年末累计结余393.8亿元，基金收支基本平衡，运行总体稳定。全市有定点协议医疗机构4695家，定点药店5312家，为参保群众看病就医提供坚实保障。

◆新冠肺炎疫情救治保障 2021年，西安市医疗保障局坚持人民至上生命至上，强化重大疫情医疗救治费用保障，出台坚决做到“两个确保”、紧急开通特殊医疗机构医保结算“绿色通道”、实施“长处方”报销政策、延长门诊慢特病患者参保待遇、支持网上购药及配送购药医保结算、推行医保业务“不见面办”、延长职工医保待遇享受期、推迟城乡居民门诊统筹集中签约截止时间八项医保抗疫政策，拨付治疗新冠病患定点医疗机构周转金7300万元，实现“确保患者不因费用问题影响就医、确保定点医疗机构不因支付政策影响救治”的工作目标。全力保障常态化疫情防控，坚决贯彻中央重大决策部署，保障西安市群众全民注射新冠疫苗，医保预支付群众注射疫苗费用13.01亿元，接种费用2.23亿元。下调核酸检测最高限价，第一时间落实陕西省核酸检测收费调整政策，3次下调新冠病毒核酸检测最高限价，由每人次最高100元以上调整到单检每人次38元，混检每人次10元，并明确对单纯进行核酸检测的群众免收挂号费（诊查费），减轻群众和政府防疫负担。

◆巩固脱贫攻坚成果有效衔接乡村振兴 2021年，西安市全面落实资助脱贫人口参保政策，全年资助13.17万人参加基本医疗保险，资助金额2933.42万元，全市脱贫人口100%参保。响应党和国家乡村振兴战略，保持过渡期医保政策稳定，严格落实大病保险和医疗救助倾斜政策，大病保险起付线降低50%，支付报销比例提高5个百分点且不设置封顶线，全年全市脱贫人口住院3.2万人次，总额补偿2.19亿元。4月，西安市医疗保障局、西安市财政局、西安市卫生健康委员会、西安市民政局、西安市扶贫开发办公室、西安市退役军人事务局联合印发《关于做好城乡医疗救助工作的通知》，明确自2021年5月1日起，西安市实行医疗救助市级统筹，全市范围内统一救助范围、统一资助参保、统一救助方式、统一救助标准、统一结算方式、统一基金管理，实行“一站式服务、一窗口办理、一单制结算”，全年直接实施医疗救助7.88万人次，基金支付7971.2万元。建立防止因病返贫监测预警和帮扶机制，监测预警11286人，全部落实医保待遇，有效防范和化解因病致贫返贫风险。西安市医疗保障局被陕西省医疗保障局表彰为全省医保系统巩固脱贫攻坚成果有效衔接乡村振兴先进集体。

◆医疗保障“十四五”规划 2021年6月，西安市医疗保障局印发《西安市医疗保障事业发展“十四五”规划》，提出西安市“十四五”医疗保障总体目标：到2025年，基本形成公平适度的待遇保障机制，群众更加公平享有医保基本权益；管用高效的医保支付机制，让有限的医保基金发挥最大价值；协同规范的医药采购机制，持续减轻群众医药负担；严密有力的基金监管机制，切实管好人民群众的“保命钱”；稳健便捷的运行服务机制，提升群众医保获得感和幸福感。通过机制改革，构建“价值医保”体系，促进待遇保障公平适度，基金运行稳健持续，管理服务优化便捷，医保治理现代化水平显著提升，初步实现更好保障病有所医的目标。同时明确全市“十四五”医疗保障八项重点任务：积极促进多层次医疗保障体系发展，建立健全公平适度的待遇保障机制；切实加强医保基金运行管理，建立稳健可持续的筹资运行机制；全面推进医疗保障支付方式改革，建立管用高效的医疗保障支付机制；持续深化药品和耗材招采改革，建立协同规范的医药价格机制；不断巩固基金监管方式创新成果，建立严密有力的基金监管机制；扎实开展经办标准化、信息化建设，建立稳健便捷的运行服务机制；积极探索医保助推医养结合发展，助力共建全国综合养老创新试点城市；深入贯彻落实“两个确保”要求，逐步完善重大疫情医疗救治费用保障机制。

◆深化医疗保障制度改革实施方案 2021年，为贯彻落实《中共中央 国务院关于深化医疗保障制度改革的意见》，西安市医疗保障局牵头起草西安市深化医疗保障制度改革实施方案。8月，中共西安市委全面深化改革委员会第5次会议审议原则通过。9月，收到中共陕西省委、陕西省人民政府印发《关于深化医疗保障制度改革的若干措施》的通知后，再次对实施方案进行精细修改完善。

◆全面深化三项国家试点 2021年，西安市承担的落实国家组织药品集中采购和使用试点、按疾病诊断相关分组付费（DRG）试点、基金监管方式创新试点等三项国家试点全面深化。

国家组织药品集中采购和使用试点

2021年，西安市持续稳步落实国家和陕西省药品医用耗材集中采购和使用任务，继续采取联盟采购、量价挂钩、以量换价的方式，按中标价格带量采购药品和医用耗材，国家集采5批218种药品和省级集采12种药品先后在西安市落地执行，平均降幅超过52%，最高降幅超过97%，累计可为群众节省12.59亿元；国家集采1类高值医用耗材，省级集采2类高值医用耗材、2类普通医药耗材先后在西安市落地执行，最高降幅超过98%，累计可为群众节省5.59亿元。群众医药费

2021年7月27日，西安市医疗保障局在陕西省人民医院迎接国家CHS-DRG付费试点交叉调研现场评估

负担持续减轻。全面落实国家和陕西省医保资金结余留用政策，制定西安市集采药品医保资金结余留用考核和测算办法（试行），按照分批兑付的原则向188家医疗机构兑付“4+7”试点第一批次25个中选品种结余留用资金2886万元，提升医疗机构和医务人员参与改革积极性，推动西安市药品耗材集中带量采购工作常态化、制度化开展。

国家按疾病诊断相关分组（简称DRG）付费试点　2021年1月1日，西安市首批6家试点医院（西安交通大学第一附属医院、陕西省人民医院、西安市第一医院、西安市第四医院、西安市红会医院、西安唐城医院）正式启动DRG模拟付费。2021年4月，西安市医疗保障局下发《关于增补和调整我市第二批DRG付费试点医疗机构的通知》，第二批试点医疗机构增加至77家。2021年10月，西安市首批6家试点医院开始DRG实际付费，前3个月DRG付费实际结算45988人次，基金支付60531.97万元，几近完全对应临床费用支出，医保支付实现“应结尽结”，西安市试点被国家医保局评为“优秀”等次。积极推进以按病种付费为主的多元复合式医保支付方式改革，2021年1月1日，新增和调整的81种按病种付费病种、5种日间手术病种、10种按床日付费病种平稳落地，西安市按病种付费病种总数达到231种，日间手术病种达到11种，按床日付费病种达到17种，医保付费效益明显提升。

国家基金监管方式创新试点　经过2年多不懈努力，西安市探索形成“3+5+5+2”（三项基础保障、五项方式创新、五项监管机制、两项措施联动）综合性监管长效机制，全市党委领导、政府监管、社会监督、行业自律、个人守信相结合的全方位监管格局基本形成，西安市试点在2021年7月份国家医保局基金监管方式创新试点总结评估中评为“优秀”等次，累计追回医保基金3.03亿元，为群众“保命钱”竖起安全屏障。4月，西安市医疗保障局组织全市医保系统开展“宣传贯彻《条例》加强基金监管”集中宣传月活动；6月，联合市公安局、市财政局、市卫生健康委员会、市市场监督管理局印发《西安市联合开展打击欺诈骗保行动暨2021年医保基金专项整治行动方案》，构建多部门联合监管长效机制；2021年7月，印发《西安市医疗保障局“双随机一公开”监管工作实施细则（试行）》，组织开展“双随机一公开”监管工作；同月，印发《西安市医疗保障局关于加强全市医疗保障基金使用监督管理工作的指导意见（试行）》，推动构建全市完整统一的全领域、全流程医保基金使用监管机制。截至年底，西安市“两定”机构（医保定点医疗机构和定点药店）检查覆盖率100%，暂停医药机构协议214家，解除协议8家，拒付（追回）资金548家，约谈2320家，通报批评833家，限期整改1491家，行政处罚3家，移交司法机关4例，分级公开曝光案例328家次，处理违规参保人31人次，追回医保基金9690.56万元，基金跑、冒、滴、漏现象得到有效治理。

◆落实新版药品目录　2021年2月，西安市医疗保障局、西安市人力资源和社会保障局联合转发《陕西省基本医疗保险、工伤保险和生育保险药品目录（2021年）》，119种药品调入目录，29种药品调出目录，最终目录内共计2800种药品，892种中药饮片。2021年版药品目录于2021年3月1日起执行。2021年12月，西安市医疗保障局、西安市人力资源和社会保障局联合转发《陕西省基本医疗保险、工伤保险和生育保险药品目录（2022年）》，74种药品新增进入药品目录，11种药品被调出目录。调整目录后，西药和中成药共2903种，基金可以支付的中药饮片892种。2022年版药品目录于2022年1月1日起执行。

◆落实国家支持三孩生育政策　2021年8月，西安市医疗保障局转发《国家医疗保障局办公室关于做好支持三孩政策生育保险工作的通知》，明确将参保女职工生育三孩的医疗费用及生育津贴纳入西安市生育保险待遇支付范围，同步做好城乡居民生育医疗费用保障和新生儿参保工作，积极支持三孩生育政策落地实施。

◆落实城乡居民大病保险政策　2021年，西安市持续落实城乡居民大病保险政策，大病保险累计赔付29.37万人次，基金支出6.8亿元。12月，西安市医疗保障局、西安市财政局联合转发陕西省医疗保障局、陕西省财政厅、中国银行保险监督管理委员会陕西监管局《关于加强城乡居民大病保险工作的通知》，明确2022年城乡居民大病保险筹资标准按照每人110元标准，从城乡居民基本医保基金中提取；明确自2022年1月1日起，普通参保人大病保险起付线为10000元，对于起付标准以上、最高支付限额以下的政策范围内费用，实行分段支付，自付合规费用超过1万元（不含）至10万元（含）支付比例60%；超过10万元（不含）以上部分支付比例80%，不设置最高支付限额；特困人员（含孤儿、事实无人抚养儿童）、低保对象、返贫致贫人口大病保险起付线为5000元，支付比例提高5个百分点，不设置最高支付限额。

◆升级城乡居民“两病”门诊保障政策

2021年8月，西安市医疗保障局、西安市卫生健康委员会联合印发《关于进一步完善城乡居民高血压、糖尿病门诊用药保障工作的通知》，明确自2021年9月1日起，西安市需要长期用药的高血压、糖尿病城乡居民参保患者全部纳入门诊用药保障范围，主要受益对象为没有并发症且不符合门诊慢病条件的但需在门诊长期用药的城乡居民“两病”参保患者，高血压、糖尿病患者普通门诊药品费用医保最高支付限额分别为400元/（人•年）和600元/（人•年），同时确诊为高血压和糖尿病患者普通门诊药品费用基金最高支付限额为600元/（人•年），统一支付比例为60%，不设起付线。此项政策的实行进一步扩大了政策受益面，减轻患者门诊用药费用负担。2021年高血压患者累计享受待遇77.28万人次，基金支出4684.37万元；糖尿病患者累计享受待遇41.29万人次，基金支出6622.59万元。

◆调整特药管理范围 2021年4月，西安市医疗保障局印发《关于调整我市基本医疗保险特殊药品范围的通知》，明确自2021年4月14日起将维得利珠单抗等37种医保目录内药品纳入西安市基本医疗保险特药管理范围；将硫培非格司亭（注射剂）、人凝血因子Ⅷ（注射剂）、重组人血小板生成素（注射剂）、重组细胞因子基因衍生蛋白（注射剂）和替诺福韦二吡呋酯（口服常释剂型）5种药品调出西安市基本医疗保险特药管理范围。调整后，西安市纳入特药管理范围的药品增加至126种。12月，西安市医疗保障局印发《关于调整我市基本医疗保险特殊药品范围的通知》，明确将苯达莫司汀等43种医保目录内药品纳入西安市基本医疗保险特药管理范围；将雷替曲塞、碳酸镧、司维拉姆3种药品调出西安市基本医疗保险特药管理范围。调整后，西安市纳入特药管理范围的救命救急好药增加至167种。该政策自2022年1月1日起正式实施。

◆完善特药城乡全覆盖保障网络 2021年，西安市为充分保障参保患者特殊药品用药需求，在原有46家特药定点医药机构的基础上，2021年新增30家特药定点医药机构，总数达到76家，实现特药定点医药机构市域内城乡全覆盖。

◆支持中医药事业发展 2021年9月，西安市医疗保障局印发《关于将面瘫病等3个中医病种纳入中医门诊医保支付范围的通知》，明确凡参加西安市城乡居民基本医疗保险或城镇职工基本医疗保险的人员，经诊断确诊为面瘫病、中风病、腰痛病（限气滞血瘀型），需要在西安市定点医疗机构门诊采取中医适宜技术治疗的患者，都可享受门诊医保待遇及支付政策。具体政策为:三类门诊医保支付均不设起付线；参加西安市城镇职工医保人员医保报销70%，个人承担30%；参加西安市城乡居民医保人员医保报销60%，个人承担40%；设置年度医保最高支付限额，其中面瘫病2000元，中风病3000元，腰痛病800元，单次支付不超过年度最高限额的50%。该政策于2021年10月1日起执行。政策实施3个月惠及2800余人，为群众节省医疗费用207.8万元。

◆支持全市医养结合 2021年，西安市医疗保障局聚焦助力西安市医养结合工作，鼓励符合条件的医养结合机构100%纳入医保定点，截至2021年底已纳入41家。6月，西安市医疗保障局印发《关于将16项康复项目纳入医疗保险支付范围的通知》，明确自2021年7月1日起，将徒手平衡检查等16 项康复项目纳入医疗保险支付范围，实现全市现有43项康复项目100%纳入医保支付。组织莲湖区开展家庭病床医保支付试点，为365名参保群众建立家庭病床，打造医养结合服务新模式。

◆异地就医费用直接结算 2021年3月，西安市医疗保障局转发《陕西省医疗保障局关于进一步做好门诊费用跨省直接结算试点工作的通知》，印发《西安市医疗保障局优化营商环境攻坚提升方案》，就异地就医医疗机构接入数量和异地就医普通门诊费用跨省直接结算试点工作进行部署，截至年底，西安市开通跨省异地就医费用直接结算医药机构182家，异地就医累计备案17.4万人。跨省和省内异地就医直接结算37.07万人次，基金支付43.15亿元，日均直接结算1016人次，次均基金支付1.16万元。

◆医保信息化建设 2021年，西安市医疗保障局加快推进医保信息化，深入推进“互联网+政务”服务，严格按照陕西省标准事项清单，梳理全市22类58个医保政务服务事项并加载至政务服务网，搭建全渠道“好差评”系统，“最多跑一次”事项占比100%、即办件占比84.48%，累计办件158万件。大力推广应用医保电子凭证，860万名参保群众激活，7331家定点医药机构实现“一码通行”。组织全市定点医药机构开展15项国家医保信息业务编码贯标工作，完成定点医药机构医保网络接入和接口改造，扎实做好上线国家医疗保障平台各项准备。

◆医保经办便民化建设 2021年，西安市医疗保障局按照国家医保局最新标准在全国率先建成市级医保经办服务大厅并投入使用，发布10大类28项医保经办服务事项清单和办事指南，完善6大类52项精细管理制度，经办窗口实行首问负责制等6项制度，门诊慢性病实现定点医药机构直接认定、直接结算。经办大厅建立“总服务台人员分流、专人咨询引导、值班人员化解矛盾、窗口高效业务办理”四重服务保障机制，配备专业引导人员全程领办，老弱病残孕等弱势群体帮办代办；大厅实行静默叫号，宣传大屏滚动播放业务政策，开放24小时自助服务区，休息等候区增设书吧、咖啡吧，群众办事更舒适温馨、高效便捷，经办建设做法被《中国医疗保险》以《“五个新”，打造医疗保障经办大厅与服务样板》为题刊发。西安市获评全省医疗保障系统行风建设优秀，西安市医疗保障经办服务中心被陕西省医疗保障局表彰为全省医保经办机构首批“优质服务示范窗口”单位。

◆药品价格监测 2021年，西安市推动药品价格监测常态化，采取常规监测、专项监测和应急监测相结合的方式，加强常规、短缺和集采药品的监测预警，同时加大新冠疫情期间相关药品价格的监测力度，全年汇总月报表基础统计数据6.46万条，按要求上报4.6万条，完成监测报告20篇，为政府科学决策提供依据。 （王国栋）

2021年5月10日，西安市医疗保障经办服务中心办公新址揭牌

婚姻·家庭

◆**概况** 2021年，西安市加快推进婚姻登记业务跨区域办理，高标准完成“全市通办”工作；按照中省要求，积极完成“跨省通办”试点任务。大力开展婚姻家庭辅导，深入推进婚俗改革，形成良好社会风尚。加强婚姻登记机关规范化建设。（李平丹）

◆**婚姻登记跨区域办** 2021年，西安市在陕西省率先启动婚姻登记“全市通办”，统筹推进国务院下达的结婚登记“跨省通办”试点任务，基于“云+互联网”，研发运用全国领先的婚姻登记预约预审系统，实现跨区域婚姻登记预约预审服务、跨区域婚姻档案互联互通。出台落实《西安市婚姻登记“跨省通办”工作实务》，建立婚姻登记历史数据电子化月通报、信息化支撑周碰头和预约办理量日报告制度。全年共办理跨区域婚姻登记业务10920对。其中结婚登记“跨省通办”627对，结婚登记“跨市通办”797对，婚姻登记“全市通办”9496对。（赵瑞瑞）

◆**家庭教育** 2021年，西安市妇女联合会持续开展“家庭教育阳光云课堂”公益讲座线上展播活动。结合庆祝建党百年华诞、迎接中华人民共和国第十四届运动会活动，着眼未来互联网在线学习的发展态势，重点涵盖红色经典家风故事、传统家庭教育、情绪疏导、亲子关系、优势养育、未成年人保护等内容，主要采用录播授课，在西安女性公众号开辟专栏，开展线上讲座；协调配合西安市教育局，线下同步开展家庭教育讲座，与适龄儿童和家长进行讨论交流。在第26个世界读书日到来之际，联合未央区妇联在张家堡街道党群服务中心开展“最是书香能致远　耳濡目染话家风”亲子读书分享会，并启动西安市家庭亲子阅读活动。积极营造共建“书香家园”全民阅读的浓厚氛围，献礼建党百年。深入挖掘区（县）优秀典型品牌工作案例，创建新城区“欣欣微课堂”、鄠邑区画乡父母“童”学品牌、西安市属工作委员会妇女工作委员会“清风传家”等有地域特点、有社会影响、有工作实效的工作品牌，为做实家庭教育指导服务发挥示范引领作用。12月，举办家庭教育骨干培训班，各区（县）妇联、开发区妇工委，市级部门家庭教育各成员单位共75人参加培训。为提升广大家庭生态文明素养，联合西安市卫生健康委员会下发《关于2021年健康家庭创建工作的通知》，把健康家庭示范建设纳入绿色生活创建行动，明确创建任务，引导家庭节约资源，树立绿色价值理念，崇尚绿色健康生活方式。（市妇联）

◆**家教指导** 2021年，西安市各级关心下一代工作委员会广泛开展家庭教育指导，举办全市中小学“好家风 我行动”征文活动，表彰优秀作品166篇，并将优秀征文作品、视频推荐参加省关工委“好家风 我行动”活动。建成首个西安市关心下一代心理教育工作站，承办由中国关工委主办的“名家百县”家庭教育巡讲活动，帮助家长掌握科学的家庭教育方法，引导孩子从小养成良好的学习生活习惯，报告会采取线上、线下同步直播方式进行，约17万名老师、家长同步收看。市关工委家庭教育委员会开展家庭教育巡回讲座，阎良区关工委为授课老师颁发家庭教育聘书，在学校进行家长学校授牌，灞桥区关工委举办“阳光宝宝”系统心理教育活动，受到家长和学生好评。全年开展法治、家庭、心理教育报告5000余场次，推动建设的家长学校（含网上家长学校）有1500余个，受教育青少年达50万人次，10余万家长受益。（张晓亮）

◆**家庭、家风、家教系列活动** 2021年，西安市妇女联合会按照西安市“德润三秦”“清风·家工程”家风建设活动总体安排，与西安市纪律检查委员会联合下发《“清风·家工程”家风建设活动实施方案》，为全市家风建设提供有力指导。为隆重纪念第28个国际家庭日，联合市纪委监委、市委文明办，启动西安市“德润三秦”“清风·家工程”家风建设活动，并揭晓西安市2020—2021年度“最美家庭”476户。“5·15”国际家庭日之际，通过线下仪式和线上直播，集中宣传展示最美家庭事迹，举行家庭教育分享会，倡导最美家庭做好示范引领作用，号召全市家庭向榜样学习。6月，向全市广大家庭和妇女姐妹发出“树清廉家风，创最美家庭”倡议书，倡扬以德治家、以俭持家、以廉保家的家庭理念。动员基层各级妇联积极参与，大力营造相亲相爱、向上向善、共建共享的和谐氛围。参与群众累计达30余万人，受到一致好评。为引导教育党员干部树立良好家风，联合市纪委，在全市各级党政机关中开展寻找“崇廉尚德最美家庭”，联合西安市发展和改革委员会等6家市级部门开展“绿色家庭”创建活动。评选推荐崇廉尚德最美家庭75户，推荐绿色家庭100户。按照陕西省妇女联合会要求，全年累计推荐全国最美家庭4户，三秦最美家庭45户。（市妇联）

◆**妇女儿童维权关爱** 2021年，西安市妇女联合会通过广播电视专题访谈、组建《民法典》宣讲团开展线下巡回宣讲、组织参加普法微视频大赛、开通网上“茜茜说法”栏目等，开展形式多样的法治宣传活动，增强全社会尊重和保障妇女儿童权益的法治观念。莲湖区妇联针对热点事件策划创作法治动漫视频，用视觉化“动新闻”促进妇女儿童保护相关知识传播推广。加强各级维权站规范化管理，加大对基层妇联维权工作的指导，加强舆情应对和反家暴经常

2021年5月15日，在曲江国际会议中心，西安市"小候鸟少年公益足球队"为即将到来的"十四运"献上精彩表演

性工作，及时跟进处理，化解矛盾纠纷。市县两级维权中心共处理各类来电来访3120件次，办理法律援助39件，为受援人挽回经济损失335万元，开展心理咨询服务137人次，紧急救助32人。推动"平安家庭"建设，共建立各级婚调委34个、婚调室77个，有效预防和及时调处婚姻家庭矛盾纠纷。组织开展适龄妇女免费"两癌"（宫颈癌、乳腺癌）筛查和健康宣教活动150余场，提高妇女"两癌"筛查的知晓率参与率，争取各级救助资金52.5万元，救助"两癌"贫困妇女91人。开展"预防儿童烧烫伤健康教育行动"公益活动和女童保护"种子计划"，实现保护儿童人身权益"关口"前移。实施"让爱回家"反家庭暴力深度服务项目，运用社会工作方法为处于家庭暴力中高危险等级妇女提供专业支持，帮助走出家暴困境。组建以困境儿童为主体的首个西安市"小候鸟"少年公益足球队，搭建平台引导各类专业力量参与帮扶关爱。高陵区多次组织巾帼志愿者走进特殊学校，为特殊儿童送去温暖。市妇女儿童活动中心举办58个班次公益免费体验课，1000余名适龄儿童受益。（陈永超）

青少年关爱

◆概况　2021年，西安市推动《西安市中长期青年发展规划（2020—2025）》向纵深实施，扎实做好青少年权益保护工作。重点围绕《宪法》《民法典》两法内容，组织开展青少年法治宣教活动。持续开展"小葵花"关爱活动，不断丰富活动内涵。认真落实《中华人民共和国未成年人保护法》，推动建立市、区县两级未成年人保护工作领导协调机制，进一步完善未成年人生活、教育、安全、医疗等方面的政策制度，培育、引导和规范社会组织、社会工作者参与未成年人保护工作，提供心理辅导、康复救助、监护及收养评估等专业服务。督导长安区开展未成年人保护示范区县创建活动。

全市各级关心下一代工作委员会组织共有5200多个，每年开展青少年主题教育2000多场次，法治教育1000多场次，扶贫帮困青少年近万人。

（李平丹）

◆未成年人保护　2021年，西安市初步建立未成年人保护工作体系。6月，在陕西省率先建立由市级36家部门单位组成的市未成年人保护工作领导小组，制定出台相关规章制度、实施意见等指导性文件4份，指导各区（县、开发区）成立同级未成年人保护工作领导小组。成立市未成年人救助保护中心，开通未成年人保护热线。开展未成年人保护领域重大风险隐患排查和专项行动，解决儿童帮扶诉求发现难、报告难、干预难、联动难、监督难等问题，先后妥善处置10余起未成年人紧急救助事件。开展"未成年人保护工作宣传月"、未成年人关爱保护"政策宣讲进村（居）"活动，集中宣传300余场次，制作7部宣传短片，在多个公共平台宣传播放36万余次。（赵瑞瑞）

◆青少年权益保护项目建设　2021年，共青团西安市委员会面向社会组织征集青少年公益项目，组织西安市小火柴志愿者服务中心、小斑马公益慈善中心、西安市先锋青少年活动指导中心等青年社会组织围绕预防青少年犯罪、秦岭保护、制止校园欺凌、保障未成年人合法权益、"共青团+养老助老"等工作实施政府购买项目15个。推进西安"12355"青少年服务台建设工作，全年接听热线3520个，处理线下个案86起，开展《以孩子生命安全保驾护航》为主题公益讲座，覆盖人数3000人以上，开展线上直播课堂20堂，培养青少年学习及生活的好习惯，指导家长对孩子进行试卷分析等，覆盖1000人以上；"12355"父母公益学堂从5月份开启，由服务台志愿者为家长讲解家庭教育，普及心理学知识，覆盖人数1000人以上。（田　烨）

◆红色基因主题教育　2021年，西安市各级关心下一代工作委员会和广大"五老"以庆祝建党100周年为契机，结合中华人民共和国第十四届运动会在西安召开，在青少年中广泛深入开展党史学习教育、红色基因主题教育、喜迎全运系列活动。在广大青少年中深入开展"学百年党史 传红色基因 做忠实传人"党史学习教育；举办"百年党史铸英魂 红色基因我传承"清明节祭奠英烈活动；坚持学史明理、学史增信、学史崇德、学史力行，成功举办第三届"话党史 颂党恩 跟党走"为爱阅读朗读大赛、"童心向党 筑梦全运"青少年才艺展示、"童心向党 百年礼赞 喜迎全运"六一文艺汇演、"话党史 颂党恩 跟党走"庆祝中国共产党成立100周年西安市老少座谈会等系列活动；坚持创新活动形式、丰富活动载体，先后拍摄"'五老'有话向党说"微视频17个、征集"红心永向党"庆祝中国共产党建党100周年老少书画作品创作和红歌传唱微视频作品300余幅，在网站和微信公众号开辟党史学习教育专栏，征集党史学习心得体会文章30余篇，才艺展示活动吸引3万余名学生参与，文艺汇演直播近30万人在线观看。坚持发挥"五老"团队优势，组织动员基层广大"五老"进校园、进课堂、进社区、进农村，市关心下一代"五老"报告团进校园全年共作党史报告330余场，激发"五老"和青少年用学、讲、写、访、唱等形式表达爱党爱国爱社会主义的热情。各区（县）结合自身实际，采取线上线下相结合的形式，迅速掀起活动热潮。莲湖区关工委围绕关键节日节点，准确把握青少年世界观、人生观和价值观形成的关键时期，组织开展"百年党史铸英魂 祭奠先烈感党恩"清明祭扫活动；碑林区关工委号召各学校结合实际，开展形式丰富多样的诵读活动，引导青少年儿童树立远大理想，在书香中成长，在红书中成才，立志成长为堪当民族复兴大任的时代新人；雁塔区关工委在青少年中大力开展"学百年党史 传红色基因"宣讲活

动；未央区坚持贴近实际、贴近生活、贴近青少年的原则，结合主题党日活动开展“学党史 忆征程 颂辉煌”教育活动；蓝田县关工委充分挖掘本地红色资源，组织动员基层广大“五老”进校园讲党史。

◆青少年扶贫帮困 2021年，西安市各级关心下一代工作委员会围绕巩固脱贫攻坚成果和全面推进乡村振兴大局，联合社会爱心企业和社会爱心人士各方筹措关爱帮扶资金，切实落实教育强市行动计划，用实际行动为青少年办实事、做好事、解难事，从“结对帮扶、阵地帮扶、活动帮扶”3个方面确保扶贫帮困活动取得实效。联合保亿集团连续2年开展“爱心圆梦 保亿助学”活动，经积极协调争取，全年投入资金增加到40万元，严格按照帮扶对象的条件和范围核查核实学生信息，根据学生家庭状况和学习情况变化，实行动态调整，及时调整充实，组织动员各区（县）“五老”对每名助学学生进行一对一心理关爱辅导，从物质和精神两方面进行关爱帮扶，确保活动效果达到最优；持续开展圆梦助学活动，首届圆梦班学生高中毕业，市关工委为6名高考优秀学生每人送去3000元资助金；联合大明宫实业集团筹集100万元关爱帮扶资金，通过基层摸排审核，先后为35名优秀高考生每人发放3000元，共发放10.5万元。开展“童心启程”文明小公民志愿服务队爱心书屋系列捐赠活动，向蓝田等地小学和幼儿园捐赠图书2万余册，让受助学校和幼儿园孩子们快乐阅读。持续组织莲湖区长安心理辅导中心和西安博源心斋艺术文化传播有限公司的心理教育爱心人士，在长安区、高陵区的2所留守儿童集中的小学开展心理教育流动课堂，深受师生欢迎。长安区关工委动员爱心人士结对帮扶困境青少年；临潼区关工委联合区工会、慈善协会和民政局筹集近40万元资助经济困难学生；周至县关工委联合爱心企业为14名贫困大学生每人送去3000元关爱金；蓝田县关工委联合社会爱心组织和机构为留守儿童送温暖；高陵区关工委联合工商联筹资10万元，为100名困境儿童发放关爱金。曲江新区关工委创新帮扶形式，组织贫困学生参加“传统文化润童心 情暖母亲节”儿童剧演出和“童心向党 美育南湖”学生书画展活动。

◆青少年普法教育 2021年，西安市各级关心下一代工作委员会聚焦立德树人根本任务，持续拓展关工委参与社会治理创新的空间和领域。继续深入开展第四届“关爱明天 普法先行”法治教育活动，开展法治教育第一课、老少普法宣传周、图片展、模拟法庭等活动，加强《宪法》《民法典》《未成年人保护法》《预防未成年人犯罪法》等与青少年密切相关的法律法规宣传力度，不断提高广大青少年的法律意识和法律素质；围绕重要节日节点开展“弘扬宪法精神 老少普法先行”市关工委第八个宪法日宣传周活动，组织老专家、老法官等走进学校，开展系列法治专题报告会，在青少年中深入开展新时代法治宣传教育；与西北政法大学、陕西师范大学联合举办西安市青少年思想道德与法治教育学术研讨会，理论结合实践，不断强化青少年法治教育理论研究。市公安局关工委结合网上关工委建设开展“线上法治教育微课堂”；市检察院关工委开展“检爱同行 共护未来”主题检察开放日活动；新城区关工委联合区政法委持续深入开展“向日葵”青少年法学院活动；鄠邑区关工委开展“刑事庭审进校园 普法教育零距离”活动，让广大青少年实地直观接受法治教育；“五老”巡回作法治报告，通过鲜活生动的案例唤醒青少年学法用法、自我保护的法治意识，教育引导青少年遵法学法守法用法。此外，组织广大“五老”参与网吧义务监督、失足青少年社区矫正、心理辅导等，在社区治理、文化环境整治和矛盾化解、青少年心理服务等方面发挥积极作用。（张晓亮）

◆关爱困境儿童活动 2021年，西安市妇女联合会为进一步加强困境儿童关爱工作，使困境儿童健康快乐成长。1月，在蓝田县小寨镇十回场村启动西安市“把爱带回家”2021寒假儿童关爱服务“四送”活动，为孩子们赠送“家家幸福安康工程”知识书包、防寒服、帽子、围巾、手套等生活用品。“六一”前夕，组织“小候鸟”少年足球队观看舞台剧《小蝴蝶的妈妈在哪里》，并联合未央区人民法院给足球队赠送一批学习用品。“双节”期间，在蓝田县樊家村开展“送温暖”走访慰问活动，慰问村干部、困难家庭的同时，为该村小学生每人赠送价值100元的书包和文具盒，进行关心和慰问。

◆西安市“小候鸟”少年足球队公益站 2021年，西安市妇女联合会结合党史学习教育“我为群众办实事”实践活动，为关注关爱少年儿童健康成长，开展“童心向党 喜迎全运”系列活动。4月，在莲湖区希望小学组建西安市“小候鸟”少年公益足球队，举行授牌仪式。同时组建6支志愿服务队，通过“平台共享+社会参与”，持续呼吁社会各界力量参与为球队开展常态化帮扶，共同促进少年儿童健康、全面发展。累计捐赠学习、生活用品约5万元。

◆西安市第三届“百童书家训 墨宝传家风”网上少儿书法征集活动 2021年5月至6月，西安市妇女联合会举办第三届“百童书家训 墨宝传家风”少儿书法征集活动，让孩子们通过手中毛笔，弘扬中华优秀传统文化、传承优良家风家训，让爱党爱国的种子在广大少年儿童心中落地生根，展现西安未成年人的良好精神面貌。共参选书法作品583幅，评出一等奖10名、二等奖20名、三等奖30名。（市妇联）

老年人

◆概况 2021年，西安市民政局紧紧围绕养老服务“十项重点工作”全局中心工作，聚焦养老服务“破题”，扎实推进西安市养老服务高质量发展。印发《西安市推进养老服务高质量发展行动方案》及《关于建立居家老年人探访制度的指导意见》《西安市三级养老服务设施建设指南》《西安市养老机构公建民营实施办法》等8个配套政策文件，进一步健全西安市养老服务政策体系。《西安市养老机构发展状况调研报告》获2021年全国民政政策理论研究三等奖。

◆养老设施建设 2021年，西安市启动《西安市养老服务设施布局规划（2020—2035年）》修订，确保养老服务设施规划用地落实到具体地块。按照“一社区一站、一镇街一中心、一区（县）一院”的要求，推进3级养老服务设施建设，全年新建镇街综合养老服务中心44个、社区养老服务站133个，新增养老床位8257张。

◆养老服务质量提升 2021年，西安市民政局健全特殊困难老年人信息台账，开展居家老年人探访试点建设，落实农村丧失劳动能力、贫困老年人生活补贴和生活困难失能老人护理补贴发放制度，全年发放生活补贴98.52万元，护理补贴145.76万元。在陕西省率先颁布《西安市养老机构公建民营实施办法》，曲江老年公寓开展收住特殊困难老年人试点，设300张床位用于接收特殊困难老年人，努力推进养老服务设施建设均等化发展，解决老年人服务供给不平衡问题。积极推动养老服务与家政、物业、互联网等业态融合发展，创新和丰富养老服务产业新模式与新业态，打造出碑林区“碑食惠”、莲湖区“养老街区”“养老早市”等养老服务新模式。成功举办西安市第四届养老护理职业技能竞赛，选拔出8名优秀选手参加省赛全部获奖，西安市获“优秀组织奖”。由西安市4名养老护理员组成的陕西省代表队，获得全国养老护理职业技能大赛优秀组织奖，3人获二等奖、1人获三等奖。（赵瑞瑞）

◆老龄康养 2021年，西安市卫生健康委员会向各区（县、开发区）及市级各部门下发《西安市“十四五”老龄事业发展规划》。5月，启用《老龄健康信息管理系统》，确定16个机构为试点录入单位，上传老人信息327人次。落实高龄补贴，到年底，累计发放高龄老人生活保健补贴5.94亿元，发放人次859.45万人次，惠及73.44万名老年人。完成2021年度高龄补贴复审工作。为65岁以上老年人办理西安市老年人优待证6万余张。各级医疗卫生机构通过完善挂号方式、设置现场号源等，畅通老年患者挂号渠道，开通就医服务绿色通道和老年人“无健康码通道”，进一步优化老年人就医流程，维护老年人健康权益，提升常态化疫情防控下老年人就医满意度。在莲湖区启动家庭病床试点工作，让常年不能间断治疗的慢性重症患者、因疾病需要长期卧床、身体衰弱、生活不能自理的患者，足不出户，在家就能“住院”。市级下拨医养结合资金30万元，用于支持家庭病床试点工作，累计建床316张。医疗卫生机构与养老服务机构签约98对，共有31个机构被陕西省卫生健康委员会确定为首批医养结合服务中心。西安市4家单位创建为2021年度省级“医养结合品牌企业”，助推医养结合健康快速发展。（胡军辉）

农民工权益

◆概况 2021年，西安农民工收入稳步增长，已超过疫情前水平，高收入群体占比不断提升；外出农民工劳动合同签订率首次超过50%，比上年增加13.6个百分点；西安农民工“五险一金”缴纳率明显提升，权益保障有较大程度提高。从性别构成看，男性占比63.8%，女性占比36.2%。从年龄构成看，30岁及以下、30—40岁、40—50岁、50—60岁和60岁及以上分别占18.9%、29.7%、27.2%、18.4%和5.8%，其中新生代农民工占50.3%。从受教育程度看，小学及以下、初中、高中和大学专科及以上分别占4.3%、53.4%、21.3%和21%，其中大学专科及以上较2020年、2019年分别增加2.5和5.4个百分点。从农民工的就业地点看，乡内、乡外县内、县外省内和省外分别占48.7%、17.1%、27.7%和6.5%，其中本地农民工比上年增加2个百分点。

◆农民工收入稳步增长 2021年，西安市农民工从事本地非农自营、本地非农务工、外出务工、外出自营的时间分别为9.3、9.4、10.2、9.6个月，就业时间比上年分别增加0.4、0.3、1.0和0.4个月。外出就业时间已略高于疫情前就业时间。西安农民工本年度从事本地非农自营、本地非农务工、外出务工、外出自营的收入分别为57400元、31296元、48408元和83522元。比上年分别增长21.7%、12.0%、28.7%和18.3%。外出农民工每月平均收入1000—2000元、2000—3000元、3000—5000元、5000元及以上分别占2.7%、10.7%、50.1%和36.5%，月收入5000元及以上人员占比提高14.4个百分点。本地非农务工农民工每月平均收入2000—3000元占比33.7%，提高4.5个百分点；每月平均收入3000元及以上占比53.3%，下降0.5个百分点。

◆农民工权益保障大幅提高 2021年，西安市外出农民工中签订劳动合同占51.9%，其中“无固定期限劳动合同”“一年及以上劳动合同”分别占13.1%和36.6%，比上年同期增加1.1和13.2个百分点；“一年以下劳动合同”占2.2%，比上年下降0.8个百分点。长期劳动关系比例持续提高，有效保障农民工的权益。单位或雇主为外出农民工缴纳养老保险、工伤保险、医疗保险、失业保险、生育保险、住房公积金分别占21.1%、22.5%、21%、18.9%、17.7%和17%，各项比重连续3年均实现增长。本地农民工“五险一金”缴纳比重稳步增长，但总体缴纳情况低于外出农民工。外出农民工每天平均工作小时数8—10小时占85.5%，其中8小时占76.7%，增长2.7个百分点；10小时以上占9.7%，下降6.1个百分点。本地农民工每天平均工作小时数8—10小时占80.8%，其中8小时占69.5%，增长4.3个百分点；10小时以上占9.6%，下降6个百分点。（殷丹丹）

劳动就业

◆概况 2021年，西安市人力资源和社会保障局统筹疫情防控及人力资源和社会保障工作，重大政策密集出台，重点工作成效显著。坚决扛起稳就业保就业重大政治责任，全面强化稳就业政策举措，全力促进更充分更高质量就业，确保就业局势总体稳定。城镇新增就业15.98万人，比上年增长4.36%；城镇登记失业率3.6%。扎实落实稳就业工作23条举措、促进大学生就业创业20条意见等政策，出台《关于支持多渠道灵活就业的实施意见》《关于延续实施部分减负稳岗扩就业政策措施的通知》等一系列政策措施，进一步助企稳岗减负、培育发展新动能。

◆就业创业 2021年，西安市人力资源和社会保障局召开西安市稳就业工作专班会，进一步明确任务、压实责任、强化督导，确保稳就业深入推进。充分发挥西安市发展和改革委员会、西安市财政局、西安市工业和信息化局等成员单位协同作用，坚持以项目带动就业，实现经济与社会效益双提升，特别是三星二期、隆基电池、陕汽扩能、比亚迪电子等西安市重大项目的投产投资，累计提供就业岗位10多万个，促就业效果显著。不间断开展线上、线下招聘活动，搭建就业供需桥梁。先后组织开展“百日千万网络招聘专项活动”“民营企业招聘周”“助力转型发展、促进充分就业2021西安市冬季大型网络招聘会”“百年筑梦、万企同聘2021西安招聘就业季活动”等多频次、分行业、分岗位专场招聘活动。全年组织招聘406场，提供各类就业岗位超过131万个。进一步健全企业用工常态化服务机制，通过网上招聘、跨区域招聘、挖掘本地潜力等方式，解决企业用工需求，新增就业见习基地425家，发布见习岗位2.06万个；及时为比亚迪股份有限公司、中兴通讯股份有限公司、陕西汽车控股集团有限公司、吉利汽车集团等重点企业招工3.2万人；帮助48.9万名农民工有序返岗复工。不断优化创新就业服务活动，联合西安发布、华商传媒等媒体平台走进重点企业、重点园区、重点高校开展就业服务，开展“直播带岗”“空中宣讲”等就业服务活动32场，联合伯乐圈推出“帮你找工作”服务，加大岗位信息、远程招聘、网上面试等服务供给，不断强化人岗匹配和精准服务。依托“秦云就业”小程序，为单位和个人提供160余项线上就业创业服务功能。持续完善创业扶持政策体系、创业融资支持体系、创业培训体系和创业服务体系，充分发挥创业带动就业作用，以政策助力创业，以创业带动就业，引导就业重点群体主动投身创新创业活动，营造“创新驱动创业、创业带动就业”的良好社会氛围。创建孵化基地10家、信用乡村4家，现有市级创业孵化示范基地（返乡创业示范园区）75家，总面积388万平方米，在孵企业4400余户，组建200余人的创业导师团队开展创业培训和创业指导。发放创业担保贷款7.4亿元，以创业带动就业超过6.5万人。

◆就业技能培训 2021年，西安市人力资源和社会保障局突出就业导向，开展技能培训、创业就业培训、技校学生就业技能培训、中小微企业以工代训等8个项目培训，全年培训劳动者42.56万人次。扶持“一县一策”“一县一品”主题培训。蓝田厨师等劳务品牌列入全国典型劳务品牌宣传推广，成为西安市闪亮的“就业名片”。

◆**就业扶贫**　2021年，西安市人力资源和社会保障局严格落实“四个不摘”要求，扎实推进巩固拓展脱贫攻坚成果同乡村振兴有效衔接。着力抓好脱贫攻坚过渡期就业帮扶援助相关工作，筑牢民生“底线”，助力乡村振兴。突出重点、精心谋划，联合五部门印发《关于切实做好脱贫攻坚过渡期就业帮扶工作的通知》，统筹推进工作落实，全面提升工作成效。西安市认定社区工厂19家、就业帮扶基地31个，吸纳脱贫劳动力近400人，开发就地就近就业公益性岗位5820个。全市脱贫劳动力外出务工11.84万人，完成陕西省人力资源和社会保障厅下达任务11.59万人的102.05%；通过苏陕协作渠道帮扶农村劳动力实现就业1057人，其中脱贫劳动力实现就业389人；全市57840户脱贫劳动力至少一人就业创业，已实现“一户一人就业”目标。继续实施政府代缴社保费政策，全市共为49717名符合条件的困难群众代缴基本养老保险费421万元。

◆**劳动关系**　2021年，西安市人力资源和社会保障局坚持源头治理、综合施策，着力打造政府、工会、企业共同参与、共建共享的和谐劳动关系。全面落实在建工程项目保障农民工工资支付“八项制度”，在陕西省率先成立“解决拖欠农民工工资一站式服务中心”，创新“诉前调解+司法确认”模式，有效降低农民工维权成本。为4.91万名劳动者协调兑付工资4.36亿元，将25个欠薪失信企业、9名自然人列入“黑名单”，向社会公布3批次13起欠薪典型案例，全年未发生因讨薪引发的50人以上群体性事件或极端事件。积极发挥三方机制作用，推进基层调解组织建设，全力维护劳动关系和谐稳定。加大劳动人事争议仲裁效能建设，全市共处理劳动人事争议案件2.7万件，仲裁结案率98.72%，调解成功率65.60%。建立健全市场化工资决定和正常增长机制，将最低工资标准提高至1950元/月，对高温津贴标准进行明确及规范，及时确定全市企业工资指导线，为企业工资集体协商提供依据。

◆**发布重点产业急需紧缺岗位**　2021年7月28日，西安市人力资源和社会保障局发布《2021年度西安市重点产业急需紧缺岗位人才需求目录》（以下简称《目录》），从急需紧缺指数、年薪、岗位职责，学历/专业/资历要求以及知识技能要求等6个维度评定西安地区15个产业264个急需紧缺岗位，首次使用可视化数据大屏，从重点产业人才需求、急需紧缺岗位人才、人才意向流动、人才地图等4个方面进行动态展示。发布的急需紧缺岗位涵盖智能制造、航空航天、电子信息、汽车及零配件、新材料、增材制造、生物医药及食品、计算机软件、大数据与云计算、互联网/电子商务、建筑、现代服务、文旅、现代物流、养老共15个产业。其中，智能制造产业包含机器人技术研发总监、车辆导航算法工程师等29个岗位；航空航天产业包含技术工程部经理、飞机强度工程师等18个岗位；电子信息产业包含AI系统架构师、电磁研究员等23个岗位；文旅产业包含美术总监、活动策划总监等12个岗位；养老产业包含护理部主任、养老院院长、心电图医生等10个岗位。《目录》的发布为政府和重点企业“引才”决策提供了重要参考和市场化指导，对实现西安“6+5+6+1”现代产业体系及重点产业急需紧缺岗位精准引才、加快人才高效聚集、提升人才服务质量起到积极推动作用。　（李文娟）

社会保障

◆**概况**　2021年，西安市人力资源和社会保障局按照“兜底线、织密网、建机制”的要求和“权责清晰、保障适度、应保尽保”的原则，持续推进实施全民参保计划，稳步提高社保待遇水平。全市基本养老、失业、工伤三项社会保险参保人数分别达到814.12万人、259.76万人、299.27万人，比上年分别增长45.14万人、19.01万人、19.08万人。

◆**保险制度改革**　2021年，西安市企业城镇职工基本养老金、城乡居民基础养老金标准、失业保险金标准及1—4级工伤职工伤残津贴待遇水平分别达到3211元、183元、1755元、3678.5元，分别比上年提高3.92%、4.27%、8.33%、2.57%。持续发挥社会保险金助企惠民作用，失业、工伤保险降费合计21.48亿元，发放失业保险金、补助金9.51亿元，拨付稳岗返还资金11.41亿元。全市失业动态监测的500家企业，未发现规模性裁员风险。扎实开展社保基金管理风险排查、社保领域群众身边腐败和作风问题专项整治以及欺诈骗保问题排查整治工作，守护好人民群众的每一分“养老钱”“保命钱”。

◆**公共服务**　2021年，西安市人力资源和社会保障局以优化营商环境为牵引，以优质服务推进高效能治理。组织开展百日攻坚行动，市人社局承担的劳动力市场监管指标被评为全国标杆、进步较快指标，代表西安市在5月全国营商环境现场会上作交流发言。劳动力市场建设改革成果被评为陕西省人社系统改革创新成果一等奖。加强人力资源服务机构管理案例入选国家发改委《优化营商环境百问百答》。全面推进社保卡在人社领域应用，社保卡制发卡1105万张。公共服务平台和“12333”热线全年服务群众超过3200万人次。西安人社政务服务电子地图138个网点上线市政务服务网，发布政务服务事项242项，行政许可事项承诺时限压缩比达72%。人社业务全面接入“好差评”系统，38.13万条评价好评率达到99.8%。扎实推进“一件事一次办”集成改革，机关事业单位“退休一件事、入职一件事”在全市率先上线运行，累计办理人员退休及入职466人次。建立社保欠费案件投诉受理流转机制，畅通劳动者举报投诉渠道，有力维护劳动者合法权益。制定市人社局《行政规范性文件合法性审核工作规程》《公职律师管理细则》等制度文件，编制年度《人社法治建设工作要点》和《普法依法治理工作要点》，不断提升法治工作规范化水平。

◆**西安市机关事业单位退休“一件事一次办”**　2021年7月1日起，西安市政务服务中心正式上线机关事业单位“退休一件事”受理及并联审批。“一件事一次办”是中共西安市委、西安市人民政府进一步深化“放管服”改革，打造“四最”西安营商环境品牌，营造便民高效政务服务环境的重要举措，是西安市2021年重点改革任务之一。西安市结合各相关部门业务实际，以“一次告知、一表申报、一口受理、一网审批、一窗发证、一体管理”为改革目标，重点聚焦机关事业单位退休“一件事一次办”，将市级机关事业单位人员退休养老保险待遇计算、单位编制下册、个人公积金提取、医保在职转退休、城市独生子女父母补助金审批备案及代发等多个事项整合为“一件事”，在一个平台受理，由多部门并联审批，真正实现经办人更深层次的“减环节、减时间、减材料、减跑动”，办理时限由过去最少6个工作日减少到最快1个工作日办结，以改革“小切口”推动政务服务的“大提升”。　（李文娟）

住房保障

◆**概况**　2021年，西安市（含西咸新区）累计新批准商品房上市面积2358.52万平方米，比上年下降9.01%，其中住宅1692万平方米，下降6.58%；商品房累计网签销售2280.30万平方米，增长0.67%，其中住宅1758万平方米，下降2.97%，库存消化周期约8.7个月。二手房网签销售863.61万平方米，下降5.55%，其中二手住房809.74万平方米，下降5.27%（不含西咸新区）。累计新批准商品房上市面积1964.39万平方米，增长7.62%，其中住宅1398.31万平方米，增长12.38%；商品房网签销售面积万1728.81平方米，下降1.86%，其中住宅1283.60万平方米，下降5.86%，库存消化周期约11.7个月；二手房网签销售849.43万平方米，下降6.49%，其中二手住房795.61万平方米，下降6.27%。全年新建商品住宅销售价格环比指数累计涨幅6.3%；二手住宅销售价格指数累计涨幅5.6%。

◆保障性住房管理 2021年，西安市下达保障性住房建设和筹集任务3.04万套，需新供应建设用地114.33公顷。其中，公租房1.2万套、需建设用地42.4公顷；共有产权住房1.84万套、需建设用地71.93公顷。截至年底，全市共筹集保障性住房4.55万套，包含公租房12211套。其中，新开工建设公租房5068套，新增分配公租房5224套。落实共有产权住房10720套的建设用地。保障性租赁住房22573套。发放廉租住房租金补贴5139户、1574万元。全市累计分配使用的公租房15.1万套，在建公租房5.6万套，上报住建部备案的保障性租赁住房2.2万套，开工建设共有产权住房1000套，完成销售价格备案的共有产权住房9720套，城镇户籍困难群众住房条件得到有效改善。不断深化住房供给侧结构性改革，有效增加保障房供给，在全国率先开展保障性租赁租房项目征集，研究制定《西安市“十四五”保障性租赁住房发展规划》，被住建部高度肯定。在疫情抗击战中，聚焦公租房小区疫情防控，全力做好低收入家庭、生活困难家庭生活保障，确保防疫和生活平稳有序。特别是将向阳沟公租房项目快速改建成“平疫”结合集中隔离点，被住建部作为典范专报国务院。西安市被列为2021年度城镇老旧小区改造、棚户区改造和发展保障性租赁住房工作拟激励9个城市之一。国家和省级发改、财政、住建部门将在下达中央预算内投资和安排补助资金时，对激励支持对象给予奖励。发放低收入家庭租金补贴5139户，1574万元；发放人才安居补贴1301.57万元（D类及以上327.56万元，E类974.01万元）；完成公租房联审137672户、234462人；受理共有产权住房资格申请22533户，累计轮候家庭41178户。签订商品房项目集中建设公共租赁住房协议49份，完成4个配建项目移交工作，接收公租房1043套，约59408.24平方米。完成省、市保障房平台对接，全面开通公租房申请“掌上办”“网上办”办事平台。根据市政府关于保障房资产划转安居集团的要求，对保障房资产进行全面清查，与西安市安居集团签订划转协议，移交建设及运营管理权限。开展公共资源领域暨住房保障问题专项整治活动。拓宽宣传途径，加大保障房政策宣传力度，在全市地铁车厢、车站、公交车内电子显示屏，滚动播放保障性住房政策信息，提醒广大市民谨防诈骗，提高群众防范意识。 （张　睿）

◆住房公积金归集扩面 2021年，西安住房公积金管理中心认真开展归集扩面大调研、大起底工作，建立部门联动机制，联合市市场监管等部门精准发力，“一区一策”、挖潜增效，住房公积金制度覆盖面进一步扩大。落实国家和省市《关于进一步优化企业开办服务的通知》要求，1月份省、市政务服务平台“企业开办+公积金缴存登记”如期上线，企业开办更加便捷，构建线上、线下归集扩面新局面。截至年底，全市新增缴存单位10926个，比上年增长38.04%，新增缴存职工39.86万人，增长22.57%，新增归集额388.00亿元，增长14.87%。累计归集总额2794.12亿元，5.43万个单位、413.06万名职工纳入制度保障体系。

◆住房公积金使用 2021年，西安住房公积金管理中心坚持“房住不炒”定位，落实“一城一策”“因城施策”部署要求，建立“1+3+N”工作机制，着力提高保障和改善民生水平，为超过60万户家庭改善住房条件提供支持。截至年底，发放住房公积金个人贷款187.79亿元，比上年增长0.72%，支持3.71万户中低收入家庭购房面积428.38万平方米，节省利息支出39.66亿元；提取住房公积金224.11亿元，同比增长14.41%，帮助59.08万名职工减轻住房消费压力。累计发放个人住房公积金贷款1432.79亿元，累计提取住房公积金1617.35亿元，280万名职工群众直接获得公积金政策红利。充分发挥制度保障作用，全力支持缴存单位集资建房和保障房建设，为长安大学等28家单位5196户家庭新建或改善住房条件拨付其他住房资金1.10亿元，总建筑面积80.78万平方米；为西安铁路局延安北站公租房项目提供建设资金2000余万元，支持252户家庭改善住房条件。

◆住房公积金财政贡献 2021年，西安住房公积金管理中心在充分考虑流动性和安全性的基础上，修订完善《资金使用管理办法》，建立健全以“有效增加增值收益”为主的资金使用动态管理机制，统筹调节、科学配置，最大程度发挥资金效益。截至年底，实现增值收益12.65亿元，比上年增长15.52%。累计实现增值收益108.41亿元，累计上缴财政廉租房、公租房建设补充资金63.24亿元，支持建设保障性住房6.46万套605万平方米。

◆住房公积金规范化管理 2021年，西安住房公积金管理中心健全行政执法制度，深化“互联网+监管”行政执法，建立重大执法决定法制审核清单，完善执法信息数据库，全面提升中心依法行政能力。严格落实行政执法“三项制度”，加大住房公积金领域行政执法力度，依法纠正缴存单位违法行为。申请人民法院强制扣划住房公积金149万元，妥善化解矛盾纠纷，56名缴存职工合法权益得到保障。积极应对涉法涉诉案件，行政复议案件、行政应诉案件胜诉率达到100%。扎实推进安全风险隐患大排查、大起底、大梳理，对缴存、提取、贷款等39个风险点进行系统排查，堵塞风险漏洞，消除风险隐患。积极防范恒大、苏宁云著等债务违约风险，积极推进公积金贷款预售资金监管排查整改，全力维护房地产和金融市场稳定。认真贯彻落实“四清一责任”工作机制，个贷逾期率控制在0.012‰，远优于陕西省0.3‰的要求和全国0.4‰的平均逾期率。

◆住房公积金助力疫情防控 2021年，西安住房公积金管理中心坚决执行中央和省、市疫情防控部署要求，大力弘扬伟大抗疫精神，组织202名党员干部职工赴13个区（县）139个社区152个小区参与基层一线疫情防控工作。12月23日，果断全面调整服务方式，积极引导职工群众通过12个在线渠道查询、办理公积金业务，为全市5.43万个单位、412.06万名职工提供7×24小时不间断服务。全力保障异地群众“跨省通办”，为18个省市35个城市4万余名群众办理业务3万余笔。联合市财政局、人民银行西安分行银管部印发《关于应对新冠疫情实施住房公积金惠民政策的通知》，出台7项住房公积金惠企利民政策，为企业助力、为市民解忧，503家经营困难企业、2.09万名职工群众享受政策红利2.68亿元，为西安市经济快速恢复发挥积极作用。

2021年10月，西安住房公积金管理中心8项高频事项实现“跨省通办”

◆住房公积金信息化建设 2021年，西安住房公积金管理中心加速推进一体化政务服务平台建设，着力构建以业务系统为基础，辐射“云3”网厅、手机公积金App、微信、门户网站等12个在线综合服务平台，全量业务“承诺实现压缩比、最多跑一次事项占比、即办件事项占比”三项指标任务在30个市级部门中第1个100%高标准落实到位。8个事项提前实现“跨省通办”，40个事项全面纳入省、市政务服务平台，公积金服务已融入市民“一刻钟便民生活圈”。打通商业银行数据共享，5家银行商贷还款提取业务实现“零资料”“零跑腿”。推进区域协调发展，与黄河流域8地市公积金中心签署战略合作协议。中心“好差评”满意率在全市44个部门中名列前茅，人民网留言回复办理被市委办公厅、市政府办公厅评为“优”，在市级部门12345咨询投诉办结满意度中排名第1。（耿朋伟）

居民生活

◆概况 2021年，西安积极施策应对疫情的影响，确保区域经济社会平稳健康发展，促进城镇居民收支稳步增长。西安城镇居民人均可支配收入46931元，比居第2位的咸阳市（40846元）高6085元，比末位的商洛市（28655元）高18276元。从增量看，人均可支配收入比上年增加3218元，比居第2位的咸阳市（2871元）高347元，比居末位的商洛市（2039元）高1179元。西安城镇居民人均可支配收入增长7.4%（名义增速），低于陕西省（7.5%）0.1个百分点。在陕西省10个市中，增速居第7位，比上年提升2位；比居第一位的安康市（8.0%）低0.6个百分点，比并列末位的宝鸡、渭南市（7.0%）高0.4个百分点。从收入构成看，工资性收入占比近6成，仍为城镇居民主要收入来源。西安城镇居民收入中工资性收入、经营净收入、财产净收入和转移净收入占比分别为59.4%、5.9%、11.4%和23.3%，与上年同期相比，工资性收入比重下降0.4个百分点，经营净收入比重下降0.4个百分点，财产净收入比重上升0.8个百分点，转移净收入比重与上年持平。从4项收入贡献率及拉动增长率来看，工资性净收入居首位，对可支配收入的贡献率达到近6成水平，拉动可支配收入增长4个百分点。

◆城镇居民收入增长 2021年，西安城镇居民人均工资性收入27872.4元，比上年增长6.6%。西安市三季度末就超额完成全年重点项目投资目标任务；通过《西安市贯彻落实〈2021年促进全省城乡居民增收十条措施〉工作方案》，确保居民增收目标落在实处；5月1日起，上调最低工资标准；全年通过加大职工培训力度，落实“三秦工匠”等培训计划；提高乡镇工作补助标准，积极组织各层次各渠道招聘会对接需求等多项措施，在疫情之后保障就业水平，提升居民工资性收入。西安城镇居民人均经营净收入为2789.8元，比上年增长2.0%。在积极打造西安“网红城市”属性，吸引国内游客，恢复旅游产业的同时，加大对市场主体特别是中小微企业稳岗、重点群体就业的政策支持力度，出台实际补贴措施支持“双创”（创新创业），鼓励发展首店经济。西安城镇居民人均财产净收入5343.8元，比上年增长15.3%。随着近年来西安常住居民人口数持续稳定增长，区域内的住宅租金和房屋价格均在高位企稳，居民投资理财意识不断增强、渠道不断增多，多方面因素促使财产净收入在收入4项构成当中增速居首。西安城镇居民人均转移净收入10925元，增长7.1%。退休人员基本养老金年度调整实施到位，生活补助费标准予以同步同比例调整提高；上调工伤保险待遇标准。同时，外出人员寄带回及赡养收入的稳定增加，保证转移净收入的增长态势。

◆城镇居民生活消费支出全面增长 2021年，西安城镇居民消费支出28809.8，比上年上涨11.6%。8大类消费支出均呈上涨态势。其中，其他用品和服务类、医疗保健类和教育文化娱乐类涨幅位居前3。由于解除在外饮食等消费限制及涨价因素共同影响，西安城镇居民在外饮食等饮食服务类支出大涨，带动食品烟酒类消费比上年上涨7.2%。全年医疗服务类消费大涨，带动医疗保健类支出上涨20.7%。疫情防控政策常态化持续影响文化娱乐消费，造成其略降走势；“双减政策”的实施对于音乐、体育等技能型训练班的影响不大，无法起到叫停课业类补习班的快速收效，城镇家庭教育消费投入仍保持较高增长态势，两者共同影响教育文化娱乐类支出上涨20.6%。住房维修管理、物业费用等支出上涨，带动西安城镇居民的居住类消费同比上涨18.4%，上涨趋势明显。

（张　磊）

◆农村居民收入增长 2021年，西安农村居民人均可支配收入17389元，比上年名义增长10.4%，扣除价格因素，实际增长8.6%。城乡收入比为2.7：1；从增资因素看，务工收入依然是全年农村居民可支配收入增长的最大贡献因素，贡献率高达85.7%，拉动全年农民人均可支配收入增长8.9个百分点。绝对量低于全国、高于全省，差距呈“两头”发展趋势。从近3年西安农村居民人均可支配收入绝对量与全国及全省的对比情况来看，绝对量平均低于全国1452元，约为全国平均水平的91.6%；高于全省2446元，约为全省平均水平的118.2%。绝对量的差距变化呈“两头”发展趋势，即与全国的差距和全省的优势差距均不断扩大，从2019年的人均低于全国1433元、高于全省2262元，扩大到2021年低于全国1542元、高于全省2644元。增速整体高于全国、低于全省，2021年略低于全国。从近3年西安农村居民人均可支配收入增速与全国及全省的对比情况看，平均高于全国0.4个百分点、低于全省0.13个百分点，其中2019年增速高于全国0.2个百分点，2020年高于全国1.1个百分点，2021年略低于全国0.1个百分点；与全省相比，除2020年与全省持平，其余年份均低于全省，2021年低于全省0.3个百分点。绝对量和增量均居全省10个市第一位，增速并列第九位。从2021年全省10个市的对比情况看，绝对量比居第二位的榆林市（15852元）高1537元，比末位的商洛市（11969元）高5420元。增速比居第一位的汉中市（11.2%）低0.8个百分点，与安康市并列第9位，较2020年后退3位。

◆农村居民消费增速高于收入 2021年，西安农村居民人均生活消费支出为14521元，比上年增长12.1%，较收入高1.7个百分点。平均消费倾向（消费比收入）为83.5%，提高1.2个百分点。农村居民8大消费支出均呈增长态势。其中，食品烟酒、教育文化娱乐支出增速较高，分别为15.9%、16.9%；衣着、医疗保健支出增速相对较低，分别为4.6%、6.1%。农村居民服务性消费支出4414元（不含自有住房折算租金），占生活消费支出比重为30.4%，提高0.7个百分点，增长14.6%。其中在外饮食服务、教育文化娱乐服务、医疗保健服务增幅较高，分别增长55.4%、21.6%和10.5%，显示出农村居民对美好生活的追求带动餐饮、教育文化娱乐、养老保健等服务性消费与实物消费双轮驱动，消费水平及结构不断优化升级。（李晓宁）

民　族

◆概况 2021年，西安市有54个民族成分（没有独龙族），其中以回族、满族、土家族、蒙古族、苗族人数较多。目前民族总人口132151人，占1.02%。人口过万的民族有回族、满族。人口上千的民族有10个，分别是蒙古族、藏族、土家族、维吾尔族、苗族、壮族、彝族、朝鲜族、侗族、布依族。民族流动人口8.8万余人。全市民族人口分布较广，主要聚居在莲湖、新城、碑林、雁塔4区，形成大分散小聚集的格局。全市有12所民族教育学校。其中幼儿园3所，小学4所，中学2所，职业学校1所，内地藏族班、维吾尔族班各1所。全国“十三五”少数民族特需商品定点生产企业2家。少数民族市人大代表19名，市政协委员25名。

◆民族团结宣传教育活动 2021年，西安市民族宗教事务委员会以“深化民族团结进步创建，铸牢中华民族共同体意识”为主题，通过举办理论宣讲、网络答题、主题党日、联欢会、趣味运动会等形式在全市开展西安市“第十三个民族团结进步宣传月”活动（先后举办各类活动38场，参与群众近10万人次），发放民族团结宣传资料8000余册，网络宣传万余条。举办2021年全国、全省民族团结进步示范单位授牌仪式观摩会，发挥先进典型作用，引领民族团结进步创建活动向深层次、宽领域拓展。联合市委宣传部、市委统战部、市教育局印发《深化新时代学校民族团结进步教育指导纲要》，确定4所中小学开展“铸牢中华民族共同体意识”教育试点工作，广泛开展“铸牢中华民族共同体意识”主题征文活动，初步形成各具特色的教育试点经验，以学校为示范推动“铸牢中华民族共同体意识”在社会各领域落地生根。开展民族团结进步创建“七进”（进机关、进企业、进社区、进乡村、进学校、进连队、进宗教活动场所）活动。以“七进”活动为抓手，印发《西安市民族团结进步创建活动实施意见》，推动全市民族团结进步创建工作逐步走向深入。

◆民族经济社会事业 2021年，西安市民族宗教事务委员会下发《关于做好2022年度财政衔接推进乡村振兴补助资金（少数民族发展资金）项目库项目储备工作的通知》，调研筛选符合要求的项目入库。赴“十三五”全国少数民族特需商品定点生产企业调研，同时做好定点生产企业优惠政策的宣讲辅导和“十四五”全国少数民族特需商品定点生产企业的摸底工作，向省民宗委上报《“十三五”全国少数民族特需商品定点生产企业调研报告》。审核上报西安德富祥食品有限公司2021年度8700万元和西安永信清真肉类食品有限公司500万元流动资金贷款贴息资料。完成对口支援西藏阿里普兰县民宗局10万元。

◆民族流动人员服务与管理 2021年，西安市民族宗教事务委员会在已有的21个少数民族流动人口服务工作站的基础上，在高新区和长安区新设立2个少数民族流动人口服务工作站，全市23个工作站共调解涉及民族流动人口在摆摊、经营中的纠纷矛盾50余起。指导民族团结进步服务站开展各类活动30余次，举办全市少数民族流动人口服务工作站负责人培训班1期，出台加强少数民族流动人口服务工作站建设措施5条，协助民族流动人口在申请保障房、办理医保、落户口、孩子上学等切身利益相关方面的服务百余次。下发《关于做好西安市少数民族流动人口子女上学工作的通知》，引导有意愿就读浐灞丝路学校的10余名新疆籍民族流动人口随迁子女到浐灞丝路学校报名。开展“民族团结交往交流，走进西安看西安”主题活动、国家通用语言暨政策法规培训活动、劳动技能培训活动，组织来自全国各地在西安务工经商求学的维吾尔族、回族、蒙古族、朝鲜族、壮族等不同民族的36名群众代表参观中国西部科技创新港、西安奥体中心、“三河一山”绿道。

◆民族事务依法管理 2021年，西安市民族宗教事务委员会制定印发《2021年全市民族宗教系统法治建设工作要点》，指导全市民族宗教系统学习贯彻中、省、市有关法治政府建设示范创建工作指示要求，安排部署全年法治建设相关工作，积极推进民族宗教系统法治政府建设工作按要求贯彻落实。编制修订《民族宗教方面群体性突发事件应急预案》，《西安市涉民族宗教方面群体性突发事件应急预案》通过专家评审，进一步提高处理涉民族宗教突发事件的应急能力。

◆清真食品监督管理 2021年，西安市民族宗教事务委员会认真贯彻落实习近平总书记“办一届精彩圆满的体育盛会”的重要指示精神和组委会有关食品安全保障工作的要求，制定清真食品服务保障工作实施方案、突发问题应急工作预案，有针对性开展清真食品监管人员业务培训6期，联合有关部门加强对全运村、省总仓、市仓、接待酒店清真食品督导检查工作，累计服务运动员、技术官员、媒体朋友、工作人员50000余人次，圆满完成中华人民共和国第十四届运动会清真食品服务保障任务。建立完善清真食品投诉举报制度，规范清真食品市场秩序，确保民族群众和喜食清真食品的群众吃上安全、放心、健康的清真食品。处理完成清真食品投诉和举报3起。（延　续）

宗　教

◆概况 2021年，西安市（包含西咸新区）经政府登记设立的宗教活动场所共456所（佛教138所、道教35所、伊斯兰教27所、天主教99所、基督教157所）；备案的宗教教职人员2009人（佛教829人、道教207人、伊斯兰教120人、天主教534人、基督教319人）；宗教团体25个〔省级团体7个，市级团体6个，区（县）级团体12个〕，另有带有宗教性质的社会团体2个；宗教活动场所文物保护单位27处（国家级重点文物保护单位9处，省级重点文物保护单位11处，市级重点文物保护单位5处，县级2处）。

◆**宗教事务** 2021年，西安市民族宗教事务委员会在全市宗教活动场所开展“强安全、正教风、美环境、我为全运做贡献”主题实践活动。针对教职人员队伍建设状况，落实《西安市宗教界后备人才教育培养规划（2021—2023年）》，举办全市宗教界爱国爱教研修班4期，举办全市《宗教教职人员管理办法》专题培训班1期，支持全市宗教界开展“四史”学习教育、“爱国主义教育周”等活动，把宗教界人士和信教群众团结在党和政府周围。坚持独立自主自办原则，按照新冠疫情防控要求，指导相关区（县）妥善处置天主教三原教区退休主教宗怀德丧葬活动、天主教“圣母山”朝圣活动。

◆**宗教工作法治化建设** 2021年，西安市民族宗教事务委员会以学习《宪法》《民法典》《宗教事务条例》《陕西省宗教事务条例》等为重点，以“宗教政策法规学习月”“‘12·4’宪法宣传周”等活动为载体，发放《宗教团体管理办法》《宗教教职人员管理办法》等各类宣传资料11000余册，举办农村宗教工作研讨班、农村宗教工作政策法规培训班等15期（培训1000余人次），推动民族宗教政策法规宣传进机关、进乡村、进社区、进学校、进企业、进单位。组织民宗委机关和开发区民族宗教工作干部参加全市统一组织的行政执法资格考试，28人通过考试并取得“陕西省行政执法证”。完成西安市广仁寺和高新区高新六路基督教礼拜堂2个宗教活动场所法人登记试点工作。做好宗教教职人员认定审核工作，完成18名道教教职人员、14名天主教教职人员、39名基督教教职人员认定材料的审核工作和5名道教教职人员注销备案工作。对全市21个宗教活动场所进行行政检查，从6个方面33项内容开展行政检查，行政责令改正问题39起，统一规范行政执法案卷。

◆**民族宗教领域安全稳定** 2021年，西安市民族宗教事务委员会制定《关于防范化解民族宗教领域重大风险隐患工作实施方案》，研判分析民族宗教领域5个方面20个风险隐患点，组织开展民族宗教领域涉稳涉恐风险“大排查、大起底、大化解”百日攻坚行动和宗教活动场所消防安全专项整治行动，督促指导宗教活动场所严格落实各项疫情防控措施和汛期安全隐患整改要求，坚持边查边改，建立督导台账，注重加大对重点人员的监控力度，先后妥善处理多起涉民族宗教因素的矛盾纠纷和网络投诉问题。落实市消安委十四运会和残特奥会消防安保决战阶段社会面火灾防控工作要求，定期对市管场所消防安全进行检查。指导宗教活动场所做好地质灾害防治工作。按照市新冠疫情指挥部要求，对高陵区农村防疫工作和灞桥区、蓝田县社区防疫工作开展实地检查。督促指导宗教活动场所严格落实“扫码亮码验码”等各项疫情防控措施。

“‘12·4’宪法宣传周”活动中，西安市民族宗教委员会组织发放普法宣传资料

◆**宗教领域治理及宣传** 2021年，西安市民族宗教事务委员会依法坚决打击取缔非法宗教活动和非法宗教组织，在全市组织开展专项调查工作，摸清非法宗教组织和非法宗教活动点情况，坚决依法取缔。巩固宗教工作专项治理成果。持续做好佛道教商业化治理工作。加强秦岭生态环境保护法律、法规的宣传教育，发放宣传册8000份，指导沿山6区（县）和高新区做好秦岭北麓宗教活动场所常态化管理和巡查工作，开展秦岭宗教活动场所违法违规建设项目排查工作，组成3个工作组对秦岭北麓25个宗教活动场所进行“回头看”巡查。

（延　续）

福利救济与殡葬管理

◆**社会救助** 2021年，西安市认定城乡低收入家庭3323户，10439人，支出各类困难群众保障金10.14亿元，惠及群众10.2万人，临时救助6.2万人次。出台《关于巩固拓展脱贫攻坚兜底保障成果与乡村振兴有效衔接的实施方案》，明确任务要求，确保过渡期内严格落实“四个不摘”要求，保持民政领域兜底保障政策落实到位。购买第三方调查服务，定期做好脱贫不稳定人口、边缘易致贫人口、突发严重困难人口等“三类人员”核查纳入，确保“不漏一户”“不漏一人”。全市脱贫不稳定人口纳入兜底保障1378人，边缘易致贫人口纳入兜底保障961人，突发严重困难人口纳入兜底保障368人。印发西安市《关于贯彻落实改革完善社会救助制度若干措施的工作方案》。研究制定困难群众救助帮扶“十二项措施”，优化完善救助政策，形成“八张保障网”“三项保障措施”救助模式，在陕西省推广介绍。优化审核程序、缩短办理流程、畅通救助渠道，实现最低生活保障月审批。扩大无劳动能力残疾人认定范围、特困供养人员保障范围，放宽“法定义务人无履行义务能力”认定条件，调整民政部门教育资助政策，保障困难家庭子女就学。全市1932个村、1229个社区建立21646人的“急难问题快速响应队”，健全完善急难对象主动发现、困难群众帮扶快速响应、临时救助“分级审批”“先行救助”工作机制。开展“第三方入户调查”“美居行动”“社会救助+”“心理慰藉”专项救助服务，丰富社会救助方式，推动救助帮扶向“物质+服务”拓展。加快推进西安市社会综合救助服务平台建设，将全市相关部门、社会组织等开展社会救助数据信息互通共享，实现救助业务“掌上办”“指尖办”。疫情期间，公布各级社会救助24小时工作电话，开展重点人群逐户摸排，累计接听群众电话求助943

件，受理“e救助”求助信息8万余条，发放各类保障金2.42亿元，配送各类爱心物资价值600余万元。建立残疾人两项补贴动态调整机制，实行残疾人两项补贴“跨省通办”，实行当月审定、按月发放。全年共发放残疾人两项补贴9.8万人次，9588.9万元，发放易肇事肇祸严重精神障碍患者监护人以奖代补资金429.12万元。持续完善流浪乞讨人员救助管理制度体系，完成生活无着的流浪乞讨人员救助管理服务质量大提升、“夏季送清凉”“寒冬送温暖”专项救助行动，全市共救助生活无着流浪乞讨人员4855人次。

◆儿童福利保障 2021年，西安市提高孤儿基本生活最低养育标准，建立孤儿基本生活保障标准自然增长机制，从2022年1月1日起，福利机构集中供养孤儿基本生活最低养育标准和社会散居孤儿基本生活最低养育标准由现行的1400元/（人月）和1000元/（人月），提高到1800元/（人月）和1500元/（人月），艾滋病病毒感染儿童和事实无人抚养儿童基本生活最低养育标准比照社会散居孤儿标准执行。“六一”期间，为全市500名农村贫困家庭儿童发放75万元慰问金，为全市570名孤儿赠送价值400元的个性心愿礼物。制定收养登记、“跨省通办”孤儿认定申请服务指南，完善规范未成年人收养登记工作。全年共评估收养子女家庭87户，跟踪回访70户，审核、办理收养登记105件。在全省率先实行儿童督导员、儿童主任岗位补贴制度，全年共发放341万元。西安市获“全国农村留守儿童关爱保护和困境儿童保障工作”先进集体1个、先进个人1人。

◆殡葬服务 2021年，西安市制定出台《西安市惠民殡葬补助和节地生态安葬奖补政策》《西安市惠民殡葬补助和节地生态安葬奖补政策实施细则》，全年办理惠民殡葬补助216人，节地生态安葬奖补35人，共发放资金23.5万元。联合9部门在全市开展“终老一件事”一窗受理、一证通办、集成服务，共线下办理337件。大力推进城乡公益性殡葬设施建设。持续推进违建墓地专项整治成果巩固提升行动，整治违建墓地5998座，整治违规经营的安葬设施4个。贯彻落实《西安市秦岭生态环境保护条例》，禁止新建经营性公墓审批，严控现有经营性公墓面积，强化殡葬服务机构的日常巡查和管理，严控在殡仪馆、墓园内露天焚烧和不文明祭扫行为，秦岭生态环境保护成效显著。

◆基层治理 2021年，西安市民政局高标准完成全市1990个村和1260个社区村（居）委会换届选举工作，100%落实“一肩挑”，实现“三降四升”目标。组织村（社区）干部教育培训，共培训村主任381人、社区居委会主任188人，社区“两委”成员3930人，实现了全覆盖。加强为民服务力量，全年组织招聘社区工作者1610名。制定民政领域《关于落实市域社会治理现代化试点三年行动实施方案工作措施》，印发《党建引领基层治理“四个体系”实现“民有所呼、我有所行”实施方案》及配套文件，落实党建引领基层治理，召开全市社区治理与服务创新现场会，深化城乡社区治理体系建设，莲湖区通过全国社区治理和服务创新试验区结项评估。巩固拓展“社区集中建设活动月”工作成效，下拨2021年社区建设奖补资金6000万，全市有251个社区新增办公用房600平方米以上。严密组织立法调研，初步形成《西安市社区建设治理促进条例》调研报告。联合市委组织部等4部门印发《关于加强村民委员会规范化建设的实施意见》，健全完善村党组织领导的村民自治机制，有序推进15个村级议事协商试点创建，完成29个农村社区示范点建设任务，推动实现农村社区一站式便民服务。积极推进“智慧社区”建设，完成西安市城乡社区管理应用系统数据录入，实现市政务一体化平台内部数据共享。

◆社会组织管理 2021年，西安市民政局坚持社会组织党的引领核心作用，巩固“两个覆盖”成果，为新增254家社会组织集中选派101名党建指导员，充分发挥“联系、服务、指导”职能。建设市社会组织孵化基地党建阵地，打造“红旗书屋”党建智慧平台，组织开展“永远跟党走、奋进新时代”系列党史宣讲、文艺汇演、红色教育活动，引导社会组织党员、从业人员从中滋养初心、淬炼灵魂，不断提升党组织向心力、凝聚力和影响力。坚持“双重管理”，严把登记关口，全市共成立社会组织登记99个，变更登记153个，注销登记14个，换证及备案173个，强化日常管理，持续开展社会组织年检、等级评估及“双随机一公开”抽检。深入开展“我为企业减速负担”、行业协会商会涉企收费、重点领域涉企“四乱”突出问题专项整治行动，检查市级行业协会商会298家，取消18家协会商会不合理收费，50家行业协会商会减少或免除会员企业会费，涉及金额1800余万元。深入开展打击整治非法社会组织行动，取缔15家，劝散22家，自行解散6家，引导登记13家。建立“西安市社会组织信用信息管理平台”，落实《西安市社会组织红黑名单和异常名录管理办法》，建立收费清单公示制度，实行信息网上“透明发布”。引导社会组织规范发展，健全法人治理结构和内部运行机制，完善会员大会、会员代表大会、理事会、监事会制度，落实民主选举、民主协商、民主决策、民主监督、民主管理。持续推进社区社会组织规范发展，完成市级社会组织孵化基地建设，明确“民政部门主导、专业团队运营、多方力量合作、社会公众受益”的运行模式。

◆民政系统疫情防控 2021年，西安市民政局牵头全市疫情防控社区防控组工作，贯彻《关于建立“三四五”体制制度进一步做好常态化社区疫情防控工作的通知》《西安市新冠肺炎疫情社区防控实施方案》等政策要求，落实社区防控各类措施，加强居家隔离人员摸排、管控和督导检查。毫不放松做好民政系统各类福利机构疫情防控，完善应急预案，落实管控措施，强化督导检查，不定时摸排疫情防控风险人员。压茬推进局系统、社区和民政服务机构工作人员新冠疫苗接种工作，民政系统前两针疫苗接种率达100%。牢牢守住民政服务机构安全底线，在西安市民政系统开展安全隐患排查整改专项行动，保障全市民政机构安全稳定。

◆慈善社工及志愿者服务事业发展 2021年，西安市民政局健全完善慈善工作审批流程，制定慈善信托备案、慈善表彰、政策咨询一系列程序。大力发展慈善信托，全年完成慈善信托备案38单，备案资金2020.45万元。全市有注册社工2371人、社工机构48家。制定印发《西安市镇（街）社会工作服务站项目建设实施方案（试行）》，启动全市镇（街）社工站建设任务。目前西咸新区、雁塔区实现全覆盖。有实名注册志愿者143万人，志愿服务组织5627个、志愿项目4.6万个。组织开展“暖阳在XI'AN”“汇聚社工力量·助力乡村振兴和全运盛会——西安社工在行动”主题宣传等系列志愿活动。疫情期间，搭建“云社工”平台，迅速开展“社工+志愿者”联合行动，为全市筹措捐赠防疫、生活物资115万余件。

◆福利彩票发行 2021年，西安市有投注站1765个，全年销售福利彩票24.58亿元，占陕西省销量的44.14%，筹集公益金7.55亿元。持续突出公益属性，发挥公益作用，新建公益驿站104个。

（赵瑞瑞）

新城区

◆**概况** 新城区位于城区东北部，跨越明城墙，形成城内、城外两部分。东沿铁路专线与灞桥区为界，南以东大街、永乐路、建工路与碑林区、雁塔区毗邻，北连龙首北路与未央区接壤，西以北大街与莲湖区相连。

2021年，辖区街道办事处9个，全区社区数108个。全区总面积30.13平方千米。全区户籍人口53.52万人，男女性别比为96.32。人口出生率为6.36‰，死亡率为2.6‰，自然增长率为3.76‰。人口密度每平方千米13493人。区域内有45个民族，共11063人。

◆**重点项目建设** 2021年，新城区坚持把重点项目建设作为经济发展的“第一引擎”，共安排区级重点建设项目70个，总投资1673.87亿元；市级重点建设项目12个，总投资857.48亿元，年计划投资115亿元。新城区图书馆、文化馆建设等9个项目全部开工，幸福林带建设工程等13个重点项目全面建成。市级重点建设项目设立“一项目一专班”，采取“快反馈、快报告、快研究、快解决”模式解决项目建设问题，市级在建项目全年完成投资138.72亿元，达到年计划的120.62%。西安火车站北广场及周边市政配套工程、西安铁路枢纽西安站改扩建工程竣工投用。传化智联西北运营中心、爱琴海城市商业综合体等重大项目支撑有力，拉动投资快速增长，区属固定资产投资增速高于全市33.1个百分点。

◆**招商引资** 2021年，新城区引进世界500强及行业领军企业4家。实际引进内资37.39亿元，完成全年任务153.55%；实际利用外资12667万美元，占全年目标任务的100.93%。2019—2021年丝博会签约项目开工注册率97.44%，资金到位率78.06%，竣工投产率82.05%。组织针对性强的“双招双引”（招商引资、招才引智）活动15场，引进高层次人才3名。全年与中国瑞达集团签订总投资82亿元的中国电子西北总部基地项目，与平安集团旗下平安好医投资管理有限公司签订总投资10亿元的平安健康（检测）中心项目，投资推介暨项目集中签约项目40个，产业项目占比达92.5%，比上年增长233%。

新城区2021年经济与社会发展主要指标

指　标	单位	数量	同比增长率（%）
地区生产总值	亿元	639.96	6.6
地方财政一般预算收入	亿元	22.63	22.3
地方财政一般预算支出	亿元	34.30	-3.0
全社会固定资产投资额	亿元	—	20.8
社会消费品零售总额	亿元	253.36	0.3
规模以上工业增加值	亿元	131.27	11
实际利用外资	万美元	12667	4.7
实际引进内资	亿元	37.39	-0.34
城镇居民可支配收入	元	54302	8.1

◆**商贸、旅游** 2021年，新城区在西安市率先启动“盛世全运·嗨购新城”促销会暨“万达派无限嗨购狂欢季”活动，精心推出“第六届解放路狂享节”“2021年幸福新城森活节”等促销会活动。全区社会消费品零售总额完成253.28亿元，比上年增长0.3%。征集上报“西安老字号”“西安名吃”项目8个。

坚持“全要素提升、文旅体融合”，突出“千年古都·常来长安”主题，全力打好文旅宣传营销组合拳，制定下发《西安市新城区2021年推进文化旅游融合发展实现新突破实施方案》，全面抓好文旅融合41项任务落实。市级重点文旅项目——易俗社文化街区全面建成开街，全运惠民工程——幸福林带全民健身长廊12个健身广场全部建成并正式对外开放。圆满完成明秦王府南城墙西侧段遗址保护墙体抢险加固工程。策划包装原市中医院综合改造项目、建国巷周边综合改造项目、小东门古玩城项目及大明宫遗址公园新唐文化主题公园等文旅招商项目。围绕春节、清明、五一、国庆等节假日，举办各种文旅活动27场，开展中央电视台展演、主题展出等20余场。

◆**教育、卫生** 2021年，新城区高标准推进学校项目建设，完成30所以上公办学校改造提升项目、40多所校园60多处抢修工程。全面建成国家教育考试综合管理平台、14个标准化考点、367个标准化考场和新城区青少年安全教育体验馆。推动学前教育普及普惠发展，全区普惠园达到94%，在园幼儿占比96.7%。“名校＋”集团化办学实现动态创新发展，新培育孵化5个“名校＋”教育集团，新组建5个市级“名校＋”研修共同体，全区“名校+”教育集团增加到27个。制定《新城区“新优质学校成长计划”实施方案》《2021年中小学内涵提升项目管理办法》，实现管理水平、课堂改革等方面品质提升。

深化分级诊疗制度，畅通双向转诊通道，开展宣传义诊及健康讲座等惠民服务，全区医联体内上级医院累计下派坐诊专家8169人次，接诊患者32665人次，双向转诊1343人次。药品供应得到保障，全区医疗机构药品网采购率达到95%以上。探索完善公共卫生服务体系，持续落实“五免”惠民政策，全年辖区社区卫生服务机构为辖区居民减免费用72.56万元，建立24个家庭医生工作室，60个家庭医生团队，家庭医生全人群签约共115250人，重点人群签约82908人。落实高龄补贴发放工作，累计为62694名老年人发放高龄补贴5719.41万元；审核计划生育奖励扶助对象1295人，发放扶助金1224.12元；发放失独家庭一次性补助共34户85.5万元、独生子女保健费12888人231.09万元、城市居民独生子女父母补助金1391人182.56万元。开展爱国卫生月活动，设置宣传点15个、悬挂横幅15条、制作宣传版面30余块、发宣传彩页20000余份，对20余条街道进行大擦洗，清理野广告300余处。

◆劳动就业和社会保障 2021年，新城区持续强化就业创业政策宣传落实，全区城镇新增就业17373人，完成年度目标任务的115.82%，城镇登记失业率保持在4.5%以内，新城区就业和社会保障服务中心被人社部授予“全国人力资源社会保障系统优质服务窗口”单位，《劳动保障报》对新城区“心诚小贷”工作实绩进行报道，全市保障农民工工资支付工作考核连续3年被评定为最高等次A级，区劳动监察大队队长谷涛被国务院根治农民工工资工作领导小组授予“全国根治农民工工资工作先进个人”称号。持续开展“春风行动”“民营企业招聘月”等系列专场招聘活动和网络视频会及“直播带岗”活动，全年走访企业305家，组织招聘会55场，参会企业3167家，达成就业意向3383人次，累计开发公益性岗位65个。新增认定高校毕业生就业见习基地9家，组织见习人员639名，发放见习补贴349.9万元；发放创业担保贷款184笔7633万元，完成全年目标任务的121%。以企业稳岗扩就业培训为重点施行“以工代训”，累计为203家企业培训14800名员工。

按时足额发放社保待遇，全年为7300余名机关事业单位退休人员发放养老金4.9亿元，代发各种补贴及丧抚金3640余万元，征缴职工职业年金3760余万元；发放居民养老保险待遇1019.44万元、被征地养老金790.28万元；为250家企业拨付2020年度稳岗补贴1219.25万元，为1028家企业拨付2021年度稳岗补贴117.75万元。公开招聘全区事业单位人员553名，引进高层次人才44名。完成教育系统“区管校聘”人员调整79人，认定骨干教师112人，完成教育系统专业技术人员分级聘用1067人。建立高端人才服务工作室，宣传审核“西安硕博人才奖”等奖励政策，形成开放高效的人才认定和服务机制。全年认定D类人才99人，E类人才1054人。

◆新型冠状病毒疫情防控 2021年，新城区动员一切力量、调集各方资源、采取非常措施，坚决打赢疫情防控的人民战争、总体战、阻击战。组织2300余名机关干部、志愿者和民兵下沉基层，仅用13天实现辖区确诊病例“零新增”。发布“抗疫民情收集”平台，协调解决求医问药、物资保供等群众诉求2657件，群众关注问题100%回应。用心关怀隔离酒店管理和隔离人员，做到物资保障到位、闭环管控到位、五星服务到位，倾情传递“新城温度”，工作受到中央督导组高度肯定。全区先后完成西安火车站周边1000米全员核酸检测135.37万人次，定期进行重点人员检测118.09万人次，环境检测11.86万例、环境及物表检测0.42万例。按照“条块结合、以块为主、应接尽接、应接快接”原则扎实推动新冠疫苗接种，全年第一针累计接种635915剂次，第二针累计接种627094剂次，第三针累计接种75328剂次，加强针累计接种17297人，合计共1355634剂次。严格规范做好入境人员专班管控，编撰《一标准四个指南》工作手册，为全市疫情防控工作提供了有益借鉴。2020年3月以来，成立39个酒店隔离点转班，119次接待15个境外地区共计87个进京国际航班旅客7916人，协助7个区（县、开发区）13次接待13个进京国际航班旅客1924人，全程安全顺利圆满。 （新城区政府办）

中共新城区委、人大、政府、政协、纪委

区委书记 仵　江（至8月）
副书记 王　征
区人大常委会主任 陈立民
副主任 高艾峰　邓逢春　谭琳娜　柳建民
区长 王　征
副区长 邓晓东　郝东文　苏继文　陈美蓉　李　浩　杨　珩
区政协主席 张　炜
副主席 惠占学　王　超　詹晓东　蒋　进　张建平
区纪委书记、监委主任 陈金鹏

碑林区

◆概况 碑林区位于西安市中心城区东南部，跨越明城墙形成城内、城外两部分。东西长9.1千米，南北宽4.37千米。行政区域东起金花东路、公园南路，与新城区相连；西邻劳动南路、城内至四府街与莲湖区接壤；南依南二环、建工路与雁塔区分界；北抵西大街东段、东大街，城外至永乐路，分别与莲湖区、新城区毗邻。

2021年，碑林区辖柏树林、南院门、张家村、长安路、文艺路、太乙路、东关南街、长乐坊街道办事处8个，社区居民委员会98个。碑林区是西安市面积最小、人口密度最大的城区。全区总面积23.37平方千米。根据第七次人口普查数据，全区常住人口732069人，32610户。人口出生率为9.08‰，死亡率为10.10‰，自然增长率为-1.02‰。区域内有42个民族，共1.89万人，民族人口占全区人口2.5%，汉族占97.5%。

◆商贸服务业 2021年，碑林区加快传统商贸业转型升级，打造钟楼商圈和大南门商圈，开展商贸促销费活动，发展夜生活经济。持续举办“新光奖”“千年古都·遇见碑林”文化旅游消费季活动，开展“金秋夜市逛长安”“中贸广场 城南夜嗨SPACE夜”等活动，举办“西安首届直播之夜城市盛典”，促进夜间消费市场繁荣，老菜场市井文化创意街区成为新晋网红打卡地；雁塔北路、太白路商圈等街区焕发新活力，以西安SKP为代表的钟楼—大南门商圈能级提升年销售额突破百亿元，成为全市高端商贸聚集区。成功举办2021中国（西安）全球跨境电商企业峰会，启动运营西部云直播网红商城总部基地。全年社会消费品零售总额比上年增长6.5%。

◆工业 2021年，碑林区落实落地惠企奖补政策，促进中小企业健康发展。全区拨付企业2020年度西安市现代服务业及会展业发展专项资金168家，拨付奖励资金1288.8万元；辖区工业企业及中小微企业申报项目42项，拨付各类奖补资金共计770.7546万元。顶格落实减税降费政策，累计减免税费7.06亿元。成立碑林科技产业园、环大学创新产业带、长安路CBD三大金融服务工作站，搭建“金企通融资服务平台”，开展线

碑林区2021年经济与社会发展主要指标

指　标	单位	数量	同比增长率（%）
地区生产总值	亿元	1098.86	1.1
地方财政一般预算收入	万元	41.09	23.4
地方财政一般预算支出	万元	31	-0.4
全社会固定资产投资额	亿元	—	-19.1
社会消费品零售总额	亿元	592.05	6.5
规模以上工业增加值	亿元	—	-6.1
实际利用外资	亿美元	12550	1.4
实际利用内资	亿元	25.71	—
城镇居民人均可支配收入	元	53643	7.2

上线下融资对接活动19场，帮助企业融资贷款1.3亿元，新登记市场主体29607户，比上年增长36%。深入实施国资国企改革，健全完善区属经营性国有资产监管、运行和投融资体系，圆满完成232个小区“三供一业”（供水、供电、供热和物业管理）分离移交工作。

◆招商引资　2021年，碑林区构建企业发展需求政策新体系，发布《碑林区发展机会清单》，释放投资机会400亿元，集中签约重点招商项目21个，累计签约超10亿元的项目8个。大力开展楼宇招商，引进楼宇企业100余家，其中全球500强、行业百强及区域总部企业5家，新增亿元楼1栋，累计6栋。全年引进内资25.71亿元，实际利用外资1.25亿美元，新设立外商投资企业7家。成功举办西安丝绸之路国际旅游博览会碑林平行分会，对标国际经贸规则，建立“跨境电商综合试验区”平台，实施中小外贸企业成长计划，发展高质量、高技术、高附加值产品贸易，组织跨境电商企业参加第四届中国国际进口博览会、第130届中国进出口商品交易会等大型国际性综合贸易展会。

◆重点项目建设　2021年，碑林区实施高质量项目建设推进年行动，坚持“以项目看发展论英雄”理念，“每周调度”“领导包抓”“挂牌督办”，全区总投资110亿元的2个重点项目增补为西安市市级在建项目，17个市级和77个区级重点建设项目分别完成投资105.65和122.31亿元，超年度计划16.49和3.98个百分点。碑林博物馆改扩建、小雁塔历史文化片区等重大建设项目取得重要突破，加快推进幸福林带安置小区、“三馆一中心”、区公共卫生中心项目建设。加快推进西安合生汇、中贸风华宫等15个市级重点项目建设进度。

◆基础设施建设　2021年，碑林区基础设施全面升级，超额完成“三改一通一落地”任务。改造老旧小区212个、背街小巷125条，落地架空线缆2.4千米，3条断头路打通通车，高标准整治42.8千米“17+25+N”重点线路，采取工程措施精修细补145条道路，亮化提升320栋楼宇和12座天桥，精心打造全运景观小区8个，新建提升绿地广场和口袋公园7个，建设绿道3.6千米，新增绿化面积2.19万平方米，累计新建和共享停车位5774个，改造提升无障碍设施644处。城市管理水平大幅提升，创建“两长双查”“三级包抓”“考核评比”等工作机制，开展“服务十四运·奉献我的城”“扮靓我的城”“擦亮我的城”“点亮我的城”等主题活动。创建生活垃圾分类市级示范单位32个、省级示范小区3个，建成“再生资源分拣中转中心”，实现生活垃圾收运和再生资源回收“两网融合”。协同防治大气污染与水、气、土同治，全年空气质量优良天数253天。

◆教育　2021年，碑林区有各级各类学校136所，其中幼儿园67所，义务教育段学校45所（普通小学35所、初中8所、九年一贯制学校2所），高中阶段学校23所（完全中学17所、普通高中5所、职业高中1所），特殊教育学校1所。在校学生11.8万人，教职工10280人，专任教师7584人。紧盯建设教育强区目标，成立碑林区委教育工作领导小组，财政优先保障教育经费足额投入，完成基础教育提升3年行动计划，全区形成东西南北4个教育圈。铁五小学改扩建项目、盐店街幼儿园新建项目建成投用，完成7所学校软硬件改造提升。扎实推进“双减”（有效减轻义务教育阶段学生过重作业负担和校外培训负担）工作，新组建5个市级“名校+”教育联合体、14个市级“名师+”研修共同体，优质教育资源辐射全市。碑林区获“国家义务教育质量监测优秀组织单位”“全省义务教育基本均衡先进单位”。

◆科技　2021年，碑林区实施“科教+”战略，新认定西安市市级科技企业孵化载体5个，7个孵化器、众创空间获评省级A类，环大学硬科技创新街区创建西部唯一的国家级创新街区试点，培育国家级高新技术企业174家、省科技型中小企业324家，新增省级瞪羚企业4家、国家级领军人才2人，新设立1亿元成果转化创业投资基金，设立1000万元高校地方融合种子基金，推动23项科技成果就地转化，全区技术市场合同交易额达130亿元。获西安市首批国际科技合作基地。

◆文化、体育　2021年，碑林区有博物馆13座，文化馆1个，图书馆1个。社区智慧图书馆6个，书香西安阅读吧15个，书香社区10个。制定《关于加强文化建设促进文化旅游融合发展的实施意见》《关于加强文化建设促进文化旅游融合发展三年行动方案》，成立“西安市碑林文化旅游集团有限公司”，推动文旅融合拓展提升。推动“非遗”整体性保护和传承发展，举办“非遗过大年·文化进万家”活动，入选联合国、国家级和省级名录13项，区级非遗名录达到9大类59项。开展碑林书法艺术节、“夜碑林·悦生活”系列品牌活动，区域获“陕西省全域旅游示范区”，碑林区“文明旅游·精彩十四运主题活动”入选2021全国文化遗产旅游百强案例。兴庆公园、小雁塔遗址公园、碑林区图书馆等建成对外开放，永宁门广场“丝路文化会客厅”独特魅力更加彰显。成立“碑林区文化产业发展服务中心”，设立文化产业发展专项资金，建立文化产业专家库、文化产业联盟，连续举办“新光奖”国际原创动漫大赛、大学生文创·动漫嘉年华等活动，打造唐妞、唐富贵、秦风小子等一批原创动漫IP，建成国家级文化产业示范园区1个、省级文化产业园区（基地）和“十百千”工程示范基地17个，建成喜马拉雅“有声图书馆”85个。

碑林区贯彻习近平总书记“办一届精彩圆满的体育盛会”的重要指示精神，全面落实“简约、安全、精彩”理念，成立碑林区中华人民共和国第十四届运动会执行委员会，组织发动志愿者7000余名，高标准落实赛事组织、服务接待、安保维稳、疫情防控等各项任务，举全区之力保障“十四运”火炬传递、开闭幕式、马拉松、女子足球、地掷球等赛事活动圆满举办。提升改造陕西省体育场并承担“十四运”女子足球、马拉松、地掷球赛事项目，建成大中型全民健身场地4个。广泛开展“全民全运·全运惠民·我要上全运”等群众文化体育活动78场，建成359条全民健身路径和4个全民健身场地，碑林区获“2017—2020年度全国群众体育先进单位”。

◆**卫生** 2021年，碑林区坚持常态化精准防控和局部应急处置有机结合，全力以赴进行流行病学调查、密切接触者摸排转运、疫源地消毒、采样送样检测、复工复产指导、疫情保障等各项工作。强化聚集性疫情应急处置培训，全年举办新冠肺炎疫情防控演练3次，疫情防控物资库常备常新。按照西安市“重点人群优先接种”“应种尽种”原则，辖区常设新冠疫苗接种点27个，临时接种点5个。10月15日，启动新冠疫苗接种第三针加强针接种。年底，累计接种1253760剂次。中国疾病预防控制信息系统已覆盖辖区二级以上综合医院、社区卫生服务中心、高校医院、卫生行政部门、卫生监督机构共38个点位，传染病疫情和突发公共卫生事件实时在线网络直播。驻区医疗机构“西安市第九医院”改扩建项目和“碑林区公共卫生中心”新建项目开工建设；“碑林区太乙路第二社区卫生服务中心”挂牌运行，建筑面积4031平方米、设置康复病床50张，医护人员92名，覆盖辖区7个社区居委会，服务人口6万余居民；西安市卫生健康委员会复审“张家村交通社区卫生服务中心”“太乙路第二社区卫生服务中心”“优质服务基层行”活动基本标准单位；“碑林区疾病预防控制中心PCR实验室”完成市级审核备案；新建“李家村万达广场流动献血点”“长安路中贸广场献血屋”献血点，由西安市中心血站进行特殊标识。开展医疗市场整顿和规范，全覆盖执法监督检查医疗机构1018户次。其中发现存在违法违规执业的医疗机构33所，立案33件，结案31件；对6名执业医师的违法执业行为给予警告；对72所医疗机构执业过程中的不良执业行为予以记分。开展打击非法行医活动，全年组织打击非法行医专项整治行动9次，取缔非法行医16户次，立案16件，结案7件。加快中医药事业发展，支持辖区各机构发展特色中医服务，推进碑林区中医医院建设，西安交通大学医院上报西安市中医药科研项目2个。建立医疗联合体业务协作，通过1个医疗集团和2个医联体向社区卫生服务机构累计派驻医务人员362人次，共接诊患者9161人，累计上转病人1969人；下转88人。开展义诊活动104次，受益8351人。强化医疗人才支撑保障，与高校医学类应届毕业生签订协议13人，招聘卫生类事业工作人员30人，招聘高层次及紧缺人才11人。使用陕西省签约服务监管平台，家庭医生签约重点人群77668人。建立老年居民健康管理档案，全区65岁及以上老年人体检28151人，建立居民健康档案629292份；全区医疗机构“五免”惠民服务减免费用314778.4元；全力做好计生服务工作，全年全区共出生3582人，其中二孩出生1151人，人口出生率为2.22‰，出生人口性别比为114。推进3岁以下婴幼儿照护服务，定期监督指导托育机构，开展“科学育儿知识宣传教育活动”，推荐4所托幼机构为“西安市星级示范托育创建单位”。持续做好关爱高龄老人活动，全年全区累计发放高龄保健补贴5000.926万元。

◆**劳动就业和社会保障** 2021年，碑林区建立“稳就业态势感知服务平台”，开展就业招聘活动38场，发放创业担保贷款6917.7万元，城镇新增就业16212人。签约建设碑林区养老院，完成建设街道综合养老服务中心3个，提升改造社区养老服务站27个。持续优化救助流程，发放低保金3773万元、临时救助金353万元、医疗救助金342.73万元。持续推进乡村振兴，投入帮扶资金489万元，完成帮扶项目9个。推进社区整体协同和居民小区分类精细化治理，成功创建3个省级“和谐示范社区”，环南路社区获评“2021年全国示范性老年友好型社区”。推进“放管服”改革（“放”即简政放权，降低准入门槛；“管”即创新监管，促进公平竞争；“服”即高效服务，营造便利环境），建设标准化基层便民服务站点，建成“碑林智慧政务标准化引导平台”，推出180个“一件事、一次办”套餐，95%的事项“网上办”，352个事项“掌上办”，单位和个人开办企业实现30分钟办结，在全市率先试点企业登记“同城通办”，承担“省内跨市通办”业务，其中49项审批事项异地可办，政府投资和社会投资项目审批时间分别压减至60个和35个工作日以内。

◆**新型冠状病毒疫情防控** 2021年，碑林区坚守“人民生命至上”理念，全力打赢疫情防控的阻击战。年底，面对突袭而至、来势凶猛的新冠肺炎疫情，建立扁平化指挥体系，成立碑林区疫情防控指挥部，先后设立“1办20组”和9个临时党委、139个临时党支部。实施最严格的管控措施，集结5600余名医务工作者、机关干部、社区人员、志愿者逆行出征，全力以赴开展疫苗接种和核酸检测，控制传染源、切断传播链，以最快速度阻断病毒传播、以最大力度落实防控措施、以最暖温度服务保障群众，创新实施“双链双闭环”举措，构建“一站引领、三长筑基、三包联动”模式。落实“四早”（早发现、早隔离、早报告、早治疗）要求，压实“四方”（属地、部门、单位、个人）责任，科学划定并动态调整封控区、管控区，统筹调度医疗资源、隔离酒店、防疫物资，“战e康”系统在全市推广，实现筛查、流调、转运、隔离等各环节高效无缝衔接。坚持用心用情用力解决群众就医用药需求，打造“碑林集配”保供模式，有力保障物资供应“大动脉”和社区配送“微循环”安全畅通，分批、有序组织6.1万名高校学生顺利返家。

（碑林区方志办）

中共碑林区委、人大、政府、政协、纪委

区委书记 刘其智
副书记 马　翔
区人大常委会
主任 阮　波
副主任 吴　耀　林　娣（女）　张立华　何　文
区长 马　翔
副区长 聂文斌　张学东　张　武　朱　敏　张　熠（女）
区政协主席 柴跟科
副主席 张　瑜（女）　顾建军　周格杏（女）　孔维岳　惠　鸣
区纪委书记、监委主任 吕新海

莲湖区

◆**概况** 莲湖区位于西安市中心的西部和北部，东以四府街、琉璃街、北大街、北关正街、龙首村东侧一线与碑林区、新城区接壤；南以南护城河南岸、南二环路西段、科技路西段一线与碑林区、雁塔区毗邻；西以西户铁路线与雁塔区、未央区相连；北以龙首北路、梨园路、古汉城南垣以南一线与未央区接界。

2021年，辖街道办事处9个，社区131个。全区总面积38.5平方千米。户籍人口781039人，271412户，男女性别比为95：100。人口出生率为8.36‰，死亡率为2.19‰，自然增长率为6.17‰。人口密度每平方千米20287人。域内有43个民族，共3.55万人。

◆**重点项目建设** 2021年，莲湖区市级重点项目完成投资140.5亿元，占年计

2021年4月30日，陇海线铁路主题公园建成投用

划投资126.88%；区级重点项目完成投资198.56亿元，占年计划投资129.26%。制定重点项目推进方案、考核办法、前期策划生成管理办法等制度文件，建立攻坚项目月度任务清单，对52个在建项目、39个攻坚项目、59个“城市疤痕”项目每月调度研判，莲湖第一学校、陇海铁路主题公园等攻坚项目建成投用，桃园一坊棚改等33个“城市疤痕”项目完成问题整改。

◆招商引资 2021年，莲湖区签约项目10个，签约金额125.06亿元。其中，50亿元以上项目1个；10亿元以上项目项目5个。引进西安中际直播基地、西安小老虎文化传播有限公司、良道好物文化传媒等网红经济新兴企业入驻莲湖区商务楼宇。引进融通西安分公司、三博脑病医院、同华心身康复医院等9家企业落户莲湖。包装策划58个招商项目。其中，开发建设类项目12个；产业发展类项目33个，涉及文化旅游、现代商贸、现代金融主导产业和科技服务、健康服务特色产业；公共服务1个，为多层级品质化养老服务PPP项目；商务楼宇项目12个。引进外资企业12家，分别为：陕西源汇门贸易有限公司、西安凤凰飞进出口贸易有限公司、陕西施艺康养健康管理有限公司、西安庭为信息科技有限公司、西安阿玛卡贸易有限公司、富吉电梯有限公司、西安北魁全息光影有限公司、星火商业管理（西安）有限公司、西安盈创体育有限合伙企业、细胞马拉松健康管理（西安）有限公司、陕西禾忆餐饮品牌管理有限公司、西安利君健康制药集团有限公司。实际引进内资30.6亿元，完成全年任务的130.77%，利用外资10849万美元，完成全年任务的100.45%。

◆商贸、旅游 2021年，莲湖区举办“莲湖有腔调”品牌文旅活动55场，开展“千年古都·常来长安”“全民全运·同心同行”等宣传活动200场次，开展文旅市场“百日促消费”活动，搜集各类促销活动措施30条，开展非遗、博物馆等“五进”活动60场次，惠民演出72场。建设“百步一景、一景一标识”文化旅游标识工程108个。成功创建广仁寺为国家级4A级旅游景区。推出“城市沙滩”冲浪节、“日落寻音”电子音乐节、“为爱发声”七夕音乐会等夜间文旅活动，开展“隐市”“丝路啤酒嘉年华”等夜间品牌活动，推出夜游线路2条，研学旅游线路3条，创建“夜宿莲湖”“夜尚莲湖”“夜潮莲湖”等夜游经济发展新场景。组织开展风味“莲”年、踏青文旅消费季、“都市之心”民宿节、时尚运动季等“莲湖有腔调”系列文旅促销活动100场次，被《人民日报》、今日头条、西安发布等媒体报道50次。

◆教育、科技、卫生、文化 2021年，莲湖区新建、改扩建校园3所，新增学位3405个。实施校园维修改造和设施设备配备项目55个，完成学校“新优质学校成长计划”项目15所。招录教师189人。新认定市级“名校+”教育联合体6个，总数达到17个。引进区外优质资源联合办学，组建跨区域“名校+”2个，西工大附小已接管报恩寺街小学1年级3个班，铁一中与莲湖区第一学校开展“云课堂”。

新增国家高新技术企业137家，科技型中小企业评价入库404家。开展“产学研协同创新对接活动”17场。推进科技成果就地转化项目38个。规模以上工业企业新产品销售收入占比达到35%以上，完成年度目标任务。规模以上工业企业R&D投入强度3.49%，完成技术合同交易额50亿元。新增市级众创空间2家，市级科技企业孵化器3家，开展创新创业活动100余场。

完善疾病预防控制体系，建立健全区、街、社区三级疾病防控网络，编制《西安市莲湖区提升疾控能力建设三年行动计划（2022—2024年）》。建立区、9个管理片区（街道）、131个管理网格（社区）三级网格防控服务管理体系，开展疫情摸排、核酸采样等工作。建立密接人员闭环管控机制，将密接人员管理中的任务派遣、流调、隔离管控、健康管理、数据统计等步骤全程信息化。加强流调、转运、核酸采样、酒店专班、一场五站、消杀等“六支队伍”力量，组建疫情应急小分队，确保出现紧急情况，第一时间出动。将10个社区卫生服务中心托管给三级医院，设置家庭医生工作室94家，“5+N”〔5：全科医生、护士、公共卫生专干、健康管理师、卫生健康专干；N：健康指导

莲湖区2021年经济与社会发展主要指标

指　标	单位	数量	同比增长率（%）
地区生产总值	亿元	831.08	0.3
地方财政一般预算收入	亿元	40.04	15.2
地方财政一般预算支出	亿元	39.40	-5
全社会固定资产投资额	亿元	—	-23.2
社会消费品零售总额	亿元	518.55	7.5
规模以上工业增加值	亿元	—	-8
实际使用外资	万美元	10849	4.3
实际使用内资	亿元	30.60	-65.1
城镇居民人均可支配收入	元	53816	7.3

员、医联体牵头医院、专科联盟（协会）医务人员）家庭医生签约服务团队150个。新建区公共卫生服务大楼，面积2.7万平方米。

不断提升公共文化服务体系建设质量，建成街道综合文化中心9个、社区综合文化服务中心121个，文化馆在第五次全国评估定级中确定为三级馆，图书馆（华为云）正式对外开放。更新、安装健身路径109套，安装全民健身路径健身器材455套，建成全民健身标杆社区6个、全民健身园区1个、室内健身房2个、国民体质监测站1个，监测点4个。

◆城市管理 2021年，莲湖区完成西大街、北关正街、西二环等“17+25”重点线路7个方面的整治提升，完成大兴西路、自强西路综合整治提升，完成背街小巷改造185条。北大街获评全市“十大最美街道”，冰窖巷、西北一路获评全市“十大最美街巷”。完成12条道路183个点位34.3万平方米外立面改造。完成9条道路332栋楼宇、2处街景、2座人行天桥、2座高架桥的夜景亮化。改造提升城市街景设施1560件、人行天桥7座，粉刷临街围墙1万米，油饰各类城市街景设施3645件，接续道路无障碍设施220处。修补人行道1170处，铺设透水地砖2.25万平方米，更换市政井篦子141座，安装止车石4600根，粉刷94条道路道牙石8.5万米。拆除违章建筑280处27万平方米，整治房屋红、蓝屋顶540处。开展城市卫生“大擦洗、大冲洗、大清理”活动104次，清运垃圾2781.76吨。检查公厕6000座次，督促整改问题5000处。修剪绿篱23.2万平方米、乔木5100株、草坪13万平方米，补栽绿篱小苗15.5万株、乔木320株、地被植物4800平方米。新建提升绿地广场、口袋公园14个，新建绿道5.8千米，新增绿地8.91万平方米、提升绿地6.75万平方米。全年检查建筑工地6903家（次），处罚23家，检查清运车辆4360台（次），处罚199台（次）。全年收获优良天数263天，比上年多10天。

◆劳动就业和社会保障 2021年，莲湖区城镇新增就业17545人，城镇登记失业率3.6%，发放租金补贴912户。建成区级养老服务中心1家，总投资1.4亿元。建成街道综合养老服务中心4个，新增养老床位1221张。发布企业招聘信息4906条，个人求职信息8544条。组织各类招聘会63场，组织企业2488家，提供招聘岗位112324个，达成就业意向8034人。开展“职业技能提升专项行动”，全年培训11361人，其中重点群体7194人，企业职工4167人。组织232家企业、8726人参加以工代训。拨付重点群体补贴328.06万元，拨付企业职工补贴359.55万元。发放技能提升补贴2838人次396.90万元。为13家企业发放各类就业补贴254人次、117.34万元。组织高校毕业生参加SYB创业培训2201人。发放创业贷款240笔、7268万元。其中个人创业贷款229笔、4305万元，小微企业11笔2963万元。为全区参保企业减少失业保险费10.53万户（次），共计9293.98万元，为企业减少工伤保险费10.75万户次，共计1468.31万元。为1424户参保企业发放失业保险稳岗返还补贴资金5480.64万元。

◆新型冠状病毒疫情防控 2021年，莲湖区区级领导下沉街道，扁平指挥，建立“链长”制，科学划定管控区6个、封控区57个，指定隔离酒店32个，集中隔离5843人，坚决阻断疫情外溢。设立定点医院9家，保供点96个，配备送医爱心车38辆，组建采购队306支，发放免费蔬菜53.6万份。5.5万名白衣天使、党员干部、社区工作者、志愿者和保障人员昼夜奋战在抗役一线。针对旭景新港、西航学院沣惠校区出现的疫情，做好转运隔离工作，加强城中村、冷链冷库等关键部位风险管控，遏制疫情扩散。第一时间处置方欣市场进口海鲜产品外包装检测阳性问题，人员核酸检测3684人次，物表核酸检测586批次，做到不漏一人、不漏一批。妥善处置大连、重庆、澳门、“甘肃旅行团”、“D2746次列车”等确诊病例涉及莲湖摸排管控检测，设置检测点位200个，组建5支8000人检测队伍，4天内完成全员核酸检测103.92万人次。205名确诊患者康复出院。

（莲湖区志办）

中共莲湖区区委、人大、政府、政协、纪委

区委书记 张　涌
区委副书记 王永杰　尤　骁
区人大常委会
主　　任 吴俊毅
副 主 任 白秋分（女，回族）
屈静珍（女）　孙立明
孙广卫
区　　长 王永杰
副 区 长 上官拥军　肖红亮
董　旭　缪宝辉　张　炜
傅　强　薛　凯
区政协主席 刘永毅
副 主 席 高贵林　孔令国　刘庆明
阎光辉
区纪委书记、监委主任 周兴鹏

灞桥区

◆概况 灞桥区是西安市6个主城区之一，位于西安城中心东部，因境内有始建于秦汉时期的灞河古桥而得名。辖区东与临潼区、蓝田县接壤，南与长安区为邻，西与雁塔区、新城区、未央区相连，北与高陵区隔渭河相望。南北长32.5千米，东西宽25.9千米，总面积324.3平方千米。

2021年，灞桥区辖街道办事处7个，社区76个，行政村75个。全区常住人口59.92万人，人口出生率为7.65‰，死亡率为7.58‰，自然增长率为0.07‰。全区城镇化率99.27%。区域内有43个民族，共7164人。

◆农业与农村经济 2021年，灞桥区始终聚焦“农业强、农村美、农民富”目标，全年粮食产量1.0335万吨，蔬菜产量5.26万吨，果业产量8万吨，新建设施果业4.67公顷，完成粮食种植面积2024.53公顷，农村常住居民人均可支配收入21385元，比上年增长10.5%。做强“灞桥樱桃”“灞桥葡萄”品牌，成功举办2021“灞桥樱桃”宣传推介暨采摘文化旅游节活动、“灞桥葡萄”线上宣传推广活动，网络销售樱桃1560吨，线下寄送樱桃700吨，销售额9040万元。注重新型经营主体培育，新发展家庭农场8家，规范化提升农民专业合作社10个，评定区级示范家庭农场4个，合作社4个。稳步实施宅基地管理改革，在杜陵、南大康等5个村打造闲置宅基地和闲置农房盘活利用试点。持续深化集体产权制度改革，建成区、街、村三级产权交易体系，打造12个村社“农村集体三资三化管理平台”银农直连试点，完成土地流转备案面积39.43公顷，实施8个村整村授信5.65亿元，“空壳村”全面消除。把防返贫动态监测和帮扶工作作为重大政治任务，制定实施《灞桥区关于实现巩固拓展脱贫攻坚成果同乡村振兴有效衔接的实施方案》，明确巩固“两不愁三保障”（不愁吃、不愁穿，义务教育有保障、基本医疗有保障、住房安全有保障）成果、健全社会兜底保障体系、强化项目资产管理等重点任务，实施乡村特色产业发展、脱贫人口稳岗就业、农村基础设施和公共服务提升、教育服务改善、基本医疗优化、重点帮扶和示范引领等六大行动，1778户5424名建档立卡户稳定脱贫。组建2040余人的村级防返贫监测网格员队伍，成立防返贫监测工作专班，

灞桥区2021年经济与社会发展主要指标

指　标	单位	数量	同比增长率（%）
地方生产总值	亿元	606.85	7.7
地方财政一般预算收入	亿元	20.12	8.0
地方财政一般预算支出	亿元	29.67	-20.1
全社会固定资产投资额	亿元	—	0.3
社会消费品零售总额	亿元	530.32	2.6
规模以上工业增加值	亿元	—	5.9
实际使用外资	万美元	9630	4.7
实际使用内资	亿元	15.39	25.67
城镇居民人均可支配收入	元	45389	7.6
农村居民人均可支配收入	元	21385	10.5

持续做好对东风村等退出村、脱贫人口、“三类人员”监测对象动态监测与后续帮扶工作，区街村三级联动防返贫动态监测和帮扶机制建立健全。争取市级乡村振兴衔接资金680万元、安排区级衔接资金265.73万元，用于支持农村安全饮水提升、基础设施和人居环境提升、脱贫劳动力公益专岗、脱贫户助农保、脱贫户产业提质增效等到户到人帮扶项目。

◆工业　2021年，灞桥区立足“产业强区”目标，大力发展以产研融合为路径的新型纺织产业、以军民融合为特色的高端装备制造业、以国家分子医学转化科学中心为引领的生物医药产业，实施3年培优行动，设立产业发展基金和“专精特新”科创基金，从项目、资金、人才、服务等方面为灞桥区科技创新发展提供强大政策支撑。持续推进第四军医大学、西安北方庆华机电有限公司等9家军工企业和“民参军”企业（民营企业利用民用先进技术参与国防建设，其中包括民用技术转军用、民营资本进军工和民营企业产品进军队）共计11个军民融合重点项目，积极实施“一带百、百帮一”行动，支持区内军工单位加强上下游协作，累计带动配套企业400家，军民融合产业协作与配套能力不断提升。促成西安泵阀—西安交大技术研究院挂牌成立，联合西安工程大学、陕西省纺织科学研究院、北京华体世纪体育场馆经营管理有限公司等13家成员单位成立“新型纺织产业联盟”，促进灞桥区纺织产业技术创新水平新提升。组织召开首届“纺织工业产品协作配套对接会”“秦创源建设双链融通对接会”，组织产学研金对接会5场，参与推进科技成果就地转化项目6项，进一步加强区内工业企业之间互动，着力打造纺织服装等工业产品“区内循环”。

◆招商引资　2021年，灞桥区以产业招商为主线，开展以商引商、专业招商、技术招商、人才招商，坚持招商引资和招才引智相结合，围绕高端装备制造、生物医药、新型纺织、现代服务业、文化旅游、体育健康等主导产业建链、补链、强链，进行“双招双引”（招商引资、招才引智）活动298次，赴北京、上海等地开展上门招商活动4次，成功举办专场推介活动等投资促进活动5场。全年新注册外资企业6家，引进产业项目15个，合同引资152.68亿元，其中10亿元以上项目6个，涉及先进制造、生物医药、文化旅游、新型纺织、现代服务业、物联网等重点发展产业。引进华为技术有限公司、中国铁道建筑集团有限公司、中国交通建设股份有限公司、中建国际建设有限公司等知名企业入区发展，航天四院航天动力产业园项目、空天智联与协同创新建设项目、晖石能源氢氦产业基地项目、金翼智能制造创新应用示范基地项目、温控食品智慧冷链项目等重点在谈项目有序推进，为打造优势明显特色鲜明的现代产业体系提供有力支撑。

◆城市建设　2021年，灞桥区以迎中华人民共和国第十四届运动会为契机，提前2个月完成绕城高速周边8个片区11个村拆迁任务，同步启动安置楼建设，刷新“灞桥速度”，在全市督查考核中位列第一。狠抓城市建管，全线贯通“三河一山”绿道35.17千米、建成投用驿站13座，灞河生态蓄水工程完成两座拦水坝建设，灞河综合治理稳步推进。提升整治“17+25”重点线路6条，完成东城大道、世博大道、绕城高速等新建绿化和绿化提升，新增提升绿化200余万平方米，改造人行道及道路黑化22条，维护市政道路设施31条。生活垃圾分拣中心项目建设顺利，南程村城改、席王五村城改等项目稳步推进，1.7万名群众已顺利回迁。圆满完成纺建路、向阳巷等13条背街小巷改造。全年新建公厕13座，提升改造公厕7座。完成春晖广场、锦带广场等9座公园广场建设。落地5条道路通信架空线。高标准完成东三环、长乐东路等6条重点线路环境整治。建设17条雨污水管道、清理30条市政道路冗余线杆、提升退界区景观，显著提升城市环境。依法依规处置11万平方米违法建设，整改“蓝红色彩钢屋顶”超过260处80万平方米。清理取缔违法占道（出店）经营1.5万余处次，规范门头牌匾160余个，配置光交箱、配电箱、保洁员工具箱等城市家具1600余个，开展“大冲洗、大擦洗活动”70余次，冲洗道路8900余次，城市精细化管理水平不断提升。

◆美丽乡村建设　2021年，灞桥区以“净美灞桥”为主题，持续推进农村人居环境提升，加快农村基础设施建设和村容村貌提档升级，全区68个行政村全部达到干净整洁示范村标准，全域建成美丽宜居村庄25个，狄寨“连片四村展示”、席王“北坡三村环线”、洪庆“农家乐提升”美丽乡村连片示范带动成效初显。以立面提升、污水治理、绿化美化、小景观建设、乡风文明展示为重点，全域推进42个美丽乡村建设，打造全新美丽乡村风景线，乡村“颜值”不断提升。获全国村庄清洁行动先进县、陕西省农村人居环境整治三年行动先进集体，鲍旗寨村、歇驾新村荣获村庄清洁行动省级先进村称号，杜陵村被评为第二批全国乡村治理示范村。全市“农村人居环境整体提升五年行动部署暨迎十四运村庄清洁行动推进现场会”在灞桥区召开。

◆生态环境治理　2021年，灞桥区以“守护绿水青山，建设最美城区”为目标，全力打赢蓝天碧水净土青山保卫战。制定下发《灞桥区“生态西安”建设工作实施方案》，大气污染治理、水污染防治、土壤污染防治、城市功能完善、环境能力建设等各项任务进展顺利。持续巩固秦岭违建整治成果，整治秦岭“五乱”（乱搭乱建、乱砍滥伐、乱采乱挖、乱排乱放、乱捕乱猎）问题18个，完成生态红线划定和秦岭保护区勘界立标，洪庆山森林覆盖率达72%。编制实施《灞桥区湿地保护规划》，形成6.75平方千米国家生态湿地。加快推进全域治水，白鹿原水生态中心主体工程完工，生活垃圾无害化处理热电项目建成投用，建成灞河左岸农防段提升项目堤防8.6千米、浐河右岸河堤景观提升项目4.5千米。加快农村污水治理，百花岭村、白蟒村等4个行政村累计铺设污水管道54.16千米。全年空气优良天数达到267天，比上年增加7天。

◆教育 2021年，灞桥区持续深化教育惠民理念，全面落实学前、义务、高中、职业、大学各学段学生资助政策，全区共受益14.38万人次。“名校+”工程深入推进，新组建3个市级“名校+”，实现中小学、幼儿园“名校+”全覆盖。教师队伍素质大幅提升，累计培训教师2.14万人次，培养各级骨干教师133人，教育教学治理稳步提升。校园安全防线不断筑牢，创建省、市级“平安校园”3所，校园安全“三个100%”工作稳步推进。创建市级智慧校园4所，市级创客应用示范校3所，市级创客实验室10个，完成智慧黑板100台，教育现代化步伐不断加快。严格落实“双减”（有效减轻义务教育阶段学生过重作业负担和校外培训负担）政策和“五项管理”（作业、睡眠、手机、读物、体质管理），推进“营改非”（把营利属性改成非营利属性）进度，压减义务段学科类校外培训机构数量，校外培训机构整体平稳。承办市级小学数学联合教研、小学英语学科教学研讨和西安好课堂等现场会7场。

◆卫生健康 2021年，灞桥区以“实现好、维护好、发展好人民群众健康权益”为目标，积极推进省、市级健康机关、健康家庭、健康社区、“健康细胞”等创建工作。医疗服务水平明显提升，持续完善“互联网+三医联动”健康服务体系和社区卫生网络建设，为辖区群众提供方便快捷的就医服务，组建“五大中心”区级质控体系，多门类、全覆盖地进行质控监管。深化医改重点任务进展良好，积极推进分级诊疗，持续深化医联体、医共体建设。巩固完善基本药物制度，持续推进“4+7”试点工作，强化处方管理。发挥“三医联动”平台和云巡诊车作用，全力做好公共卫生、远程医疗、培训等工作。深入推行家庭医生签约服务，落实重点传染病专病专防策略，疫苗追溯和冷链监测系统覆盖全区，公共卫生服务能力不断增强。全面落实计生奖励扶助政策，实施母婴健康安全行动，全面推行免费婚前检查、免费“两癌筛查”、产前筛查和新生儿疾病筛查，重点人群健康保障有力。

◆文化旅游 2021年，灞桥区深入推进文旅、农旅融合，举办樱桃采摘节、迎中华人民共和国第十四届运动会倒计时100天健步走等大型活动9场次。建成灞桥文旅多媒体资源库、图书馆武警机动支队分馆、纺织公园城市书房等，公共文化服务供给持续优化。完成白鹿之隐温泉集装箱民宿、舒适型民宿隐岭民宿等4家精品型等级民宿创建，隐岭民宿、白鹿之隐温泉集装箱民宿被评为“服务十四运　奉献我的城”最美民宿。持续擦亮文化品牌地标价值，讲好“陈忠实·白鹿原”故事，挂牌成立“白鹿原非遗基地”，为20个非遗项目授予“灞桥区非物质文化遗产传习所”，在白鹿仓景区建立“文化创意联合体”，指导崔振宽美术馆争创市级文化产业示范基地。非遗项目“泥叫叫”亮相中央电视台，“竹篾子灯笼编织技艺”代表陕西省参加第五届中国非物质文化遗产传统技艺大展。全年累计接待游客1196万余人次，实现旅游收入56亿元。

◆安全与信访 2021年，灞桥区坚持以人民为中心，稳步推进安全生产专项整治3年行动，扎实开展安全隐患“大排查大整治”活动，排查企业2164家，整改隐患1140个，安全隐患“动态清零”。狠抓防灾减灾，分解细化防灾减灾重点任务工作，提前做好雨情汛情的防备工作，加密预警预报，关注城市内涝，不定期排查易积水路段、浐灞河道、洪庆山区、水库、地质灾害隐患点、危旧房屋等防汛要点，储备防汛抗旱应急抢险救援各项物资，确保全区安全度汛。加强应急管理体系建设，完善应急预警系统和预警信息通报制度，实现与省、市平台互联互通，全年开展专项演练7场次。积极推进首批全国综合减灾示范区创建试点、全国自然灾害综合风险普查试点和国家安全发展示范城市创建工作，各项风险普查试点任务全部完成。

不断深化信访工作制度改革，强化信访问题源头治理，坚持矛盾纠纷日交办、周分析研判制度，重要节点、敏感时期坚持日排查、日研判，及时妥善应对各类突发性事件。规范网上信访业务受理办理，实现信访事项处理过程全公开，保证群众合法权益。共接待来访群众355批2273人次，办理网上信访事项2773件，被评为2021年度全市信访工作优秀单位。严格落实区级领导包案制度，对中、省、市信联办交办的31名重点人员，逐一交由区级领导进行包案，区级领导共接访25批28人次，化解信访事项13件。制定下发《开展矛盾纠纷大排查大化解活动工作方案》，围绕房地产烂尾、拆迁安置、失地农民养老保险、村务管理等重点问题进行全方位排查，积极化解，切实做到信访稳定工作常抓不懈。

◆社会保障 2021年，灞桥区扎实开展“我为群众办实事”实践活动，承诺的20件民生实事全部兑现。学校建设步伐加快，全年完成9所学校新建改扩建工程，增加校舍建筑面积8.94万平方米，新增学位5080个，东城第二学校等一批优质学校建成开学。加快推进区中医医院迁建、区疾病预防控制中心、十里铺骨科医院等项目建设，建成紧密型医联体2个、城市医疗集团1个。启动3个街道级综合养老服务中心、5个居家养老服务站、400张新增床位建设。全面落实医疗保障各项待遇政策，支付医保基金3.92亿元、生育津贴1384万元，发放医疗救助金220.76万元。发放创业担保贷款4780万元，开展各类招聘活动17场次，提供就业岗位90000余个。发放廉租住房租金补贴133万元，人才公寓累计保障109户，完成560户实物配租家庭三年资格重新认定。

◆新型冠状病毒疫情防控 2021年，灞桥区坚持“外防输入，内防反弹”总策略，扎实落实省、市各项决策部署，提高应急处置能力，全力做好新冠肺炎疫情防控各项任务。年底疫情发生以来，全区4600余名白衣战士逆行出征，3200余名机关干部下沉一线，1400余名志愿者主动请缨，70余万名群众守望相助，组织完成2512名B、C类密接隔离管控，部署全员核酸检测、重点区域核酸筛查各12轮，累计筛查759万人次，用不到半个月时间实现每日确诊病例零新增，确诊的27人全部治愈，坚决打赢疫情防控的阻击战。建立区、街、村（社区）三级民生保障平台，开通市民专线，有效保障群众生活和就医需要，适时推动复工复产，制定出台《关于支持复工复产企业的十条措施》，得到各界一致好评。

（灞桥区方志办）

中共灞桥区委、人大、政府、政协、纪委

区委书记 苗志忠
副书记 邹晓刚　李连永
区人大常委会
主任 姜　旭
副主任 辛　华　朱　列（女）　李正升　袁　焱
区长 邹晓刚
副区长 徐　超（常务）　孟　超　袁　萍（女）　郭建荣　薄盛春
区政协主席 韩孝民
副主席 李剑君　肖晓宁　周　媛（女）　李养生
区纪委书记、监委主任 王　伟

未央区

◆概况　未央区东至灞河，与灞桥区为邻；西依漆渠河，与咸阳市秦都区交界；南隔龙首北路，与新城区、莲湖区毗连；北临渭水，与高陵区、咸阳市隔河相望；西南部与雁塔区、长安区接壤。因境内遗存汉未央宫而得名，意为“繁荣兴盛、不尽不衰”。

2021年，未央区总面积264.41平方千米。截至年底，在地口径常住人口158.83万人，自然增长率1.29‰，城镇化率100%；区属口径常住人口75.02万人，自然增长率0.07‰，城镇化率100%。年末全区在地口径户籍人口94.06万人（均为城镇人口），总户数30.91万户。全区男女性别比例为93：100。出生人口1.23万人，死亡人口0.10万人。

◆招商引资　2021年，未央区对全区城改安置商业进行全面摸底并建立招商台账，全区累计商务楼宇30栋，总面积227万平方米，空置面积48万平方米；城改底商46个，其中自管区28个，面积74万平方米，空置39万平方米；开发区18个，总面积40万平方米，空置10万平方米。通过主动上门推介，与市楼促会积极联动，举办推介会等形式，市区携手，集中发力，累计招引楼宇企业14家，消化楼宇面积21.5万平方米，占总空置面积的43.9%。围绕五大片区项目建设，走访深圳、福州、长沙等城市，学习发达地区建设发展经验。做实校地合作，与长安大学、西安交通大学、西安工业大学进行多次深入交流，推动创新机构、创业平台集聚未央。西安京东MALL、智秦高铁轮对检修项目实现当年签约、当年落地、当年营业。开展“建设新未央．共话数字港”“走进未央·畅想未来”“盘活资源、共谋发展”等活动17场，累计接待省内外客商超200人次。推出“未央慧招商”云平台，制作招商地图，推介招商资源，促进信息流通。全年实际引进内资30.60亿元，实际利用外资9750万美元，其中外商直接投资2500万美元。签约项目32个，累计签约金额310亿元。引进北京京东世纪贸易有限公司、中国大地财产保险股份有限公司等6家总部企业落户。盛龙广场、老三届首座、未央大厦A座、大明宫中央商务广场、百寰国际楼宇全口径税收均超1000万元。

◆工业　2021年，未央区区属规模以上工业主导行业包括饮料制造业、非金属矿物制品业、设备制造业。饮料制造业包括青岛啤酒西安汉斯集团有限公司，主要产品为灌装啤酒饮料，在全区工业总产值中占比42%。非金属矿物制品业有4家企业，主导产品有混凝土和干混砂浆，在全区工业总产值中占比36%。设备制造业有4家企业，主导产品有航空零部件、煤矿机械设备、金属配件、设备阀门等，在全区工业总产值中占比13%。区规模以上工业增加值238.22亿元，比上年增长9.8%。其中区属规模以上工业企业17家，完成规模以上工业总产值25.36亿元，比上年减少12.47%。全年新增规模以上工业企业1户。

◆项目建设　2021年，未央区未央湖片区，4村安置社区破土奠基；环大学产业规划加快编制。徐家湾片区，团结安置社区和基础设施建设全面铺开，文勘及文物发掘工作基本完成，全面完成31万平方米绿化任务，开工建设10条道路。未央路片区，枣园城市更新项目安置楼及配套学校开工，路网加快建设；京东超级体验店开业运营，西北有色金属研究院新材料创新中心动工建设。汉长安城片区，市级奖补5000万元支持遗址区拆除违建，投入3亿元组建西安汉长安城文化发展公司，由曲江团队斥资8亿元实施提升，未央宫遗址公园一期建成开园。六村堡片区，长安大学交通基础设施实验平台加快建设，未央国际科创中心工业园区项目积极推进，片区200公顷土地纳入国土空间规划。

◆城市建设与管理　2021年，未央区以迎中华人民共和国第十四届运动会为契机，提升城市形象。辛家庙立交等8座立交桥、朱宏路等4条快速路、元朔大道等7条城市道路全部建成，区域南北不畅、东西不通的难题彻底破解。17条涉“十四运”比赛线路环境全面提升，60条道路通信架空线全面落地、17条道路电力架空线基本落地，11条主干道路沿线269处楼宇、天桥全部点亮，39个绿化项目128.8万平方米绿化工程全部完成，城市面貌焕然一新。强力推进市容管控等10个城市精细化专项行动，拆除违规广告牌匾1.96万平方米，取缔占道经营5100余处，拆除违建74处43.9万平方米，城市环境更加整洁有序。

◆环境保护　2021年，未央区空气优良天数241天，质量综合指数和PM2.5、PM10平均浓度分别下降12.1%、28.1%、2.4%，改善率连续2年居关中64个区（县）前5位、全市第1位；414个雨污混接点改造、渭河未央段“三河一山”建设（“三河”指渭河、浐灞河、沣河，“一山”指秦岭山脉）等任务顺利完成，生态环境持续优化。

◆营商环境改善　2021年，未央区372项涉税业务实现“全程网上办”；开启企业开办和无仓储危险化学品经营许可“证照联办”秒批新机制；推出跨省通办“1+4”机制，打造与国际接轨的投资营商环境和政务服务环境；充分发挥司法审判职能作用，以“5+E”“双轨制”模式为基础，助力优化法治化营商环境。按照“建设标准化”“事项标准化”“服务标准化”全面打造未央区“1+10+N”三级政务服务体系，201个社区的便民服务室全部完成标准化建设；政务服务事项100%进驻大厅，可办审批类、公共服务类事项1041项，已实现170余项事项“跨区通办”“跨区联办”，最大程度地实现“三集中、三到位”和“一枚印章管审批”；建成全市首家离厅式便民办税点。

未央区建成新政务综合服务中心，西安办税服务中厅落户未央，在全省率先建成区、街、村（社区）三级社会治理中心。拆分新成立社区63个，新增社区工作者1023人。提升改造85个社区、37个村办公场所。实施党建引领“五大工程”（补钙铸魂、基层组织重塑、阵地建设标准化、市域社会治理、党建品

未央区2021年经济与社会发展主要指标

指　标	单位	数量	同比增长率（%）
地区生产总值	亿元	1437.23	3.7
一般公共预算收入	亿元	34.15	13.0
一般公共预算支出	亿元	39.03	5.1
固定资产投资额	亿元	—	-12.5
社会消费品零售总额	亿元	827.04	-9.1
规模以上工业增加值	亿元	—	9.8
实际使用外资	万美元	9750	3.5
实际使用内资	亿元	30.60	—
城镇居民人均可支配收入	元	50655	8.1

牌化），基层阵地全部达到“1厅4室1中心”（“一站式”服务大厅、党员活动室、图书阅览室、档案资料室、警务室、网格化中心）标准。健全“两代表一委员”联系群众机制和场所，政协徐家湾委员工作室获全国“杰出委员工作室”荣誉称号。

◆民生保障 2021年，未央区坚持站稳群众立场，用心用情用力办好民生实事。基础教育“三年任务两年完成”，14所新（改、扩）建学校完工投用，新增学位1.1万个。市三院二期、唐城医院二期、西航医院改扩建项目进展顺利，10个社区卫生服务中心加快建设（其中3个已建成）。10个街道综合养老服务中心强力推进（其中3个已建成），45个社区养老服务站建设和34个养老服务站改造全面完工，“中心+驿站+居家”养老服务模式被多地借鉴。逐一研判制定11个城改遗留问题项目处置方案，王家棚、牛王庙村顺利回迁，后村安置楼项目复工建设。龙翔花园、物资小区等9个老旧小区完成改造。投资4.2亿元，全面完成遗址区15条道路提升改造、26处涝池治理及17座雨污水泵站、23个村内污水管网建设工程，朱宏路沿线三官庙等4村自来水主管网改造竣工投用，主干道路沿线环境治理深入推进，遗址区面貌得到极大改善。

◆新型冠状病毒疫情防控 2021年，未央区坚持“外防输入、内防反弹”总策略和“动态清零”总方针，严守西安北站和汉城、未央北2个高速入口，打赢两轮疫情防控阻击战，在城六区均率先降为低风险区。广大党员干部冲锋在前，全体医务人员、公安民警、社区干部及志愿者众志成城、日夜奋战，合力打赢高校、城中村、居民小区、大型商超等防控攻坚战，12月30日全域实现“社会面清零”。（王　锋）

中共未央区委、人大、政府、政协、纪委

区委书记 杨建强
副书记 曹宝利
区人大常委会
主　任 陈伟华
副主任 袁晓莉(女)　张永亮　杨双梨
区　长 刘国荣
副区长 徐　斌　王建军　王小璞　王社信　王惠增　程希文　魏随康　杨永锋
区政协主席 杨　军
副主席 张广琦　李淑萍(女)　窦　芳(女)　王艳君(女)　赵发宝
区纪委书记、监委主任 卫志强

雁塔区

◆概况 雁塔区位于西安市主城区南部，东隔浐河与灞桥区相望，西跨皂河，南至少陵原和凤栖原北坡与长安区接壤，北以南二环路、建工路和咸宁东路为界与新城区、碑林区、莲湖区和未央区毗邻。东西长22.9千米，南北宽10.1千米。因境内拥有建于唐代的世界历史文化遗产大雁塔而得名。

2021年，雁塔区辖8个街道办事处、142个社区、45个行政村。全区总面积152平方千米，土地面积为15143.68公顷。根据第七次全国人口普查结果，雁塔区行政区划口径常住人口为2046737人。其中，男性人口为1034188人，占50.53%；女性人口为1012549人，占49.47%，性别比为102.14（以女性为100，男性对女性的比例）。雁塔区行政区划口径常住人口208.66万人，出生率8.83‰，死亡率6.61‰，自然增长率2.22‰，城镇化率100%。

◆农业与农村经济 2021年，雁塔区统筹做好乡村振兴、农业农村发展工作，开展周至县定点帮扶，向马召镇、厚畛子镇投入帮扶资金1039.7万元，向对口帮扶汉滨区拨付资金300万元，助力乡村振兴发展。协助厚畛子镇完成全国帮扶“832”平台上线工作。全区销售帮扶地区产品604万元，其中销售汉滨区农产品415万元，占比68.7%。全年消费帮扶超过880万元。发展壮大新型农村集体经济，开展农村集体资产年度清产工作，全面完成80个村（社区）干部经济责任审计。制定《雁塔区发展壮大新型农村集体经济促进城乡共同富裕的十一条措施》，从推行市场化经营机制、鼓励发展服务经济、支持“飞地”“抱团”发展等11个方面提出全区发展壮大集体经济的具体措施。探索经验、示范引领全区集体经济发展，成立8个村（社区）集体经济发展公司，授予全区发展新型集体经济示范点；协商招商银行西安分行、秦农银行雁塔支行，签订《金融助力乡村振兴战略合作协议》，银政合作、优势互补，重点从支持农村集体产权制度改革、支持农村信用体系建设入手，为全区集体经济发展和群众增收提供优质金融服务。实行最严格水资源管理制度，完成全区64个地下取水单位的专项整治工作，完成国家地下水位监测井二期22个监测点位的踏勘工作，对辖区农村供水设施，取水井周边环境进行安全检查，确保群众饮水安全，全年未发生农村饮水安全事件。开展野生动植物保护宣传，组织野生动植物科普宣传活动6场次，对野生动物疫源疫病监测点每周实地监测2次。设置野生动物医疗救治定点单位7家，2021年共救助白鹭、狍子、孔雀、大鲵等野生动物66只。

◆工业 2021年，雁塔区工业增加值完成303.77亿元，比上年增长4.3%。全年共完成规模以上工业总产值729.75亿元，比上年下降1.5%。区属完成工业总产值44.27亿元，占全区6.1%，增长1.1%；高新板块完成685.48亿元，占全区93.9%，下降1.7%。全区工业投资增速完成158%；工业技改投资增速完成81.4%；先进制造业产值增速完成34.19%。新增国家高新技术企业180家，全区国家高新技术企业总量从2016年的63家增加到456家，全区技术合同成交额完成700亿元，科技型中小企业评价入库达到346家，企业数量和技术合同成交额位居全市前列。21个重点项目顺利实施；新建高水平研发平台1个；JMRH（军民融合）服务机构数量达到7家；民口参与军工配套服务企业455家次；新增西安

雁塔区2021年经济与社会发展主要指标

指　标	单位	数量	同比增长率（%）
地方财政一般预算收入	亿元	49.3	30.2
地方财政一般预算支出	亿元	37.55	7.3
全社会固定资产投资额	亿元	—	-7.0
社会消费品零售总额	亿元	1139.2	-0.5
规模以上工业增加值	亿元	—	-0.6
实际使用外资	万美元	9631	6.1
实际使用内资	亿元	23.71	—
城镇居民人均可支配收入	元	55109	7.6

市JMRH企业16家；新增规模以上“军转民”企业2家；培育后备上市企业2家。持续对全区工业企业（含“散乱污”企业）开展安全隐患大排查大整治，配合区生态委做好十四运会及残特奥会期间工业源清单内企业管控等保障性工作，共巡查工业企业（含“散乱污”企业）643户次。抓好各类惠企政策落实，共审核上报各类资金补助及奖励项目共70批次，涉及企业333家，落实各类奖补资金5571.78万元。全年开展各类专题培训27次，培训企业600余家，走访调研100余家企业，收集发布各类政策措施200余条，发放“信易贷”宣传资料两千余份。全年共上传各类信用信息111198条，排查信用服务机构203家，其中严重违法失信主体13家。持续开展清理民营企业账款，全力降低企业运营成本。

◆商贸 2021年，雁塔区完成社会消费品零售总额1139.2亿元，完成外贸进出口总额40亿元，新增商业综合体2家。新增限额以上商贸企业23家，新增社区商业网点150家，新孵化电子商务企业10家，新增电子商务交易额过千万元企业1家。举办“2021雁塔消费季暨城市生活购物节”。携手西安国美举办“关爱医护人员专场福利消费活动”，开展“立丰城街区文化生活节主题活动”，启动“西安第五届新锐青年时装周暨西安大都荟服务十四运奉献我的城主题活动”，举办“盛世全运·畅饮雁塔”2021雁塔消费季暨雪花啤酒硬核狂欢节。指导辖区各大重点商贸企业开展20余场国庆促销活动，举办“消费在雁塔，直播送好礼”2021雁塔消费季·主力卖场“12·12”直播大促销活动。制定出台《西安市雁塔区促进重点消费百日行动实施方案》，促进消费回升和潜力释放。加大招引政策扶持，提出扶持奖励办法，招引总部型、首进店、连锁店等品牌知名商贸企业入驻。全年引进全国首店、西北首店、西安首店47家。小寨DCC·百盛西北首家HARMAY话梅店正式开业运营。以打造区域性品牌展会为目标，相继主办“雁塔国际樱花节”“雁塔毕业旅行季”等品牌会展活动，参与院校、双创机构、辖区企业300余家，参展观众近8万人。加强电子商务行业发展，培育壮大骨干示范电商企业。制定《雁塔区电子商务三年行动方案》，出台针对电子商务企业的奖扶政策，引导电商企业规模发展。

◆招商引资 2021年，雁塔区实际利用外资完成9631万美元，占年目标任务的102.46%。实际引进内资完成23.71亿元，占年目标任务的129%。2019—2021年丝博会签约项目完成开工注册率100%，资金到位率62.99%，竣工投产率44%。新设立外资企业15家。围绕产业发展招商主线，引进省属第二大国有企业陕西交通控股集团、陕西交控科技发展集团、分众传媒陕西总部、华为海洋区域总部、360西北总部等5家总部企业在雁塔区注册。制定《西安市雁塔区关于贯彻落实〈西安市加强统筹推进招商引资工作的实施意见〉的工作方案》《雁塔区外资企业服务体系工作方案》《雁塔区2021年招商引资工作实施方案》《西安市雁塔区加快招商引资项目签约落地管理办法（试行）》《西安市雁塔区招商引资工作领导小组工作会议制度》。策划包装重点招商引资项目42个。举办“雁塔区产业招商大会暨重点引资项目签约仪式”“驻陕协会走进雁塔招商推介活动”等招商推介专场活动。与华为、华为海洋、金地集团、远大集团、360集团、艺星集团、美莱集团、百度智能交通、坎德拉科技等行业企业开展招商推介120余场，接洽客商900余人次。围绕六大重点招引方向，相继赴江浙一带以及北京、上海、成都、厦门、南京、深圳、广州、长沙等城市开展电子技术、商贸、文化、养老、医美、教育等主题产业招商活动。围绕产业发展招商主线，大力开展总部企业招商引资。省属第二大国有企业陕西交通控股集团、陕西交控科技发展集团、分众传媒陕西总部、华为海洋区域总部、360西北总部等总部企业在雁塔区注册。依托省、市、区各类招商活动，组织40个产业合作项目成功签约，实现签约总额近380亿元。编印《雁塔区精准招商全国行业领军企业参考目录（2021版）》，制作《投资指南》《雁塔区招商项目册》等宣传推介资料。与“五大行”（中国工商银行、中国农业银行、中国银行、中国建设银行、交通银行）等国际知名咨询机构签订合作委托协议，借助国际资源开展以商招商，委托高力国际、普华永道等开展各类招商项目策划和咨询服务；与驻深圳办事处、驻上海办事处、驻北京办事处联合开展异地招商。落实外资项目落地协调机制和人才服务机制，推动宜家购物中心、华侨城文化中心等项目开工建设。常态化开展“双招双引”（招商引资、招才引智）活动，编制《雁塔区双招双引白皮书》，全年开展活动200余场。

◆重点项目建设 2021年，雁塔区印发《西安市雁塔区2021年重点项目计划》，谋划101个重点项目，年计划投资达到220.75亿元。开辟重点项目审批“绿色通道”，全市集中开工项目21个，65个区级重点在建项目完成投资250.3亿元，占年计划投资的113.4%，15个市级重点在建项目完成投资135.3亿元，占年计划的126.3%，三季度，在全市推进重大项目建设考核中雁塔区荣获全市城市品质提升组第一名。加快重点项目建设，多次召开推进会，研究解决手续办理问题，全力加快在建项目手续办理。严格落实区级领导包抓制、项目联络员制等各项机制，全力保障项目建设，四腾研发创新生产基地、区第三中学等一大批重点项目竣工投运。狠抓项目入库，召开项目入库专题会，培训入库最新政策，安排各街办、园区开展项目摸排，有针对性地解决入库难题。

◆教育、科技 2021年，雁塔区投资11.91亿元，新建中小学、幼儿园9所，增加学位供给9840个；完成雁塔区特殊学校建设，填补雁塔区无特殊教育学校的空白；新建雁塔三中，填补漳浒寨区域无中学的空白；雁塔三中、雁塔四小、雁塔六小、雁塔第二学校投入使用。深入实施“三名+”工程，承办西安市义务教育优质均衡发展创建“名校+”工程现场观摩会，新组建市级“名校+”教育联合体4个，市级“名师+”研修共同体10个，区级22个，市级“名校长+”领航研修共同体4个，区级10个，优质教育资源覆盖面持续扩大。推进教育人事制度改革，在全区74所政府办中小学、幼儿园、3个局属事业单位全面推行教师“区管校聘”管理改革，教师队伍结构不断优化。在2所新开办学校继续实施教师“全员聘用制”改革，扩大学校办学自主权，激发基层办学活力。确立9所“西安市2021年新优质学校成长校”，按照“一校一策”原则，制定3年提升方案和阶段性目标任务。累计投入资金2000多万元，改善学校办学条件。

以创新为引领，推进创新驱动发展。促成雁塔区人民政府与华为技术有限公司签订合作协议，推动“未来人工智能计算中心”项目顺利实施并顺利上线运营，算力达到300P，举办“秦创原·西安人工智能线上技术交流对接会”活动，超6000人参加，为全市大数据、人工智能企业提供普惠人工智能算力支撑。未来人工智能计算中心被认定为“陕西省秦创原创新驱动平台人工智能产业创新基地”。印发《西安市雁塔区政务信息系统打通和数据共享工作实施方案》，启动雁塔区新型智慧城市建设，建设“1+5+N+4”平台体系。初步建成城市运营指挥大厅并试运行，数字方舱、智慧城管、智慧养老等模块已建成交付，社会治理通过智慧管理更加有效。组织开展雁塔区第二十九届“科技之春”宣传月、“全国科技工作者日”、“全国科普日”、“雁塔少年科学院”夏令营等系列180余次。发挥科普中国E站科普信息化服务效能，推进全民科学素质提升，在22所社区科普大学教学点开展380场次科普讲座；发挥“科普大篷车”流动科技馆功能，走进校园开展活动9次；申报西安市2021年基层科普行动计划项目10个，获得资金支持31万元。依托陕西省西安植物园成立雁塔区公众科学素质与创新发展研究中心，发挥科普教育基地功能，开展科普共建活动30场次。

◆文化、体育 2021年，雁塔区开展各项文化活动，利用微信公众号、网站等平台开展党史教育、疫情防控、十四运、创文明城市等宣传活动。全年举办各类群众性文化活动、培训、讲座以及宣传展示展览共计250余次。组织开展“相约西安筑梦全运”2021雁塔区广场舞大赛、端午节非遗进社区、雁塔区2021年非物质文化遗产宣传展示文艺演出、西安国际马拉松城市嘉年华雁塔区分会场、中华人民共和国第十四届全国运动会田径马拉松比赛加油站、2021雁塔区群众才艺大赛、青年文旅辩论赛、雁塔区疫苗接种动员以及“学党史迎十四运”艺术名家走进雁塔文旅书画展、少儿美术研学、非遗传承、儿童公益快闪活动等文化活动；组织开展雁塔结绳香囊、瑜伽、太极、模特、西安剪纸、少儿防身术、文化专干等培训，开展各类讲座及展览，不断丰富辖区群众业余文化生活。线上开展迎新春美术作品展、摄影作品展。开展雁塔区文化馆非遗作品线上展系列活动九期、2021年雁塔区全民文化艺术节“我们的节日•中秋”线上主题诵读活动、“绘影长安”迎国庆“我与国旗合影”创意摄影作品征集活动、“群众大舞台有艺你就来”线上十佳群众歌手大赛等线上活动，同时在2021年雁塔区才艺大赛进行直播，不断丰富辖区群众精神文化生活。

推进体育建设，先后举办雁塔区干部职工五人制足球赛、雁塔区全民健身活动暨“舞动长安”2021西安市全民健身技能大赛雁塔区分区赛、“永远跟党走”2021年雁塔区全民健步走全民健身活动、2021年西安市老年人体育健身重点项目太极拳展示交流活动、第十四届全国运动会“倒计时100天”雁塔区全民健身系列活动等赛事活动。举办武术和健身球2期三级社会体育指导员培训班和2021年雁塔区广场舞培训班，共培养三级社会体育指导员200名。成立雁塔区体育指导员协会、雁塔区射箭协会、雁塔区围棋协会和雁塔区足球协会，红专南路社区获得2017—2020年度全国群众体育先进单位，雁塔区老年人体育协会获得陕西省基层老年先进单位。

◆旅游 2021年，雁塔辖区内有A级景区4家，分别为陕西历史博物馆、陕西自然博物馆、青龙寺遗址保管所、西安市大兴善寺。星级饭店4家，分别是东方大酒店、唐城宾馆、楼兰酒店和铁通商务酒店。旅行社总社71家、分社40家、门市部150家。节日前召开节日期间旅游工作相关会议，安排部署安全生产及疫情防控相关工作，召开旅游行业单位消防安全和法律法规知识培训会，与各旅游企事业单位签订安全生产责任书，加强旅游企业日常监管，定期对辖区内的星级酒店、景区景点进行日常巡查检查。整治旅游市场乱象，对重点区域，采取便衣摸排及联动执法的方式，对旅游市场环境乱象精准打击和查处，全年共出动执法人员50余人次，多部门开展联合整治行动10余次。提升“旅游厕所”管理服务，检查辖区内所有的旅游厕所及酒店对外开放厕所，共检查旅游厕所40余个。完善旅游投诉处置制度联动机制，畅通旅游投诉渠道，提高旅游投诉处理率，确保“12345”网络平台旅游投诉及回复满意率达到95%以上。全年受理“12301”平台和“12345”平台旅游投诉共173件，其中景区投诉41件，旅行社投诉132件，回复率100%。

◆医疗卫生 2021年，雁塔区有各级各类医疗机构976所，其中区属区管医疗机构940所，其中社区卫生服务中心12所，社区卫生服务站51所，医院43所。围绕疫情防控和健康雁塔建设，深化区域综合医改，提升基层医疗卫生服务能力。开展新冠病毒疫苗接种工作，采取“条块结合，以块为主”，压紧压实街道属地责任和行业主管部门责任，同时建立区级领导包抓制度，保障疫苗接种工作高效有序。创新网格化管理手段，将全区卫生健康系统在编、在岗人员200余人以街办为区域分片，按照“全员上岗、分片包抓”原则，以“九个一律”要求为指导方针，对全区各级各类医疗机构疫情防控工作落实情况开展网格化督导检查，发现问题及时处理。推进公共卫生服务体系建设，开展医药卫生体制改革。以打造“健康雁塔”为契机，在交大一附院雁塔区医联体模式的基础上提档升级，成立交大一附院雁塔区健康医疗集团，通过专家下沉、人才培养、双向转诊、家庭医生服务、信息共享等一系列措施，形成医防融合网格化健康管理模式。全年医疗集团二、三级医院共下沉专家坐诊606人次，举办各种专业技术培训班20余次，接受基层单位医务人员进修学习10余名。加强二级公立医院现场巡查工作，以药品“三统一”工作为抓手，推进基本药物制度，全面落实药品“零差率”销售和“两票制”，推进国家组织药品集中采购和使用试点工作，在区属区管二级以上医院全面推行总药师制度。加强卫生执法监督管理，采取“常态化检查+专项督导”有机结合的方式，对900余家医疗机构疫情防控、医废管理、物资储备、安全生产等重点环节进行每周全覆盖检查，对投诉较多的重点行业展开不定期专项督导，对“五小”、隔离酒店、学校、托育机构等重点公共场所完成摸底造册，开展定期检查，全年共开展国家“双随机”监督检查421家，任务完结率100%；检查公共场所1778家，学校598户次，对76家医疗机构违法违规行为进行了行政处罚，记不良行为积分102家；出动人员452余人次，集中打击非法行医行动17次，查处无证行医场所21家。

◆劳动就业与社会保障 2021年，雁塔区新增就业13137人，完成年目标任务的116.25%，城镇登记失业率控制在3.55%以内。聚焦重点群体就业，加大对高校毕业生就业补贴、见习补贴、创业补贴、担保贷款等政策扶持力度，搭建政校企合作平台，开展大学生就业见习工作。为792名在校大学生提供就业见习服务，为153名高校毕业生发放一次性创业补贴76.5万元。支持创业带动就业，推进创业担保贷款工作，共发放创业担保贷款78笔、5287万元。举办“西纳英才，安心乐业，万名学子看西安走进雁塔”、创业校友返校经验交流会等活动35场，宣讲就业创业政策，营造良好就业创业氛围。减负稳岗保就业，为符合条件的1.88万户参保单位落实减免、减征社保费1.01亿元，向2753家企业返还失业保险稳岗资金4125.04万元，惠及职工30876人。开展职业技能培训。精准开展“菜单式”培训和定岗定向培训，强化重点群体就创业技能培训，累计开展职业技能提升培训32952人次，发放技能提升补贴6175.44万元，举办雁塔区“住建杯”首届建筑工人技能大赛，打造职业技能比拼浪潮。构建全方位公共就业服务模式，线上、线下广泛开展就业援助月、春风行动、民营企业招聘月等招聘活动105场，服务用人单位2452家，提供岗位62643个，达成初步求职意向7199人。强化就业援助，组织开展1.7万人就业创业登记年检，办理失业登记1305人，实现就业困难人员再就业885人，失业人员再就业4355人，安置有就业意愿的就业困难人员进入公益性岗位，实现“零就业家庭”动态清零。落实全民参保计划，精准提升社保覆盖率，确保各项社保待遇按月足额发放。实施社保精准扩面行动，全区城乡居民基本养老保险参保4.69万人，参保率达到99%以上。机关事业单位基本养老保险参保1.16万人。失业保险参保1.88万户、16.79万人，工伤保险参保1.93万户、22.62万人。被征地农民养老保险累计参保5.33万人。确保各项待遇按时足额发放，城乡居民基本养老保险发放待遇5098.43万元，机关事业单位基本养老保险发放待遇2.56亿元，失业保险发放待遇6761.84万元，工伤保险发放待遇2315.32万元，被征地农民养老保险发放待遇1.04亿元。（胡翠美）

中共雁塔区委、人大、政府、政协、纪委

区委书记　王　斌
副书记　崔诗越
区人大常委会
主　任　曹　宇
副主任　翟蒲娣（女）
王效梅（女，回族）
王　璞　焦鸣军
区　长　崔诗越
副区长　张　秦（女）　贠孝民
吕东国　马惠民
王　华（女）
区政协主席　史　青（女）
副主席　王宝成　李小红
任睿娥（女）　朱红斌
冯少林
区纪委书记、监委主任　郭向卫

阎良区

◆概况　阎良区位于西安市（城区）东北部，东与渭南市临渭区、南与西安市临潼区、西与咸阳市三原县、北与渭南市富平县相邻。

2021年，阎良区辖街道办事处7个，居民委员会32个，村民委员会73个。全区总面积244.5平方千米，耕地面积138.24平方千米。全区常住人口30.73万人（乡村人口12.78万人），户籍人口276461人（农业人口148324人），90420户，男女性别比为100.3∶100。人口出生率为7.8‰，死亡率为7.41‰，自然增长率为0.39‰。人口密度每平方千米1257人。区域内有21个民族，共1363人。

◆农业和农村经济　2021年，阎良区农林牧渔及服务业总产值完成56.64亿元，比上年增长2.6%。农林牧渔及服务业增加值36.32亿元，增长3.2%。全年粮食种植面积17800公顷，下降1.1%；蔬菜种植面积10667公顷，增长2.9%；甜瓜种植面积4200公顷，下降4.1%；园林水果种植面积1100公顷，下降6.0%。全年粮食产量11.98万吨，增长0.5%，其中夏粮和秋粮均为5.99万吨；蔬菜产量74.83万吨，下降1.5%；甜瓜产量21.69万吨，下降16.5%；园林水果产量3.0万吨，下降2.0%；肉类产量0.28万吨，增长7.7%；奶类产量2.15万吨，下降8.2%；禽蛋产量0.3万吨，下降28.5%。建设高标准农田666.67公顷，新发展设施农业66.67公顷。坚持园区带动、品牌引领，培育农业龙头企业2家，创建市级及以上品牌7个、完成绿色食品认证3个，荣获农高会后稷特别奖1个、后稷奖5个。现代农业示范园23个，阎良区现代农业产业园被认定为第一批省级现代农业产业园。城市基础设施向乡村延伸，改建提升农村公路10千米。全面推进市级重点培育镇建设，完成农村饮水安全巩固提升项目5处，建成农村片区化中心社区9个。持续推进农村人居环境整治提升行动和农村生活污水提升治理，建成集中式农村污水处理设施110座、配套污水管网265千米，农村污水有效治理率70%、有效管控率30%，达到现阶段治理要求。大力推进美丽宜居村庄建设，完成绿化面积3万平方米，生活垃圾实现无害化处理，农村户厕无害化改造率达到91.1%，创建美丽庭院示范户500户，乡村治理成效显著。建立区级科技示范户培育库，组织12名科技特派员深入田间指导，累计开展科技服务210余场次。持续优化农村土地资源配置，农村土地确权颁证率达到98.7%。完成第二轮土地承包到期后再延长30年国家试点工作，试点“坚持党的农村基本经营制度不动摇，狠抓5个工作推动，探索5条延包路径，实施15步延包工作程序，展现6大试点成果”的“155156”经验做法为农村改革提供新样板。

阎良区2021年经济与社会发展主要指标

指　标	单位	数量	同比增长率（%）
地区生产总值	亿元	264.84	4.1
地方财政一般预算收入	亿元	8.90	25.3
地方财政一般预算支出	亿元	23.84	13.6
全社会固定资产投资额	亿元	—	-34.5
社会消费品零售总额	亿元	31.59	-15.1
规模以上工业增加值	亿元	—	2.6
实际使用外资	万美元	3500	1.2
实际使用内资	亿元	14.78	—
城镇居民人均可支配收入	元	45863	7.4
农村居民人均可支配收入	元	18746	9.6

◆工业　2021年，阎良区全年实现工业增加值86.6亿元（含驻区军工单位），比上年增长4.5%。全区规模以上工业增加值增长2.6%，其中区属下降1.2%、航空基地增长5.0%。全年全区完成规模以上工业总产值349.74亿元（含驻区军工单位）。其中，区属57.44亿元，增长6.1%；航空基地80.7亿元，增长0.8%。全年区属规模以上工业企业营业收入54.93亿元，增长6.5%，实现利润总额1.3亿元，下降53.2%。围绕先进制造业强区建设，积极打造秦创原陕西航空产业两链融合示范区，兑现企业奖补资金6000余万元，全年储备上市后备企业3家，新增规模以上制造业企业4户，规上高端装备制造业企业产值完成6.5亿元。加快羊乳、蜂蜜等传统行业技术改造，新增国家高新技术企业8家，科技型中小企业入库35家，技术合同交易额完成60亿元。

◆招商引资　2021年，阎良区做优产业发展平台，建立总部经济平台4家、飞地经济平台2家，累计引进企业220余家。强化招商引资，深度策划包装招商项目45个，开展大型推介活动11次，接待150多家知名企业考察260余次，主动叩门招商50余次。峻侨环保等16个产业项目签约落地，新增企业研发机构10家、“民参军”企业（民营企业利用民用先进技术参与国防建设，其中包括民用技术转军用、民营资本进军工和民营企业产品进军队）21家。积极参加中国国际进口博览会、中国西部国际采购展览会等。建立完善央地融合对接服务机制，深化定期联席会议制度，与驻区单位共同招

商、共建产业。全年完成省际内资14.78亿元，完成全年任务的112.65%，全年完成外资任务3500万美元。持续优化营商环境，深化“放管服”（“放”即简政放权，降低准入门槛。“管”即创新监管，促进公平竞争。“服”即高效服务，营造便利环境）改革，相对集中行政许可权改革全面完成，在20个行业启动“一业一证”改革，出生“一件事一次办”获评全市十佳创新案例，624项政务服务实现“一窗受理”，行政审批效率提高50%以上。新登记各类市场主体3570户，比上年增长22.18%。

◆重点项目建设 2021年，阎良区准确把握中央、陕西省、西安市投资方向和重点，成功发行棚户区改造、工业园区建设等各类债券4.4亿元，争取各类资金17.63亿元，比上年增长12.3%。加快建立阎良城投集团市场化经营机制，实现融资15.8亿元。完成土地规划储备210.27公顷、指标储备19.33公顷、实物储备105.73公顷，土地供应80.8公顷，省市重点项目手续办结率达到100%，区级重点项目手续办结率达到90%，10个市级重点项目累计完成投资52.3亿元，占全年投资计划的117.8%，90个区级重点项目累计完成投资71.3亿元，占全年投资计划的102%。优化对外开放通道，京昆高速改扩建、咸铜铁路平改立等项目顺利推进，“绿巨人”动车正式开通，初步建成阎良区智慧城市指挥中心，全面启动航空产业链基础配套园建设，航空产业融合创新中心启动运营，积极打造航空产业集群。全力保障飞行员学校、机场改扩建等10个航空项目建设，完成投资12.3亿元。航空产业融合创新中心签约企业6家。全力推进城市更新，断垣村、张大夫等5个项目加速推进，三、四、七区安置区建设已完成3栋安置楼主体封顶，第二批老旧小区提升改造工程全面完成。建设提升绿地广场3个，新增绿地19.8万平方米，新建城市绿道9.5千米。

◆商贸 2021年，阎良区全年批发和零售业增加值12.57亿元，比上年下降6.1%；交通运输、仓储和邮政业增加值5.83亿元，增长2.0%；住宿和餐饮业增加值3.03亿元，增长2.6%；金融业增加值13.25亿元，增长12.2%；房地产业增加值10.63亿元，增长3.1%；其他服务业增加值87.25亿元，增长9.6%。全年区属规模以上服务业企业营业收入4.94亿元，增长8.6%。阎良区实际培育限额以上商贸企业及大个体6家，新增限额以上商贸企业及大个体6家。满足居民多样化消费需求，引导中航城市广场、梦想城商业广场等大型商业综合体优化布局，持续推进品牌名店的引进，促进中高端消费，全力打造具有影响力、引领时尚的消费新坐标。支持餐饮行业以及润天路、大良路、迎宾路、白云路等夜市街区进一步提档升级，有效满足居民夜间消费需求。鼓励大中型商超、酒店（饭店）、电商平台紧抓春节、国庆黄金周、“双十一”等有利契机，开展打折优惠、馈赠促销等活动。帮助企业拓展国内消费市场。支持百跃、众天、秦龙、安诺、亚宏、航城等本土企业拓展国内消费市场，组团参加2021中国（西安）电子商务博览会、2021海口国际生活精品消费展览会及第十一届陕粤港澳经济合作活动周陕西名优特色产品展销会等重大展会，并设立专项经费，布置专业展位，减免参展企业场地、布展、物流等费用，为阎良品牌营销造势助威。全年参加省外展销活动3次，为企业申报上级补助资金140万元。调整商贸产业模式促消费，策划组织“盛世全运 嗨购阎良”“相约阎良筑梦全运”“金秋夜市逛长安”等促消费活动10余场。以“文旅+商贸”“体育+商贸”“夜间+商贸”为引领，加快形成乡村游、生态游、工业游、文化游为支撑的商贸发展新格局。组织开展“阎良甜瓜节”“羊乳文化节”“阎良火龙果节”网红直播带货活动。大力推进商贸业线上线下融合发展，实现电子商务交易额3.5亿元，比上年增长16.7%。

◆文旅体育 2021年，阎良区主动承办十四运场馆建设，建成西北地区最大的极限运动中心，完成涉赛线路道路、立交、楼宇外立面提升改造和夜景亮化，高标准组织承办攀岩、滑板赛事，区文化和旅游体育局被评为全国体育系统先进单位。“西安阎良极限运动体验之旅”入选国家体育总局和国家文旅部联合发布的“2021年国庆假期体育旅游精品线路”。大力推进文旅品质升级，加强旅游基础设施建设，区游客信息咨询服务中心建成投用，航空文化博览园、飞翔梦航空科教文化示范园加快推进。投资464万元建成6000平方米秦汉栎阳城遗址保护展示厅，推出精品旅游线路4条、工业旅游景点3处，开展航空研学游、文化推介和重要节会活动，举办山东民俗节、甜瓜文化节、羊乳文化节等，吸引游客452万人次，旅游综合收入突破12.76亿元。

◆教育、科技、卫生 2021年，阎良区有中小学、幼儿园72所，在校学生37719人，教职工3639人。全力推进国家级义务教育优质均衡发展区创建工作，建成投用聚宝小学、荆山小学等4所学校，新增学位2160个，统筹解决五街办、城十区465名学生和驻区单位高层次人才45名子女入学问题。围绕落实“切实减轻学生作业负担”目标，提出“减少数量、提高质量、分层布置、弹性为本”设计理念，指导各中小学统一规划、布置，作业总量、时间得到有效控制，全区实现“小学作业不离校，初中在校完成大部分作业”。将作业布置作为重点教研课题，确定作业设计研究课题17个。围绕落实“不断提高课后服务质量”目标，以增强学生体质、提高创造思维、培养动手能力、提高艺术素养等为途径，全面高质量开展课后服务工作，全区学生参与率97.35%，教师参与率96.86%。指导学校结合航空特色、学校内涵、学生特点，开设特色社团5大类63项878个，充分满足学生多样化需求。组建“名校+”教育联合体6个、市区级“名师+”研修共同体13个。

全区（含航空基地）有高新技术企业111家。科技型中小企业评价入库完成35家，举办产学研金活动7场次，校企合作、成果转化项目20项，组织驻地高校申报市级技术转移示范机构1户，新增高新技术企业培育库企业11家。

全区有各类各级医疗卫生机构189个。其中，医院8家，基层医疗卫生机构175个，专业公共卫生机构3个，其他卫生机构3个。共开放床位数2136张，其中医院床位1964张；拥有卫生技术人员2791人、执业（助理）医师874人、注册护士1372人。全区总诊疗数135.8万人次（含村卫生室），其中医院收治患者95.4万人次；住院患者5.82万人次，其中二级以上医院收治患者5.61万人次。建成投用核酸检测实验室、妇幼保健服务中心等7个医疗项目，顺利推进区中医医院迁建、疾控中心微生物实验室改造。医改工作以公立医院综合改革、基层医疗服务能力提升、医疗卫生信息化建设等重点，推进各项工作向纵深发展。持续完善区人民医院服务功能，通过省级专家对胸痛中心、卒中中心建设的现场评审验收，创伤中心正在积极筹建中。全面开展“优质服务基层行”活动，以评促进，全面推进基层医疗机构内涵建设。关山卫生院、北屯社区卫生服务中心顺利通过市级验收，达到“优质服务基层行”国家基本标准，基层医疗服务逐步提升。在全市率先实施区域医学“云”影像集中诊断中心建设，以区人民医院影像中心技术力量为支撑，下辐射全区6家街道卫生院，上连通西安市中心医院影像诊断中心，实现远程会诊3级业务协同。

◆**环境保护** 2021年，阎良区强化大气污染防治，积极落实重污染应急管控，推行绿色节能生活方式，单位GDP二氧化碳排放强度、大气污染物排放强度均达到标准，单位GDP能耗、能源消费总量不断下降。空气质量优良天数达到257天，PM10浓度为78微克/立方米，PM2.5浓度为43微克/立方米，空气质量明显改善。建成全省首个黄河流域生态环境司法保护基地，实施石川河、清河生态治理工程，“两河”出境断面水质稳定达标；推进水源地规范化建设，落实最严格水资源管理制度，用水总量未超过9052万立方米。水生态修复成效显著，被评为水利部全面推行河长制湖长制工作先进单位。有序推进土壤污染防治，全区土壤环境质量总体安全可控。强化固危废管控，全面推行垃圾分类，全区生活垃圾无害化处置率达100%。创建垃圾分类区级达标单位273家，市级示范单位22家，栽植各类乔木7200余株，新增绿化面积15万平方米。

◆**劳动就业和社会保障** 2021年，阎良区继续实施援企稳岗和职业技能提升行动，为283家企业拨付稳岗返还资金1261.44万元。举办各类招聘会16场，提供岗位8326个。开展职业技能培训5964人，发放创业担保贷款1.05亿元。城镇新增就业7196人，城镇登记失业率控制在3.43以内%。稳步推进社会保险参保扩面，持续提升社保经办服务水平，全区城乡居民基本医疗保险参保人数18.34万人；城乡居民养老保险参保人数11.22万人；职工养老保险参保人数8.34万人，失业保险参保人数1.6万人，工伤保险参保人数2.40万人，医疗保险参保人数4.11万人。全区享受城镇居民最低生活保障人数为282人，享受农村最低生活保障的居民为2624人，城乡低保金全年支出2378.39万元。建成街道综合养老服务中心3个、社区养老服务站3个，完成7个社区养老服务站提升改造，新增养老床位260张。

◆**新型冠状病毒疫情防控** 2021年，阎良区常态化抓好疫情防控工作，累计接种疫苗54.93万剂次，建成投用核酸检测实验室，健全及时发现、快速处置、精准管控、有效救治的疫情防控机制，有序开展9轮230余万人次全员核酸检测，规范设立集中隔离医学观察酒店13家，成功处置西安航空学院疫情，社会面实现“零感染”。圆满完成进京转陕航班旅客6700人次留观服务工作。

（阎良区档案馆）

中共阎良区委、人大、政府、政协、纪委

区委书记　王育选
副书记　荀继东　于海夫
区人大常委会
主任　刘宗峰
副主任　于　莉（女）　孙晓雷
区长　荀继东
副区长　权利军　樊增文　舒元华
　　张红花（女）　冯　勃
　　黄晓民　唐　雄　满　杰
　　贺莉莉（女）　陈永安
区政协主席　张　军
副主席　何　彧　李小刚
　　沈沛兰（女）
　　王春丽（女）　王增利
区纪委书记、监委主任　钱振龙

临潼区

◆**概况** 临潼区位于西安市东部，辖区横跨渭河两岸，东邻渭南市，南接蓝田县、灞桥区，西接三原县、高陵区、灞桥区，北与阎良区交界。临潼是驰名中外的风景名胜区，是国家首批全域旅游示范区，是中国御温泉之都，素有“文物甲天下”的美誉，区内有不可移动文物点487处，有秦始皇帝陵博物院、华清宫、西安事变遗址、姜寨原始村落遗址等旅游景点；有《长恨歌》《秦俑情》《12·12》《复活的军团》4档高品质演艺节目。临潼还是传统的农业大区，是全国农村一、二、三产业融合发展先导区创建单位，粮食、蔬菜、奶畜是农业三大主导产业，石榴、番茄制种是两大特色产业，是著名的“中国番茄制种之乡”；临潼石榴、临潼火晶柿子是国家地理标志保护产品。

2021年，临潼区辖街道办事处23个，居民委员会43个，村民委员会226个。全区总面积915平方千米，耕地面积4.8万公顷。全区总人口73.21万人（农业人口49万人），24万户，男女性别比为102∶100。人口出生率7.65‰，死亡率7.64‰，自然增长率0.01‰。人口密度每平方千米800人。区域内有35个民族，1793人。

◆**农业和农村经济** 2021年，临潼区全年粮食播种面积6.75万公顷，粮食产量36.60万吨，比上年增长5.6%；蔬菜产量55.02万吨，增长2.0%；园林水果产量8.63万吨，增长0.5%。大力发展特色现代农业，培育省市级农业示范园23家，拥有市级重点农业龙头企业13家。推进临潼石榴品牌建设，举办“盛世御果·丝路飘香”2021陕西水果网络特色季·西安时令水果临潼石榴宣传推介活动，拓宽石榴销路，促进果农致富增收。“临潼石榴”纳入全国名优新特农产品目录，入榜全国百强果品区域公用品牌，临潼火晶柿子荣获全国“十大优质产品”。

推进乡村振兴，深入开展农村改革。截至年底，承包地确权颁证12.63万户，成立村集体经济组织265个。大力整治农村人居环境，147个行政村生活污水实现有效治理，新建垃圾压缩站9个，改厕7.2万余座，生活污水有效治理率65%，生活垃圾无害化处理率80%。实施农村饮水安全工程105处。成功创建“四好农村路”（全面建设好农村公路，切实发挥先行官作用；全面管理好农村公路，切实做到权责一致，规范运行；全面养护好农村公路，切实做到专群结合，有路必养；全面运营好农村公路，切实服务城乡经济社会发展）省级示范

临潼区2021年经济和社会发展主要指标

指　标	单位	数量	同比增长率（%）
地区生产总值	亿元	260.11	3.6
地方财政一般公共预算收入	亿元	14.08	6.1
地方财政一般公共预算支出	亿元	47.58	2.2
全社会固定资产投资额	亿元	—	-23.1
社会消费品零售总额	亿元	63.09	14.5
规模以上工业增加值	亿元	—	-1.9
实际使用外资	万美元	3900	1.2
实际使用内资	亿元	—	—
城镇常住居民人均可支配收入	元	34744	7.5
农村常住居民人均可支配收入	元	17588	11.3

区。建成美丽宜居村庄57个，小金村入列“第二批全国乡村治理示范村”。

◆**工业** 2021年，临潼区全区规模以上工业企业97家，其中年产值亿元以上企业27家，10亿元以上企业5家。新增规模以上制造业企业10户，新增两化融合管理体系贯标试点企业1户；新增企业研发机构2家；组织实施技术创新项目（重点新产品开发项目）6个。印发《关于建设工业强区的实施意见》《临潼区2021年度加快建设先进制造业强区工作专项考核办法》，组织召开17次工业调度会，组织区内企业参加第二十九届中国西部国际装备制造业博览会暨中国欧亚国际工业博览会。落实扶持政策，先后为企业申报各类项目300余个，争取各类扶持资金6000余万元。青岛啤酒迁建100万千升/年啤酒项目一期正式投产。陕西鼓风机（集团）有限公司入选2021年“中国机械工业百强”“2021新型实体企业百强”“2021中国制造业企业500强”榜单；西安陕鼓动力股份有限公司创新研制的“工业流程能量回收装置（TRT装置）”获工信部认定的制造业单项冠军产品称号，该公司能量转换透平设备设计中心获第五批“国家级工业设计中心”认定；西安邦淇制油科技有限公司获得2021年隐形冠军培育库企业入库企业。

◆**招商引资** 2021年，临潼区签约合同项目17个，投资总额180.47亿，其中10亿元以上合同项目5个。全年接待来临客商128批次，459人次。成功引进中海兴业（西安）有限公司、中国建筑第六工程局有限公司、中铁四局集团有限公司世界500强3家，引进上海建工七建集团有限公司、云南省建设投资控股集团有限公司中国500强2家。树立“开放办区、合作共赢”新导向，临潼区与经开区签订合作共建渭北新城协议，首批签约项目26个，总投资832亿元。提升临潼知名度和美誉度，举办“丝路起点·遇见临潼”2021全球驻华使节经贸文化之旅临潼专场招商活动，成功签约中国西北国际医疗集团、上海建工七建集团有限公司、云南省建设投资控股集团有限公司等15家实力雄厚、技术领先的企业，签约项目涉及大健康产业开发、基础设施建设、城市提升改造、水系综合治理、数字科技、环保新能源等民生基础工程和全域旅游产业开发等多个领域。加强招商引资管理，强化项目跟踪服务制，出台《临潼区2021年推进招商引资工作考核办法》《招商引资项目入区流程管理办法》，优化营商环境，主动上门服务，及时解决问题，为西安聚实废旧金属再利用有限公司、西安易宏仓储服务有限公司等企业兑现奖补资金432万元。

◆**重点项目建设** 2021年，临潼区坚持项目为王，稳定投资增长，制定出台《临潼区政府投资项目管理暂行办法》《临潼区政府投资项目“联评联审”工作机制》《临潼区稳投资工作方案》等一系列专项改革方案。发挥项目建设“四个一”（一项目一领导一专班一方案）区级领导包抓联系和“一项目两清单”新机制作用，利用“三色”（绿色、黄色、红色）“四限”（限事、限时、限人、限度）亮灯预警等管理办法，完成市级重点建设项目33个（在建项目18个，前期项目15个）。截至年底，18个市级在建项目累计完成投资88.71亿元，占年计划的118.02%，超额完成年度任务。91个区级重点在建项目，累计完成投资119.36亿元。

◆**城市建设** 2021年，临潼区紧抓中华人民共和国第十四届运动会契机，高标准策划实施重点线路和城市环境提升项目，提升通景大道59.2千米，火车站历史文化街区、西花园、兵马俑、芷阳路、赛事场馆周边区域面貌焕然一新。推进“三改一通一落地”，累计提升改造背街小巷16条、老旧小区89个，通信架空线缆落地17条；新建、改建公厕282座，建成投用公共停车场20处，新增、提升城市绿地67.61万平方米。2021年度迎“十四运”规划建设管理工作目标责任考核排名小组第一。

◆**商贸** 2021年，临潼区全年社会消费品零售总额63.09亿元，比上年增长14.5%。其中，限额以上企业（单位）消费品零售额17.90亿元，增长28.2%。全年累计进出口总额28亿元，增长64.41%。在第四届中国国际进口博览会上临潼区两企业〔陕西鼓风机（集团）有限公司、西安邦淇制油科技有限公司〕签约8.48亿美元，约合54.31亿人民币，占全省签约合同额的33%，再次成为“陕西省交易团”活动签约亮点。扶持商贸企业发展，落实2020年现代服务业及会展业发展专项资金项目22项，共计161.8万元。获得2021年现代服务业及会展业发展专项资金项目促消费稳增长奖励6项，共计30万元。积极服务商贸企业发展，西安银桥乳业集团获陕西省首批认定“陕西老字号”企业；西安邦淇制油科技有限公司、陕西鼓风集团有限公司获评西安市稳外贸优秀企业；西安华清御汤酒店获市级放心消费示范单位；西安华清御汤酒店、蜀汉印象大酒店、煜洋酒店有限公司获“2021西安国际美食之都品牌示范店”称号。

◆**旅游** 2021年，临潼区加快文旅融合发展，着力塑造“秦风唐韵御温泉、生态宜居美田园”文旅品牌。全年累计接待游客旅游收入205.39亿元，比上年下降6.3%。开通西安至临潼复兴号动集动车组，为游客提供更加多元的出行选择。策划实施“山宫城寨站”旅游核心区项目，推进火车站历史文化街区项目，配合开展秦东陵发掘、实施秦陵博物院提升改造工程，秦陵博物院铜车马博物馆建成对外开放。讲好临潼故事，传播临潼声音，举办大型文旅品牌活动，提升临潼文旅影响力，推出“平行时空：在希腊遇见兵马俑”线上展览，“听·见临潼”年度系列文旅视听产品；组织“丝路起点•遇见临潼”全球驻华使节经贸文化之旅、“一路有你·全运有约”驻华大使夫人西安行暨“见证临潼巨变·领略秦风唐韵”等大型文旅品牌活动，开展“今夜临潼 请您留下来”夜游季等主题消费活动。累计推出精品旅游线路6条，创建市级精品旅游线路1条、全市十佳民宿2家。研发文创新品，其中秦陵博物院文创产品——互动解谜游戏书《问秦》、“俑流传”罐啤分别获“2021中国特色旅游商品大赛”金银奖；“秦始皇帝陵博物院兵马俑系列产品”被指定为第十四届全国运动会官方特许商品。加强文化旅游市场监管，维护文化旅游市场健康有序发展。全年检查各类经营单位1000余家次，行政处罚立案23起，拘留23人，暂扣“黑车”13台，停业整改人造景点1个、旅游购物店4个。旅游购物退货监理中心受理游客退货37件，退货金额6.5万余元。

◆**科技** 2021年，临潼区印发《西安市临潼区推进秦创原创新驱动平台建设实施方案（2021—2023年）》，成立秦创原创新驱动平台建设领导小组。制定13条推进秦创原创新驱动平台建设实施方案和4条保障措施。促进科技交流，联合北京大学光华管理学院举办“北大光华创业营第七期”，组织区内企业参加第十五届中国西安国际科学技术产业博览会暨硬科技产业博览会。强化科技金融服务，举办7场次产学研金协同创新活动，每场均邀请金融机构参加发布科技金融贷产品、签订授信协议，签订融资授信协议7个，合计金额6.14亿元；帮助企业融资9030万元，争取到省市奖补项目62个、各类科技奖励资金797万元。向企业兑现区级科技小巨人企业培育、农业应用技术研发与示范推广项目以及科技计划项目共24个子项目合计金额252万元。新增国家高新技术企业24户，完成科技型中小企业评价入库59户。西安科技大学“煤与油型气共生矿区安全智能开采关键技术与工程示范”项目获得国家科技进步二等奖；西安工程大学、中国科学院国家授时中心等高校院所8个项目获得陕西省科学技术奖；8个企业获得认定荣誉；中建西部建设北方有限公司“建筑垃圾再生骨料资源化利用集成技术研究与示范”项目获得2021年陕西省科技工作者创新创业大赛二等奖。西安汽车职业大学获得2021年数字汽车大赛全国总决赛一等奖。认定省级青年科技新星1名，市级英才计划青年人才（新能源新材料领域）3名。推荐省级秦创原“科学家+工程师”队伍3个，区级榜单人才（科技创新领域）20名。聘任市区两级科技特派员35人，认定市级科技示范户13户，全年开展农业技术服务400余次。

◆教育　2021年，临潼区有各类幼儿园167所，小学144所，普通初中26所，普通高中7所，职业高中4所，特殊教育学校1所。全区小学专任教师数2600人，普通中学专任教师数2880人。小学在校学生43009人，普通中学在校学生26591人。加大教育投入，持续改善城乡办学条件，按照基础教育三年行动计划，相桥小学、新丰小学、新市小学、任留小学、实验小学、栎阳、零口第二幼儿园等7所学校全部投入使用，增加学位2115个；完成第二期义务教育学校标准化建设项目任务。创建市一级幼儿园2所，市二、三级幼儿园12所；铁炉中心幼儿园完成陕西省示范幼儿园创建验收工作。全年组建“名校+”教育联合体市级2个（实验小学+机筑小学、临潼区幼儿园+骊山新家园中心幼儿园）、区级6个、跨区域1个，“名校+”工程实现全区基础教育学校全覆盖。加强校园足球工作，开展临潼区第六届中小学生校园足球联赛、第二届幼儿园足球嘉年华活动，申报5所学校、幼儿园创建国家级足球特色学校。深化教育改革，落实“双减”（有效减轻义务教育阶段学生过重作业负担和校外培训负担）政策，出台课后服务实施方案，稳步推进课后服务，义务段符合参与课后服务条件的学生参与率97%。作业设计案例获省级特等奖1名，市级奖项7名。开展校外培训机构专项整治行动，压缩学科类校外培训机构数量，引导和鼓励机构转型发展，全区涉及义务教育阶段学科类培训机构97所，注销47所，剥离26所文化艺术并存培训机构学科类培训，共压减义务教育阶段学科类培训机构73所，压减率75.26%。

◆卫生　2021年，临潼区落实《关于推进卫生与健康事业高质量发展全面建设健康临潼的实施意见》，科学规划医疗卫生事业发展，推进“健康临潼”建设，努力破解“看病难”问题。首家三级综合医院秦皇医院建成投用，渭北综合医院建设进展顺利。年末，全区共有卫生机构数530家，各类卫生技术人员4066人，各类卫生机构床位3669张。基本医疗保险体系进一步健全、标准逐年提高，提前实现医保跨省异地就医结算。建成医疗联合体19个，实现县域医共体基层全覆盖。打通群众就医“最后一千米”，在偏远山区开展“巡回医疗”服务156次，服务群众3327人次，诊断各类病患4864人次，受到群众普遍欢迎。积极推进医养结合，在部分医疗机构设立老年病科、老年保健科、老年康复门诊，设置老年病房，开通绿色通道，创建老年友善医疗机构区医院、博仁医院、新丰中心卫生院等10家。

◆劳动就业和社会保障　2021年，临潼区基本医疗保险参保人数60.55万人，其中城乡居民基本医疗保险参保人数54.35万人。城乡居民基本养老保险参保人数34.2万人，城镇职工基本养老保险参保人数7.38万人，失业保险参保人数2.34万人。落实各类社会保险待遇，全年发放失业金398万元，审核发放企业稳岗补贴返还、技能提升补贴1627万元，发放工伤待遇978万元。提高各类保险待遇水平，将最低工资标准提高至1950元/月，企业职工养老保险基本养老金月增资151元，全年基金发放8.8亿元。城乡社保基础养老金月增资7.5元/月，全年基金发放2.6亿元。办理被征地农民养老保险新增参保项目22个，发放养老金4000万元。全年累计发放创业担保贷款3249万元，拨付公益性岗位补贴、创业补贴233万元。建优健全用工平台，依托“秦云就业”“猫头英云人才市场”“临潼之窗”等平台举办“春风行动”“暖冬行动”等各类招聘会23期，累计为500家企业提供就业招聘服务，为高校毕业生、退役军人、农民工等重点群体提供岗位2.8万余个。城镇新增就业7700人，城镇登记失业率控制在3.8%以内。贯彻《保障农民工工资支付条例》，重拳出击整治恶意欠薪，区政府召开根治欠薪专题会议4次，对在建工地开展农民工工资保障工作情况开展专项检查77次，开设农民工工资专户77户，收缴农民工工资保证金2800余万元。全年处理劳动监察案件424起，协调欠薪类突发事件86起，为劳动者追回工资3025万元。

◆新型冠状病毒疫情防控　2021年，临潼区新冠肺炎疫情防控严格落实“外放输入、内防反弹”策略，不断完善防控预案，快速全面流调。扁平化指挥，精准管控B类密接，提级管控重点人员，全区仅有1例确诊病例，未形成传播链。累计开展10轮全域核酸筛查，组织万名党员干部、志愿者下沉社区、村组，开展疫情防控、物资配送、医疗救助，社会面稳定有序。建立防疫安全屏障，设置28个固定新冠疫苗接种点和3个流动接种队，累计接种新冠疫苗154.58万剂次。在全市疫情防控中做出重要贡献，累计承接进京转陕国际分流航班99架次8067人次，组织9150人次支援兄弟区（县）核酸筛查，为兄弟区（县）提供酒店26家4156间房，配备专班工作人员1345人，管控B类密接2078人，得到省市领导高度评价。（马慧贤）

中共临潼区委、人大、政府、政协、纪委

区委书记　赵　雷
副书记　黄　可（回族）　胡广乐
区人大常委会
主任　李晓明
副主任　张亚林　宁掌珠（女）　王骊华
区长　黄　可（回族）
副区长　侯兵利（女）　邹　林（女）　刘春来　高少军　孟俊平　霍炳男　李子阳
区政协主席　王海成
副主席　丁永光　刘　朋　杨小妮（女）　熊　捷（女）
区纪委书记、监委主任　程　默（女）

长安区

◆概况　长安区地处关中平原腹地，东连蓝田县，南接柞水县，西接鄠邑区，北靠雁塔区、灞桥区和未央区，南依秦岭，从西和南两个方向环拥西安市区。秦岭长安境内面积876平方千米，森林覆盖率达到36%。长安是柳青精神发祥地，佛教八大宗派中华严宗、法相宗、净土宗、律宗祖庭位于长安；有4个非物质文化遗产项目入选国家级非物质文化遗产名录，其中何家营宫廷鼓乐入选联合国非物质文化遗产名录。

2021年，长安区辖街道16个，社区84个，行政村232个。总面积1179.64平方千米（不含移交西咸新区、高新区托管部分）。年末，全区常住人口

长安区2021年经济与社会发展主要指标

指　标	单位	数量	同比增长率（%）
地区生产总值	亿元	1269.45	7.8
地方财政一般预算收入	亿元	23.96	18.5
地方财政一般预算支出	亿元	51.89	5.1
全社会固定资产投资额	亿元	—	0.9
社会销售品零售总额	亿元	229.38	-1.3
规模以上工业增加值	亿元	—	14.4
实际使用外资	万美元	4580	2.3
实际使用内资	亿元	12.75	-89.2
城镇常住居民人均可支配收入	元	47197	7.2
农村常住居民人均可支配收入	元	18956	10.3

111.10万人，全区户籍总人口89.92万人。其中，城镇人口52.31万人；乡村人口37.61万人。全年实现地区生产总值（GDP）1269.45亿元，比上年增长7.8%。

◆农业　2021年，长安区全年粮食播种面积28140公顷，比上年增加2.5%；油料播种面积433.33公顷，下降3.0%；蔬菜播种面积4873.33公顷，增加8.68%。全年粮食产量15.00万吨，比上年增长5.0%。其中，夏粮8.26万吨；秋粮6.74万吨。秦岭花世界、唐农花卉等龙头企业带动花卉苗木产业发展，综合产值占全市20%。长安唐村入选《2021世界旅游联盟——旅游助力乡村振兴案例》，大兆街道“瓜大姐”家庭农场入选全国家庭农场典型案例，五台街道石砭峪新村入选全国“一村一品”示范村、全国美丽休闲乡村。国家现代农业示范区、国家农产品质量安全区创建成效显著。

◆工业和建筑业　2021年，长安区全年实现工业增加值632.5亿元，比上年增长12.2%，其中规模以上工业增加值增长14.4%。全年全区完成规模以上工业总产值2588.3亿元，增长31.58%。其中，轻工业总产值90.5亿元，增长6.1%；重工业总产值2497.8亿元，增长32.7%。规模以上工业企业产品产销率74.4%。全年完成区属规模以上工业总产值42.01亿元，增长16.8%。区属规模以上工业企业营业收入45.23亿元，增长13.4%。实现利润总额2.42亿元，增长6.6%。融讯智能制造港、长安创新科技产业园等加快建设、联动招商，签约入驻企业65家。发展壮大南洋迪克、太阳食品等本土企业。建成运营西北水电及新能源科技产业中心、中交二公局国家级企业技术中心，总部经济发展迈入快车道。规模以上工业企业26家，亿元以上企业10家，10亿元以上企业实现“零的突破”。全年建筑业完成产值295.14亿元，比上年下降1.5%，增加值75.89亿元，比上年增长0.1%；区属具有资质等级的总承包和专业承包建筑业企业实现总产值11.05亿元，其中国有及国有控股企业完成产值1.07亿元，签订合同额5.06亿元。

◆招商引资和旅游　2021年，长安区利用外商直接投资4580万美元，比上年增长2.3%；实际利用内资12.75亿元，下降89.2%。截至年底，长安区招引中粮千禧城、中油北斗、清水湾温泉度假广场等项目80个，总投资突破5000亿元，其中世界500强6家、央企5家；建设重点项目494个，完成投资911.34亿元，完成率100.8%。优化营商环境，推进“放管服”（“放”即简政放权，降低准入门槛。“管”即创新监管，促进公平竞争。“服”即高效服务，营造便利环境）改革，1440项政务服务事项跨区办、1443项高频服务事项网上办、一枚印章管审批，让数据多跑路，企业群众少跑腿。常态化开展一把手“走流程、坐窗口、跟执法、处投诉”实践活动，刚性落实减税、降费等扶持政策，持续降低制度性交易成本。5年新增市场主体96515户，平均每天增加53户。举办“住民宿来长安，这个冬天不太冷——长安民宿联盟中国年暖冬行活动”“美好长安诗意生活”第十一届桃花诗会暨王莽桃花节、“大美河山·乐享田园”乡村旅游年启动仪式、2021年樱桃采摘节暨农文旅推介会、“美好夏田.相约南山”乡村休闲游等活动。举办11场乡村旅游品牌活动；举办6场乡村旅游培训班，培训400人次；策划乡村旅游特色线路，推出乡村旅游线路7条。实现旅游业总收入150亿元，比上年增长23.9%。

◆教育、卫生　2021年，长安区有各类学校349所，在校学生149393人，教职工13946人（专任教师10179人）。其中，教育部门办中小学190所〔包含幼儿园59所、小学94所、普通初中25所、普通高中7所、职业中学3所、特殊教育学校1所，专门学校（工读学校）1所〕，在校学生86934人，教职工7265人；事业单位办学校5所，在校学生1511人，教职工243人；民办学校109所，在校学生54813人，教职工5575人；集体办学校43所，在校学生5716人，教职工811人；部队办学校2所，在校学生419人，教职工52人。小学、初中入学率100%。长安区教育局推动基础教育提升三年行动计划。连续4年获国家义务教育质量监测实施“县级优秀组织单位”，2021年被授予“全国智能研修平台应用试点工作试验区”“全省幼儿园与小学科学衔接工作实验区”“全市普通高中新课程新教材市级示范区”，区教育局获全省教育统计工作先进单位及全市“五一劳动奖状”、“五四”红旗团委等6项市级以上荣誉。截至年底，全区有各类卫生机构627个，其中，医院33个，基层医疗卫生机构589个，专业卫生机构4个，其他1个。各类卫生技术人员9181人，其中执业（含助理）医师3133人。卫生机构床位7116张。

◆“十四运”会和残特奥会保障　2021年，为保障中华人民共和国第十四届运动会召开，长安区完成13个城中村、13条背街小巷、179个老旧小区改造和2个赛事场馆周边环境整治，打通断头路5条，落地架空线缆38千米，新增绿地300万平方米，建成城市生态绿廊6条。做好交通保障、食品安全、志愿服务等重点工作，飞碟、射击、艺术体操等10项赛事受到国家体育总局和各参赛代表队好评。长安区被表彰为十四运会和残特奥会优秀集体。

◆城市建设　2021年，长安区全年城市维护建设财政性资金3500万元。新增天然气管道16千米，供气总量1.48亿立方米。全区绿化覆盖率42.87%。完成《长安区公园城市建设导则》等系列方案编制，长安公园、樊川公园等30余个公园建成开放，城在园中、园在城里，让更多老百姓推窗见绿、抬头赏景。建成人行天桥8座、城市道路28条、公交站点

130处、公共停车位6928个，形成长安大道等四边形骨干路网，完善城市基础设施。常宁新区被确定为全市海绵城市建设试点区。建立“10+16”垃圾分类工作机制，全省生活垃圾示范区建设点评现场会在长安区召开。修编大学城发展规划，建立“1+11”校地融合联席会议制度，承办全国高校校长论坛，聘请17名高校校长（教授）担任区域、行业发展顾问，开展“高校校长进长安”大讲堂、“大学师生看长安”等活动，与陕师大合作共建高品质基础教育学校。举办长安国际青年音乐节、大学城国际半程马拉松等20余场文体活动。与14所驻区高校合作，建成众创载体74个，入驻创业团队500余个。大学城成为青春之城、活力之城、希望之城。实施乡村建设行动，建成“五化”道路121条269千米，改善农村水电路气暖等基础设施。建成市级美丽宜居村98个，滦镇街道上王村被评为3A级景区；砲里市级环境整治提升镇、太乙宫市级美丽村庄示范片区、滦镇省级重点示范镇建设步伐加快。花园乡村基本实现全覆盖，长安区被评为全省农村人居环境整治先进集体，被授予全国农村生活垃圾分类和资源化利用示范区。

◆**环境保护**　2021年，长安区围绕“减煤、控车、抑尘、治源、禁烧、增绿”综合施策，推进现代化生态环境监测体系建设。全年空气质量优良天数243天，比上年增加20天；综合指数4.73，比上年同期改善8.0%。SO_2平均浓度8微克每立方米，与上年持平；NO_2平均浓度37微克/立方米，改善5.1%；PM10平均浓度84微克/立方米，改善5.6%；PM2.5平均浓度40微克/立方米，改善18.4%；$O_3$8小时滑动平均值浓度163，上升0.6%；CO平均浓度1.3毫克/立方米，改善7.1%。全年平均气温14℃。

秦岭保护　长安区率先在陕西省成立生态委，加强对生态保护工作的总体设计和组织领导。核查固化峪口峪道构筑物，整治秦岭“五乱”问题，完成秦岭北麓农家乐整治提升。编制长安《秦岭保护示范区总体规划》，完成秦岭保护区勘界立标，建成峪口保护站及智慧化管控系统8个。

全域治水　建立河湖长制，开展“清四乱”专项行动。沣、滈、潏、浐等水系130千米河流堤防建设基本完成。抓好中央和省生态环境保护督察反馈问题整改，完成洨河长安段8.9千米河道综合治理，让臭水沟变成清水河、景观河、民心河。64.5千米“三河一山”绿道长安段、54千米“山水文旅体验线”同步贯通，串联山与水、汇集城与人的生态、文化、幸福廊道加快形成。

土壤污染防治　加强固体废物全过程管理，重点监管涉土企业，防范危废环境污染风险。抓好农业面源污染防治，实施农用地分类管控，用制度保护土地，稳定土壤环境质量。

◆**社会保障**　2021年，长安区全年居民人均可支配收入36041元，比上年增长8.2%。其中，城镇常住居民人均可支配收入47197元，比上年增长7.2%；农村常住居民人均可支配收入18956元，比上年增长10.3%。民生支出222.27亿元，占公共财政收入84.9%。新增城镇就业59137人，下岗、就业困难人员再就业31116人次。建设保障性住房3575套、安置房169万平方米，11个村5407户18926名群众喜迁新居。城乡居民养老、医保参保基本实现全覆盖。全区城乡居民基本养老保险参保人数38.87万人，全区基本医疗保险参保人数63.13万人，其中城镇职工基本医疗保险参保人数6.84万人，城乡居民参保人数56.29万人。全区有各种社会福利收养性单位22个，收养性单位床位数3449张。年末，城市居民最低生活保障家庭数267户368人；农村低保对象6923人，五保户1415人。建成社区居家养老服务站、农村幸福院210个，郭杜街道居二社区被授予全国示范性老年友好社区。（王水娥）

中共长安区委、人大、政府、政协、纪委

区委书记　吕　强
副书记　李　娴（女）　刘文涛
区人大常委会
主　任　王福林
副主任　黄鸿武　李　红（女）　师新宁　姚小强
区　长　李　娴（女）
副区长　严广运　梁文辉（女）　崔建明　杨永涛
区政协主席　徐树安
副主席　李会贤　左刚利　宋　萍（女）　王栓民　姚旭升
区纪委书记、监委主任　王卫民

高陵区

◆**概况**　高陵区地处关中平原，泾河、渭河两岸。东靠临潼区，南接未央区、灞桥区，西连咸阳市渭城区、三原县、泾阳县，北临阎良区。因境内有奉正原，原体高隆，称原为陵，故名高陵。

2021年，高陵区辖7个街道办事处，17个居民委员会，86个村民委员会。土地面积294平方千米。户籍总人口37.8万人。常住人口45.75万人，城镇化率65.67%。人口出生率9.94‰，死亡率8.52‰，人口自然增长率1.42‰。有汉族、回族、蒙古族、壮族、满族、苗族、哈萨克族、土家族等32个民族成分，有民族人口2148人，占全区总人口的0.6%。

◆**农业和农村经济**　2021年，高陵区农林牧渔服务业总产值完成62.7亿元，比上年增长4.2%。农业、林业、牧业、渔业、农林牧渔服务业增加值分别为24.8亿元、1.1亿元、6.8亿元、0.1亿元、6.3亿元，分别增长2.9%、12.3%、20.3%、-17.3%、5.9%。农村常住居民人均可支配收入19448元，增长9.9%。粮食播种总面积17300公顷，总产量12.41万吨，实现“十八连丰”。其中夏粮种植面积8740公顷，产量5.85万吨；秋粮种植面积8560公顷，产量6.56万吨。蔬菜

高陵区2021年经济与社会发展主要指标

指　标	单位	数量	同比增长率（%）
地方生产总值	亿元	384.72	0.1
地方财政一般公共预算收入	亿元	14.16	13.2
地方财政一般公共预算支出	亿元	34.55	23.3
固定资产投资额	亿元	-	-58.9
社会消费品零售总额	亿元	180.68	1.6
规模以上工业增加值	亿元	-	-10.9
实际使用外资	万美元	2040	-
实际使用内资	亿元		
城镇常住居民人均可支配收入	元	43704	7.7
农村常住居民人均可支配支出	元	19448	9.9

种植面积9533公顷，总产量63.1万吨。其中，设施蔬菜2733公顷，产量17.7万吨；露地蔬菜面积6800公顷，产量45.4万吨，引进蔬菜新品种9个。林杂果种植面积733.33公顷，总产量1.6万吨。畜禽规模养殖场26家，生猪存栏5.09万头，牛存栏0.39万头，禽类总存栏40.36万羽，羊存栏1.78万只。年产饲料32.9万吨，占全市饲料总产量的三分之二。以推动高质量发展为主题，建成高标准农田1000公顷。不断发展壮大新型农业经营主体，全年新培育农民专业化合作社30家，创建市级农业示范园区1家、农业产业化联合体6家，新增家庭农场14家，有初级高素质农民962人，中级高素质农民101人，高级高素质农民17人。成功创建省级农产品质量安全示范县，通远街道何村入选全国“一村一品”示范村，中王农产品合作社、七色彩无公害果蔬专业合作社入选2021中国农民合作社500强。先后被确定为全省乡村振兴示范县、全省金融服务乡村振兴示范区、全省首批数字乡村试点地区。

◆工业 2021年，高陵区有规模以上工业企业211家，规模以上工业增加值比上年减少10.9%。规模以上工业总产值1090.9亿元，增长6.9%。区属规上工业增加值减少21.9%，区属工业投资同比减少55.9%，区属工业技改投资减少43.3%。全年新增规上工业企业7家（限上贸易企业5家）、国家级高新技术企业14家、科技型中小企业评价入库83家，支持101家工业企业申报省市项目25个。支持21家企业申报西安市2021年加快建设先进制造业强市支持政策6个专题项目，有效提高陕汽在地配套率。新增光华荣昌、陕西新思维、新兴电机等7家汽配企业，加快装备制造业发展，新增安特高压、西电避雷器、赫元机械等装备制造业企业13户。积极推进工业化和信息化融合发展，完成万方汽车零部件、国康瑞金、博华高低压开关3家企业两化融合贯标试点工作。出台《西安市高陵区2021年扶持工业企业发展政策》及《关于兑付2020年支持工业企业发展扶持政策的通报》，申报高企每家支持2万元、科技型中小企业入库每家支持2000元、成果转化项目每个支持2万元、R&D费用投入及技术合同认定按照市级奖补资金1：1进行配套支持，提振企业发展信心。对万方零部件、万方天运等40家企业两化融合项目、高新技术企业和企业技术中心等项目予以扶助，对雨中情防水等11户突出贡献企业进行扶持，共兑现区级资金1805万元。

◆招商引资 2021年，高陵区实施精准招商、上门招商，外出叩门招商6次，对接洽谈企业220余家。新签约合同项目15个，总投资36.3亿元。创新推出《2021招商引资机会清单》和《2021产业招商地图》，组织2021年高质量发展“双招双引”（招商引资、招才引智）宣传推介会、2021年丝博会高陵区招商引资推介会、高陵区2021年（北京）“双招双引”推介会和西安市高陵区2021年“双招双引”政企座谈会等6场招商推介活动，全力推进区域高质量发展。制定《高陵区进一步加强招商引资项目存在问题解决服务工作方案》，建立“一份清单+五项制度”，加快项目手续办理，强力推进项目建设。协调解决联东U谷高陵产业园、雨中情总部、卫达医疗垃圾处理等重点招商项目推进过程中存在问题14个。处置招商引资未落地工业项目，协议退出10家。

◆重点项目建设 2021年，高陵区牢固树立“以项目发展论英雄”的理念，优化项目建设全周期管理、全过程跟踪服务，全力保障重点项目建设。全年共实施重点项目120个，其中在建项目71个，15个市级重点项目完成投资101.39亿元，完成年度计划投资任务的115.75%。组织全区重点项目集中开工仪式2次，19个项目参加集中开工，总投资153亿元。西安市公共卫生中心（西安市第八医院新院区及西安市疾病预防控制中心新址）项目年度计划投资24.16亿元，截至年底，完成投资24.23亿，占年度投资的100.29%。加快高陵·经开共建区建设，推动吉利汽车、隆基乐叶、众邦电缆等一批大型制造业项目投产运行，全年实现产值195.6亿元，占全区工业总产值的17.9%。共建区举办大型招商推介活动3次，签约引进矩阵增程器、重药集团华氏医药产业园、西北国际中医药产业园等产业项目，全年实际引进内资12.6亿元，实际利用外资2040万美元。

◆商贸服务业 2021年，高陵区全年服务业增加值实现150.7亿元，增长6%。有限上商贸企业49家、加油站41家，其中限上餐饮住宿10家、加油站4家。规上服务业39家，其中区属规上企业30家，全年培育规模以上服务业企业5家。在地社会消费品零售总额完成180.68亿元，比上年增长1.6%。区属社会消费品零售总额完成53.68亿元，减少9.8%。按照高陵区服务业发展专项资金管理办法，安排下达服务业发展专项资金计划906万元，其中建设项目类安排280万元，通过专项资金扶持加快服务业发展，促进服务业企业转型升级。结合“服务‘十四运’奉献我的城”“五一”消费节等系列活动，鼓励辖区重点商场、综合体开展各类促销宣传活动，全面提升经营效益，为商贸企业争取市、区奖励资金1157.44万元。

◆教育 2021年，高陵区有各类学校178所，其中幼儿园100所（含民办幼儿园），小学61所，初中13所，高中2所，特殊教育1所，中职1所。年度招生1.62万人，校生合计5.84万人。年内新建、改扩建昭慧中学等18所学校并顺利投用，新增学位12240个，投资5812万元为义务段学校更新、添置教学仪器及多媒体设备。实施12所“新优质学校成长计划”。启动高中招生改革，高陵三中开始艺术特长生招生。职教中心顺利完成陕西省中等职业学校“双达标”复核及高水平示范性学校实地验收。产教园区建设纳入西安市“十四五”教育事业专项规划和西安市本轮国土空间规划。推行校长职级制改革，设立小学中心教研组。创建市级“名校+”教育联合体8个、区级“名校+”教育联合体25组，区校级“名师+”研修共同体60个，组建市级“名校长+”领航研修共同体1个，区级2个。强化对校外培训机构的督查和监管，成立“双减”（有效减轻义务教育阶段学生过重作业负担和校外培训负担）工作领导小组，落实常态化监管，建立长效机制。

◆卫生 2021年，高陵区医共体建设工作稳步推进，区域内紧密型医共体实现全覆盖。开展家庭医生签约服务，全区共签约17.98万人，重点人群签约11.44万人，贫困人口签约率100%。为全区36.54万名居民建立电子健康档案，电子健康档案动态使用率63.35%。国家免疫规划疫苗接种率达到98%以上，传染病疫情报告率100%，突发公共卫生事件相关信息报告率100%。贯彻落实《中华人民共和国人口与计划生育法》，实施一对夫妻可以生育三个子女的生育政策，取消再生育审批制度，实行家庭自主生育。落实计生奖励扶助政策，为3246人兑现国家奖扶金、特扶金648.23万元。为符合条件的7422户独生子女家庭发放独生子女保健费405.51万元。为10407户农村计生家庭发放节育奖励补助金593.16万元。扎实推进基层中医药工作，成功申报市级科研项目2项，创建省级示范中医馆3家，市级示范中医馆1家。全面开展爱国卫生工作，做好病媒生物防治，推进健康高陵建设，推荐省市区级健康村庄6个。提升老龄工作水平，为3.23万名高龄老人发放生活保健补贴2353.03万元。组织创建老年友好型社区，崇皇街道崇皇社区被命名为首批陕西省老年友好型社区。持续改善群众就医环境，在通远卫生院开展“互联网+家庭医生签约服务”试点。以高陵区医院为试点打造智慧医院项目，提供全程线上服务，简化线下就诊环节，提升群众就医体验。

◆**文化、旅游、体育** 2021年，高陵区新增等级民宿2家，创建乡村旅游示范村1个，改造提升乡村民宿5个，新增精品旅游线路2条、特色乡村旅游线路3条，全年实现旅游业总收入24.7亿元。全面建成“两馆一站一室”三级文化服务网络。全区103个行政村、社区实现基层综合性文化服务中心全覆盖。联合社会各界力量开展各类文旅活动，全年举办大小型文体活动300余场次。组织开展马拉松赛、干部职工篮球赛、乒乓球赛、端午节非遗民俗展等各类品牌活动80余场次。培养社会体育指导员90名。举办庆祝中国共产党成立100周年暨喜迎“十四运”石上丹青——画面石艺术展、“同心筑梦庆百年华诞”朗诵大赛、庆祝中国共产党成立100周年书画摄影剪纸艺术展等活动20余场次。在全区开展读书月活动9场次，参与人数达千余人，形成浓厚的阅读氛围。编制完成《杨官寨遗址公园规划》。成功举办“长安夜·我的夜”“盛世全运·嗨购高陵”等活动。围绕“千年古都·常来长安”文化旅游新品牌，策划推出具有地域特色的文化旅游节庆品牌，通过各大媒体平台宣传西北人民革命大学的艰苦历史，使西北人民革命大学的影响力从省内走向全国各地。

◆**城乡环境建设** 2021年，高陵区全力推进“三改一通一落地”，完成老旧小区改造27个，架空线缆落地1.3千米，完成草市街、鹿岭路、东街3条背街小巷改造。新增停车位409个，发展天然气用户9859户。完成桑军大道至旅游大道片区、创想小镇等区域14千米供水管网铺设。厨余垃圾无害化处理项目建成投用，生活垃圾填埋场完成封场。渭北崇皇棚户区改造、梁村塬村综合改造、马北村更新等项目有序推进。启动实施农村人居环境五年提升行动，持续推进农村厕所、污水、饮水提升等工程。卫生厕所普及率达到94.2%，完成5个行政村生活污水有效治理项目。实施10处农村供水管网改造工程，总投资2229万元，3.35万人饮用水水质得到提升。创建农村“美丽庭院”539户，新增美丽宜居村庄4个。着力拓展城市绿色空间，新增城市绿地3.53万平方米，栽植各类乔木7200余株，完成鹿苑大道南段、南一横等道路绿化提升项目。深入推进基层社会治理，创新建立“陵听陵动430”为民服务机制（通过在全区建设以红色家园、红色港湾、红色管家、红色物业为核心内容的“红色领航”四大联动体系，全方位解决群众关心关切问题；组建由社区居委会、小区业委会和物业服务方组成的“三方协同治理”机构，及时为民排忧解难；开展“党建引领、服务有+”系列活动，畅通问题收集渠道、优化问题处置流程，真正打通为民服务“最后一厘米”，实现服务群众零距离），鹿苑街道水景社区获陕西省和谐示范社区、姬家街道泾环南路社区获陕西省综合减灾示范社区称号。

◆**劳动就业** 2021年，高陵区扎实做好稳就业保就业工作，全区城镇新增就业6612人，城镇登记失业率3.51%。农村劳动力转移就业23839人。发放创业担保贷款5161万元，其中小微企业贷款2675万元，发放一次性创业补贴16万元。全年开展职业技能培训5525人，其中稳岗留工培训464人，就业培训634人，创业培训798人，重点人群培训3109人，其他各类培训520人。“以工代训”培训企业职工1.6万人。成功举办首届“技能之星”大赛，评选出12名“技能之星”。举办“春风行动”“民营企业招聘月”等线上招聘会23场，累计达成就业意向2万余人。举办线下专场招聘会1场，常规招聘会22场，1800余人达成就业意向。开展就业援助月专项活动，公益性岗位累计安置321人。扎实开展根治欠薪专项行动，加强劳动保障监察执法，全年受理欠薪投诉373起，为2107名劳动者解决拖欠工资1714.38万元。做好劳动争议调解仲裁工作，审结各类劳动人事争议案件385件，为劳动者挽回经济损失194.79万元。

◆**社会保障** 2021年，高陵区加强民生保障工作，民生支出27.8亿元，占一般公共预算支出的80.5%。两次提高城乡居民基础养老金标准，将农村居民和城镇居民基础养老金标准分别调整为243元和313元，被征地农民443元，全区城乡居民养老保险参保登记14.35万人，为41333名城乡居民发放养老金1.4亿元。全年发放最低生活保障金1103户2438人、1802.36万元，特困人员生活补助金281人、468.78万元；临时救助732人次、108.19万元；教育资助金19人、9.3万元。加快推动养老和社会福利事业发展。新建成3个街道综合养老服务中心、7个社区养老服务站，新增养老床位400张。改造提升1个敬老院、5个社区养老服务站，完成177户分散供养特困人员、脱贫人口和城乡低保对象中的高龄、失能、残疾老年人家庭的适老化改造。累计拨付各类养老服务机构运营补贴、建设补助等293.96万元。为全区8206名困难老年人购买意外伤害险。发放生活困难失能老人护理补贴34人、10.71万元，农村丧失劳动能力和贫困老年人生活补贴114人、6.79万元；残疾人“两项补贴”（困难残疾人生活补贴和重度残疾人护理补贴）3755人、373.68万元；孤儿生活补助金11人、13.1万元；事实无人抚养儿童补助32人、30.04万元。

（尚 耕）

中共高陵区委、人大、政府、政协、纪委

区委书记（空缺）
副书记 解宁元
区人大常委会
主任 胡建超
副主任 吴兴利（女） 阎红伟 韩亚仙（女） 雷承立
区长 解宁元
副区长 胡民升 王小玲（女） 方明 王蓬勃 张跃进 李亚省 师文忠
区政协主席 张韶辉
副主席 曹秀芳（女） 张护安 谭胜利 赵伟 关林（女）
区纪委书记、监委主任 胡醒亚

鄠邑区

◆**概况** 鄠邑区位于西安市西南部，东以高冠河、沣河与长安区毗邻，南以秦岭主脊与安康市宁陕县相邻，西以白马河与周至县为界，北临渭河与兴平市、咸阳市秦都区隔岸相望，是中国现代民间绘画之乡、中华诗词之乡、全国文明县城、国家卫生县城、全国围棋之乡。

2021年，鄠邑区辖14个街道（含已被托管大王街道、庞光街道、秦渡街道、草堂街道）、1个森林旅游景区，共258个行政村、23个社区居民委员会，土地面积1279.42平方千米，户籍总人口64.16万人，有民族19个，共1293人。

◆**农业和农村经济** 2021年，鄠邑区完成农林牧渔业增加值34.66亿元，比上年增长7.5%。其中，农业、林业、牧业、渔业、农林牧渔服务业产值分别为24.37亿元、1.18亿元、6.31亿元、0.11亿元、2.68亿元，分别增长3.7%、15.2%、21.4%、-0.3%、5.2%。全年粮食总产23万吨，各类水果11.33万吨。

鄠邑区2021年经济与社会发展主要指标

指　标	单位	数量	同比增长率（%）
地区生产总值	亿元	266.05	8.1
一般公共预算收入	亿元	8.86	12.4
一般公共预算支出	亿元	37.40	-3.3
全社会固定资产投资额	亿元	153.41	9.1
社会消费品零售总额	亿元	46.11	11.8
规模以上工业增加值	亿元	—	14.4
实际利用外资	万美元	1190	0.8
实际引进内资	亿元	10.80	—
城镇居民人均可支配收入	元	27922	8.0
农村居民人均可支配收入	元	16372	11.2

成功举办鄠邑区第十五届设施瓜果推介会、陕西省葡萄产业质量发展研讨会等系列活动，“户县葡萄”品牌价值达14.57亿元。建设高标准农田2万亩，排名全市第1。完成15个农村片区化建设和1个幸福新农村项目，创建7个市级美丽宜居村庄。在全市率先实现农村宅基地审批“零的突破”。开设全市首家乡村振兴研究院、全省首家新型农业经营综合服务中心。智慧农村大数据平台、农村宅基地和农业农村大数据管理系统全面推进，数字化赋能乡村振兴工作走在全市前列。新建省级“最美示范家庭农场”3家，产业化联合体4个。成功创建苗木花卉产业省级示范县和全国农民合作社质量提升整县推进试点县，“特色产业+电商快递”入选国家首批农村物流服务品牌。

◆**工业**　2021年，鄠邑区完成工业投资56.94亿元，比上年增长75.2%；工业技改投资34.23亿元，增长400.6%；工业投资占全部投资的37.1%，比上年提高14个百分点。全区实现规上工业总产值540.91亿元，增长31.3%；工业增加值114.73亿元，增长11.5%；规模以上工业增加值增速14.4%，全市排名第1。新入库规上制造业企业8户，完成技术创新项目6个，汇智医疗、顿斯制药、玛柯特3家企业进入陕西省上市后备企业库。成功举办秦创原鄠邑·大学科技园项目签约暨科学仪器产学研协同创新活动。沣京工业园、西户高新区全面完成优化整合。沣京医疗科技产业园、金叶聚乳酸新型材料产业园等先进制造业项目加快推进，汽车制造、电气机械和器材制造分别增长76.7%和124.3%。沣京工业园完成总产值78.45亿元，上缴税金5.12亿元。

◆**重点项目建设和招商引资**　2021年，鄠邑区牢固树立以项目论英雄理念，累计完成社会固定资产投资153.41亿元，同比增长9.1%。全区15个市级重点在建项目累计投资87.5亿元，完成年计划的128.4%；59个区级在建项目累计投资75.7亿元，完成年计划投资的101.6%。第五届丝博会先进制造业项目专场签约10个项目，总投资130.6亿元。全年实际利用外资1190万美元，实际引进内资10.8亿元。

◆**商贸旅游业**　2021年，鄠邑区成功举办第三届关中忙罢艺术节、柳泉桃花节等10余场文化盛宴。高标准完成农民画展览馆提档升级，钟楼博物馆、王九思纪念馆重装开放，奇迹农场、石佛寺精品民宿等文旅项目投入运营。蔡家坡村入选全国乡村旅游重点村。关中婚俗文化产业园被评为首批西安市文化产业示范园区，鄠邑区被省文化和旅游厅命名为2021—2023年度“陕西省民间文化艺术之乡”。全年接待游客1522.07万人次，比上年上升7.82%；实现旅游收入46.4亿元，上升30.63%。新增外贸主体5户，全年实现外贸进出口总额1.88亿元，完成全年任务的125.3%。开展“桥头夜市”、深夜食堂、夜场打折等系列促销活动，户县饭店获评美食之都示范店。组织辖区企业参加全国第三届双品网购节、丝博会等活动，年度电子商务交易额达14.8亿元。新增限上单位14户。全区实现社会消费品零售总额46.11亿元，其中限上社会消费品零售额5.72亿元。

◆**城乡建设**　2021年，鄠邑区累计投资22亿元对城区道路及“十四运”场馆周边环境进行改造，主体育馆最美“花生”成为鄠邑打卡新地标。完成人民路、东城路、吕公路等9条城市主干道综合提升，高标准拓宽改造南北七号路、禹余路，沣京大道沿线3.7万平方米建筑物外立面、16.5万平方米景观高质量提升。新改建公园广场4个，新增城市绿道10.7千米、绿地19.72万平方米，落地架空线缆13.5千米，建成5G基站208个。建成鄠邑首座横跨终南大道的“如意天桥”。西鄠快速路、西汉高速四改八等项目加快推进，完成五竹坡头村桥、丁村甘河桥建设和潭峪河桥危桥改造，开展涝峪户莱路等水毁道路抢通修复，开通接驳地铁五号线的城市公交，被交通运输部命名为城乡交通运输一体化示范县。

◆**环境保护**　2021年，鄠邑区在西安市率先建成秦岭保护“一站三中心”（秦岭生态环境保护总站，秦岭违建警示教育中心、秦岭保护智慧管控中心、秦岭生态环境保护研究中心），实现“天地空”全方位管控秦岭。高质量完成黄柏峪矿生态修复和7座小水电站拆除整治工作，3条峪口峪道得到有效治理，12条入峪道路实现黑化提升，农家乐管理全面规范有序。全域治水26个项目全部开工

鄠邑区“十四运”场馆及周边高标准整治　（刘佳典摄）

并提前完成全年任务，许家河综合提升改造、潭峪河示范段生态修复工程全面完成，第三污水处理厂通水试运行。全年空气质量优良天数264天，比上年增加5天。依法办理土地违法案件69宗，复耕复种土地100公顷，秦岭北麓32个行政村垃圾集中收集、有效治理、无害化处理率达到100%。

◆**社会事业** 2021年，鄠邑区重点民生支出达到25.7亿元，占一般公共预算支出的68.7%。甘河中心学校等4所扩建项目建成投用，19所学校列入市级“新优质学校成长计划”，新组建市级“名校+”教育联合体3个、“名校长+”领航研修共同体1个、“名师+”研修共同体3个。压减学科类培训机构59所，机构压减比达96.65%，居全市前列。出动1.8万余人次，全力服务保障“十四运”盛会，经过26天186场次的激烈角逐，“手曲棒垒橄”5项赛事圆满落下帷幕，赢得参赛球队和5个竞赛委员会的高度认可。举办喜迎十四运·建党百年群众文化系列展示展演活动200余场次。为全区193个行政村、18个社区放映公益电影2541场，观影20余万人次；组织开展戏曲进社区、进乡村、进校园等惠民演出活动70余场，观众累计30万人次。区中医院顺利搬迁并试运营，太平等4个卫生院的改扩建项目全部完成，涝店等3所卫生院通过市级复核验收。作为全省区（县）层面唯一的受邀单位在陕西省卫生健康委员会总药师建设座谈会进行经验交流。

◆**劳动就业和社会保障** 2021年，鄠邑区城镇新增就业4277人，城镇登记失业率控制在3.68%以内，动态消除“零就业”家庭。举办“迎新春送温暖、稳岗留工”网络招聘会、“金秋十月，暖心送岗”网络招聘会等网上招聘活动6场，发布招聘岗位1.6万余个。新建高校毕业生就业见习基地7家。累计为500余家企业减免社保费1.52亿元。城镇居民和农民人均可支配收入分别达到27922元、16372元，分别增长8.0%和11.2%。清理僵尸型社会组织12家。完善“1+N”社会救助体系，全面下放低保、特困供养审批权限至各街道，低保审批时间从45个工作日压缩至20个工作日。完成5个社区养老服务站改造提升，新建4个街道综合养老服务中心，新增养老床位392张。

◆**新型冠状病毒疫情防控** 鄠邑区坚持统筹疫情防控与经济社会发展，积极落实各项常态化防控措施，织密社区网格管理体系，加强高铁站、高速出口等入鄠门户管控，坚决阻断疫情输入风险。12月份新一轮疫情发生后，鄠邑区第一时间启动战时机制，对阳性病例所在小区村组进行封闭，并成立临时党支部强化管理。紧盯重点区域、重点部位，科学划分封控区、管控区、防范区，从严落实管控措施。区级流调专班增强至200人，周密开展流调溯源和风险地区来返人员排查管控，并组织9轮全员核酸检测，确保社会面清零。征召15个隔离酒店做好密接人员隔离，19名阳性病例及时送医救治，903名B类人员2162名C类人员得到有效管控，迅速切断疫情传播链。采取敲门入户、送菜上门、开通就医通道等多项举措保障群众生活刚需，为35万户次、100余万人次发放米、面、油等生活礼包和口罩、温度计、消毒液等防疫礼包。分类精准施策解决考研学生、在鄠滞留人员、大学生返乡、城中村群众等群体需求。同步谋划推进复工复产，确保社会稳定运行。

（崔乃良　于建飞　董兰清）

中共鄠邑区委、人大、政府、政协、纪委

区委书记　范九利
副书记　李　化　汪国栋
区人大常委会
主　任　王　芳（女）
副主任　王明武　杨建敏　李养森　王玉婷（女）
区　长　李　化
副区长　任　涛　毛　安　姚　勇　谢永平　杨战海　王庭渊
区政协主席　李军考
副主席　王领选　陈忠惠　张永阳　管永华　徐词忠
区纪委书记、监委主任　于　迅

蓝田县

◆**概况** 蓝田县位于西安市东南部，东、南以秦岭为界，与渭南市华州区、商洛市洛南县、商州区、柞水县相接；西以库峪河为界，与长安区、灞桥区毗邻；北以骊山为界，与临潼区、渭南市临渭区接壤。

2021年，蓝田县辖18个镇、1个街道办、337个村民委员会、14个居民委员会，全县总面积2006平方千米。全县总人口657632人（城镇人口181143人），202167户，男女性别比为1.09。人口出生率为9.05‰，死亡率为9.66‰，自然增长率为-0.61‰。

◆**农业和农村经济** 2021年，蓝田县以稳粮保供、产业提质增效和持续改善农村人居环境为重点，加快农业农村高质量发展，全面推进乡村振兴战略。农业固定资产投资完成0.91亿元。农民人均可支配收入8531元，比上年增长14.7%，第一产业增加值10.22亿元，增长8.9%。农业增加值11.4亿元，增长8.5%。创建万亩小麦核心示范区2个，粮食生产再获丰收。夏粮播种面积24086.67公顷，平均亩产316.28千克，单产增产3.17%，总产量11.5万吨；秋粮播种面积17366.67公顷。新建有机蔬菜基地3个，白鹿原有机蔬菜产业发展势头良好。引进客商4家，投资7450万元，已完成投资4000万，全县全年蔬菜种植4333.33公顷，总产量12.9万吨。万亩百合基地建设进展顺利。石羊30万云养殖项目快速推进，完成投资5320万元，完成年计划投资的56%。全县年末猪存栏4万只，牛存栏1万头，羊存栏2万只，家禽存栏106万羽。肉类产量7.4万吨，禽蛋产量0.6万吨，奶类产量1.9万吨。创建省市级现代农业示范园3个、农民专业合作社20家、家庭农场10个，实现农业增加值36.24万元，比上年增长8.1%。成功举办“遇见白鹿 樱为有你”首届樱桃节活动和“遇见白鹿 杏福蓝田”大杏宣传推介活动，不断提高蓝田樱桃、蓝田大杏品牌知名度和美誉度，被陕西《三秦都市报》及多家媒体报道。全县樱桃、大杏、桃等果品产量4.63万吨，产值6.21亿元。人居环境整治和美丽乡村示范村建设全面开展。全年户改厕任务1100户，完成612户；美丽乡村建设任务19个，完成整村建设美丽乡村示范村3个，部分建设7个。

◆**商贸** 2021年，蓝田县出台支持工业经济、设施农业、传统规模产业、文旅康养、电子商务发展“五个千万”扶持政策，产业质效稳步提升。实行项目建设“双周调度、一月一开工”，83个重点项目投资完成率和开工率均创历年新高。大力开展产业链招商、以商招商、精准招商，签约审定项目15个，总投资185.1亿元。精准施策加快产业转型升级，投入技改资金7631万元，蓝通传动轴、伊利乳业、汉丰药业完成技术改造升级，产值分别比上年增长25%、28%、36%，启达精密年产值突破5亿元，县工业园实现税收翻番。三元科技创新园签约规上企业28家、过亿元企业16家。电商产业园引进企业15家，实现电商交易额29.89亿元，排名陕西省第二，入选全国电子商务进农村综合示范县。全县生产总值达到151.7亿元、增长6.2%，规模以上工业增加值增长2.5%，固定资产投资增长10.3%，社会消费品零售总额增长6.7%，居民人均可支配收入18469元、增长9%，一般公共预算收入4.51亿元、增长55.1%，主要经济指标排名均位列全市前六。

蓝田县2021年经济与社会发展主要指标

指　标	单位	数量	同比增长率（%）
地区生产总值	亿元	151.70	6.2
地方财政一般公共预算收入	亿元	4.51	55.1
地方财政一般公共预算支出	亿元	53.77	21
全社会固定资产投资额	亿元	—	9.3
社会消费品零售总额	亿元	41.82	6.7
规模以上工业增加值	亿元	—	2.5
实际使用外资	万美元	1540	0.7
实际使用内资	亿元	—	—
城镇常住居民人均可支配收入	元	26739	7.3
农村常住居民人均可支配收入	元	17309	9.2

◆城乡建设　2021年，蓝田县立足宜居宜业城市发展定位，坚持用国际视野谋划城市布局，高质量编制国土空间规划，启动县城控制性详细规划、省级经济开发区规划、县城南区发展规划编制，推动城市发展一张图。实施县门街东延伸片区综合改造，45天完成入户评估和拆迁补偿协议签订。加快建设滋水北路及滋水大桥，灞河大道建成通车，开通西蓝旅游公交，加速融入西安主城区。推进城市精细管理，改造老旧小区16个，拆除煤房247间。新建充电桩50个、生态停车位304个，新增城市绿地7.64万平方米。优化提升残疾人无障碍设施1418处。县城公共区域免费WiFi全覆盖，群众畅享智慧新生活。实施县门街、迎宾路街景亮化，建成文姬路最美一条街。蓝田通航机场、西安外环高速南段项目进展顺利，西十高铁开工建设，区域综合交通网络日趋完善。

◆生态环境　2021年，蓝田县坚决扛起保护秦岭生态环境政治责任，制定《秦岭生态环境保护实施方案》，在全市率先完成6座小水电站拆除复绿，治理峪口峪道3条，恢复秦岭植被200公顷，建成秦岭生态环境保护总站和“数字秦岭”智慧管控平台，秦岭生态保护修复成效显著。实施全域治水项目10个，建成16.5千米“三河一山”绿道（以浐灞河、渭河、沣河已建成的堤顶路和S107环山旅游路为基础，规划建设的集骑行、步行、观光、休闲等功能为一体的生态慢行系统），华胥驿、故京驿等4座驿站交付运营，滋水公园建成开放，灞河沿线成为生态廊道、文化廊道、发展廊道、幸福廊道。持续推进城乡生活垃圾分类，县城、各镇区和重点村垃圾分类设施全覆盖。固体废弃物综合处置场、餐厨垃圾无害化处理项目、污泥处理厂按期投运。深入开展大气污染防治5个专项行动，全年空气质量优良天数315天，比全市平均多50天，PM2.5等空气指数位列全市第一。

◆全域旅游　2021年，蓝田县接续实施“旅游+”战略和全域旅游引领工程，依托做优做强城市旅游、做美做特乡村旅游、做精做大景区旅游、做好做足优质旅游“四大抓手”，拓展延长产业链条，壮大产业潜力，成功打造“景区带动、民宿引领、乡村振兴”的蓝田样板，全方位叫响春季踏青赏花、夏季纳凉避暑、秋季登高探幽、冬季泡汤滑雪的四季旅游品牌。开展文旅推介及各类主题营销活动，启动白鹿原影视城5A级、葛牌镇区3A级、汤峪镇省级旅游度假区创建，推出全国首个沉浸式大型梦幻光影秀《夜谭·白鹿原》，统筹培育360极限飞球《长安·翱翔》、尖叫影院《穿越大峡谷》《公园一万》等一批高品质、高水准的旅游精品项目，增强旅游核心竞争力。《吕氏乡约》获批国家非物质文化遗产代表性项目。创建焦岱镇鲍旗寨村、华胥镇阿氏村、孟村镇郗家街村、玉山镇翟家村4个市级乡村旅游示范村，推出最美乡村·绿色生态之旅、追根溯源·红色印象之旅、玉鉴蓝田·美玉赏玩之旅、邂逅初冬·追忆乡愁之旅、追梦汉唐·浪漫诗意之旅、放飞身心·奇妙趣玩之旅、生活温度·烟火气息—上集走、遇见冰雪·激情梦幻之旅8条精品旅游线路，适时建设宾馆酒店和特色民宿，建设不同规模和主题的购物场所、娱乐场所和实景演艺活动，要素水平全面提升。开展线上《美域蓝田文旅好物直播专场》宣传推介活动，蓝田玉、蓝田饸饹、灞源豆腐、华胥大杏等特色产品深度开发，全县共有10大系列近30余种旅游小商品、纪念品。利用辋川独有的历史文化元素，精心设计辋川二十景和辋川四季图伴手礼盒，更好宣传蓝田特有的地域文化。建设以“汽车站旅游咨询服务中心+城市文明驿站+各景区景点游客服务点+志愿者服务岗”的旅游咨询服务体系。完善智慧服务功能，建成全域智慧旅游云平台、实现旅游景区二维码全覆盖，“一部手机畅游蓝田”，构建主客共享、宜居宜游的全域旅游软环境。全年接待游客2145.3万人次，旅游综合收入60.7亿元，分别同比增长1.4%、22.4%，成功创建首批陕西省全域旅游示范区。

◆社会事业　2021年，蓝田县牢固树立以人民为中心的发展思想，聚力办好民生实事。保基本民生支出46.97亿元，占一般预算支出的87.4%。改扩建学校3所，新增学位1290个。组建市县级“名校+”教育联合体5个，撤并教学点14个。“双减”（有效减轻义务教育阶段学生过重作业负担和校外培训负担）政策全面落实，顺利通过省级“双高双普”合格县评估验收。创办蓝田厨师学校，首批招生300余人，蓝田厨师劳务品牌获评全国“我最关注的劳务品牌”“行业引领类劳务品牌”。建成县妇计中心门诊综合大楼、县医院医学观察站，县中医医院迁建项目、县病毒检测中心进展顺利。改造提升基层卫生院17家，建成公有化村卫生室21所，群众就近就医格局基本形成。全面落实减税降费政策，减免税费4.63亿元。城镇新增就业4386人，城镇登记失业率控制在3.4%以内。成功举办建党百年文艺汇演、首届半程马拉松赛、线上春晚等群众性文体惠民活动。依法依规解决群众合理诉求，集中化解蔚蓝港湾、宏辉等一批信访遗留问题。“七五”普法圆满收官，“八五”普法全面启动。平安蓝田建设持续深化，完善安全生产、防灾减灾机制，生产安全事故起数、死亡人数实现“双下降”。汛情期间，紧急转移群众6.3万人次，及时拨付救助资金和救灾物资，全力保障受灾群众基本生活，灾后恢复重建迅速全面展开。食品药品安全、信访维稳等工作扎实推进，全县社会大局和谐稳定。

◆乡村振兴　2021年，蓝田县持续巩固拓展脱贫攻坚成果同乡村振兴有效衔接，严格落实“四个不摘”要求，紧扣“三落实一巩固”，健全防止返贫动态监测和帮扶机制，扎实开展“六查六问”，强化精准帮扶，脱贫户、脱贫监测户、边缘易致贫户返贫风险全面消除，顺利通过省级巩固脱贫成果后评估，“354”监测预警和动态帮扶工作经验在全市推广。统筹各级衔接资金6947万元，实施项目133个，教育、医疗、兜底保障等政策全面落实。发放创业担保贷款3992万元，脱贫人口和监测对象就业4.5万人，公益性岗位安置2153人，脱贫基础更加稳固，成效更可持续。大力开展乡村建设行动，统筹各级财政衔接资金1.39亿元，实施项目118个，养护提升县乡道路7条101.2千米，完成农村电网升级工程34个、农村饮水安全巩固提升工程30处。扎实开展土地违法大排查大整治，坚决遏制耕地“非农化”、防止“非粮化”。出台《创建乡村振兴示范村实施意见》，定期举办乡村振兴擂台赛，通过强基础、育产业、优生态等措施，创建第一批乡村振兴示范村22个，全力打造蓝田乡村振兴“示范样板”。汤峪镇入选全省乡村振兴示范镇名单，华胥镇获评全国乡村特色产业十亿元镇。全省“美丽乡村·文明家园”建设暨农村精神文明建设现场会在蓝田召开。

◆**防汛抢险** 2021年，蓝田县经历数轮强降雨，5月1日—11月1日18时，蓝田主站降雨量为1128.2毫米。（其中，单站监测最高降雨量出现在2021年8月19日5时—20日4时，为九间房镇铜鹅沟村测站，降雨量为203.7毫米，是有气象记录以来最大值）8月19日20时蓝桥河蓝桥水文站出现最大有记录洪峰流量370立方米/秒（超警戒流量140立方米/秒）。23时02分灞河罗李村测站出现最大洪峰流量为577立方米/秒（超警戒流量500立方米/秒）。8月20日1时25分灞河马渡王测站出现最大洪峰流量为743立方米/秒。9月25日9时辋川河辋川水文站出现最大有记录洪峰流量为380立方米/秒。面对雨情急、汛情猛、时间长、跨度大的防汛形势，蓝田县坚决执行“撤、封、管、停、疏”措施，及时转移撤离群众，最大限度保障了人民群众生命财产安全。特别是面对“8·19”特大洪涝灾害，坚持超前谋划、科学调度，提前安全转移群众12800人，集中安置受灾群众1993人，下拨各类防汛救灾资金，争分夺秒开展灾后排危除险、基础设施恢复、生产自救等工作，用最大力度保障受灾群众基本生活，用最短时间恢复生产生活秩序，用最强措施推进灾后恢复重建，防汛救灾和灾后重建得到国家防总工作组和省、市肯定。

◆**新型冠状病毒疫情防控** 2021年，蓝田县扎实落实常态化疫情防控措施，稳步推进疫苗接种，累计接种新冠疫苗66.82万剂次，实现应接尽接。年底，面对异常严峻复杂的疫情防控考验，扁平指挥、果断施策、尽锐出战，实施最严格的社会面管控，筑牢外防输入坚固防线；科学优化“防控网”，健全网格化管理体系，有效管控关键风险点；开通就医绿色通道，畅通物资供应微循环；白衣战士逆行出征，机关干部下沉一线，社区人员连续作战，志愿者主动请缨，经过艰苦努力，全县始终保持“零确诊”。

（王耀辉）

中共蓝田县委、人大、政府、政协、纪委

县委书记 林　梅
副 书 记 徐　毅
县人大常委会
主　　任 魏桂叶（女）
副 主 任 金　辉　胡新志　穆西锋　陈小马
县　　长 徐　毅
副 县 长 赵　刚　潘　磊（挂职）　韩格峰　单　强　卢允涛（女）　郭丽斌（女，挂职）
县政协主席 吴永平
副 主 席 张均锋　高建周　冯亚利　陈群亚
纪委书记、监委主任 王保静

周至县

◆**概况** 周至县地处于关中西部，距离西安市主城区68千米。东与鄠邑区相接壤，南依秦岭山脉，西以眉县与太白县相邻，北以渭河相依，是西安市的西大门。周至自然生态良好，是国家级生态示范县、全国首批最具魅力生态旅游县、国家重点生态功能区和国家主体功能区建设试点示范县。全县森林覆盖率为66.6%，森林面积占全市森林总面积的52%，秦岭北麓面积占全市秦岭北麓总面积的41.8%。周至是目前世界上最大的猕猴桃生产基地，获“中国猕猴桃之都”“中国绿色生态农业先进县”称号，周至猕猴桃获得农业农村部农产品地理标志认证，被列为中国猕猴桃区域品牌价值排行榜第一位，是西北地区最大的苗木花卉集散地和西安主要的蔬菜供应地。

2021年，周至县辖街道办事处1个，乡（镇）19个，行政村263个。全县总面积2974平方千米。全县总人口699280人，其中男性368557人，女性330723人，分别占52.71%和47.29%。农业人口537542人，占总人口的76.86%。截至年底，全县户籍总户数193996户，户均人口3.6人。全县常住人口55.99万人，比上年增加0.29万人；全县人口出生率10.12%，死亡率9.99%，人口自然增长率0.13%，全县常住人口城镇化率30.24%，提高1.12个百分点。

◆**农业** 2021年，周至县农林牧渔业总产值75.35亿元，比上年增长8.9%。其中，农业（种植业）产值52.16亿元，占农林牧渔业总产值的69.22%；畜牧业产值9.18亿元，占农林牧渔业总产值的12.18%。农林牧渔业增加值46.24亿元，增长8.5%。全年粮食播种面积20926公顷，比上年减少4400公顷，下降17.37%。其中，夏粮播种面积11980公顷，下降5.37%；秋粮播种面积8946公顷，下降29.37%。全年粮食产量10.78万吨，下降13.62%。其中，夏粮5.92万吨，增长0.34%；秋粮4.86万吨，下降26.14%。全年水果面积22766公顷，增长10.37%，其中猕猴桃面积20780公顷，增长11.0%，占水果总面积的91.27%。水果产量49.34万吨，增长13.4%，其中猕猴

周至县2021年经济与社会发展主要指标

指　标	单位	数量	同比增长率（%）
地区生产总值	亿元	146.39	5.4
地方财政一般公共预算收入	亿元	2.64	14
地方财政一般公共预算支出	亿元	43.57	1.8
全社会固定资产投资额	亿元	—	-8.8
社会消费品零售总额	亿元	38.03	10.8
规模以上工业增加值	亿元	—	5.8
实际使用外资	万美元	900	—
实际使用内资	亿元	—	—
城镇居民人均可支配收入	元	25266	7.8
农村居民人均可支配收入	元	15691	10.8

桃产量45.91万吨，增长13.58%；其他水果产量3.42万吨，增长10.68%。全年猕猴桃产值30.95亿元，占农林牧渔业总产值的41.07%，提高4.17个百分点。全年蔬菜收获面积5700公顷，比上年下降1.38%；产量22.8万吨，下降0.52%；产值11.81亿元，占农林牧渔业总产值的15.68%，比上年降低0.25个百分点。全年苗木花卉面积1286.67公顷，比上年持平略降；产值4.83亿元，占农林牧渔业总产值的6.41%，下降3.06个百分点。全年肉、奶产量分别为8447吨和5269吨，分别增长23.58%和17.35%。蛋产量4984吨，下降0.72%。

◆工业和建筑业 2021年，周至县全部工业增加值10.6亿元，比上年增长2.4%。其中规模以上工业增加值增长5.8%，规模以下工业增加值增长1.0%。规模以上工业31户，全年实现产值18.73亿元，增长10.24%；从业人员平均人数2281人，减少110人；资产总计18.68亿元，其中流动资产合计13.55亿元；全年主营业务收入18.68亿元，增长13.56%；实现利润总额0.81亿元，增长8%。规模以上工业企业生产小麦粉8289吨，下降70.99%；化学药品原药578.49吨，增长39.81%；瓦楞纸箱5741吨，增长0.69%；商品混凝土663943.14立方米，增长19.72%；水泥158658吨，下降10.11%。安全、自动化监控设备546台，增长71.16%。全年建筑业实现增加值3.89亿元，下降7.1%。具有资质等级的总承包和专业承包建筑企业16户，实现产值4.87亿元，增长1.54%。签订合同额9.92亿元，增长64.7%。

◆重点项目建设 2021年，周至县高新集贤园集贤大道建成通车，太周创新产业园主体封顶，幸福大健康生产基地试生产，比亚迪智能终端产业园即将建成，园区全年完成投资32.02亿元。西部智能装备产业园尚龙大道（一期）工程全面完工，8家企业进驻园区，累计完成投资2.81亿元；新签约项目4个，计划总投资8.6亿元。启动与曲江第二轮战略合作，西京学院开工建设，子牙学宫总部校区项目完成签约。周一村乡村旅游民宿示范点投入运营，全年新增12家等级民宿，3家主题民宿获评“西安市精品民宿”。全年接待游客1076.46万人次，实现旅游收入31.88亿元。创建市级电子商务示范镇9个、示范村16个，全县电商企业达316家、微商达1万余户，全年电商销售突破48亿元。深化系统治理，生态环境更加优良，12个全域治水项目完成投资4.5亿元。持续深化产业、就业帮扶，整合涉农资金3.25亿元，实施项目282个。网络招聘、点对点劳务输送，为贫困群众提供就业岗位2.39万个。苏陕扶贫协作完成投入3893.55万元，实施项目29个。水街生态特色小镇、哑柏省级重点示范镇、厚畛子省级特色旅游名镇、马召特色产业强镇共实施项目26个，完成投资5.2亿元，示范带动效应日益凸显。

◆招商引资 2021年，周至县推进相对集中行政许可权改革，划转行政审批事项156项，实现“一窗综合受理”业务1021项。全年新增市场主体5633个，完成备案类项目227个，投资总量289亿元，比上年分别增长135%、227%、344%。农户信用等级评价工作位居全市前列，累计发放贷款1.01亿元。“2345”代办工作（“2”指围绕重点建设项目审批和便民事项两大类服务；“3”指建立“跑小二”、红色移动代办和临时项目协调小组三项机制；“4”指构建代办员、窗口人员、审批科长、政务中心领导四层协调框架；“5”指推行代办内容、代办队伍、代办载体、代办制度、代办考核五项建设）获第四届国家数据与治理高峰论坛暨2020年度数字政务服务博览会最佳实践奖。

◆城乡建设 2021年，周至县以项目建设为抓手，投资12.3亿元实施城建项目23个，提升城镇承载力。全面完成59个老旧小区改造、19.34千米架空线缆落地任务，纬一东路、中环西路、建设南路建成通车，新建万寿南路、中环东路等8条道路，完成雨污分流改造33.67千米，改建人行道4.3千米，燃气管网41千米。云塔广场建成竣工，新增绿化10.2万平方米，新建和改造提升公厕9座，垃圾分拣中心建成投用。该县被确定为全省唯一“美丽城市建设试点县”。围绕城乡融合发展，拉大县城骨架，新建口袋公园3个、集贸市场4个，新增停车位532个、无障碍设施52个，县城功能日益完备。加大城市精细化管理力度，严查违法违规行为，城区环境更加整洁。建设5G基站159个。鄠周眉高速公路启动实施，西南塬区农村公路路基全线贯通，改扩建道路32条78千米，成功创建省级“四好农村路”（全面建设好农村公路，切实发挥先行官作用；全面管理好农村公路，切实做到权责一致，规范运行；全面养护好农村公路，切实做到专群结合，有路必养；全面运营好农村公路，切实服务城乡经济社会发展）示范县。广济镇广济村创建为“全国农房抗震加固示范点”。

◆生态环境保护 2021年，周至县申报国家“山水林田湖草沙”一体化治理项目，在陕西省率先完成28座小水电站拆除退出和生态修复任务，全面完成秦岭勘界立标，建成森林管护站42个，完成峪口峪道综合整治5条，义务植树90万株，初步建成“智慧秦岭”监管系统，严查“五乱”（乱搭乱建、乱砍滥伐、乱采乱挖、乱排乱放、乱捕乱猎）行为，成功创建“省级森林旅游示范县”。开展大气污染防治专项行动，空气质量优良天数、PM2.5、PM10全面完成市考指标。县污泥处理厂、黑河河湖水系连通项目顺利完工，完成小流域治理666.67公顷，国考断面、市考指标稳定达到地表水3类标准，创建节水型校园2个、节水型居民小区2个。

◆文化旅游和商贸业 2021年，周至县启动与曲江第二轮战略合作，西京学院开工建设，子牙学宫总部校区项目完成签约。文体事业繁荣发展，建成文化、图书分馆4个。县图书馆总藏量19.7万册。举办“秦声秦韵”业余秦腔大赛等群众文化活动38场，各类文艺演出40场次，艺术表演55场次，开展陕西省群众足球乙级联赛（周至赛区）、迎中华人民共和国第十四届运动会千人太极拳展演等体育活动。周一村乡村旅游民宿示范点投入运营，全年新增12家等级民宿，3家主题民宿获评“西安市精品民宿”。全年接待游客1076.46万人次，实现旅游收入31.88亿元。周至县荣登央视“2020最美揽夏地”榜首。电商发展再创佳绩，创建市级电子商务示范镇9个、示范村16个，全县电商企业达316家、微商达1万余户，全年电商销售突破48亿元。全县社会消费品零售总额38.03亿元，比上年增长10.8%。县属社会消费品零售总额34.06亿元，增长6.7%。其中限额以上单位消费品零售额完成4.62亿元，下降4.7%。

◆金融、交通、邮电 2021年，周至县各项存款余额266.89亿元，比上年增长10.02%。其中住户存款209.29亿元，增长11.97%。月末各项贷款余额为140.92亿元，增长18.76%。其中住户贷款35.57亿元，较年初增加7.95亿元，增长28.78%。全县境内公路里程2271.83千米，其中国道136.75千米、省道46.22千米、县道302.96千米、乡道355.28千米、村道1430.62千米。开通城乡班线29条，公交车辆249辆。全年邮政业务总收入9323.29万元，比上年增长11.44%；电信业务收入3.52亿元，增长6.67%。年末，全县固定电话用户39013户；移动电话用户51.83万户。固定互联网宽带接入

殿镇新村建设

用户188930户。

◆**社会事业**　2021年，周至县实施科技项目7个。其中，市级农业科技项目5个；区域科技创新环境建设项目1个；产学研金协同创新活动奖补项目1个。全年创建市级示范园1个，省级科技创业示范基地1个。认定市级科技型中小企业6家，培育科技示范户47户，选聘科技人才68名。全县有高新技术企业9户。授权专利160件，有效商标注册1362件。超额完成基础教育提升3年行动计划第一年目标，新增学位1080个，创建市县级教育联合体69个。全县幼儿园112所，其中公办65所，民办47所。在园儿童17966人，比上年下降6.98%。全县各类中小学161所，其中普通初中28所，高中7所，小学111所，教学点13所，特殊教育学校2所。中小学在校学生62710人，比上年下降21.54%；其中初中在校学生14450人，比上年增长1.25%；高中在校学生11241人，比上年增长26%。中小学专任教师4561人，比上年增长6.22%，其中中学专任教师2189人，比上年增长3.55%。全县初中毕业生人数(含职业初中)5184人，初中毕业升学率82.06%，较上年增长7.4个百分点。小学学龄儿童净入学率100%。医疗服务品质提升，医共体建设实现全覆盖，8个镇街卫生院达到“优质服务基层行”标准，创建示范村卫生室20个。建成外联省市、内接镇村的远程医疗协作系统，实现优质医疗资源共享。民生保障坚实有力，城镇居民医保参保率达99.39%，累计报销医保费用4.35亿元。年末，全县共有各类医疗机构502个，其中医院18个、卫生院25个；卫生机构床位2628张；各类卫生技术人员3311人，其中执业(助理)医师1025人。婴儿死亡率1.65%，5岁以下儿童死亡率3%。产妇住院分娩比例为100%。落实各类民政救助资金1.27亿元。社会治理成效良好，深入推进“法律六进”（法律进机关、进乡村、进社区、进学校、进企业、进单位）活动。抓好信访维稳工作，解决民生诉求7000余件。推进社会治理“网格化”试点，扫黑除恶斗争“六清”行动（线索清仓、逃犯清零、案件清结、伞网清除、黑财清底、行业清源）、安全生产3年专项整治行动取得新成效，第七次全国人口普查工作进展顺利，国家安全、民族宗教、防震减灾、妇女儿童、审计、人防、气象、档案、残疾人等事业取得新进步。全年城镇常住居民人均可支配收入25266元，比上年增长7.8%。农村常住居民人均可支配收入15691元，增长10.8%。全体居民人均可支配收入18641元，增长9.8%。全县养老机构4个，在院入住362人，共有床位636张。截至年底，城镇低保对象198户、366人，发放低保金348.59万元；农村低保对象7505户、21490人，发放低保金1.58亿元。1203户、1217人享受时特困人员救助供养，发放供养金2121.94万元。全县参加城乡居民基本养老保险335910人，参加城镇职工基本养老保险28486人，参加失业保险2769人，参加工伤保险10161人。全县已参加城乡居民医疗保险536226人，已参加职工医疗保险29759人，已参加生育保险19071人。

◆**乡村振兴**　2021年，周至县坚持巩固拓展脱贫攻坚成果同乡村振兴有效衔接，严格落实“四个不摘”（摘帽不摘责任、摘帽不摘政策、摘帽不摘帮扶和摘帽不摘监管）要求，夯实“2531”防返贫工作责任（风险摸排网格化、监测预警信息化“两化管理”，做到全程监管、清单交办、精准帮扶、定期通报、绩效考核“五个坚持”，实现早发现、早干预、早帮扶“三个到位”，坚决守住防止规模性返贫“一个底线”），531户1737人重点监测对象致贫风险全面消除。加强扶贫资产监管，已确权项目1748个，涉及资金12.25亿元。抢抓周至县被确定为“省级乡村振兴重点帮扶县”机遇，整合资金3.04亿元，实施乡村振兴项目206个。投入1828万元，支持17个村壮大集体经济组织。开展农村人居环境“八清一改”整治行动（清理农村生活垃圾、清理村内塘沟、清理畜禽养殖粪污等农业生产废弃物、清理室内外卫生、清理乱堆乱放乱搭建、清理废弃房屋和残垣断壁、清理农村河道卫生、清理农村道路沿线卫生，改变影响农村人居环境的不良习惯），农村生活垃圾治理率达93%。启动2个市级美丽宜居村庄片区建设，创建美丽乡村15个，新增美丽庭院示范户2020户。苏陕协作完成投入3816万元，实施项目27个。马召镇被授予“陕西省脱贫攻坚先进集体”，哑柏镇入选“省级乡村振兴示范镇”。

◆**防汛防疫**　2021年，周至县坚持“人民至上、生命至上”，坚决落实“撤、封、管、停、疏”措施，果断处置耿峪河、仰天河水库等险情，转移群众7208人次，疏水排涝3733.33公顷，投入资金7.6亿元，实施灾后重建项目39个。坚持“外防输入、内防反弹”总策略和“动态清零”总方针，点线面结合、县镇村贯通、全方位联动，建立网格8128个，累计核酸筛查200万人次，集中隔离2052人。在防汛救灾、抗击疫情中，机关干部下沉3000人次，医护人员2800人次，村（社区）工作人员2.3万人次。

（李　琳）

中共周至县委、人大、政府、政协、纪委

县委书记　闻其伟
副书记　段军利
县人大常委会
主　任　何凡盟
副主任　李玲玲　李民周　尹纯会
县　长　段军利（代）
副县长　李　峰（挂职）　朱　璇　周训良　张增产　李西安　李　立（挂职）
县政协主席　蒋选亮
副主席　任兴之　刘静萍
县纪委书记、监委主任　杨　辉

人　物

责任编辑：鄢娟妮

新任市级领导

◆**方红卫**　1966年6月生，陕西富平人。1987年4月加入中国共产党，1989年8月参加工作。研究生学历，工学博士，高级经济师。历任陕西汽车制造总厂副厂长、销售公司总经理、常务副厂长，陕西汽车集团有限责任公司董事会董事、总经理、董事长、党委书记，陕西汽车控股集团有限公司董事长、党委书记，省政协常委、科技委员会副主任，宝鸡市委常委、副市长，渭南市委常委、市政府副市长、党组副书记，汉中市委副书记、市长、市委书记，2021年5月任陕西省委常委，2021年11月任西安市委书记。第十三届全国人大代表。第十三届省委委员，省第十三次党代会代表。省十三届人大代表。

◆**杨建强**　1968年7月生，陕西户县人。1990年7月参加工作，1991年10月加入中国共产党。研究生学历，工商管理硕士。历任西安市雁塔区曲江街道党（工）委副书记、办事处主任，雁塔区政府办公室主任，区委常委、副区长，长安区委副书记，副区长、代区长、区长，区委书记，未央区委书记、西安汉长安城国家大遗址保护特区党工委书记（兼）。2021年8月26日，在西安市十六届人大常委会第四十五次会议上任命为西安市人民政府副市长。

◆**仵江**　1968年5月生，陕西西安人。1991年2月参加工作，1992年9月入党。全日制中专学历、省委党校研究生学历。历任西安市阎良区物资总公司总经理、经济贸易委员会主任、对外贸易经济合作局局长，阎良区副区长、区委常委，长安区委常委、副区长，新城区委副书记、副区长、代区长、区长、区委书记，西安市幸福路地区综合改造管委会主任（兼），西安市幸福路地区党工委书记（兼）。2021年8月26日，在西安市十六届人大常委会第四十五次会议上任命为西安市人民政府副市长。

◆**姚立军**　1965年2月生，陕西旬邑人。1985年1月参加工作，2001年6月加入中国共产党。中央党校研究生学历。历任西安城墙景区管委会副主任、党组成员，曲江新区管委会副主任、党工委委员，曲江新区党工委副书记、管委会主任，西安曲江文化产业投资（集团）有限公司董事长（兼），曲江新区党工委书记、管委会主任。2021年8月26日，在西安市十六届人大常委会第四十五次会议上任命为西安市人民政府副市长。

（李平丹）

逝世人物

◆**徐汉卿（1930—2021.1.3）**　主任医师、教授，硕士生导师。1954年留西安交大二附院皮肤科工作，曾赴美国纽约大学皮肤病理中心进修学习皮肤病理，师从国际著名学者Ackerman教授。回国后即致力于白癜风、银屑病等疾病研究，曾获得国家自然科学基金资助。历任西安交通大学第二附属医院皮肤科主任、中国中西医结合学会皮肤科分会副主任委员、中华医学会皮肤性病专业委员会常委、全国银屑病学组组长、陕西省皮肤科学会、陕西省中医皮肤外科学会及陕西省中西医结合皮肤性病学会主任委员、陕西省微量元素学会常委等职。先后担任《中华医学杂志》《中华皮肤科杂志》《临床皮肤科杂志》及《中国麻风皮肤病学杂志》《中国医学美容学杂志》编委。曾先后6次荣获陕西省政府科技进步奖，1992年获国务院颁发的有突出贡献的科技人员证书，享受国务院突出贡献专家特殊津贴。一生发表学术论文60余篇。主编《微量元素与皮肤病》，参编《实用皮肤病学》《皮肤病学》《实用皮肤病诊疗手册》等十余部专著。徐汉卿教授研制出“复方青黛丸”“郁金银屑片”“消疣灵”“癣洗净”“生发丸”“暗疮胶囊”等多种制剂。

◆**蒋咏秋（1920.9.10—2021.1.4）**　江苏常州厚余人。固体力学家、复合材料力学家、教育家、社会活动家，曾任陕西省科协副主席、陕西省力学学会副理事长、西安市政协副主席、九三学社西安市主任委员，西安交通大学教授。1942年毕业于武汉大学土木工程系。1947年考取美国明尼苏达大学土木工程系攻读研究生。1950年获博士学位。1951年回国后，长期在西安交通大学任教，历任数理力学系副主任、工程力学系主任，教授。他是该校工程力学专业的创始人之一。所在的工程力学系已为祖国培养出一大批优秀的力学人才。该系在改革开放后，发展更快，已建立起机械结构强度和振动国家重点实验室、博士点、博士后流动站和国家重点学科（固体力学）。1997年起任美国明尼苏达大学客座教授。有《弹性力学基础》等多部著作，并在国内外学刊上发表多篇学术论文。

◆**李伯埙（1929—2021.1.4）** 主任医师，教授。毕业于西北医学院（本科5年制）。历任西安交通大学第二附属医院皮肤科主任、党支部书记、陕西省政协委员、中华医学会全国皮肤病理学组委员、中华医学会西安皮肤分会副主任委员、顾问、《中国皮肤病学杂志》主编，《中国皮肤病学杂志》编委会主任委员。曾获陕西省政府教学成果一等奖，卫生部科技进步三等奖，陕西省教育厅高等学校科技进步一等奖，陕西省教育委员会科学技术一等奖，西安市政府科技进步一等奖等多项荣誉。从事皮肤病医疗、教学工作近70年。在国内首先报告炎症后弹性组织离解伴皮肤松垂、进行性结节性组织细胞瘤等10种以上疾病。发表学术论文80余篇，主编《皮肤性病彩色图谱》《现代实用皮肤病学》《实用皮肤组织病理与临床》，参编《实用皮肤病学》、卫生部规划教材《皮肤病学》《实用皮肤病诊疗手册》等十余部专著。先后研制出3—5—10油膏、2—5油膏、粉刺酒渣霜、皮炎净、复方青黛油、生发药水、白癜风药水、湿疹净等多种外用药，至今仍在临床广泛应用。

◆**樊保良（1936—2021.1.9）** 陕西西安人。民族史专家、兰州大学历史系教授，博士生导师。1960年至1970年，在甘肃省民族研究所从师谢再善先生研究蒙古史，兼及甘肃藏族、裕固族、回族等历史资料和社会调查工作。1970到1978年，下放兰州轴承厂工作。1978年迄今，在兰州大学历史系从事教学和科研工作。主要论著《蒙古族源诸说述评》，《内蒙古社会科学》1983年第3期《历史上蒙维关系之良好开端——兼论成吉思汗与巴尔术阿而忒的斤》，《内蒙古社会科学》1984年第3期《蒙藏关系史上的两位拓荒者》，《内蒙古社会科学》1986年第3期《蒙元时期丝绸之路简论》，《兰州大学学报》1990年第4期《蒙藏关系史研究》等。

◆**李魁元（1940—2121.1.14）** 出生于陕西西安，祖籍河北武安。武安平调落子表演艺术家、中国戏剧家协会原会员。10岁从艺参加武安人民剧团，12岁顶角唱戏，14岁挑起平调、落子两个剧种大旗，后调邯郸地区平调落子剧团。她主攻青衣、花旦，另外闺门旦、刀马旦、花衫、老旦、帅旦、彩旦均能胜任。她一生并演出一百多部剧目，在几十部剧目中任女主角，塑造出众多富有个性的女性形象。1956年，李魁元移植尚派名剧《昭君出塞》， 随后尚小云先生亲临邯郸地区光顾并亲自指导其剧目。1957年李魁元带着平调《昭君出塞》和落子《高山流水》参加河北省戏曲会演，轰动省城。20世纪50年代末到60年代初，先后十余次到中南海、国务院为国家领导人演出，并受到周恩来、邓颖超等老一辈革命家的亲切接见，其演出的《端花》被拍成电影，她的平调落子《盘坡》《铡赵王》《吕蒙正赶斋》《借髢髢》等曾被灌制胶盘唱片，出版并在全国发行。2016年1月27日李魁元荣获“河北戏剧终身成就奖”，作为名家载入中国大戏考。

◆**郝振易（1927—2021.2.19）** 陕西西安人。易俗社第12期插班学生，进社后先习秦腔旦角，后改演奏员兼作曲，曾参与易俗社多部剧目的音乐创作和演奏工作，为百年易俗社秦腔音乐的传承和发展发挥重要作用。20世纪五六十年代，曾参与拍摄秦腔史上最早的两部影片《火焰驹》和《三滴血》，并随团进京演出及三大秦班巡回13省市演出。在易俗社学习、工作一生，退休后依旧关心秦腔艺术，心系易俗社，积极传播秦腔艺术和易俗社历史，被誉为是“易俗社的活化石”。曾撰写《清新雅美 声情动人——刘毓中先生唱腔赏析》《肖若兰〈藏舟〉唱腔介绍》《孟遏云的唱腔艺术》《爱如慈父的范紫东先生》等文章，有着极其珍贵的史料价值。

◆**姚峰（1947—2021.4.24）** 陕西西安人，国家一级导演，三意社秦腔须生名家。1987年，赴上海戏剧学院导演系进修。先后担任三意社艺研室主任、艺委会主任、编导室主任、演出团经理，并曾数年在西安市春节晚会中担任导演工作。从艺六十多年来，曾先后塑造《四进士》中的宋士杰、《生死牌》中的黄伯贤、《金沙滩》中的杨继业、《收姜维》中的姜维、《大破天门阵》中的杨延景、《杨八姐盗刀》中的杨继康、《拆书》中的伍员、《铡美案》中的韩琦以及《出五关》《挑袍》《古城会》中的关羽等经典舞台角色。除了演员身份之外，姚峰还是一位戏曲导演艺术家，由他执导的原创剧目主要有《杨花祠》《公主与和尚》《情殇》《造俑记》《小巷总理》《方芸娘》《白鹿原》《咸阳桥》《隋宫秘刺》等。《白鹿原》《方芸娘》获首届中国秦腔艺术节优秀导演奖；秦腔传统剧《杀驿》《古城会》获第二届中国秦腔节优秀导演奖；秦腔历史剧《造佣记》荣获陕西省“月季花”优秀导演奖；秦腔历史剧《咸阳桥》荣获陕西省第六届艺术节优秀导演奖；秦腔传统剧《三上轿》《打神告庙》《打镇台》《盼子》荣获西安市“石榴花”大赛导演奖。秦腔传统剧《挑袍》曾荣获西北五省“太阳杯”大奖赛一等奖、西安市石榴花大赛一等奖。

◆**魏宏运（1925—2021.7.21）** 陕西西安长安人。历史学家、南开大学中国近现代史学科奠基人、南开大学荣誉教授。1951年毕业于南开大学历史学系。留校工作后，历任校文学院总支书记，历史系支部书记、系主任、校学术委员会委员等职，曾任国务院学位委员会历史学评议组成员、中国现代史学会名誉会长、中国史学会理事、中国史学会理事等重要职务。著有《抗日战争与中国社会》《中国近代历史的进程》等书，主编有《中国现代史》《中国现代史资料选编》《华北抗日根据地史》等大型资料集和著作。他是南开中国近现代史学科的奠基人，南开史学的代表性人物，也是公认的中国近现代史研究领域的开拓者之一。

◆**蒋德明（1934.4—2021.7.26）** 江苏宜兴人。1956年加入中国共产党。同

年毕业于西安交通大学动力机械系。曾任西安交通大学校长、西安交通大学西迁教授、乌克兰共和国工程科学院外籍院士，是我国著名内燃机专家，西安交通大学能源与动力工程学院汽车工程系教授。业务专长为内燃机燃烧、排放控制、涡轮增压和气流流动。出版学术专著《内燃机替代燃料燃烧学》和西安交通大学研究生创新教育教材《高等车用内燃机原理》。多年来一直从事有关内燃机燃烧机理方面的基础性研究，其目的在于揭示燃烧机理，降低排放，实现高效低污染燃烧，具有重要的科学意义和社会价值。研究内容广泛，涉及燃烧学，化学反应动力学，流体力学，热力学和燃料化学等多个方面。在国内外重要学术期刊上已发表论文200余篇。承担的科研项目：国家自然科学基金面上项目（50136040）；福特—中国研究与发展基金项目（50122166），国家基础性研究重大项目子课题（2001CB20908）以及教育部高校博士点基金项目等。

◆**杨拯英（1934.2.6—2021.9.17）** 生于西安。著名爱国将领杨虎城将军之女，陕西省政协办公厅原正处级干部。陕西省政协第五届、第六届、第七届及第八届委员会委员，西安事变研究会发起人之一。1950年6月加入中国共产党，是新中国成立后，陕西第一批中学生党员之一。1959年担任西安市第19中党支部书记。1981年，调到陕西省政协文史办，1995年8月退休。曾连续担任陕西省政协第五届、第六届、第七届及第八届委员会委员。编辑出版《回忆杨虎城将军》，后又和姐姐杨拯美一起撰写出版《怀念母亲谢葆真》。

◆**刘胤汉（1928.9—2021.11.13）** 陕西西安人。著名综合自然地理学家，中国地理学会终身成就奖获得者，陕西省人民政府原参事、陕西省决策咨询委员会委员，陕西师范大学地理科学与旅游学院教授。1954至1960年在西安师范学院任助教，1960至1961年在中山大学进修《景观学与自然区划》，1961至1978年在陕西师范大学任讲师，1978至1983年任副教授，1983至1997年任教授，曾任陕西师范大学学位委员会委员，学校重点学科——区域地理学学科带头人，硕士生导师。他教学认真，教材熟练，重点突出，论证充分，深受师生好评，两次荣获陕西师范大学教学质量优秀奖和教学科研综合考评奖。一生主要从事地理学的前沿学科——自然区划、土地类型和土地评价研究。在国内外权威刊物《地理学报》和核心刊物《地理研究》等20多种刊物发表论文150篇，出版专著6部，主编和参编专业著作19本。代表论著有：《关于“中国自然区划问题”的意见》《关于陕西省自然地带的划分》《陕北黄土高原土地类型及其评价》《陕北黄土高原土地类型系列制图》《秦巴山区商业基地的结构与模拟》《陕西秦巴山区土地演替研究》《综合自然地理学理论与实践研究》《自然资源学概论》《综合自然地理学原理》《秦岭水文地理》。主持和参加全国与地方重点科研项目达20项，获得多项奖励。其中获省部级以上科技进步奖的9项。1991年被陕西省科学普及协会评为“陕西省科技精英”，1992年被国家教育委员会评为“有突出贡献专家”，享受国务院突出贡献专家特殊津贴。

◆**王子武（1936.10—2021.12.8）** 陕西西安人。中国现当代人物画家、长安画派代表人物。1963年毕业于西安美术学院中国画系。1978年调中国美术家协会陕西分会从事专业创作，先后任职于陕西省美术家协会、深圳市文学艺术界联合会等单位。为中国美术家协会会员、广东省美协常务理事，中国画研究院院委、深圳市文联副主席。享受国务院特殊津贴专家，国家一级美术师。擅人物、花鸟，偶作山水。画风严谨而洒落，不拘成格，用笔用墨自具特色。作品曾多次入选国内外大型美术作品展览并在多种专业报刊上发表，或被博物馆、美术馆、纪念馆等单位收藏。2020年6月4日，王子武以2019年度公开拍卖市场作品总成交额1880万元人民币，名列“2020胡润中国艺术榜”第32位。

◆**雷平良（1945—2021.12.23）** 陕西省渭南市人。著名导演，剧作家，戏曲教育家，周至县剧团演员训练班和周至秦腔剧社创始人，有着“秦腔活化石”的美誉，曾任西舞秦腔剧院院长等职。12岁时考入陕西省戏曲学校同州梆子班开始学艺，师承同州梆子名老艺人王谋儿（王振海），主工须生。13岁初露锋芒即得“十三红”美称，14岁便灌制唱片，16岁时作为陕西省戏曲学校同州梆子班师生组成的实习演出团赴京并三进中南海演出《辕门斩子》《十道本》《四郎探母》《破宁国》等戏，得到周恩来、朱德、刘少奇等国家领导同志以及梅兰芳、袁世海、田汉等众多戏剧家的赏识。创作并排导的《狸猫换太子》（上下本）以及《忤逆坟》（即《母子恨》）在全省调演中屡获殊荣，并被多剧种各院团移植搬演。1999年曾出版发行《雷平良秦腔剧作选》，其中《忤逆坟》根据山西侯马民间传说创作，《斩秦英》《四郎探母》《穆柯寨招亲》《抢草卖子》《掀涧》等剧目则是他根据多位同州梆子老艺人口述记录整理改编而来，极具史料价值。（李平丹）

先进人物

全国脱贫攻坚先进个人

张友社　西安市委副秘书长，西安市扶贫开发办公室党组书记、主任

李安济　周至县扶贫工作办公室主任

常　淳　西安市鄠邑区蒋村街道办事处柳泉口村驻村第一书记、西安市法学会学术研究部主任

张伟峰　西安市长安区引镇街道办事处扶贫开发办公室负责人

西安市优秀共产党员

（共100名）

高　静（女）　西安市新城区韩森寨街道新园社区党委书记、居委会主任

田雪侠（女）　西安市新城区中山门街道东新社区居委会副主任

宋　怡（女）　西安市新城区长乐西路街道党群服务中心副主任

杜成强　清华德人西安幸福制药有限公司党委书记、董事长
李晓瑜（女）　西安市碑林区社区卫生发展中心主任
刘　洁（女）　西安市碑林区南院门街道保吉巷社区党支部书记、居委会主任
胡　兵（女）　西安市碑林区雁塔路小学党支部书记、校长
刘　扬（女）　西安市碑林区发展和改革委员会投资管理科科长
姚美珍（女）　西安市莲湖区枣园街道唐都花园社区党支部书记、居委会主任
何　静（女）　西安市莲湖区青年路小学党支部书记、校长
郭　玮（女）　西安市莲湖区西关街道草阳社区党委书记、居委会主任
刘宏江　西安市莲湖区红庙坡街道生产生活服务公司职员
王武卫　西安市雁塔区等驾坡街道延南村第二村民小组组长
王晓龙　西安市雁塔区长延堡街道电视塔社区党委书记、居委会主任
张小颖（女）　西安市雁塔区城市管理和综合执法局办公室主任
崔向阳　国家税务总局西安市雁塔区税务局办公室主任
雷　砺　西安市灞桥区财政局党委委员、副局长
董　博　西安市灞桥区委办公室督查室负责人
贺江波　西安市灞桥区市场监督管理局餐饮科科长
阎金侠（女）　西安市灞桥区纺织城街道纺医社区党支部委员、监委会主任
张晓飞　西安市未央区委社会治理和平安建设工作办公室考核督导科科长
刘建宁　西安市未央区城市管理和综合执法局谭家街道综合执法队队员
杨　辉　西安市未央区应急管理局综合应急科科长
万鹏程　西安市未央区信访局信访接待中心副主任
苏晓军　西安市阎良区关山中学教研室副主任
张　群（女）　西安市阎良区卫生健康局一级主任科员
闫洪涛　西安市阎良区振兴街道综合保障服务中心主任
王定基　西安市阎良区纪委监委派驻第三纪检监察组副组长
张迎军　西安市临潼区园艺站党支部书记、站长
杨　瑛（女）　西安市临潼区妇幼保健院副院长
宁红星　西安市临潼区图书馆党支部书记、馆长
施建军　西安银桥乳业集团常温运营事业部党支部书记、总经理
邱　宏　西安市长安区财政局党委书记、局长，金融工作服务中心党组书记、主任
韩　凯　西安市长安区城市管理和综合执法局党委书记、局长
李刚毅　西安市长安区韦曲街道党工委书记
周锦娥（女）　西安市长安区王莽区域敬老院党支部书记、院长
杨　琦　西安市高陵区发展和改革委员会党委书记、主任
刘克生　西安市高陵区职业技术教育中心党支部委员、副校长
王　满　西安市高陵区卫生健康局党委委员，高陵区医院院长
毕成名　西安市高陵区投资合作局招商策划推广科科长
冯养旭　西安市鄠邑区五竹街道五竹村党支部书记、村委会主任
高巧峰（女）　西安市鄠邑区职教中心副校长
卢　秦　西安市鄠邑区福利事业服务中心党支部书记，鄠邑区景区管理局西河村第一书记
叶克挺　西安市鄠邑区卫生计生综合监督所党支部副书记、所长
辛群良　蓝田县蓝桥镇狮峰村党支部书记、村委会主任
张军波　蓝田县委办公室副主任，县委网络安全和信息化委员会办公室主任
狄伟涛　蓝田县普化镇当院村党支部副书记
周碧波（女）　蓝田县普化镇马楼初级中学副校长
王国宁（女）　周至县二曲街道云塔社区党委书记、居委会主任
陶文智　周至县住房和城乡建设局党委书记、局长，沙河产业经济带党工委书记、管委会主任
荔玲霞（女）　周至县四屯镇辛庄村党总支书记、村委会主任
刘彩虹（女）　周至县人民法院民事审判二庭庭长
武军社　咸阳市秦都区鑫诚现代农业科技有限公司党支部书记、鑫诚蔬菜种植专业合作社理事长
尹　宏　西咸新区教育卫体局（医疗保障局）副局长，公共卫生管理中心（卫生监督所）主任
崔　凯　西咸新区空港新城城市管理与交通运输局党委书记、局长，综合行政执法支队支队长
扫阿联（女）　西咸新区秦汉新城兰池学校党支部书记、校长
王栓柱　西安天和防务技术股份有限公司党总支书记、副总经理
殷钰凯　特变电工西安电气科技有限公司党总支委员、总经理助理
张兴无　西安高新区调解委员会主任
赵　雪（女）　西安高新区丈八街道枫林绿洲社区党支部书记、居委会主任
张巍拓　西安经济技术开发区党工委办公室副主任
王　君　世纪荣华投资控股集团有限公司党委委员、总裁
周德嘉　西安曲江大明宫保护办党委书记，西安城墙党委书记
胡晓东　西安浐灞生态区住房和城乡建设局干部
苗　巍　西安国际港务区交通和住房建设局干部
吕瑞娟（女）　西安航空基地社会事业局（教育局）党支部书记、局长
杨　勇　西安航天基地西安航天城第四小学党支部书记、校长
任　劼　富阎产业合作园区招商服务局副局长
赵玉建　西安市纪委监委案件监督管理室四级调研员

孙嘉男（满族） 西安市委办公厅市委常委办公室副主任
来朝阳 西安市委政法委基层社会治理处处长
朱自成（土族） 西安市委政研室秘书处处长，临潼区穆寨街道门岩村第一书记
李云峰 西安市直机关工委宣传部四级调研员
谢　卓 西安市政协办公厅秘书处一级主任科员
王戈林 西安市人力资源和社会保障局就业促进处二级主任科员
顾金龙 西安市住房和城乡建设局重点工程推进处处长
王　越 西安广播电视台融媒中心执行副主任
雍娜娜（女） 西安市教育局组织人事处二级调研员
牛西运 西安师范附属小学党支部委员、副校长
刘新博 西安高级中学教师
程　倩（女） 西安市公安局经开分局开元路派出所副所长
徐　鹏 西安市公安局禁毒支队一大队三级警长
黎吼平 西安市公安局公交分局一大队一级警长
白　涛 西安市不动产登记服务中心权属登记科副科长
王广斌 西安市生态环境局未央分局二级主任科员
郝卫国 西安市城市管理和综合执法局市容秩序管理处处长
田　晔 西安市第三医院党委副书记、院长
冯占伟 西安市第五医院党委副书记、院长
成　丽（女） 西安市红会医院呼吸内科护士长
周建群（女） 西安市中心医院党委委员、办公室主任
吴　坚 西安市健康教育所党总支副书记、所长
宫治国 中建安装集团助理总经理，华西公司党委书记、执行董事
田立江 西安水务（集团）石砭峪水库管理有限公司工会副主席，蓝田县汤峪镇东山村第一书记
李　刚 西安市公共交通集团有限公司第二分公司驾驶员
王金阳 陕西陕钢物业资产管理有限公司维修班长
李海荣 中国移动通信集团陕西有限公司西安灞桥分公司十里铺网格长
刘　航 西安市市场监督管理局经开区分局一级主任科员
刘海晨 西安市市场监管综合执法支队一级科员，蓝田县焦岱镇柳家湾村驻村工作队队员
王　健 国家税务总局西安市税务局党建工作处处长
马一博 西安市轨道交通集团有限公司建设分公司项目管理四中心党支部书记、主任

西安市优秀党务工作者

（共100名）

李　蓉（女） 西安市新城区自强路街道航建社区党委书记、居委会主任
刘海波 西安市新城区西一路街道党群服务中心副主任
张　杰 西安市新城区委党校教务处主任
方　宁 西安市新城区长乐路中小企业商会党支部书记、常务副会长，西安红蚂蚁品牌管理有限公司董事长
赵建力 西安市碑林区张家村街道西何社区党委书记、居委会主任
陈文君 西安市碑林区委组织部组织一科科长
张荣利 西安市碑林区铁五小学党支部书记、副校长
耿越利 西安市碑林区疾病预防控制中心党支部委员、副主任
彭俊杰（女） 西安市莲湖区红庙坡街道送变电社区党支部书记、居委会主任
王建红（女） 西安市莲湖区枣园街道红光社区党总支书记、居委会主任
张　峥（女） 西安市莲湖区远东第一小学党支部书记、校长
陈令云（女） 西安市莲湖区西关街道旭景名园社区党委书记、居委会主任
郝　红（女） 西安市雁塔区大雁塔街道党建工作办公室（人大工委办公室）副主任
邓　良 西安市雁塔区航天小学党支部书记、校长
纪　刚 西安开元电子实业有限公司党支部副书记、仪器生产部新产品试制组组长
武　江 西安市雁塔区妇幼保健计划生育服务中心党支部委员、办公室主任
张　博（女） 西安市灞桥区洪庆街道航天四院社区党支部书记、居委会主任
徐万一 西安市灞桥区离退休干部党支部委员
陈满社 西安市灞桥区东城第二小学党支部委员、副校长，红旗分校执行校长
宋　刚 西安市灞桥区灞桥街道党工委书记
王润生 西安市西航二中党支部书记、校长
刘嘉祺（女） 西安市未央区委宣传部电影与新闻出版科科长，未央区徐家湾街道碧桂园嘉誉社区党支部第一书记
孙　闻（女） 西安市未央区谭家街道党建工作办公室（人大工委办公室）副主任
杜惠玲（女） 西安市未央区大明宫街道华远君城社区党支部书记、居委会主任
丁　鹏（女） 西安市阎良区新华路街道综合保障服务中心主任
冯尚堂 西安市阎良区关山街道北冯村党支部书记、村委会主任
贺欣欣（女） 西安市阎良区委组织部组织二科科长
伏丽娜（女） 西安市阎良区振兴街道皇冠社区党支部书记、居委会主任
樊向阳 西安市临潼区代王街道党工委书记
杨晓东 西安市临潼区委社会治理和平安建设工作办公室常务副主任
黄兴华 西安市临潼区北田街道党工委副书记
黄加林 西安市临潼区教育局办公室干部
葛　莹（女） 西安市长安区委组织部常务副部长

谢　斌　西安市长安区滦镇街道党工委书记
田亚宏　国家税务总局西安市长安区税务局党委委员、副局长
王　萍（女）　西安市长安区郭杜街道居安路第二社区党支部书记、居委会主任
王小朋　西安市高陵区鹿苑街道党工委书记
杨　波（女）　西安市高陵区教育局党委副书记
魏　通　西安市高陵区泾渭街道党政综合办公室副主任
岳　敏　西安市高陵区通远街道东张市村党支部书记、村委会主任
杨　维（女）　西安市鄠邑区余下街道惠南社区党支部副书记
沈军胜　西安市鄠邑区甘亭街道党工委书记
张相恒　西安市鄠邑区涝店街道党工委副书记
胡　斌　西安市鄠邑区住房和城乡建设局纪检监察室副科长
张平章　蓝田县水务局党委书记、局长
王　涛　蓝田县华胥镇党委书记，西北家具工业园党工委书记
张孝锋　蓝田县公安局经侦大队教导员
宋小莉（女）　蓝田县厚镇东咀村党支部书记、村委会主任
袁　博　周至县楼观镇党委副书记、镇长
郭仪荣（女）　周至县马召镇安富园社区党支部书记、居委会主任
赵瑞民　周至县第一中学党支部书记、校长
吕　艳（女）　周至县直属机关工委副书记
吴欣怀　西咸新区沣西新城大王街道大王西村党支部书记、村委会主任
黄冰若（女）　西咸新区党工委组织部（统战部、群团工作办公室）副部长（副主任）、团工委书记
苏　勇　西咸新区沣东新城党委组织部部长
黎克俊　国家税务总局西咸新区税务局党委委员，沣东新城税务局党委副书记、副局长
刘英明（女）　西安高新第一小学党支部书记、校长
刘少锋　西安西古光通信有限公司党支部书记、总经理
拓向荣　西安高新区党工委组织部副部长
杨鹏辉　西安高新区第一楼宇党委书记，中恒天成科技股份有限公司党支部书记、董事长
王瑞峰　西安经济技术开发区党工委组织部干部
吴锁正　西安经发物业股份有限公司党支部书记、董事长
李　倩（女）　西安曲江新区组织人事局干部
刘　超　西安浐灞生态区党工委办公室副主任
苏　鹏　西安国际港务区组织人事局干部
王晓玉（女）　西安航空基地非公和社会组织工委副书记、组织人事局（统战部）局长（部长）
李文学　隆基绿能科技股份有限公司党委书记、副总裁
王一鹏　富阎产业合作园区党政办公室副主任
杨子熠　西安市委组织部机关党委一级主任科员
党　磊　西安市直机关工委组织部一级主任科员
罗　俊（女）　西安报业传媒集团（西安日报社）机关党委专职副书记、机关纪委书记
李万水　西安市中级人民法院机关党委四级调研员
高　锐　西安市工业和信息化局机关党委一级主任科员
刘桂芳（女，回族）　西安市民族宗教事务委员会机关党总支专职副书记
方立军　西安市投资合作局机关党总支专职副书记
刘登云　西安市应急管理局机关党委专职副书记、机关纪委书记
凤元元（女）　西安市审计局机关党委专职副书记、机关纪委书记
司显辉　西安市城改事务中心计划财务处党支部书记、处长
孔志宏　西安市教育局机关党委专职副书记、机关纪委书记
李敏阳　西安市育才中学党总支委员、团委书记
王　爽（女）　西安文理学院师范学院学生党支部书记、辅导员
刘　涛　西安市公安局政治部秘书处副处长
刘宏举　西安市公安局未央分局大明宫派出所党支部书记、所长
相　蓉（女）　西安市公安局高新分局党委委员、政秘科科长
商茜茜（女，满族）　西安市自然资源和规划局机关党委专职副书记、机关纪委书记
赵国兴　西安市生态环境保护综合执法支队周至大队三级主任科员
千　浩　西安市生态环境局机关党委四级主任科员
封正昌　西安市市政设施管理中心政工科科长
郑菊贤（女）　西安市第九医院党委书记、副院长
吕　喆　西安市儿童医院党委书记
赵立群　西安市人民医院（西安市第四医院）急诊党支部书记、急诊应急中心主任兼急诊病区主任
宗红梅（女）　西安市第八医院党委委员、党委办公室主任
常　伟　陕西五环（集团）实业有限责任公司准备车间党总支书记、主任
王小军　西安城市基础设施建设投资集团有限公司党群工作部部长
曾　东　西安工业投资集团有限公司政治工作部业务副经理
姚　瑛（女）　西安银行机关第七党支部书记，市场总监、信贷管理部总经理
邓洋洲（满族）　西安市政府国有资产监督管理委员会机关党委二级调研员
霍　炬　西安市市场监督管理局高新区分局食药高新北所党支部书记、所长
陈正滢　国家税务总局西安市灞桥区税务局机关党委副书记
刘　庆　西安市轨道交通集团有限公司党群工作部部长

（李平丹）

附 录

法规文件

西安市城市地下综合管廊条例

（2020年12月27日西安市第十六届人民代表大会常务委员会第四十次会议通过 2021年3月31日陕西省第十三届人民代表大会常务委员会第二十五会议批准）

第一章 总 则

第一条 为了规范城市地下综合管廊的规划、建设、运营和管理，集约利用城市地下空间，提高城市综合承载能力，根据《中华人民共和国城乡规划法》《中华人民共和国建筑法》《陕西省城市地下管线管理条例》等法律、法规，结合本市实际，制定本条例。

第二条 本市行政区域内城市地下综合管廊的规划、建设、运营和管理等活动，适用本条例。

第三条 本条例所称城市地下综合管廊（以下简称综合管廊），是指建于城市地下，用于集中容纳电力、通信、广播电视、给水、排水、热力、燃气等城市工程管线的构筑物及附属设施。

第四条 综合管廊的建设管理应当遵循政府主导、科学规划、有序推进、安全运行的原则。

第五条 市、区县人民政府应当加强对综合管廊工作的组织领导，建立协调机制，研究解决建设管理中的重大问题。

第六条 市住房建设行政主管部门是本市综合管廊工作的行政主管部门，负责全市综合管廊建设、运营的监督管理。

区县住房建设行政主管部门负责辖区内综合管廊建设、运营的监督管理。

发改、财政、资源规划、生态环境、交通、城管、水行政、公安、文物、应急、人防、工信等部门，按照各自职责，做好综合管廊相关工作。

第七条 市、区县人民政府应当加强综合管廊建设资金的统筹，将建设资金和运营补助纳入财政预算。

第八条 市、区县人民政府可以通过特许经营、投资补贴、贷款贴息等形式，推动社会资本参与综合管廊的建设和运营。

鼓励管线单位参与综合管廊投资建设和运营。

第九条 鼓励科学研究和技术创新，推广新技术、新材料和新工艺，提高综合管廊建设、运营和管理水平。

第二章 规划与建设

第十条 市住房建设行政主管部门应当会同资源规划、发改、城管、水行政、人防等部门，在地下管线普查的基础上，统筹各类管线实际发展需要，组织编制综合管廊专项规划，报市人民政府批准后公布实施。

编制综合管廊专项规划，应当征询管线单位及社会公众的意见。

经批准的综合管廊专项规划，未经法定程序不得变更。

第十一条 综合管廊专项规划应当符合国土空间规划要求，与各类地下管线、城市道路、地下空间开发利用、轨道交通、文物保护、人民防空等专项规划相衔接，合理确定综合管廊建设布局、管线种类、平面位置、竖向控制等，明确建设规模和时序，综合考虑城市发展和安全，预留和控制有关地下空间。

第十二条 城市新区、各类园区、成片开发区域的新建道路应当根据综合管廊专项规划要求，同步建设综合管廊。

老城区结合旧城更新、轨道交通建设、道路改造、河道治理、地下空间开发等，因地制宜、统筹安排综合管廊建设。

第十三条 下列区域应当优先建设综合管廊：

（一）交通流量较大和管线密集的城市主干道、轨道交通、地下综合体等地段；

（二）城市高强度开发区域、重要公共空间、主要道路交叉口、道路与铁路或者河流的交叉处；

（三）道路宽度不适宜单独敷设多种管线的路段。

第十四条 市住房建设行政主管部门根据综合管廊专项规划，编制综合管廊中长期建设计划和年度实施计划，并将年度实施计划及时告知管线单位。管线单位应当将与综合管廊同步建设的管线计划报送市住房建设行政主管部门。

第十五条 综合管廊设计应当满足综合管廊专项规划确定的管线入廊需要及抗震、人防、综合防灾等需要，考虑管线接入、引出支线需求，符合入廊管线敷设、增容、运行和维护检修空间要求。综合管廊检修口、出入口等地上附属设施应当与周边风貌相协调。

第十六条 综合管廊应当配套建设消防、照明、通风、防洪、给排水、视频监控、标志、安全与警报、智能管理等附属设施，考虑人防设防需求，促进智能化管理，确保安全运行。

综合管廊建设应当满足管线独立运行、维护和安全管理需要，避免相互干扰。

综合管廊建设需要利用城市绿地地下空间的，应当符合有关规范，不得改变绿地性质，顶部覆土厚度应当满足乔木正常生长需要。

第十七条 综合管廊建设单位应当按照程序办理建设工程相关手续。综合管廊建设需穿（跨）越或者利用城市道路、人民防空设施、河道及堤防设施，或者涉及消防安全、文物保护、军事用地、树木保护的，综合管廊建设单位应当依法办理其他相关手续。

第十八条　建设、勘察、设计、施工、监理单位应当落实质量安全主体责任，保证工程质量安全。

综合管廊实行工程质量终身责任制。综合管廊建设单位应当在综合管廊地面构筑物的显著位置设置工程质量责任永久性标牌，接受社会监督。

第十九条　综合管廊工程竣工后，建设单位应当依法组织竣工验收，验收合格后方可交付使用。

建设单位应当自工程竣工验收合格之日起十五日内，向住房建设行政主管部门备案。

第二十条　综合管廊建设单位应当按照城乡建设档案管理规定收集、整理、保管和报送建设工程档案。

第二十一条　已建成综合管廊的区域，新敷设的管线和改建、扩建的既有管线，应当按照综合管廊专项规划入廊；其他既有管线应当有序迁移至综合管廊，具体办法由市人民政府制定。

对综合管廊专项规划确定入廊的管线，管线单位在综合管廊以外位置申请新建管线的，资源规划、住建、城管等部门不予许可审批。

政府相关部门和有关管线单位应当配合做好管线入廊工作。管线入廊后，管线单位应当拆除废弃的管线；不能拆除的，应当采取相应措施消除安全隐患。

第三章　运营与管理

第二十二条　政府全额出资建设的综合管廊，由政府确定的单位负责运营管理。政府与社会资本合作投资或者社会资本投资建设的综合管廊，由投资协议确定的单位负责运营管理。

第二十三条　综合管廊运营单位应当与管线单位签订协议，明确入廊管线的种类、时间、费用以及双方的权利、义务等内容。

第二十四条　综合管廊实行有偿使用制度。管线单位应当向综合管廊运营单位交纳入廊费和日常维护费。

入廊费和日常维护费收费标准由管线单位和综合管廊运营单位协商确定。暂不具备协商定价条件的，实行政府指导价。

第二十五条　综合管廊运营期间通过收费不能弥补建设、运营成本的，市、区县人民政府可以根据实际情况给予适当补贴。

第二十六条　综合管廊运营单位应当遵守下列规定：

（一）建立运营、维护和安全管理制度，配备专业技术人员和专职安全管理人员，实时监控和定期巡查运行情况；

（二）养护和维修共用设施设备，建立养护维修档案，保障设施设备正常运转；

（三）统筹安排管线单位日常维护管理，配合管线单位的巡查、养护和维修；

（四）加强综合管廊隐患排查治理，定期对运行情况进行检测和安全评估，并向住房建设行政主管部门报告；

（五）组织制定综合管廊安全应急预案，定期组织演练，发生险情时采取紧急措施，及时通知相关管线单位抢修；

（六）保障综合管廊正常运营的其他规定。

第二十七条　管线单位应当遵守下列规定：

（一）建立管线维护管理和安全责任制度，确保管线正常运行；

（二）按照标准敷设管线，严格执行安全技术规程，在综合管廊内实施明火等危险作业的，需征得综合管廊运营单位的同意；

（三）施工时对综合管廊及既有管线采取有效的保护措施；

（四）及时清理废弃管线及管线作业产生的垃圾、废水；

（五）向综合管廊运营单位提供本单位管线安全运营须知，明确故障类型以及处置方式；

（六）制定管线安全应急预案，配合综合管廊运营单位做好安全运行工作；

（七）保障管线正常运行的其他规定。

第二十八条　因城市基础设施建设确需迁移、改建综合管廊的，经市、区县人民政府依职权批准后，依法办理相关手续。

第二十九条　住房建设行政主管部门应当根据国家标准划定综合管廊安全保护范围，并在显著位置设置安全警示标志。

在综合管廊安全保护范围内，施工单位对因建设工程施工可能造成损害的综合管廊，应当采取专项防护措施。

第三十条　综合管廊运营单位应当对综合管廊安全保护范围内的施工及其他活动进行动态监测，发现可能危及综合管廊安全的情形时，应当及时制止，并向住房建设行政主管部门报告。施工单位应当立即停止施工，采取补救措施，调整作业和施工安全保护方案。

第三十一条　禁止下列危害综合管廊安全的行为：

（一）擅自占用、损坏综合管廊；

（二）在综合管廊安全保护范围及综合管廊内堆（排）放易燃、易爆或者有腐蚀性的危险化学品；

（三）在综合管廊内及出入口、通风口、吊装口堆（投）放垃圾、杂物，向综合管廊内倾倒或者排放污水、泥浆；

（四）覆盖、涂改、移动、损坏综合管廊的安全警示等标志和工程质量责任永久性标牌；

（五）擅自进入综合管廊；

（六）危害综合管廊安全的其他行为。

第三十二条　任何单位和个人需要进入综合管廊的，应当向综合管廊运营单位提出申请，经同意后方可进入。综合管廊运营单位应当派人员同时到场。

进入综合管廊施工、巡检、维修的人员应当服从综合管廊运营单位的管理，遵守安全生产规章制度和操作规程。

第三十三条　综合管廊内发生事故时，综合管廊运营单位和管线单位应当立即启动应急预案、组织抢险，向住房建设行政主管部门及相关部门报告，并按照规定补办相关手续。

第四章　法律责任

第三十四条　违反本条例第十九条第一款规定，建设单位在综合管廊工程竣工后，未组织竣工验收或者竣工验收不合格交付使用的，由住房建设行政主管部门责令改正，并处工程合同价款百分之二以上百分之四以下罚款；造成损失的，依法承担赔偿责任。

第三十五条　违反本条例第二十九条第二款规定，施工单位未对因建设工程施工可能造成损害的综合管廊采取专项防护措施的，由住房建设行政主管部门责令限期改正；逾期未改正的，责令停业整顿，并处五万元以上十万元以下罚款；造成损失的，依法承担赔偿责任。

第三十六条　违反本条例第三十一条规定，实施危害综合管廊安全行为的，由住房建设行政主管部门责令改正，并按照下列规定处罚；构成犯罪的，依法追究刑事责任：

（一）违反第一项规定的，处三万元以上十万元以下罚款；情节严重的，处十万元以上二十万元以下罚款；

（二）违反第三项规定的，处五千元以上一万元以下罚款；情节严重的，处一万元以上五万元以下罚款；

（三）违反第四项规定的，处二千元以上一万元以下罚款；

（四）违反第五项规定的，处五百元以上一千元以下罚款。

第三十七条　违反本条例规定的其他行为，法律、法规有法律责任规定的，适用其规定。

第三十八条　住建、资源规划和其他部门工作人员，在综合管廊监督管理中，滥用职权、玩忽职守、徇私舞弊的，对直接负责的主管人员和其他直接责任人员依法给予处分；构成犯罪的，依法追究刑事责任。

第五章　附　则

第三十九条　开发区管理委员会依照市人民政府授权，比照区县人民政府职责，负责辖区内综合管廊的建设管理。

第四十条　本条例自2021年8月1日起施行。

西安市机动车停车条例

（2021年6月25日西安市第十六届人民代表大会常务委员会第四十四次会议通过　2021年7月28日陕西省第十三届人民代表大会常务委员会第二十七次会议批准）

第一章　总　则

第一条　为了加强机动车停车管理，促进停车场规划、建设，规范停车秩序，引导绿色出行，改善交通环境，根据有关法律、法规，结合本市实际，制定本条例。

第二条　本市行政区域内机动车停车场的规划、建设、设置、使用，以及停车秩序、停车服务适用本条例。

公共交通、道路客货运输车辆等专用停车场的规划、建设、管理，适用国家和本省、市其他有关规定。

第三条　本条例所称停车场，是指供各类机动车停放的场所，包括公共停车场、专用停车场、道路路内停车泊位。

公共停车场，是指在城市道路外，供社会公众停放机动车的场所，包括根据规划独立建设、建筑物配套建设以及临时设置的停车场。

专用停车场，是指在城市道路外，供特定对象停放机动车的场所，包括建筑物配建的专用停车场、建筑区划内共有部位施划的停车位等。

道路路内停车泊位，是指依法在城市道路范围内施划设置的供机动车临时停放的场所，包括车行道停车泊位和人行道停车泊位。

第四条　本市机动车停车坚持政府主导、社会共治、科学规划、高效利用的原则，建立以建筑配建停车为主，道路路外公共停车为辅，道路路内停车为补充的停车保障体系。

第五条　市人民政府领导本市机动车停车工作，保障资金投入，将机动车停车纳入城市综合交通体系，建立停车管理协调机制，解决机动车停车工作中的重大问题。

区县人民政府具体负责本行政区域内机动车停车工作，统筹协调和组织实施停车场规划、建设、设置、使用及停车秩序治理。

街道办事处、镇人民政府协助做好辖区内停车管理和服务工作。

第六条　市人民政府停车工作主管部门负责本市机动车停车管理工作，研究制定停车管理相关政策、标准和服务规范，会同相关部门对停车管理工作进行综合协调、检查指导。

公安、住建、资源规划、城管、市场监管、发改、财政、大数据、消防救援、税务、人防等部门按照各自职责，做好停车管理相关工作。

第七条　市人民政府应当开展智慧交通城市建设，建立全市统一的停车信息管理服务系统，整合停车数据信息，实行实时动态管理，实现全市停车泊位一网统管。

停车信息管理服务系统应当向公众提供停车泊位实时发布、停车引导、泊位共享、收费信息等服务。

鼓励企业参与停车服务和管理的智能化、信息化建设。

第八条　倡导合理用车、绿色出行。鼓励在城市公共交通枢纽及其他可以实现自备车与公共交通换乘的地段停车，换乘公共交通出行。

第九条　鼓励对违法停车、违法从事停车经营、擅自占用公共停车位等行为进行举报；鼓励开展维护停车秩序等志愿活动。

第二章　停车场的规划和建设

第十条　规划和建设停车场，应当集约利用土地，充分利用地上地下空间，合理配置资源，并与城市综合交通体系建设相衔接。

第十一条　市住房建设行政主管部门应当根据城市国土空间总体规划、综合交通规划，结合城市建设发展需要，在停车资源普查的基础上，会同发改、资源规划、交通、公安、城管等部门组织编制公共停车场专项规划，并纳入控制性详细规划。

公共停车场专项规划应当按照差别化供给和需求调控的基本原则，确定停车场布局和规模，统筹地上、地下空间，并将停车场与城市公共交通枢纽、城市轨道交通换乘站紧密衔接。

市住房建设行政主管部门根据公共停车场专项规划，编制本市公共停车场年度建设计划。

第十二条　市资源规划主管部门根据公共停车场专项规划和公共停车场年度建设计划，将土地供应纳入建设用地供应计划，保障公共停车场建设用地。

公共停车场建设应当依法取得土地使用权，主城区五千平方米以下的地块优先用于建设公共停车场等公用配套服务设施。

第十三条　市、区县人民政府应当将政府投资和扶持社会资本建设的公共停车场所需资金纳入同级财政预算。

市、区县人民政府应当拓宽停车场建设投资渠道，按照谁投资、谁受益的原则，鼓励社会资本投资建设公共停车场。

第十四条　市人民政府应当在用地取得、城建费用减免、资金补助和经营环境优化等方面制定投资建设公共停车场的优惠政策。

第十五条　市资源规划主管部门根据本市经济社会和交通发展的需要，制定建设项目停车位配建标准，报市人民政府批准后实施。

公共建筑、商住综合体的停车位配建标准应明确公共停车位的配置比例。公共停车位应当相对独立，标识明显。

新建居民住宅区应当按照标准设置一定比例的访客车位。访客车位应当集中设置，标识明显。

建筑物功能发生改变的，应当按照停车位配建标准重新核算停车配建指标，并足额配建。

第十六条　新建、改建、扩建的公共建筑、商业街区、居民住宅区、大中型建筑等建设项目，应当按照规定配建、增建停车场。

配建停车场应当与主体工程同步设计、同步施工、同步验收、同步交付使用。

第十七条　新建交通客运换乘场站、中小学校、医院及其他客流集中的公共场所，应当在项目用地内设置落客区，用于机动车临时停靠上下乘客，并与主体工程同步交付使用。

改建、扩建前款规定场所，具备条件的应当在项目用地内设置落客区。

第十八条　停车场建设应当依法遵循基本建设程序。

公共停车场建设按照相关规定简化审批手续，对小型停车设施项目和利用自有土地建设的停车设施项目实行备案制。

第十九条　停车场建设应当符合停车场设计要求，配套建设照明、通讯、排水、通风、消防、视频监控、停车引导等系统，设置无障碍专用停车泊位和无障碍设施、交通安全和防汛设施设备，按要求设置或者预留供新能源汽车使用的充电装置。

第二十条　鼓励老旧小区和有条件的单位安装机械式立体停车设施。

机械式立体停车设施的安装、使用、维修、维护保养，应当遵守特种设备相关规定，确保使用安全。

第二十一条　建筑区划内规划用于停放车辆的车位、车库，应当首先满足业主的停车需要。用于出售或者出租的，应当优先出售或者出租给业主，仍有剩余的，鼓励向社会开放。

人民防空工程平时用作停车位的，应当依法办理相关手续，按照设计在实地标注，并优先向业主出租，不得出售、附赠。法律、法规另有规定的，从其规定。

第二十二条　居民住宅区现有停车场不能满足停车需要的，在不影响消防安全、道路通行的前提下，经业主依法共同决定，可以在共有部分的场地、道路划定业主共有的停车位。

第二十三条　单位、居民住宅区闲置的土地，广场、学校操场、公园、绿地等场所的地下空间，可以采用市场化方式投资建设公共停车场，但不得影响地上空间功能的正常使用，并符合人防防护要求。

第二十四条　待建土地、空闲厂区、边角空地等场所闲置的，可以由所在地的区县人民政府组织协调设置临时停车场。临时停车场应当进行场地硬化，设置相应的标志、标线，并符合相关标准。

第三章　道路路内停车泊位的设置

第二十五条　道路路内停车泊位的设置应当严格控制、逐步缩减，保障道路交通有序、安全、畅通。

人行道上不再增设道路路内停车泊位，已设置的停车泊位应当逐步撤销。

第二十六条　停车工作主管部门会同公安机关交通管理部门设置道路路内停车泊位，制定停车泊位编码规则，对道路路内停车泊位进行统一编码管理。

在设置道路路内停车泊位前，停车工作主管部门应当征求相关部门、街道办事处、社区，以及单位、居民的意见。已设置的停车泊位的数量、停车时段、收费时段、收费标准应当向社会公布。

任何单位和个人不得擅自设置、撤销道路路内停车泊位。

第二十七条　设置道路路内停车泊位应当遵守下列规定：

（一）保障行人、车辆通行及安全；

（二）符合区域道路车辆停放总量控制要求；

（三）符合防汛工作相关要求；

（四）与区域停放车辆供求状况、车辆通行条件和道路承载能力相适应；

（五）符合法律、法规规定的其他要求。

第二十八条　禁止在下列区域设置道路路内停车泊位：

（一）城市主干道车行道以及其他交通流量大的市区道路；

（二）双向通行宽度不足八米或者单向通行宽度不足六米的路段；

（三）消防通道、医疗救护通道、无障碍设施和大型公共建筑附近的疏散通道；

（四）道路各类管网井盖周边一点五米、消火栓周边三十米范围内；

（五）医院、学校、幼儿园出入口两侧机动车道各三十米范围内；

（六）其他不宜设置的区域。

第二十九条　停车工作主管部门应当定期根据道路交通状况、周边车辆停放需求等情况，会同公安机关交通管理部门对设置的道路路内停车泊位进行评估，并依据评估结果对道路路内停车泊位进行调整。

有下列情形之一的，应当调整或者撤销道路路内停车泊位，并向社会公告：

（一）道路交通状况发生变化，停车泊位已经影响行人、车辆正常通行；

（二）道路周边停车场已经能够满足车辆停放需求；

（三）城市基础设施或者其他公共设施建设需要；

（四）其他需要调整或者撤销的情形。

第三十条　居民住宅区周边道路具备节假日、夜间等时段性停车条件的，公安机关交通管理部门可以设置限时段道路路内停车泊位。

限时段道路路内停车泊位应当在现场公示停车时段、允许停放的范围、违规停车处理方式等内容。超过规定时间在限时段道路路内停车泊位停放机动车的，由公安机关交通管理部门或者城市管理部门依法处理。

第三十一条　任何单位和个人不得在道路路内停车泊位上设置地桩、地锁等障碍，或者以其他方式阻碍、影响道路路内停车泊位的使用，但因市政公用设施日常维护或者大修改造等需要影响泊位使用的除外。

第三十二条　因城市基础设施建设、大型群体性活动等需要临时占用道路路内停车泊位的，由公安机关交通管理部门向社会公告。

第四章　停车场的经营和管理

第三十三条　政府财政全额投资建设的公共停车场和道路路内停车泊位，根据管理需要，逐步推行停车服务市场化，采取招标等方式确定经营单位。向社会购买运营、维护和管理服务的，应当按照政府采购的程序、方式及其他要求选择停车场经营单位。

社会投资建设的停车场，其所有权人可以自行经营、维护和管理，也可以依法委托运营、维护和管理。

利用业主共有场地、道路设置停车场用于经营的，由业主依法共同决定管理方式和经营单位。

第三十四条　利用公共停车场进行经营活动的，经营单位应当依法办理营业执照、税务等相关手续。

专用停车场向社会提供经营服务的，应当按照前款规定办理相关手续，并纳入公共停车场管理。

第三十五条　公共停车场、向社会提供经营服务的专用停车场的经营单位，应当自办理完相关手续之日起十五日内，持下列资料到所在辖区停车工作主管部门进行备案：

（一）营业执照；

（二）合法使用场地的材料；

（三）交通组织图，包括出入口、标志标线、停车泊位、交通设施设置等内容；

（四）经营、服务、安全管理制度；

（五）法律、法规规定的其他资料。

第三十六条　停车场备案事项发生变化的，经营单位应当自发生变化之日起十五日内到原备案机关变更备案信息；停止经营服务的，应当提前十五日告知原备案机关，并同时向社会公布，及时做好退费等相关工作。

第三十七条　利用建筑退红线范围设置的停车场，停车管理设施应当设置在项目用地红线范围内，并利用可移动的护栏或者花坛等与道路人行道进行隔离。

第三十八条　公共停车场、专用停车场出入口应当按照相关标准设置候车通道，设置的候车通道不得侵占道路。

第三十九条　公共停车场、向社会提供经营服务的专用停车场的经营单位，应当将停车信息纳入本市停车信息管理服务系统，并将出入口采集的车辆数据、视频图像接入本市公共安全视频图像信息系统，相关单位应当对收集到的信息依法保密。

鼓励停车场经营单位运用互联网、物联网等技术，对停车设施、设备及时升级改造，实现停车数据采集、车位预约、实时空余车位显示等智能化功能。

本市实行道路路内停车泊位电子收费。停车工作主管部门应当会同有关部门明确推进电子收费工作时限。

第四十条　机动车停放服务收费实行政府定价、政府指导价和市场调节价。

实行政府定价、政府指导价的，由市发展改革部门会同财政、交通、公安、住建等部门，依法制定差别化、阶梯式收费标准，报市人民政府批准后公布实施。

实行市场调节价的，由停车场经营单位依照价格相关法律、法规，根据市场情况自行确定收费标准。

居民住宅区物业管理区域内的停车服务收费，依照物业、价格相关法律、法规规定执行。

第四十一条　政府财政全额投资建设的公共停车场和道路路内停车泊位的停车收费纳入政府非税收入管理，停车费收入上传至电子收费系统，按照管理体制全额上缴财政，实行收支两条线，并定期向社会公布。

第四十二条　鼓励有条件的机关、企业事业单位和个人将自用停车场或者停车位向社会开放，实行错时共享停车。

单位、个人可以依托停车信息管理服务系统实现停车位有偿使用、错时共享。

第四十三条　因法定节假日、大型活动等原因，公共停车场不能满足社会停车服务需求时，公共建筑的专用停车场管理单位应当按照公安机关交通管理部门的要求，在满足自身停车需求的情况下，向社会提供临时停车服务。

第四十四条　任何单位和个人不得擅自将停车场改作他用或者停止使用，不得减少建筑物配建停车位数量，不得擅自变更停车场交通组织。

第四十五条　公共停车场及公共建筑配建停车场中设置的公共停车位，不得改变公共使用性质和用途。

第四十六条　公共停车场经营单位或者专用停车场管理单位应当遵守下列规定：

（一）在显著位置设置统一的停车场标志牌，标明停车场名称、车位数量、开放时间、监督电话，属于经营性质的，应按照相关要求明示收费标准；

（二）制定车辆停放、安全保卫、消防、防汛等管理制度；

（三）配置智能化停车管理系统和完备的照明、消防、监控等设施，并确保正常使用；

（四）维护车辆停放和行驶秩序，规范设置停车标志、标线，并保持标志、标线清晰、完整；

（五）禁止载有易燃、易爆、有毒、有害等危险品的车辆入场停放；

（六）保持停车场环境卫生整洁；

（七）法律、法规规定的其他要求。

第四十七条　公共停车场、向社会提供经营服务的专用停车场和道路路内停车泊位的管理员应当经过岗前培训，统一着装、佩戴工作牌、仪容整洁、文明服务，按照规定收费，并出具合法的票据。

第四十八条　停车场经营、管理单位应当在消防救援机构的指导下划设消防通道禁停区域，设置消防通道标志标识。

对违法占用消防通道停车的，停车场经营、管理单位应当予以劝阻或者制止；对不听劝阻或者制止无效的，应当及时向所在地消防救援机构报告。

第四十九条　道路路内停车泊位经营单位负责维护其经营范围内的停车设施，保持道路停车设施完好，方便使用。

停车场出入口因行车对人行道造成损坏的，按照谁经营、谁养护的原则，由经营单位及时进行维护。

第五章　机动车停车行为管理

第五十条　停车人应当依法停车、规范停车，自觉维护良好的停车秩序。

第五十一条　停车人应当遵守下列规定：

（一）服从管理人员指挥，停车入位；

（二）按规定缴纳停车费用；

（三）不得损坏停车设施、设备；

（四）不得违法停放载有易燃、易爆、有毒、有害等危险品的机动车；

（五）不得占用、堵塞、封闭消防通道；

（六）不得在盲道、公交站点及设置有禁止停车标志、标线的路段停放；

（七）肢体残疾人驾驶或者乘坐的机动车以外的车辆不得占用无障碍专用停车泊位；

（八）法律、法规规定的其他要求。

第五十二条　停车人在使用道路路内停车泊位时应当遵守停车时段要求，不得拆卸、遮挡号牌，不得逆向停车，车身不得超出停车泊位。

禁止在人行道上没有设置停车泊位的区域停车。

第五十三条　机动车应当在规定地点停放。在非禁止停车的路段临时停放车辆时，应当紧靠道路右侧，不得妨碍其他车辆、行人通行，且驾驶人不得离开车辆，上下人员或者装卸物品后立即驶离。

第五十四条　接送幼儿园、小学、中学学生的机动车，应当在学生上下学时段，按照划定的区域在道路右侧单排停靠，即停即走，不得影响其他车辆通行。

第五十五条　机动车进入停车场，遇有停车位已满无法进入时，不得占道等候。停车场经营、管理单位应当开放内部循环，引导车辆进出，并协助公安机关交通管理部门做好出入口道路停车秩序管理。

第五十六条　停车人应当按照规定缴纳停车费用，对无正当理由拒不缴纳或者逃避缴纳停车费用的，停车场经营、管理单位可以依法向其追缴。

第五十七条　任何单位和个人不得将废弃的机动车在道路路内停车泊位停放。

机动车所有人将废弃的机动车在道路路内停车泊位长期停放、不自行清理的，道路路内停车泊位的经营单位有权依法处理。

第六章　法律责任

第五十八条　违反本条例第十六条规定，新建、改建、扩建的公共建筑、商业街区、居民住宅区、大中型建筑等建设项目，未按照规划要求配建、增建停车场的，经资源规划主管部门认定，由城市管理部门对其依法查处。

第五十九条　违反本条例第二十六条第三款规定，擅自设置道路路内停车泊位的，由公安机关交通管理部门责令限期改正，并处二百元以上二千元以下罚款。

第六十条　违反本条例第三十一条规定，在道路路内停车泊位上设置地桩、地锁等障碍或者以其他方式阻碍、影响道路路内停车泊位使用的，由公安机关交通管理部门或者城市管理部门责令限期改正，对单位处一千元以上二千元以下罚款，对个人处五百元罚款。

第六十一条　违反本条例第三十五条规定，公共停车场、向社会提供经营服务的专用停车场的经营单位未进行停车场备案的，由停车工作主管部门责令限期改正，逾期未改正的，处二千元以上五千元以下罚款。

第六十二条　违反本条例第三十九条第一款规定，公共停车场、向社会提供经营服务的专用停车场的经营单位，未将停车信息纳入本市停车信息管理服务系统的，由停车工作主管部门责令限期改正，逾期未改正的，处二千元以上五千元以下罚款。

第六十三条　违反本条例第四十四条规定，擅自将公共停车场改作他用或者停止使用的，由公安机关交通管理部门责令限期恢复，逾期不恢复的，按每日每平方米五元处以罚款。

第六十四条　违反本条例第五十一条第（五）项规定，占用、堵塞、封闭消防通道，妨碍消防车通行的，由消防救援机构对单位责令改正，处五千元以上五万元以下罚款；对个人处警告或者五百元以下罚款。

第六十五条　违反本条例规定的其他行为，法律、法规有法律责任规定的，适用其规定。

第六十六条　相关部门和单位的工作人员违反本条例规定，玩忽职守、滥用职权、徇私舞弊的，依法给予处分；构成犯罪的，依法追究刑事责任。

第七章　附　则

第六十七条　开发区管理委员会依照市人民政府授权，比照区县人民政府职责，负责辖区内机动车停车具体管理工作。

第六十八条　本条例自2021年9月1日起施行。

西安市建筑装饰装修条例

（2012年8月29日西安市第十五届人民代表大会常务委员会第三次会议通过　2012年9月27日陕西省第十一届人民代表大会常务委员会第三十一次会议批准

根据2016年12月22日西安市第十五届人民代表大会常务委员会第三十六次会议通过　2017年3月30日陕西省第十二届人民代表大会常务委员会第三十三次会议批准的《西安市人民代表大会常务委员会关于修改〈西安市保护消费者合法权益条例〉等49部地方性法规的决定》修正

2021年10月28日西安市第十六届人民代表大会常务委员会第四十七次会议修订通过　2021年11月26日陕西省第十三届人民代表大会常务委员会第二十九次会议批准）

第一章　总　则

第一条　为了规范建筑装饰装修行为，加强建筑装饰装修活动管理，保障建筑装饰装修工程质量和安全，维护公共利益和建筑装饰装修活动当事人的合法权益，根据《中华人民共和国建筑法》《陕西省建设工程质量和安全生产管理条例》等法律、法规，结合本市实际，制定本条例。

第二条　本市行政区域内建筑装饰装修活动，对建筑装饰装修活动的监督管理，适用本条例。

第三条　本条例所称建筑装饰装修，是指为了保护建筑物的主体结构、完善建筑物的使用功能和美化建筑物，建设单位、房屋建筑使用者采用装饰装修材料或者饰物，对建筑物的内外表面以及空间进行处理的活动，包括公共建筑装饰装修和住宅装饰装修。

第四条　市住房建设行政主管部门负责本市建筑装饰装修活动的监督管理，市建筑装饰装修管理机构具体负责日常管理工作。

区县住房建设行政主管部门负责本辖区建筑装饰装修活动的监督管理。

镇人民政府、街道办事处在住房建设行政主管部门的指导下，配合做好建筑装饰装修活动监督管理的相关工作。

资源规划、生态环境、市场监管、城管、应急、公安等有关部门和消防救援机构，按照各自职责，做好建筑装饰装修相关管理工作。

第五条　建筑装饰装修活动遵循质量合格、安全实用、绿色低碳的原则，坚持文明施工，不得损害社会公共利益和他人的合法权益。

第六条　建筑装饰装修设计、施工应当保证建筑物、构筑物的整体性、抗震性和结构安全。

第七条　市住房建设行政主管部门应当加强对建筑装饰装修行业协会的指导，推进行业自律。

建筑装饰装修行业协会应当加强行业自律，依法制定、实施行业自律规范，引导企业诚信经营。

第二章　一般规定

第八条　从事建筑装饰装修设计、施工、监理活动的企业应当依法按照注册登记的经营范围开展经营活动。

建筑装饰装修活动依法需要具备相应资质的，应当取得相应资质。

从事建筑装饰装修活动的施工企业、设计单位和监理单位应当在资质等级许可的范围内开展活动。

第九条　从事建筑装饰装修设计、施工、监理活动的人员，应当具备与其从事工作相适应的专业技能。依法需要具备相应资格的，应当取得相应资格，并在资格等级范围内从事建筑装饰装修活动。

建筑装饰装修施工企业应当对施工作业人员进行专业技能培训。特种作业人员应当持证上岗。

第十条　建筑外立面装饰装修应当符合城市风貌相关规划和城市容貌标准。

建筑装饰装修需要变更已批准的建设工程设计方案的总平面图的，应当向资源规划主管部门提出申请，经批准后方可实施。

第十一条　建筑装饰装修设计单位应当按照工程建设强制性标准和国家规定的工程设计深度要求进行设计，并对设计质量负责。

建筑装饰装修施工单位应当按照工程设计图纸和施工技术标准施工，并对施工质量负责。施工单位在施工过程中发现设计文件和图纸有差错的，应当及时提出意见和建议。

建筑装饰装修监理单位应当依照法律、法规以及有关技术标准、设计文件和建设工程承包合同实施工程监理，并承担相应的监理责任。

第十二条　非建筑物所有权人对建筑物实施装饰装修的，应当征得建筑物所有权人同意。

第十三条　建设单位或者房屋建筑使用者与装饰装修企业

应当签订书面合同，明确双方的权利和义务。

推广使用建筑装饰装修合同示范文本，合同示范文本由市市场监督管理部门会同市住房建设行政主管部门制定。

第十四条　建筑装饰装修活动开工前，建设单位或者房屋建筑使用者应当事先告知物业服务企业或者其他管理人。

物业服务企业或者其他管理人应当配合执行相关部门依法采取的监督管理措施。

第十五条　建筑装饰装修活动变动建筑主体或者承重结构的，建设单位应当在施工前委托原设计单位或者具有相应资质等级的设计单位提出设计方案。施工图设计文件应当报施工图审查机构审查，审查合格后方可使用。

房屋建筑使用者在建筑装饰装修过程中，不得擅自变动建筑主体和承重结构。

第十六条　建设、设计、施工、监理单位及其他与装饰装修工程安全生产有关的单位应当依照安全生产法律、法规的规定，建立健全全员安全生产责任制，落实安全生产措施，保证安全生产，承担安全生产责任。

第十七条　建筑装饰装修施工应当遵守下列规定：

（一）不得擅自拆除、破坏建筑物的承重墙体、梁、板、墩、柱等结构或者超标准加大建筑物荷载；

（二）不得擅自拆改室内供热、燃气管道；

（三）需要改动防水层的，应当按照防水标准进行施工，并做闭水试验；

（四）禁止十二时至十四时、十八时至次日八时之间及高考日、中考日、法定节假日全天在居住区内进行产生噪声、振动的建筑装饰装修作业；

（五）按照安全操作规范施工，保证施工作业人员及相邻权利人的人身和财产安全；

（六）采取环境保护措施，控制和处理施工现场粉尘、废气、废水、固体废物以及噪声、振动等造成的污染和危害；

（七）依照相关法律、法规规定分类堆放、清运建筑垃圾；

（八）按照国家规定购买意外伤害、安全生产责任等保险。

第十八条　建筑装饰装修实行质量保修制度。施工单位应当出具质量保修书。正常使用条件下，最低保修期限为二年；有防水要求的卫生间、房间和外墙面的防渗漏，最低保修期限为五年。

在不低于前款规定的最低保修期限前提下，合同另有约定的，按约定执行。

建筑装饰装修的保修期自竣工验收合格之日起计算。

保修期内发生质量问题的，施工单位应当履行保修义务，并对造成的损失承担赔偿责任。

第十九条　未经主体结构验收合格的新建建筑物和存在结构安全隐患的既有建筑物，不得进行建筑装饰装修。

第三章　公共建筑装饰装修

第二十条　公共建筑装饰装修工程需要依法办理施工许可的，建设单位应当申请领取施工许可证。未取得施工许可证的，不得开工。

建设单位在开工前，应当按照国家有关规定办理工程质量监督手续，工程质量监督手续可以与施工许可证合并办理。

第二十一条　住房建设行政主管部门收到建设单位施工许可申请后，对于符合条件的，应当自收到申请之日起七日内颁发施工许可证；对于不符合条件的，应当自收到申请之日起七日内书面通知建设单位，并说明理由。对于资料不全的，应当一次性告知建设单位需要补全的全部内容。

第二十二条　建设单位应当自领取施工许可证之日起三个月内开工。因故不能按期开工的，应当在期满前向发证机关申请延期；延期以两次为限，每次不超过三个月。既不开工又不申请延期或者超过延期时限的，施工许可证自行废止。

第二十三条　建设单位应当全面履行管理职责，确保公共建筑装饰装修工程质量符合法律、法规，以及工程建设强制性标准和合同约定，对工程质量承担全面责任。

第二十四条　公共建筑装饰装修工程应当发包给具有相应资质等级的建筑装饰装修企业。

建设单位不得将公共建筑装饰装修工程支解发包。

第二十五条　公共建筑装饰装修施工单位应当在施工现场设立公示牌，公示企业名称、施工负责人姓名和联系方式、开工与竣工日期、住房建设行政主管部门的投诉电话。

第二十六条　公共建筑装饰装修施工单位应当建立健全施工质量检验制度，严格工序管理，做好隐蔽工程的质量检查和记录。隐蔽工程在隐蔽前，施工单位应当通知建设单位和建设工程质量监督机构。

第二十七条　依法实行工程监理的公共建筑装饰装修工程，建设单位应当委托具有相应资质的工程监理单位进行监理，并订立书面监理合同。

第二十八条　公共建筑装饰装修工程竣工验收由建设单位依法组织。建设单位应当自收到公共建筑装饰装修工程竣工报告之日起二十日内组织设计、施工、监理等单位进行验收。工程经验收合格的，方可交付使用。

建设单位应当在工程竣工验收七个工作日前将验收的时间、地点及验收组名单书面通知负责监督该工程的建设工程质量监督机构。

依法需要经消防验收或者备案的，还应当报住房建设行政主管部门申请消防验收或者办理备案。

第二十九条　公共建筑室内装饰装修工程竣工验收时，建设单位应当委托具有相关环境检测资质的检测机构对室内环境污染物浓度进行检测。检测不合格的，不得交付使用。

受委托的检测机构应当对检测结果负责，保证出具的检验检测报告真实、客观、准确、完整。

第三十条　公共建筑装饰装修工程竣工验收合格后，建设单位应当在十五日内将竣工验收相关资料报住房建设行政主管部门备案。

第四章　住宅装饰装修

第三十一条　房屋建筑使用者应当保证住宅装饰装修质量和安全，依法承担相应质量安全责任。

第三十二条　装饰装修企业不得在装饰装修合同中以格式条款不合理地免除或者减轻自身责任，加重房屋建筑使用者责任或者限制、排除房屋建筑使用者主要权利。

第三十三条　住宅装饰装修应当遵守建筑装饰装修和房屋安全使用的规定、管理规约。住宅装饰装修开工前，房屋建筑使用者应当向物业服务企业或者其他管理人告知，并提供下列材料：

（一）房屋权属证明。不是所有权人的，还应当提供房屋所有权人同意的书面证明；

（二）申请人身份证件；

（三）住宅装饰装修方案。

第三十四条　物业服务企业或者其他管理人应当提供住宅装饰装修管理服务，建立和保存住宅装饰装修相关档案和资料。

物业服务企业或者其他管理人，应当将有关住宅装饰装修、房屋安全、电梯使用、建筑垃圾处置等注意事项和禁止行为告知房屋建筑使用者及其委托的施工作业人员，并对施工进行监督。

第三十五条　房屋建筑使用者进行住宅装饰装修，需要建设单位或者物业服务企业、其他管理人提供住宅水、电及其他管线线路图的，相关单位应当予以配合。

第三十六条　从事住宅装饰装修活动不得危及相邻不动产的安全，不得侵占公共空间、损害共用部位和设施设备。

住宅装饰装修活动造成共用部位和设施设备损坏或者相邻权利人的墙体损坏、管道堵塞、渗漏水、停水停电、物品毁坏等的，应当及时修复；造成损失的，依法予以赔偿。

第三十七条　禁止在住宅装饰装修活动中实施下列行为：

（一）将下层住户卧室、起居室、厨房和餐厅的直接上层改为卫生间；

（二）扩大承重墙上原有的门窗尺寸，拆除连接阳台的砖、混凝土墙体；

（三）未经批准改变住宅外立面，在非承重外墙上开门、窗；

（四）损坏房屋原有节能设施，降低节能效果；

（五）法律、法规禁止的其他行为。

第三十八条　物业服务企业或者其他管理人发现住宅装饰装修活动有违反法律、法规规定行为的，应当及时劝阻、采取合理措施制止；劝阻、制止无效的，应当报告有关行政管理部门并协助处理。有关行政管理部门接到报告后，应当及时到现场检查核实并依法处理。

第三十九条　物业服务企业或者其他管理人不得有下列行为：

（一）指派装饰装修企业或者限制其他装饰装修企业及施工作业人员进入本物业管理区域；

（二）强行推销装饰装修材料或者限制房屋建筑使用者购置的装饰装修材料进入本物业管理区域；

（三）违背房屋建筑使用者意愿直接或者间接提供有偿服务；

（四）违法收取费用。

第四十条　封闭阳台以及安装空调室外机、太阳能热水器、防盗网、遮阳罩等设施的，应当遵守物业管理有关规定，保持环境整洁、美观。

第四十一条　施工单位完成合同约定的住宅装饰装修内容后，应当向房屋建筑使用者出具住宅装饰装修工程质量保修书和各类管线竣工图。

对室内空气质量检测有约定的，从其约定。

第四十二条　鼓励新建住宅推行全装修成品交房。

房地产开发企业交付统一装饰装修的住宅时，应当向房屋买受人提供住宅装饰装修工程竣工图、室内空气质量检测报告和包含住宅装饰装修内容的住宅质量保证书、住宅使用说明书。

第四十三条　建设单位对新建住宅统一装饰装修的，适用公共建筑装饰装修的规定。

第五章　建筑装饰装修材料

第四十四条　建筑装饰装修使用的材料应当符合强制性标准。禁止使用不符合产品质量标准和国家明令淘汰的建筑装饰装修材料。

第四十五条　施工单位应当按照工程设计要求、施工技术标准和合同约定对公共建筑装饰装修材料进行检验，检验应当有书面记录和专人签字。未经检验或者检验不合格的，不得使用。

第四十六条　公共建筑装饰装修工程各责任主体应当履行建筑装饰装修工程材料质量主体责任。

住房建设行政主管部门应当加强监督检查，必要时可以对施工中使用的材料进行抽样检测。检查结果应当向社会公布。

第四十七条　鼓励建筑装饰装修采用节能、节材、防火、环保的绿色材料。

第六章　监督管理

第四十八条　市住房建设行政主管部门依照有关法律、法规，制定建筑装饰装修发展规划和管理措施；监督指导区县住房建设行政主管部门履行建筑装饰装修监督管理职责；负责建筑装饰装修企业资质和信用的监督管理等工作。

第四十九条　区县住房建设行政主管部门在建筑装饰装修管理中履行下列职责：

（一）实施建筑装饰装修工程施工许可，以及竣工验收和备案的监督管理；

（二）负责建筑装饰装修工程质量安全的监督管理；

（三）受理建筑装饰装修举报和投诉；

（四）查处建筑装饰装修活动中的违法行为；

（五）法律、法规规定的其他职责。

第五十条　住房建设行政主管部门应当建立建筑装饰装修工程质量、安全监督管理的协调机制，与相关管理部门加强配合，共同做好建筑装饰装修工程质量安全管理工作。

第五十一条　住房建设行政主管部门对建筑装饰装修企业资质情况和市场行为实施动态监管，相关信息记入信用信息共享平台。

第五十二条　住房建设行政主管部门应当依照有关法律、法规和职责建立投诉处理制度。接到投诉后，应当调查处理，十五日内答复投诉人；对属于其他部门职责范围的，应当在五个工作日内转交有关部门处理，并告知投诉人。

第七章　法律责任

第五十三条　违反本条例第八条第三款规定，超越资质等级从事建筑装饰装修活动的，由住房建设行政主管部门责令停止违法行为，对设计单位或者工程监理单位处合同约定的设计费或者监理酬金一倍以上二倍以下罚款；对施工单位处合同价款百分之二以上百分之四以下罚款，可以责令停业整顿，降低资质等级；情节严重的，吊销资质证书或者报请发证机关吊销；有违法所得的，予以没收。

违反本条例第八条第二款规定，未取得资质证书承揽建筑装饰装修工程的，予以取缔，依照前款规定处以罚款；有违法所得的，予以没收。

以欺骗手段取得资质证书承揽建筑装饰装修工程的，吊销资质证书或者报请发证机关吊销，依照本条第一款规定处以罚款；有违法所得的，予以没收。

第五十四条　违反本条例第十五条第一款规定，涉及建筑主体或者承重结构变动的装修工程，没有设计方案擅自施工的，由住房建设主管部门责令改正，对建设单位处五十万元以上一百万元以下罚款；施工图设计文件未经审查或者审查不合格，擅自施工的，责令改正，处二十万元以上五十万元以下罚款。

违反本条例第十五条第二款规定，房屋建筑使用者在建筑装饰装修过程中擅自变动房屋建筑主体和承重结构的，由住房建设行政主管部门责令改正，处五万元以上十万元以下罚款。

有前款所列行为，造成损失的，依法承担赔偿责任。

第五十五条　违反本条例第十八条第四款规定，施工单位不履行保修义务或者拖延履行保修义务的，由住房建设行政主管部门责令改正，处十万元以上二十万元以下罚款，并对在保修期内因质量缺陷造成的损失承担赔偿责任。

第五十六条　违反本条例第二十条第一款规定，未取得施工许可证擅自施工的，由住房建设行政主管部门责令停止施工，限期改正，对建设单位处工程合同价款百分之一以上百分之二以下罚款。

第五十七条　违反本条例第二十八条第一款规定，建设单位有下列行为之一的，由住房建设行政主管部门责令改正，处工程合同价款百分之二以上百分之四以下罚款；造成损失的，依法承担赔偿责任：

（一）对公共建筑装饰装修工程未组织竣工验收，擅自交付使用的；

（二）公共建筑装饰装修工程验收不合格，擅自交付使用的；

（三）对不合格的公共建筑装饰装修工程按照合格工程验收的。

第五十八条　违反本条例第二十九条第一款规定，建设单位有下列行为之一的，由住房建设行政主管部门责令限期改正；逾期不改正的，对建设单位可处合同价款百分之二以上百分之四以下罚款：

（一）对公共建筑室内装饰装修工程未进行室内环境污染物浓度检测，擅自投入使用的；

（二）公共建筑室内装饰装修工程室内环境污染物浓度检测不合格，擅自投入使用的；

（三）对检测不合格的公共建筑室内装饰装修工程按照合格工程验收的。

第五十九条　依照本条例规定，对个人作出五千元以上罚款、对单位作出五万元以上罚款处罚决定前，应当告知当事人有要求举行听证的权利。

第六十条　违反本条例规定的其他行为，法律、法规有法律责任规定的，适用其规定。

第六十一条　建筑装饰装修活动造成相邻人、其他人财产损失或者人身伤害的，应当依法承担民事责任；构成犯罪的，依法追究刑事责任。

第六十二条　住房建设行政主管部门和其他部门工作人员，在建筑装饰装修管理活动中滥用职权、玩忽职守、徇私舞弊的，对直接负责的主管人员和其他直接责任人员依法给予处分；构成犯罪的，依法追究刑事责任。

第八章　附　则

第六十三条　开发区管理委员会依照市人民政府授权，比照区县人民政府职责，负责开发区范围内装饰装修活动的监督管理工作。

第六十四条　法律、法规对古建筑、重要近现代建筑、军事管理区建筑的装饰装修另有规定的，从其规定。

抢险救灾及其他临时性房屋建筑和农民自建低层住宅的建筑装饰装修活动，不适用本条例。

第六十五条　本条例自2022年3月1日起施行。2005年12月29日西安市第十三届人民代表大会常务委员会第二十五次会议通过，2006年4月2日陕西省第十届人民代表大会常务委员会第二十四次会议批准的《西安市室内装饰管理条例》同时废止。

西安市秦岭生态环境保护规划

2021年9月23日，西安市人民政府出台《西安市秦岭生态环境保护规划》（以下简称《规划》），规划期限是2021—2025年，远期展望至2035年。《规划》旨在着力优化秦岭国土空间开发格局，切实增强秦岭生态系统稳定性，显著提升秦岭生态系统功能，让秦岭的美景永驻、青山常在、绿水长流。

内容解读：

到2025年，森林保护面积比例达到95%，建立以国家公园为主体的自然保护地体系

《规划》以习近平生态文明思想为指导，坚持新发展理念，以守住秦岭自然生态安全边界、提升秦岭生态安全屏障质量、维护秦岭中央水塔功能、传承秦岭历史文化为目标，统筹山水林田湖草系统保护和修复，实施自然资源保护、人文资源保护、建设活动的生态环境保护、生态环境修复治理等重大任务，当好秦岭生态卫士，建立、健全秦岭生态环境保护长效机制，着力优化秦岭国土空间开发格局，切实增强秦岭生态系统稳定性，显著提升秦岭生态系统功能，让秦岭的美景永驻、青山常在、绿水长流。

到2025年，基本建立以国家公园为主体的自然保护地体系，初步构建生态廊道和生物多样性保护网络，重点生态功能区、生态环境敏感脆弱区域及重要的人文资源保护取得新成效，森林覆盖率达到70.5%，森林保护面积比例达到95%，湿地保护率达到60%，野生动物重要栖息地面积保护率达到80%，饮用水水源水质达标率稳定在100%，历史遗留矿山地质环境治理率达到60%，生态系统质量和稳定性得到提高，生态环境保护长效机制全面建成，绿色发展方式和生活方式得到积极推行，绿色发展能力和生态产品供给能力逐步增强。

对秦岭实行全域保护和分区管控，2025年底前完成保护区域勘界立标

在规划分区方面，《规划》将西安市秦岭生态环境保护区域划分为核心保护区、重点保护区、一般保护区、建设控制地带，实行全域保护和分区管控。

核心保护区为，海拔2000米以上区域，秦岭山系主梁两侧各1000米以内、主要支脉两侧各500米以内的区域；国家公园、自然保护区的核心保护区，世界遗产；饮用水水源一级保护区；自然保护区一般控制区中珍稀濒危野生动物栖息地与其他重要生态功能区集中连片，需要整体性、系统性保护的区域。在这一范围，开展全方位的生态功能保护活动，严禁开展与生态保护、科学研究无关的活动。推进生物多样性保护，强化野生动植物资源及重要生态系统保护，加强植被、水源保护，依法组织矿业权限期退出，拆除小水电站。优先实施生态移民搬迁，引导居民和企业有序迁出。

重点保护区为，海拔1500米至2000米之间的区域；国家公园、自然保护区的一般控制区，饮用水水源二级保护区；国家级和省级风景名胜区、地质公园、森林公园、湿地公园等自然公园的重要功能区，植物园、水利风景区；水产种质资源保护区、野生植物原生境保护区（点）、野生动物重要栖息地、国有天然林分布区。在这一范围，重点实施以植被、水源地和生物多样性保护为主的活动，开展植树造林、退耕还林、封山育林或其他生态修复活动，恢复植被，维护生物多样性。严格执行产业准入清单制度，除实施能源、交通、水利、国防等重大基础设施建设和战略性矿产资源勘查项目外，不得进行与重点保护区功能不相符的建设活动。

西安市秦岭范围内除核心保护区、重点保护区外的区域划为一般保护区。一般保护区内以增加绿化面积，发展生态农业、生态旅游为主，从严控制产业准入。严格控制建设活动的空间范围、规模和体量，限制建筑的高度和密度。除国家、省重大项目和能源、交通、水利、国防等重大基础设施建设，以及规划布局的教育、医疗、村镇污水垃圾处理设施、秦岭保护修复配套设施等民生项目、环保项目、生态项目、农业项目外，不得进行其他开发建设。

秦岭范围外围划定建设控制地带，东、西以市界为界，南以秦岭范围北边界为界，北以周至县、鄠邑区、长安区行政区域内省道S107以北1公里线—蓝田县行政区域内省道S107连线为界的区域。这一区域严格执行法律、法规和省、市人民政府对建设活动的限制要求，依法采取相应的生态环境保护措施，保障秦岭生态功能不降低。严格控制建设活动的空间范围和规模，严格控制建筑的高度和密度。

《规划》要求，沿山各区县要按照省秦岭办有关秦岭生态环境保护勘界立标要求开展秦岭生态环境保护区域勘界，设置核心保护区、重点保护区和一般保护区及建设控制地带的保护标志、标牌、界桩。2025年底前完成勘界立标。

“一屏、一带、一山、六水、多点、联网”，构建生态保护新格局

在国土空间管控方面，《规划》指出，在秦岭生态环境保护区域构建“一屏、一带、一山、六水、多点、联网”的生态保护新格局，有针对性地开展生态保护和修复，维护秦岭西安段生态空间格局的完整性和生态系统的健康稳定。

“一屏”即南部秦岭山地生态屏障，是秦岭生态环境保护区域中最具保护价值和保护必要性的区域，包含秦岭坡底线以南绝大部分区域。重点构建和完善以国家公园为主的自然保护地体系，稳步推进植被保护、生物多样性保护、水资源保护等，着力提升秦岭生态系统质量和稳定性。“一带”即秦岭山前建设控制地带，主要分布在107省道沿线。按国土空间规划要求，严格控制各类建设活动空间范围和规模。“一山”即骊山水土流失综合治理区，重点开展水土流失综合治理和地质灾害防治，加强封育保护和封禁管护，从源头上严控人为水土流失和生态破坏。“六水”即灞河、浐河、沣河、潏河、涝河、黑河六条河流及其流域，重点开展流域系统治理，实施水土流失治理、矿山地质环境修复、小水电站拆除及其生态修复等重点建设工程，恢复或重建流域生态环境。“多点”即秦岭山地内的各类建设点，因地制宜开展植树造林种草，恢复生态，改善居住地及周边生态环境。“联网”即由各级管护站点和监测点共同构成的管理网络。全市将着力加强各级管护站、监测点的建设，完善基础设施，丰富监测手段，提高科技含量，建立覆盖全域的“空天地”一体化的秦岭自然资源保护管理及生态环境综合监测网络，切实保护好秦岭的生态环境和自然资源。

严守生态保护红线，严格永久基本农田管理

西安市将坚持底线管控原则，在资源环境承载能力评价和国土空间开发适宜性评价的基础上，落实最严格的生态环境保护制度、耕地保护制度和节约用地制度，科学划定落实生态保护红线、永久基本农田、城镇开发边界三条控制线，确保三条控制线不交叉、不重叠。

《规划》指出，要严守生态保护红线，将秦岭生态环境保护区域内水源涵养、生物多样性维护、水土保持等生态功能极重要及极敏感区域，以及具有维护区域生态格局完整和潜在重要生态价值的区域，划入生态保护红线。未经依法批准，严禁擅自占用，随意改变用途。

严格永久基本农田管理，开展秦岭生态环境保护区域内永久基本农田核实整改，对不能实现水土保持的25度以上的陡坡耕地、重要水源地15—25度的坡耕地、移民搬迁后确实无法耕种的耕地等，应结合生态退耕逐步有序退出。鼓励在秦岭地区发展生态农业，减少化肥农药施用，降低农业面源污染。严禁违规占用耕地绿化造林、挖湖挖景等行为。

规范城镇开发边界管理，严格管控农村居民点建设，各类建设应避让森林、河流、湖泊、山川等范围以及地质灾害风险区、蓄泄洪区等不适宜建设区域，不得违法违规侵占河道、湖面、滩地。禁止房地产开发，禁止有污染的工业项目建设；禁止勘探、开发矿产资源和开山采石，禁止新建水电站；禁止新建、扩建、异地重建宗教活动场所，禁止新建、扩建经营性公墓，禁止新建宾馆、招待所、培训中心、疗养院、度假山庄和高尔夫球场，禁止削山造地和挖地造湖。

全面推行林长制，建立地方政府天然林保护行政首长负责制

《规划》的自然及人文资源保护、建设活动的生态环境保护、生态环境修复治理等章节还指出，要采取封山育林、禁牧等措施，促进植物自然繁殖生长，逐步恢复自然生态系统。将天然林保护和修复目标任务纳入市、区县国民经济社会发展规划，全面推行林长制，建立地方政府天然林保护行政首长负责制和目标责任考核制。市级建立一支专业森林防火队伍，每个区县应至少建有一支半专业化森林防火队伍。

要有序实施退耕还林还草，禁止在秦岭25度以上陡坡地开垦种植农作物，鼓励在秦岭25度以下的坡耕地进行退耕还林还草，范围由区县人民政府划定并公告。

要开展野生动植物资源普查，建立珍稀、特有、经济价值高的野生动植物资源档案。开展外来物种摸底调查、评估，及时掌握外来物种现状和趋势。建设秦岭野生动植物遗传资源基因库，收集保存和整理动物精子库、卵子库、组织样本库以及植物种子、真菌及特有微生物等种质资源，维持秦岭生物的遗传多样性。

秦岭生态环境保护区域内的各级文物保护单位应按照市级文物保护规划，划定保护范围和建设控制范围。建立非物质文化遗产档案，选定有关机构妥善保存并合理利用。

镇人民政府、街道办事处在人口相对集中的村庄，应当组织推广使用太阳能等清洁能源，统一规划建设生活垃圾处理、污水排放等设施。

要完善和强化多部门联合的灾害预警体系，强化资源规划、气象、防汛等多部门联动的地质灾害气象风险预警信息发布会商机制，充分发挥国家突发公共事件预警信息发布系统的作用。

在监测体系和智慧秦岭建设方面，我市将建立“天地空网”一体化秦岭自然资源及生态环境保护综合监测网络，开展生态功能动态变化、生物多样性状况、生态保护监管等生态系统保护成效监测评估，发布秦岭生态状况监测评估报告，为秦岭生态环境保护提供决策依据。建立西安秦岭森林资源动态监测、生物多样性保护、湿地资源动态监测、水土保持动态监测、生态修复治理动态监测、人为活动动态监测等多个业务应用子平台，实现业务应用与数据采集的深度融合，为保护管理单位及研究机构提供可靠、便捷的信息依据，提升决策管理能力，促进秦岭生态环境全面保护。

西安市灞河重点区域风貌管控条例

（2021年10月28日西安市第十六届人民代表大会常务委员会第四十七次会议通过　2021年11月26日陕西省第十三届人民代表大会常务委员会第二十九次会议批准）

第一条　为了加强灞河重点区域风貌管控，提升公共空间品质，营造美丽宜居环境，根据《中华人民共和国城乡规划法》《中华人民共和国河道管理条例》等法律、法规，结合本市实际，制定本条例。

第二条　本条例适用于灞河重点区域内风貌的规划、建设及相关管理活动。

第三条　本条例所称灞河重点区域包括西安奥体中心片区、西安国际会展中心片区、西安国际会议中心片区及相关区域。具体是指，北至启源三路，南至通塬路，东沿灞渭大道、港兴四路、港务大道、港丰路、灞渭大道、世博大道，西沿广运潭大道、灞浦六路、北辰大道、元朔大道、广运潭大道、欧亚三路、灞河西路、浐河西路、浐河东路、金桥六路、金茂一路的围合区域。

西安奥体中心片区东至港务大道，西跨灞河至北辰大道，灞河东岸北至港兴四路、南至港丰路，灞河西岸北至灞浦六路、南至元朔大道。

西安国际会展中心片区北至欧亚大道，南至东三环，东至世博大道，西至灞河东路。

西安国际会议中心片区北至东三环，南至通塬路，东至世博大道，西至灞河东路。

第四条　灞河重点区域风貌管控应当遵循规划引领、突出特色、严格管理、有效保护的原则。

第五条　市人民政府应当加强对灞河重点区域的风貌管控，建立健全协调机制，解决灞河重点区域风貌管控工作中的重大问题。

市资源规划主管部门负责灞河重点区域的规划管理工作，加强区域风貌的规划设计、控制引导和保护管理。

水行政、发改、财政、生态环境、城管、住建等部门按照各自职责，共同做好灞河重点区域风貌管控工作。

西安浐灞生态区管理委员会、西安国际港务区管理委员会负责各自管理范围内灞河重点区域风貌管控工作的组织实施。

第六条　灞河重点区域内的风貌管控要求应当依法纳入国土空间详细规划。

该区域国土空间详细规划未经法定程序不得变更。确需变更的，应当对修改的必要性进行论证，征求公众和利害关系人的意见，向原审批机关提出专题报告，经原审批机关同意后，方可编制修改方案。修改后的详细规划，经市人民政府批准后，报市人民代表大会常务委员会和省人民政府备案。

第七条　市资源规划主管部门应当加强对灞河重点区域风貌整体性、空间立体性、平面协调性、文脉延续性等方面的规划和管控，突出公共利益需求，对用地性质、开发强度以及平面布局、天际轮廓线、建筑高度、建筑形态、建筑体量、建筑色彩等作出明确规范。

灞河沿线形成错落起伏、疏密有致的滨河景观；西安奥体中心片区形成层次分明、梯度递减的现代风貌轴；西安国际会展中心片区形成轴线对称、古今辉映的建筑风貌区；西安国际会议中心片区形成园林、水景与建筑相融合的园林景观。

第八条　西安奥体中心片区沿东西向轴线建设灞河骊山景观视线通廊，通廊内以绿地广场为主，形成开敞连续的城市空间。

西安奥体中心片区内的建筑高度不得超过一百七十米，灞河东岸沿东西向轴线两侧的建筑物高度由西向东梯度递减。

第九条　灞河重点区域内湿地和规划的公园绿地，不得改变用地性质，不得减少用地规模。

灞河重点区域内的绿地符合永久性绿地条件的，市人民政府应当予以确认，向社会公布，并报市人民代表大会常务委员会备案。

第十条　灞河重点区域内的滨水岸线突出文化、自然、休闲功能，以公园绿地为主，形成开放舒适的滨水绿色廊道。

第十一条　灞河重点区域内临河第一排建筑优先布局公共建筑。

临河建筑退让用地界线距离应当符合本市相关规范的要求，根据建筑高度、用地性质等由风貌管控要求确定。

同一地块内高层建筑临河界面的面宽之和不得超过所在地块临河一侧长度的百分之四十。高层公共建筑临河界面因与周边风貌协调需要，面宽之和确需超过所在地块临河一侧长度百分之四十的，应当经市人民政府批准。

第十二条　灞河重点区域内高层建筑应当错落设计，相邻等高的高层建筑不得超过三栋。

第十三条　灞河重点区域内应当塑造富有变化、协调有序的建筑形态。

建筑附属设施和外立面应当进行一体化设计。住宅建筑外立面应当进行公建化设计。

鼓励公共建筑在符合强制性标准的前提下进行立体绿化。

第十四条　灞河重点区域内建筑色彩实行分区、分类管控，具体管控要求按照《西安浐灞生态区、国际港务区色彩详细规划》执行。

第十五条　灞河重点区域内设置连接城市公共交通站点、公共建筑、城市公园及居住区的景观慢行系统。景观慢行系统应当安全、连续、开放，与区域环境和自然景观相融合。

第十六条　鼓励灞河重点区域内地下空间综合利用和公共建筑地下空间整体开发，节约集约土地资源，优化地上空间布局，提升区域环境品质。

鼓励人行道与相邻建筑退界空间一体化设计，建设街头绿地。

第十七条　灞河重点区域内标志标识的设置应当符合相关规范和标准要求，体量、形式、色彩应当与周边环境相协调。

第十八条　灞河重点区域内夜景照明应当符合生态环境保护及风貌管控要求，突出西安奥体中心、西安国际会展中心、西安国际会议中心等重要公共建筑，打造特色鲜明、层次丰富、富有韵律的滨河夜景。

设置照明设施应当符合节能环保、经济适用的要求，严格控制景观照明范围。

第十九条　灞河重点区域内以出让方式提供国有土地使用权的，国有土地使用权出让前，资源规划主管部门应当将风貌管控要求纳入规划条件，作为国有土地使用权出让合同的组成部分。

灞河重点区域内以划拨方式提供国有土地使用权的，土地划拨前，资源规划主管部门应当明确风貌管控要求。

第二十条　西安浐灞生态区管理委员会、西安国际港务区管理委员会应当建立动态监测检查制度，及时发现和制止违反灞河重点区域风貌管控要求的行为。

第二十一条　任何单位和个人有权对灞河重点区域内的风貌管控相关活动进行监督，对违反本条例的行为进行投诉举报。

资源规划主管部门或者其他有关部门对投诉举报应当及时受理并组织核查、处理。

第二十二条　违反本条例的行为，资源规划主管部门、城管部门及相关部门依照《中华人民共和国城乡规划法》等有关法律、法规的规定处罚。

第二十三条　资源规划主管部门及其他部门工作人员，在灞河重点区域风貌管控工作中滥用职权、玩忽职守、徇私舞弊的，对直接负责的主管人员和其他直接责任人员依法给予处分；构成犯罪的，依法追究刑事责任。

第二十四条　本条例自2022年3月1日起施行。

西安市工业节能条例

（2021年10月28日西安市第十六届人民代表大会常务委员会第四十七次会议通过　2021年11月26日陕西省第十三届人民代表大会常务委员会第二十九次会议批准）

第一章　总　则

第一条　为了加强工业节能管理，提高能源利用效率，推动绿色低碳循环发展，促进生态文明建设，根据《中华人民共和国节约能源法》等法律、法规，结合本市实际，制定本条例。

第二条　本市行政区域内工业节能及监督管理活动适用本条例。

第三条　本条例所称工业节能，是指通过加强工业用能管理，在工业领域各个环节采取降低能源消耗、减少污染物排放等措施，高效合理地利用能源。

第四条　工业节能工作坚持节约与发展并举，遵循政府推动、市场调节、严格监管、降耗增效的原则。

第五条　市、区县人民政府应当加强工业节能管理，建立健全保障机制，将工业节能工作纳入国民经济和社会发展规划，合理调整产业结构和能源消费结构，推动工业企业降低能耗，提高能源利用效率。

第六条　市工业信息行政部门负责本市工业节能的监督管理工作，其所属的市节能监察机构负责本市工业节能监察工作。

区县工业信息行政部门负责本辖区工业节能的监督管理工作。

发改、科技、财政、水行政、市场监管、统计等部门，按照各自职责做好工业节能相关管理工作。

第七条　鼓励工业节能创新，推广新技术、新工艺、新产品，促进绿色清洁低碳能源应用。

第八条　鼓励行业协会在工业节能规划及节能标准的制定和实施、节能技术推广、能源消费统计、节能宣传培训和信息咨询、能效水平对标达标等方面发挥作用。

第九条　鼓励发展工业节能服务业，支持节能服务机构开展工业节能咨询、设计、评估、检测、审计、诊断、认证等服务。

第二章　工业企业节能

第十条　工业企业应当严格执行节能法律、法规和强制性节能标准，建立健全能源管理制度，制订企业节能计划，完善节能目标考核体系，提高能源利用效率。

鼓励工业企业制定严于国家标准、行业标准的企业节能标准。

第十一条　工业企业应当加强用能设备管理，定期进行检修及维护保养，提高设备运行效率。安装、改造、维修主要用能设备的，应当保留相关节能技术资料并建立档案。

第十二条　工业企业应当对各类能源消耗实行分级分类计量，配备和使用合格的能源计量器具，依法对计量器具进行检定或者校准，确保原始数据真实、准确、完整。

第十三条　工业企业应当建立健全能源消耗原始记录和统计台账制度，定期对用能设备及能源利用状况进行分析，按照规定报送相关统计数据和资料。

第十四条　工业企业应当严格执行国家用能产品和设备的能效标准及单位产品能耗限额标准等强制性标准，禁止生产、购买和使用国家明令淘汰的用能产品和设备，不得将国家明令淘汰的用能产品、设备和生产工艺转让或者租借他人使用。

第十五条　任何工业企业不得对能源消费实行包费制。

能源生产经营单位不得以任何形式向本单位职工无偿或者低于市场价格提供能源。

第十六条　工业企业应当制订节能教育培训计划，定期对员工进行岗位技术培训，开展工业节能法律、法规和政策宣传教育。

第十七条　鼓励工业企业开展工业节能技术创新改造，支持节能产品、设备和生产工艺的研究开发，促进节能技术成果转化。

鼓励运用合同能源管理、综合能源服务等节能新机制，进行节能技术改造和升级。

第三章　重点用能工业企业节能

第十八条　本市对重点用能工业企业实行名录管理。

重点用能工业企业名录由市发展改革部门按照国家和省、市有关规定确定，并向社会公布。

第十九条　重点用能工业企业应当按照工业节能目标及要求，制订年度节能计划，建立节能工作目标责任制。

第二十条　重点用能工业企业应当建立能源管理体系，通过节能监测、内部审核、节能技术改造等措施，实现能源利用全过程管理。

第二十一条　重点用能工业企业应当根据能源消费总量和生产场所集中程度、生产工艺复杂程度，设立能源统计、计量、技术和综合管理岗位，聘任具有节能专业知识、实际工作经验及中级以上技术职称的人员担任能源管理负责人，并按照有关规定进行备案。

能源管理负责人应当组织对本企业用能状况进行分析、评价，组织编写企业能源利用状况报告，提出改进措施并组织实施。

第二十二条　重点用能工业企业应当按照规定报送企业能源利用状况报告。

能源利用状况报告包括能源消费情况、能源利用效率、主要产品能耗指标、节能目标完成情况和节能效益分析、节能措施等内容。

第二十三条　鼓励重点用能工业企业开展能源审计，根据审计结果制定节能技术改造方案，对节能改造项目的实施情况进行跟踪、落实。

第二十四条　鼓励支持重点用能工业企业建设能源管控系统，利用智能化、信息化技术，对能源的生产、输配和消耗实施动态监控和管理，改进优化能源平衡，提高能源利用效率及管理水平。

第四章　节能管理

第二十五条　市工业信息行政部门应当根据本市节能专项规划，编制工业节能规划并组织实施。

区县工业信息行政部门应当根据市工业节能规划，制定本辖区工业节能行动方案并组织实施。

第二十六条　工业信息行政部门应当会同发展改革部门，结合工业能源消费情况和工业经济发展状况，研究提出本辖区工业能源消费总量控制目标和强度控制目标，实行目标管理。

第二十七条　工业信息行政部门应当会同发展改革部门对重点用能工业企业下达节能目标，并对目标完成情况进行考核评价，结果向社会公布。

第二十八条　市人民政府应当对下列活动予以资金支持：

（一）工业企业节能技术改造；

（二）工业节能新技术、新工艺、新装备和新产品的研发推广；

（三）工业节能和绿色制造示范项目；

（四）按照有关规定应当予以支持的其他工业节能活动。

第二十九条　工业信息行政部门会同有关部门综合运用价格、财税、金融等政策，以及用能权、碳排放权等市场化交易机制，推动工业企业节能技术改造，实现高质量发展。

第三十条　工业信息行政部门应当建立工业节能管理岗位人员和专业技术人员的教育培训机制，组织开展工业节能政策法规宣传和岗位培训。

第五章　节能监察

第三十一条　市节能监察机构根据市工业信息行政部门制

订的工业节能监察计划，开展节能监察工作。

第三十二条　市节能监察机构履行下列职责：

（一）监督检查被监察单位执行节能法律、法规和强制性节能标准的情况；

（二）依法处理被监察单位违反节能法律、法规的行为；

（三）受理违法违规工业用能行为的举报和投诉；

（四）开展工业节能领域相关法律、法规的宣传和培训；

（五）节能法律、法规规定的其他职责。

第三十三条　工业节能监察包括下列内容：

（一）执行国家明令淘汰或者禁止使用的用能产品、设备和生产工艺等情况；

（二）执行强制性单位产品能耗限额标准及其他强制性节能标准情况；

（三）建立和落实节能目标责任制，制订和实施节能计划、节能技术措施等情况；

（四）建立和落实能源计量、统计和能源利用状况分析等制度的情况；

（五）执行能源管理岗位设立和能源管理负责人聘任制度等情况；

（六）节能服务机构执行节能相关法律、法规的情况；

（七）节能法律、法规规定的应当实施节能监察的其他情形。

第三十四条　市节能监察机构应当对重点用能工业企业报送的能源利用状况报告进行审查。

对节能管理制度不健全、节能措施不落实、能源利用效率低的重点用能工业企业，市节能监察机构应当开展现场调查，组织实施用能设备能源效率检测，责令实施能源审计，提出书面整改要求，限期整改。

第三十五条　工业节能监察原则上不得在同一年度内对同一被监察单位的同一事项重复监察。确认被监察单位整改落实情况、受理举报投诉案件、上级安排的专项监察、工作督查等除外。

实施工业节能监察，不得干扰被监察单位正常生产经营活动。

第三十六条　节能监察人员应当取得行政执法资格，熟悉节能法律、法规和标准，具备开展工业节能监察工作需要的业务素质和能力。

第三十七条　工业节能监察分为书面监察和现场监察。

实施节能监察可以聘请第三方机构或者专家提供技术支持。

第三十八条　实施书面监察，市节能监察机构应当将实施监察的依据、内容、时间和需要报送资料的名称及其他要求等事项，书面通知被监察单位。被监察单位应当按照要求如实报送材料。

市节能监察机构应当在二十个工作日内对被监察单位报送材料的完整性、真实性，以及是否符合节能法律、法规和强制性节能标准等情况进行审查。发现被监察单位所报材料信息不完整的，可以要求被监察单位在五个工作日内补充完善或者书面说明。

第三十九条　有下列情形之一的，市节能监察机构应当实施现场监察：

（一）节能监察计划规定应当进行现场监察的；

（二）书面监察发现涉嫌违法违规的；

（三）需要对被监察单位的能源利用状况进行现场监测的；

（四）需要现场确认被监察单位落实限期整改通知书要求的；

（五）被监察单位主要用能设备、生产工艺或者能源利用状况发生重大变化影响节能的；

（六）对举报或者投诉内容需要现场核实的；

（七）应当实施现场节能监察的其他情形。

第四十条　实施现场监察，应当提前五个工作日将实施节能监察的依据、内容和方法等告知被监察单位。办理涉及违法案件、举报投诉和应当以抽查方式实施的节能监察除外。

现场监察应当由两名以上节能监察人员实施，并出示行政执法证件。

第四十一条　被监察单位有违反节能法律、法规和强制性节能标准行为的，市节能监察机构应当依法下达限期整改通知书，并在节能监察活动结束后十五日内送达被监察单位。整改期限一般不超过六个月，经被监察单位申请，市节能监察机构认为确需延长整改期限的，延期最长不得超过三个月。

市节能监察机构在作出限期整改通知书前，应当充分听取被监察单位的意见，对被监察单位提出的事实、理由和证据进行复核。被监察单位提出的事实、理由和证据成立的，应当予以采纳。

第四十二条　市节能监察机构应当根据对被监察单位的监察情况，编制工业节能监察报告，提出处理意见，跟踪检查限期整改通知书及节能监察报告改进意见的落实情况。

第四十三条　市节能监察机构、人员和第三方机构应当保守在工业节能监察工作中知悉的技术秘密和商业秘密。

第四十四条　被监察单位应当配合节能监察人员依法实施节能监察，不得拒绝、阻碍节能监察，不得隐瞒事实和伪造、隐匿、销毁、篡改相关资料。

第四十五条　市节能监察机构应当加强工业节能监察信息化建设，建立工业节能监察监管平台，增强预警分析能力，提升节能监察效能。

第六章　法律责任

第四十六条　工业企业有下列情形之一的，由工业信息行政部门和相关部门依据职权，依照《中华人民共和国节约能源法》等法律、法规规定处罚：

（一）用能不符合强制性能耗限额和能效标准的；

（二）能源统计和能源计量不符合国家有关要求的；

（三）能源数据弄虚作假的；

（四）生产、使用国家明令淘汰的高耗能落后用能产品、设备和生产工艺的；

（五）违反节能法律、法规的其他情形。

第四十七条　违反本条例第四十四条规定，被监察单位拒绝节能监察的，由市节能监察机构给予警告，责令限期改正；拒不改正的，处一万元以上三万元以下罚款。阻碍依法实施节能监察的，移交公安机关按照《中华人民共和国治安管理处罚法》有关规定处理，构成犯罪的，依法追究刑事责任。

第四十八条　工业信息行政部门及其监察机构和其他部门的工作人员在工业节能监督管理工作中，滥用职权、玩忽职守、徇私舞弊的，对直接负责的主管人员和其他直接责任人员依法给予处分；构成犯罪的，依法追究刑事责任。

第七章　附　则

第四十九条　开发区管理委员会依照市人民政府授权，比照区县人民政府职责，负责开发区范围内的工业节能监督管理工作。

第五十条　本条例自2022年3月1日起施行。

（李平丹）

中共西安市委重要文件目录

标　　题	发文号	发文时间
中共西安市委西安市人民政府关于全面推进乡村振兴城乡融合发展加快农业农村现代化的实施意见	市发〔2021〕1号	2021.07.19
中共西安市委西安市人民政府印发《关于深化改革加强食品安全工作的措施》的通知	市发〔2021〕2号	2021.01.14
中共西安市委西安市人民政府印发《关于推进防灾减灾救灾体制机制改革的实施意见》	市发〔2021〕3号	2021.01.22
中共西安市委关于加强和改进调查研究工作的意见	市发〔2021〕5号	2021.04.15
中共西安市委西安市人民政府关于印发《西安市构建更加完善的要素市场化配置体制机制的工作方案》的通知	市发〔2021〕6号	2021.07.09
中共西安市委西安市人民政府关于实现巩固拓展脱贫攻坚成果同乡村振兴有效衔接的实施意见	市发〔2021〕7号	2021.07.19
中共西安市委西安市人民政府关于支持西咸新区创新体制机制推动高质量发展建设创新城市发展方式试验区的若干意见	市发〔2021〕8号	2021.09.10
中共西安市委西安市人民政府关于印发《西安市推进秦创原创新驱动平台建设实施方案（2021—2023年）》的通知	市发〔2021〕9号	2021.09.26
中共西安市委关于印发《法治西安建设规划（2021—2025年）》的通知	市发〔2021〕11号	2021.11.30
中共西安市委关于印发《西安市法治社会建设实施方案（2021—2025年）》的通知	市发〔2021〕12号	2021.11.30
中共西安市委、西安市人民政府印发《西安市关于新时代加快完善社会主义市场经济体制的落实措施》的通知	市发〔2021〕13号	2021.11.30
中共西安市委西安市人民政府转发《市委依法治市办、市委宣传部、市司法局关于在公民中开展法治宣传教育的第八个五年规划（2021—2025年）》的通知	市发〔2021〕14号	2021.12.17
中共西安市委办公厅关于认真学习贯彻习近平总书记来陕考察重要讲话重要指示的通知	市办发〔2021〕2号	2021.09.23
中共西安市委办公厅西安市人民政府办公厅印发《关于构建西安市现代环境治理体系的实施方案》的通知	市办发〔2021〕3号	2021.10.12
中共西安市委办公厅西安市人民政府办公厅印发《关于深化全市应急管理综合行政执法改革的实施方案》的通知	市办发〔2021〕4号	2021.10.21
中共西安市委办公厅西安市人民政府办公厅印发《关于减轻中小学教师负担进一步营造教育教学良好环境实施方案》的通知	市办发〔2021〕6号	2021.10.29
中共西安市委办公厅西安市人民政府办公厅印发《关于进一步减轻义务教育阶段学生作业负担和校外培训负担的措施》的通知	市办发〔2021〕8号	2021.11.15
中共西安市委办公厅西安市人民政府办公厅印发《关于促进工商联所属商会改革和发展的若干措施》的通知	市办发〔2021〕10号	2021.12.14
中共西安市委办公厅西安市人民政府办公厅印发《关于加快推动蓝田周至县域经济高质量发展的政策措施》的通知	市办发〔2021〕11号	2021.12.17
中共西安市委办公厅关于印发《西安市贯彻落实党政机关和领导干部走好网上群众路线实施方案》的通知	市办发〔2021〕12号	2021.12.03
中共西安市委关于贯彻落实《深入学习贯彻习近平总书记来陕考察重要讲话办一届精彩圆满体育盛会的具体措施》情况的自查报告	市字〔2021〕1号	2021.01.01
中共西安市委关于马翔等同志职务任免的请示	市字〔2021〕2号	2021.01.04
中共西安市委西安市人民政府关于2020年计划生育工作情况的报告	市字〔2021〕3号	2021.01.04
中共西安市委关于2020年乡村振兴工作情况的报告	市字〔2021〕4号	2021.01.11
中共西安市委关于市委十三届十二次全会情况的报告	市字〔2021〕5号	2021.01.13
中共西安市委西安市人民政府关于表彰西安市优化营商环境工作先进单位和先进个人的决定	市字〔2021〕6号	2021.01.14
中共西安市委西安市人民政府关于报送2021年度评比达标表彰项目的报告	市字〔2021〕7号	2021.01.20
中共西安市委关于2020年统一战线工作情况的报告	市字〔2021〕9号	2021.01.25
中共西安市委关于印发《市委常委会2021年工作要点》的通知	市字〔2021〕10号	2021.01.29
中共西安市委关于调整部分市政府领导同志分工的备案报告	市字〔2021〕11号	2021.01.29
中共西安市委西安市人民政府关于印发《新时代推进西部大开发形成新格局的贯彻落实方案》的通知	市字〔2021〕12号	2021.01.29
中共西安市委关于2020年度落实党风廉政建设党委主体责任情况的报告	市字〔2021〕13号	2021.01.29
中共西安市委关于划转15个市委直属市级部门单位党委机关党组织关系的通知	市字〔2021〕14号	2021.01.29
中共西安市委西安市人民政府关于2020年度打好污染防治攻坚战的自评报告	市字〔2021〕15号	2021.02.09
中共西安市委关于2020年度工作情况的报告	市字〔2021〕16号	2021.02.19
中共西安市委关于同意调整西安市疫情防控指挥部及其下设机构临时党组织的批复	市字〔2021〕17号	2021.02.24
中共西安市委关于推荐全国“两优一先”工作情况的报告	市字〔2021〕20号	2021.02.26
中共西安市委关于贠笑冬同志兼任西安市残疾人联合会主席团主席的请示	市字〔2021〕21号	2021.03.02
中共西安市委关于疑似针扎幼儿事件调查处理情况的报告	市字〔2021〕23号	2021.03.04
中共西安市委关于市委班子2020年度民主生活会暨中央巡视反馈意见整改专题民主生活会情况的报告	市字〔2021〕25号	2021.03.08
中共西安市委西安市人民政府关于报送《西安市承办2021年国家网络安全宣传周系列重要活动筹备工作方案》的报告	市字〔2021〕26号	2021.03.08
中共西安市委关于强小安处分执行情况的报告	市字〔2021〕27号	2021.03.12
中共西安市委西安市人民政府关于给市公安局集体二等功的决定	市字〔2021〕28号	2021.03.18
中共西安市委关于2020年法治政府建设情况的报告	市字〔2021〕29号	2021.03.29
中共西安市委西安市人民政府关于报送《西安市2020年度污染防治攻坚战成效考核自评总结》的报告	市字〔2021〕30号	2021.04.01
中共西安市委关于认真做好区县乡镇党委、人大、政府和区县政协换届工作的通知	市字〔2021〕32号	2021.04.12
中共西安市委关于黎影等21名同志提高享受副省（部）长级医疗待遇的请示	市字〔2021〕35号	2021.04.25

中共西安市委西安市人民政府关于印发《西安市建立健全城乡融合发展体制机制和政策体系的实施方案》《西安市推进国家城乡融合发展试验区建设实施方案》的通知	市字（2021）36号	2021.04.26
中共西安市委关于推荐吴健同志为陕西省人民政协理论与实践研究会第二届理事会副会长人选的请示	市字（2021）37号	2021.04.29
中共西安市委关于推荐陕西省"两优一先"工作情况的报告	市字（2021）41号	2021.05.15
中共西安市委关于黄桂兰等115名同志提高享受按副省（部）长级标准报销医疗费待遇的请示	市字（2021）42号	2021.05.17
中共西安市委关于陈旭辉同志处分执行情况的报告	市字（2021）43号	2021.05.25
中共西安市委关于邀请省委领导出席2021全球硬科技创新大会光子产业峰会的请示	市字（2021）44号	2021.06.06
中共西安市委关于拟晋升一级巡视员人选的请示	市字（2021）45号	2021.06.09
中共西安市委西安市人民政府关于表彰2020年度全市目标责任考核先进单位的决定	市字（2021）46号	2021.06.15
中共西安市委关于表彰西安市优秀共产党员、优秀党务工作者和先进基层党组织的决定	市字（2021）47号	2021.06.28
中共西安市委西安市人民政府关于贯彻执行《关于严格规范村庄撤并工作的若干措施》情况的报告	市字（2021）48号	2021.06.16
中共西安市委关于2020年度落实全面从严治党主体责任情况的报告	市字（2021）49号	2021.07.05
中共西安市委关于印发《党委（党组）领导班子成员履行"一岗双责"情况述职实施办法（试行）》的通知	市字（2021）50号	2021.07.19
中共西安市委关于落实省委第一巡视组反馈意见的整改工作方案	市字（2021）51号	2021.07.21
中共西安市委关于王波同志提高享受副省（部）长级医疗待遇的请示	市字（2021）56号	2021.08.11
中共西安市委关于学习贯彻省委十三届九次全会精神情况的报告	市字（2021）58号	2021.08.12
中共西安市委关于拟晋升一级巡视员（一级警务专员）人选的请示	市字（2021）60号	2021.08.13
中共西安市委关于吕强等同志任职的请示	市字（2021）61号	2021.08.13
中共西安市委关于推荐玉苏甫江同志兼任中国市长协会副会长人选的请示	市字（2021）62号	2021.08.24
中共西安市委关于市委常委会成员、市政府领导同志分工情况的备案报告	市字（2021）63号	2021.08.25
中共西安市委西安市人民政府关于成立西安市秦创原创新驱动平台建设工作领导小组的通知	市字（2021）64号	2021.09.06
中共西安市委西安市人民政府关于报送《西安市贯彻落实第二轮省生态环境保护督察报告反馈问题整改方案》的报告	市字（2021）66号	2021.09.14
中共西安市委关于中共西安市扶贫开发办公室党组更名的通知	市字（2021）67号	2021.09.13
中共西安市委西安市人民政府关于印发《西安市贯彻落实第二轮省生态环境保护督察报告反馈问题整改方案》的通知	市字（2021）68号	2021.09.14
中共西安市委关于省委巡视专项检查西安市委选人用人工作反馈意见整改情况的报告	市字（2021）69号	2021.09.17
中共西安市委关于免去胡润泽同志有关职务的报告	市字（2021）70号	2021.09.24
中共西安市委关于更名中共西安广播电视大学委员会的通知	市字（2021）71号	2021.10.08
中共西安市委西安市人民政府关于成立市重点产业链提升工作领导小组的通知	市字（2021）73号	2021.10.12
中共西安市委西安市人民政府关于成立西安市高考综合改革工作领导小组的通知	市字（2021）75号	2021.10.27
中共西安市委关于市委常委班子召开省委巡视整改暨"以案为鉴，落实全面从严治党"专题民主生活会情况的报告	市字（2021）77号	2021.11.03
中共西安市委关于康军等2名同志公务员登记的请示	市字（2021）79号	2021.11.10
中共西安市委关于履行王浩同志省人大代表职务有关程序的通知	市字（2021）80号	2021.11.11
中共西安市委关于推荐贠笑冬同志为西安市海外联谊会第四届理事会会长人选的请示	市字（2021）81号	2021.11.24
中共西安市委西安市人民政府关于成立西安市推进西安—咸阳一体化发展领导小组的通知	市字（2021）83号	2021.12.03
中共西安市委关于胡润泽处分决定执行情况的报告	市字（2021）84号	2021.12.07
中共西安市委西安市人民政府关于成立西安市规范民办义务教育发展工作领导小组的通知	市字（2021）85号	2021.12.08
中共西安市委转发《中共陕西省委关于深入学习贯彻党的十九届六中全会精神的决定》《中共陕西省委关于解放思想改革创新再接再厉奋力谱写陕西高质量发展新篇章的意见》的通知	市字（2021）86号	2021.12.08
中共西安市委西安市人民政府关于成立西安市推动开发区高质量发展领导小组的通知	市字（2021）87号	2021.12.08
中共西安市委西安市人民政府关于2021年度人口和计划生育工作情况的报告	市字（2021）88号	2021.12.14
中共西安市委关于确定市级班子换届考察对象建议人选的报告	市字（2021）90号	2021.12.17
中共西安市委办公厅关于迎接2020年度全省目标责任年终考核的通知	市办字（2021）1号	2021.01.01
中共西安市委办公厅西安市人民政府办公厅关于成立西安市评比达标表彰工作协调小组的通知	市办字（2021）2号	2021.01.13
中共西安市委办公厅关于贾清贤、张迺云信访问题相关情况的报告	市办字（2021）3号	2021.01.09
中共西安市委办公厅西安市人民政府办公厅关于调整市疫情防控指挥部工作机构及组成人员的通知	市办字（2021）4号	2021.01.24
中共西安市委办公厅西安市人民政府办公厅关于成立西安市三星三期项目招商和建设工作专班的通知	市办字（2021）5号	2021.02.05
中共西安市委办公厅西安市人民政府办公厅转发《中共陕西省委办公厅陕西省人民政府办公厅关于提倡人民群众就地过年做好春节期间服务保障工作的通知》的通知	市办字（2021）6号	2021.02.07
中共西安市委办公厅西安市人民政府办公厅关于印发《西安市2021年推进重大项目建设工作方案》的通知	市办字（2021）7号	2021.02.10
中共西安市委办公厅关于做好"七一勋章"提名和全国、全省"两优一先"推荐工作的通知	市办字（2021）8号	2021.02.10
中共西安市委办公厅关于解决群众关心的"停车难"问题情况的报告	市办字（2021）9号	2021.02.10
中共西安市委办公厅关于刘文西美术馆建设推进情况的报告	市办字（2021）10号	2021.02.10
中共西安市委办公厅关于省委主要领导在《"西安院子"情况汇报》上的批示落实情况的报告	市办字（2021）11号	2021.02.10
中共西安市委办公厅西安市人民政府办公厅关于兑现2020年支持企业政策情况的通报	市办字（2021）12号	2021.02.18
中共西安市委办公厅西安市人民政府办公厅关于《进一步做好审计整改工作的通知》中涉及我市问题整改情况的报告	市办字（2021）13号	2021.02.23
中共西安市委办公厅西安市人民政府办公厅关于印发《西安市优化营商环境系列攻坚提升方案》的通知	市办字（2021）14号	2021.02.25

中共西安市委办公厅关于交办四川籍农民工来信反映问题核查情况的报告　市办字(2021)15号　2021.02.26
中共西安市委办公厅西安市人民政府办公厅转发省委办公厅《关于进一步加强节假日期间领导同志值班带班工作的通知》的通知　市办字(2021)16号　2021.03.03
中共西安市委办公厅转发《市直机关工委关于指导督促市级部门党组（党委）履行机关党建主体责任的实施意见》的通知　市办字(2021)17号　2021.03.05
中共西安市委办公厅关于做好全市“两优一先”推荐工作的通知　市办字(2021)18号　2021.03.09
中共西安市委办公厅西安市人民政府办公厅关于印发《西安市2020年度污染防治攻坚战成效考核实施方案》的通知　市办字(2021)19号　2021.03.12
中共西安市委办公厅关于成立西安市政法队伍教育整顿领导小组及其办公室的通知　市办字(2021)20号　2021.03.11
中共西安市委办公厅西安市人民政府办公厅关于印发《西安市2021年市级领导联系包抓重点项目重点企业任务表》的通知　市办字(2021)21号　2021.03.17
中共西安市委办公厅关于印发《2021年度中共西安市委政治协商计划》的通知　市办字(2021)22号　2021.03.21
中共西安市委办公厅关于印发《西安市2021年度督查检查考核计划》的通知　市办字(2021)25号　2021.03.31
中共西安市委办公厅关于认真学习贯彻十三届全国人大四次会议和全国政协十三届四次会议精神的通知　市办字(2021)26号　2021.03.31
中共西安市委办公厅关于涉莲湖大兴郡幼儿园事件调查处理情况的报告　市办字(2021)27号　2021.04.07
中共西安市委办公厅西安市人民政府办公厅关于印发《2021西安马拉松赛实施方案》的通知　市办字(2021)28号　2021.04.12
中共西安市委办公厅关于省委主要领导在《要情快报》第66期上批示落实情况的报告　市办字(2021)29号　2021.04.13
中共西安市委办公厅西安市人民政府办公厅关于印发《推进新时代对外开放2021工作方案》的通知　市办字(2021)30号　2021.04.14
中共西安市委办公厅西安市人民政府办公厅关于印发《西安市扩大有效投资推进重大项目建设考核办法》《西安市市级重点项目观摩测评实施方案》的通知　市办字(2021)31号　2021.04.15
中共西安市委办公厅关于印发《西安市党委系统信息采用计分办法》的通知　市办字(2021)32号　2021.04.25
中共西安市委办公厅西安市人民政府办公厅关于印发《西安市深化“一件事一次办”集成改革工作方案》的通知　市办字(2021)33号　2021.04.16
中共西安市委办公厅印发《关于实施“五大提升工程”深入推进“民有所呼、我有所行”的工作方案》的通知　市办字(2021)34号　2021.04.16
中共西安市委办公厅西安市人民政府办公厅关于成立西安市承办2021年国家网络安全宣传周重要活动筹备工作领导小组的通知　市办字(2021)35号　2021.04.16
中共西安市委办公厅关于对疑似针扎幼儿事件调查复核情况的报告　市办字(2021)36号　2021.04.24
中共西安市委办公厅转发《市委统战部关于协助市级各民主党派做好换届工作的意见》的通知　市办字(2021)37号　2021.04.25
中共西安市委办公厅西安市人民政府办公厅关于进一步规范全市评比达标表彰工作的通知　市办字(2021)38号　2021.04.26
中共西安市委办公厅西安市人民政府办公厅关于印发《西安市深化国资国企改革行动实施方案》的通知　市办字(2021)39号　2021.04.25
中共西安市委办公厅西安市人民政府办公厅关于印发《十四运和残奥会倒计时100天活动实施方案》的通知　市办字(2021)44号　2021.05.13
中共西安市委办公厅西安市人民政府西安市政协办公厅关于印发《2021年市级领导领衔督办市政协重点提案安排》的通知　市办字(2021)47号　2021.05.16
中共西安市委办厅西安市人民政府办公厅关于成立西安市基础教育招生入学工作专班的通知　市办字(2021)48号　2021.05.15
中共西安市委办公厅西安市人民政府办公厅印发《关于推进贸易高质量发展的工作措施》的通知　市办字(2021)49号　2021.05.24
中共西安市委关于国中书记阅批的周至县群众来信反映问题核查情况的报告　市办字(2021)50号　2021.05.24
中共西安市委办公厅西安市人民政府办公厅关于成立西安市2021欧亚经济论坛筹备工作领导小组的通知　市办字(2021)51号　2021.05.27
中共西安市委办公厅西安市人民政府办公厅关于印发《西安市生态环境保护责任清单》的通知　市办字(2021)52号　2021.06.07
中共西安市委办公厅转发中共陕西省委办公厅《关于加强和改进调查研究工作的意见》的通知　市办字(2021)53号　2021.06.09
中共西安市委办公厅印发《关于进一步严明党的政治纪律和政治规矩坚决做到“两个维护”的规定》的通知　市办字(2021)55号　2021.06.16
中共西安市委办公厅（西安市档案局）关于承办“百年恰是风华正茂”主题档案文献展的报告　市办字(2021)56号　2021.06.15
中共西安市委办公厅西安市人民政府办公厅关于印发《全市安全隐患大排查大整治行动方案》的通知　市办字(2021)58号　2021.06.17
中共西安市委办公厅西安市人民政府关于印发《十项重点工作有关奖惩补贴政策》的通知　市办字(2021)61号　2021.06.25
中共西安市委办公厅关于完善陕汽集团商用车产业园区周边配套建设情况的报告　市办字(2021)62号　2021.06.25
中共西安市委办公厅关于我市新冠病毒疫苗接种工作进展情况的报告　市办字(2021)63号　2021.06.25
中共西安市委办公厅关于组织收听收看庆祝中国共产党成立100周年大会实况转播的通知　市办字(2021)64号　2021.06.26
中共西安市委办公厅西安市人民政府办公厅印发《关于开展公共资源领域突出问题专项整治工作实施方案》的通知　市办字(2021)65号　2021.06.28
中共西安市委办公厅关于印发《西安市2021年创建全国文明城市工作责任分工手册》的通知　市办字(2021)66号　2021.06.28
中共西安市委办公厅西安市人民政府办公厅关于印发《西安市深化消防执法改革实施意见》的通知　市办字(2021)68号　2021.07.06
中共西安市委办公厅关于省委主要领导在《要情快报》第254期批示落实情况的报告　市办字(2021)70号　2021.07.21
中共西安市委办公厅西安市人民政府办公厅关于西安市2021年新增和调整市级重点项目的通知　市办字(2021)71号　2021.07.21
中共西安市委办公厅关于省委主要领导批示第1667号落实情况的报告　市办字(2021)73号　2021.07.27
中共西安市委关于调整市委常委、市政府副市长联系区县、开发区安排的通知　市办字(2021)74号　2021.07.30
中共西安市委办公厅西安市人民政府办公厅转发《中共陕西省委办公厅陕西省人民政府办公厅关于做好高温天气应对工作的紧急通知》的通知　市办字(2021)75号　2021.08.02
中共西安市委办公厅西安市人民政府办公厅印发《关于全面推行林长制的实施方案》的通知　市办字(2021)76号　2021.08.05
中共西安市委办公厅印发《关于加强市委常委党风廉政建设专题调研的规定》的通知　市办字(2021)77号　2021.08.10
中共西安市委办公厅西安市人民政府办公厅关于进一步做好市级单位定点帮扶工作的通知　市办字(2021)80号　2021.08.14
中共西安市委办公厅西安市人民政府办公厅关于印发《西安市迎接国家食品安全示范城市复审工作方案》的通知　市办字(2021)82号　2021.08.14

中共西安市委办公厅西安市人民政府办公厅关于印发《区县西咸新区开发区和市级部门2021年度目标责任考核指标》的通知	市办字〔2021〕83号	2021.08.15
中共西安市委办公厅西安市人民政府办公厅印发《贯彻落实党中央国务院关于统计工作决策部署做好国家统计执法反馈问题整改工作方案》的通知	市办字〔2021〕84号	2021.08.14
中共西安市委办公厅关于曲江新区核酸检测点及西安咸阳国际机场西安北站疫情防控有关情况的报告	市办字〔2021〕85号	2021.08.23
中共西安市委办公厅西安市人民政府办公厅关于《经济责任审计报告（初步征求意见稿）》《自然资源资产离任（任中）审计意见（初步征求意见稿）》反映主要问题及责任认定情况说明和修改建议的报告	市办字〔2021〕87号	2021.08.19
中共西安市委办公厅关于省委主要领导在《关于集中治理重复信访、化解信访积案专项工作的情况通报》上的批示落实情况的报告	市办字〔2021〕89号	2021.08.24
中共西安市委办公厅西安市人民政府办公厅关于印发《西安市贯彻落实〈2021年促进全省城乡居民增收十条措施〉工作方案》的通知	市办字〔2021〕90号	2021.08.26
中共西安市委办公厅西安市人民政府办公厅关于印发《西安市全域治水碧水兴城“三河一山”绿道管理运营方案》的通知	市办字〔2021〕92号	2021.09.02
中共西安市委办公厅西安市人民政府办公厅关于印发《西安市2021年全面落实“六保”任务工作方案》的通知	市办字〔2021〕93号	2021.09.13
中共西安市委办公厅关于省委主要领导在《要情快报》第294期批示落实情况的报告	市办字〔2021〕94号	2021.09.14
中共西安市委办公厅西安市人民政府办公厅关于印发《西安市进一步深化国有文艺院团体制机制改革方案》的通知	市办字〔2021〕95号	2021.09.15
中共西安市委办公厅西安市人民政府办公厅关于印发《中共西安浐灞生态区工作委员会（西安浐灞生态区管理委员会)职能配置内设机构和人员控制数规定》的通知	市办字〔2021〕96号	2021.09.24
中共西安市委办公厅西安市人民政府办公厅关于印发《中共西安国家民用航天产业基地工作委员会（西安国家民用航天产业基地管理委员会)职能配置内设机构和人员控制数规定》的通知	市办字〔2021〕97号	2021.09.24
中共西安市委办公厅西安市人民政府办公厅关于印发《中共西安曲江新区工作委员会（西安曲江新区管理委员会)职能配置内设机构和人员控制数规定》的通知	市办字〔2021〕98号	2021.09.24
中共西安市委办公厅西安市人民政府办公厅关于印发《中共西安国际港务区工作委员会（西安国际港务区管理委员会)职能配置内设机构和人员控制数规定》的通知	市办字〔2021〕99号	2021.09.24
中共西安市委办公厅西安市人民政府办公厅关于赵一德省长阅批许建秦来信反映问题核查情况的报告	市办字〔2021〕100号	2021.09.24
中共西安市委办公厅关于成立市委档案工作领导小组的通知	市办字〔2021〕101号	2021.09.26
中共西安市委办公厅西安市人民政府办公厅关于印发《2021年陕西省暨西安市烈士公祭活动实施方案》的通知	市办字〔2021〕102号	2021.09.27
中共西安市委办公厅西安市人民政府办公厅关于印发《西安市保障配合国家统计督察工作方案》的通知	市办字〔2021〕104号	2021.09.30
中共西安市委办公厅关于组织参观“百年恰是风华正茂主题档案文献展”的通知	市办字〔2021〕105号	2021.10.08
中共西安市委办公厅关于报送巡视整改进展情况公开材料的报告	市办字〔2021〕106号	2021.10.08
中共西安市委办公厅西安市人民政府办公厅关于印发《2021欧亚经济论坛总体实施方案》的通知	市办字〔2021〕107号	2021.10.14
中共西安市委办公厅关于报送巡视整改补充公开材料的报告	市办字〔2021〕108号	2021.10.13
中共西安市委办公厅西安市人民政府办公厅关于调整市疫情防控指挥部领导及分工的通知	市办字〔2021〕109号	2021.10.18
中共西安市委办公厅西安市人民政府办公厅转发《西安市军队转业干部安置工作领导小组关于认真做好2021年转业军官安置工作的意见》的通知	市办字〔2021〕110号	2021.10.16
中共西安市委办公厅关于成立市委抓党建促乡村振兴工作领导小组的通知	市办字〔2021〕111号	2021.10.20
中共西安市委办公厅西安市人民政府办公厅关于成立西安市“双减”工作领导小组的通知	市办字〔2021〕112号	2021.10.21
中共西安市委办公厅西安市人民政府办公厅印发《关于省委深化“放管服”改革和优化营商环境领域作风建设情况专项巡视反馈意见的整改方案》的通知	市办字〔2021〕113号	2021.10.22
中共西安市委办公厅关于印发《西安市贯彻创新驱动发展战略作风建设情况专项巡视反馈意见的整改方案》的通知	市办字〔2021〕114号	2021.11.03
中共西安市委办公厅关于“10·31”案件调查处置情况的报告	市办字〔2021〕115号	2021.11.09
中共西安市委办公厅关于市委常委会成员分工和市委常委、市政府副市长联系区县、开发区安排的通知	市办字〔2021〕116号	2021.11.10
中共西安市委办公厅关于印发《落实全省重大项目建设领域作风建设情况专项巡视反馈意见整改方案》的通知	市办字〔2021〕117号	2021.11.12
中共西安市委办公厅关于学习贯彻《中央文件制定工作规定》情况的报告	市办字〔2021〕118号	2021.11.16
中共西安市委办公厅关于省委主要领导在《要情快报》第456期批示落实情况的报告	市办字〔2021〕119号	2021.11.15
中共西安市委办公厅关于完善陕汽集团商用车产业园区周边配套建设项目进展情况的报告	市办字〔2021〕121号	2021.11.17
中共西安市委办公厅西安市人民政府办公厅印发《省委第五巡视组关于我市停车收费领域作风建设情况专项巡视反馈意见整改工作方案》的通知	市办字〔2021〕122号	2021.11.24
中共西安市委办公厅西安市人民政府办公厅关于印发《西安市配合保障第二轮中央生态环境保护督察工作方案》的通知	市办字〔2021〕128号	2021.12.03
中共西安市委办公厅关于省委主要领导在《要情快报》专报第488期批示落实情况的报告	市办字〔2021〕129号	2021.12.06
中共西安市委办公厅西安市人民政府办公厅关于印发《中共西安高新技术产业开发区工作委员会（西安高新技术产业开发区管理委员会)职能配置内设机构和人员控制数规定》的通知	市办字〔2021〕131号	2021.12.11
中共西安市委办公厅西安市人民政府办公厅关于印发《西咸新区党工委（管委会）及所属新城职能和机构优化调整方案》的通知	市办字〔2021〕132号	2021.12.11
中共西安市委办公厅西安市人民政府办公厅关于印发《西安阎良国家航空高技术产业基地西安市阎良区“区政合一”管理体制改革方案》的通知	市办字〔2021〕133号	2021.12.11
中共西安市委办公厅西安市人民政府办公厅关于印发《中共西安经济技术开发区工作委员会（西安经济技术开发区管理委员会)职能配置内设机构和人员控制数规定》的通知	市办字〔2021〕134号	2021.12.11
中共西安市委办公厅关于刘文西美术馆建设情况的报告	市办字〔2021〕135号	2021.12.13
中共西安市委办公厅西安市人民政府办公厅关于认真执行《西安市2022年重点建设项目计划》的通知	市办字〔2021〕137号	2021.12.17
中共西安市委办公厅关于市级领导包抓督导区县、开发区做好疫情防控工作的通知	市办字〔2021〕138号	2021.12.17
中共西安市委办公厅关于中央第三生态环境保护督察组《督办单》反馈问题初步调查和整改工作进展情况的报告	市办字〔2021〕139号	2021.12.21

中共西安市委办公厅关于秦创原配套资金安排情况的报告	市办字(2021)140号	2021.12.22
中共西安市委办公厅关于2021年党内法规制度建设工作情况的报告	市办字(2021)141号	2021.12.23
中共西安市委办公厅西安市人民政府办公厅关于成立市疫情防控专项工作领导小组和工作专班的通知	市办字(2021)142号	2021.12.25
中共西安市委办公厅西安市人民政府办公厅转发省委办公厅省政府办公厅《关于加强疫情防控期间值班带班工作有关事项》的通知	市办字(2021)143号	2021.12.25
中共西安市委办公厅关于省委主要领导在张立同院士信函上批示落实情况的报告	市办字(2021)144号	2021.12.25
中共西安市委办公厅关于省委主要领导在张锦秋院士来信上批示落实情况的报告	市办字(2021)145号	2021.12.25
中共西安市委办公厅西安市人民政府办公厅关于印发《西安市档案事业发展“十四五”规划（2021—2025）》的通知	市办字(2021)146号	2021.12.27

（石康桥）

西安市人民政府重要文件目录

标　　题	发文号	发文时间
西安市人民政府关于印发《推进健康西安行动实施方案》的通知	市政发〔2021〕1号	2021.01.22
西安市人民政府关于建设世界赛事名城加快发展体育产业促进体育消费的实施意见	市政发〔2021〕2号	2021.01.26
西安市人民政府关于印发李明远市长在市十六届人大六次会议上所作《政府工作报告》的通知	市政发〔2021〕3号	2021.02.09
西安市人民政府关于公布《西安历史文化名城保护规划（2020—2035年）》的通知	市政发〔2021〕5号	2021.03.03
西安市人民政府关于印发《西安市国民经济和社会发展第十四个五年规划和二〇三五年远景目标纲要》的通知	市政发〔2021〕7号	2021.03.22
西安市人民政府关于印发《西安市政府投资管理实施细则》的通知	市政发〔2021〕8号	2021.07.16
西安市人民政府关于印发《统筹推进城乡义务教育一体化改革发展实施方案》的通知	市政发〔2021〕9号	2021.07.29
西安市人民政府关于印发《深化“证照分离”改革全覆盖贯彻落实方案》的通知	市政发〔2021〕10号	2021.08.17
西安市人民政府关于废止《进一步推进治污减霾工作的安排意见》的通知	市政发〔2021〕11号	2021.08.10
西安市人民政府关于印发《国有土地上房屋征收评估办法》的通知	市政发〔2021〕12号	2021.08.27
西安市人民政府关于印发《进一步提高上市公司质量实施方案》的通知	市政发〔2021〕13号	2021.08.31
西安市人民政府关于印发《市级财政资金分配管理办法和市级财政专项资金管理办法》的通知	市政发〔2021〕16号	2021.09.07
西安市人民政府关于印发《推动工业遗产保护利用打造“生活秀带”工作方案》的通知	市政发〔2021〕18号	2021.09.23
西安市人民政府关于印发《优化创新创业生态着力提升技术成果转化能力工作措施》的通知	市政发〔2021〕19号	2021.10.26
西安市人民政府关于印发《“十四五”综合交通运输发展规划》的通知	市政发〔2021〕20号	2021.11.03
西安市人民政府关于印发《“十四五”生态环境保护规划》的通知	市政发〔2021〕21号	2021.11.29
西安市人民政府关于印发《“三线一单”生态环境分区管控方案》的通知	市政发〔2021〕22号	2021.11.29
西安市人民政府关于印发《突发事件总体应急预案》的通知	市政发〔2021〕23号	2021.11.30
西安市人民政府关于印发《“十四五”人力资源和社会保障事业发展规划》的通知	市政发〔2021〕24号	2021.12.03
西安市人民政府关于印发《“十四五”服务业发展规划》的通知	市政发〔2021〕25号	2021.12.22
西安市人民政府办公厅关于印发《农村公路网规划（2020—2035年）》的通知	市政办发〔2021〕1号	2021.01.07
西安市人民政府办公厅关于转发《市财政局市税务局纳税人跨区县迁移财税利益调整办法》的通知	市政办发〔2021〕2号	2021.01.11
西安市人民政府办公厅关于转发《市资源规划局居住区规划设计指导意见》的通知	市政办发〔2021〕3号	2021.01.11
西安市人民政府办公厅关于印发《深化产教融合实施方案》的通知	市政办发〔2021〕4号	2021.01.12
西安市人民政府办公厅关于印发《贯彻落实全国深化“放管服”改革优化营商环境电视电话会议重点任务工作措施》的通知	市政办发〔2021〕6号	2021.01.14
西安市人民政府办公厅关于贯彻落实国务院和省政府取消下放一批行政许可事项决定的通知	市政办发〔2021〕7号	2021.01.20
西安市人民政府办公厅关于印发《西安市挖掘占用城市道路管理办法》的通知	市政办发〔2021〕8号	2021.01.26
西安市人民政府办公厅关于印发《西安市应急预案管理办法（修订稿）》的通知	市政办发〔2021〕9号	2021.02.10
西安市人民政府办公厅关于印发《支持出口产品转内销工作任务清单》的通知	市政办发〔2021〕10号	2021.02.22
西安市人民政府办公厅关于印发《全面推行证明事项告知承诺制实施方案》的通知	市政办发〔2021〕11号	2021.02.26
西安市人民政府办公厅关于印发《全面深化服务贸易创新发展试点实施方案》的通知	市政办发〔2021〕12号	2021.03.09
西安市人民政府办公厅关于印发《国家新型基础测绘建设西安试点两年行动方案》的通知	市政办发〔2021〕13号	2021.03.10
西安市人民政府办公厅关于印发《会议会展产业三年行动计划（2021—2023年）》的通知	市政办发〔2021〕14号	2021.03.16
西安市人民政府办公厅关于印发《2021年保障性住房工作实施方案》的通知	市政办发〔2021〕15号	2021.03.23
西安市人民政府办公厅关于印发《2021年住房租赁试点工作实施方案》的通知	市政办发〔2021〕16号	2021.03.23
西安市人民政府办公厅关于切实做好2021年粮食生产工作的通知	市政办发〔2021〕17号	2021.03.22
西安市人民政府办公厅关于印发《防止耕地“非粮化”稳定粮食生产实施方案》的通知	市政办发〔2021〕18号	2021.03.22
西安市人民政府办公厅关于印发《2021年政府工作报告任务分解意见》的通知	市政办发〔2021〕19号	2021.03.31
西安市人民政府办公厅关于建立房地联动机制促进房地产市场平稳健康发展的通知	市政办发〔2021〕20号	2021.03.30
西安市人民政府办公厅关于印发《推进国家体育消费试点城市建设实施方案》的通知	市政办发〔2021〕21号	2021.04.16
西安市人民政府办公厅关于印发《2021年度政府规章制定计划》的通知	市政办发〔2021〕22号	2021.04.27
西安市人民政府办公厅关于印发《2021年污泥安全处置工作实施方案》的通知	市政办发〔2021〕23号	2021.05.06
西安市人民政府办公厅关于印发《行政复议文书网上公开办法》的通知	市政办发〔2021〕24号	2021.05.08

西安市人民政府办公厅关于印发《进一步做好稳外贸稳外资工作任务清单》的通知	市政办发〔2021〕25号	2021.05.10
西安市人民政府办公厅关于印发《应急救援领域市级与区县（开发区）财政事权和支出责任划分改革实施方案》的通知	市政办发〔2021〕26号	2021.05.18
西安市人民政府办公厅关于印发《加快建设体育强市实施方案》的通知	市政办发〔2021〕27号	2021.06.09
西安市人民政府办公厅关于印发《“互联网+监管”系统管理办法（试行）》的通知	市政办发〔2021〕28号	2021.06.29
西安市人民政府办公厅关于印发《落实省政府办公厅推进气象强省建设助力高质量发展意见实施方案》的通知	市政办发〔2021〕29号	2021.07.15
西安市人民政府办公厅关于印发《西安市蓝天保卫战2021年工作方案》的通知	市政办发〔2021〕30号	2021.07.16
西安市人民政府办公厅关于印发《生活垃圾终端处理设施区域生态补偿办法》的通知	市政办发〔2021〕31号	2021.07.19
西安市人民政府办公厅关于进一步规范集体土地征收工作的通知	市政办发〔2021〕33号	2021.08.10
西安市人民政府办公厅关于进一步促进房地产市场平稳健康发展的通知	市政办发〔2021〕35号	2021.08.30
西安市人民政府办公厅关于印发《政务服务标准化管理办法（试行）》的通知	市政办发〔2021〕36号	2021.09.01
西安市人民政府办公厅关于印发《公共文化领域市以下财政事权和支出责任划分改革实施方案的》通知	市政办发〔2021〕37号	2021.09.10
西安市人民政府办公厅关于进一步加强全市十四运会和残特奥会期间消防安保社会面火灾防控的通知	市政办发〔2021〕38号	2021.09.13
西安市人民政府办公厅关于印发《秦岭生态环境保护规划》的通知	市政办发〔2021〕39号	2021.09.23
西安市人民政府办公厅关于印发《全面推行涉企经营许可事项告知承诺制工作方案》的通知	市政办发〔2021〕40号	2021.09.23
西安市人民政府办公厅关于印发《足球改革发展实施方案》的通知	市政办发〔2021〕41号	2021.09.29
西安市人民政府办公厅关于印发《创建国家文化和旅游消费试点城市实施方案》的通知	市政办发〔2021〕42号	2021.09.29
西安市人民政府办公厅关于进一步提升产业链发展水平的实施意见	市政办发〔2021〕43号	2021.10.13
西安市人民政府办公厅关于印发《“十四五”营商环境发展规划》的通知	市政办发〔2021〕44号	2021.10.26
西安市人民政府办公厅关于加快发展林业产业的实施意见	市政办发〔2021〕45号	2021.10.29
西安市人民政府办公厅关于加快推动新能源汽车产业高质量发展的实施意见	市政办发〔2021〕46号	2021.11.04
西安市人民政府办公厅关于印发《推进养老服务高质量发展行动方案》的通知	市政办发〔2021〕47号	2021.11.09
西安市人民政府办公厅关于加强网上中介服务超市管理工作的通知	市政办发〔2021〕48号	2021.11.09
西安市人民政府办公厅关于印发《加快电子商务高质量发展三年行动方案（2021—2023年）》的通知	市政办发〔2021〕49号	2021.11.11
西安市人民政府办公厅关于印发《“十四五”文化和旅游发展规划》的通知	市政办发〔2021〕50号	2021.11.17
西安市人民政府办公厅关于印发《解决“停车难”问题三年行动方案（2021—2023年）》的通知	市政办发〔2021〕52号	2021.11.19
西安市人民政府办公厅关于印发《推进基础设施领域不动产投资信托基金（REITs）健康发展十条措施》的通知	市政办发〔2021〕53号	2021.12.01
西安市人民政府办公厅关于加强水库安全运行管理工作的通知	市政办发〔2021〕54号	2021.12.10
西安市人民政府办公厅关于印发《西安市建设“中国快递示范城市”实施方案》的通知	市政办发〔2021〕55号	2021.12.13
西安市人民政府办公厅关于印发《推进党政机关和国有企事业单位培训疗养机构改革工作方案》的通知	市政办发〔2021〕56号	2021.12.21
西安市人民政府关于做好冬春季防火工作的通告	市告字〔2021〕1号	2021.02.08
西安市人民政府关于确定全市试鸣防空警报时间的通告	市告字〔2021〕3号	2021.09.09
西安市人民政府关于加强第十四届全运会、全国第十一届残运会暨第八届特奥会期间“低慢小”航空器飞行管控的通告	市告字〔2021〕4号	2021.09.09
西安市人民政府关于实施行政复议体制改革有关事项的通告	市告字〔2021〕5号	2021.12.31
西安市人民政府关于成立市创建国际消费中心城市工作领导小组的通知	市政函〔2021〕26号	2021.05.27
西安市人民政府关于成立西安市全国法治政府建设示范创建工作领导小组的通知	市政函〔2021〕27号	2021.06.01
西安市人民政府关于调整市促进房地产市场平稳健康发展协调领导小组组成人员的通知	市政函〔2021〕28号	2021.06.09
西安市人民政府办公厅关于2019年天然林资源保护工程建设目标责任书执行情况的通报	市政办函〔2021〕4号	2021.06.23
西安市人民政府办公厅关于印发《西安市建设工程施工事故应急预案》的通知	市政办函〔2021〕6号	2021.01.11
西安市人民政府办公厅关于做好2021年春节假日文化旅游重点工作的通知	市政办函〔2021〕16号	2021.01.29
西安市人民政府办公厅关于进一步做好困难群众基本生活保障有关工作的通知	市政办函〔2021〕20号	2021.02.05
西安市人民政府办公厅关于印发《全面推行国省干线公路和农村公路路长制实施办法及考核办法（试行）》的通知	市政办函〔2021〕28号	2021.02.22
西安市人民政府办公厅关于印发《政务信息系统打通与数据共享工作实施方案的通知》	市政办函〔2021〕43号	2021.03.18
西安市人民政府办公厅关于调整市引汉济渭工程协调领导小组组成人员的通知	市政办函〔2021〕49号	2021.04.07
西安市人民政府办公厅关于印发《医疗废物应急处置工作方案》的通知	市政办函〔2021〕51号	2021.04.12
西安市人民政府办公厅关于成立汉长安城未央宫遗址提升建设工作领导小组的通知	市政办函〔2021〕55号	2021.04.14
西安市人民政府办公厅关于印发《西安市燃气事故应急预案（2021年修订稿）》的通知	市政办函〔2021〕57号	2021.04.20
西安市人民政府办公厅关于建立市文物保护利用工作联席会议制度的通知	市政办函〔2021〕58号	2021.04.20
西安市人民政府办公厅关于印发《政务服务好差评管理办法》的通知	市政办函〔2021〕61号	2021.04.25
西安市人民政府办公厅关于印发《推进全市经济技术开发区创新提升高质量发展具体措施》的通知	市政办函〔2021〕64号	2021.04.26
西安市人民政府办公厅关于命名2020年西安市职工（劳模）创新工作室的通报	市政办函〔2021〕65号	2021.04.26
西安市人民政府办公厅关于印发《2022年新建扩建中小学幼儿园建设计划》的通知	市政办函〔2021〕69号	2021.05.06
西安市人民政府办公厅关于2020年农作物秸秆综合利用和禁烧工作考核情况的通报	市政办函〔2021〕73号	2021.05.17
西安市人民政府办公厅关于印发《西安市防汛应急预案》的通知	市政办函〔2021〕85号	2021.06.08
西安市人民政府办公厅关于成立市未成年人保护工作领导小组的通知	市政办函〔2021〕90号	2021.06.21
西安市人民政府办公厅关于印发《装配式建筑范例城市建设工作方案》的通知	市政办函〔2021〕95号	2021.07.01

西安市人民政府办公厅关于建立西安市社区教育工作联席会议制度的通知	市政办函〔2021〕129号	2021.08.30
西安市人民政府办公厅关于印发《西安市辐射事故应急预案（2021年修订版）》的通知	市政办函〔2021〕124号	2021.08.23
西安市人民政府办公厅关于表扬支援郑州抢险救灾工作先进单位和个人的通报	市政办函〔2021〕136号	2021.09.14
西安市人民政府办公厅关于印发《药品和医疗器械安全突发事件应急预案》的通知	市政办函〔2021〕137号	2021.09.24
西安市人民政府办公厅关于2020年度天然林资源保护工程建设目标责任书执行情况的通报	市政办函〔2021〕143号	2021.09.18
西安市人民政府办公厅关于积极应对连阴雨天气抓好当前“三秋”抢收抢种工作的紧急通知	市政办函〔2021〕150号	2021.10.15
西安市人民政府办公厅关于印发《西安市政府督查工作实施细则（试行）》的通知	市政办函〔2021〕151号	2021.10.14
西安市人民政府办公厅关于印发《加强审管联动提升事中事后监管效能工作方案》的通知	市政办函〔2021〕152号	2021.10.15
西安市人民政府办公厅关于印发《一体化政务服务能力提升“百日攻坚”实施方案》的通知	市政办函〔2021〕153号	2021.10.19
西安市人民政府办公厅关于成立西安市社区矫正委员会的通知	市政办函〔2021〕154号	2021.10.20
西安市人民政府办公厅关于印发《城市体检评估工作实施方案》的通知	市政办函〔2021〕166号	2021.11.09
西安市人民政府办公厅关于印发《促进重点消费百日行动若干措施》的通知	市政办函〔2021〕171号	2021.11.26
西安市人民政府办公厅关于印发《西安市碧水净土保卫战2021年工作方案》的通知	市政办函〔2021〕172号	2021.12.01
西安市人民政府办公厅关于印发《西安市城区特大暴雨内涝应急预案》的通知	市政办函〔2021〕173号	2021.12.10
西安市人民政府关于修改和废止部分市政府规章的决定	西安市人民政府令第145号	2021.07.22
西安市城市更新办法	西安市人民政府令第146号	2021.11.19

（李平丹）

文 摘

中国共产党百年在人类文明史上的地位

中国共产党的百年在人类文明史上占有重要的地位。在百年奋斗中，中国共产党把世界上人口最多的国家重新带入人类文明发展的正轨，增厚人类文明发展的中华民族基础；在百年探索中，中国共产党开辟出一条全新的社会主义现代化道路，使人类的现代化具有新的成功方案；在百年追求中，中国共产党基于中国特色社会主义伟大成就，创造出人类文明发展的新型样态；在百年锤炼中，中国共产党以强大的自我革命能力，把自身建设成为推动人类文明发展的不竭动力源泉。

（摘自《陕西师范大学学报（哲学社会科学版）》2021年第4期，作者：陕西师范大学马克思主义学院任晓伟）

中国共产党建党精神的价值地位、价值构成及价值指向

中国共产党建党精神是中国特色社会主义进入新时代、发展新阶段中国共产党精神谱系建设取得的重要理论成果，有着重要的价值地位。建党精神在坚持真理、坚守理想的价值原则与践行初心、担当使命的价值目标辩证统一的基础上，确立人民主体价值生成的基本向度，指明不怕牺牲、英勇斗争的价值动力是实现人民幸福和民族复兴的历史性、实践性价值力量。彰显伟大建党精神的总体性、丰富性价值构成，创造人类文明新形态的精神价值高地，能为实现中华民族伟大复兴提供根本精神价值支撑。

（摘自《陕西师范大学学报（哲学社会科学版）》2021年第5期，作者：陕西师范大学马克思主义学院姚崇）

论中国共产党共同富裕思想的百年演变

中国共产党始终坚持将实现广大人民的共同富裕作为中华民族伟大复兴和社会主义现代化建设具有本质性的发展目标，形成了既一脉相承又不断创新的共同富裕思想。百年来，中国共产党紧紧围绕什么是共同富裕、如何实现共同富裕这一主线，对共同富裕内涵的认识，经历了从同步实现单一的物质性富裕到分阶段实现“五位一体”布局中的全面富裕的转变；对共同富裕实现基础的认识，经历了从建立社会主义经济制度、解放和发展生产力到不断完善中国特色社会主义基本经济制度、实现生产力平衡和充分发展的转变；对共同富裕实现路径的认识，经历了从重视生产力的发展到更加重视共享发展，推动实现实质性共同富裕的转变。中国共产党百年来对共同富裕内涵、基础和路径不断发展和深化的认识，构成了中国共产党现代化观的重要组成部分，形成中国共产党在推动实现民族伟大复兴过程中领导国家现代化发展的基本经验。

（摘自《陕西师范大学学报（哲学社会科学版）》2021年第6期，作者：陕西师范大学马克思主义学院郭瑞萍）

自治型村庄治理体制的动员性及其治理实践

村庄治理体制建设是乡村治理现代化的重要内容。梳理相关文献发现，国家政权建设理论视角下的乡村治理研究对现实层面的村庄治理体制改革产生深刻影响，表现为行政化村庄治理体制建设。村庄治理总体朝行政化方向发展。基于对这一理论视角的反思，文章拟从村庄治理性质角度揭示自治型村庄治理体制较之于行政化村庄治理体制在村庄社会中的治理优势。自治型村庄治理体制是由村民自治制度、农村土地集体所有制度以及半正式化村干部管理制度共同组成的制度群。村庄社会压力是促成该治理体制运转的主要驱动机制，治理责任的村庄化机制、“政务”向“村务”的转化机制以及社会动员机制构成该体制的治理机制。研究认为，自治型村庄治理体制本质是一种动员性治理体制，高度契合村庄治理的动员特征。我们需要充分发挥自治型村庄治理体制的治理优势，审慎推进村级治理行政化改革。

（摘自《人文杂志》2021年第9期，作者：武汉大学政治与公共管理学院杜姣）

中国共产党依法执政领导力研究

党的领导力是决定党成为中国特色社会主义事业坚强领导核心的重要因素。在以全面依法治国为重要依托和主要内容的治国理政现代化的战略工程中，党领导人民守法的能力是党治

国理政领导力的重要构成。立基于“两个大局”这一谋划工作的出发点，通过抓住领导干部这个“关键少数”，不断提升党的守法公信力，构建守法的重叠型动员模式，并在坚持民主集中制的基础上维护党中央的权威，这是提升和强化党领导人民守法能力的重要路径，最终将有助于党的治国理政领导力建设和全面依法治国战略的实施。

（摘自《西北大学学报（哲学社会科学版）》2021年05期，作者：钱锦宇，孙子瑜）

论全面依法治国背景下党的领导法治化

在全面依法治国背景下，党的领导法治化这一命题的理论与现实意义凸显。党的领导法治化承续了中国共产党改善领导方式的优良传统，坚持和发展了马克思主义政党理论，是新时代深化改革和依法治国实践的根本旨归，是“历史逻辑—理论逻辑—实践逻辑”相统一的产物。遵循中国政治与法治的内在规律，实现党的领导法治化必须坚持依法执政基本方式、完善党内法规制度体系、树立宪法和法律权威、理顺党政关系。新时代党的领导法治化有利于加强党的全面领导；有利于促进依法治国、依法执政、依法行政共同推进以及法治国家、法治政府、法治社会一体建设；有利于保障社会主义市场经济健康发展；有利于在法治轨道上推动国家治理体系和治理能力现代化。

（摘自《西北大学学报（哲学社会科学版）》2021年05期，作者：张炜达，郭朔宁）

新时代中国特色社会主义经济理论与实践

协同发展的产业体系的提出突破了传统产业理论的还原论、一般均衡论，更加重视系统思维和系统方法。加快构建协同发展的现代产业体系，需要强化现代系统科学的思维方式，充分运用现代系统科学理论研究成果。基于系统科学理论逻辑，分别提出聚焦系统目标导向，形成整体发展效应；加强系统要素开发，释放禀赋升级效应；强化演化路径管理，发挥创新引领效应；致力系统结构优化，激活组织整合效应；推进组分互动互应，实现协同发展效应；改善系统环境条件，强化互塑共生效应等我国产业体系转型演进的战略思路。

（摘自《西北大学学报（哲学社会科学版）》2021年01期，作者：郝全洪）

改革开放以来中国共产党文化理论建构的理性向度研究

改革开放以来中国共产党的文化理论建构，是党的文化建设实践主体在理论层面的升华。从哲学理性的视域看，党的文化理论建构既是交往行为，也是价值重塑和实践创构行为，且彰显了三个理性向度。在交往理性的向度中，党的文化理论建构在历史与现实的深度耦合中既回应了“现代化”“全球化”背景下的“时代之问”，又解答了中国传统文化与党的文化理论建构关系的“历史之问”。在价值理性的向度中，党的文化理论建构依凭其价值期待，既阐扬“以人为本”“家国一体”的辩证协调，又显扬以“人的全面发展”为要旨的价值取向。在实践理性的向度中，党的文化理论建构既坚持文化自觉与文化自信辩证统一的实践路径，又创构了批判继承与创新发展的行动诉求。

（摘自《西北大学学报》（哲学社会科学版）2021年01期，作者：陈平）

新时代中国特色社会主义经济理论与实践

尽管近年来中国科技成果呈现“量质齐升”的发展态势，但科技成果转化率不高成为制约中国创新能力提升和经济发展的迫切问题。本文从不完全产权视角出发，构建了“供给—中介—需求”的科技成果转化分析框架剖析中国科技成果的转化困境及其出路。以科技成果进入市场的产权明晰程度为切入点，将科研主体划分为完全与不完全产权主体两类，重点分析科技成果转化的”供给—中介”与”中介—需求”两个阶段与”进入市场、确定价格与实现转化”三个关键环节，指出制约科技成果转化效率的根本原因在于不完全产权引致的激励不足、定价不清与市场脱节。由此，本文得出中国科技成果转化的三重困境：一是技术成果供给侧产权模糊、激励机制扭曲，二是技术成果中介市场发育不足、定价机制扭曲，三是技术成果需求侧导向不强、市场机制不彰。在此基础上，本文从做对激励、做好平台、做强需求三个方面提出针对性的政策建议。

（摘自《西北大学学报（哲学社会科学版）》2021年04期，作者：刘瑞明，金田林，葛晶，刘辰星）

中国共产党城乡经济思想的百年流变与演进逻辑

中国共产党在领导人民实现共同富裕的百年实践中逐步形成了丰富科学的城乡经济思想：从革命战争时期的城乡互助思想、耕者有其田的土地革命思想、农业优先发展思想和农工商协调发展的思想；到新中国成立后的促进城乡劳动力流动思想、工农业协调互助发展思想及农业机械化思想、提高农村公共服务水平思想等；再到市场化改革中的城乡经济社会发展一体化思想、“以工促农、以城带乡”思想、建设社会主义新农村思想和开发式扶贫思想；最终发展演进到社会主义新时代的城乡发展一体化思想、城乡融合发展思想、乡村振兴思想及精准扶贫和脱贫攻坚思想。党的城乡经济思想百年流变的演进逻辑是：党的城乡建设思想服务于党和国家的经济战略，党的城乡关系思想既依循又拓展了马克思主义城乡关系理论，党的城乡发展思想以生产关系符合生产力发展水平的规律为准绳。

（摘自《西北大学学报（哲学社会科学版）》2021年04期，作者：吴丰华，张雨）

数据与意义：《中国共产党社会保障100年大事记》的数理分析

围绕社会保障主题类属与大事类型两个关键维度，通过对《中国共产党社会保障100年大事记》进行编码处理与量化分析，整体分析了中国共产党百年来领导的社会保障事业的变迁历程与巨大成就。研究认为，从主题类属看，社会保障体系从单一项目向综合保障发展，形成了以保障全民的社会保险为核心，社会救助、社会福利、军人保障与社会优抚、慈善事业等为补充的社会保障体系；从大事类型看，社会保障事业在国家治理体系中的地位不断提升，其制度化、规范化程度不断加深，社会保障事业发展的管理体制与管理服务环境日趋稳定，其发展和决策过程中的科学化程度明显提高。中国社会保障事业在百年来取得的巨大成就离不开中国共产党的领导，中国共产党以其百年的努力，实现了人民群众的光荣与梦想。

（摘自《西北大学学报（哲学社会科学版）》2021年04期，作者：林席恒，余澍，李东方）

中国共产党百年卫生健康治理的历史变迁、政策逻辑与路径方向

健康是一切活动的前提。中国共产党在100年的卫生健康治理中，始终坚持“以人民为中心，一切为了健康”的理念，为增进人民健康福祉而奋斗。中国共产党百年卫生健康治理经历了萌芽、初建、提效、转型和改革后，进入了高质量发展阶段，形成了以健康风险为抵御对象、以健康体系为重点内容、以健康行动为实现路径的政策逻辑，呈现出立足国情、社情、民情实际展开适应性治理的实践规律。进入新时代，需要通过卫生资源整合、健康服务融合和治理网络耦合，提升卫生健康治理能力，推动健康中国建设。

（摘自《西北大学学报（哲学社会科学版）》2021年04期，作者：陈兴怡，翟绍果）

中国共产党百年社会保障管理体制探索、演进与创新

建党百年来，伴随着社会经济条件与社会保障制度的变化，中国社会保障管理体制经历了初创（1921—1936年）、探索（1937—1948年）、实践（1949—1977年）、创新（1978—2011年）与改革（2012年至今）五个阶段，由根植于政权的行政组织发展为中国特色的社会保障管理体制，实现了分散管理向归口管理、管理向管理与服务并重的职能转变，管理效率得到了极大提高，充分彰显了中国共产党以民为本与时俱进的先进性。进一步建立权责明晰的社会保障管理体制，建立统一的社会保险经办服务体系、建立统一的社会保障信息服务平台，是下一阶段高质量发展新要求下的重点任务。

（摘自《西北大学学报（哲学社会科学版）》2021年04期，作者：张轶妹，周明）

中俄共建“冰上丝绸之路”的地缘政治经济分析

本文基于地缘政治经济学理论，探究了中俄共建“冰上丝绸之路”的地缘环境、地缘政治和地缘经济优势，认为中俄同为亚欧大陆巨型国家，幅员辽阔，海陆复合，山水相连，睦邻友好，“冰上丝绸之路”建设是发展中俄全面战略协作伙伴关系的新亮点。同时，中俄共建“冰上丝绸之路”理由充分，基础良好，具有建设性、可行性、可操作性，两国地缘经济具有很强的互补性和便捷性，并纳入“一带一盟”对接合作、共同发展的战略性倡议机制，前景广阔，大有可为。但是，由于两国环境和内外障碍因素，“冰上丝绸之路”未来发展具有某种不确定性，甚至反复性。中俄两国需要继续发挥地缘优势和互补优势，加强顶层设计与战略引领，深化合作机制，把中俄战略协作伙伴关系与市场经济原则和国际法规则有机灵活地结合起来，推动多方多边参与，开放式合作建设，促进亚欧北部的互联互通，平衡和重塑欧亚大陆的地缘经济政治格局。

（摘自《人文杂志》2021年第10期，作者：北京师范大学历史学院国际关系研究中心李兴，北京师范大学政府管理学院董云）

论人才发展与国家治理现代化的逻辑思路及实践路径

国家之治在人才，国以才立、政以才治、业以才兴，国家发展靠人才、民族振兴靠人才，人才发展关系着国家和民族的前途命运。当今世界新一轮科技革命和产业变革蓬勃兴起，人才的价值作用更加凸显，综合国力的竞争实质上是人才的竞争。作为社会发展的先进代表，人才在政治、经济、社会、文化、生态等国家治理当中都发挥着引领、示范、创新、推动的作用，影响着国家治理水平和现代化进程，人才发展与国家发展进步具有天然的内在统一性。国家现代化首先是人才的现代化，人才以其先进的思想观念和知识、技能及实践推动国家治理走向现代化，国家治理现代化为人才发展创造条件、提供保障。当前，我国进入了全面建设社会主义现代化国家、向第二个百年奋斗目标进军的新征程，要重视把握人才发展与国家治理现代化的逻辑，遵循其发展规律，深入实施新时代人才强国战略，加快推动人才发展，着力提升国家治理水平，加快推进国家治理体系和治理能力现代化，努力形成人才发展与国家治理现代化相互促进、同频共振的发展格局，推动我国社会主义现代化建设高质量发展。

（摘自《人文杂志》2021年第12期，作者：任瑞升，黄维）

西安市“放管服”改革实施的理论与实践调研报告

“放管服”改革作为当前激发市场主体活力和发展动力的关键之举，在全国各级政府得到了广泛推进。本报告聚焦西安市“放管服”改革的实施现状，通过文献梳理、实地调研等多种途径，在总结国内“放管服”改革理论研究现状的基础上，基于面向西安市政府以及中小微企业的调查，探讨了西安市“放管服”改革绩效及其影响因素、“放管服”改革实施情况和对中小微企业创新绩效的影响。研究发现：（1）从政府感知的状况来看：领导力是影响“放管服”改革绩效的核心因素，其中领导力本身对“放管服”改革绩效产生直接影响，并通过愿景与战略、公务员队伍建设间接影响改革绩效。愿景与战略是影响“放管服”改革绩效的导向因素，直接决定“放管服”改革的目标。公务员队伍建设是影响“放管服”改革绩效的保障因素，从自身素质和工作态度两个方面保障改革的基本成果。（2）从中小微企业的感知状况来看：西安市中小微企业对“放管服”改革、创新环境、创新绩效及企业创新意愿的整体感知情况较好，在“放管服”改革的三个维度中，企业对简政放权及政府监管的感知状况更好，对公共服务的感知状况则相对较弱；不同行业类型的中小微企业对创新绩效的感知状况有明显差异，支柱产业类企业的企业创新绩效感知情况弱于新兴产业类企业。基于研究发现，为进一步深化西安市“放管服”改革实施，提出的主要建议是：

——优化领导力培养考核机制，释放“放管服”改革动能

提升管理和协调能力，开展多层次的综合培训；提升个体领导力水平，构建特色考核评价体系；提升团队化目标导向，健全工作协同推进机制。

——改进目标规划和战略设计，提升“放管服”改革效能

因地制宜设定目标，精准施策提升效能；借助信息化技术手段，优化政务服务流程；借鉴学习成功经验，发挥区域体制

机制优势。

——提升公务员队伍建设水平，培育“放管服”改革势能

加强专业和道德建设，打造高素质公务员队伍；加强激励容错制度建设，激发公务员创新活力；加强监管机制建设，完善政务服务“好差评”制度。

——注重“放管服”改革精准施策，推动企业创新发展

打好“简政”“放权”组合拳，双管齐下提高改革效果；创新政府监管方式，维护良好市场秩序；优化公共服务供给，提升政务服务质效；营造良好创新环境，提高企业创新意愿；避免政策“一刀切”，提升政策针对性。

（摘自2021年《西安发展研究》第12期，作者：西北工业大学公共政策与管理学院郑烨，王春萍，姜蕴珊，段永彪，任牡丹）

中国特色新闻学话语体系的生成逻辑

理解并阐释中国特色新闻学话语体系，最重要的是基于党性和人民性相统一的视角。作为中国共产党的理论话语创新，党性和人民性相统一的政治逻辑落地形成了中国特色新闻学的制度逻辑和实践逻辑。深刻理解这种理论话语的生成逻辑及其历史合理性和科学合理性，是中国特色新闻学建设的重要内容。

（摘自《陕西师范大学学报（哲学社会科学版）》2021年第2期，作者：上海大学新闻传播学院齐爱军，齐琳珲）

供给侧改革与需求侧管理在新发展格局中的统合逻辑与施策重点

构建“以国内大循环为主体、国内国际双循环相互促进”的新发展格局，是立足新发展阶段、贯彻新发展理念，推动经济高质量发展的必然选择。“供给侧结构性改革”是贯穿于构建新发展格局的主线，“需求侧管理”在构建新发展格局中处于战略基点地位。构建双循环新发展格局，关键在于要把“供给侧结构性改革”和“需求侧管理”二者统合起来，通过“供给侧结构性改革”提高供给体系的质量，来更好匹配“需求侧管理”中扩大内需这个战略基点，畅通国民经济循环，实现供给与需求在结构上的动态均衡。高质量发展作为构建双循环新发展格局的核心要义，施策重点在于，以供给侧结构性改革为主线，从源头上创新自立、提质增效；立足需求侧管理，把扩大内需作为经济发展的战略基点，着力打通阻碍内需潜力释放的难点和堵点；从供需两侧协同发力畅通国民经济循环，实现供给和需求的高质量均衡。

（摘自《陕西师范大学学报（哲学社会科学版）》2021年第6期，作者：陕西师范大学国际商学院孔祥利，谌玲）

“十四五”时期构建新发展格局推动经济高质量发展的路径与政策

新发展格局是新形势下新的发展路径选择，是党中央依据发展阶段和国内外发展环境所做出的重大战略部署，是重塑我国国际竞争优势的重要抉择。“十四五”时期构建基于双循环新发展格局实现经济高质量发展的新要求在于要形成国内、国际双循环相互促进，以需求牵引供给，以科技创新提高自主创新能力，以供给侧结构性改革为主线，通过高标准市场体系的建设为新发展格局提供支撑。同时“十四五”时期以新发展格局实现高质量发展要把构建现代化产业体系、构建新型消费体系和大力发展新经济体系作为路径选择。在政策取向上，要在提高效率的同时，打造经济高质量的新发展格局。要以加快创新链与产业链的结合，提高产业配套能力，以及在不断深化科技体制改革的进程中，加快产业的转型升级为政策依托，推动新发展格局下我国经济的高质量可持续发展。

（摘自《人文杂志》2021年第1期，作者：西安财经大学经济学院、西北大学中国西部经济发展研究院任保平，豆渊博）

“十四五”时期中国关键核心技术创新的障碍与突破路径分析

中国在当前和未来重点产业链及战略性新兴产业体系中的关键核心技术创新领域，是否具备持续性、系统性和重点性的自主突破能力，这既从根本上决定着其产业体系、特别是制造业体系能否形成全球竞争优势，也在核心支撑作用层面关乎其可否于2035年跻身创新型国家前列，更制约着其在维护国家供应链安全、应对逆全球化趋势等行动中的主动性。有鉴于此，本文在综合分析当前掣肘中国关键核心技术全面突破创新的国内外核心因素的基础上，全面阐述可行的针对性破解途径，具体包括：全面构建“企业+政府”有机融合式的新型举国体制；着力打造产业链、创新链系统性突破能力，强化产业链、产品链、创新链的国内和全球化整体协同能力；全力培育具备“长周期巨额研发投入能力+基础研究能力”的本土龙头企业和跨国企业；加快营造并贯通中国特色的产学研深度融合体系。最后，提出了相应的改革突破口与工作重点，以期为相关部门提供有益参考。

（摘自《人文杂志》2021年第1期，作者：中国人民大学中国经济改革与发展研究院、中国人民大学经济学院张杰，吴书凤）

所有制改革与所有制结构演变

——改革开放以来马克思主义所有制理论中国化研究

关于所有制领域的改革以及对社会主义条件下所有制结构的探索，长久以来一直是中国马克思主义者探索的理论主题。从理论认识的深入与实践经验的发展视角看，改革开放以来马克思主义所有制理论中国化的过程，总体上经历所有制结构多元化发展（1978—1991）、从结构调整向制度创新转变（1992—2011）以及深水区攻坚（2012—）等三个不同阶段。在当前阶段，对于马克思主义所有制理论的深入研究，一方面需要继续探索和完善社会主义市场经济条件下公有制的有效实现形式；另一方面需要在要素市场化配置过程中，完善各类所有制主体在市场参与、市场竞争以及生产要素使用等领域的公平机制；此外，还需要积极探索不同类型所有制主体的产权保护机制，在处理好政府与市场关系的基础上积极推进混合所有制改革。

（摘自《人文杂志》2021年第3期，作者：山西财经大学经济学院刘谦，中国社会科学院经济研究所裴小革）

西安推动高质量发展迈出更大步伐建设共同富裕先行城市的初步研究

进入新时代，在全面建成小康社会取得伟大历史性成就的基础上，推动共同富裕被摆到了更加重要的位置上。党的十九届五中全会描绘了2035年基本实现社会主义现代化远景目标，

明确提出“全体人民共同富裕取得更为明显的实质性进展”。共同富裕是社会主义的本质要求，是人民群众的共同期盼。我们推动经济社会发展，归根结底是要实现全体人民共同富裕。2021年以来，习近平总书记多次在重要会议上对共同富裕进行阐释，强调“共同富裕是全体人民的富裕，是人民群众物质生活和精神生活都要富裕，不是少数人的富裕，也不是整齐划一的平均主义，要分阶段促进共同富裕”。

西安建设共同富裕先行城市的目标和路径：

（一）紧跟时代，建设共同富裕先行城市势在必行。

（二）立足实际，在高质量发展中推进共同富裕，做好“7个加快”。

1. 加快推进高质量发展，增强实力，壮大财力。

2. 加快收入分配制度改革，落实“两个同步”，提高“两个比重”。

3. 加快“提低扩中限高”，扩大中等收入群体，推进“橄榄型”社会结构的形成。

4. 加快先富带后富帮后富，更加注重向农村、基层、相对欠发达地区、困难群体倾斜。

5. 加快全民共建共治共富，推动更充分高质量就业，人力资源转化为人才资本优势。

6. 加快从效率优先向效率与公平并重转变，促进平衡协调包容发展，率先实现基本公共服务均等化。

7. 加快推进数字全面赋能，重塑关系，智慧启航。

（三）提早谋划，做好共同富裕先行城市建设的准备工作。

（摘自2021年《西安发展研究》第24期，作者：西安市统计局张民伟，冯军奎，张静，张熠）

都市圈带动黄河流域高质量发展研究

我国已经进入都市圈发展阶段，都市圈经济发展条件优越、核心城市带动能力较强，在区域高质量发展中具有重要作用。都市圈通过自身的扩展效应、作为增长极的带动效应、都市圈核心城市连接形成发展轴的拓展效应、网络化的结构效应，能够有效带动区域高质量发展。现阶段都市圈带动黄河流域高质量发展的重点是，通过提升都市圈功能以增强溢出效应；以生态保护和资源型经济转型为突破口，提高外围区域承接能力；畅通都市圈带动黄河流域高质量发展的渠道；以市场化为重点推进黄河流域一体化发展进程。这需要继续完善基本成型都市圈的空间结构，在黄河上中游地区培育兰州都市圈和呼包都市圈，创新都市圈与黄河流域的耦合发展路径，在都市圈外围地区培育一批区域性中心城市，充分发挥其承上启下的功能，支撑黄河流域高质量发展。

（摘自《人文杂志》2021年第4期，作者：首都经济贸易大学城市经济与公共管理学院、城市群系统演化与可持续发展决策模拟研究北京市重点实验室安树伟，山西财经大学财政与公共经济学院张晋晋）

传统制造业企业智能化的路径选择研究

传统制造企业向智能制造转型升级，存在多种智能化的异构路径，企业普遍面临着颠覆式重构和渐近式改良的两难选择。本文在分析传统制造与智能制造的内涵与产业组织特性的基础上，提出“智能化升级的核心内容和主要特色是赋予生产制造体 系智能决策能力（机器大脑）和智能感知神经网络（工业互联网）”的命题，并据此建立“三链互动升级”模型，从技术链、产业链、价值链三个维度分析了企业向智能制造升级的主要内容和可能路径。通过总结发达工业国家的经验，从技术能力升级和营销管理能力升级两个维度，论证“技术引领是领先企业实现智能化升级的主导策略”。而中小制造企业突破智能化升级的技术缺口和营销缺口，应当选择“工具智能化”的渐近式升级策略。

（摘自《人文杂志》2021年第6期，作者：复旦大学应用经济学博士后流动站、上海社会科学院郭进）

数字金融、融资约束与企业全要素生产率

——理论模型与工业企业经验证据

本文基于融资约束的视角，分析数字金融对企业全要素生产率的影响。首先构建包含融资约束的创新和规模扩张决策模型，厘清数字金融提升企业全要素生产率的机制。其次，以工业企业为研究样本，实证检验数字金融对企业全要素生产率的影响及其机制。研究发现，数字金融能够显著提升企业全要素生产率。机制分析表明，数字金融通过缓解融资约束促进技术创新和规模扩张，进而提升了企业全要素生产率。异质性分析表明，数字金融提升民营企业和中小企业全要素生产率的作用更大。本文研究从微观层面丰富数字金融影响企业全要素生产率的机制，同时也为通过推进银行应用数字技术破除信息不对称，以缓解融资约束和提升企业全要素生产率提供了政策参考。

（摘自《人文杂志》2021年第7期，作者：马芬芬，付泽宇，王满仓）

中国新经济的测度及其经济高质量发展效应分析

随着新一轮科技革命和产业变革的加速推进，发展新经济已经成为加快形成中国经济高质量发展新动能的迫切需要。本文首次采用“纵横向拉开档次法——BP神经网络分析法”测算了中国新经济的发展水平，并从信息技术、知识能力、智能技术与平台经济四个层面考察新经济对经济高质量发展的影响机制及其作用效应。研究发现：2009—2018年中国的新经济发展水平呈现波动上升的趋势，且地区间差异相对较大。新经济对经济高质量发展具有显著的促进作用，并且这种正向效应在经济发展质量较高地区表现得尤为突出。同时指出，新经济推动经济高质量发展的作用主要体现在信息技术的信息匹配效应、知识能力的知识溢出效应、智能技术的技术提升效应以及平台经济的网络协同效应。新经济对经济高质量发展的影响存在一定的地区差异，且区域发展水平与投资程度均正向调节新经济与经济高质量发展之间的关系。最后，本文指出我国应通过加快完善数字化、智能化基础设施水平等举措加速发展新经济，助力经济高质量发展。

（摘自《人文杂志》2021年第8期，作者：西北大学经济管理学院、中国西部经济发展研究院钞小静，西北大学经济管理学院薛志欣、王昱璎）

风险投资的新企业创造与增值效应研究

风险投资对经济发展的影响是国内外研究的一个新论题，也是我国政府借助风险投资推动创业和产业优化升级所关注的一个焦点问题。本文从行业层面切入，理论分析和实证检验风险投资对行业新企业产生和行业附加值的影响。理论研究表

明：不同于传统金融中介，风险投资不仅为所投企业提供资金，还提供增值服务，促进新企业产生和附加值的提升。而且这一影响不仅仅停留在所投企业层面，还会通过外部性对其他企业产生影响，因而需要一个较为宏观的行业视野来对该问题进行研究。基于手工整理中国风险投资机构名录信息，并对行业层面数据的实证研究发现，我国风险投资对新企业（包括小微企业）诞生的影响不显著，但对行业附加值提升起到了促进作用。进一步的异质性分析发现，国有风险投资和大中型风险投资机构的行业增值效应更为突出。上述结果与我国风险投资机构特有的属性密切相关。

（摘自《人文杂志》2021年第9期，作者：暨南大学经济学院张萃）

西北地区A级景区与旅游收入空间错位研究

以西北五省A级景区资源价值与旅游收入匹配为研究对象，选取五省各自A级景区数量和2019年国内、入境旅游收入指标，利用旅游空间错位指数、重力模型及二维矩阵模型分析西北地区A级景区与旅游收入空间错位现象。结果表明：A级景区重心为（96.35° E，38.66° N），国内旅游收入重心为（102.15° E，37.81° N），入境旅游收入重心为（105.17° E，35.38° N），三者之间存在明显的空间错位现象。经两两空间错位分析，陕西属正向错位区、双高区、Ⅰ区——强同步区，整体上旅游资源与旅游收入相匹配发展；新疆属负向错位区、中间区、Ⅳ区——负错位区，入境旅游发展缓慢；甘肃属无明显错位区、负错位区、Ⅲ区——弱同步区，资源价值与旅游收入呈负相关；青海属无明显错位区、双低区、Ⅲ区——弱同步区，旅游业发展滞后；宁夏属负向错位区、双低区、Ⅲ区——弱同步区，旅游资源未被充分利用。

（摘自《西北大学学报（哲学社会科学版）》2021年第2期，作者：新疆大学资源与环境科学学院、旅游学院梁改童，高敏华，白洋）

以优化营商环境新成效
推动碑林经济高质量发展

营商环境是生产力，更是竞争力。碑林区紧抓中央和全省全市优化营商环境各项改革机遇，围绕全区营商环境的痛点难点堵点问题，对标国内外先进城市和地区，全方位提升营商环境各项指标，全区市场主体活力得到进一步激发，营商环境整体水平得到显著提升。然而碑林区优化营商环境改革中依然存在不少发展难题和瓶颈问题，与区域经济高质量发展的要求尚有差距。为深入学习贯彻习近平总书记来陕考察重要讲话精神，全面提升中心城区营商环境整体水平和品牌效应，着力推动国家中心城市核心示范区建设，本文在认真总结碑林近年来优化营商环境成效，客观分析面临的机遇和挑战，借鉴先进城市经验的基础上，提出了一些对策建议，以期为碑林优化营商环境提供思路。

（摘自2021年《西安发展研究》第2期，作者：西安市碑林区人民政府课题组）

提升企业创新能力　增强核心竞争力

——西安企业自主创新能力调研报告

经济发展进入新时期，“大众创业、万众创新”已经成为引领经济发展、激发市场主体活力和社会创造力的重要引擎，企业作为创新发展的主体，其自主创新能力，对推动经济社会高质量发展、可持续发展具有非常重要的作用。国家统计局西安调查队对西安126家制造业企业和非制造业企业自主创新情况开展调研，深入了解企业对自主创新的认识、自主创新能力状况，分析我市企业主创新方面存在的问题，评价企业自主创新能力，提出提升企业创新能力的政策建议，为政府和有关部门制定和完善企业创新政策提供决策依据。

提升企业创新能力的措施建议：

（一）加大政策宣传，抓好政策落实

一是政府相关部门应通过多种渠道，改进创新政策宣传方式，通过网络媒体深入宣传国家有关产业政策、科技政策、税费优惠政策等；二是与企业建立创新政策平台，有针对性地进行一对一解读，增强宣传效果；三是强化对政策落实情况的跟踪监测，简化办事流程，切实提高政策的实施效果，提高企业的科技创新积极性。

（二）完善产学研合作机制，提高企业创新能力

一是发挥政府桥梁作用，搭建科技成果交流平台，创造更多企业与高校、研究机构合作的机会，推动创新资源向企业集聚，形成企业为主体、市场为导向、产学研相结合的技术创新体系，看力一批主业突出、核心竞争力强、拥有自主知识产权和自主品牌的创新企业。二是引导企业积极参与国际合作，通过参与字习先进的技术经验，为提高企业创新能力积累资源。三是加强产字研协同创新信息网络平台建设，及时收集和发布企业技术需求及高校、科研院所最新科技成果。四是发展各类国际化的企业孵化器、加速器、创业投资机构等科技中介服务机构，促进产学研向纵深发展。

（三）强化企业创新主体地位，加快产业转型升级

一是推进企业产品创新，以市场需求为导向，加快研发并投产有自主知识产权、高附加值、有市场竞争力的新产品。二是进一步完善企业创新活动利益分配机制，激励企业家、科研人员创新积极性。三是充分发挥企业在创新中的主体地位，借助“互联网＋”、云计算、大数据等，开发新技术、新产业、新商业形态，培育高端产品和服务项目，并通过推进电子商务、现代物流在传统行业的普及应用，助力新兴业态发展，促进产业结构转型升级和发展提质增效。

（四）加强政策引导和资金支持，提升创新体系运行质量

一是利用一系列科技创新优惠政策，引导企业加大研发投入，推进企业由激励研发转变为自主研发。二是构建多元化的投融资体系，把政府资金、贷款资金、企业自筹资金和社会资金有机融合，以科技项目成果等为担保帮助企业获得金融机构贷款或社会资金的参与，为企业提供资金保障，建立起多渠道、多层次、多形式的资金投入体系。三是建立健全多元化、多渠道企业创新投入体系，充分发挥科技成果转化引导基金作用，做大科技风险投资基金规模，引导社会资本，投向以高新技术产业为主的种子期、初创期的科技成果产业化项目。四是推进区域资本市场建设，变企业对银行信贷的间接资本需求为对直接资本的需求，降低企业创新融资成本。发挥产权交易机构在企业科技创新项目融资、企业产权转让等方面的服务功能，助力企业创新形成稳定的资金来源。

（五）创新人才激励政策，吸引优质人才

一是围绕重点领域发展，加强人才需求预测，按照不同行业，创建高端人才、成熟人才及行业领军人才库，制定吸引创新人才流动的人才政策。二是完善有利于人才创新创业的评价、激励机制，对在创新中作出重要贡献的人才实施股权和分红权激励，加大对发明专利持有人的奖励等，解决创新人才的后顾之忧。三是加大人才引进力度，进一步放宽人才引进政策，特别是对于高层次、特需人才，给予充分的补贴和税收

优惠，增强企业对核心人才的长期吸聚能力，避免人才流失。四是制定面向市场的促进人才流动和更具竞争力的人才引进政策，不断增强企业对核心人才的长期吸聚能力。

（摘自2021年《西安发展研究》第3期，作者：国家统计局西安调查队周文）

国内国际双循环格局下我省打造全国区域物流中心的思考和建议

党的十九届五中全会通过的《中共中央关于制定国民经济和社会发展第十四个五年规划和2035年远景目标的建议》，在关于“十四五”时期经济社会发展指导思想中明确提出，“加快构建以国内大循环为主体、国内国际双循环相互促进的新发展格局”“构建现代物流体系”，这是立足当前，着眼长远作出的重要战略举措。“双循环”新发展格局将为物流业带来新的发展机遇，也对物流体系构建和物流业作用发挥提出了更高要求。新发展格局、新发展阶段下，对于我省如何抢抓机遇、找准定位、把握重点、厚植优势，聚力打造全国区域物流中心，推动构建现代流通体系，促进经济高质量发展具有重要意义。

对策建议：

（一）推动完善物流枢纽体系建设

根据《国家物流枢纽布局和建设规划》，加快省内6个国家物流枢纽建设，加快补齐基础设施短板。积极开展省级物流枢纽布局，重点强调国家物流枢纽与省级物流枢纽的分工协作和有效衔接，通过国家物流枢纽的发展带动省级物流枢纽做大做强，打造多层次、立体化、覆盖广的陕西省物流枢纽体系。

（二）强化区域物流合作机制

我省应推动加快关中平原城市间、黄河中下游城市间的一体化协同合作进程，与区域内其他省市探索成立区域物流发展联盟和联席会议，建立合作的组织保障、规划衔接、政策协调、信息共享等机制。统筹区域物流基础设施规划，依托物流枢纽体系构建区域分拨、配送等枢纽功能协同的基础设施网络，促进区域内企业高效协同和集聚化发展。并开展物流标准共推、物流信息共享、物流诚信共建等机制，提升区域整体竞争优势。

（三）加快完善物流用地保障机制

为缓解普遍存在的物流基础设施用地不足的问题，对国家物流枢纽、铁路专用线、冷链物流设施等重大物流基础设施项目，在建设用地指标方面给予重点保障，并支持利用铁路划拨用地等存量土地建设物流设施。建议加强物流用地需求与省、市总体规划、自然资源规划的衔接。尽快出台相关政策对国家物流枢纽、铁路专用线、冷链物流设施等重大物流基础设施项目，在建设用地指标方面给予重点保障，并支持利用铁路划拨用地等存量土地建设物流设施。

（摘自2021年《西安发展研究》第6期，作者：西安市发展和改革委员会吕军科，西安市人民政府研究室袁建军，西安市商务局张志龙）

当好秦岭生态卫士

保护好秦岭生态环境，对我国重要战略实施、中华民族永续发展具有深远意义。秦岭违建别墅专项整治，拆除的不仅是有形别墅，更是对急功近利、无序发展冲动的遏制和纠正。当前，我国生态文明建设正处于压力叠加、负重前行的关键期。如何保护好占地约40万平方公里、占我国国土面积约4%的秦岭山脉，仍是“秦岭生态卫士”们反复思考与探索的问题。从拆除秦岭违建别墅到融入“三河一山”建设，生态红利正被更多人分享。秦岭和合南北、泽被天下，是我国的中央水塔，是中华民族的祖脉和中华文化的重要象征。为保护好秦岭生态环境，2018年，由党中央督办的秦岭北麓违建别墅专项整治在陕西西安展开。陕西省、西安市以此为契机，以当好秦岭生态卫士为己任，健全保护制度、扩大治理维度，推动秦岭生态保护由全面整治转入生态修复和常态化保护新阶段。

（摘自2021-07-13《瞭望》新闻周刊，作者：冯瑛冰，陈钢，李华）

西安聚变

——践行习近平经济思想调研记

2020年4月，习近平总书记在陕西考察时强调，要抓好西安国家中心城市建设，加快西安—咸阳一体化进程，提升对陕西、对西北发展的带动能力。这为西安抓住新时代新机遇指明了方向。近年来，以习近平新时代中国特色社会主义思想为指引，古城西安开拓进取，气象一新，走出一条高质量可持续发展之路。秦岭之下，太乙驿站，是西安“三河一山”环线绿道的一个站点。这条已贯通开放293公里游径的绿道，沿浐灞河、渭河、沣河的堤顶路和秦岭环山路，串联起103个生态节点、42个人文历史遗迹、109个休憩驿站。这里空气好，环境美，周末休闲最合适不过了。生产发展、生活便利、生态和谐，“三生融合”的幸福之城，是民之幸福，也是城之内核。华夏故都，历史文明与现代文明交相辉映。山水之城，城市文明与生态文明和谐相生。西安以文化自信聚势、以产业再造聚力、以创新驱动聚能、以发展为民聚心，正在新时代全面建设国家中心城市的征程上奋力前行！

（摘自2021-09-12《经济日报》，作者：孙世芳，张毅，佘惠敏，陆敏，李彦臻，杨开新，万政）

西安向市民发出守护秦岭“绿色倡议”

保护好秦岭生态环境，对确保中华民族长盛不衰、实现‘两个一百年’奋斗目标、实现可持续发展具有十分重大而深远的意义。秦岭保护志愿者营倡议书提出：

一、请您成为秦岭的“守卫使者”。严格遵守秦岭生态环境保护法律法规，不携带火种或易燃易爆物品上山，不在山上吸烟，严禁在山上非法使用明火。

二、请您成为秦岭的“护花使者”。不擅自进入封闭区域，不打搅野生动植物的生长、栖息环境，不采摘花草树木，遇到不文明行为及时予以制止。

三、请您成为秦岭的“净坛使者”。爱护秦岭一草一木，不随意丢弃废弃物，除了留下足迹不留下任何垃圾，将自身产生的垃圾带下山。

四、请您成为秦岭的“净水使者”。爱护水源，不使用化学洗涤用品不在泉、溪、河、瀑、湖等水中戏水、游泳。

五、请您成为秦岭的“文明使者”。不攀爬、踩踏、刻划、涂抹，不张贴宣传品，不破坏公共服务设施。

六、请您成为爱护秦岭的“宣传使者”。积极宣传秦岭保护法律法规、生态环境保护科学知识、绿色生活方式等，积极参与秦岭生态环境保护志愿者活动。

行为举止更文明，自然环境更美丽，社会生态更和谐。守护好秦岭就是守护好西安人的美好家园，让我们行动起来，喜迎绿色全运，关爱绿色秦岭！

（摘自2021-02-16《三秦都市报》，作者：文锦）

绿水青山就是金山银山

——科技助力护秦岭山青树绿

为建立完善秦岭保护网格化管理长效机制，临潼区秦岭生态环境保护和综合执法局在各街道办设立区域站，有专职网格员48名，在26个村级保护站设立兼职网格员70名，依托专兼职网格员、护林员、防火员、村组干部等组成的流动检查队伍，坚持每日巡查，严格落实“常态巡山、网格管山”要求。由于保护区域地形地貌复杂，一些地域巡查人员难以到达实地，该局借助秦岭生态环境保护网格化监管平台综合管理系统，在重点路口、重点区域建设300个枪型摄像系统，在制高点安装360度旋转带红外线监控，购置无人机3架，利用无人机巡查拍摄，实时传输数据、画面，与网格员实地巡查对话交流，建立起集“人防、技防、物防、联防”于一体的监管体系；通过车辆巡查主干道两侧、人员巡查小道两侧及目之所及、无人机空中巡查偏远地带、路口村道监控监管过往车辆及人员的模式，实现了对保护区远距离、全方位、全天候实时监测、管理。“智慧秦岭”管控指挥中心主要包括显示平台、调查数据研判库、前端探测监控系统、网格化监管平台及四级保护管理体系。“智慧秦岭”管控指挥中心的建成，实现调查数据研判库、无人机空中巡查画面实时传递、固定监控和网格化实时监督管理四大功能有机融合，真正实现了秦岭生态环境保护中及时发现问题，快速、准确处理和常态化监管。该中心除应用于秦岭生态环境监管外，还具有网格员管理、森林防火监测、野生动物保护、乱砍滥伐发现、林业资源核查、林业有害生物防治、案件取证等功能，进一步提升秦岭生态环境保护工作水平，巩固秦岭专项整治工作成效，努力实现秦岭生态环境保护长效化管控。

（摘自2021年1月5日《陕西日报》，作者：宋志明）

黄河流域环境承载力的评价及进一步提升的政策取向

黄河流域是我国北方地区重要的经济地带和生态屏障，也是维护我国生态安全的关键区域。准确把握黄河流域环境承载力现状、促进黄河流域环境承载力稳步提升对于推动沿黄各省区的高质量发展意义重大。文中系统梳理了环境承载力的相关概念和主要特征，基于影响黄河流域环境承载力的关键要素识别，结合黄河流域生态环境方面存在的突出问题，从经济社会承载、资源承载、环境容纳三个维度出发，选取了24项基础指标，构建了黄河流域环境承载力指标体系。通过层次分析法和熵权法的综合运用，测算出2015—2019年黄河流域环境承载力指数及各分项维度指数，并对沿黄河各省区和流域整体的环境承载力水平进行了综合评价分析，从生态环境协同治理体系构建、新旧动能转换、生态修复治理三方面给出了政策性建议。

（摘自《西北大学学报（哲学社会科学版）》2021年第5期，作者：西北大学西部经济发展研究院任保平，西北大学经济管理学院邹起浩）

气候变化对“一带一路”主要地区的影响及其适应技术需求

该研究基于“一带一路”地区68个国家提交给《联合国气候变化框架公约》秘书处的国家信息通报、技术需求评估报告等公开文献，系统梳理“一带一路”8个主要区域，即东亚、东南亚、南亚、中亚、西亚、北非、东非和西非的气候变化特征、受到的主要影响以及适应气候变化的技术需求。研究表明，“一带一路”地区普遍面临着以平均气温升高、降水时空变异增强以及极端天气和气候事件增加为特征的气候变化，其中中亚、西亚、北非、西非等地区对全球气候变化的响应更加剧烈，是全球气候变化的热点地区。气候变化已经对“一带一路”主要地区的农业、水资源、生态系统和人类健康等产生了深刻影响。虽然因为温度升高和二氧化碳的肥效作用，气候变化对一些地区（例如中亚）的农业生产有一定积极影响，但是由于温度升高增加了灌溉压力，“一带一路”地区普遍面临着因气候变化导致的粮食安全风险。降水时空变异增加将加大各地区干旱、洪涝等自然灾害的发生频率和风险，东亚、南亚、中亚等依赖冰川融雪的地区，会因冰川萎缩面临较大的水资源压力。农业和水资源是“一带一路”所有主要地区适应气候变化的优先领域，提交技术需求评估（TNA）报告国家中90%都提交了这两个领域的技术需求。其中农业部门的共性优先技术为育种、作物品种改善和灌溉（包括喷灌和滴灌），水资源部门的共性优先技术为雨水收集，海岸带部门的共性优先技术为海堤和护岸以及沿海湿地恢复，监测预警部门的共性技术是预测和预警系统，但是不同地区偏好不同的预测预警系统。发展中国家在开展适应技术开发和转移过程中普遍面临资金与市场、管理与制度、能力建设以及知识产权与技术四个方面的障碍。

（摘自《西北大学学报（哲学社会科学版）》2021年第4期，作者：中国人民大学农业与农村发展学院、北京大学国际关系学院陈敏鹏，李玉婷，代晶晶）

马克思生态审美观的理论意蕴与启示

马克思生态审美观是其生态哲学思想的重要构成部分，进入21世纪后已引起学界的持续关注和重视。马克思一生的思想生产和理论创造，客观包含独特的生态审美观意识或观念，这是由马克思所具有的完善的共产主义理想愿景，立足于改造和变革现实的实践哲学，以及科学认识和解释世界的唯物主义与辩证法的思维等“人类共同体”思想和理论的合力造就和决定的。马克思生态审美观集中体现在以《1844年经济学哲学手稿》为基础的“自然的复活”“异化的积极扬弃”和“彻底的自然主义与彻底的人道主义的同一”等思想观念和理论主张中，它所包含的生态审美观及理论价值取向，其理论意蕴所具有的思想生产张力和人文意义内涵，对当代生态审美伦理构建与人的审美救赎和解放等均产生深刻影响，对当代社会文化发展具有建设性和积极意义的价值引领及启示。

（摘自《陕西师范大学学报（哲学社会科学版）》2021年第5期，作者：陕西师范大学文学院李西建）

中国“东方学”的起源、嬗变、形态与功能

在中国学术史上，“东方”既是学术研究的对象与领域，也是包含着东方文化、东方文明、东西方文明关系、东西方文明比较等内容的基本概念。从中国古代的“中国”观及“东方”意识的起源，到近代“东方”观念的形成，再到现代“东方学”学科概念的确立，形成了一部源远流长的中国东方学的学术思想史，以及国别东方学、区域东方学、理论东方学三种主要的学术形态。中国的东方学在东方各国杂多语种专业的整合、超学科综合研究与比较研究、“作为方法的东方”的方

法，以及“应用东方学”的现实介入等方面，可发挥独特的学术文化功能。

（摘自《人文杂志》2021年第6期，作者：广东外语外贸大学东方学研究院王向远）

“汉人”与“海人”：秦汉时期滨海人群的身份认同

在秦汉帝国重塑“华夏”的进程中，“秦人”“汉人”认同的建立与维系，遭到来自滨海地域的阻碍和挑战。滨海人群可分为两大类：一是渔人、船人、方士、海商和海贼等“海人”，二是农户、盐民等滨海陆上民户。滨海人群，尤其是“海人”，呈现出游走于“汉人”与“夷越”之间的面貌。他们受地理、经济和政治等因素影响，可能脱离编户身份，放弃“汉人”认同，甚至成为“东夷”或“外越”。对此，秦汉帝国统治者重视对滨海地域的控制，并积极将脱离王朝统治的“海人”拉进帝国秩序，重建编户齐民身份和“汉人”认同。纵观滨海人群身份认同的变化，在秦汉时期，身份认同往往取决于政治身份，但也受到社会身份的影响。

（摘自《人文杂志》2021年第8期，作者：吉林大学文学院中国史系陈鹏）

历史记忆与自我认同：中华民族共同体意识的文化自觉

近代以来，西方的民族国家叙事模糊了中华民族共同体的性质，派生出中华民族共同体的认同问题。本文认为，通过文化自觉的作用可以修复历史记忆与自我认同的联结关系，诠释中华民族不断整合、努力谋求认同的自我价值观。文化自觉从中华民族绵长的历史文化血脉切入，在心态秩序和建构秩序两个维度之间建立起联结机制，通过历史记忆整合为中华民族自我认同建构寻找凝聚核心，以推进历史记忆与自我认同的互动形塑，进而确认中华民族共同体叙事框架的合法性。

（摘自《人文杂志》2021年第12期，作者：宣朝庆，葛珊）

城市历史空间的景观塑造与可沟通性

城市文化地标作为城市传播意象的重要载体，承担着对外展示地方文化、对内建构城市认同的作用。随着城市化进程的加剧，城市文化地标传播意象的构建出现诸多弊端。在国家文化软实力的建设中，构建城市文化地标的传播意象有了更高的要求，建构具有特色的地标显得尤为重要，而历史现场的策略运用是其中的关键性因素。从空间景观的视域看，历史现场与现实物用融合的传播意向，大大增强了城市文化地标的可沟通性，适用于诸多城市品牌的建设。

（摘自《陕西师范大学学报（哲学社会科学版）》2021年第4期，作者：陕西师范大学新闻与传播学院艾文婧 许加彪）

以武事比文艺——杜甫及中晚唐诗人的一种论文方式

以武事比文艺，源于汉人“射策”之说。杜甫加以巨大的发展，成为他创作诗歌意象、阐述诗歌艺术精妙之理的独特方式，对后人影响很大。杜甫诗论中的以武事比文艺，根据喻体的不同，可分为骑射和战阵两类。骑射方面，杜诗或以“破的”比喻创作之得法，以“飞动”传达以雄健为尚的审美倾向，或将“射策”等陈词化作“穿杨”的生动形象，对中晚唐诗人产生普遍影响。战阵方面，杜诗多用“战胜”“笔阵”“劘垒”“先锋”“铦锋”等，表现出挑战古人的自信和追求雄健风格的倾向。中唐元白、韩愈、刘禹锡乃至晚唐陆龟蒙等人于唱酬之际，于杜甫以战阵喻诗尤多取法。但中晚唐诗人更关注喻体（战阵）本身，不断地丰富细节，融入典实，加以戏剧化描写，却鲜有对诗艺本身的阐发。这和杜甫很不一样，体现出中晚唐诗人学杜的局限，以及普遍的争胜意识和流派门户观念对于诗人创作实践的复杂影响。

（摘自《陕西师范大学学报（哲学社会科学版）》2021年第1期，作者：北京语言大学中华文化研究院刘青海）

陕西省文化遗产时空分布格局及形成因素研究

——以全国重点文物保护单位为例

以陕西省全国重点文物保护单位为研究对象，运用GIS空间分析功能对其时空演化进行研究。结果表明，陕西省全国重点文物保护单位的形成年代多属于秦汉、隋唐、明清三个历史时期；全国重点文物保护单位类型的时空分布特征表现出较强的相似性；全国重点文物保护单位的空间分布不均衡，关中地区集聚明显，陕北、陕南地区分布较少；全国重点文物保护单位的空间分布类型均为集聚型，史前至明清时期，呈以西安、渭南、咸阳为核心的主密度圈，以榆林、宝鸡、汉中为核心的次级密度圈。近代以来，呈以延安为核心的主密度圈和以西安咸阳为核心的主密度圈并存的格局。分析陕西省全国重点文物保护单位时空分布的形成因素，发现其空间分布与自然、人文地理环境优越的区域耦合紧密，而其时间分布与都城的出现关联度较高。

（摘自《西北大学学报（哲学社会科学版）》2021年第3期，作者：西北大学文化遗产学院徐卫民，曾丽荣）

关于在中国创办首届世界文化领域“奥运会”快速、大规模促进世界多样化文明的交往

随着互联网高科技、通信交通等的不断发展，“地球村”时代已经来临，各个国家间从政府到民间的交往突飞猛进，而“黑天鹅”“灰犀牛”事件皆有的当今世界，迫切需要大理想、大智慧、大协作来解决各国发展中的难题和人类文明进程中的瓶颈，如何快速促进各国多样文化文明的交往，比以往任何时候更加迫切。大胆创新，用创办首届世界文化领域“奥运会”（简称文奥会）项目，来快速促进各国多样文化文明的交往，就是一个妙招、奇招。实际运营中该项目可通过多种形式尽快启动，快速挖掘、梳理、传播、弘扬能指导人类发展的先进理念、先进文化和先进科技等，抢占世界文化领域制高点，用全球的文化大交流、文明大互鉴促进各国间的文明共享、经济互促，团结世界各国人民，解决各国发展中的难题和人类文明进程中的瓶颈，以文载道、以文化人、以文通心，逐步用构建人类文化文明共同体，人类思想价值观共同体来促进构建人类命运共同体………

创办首届世界文化领域“奥运会”（暨世界文明互鉴共享

大会），也是积极响应国家十九大政府报告中，关于“创新文化、文化强国战略”的号召，贯彻国家“大力推动中华文化走出去”的精神，落实习近平主席2014年在联合国教科文总部关于“文明交流互鉴”的讲话精神。巧妙地搭建了世界话语权传播平台，推动优秀中国文化走出去，引领促进中国、世界范围的文化产业跳跃式大发展。以创办首届世界文明互鉴共享大会为目标，树立中国文化大国形象，唤醒民众良知、民众创新，激发民众的文化提升情结，也可大幅推动中国的精神文明建设。充分考虑到文化项目不同于体育项目以比赛竞技为主，而文化项目更多的是交流、展示、探讨，文奥会活动将采取评奖项目、文化高峰论坛、各民族优秀文化展示等多种形式结合的综合性活动。

（摘自2021年《党的基层建设与思想政治工作成果汇编（上卷）》，作者：西安建筑科技大学文化奥运研究中心张博）

生活质量评估主客观福利的机理分析

通过评估生活质量，了解其内涵对我们实现“人民对美好生活的向往”具有重要的价值。国际上目前将生活质量的研究分为主、客观福利两大方面，但未就它们之间的关系做进一步探讨。通过引入心理学中关于人们行为的动机理论，特别是马斯洛需要层次理论，本文构建一个关于生活质量的理论框架，有助于思考和把握生活质量主客观福利及其主要维度间丰富而复杂的关系。进而指出，在目前国际上衡量生活质量的一些主要尝试中，所提出的客观福利中客观条件各主要维度之间的关系可借助马斯洛需要层次理论进行理解和勾勒，而客观机会可理解为“锚定”于已实现的客观条件之上并与当下的优势需要有关。主观福利则取决于优势需要实际被满足的程度和过程，以及满足这些优势需要的可行能力大小，其重点在于反映人们对当下及以往生活的主观感受。同时指出，对生活质量进行准确评估有助于个人和政府做出更好的决策，从而推动个人与社会更好地发展与进步。

（摘自《人文杂志》2021年第2期，作者：南开大学经济学院祝永庆；北京大学经济学院刘民权）

风险规避与农村城镇化

——重新理解城市化道路模式的选择逻辑

城市化是人类应对贫困、发展经济、改善民生并共享文明成果的重要路径，但城市的集聚性、规模性、连通性却为传染病的泛滥提供了天然温床。全球生物性公共安全事件的高频爆发及其所引致的隔离或将成为新常态，人类正面临着一个前所未有的充满风险与不确定性的未来。有必要改变过去单纯地由经济效率思维所决定的大城市化模式，选择规避风险且有利于应急治理的城镇化路径。适当放弃过密城市化所付出的经济效率代价，远不及疫病及其次生灾害所带来的伤亡、心理恐慌、财产损失以及秩序混乱所导致的社会成本。一个有效率且能够规避风险的新型城镇化模式，应该是既能够化解疫病风险，又分享聚集经济红利，同时有助于促进乡村振兴与城乡融合的发展模式。因此，促进县域及中心城镇发展是人口大国应对疫情风险常态化的重要策略。

（摘自《人文杂志》2021年第2期，作者：华南农业大学国家农业制度与发展研究院罗必良，华中农业大学经济管理学院、华南农业大学国家农业制度与发展研究院张露）

中国社会学史：一个学科的成长与学脉

学科意义的中国社会学产生于中国社会的现代性变迁过程中，中西学术源流的汇合共同推动了社会学学科在中国的建设和发展，与此相联系，中国社会学从一开始就面对着“传统—现代”“中国—西方”“理论—实践”的关系，由此也就决定了中国社会学史研究的历史方位、学理脉络和现实关切。在中国社会学发展的不同时期以及不同阶段，马克思主义与社会学的关系一直贯穿在中国社会学发展历程中，推进社会学中国化也一直是中国社会学的总体趋势。中国社会学史依据“过程性”及其史料和素材的叙述，着力展现一百多年中国社会的剧烈转型和变迁，西方来源和本土渊源的汇合促成了中国社会学的始创，专业和学科意义的社会学初步建立。特别是改革开放以来，社会学、社会工作以及包括人口学、人类学、民俗学在内的学科体系全面推进，理论社会学、应用社会学、社会调查研究方法等研究领域不断扩展，社会学学科知识体系的快速积累进一步推动了中国社会学的前进步伐。随着这一学科的蹒跚踉跄、起伏跌宕的努力前行，其研究范域日益拓展、日渐开阔。

（摘自《人文杂志》2021年第4期，作者：中央财经大学社会与心理学院杨敏，中央财经大学马克思主义学院朱亭瑶）

精英回乡、体系重构与乡村振兴

发挥乡村精英在乡村治理中的积极作用是健全党组织领导下的自治、法治、德治相结合的基层治理体系，落实乡村振兴战略的重要举措之一。本文基于嵌入性和公共服务动机的视角，尝试提出一个包含主体、资源与方式、绩效的理论分析框架，刻画乡村精英参与“村治”的作用机制。研究发现，乡村精英有助于重新构建基层的道德教化机制，加强德治作用；能够增强治理主体间的协调作用，培育乡村内源治理能力，完善基层治理体系。在乡村振兴战略背景下，乡村精英要结合各地实际情况发挥积极作用，完善党组织领导下“三治”结合的乡村治理体系，最终实现有效治理，助力乡村振兴战略的实施。

（摘自《人文杂志》2021年第7期，作者：西北大学公共管理学院张陈一轩，任宗哲）

党政关联与双重“经纪人”：城市基层治理中的居委会

在社会治理重心下移和强化基层党建的背景下，居委会在基层社会治理中的作用越来越重要。然而负担过重、行政化色彩突出、群众认同度低，一直是居委会运行过程中的困境。以往有关居委会去行政化和“减负”的理论思考和实践探索，其成效有限的原因在于对居委会本质属性缺乏准确把握。居委会的形成历史与发展过程表明，党政关联和群众自治是居委会的双重属性，其中党政关联是居委会这一中国特色社会组织的内在特色。基于居委会的双重属性，本文提出了双重“经纪人”的概念以定位居委会在基层治理中的角色。双重“经纪人”的角色定位不仅有助于明确居委会与其他治理主体的关系和权责边界、推动居委会实现“减负”，而且在增强居委会群众认同的同时，有助于党和政府通过居委会强化基层政权建设、有效实现对基层社会的整合。

（摘自《人文杂志》2021年第11期，作者：南京大学社会学院方长春）

碑林区智慧社区建设路径研究

智慧社区是智慧城市建设落地生根的有效触点和重要载体，也是提升城市治理水平的重要手段。国家“十四五”规划明确指出：“推进智慧社区建设”，“构筑美好数字生活新图景”。西安作为国家中心城市之一，已于2020年制定了《推进市域社会治理现代化试点三年行动方案（2020—2022年）》《西安市智慧社区建设评价指标（2020）》，统筹指导全市智慧社区建设。碑林区作为西安市中心城区，始终把基层社会治理工作摆在重要位置，着力完善基础设施，持续推动工作创新，积极开展试点工作，社区治理取得显著成效，为智慧社区建设奠定了良好基础。然而，碑林区智慧社区建设还处于探索阶段，仍面临很多难题与困境，还需不断建设和发展。本文在认真分析碑林智慧社区建设实践基础，借鉴先进城市建设经验的基础上，提出了碑林智慧社区建设的总体思路和保障措施，以期为碑林智慧社区建设提供有益探索。

（摘自2021年《西安发展研究》第9期，作者：西安市碑林区人民政府课题组）

网络舆情推动下政策议程设置的多源流分析

——基于网络直播营销监管政策的案例研究

“互联网＋政务”时代，正确认识网络舆情对政策议程设置的影响是国家治理能力的重要体现。文章以金登多源流理论为原型，结合我国治理环境和智媒时代网络舆情的特点，构建网络舆情推动下政策议程设置的多源流政策分析框架，以此为分析工具，围绕“糖水燕窝”事件对网络直播营销监管政策进行研究。研究结果表明：在网络舆情的推动下，问题源流中舆情监测、触发平台、传播途径等促使问题触发机制更为敏感；政策源流中网络使用、网络表达、网络互动的开放性和自由性推动政策备选方案更为有效；政治源流中网络热搜话题、网络参政功能和网络政治文化等诱致国民情绪爆发更为激烈；此外，网络公共领域的形成为多源流耦合提供了空间，社交媒体工具提高了政策企业家把握政策之窗开启时机的能力。根据多源流分析获得的结论，文章从网络舆情回应、网络协商民主、大数据舆情治理三方面为政府提升政策议程设置能力给出具体建议。

（摘自《人文杂志》2021年第11期，作者：西安交通大学马克思主义学院、西安工程大学新媒体艺术学院张玉容，西北大学公共管理学院陈泽鹏）

抓住“全运契机”打造“体育名城”

近年来，西安市以前所未有的政治担当、前所未有的扎实作风和前所未有的发展魄力，开展了一系列实实在在聚人气、得人心、促发展的工作，为城市发展增进了实力、赢得了声誉、孕育了动能。西安这座伟大的城市，在务实进取和开拓创新中不断创造新的辉煌。即将举行的“十四运”，既是西安发展成就的全面展现，更是西安发展契机的全新开启。我们要牢记习近平总书记关于“办一届精彩圆满的体育盛会”的深情嘱托和重要指示，当好东道主、办好“十四运”；我们要抓住“全运契机”，把西安打造成为全国乃至亚洲“体育名城”，助推西安国家中心城市迈向更高发展水平。

抓住“全运契机”打造“体育名城”的具体建议：

高远谋划，及时部署，积极打造“体育名城”战略品牌

不失时机地宣传品牌和招商引才。

因事制宜地创新机制和推动发展。

统筹布局，匹配供求，精心开发“体育名城”赛事项目。

积极申办精品赛事项目。

精心打造特色赛事项目。

着力探索旅游康养项目。

完善设施，智慧运营，提升体育名城服务效能。

建设现代化体育场馆设施。

构建智慧化健身服务体系。

推进普惠化全民健身工程。

（摘自2021年《西安发展研究》第24期，作者：中共西安市委党校副教授吴正海）

韧性能力何以实现：社区风险治理的结构调适与功能复合

面对新兴风险的扰动与冲击，韧性逐渐成为社区风险治理研究的新路径。既有研究多关注社区韧性的概念界定、社区韧性特质与属性的静态解析，缺少对社区韧性能力的生成和运行机制的动态研究。本研究通过对百步亭社区的疫情防控实践分析，挖掘社区风险治理过程中韧性能力的结构要素与功能表征。研究发现，韧性能力内含于社区风险治理结构的价值层次、制度层次和集体行动层次的相互作用过程，并体现出以稳定性、抗逆性和能动性为核心的功能复合。韧性能力的提升，需要在常态与应急下对社区风险治理结构进行调适，在互动与合作中促进社区风险治理功能优化。

（摘自《西北大学学报（哲学社会科学版）》2021年第6期，作者：西北大学公共管理学院汪静，雷晓康）

西安市“名校＋”工程深化升级调研报告

为了破解基础教育优质教育资源不够均衡问题，西安市全面实施“名校＋”工程。特别是《西安市基础教育提升三年行动计划（2019—2021年）》实施以来，通过“名校”带“弱校”“名校”+“新校”“名校”办“分校”，优质教育资源覆盖面进一步扩大，一大批“弱校”和“新校”的办学治校水平得到明显提升，促进了全市基础教育优质均衡发展，全市学校办学体制更加开放、办学活力更加充沛、教师更加专业、学生更加自信，群众对教育的满意度和认可度明显提升。为进一步发挥“名校＋”工程扩优质、促均衡、提质量的积极作用，近期我们对全市“名校＋”工程实施情况进行了专题调研，为实现“名校＋”深化升级和深度融合提供借鉴。

“十四五”规划纲要提出“建设高质量教育体系”，这是新时代教育发展的新主题、新方向、新目标、新任务。进一步提高教育质量、促进教育公平、加快教育现代化，从“有学上”到“上好学”，从“学有所教”到“学有优教”，从教育大市到教育强市，成为西安教育发展的战略主题。“名校＋”工程作为西安教育的创新品牌，在提升教育质量、扩大优质教育资源总量中发挥了显著的推动作用，已经取得了明显的阶段性成效。西安市应继续深入实施“名校＋”工程，以输出“名校”办学理念、教育教学方法和先进管理为核心，以输出优秀队伍为关键，不断扩大全市优质教育资源总量，办更多人民

群众家门口的好学校，让更多学生享受更加公平而有质量的教育，为西安建设国家中心城市和国际化大都市提供强有力的教育支撑。

（摘自2021年《西安发展研究》第19期，作者：西安市教育局专项调研组）

西安老旧小区改造情况及群众满意度调研报告

“十四五”开局之年，西安市政府以“美好环境与幸福生活共同缔造”为目标，以迎接“十四届全运会”为契机，将老旧小区改造作为“办民生实事”的重要抓手，通过改善人居环境，大力提升群众幸福感。为了解西安市老旧小区改造工作进展情况及居民对改造效果的评价，国家统计局西安调查队走访相关部门，并在6个主城区的60个已进行改造的居民小区中抽选600多户居民家庭开展问卷调查，深入调研当前老旧小区改造情况、居民对改造效果总体评价及意见、建议等。结果显示，西安老旧小区改造工程顺利推进，改造效果明显，居民对改造结果总体满意较高。同时也发现，在居民参与度、工程质量、改造项目需求、后期管理和维护、公共服务设施完善等方面仍存在一些困难和问题，尤其是加装电梯难、停车位不足、缺乏无障碍及适老化设施等问题，需持续关注和解决。

（摘自2021年《西安发展研究》第21期，作者：国家统计局西安调查队周文）

全球疫情治理共同体：理论构建、行动框架与实施路径

病毒传染无国界，目前新冠疫情蔓延到全球223个国家和地区。21世纪以来，全球疫情呈现出多种新病毒爆发、灾情更加严重、全球经济损失巨大等一些新的特征。由于环境和气候的变化，人口流动和贸易全球化，地区军事冲突以及全球人口膨胀等人类的政治、经济与社会活动加剧了疫情传播的范围和速度。为此，建立“全球疫情治理共同体”迫在眉睫。在此理念下，提出了疫情危机的“风险治理—应急治理—创伤治理—目标治理”理论，构建“完善—预防—筛查—治疗—成长—评估”行动框架，分析了全球疫情治理共同体在病毒的潜伏期、征兆期、爆发期、流行期、治愈期和根除期六个阶段的实施路径，以期实现人类命运的可持续发展目标。

（摘自《人文杂志》2021年第5期，作者：浙江财经大学公共管理学院戴卫东，华中师范大学城市与环境科学学院余洋）

中国抗疫的信息时代精神探析

信息时代精神是人类认识和改造客观事物过程中高度重视信息、信息活动及其重要科学价值、社会价值等的一种精神积淀，具体体现为尊重客观规律、尊重信息价值、重视信息活动、重视信息权益、强调信息公开、强调信息共享，是信息时代或网络时代人们所倡导的一种新的时代精神。在重大疫情防控的伟大斗争中，中国无论对内还是对外，都全面倡导和充分发挥信息时代精神，始终坚持真正做到疫情信息公开透明，抗疫决策信息支撑，国际合作信息共享，虚假信息及时澄清，确保人民信息权益，全民参与网络防控。透过信息时代精神所发挥的有效辅助作用，中国较早取得了疫情防控的重大胜利，确保人民群众的生命安全和身体健康，给全国的复工复产赢得了时间和空间，为保障和改善民生发挥了重要作用，同时对中国社会的良性运行与和谐发展产生出重要的社会效应。

（摘自《人文杂志》，作者：广州大学公共管理学院社会学系谢俊贵）

突发公共卫生事件视角下中国工会的治理机制研究

——以新冠肺炎防控为例

新冠肺炎对世界经济、政治和社会造成了“世纪性”影响，疫情在中国的蔓延得到遏制离不开党领导下的工会组织的积极防控。本文基于中西方工会在疫情防控中的差异化表现，探究二者在政治信念、制度理论和组织体系方面的差异根源，分析中国工会在该次疫情防控中的积极作用和制度优势，进而提出突发公共卫生事件视角下的工会治理机制：坚定党的领导，采用法治思维和法治方式，丰富自身定位，强化理论研究和政策指导，完善应急应对机制。从制度设计上增强工会参与突发公共卫生事件的能力。

（摘自《西北大学学报》（哲学社会科学版）2021年06期，作者：艾琳）

《国际卫生条例》在新冠疫情应对中的困境与完善

《国际卫生条例》由《国际卫生公约》发展而来，迄今为止经过一次修订，在这次修订中抛弃了原来保守的治理理念，与国际人权机制结合扩大了缔约国的义务，建立了国际公共卫生紧急事件机制，并试图实现公共卫生治理与国际经济发展的平衡。然而，在此次新冠疫情应对中，《国际卫生条例》作为全球公共卫生治理领域的基础性和框架性条例，其缔约国公共卫生核心能力建设的不完善，条例遵约引力的缺失以及国际公共卫生紧急事件机制的缺陷，再次使得《国际卫生条例》陷入实施困境。针对上述困境，应当以共同利益观为补位，强化《国际卫生条例》的权威性和规范性，使《国际卫生条例》在全球公共卫生治理领域发挥应有的作用。

（摘自《西北大学学报（哲学社会科学版）》2021年04期，作者：刘雁冰，马林）

乡村振兴新语境与农民语言能力的新构成

乡村振兴战略的实施要求农民观念的转变、现代化素养的培育、各种能力的提升，相应技术的获得，这离不开语言能力的提升与发展。一方面是由语言的符号属性、工具属性、经济属性、文化属性所决定的，并通过它在信息传播中的介质功能、在社会发展中的建构作用、在经济增长中的助推力来体现的；另一方面也是与乡村振兴过程中新发展业态的形成、现代化生产生活环境改变所致语言使用环境的变化相关。农民的语言交际范围不断扩大、语言传播对象显著扩展、语言传播的载体发生巨变、对农民语言传播技巧与策略的要求越来越高。农民要不断提升其语言习得能力，尤其是习得国家通用语言文字及其交际能力，这是走向现代化的基础性语言能力；要不断提升他们的语言传播能力、语言技术处理能力、语言管理能力等提升性语言能力，同时还要积极培育并发展农民建构性的语言服务能力、语言文化建构能力等。

（摘自《西北大学学报（哲学社会科学版）》2021年03期，作者：杜敏，姚欣）

地方农村养老服务模式创新的要素组合研究

——基于环境包容福利分析框架

地方农村养老服务模式创新是回应我国农村人口老龄化挑战的关键，亟待分析、归纳当前农村养老服务模式创新的地方经验，凝练其要素规律。本文在构建一个环境包容型整合分析框架的基础上，采用文本分析法，分析了全国117个农村养老服务创新模式的典型案例。研究发现，农村养老服务的模式创新是有经验可借鉴、有规律可遵循的，可以从主导者、分配基础、分配内容、输送系统和资金来源五个要素维度进行归纳，凝练形成农村养老服务的“要素组合库”，但并不存在唯一、规范模式，宏观环境对地方模式创新存在影响和约束，需要基于地方的制度、物质、人力和文化环境，高度重视和反复调适“要素组合库”中的各类要素及其组合形式，各地对“要素组合库”的借鉴和应用不是整齐划一的，而应当呈现一种“各取所需”的态势。

（摘自《西北大学学报（哲学社会科学版）》2021年03期，作者：胡宏伟，蒋浩琛，沈国权，王恩见）

老年人参与农村互助养老服务供给的模式特征及其影响因素

老年人是农村互助养老服务供给的重要主体。本文利用苏冀陕三省农村老年人社会调查数据，采用潜在类别分析方法识别老年人参与农村互助养老服务供给的模式类型，运用多分类Logistic回归分析方法分析不同供给模式的影响因素，研究发现：老年人参与互助养老服务供给的意愿水平整体不高，且对不同类型互助养老服务供给的意愿差异较大；老年人参与互助养老服务供给具有多元化的选择和组合偏好，可分为情感-管理型、情感型、低参与型、低管理型及高参与型5种供给模式；个体因素、经济因素、社会因素和环境因素均对农村互助养老服务供给模式选择有显著影响；建议针对老年人参与农村互助养老服务供给的不同模式，发挥家庭支持作用、健全政府激励机制、加强互助养老宣传，精准引导老年人参与互助养老服务供给。

（摘自《西北大学学报（哲学社会科学版）》2021年03期，作者：王立剑，杨柳）

“三农”问题与乡村振兴

巩固拓展脱贫攻坚成果同乡村振兴有效衔接，是“十四五”时期“三农”工作的重心，也是学术界当前关注的热点问题。对于这一问题，本文提出构建以“三大理论依据”“三层次关系”为核心的有效衔接理论框架，探索以五大衔接为主要内容的有效衔接路径，完善包括衔接主体体系、衔接支持体系的有效衔接体系，按照“退出、延续、升级、新增”的思路创新有效衔接政策，最终形成包括衔接理论研究、衔接路径研究、衔接体系研究、衔接政策研究在内的巩固拓展脱贫攻坚成果同乡村振兴有效衔接的研究内容体系。

（摘自《西北大学学报（哲学社会科学版）》2021年05期，作者：白永秀，宁启）

马克思主义反贫困理论中国化的新境界

马克思主义反贫困理论从制度出发对资本主义制度下无产阶级贫困的根源及摆脱贫困的途径进行了理论阐释。马克思关于消除贫困、实现人的全面自由发展的思想对于在社会主义初级阶段大力发展生产力，坚持以人为本，解决民生问题，消除绝对贫困，实现共同富裕无疑具有重大的理论和实践指导意义。习近平总书记关于扶贫的一系列重要论述丰富和发展了马克思主义反贫困理论，将马克思主义反贫困理论与中国的反贫困具体实践相结合，并提升到社会主义本质高度，提出了切合中国实际的精准扶贫、精准脱贫战略，开辟了具有中国特色的扶贫道路，践行了马克思主义反贫困理论的价值追求，从而开创了马克思主义反贫困理论中国化的新境界，为新时代中国特色扶贫开发事业作出了新贡献。

（摘自《西北大学学报（哲学社会科学版）》2021年05期，作者：王晓光，方凤玲）

新时代中国特色社会主义经济理论与实践

新中国成立以来，中国在经济领域形成了契合本土化特征的新型政府-市场关系，其内涵包括强调党—政府—市场的三位一体框架、强调政府和市场两者的相互增强、强调政府内部和市场内部的结构特征。这种新型政府—市场关系区别于已有认识中的政府—市场两分框架和板块结合。作为中国经济领域的基础性制度安排，新型政府—市场关系对中国实现共同富裕目标具有关键作用，新型政府—市场关系是通过理念引领、制度支撑、经济增长、分配调节等四重机制而影响共同富裕目标的实现，正是依靠这四重机制，新中国成立以来，特别是改革开放之后我国在促进共同富裕方面有了很大进展。新时代我国要促使全体居民共同富裕取得更为明显的实质性进展，为此就必须坚持和完善新型政府—市场关系，结合新发展阶段的特征对政府—市场关系进行适应性调整，在夯实增长内生动力和提高成果分享程度的过程中促使共同富裕取得新成就。

（摘自《西北大学学报（哲学社会科学版）》2021年06期，作者：高帆）

人民调解制度与现代乡村治理体系之契合

当前中国乡村社会的各方面都发生着剧烈的变化，在此基础上生成的社会矛盾纠纷呈现出了新的特点，既有的乡村社会治理体系在化解社会矛盾纠纷时陷入了传统自治能力衰弱、现代法治方式无力和传统道德治理式微的困境，鉴于此，中国在新时期提出健全自治、法治、德治相结合的乡村治理体系。从社会矛盾纠纷解决角度来看，人民调解制度的特质契合了现代乡村治理体系的三维要求，成为构建现代乡村治理体系的关键点。目前，人民调解制度遭遇了社会转型期的发展瓶颈，其在解决社会矛盾纠纷时的天然优势变得不再明显，需要从唤回“出走”的乡村精英和乡贤、促使“村规民约”的现代嬗变、树立人民调解协议的内在权威和政府购买人民调解服务等方面重塑该制度。

（摘自《西北大学学报（哲学社会科学版）》2021年02期，作者：崔玲玲）

（张永春　蒋书萍　李平丹）

2021年西安市主要经济社会指标及增速

	单位	绝对量	同比增长率（%）
常住人口	万人	1287.30	—
常住人口城镇化率	%	79.49	—
地区生产总值	亿元	10688.28	4.1
第一产业	亿元	308.82	6.1
第二产业	亿元	3585.20	0.9
第三产业	亿元	6794.26	5.7
非公有制经济增加值占GDP比重	%	53.5	—
粮食产量	万吨	141.92	1.3
规模以上工业增加值	亿元	—	5.7
规模以上工业总产值	亿元	7496.47	16.7
#装备制造业	亿元	5544.39	23.4
固定资产投资（不含农户）	亿元	—	-11.6
#房地产开发投资	亿元	—	-7.0
#工业投资	亿元	—	-15.8
社会消费品零售总额	亿元	4963.42	0.8
#限额以上企业（单位）消费品零售额	亿元	2419.82	-3.8
规模以上服务业营业收入	亿元	3075.96	10.1
进出口总值	亿元	4399.96	26.5
出口总值	亿元	2361.92	33.0
进口总值	亿元	2038.04	19.8
实际使用外资	亿美元	87.14	13.5
客运量	万人次	10632.47	-25.8
货运量	万吨	27047.65	5.2
全体居民人均可支配收入	元	38701	8.2
城镇居民人均可支配收入	元	46931	7.4
农村居民人均可支配收入	元	17389	10.4
居民消费价格指数	上年=100	101.7	1.7
商品零售价格指数	上年=100	101.4	1.4
新建商品住宅销售价格指数	上年=100	107.5	7.5
全社会用电量	亿千瓦时	489.37	17.9
城乡居民生活用电量	亿千瓦时	129.80	17.3
全行业用电量	亿千瓦时	359.57	18.2
#工业用电量	亿千瓦时	153.75	12.9
财政总收入	亿元	1851.41	20.1
一般公共预算收入	亿元	855.96	18.2
一般公共预算支出	亿元	1474.94	9.5
期末金融机构本外币存款余额	亿元	28510.03	9.5
期末金融机构本外币贷款余额	亿元	29411.25	14.0

注：2021年8月起，地区生产总值、农业、工业、投资、消费数据为不包含西咸新区共管区口径，上年同期基数进行相应调整，增速按可比口径计算。常住人口含西咸新区共管区为1316.30万人。

2021年西安市法人单位数和市场主体个数

	绝对量（户）
期末法人单位	302938
1. 按机构类型分	
企业法人	283222
机关、事业法人	4837
其他法人	14879
2. 按产业分	
第一产业	4862
第二产业	65392
第三产业	232684
3. 按注册类型分	
内资	301649
港澳台商投资	471
外商投资	818
累计在册各类市场主体	2690225
新登记市场主体	500890

注：市场主体数据来源于市市场监督管理局。

2021年西安市生产总值

	单位	绝对量	同比增长率（%）
地区生产总值	亿元	10688.28	4.1
按产业分：第一产业	亿元	308.82	6.1
第二产业	亿元	3585.20	0.9
第三产业	亿元	6794.26	5.7
按行业分：农林牧渔业	亿元	343.70	6.0
工业	亿元	2099.65	6.4
建筑业	亿元	1552.18	-5.4
交通运输、仓储和邮政业	亿元	382.92	6.7
批发和零售业	亿元	837.62	-1.4
住宿和餐饮业	亿元	153.50	4.8
金融业	亿元	1174.47	6.0
房地产业	亿元	849.55	-1.0
其他服务业	亿元	3294.69	9.3
人均GDP（按常住人口计算）	元	83689	—
非公有制经济增加值占GDP比重	%	53.5	—

2021年西安市农林牧渔及其服务业总产值和增加值

	总产值（亿元）	同比增长率（%）	增加值（亿元）	同比增长率（%）
农林牧渔及其服务业	560.59	6.6	343.70	6.0
农业	390.46	2.4	250.19	3.1
林业	19.39	18.0	11.67	18.1
牧业	83.74	23.3	45.50	18.1
渔业	2.56	19.2	1.46	20.8
农林牧渔服务业	64.44	5.1	34.88	4.6

2021年西安市主要农作物播种面积

	绝对量（万亩）	同比增长率（%）
总播种面积	517.04	-1.9
粮食	386.44	-2.0
#小麦	210.35	-0.7
玉米	166.20	-1.9
棉花	0.07	-11.2
油料	5.47	7.5
蔬菜	106.60	1.9
瓜果	14.47	1.4
药材	1.23	54.8

注：粮食播种面积数据来源于国家统计局西安调查队。

2021年西安市主要农产品产量

	绝对量（万吨）	同比增长率（%）
粮食产量	141.92	1.3
肉类产量	4.93	11.0
#猪肉	3.40	23.5
奶类产量	13.86	0.1
#牛奶	8.27	-1.6
禽蛋产量	4.77	-7.7
蔬菜产量	362.80	-0.2
园林水果产量	101.01	4.3

注：粮食及畜牧业产量数据来源于国家统计局西安调查队。

2021年西安市规模以上工业

	绝对量（亿元）	同比增长率（%）
规模以上工业增加值	—	5.7
规模以上工业总产值	7496.47	16.7
#装备制造业	5544.39	23.4
#战略性新兴产业	3742.82	27.6
#高技术制造业	2661.80	26.6
按轻重分		
轻工业	796.53	-6.2
重工业	6699.94	20.2
按主要行业分		
*汽车制造业	1429.51	12.1
*铁路、船舶、航空航天和其他运输设备制造业	169.21	10.1
*电气机械和器材制造业	1128.73	38.2
医药制造业	171.19	-21.6
*通用设备制造业	219.00	10.7
*专用设备制造业	240.91	9.0
电力、热力生产和供应业	337.96	9.7

续表

2021年西安市规模以上工业

	绝对量（亿元）	同比增长率（%）
农副食品加工业	98.15	-21.6
*计算机、通信和其他电子设备制造业	2136.10	33.8
非金属矿物制品业	331.62	-3.6
酒、饮料和精制茶制造业	52.67	16.7
燃气生产和供应业	172.44	4.5
化学原料和化学制品制造业	177.73	6.8
有色金属冶炼和压延加工业	122.65	29.5
食品制造业	98.91	-13.3
*仪器仪表制造业	78.28	-6.3
文教、工美、体育和娱乐用品制造业	0.89	-2.4
开采专业及辅助性活动	98.87	15.4
*金属制品业	142.65	-4.4
黑色金属冶炼和压延加工业	24.49	21.7

注：带*号的属规模以上装备制造业。

2021年西安市规模以上工业主要产品产量

	单　位	绝对量	同比增长率（%）
发电量	亿千瓦时	167.67	6.1
饮料	万吨	201.90	24.3
小麦粉	万吨	23.80	-63.1
乳制品	万吨	54.50	-6.5
汽车用发动机	万千瓦	804.10	35.1
交流电动机	万千瓦	277.20	14.9
变压器	万千伏安	6718.60	-13.8
汽车	万辆	63.90	28.3
#载货汽车	万辆	17.10	-29.9
轿车	万辆	20.90	106.9
SUV	万辆	25.80	68.6
#新能源汽车	万辆	26.90	348.3
城市轨道车辆	辆	376.00	-9.4
充电桩	个	32000.00	33.3
单晶硅	万千克	165.10	0.7
多晶硅	万千克	272.00	83.7
电力电缆	万千米	23.30	22.0
光纤	万千米	809.40	10.6
光缆	万芯千米	986.70	8.1
锂离子电池	万只	2179.60	5.2
智能手机	万台	4917.20	37.6
电子元件	亿只	442.00	877.9
集成电路	亿块	59.50	6.1
集成电路圆片	万片	286.60	39.2
民用无人机	架	75.00	7.1
3D打印设备	台	218.00	44.4
气体压缩机	万台	98.40	18.1
太阳能电池	万千瓦	1542.50	306.1
移动通信基站设备	万块射频模块	50.60	-87.1

2021年西安市规模以上工业企业经济效益

	单位	绝对量	同比增长率（%）
企业单位数	户	1655	—
#企业亏损户	户	415	25.4
营业收入	亿元	7125.40	13.6
利润总额	亿元	401.20	-9.5
利税总额	亿元	547.40	-4.9
应收账款	亿元	1946.60	36.2
产成品	亿元	468.60	2.5
亏损企业亏损额	亿元	84.10	96.5

2021年西安市规模以上工业企业主要能源消费量

	单位	绝对量
原　煤	万吨	828.09
汽　油	万吨	1.26
柴　油	万吨	8.75
天然气	亿立方米	15.15
用电量	亿千瓦时	121.62

2021年西安市规模以上工业企业综合能源消费量

	绝对量（吨标准煤）	同比增长率（%）
规模以上工业企业综合能源消费量	5847670	-2.3
按主要行业分		
#农副食品加工业	59645	-65.9
石油、煤炭及其他燃料加工业	10096	33.8
化学原料和化学制品制造业	249432	-46.6
非金属矿物制品业	341847	-7.1
黑色金属冶炼和压延加工业	22233	2.0
有色金属冶炼和压延加工业	62898	19.9
电力、热力生产和供应业	3546123	0.8
通用设备制造业	22754	17.4
专用设备制造业	24750	9.0
汽车制造业	206005	-3.0
铁路、船舶、航空航天和其他运输设备制造业	30100	13.9
电气机械和器材制造业	209500	83.3
计算机、通信和其他电子设备制造业	554661	23.7
规模以上工业单位增加值能耗	—	-7.6

2021年西安市用电量

	绝对量（亿千瓦时）	同比增长率（%）
全社会用电总计	489.37	17.9
全行业用电合计	359.57	18.2
第一产业	2.82	-11.8
第二产业	169.38	13.9
工业	153.75	12.9
#制造业	124.51	21.7
建筑业	15.92	23.3
第三产业	187.38	23.0
交通运输、仓储和邮政业	24.79	29.4
信息传输、软件和信息技术服务业	14.79	18.5
批发和零售业	47.91	23.6
住宿和餐饮业	10.38	21.1
金融业	1.49	7.0
房地产业	26.56	31.1
租赁和商务服务业	4.09	11.4
公共服务及管理组织	53.09	20.8
城乡居民生活用电	129.80	17.3
城镇	92.48	19.6
乡村	37.33	11.8

注：本表数据为市供电局、西咸新区供电局合计数。

2021年西安市建筑施工企业基本情况

	单位	绝对量
企业单位数（施工总承包和专业承包）	个	1402
#二级以上企业	个	1098
计算劳动生产率平均人数	人	1000689
#二级以上企业	人	949780
建筑业总产值	亿元	5404.47
#二级以上企业	亿元	5195.42
全员劳动生产率（按总产值计算）	万元/人	54.01

2021年西安市交通及邮电

	单位	绝对量	同比增长率（%）
国际航线条数	条	97	5.4
境外航班通航架次	架次	3810	-31.0
机动车保有量	万辆	445.38	11.9
#私人汽车保有量	万辆	369.06	9.6
客运量	万人次	10632.47	-25.8
公路客运量	万人次	3332.21	-55.5
铁路旅客发送量	万人次	4282.93	14.4
民用航空旅客吞吐量	万人次	3017.33	-2.9

续表

2020年西安市交通及邮电

	单位	绝对量	同比增长率（%）
旅客周转量	亿人公里	220.44	-4.8
公路	亿人公里	30.84	-33.8
铁路	亿人公里	52.26	8.1
民航	亿人公里	137.34	0.4
货运量	万吨	27047.65	5.2
公路货运量	万吨	26526.76	5.2
铁路货物发送量	万吨	481.34	2.2
民用航空货物吞吐量	万吨	39.56	5.1
货物周转量	亿吨公里	505.48	0.6
公路	亿吨公里	370.53	-0.8
铁路	亿吨公里	133.85	4.6
民航	亿吨公里	1.10	0.9
城市地铁客运量	万人次	102302.09	41.0
城市公交客运量	万人次	88347.00	5.3
出租车客运量	万人次	26412.00	-2.4
邮政业务总收入	亿元	101.51	11.2
电信业务总收入	亿元	168.19	8.7

注：客货运、公交车、出租车数据来源于市交通运输局；民航数据来源于咸阳机场；邮政数据来源于市邮政管理局；电信数据来源于中国电信西安分公司、中国移动西安分公司和中国联通西安分公司；机动车保有量来源于市公安局。

2021年西安市固定资产投资

	同比增长率（%）
固定资产投资(不含农户)	-11.6
#民间投资	-4.7
#基础设施投资	-18.1
#工业投资	-15.8
#工业企业技术改造投资	40.6
1.按所有制分	
公有制经济	-17.9
非公有制经济	-4.5
2.按报表种类分	
项目投资	-14.0
房地产开发投资	-7.0
3.按产业结构分	
第一产业	-55.2
第二产业	-16.0
第三产业	-10.6
本年新增固定资产	-49.6

2021年西安市固定资产投资主要行业

	同比增长率（%）
固定资产投资(不含农户)	-11.6
农、林、牧、渔业	-55.8
采矿业	-30.0
制造业	-12.7
电力、热力、燃气及水的生产和供应业	-30.1
建筑业	15.0
批发和零售业	-49.3
交通运输、仓储和邮政业	-7.4
住宿和餐饮业	-50.9
信息传输、软件和信息技术服务业	4.6
金融业	-82.7
房地产业	-5.4
租赁和商务服务业	18.3
科学研究和技术服务业	16.6
水利、环境和公共设施管理业	-20.3
居民服务和其他服务业	-38.6
教育	-46.5
卫生和社会工作	39.6
文化、体育和娱乐业	-5.8
公共管理和社会组织	35.1

2021年西安市房地产开发与销售

	绝对量（万平方米）	同比增长率（%）
房屋施工面积	17119.50	2.2
#住宅	11816.05	1.4
#新开工面积	2650.00	0.6
#住宅	1839.94	1.7
房屋竣工面积	443.40	-46.6
#住宅	360.40	-41.9
商品房销售面积	1856.73	-27.0
#住宅	1579.46	-23.7

2021年西安市国内贸易

	绝对量（亿元）	同比增长率（%）
限额以上企业（单位）消费品零售额	2419.82	-3.8
#通过公共网络实现的商品零售额	652.91	7.3
按经营地分		
1. 城镇	2413.30	-3.8
2. 乡村	6.52	-16.4
按消费类型分		
1. 餐饮收入	112.71	17.2

续表

2021年西安市国内贸易

	绝对量（亿元）	同比增长率（%）
2. 商品零售	2307.11	-4.6
粮油、食品类	179.98	-6.4
饮料类	42.65	12.5
烟酒类	55.96	6.1
服装、鞋帽、针纺织品类	248.60	-6.9
化妆品类	77.42	-8.1
金银珠宝类	66.68	31.2
日用品类	107.57	14.2
五金、电料类	2.46	-42.7
体育、娱乐用品类	33.19	24.7
书报杂志类	20.87	5.1
电子出版物及音像制品类	0.04	-97.3
家用电器和音像器材类	157.21	-4.0
中西药品类	75.75	-11.9
文化办公用品类	90.63	4.1
家具类	20.41	-16.6
通信器材类	81.49	-22.7
煤炭及制品类	0.00	-97.4
石油及制品类	286.01	-8.4
建筑及装潢材料类	11.87	-27.4
机电产品及设备类	5.28	-6.0
汽车类	719.31	-2.8
其他类	23.73	-37.4

2021年西安市规模以上服务业营业收入

	绝对量（亿元）	同比增长率（%）
规模以上服务业营业收入	3075.96	10.1
按规模分		
大型企业	1525.26	8.9
中型企业	611.48	9.5
小型企业	746.27	8.0
微型企业	192.96	34.2
按登记注册类型分		
1. 内资企业	2811.04	9.1
国有企业	189.35	5.0
集体企业	9.09	3.7
股份合作企业	0.21	-0.3
联营企业	—	—
有限责任公司	1565.91	7.5
股份有限公司	187.25	4.4

续表

2021年西安市规模以上服务业营业收入

	绝对量（亿元）	同比增长率（%）
私营企业	832.67	14.6
其他企业	26.56	7.0
2.港、澳、台商投资企业	58.16	4.8
3.外商投资企业	206.77	27.5
按行业分		
交通运输、仓储和邮政业	550.66	12.2
信息传输、软件和信息技术服务业	825.76	14.7
房地产业	180.53	6.8
租赁和商务服务业	413.09	14.3
科学研究和技术服务业	788.48	3.3
水利、环境和公共设施管理业	67.60	-15.1
居民服务、修理和其他服务业	19.70	18.3
教育	20.78	-10.0
卫生和社会工作	99.85	40.2
文化、体育和娱乐业	109.52	11.8

2021年西安市财政收支

	绝对量（亿元）	同比增长率（%）
财政总收入	1851.41	20.1
一般公共预算收入	855.96	18.2
#税收收入	682.44	19.4
#增值税	260.53	20.5
企业所得税	80.42	20.4
个人所得税	32.94	28.1
一般公共预算支出	1474.94	9.5
#一般公共服务	141.73	6.6
公共安全	86.90	7.0
教育	255.95	9.7
科学技术	57.45	146.9
文化旅游体育与传媒	48.18	42.5
社会保障和就业	155.57	-14.0
卫生健康	149.94	28.4
节能环保	51.33	-11.4
城乡社区	183.33	-8.5
农林水	51.88	-21.3
交通运输	40.82	51.5
政府性基金预算收入	1460.39	21.0
政府性基金预算支出	1473.65	25.8

注：本表数据来源于市财政局，为快报数。

2021年西安市金融

	单位	绝对量	同比增长率（%）
期末金融机构数	家	200	—
#外资金融机构数	家	22	—
不良贷款率	%	0.8	—
期末金融机构本外币存款余额	亿元	28510.03	9.5
#住户存款	亿元	12097.27	9.8
非金融企业存款	亿元	11000.87	11.0
机关团体存款	亿元	3890.92	0.2
财政性存款	亿元	263.06	132.0
非银行业金融机构存款	亿元	1219.54	11.8
期末金融机构本外币贷款余额	亿元	29411.25	14.0
#住户贷款	亿元	8678.59	15.9
非金融企业及机关团体贷款	亿元	20714.14	13.3
非银行业金融机构贷款	亿元	4.17	2315.6
期末金融机构人民币存款余额	亿元	28059.03	9.0
#住户存款	亿元	11996.54	9.9
非金融企业存款	亿元	10669.69	9.8
机关团体存款	亿元	3889.62	0.2
财政性存款	亿元	262.49	131.5
非银行业金融机构存款	亿元	1218.39	11.8
期末金融机构人民币贷款余额	亿元	29124.00	13.9
#住户贷款	亿元	8678.41	15.9
非金融企业及机关团体贷款	亿元	20440.90	13.1
非银行业金融机构贷款	亿元	4.17	2315.6

注：本表数据来源于市金融工作局和中国人民银行西安分行营业管理部。除金融机构数外，其余均不含西咸新区。

2021年西安市劳动就业

	单位	绝对量
城镇登记失业率	%	3.6
城镇新增就业人数	万人	15.98
城镇失业再就业人员	万人	4.07

注：本表数据来源于市人力资源和社会保障局。

2021年西安市社会保障

	单位	绝对量
基本养老保险参保人数	万人	814.12
#城镇企业职工养老保险参保人数	万人	528.42
失业保险参保人数	万人	259.76
工伤保险参保人数	万人	299.27
全市参加医疗保险人数	万人	1094.10
城镇职工基本医疗保险参保人数	万人	410.06
其中：生育保险参保人数	万人	317.08
城乡居民医疗保险参保人数	万人	684.04

注：本表养老等数据来源于市人力资源和社会保障局，不含西咸新区城镇企业职工参保人数；医保数据来源于市医疗保障局。

2021年西安市物价指数

	累计比（上年=100）
居民消费价格总指数	101.7
1. 非食品烟酒价格指数	101.6
服务价格指数	102.2
消费品价格指数	101.4
2. 食品烟酒	101.9
衣着	101.1
居住	102.0
生活用品及服务	100.3
交通和通信	102.8
教育文化和娱乐	103.7
医疗保健	98.3
其他用品和服务	101.5
商品零售价格指数	101.4
住宅销售价格指数	
新建商品住宅	107.5
二手住宅	106.3

注：本表数据来源于国家统计局西安调查队。

2021年全国、陕西省、西安市主要经济指标

	全国		陕西省			西安市		
	绝对量	增速（%）	绝对量	增速（%）	占全国比重（%）	绝对量	增长速率（%）	占全省比重（%）
粮食产量（万吨）	68285	2.0	1270.43	-0.4	1.9	141.92	1.3	11.2
生产总值（亿元）	1143670	8.1	29800.98	6.5	2.6	10688.28	4.1	35.9
第一产业	83086	7.1	2409.39	6.3	2.9	308.82	6.1	12.8
第二产业	450904	8.2	13802.52	5.6	3.1	3585.20	0.9	26.0
第三产业	609680	8.2	13589.07	7.3	2.2	6794.26	5.7	50.0
规模以上工业增加值（亿元）	—	9.6	—	7.6	—	—	5.7	—
固定资产投资（不含农户）（亿元）	544547	4.9	—	-3.0	—	—	-11.6	—
#房地产开发投资	147602	4.4	4441.00	0.8	3.0	—	-7.0	—
社会消费品零售总额（亿元）	440823	12.5	10250.50	6.7	2.3	4963.42	0.8	48.4
#限额以上企业（单位）消费品零售额	164148	13.4	4984.18	4.3	3.0	2419.82	-3.8	48.6
进出口总值（亿元）	391009	21.4	4757.75	25.9	1.2	4399.96	26.5	92.5
出口	217348	21.2	2566.07	33.0	1.2	2361.92	33.0	92.0
进口	173661	21.5	2191.68	18.6	1.3	2038.04	19.8	93.0

2021年全国15个副省级城市常住人口

	绝对量	
	万人	排位
西　安	1295.29	4
沈　阳	907.01	12
大　连	745.08	14
长　春	906.69	13
哈尔滨	1000.99	8
南　京	931.47	10
杭　州	1193.60	6
宁　波	940.43	9
厦　门	516.40	15
济　南	920.24	11
青　岛	1007.17	7
武　汉	1232.65	5
广　州	1867.66	2
深　圳	1756.01	3
成　都	2093.78	1
副省级城市平均规模	1154.30	
西安相当于平均规模百分比	112.2	

注：本表数据为2020年第七次全国人口普查公报数据。

2021年全国15个副省级城市地区生产总值

	绝对量		增速	
	亿元	排位	同比增长率（%）	排位
西　安	10688.28	10	4.1	15
沈　阳	7249.68	12	7.0	11
大　连	7825.90	11	8.2	5
长　春	7103.12	13	6.2	13
哈尔滨	5351.70	15	5.5	14
南　京	16355.32	6	7.5	9
杭　州	18109.00	4	8.5	3
宁　波	14594.90	7	8.2	5
厦　门	7033.89	14	8.1	7
济　南	11432.22	9	7.2	10
青　岛	14136.46	8	8.3	4
武　汉	17716.76	5	12.2	1
广　州	28231.97	2	8.1	7
深　圳	30664.85	1	6.7	12
成　都	19916.98	3	8.6	2
副省级城市平均规模	14427.40			
西安相当于平均规模百分比	74.1			

2021年全国15个副省级城市第一产业增加值

	绝对量		增速	
	亿元	排位	同比增长率（%）	排位
西　安	308.82	11	6.1	5
沈　阳	326.34	10	4.2	12
大　连	513.30	4	5.8	6
长　春	523.74	3	5.5	7
哈尔滨	628.20	1	6.6	4
南　京	303.94	13	0.8	15
杭　州	333.00	9	1.8	14
宁　波	356.10	8	2.8	13
厦　门	29.06	14	5.3	9
济　南	408.80	7	7.1	2
青　岛	470.06	5	6.7	3
武　汉	444.21	6	8.7	1
广　州	306.41	12	5.5	7
深　圳	26.59	15	5.1	10
成　都	582.79	2	4.8	11
副省级城市平均规模	370.76			
西安相当于平均规模百分比	83.3			

2021年全国15个副省级城市第二产业增加值

	绝对量		增速	
	亿元	排位	同比增长率（%）	排位
西　安	3585.20	10	0.9	15
沈　阳	2570.32	14	7.8	7
大　连	3301.60	11	9.4	3
长　春	2960.47	12	3.9	12
哈尔滨	1239.20	15	3.2	14
南　京	5902.65	6	7.6	8
杭　州	5489.00	7	8.6	4
宁　波	6997.20	3	9.8	2
厦　门	2882.89	13	6.7	10
济　南	3964.10	9	3.6	13
青　岛	5070.33	8	6.9	9
武　汉	6208.34	4	12.1	1
广　州	7722.67	2	8.5	5
深　圳	11338.59	1	4.9	11
成　都	6114.34	5	8.2	6
副省级城市平均规模	5023.13			
西安相当于平均规模百分比	71.4			

2021年全国15个副省级城市第三产业增加值

	绝对量		增速	
	亿元	排位	同比增长率（%）	排位
西　安	6794.26	10	5.7	15
沈　阳	4353.02	11	6.7	13
大　连	4011.00	13	7.5	11
长　春	3618.90	14	8.1	7
哈尔滨	3484.30	15	6.1	14
南　京	10148.73	6	7.6	10
杭　州	12287.00	4	8.7	6
宁　波	7241.60	8	7.1	12
厦　门	4121.94	12	9.0	4
济　南	7059.40	9	9.2	2
青　岛	8596.07	7	9.2	2
武　汉	11064.21	5	12.3	1
广　州	20202.89	1	8.0	8
深　圳	19299.67	2	7.8	9
成　都	13219.85	3	9.0	4
副省级城市平均规模	9033.52			
西安相当于平均规模百分比	75.2			

2021年全国15个副省级城市规模以上工业增加值

	增速	
	同比增长率（%）	排位
西　安	5.7	12
沈　阳	9.7	8
大　连	15.0	1
长　春	3.2	15
哈尔滨	4.1	14
南　京	10.0	7
杭　州	10.6	6
宁　波	11.9	3
厦　门	11.9	3
济　南	5.9	11
青　岛	8.1	9
武　汉	14.2	2
广　州	7.8	10
深　圳	4.7	13
成　都	11.4	5

2021年全国15个副省级城市固定资产投资（不含农户）

	增速	
	同比增长率（%）	排位
西　安	-11.6	15
沈　阳	4.1	11
大　连	1.2	14
长　春	11.6	3
哈尔滨	4.2	10
南　京	6.2	9
杭　州	9.0	8
宁　波	11.0	6
厦　门	11.3	5
济　南	11.5	4
青　岛	4.1	11
武　汉	12.9	1
广　州	11.7	2
深　圳	3.7	13
成　都	10.0	7

2021年全国15个副省级城市房地产开发投资

	增速	
	同比增长率（%）	排位
西　安	-7.0	13
沈　阳	-1.1	11
大　连	-3.2	12
长　春	1.6	8
哈尔滨	-14.6	14
南　京	3.4	6
杭　州	1.5	9
宁　波	14.1	2
厦　门	1.3	10
济　南	12.9	3
青　岛	3.1	7
武　汉	17.2	1
广　州	10.1	5
深　圳	-15.4	15
成　都	10.4	4

2021年全国15个副省级城市工业投资

	增速	
	同比增长率（%）	排位
西　安	-15.8	15
沈　阳	17.6	6
大　连	-5.9	14
长　春	4.1	12
哈尔滨	18.3	5
南　京	13.5	8
杭　州	15.2	7
宁　波	20.4	4
厦　门	22.6	3
济　南	-4.3	13
青　岛	25.5	2
武　汉	10.0	9
广　州	6.9	11
深　圳	27.1	1
成　都	9.7	10

2021年全国15个副省级城市社会消费品零售总额

	绝对量		增速	
	亿元	排位	同比增长率（%）	排位
西　安	4963.42	9	0.8	15
沈　阳	3985.10	11	9.6	11
大　连	1909.70	14	4.5	14
长　春	—	—	10.8	6
哈尔滨	2380.30	13	7.0	13
南　京	7899.41	4	9.7	9
杭　州	6744.00	6	11.4	5
宁　波	4649.10	10	9.7	9
厦　门	2584.07	12	12.7	4
济　南	5126.10	8	14.7	2
青　岛	5975.40	7	14.8	1
武　汉	6795.04	5	10.5	7
广　州	10122.56	1	9.8	8
深　圳	9498.12	2	9.6	11
成　都	9251.80	3	14.0	3
副省级城市平均规模	5848.87			
西安相当于平均规模百分比	84.9			

2021年全国15个副省级城市进出口总值

	绝对量		增速	
	亿元	排位	同比增长率（%）	排位
西　安	4399.96	9	26.5	6
沈　阳	1416.02	13	37.7	2
大　连	4248.50	10	10.3	15
长　春	1179.77	14	14.8	12
哈尔滨	344.58	15	35.0	3
南　京	6366.83	8	19.2	10
杭　州	7369.00	7	23.7	8
宁　波	11926.10	2	21.6	9
厦　门	8876.52	4	27.7	5
济　南	1944.20	12	40.1	1
青　岛	8498.40	5	32.4	4
武　汉	3359.40	11	24.0	7
广　州	10825.88	3	13.5	14
深　圳	35435.57	1	16.2	11
成　都	8222.00	6	14.8	12
副省级城市平均规模	7627.52			
西安相当于平均规模百分比	57.7			

2021年全国15个副省级城市出口总值

	绝对量		增速	
	亿元	排位	同比增长率（%）	排位
西　安	2361.92	9	33.0	4
沈　阳	484.90	13	76.8	1
大　连	1931.70	10	15.5	14
长　春	165.93	15	22.4	8
哈尔滨	171.33	14	25.2	7
南　京	3989.89	8	17.4	12
杭　州	4647.00	6	25.9	6
宁　波	7624.30	2	19.0	10
厦　门	4307.30	7	20.6	9
济　南	1174.10	12	55.6	2
青　岛	4921.30	4	27.0	5
武　汉	1929.00	11	35.7	3
广　州	6312.17	3	16.4	13
深　圳	19263.41	1	13.5	15
成　都	4841.20	5	17.9	11
副省级城市平均规模	4275.03			
西安相当于平均规模百分比	55.2			

2021年全国15个副省级城市进口总值

	绝对量		增速	
	亿元	排位	同比增长率（%）	排位
西　安	2038.04	10	19.8	9
沈　阳	931.12	13	23.5	5
大　连	2316.80	9	6.2	15
长　春	1013.84	12	13.6	11
哈尔滨	173.25	15	46.3	1
南　京	2376.94	8	22.3	6
杭　州	2822.00	7	20.0	8
宁　波	4301.80	4	26.3	4
厦　门	4569.22	2	35.3	3
济　南	770.10	14	21.5	7
青　岛	3577.10	5	40.7	2
武　汉	1430.40	11	11.2	12
广　州	4513.71	3	9.6	14
深　圳	16172.16	1	19.5	10
成　都	3380.80	6	10.7	13
副省级城市平均规模	3359.15			
西安相当于平均规模百分比	60.7			

2021年全国15个副省级城市一般公共预算收入

	绝对量		增速	
	亿元	排位	同比增长率（%）	排位
西　安	855.96	11	18.2	2
沈　阳	773.02	12	5.0	14
大　连	737.60	13	5.0	14
长　春	617.09	14	5.9	12
哈尔滨	365.80	15	7.7	11
南　京	1729.52	4	5.6	13
杭　州	2387.00	2	14.0	4
宁　波	1723.10	5	14.1	3
厦　门	880.96	10	12.4	5
济　南	1007.60	9	11.2	7
青　岛	1368.30	8	9.1	10
武　汉	1578.65	7	28.3	1
广　州	1883.18	3	9.4	9
深　圳	4257.76	1	10.4	8
成　都	1697.90	6	11.7	6
副省级城市平均规模	1457.56			
西安相当于平均规模百分比	58.7			

2021年全国15个副省级城市一般公共预算支出

	绝对量		增速	
	亿元	排位	同比增长率（%）	排位
西　安	1474.94	9	9.5	4
沈　阳	1032.50	12	5.2	8
大　连	980.10	13	-2.2	12
长　春	966.49	14	-10.9	14
哈尔滨	—	—	—	—
南　京	1817.73	7	3.6	9
杭　州	2393.00	3	15.6	1
宁　波	1944.40	6	11.6	2
厦　门	1060.00	11	10.8	3
济　南	1293.10	10	8.4	6
青　岛	1705.70	8	7.6	7
武　汉	2219.34	5	-7.8	13
广　州	3020.72	2	2.3	11
深　圳	4570.22	1	9.4	5
成　都	2237.60	4	3.6	9
副省级城市平均规模	1908.27			
西安相当于平均规模百分比	77.3			

2021年全国15个副省级城市金融机构人民币存款余额

	期末		增速	
	亿元	排位	同比增长率（%）	排位
西　安	28059.03	7	9.0	10
沈　阳	19197.39	11	-0.4	15
大　连	16537.44	12	6.6	13
长　春	15388.49	13	8.7	12
哈尔滨	14555.10	14	5.9	14
南　京	43524.28	5	11.4	4
杭　州	58409.25	3	12.6	2
宁　波	26187.66	8	13.0	1
厦　门	14055.16	15	12.0	3
济　南	23029.20	9	11.2	5
青　岛	21582.34	10	8.9	11
武　汉	33073.81	6	9.1	9
广　州	72848.92	2	11.0	6
深　圳	107345.27	1	10.7	7
成　都	46638.65	4	10.3	8
副省级城市平均规模	36028.80			
西安相当于平均规模百分比	77.9			

2021年全国15个副省级城市住户存款余额

	期末		增速	
	亿元	排位	同比增长率（%）	排位
西　安	11996.54	5	9.9	9
沈　阳	11057.27	6	7.0	11
大　连	8686.07	9	10.7	7
长　春	7704.69	12	11.9	5
哈尔滨	8187.20	11	12.0	3
南　京	10636.78	7	12.0	3
杭　州	15623.01	4	—	—
宁　波	9387.31	8	10.2	8
厦　门	3297.38	13	16.9	1
济　南	8558.40	10	12.8	2
青　岛	—	—	—	—
武　汉	—	—	—	—
广　州	22768.53	1	—	—
深　圳	20532.31	2	9.7	10
成　都	19020.46	3	11.3	6
副省级城市平均规模	12112.00			
西安相当于平均规模百分比	99.0			

2021年全国15个副省级城市金融机构人民币贷款余额

	期末		增速	
	亿元	排位	同比增长率（%）	排位
西　安	29124.00	7	13.9	4
沈　阳	19045.47	11	6.2	14
大　连	13284.67	15	5.2	15
长　春	15894.70	12	9.4	13
哈尔滨	13741.20	14	9.5	12
南　京	42718.95	5	13.6	7
杭　州	55661.48	3	13.2	9
宁　波	28513.16	8	13.8	5
厦　门	14582.96	13	14.9	2
济　南	22349.90	10	13.4	8
青　岛	23253.46	9	15.1	1
武　汉	39371.09	6	10.9	11
广　州	60238.74	2	12.5	10
深　圳	73913.03	1	14.4	3
成　都	45139.96	4	13.7	6
副省级城市平均规模	33122.18			
西安相当于平均规模百分比	87.9			

2021年全国15个副省级城市城镇居民人均可支配收入

	绝对量		增速	
	元	排位	同比增长率(%)	排位
西　安	46931	13	7.4	12
沈　阳	50566	11	6.6	15
大　连	50531	12	6.7	14
长　春	43281	14	8.2	9
哈尔滨	42745	15	7.4	12
南　京	73593	4	8.9	4
杭　州	74700	1	8.8	6
宁　波	73869	3	8.6	7
厦　门	67197	6	9.6	2
济　南	57449	8	7.7	11
青　岛	60239	7	7.8	10
武　汉	55297	9	9.8	1
广　州	74416	2	8.9	4
深　圳	70847	5	9.2	3
成　都	52633	10	8.3	8
副省级城市平均规模	59620			
西安相当于平均规模百分比	78.7			

2021年全国15个副省级城市农村居民人均可支配收入

	绝对量		增速	
	元	排位	同比增长率(%)	排位
西　安	17389	13	10.4	5
沈　阳	21662	11	10.5	3
大　连	23763	9	10.2	10
长　春	—	—	—	—
哈尔滨	21512	12	9.6	13
南　京	32701	4	10.4	5
杭　州	42692	2	10.3	9
宁　波	42946	1	9.7	12
厦　门	29894	5	12.3	2
济　南	22580	10	10.5	3
青　岛	26125	8	10.4	5
武　汉	27209	7	13.1	1
广　州	34533	3	10.4	5
深　圳	—	—	—	—
成　都	29126	6	10.2	10
副省级城市平均规模	28626			
西安相当于平均规模百分比	60.7			

2021年全国15个副省级城市居民消费价格指数（CPI）

	累计比		增速	
	（上年=100）	排位	同比增长率（%）	排位
西　安	101.7	2	1.7	2
沈　阳	101.3	7	1.3	7
大　连	101.4	6	1.4	6
长　春	100.5	14	0.5	14
哈尔滨	100.6	12	0.6	12
南　京	101.5	3	1.5	3
杭　州	101.3	7	1.3	7
宁　波	102.1	1	2.1	1
厦　门	101.2	9	1.2	9
济　南	101.5	3	1.5	3
青　岛	101.5	3	1.5	3
武　汉	100.6	12	0.6	12
广　州	101.1	10	1.1	10
深　圳	100.9	11	0.9	11
成　都	100.5	14	0.5	14

2021年西安市地区生产总值

	绝对量		增速	
	亿元	占全市比重（%）	（%）	排位
全　市	10688.28	—	4.1	—
新城区	639.96	6.0	6.6	4
碑林区	1098.86	10.3	1.1	12
莲湖区	831.08	7.8	0.3	13
灞桥区	606.85	5.7	7.7	3
未央区	1437.23	13.4	3.7	9
雁塔区	2725.20	25.5	4.1	7
阎良区	264.84	2.5	4.1	7
临潼区	260.11	2.4	3.6	11
长安区	1269.45	11.9	7.8	2
高陵区	384.72	3.6	0.1	14
鄠邑区	266.05	2.5	8.1	1
蓝田县	151.70	1.4	6.2	5
周至县	146.39	1.4	5.4	6
西咸新区直管区	590.13	5.5	3.7	9

说 明

一、本索引采用主题分析法，按照主题词首字汉语拼音（同音字按声调）顺序排列；首字相同，按照第二字音序排列，依次类推。

二、部类名称、分目名称、二级分目名称用黑体字标明。主题词后的阿拉伯数字表示内容所在的页码，数字后的拉丁字母（a、b、c）表示该页码从左至右的栏别。

三、“附见”内容于次行缩后壹格放在相关款目下面。款目之后第二个页码表示该款目参见内容所在位置。

四、“特载”“专文”“大事记”“统计资料”“附录”内容不做索引。

数字首

A

B

C

D

E

图书在版编目（CIP）数据

西安年鉴. 2022 / 西安市地方志办公室编. —西安：世界图书出版西安有限公司，2022.11

ISBN 978-7-5192-9951-4

Ⅰ. ①西… Ⅱ. ①西… Ⅲ. ①西安—2022—年鉴 Ⅳ. ①Z524.11

中国版本图书馆CIP数据核字（2022）第216256号

书　　名	西安年鉴 • 2022 XI'AN NIANJIAN • 2022
编　　者	西安市地方志办公室
责任编辑	雷　丹
出版发行	**世界图书出版西安有限公司**
地　　址	西安市锦业路1号都市之门C座
邮政编码	710065
电　　话	029-87214941　029-87233647（市场营销部） 029-87234767（总编室）
网　　址	http://www.wpcxa.com
邮　　箱	xast@wpcxa.com
经　　销	新华书店
印　　刷	中煤地西安地图制印有限公司
开　　本	889mm×1240mm　1/16
印　　张	26
插　　页	32
字　　数	1500千字
审 图 号	西S（2022）006号　西S（2022）007号
版　　次	2022年11月第1版
印　　次	2022年11月第1次印刷
国际书号	ISBN 978-7-5192-9951-4
定　　价	360.00元